浙江省新型重点专业智库杭州国际城市学研究中心
浙江省城市治理研究中心成果

浙江智库
ZHEJIANG
THINK TANK

王国平 总主编

杭州文献集成

武林览胜记 上

[清] 杭世骏 撰 朱大星 点校

ZHEJIANG UNIVERSITY PRESS
浙江大学出版社
·杭州·

杭州全书编辑委员会

总主编： 王国平

编　委： （以姓氏笔画为序）

杭州全书总序

　　城市是有生命的。每座城市，都有自己的成长史，有自己的个性和记忆。人类历史上，出现过不计其数的城市，大大小小，各具姿态。其中许多名城极一时之辉煌，但随着世易时移，渐入衰微，不复当年雄姿；有的甚至早已结束生命，只留下一片废墟供人凭吊。但有些名城，长盛不衰，有如千年古树，在古老的根系与树干上，生长的是一轮又一轮茂盛的枝叶和花果，绽放着恒久的美丽。杭州，无疑就是这样一座保持着恒久美丽的文化名城。

　　这是一座古老而常新的城市。杭州有8000年文化史、5000年文明史。在几千年历史长河中，杭州文化始终延绵不绝，光芒四射。8000年前，跨湖桥人凭着一叶小木舟、一双勤劳手，创造了辉煌的"跨湖桥文化"，浙江文明史因此上推了1000年；5000年前，良渚人在"美丽洲"繁衍生息，耕耘治玉，修建了"中华第一城"，创造了灿烂的"良渚文化"，被誉为"东方文明的曙光"。而隋开皇年间置杭州、依凤凰山建造州城，为杭州的繁荣奠定了基础。此后，从唐代"灯火家家市，笙歌处处楼"的东南名郡，吴越国时期"富庶盛于东南"的国都，北宋时即被誉为"上有天堂，下有苏杭"的"东南第一州"，南宋时全国的政治、经济、科教、文化中心，元代马可·波罗眼中的"世界上最美丽华贵之天城"，明代产品"备极精工"的全国纺织业中心，清代接待康熙、乾隆几度"南巡"的旅游胜地、人文渊薮，民国时期文化名人的集中诞生地，直到新中国成立后的湖山新貌，尤其是近年来为世人称羡不已的"最具幸福感城市"——杭州，不管在哪个历史阶段，都让世人感受到她的分量和魅力。

这是一座勾留人心的风景之城。"淡妆浓抹总相宜"的"西湖天下景"，"壮观天下无"的钱江潮，"至今千里赖通波"的京杭大运河（杭州段），蕴含着"梵、隐、俗、闲、野"的西溪烟水，三秋桂子，十里荷花，杭州的一山一水、一草一木，都美不胜收，令人惊艳。今天的杭州，西湖成功申遗，中国最佳旅游城市、东方休闲之都、国际花园城市等一顶顶"桂冠"相继获得，杭州正成为世人向往之"人间天堂""品质之城"。

这是一座积淀深厚的人文之城。8000年来，杭州"代有才人出"，文化名人灿若繁星，让每一段杭州历史都不缺少光华，而且辉映了整个华夏文明的星空；星罗棋布的文物古迹，为杭州文化添彩，也为中华文明增重。今天的杭州，文化春风扑面而来，经济"硬实力"与文化"软实力"相得益彰，文化事业与文化产业齐头并进，传统文化与现代文明完美融合，杭州不仅是"投资者的天堂"，更是"文化人的天堂"。

杭州，有太多的故事值得叙说，有太多的人物值得追忆，有太多的思考需要沉淀，有太多的梦想需要延续。面对这样一座历久弥新的城市，我们有传承文化基因、保护文化遗产、弘扬人文精神、探索发展路径的责任。今天，我们组织开展杭州学研究，其目的和意义也在于此。

杭州学是研究、发掘、整理和保护杭州传统文化和本土特色文化的综合性学科，包括西湖学、西溪学、运河（河道）学、钱塘江学、良渚学、湘湖（白马湖）学等重点分支学科。开展杭州学研究必须坚持"八个结合"：一是坚持规划、建设、管理、经营、研究相结合，研究先行；二是坚持理事会、研究院、研究会、博物馆、出版社、全书、专业相结合，形成"1+6"的研究框架；三是坚持城市学、杭州学、西湖学、西溪学、运河（河道）学、钱塘江学、良渚学、湘湖（白马湖）学相结合，形成"1+1+6"的研究格局；四是坚持全书、丛书、文献集成、研究报告、通史、辞典相结合，形成"1+5"的研究体系；五是坚持党政、企业、专家、媒体、市民相结合，形成"五位一体"的研究主体；六是坚持打好杭州牌、浙江牌、中华牌、国际牌相结合，形成"四牌共打"的运作方式；七是坚持权威性、学术性、普及性相结合，形成"专家叫好、百姓叫座"的研究效果；八是坚持有章办事、有人办事、有钱办事、有房办事相结合，形成良好的研究保障体系。

《杭州全书》是杭州学研究成果的载体，包括丛书、文献集成、研究报告、通史、辞典五大组成部分，定位各有侧重：丛书定位为通俗读物，突出"俗"字，做到有特色、有卖点、有市场；文献集成定位为史料集，突出"全"字，做到应收尽收；研究报告定位为论文集，突出"专"字，围绕重大工程实施、通史编纂、世界遗产申报等收集相关论文；通史定位为史书，突出"信"字，体现系统性、学术性、规律性、权威性；辞典定位为工具书，突出"简"字，做到简明扼要、准确权威、便于查询。我们希望通过编纂出版《杭州全书》，全方位、多角度地展示杭州的前世今生，发挥其"存史、释义、资政、育人"作用；希望人们能从《杭州全书》中各取所需，追寻、印证、借鉴、取资，让杭州不仅拥有辉煌的过去、璀璨的今天，还将拥有更加美好的明天！

是为序。

王国平

2012年10月

凡　例

一、凡易混字，如己已巳、日曰等，皆据文意径行改正，不出校记。

二、书中避讳字，除缺笔避讳字加以补足笔画外，其他一依原样。

三、书中原有古今字、异体字、俗字等，在不影响文意的情况下，一般改作通行字体，不出注说明。

四、为表敬意，特别是在奏章中，书中遇"谕旨""圣谕""圣情""皇上""钦定""天子""皇恩""国朝""御书""御墨""跸""宸""行宫""君恩""銮"等词时，皆提行另起顶格书写，今皆回改。

五、原文篇幅较长者，据文意酌加分段。

六、原书无目录，为方便阅览，今据内容补录。

七、原书无插图，今据内容酌情补入。

前 言

《武林览胜记》四十二卷,清仁和(今浙江杭州)杭世骏大宗辑,东里卢文弨召弓校。

《武林览胜记》传本稀见,现仅见浙江省博物馆收藏[1]。浙江省博物馆藏《武林览胜记》题"仁和杭世骏大宗辑,东里卢文弨召弓校",全书四十八册,凡四十二卷,无序、目录及凡例,卷首皆钤有"元伟私印"朱白相间方印及"春船氏""何元锡印"白文方印。线装,有衬纸。文武边,白口。每半页九行,行二十一字,注文双行小字同,楷书。"玄"字或缺末笔,或作"元";"弦""泫""炫""眩"等多缺末笔;"烨""晔"缺末笔;"弘""宁""旻"等如字;"丘"皆作"邱"。卷前有睿安识语,其文云:

道光二十有四年春二月望,浚等日检前厅书楼旧藏卷轴,将尽携之北上,因剔去重复之书,或至三部四部。细审其中,或经先世动笔,或为段氏经韵楼物,则仍并留之,其余则分遗好友,又以卅余部付贾人矣。因思藏书匪易,藏书而不能读与克能读书者,不必家尽有藏书也。后之得我书者,其矜此意,则书之在吾家与在人家,书亦可以勿思其主已。睿安识于牵牛花馆。

识语尾部钤有"睿安私印"及"牵牛花馆"白文方印。在识语后与正文之前另页有元伟录自《两浙经籍志》一则文字,其文云:

赐书堂孙氏进呈《武林览胜记》四十二卷,国朝仁和杭世骏大宗所辑,卢文弨学士所审定,乃捃拾浙中旧志,增益旧闻,而补采搜讨之功,独为详备权证,使故都之旧迹、邑中之文献编纂咸宜,而稿本流传绝少。今存此一书,犹见当时典章文物也。右录《两浙经籍志》一则。

于"文物也"后钤有"元伟私印"朱白相间方印及"春船氏"白文方印。

浙江省博物馆藏《武林览胜记》内容较为完整,少量文字略有残损,有多处残损曾经修补。如卷十四"乔行简宅"条《西湖游览志》:嘉靖中,郡人茅瓒读书寺中,后

---

[1] 浙江省博物馆藏《武林览胜记》已影印出版,收入徐晓军、李圣华主编《浙学未刊稿丛编》(第一辑),北京:国家图书馆出版社,2018年。

及第,因号'见沧',作亭覆石上"之"作"字、卷十九"寰中"条注《虎跑寺志》:师初结茅时,乏水,感二虎跑泉于滴翠轩阶右,因额曰'虎跑泉'"之"乏"字等,皆有明显描痕。

此外,是书间有脱误。如卷三十三《艺文七》"诗七言律"下明钟薇《西湖秋暮诗》"黄菊一堤金作埒"句后依次阑入佚名(三首)、清朱彝尊《顾十一孝廉(嗣立)载酒寓楼遂同夜泛》(三首)、张纲孙《西湖》(二首)及明张文宿《湖上》(一首)、丰坊《湖上》(一首)、王叔承《西湖杂兴》(三首)、屠中孚《西湖》(一首)六言绝句共十四首,此与体例明显不合,应移置"诗六言绝句"下;卷二十六《书画》"水墨罗汉八轴"条云"苏轼遗辨才故物,见程珌《游龙记》","龙"后脱"井"字,即《游龙记》应作《游龙井记》"。

一　杭世骏生平简历及主要学术成就

杭世骏(1696—1772)[1],字大宗,号堇浦,晚号秦亭老民,又称秦亭山人、杭州老民、杭州阿骏等,浙江仁和(今浙江杭州)人。

杭世骏先世自丹阳(今江苏丹阳)徙仁和,曾祖玉森、祖士玮及父机皆无功名。

---

[1] 关于杭世骏生卒年,各家说法不一。应澧撰杭世骏《墓志铭》云杭氏"以乾隆三十七年(1772)七月庚辰考终里舍,寿七十有八"(参杭世骏撰《道古堂全集》,清乾隆四十一年刻光绪十四年汪曾唯修本,卷首,第3页)。许宗彦追忆旧闻,撰成《杭太史别传》,谓杭世骏生于康熙三十五年(1696),卒于乾隆三十七年(参清许宗彦撰《鉴止水斋集》卷十七,清嘉庆二十四年德清许氏家刻本)。《清史列传》卷七十一《文苑传》云杭世骏乾隆三十八年(1773)卒,年七十六(参王钟翰点校《清史列传》,北京:中华书局,1987年,第5864页)。《清儒学案》本传云杭世骏乾隆三十七年卒,年七十六(参徐世昌纂《清儒学案》卷六十五,天津徐氏刊本,1938年,第1—2页)。夏孙桐《拟补清史文苑杭世骏传》谓杭世骏"乾隆三十七年,卒于家,年七十五"(参夏孙桐《观所尚斋文存》卷四,民国二十八年铅印本)。姜亮夫《历代人物年里碑传综表》称杭世骏康熙三十五年生,乾隆三十八年卒,年七十八(参姜亮夫《历代人物年里碑传综表》,北京:中华书局,1965年,第580页)。支伟成《清代朴学大师列传》卷六十五云杭世骏"卒年八十余"(参支伟成《清代朴学大师列传》,长沙:岳麓书社,1998年,第219页)。江庆柏、陈鸿森、陈琬婷等认为杭世骏生于康熙三十五年,卒于乾隆三十七年(参江庆柏编著《清代人物生卒年表》,北京:人民文学出版社,2005年,第483页;陈鸿森《〈清史列传·文苑传〉识误》,《成大中文学报》2010年第28期,第198页;陈琬婷《杭世骏年谱》,高雄中山大学中文研究所硕士论文,2007年,第114页)。考杭世骏《道古堂诗集》卷二十四《十二月十九日东坡先生生辰释方珍合竹西群彦设祭寒香馆赋诗纪事》首联云"玉局仙人姓苏氏,与我生年同丙子"(参清杭世骏《杭世骏集》,蔡锦芳、唐宸点校,杭州:浙江古籍出版社,2015年,第1248页),结合杭氏一生行事,则此处所言"丙子"当指康熙三十五年。杭世骏己诗中载其生年,应属可信。至于杭氏卒年,应澧撰杭氏《墓志铭》谓卒于乾隆三十七年。应澧从杭氏游多年,且为杭氏女婿。应澧撰《墓志铭》时间距杭世骏卒年约十年,所记杭氏卒年当属可信。查礼《铜鼓书堂遗稿》编年诗卷十七《哭杭大宗编修》及汪师韩《上湖纪岁诗续编》卷一《挽堇浦先生》亦谓杭氏卒于乾隆三十七年。又许、杭为世交故旧,许宗彦语多有据,故其所言亦可信从。综而言之,杭世骏生于康熙三十五年,卒于乾隆三十七年,最可信从。

杭世骏家贫力学，假书于人，穷昼夜读之。幼时从沈世楷受礼经，少时与同里厉鹗、汪大坤、夋闻望、张熷、龚鉴、严�诸名辈结读书社。雍正二年（1724）乡试中举。雍正九年（1731），受聘与修《浙江通志》。同年，修《西湖志》。雍正十年（1732）充福建同考官，居闽期间作《榕城诗话》三卷、《全韵梅花诗册》一册。乾隆元年（1736）举博学鸿词，列一等第五，授翰林院编修，奉命校勘武英殿十三经、二十四史，入三礼馆，参与纂修《三礼义疏》。

乾隆八年（1743），考选御史，御试时务策。杭世骏所对数千言，中有"意见不可先设，畛域不可太分。满洲才贤虽多，较之汉人仅十之三四。天下巡抚尚满汉参半，总督则汉人无一焉。何内满而外汉也！三江两浙，天下人材渊薮；边隅之士，间出者无几。今则果于用边省之人，不计其才，不计其操履，不计其资俸，而十年不调者皆江浙之人。岂非有意见、畛域"等语[1]，触怒乾隆，被革职放还。

罢归后，与同里厉鹗、赵昱、赵信、汪沆、丁敬等为密友近宾，言怀叙欢，各有构属。数次受聘于各县志局，参与修纂多部方志，《乌程县志》即为其中代表。乾隆十八年（1753），主讲广州粤秀书院。其后，又主讲扬州安定书院十年。好奖借后进，士多归之。乾隆三十七年（1772），卒于家。以乾隆四十八年（1783）某月日，葬于留下之大马山。杭世骏卒时，子孙凋零殆尽，诸子惟宾仁存。

杭世骏一生坎坷，然性通脱，博闻强识，于学无所不贯，在经学、史学及诗文方面皆有所成就，其学可谓上承清初硕儒，下启乾嘉诸老，具"国初之学大"与"乾嘉之学精"的双重特点[2]。著述丰富，计有《道古堂集》《礼记质疑》《礼例》《续礼记集说》《石经考异》《史记考异》《汉书疏证》《北齐书疏证》《三国志补注》《补晋书傅赞》《金史补》《诸史然疑》《续方言》《汉书蒙拾》《后汉书蒙拾》《文选课虚》《两浙经籍志》《续经籍考》《榕城诗话》《桂堂诗话》《词科掌录》《词科余话》诸书，其中已刊者过半，未刊者亦多有稿流传。

二　《武林览胜记》基本内容、特点及价值

《武林览胜记》，为杭世骏未刊著作之一。卷前有睿安识语及元伟录自《两浙经籍志》的一则文字，分水利、堤塘、桥梁、园亭、寺观、祠宇、古迹、名贤、方外、物产、冢

---

[1]《高宗纯皇帝实录》卷一百八十四"乾隆八年二月上"癸巳条，《清实录》第11册，北京：中华书局，第373页，1985年。

[2] 徐旭晟：《杭世骏学术研究》，华东师范大学硕士学位论文，2009年，第41页；陈琬婷：《杭世骏年谱》，台湾中山大学中文研究所硕士论文，2007年，第177页。

墓、碑碣、卷帙、书画、艺文、志余、外纪凡十七门四十二卷,其中卷二十七至卷三十八为《艺文》,篇帙最富,约为全书四分之一。每门正文前皆有序文,字迹墨色较正文文字略淡。序文有提纲挈领之意,如卷一《水利》序文云:

> 西湖源出武林泉,汇南北诸山之水,而注于上下两塘之河。其流甚长,其利斯溥。唐宋以来,屡经浚治,而兴废不常。盛朝特重水利,首及东南,疏凿之功,为前古未有。恭纪圣恩垂利万世,而历代开浚始末,悉详著于篇。志水利。

此序文简要说明了西湖概况及首列《水利》缘由。又门下或分小类,如"物产"门下分谷品、木品、花品、果品、蔬品、药品、草品、竹品、羽属、兽属、虫属、鳞属、介属、货属共十四类;"艺文"门下分类更加繁富,包括赋、记、序、引、题跋、辨、杂著、诗五言古、诗七言古、诗五言律、诗五言排律、诗七言律、诗七言排律、诗五言绝句、诗六言绝句、诗七言绝句、词、竹枝词、闺秀共十九类,其中"竹枝词""闺秀"两类下首亦有小序。各小类下所收材料多寡不一,如"辨"下仅列清代毛先舒《西湖不通江辨》一则文字,"诗七言排律"下仅列明代高得旸《寄题虎跑寺无己求上人滴翠轩》及清代吴农祥《游白沙泉因至无门洞同茂三次寅》两诗。水利、堤塘、名贤及方外四门按年代先后顺序排列材料,桥梁、园亭、寺观、祠宇、古迹、冢墓、碑碣诸门则多依孤山路、南山路、北山路、吴山路、西溪路的顺序排列材料。

《武林览胜记》在征引众说之后,或间加按语,在保存前志文献的同时,对其作了考订和补充。如"外纪"门卷末云:"谨按:《梦粱录》二十卷,钱塘吴自牧著,乃云无名氏周密,字公谨,号四水潜夫。今分为二人,俱误。"此外,与绝大多数西湖志书不同,杭世骏在《武林览胜记》中加入了自己的作品,这点与明末清初夏基《西湖览胜诗志》相同。而成书于清康熙年间的王晫《今世说》亦已将己事入书,《四库全书总目》对此不无讥讽,称:"其中刻画摹拟,颇嫌太似,所称许亦多溢量。盖标榜声气之书,犹明代诗社余习也。至于载入己事,尤乖体例。"[1]

《武林览胜记》虽以"武林"为名,实则以西湖为中心剪裁材料。《武林览胜记》无序及凡例,以明其体例、编纂目的等。但从分类及内容来看,《武林览胜记》明显受到《咸淳临安志》《西湖游览志》《西湖游览志余》等志书的影响,其体例体现在具体内容中。故《武林览胜记》所载内容虽然繁杂,分类亦有可商之处,然纲举目张,有条不紊。

《武林览胜记》记载了大量武林旧迹,其中以西湖周边旧迹为多,而部分记载为

---

〔1〕　清永瑢等撰:《四库全书总目》卷一四三《子部·小说家类·存目一》,北京:中华书局,2003年,第1226页上。

他志所无，具有很高的价值，是研究杭州地区历史文化的重要资料。同时，《武林览胜记》搜罗详备，征引了大量清以前文献，其中常见者如《宋史》《元史》《咸淳临安志》《武林旧事》《太平寰宇记》《西湖游览志》《七修类稿》等，然亦有不易检寻之文献，多为以前旧志所未载，此于《志余》《外纪》两门中尤为明显，殊可珍贵。

三　《武林览胜记》成书及版本情况

关于《武林览胜记》写作和成书情况的记载很少。最早著录《武林览胜记》的，当数《两浙经籍志》。浙江省博物馆藏《武林览胜记》卷前录《两浙经籍志》一则，是知《武林览胜记》成书于《两浙经籍志》前。雍正九年（1731），杭世骏应聘参与纂修《浙江通志》，《两浙经籍志》为其纂修《浙江通志》时所辑，惜其书不存于世，无法详考。然据《两浙经籍志序》中杭氏自言：“阅月凡九，乃克成编，为卷五，为目五十有九，为书一万五千有奇。”[1]由此可知，《两浙经籍志》成书于清雍正年间，则《武林览胜记》稿成时间至迟亦当在清雍正年间。又浙江省博物馆藏《武林览胜记》中记载所涉时间最晚为雍正十一年（1733），未及乾嘉诸朝，且书中仅见避康熙名讳，未见避雍正（“胤”“禛”等字）、乾隆（“弘”字）名讳。综而言之，《武林览胜记》初稿当成于雍正十年之前，后续有损益，约定稿于雍正乾隆年间。此后，《武林览胜记》鲜见著录，稿本亦鲜有流传。二百余年后，始见清代吴庆坻著录，其《蕉廊脞录》卷五“武林览胜记”条云：

董浦先生著《武林览胜记》四十二卷，无刻本，友石山房高氏藏钞本，题“仁和杭世骏大宗辑，东里卢文弨召弓校”。其目为水利、堤塘、桥梁、园亭、寺观、祠宇、古迹、名贤、方外、物产、冢墓、碑碣、卷帙、书画、艺文、志余、外纪，体例与《西湖志》相近。志余、外纪各卷，采摭尤备。旧为何春船元伟藏，又有“何梦华元锡”印。春船录《两浙经籍志》一则于卷前，云：“赐书堂孙氏尝以此书进呈，外间稿本流传绝少。”[2]

根据上述文字，可以粗略了解《武林览胜记》一书的内容梗概及流传情况。《武林览胜记》在杭世骏生前并未刊行，据元伟所录《两浙经籍志》文字及其后所钤印章，《武林览胜记》在杭世骏生前或稍后，似仅有稿本流传，且流传绝少。书经卢文弨校定后，为赐书堂孙氏所得，后辗转为元伟所藏之物。而浙江省博物馆藏《武林

〔1〕〔清〕杭世骏：《道古堂文集》卷六《两浙经籍志序》，蔡锦芳、唐宸点校，《杭世骏集》，杭州：浙江古籍出版社，2015年，第86页。

〔2〕〔清〕吴庆坻撰：《蕉廊脞录》，张文其、刘德麟点校，北京：中华书局，1990年，第151页。

览胜记》卷前元伟印后又有何元锡印,则《武林览胜记》又曾归于何元锡之手。据吴庆坻《蕉廊脞录》所言,可知《武林览胜记》后又藏于友石山房高氏。而据浙江省博物馆藏《武林览胜记》所载睿安识语,此书道光年间又经睿安之手,最后归藏于浙江省博物馆。

值得注意的是,吴庆坻云《武林览胜记》为何春船元伟旧藏,未详其所是。考各卷卷首皆钤有"元伟私印"朱白相间方印及"春船氏""何元锡印"白文方印,未见元伟姓氏。清代有范元伟,字春船,钱塘(今浙江杭州)人,嘉庆戊寅(1818)举人,官太平教谕,曾继其舅氏仇养正典守文澜阁书籍,洞悉目录之学,著有《皋亭山馆诗草》等[1]。范元伟距杭世骏谢世之年不远,且为同里,《武林览胜记》或曾为其所藏之物,亦未可知。

又《中国古籍善本书目》卷十一《史部·地理类》、《中国古籍总目》第七册《史部·地理类》皆著录《武林览胜记》曰:四十二卷,清杭世骏撰,清抄本[2]。2005年,裘樟松亦曾著录《武林览胜记》,云"《武林览胜记》四十二卷,清杭世骏辑,卢文弨校,系清乾隆年间待梓行之钞稿本,半页九行,行十九字,小字双行,白口,四周双边,宋体精写,保存完整。清钱塘藏书家何元锡旧藏,考各家书目未见记载,似未刊",并录《两浙经籍志》载《武林览胜记》一段文字[3]。2007年,陈琬婷《杭世骏年谱》第五章《杭世骏著述考》论及《武林览胜记》,云此书未见传本,又云"旧为何元锡藏,有'何梦华元锡印'。元锡录《两浙经籍志》一则于卷前,云'赐书堂孙氏尝以此书进呈,外间稿本流传绝少'"[4]。而据浙江省博物馆藏《武林览胜记》所录《两浙经籍志》一段文字后"元伟私印"及"春船氏"两方印,此段文字应为元伟所录,而非何元锡所录。

《武林览胜记》在杭世骏卒后数十年间已绝少稿本流传,后人也鲜少提及,疑《武林览胜记》经卢文弨校定后,因故未能刊行,是以流传不广。浙江省博物馆藏《武林览胜记》无杭世骏手迹,也无其印章,不能遽定为稿本。但浙江省博物馆藏《武林览胜记》经稍晚于杭世骏的校勘名家卢文弨校定,用楷体写定,再揆诸纸张、行款、避讳及各家记载等,颇疑浙江省博物馆藏《武林览胜记》为清雍正乾隆间写样

〔1〕 浙江省地方志编纂委员会、浙江省通志馆编:《重修浙江通志稿·著述考》,北京:方志出版社,2010年,第4672页;柯愈春:《清人诗文集总目提要》(中册),北京:北京古籍出版社,2001年,第1336—1337页。

〔2〕 中国古籍善本书目编辑委员会编:《中国古籍善本书目》,上海:上海古籍出版社,1993年,第977页;中国古籍总目编纂委员会编:《中国古籍总目》,上海:上海古籍出版社,2009年,第3839页。

〔3〕 裘樟松:《浙江省博物馆善本著录校对札记》,浙江省博物馆编《东方博物》第25辑,杭州:浙江大学出版社,2007年,第122页。

〔4〕 陈琬婷:《杭世骏年谱》,高雄中山大学2007年硕士论文,第172页。

待刻本[1]。

雍正《西湖志》堪称"西湖第一书"，此书与杭世骏《武林览胜记》成书背景一致，二者关系密切[2]。《西湖志》仿通志体例，分门记载，共二十门，四十八卷，征引繁富，可谓西湖之通志，是研究西湖历史文化的重要材料。《西湖志》有多种版本，其中清雍正十三年浙江盐驿道写刻本《西湖志》内容较完整。浙江省博物馆藏《武林览胜记》与清雍正十三年浙江盐驿道写刻本《西湖志》相较，浙江省博物馆藏《武林览胜记》无卷首李卫、程元章、王纮、张若震、顾济美、吴进义、郝玉麟七序，亦无凡例、纂修职名、总目、傅王露后序，《水利》后无《名胜》《山水》各二卷，《艺文》后无《诗话》二卷，《撰述》作《卷帙》，其余各门名称及顺序完全相同，内容也基本相同。但也有明显不同处，如《西湖志》卷三十一《艺文》"记"中"国朝"部分毛际可《八月十六夜纪游》后依次有张坦熊《重修湖心亭记》、常安《重修湖心亭记》、佚名《复建林处士专祠碑记》、常安《重修西湖书院记》、周宣猷《重修湖心亭碑记》五篇记文；《西湖志》卷三十二《艺文·杂著》后无宋苏轼《开湖祭祷吴山水仙五龙三庙祝文》及《谢吴山水神五龙三庙祝文》二文，而有唐白居易《钱塘湖龙君祝文》、宋苏轼《祈雨吴山祝文》《祈晴吴山祝文》《祭英烈王祝文》《又祈雨祝文》《祈晴吴山庙祝文》《杭州祷观音祈晴祝文》《谢观音晴祝文》八文。《武林览胜记》与《西湖志》名虽不同，材料则基本相同。《西湖志》成书时间与《武林览胜记》同时或略晚，在条目、用字等方面较《武林览胜记》更准确精善。综合相关记载及二书内容来看，《西湖志》在《武林览胜记》的基础上加以损益而成的可能性似乎更大。

此次点校，以浙江省博物馆藏《武林览胜记》为底本，以清雍正十三年浙江盐驿道写刻本《西湖志》（以下简称"雍正本"）为参校本。需要说明的是，底本原无目录及凡例，为便观览，今据底本内容补录。此外，底本亦无插图，今据内容酌情补入。囿于学识，书中错误在所难免，祈请方家指正。

---

[1]　朱大星：《〈武林览胜记〉初探》，早稻田大学古籍文化研究所编《中国古籍文化研究（上卷）——稻畑耕一郎教授退休纪念论集》，东京：东方书店，2018年，第115—119页。

[2]　李众祥：《〈武林览胜记·寺观〉研究》，浙江大学硕士学位论文，2021年，第8—14页。

目　录

武林览胜记卷六　寺观一 ……………………………………………（81）

13

19

武林览胜记卷二十七　艺文一

53

道光二十有四年春二月望，浚等日检前厅书楼旧藏卷轴，将尽携之北上，因剔去重复之书，或至三部四部。细审其中，或经先世动笔，或为段氏经韵楼物，则仍并留之，其余则分遗好友，又以卅余部付贾人矣。因思藏书匪易，藏书而不能读与克能读书者，不必家尽有藏书也。后之得我书者，其矜此意，则书之在吾家与在人家，书亦可以勿思其主已。睿安识于牵牛华馆。[1]

赐书堂孙氏进呈《武林览胜记》四十二卷，国朝仁和杭世骏大宗所辑，卢文弨学士所审定，乃攟拾浙中旧志，增益旧闻，而补采搜讨之功，独为详备榷证，使故都之旧迹、邑中之文献编纂咸宜，而稿本流传绝少。今存此一书，犹见当时典章文物也。

右录《两浙经籍志》一则。[2]

---

〔1〕 本则文字载于卷首页正面右下方，共八行，行书，与正文字体有别。识语末行中部"睿安"二字处钤有"睿安私印"白文方印，识语末行尾部钤有"牵牛花馆"白文方印。

〔2〕 本则文字载于卷首页背面右方，共五行，行书，与正文字体有别。"文物也"后钤有"元伟私印"朱白相间方印及"春船氏"白文方印。

武林览胜记卷一
仁和杭世骏大宗辑　东里卢文弨召弓较

水利一

西湖，源出武林泉，汇南北诸山之水，而注于上下两塘之河，其流甚长，其利斯溥。唐宋以来，屡经浚治而兴废不常。盛朝特重水利，首及东南，疏凿之功，为前古未有。恭纪圣恩，垂利万世，而历代开浚始末，悉详著于篇。志水利。

西湖，古称明圣湖。汉时，有金牛见湖，人言明圣之瑞，因名。又以其在钱塘，故称钱塘湖。又以其输委于下湖，故称上湖。其地负会城之西，故通称西湖。《汉书·地理志》：钱唐有武林山，武林水所出。《水经注》：钱唐县南江侧有明圣湖，父老传言，湖有金牛，古见之，神化不测，湖取名焉。《宋史·河渠志》：西湖周回三十里，源出于武林泉。【洪武】《杭州府志》：武林诸水自四山而下者，合流于明圣湖，即今之西湖也。《西湖游览志》：西湖三面环山，溪谷缕注，下有渊泉百道，潴而为湖。盖诸山之脉，皆宗天目。山蜿蟺东来，若翔若舞，萃于钱塘，而崷崒于天竺。从此而南而东，则为龙井、为大慈、为玉岑、为积庆、为南屏、为龙山、凤山、吴山，皆谓之南山。从此而北而东，则为灵隐、为仙姑、为履泰、为宝云、为巨石，皆谓之北山。南山之脉分为数道，贯于城中。而其外逻，则自龙山沿江而东，环沙河而包括，露骨于茅山、艮山者，皆其护沙也。北山之脉分为数道，贯于城中。而其外逻，则自霍山绕湖市半道红，冲武林门，露骨于武林山，皆其护沙也。潮击海门而上，昼夜再至。山奔水导，而逆以海潮，则气脉不解。南北诸山，峥嵘回绕，汇为西湖，泄恶停深，若练若镜。其水灌溉沿湖之田，形胜关乎郡城，余波润于下邑，岂直为鱼鸟之薮、游览之娱哉？

1

历代开浚始末

　　唐代宗时,李泌刺杭州,闵钱塘濒海市民苦江水卤恶,难以安土,始凿六井,开阴窦,引湖水以资民汲。民甚利之。《唐书·李泌传》:代宗时,泌为常衮所忌,出为杭州刺史,有风绩。《咸淳临安志》:六井:相国井,在甘泉坊侧;近井亭桥。西井,一名化成井。在相国祠前,水口在安国罗汉寺前;方井,俗呼四眼井。在三省激赏酒库西;今在旧府藏西。白龟池,此水不可汲,只可防虞。水口在玉莲堂北;小方井,俗呼六眼井。在钱塘门内裝府前;金牛井。今废。

　　长庆初,刺史白居易重修六井,甃函笕,钟泄湖水,溉濒河之田。《唐书·白居易传》:居易虽进忠,不见听,乃匄外迁为杭州刺史。始筑堤捍钱塘湖,钟泄其水,溉田千顷,复浚李泌六井,民赖以汲。李商隐《白公墓碑》:公贬杭州。既至,筑堤捍江,分杀水孔道,用肥见田。发故邺侯泌六井,渟储甘清,以变饮食。白居易《钱塘湖石记》:钱塘湖,一名上湖,北有石函,南有笕。凡放水溉田,每减一寸,可溉十五余顷;每一复时,可溉五十余顷。先须别选公勤军吏二人立于田次,与本所由田户据顷亩,定日时,量尺寸,节限而放之。若岁旱,百姓请水,须令经州陈状,刺史自便押帖所由,即日与水。若待状入司,符下县,县帖乡,乡差所由,动经旬日,虽得水,而旱田苗无及也。大抵此州春多雨,秋多旱,若堤防如法,蓄泄及时,即濒河千余顷田,无凶年矣。自钱塘至盐官界应溉夹官河田,须放湖水入河,从河入田,准盐铁使旧法,又须先量湖水浅深,待溉田毕,却还本水尺寸。往往旱甚,即湖水不充。今年修筑河堤,高加数尺,水亦随加,即不啻足矣。脱或不足,即更决临平湖,添注官河,又有余矣。俗云:"决放湖水,不利钱塘县官。"县官多假他词以惑刺史,或云鱼龙无所托,或云菱茭失其利。且鱼龙与生民之命孰急? 菱茭与稻粱之利孰多? 断可知矣。又云放湖即郭内六井无水,亦妄也。且湖底高,井管低,湖中又有泉数十眼,湖耗则泉涌,虽尽竭湖水,而泉用有余。况前后放湖,终不致竭。而云井无水,谬矣。其郭中六井,李泌相公典郡日所作,甚利于人,与湖相通,中有阴窦,往往堙塞,亦宜数察而通理之。则虽大旱,而井常足。湖中有无税田约十数顷,湖浅则田出,湖深则田没。田户多与所由计会,盗泄湖水,以利私田。其石函、南笕并诸小笕,非浇田时,并须封闭筑塞,数令巡检,小有漏泄,罪责所由,即无盗泄之弊矣。又若霖雨三日已上,即往往堤决,须所由巡守为之预防。其笕之南,旧有缺岸,若水暴涨,即于缺岸泄之;又不减,兼于石函内笕泄之,防堤溃也。大约水去水函口一尺为限,过此,须泄之。予在郡三年,仍岁逢旱,湖之利害,尽究其由。恐来者要知,故书于石,欲读者易晓,故不文其言。白居易《别州民诗》:"耆老遮归路,壶浆满别筵。甘棠无一树,那得泪潜然[1]。税重多贫户,农饥足旱田。惟留一湖水,与汝救荒年。"自注:"今春增筑钱塘湖堤,贮水防天旱,故云。"

---

　　[1]　潜,雍正本作"潸"。当作"潸"。

五代时，西湖岁久不修，湖葑蔓蔽。吴越王钱氏置军千人，专治湖，又疏涌金池以入运河。《宋史·河渠志》：钱氏有国，始置撩湖兵士千人，专一开浚。《梦粱录》：涌金池，在丰豫门即涌金门。内引西湖水为池。吴越王元璙书"涌金池"三字，刻石识之。

钱氏归命后，废撩湖兵士，湖复不治。宋景德初[1]，王济以工部郎中知杭州，命工开浚。《宋史·王济传》：郡城西有钱塘湖，溉田千余顷，岁久湮塞。济命浚治，增置斗门，以备渍溢之患[2]，仍以白居易旧记刻石于侧。

天禧时，王钦若奏请西湖为放生池，禁民采捕。见王随《放生池记》。庆历时，湖葑日塞。郑戬知杭州，复浚之。《宋史·郑戬传》：庆历元年，戬知杭州时，钱塘湖葑土湮塞，为豪族僧坊所占冒，湖水益狭。戬发属县丁夫数万辟之，事闻，诏本郡岁治如戬法。

嘉祐中，知州事沈遘作南井，以补金牛之缺，人称沈公井。后亦名惠迁井。《咸淳临安志》：沈文通尝作南井，引西湖水入城，以便民汲，人呼为沈公井。按：南井在三桥西金文河酒库北，水口在丰豫门外龙王堂前分入。《宋史·沈遘传》：遘知杭州，明于吏治，令行禁止，禁民捕西湖鱼鳖。

熙宁中，六井及沈公井俱废。知州陈襄命工讨其源流，渫而甃之，岁旱不能为害。《咸淳临安志》：杭虽号水乡，而其地斥卤，可食之水常不继。唐相国李长源，旧为六井引西湖以饮民。井久废不修，水遂不应民用。襄命工讨其源流，渫而甃之，井遂可食。虽遇旱岁，民用沛然。苏轼《钱塘六井记》：潮[3]水避钱塘而东击西陵，所从来远矣。沮洳斥卤，化为桑麻之区，而久乃为城邑聚落。凡今州之平陆，皆江之故地。其水苦恶，惟负山凿井，乃得甘泉，而所及不广。唐宰相李公长源始作六井，引西湖水以足民用。后刺史白公乐天治湖浚井，刻石湖上，至今赖之。始长源六井，其最大者在清湖中，为相国井。其西为西井，少西而北为金牛池，又北而西附城为方井、为白龟池，又北而东至钱塘县治之南为小方井，而金牛之废久矣。嘉祐中，太守沈公文通，又于六井之南绝河而东至美俗坊为南井。出涌金门，并湖而北，有水闸三，注以石沟，贯城而东者，南井、相国、方井之所从出也。若西井，则相国之派别者也。而白龟池、小方井，皆为匿沟湖底，无所用闸。此六井之大略也。熙宁五年秋，太守陈公述古始至，问民之所病，皆曰六井不治，民不给于水，南井沟庳而井高，水行地中，率常不应。公曰："嘻！甚矣。吾在此，可使民求水而不得乎？"乃命僧仲文、子珪，又引其徒如正、思坦以自助，凡出力以佐官者二十余人。于是发沟易甃，完辑罅漏，而相国之水，大至坎满溢流，南注于河，千艘更载，瞬息

---

〔1〕 雍正本"初"作"末"。《宋史·王济传》云王济景德四年拜工部郎中，出知杭州。而景德共四年，据此，应以"末"为是。

〔2〕 雍正本"渍"作"溃"。

〔3〕 底本"潮"作"湖"，据雍正本改。

百斛。以方井为近于浊恶，而迁之少西，不能五步，而得其故基。父老惊曰："此古方井也，民李甲迁之于此六十年矣。"疏涌金池为上中下，使浣衣浴马不及于上池。而列二闸于门外，其一赴三池而决之河，其一纳之石槛，比竹为五管以出之。并河而东，绝三桥以入于石沟，注于南井。水之所从来高，则南井常厌水矣。凡为子闸四，皆垣墙局鐍以护之。明年春，六井毕修，而岁适大旱，自江淮至浙东，井皆竭，民至以罂缶贮水相饷如酒醴。而钱塘之民，肩足所任，舟楫所及，南出龙山，北至长河，盐官海上，皆以饮牛马，给沐浴。方是时，汲者皆诵佛以祝公。余以为水者，人之所甚急，而旱至于井竭，非岁之所常有也。以其不常有，而忽其所甚急，此天下之通患也。岂独水哉？故详其语，以告后之人，使虽至于久远废坏，而犹有考也。

　　元祐四年，龙图阁学士苏轼知杭州，奏请救荒余钱万缗、粮万石及百僧度牒，募民开湖，葑草尽除，湖乃大治。《宋史·苏轼传》：时西湖葑积为田，漕河失利，取给江潮，舟行多淤，三年一淘，为民大患，六井亦几于废。轼见茆山河专受江潮，盐桥河专受湖水，遂浚二河以通漕。复造堰闸，以为湖水蓄泄之限，以余力完六井。又取葑田积湖中，南北径三十里，为长堤以通行者。吴人种菱，春辄芟除，不遗寸草。募人种菱湖中，葑不复生。岁收其利，以备修湖。杭民家有画像，饮食必祝，又生作祠以报。苏轼《乞开杭州西湖状》：杭州之有西湖，如人之有眉目，盖不可废也。唐长庆中，白居易为刺史。方是时，湖溉田千余顷。及钱氏有国，置撩湖兵士千人，日夜开浚。自国初以来，稍废不治，水涸草生，渐成葑田。熙宁中，臣通判杭州，湖之葑合者，盖十二三耳。而今十六七之间，遂堙塞其半。父老皆言，十年以来，水浅葑积，如云翳空，倏忽便满，更二十年，无西湖矣。使杭州无西湖，如人去其眉目，岂复为人乎？臣愚无知，窃谓西湖有不可废者五。天禧中，故相王钦若奏以西湖为放生池，禁捕鱼鸟，为人主祈福。每岁四月八日，郡人数万会于湖上，所活毛羽鳞甲以百万数，皆西北向稽首，仰祝万寿。若一旦堙塞，使蛟龙鱼鳖同为枯辙之鲋。臣子坐观，亦何心哉？此西湖不可废者，一也。杭之为州，本江海故地，水泉咸苦，居民零落。自李泌引湖水作六井，然后民足于水，井邑日富，百万生聚待此而后食。今湖狭水浅，六井渐坏。若二十年后，尽为葑田，则举城皆食咸苦，其势必自耗散。此西湖不可废者，二也。白居易作《石函记》云：放水溉田，濒河千顷，可无凶岁。今虽不及千顷，而下河数十里，菱菱谷米，所获不赀。此西湖不可废者，三也。西湖深阔，则运河可取足于湖水。若湖水不足，则必取足于江潮。江潮所过，泥沙浑浊，一石五斗，不出三岁，辄调兵夫十余万开浚。而舟行市中，盖十余里，士卒骚扰，泥水狼藉，为居民大患。此西湖不可废者，四也。天下官酒之盛，未有如杭州者也，岁课二十余万缗。水泉之用，仰给于湖。若湖渐浅狭，水不应沟，则当劳人远取山泉，岁不下二十万工。此西湖不可废者，五也。臣轼已差官打量湖上葑田，计二十五万余丈，度用夫二十余万工。近者伏蒙陛下以本路饥馑，特宽转运司上供额斛五十余万石，出粜常平米亦数十万石。又特赐本路度牒三百，而杭当得百道。臣谨以圣意增价召入中，米减价出卖，以济饥民，而增减耗折之余，尚得钱米约共一万余贯石。臣轼以此钱募民开湖，度可得十万工。自今四月二十八日兴工，农民父老，纵观太息，以为陛下既捐利与民，活此一方，而又以其余兴久废无穷之利，使数千人得食其力，以度此凶岁，盖有泣下者。臣伏见民情如此，而钱米有限，所募未广，苟合之地，尚有大半。若来者不继，则前功复弃，深可痛惜。若更得度牒百道，则一举募民，除去净尽，不复遗患矣。陛下察臣五不可废之状，利害较然，特出圣断，别赐臣度牒五十道，仍饬转运提刑司于前来所赐诸州二百道内契勘赈济支用不尽者，更拨五十道价钱与臣，通成一百道，使臣得尽力毕工。半年之间，自见西湖复唐之旧，环三十里，际山为岸，则农民父老与羽毛鳞介同沐圣泽，无有穷已。臣不胜大愿，谨录奏闻，伏候敕旨。

贴黄。目下浙中梅雨，莙根浮动，易为除去。及六七月大雨时行，利以杀草，芟夷蕴崇，使不复滋蔓。又浙中农民，皆言八月断莙根，则死不复生。伏乞圣慈早赐开允，及此良时兴工，不胜幸甚。

又贴黄。本州自去年至今，开浚运河，引西湖水灌注其中。今来开除莙田，逐一利害。臣不敢一一烦渎天听，别具状申三省去讫。

苏轼《申三省起请开湖六条状》：轼于熙宁中通判杭州，访问民间疾苦。父老皆云："苦运河淤塞，远则五年，近则三年，率常一开浚，不独劳役兵民，而运河自州前至北郭穿阛阓中，盖十四五里。每将兴工，市肆汹动，公私骚然。自胥吏壕寨兵给等，皆能恐喝人户，或云当于某处置土，某处过泥水，则居者皆有失业之忧。既得重赂，又转而之他。及工役既毕，则房廊邸舍，作践狼藉，园囿隙地，例成邱阜，积雨荡濯，复入河中。居民患厌，未易悉数。若三五年失开，则公私壅滞。以尺寸水行数百斛舟，人牛力尽，跬步千里，虽监司使命，有数日不能出郭者。其余艰阻，固不待言。"问其所以频开塞之由，皆曰："龙山、浙江二闸，日纳潮水，泥沙浑浊，一泛一淤，积日稍久，便及四五尺。其势当然，不足怪也。"父老又言："钱氏有国时，郡城之东有小堰门。既云小堰，则容有大者。昔人以大小二堰隔绝江水，不放入城，则城中诸河，专用西湖水。水既清澈，无由淤塞。而余杭门外地名半道红者，亦有堰名清湖，意亦爱惜湖水，不令走下。自天禧中，故相王钦若知杭州，始坏此堰，以快目下舟楫往来，今七十余年矣。以意度之，必自此后，湖水不足用，而取足于江潮。又况今者西湖日就堙塞，而昔之水面半为莙田，霖潦之际，无所潴蓄，流溢害民。而旱干之月，湖自减涸，不能复及运河。"

谨按：唐朝长庆中，刺史白居易浚治西湖，作《石函记》。其略曰：自钱塘至盐官界应溉夹河田者，皆放湖水入河。自河入田，每减一寸，可溉十五顷，每一复时，可溉五十顷。若堤防如法，蓄泄及时，则濒河千顷无凶年矣。由此观之，西湖之水尚能自运河入田以溉千顷，则运河足用可知也。轼于是时，虽知此利害，而讲求其方，未得便安。今者蒙恩出典此州，自去年七月到任，首见运河干浅，使客出入，艰苦万状，谷米薪刍，亦缘此暴贵。寻划刷捍江兵士及诸色厢军，得一千人，自十月兴工，至今年四月终，开浚茆山、盐桥二河各十余里，皆有水八尺以上。见今公私舟船通利。父老皆言："自三十年以来，开河未有若此深快者也。"然潮水日至，淤填如旧，三五年间，前功复弃。轼方讲求其策，而临濮县主簿监在城商税苏坚建议曰："江潮灌注城中诸河，岁月已久。若遵用钱氏故事，以堰闸却之，令自城外转过，不惟事体稍大，而湖面莙合，积水不多，虽引入城，未可全恃，宜参酌古今，且用中策。今城中运河有二：一曰茆山河，南抵龙山浙江闸口，而北出天宗门。

一曰盐桥河,南至州前碧波亭下,东合茆山河,而北出余杭门[1]。余杭、天宗二门,东西相望,不及三百步。二河合于门外,以北抵长河堰下。今宜于钤辖司前创置一闸,每遇潮上,则暂闭此闸,令龙山浙江潮水径从茆山河出天宗门,候一两时辰,潮平水清,然后开闸,则盐桥一河通阛阓中者,永无潮水淤塞开淘骚扰之患。而茆山河纵复淤填,乃在人户稀少村落相半之中,虽不免开淘,而泥土有可堆积,不为人患。潮水自茆山河行十余里,至梅家桥下,始与盐桥河相通。潮已行远,泥沙澄坠,虽入盐桥河,亦不淤填。茆山河既日受潮水,无缘涸竭,而盐桥河底低茆山河底四尺,则盐桥河亦无涸竭之理。然犹当过虑,以备乏水。今西湖贯城以入于清湖河者,大小凡五道,皆自清河而下,以北出余杭门,不复与城中运河相灌输,此最可惜。宜于涌金门内小河中置一小堰,使暗门、涌金门二道所引之水入法慧寺东沟中,南行九十一丈,则凿为新沟二十六丈,以东达于承天寺东之沟。又南行九十丈,复凿为新沟一百有七丈,以东入于猫儿桥河口。自猫儿桥河口入新水门,以入于盐桥河,则咫尺之近矣。此河下流,则江潮清水之所入;上流,则西湖活水之所注,永无乏绝之忧矣。而湖水所过,皆阛阓曲折之间,宜作石柜贮水,使民得汲用浣濯,且以备火灾,其利甚博。此所谓参酌古今而用中策也。"轼寻与坚之言,使知仁和县事黄僎相度可否。又率僚吏躬亲验视,一一皆如坚言,可成无疑也。谨以四月二十日兴工开导及作堰闸,且以余力修完六井,皆不过数月,可以成就。有合行起请事件,谨具画一如左。

一、今来所创置钤辖司前一闸,虽每遇潮[2]上闭闸一两时辰,而公私舟船欲出入闸者,自须先期出入,必不肯端坐以待闭闸。更兼有茆山一河,自可通行,以此实无阻滞之患,而能隔截江潮,径自茆山河出天宗门至盐桥一河,永无湮塞开淘骚扰之患,为利不小。恐来者不知本末,以阻滞为言,轻有变改,积以岁月,旧患复作,今来起请新置钤辖司前一闸,遇潮上闭讫,方得开龙山浙江闸,候潮水平清,方得却开钤辖司前闸。

一、盐桥运河岸上,有治平四年提刑元积中所立石刻,为人户屋舍侵占牵路已行除折外,具载阔狭丈尺。今方二十余年,而两岸人户复侵占牵路,盖屋数千间,却于屋外别作牵路,以致河道日就浅窄。准此,据理合拆除。本州方行相度,而人户相率经州,乞据逐人家后丈尺,各作木岸,以护河堤,仍据所侵占地量出赁钱,官为桩管准备修补木岸,乞免拆除屋舍。本州已依状施行去讫。今来起请应占牵路人户所出赁钱,并送通判厅收管,准备修补河岸,不得别将支用。如违,并科违制。

一、自来西湖水面,不许人租佃,惟茭荡之地,方许请赁种植。今来既将荡田开成水面,须至给与人户请佃种菱,深虑岁久人户日渐侵占旧来水面种植,官司无由觉察,已指挥本州候开湖了日,于来新开界立小石塔三五所,相望为界,亦须至立约束。今来起请应石塔以内水面,不得请射及侵占种植。如违,许人告,每丈赏钱五贯文,着以犯人家财充。

一、湖上种菱人户,自来裔割荡地如田塍状,以为疆界。缘此积渐荡合,不可不禁。今来起请应种菱人户,只得标插竹木为四至,不得以裔荡为界。如违,亦许人划赁。

[1] "余杭门"三字原阙,据万历三十四年吴兴茅维刻本《东坡先生全集》补。
[2] 底本、雍正本"潮"作"湖",据《咸淳临安志》改。

一、本州公使库，自来收西湖菱草荡课利钱四百五十四贯，充公使。今来既开草荡，尽变为菱荡，给与人户租佃，即今后课利，亦必稍增。若拨入公使库，未为稳便。今来起请欲乞应西湖上新旧菱荡课利，并委自本州量立课额，今后永不得添增。如人户不切除治，致有草荡，即许人划赁。其划赁人，特与权免三年课利。所有新旧菱荡课利钱，尽送钱塘县尉司收管，谓之开湖司公使库，更不得支用，以备逐年雇人开荡撩浅。如敢别将支用，并科违制。

一、钱塘县尉廨宇，在西湖上。今来起请今后差钱塘县尉衔内带管开湖司公事，常切检点，才有菱荡，即依法施行。或支开湖司钱物，雇人开撩，替日委后任检点交割。如有菱荡不切除治，即申所属点检，申吏部理为违制。

以上条件，并刻石置知州及钱塘县尉厅上，常切点检。

苏轼《开湖祷吴山水仙五龙王庙文》：杭之西湖，如人之有目。湖生菱荡，如目之有翳。翳久不治，目亦将废。河渠有胶舟之苦，鳞介失解网之惠，六池化为智井，千顷不复丰岁矣。是用因赈恤之余资，兴开凿之利势。百日奏功，所患者淫雨；千夫在野，所忧者疾疠。庶神明之阴相，与人谋而协济。鱼龙前导以破坚，菰苇解坼[1]而迎锐，复有唐之旧观，尽四山而为际，泽斯民于无穷，宜事神之益励。我将大合乐以为报，岂徒用樽酒之薄祭也。

苏轼《谢吴山水仙五龙王庙祝文》：西湖湮塞，积岁之患。坐阅百吏，熟视而叹。惟愚无知，妄谓非难。祷于有神，阴假其便。不愆于素，咸出幽赞。大堤云横，老荡席卷。历时未几，功已过半。嗣事告终，乘哲所缮。神卒相之，罔咈民愿。肴酒之报，我愧不腆。

释道潜《次韵吴承老推官观开西湖诗》：伟人谋议不求多，事定纷纭绝唯阿。尽放龟鱼还渌净，肯容萧苇障前陂。一朝美事谁能记，百尺苍崖尚可磨。天上列星当亦喜，月明时下浴清波。

苏轼《乞子珪师号状》：杭州平陆，本江海故地，惟负山乃有甘泉，其余井皆咸苦。唐刺史李泌，始以西湖水作六井[2]。其后白居易亦治湖浚井，以足民用。嘉祐中，知州沈遘增置一大井，在美俗坊，今谓之"沈公井"，最得要地，四远取汲，而创始灭裂，水常不应。至熙宁中，六井与沈公井皆废坏。知州陈襄选差僧仲文、子珪、如正、思坦四人，董治其事。修浚既毕，岁适大旱，民足于水，为利甚博。臣为通判，亲见其事。经今十八年，沈公井复坏，终岁枯涸。民去水远者，率以七八钱买水一斛，而军营尤以为苦。臣循访熙宁中修井四僧，而三人已亡，独子珪在，年已七十，精力不衰。问沈公井复坏之由。子珪云：熙宁中，虽已修复，然不免以竹为管，易致废坏，遂擘画用瓦筒盛以石槽，底盖坚厚，锢捍周密。水既足用，永无坏理。又于六井中控引余波至仁和门外，及威果、雄节等指挥五营之间，创为二井，皆自来去井最远难得水处。西湖甘水，殆遍一城，军民相庆。若非子珪心力才干，无缘成就。缘子珪先已蒙恩赐紫，欲乞特赐一师号，以旌其能者。右臣体问，得灵石多福院僧子珪，委有戒行。自熙宁中及今，两次选差修井，营干劳苦，不避风雨，显有成效。如蒙圣恩，赐一师号，即乞以"惠迁"为号，取《易》所谓"井居其所而迁"之义。谨录奏闻，伏候敕旨。

---

[1] 坼，万历三十四年吴兴茅维刻本《东坡先生全集》作"拆"。

[2] 以，雍正本作"引"。

南渡后,郡为行都,衣冠毕会,商贾云集。虽无恢复远略,而言水利者,历世多有。绍兴初,守臣张澄请开西湖,继守臣汤鹏举奏请重开,均著治绩。《宋史·河渠志》:绍兴九年,知临安府张澄,奏请招置厢军兵士二百人,委钱塘县尉兼领其事,专一浚湖。若包占种田,沃以粪土,重置于法。从之。《咸淳临安志》:绍兴八年,澄再知临安府。五月,浚临安府运河。《宋史·高宗本纪》:绍兴十六年,浚运河。《咸淳临安志》:绍兴十九年,以西湖近来秽浊堙塞,诏郡守汤鹏举措置,遂用工开撩,及修砌六井阴窦水口,增置斗门闸板,量度水势,通放入井,且条具事宜。汤鹏举《撩湖事宜》:一、检准:绍兴九年八月指挥,许本府招置厢军兵士二百人。见管至有四十余人[1],今已措置拨填,凑及原额,盖造寨屋舟船,专一撩湖,不许他役。一、契勘:绍兴九年八月指挥,差钱塘县尉兼管开湖职事。臣今欲专差武臣一员知通,逐时检察,庶几积日累月开撩,不致依旧堙塞。一、契勘:西湖所种茭菱,往往于湖中取泥葑,夹泥粪壅,包坠根种,及不时浇灌秽污。绍兴十七年六月申明:今后永不许请佃栽种。今来又复重置莲荷,填塞湖港。臣已遣莲荷租课官钱,并已除放讫。如有违犯之人,科罪追赏。有官人,具申朝廷取旨施行。

乾道时,临安居民日盛,河流渐隘,舟楫病之。安抚周淙请开运河,疏浚西湖,重修六井,一仿苏轼遗法。《宋史·河渠志》:乾道四年,守臣周淙出公帑钱,招集游民,开浚城内外河,疏通淤塞,人以治办称之。《宋史·河渠志》:乾道五年,守臣周淙言:"西湖水面惟务深阔,不容填溢,并引入城内诸井,一城汲用,尤在涓洁。旧招军士止有三十余人,今宜增置撩湖军兵,以百人为额,专一开撩。或有种植茭菱,因而包占,增叠堤岸,坐以违制。"从之。《咸淳临安志》:淙言西湖惟务深阔涓净,累降指挥,禁止污秽。今欲撩湖,增置军兵百人,专委钱塘县尉并壕寨官一员,于阶位内带主管开湖,管辖军兵不住开撩,不许妄有请佃包占。或有违戾,依苏轼申请,以违制论。从之。周淙《修六井记》:乾道三年五月,淙自两浙转运使改知临安府。越明年,狴犴屡空,经费稍裕,乃以暇日披图牒,考风俗,思欲与都人为不朽之利,而修井之役始兴。惟六井自熙宁五年太守陈公实始改作,苏公通守为记其事。元祐五年,苏公自禁林出守是邦,相距才十八年,而井已废坏,于是改用瓦筒石槽。自元祐至今八十年,率多湮涸。白龟池,且为大姓所据。淙念此邦为东南都会,生齿阜繁,况今辇毂所驻,四方辐辏,百司庶府,千乘万骑,资于水者,十倍昔时。倘废而不治,岂不为民病。仰惟圣主惟民是念,淙奉德意,不敢循默,因奏于上,面奉玉音,遂以六月己亥经始,于惠迁井易用新石,坚厚高广,过昔数倍,以次至方井、相国井、白龟池。而苏公所记之六井毕修,蔽捍周密,可支数百岁,水脉大至,率皆盈溢。则又治古井之有泉者曰瑞石、曰中棚、曰义井、曰清明闸井。城之内外,莫不足于水矣。窃惟此邦怀苏公之德,逮今不忘。既踵公旧规,再治六井,因访求熙宁间旧本记文,刻之井上,而书岁月于其后,使亿万生聚知是井之修,盖奉圣

---

[1]　至,雍正本作"止"。

天子之命，而遵苏公之规，守臣何力之有。《宋史·河渠志》：二十九年，临安守臣言："西湖冒佃侵多，葑茭蔓延，西南一带，已成平陆。而濒湖之民，每以葑草围裹，种植荷花，骎骎不已，恐数十年后，西湖遂废，将如越之鉴湖，不可复矣。乞一切芟除，务令净尽，禁约居民，不得再有围裹。"从之。

淳熙时[1]，张杓知临安，兴水利，不避权要，治法略如周淙。《咸淳临安志》：淳熙十二年，张杓以两浙转运副使知临安府，置修江卒以御潮，疏积年湖壅，三闸六井，一一修复。十六年，杓以权兵部尚书再兼知临安府。时有内侍毛伯益，占西湖菱池为亭，与外戚家舆仆以刃交手争，狱具，夤缘宣谕求免罪。杓曰："吾官可去，法不可屈。"执奏论如律。

淳祐咸淳间，以治水著者，守臣为赵与𥲅、为潜说友，御史为鲍度，相继开浚，终宋之世，湖无壅淤之患。《梦粱录》：淳祐丁未，大旱，湖水尽涸。郡守赵与𥲅奉朝命开浚，自六井至钱塘上船亭、西泠桥、北山第一桥、苏堤三塔、南新路长桥、柳洲寺前等处，凡种菱荷茭荡，一切薙去，方得湖水如旧。《梦粱录》：淳祐年，西湖水涸，城内诸井亦竭。京尹赵与𥲅给官钱米，命工自钱塘尉廨北望湖亭下凿渠，引天目山水，自余杭河经张家渡河口，达于溜水桥斗门，凡作数坝，用车运水经西湖，庶得流通，城中诸市民赖其利也。《梦粱录》：咸淳四年，守臣潜说友申请于朝，乞行除拆湖中菱荷，毋得存留秽塞侵占湖岸之间。《咸淳临安志》：清湖河疏引西湖之水，虽潮汛所不到，亦以淤塞相习。工力不时，堤圮水涸，行者舟者，胥以为病。咸淳六年，朝廷始命安抚潜说友措置开修，一自断河至清湖桥，凡四千二百一十尺；一自观桥西至杨四姑桥，凡二千三百三十五尺。浅者浚，狭者拓，圮者筑，缺者补，楗以坚木，甃以巨石，阑垣门步，焕然一新，径术坦夷，人行砥上。断河地近吴山，每大雨，流潦挟草壤杂至，乃即其处穿海子口，深三丈余，置铁窗棂以酾之，使浮秽不入于海，置澄水闸以限之，使恶流不入于河。夹河人家，濯清挹洁，与滨湖无异，鱼虾至游泳其中。观桥西连礼闱太乙宫，旧沿河皆矮土墙，乃易以砖石，中贯以木，其高七尺余、袤以尺计者一千九百八十，皆前所未有也。续有旨：宗阳宫前沿河并行修筑，凡二百七十七丈。又因申警防虞，复命说友即和宁门外河之上流开淘。为积水计，自登平桥至六部桥，凡四十丈，海子口居四，其上甃砌版筑，置水闸，辟水门，工役一视诸河而有加焉。卢钺《修井记》：六府以修为功，而水居其一，盖生人所资以养，有一日不容阙焉者。凡邦国都鄙，稍甸郊里之地，必有井焉，以济其日用饮食，故曰"井养而不穷"。杭为东南一大都会，左江右湖，民物阜繁。厥初，因沙塘奠厥攸居，故不难于得水。然今之融液者，常苦恶，不若

湖之为甘且美也。盖江与海通波，湖则受众山流泉而潴之，味之不同也亦宜。唐刺史李邺侯泌始作六井，引兹水以足民用。迨熙宁壬子，陈公襄因其旧而修之。元祐庚午，苏公轼又修之。于以见六井者，杭人之所利赖。矧南渡驻跸以来，百司庶府、六军万姓仰于水者，视昔何啻百倍。乾道间，周龙图淙询民之欲，踵苏之规，而深致力焉。盖百有余年于此矣。咸淳之六年，太傅平章魏公任军国重事，朝廷清明，宫府一体，弹压辇下，今时则易然也。夫既处时之易，而复受任之久，故众废具举，而功始及于井曰惠迁者，沟底为河，泥不可食，笕旧用木，岁久辄坏。乃培而高之，复治石为渠，以尺计一千七百有奇，表捍里锢，既广既深，水始大至。覆之巨石，而窍其上，用汲流，溢而南至于金文桥之河。舟者载以渐焉，民且餍水矣。然犹虑众流之合污也，乃浚受水海以澄其源，乃凿别沟以疏其恶，旁立神祠，置守者，远污漫也。西井旧有亭宇，经毁不存，今鼎新如惠迁，以至相国、南井、大方、小方水口之所自入，莫不表而出之。流福居六井之外，于府治为近，其源自聚景园导湖灌输，后填淤成陆，埋废滋久，乃自学士桥别开大港水脉以通。他如众河之支分派别，壅者疏之，狭者广之，石梁之圮者改造之，堤岸之夷者培筑之。而又推本六井之攸始，于是邺侯之庙隘而拓之大，卑而增之崇，像设俨如，涂塈焕如，过者视哉。工告设[1]备，尹以修水本末谂，俾为记。钺作而言曰：人非水不生活，水非井不甘洁。在《易·井》之六四曰："井甃无咎，修井也。"诚斋杨氏释之曰："大哉，井之有功于斯人乎！大哉，修之有功于斯井乎！"尹能于剸裁之暇，汲汲以修井为务，盖得圣经贤传之旨矣。以予观之，井之为井有二：自天一生水而坎之中画自乾来，掘地九仞而得泉，此自然之井也；六井则异是，穴平地以为凹池，取诸西湖而注之，此使然之井也。其功大，其费伙，其利于民也博，法宜书。尹姓潜，名说友，括苍人[2]。《梦粱录》：咸淳中，御史鲍度劾奏内臣陈敏贤、刘公正包占水池，盖造屋宇，濯秽洗马，无所不施。切念灌注湖水，一以酝酒以祀天地、飨祖宗，今以不得蠲洁而亏歆受之福。次以一城黎元之生，俱饮污腻浊水，而起疾疫之灾，奉旨降官罢职，令临安府拆毁屋宇，开辟水港，于湖中除拆荡岸，得以无秽污之患。并令官府除其年纳利租官钱，消灭其籍，绝其所蒔本根，不复萌矣。

谨按：宋以前争言治井，由江与城近，民患斥卤故也。后江势渐狭，如江中罗刹石极险，后渐为潮沙所没，可证。而城中新开甘井日多，不专藉六井、沈公井矣，故元以后不及治井事。

有元一代，尝开候潮门以南运河及龙山河。而守令治西湖者无人，湖遂废而不治，故《元史·河渠志》不及西湖。《元史·世祖本纪》："至元二十五年二月辛巳，以杭州西湖为放生池。二十八年，弛杭州西湖鱼鸟禁，听民网罟。"【成化】《杭州府志》："元时不事浚湖，沿边泥淤之处，没为菱田荷荡，属于豪民。湖西一带，葑草蔓合，侵塞湖面，如野陂然。"

至正六年，丞相脱脱率达世帖穆尔开候潮门以南运河及龙山河。苏天爵《江浙行

---

〔1〕　设，《咸淳临安志》作"役"。
〔2〕　括，雍正本作"栝"。

省浚治杭州河渠记》：至正六年十月，江浙行中书省始命浚治杭州郡城河渠。明年二月，卒事。宰臣慎于出令，僚吏勤于督工，庶民乐于趋役，于是河流环合，舟航径[1]行，商旅由远而至，食货之价不翔，稚髦莫不皆喜，公私咸以为利矣。又明年，天爵承命，参预省政，幕府奥林请记其事于石。古者立国居民，则恃山川以为固。大江之南，其城郭往往依乎川泽，又为沟渠，以达于市井。民欲引重致远，必赖舟楫之用。岁月既久，宁无湮淤，则加浚治之功焉。然劳民伤财，昔人所戒。重藩省者，必得清慎之人，知爱民为本，则能倡其众；官郡县者，必得廉能之官，知奉公为职，则能集其事。否则，克有成功者鲜矣。杭州为东南一大都会，山川之盛，跨吴越闽浙之远，兼荆广川蜀之饶。郡西为湖，昔人酾渠引水入城，联络巷陌，凡民之居，前通阛阓，后达河渠，舟帆之往来，有无之贸易，皆以河为利。或时填淤，居者行者，胥以为病。在上者，日理政务，有不屑为；长民者，压于大府，不敢擅为。观望因循，天下之事日渐废坏。有志于当世者，可不为之长虑乎？岁在乙酉，天子念东南贡赋之烦劳，闵民生之凋敝，诏命国王丞相行江浙省事。王威仪有度，中外具瞻。又命翰林学士承旨达世帖穆尔为平章政事。公读书守法，不矜不扬，曾未数月，百度修举。乃询民利病，众以河渠不治为言。丞相咨于官僚而胥合，谋于宪府而金同。平章公总其事于上，检校官李益、杭州路总管赵琏董其役于下，又以掾曹十余人分治其工。南起龙山，北至猪圈坝，延袤三十余里。寻以冬寒止役，春复役之。郡中郭外，支流二十余里，其深三尺，广仍其旧，悉导湖水注之，为役四万二千五百工，用钞八万五千贯。复虑上出涂泥，值雨入河，命诸寺载而积诸江浒。又新木闸者四，石梁者一。防吏之为奸，严以烦扰之禁。公治事少暇，亲行河上，以抚慰之，以故人忘其劳，事克以集。尝闻自昔有天下者，皆立法制以维持之，又选材能以奉行之。至于封疆城郭，各有官司掌其厉禁，是以修治有方，启闭有时，小大得职，民物安堵。况治水者，当行其所无事，则绩用有成。而卤莽灭裂之徒，或者力欲侥幸，觊一时之功，未有不为民患者也。观夫杭州浚治河渠之事，宰辅谋猷之贤，任人严谨，作事周密，诚足以为后世之法哉！故备述之，俾来者尚勿废前人之功，永为一方之利也与。

明初，仍元之旧，西湖渐成平田，遂起税额。向所称以山为岸者，去山日远。【成化】《杭州府志》：西湖百余年来，居民寺观，实为己业。六桥之西，悉为池田桑埂。里湖西岸亦然，中仅一港通酒船耳。孤山路南，东至城下，直抵雷峰塔迤西，皆然。

景泰七年六月，镇守浙江兵部尚书孙原贞建议筑修西湖二闸。明臣议开西湖，自原贞始。《英宗实录》：孙原贞奏曰：杭州西湖旧有二闸，蓄泄水利。近者闸圮湖淤，积有葑滩，往往势豪之人占据，水塞不通，居民不便。而一应鱼课累年，鱼户赔纳。臣近阅志，内载苏轼奏疏云：杭之为州，本江海故地，水泉咸苦。自唐李泌引湖水入城为六井，然后民足于水，井邑日富，百万生聚，待此而食。放水溉田，濒河千顷，可无凶岁，运河亦皆取足于湖。不可许人租佃水面，侵占种植。周淙亦言：西湖

---

〔1〕 径，适园丛书本《滋溪文稿》作"经"。

所贵深阔，引水入城中诸井，尤在涓洁。因禁止栽植菱芡，招兵二百人，专一捞湖。其后有力之家，又复请佃，湖面日益填塞。及后大旱，水涸，诏郡守赵与蕒开浚，凡菱荷茭荡，悉薙去之，杭民获利。此皆前代经理西湖大略也。迩岁豪势之徒日逐堆叠，塍围包占，种植菱藕，蓄养鲜鱼。时遇干旱，湖已先涸，旁田既无灌溉之利，而运河亦遂淤浅，公私舟船，往来不通。近与镇守少监阮随询之父老，合词陈情，仍旧置闸，蓄泄水利，革民圈占，使湖得深广，周通六井，支流运河，旁溉田亩，且无渔户赔课之扰。已令有司勘复所占池荡，并令偿官，而筑修二闸，势不可缓。尝与阮随劝借赈济之余尚存米谷，可备木石之费，及时傭工，俾令修筑。乞敕有司于农隙之时，量工开浚，禁止豪右，不许侵占湖利，则一郡军民，永远便利矣。该部如所言行之。

　　成化中，官两浙者，自都御史至郡守，每议兴西湖水利，虽或格于浮议，或设施未竟，而前作后承，渐见功绪。【万历】《杭州府志》：正统后[1]，都御史刘敷、御史吴文元奏请复西湖，而浮议蜂起，有力者百计阻之。《西湖游览志》：成化十年，郡守胡浚稍辟外湖[2]。《宪宗实录》：成化十一年秋七月，工部覆奏疏浚杭州西湖，许之。西湖之水，自唐杭州刺史李泌、白居易于城西凿渠导入城中运河，溉及仁和、海宁上塘之田，其利甚博。宋守臣苏轼，复凿渠九道以疏浚之。后渐湮塞，居民侵以为业，渠失故道，田无所溉，动辄告灾。至是浙江布政使宁良、按察司副使杨瑄等金议，钱塘门左，涌金门右，其间有九渠之一，宜因其旧迹，疏浚为河，构石为桥，以通湖水。外置一闸，时其启闭，以御横流，庶水利可复。镇守浙江太监李义上其议，其事得行，民颇利焉。【成化】《杭州府志》：成化十二年，涌金门北，创开水门，通导西湖，水自柳洲寺后入城，由曲阜桥达城河门，深四丈五尺，高九尺，置铁窗楞，障隔内外。门内外各为桥，上并阔一丈，下阔视水门，而高则减二尺。外桥下，又为闸板，以防暴涨。杨守陈《杨瑄墓志》：西湖旧深广，能溉诸邑田至五十六万顷。淤湮过半，奏请浚深之，于涌金门北辟水门，放湖流入城河，出清湖闸，抵海宁黄湾，以溉十六万顷田。复于畏吾寺前后建三桥，以通水门，俾小舟常入湖。取泥以浚深，可久不湮，功未就，卒。

　　成化十九年，都御史刘敷等清理续占。李旻《浚治西湖议》：成化十九年，巡视都御史刘敷用杭人通政何琼之言，会同都、布二司临湖查勘，凡宣德、正统等年圈筑报税者，一切锄而去之，税粮百三十余石，派之堤西有产之家代纳。

　　弘治十二年，御史吴一贯修筑石堰。李旻《西湖修复石堰记》：武林诸山之水，汇而为

---

　　〔1〕　雍正本"正统后"作"正统宣德间"，"间"后并有"或倡浚湖之议，惮更版籍，竟致阁寝。嗣是"十六字。

　　〔2〕　雍正本无此句。

西湖。西北际山，东至钱塘、涌金二门之城下，濒海数千百家[1]，为稼为圃，为池以畜鱼，皆湖是资。穷民用钓弋网罟之类，衣食于湖者，不可胜计。余波所及，为六井，为清湖河，达于运河，城外并河之田千顷，赖以灌溉。湖之所利济，大约如此。白乐天通石函，苏子瞻筑石堰，所以钟其源而节其流，用意深矣。石函之流细，故曰减水一寸，可溉田十五顷，每一复时，可及五十顷，此蓄泄之节度，而溉田之方也。若石堰，则所堰有一定之则，日夜常流，其流入于运河，虽有霖雨暴涨，不使骤溢，以为濒湖之害，无余则蓄而流之，且以待石函之泄。函与堰，不可偏废也。后之人不深维其意，坏堰而易之以版，由是守者得以为奸，涨溢乃靳而不启，旱则启而竭之，或因而取货焉。为湖之病数十年，于兹矣。弘治丁巳，监察御史吴君一贯巡按浙江，以兴利除害为己任。予告之君，谋于都水主事姚君文灏，欲复其旧。适安福胡君道以进士来知钱塘县事，遂以委之。胡君询之乡老，相与求之故迹地势，测水定其高卑之准，鸠工琢石，不日告成。濒湖上下之人，一旦获享旧日之利而除其害，莫不欢欣鼓舞，叹颂功德。堰成，群咸告予，请书其事于石，以示久远。予尝以为长源乐天、巨川子瞻诸君子皆古今所称伟人，其才识宦业，皆非寻常可及。其在郡必汲汲于西湖者，岂游观之乐足以动其心哉？亦惟因民之所利而利之，特加之意云。且数百年来，郡乘书之，民庶歌之，诗人赋咏之，至于今未已。盖惠利之浃于人心，自能不泯灭焉尔。后之视今，犹今视昔。然则石堰之复，其系于人心之思，当何如哉？予郡人也，乐为斯民道之。是为记。

弘治末正德初，杨孟瑛守郡，建议西湖当开者五，陈之御史车梁，请达于朝。从之。发帑藏，役人夫，毁田荡，除额税。虽谤怨者多，而有明开浚之功，以孟瑛为最。杨孟瑛《开湖条议》：杭州地脉，发自天目。群山飞翥，驻于钱塘。江湖夹抱之间，山停水聚，元气融结，故堪舆之书有云"势来形止，是为全气。形止气蓄，化生万物"。又云"外气横形，内气止生"，故杭州为人物之都会，财赋之奥区。而前贤建立城郭，南跨吴山，北兜武林，左带长江，右临湖曲，所以全形势而固脉络，钟灵毓秀于其中。若西湖占塞，则形胜破损，生殖不繁。杭城东北二隅，皆凿壕堑，南倚山岭，独城西一隅，濒湖为势，殆天堑也。是以涌金门不设月城，实倚外险。若西湖占塞，则塍术绵连，容奸资寇，折冲御侮之何藉焉？唐宋以来，城中之水皆藉湖水充之。今甘泉甚多，固不全仰六井、南井也。然实湖水为之本源，阴相输灌。若西湖占塞，水脉不通，则一城将复卤饮矣。况前贤兴利以便民，而臣等不能篡已成之业，非为政之体也。五代以前，江潮直入运河，无复遮捍。钱氏有国，乃置龙山、浙江两闸，启闭以时，故泥水不入。宋初倾废，遂至淤壅，频年挑浚。苏轼重修堰闸，阻截江潮，不放入城。而城中诸河专用湖水，为一郡官民之利。若西湖占塞，则运河枯涩，所谓南柴北米，官商往来，上下阻滞，而阛阓贸易，苦于担负之劳，生计亦窘矣。杭城西南，山多田少，谷米蔬粟之需[2]，全赖东北。其上塘濒河田地，自仁和至海宁，何止千顷，皆藉湖水以救亢旱。若西湖占塞，则上塘之民缓急无所仰赖矣。此五者，西湖有无，利害明甚。第坏旧有之业，以伤民心，怨讟将起。而臣等不敢顾忌者，以所利于民者甚大也。《开湖告谕》：先贤利民，深弘利本，特浚西湖之浸，用溉上塘之田。多历岁年，渐成湮废。比者乡贤侍郎何何

---

〔1〕 雍正本"海"作"湖"，义长。
〔2〕 雍正本"粟"作"果"。

公生长是邦,习知成事,著为三说,辨析百端。伏蒙当道俯念地方,力图浚复。予又职司水土,敢惮劬劳。重惟湖上之园池,尽是豪家之封殖,一旦开毁,百口怨咨。民既伤心,我亦动念。但今民之产,本昔官湖,民侵于官以肥家,固已干纪。官取于民以复旧,岂谓厉民?又惟上塘万顷之田,凤仰西湖千亩之水。水尽湮塞,田渐荒芜。利归于数十家,害贻于千万井。况古人留利物之泽,岂今日启生事之端?幸相导以平心,勿相摇于异说。有以占产自首者,原情免罪,奏请除粮。查得铜钱局及崇兴、崇善、禅智等废寺田以亩计者数千,地以顷计者盈百,动连阡陌,间附城闉,膏沃可耕,标换如数。况在昔湖田,皆捏粮之税,于今清籍,有新增之粮。新增者,至九百而有奇;捏报者,几八百而不足。稍加查派,不费更张,决不累民,无患亏税。予性知执法,心在利民,非势力之可移,惟鬼神之是质。凡我父老,率尔乡闾,早为迁移,无肆顽梗。

弘治十八年冬十月,巡按御史车梁请开西湖。《孝宗实录》:车梁奏曰:杭州西湖周围三十余里,专蓄水,以溉濒河千顷之田。近年豪右侵占,甚者塞而为田,筑而为居,又欲固为己业,则于册内捏收田税,给帖影射。水既埋塞,所仰溉田,乃尽荒芜,为害不小,乞查所侵还官。其报佃税,查给空闲田地补纳。湖面埋塞,支帑银可用者,佣工开浚,务复旧额,以利生民。【万历】《杭州府志》:正德三年,郡守杨孟瑛锐情恢拓,力排群议,言于御史车梁、佥事高江,上疏请之,部议报可。乃以是年二月兴工,为佣一百五十二日,为夫六百七十万,为直银二万三千六百七两,拆毁田荡三千四百八十一亩,除豁额粮九百三十余石,以废寺及新垦田粮补之。自是西湖始复唐宋之旧。《武宗实录》:杨孟瑛守杭日,议开西湖。至是查盘,御史胡文璧劾其开浚无功,费用官帑至二万三千余两,宜罢黜。部议以功在既往,理无可复,宜仍将孟瑛降除杭州,量用民力,以终前功。讫事日,镇巡官具奏。时孟瑛已升顺天府府丞,故有是降。

谨按:【万历】《杭州府志》:杨孟瑛知杭州府,系弘治十五年。至十八年,议开西湖,陈之御史车梁,梁请于朝。至正德三年十月,为台臣胡文璧所劾,降仍知杭州府。乃又云正德三年,言于御史车梁、佥事高江,上疏请之。不无讹舛,今改正。

嘉靖时,禁侵占西湖者,为御史傅凤翔、庞尚鹏。万历时,郡人陈善作《杭州府志》,建疏通之议。《西湖游览志》:嘉靖十八年,巡按御史傅凤翔行县,清理占据。四十四年,巡按御史庞尚鹏刻碑于清波、涌金、钱塘三门,严为禁防。《肃宗实录》:嘉靖十八年七月,浙江巡按御史傅凤翔请禁豪家包占西湖,遏绝水利。【万历】《杭州府志》:庞尚鹏立石禁约,西湖开筑以来,积数百年矣。前人用情于此,非徒采形胜、资燕游,实为广蓄泄以备旱潦。杭民世其利,至今颂之不衰。往缘豪右侵占淤塞,已经前院勒石示戒,岁久法弛,蚕食如故。近据告发已经究正外,但恐积习相沿,恬不为异,阳虽追夺,阴实雄据。而望风效尤专利病民者,日纷纷矣。特行立石禁谕,凡有宦族豪民仍行侵占及已占尚未改正者,许诸人指实,赴院陈告。陈善《请疏西湖议》:西湖形势利病,何纳言、田学使论之详矣。予惟西湖汪洋浩衍,吐纳众流,实为元气所钟。环带诸山,控引城郭,固郡城之外沙也。且潆水上流,灌田千顷,为益甚巨,岂止游观地哉?设湖水淤塞,则地脉不转,内外亢绝,若人之元气痞阂,未有能生者矣。矧上塘千顷之田,恃此为命,可无虑乎?昔吴越时,虑湖葑蔓合,岁置撩卒千人,盖诚知所利者大,虽岁役千夫而不靳也。今纵不能置撩卒以任疏浚,独奈何任淘沙之卒滨湖分据,日负数百石之土而填之乎?顷见沿城诸堤,学士桥自东至西二十一丈,南北一十七丈;回回坟东西三十九丈,南北七十二丈;柳洲亭东西二十八丈,南北十丈;黑亭子湾东西二十二丈,南北百余丈。受沙碛者,俱为平陆,堤增数百丈,即湖水减数百丈矣。今不禁,湖身日隘,过数十年,将遂无西湖矣。淘沙军人,皆自清波、涌金、钱塘三门而出,若悬禁各门,严责主守,吏卒拒遏,此辈无或阑出以为湖涸。敢或相容,比者连坐,则庶乎人知畏法,而其源可绝矣。又汀莲岸芷,半于湖中,豪右之家,占以规利,葑草蔓塞,实此之由。嘉靖十八年,巡按傅公一尝禁之。未几,复纵。至四十四年,南海庞公来巡,复申厉禁,丰碑显示,树立月城,明著为令。而法久禁弛,株蔓如故。为今之计,谓宜申明前事,禁治占塞。或有阴复雄据者,钞录禁约一通示之。彼虽无公仪子风节,而苟有人心,当汗颜泚颡矣。至于三桥、四桥、五桥外内湖,水势稍涸,葑草弥望,不可以舟。急宜疏浚,以潴蓄者。今度其施功之序,而题请于朝,有事修浚。苟湖身深广,蓄水汪洋,上塘旱暵无恐,此杭民百世之利也。若乃淘沙之患,既行禁止,仍以逻察之事责之湖傍里甲。每获,必严加法惩以示警,则湖流不涸,灌溉有赖,郡城气脉亦不至于耗竭矣。

天启四年,钱塘县令沈匡济,议疏填阏之水以清湖,上之抚按。沈匡济《清湖八议》:看得西湖为一郡灵气攸钟,人文之秀发,土田之沃肥,靡不阴赖于斯。取润金水,剋制火龙,尤非谬说。迩者祝融肆虐,所在为墟,将来沾溉,无资千顷。失望实为杭民剥肤之患,宁止苏公之五不可废哉?故湖之宜清不宜占,疏浚不宜塞,与清浚之宜速不宜迟,不待智者而后知也。惟是断在必清,而要非可易言清;断在必浚,而要非可易言浚。何也?与其易言清,而俄清俄止,何如溯其原而穷其流,酌量其因革,而使影射盘踞者必难遂其吞噬之谋。与其易言浚,而俄浚俄寝,何如储其资、计其功、裁定其方略,而使积污筑塞者立可收夫廓清之绩。此属卑县管辖以内,必不敢避劳怨,坐视其化为桑田也。而议论欲一,规画欲定,时日欲宽,钱锱欲裕,弗勤始怠终,弗此傅彼咻,弗朝令夕改,窃以为兼此数者,始克有济。谨将一得之愚,列款上请,仰候采择,参舆论之,同定画一之策,庶不致筑舍无成。合就申覆:

一、请亲勘。湖额虽占,册籍不磨。按志按册,古额如镜,无奈兼并者饰为巧辨,以图吞据也。且视清查为故套,或播为流言以灰其心,或结连豪右以掣其肘,率由此原非道府意也。是必请道府亲临踏勘,先乞十日前大张告示一面,檄行卑县,同水利官唤集里排父老,照依注册,逐一细看,悉如古界,标竖明白,随即造册,绘图贴说,申送道府,候按临亲勘。远迩之人,咸知事在必行,负固之胆稍慑。

一、收佃帖。濒湖占踞,动以官帖借口。然帖亦有真者伪者,有远年近日者,有无帖而混称有帖者,先出示,将原给官帖尽行送验。如无帖者,即系白占。即有帖者,亦须以今次换给为准,旧帖俱不许沉匿。

一、核实数。无帖与虽有帖而碍方隅者,固均在掘垦之数矣。其原有帖而方隅不碍可通融议留者,亦须查帖内原佃丈尺若干,止许照原数承管,官为钉界,责令石砌,以防日后延佃。其佃一帖十,尤属通弊,尽行搜剔,庶人人心服,而所清出必多矣。

一、酌祠墓。先贤祠墓,不待言矣。其指以祠墓为名任意开拓者,亦止查原勘原亩段丈尺为界,余占者悉行拆去[1]。其民间坟墓,不论久近,尽其幅员,余悉裁去。

一、审挑运。浚湖,必分段筑坝,以次开深,即以次运泥,故挑运者不过数十步即弛担。假令竭湖之水而后挑,则全湖皆干矣。上年开闸放水,更涉天旱,遂滋议论。殷鉴不远,可复蹈乎?若专靠肩挑,不由船运,恐一筐之土,费肩挑数里之遥,用力多而成功少也。审此,当别为区画矣。

一、陈肤议。钱粮动经万计,措处必难。事情一经奏请,耽延必久。以职肤见,止须院道详允,以二千金为费,便可收二万金之功。夫湖中皆葑草污泥,深可数尺,非畚锸可施。职意造小船六十只,每只连篙橹,价银三两,合之一百八十两。每船用夫二名,每名日给工食银四分,计百日一船,该工食银八两。六十船,共四百八十两。人给长竹柄铁钯一把,方广一尺五寸,该价二钱,共十二两。又人各授木掀一把,该价二分,共二两四钱,通共六百七十四两四钱。每两人合操一船,各持铁钯捞取泥草入船,满则摇至空阔岸边,用长柄木掀抛堆岸上。每日可扒六船,百日可扒三万六千船。计此湖,用如许功力,疏通可遍矣。尚余一千三百二十余两,即以为沿边硬土开凿之费,盖硬土一方较浚淤泥一方,不啻十倍。至侵占诸地,必官为掘运,亦总在此项银内。每工亦议四分,计千二百金,可募三万工。尚有百二十金,可募船夫运泥。如是,而边幅硬土,亦可开凿矣。通计以三万船疏淤塞,三万工凿涨阜,浚湖事不思过半哉。

一、运积土。湖中捞起新泥并扒毁干泥,当日即酌量某堤尚可高阔,某处尚应填筑,即令载去。其不必高阔填筑者,不许混加一篑,俱要载至尽湖岸边空阔处所堆积。

一、考工程。木杆一根,于湖心亭侧竖起,将齐岸高处,用朱漆记号。未浚时,从朱漆下量至水底,某处某官管下若干深,某处某官管下若干浅,逐一登记。自开浚起,每十日一量,便知用工虚实勤惰。虚惰者惩,仍罚捞泥;勤实者赏,卑县亲自稽核。《**钱塘县志**》:天启时,县令沈匡济创清理西湖之议,有力者争齮龁之,至嗾要津,劾匡济去官。自是,侵围如故[2]。

---

〔1〕　雍正本"悉"作"尽"。
〔2〕　雍正本无"《钱塘县志》……侵围如故"一段文字。

武林览胜记卷二

水利二

国朝开浚事宜

顺治十一年六月二十二日,钦奉恩诏,内开:

一东南财赋重地,素称沃壤,连年水旱为灾,民生重困,皆因失修水利,致误农功。该督抚责成地方官悉心讲求,疏通水道,修筑堤防,以时蓄泄,俾水旱无虞,民安乐利。

顺治间,浙江左布政使张儒秀立西湖禁约:凡豪民占为私产者,勒令还官。朱之锡《左布政使张公去思碑记》:西湖里湖,豪右各插水面水帘以渔利,甚者巧为官佃之帖以相搪塞。湖面渐小,则湖日高。公请于上宪,饬令尽去其水帘塍岸。其以官帖相抵搪者,痛杖以惩之。又捐俸去葑草八十余亩。此公去,而杭民思之也。

康熙二十四年,巡抚赵士麟开浚城中河道。凡河之已塞而全疏者,起清波门三桥址,历回龙桥、众安桥以南,循中宫桥,又西北循梅家桥,凡十二里。其流浅而加浚者,起涌金水门,历洗马桥、烈帝庙,北循武林门,南抵正阳门,又南抵南新关,凡二十五里。费白金二万余两,役夫二十余万工,起康熙甲子十一月,讫工于乙丑六月。赵士麟《开杭州城河纪事诗》:"城河久壅塞,闻将逾百年。修浚既不易,军兴力又殚。我来底定后,此事乃可言。下车问疾苦,虑患防未然。此州多火灾,生熄岂无权。念彼负贩人,往来最艰难。万户资灌输,何以福市廛。谕吏督畚锸,集夫出俸钱。计期六月余,厥工告竣焉。开井李邺侯,筑堤白乐天。岂不惮虑始,杭民今欢传。我愧非其人,内咎惟素餐。敢谓有微劳,庶几免罪愆。"朱彝尊《中丞赵公开河诗》:"杭城古泽国,十八涧九溪。当年宋宫阙,沟水流东西。陈迹渐已湮,深谷皆成蹊。民居日湫隘,编竹兼茅莉。猛火一燎原,悲焰百室迷。涂彻大小屋,繘井愁难跻。女丁配夫壬,相顾恒怆凄。吏治徇目前,孰能防祸梯?中丞溢世才,利器剚水犀。下车命丞倅,故道资考稽。率钱具畚锸,曾不烦锄犁。经始底告成,岁序尚未睽。坐令阛阓间,无异苏白堤。红阑雁齿列,赤石羊肝刲。讴哑小航船,蹀躞快马蹄。停鞭市莲藕,倚槛来凫鹥。柳阴谷犬鸣,露脚莎鸡啼。祝融回其驭,妇子方安栖。乃知济时策,不在拯颠隮。公之治水术,岂独迈白圭[1]?泉流原隰平,名与召伯齐。我家由拳城,闾巷多蒿藜。愿公驱墨吏,如决浊水泥。上以答天子,下以宁群黎。"

康熙二十八年岁在己巳春,圣祖仁皇帝厪怀泽国,轸恤群黎,特举省方之典,巡幸至浙,驻跸西湖,泽溥万民,恩周庶类。御制七言诗一首并序:"宋臣苏轼开湖溉田,筑堤潴水,杭民利之,为政者不当如是乎? 长堤十里跨湖波,官柳青青覆软莎。漫道只为游赏地,悬知布政在民和。"

阅己卯、癸未、乙酉、丁亥之岁,屡奉南巡,皆临幸驻跸,官民踊跃忭舞。恭先浚治西湖,辟孤山以建行宫,并疏涌金门城河,以达御舟。云山效灵,湖波增润,汉称明圣之瑞,千古协应,盖自有西湖以来,未有若斯之盛者也。

康熙四十六年十二月十四日,工部奉上谕:朕宵旰勤民,视如赤子,无一时一事不思为闾阎图经久之计。江南浙江,生齿殷繁,地不加增,而仰食者日众。其风土阴晴燥湿及种植所宜,迥与西北有异。朕屡经巡省,察之甚悉,大抵民恃田亩为生,田资灌溉为急。虽东南名称水乡,而水溢易泄,旱燥难支。夏秋之间,经旬不雨,则土坼而苗伤矣。滨河低田,犹可戽水济用;高仰之地,力无所施,往往三农坐困。朕兹为民生再三筹画,非修治水利,建立闸座,使蓄水以灌输田畴,无以为农事缓急之备。江南省苏州、松江、常州、镇江,浙江省杭州、嘉兴、湖州各府属州县,或近太湖,或通潮汐,宜于所有河渠水口度地建闸,随时启闭。水有余则宣泄之,水不足则潴蓄以备用。其有支河港荡淤浅者,宜并加疏浚,使引水四达。仍行建闸,多蓄一二尺之水,即田高一二尺者,资以灌溉矣;多蓄四五尺之水,即田高四五尺者,资以灌溉矣。行之永久,可俾高下田亩无忧旱潦。此于运道无涉,而于民生实大有裨益。今漕运总督与江浙督抚方料理截漕散赈,尔部速移文该督抚等,令将各州县河渠应建闸蓄水之处并应建若干座,通行确察,明晰具奏。尔部即遵谕行。特谕。钦此!本年十二月,浙江巡抚王然接准部咨,钦遵檄行杭、嘉、湖三府确勘查议,随据杭州府知府张恕可详称:杭属钱塘县西湖有涌金水门,引湖水入城,周流曲折,归于海宁地界。湖北圣塘闸泄水于濠河,流至新河坝。其减水、石堰二闸之水,由桃花港入于余杭县界,流于大河,可资灌溉。今桃花港淤浅约长三里,应行开浚。其余西湖通水诸处,皆有旧闸可考,劝率沾利农民勤加保护疏通,以资田畴。其支河港荡有

---

〔1〕 迈,雍正本作"遹"。

淤浅者,令及时开浚等因详覆,会同福浙总督具题,部议覆准杭、嘉、湖三府共建闸六十四座,所需银两,移咨户部拨给。西湖通水诸处支河港荡,令该管有司将淤浅处所劝谕民间,相时开浚可也。奉旨依议:去岁,杭州等处被灾,民生疲敝。今支河港荡内淤浅,若劝民开浚,地方官员或藉此私派害民,亦未可定。着动正项钱粮疏浚。钦此!钦遵钞出到部咨院行司。

康熙四十七年十月,浙江布政司为钦奉上谕事。今将奉旨察勘河渠水口应行建闸疏浚处所,并奉旨着动正项钱粮疏浚支河港荡,造册详报。内开:

钱塘县开浚:

桃花港,长四百丈,阔二丈四尺,开深五尺。

正隆桥起,至银盘桥止,长一百六十八丈六尺,宽二丈零,开深五尺。

永兴圩起,至丰乐桥止,长一百丈零八尺,宽一丈三尺五寸,开深五尺。

卖鱼桥起,至观音桥内止,长一百四十丈,宽三丈三尺七寸零,开深四尺。

八字桥起,至教场桥外止,长五百八十丈,宽二丈二尺五寸,开深四尺。

仁和县开浚:

登云桥起,至戚家桥止,长三百九十丈,宽三丈四尺五寸,开深四尺。

柴公桥起,至南石桥内张家浜止,长一百二十丈,宽三丈七尺五寸,开深五尺。

杜子桥起,至北石桥内止,长三百四十丈,宽四丈五尺,开深五尺。

石灰桥起,至礼佛桥内谢家浜止,长一百七十丈,宽一丈五尺,开深五尺。

义桥起,至治平寺内河港口止,长一百八丈[1],宽三丈七尺五寸,开深四尺。

五杭桥东太平桥港内,长一百一十五丈二尺,宽二丈七尺,开深五尺。

雍正二年二月初五日,皇上特念地方水利,关系民生,最为紧要,敕令工部查议。浙江西湖,年久并无疏浚,应行该督抚确勘具题。本年六月,福浙总督觉罗满保会同浙江巡抚黄叔琳题为请开水利以赡民生以裕国计事。该臣等会看得,杭城地当省会,附郭之县仁和在东北,钱塘在西南,自仁和而迤东则为海宁。三县田亩数万顷,全藉省城上下两塘河水灌溉。而两河之水源,则皆自西湖所流注者也。湖居省城之西,聚南北诸山之水,汇七十二泉之源,潴而为湖。旧志:周围三十余里,水由涌金门入城,纡回环曲,而出于钱塘、武林、艮山诸门。其出艮山门者,入上塘河,由临平而达于海宁。出钱塘门者,由三闸而至松木场桃花港,与武林门之水共注响水闸。凡湖墅支河与古荡、西溪沿山十八里之田,皆资其利。有余之水,归入下塘河。而仁和北乡以及钱塘之下八乡,实沾荫焉。此西湖水源出入之大概。唐臣白居易所谓"每放湖水一寸,可溉田十五顷,每一复时,可溉五十顷。若蓄泄及

---

[1] 雍正本"八"后有"十"字。

时,则濒湖千顷,可无饥岁者",此也。然西湖之所以灌溉利溥者,由湖界直接山脚,沿湖诸山之水畅流入湖,而无所壅遏。一由山水所来,要口俱设小闸,以阻浮沙,使之不能淤塞。一由上塘五十里外,临平镇之西南有东湖,即古临平湖,以为之停蓄,故其来也有源,其去也有归。含泓蕴涵,而无涸竭之患,无泛滥之虞,则西湖与上河、东湖,其利害实相为表里者矣。自明季来,各闸废坏,而沙土多淤,继且并其淤者,而听佃于民,则山与湖隔绝。而西湖之源不能充裕,上河淤浅,东湖壅塞,则水无容纳,而西湖之流不能停蓄。源流既损,而湖利遂微。三县之田,旱不兼旬,即忧枯槁,由来久矣。我皇上宵旰忧勤,凡利益民生之事,无一不厪圣怀。况开浚水利,所关甚大。臣等奉命详慎查勘。谨按:西湖旧志:三十余里,有先被民人占为田荡、于康熙三年丈入鱼鳞图册者,计四百四十二亩零,每年共征粮银二十两七钱零,共征粮米一十五石五斗零。其田埂内种植桑柏树,共一万九千三百三株,并荡内栽荷蓄鱼等项,管业之家每年约收租息银三百四十四两零。又未经丈入鱼鳞图册者,计二百一十八亩。若较额征之数,每年亦止银十余两,米七石余斗。其田埂内种植桑柏树,共八千四百二十七株,并荡内栽荷蓄鱼等项,管业之家每年约收租息银一百二十三两零。此项田地,原属官湖,渐为民占。在亘塞湖心者,固为妨碍水道。即去湖较远者,亦皆阻遏水源。况所纳于官者,每年仅银三十余两,米二十余石。即所利于民者,每年亦止花息银四百九十三两零。其为官民利益者甚微,而所损于三县民田者,实不止于巨万。今荷圣恩,轸念民生,修复水利,所当仰请皇仁,豁除粮额,照西湖旧址,尽行清出归湖。去其梗塞,开通水源,以贻万世无穷之利。其从前所种桑柏等树,或移植于附近堤岸,或移植他处,以收花息,各听民便。至现存湖址二十二里四分有奇,通计里外湖面一万一千三百一十五亩零。淤浅硬沙葑滩,共三千一百二十二亩。应将浅涸者挑深,淤塞者开浚,芟除葑草,以复故址,而畅湖流。其次序,则先里湖而后外湖,先硬土而后葑滩。其深浅,则或五六尺、三四尺,各就湖面形势,分别挑浚。其淤泥葑草,则雇用小船搬运,帮筑于各旧堤之上,加阔加高,以坚堤址。其保护,则沿堤钉桩编竹,不使淤泥坍入湖中,里湖各桥,建闸启闭,不使沙土流入湖内。其委任,则令盐驿道率同府县佐贰实心料理。其工费,则令布政司会同盐驿道,将府县原估再加丈勘,节省确估,造册详送。抚臣核明,具题请旨,酌动海塘捐监银两,于今年秋成后兴工,抚臣就近不时查看督率,俟工成之后,即交于盐驿道,每年查看照管,俾永远不致淤塞。如此,则西湖之水无忧涸竭,而仁、钱、海三县民田旱涝有备,亿万小民受益无穷,于国计民生实有裨益矣。至于杭郡城内之河,共有数道,一为中河,一为东河,一为小河。而小河,又有中、西、北之分。前人设笕凿沟,引西湖之水自涌金水门及流福沟而入城,北出武林水门,南出正阳水门,东南出候潮水门,复由正阳、候潮门外合流,而趋永昌坝,以供南榷之抽分,通北榷之商货。再进而入清泰水门,落水于新坝,以疏抽分之竹木。又溢于会安坝,而入艮山水门,以通东路之粮食,场灶之盐船。其曲折出入,凡三十里,然后由桃花港响水闸会流于上下两塘河,以灌溉田亩。是城河正所以通西湖之血脉,而利益商民者无限。城河淤塞,则湖水无由出入,两河亦隔绝不通。今当相其淤浅处,酌量开浚,附入工费项内报销。其城外上塘河一带,由省城而直达海宁,凡一百二十里,沿河民田地荡数千顷,各有闸灞,旱则闭以蓄水,涝则开以分入下塘,实为河之下流。今河身支港,亦多淤塞,则下流不畅,不能引湖水而注之仁、海。但地方甚为宽广,应责成沿河各县劝谕有产沾利之家,趁冬成农隙,业主出给口粮,佃户以身作工,渐次开浚。民分其任,官董其成,但加督率,而不由胥役经手,则众擎易举,工可速成矣。若东湖为仁和、海宁二县分辖,考之于志,仁和载周围十里,海宁载东西八里、南北九里有奇,旁有四闸,古为潴蓄灌田之备。又白居易《石函记》云:自钱塘至盐官界应溉夹河官田,须放西湖水入河,从河入田。西湖不足,则决临平湖添注官河。又郦道元《水经注》云:灵隐山下有钱塘故县,县侧有明圣湖,又合临平湖经槎渎而注于海。合之诸说,则东湖实西湖蓄水之地,而上塘车戽之源,利益实属相侔。但自宋代以来,从无议及开浚者。臣等会勘湖址,仅存六百余亩。虽有湖形,竟同陆地,沿海尽为鱼荡田园。清理既难,工程复大,非一时可以并举之事,应俟西湖完工日,再为确议,具奏再查。浙江省城至江南吴江县接界一带官塘运河,臣等会同亲勘,间有浅处。而德清县辖之大麻镇起,历石门县,至桐乡县辖之玉溪镇,共四十里,更为淤浅,半月不雨,舟即难行。其支港亦多壅塞,此河不特商旅往来,抑且粮艘出入,兼之田亩赖以车戽,最关紧要,急应疏浚,以通运道。见在饬行布政司会同粮储道细加丈量,节省确估。其开浚事,宜专委粮储道督率各官,实心料理。其工费,亦请于海塘捐监银内动支,统听部议。再浙省各属水乡居多,民田所赖以灌溉,国赋所赖以充裕者,全藉水道疏通,蓄泄有备。其现在一切支河港汊坝堰斗门等项,俱关水利。嗣后,应着落地方官亲身查勘,劝谕附近得沾水利之家业主出赀,佃户出力,每年于冬成农隙,务必疏浚深通,修整坚固,以资次年春夏灌溉,以备不时旱涝。并责成粮储道督率各该管知府及水利厅,不时巡视查看,将每年农隙时,修筑水利,于次年正二月逐一告竣。该道府据实通报,院司委官勘验,如有懒惰偷安荒废水利者,即将该管各官以玩忽民事纠参处分,庶水利渐可兴复,以祈仰副皇上勤恤民隐之至意。缘系奉旨委勘事理,谨将勘过情形,先行题覆。所有工费事宜,现在饬行布政司会同粮、盐二道,逐一丈勘估计。臣谨会同浙江抚臣合词具题,伏乞皇上睿鉴,敕部议覆施行。六月二十日题。七月十六日,奉旨该部议奏。钦此！钦遵钞出到部。工部等会议：查浙江仁和、钱塘、海宁三县民田，该督等既称皆赖两塘河水灌溉，而两河皆自西湖流注，久因沙土多淤，听佃于民，利益甚微，所损民田不止巨万。仰请皇上豁除粮额，照旧址清出淤浅沙滩，相应挑浚，工费确估核题。城内之河淤浅处，亦酌量开浚，附入工费报销等语，应如该督等所题，将民人所占田荡，照西湖旧址清出，应征银米，准其豁除，造册报明户部。其湖中沙草淤浅之处，应令开浚深通，使水得以停蓄。其旧堤坍塌之处，即将所挑沙草帮筑坚固。推原历来淤塞，不特湖中葑草滋蔓，抑由上流沙土填积，应于里湖各桥建闸启闭，不使浮土得入湖内，以碍湖流。前项工程，既称令盐驿道节省确估，该抚核实题报，准动海塘捐盐银两，于秋成后兴工。工完之日，仍交盐驿道经管，该抚不时查察，每年取具该道并无淤塞甘结报部。城内河道淤浅之处应开浚者，亦行酌量开浚。该督等一并确估题报可也。雍正二年九月二十一日题。本月二十七日奉旨依议。

　　雍正二年十月，两浙盐驿道为请开水利以赡民生以裕国计事：照得西湖蓄泄灌溉仁、钱、海宁三邑民田，湖流通达，上下两湖，转运漕船盐艘，利益农商，关系甚巨。湮淤年久，湖流渐涸。荷蒙皇上轸念民生，特命开浚。本道祗承奏委总理湖工，敢不竭尽心力，以上副圣怀，而下兴民利。今届农隙之时，所有开浚事宜颁示条约，合行示仰在工官役人等遵照，悉心料理，实力奉行。如有玩愒从事贻误工程及存私苟且扣克冒销者，一经察出，定行分别，详参究处，各宜凛遵。今将开浚事宜条约开后：

　　一、里湖、外湖、城河、营河、桃花港、乌麻斗门等处，俱委员督理，分段起工。

　　一、开浚西湖，委分理官四员，编立天、地、人、和四号，外湖二号，里湖二号，每号管稽工官三员。一切区画工程，分理官各照派定段落弓口，分任其事。稽工官随听约束，稽察夫工。

　　一、人夫工值及一切器物价银，俱赴宁绍分司衙门具领转给。除应用银者，悉照原银外。其应用钱文，该分司兑换制钱给发。

　　一、稽工官支领人夫船只工值银钱，俱用联票支单，注明本号某日夫船若干，工值若干，印铃戳记，赴宁绍分司衙门支给。其根票，该分司存查，各以一号起，按次挨编，勿得紊乱。

　　一、人夫每日卯刻起工，酉末散工。

　　一、装运泥草，每船用夫二名，连船每日给工食银一钱二分。掘土长夫，按工给银。挑工担夫，按工给钱，按工悉照藩司原定每日五分。至按担，则计其路之远近，酌量给钱，不得亏减，亦不得浮增。

　　一、开湖或三四尺、五六尺不等。分理官各照湖面高下形势，画一深浚，淤泥务须去净。如有硬土，亦必开挖，删除葑草，不得存留根叶，致滋延蔓。

　　一、挑出淤泥葑草，悉依藩司定议。先将里外六桥两旁各帮出丈余，用粗木碇桩，每隔二尺，碇桩一株。贴桩用竹笆一层,所起泥草倾贮两旁,余即平铺堤上,俟干燥,捶筑坚实。至帮筑两堤外所余泥草,于里外湖就近择官地及空闲处所堆垫。

一、开湖器具。每号用山支五十把,铁扒五十把,铁锹五十把,勾草窝刀五十把,掀蒲一百把,排跳足用,马跳足用,提箕一百具,挑泥大土箕一百具,泥罱一百具,料杓一百具,打坝板足用,水车足用。

一、开湖器具,稽工官查明本号需用何项若干,填单赴宁绍分司衙门支取,转发夫头给用。临晚散工之时,夫头点明收缴。倘有遗失偷窃,责令赔偿。如有损坏,给价修整。有不堪用者,缴还另给。

一、行户办缴桩木毛竹等项,悉系现价采买,俱照原定直长。大小数目相符者,验明收用。如不合式,不得混收。

一、人夫俱自备饭食,一日两餐,许饭铺于工所,就近搭厂煮卖。每届饭时,听夫头鸣锣为号,各夫即停工吃饭。饭毕,夫头仍鸣锣为号,催令就工。

一、稽工官奉调办公,并随带家人书役,俱难枵腹从事。照藩司原议,每员每月给饭食银十两,按月支给。

一、夫头分隶四号,每号五名,亦照做工。人夫每名每日给工食银五分,十日一发,但须勤督散工,锄垦挑运,催趱工程。如徇情故纵,枷示工所,俟工完之日,责放。

一、凡支领船只夫工及器具价值,稽工官每日一报分理,分理官五日一报本道查核。该分司亦每届五日,将各号支领数目汇册送核。

一、老佃新佃,自徐荡河头及小南湖等处阻遏水源者,共开去八十五亩零。其应纳银米详宪,具题豁除。至民人庐墓,安土重迁而又仍不碍水源者,俱免挑浚。

一、城中河道,上河自断河头起,至艮山门外止,计长八里。中断河头至淳祐桥,计三里,河身极狭,应开深四百四十六丈一尺。中河,自凤山水门起,至武林水门止,计长十里,内有淤浅沙滩,共开一千六百二十八丈二尺。中小河,自新宫桥起,至回龙桥止,计长六里。又清波门吊桥起至府学前运河止,通江桥起至保安桥止,内淤浅处,共开一千九百一十六丈九尺。涌金水门起,至营河内水洞门,至井亭桥,北折至八字桥小西湖一带淤浅处[1],共开二千六百余丈八尺。其所开等处,分段起工,甃石修砌,碇桩加板,帮筑堤岸,按日计工,与挑浚西湖同。

雍正三年九月,两浙盐驿道王钧为请开水利以赡民生以裕国计事:奉巡抚都察院案验六月二十日准户部咨开查,开浚湖河工程,关系水利田畴,务使水源通畅,庶旱涝有资,民生受其裨益,应行该抚速行题估兴工,不得延挨暂停。倘有偷安怠惰,官员即行指明题参可也。为此合咨前去查照施行等因到院,准此。拟合遵照部咨事理,速将应浚工程即日严催估册,以便具题等因奉此。本道查得西湖淤塞年久,蓄泄无资,海宁等处田亩,水利攸系。是以上厪宸衷,已蒙各宪勘估修费,题请动用

---

〔1〕 湖,雍正本作"河"。

海塘捐监银两开浚。在案所议工料，再三减核。西湖除老佃新佃有民间田舍坟墓不开外，实需工料银三万三千六百二十七两六钱零。又城河、营河、桃花港、乌麻斗门等处，均关农民攒运商贾往来，现在淤塞，亦经奏请开浚。城河，实估需工料银四千三百三十九两零；营河，实估需工料银三千四百六十两九钱零；桃花港、乌麻斗门等处，实估需工料银一千三百一十五两零。以上共需银四万二千七百四十二两零。本道世受国恩，忝登仕籍，高天厚地，未能矢报涓埃。今情愿照所估之数，勉捐己资，以竣公务，仰副圣主眷念浙土利便民生至意。伏乞据情入奏，俾下吏微忱得以上达。为此备由另具书册，呈乞照详施行。

　　雍正四年七月，巡抚浙江都察院右副都御史臣李卫为详请代奏恭谢天恩事。据盐驿道副使王钧详称切：钧猥以疏庸，荷蒙皇上破格擢用，畀以两浙盐驿兼管南北榷务，受恩深重，时切悚惶。所有捐浚西湖城河等处，乃小臣稍展涓滴之微忱。仰荷圣恩，颁谕浙江盐驿道王钧急公效力，捐助西湖挑浚工程银四万两。情词恳切，着准其捐助，王钧着交与该部议叙具奏。随经部议，准加二级。又蒙特旨，王钧着加四级。钧闻命之下，感激无地。伏念钧微末小臣，涓埃未报，仰蒙圣眷，格外优加。钧惟有竭尽驽骀，仰报高厚洪恩于万一。此实出旷古未有之殊恩，用敢沥情冒恳，俯赐代奏，恭谢天恩等因到臣，据此该臣看得浙江盐驿道王钧因捐助西湖挑浚工程银四万两，奉旨交与该部议叙。部议王钧准加二级，奉旨王钧着加四级。钦此！转行钦遵去后。今据王钧详称：伏念钧微末小臣，涓埃未报，仰蒙圣眷，格外优加。钧闻命之下，感激无地，惟有竭尽驽骀，仰报高厚洪恩于万一，恳请代奏，恭谢天恩。前来臣查司道官员议叙加级，无代疏谢恩之例。今该道王钧系蒙皇上格外特恩，是以据情具奏，代谢天恩。伏乞皇上睿照施行奉旨该部知道。

　　雍正五年三月，巡抚浙江都察院右副都御史臣李卫题为请开水利以赡民生以裕国课事。该臣看得开浚西湖，原估应需工料银四万二千七百四十二两零。嗣据盐驿副使王均情愿照数捐出己资修浚，经前署抚臣传敏奏明，荷蒙俞允，钦遵在案。先据署布政司事按察司董永芟详称，该道着升任杭州府知府魏定国及分理各员督率挑浚，陆续兴工，俱于雍正四年十月二十日各工全竣。至老佃新佃内有无碍源流安土难迁者，不行开浚。其余徐荡河头小南湖等处，八十五亩四分六厘，查系阻塞源流，亦于原估捐项数内挑浚完竣，统计原估银内实用过银三万七千六百二十九两零，造册详送，察核题销。至湖工虽已告竣，而淤泥葑草时常生长，在所不免，并请题明，将此节省银五千一百一十三两零置买田亩，交地方官，将每年所收花息为不时疏浚岁修之费，于年终造册报查。再运河工段，现在河水充足，应暂停开浚。仍将一切湖河工程，责令该道不时查察，遇有淤塞，即行督理修浚等因。前来臣协同在省司道亲加查勘,察核无异,除册送部外,理合题销。伏乞皇上睿鉴,敕部核覆施行。奉旨着察核该部知道。

雍正五年六月,盐驿道为请开水利以赡民生以裕国计事。本年三月,奉巡抚都察院宪牌内开:开浚湖工节省银两,业经本都院题明,置买田亩,交地方官,将每年所收花息为不时疏浚岁修之费,于年终造册,报查在案。今查前项银两,既经题明,自应一面置买,得以收息备用,合行饬知,仰文到即将湖工节省银两作速置买,务须确查实在。附近腴产,不得以荒瘠田地擅购塞责,仍将契买何人产业,应该价银若干,并坐落都图地名,每亩每年除完粮外额租若干,及承佃姓名,逐一造册加具,不致拖欠。印押各结,详报以凭察核等因,遵将契买田产造册开后:

一、买海宁县陈姓田地,共八百六十一亩五分七厘六毫,随产庄屋二百二十五间二所,每亩时价银四两五钱三分九厘六毫,共该价银三千九百一十两六钱九分三厘五毫。

一、买海宁县张姓田地,共二百三十九亩九分八厘五毫,随产庄屋一十八间,每亩时价银四两五钱三分九厘,共该价银一千八十九两二钱九分一厘九毫。

以上共价银四千九百九十九两九钱八分五厘四毫,内奉拨给圣因寺僧人膳田一百亩一分,随产房屋一十六间,每年应收租米八十六石三斗四升,租银一两六钱,租豆一石,已经给照,令寺僧自行收租完粮,余存以供食用外,实存田地水溇一千零一亩四分六厘一毫,庄屋二百二十七间二所,每年应征租米八百三十石七斗八升,租银八十八两一钱四分,租豆三石九斗,租麦一十八石一斗,每年应完条截正耗银一百三十两零九厘四毫,南漕二米七十二石一斗八升一合。又除海宁县收租雇船杂用银三十四两三钱六分一厘六毫,其余租米麦豆照时价变卖,并租银一同起解,悉充西湖岁修之用。其田地另立西湖岁修户名,田租责成该县印官每年遴点诚慎经制吏书一名承管,年年更换,不得常川管理,以滋包收中饱之弊。夏租银两麦豆,于五月内照数催收,六月内照依市值折银起解。秋租米石,于十一月内催收,十二月初旬照依市值折解。凡关动用,听司道核明数目,先期详请批允,方始拨给,不得浮冒花销及那移别用。至此项租息,系关岁终报部即同正项钱粮,令该县各按佃户承种亩数应输夏租秋租若干开造额征,比簿设立三联印串。收租之日,将一张截给该佃归农,余存二张以备登填比簿及不时吊查之用,庶佃户不致拖延,经承无从干没。如过期不完,该县即摘拘追比,不许颗粒逋欠。倘遇水旱灾伤,即令该佃报明印官,申报司道衙门详宪,照例委员覆勘确实,按被灾轻重,分别减免。至经承下乡收租船钱饭食,既经该县详明于租息内动支,不许需索佃农一文一粟。如违,察出重究。雍正五年十月二十八日,具详到院,随批此项租息每年征收,完欠俱应该道督催,夏冬二季,解收道库。所议责成该县征收之法,俱如详行。至岁修动用报销事,宜藩司主政会同该道核详,仰即移司画一遵照可也。

雍正五年七月,盐驿道为请开水利等事,案于上年十二月据署杭州府呈详,议建金沙港、赤山埠、丁家山、茅家埠石堰闸四座,以蓄泄沙水入湖,于报销册内听留银两,俟来春委员建筑。今时届春和,亟应建造,未便延缓,合行严催,仰文到即便具领,仍将委员及兴工日期报查,以凭核转题销可也。

雍正五年七月,盐驿道为请开水利等事。据钱塘县民徐子佩等呈称:西湖蓄水,灌溉田禾,所利甚溥。因葑草难除,屡致湮塞。今蒙疏浚,恐葑草复生。窃思畜养草鱼,将新长葑芽随时啮去,则人力不劳而功速。呈恳借给鱼本,置买鱼秧,畜养刈草,公私两利等情,批行杭州府查议。该府详据钱塘县详称:西湖葑草湮塞之患,其来已久。前贤芟草之法,详且尽矣,从未有议及公私两利用力绵长永绝葑患者也。今渔户有畜鱼去草之请,谨悉心详议,候赐核转遵行等因。卑府覆议,酌领三百金,借本生息,抵作刈草工费,俟鱼长货卖,将本银缴还。各渔户既有花息,听其出资畜养,每年于芟除葑草外,再为酌议完租,以充公用。倘有芟刈不尽并藉端生事者,绳之以法等因到道。据此,查西湖原系公家之产,向来捕鱼捞草,听从民便,并无禁约。今若于养鱼处所,毋许民间私捕,设为厉禁,非特大拂民情,且起争端不已。改议于里湖设籪养鱼,禁人采捕。其外湖一带,仍听民便,似为平允。是否可行,统候宪裁等因到院,随批如详行,饬令府县实力巡查,毋致虚应故事。

雍正七年十月,盐驿道为请开水利等事。本年六月十三日,本道详据钱塘县估修溜水闸工料,于雍正五年西湖岁修银两内给发,务期修筑坚固。工竣,将用过银两造册详销缘由奉批。如详动给,樽节办理,修筑坚固。工竣,据实造册,详送核销,仍移知藩司备案,缴遵经行,知藩司备案,并行钱塘县取领给发,饬令樽节办理去后。今据该县申称,遵奉核给前银,购备物料,于七月初八日开工修筑,凛奉宪饬,樽节办理。今经工竣,理合造册详销等情到道,相应据详。伏候察销等因到院随批,仰布政司会同盐驿道确勘,核实报销册并发。

雍正五年十一月,布政司盐驿道会详为请开水利等事。本年六月,据钱塘县详称,蒙本道牌催,建闸兴工日期,遵将赤山埠、茅家埠、丁家桥三处,先行备料,兴筑于本月二十七日,兴工合行报明。至金沙港一处,复加履勘,系出天竺、灵隐诸山之水,洞身长阔,每遇雨集,溪流横决,沙石繁多,非闸可能堵御。询之土人,必须添建滚坝一座,方可阻沙,使不泄入湖内,以免湮塞之患。合并详明,伏候批示,委员查勘,以便确估册报,酌夺遵行。等情到道,据此随查。既应添设滚坝,何以从前估计工料时并不议及,是否必须,批行杭州府查勘定议。去后据该府详据该县详称:金沙港地势高阜,洞身长阔,聚天竺、灵隐诸山之水,一逢骤雨,急流汹涌,石走沙行,穿溪泛滥，非闸可能堵御。询之里民，务须建筑滚坝，方可阻积流沙，不致冲入湖内。从前估计工料时，缘未咨访明确，是以未经议及，拟合详覆等情到府，当查滚坝如果必需，应作何建筑，并估计工料若干，切实定议详覆。据详查得金沙港添建滚坝，必须高五尺，阔二丈四尺，两岸用大石砌礅二十丈，中竖大石柱木槛，用巨石筑砌坝心，以保矬陷坝内。开深十丈，以积流沙。所需工料，未便苟简造具，确实妥册。伏候核转等因，转详到道。据此金沙港既需建筑滚坝，则原估建闸工料，便可扣存。筑坝之用，复饬该府确查。去后又据详称，遵查金沙港添建滚坝，应与闸并建，方得唇齿相依。筑坝于内，以锁缓汹涌之势；建闸于外，使水徐行，以积沙石，斯为有益。若止建坝，一逢骤雨，急流直泻盘过，终无实济。且出水之处，前开成湖，今复淤成陆地，故敢悉心据实详明等因到道。该本司道会查得，湖工报销案内，听存建筑赤山埠等石闸四座，于本年四月领银兴建。旋据详金沙港一处，必须添建滚坝一座，并称与闸并建，方得唇齿相依，愈加坚固，将建坝工料及三处建闸用过工料造册前来。查滚坝，据详必须添建，应如所请，于西湖置产银内给发，同未建之金沙港石闸一并上紧攒工兴筑，工完造册，另详察销。伏候照详施行，随批如详兴建。

雍正七年十月，布政司为请开水利等事。奉总督部院管巡抚事批：前司呈详，金沙港闸座之外，泥沙淤成陆地，亘塞湖口，勘验开浚。及坝内泥沙，易于壅积，设立坝夫，旋积旋挑。缘由奉批，金沙滚坝工完，仰候据册咨部。至开浚淤泥，并设立坝夫之处，应即确估挑工，酌定工食，详夺缴奉。此据盐驿道檄饬钱塘县确估议详。据称查金沙港从前未建闸之先，冲沙淤塞湖面，是以前令详明筑坝。业经工完，报销在案。第闸下原留高埝、埝外未浚淤滩以及贴溪复淤之处，应请复为开浚。至于请设坝夫二名，务募就近勤慎居民，专司其事。如遇山水骤发，即将冲积坝内泥沙挑运远处。倘溪流横决，冲沙越坝，旋上闸板堵御，随积随挑，毋令泻入湖内，庶永远保无复壅之患。所有工食，每名按季给银一两八钱，以为衣食挑运之资。如敢因循怠惰，致使沙积湖淤，验明责惩罚浚外，另募承充，既可杜役食之虚糜，又可专挑运之责守，等情到道，应将所估价银，于西湖岁修项下动支给发，樽节料理，按册开挑。工完，造册报销。至设坝夫工食，每名岁给工食七两二钱，亦于岁修项下给领，募勤慎居民充当。如山水发流，泥沙积聚，令其挑运远处，旋积旋挑，毋使泻入湖内，以免壅积之患。仍容本道不时委员查勘，如敢因循怠惰，责惩罚浚，另募承充，等因到司，拟合转详，随批如详，移行遵照，仍将现在开浚淤沙，严催攒竣，据实造册，委员验勘取结核销缴。

李卫《开浚西湖碑记》：雍正二年，天子诏亲藩重臣循行畿辅，察水利之当兴治者。于时奏事者，及浙之西湖。天子曰：俞咨尔封疆勤乃修理，率事于官，役力于民，颁给廪钱，无滋扰于百姓。

议成,动需帑金四万二千有奇。会泽州王副使任两浙转运盐驿使,因举浚湖事属之。副使曰:"民之事,君事也。予受君恩深,每愿有所报效,请如所直,独成其事。"事闻,制曰可。于是命有司集民夫,聚昨艋,齐畚锸,募者如云。贫民因力资生,动以万计。凡沙之滩者,汰去之;泉之潍者,疏决之;葑之固结而蔓延者,芟刈而剔除之。日勤旬劳,阅岁乃成。于斯时也,湖天一碧,廓如镜如,憩于中亭,御风泠然,鸟鸣于山,鱼濂于渊,老稚来观,相与嬉游于鼻荡之天。其间宸游之宫、天章之亭,阙者补,圮者修,巍然焕然,水光云影,高下掩映。五年冬,奉命改为佛寺,供圣祖仁皇帝神御。凡昔日游豫之地,俾臣民咸得瞻仰焉。又城中坊衢鳞接,聚千族,通百货,实凭于河。湖水既浚,河可次及。于是迹其源流,通其经历者,泾者浍者沚者,使之转注,以循缠络,非特利舟楫,亦可以消烊灾。其所利者,溥哉。是举也,合前所直费,尚余五千金,乃置田亩,俾官计其岁入,揭为岁修长利。副使可谓详于治事矣。余出抚浙,亲承圣训,率事惟勤,纳人于忠,如副使之殚心竭力以忠奉朝廷之勤,是谓按职,其人可书。厚积蓄以为灌溉,长使水旱有备,其事可书。苏、白以降,作者几人?犹多废格。今则发自宸衷,由京畿及海甸,百废具举,时又宜书。以是三者,因副使之请,乃特书天子命且志其岁月,使史家有如迁、固之书《河渠志》《沟洫》者,或有取于是文。雍正六年三月记。

王钧《开浚西湖碑记》:皇帝嗣历之二年[1],化浃恩沛,川渎贡珍,育物之仁,与天无极。特轸东南民力,将兴水利,乃博采群议,以杭州西湖可溉上塘田千顷,近渐湮塞,诏浙省臣工亟谋开疏之宜。事下前督抚,议支藩库以役民夫,未蒇事去。钧奉命运矗是邦,谬荷重寄,于恤亭户、苏罢商外,思所以报效万一。窃闻古转运之职,在汉治粟内史,有干官如淳谓主均输之事,谓羌盐铁而榷酒酤也。唐置重臣为诸道转运盐铁使,而引水入田之法见于白公《钱塘湖石记》。宋至道三年,分天下为十八路,两浙合为一,并置转运使副。熙宁七年,始于杭州置司,漕挽刍粟,一以归之。其时能为官者,往往以醨析河渠著声。沿及元明,运使始专理矗政,则运盐诸河,尤当兴复。转运之兼水利,由来久矣。因愿捐己赀,如前所议之数,毕力挑浚,俾微臣涓埃之忱,得达宸听。旋蒙俞旨俯允。钧闻命之下,忻忻踊跃,循视湖堤,审其淤塞之状,则里湖自孤山路迤西,向为有力者占种菱,湖渐次沮洳十之二、三焉。外湖自柳洲迤南,过湖心寺,纵横十余里,葑老根深,云横阵布,奸民将觊为稻畦十之七、八焉。于是简委贤员,召夫以万指计,畚锸云集,晴霁而作,霖潦而止,葑者薙之,浅者疏之。始雍正二年十一月初十日,讫雍正四年十月二十日,凡阔以丈计者若干,深以尺计者若干。若赤山埠、金沙港诸处,自明杨公孟瑛开浚,后侵为田庐冢墓者,年久埋壅。遽商掘废,恐致公私惊扰,欲复如唐宋时环湖三十里际山为岸之旧,诚未易言。唯是湖面澄泓,练如镜如,群峰鳞鳞,倒影在下,渔舠苲艇,纵恣所如。郡人来游者,咸快旧观之顿还,旱干之有赖也。洪惟我圣祖仁皇帝省方南幸,浙中西湖,驻跸凡五。今奉上谕,于行殿供佛,为报本严先之地。天章奎画,照映湖山,鱼鸟翔泳,久久被泽。恭以余财葺栋宇,洁塓垍,青红楹槛,焕然浮动于水云光影中。苏公堤向为水啮,基址日削,则将所浚葑泥加庳为崇凡三尺,增隖就广凡尺许。而城内中河、西小河之与湖流交通者,亦浚之,以利舟楫。东河受蔡河桥外沙河之水,为盐艘运道,

---

[1]　嗣历,雍正本作"临御"。

除污展清,所以尽厥职也。总会计之,实费银三万七千七百两,而开湖之役始告备。夫经理西湖,自李邺侯、白太傅以来,莫如苏子瞻、杨温甫。子瞻既疏利害于朝,复具申三省筹画明悉,无可摘索。而御史贾易已劾其科骚部内,以事游逐。虽废格不行,宰臣未免有两罢之请。温甫力排群议,锐意行事,终以清理包占地荡为豪右所忌。二公虽功在后世,所遭逢何其难也!今钧于二公,驽劣无能为役。伏遇圣天子在上,浚川距浍,迈舜、禹之鸿绩,举久坠无穷之利,而施于民,不待倡议于有司,且闵微劳,加以四级。若前抚宪傅公,下情既不壅于上闻;今制府李公,督率有司以观成功。然则钧之才虽远不如苏、杨,而钧之遭逢极盛,宁非二公所深愿不得者哉?事既竣,余银五千两,买田若干亩,使籍田户之租,视葑稍生,即募人刬尽,岁以为常。继是,毋废坠,毋侵冒,不必设开湖之司、立撩湖之军,所以为此邦生齿计久远者,在是矣。爰记颠末,以俟来者。雍正六年戊申季春之吉。

伏查原题会勘疏内,复有修浚上、下塘河之议,俱不入工费项下,应俟西湖工竣之日兴修。至原疏外尚有应行修浚之处,均关湖水蓄泄,公私利赖。

雍正五年二月,钦奉上谕:浙江杭、嘉、湖三府,上年秋冬之间,雨水稍多,收成略觉歉薄。今年青黄不接之时,已令地方官商酌平粜,以济民食。但念米价虽不至昂贵,而无力穷苦之民,本无籴米之资,甚属可悯。着动用库银四万两,令巡抚李卫会同将军鄂弥达观风整俗,使王国栋悉心商酌于地方,或开浚河道,或修理城垣堤岸,令小民就近佣工,藉以糊口。倘四万金尚不敷用,着李卫等再行具奏请旨。特谕臣李卫等钦遵察勘,次第奉行。是以上、下两塘支河港汊堰埭桥梁,凡湖流所届远近处所,靡不修举坚固,疏浚深通。仰见睿虑周详,皇仁溥博。东南水利,永赖于亿万斯年矣。

谨按:西湖水利,至明季废弛已极。豪民巨族,于水面各插水帘以渔利,其或巧为官佃之帖以相欺罔。塍岸既多,湖流渐涸。国朝立为禁防,清理私占,开城河以通湖水,出入西湖,旧迹不致尽湮。恭遇圣祖仁皇帝仁覆天下,勤恤民隐,发帑兴修,久为东南利赖。我皇上善继善述,视民如伤,首重农田,大兴水利。守土之臣,幸际昌期,得少竭悃诚,以上襄盛治。自此湖流绵远,垂利无穷,诚千载一时之隆遇也。谨拜手稽首,以志庆幸云。

武林览胜记卷三

堤塘 堰闸附[1]

稼地之掌,在谨潴防。盖有川谷以导其气,必藉陂塘以钟其美。西湖自有南笕北函以来,濒湖之田,既蒙其利,乃复兴废不常,非守土者之责欤?为畜泄,为堤防,凡湖波所届,循源以竟委,备志之,以见圣朝修举之无失坠云。志堤塘。

白沙堤 俗称白公堤。自断桥起,迤逦经孤山至西泠桥止,径三里余,唐时称白沙堤,宋时称孤山路。《咸淳临安志》:在孤山之下,北有断桥,南有西林桥,其西为里湖。今称后湖,以在孤山之后,故云。乐天诗:"谁开湖寺西南路,草绿裙腰一道斜。"自注云:"孤山寺路,在湖洲中,草绿时,望如裙腰。"旧志云:"不知所从始。"旧志,谓《淳祐志》。【万历】《钱塘县志》:岁久,堤圮。万历十七年,司礼监孙隆修筑,累石砌梁,杂植花木。又名十锦塘。亦名石径塘。堤中重建望湖亭,并建锦带桥、垂露亭,为一湖之胜。袁宏道《西湖杂记》:望湖亭接断桥一带,堤甚工致,夹道种绯桃、垂杨、芙蓉、山茶之属二十余种。堤边白石砌如玉,布地皆软沙。杭人曰:此内使孙公所修饰也。此公大是西湖功德主,自昭庆、净慈、龙井所施,不下万计。余谓白、苏二公,西湖开山古佛;此公,异日伽蓝也。毛奇龄《西湖诗话》:杭州钱塘湖中,有一堤穿于湖心,作志者初称白堤,后称白公堤,谓白乐天为刺史时所筑。及读乐天《杭州春望诗》有云"谁开湖寺西南路,草绿裙腰一道斜",则并非自筑。盖未有己所开堤,而反曰谁开者也。且诗下自注云"孤山寺路,在湖洲中。草绿时,望如裙腰",是必前有此堤,而故注以证己诗。其又非初开,可知也。是以张祐诗云"楼台映碧岑,一径入湖心",其诗不知何时作。但乐天出刺杭州,在长庆末,而陆鲁望每推祐为元和诗人,则此堤非长庆后所筑,断可知者。尝考此堤名白沙堤。乐天《钱塘湖堤春行诗》云"最爱湖东行不足,绿杨影里白沙堤",则意此堤本名白沙。或有时去"沙"字,单称白堤。而"白"字,恰与乐天姓合,遂误称白公堤。有时去"白"字,单称沙堤。如乐天又有诗云"十里沙堤明月中",是一"沙"一"白",遂多

---

[1] 堰闸附,雍正本作"附堰闸坝"。

误称。而不知"白堤"不得称"白公堤",犹"沙堤"不得称"宰相堤"也。白居易《湖亭晚归诗》:"尽日湖心卧,心闲事亦稀。起因残醉醒,坐待晚凉归。松雨飘藤帽,江风透葛衣。柳堤行不厌,沙软絮飞飞。"[1]宋周紫芝《中秋步湖堤诗》:"门接银湖浪,居仍在宝坊。更烦山吐月,来共水分光。叶冷初翻夜,虫吟拟泣霜。幽人看不足,白露满琴床。"俞灏《湖堤晚行诗》:"暝色俄从草色生,管弦罗绮尽归城。不应闲却孤山路,我自扶藜月下行。"黄省曾《段家桥步至孤山诗》:"少有岩壑性,一往不可移。心骇云台宅,愿逸霞林居。晨兴咏蕙轴,春赏下招提。凌湖散幽趾,属岛登青梯。今栽非昔莩,新宫仍往基。清澜曳远岸,列嶂环众奇。萧榛恻虚陇,高尚企襟期。龙盘大海慊,风谢蔚罗宜。景尔征士踪,临风感踟蹰。"王瀛《白堤闲步诗》:"春风过柳柳如缲,放鹤亭边入断桥。日暮长堤更回首,前朝宫殿草萧萧。"王穉登《十锦塘诗》:"湖边绿柳映红阑,日日寻芳碧水湾。春满好怀游意懒,莺撩吟兴客情闲。波中画舫樽中酒,堤上行人岸上山。无限风怀拚一醉,醉看舞蝶绕花间。"孙治《十锦塘诗》:"飞琯捉节满红楼,此地繁英胜上游。独有王孙芳草迹,年年歌舞不胜愁。"[2]陆嘉淑《孤山至白沙堤诗》:"陟巘下崇岭,遵夷就回岸。虚境阻孤山,曲堤带长涧。积水菱茨鲜,泳渚凫鹥乱。时时孤棹出,习习群牧散。空水不尽处,云烟自流漫。平皋无淹景,石梁畅迟玩。平生林涧娱,淡远协幽赞。栖隐志未违,登眺情独惋。情同散发贤,临流恣游叹。"

国朝雍正二年,奉诏兴西湖水利,盐驿道王钧捐资助浚,出湖中葑草,运于各旧堤上,加广丈余,加高二尺余,碇椿贮土,铺沙甃石,视昔有加。四年冬,告成。五年,巡抚臣李卫饬属员补植花木,桃柳间发,芙蓉映水,焕若图画,烂如锦屏。行人嬉游,鱼鸟咸若,殆无日不在光风熙皥中也。

谨按:自宋咸淳时,潜说友作《临安志》,吴自牧作《梦粱录》,周密作《武林旧事》;明洪武时,陈循作《寰宇通志》;成化中,夏时正修《杭州府志》,俱称孤山路。嘉靖中,田汝成作《西湖游览志》;万历中,陈善修《杭州府志》,并失载孤山路。而"白沙堤"之名遂泯。至万历中,钱塘令聂心汤作《县志》,从俗称"白公堤"。而后之修志者,咸指此堤为白公所筑,殊不知"白沙堤"之名已见于公诗,则白公之前,先有此堤矣。

白公堤 在钱塘门北。由石函桥北至余杭门,筑以蓄上湖之水,渐次以达于下湖。《新唐书·白居易传》:"居易外迁杭州刺史,始筑堤捍钱塘湖。"白居易《钱塘湖石记》:"自钱塘至盐官界应溉夹官湖田,须放湖水入河,从河入田。今年筑高湖堤数尺,水亦随加。脱有不足,更决于平湖,即有余矣。"《西湖游览志》:"西湖又称明圣湖,以其输委于下湖也,故又称上湖。"[3]

谨按:此堤当名白公堤,实白公所筑,与白沙堤绝不相涉。今石函桥外,堤迹犹存。而白公之名,竟泯矣。特拈出之。

---

〔1〕 雍正本无"白居易《湖亭晚归诗》……沙软絮飞飞"此段文字。

〔2〕 雍正本无"孙治《十锦塘诗》"此段文字。

〔3〕 雍正本无"白居易《钱塘湖石记》"至"故又称上湖"一段文字。

苏公堤　堤有六桥，南自南屏，北接岳庙前，横截湖中。宋元祐间，苏公轼所筑也。《咸淳临安志》："元祐中，东坡既奏开浚湖水，因以所积葑草筑为长堤，起南讫北，横跨湖面，绵亘数里，夹道杂植花柳，中为六桥。"详《桥梁志》。行者便之。坡尝赋诗云："六桥横绝天汉上，北山始与南屏通。忽惊二十五万丈，老葑席卷苍烟空。"嗣郡守林希榜曰"苏公堤"。邦人祠公堤上。苏辙《兄东坡先生墓志》："杭州西湖，南北三十里，环湖往来，终日不达。先生既去，葑田葑草如云，乃积之湖中，为长堤一，以通南北。六桥，则湖上所创之桥也。"后十年，郡守吕惠卿奏毁之。堤间啮于水，郡常随时修治，讫罔克久。咸淳五年，朝廷给钱，命守臣潜说友增筑，载砾运土，填洼益庳，高二丈，袤七百五十八丈，广皆六十尺。堤旧有亭九，亦治新之，仍补植花木数百本。杨慎《苏堤始末》：东坡先生在杭州、颍州、许州皆开西湖，而杭之西湖尤伟。其诗云："我在钱塘拓湖渌，大堤士女争昌丰。六桥横绝天汉上，北山始与南屏通。忽惊二十五万丈，老葑席卷苍烟空。"此诗史也，而注殊略。今按：宋《长编》云：杭本江海之地，水泉咸苦。唐刺史李泌，始引西湖水作六井，故井邑日富。及白居易复浚西湖，所溉千余顷。然湖水多葑，近岁废而不理，湖中葑田积二十五万余丈，而水无几矣。运河失湖水之利，则取给于江潮。潮浑浊多淤，河行阛阓中，三年一淘，为市井大患。而六井亦几废。公始至，浚茆山、盐桥二河，以茆山一河专受江潮，以盐桥一河专受湖水。复造堰闸，以为湖水蓄泄之限，然后潮不入市。间至湖上，周视良久，曰："今愿去葑田。葑田如云，将安置之。湖南北三十里，环湖往来，终日不达。若取葑草积之湖中为长堤，以通南北，则葑田去而行人便矣。"堤成，杭人名之曰"苏公堤"云。合是观之，则公之有功杭人大矣。余昔在京，问之杭之士夫，亦不知。今阅公诗注亦略，故详注之。呜呼！治水之难久矣。宋之世，修六塔河、二股河，安石以范子渊、李仲昌专其事，听小人李公义、宦官黄怀忠之言，用铁龙爪、浚川耙，天下皆笑其儿戏。积以数年，糜费百十万之钱谷，漂没数十万之丁夫，迄无成工，而犹不肯止。至其绩败功圮，而奸人李清臣为考官，犹以修河策问，欲掩护之。甚矣！宋之君臣愚且戆也。如东坡杭湖、颍湖之役，不数月间，而成不世之功。其政事之才，岂止什伯时流乎？公又欲凿石门山运河，以避浮山之险，当时妒者尽力排之。又欲于苏州以东，凿挽路为千桥，以迅江势，亦不果用，人皆恨之。噫！难平者事，古今同一慨矣。夏时《湖山胜概记》：苏公所筑之堤，亘十里，以防涧水，行者便之。上有六桥，桥覆以亭。堤间桃柳，芳草铺茵，芰荷簇锦，则其当时民物之阜，风俗之美，政教之行，概可想而见。使惠卿有知，则含羞于地下矣。

《西湖游览志》：南渡后，堤桥成市，歌舞丛之，走马游船，达旦不息，岁久弗治。而湖之涛，日淫啮之，堤渐廉削。成化已前，里湖尽为民业，六桥水流如线。杨孟英[1]辟之，西抵北新堤为界，增益苏堤，高二丈，阔五丈三尺，列插万柳，顿复旧观。久之，柳败而稀，堤亦就圮。嘉靖十二年，县令王釴令犯人小罪可宥者得杂植桃柳为赎。自是红翠烂盈，灿如锦带矣。吴鼎《西湖桃柳记》：宋苏子瞻守杭日，既浚西湖，筑堤，

---

〔1〕　雍正本"英"作"瑛"。

堤树桃柳，世称苏堤。更四百余载，翦伐衰耗，可知已。今上登极之十一年，侯官王君为钱塘令，循行故堤，叹曰："仁侯之迹也，而湮废至此乎？"间课民补树柳若干，桃居其半。君过之，喜曰："是不足想见坡公风教耶。"好事者写为王堤桃柳，衷诸赋咏，志去思云。往予从君观堤上，予请数所植树，籍而藏诸掌故，禁后世毋樵伐，君笑不应。今春，予过之，属桃柳盛布，而王君令德不复可亲炙，令人思封植嘉树，以毋忘遗泽。虽然，邑中父老子弟，孰不如我，而奚俟禁之毋剪伐哉？又安知后之人，不续树以绍君美，如君之绍苏公者耶？《诗》云："我躬不阅，遑恤我后。"言君子患其身无以示民，毋忧去后变置其法也。昔者君不我应，有以。夫君去之明年，为嘉靖十六年。其夏五月己卯朔，故民吴鼎记。

《钱塘县志》：王钛夹堤种植桃柳，后为兵燹所戕。万历初，运使朱柄如重植之。

叶茵《苏堤诗》："南北山围翡翠堤，堤边绿涨软琉璃。参差台榭无余地，杂踏轮蹄了四时。杨柳又多前日树，梅花只少近人诗。停篙不看春风面，闲伴渔翁理钓丝。"周紫芝《苏堤诗》："翰林一去已经秋，犹有平堤绕碧流。谁向西洲还度曲，此翁零落已山邱。"葛天民《湖堤晚步诗》："照影怜寒水，关情奈夕阳。雪悭天欠冷，年近日添长。好句谁相寄，浮生各自忙。有身聊顿放，无事可思量。"葛天民《雨中过苏堤诗》[1]："一堤杨柳占春风，柳外群山细雨中。人苦未晴浑不到，只宜老眼看空蒙。"吴仲孚《苏堤清明即事诗》："梨花风起正清明，游子寻春半出城。日暮笙歌收拾去，万枝杨柳属流莺。"元淮《苏堤秋晏诗》二首："南北高峰索翠屏，山藏楼阁带烟轻。欲凋杨柳犹贪舞，半破芙蓉老未成。波底画桥天上动，树边金翠镜中行。水晶万顷浮波面，照出孤山分外清。""谁筑长堤壮锦城，东坡千古得嘉名。拒霜夹岸同丹绮，水镜周回类月明。白日黄鸡呼妓唱，红螺紫蟹就船烹。我来只赋西湖水，还有高人鉴此情。"宋无《苏堤诗》："汉苑花何处，唐陵柏已空。相逢大堤上，令我忆苏公。"吴汉浩《与张伯雨苏堤暮归诗》："柳丝澹荡雨霏微，隔水遥看羽盖飞。马上仙人强支酒，踏花何处晚来归。"仇仁近《游苏堤诗》："斜堤高柳绿连天，且系游人书画船。花事已空三月后，湖光还似百年前。洛阳园囿留诗在，江左风流托酒传。我亦叩舷歌一曲，恐惊沙上白鸥眠。"孙一元《苏堤闲步诗》："十里飞花送酒卮，六桥儿女踏春词。无人会得渔翁意，独立晴湖照影时。"张时彻《过苏堤见桃花诗》："湖上春云生昼寒，落花飞絮乱漫漫。六桥东下树千个，独倚斜阳子细看。"王瀼《苏公堤诗》："老去寻芳信杖藜，从容踏遍短长堤。阴浓烟柳藏莺语，香散风花逐马蹄。十里平分湖里外，六桥只隔岸东西。坡公遗惠今犹古，薄暮归来醉欲迷。"樊良枢《早春看苏堤一带植桃柳诗》："老梅飘雪点长堤，菀柳夭桃树树齐。锦作河阳晴带郭，春归彭泽早成蹊。激流淡月浮空水，映竹孤云上远溪。遮莫湖中公事了，听莺常傍六桥西。"万达甫《春日苏堤诗》："野渡春花香满堤，花阴深处听黄鹂。晴郊日日笙歌拥，踏破红尘五色迷。"张涞《苏堤行乐诗》："明湖开玉镜，十里跨长虹。径接两山路，光摇二水中[2]。柳疑隋岸绿，桃借汉林红。地入方蓬界，山围锦绣丛。淡妆西子态，玉树丽华蓉。花点歌姬扇，杨穿侠客弓。酒依金谷数，兴与曲江同。今日乐复乐，年光不易逢。"查容《苏堤行》："春堤十里平如掌，水色山光清复爽。映面花红焰

---

〔1〕 雍正本"雨"前无"葛天民"三字，而有"又"字。

〔2〕 二，雍正本作"一"。

焰开,分袍草绿萋萋长。六桥宛转饮长虹,踏草穿花兴正浓。桥上香车看不足[1],堤边画舫又相逢。苏公当日曾筑此,不为游观为民耳。好山好水两相遭,花晨月夕何时已。自古名贤利泽多,所到功成迹不磨。不见彭城筑堤捍河水,千载犹传河复歌。"汪沨《苏堤晚步诗》:"散步逐斜照,行吟起暮霞。水光遥错锦,山色淡笼纱。浴鹭寒翻雪,霜苔静有华。翠钿何处拾,愁绝有归鸦。"陆嘉俶《苏堤诗》:"苏公三作西湖长,此湖名胜真无两。清颖披云不足论,长堤千古人争赏。堤上春风三月天,花明柳暗草芊芊。乍逢宝马垂边影,已过香车拾翠钿。自从海晏鲸波息,江南无事宽民力。游人日日踏歌来,湖如西子重生色。更闻江北颂河清,桃花水落地中行。万堤多似此堤好,北去南来无限情。"

国朝雍正二年,与白沙堤同时修筑。五年,同植花木,辅狭为广,益卑使高,比白沙堤培之[2]。每春秋佳日,纷红骇绿,散绮堆黄,拒霜艳发,红妆倒映,舟行里外湖间,花光云影,合匝数重,朱阁红阑[3],连延十里,不啻置身十洲三岛间,诚湖中胜概也。

赵公堤　宋时称小新堤,路通灵竺。《咸淳临安志》:淳祐二年,赵安抚与篱筑。自北山第二桥至曲院步,夹岸植柳,如苏堤,路通灵竺[4]。半堤做四面堂一、亭三,以憩游人。咸淳五年,并行修筑,聚土增高,通二尺许,袤凡二百五十丈,广皆二十五尺,其费亦朝廷所给赐也。《西湖游览志》:赵与篱作。自北新路第二桥至曲院,筑堤以通灵竺之路,以比苏堤,人遂称赵公堤。《七修类稿》:里湖横筑以通灵隐之堤,乃淳祐间赵与篱所筑。予意当称赵堤,今混以苏名,非也。丁文策《小新堤泛舟诗》二首:"湖上新晴好,临流晓放船。两峰开远嶂,一水荡遥天。风滴花间露,人冲柳外烟。珠帘犹未卷,寂寞尚高眠。""又逐笙歌出,春风事事齐。一年芳草路,十月柳条堤。画舫吹龙笛,香车逐马蹄。不知门候禁,酣饮月轮西。"

杨公堤　在里湖西岸,与苏堤相对。《西湖游览志》:知府杨孟瑛既开西湖,遂筑此堤,俗称里六桥是也。然近北山三桥,宋时已有之。杨公所筑,特南山三桥耳。惜乎其名不立,无以匹配苏堤,今为拟定之。桥名详《桥梁志》。

国朝雍正二年,修筑湖堤,增阔加高,亦如白、苏二堤。缘堤在里湖,经行者稀,且近居民田桑之地,故不复补植花木云。

金沙堤　在苏堤之西,自东迤西,与赵公堤故址相近。雍正九年三月,总督臣李卫卜地于西湖之金沙港,起建怡贤亲王祠。其地为灵隐涧泉入湖之所,旧为澄潭。数年以来,金沙渐积,方广成区,垲爽高明,光彩照耀,若天作而地藏之者,因于

---

〔1〕　不,雍正本作"未"。

〔2〕　培,雍正本作"倍"。

〔3〕　朱阁红阑,雍正本作"画阁雕阑"。

〔4〕　雍正本无"路通灵竺"四字。

苏堤东浦桥之旁筑新堤，以达祠宇。中建玉带桥，飞亭高骞，文石密砌，以利舟楫，以通车马。堤广三丈余，长六十三丈，夹树花柳，联络映带。

上塘 《仁和县志》：旧名夹官河，一名运河。西自德胜桥，东抵长安坝，南通外沙河、前沙河、后沙河与蔡官人塘河，东经赤岸施河，村方兴两岸田，何止千顷。天顺间，杭州知府胡濬以父老郎遑言，与知县周博亲自计度近湖民田多寡，起夫开浚，仍修筑闸堰坝，以时启闭，使旱潦不苦盈涸。陈芳生《上塘河工议》：仁和田土有上、下塘之分，而旱潦因之，异焉。下塘苦潦，患在下流之不速；上塘苦旱，失在堤防之不修。上塘之所恃以为堤防者，东新关至长安一塘。塘自半塘以下，石脚坚固，不患坍损；自金家堰以上，渐见低狭；由李王塘而上，有傅家庄，有皋亭闸，有沈家湾、王家缺等处，纤路全无。淫潦之时，上水与下水相接。及至旱干，始见塘址而已。塘愈毁，则蓄水愈少。长夏之际，三四十日不雨，亦天道之常，以他处视之，未可言旱。而上塘略一车戽，河底龟坼。此上塘苦旱，不待乎果旱也。前辈人常数十年不忧旱，今历指数十年来，河底成陆者已屡见。可见塘路之坏，至今益甚。使再迟数年，不知当更何如？大约塘之所以坏者，其故有四。一为坐里之偏累。仁和之例，每贴塘鄙里派修本里塘路。其塘近山有石脚者，永无坍损。其近夹河或近下河者，塘身单薄，无年不坏，无年不修。其值年之人，知为年年不得不修之工，只求苟免目前，以了故事。积年弥久，塘身弥坏。今并塘路故址沦没水中，则其为工，岂苟且塞责者所能从事哉？一为乡人之浅见。从来兵甲所过，多取道此塘。附塘居民，方以塘之尽废为幸，而敢复言筑修乎？一为富豪之分水利。明万历间，有富人附塘开私河数里，凿塘引水，下灌低田数十顷。初时，筑塘架桥，石砌坚固，视上水之高低，为版闸之启闭，是于彼有全利，而于上塘之蓄泄无少害也。经久不修，塘遂大坏。始之为上河闭闸以蓄水者，今任水之从私河下泄，而无所阻遏。及上河已干，而彼之亩引如故。今其田之膏腴尚无恙，而上河阴受其害而不知。一为奸人之私决。上水骤决，则下水之鱼必逆乘而上。奸人当骤涨之时，略一挖损，上水怒泻，直可引太湖大鱼而网之。故皋亭决口，屡不能塞，而乡人且以为有鬼怪于其间，则甚惑已。愚窃谓修塘之责，当属之于官。塘之宜修，皆上塘都里之任。宜自东新关至李王塘止，清量塘身丈尺，估度工价，上塘每里派办塘工银几两，三年与地丁银两并征。在官有司，当水浅之时，计丈分工，雇民修筑，取河之土以附塘。塘益高，则河身益宽。塘成之后，每年仍计亩加税厘，许积贮以为开浚修筑之用。而上塘所有渔户，则令逐年轮掌，如向时派里修塘故事。每当水长，有司轻舟巡视。其水平堤者，籍其地段丈尺，督令培土。下次巡视，亦如之。是虽无年不修，而所费亦省，塘益坚完。其逐年计亩加税，则每当水涸，农暇雇民开浚，视全河之浅深，塘身之厚薄，为有司考成殿最。诚如是，则上与下各有其责，无敢戏豫从事。而用民以渐，民力不至于匮，所利之溥，岂特上塘而已哉？

雍正五年二月初九日，上谕：浙江杭、嘉、湖三府，上年秋冬之间，雨水稍多，收成略觉歉薄。今年青黄不接之时，已令地方官酌量平粜，以济民食。但念米价虽不致昂贵，而无力穷苦之民本无籴米之资，甚属可悯，着动库银四万两，令巡抚李卫会同将军鄂弥达观风整俗，使王国栋悉心酌量于地方，开浚河道，或修理城垣堤岸，令小民就近佣工,藉以糊口。倘四万金尚不敷用,着李卫等再行具奏请旨。特谕巡抚臣李卫钦奉上谕,会同将军鄂弥达观风整俗,使王国栋分府查勘,动支正项钱粮[1],自修城垣浚河道外,凡堤岸紧要所在,遇有坍颓处,悉行修筑,以仰承皇上惠万民、经久远至意。于雍正七年讫工。

下塘　《咸淳临安志》:南自天宗水门,已塞。余杭水门,即武林门。二河合于北郭税务前,由清河堰闸至德胜桥,与城东外沙河、菜市河、泛洋湖水相合,分为两派。一由东北上塘,过东仓新桥,入大运河,至长安闸,入嘉兴旧运河。一由西北至德胜桥,上北城堰,过江涨桥、喻家桥、北新桥以北,入安吉州界,曰下塘河。高翥《下塘河诗》二首:"河水新添三尺高,河边芦苇似龟巢。波流夜夜漂渔箔,空点蓝灯照树梢。""日出移船日又斜,芦根时复见人家。水乡占得秋多少,岸岸红花是蓼花。"张涞《泊下塘河诗》:"岸削舟难系,时平水不波。与鸥分水宿[2],记取下塘河。"

宦塘　《咸淳临安志》:在余杭门外,板桥之西。淳祐七年,亢旱。赵与篡开浚,以通米舟。《仁和县志》:在北新桥西北,接连运河。大塘长三十六里,其西又有一塘,曰西塘,长十八里,抵安溪,通四安驿路。陈善《三塘论》:仁和之水,其河渠之大者有三:曰上塘,曰下塘,曰宦塘。上塘,自艮山门迄长安坝;下塘,自北关迄大麻村;宦塘,自高桥迄凤口。洪流巨浸,分为支河者无算。旁近之上田,仰以给溉润焉。下塘之水,仰视上塘,其高下相去,或七八尺,盖总系一塘为利害。而上塘支圩之田[3],则惟藉河水为命脉。迄数十年来,塘岸浅薄,一值水溢,即有盗决之患,长流百十里,数日可以徒涉。其故,盖缘近塘蓄鱼诸户,惧水溢则鱼逸,一也。渡子藉以邀利,二也。三老侪类,值役夫修筑之顷,相比为奸,三也。以故岁数崩溃,而通塘土石骎就减损,视之昔年五马并驾之途,不啻失半矣。是以上恒苦旱,下恒苦潦,其为一方之患害,匪细也。往昔所置七笕四闸,取以泄水。然笕底过深,漏卮易尽;闸门太狭,横流致阻。倡导之法,似尚未周。谓宜自沈塘湾迤北至长安坝,相度便形,更置大闸十所。拟议,水则中立滚坝,俾水溢则行,逾则止。如此,则盗决之谋既已默杜,而且分理授佣,增筑塘岸,务令坚厚。行见上塘数十里内,俱成沃土。即恒旸,无忧,诚百世利也。若夫下塘并东石塘,用以障水,啮便牵挽,途属转漕,所关甚要。其旋甃旋圮者,盖缘土之奸徒、夤缘、胥吏,共为干没,用材匪善,工亦苟完。公府之费以十计,而彼曾不及于二三。兴役之时,苟非择选廉干任怨之吏董其成事,徒资贪猾,何益哉?凤口之闸,至广一丈有八。二槽向来未闻水有泛滥之患,后缘主守无赖,以致板易朽腐,冲击为灾,遂起废塞之缘。今闸更而就狭,又推择土人之有物力者职司其启闭,当不致失昔人置闸之初意矣。奚必说之纷纷哉?三塘利害多端,而大要在此数者。余故摘论之云。国朝雍正四年,署仁和县事张坦熊,详请重修。

---

〔1〕动支,雍正本作"支动"。
〔2〕雍正本"水"作"渚"。
〔3〕雍正本"支"作"诸"。

新开运河塘 《咸淳临安志》：在余杭门外，北新桥之北，通苏、湖、常、秀、润等州。凡诸路纲运及贩米客舟，皆由此达。淳祐七年夏，大旱，运河干涸。赵安抚与籚奏请：客旅船只，经由下塘，系有两路：一自东迁至北新桥，今已断流，米船不通；一自德清沿溪入风口至北新桥，间有积水处，亦皆断续。每米一石，步担费多，米价之增，实由于此。今委官相视，见得自风口至梁渚，仅有水一线之脉，止可通十余石米舟。自梁渚至北新桥，则皆干涸，不可行舟，共计五千五百三十九丈五尺。除已雇募乡夫、差委官属分段开掘外，又契勘塘岸一带，都保久失修筑，日渐隳坍，纤路窄狭，艰于行往。今即将此河所掘之土帮筑塘路，庶几水陆皆有利济。一自北新桥至狗葬，葬义犬于此，故名。开阔三丈，深四尺。一自狗葬至风口，开阔一丈。自是往来浙右者，皆称便焉。《仁和县志》：元至正末，张士诚军船往来苏、杭，以旧河为狭，复于五林港口开浚至北新桥，又南至江涨桥，广二十余丈，遂成大河，因名新运河。

运河下塘 【成化】《杭州府志》：即新开运河，初未有塘而后始筑者。其地有三里洋、十二里洋之险，水波宏阔，丛芦大苇，每为盗薮。商民往来，时被剽掠。正统七年，通判易公铖条上利害，巡抚侍郎周忱亲自相度，从北新桥迤北，而东至今石门县界，修筑堤岸一万三千二百七十二丈四尺，水陆兼利，舟行者无盗忧，便于漕饷。

沙河塘 《咸淳临安志》：《唐书·地理志》：在钱塘县旧治之南五里。潮水冲击钱塘江岸，奔逸入城，势莫能御。咸通三年，刺史崔彦曾开三沙河以决之，曰"外沙""中沙""里沙"。政和元年，郡守张阁标其处，近南有坝头。

走马塘 《杭州府志》：在艮山菜市门外，地平坦，可走马，故名。旧栽花柳，号南新路。

五里塘 《梦粱录》：在艮山门外尉司衙侧。

蔡官人塘 《咸淳临安志》：在艮山门外九里塘姚斗门，通河衢店汤镇等处。

月塘 《咸淳临安志》：在艮山门外。嘉熙间，潮水冲决不存，今复涨沙，就筑为塘。《西湖游览志》：元至正初，潮水复坏，徙高原，寻毁，洪武间重建。

沈塘 《梦粱录》：在北关外，又名沈家湾。《杭州府志》：吴越右仆射沈崧之故居，今称沈塘湾。

余杭塘 《咸淳临安志》：在北关门外江涨桥投西四十五里，至余杭县。

永和塘 《梦粱录》：在仁和县永和乡，其地接古鼎河白龙潭。【成化】《杭州府志》：在仁和、海宁二县之界，俗名三里阴，即所称白龙潭是也。一遇卯风震荡，则数百顷田顷刻湮没。宋绍定己丑，邑人学谕范武、学录任安世倡义修筑，而后岁免水患。邑宰范光命名永和堤，参政许应和记其成。后不时修筑。许应和《永和堤记》：运河有塘，衣带浙水，自都城东北桥镇，薄吴头楚尾，绵亘千余里。关堤封者六州，带主管者十县，仁和首当其一。邮递辇运,憧憧旁午。唯永和堤阻鼎湖白龙潭之险,卯风湍流,夤夕鼓荡,一有线溜,则膏腴数百顷瞬刻就浸。繄欲经久不拔,是岂一日一人之力哉? 邑有范、任二君,倡为义役,乃悉心讨究,谓土力屡溃,难成也。于是率众傭工,筑以木石,成二百五十丈,为钱数千缗。范君为费,独当什五,董视犒赍尤详焉。旁筑道民庵,给伏腊,俾早宴巡徼,事无遗虑,整如也。肇始于绍定己丑之春,告成于是岁良月之望。民间曾无劳动之苦[1],公家坐收兴筑之利,谈何易哉! 堤成,请记颠末。予嘉其贤劳,且谂之曰:自令之来我邑也,无横敛暴赋以蠹民,繇是吏日贫而民日富,既有余财矣。无深刑酷罚以戕民,繇是役益减而生益繁,既有余力矣。及今闲暇,率就斯役,用答令德,故输财而不知费,尽瘁而不惮劳。令不我强也,余亦欣然而思以为总总而群。虽各有心,其于于望望,未尝不基于宽烈之政、廉污之操。虽令不从与不赏而劝者,抑岂无其故哉? 今范令光,世济其美,连跻科级,以儒道字民,最再课矣。始终不扰,与民相安,宜其一乡之善。如范君学谕武,任君学录安世,毅然以身任其劳,呼佚道使民,虽劳不怨。凡领民社计者,何物不然,岂直仁和之长独擅其美,永和之士勇于为义耶?

子塘　《咸淳临安志》:自北郭税务驿亭下,直抵左家桥,系下湖泄水去处。以上系干河之塘。

黄濮塘　【万历】《杭州府志》:在灵芝五图、崇化八图地方。

下新塘　【万历】《杭州府志》:在灵芝崇化地方,南与黄濮塘相接。

上墟塘　《杭州府志》:在女南二图,其西与下新塘相接。

陵林塘　《杭州府志》:在女南三图,与上墟塘相接。

杨山塘　《杭州府志》:在女南四图,与陵林塘相接。

西塘　《钱塘县志》:在崇化二都。

李王塘　在东新关外。以上系支河之塘。

谨按:以上诸塘,去西湖较远。但湖水三路入城,委折流通,复出城而会流于上、下两塘河,以至半山、临平、海宁等处,凡以利沟洫、溉田亩、通商贾、达盐艖,则诸塘河之水,皆自西湖贯注于其间。是西湖其源,诸塘河其流也,故合众流详之,规制始备。特于《水利志》外,凡桥梁、堤塘、堰闸,悉准此例登载,非泛引也。

堰 附

西湖石堰　《钱塘县志》:在钱塘、涌金二门之间。后堰坏,易之以板。守者缘以为奸,涨故靳而不启,旱则启而竭之,以取货利。明弘治十二年,巡按御史吴贯仍甃以石。详《水利志》。

---

〔1〕　底本无"劳"字,据雍正本补。

清湖堰 《咸淳临安志》：在余杭门外税务东。

上堰 【万历】《杭州府志》：在天宗门外。

下堰 【万历】《杭州府志》：在余杭桥侧。

里沙河堰 《咸淳临安志》：在余杭门外，仁和桥东，即东坡诗所称"沙河"是也。

隽家堰 【成化】《杭州府志》：在沈塘东，去城北一十八里。

金家堰 【成化】《杭州府志》：在皋亭铺东，去城北二十五里。

吴家堰 《仁和县志》：在县东北永和乡永和塘之旁。

姚家堰 在东新关东。

闸 附

石函三闸 在钱塘门外，昭庆寺西。三闸，一名圣塘闸，一名涧水闸，一名石函闸。三闸中水流入桃花港，直注松木场，而分流入北关大河。又自圣塘闸分一支沿西城河，至西河坝止。《梦粱录》：在水磨头。因湖水涨溢，开此泄水，出于下湖。【成化】《杭州府志》：昭庆寺西，凿石冈，上为行路，下通水流，自然成桥。每视湖水盈缩，以为启闭。《西湖游览志》：唐刺史李泌建有水闸，泄湖水，以入下湖，沿东、西马塍羊角埂至归锦桥，凡四派。白乐天《记》略云："北有石函，南有笕，决湖水一寸，可溉田十五余顷，每一复时，可溉五十余顷。"

溜水闸 在涌金门北。明成化十二年，布政使宁良、按察司副使杨瑄等，因旧有九渠之一开建水门，引湖水入城，置铁窗楞，隔限内外。外建一闸，时其启闭，使涨溢之时，不致暴入。民世食其利，后屡经修筑。国朝康熙四十四年，开浚织造府前河一带，以通御舟之出入，重建水门闸板。雍正六年，总督臣李卫重修。

金沙港闸 合天竺、灵隐诸山之水，过唐家衖石桥，由曲院入湖。国朝雍正五年，开浚西湖，因建闸于港口。但涧泉溇会，骤雨急流，砂行石走，水口易于壅塞，非一闸所能堵御。雍正七年，总督臣李卫建闸于上流，复添滚坝一座，阻御流沙，设立坝夫二名，专司挑浚，以杜湮淤之患。

毛家埠闸 受北山分流之水及南山龙井诸泉水，泄泻入湖。国朝雍正五年建。

丁家山闸 受黄泥岭泉及龙井分流之水，泄泻入湖。国朝雍正五年建。

赤山埠闸 铁窗棂洞泉，出自赤山，经惠因寺前，名惠因涧。合筲箕泉，经浴鹄湾入湖。旧名西闸，久已颓废。国朝雍正五年，复建。

灵隐浦闸 《西湖游览志》：宋绍兴间，有善堪舆之术者言："灵隐，大山也，得水可以禳灾。"乃建石闸，以蓄石门洞水。弘治十三年，山水横发，闸倾涧涩，寺亦颓废云。陆游《冷泉放闸诗》:"泉声飞出闸,委迤绿阴间。此地原无暑,多时不入山。草欹疑石坠,水定见鱼还。谁得同龟鹤,游吟半日间。"周紫芝《冷泉亭放闸诗》:"呼猿洞口水潺潺,忽卷波流下九天。乞得少陵三峡句,为君题作倒流泉。万里西兴浦口潮,浪花争似海门高。谁将一夜山中雨,唤作沧江八月涛。"

澄水闸　《咸淳临安志》:在长桥。始因钱湖门内诸山之水分流为三道,雨甚,则泥滓侵浊西湖,故于钱湖门之北城下置海子口,流省马院,后为小渠引水,直至澄水闸入湖。又有南闸,亦分方家峪之水,至长桥下入湖。古来疏此水为三渠,皆有石桥。后渠为居民埋塞,遂不可复。【成化】《杭州府志》:今桥犹存。

南闸　《西湖游览志》:分方家峪之水,引归长桥,以为蓄泄。

清水闸　在候潮门外城南下隅,其南与浑水闸相接。

浑水闸　在城南下隅萧公桥南,其南与跨浦闸相接。

跨浦闸　在城南下隅跨浦桥下,其上与龙山闸相接。

龙山上下两闸　【万历】《杭州府志》:在栅外二图,浙江驿前,龙山之口。

清湖上中下三闸　《杭州府志》:俱在武林门外,与仁和相邻。《西湖游览志》:泄城中诸河之水,自东而北,转达东新桥德胜坝,为下塘河。国朝雍正五年,总督臣李卫修建。

化湾斗门闸　《钱塘县志》:在崇化七都,北接上墟塘,为苕溪下流。明万历戊申岁,久雨塘决,水势奔激,邑令聂心汤先筑塘,俾民种艺,旋筑堤修闸,垂成。已西八月,大水冲坏,仍修之。

乌麻斗门闸　旧名安溪斗门闸。《杭州府志》:在女南一图,北对安溪镇,大水冲圮。国朝康熙五十五年,重修。又圮。雍正七年,总督臣李卫重建,并设看守闸坝夫二名,准金沙港之例,以时启闭。

南斗门闸　《杭州府志》:在武林门外,去城北一里半。

北斗门闸　《杭州府志》:在武林门外,去城北二里。

德胜闸　【万历】《杭州府志》:在德胜坝。

隽堰闸　【万历】《杭州府志》:在隽堰坝。

柳林闸　《仁和县志》:在艮山门外。

清凉古闸　《仁和县志》:在艮山门外。

小林闸小林大闸　《仁和县志》:在十五都、十七都东西界间,闸莫详所始。盖以运河塘下高田不与下塘河接,旱无滋灌,置此为蓄泄隔塘。白洋、石目二觅下流,其为塘下高田之利最溥。年久,颓圮。天顺间,知府胡濬、知县周博重建。

坝_附

金沙港滚坝　见金沙港闸。

会安坝　【成化】《杭州府志》：在艮山门外。

猪圈坝　【万历】《杭州府志》：在武林门外陆家场。

石灰坝　【万历】《杭州府志》：在德胜桥东。

德胜坝　【万历】《杭州府志》：在城东北五里夹城巷内，行旅皆从此过。

隽堰坝　【万历】《杭州府志》：在沈塘湾东，去城东北二十五里。

庆春坝　在庆春水门内。

胡家坝　在仁寿桥南。

春符庵坝　在桑笕渡西〔1〕。

---

〔1〕　雍正本"西"后有"谨按：山水各门俱仿田《志》体例，依山路远近分路顺叙。惟堤塘堰闸专为湖水蓄泄，止宜顺叙水道，故不分叙山路，与各门体例原自有别"。

武林览胜记卷四

桥　梁

西湖四山环翠，一镜渟泓，而醽水梁空，波回流转，非徒以利舟楫，亦所以通灌输也。故赤栏高下，雁齿横斜，掩映于花光柳影中，称胜概焉。若夫城闉内外运道支河，凡湖流所注，长虹卧蛛，栉比云连，皆揽胜者所必及也[1]。志桥梁。

孤山路

涵碧桥　《咸淳临安志》：在孤山路中。《西湖游览志》：宋转运使陈尧佐重修。陈尧佐《重修涵碧桥记》：两越之郡，杭为大。郛山堞野，宇秀宅昇，附郭之胜，又得西湖焉。寒山粼粼，屏焉四合；澄波瑟瑟，鉴焉中照。倒万象之景，而曲直可见；湛千流之注，而毫发不遗。醽黻交林花之彩，律吕谐谷鸟之韵。有时朝阳，丽梵刹之金碧；或尔夕霭，暝城闉之村落。原隰沟塍，佐佑远近。其或凭高轩，写幽望。含毫者，才绝而莫抉；举酒者，叠覆而既醉。万景俱在，一意未得。噫！岂清和所毓之粹，不可以言筌耶？风雅所蓄之蕴，不可以力探耶？何轩槛之宝，俎豆之实，府之而不能有也。湖之西南，地益嘉胜，桥曰涵碧，寺曰孤山。亘波心之百尺，蠹云表于千仞。三春乐游，四民萃止。惜乎桥圮弗葺，寺楼将压，居者藉乎茂草，行者病乎濡足。暮春之月，时和圄空，乃同太守密学戚君纶，放扁舟，侣嘉客，泛清风于苹空，驭细浪于烟外。畴兹既坏之址，挺乎必葺之议。涓吉肇事，浃日而毕。观夫虹天矫而欲飞，鹤翱翔以始归。冠盖利往，坎窦攸济，万目以之而改观，千峰于焉而增气。虽草木鱼鸟，莫不歌于斯，游于斯，咸乐其成也。矧众君子乎？若夫言非文不足以垂久，桥非名不足以润色，以雅易郑，曰"涵碧"。且将图以归，好事者或思见之，当出以示。刘过《同许从道游涵碧诗》："犯暑日午来，坐到日落归。松桂叶团团，竹光净晖晖。乳窦成濯缨，绿染身上衣。却倾所携酒，对酌老石矶。幽鸟当歌者，荐以首山薇。敛藏大千界，游戏

---

[1]　雍正本"揽胜"作"沿溯"，"及"作"届"。

麈尾挥。寺门长安道,结束四马肥。醉乡访膻荤,屏风肉红围。我亭不关锁,何人款柴扉。掉臂樵担行,藤萝自烟扉。古所谓迂阔,若此二子稀。既非携娉婷,又乏玉鞍飞。不知有何好,林泉少焉依。境势更著语,鬼神暗诃讥。但知笑他人,不觉已自非。

处士桥 《咸淳临安志》:在林和靖故居前。《西湖游览志》:放鹤亭,在孤山之北。嘉靖中,钱塘令王釴作[1]。其巅有岁寒岩,其下有处士桥。郭祥正《处士桥诗》:"不作朝市客,甘为渔钓翁。柴门危径断,犹喜一桥通。"《西湖游览志》:学士沟,在山南,由处士桥入。

谨按:《西湖游览志》云:断桥后稍西,有涵碧桥。又西有处士桥、宏春桥,并废。因孤山路从入之始,特存其名。宏春桥无考。

断桥 《咸淳临安志》:今名宝祐桥,在孤山路口。《西湖游览志》:断桥,本名宝祐桥,自唐时,呼为断桥。张祜诗云"断桥荒藓合",是也。岂以孤山之路至此而断,故名之欤?桥堤烟柳葱青,露草芊绵,望如裙带。史鉴《断桥分手诗》二首:"日暮桥边酒棹回,更因残唱送余杯。人生易老春光暮,能为看山几度来。""近水人家半掩扉,两山楼阁尚斜晖。断桥无数垂杨柳,总被游人折渐稀。"洪炎《断桥闲望诗》:"闲余步上断桥头,到眼无穷胜景收。细柳织烟丝易滑,青屏拂鸟影难留。斜拖一道裙腰绿,横看千寻镜面浮。投老近来忘俗累,眷怀逋客旧风流。"黄汝亨《秋夕饮断桥诗》:"斜月西泠度,微云上小舠。秋来一水泛,夜色两峰高。倚槛垂长袖,登楼看宝刀。浮云西北起,黯黯梦魂劳。"李流芳《题断桥画扇诗》:"十里西湖意,都来到断桥。寒生梅萼小,春入柳丝娇。乍见应疑梦,重来不待招。故人知我否,吟望正萧条。"邵经邦《断桥诗》:"闻道桥名断,从来金勒过。秋千芳草细,檀板夕阳多。贤达皆如此,行藏独奈何。扁舟渔钓者,潇洒一长歌。"元时钱惟善《竹枝词》有"段家桥"之名,闻者以为杜撰。然杨、萨诸诗,往往亦称"段桥",未可谓无证也。【成化】《杭州府志》:成化十年,知府李端修段家桥,甓孤山路。赵佃《湖上诗》:"秦楼直接段家桥。"

谨按:《癸辛杂识》载钱塘吴礼之《霜天晓角》词云"荡漾香魂何处?长桥月,短桥月",是断桥亦可名"短桥"矣。事载《志余》。

锦带桥 旧架木为梁。圣祖仁皇帝临幸孤山,御舟由此转入里湖,后甃以石。雍正八年,总督臣李卫重葺。

西泠桥[2] 《咸淳临安志》:西林桥,在延祥观西。《西湖游览志》:一名西林桥[3],又名西陵桥,从此可往北山者。葛天民《元夕西陵桥观月诗》:"年头半月雪漫漫,养就姮娥玉一团。老向今宵奇绝处,西陵桥上独凭阑。"沈懋学《西泠桥赠沈孟嘉诗》:"初阳台上紫云停,何处琼箫入夜听。载酒看花过白苎,直教明月下西泠。"谭元春《西泠桥边息舟诗》:"湖天一

---

[1] 雍正本无此句。
[2] 雍正本"泠"作"林"。
[3] 雍正本"林"作"泠"。

气合,上下映星辰。近艇不知露,远灯如有人。堤边黄叶步,水外素秋神。过尽归飞雁,孤烟直到晨。"田艺蘅《西泠桥诗》:"孤山递北六桥东,湖到西泠里外通。一树桃花墙不隔,停舟闲傍酒旗风。"孙淳《忆西陵桥诗》:"画船前月醉西泠,曾美新歌续采菱。归后但逢渔火出,梦中犹认六桥灯。"释来复《泛舟西泠桥诗》:"西泠桥下水如烟,属玉飞来近钓船。落尽梅花三百树,孤山何处访逋仙。"《武林旧事》:"西林桥,又名西村。都城探春,水面画楫,如鳞次第,先南后北,至午则尽入西林桥。"〔1〕弁杨老人词云:"看画船,尽入西泠,闲却半湖春色。"〔2〕盖实录也。《西湖梦寻》:赵孟坚常客武林,值菖蒲节,周公谨邀游西湖。薄暮,入西泠桥,舣舟茂树间,指林麓最幽处,曰"此真董北苑得意笔也"。马臻《春游即事诗》:"画船过午入西林,人拥孤山陌上尘。曾被弁阳摹写尽,晚来闲却半湖春。"袁宏道《西湖杂记》:西陵桥,一名西泠,或曰即苏小结同心处。方子公曰:"'陵'作'泠','苏小'恐误。"余曰:"白公《断桥诗》'柳色春藏苏小家',断桥去此不远,岂不可作西陵故实耶?"袁宏道《西泠桥诗》:"西泠桥,水长在。松叶细如针,不肯结罗带。莺如衫,燕如钗。油壁车,砍为柴。青骢马,自西来。昨日树头花,今朝陌上土。恨血与啼魂,一半逐风雨。"钱希言《夏日泛舟西泠桥下诗》:"十里香风似若耶,波光妆影乱交加。酒旗半飐青杨柳,渔艇斜穿白藕花。南渡山川留鄂庙,西泠烟月想苏家。座中不是同乡客,那得欢呼白帻斜。"李流芳《题西泠桥画意诗》:"多宝峰头石欲催,西泠桥边树不开。轻烟薄雾斜阳下,曾泛扁舟小筑来。"自注:"扁舟小筑,邹孟旸别业。"

堤南第一桥 《武林旧事》:"港通赤山教场,名曰映波。"《西湖游览志》:"堤南第一桥,与西岸第六桥对。"徐集孙《湖西纳凉诗》:"小艇撑过第一桥。"

第二桥 《武林旧事》:"通赤山麦岭路,名曰锁澜。"《西湖游览志》:"第二桥,与西岸第五桥对。"钱宰《看梅图诗》:"花落西泠第二桥。"

第三桥 《武林旧事》:"通花家山港,名曰望山。"《西湖游览志》:"第三桥,与西岸第四桥斜对。水名花港,所谓'花港观鱼'者是也。"蔡襄《西湖晚归诗》:"酒到三桥月满身。"陈起有《过三桥怀山堂诗》〔3〕。

第四桥 《武林旧事》:"通茆家埠港〔4〕,名曰'压堤',北新路第三桥。"《西湖游览志》:"第四桥,与西岸第三桥对。"《咸淳临安志》:"桥下水极深,凡入灵竺,舟行必取道于此,故桥旁设有石台笼灯,以照夜船。"刘涣《忆旧诗》:"重到桃花第四桥。"

第五桥 《武林旧事》:"通曲院港,名曰'东浦'。"《西湖游览志》:"第五桥,与西岸第二桥对。"周紫芝《韩园宴集诗》:"遥知第五桥边路,桐叶题诗人未归。"

第六桥 《武林旧事》:"通耿家步港口,名曰'跨虹',北新路第一桥。"《西湖游

---

〔1〕 雍正本"林"作"村"。

〔2〕 雍正本"林"作"村"。

〔3〕 雍正本无此句。

〔4〕 雍正本"茆"作"茅"。

览志》："第六桥，与西岸第一桥斜对，稍北则为西泠桥矣。"纪青《饮第六桥酒垆诗》："流芳亭畔草如油，堕粉吹香历几秋。鄂国有祠争下马，西陵无主谩登楼。玉龙酿熟多酬直，土哺鱼肥易上钩。南北诸峰收不尽，朝朝放艇过溪头。"陈刚中《湖堤感旧诗》："昔日珠楼拥翠钿，女墙犹在草芊芊。东风第六桥边柳，不见黄鹂见杜鹃。"

玉带桥 桥建于雍正九年三月[1]，总督臣李卫建怡贤亲王祠于金沙港，因筑新堤，接苏堤之左，遂建桥于其上，以通六桥之车马，里湖之舟楫。中为三洞，上构飞亭，形势高骞，凭阑四望，唯觉翠云缭绕，天水澄鲜，荷芰粉披，禽鱼出没，真柳州所谓"旷如奥如"者也。

环璧桥 【万历】《钱塘县志》："里六桥之堤北第一桥。"《西湖游览志》："第一桥，近净空院，玉泉之水出焉，题曰'环璧'。自此而西，可通耿家埠。"

流金桥 【万历】《钱塘县志》："里六桥之第二桥。"《西湖游览志》："第二桥，金沙滩之水出焉，题曰'流金'。自此而西，可通曲院路。游灵竺者之所从停桡也。"

卧龙桥 【万历】《钱塘县志》："里六桥之第三桥。"《西湖游览志》："第三桥，地近龙潭，深黝莫测，有时祥光浮水面，盖神物之所窟宅也，题曰'卧龙'。自此而西，可通邙家埠。"

隐秀桥 【万历】《钱塘县志》："里六桥之第四桥。"《西湖游览志》："第四桥，绕丁家山而东，沿堤屈曲，苍翠掩映，题曰'隐秀'。从此而西，可通花家山。"

景行桥 【万历】《钱塘县志》："里六桥之第五桥。"《西湖游览志》："第五桥，西挹高峰，桥畔旧有三贤祠在焉，题曰'景行'。从此而西，可通麦岭路。"

浚源桥 【万历】《钱塘县志》："里六桥之第六桥。"《西湖游览志》："第六桥，从定香桥而入，近发祥祠，虎跑、珍珠二泉之水出焉。其源长矣，非浚导不可，因题曰'浚源'。"《七修类稿》："吾杭西湖之桥，皆有名。自南而北，东坡所筑之堤之桥，自净慈寺前直抵大佛头者，是即所谓苏堤六桥也。其里湖，正德间，知府杨孟瑛开复。一带西岸，亦筑六桥。向闻于杨曰：'南畔三桥，可名为浚复、浚源、浚治。皆杨所开之地。北畔三桥，旧有水口，吾筑为桥，可名为二龙、流金、涵玉。与古西林、断桥，共十四也。'"

谨按：里六桥，明正德三年，郡守杨孟瑛重开西湖，遂筑里堤而增建者。然近北山三桥，宋时已有之。杨所建特南山三桥[2]，所谓"旧有水口，吾筑为桥"也。本无名，《西湖游览志》各为标立，今揭于右。又按：外六桥次第自南而北，里则自北而南。

袁公桥 《咸淳临安志》："在先贤堂前。"

---

〔1〕 桥建于，雍正本作"在金沙堤上"。

〔2〕 雍正本此句作"杨孟瑛特修复之耳"。

小新堤桥　《咸淳临安志》："淳祐中建。"

马蝗桥　《西湖游览志》："乔幼闻别业,其西北有马蝗桥。"《钱塘县志》："在赵公堤。"[1]

南山路

柳浪桥　《西湖游览志》:清波门外聚景园,孝宗所筑,奉上皇游幸园中,有柳浪、学士等桥。今唯柳浪桥尚存,世称"柳浪闻莺"者是也。

学士桥　《西湖游览志》:自清波门,过流福水桥,濒湖为学士桥,当宋聚景园前,盖城中铁冶岭诸山之水,旧出钱湖门输委于西湖者,必经桥下大小岐派,若夹字然,故称夹字港。港长九十六丈,后人讹为"学士港"。然则学士桥者,岂即"夹字桥"之讹欤?而宋时《咸淳志》《梦梁录》诸书,皆无"夹字桥"之名,独《武林旧事》有学士、柳浪等桥。而柳浪闻莺遂为西湖十景之一,盖不可谓无据也。岂其时有文人为学士者,得于从游,应制题咏,遂以名桥?若李太白偕尚书郎张谓游沔州南湖,遂改南湖为郎官湖。近世孙一元着高士服于西湖,遂称西湖为高士湖者,或此类也。桥久崩废[2],唯条石丈余横跨港口。舟人以小艇入叙清波门者,伛偻乃度。郡人王辅捐赀重建之,高广倍。昔题其梁曰"学士桥",盖从郡人称名之便,且以存旧迹也。汝成为记立石,建亭于桥畔。

流福水桥　《咸淳临安志》:在清波门外,咸淳四年建。《西湖游览志》:濒湖而引湖水入城者[3]。

显应观桥　《咸淳临安志》:在清波门外,显应观前。

长桥　《咸淳临安志》:在净慈寺东。《杭州府志》:明吏部虞淳熙重建。《西湖游览志》:长桥颇短,而以长名者。先时,水口甚阔,桥分三门,有亭临之,壮丽特甚。其后浸淫填塞,两旁皆民居矣。其南旧有澄水闸、南闸。宋时,钱湖门内诸山之水,分为三道。雨甚,则侵浊西湖,故穿城至海子口流出省马院后,为水渠,引至澄水闸入湖。而南闸者,亦分方家峪之水,引归长桥,谓之三渠,皆有石桥,今已湮废。陈造《过长桥诗》:"几向西湖叙画橹,冰夜俨受众峰朝。即今去雁将清梦,飞下长桥更短桥。"郭祥正《长桥诗》:"桥短故名长,路穿云水乡。游人欲归去,濯足弄残阳。"董嗣杲《长桥诗》:"南港虚名架石梁,寺楼钟鼓几斜阳。相传亭跨危基壮,谁见桥横古道长。澄水闸荒沙草碧,清波门近市尘黄。

---

〔1〕　雍正本《西湖游览志》及《钱塘县志》两段文字互乙。

〔2〕　雍正本无"崩"字。

〔3〕　雍正本无"者"字。

凤凰山在阑干外,玉抹烟屏鹭一行。"《七修类稿》:"西湖南入路曰'长桥'。《宋志》:俗名双投桥。昨读《西湖竹枝集》,元富春冯士颐有词曰:'与郎情重得郎容,南北相看只两峰。请看双投桥下水,新开双朵玉芙蓉。'注:以常有情人双投于桥[1],故名'双投'[2]。"

定香桥[3] 《钱塘县志》:在里六桥第六桥之西。《西湖游览志》:近赤山埠,其水曲为浴鹄湾。钱惟善《定香桥访隐者不遇诗》:"诵经声隔竹林闻,知有禅房远俗氛。野水菰蒲藏小艇,寒烟树木翳斜曛。雨花台古龙归井,落叶廊深犬吠云。不见故人归去晚,扁舟重过雪纷纷。"

孝义桥 《咸淳临安志》:在麦岭西,太清宫前。

新河桥 《咸淳临安志》:在麦岭口寨前。

善安桥

永安桥

永福桥 《咸淳临安志》:并在麦岭至龙井路。

双井桥

丁家山桥

丁家山小桥 《咸淳临安志》:并在茆家步丁家山路。

玉钩桥 《武林旧事》[4]:近灵石山。《西湖游览志》:灵石山有张伯雨墓地,近玉钩桥,盖伯雨卖玉钩所建也。朱彝尊《玉钩桥诗》:"句曲一道士,爱住山之幽。寒裳虑深涉,卖彼白玉钩。筑桥访诗侣,兹事宜千秋。"

惠因桥 《咸淳临安志》:在高丽寺侧。《武林旧事》:秦少游《龙井纪游》所谓"濯足于惠因涧",即此。

饮马桥 《武林旧事》:地名放马场。《西湖游览志》:永福桥,俗称饮马桥。吴越宋时,皆牧马于此。

谨按:《咸淳志》载"永福",《武林旧事》载"饮马",而《西湖游览志》谓"饮马"即"永福",因《宋志》所有,今并存之。

归隐桥 《咸淳临安志》:在龙井,因东坡易名,曰"过溪"。

谨按:苏轼诗并序云:"辨才老师退居龙井,不复出入。轼往见之,常出至风篁岭。左右惊曰:'远公复过虎溪矣。'辨才笑曰杜子美不云乎'与子成二老,来往亦风流'。因作亭岭上,名之曰'过

---

〔1〕 雍正本"常"作"尝"。

〔2〕 雍正本无"双投"二字。

〔3〕 雍正本"长桥"条与"定香桥"条之间有"庆芳桥"条,其文曰:"在净慈寺前,通万工池,雍正五年建。"

〔4〕 雍正本"旧"作"纪"。

溪’，亦曰‘二老’。其诗落句云：‘我比陶令愧，师为远公优。送我过虎溪，溪水当逆流。聊使此山人，永纪二老游。’”桥当由此易名。

北山路

相国井桥　《咸淳临安志》：在涌金门城北水口上。【万历】《杭州府志》：在涌金门外。

石函桥　《咸淳临安志》：一名西石头桥，在钱塘尉司西德生堂侧。【成化】《杭州府志》：在放生亭址下。《西湖游览志》：唐刺史李泌建有水闸，泄湖水以入下河，沿东、西马塍羊角埂至归锦桥，凡四派。白居易《钱塘湖石记》：“北有石函，南有笕。决湖水一寸，可溉田十五余顷，每一复时，可溉田五十余顷。”郭祥正《石函桥诗》：“开函测深浅，启闭以时均。不识白公惠，堂堂勒翠珉。”

溜水桥　《咸淳临安志》：在羊坊巷北。《西湖游览志》：泄湖水以入下河，可通新河灞。

小溜水桥　《咸淳临安志》：在精进寺北[1]。《西湖游览志》：俗称水磨头，其下为棕毛场。

沈家场桥　《咸淳临安志》：在溜水桥西北。

安民桥　《咸淳临安志》：在沈家场前一带。

古塘桥

西堰桥

方公桥　【万历】《杭州府志》：并在古塘里东。

上泥桥　在方公桥西。张丹《上泥桥诗》：“破壁露燃灯，野篱见酒肆。三五客舟过，桥低随岸次。”

下泥桥　在八字桥东。张丹《下泥桥诗》：“居人两岸住，流水一桥通。竹器为恒业，茅檐自古风。鸭寒入芦里，鸡暖叫桑中。脱帽还频过，椒花处处红。”

八字桥　【万历】《杭州府志》：在西马塍西。

西隐桥　【万历】《杭州府志》：一名乌盆，又名富春，在西马塍。张丹《西隐桥诗》：“野桥连步处，笑语望沙邱。西尽一落日，东尽一归舟。”

西观音桥

惠安桥　《杭州府志》：并近东、西马塍。

马军桥　《咸淳临安志》：在运司竹木场前。

---

〔1〕　底本无“在”字，据雍正本补。

阎家桥

崇寿桥 【万历】《杭州府志》：并在羊角埂。

惠安桥 《咸淳临安志》：在古塘里西。

神勇步人桥 《咸淳临安志》：在羊角埂西八里[1]。

青衣桥 《西湖游览志》：净性寺，宋乾德五年，吴越王建，名净心院。大中祥符间，改今额。元末毁，国初重建。傍有青衣桥。

试院大通桥

王家桥 【万历】《杭州府志》：并在钱塘门外宋试院前。

道家桥 【万历】《杭州府志》：在宋试院东。

清水桥 【万历】《杭州府志》：在宋试院西。

九曲昭庆桥 《咸淳临安志》：原系小渡，咸淳六年创建。【成化】《杭州府志》：通旧九曲城，在昭庆寺东。

昭庆广济桥 【成化】《杭州府志》：在昭庆寺前。

策选寨桥 《咸淳临安志》：在昭庆寺西寨前。

教场桥 《咸淳临安志》：在昭庆教场西。

崇福桥 《咸淳临安志》：在教场桥北。

保安桥 《咸淳临安志》：在霍山庙巷口。

羊坊桥 《咸淳临安志》：在霍山大路口。【万历】《杭州府志》：在石函桥北。《西湖游览志》：宋时涤羊之所，有酒库瓦子在焉。其西为古柳林。

东行春桥 《咸淳临安志》：在曲院大路。《西湖游览志》：宋时为左军教场，有马三宝墓，题曰"雁门马氏葬横冲桥"，知行春桥乃横冲桥也。

西行春桥 《咸淳临安志》：在九里松左军教场大路。《两湖麈谭》：西山自行春桥迤西，直至灵隐三竺。余阙《赋送吴元振之江浙左丞诗》："言从天竺寺，直度小春桥。"

集庆桥 【成化】《杭州府志》：在集庆寺北。

合涧桥 《咸淳临安志》：在飞来峰路口。《武林旧事》：灵竺二山之水，会合于此。《西湖游览志》：北涧自灵隐而下，南涧自天竺而下，合流于此，号曰"钱源"。其地有灵隐天竺寺门。【成化】《杭州府志》：灵山之阴，北涧之阳，即灵隐寺。灵山之南，南涧之阳，即天竺寺。二涧流水，号"钱源"，绕寺峰南北而下，至峰前合为一涧，有桥号"合涧桥"。郭祥正《合涧桥诗》："两涧飞来处，云深合一桥。更无岐路别，从此入烟霄。"张昱《合涧桥诗》："两涧何年合，一溪终日闲。桃花逐流水，未觉是人间。"贝琼《合涧桥》诗：

---

[1] 雍正本无"八里"二字。

"横水东西落,幽人日夜过。宛宛龙赴壑,隐隐鹊填河。缅想赤城路,潜通沧海波。远公不送客,芳草涧边多。"

回龙桥　【成化】《杭州府志》:在合涧桥西。《西湖游览志》:在龙泓洞之左。《灵隐寺志》:吴越时,名清绕桥。

横坑桥　《云麓漫钞》:灵隐东、西㵎二水,东龙源横过寺前,冷泉亭在其上。其西曰"钱源",二水合流,出横坑桥。

龙脊桥　《西湖游览志》:北涧,自龙脊桥溯流至西源峰。

瀑雷桥　【成化】《杭州府志》:在冷泉亭上[1]。

石桥　《灵隐寺志》:亦谓石梁,在飞来峰,近翻经台。

吴寺桥　《灵隐寺志》:在吴寺团灵隐[2]。

时桥　《灵隐寺志》:南涧经时桥。

金佛桥　《灵隐寺志》:在普门内。

琼老桥　《灵隐寺志》:南涧,东合杨梅坞支涧,出琼老桥。僧琼建。

中竺寺桥

下竺寺桥　《灵隐寺志》:南涧,东合永清坞,出中竺寺桥,又东合神道坞,过下竺寺桥。

龙迹桥　《灵隐寺志》:南涧,出飞来峰,至龙迹桥,会北涧。

曹家桥　《灵隐寺志》:北涧,合韬光支流,过曹家桥,淳汇于石门涧。

白乐桥　《灵隐寺志》:北涧,北合水架坞西流,过白乐桥。

唐家桥　《灵隐寺志》:北涧,至雷院,出唐家桥西溪。

三桥　《西溪梵隐志》:溪有三桥,下多植柳,浓阴夹道,东西两涯,民居临水,花木周庐,亦称花市。释大善《三桥柳诗》:"绿杨夹岸两依依,覆遍虹梁风日微。青叶交浓忘夏至,白花漫散识春归。人家傍树张茅店,鸟雀乘阴刷羽衣。昔日笙歌闻载酒,只今惟有鹧鸪飞。"

金桥　《西溪梵隐志》:在溪市北。建炎间,金四将军从张伯英战死。其妻归旧庐,筑桥,为资冥福,乡人称为"金四姥桥"。桥下垂柳独盛。

得仙桥　《西溪梵隐志》:在龙归坞。绍兴间,有老翁朱姓者,不火食,能前知,翛然坐桥而化。桥跨小涧,以仙翁得名。

安乐桥　《西溪梵隐志》:在唐家山,故安乐山下,永兴寺外。跨涧片石,传是神僧济颠所造。

---

〔1〕　雍正本无"亭"字。

〔2〕　雍正本"隐"后有"寺对"二字。

忠义桥　《西溪百咏序》：溪市三桥，惟此桥最大，居中虹起，石色光莹。宋孙侯所建也。兄弟恺笃，故名忠义。

陆家桥　《西溪梵隐志》：四明象山陆氏子，乃子静先生裔，家于卧象山下。今陆家桥存焉。董嗣杲《过周陆隐居诗》："过桥流水半清浑。"

东涧桥　《西溪百咏序》：小福清庵，在西溪东涧桥内。《西溪梵隐志》：福清庵，近安乐山，清幽复绝。宋隐士迈子山有"花覆石桥闲戏马，叶齐山寺乱啼鹦"之句。

水栅桥　《西溪百咏序》：西溪市北。有栅桥，乃巡、税二司设以征商者。今惟桥存焉。

朱桥　《西溪梵隐志》：闲林埠黄山渡口，南出十里，即朱桥江。土人相传，朱桥是贵人朱清担柴路。释大善《朱桥诗》："江潮不畏海门遥，进浦云生第二桥。乍入松涛旋作雨，忽翻竹浪又为潮。远来货物舟人识，初到商人店主招。夜泊客灯渔火伴，月明沙岸草萧萧。"

城内外诸桥

西湖水，自清波门入流福沟，至转运桥与涌金门河合流，以通南北诸河，为桥八。

宣化桥　【万历】《杭州府志》：旧名"净因"，今俗呼为"懊来桥"。《梦粱录》：临安府治前，曰"州桥"，俗名"懊来"，盖以到讼庭者，至此心已悔也，故以此名呼之。

戒子桥　《梦粱录》：在旧慈幼局前。

楼务桥[1]　【万历】《钱塘县志》：在黄册库前库，府治之东[2]。【成化】《杭州府志》：自此折而北，为流福桥。《钱塘县志》：按旧址在今水沟巷，对甘泉庵地，桥废久矣。但湖水一支，自此而北，桥在则水道可通，桥废则水道愈塞，故存其名。

流福桥　【万历】《杭州府志》：旧名闸儿桥。

定安桥　《梦粱录》：在谢二郎使前。《钱塘县志》：在学前，西通仁和学。旧有暗沟绕棂星门，出凌云桥。

凌云桥　【万历】《杭州府志》：旧名凌家桥。《钱塘县志》：俗名庙桥。府学路旧由此入，故曰"凌云"。

福宁桥　【万历】《杭州府志》：旧名福寿，东达油车巷，今入织染局。

转运新桥　【万历】《杭州府志》：入运司。《钱塘县志》：运司二门内，有玉带桥，

---

〔1〕　雍正本"楼"后有"店"字。

〔2〕　府治之东，雍正本作"旧在府治东"。

通涌金池,环署合流,出新桥。

西湖水,入涌金门涌金池,而东与转运桥水合流,过三桥至众安桥,达南北诸河,为桥二十有四。

涌金桥　《咸淳临安志》:介于涌金三池之中,有扁。《钱塘县志》:在运司后。其水从西湖水口来,少北为涌金池,金华将军庙跨其上。

转运桥　《梦粱录》:在五圣庙西。【万历】《杭州府志》:旧名度子桥。

永安桥　《咸淳临安志》:在俞家园张府后。镊子井湖水由此注出六房后。《梦粱录》:在度牒库后巷,即五圣庙桥。

如意桥　《咸淳临安志》:在六房院前。《钱塘县志》:《西湖志》曰:六房巷,旧有如意桥。桥在街北,与台后对。

台后桥　《梦粱录》:在台官衙后门桥[1]。【万历】《杭州府志》:在宋御史台后,因名。

木龙桥　【万历】《杭州府志》:又名太常后桥。以上四桥,俱入织染局。《梦粱录》:自西楼酒库侧三桥南入惠迁桥,西过惠迁井,曰太常寺后小桥。

惠迁桥　《梦粱录》:在西楼酒库前,原呼金文库桥。【万历】《杭州府志》:水自涌金桥来,至此入三桥河。旧名金文桥,以宋金文酒库,故名。

普济桥　【万历】《杭州府志》:上有华光庙。《梦粱录》:在断河头五显祠后。《钱塘县志》:华光庙,今在平陆庙后少西。土人筑三石铺于地,题曰桥。

施家桥　【万历】《杭州府志》:在旧龙翔宫后。《梦粱录》:在南真道馆前。

侍郎桥　《咸淳临安志》:郎简,字叔廉。王荆公有寄诗,甚称其贤。以工部侍郎致仕,居此。里人德之,遂以名桥。《梦粱录》:在罗汉洞巷对。王逢《与台州吴子中过侍郎桥客楼夜话诗》:"主簿别来久,挂名材杰间。挑灯长说剑,阅世未归山。石匮波上阁,玉门天外关。心期遂雄览,华顶侧仙班。"[2]王逢诗注:"至正壬辰,徽寇犯杭,时樊时中执敬为浙省参政,急御于桥,死之。"

三桥　《咸淳临安志》:在西楼金文正西,酒库北。《梦粱录》:在韩府南,曰三桥子。《武林旧事》:都城自旧岁冬孟驾回,则已有乘肩小女、鼓吹舞绾者数十队,以供贵邸豪家幕次之玩。而天街茶肆,渐已罗列灯球等求售,谓之灯市。自此以后,每夕皆然。三桥等处,客邸最盛。

军将桥　《咸淳临安志》:在三桥北。《梦粱录》:在韩府南。

---

〔1〕　雍正本无"《梦粱录》:在台官衙后门桥"十字。

〔2〕　侧,雍正本作"厕"。

曲阜桥 《咸淳临安志》:在韩府前。《梦粱录》:在施水坊桥西,横街有桥名曲阜,不通舟楫。水泒自六房院后石桥下河,水从此流出也。【万历】《杭州府志》:在河之西,跨街南北,西湖水由此入西河。

施水坊桥 《咸淳临安志》:在井亭桥南。

井亭桥 《咸淳临安志》:在井亭坊东。《梦粱录》:在洪福桥东。《仁和县志》:以相国井得名,宋煮库在此。

洪福桥 《咸淳临安志》:在清和坊东。《梦粱录》:在八字桥南。《仁和县志》:西有杨和王府。

鞔鼓桥 《咸淳临安志》:在洪福桥北。《西湖游览志余》:宋太学造工之初,鸣鼓集饭。有刘瞽者,山东来,目双瞽,善听声,过之,问曰:"此何地?适闻鼓声,官气甚旺。"旁人以建太学语之。瞽曰:"若如此,则不出宰相,永无火灾。"所以自中兴以来六七十载,绝无郁攸之惊,而未闻有爱立者。嘉泰中,高文虎为祭酒,欲为陈自强之奉,遂谓鼓坏,请更鞔之。未几,自强正拜,遂以为更鞔堂鼓,而自强破揆席之荒也,名其鞔鼓之所曰在鞔鼓桥。

马家桥 《咸淳临安志》:鞔鼓桥北[1]。《梦粱录》:洗麸桥南[2]。

八字桥 《咸淳临安志》:西转入清湖桥。《梦粱录》:在十官宅前。【万历】《杭州府志》:旧名洗麸桥,与清湖桥成八字。

江学士桥 《仁和县志》:以学士江晓居此,故名。

石湖桥 【万历】《杭州府志》:以宋相范成大号石湖居此,故名。又曰"石灰桥"。

结缚桥 《咸淳临安志》:在沂王府前。《梦粱录》:在沂王府北[3]。

众乐桥 【万历】《杭州府志》:东西河路通南北,旧名"下瓦后桥"。《仁和县志》:与"众安"成八字,故俗亦名"八字桥"。

众安桥 【万历】《杭州府志》:南北跨大街。《梦粱录》:出御街投北,众安与观桥皆平坦,与御街同。盖四孟车驾,经由此两桥,转西礼部贡院路,一直过新庄桥,诣景灵宫,行孟飨礼也。《仁和县志》:上有施全庙。全尝伏此桥下刺秦桧,被执[4]。

西湖水,自涌金水门入溜水桥,东行至曲阜桥入西河,为桥五。

---

〔1〕 雍正本"鞔"前有"在"字。

〔2〕 雍正本"洗"前有"在"字。

〔3〕 雍正本无"《梦粱录》:在沂王府北"八字。

〔4〕 雍正本"执"后有"国朝雍正九年,总督臣李卫因建南粮仓,开浚运河,与众乐桥同修"二十六字。

溜水桥　《钱塘县志》：康熙四十四年，织造府孙文成大启水门，引湖水入城，开河广五尺，深八尺，至三桥折而南，又转东至府前而止，备圣驾南巡御舟出入。

红莲花桥

白莲花桥

石桥

曲阜桥　《钱塘县志》：并在驻防城内。

西湖水，自众安桥转北，由度生桥出武林水门，为桥十。

清宁桥　【万历】《杭州府志》：旧名度生桥，俗呼鹅鸭桥。《咸淳临安志》：原名北桥。《梦粱录》：投东入延定坊。《仁和县志》：康熙二十六年，重建。

安国桥　《咸淳临安志》：在怀远坊内。【万历】《杭州府志》：又名北桥。

军头司桥　【万历】《杭州府志》：贡院在东，院坊在西，临大街。《仁和县志》：宋时文思院在此。康熙二十六年，重建。

清远桥　《梦粱录》：在普宁坊东。《仁和县志》：宋时南煮库在此。康熙二十六年，重建。

仁和仓桥　《梦粱录》：在仁和县衙对巷。《仁和县志》：康熙二十六年，重建。

胭脂桥　《仁和县志》：旧名葛家桥。

天水院桥　《梦粱录》：在六部架阁前。《仁和县志》：宋时有草料场。

百万仓桥　《咸淳临安志》：在淳祐仓前。

中正桥　【万历】《杭州府志》：俗呼斜桥。

吊桥　【万历】《杭州府志》：便桥武林水门里。

西湖水，自清湖桥转西至中正桥，出武林水门，为桥十有三。

清湖桥　【万历】《杭州府志》：八字桥河西，跨街南北，自此而西一带，名清湖河。

黑桥　《咸淳临安志》：在左藏库东。《仁和县志》：今废。

左藏库桥　《仁和县志》：宋时左藏库近此，今废。

安济桥　《梦粱录》：在杨驸马宫前投西。

安福桥　《咸淳临安志》：在安济桥西，通太学前新街。《梦粱录》：潘园巷路通接洋街路，直抵故太学。

丁家桥　《咸淳临安志》：在安福桥西。

长生老人桥　《梦粱录》：在霍使君庙前。

纪家桥 《梦粱录》：在国子监前。【万历】《杭州府志》：西塊为按察司西监。《仁和县志》：按察西有监桥，与车桥相接，桥上筑驻防城。《西湖游览志》：元时改乘骢桥，北察院在焉。

车桥 《梦粱录》：在国子监后。《仁和县志》：宋时车马门近此。

杨四姑桥 【万历】《杭州府志》：旧名长寿桥。《仁和县志》：以近长寿寺，故名。

教场桥 《仁和县志》：在教场门，东达观桥大街，旧名大新庄桥。

师姑桥 《梦粱录》：在镇城仓西。《仁和县志》：亦名狮虎桥。康熙二十六年，重建。

正桥 见前。

西湖水，自众安桥转北迤南至凤山水门，为桥二十有六。

清宁桥 见前。

新桥 《梦粱录》：在新安坊东。【万历】《杭州府志》：旧名新安桥，上有千圣庙。《仁和县志》：康熙二十六年，重建。

棚桥 《咸淳临安志》：在新安坊内。【万历】《杭州府志》：因近棚心寺，故名。《仁和县志》：康熙二十六年，重建。

李博士桥 《梦粱录》：在武志坊东。【万历】《杭州府志》：李性传，字成之，宗正寺主簿李舜臣之子。宋宁宗嘉定四年，举进士，历转运干办行在诸军审计司，进对称旨，迁武学博士。尝寓居此巷，以修武志，故名其桥曰"博士桥"，巷曰"武志坊"。

芳润桥 《钱塘县志》：旧名炭桥，东值丰乐，俗讹"丰"为"风"，有"炭长风高"之谣。岁久，火灾。因建真武庙以镇之，易名水德。

日新桥 《咸淳临安志》：日新楼桥，在水巷桥北。

永清桥 《梦粱录》：在舍人桥北。《钱塘县志》：俗呼水巷桥。

平津桥 《梦粱录》：在贤福巷东。【万历】《杭州府志》：俗名猫儿桥[1]。《七修类稿》：吾杭正统丙子秋，猫儿桥河水五色，旬日方解。不一月，其地陈纲中省元，始知秀气因人而呈也。

方便桥 《钱塘县志》：旧名平安桥。

舍人桥 《梦粱录》：在贤福巷北。【万历】《杭州府志》：今废。

亨桥

巧儿桥

---

〔1〕 雍正本"《梦粱录》：在贤福巷东"与"【万历】《杭州府志》：俗名猫儿桥"互乙。

宝祐桥　《咸淳临安志》：并在宝祐坊内。

普济桥　《梦粱录》：在通和坊北。

金波桥　《梦粱录》：在通和坊东。

灌肺桥　《咸淳临安志》：在融和坊对入巷。《梦粱录》：南瓦内投西，曰"灌肺岭桥"。

熙春桥　《咸淳临安志》：在南瓦熙春楼前。

清冷桥　《咸淳临安志》：南通沙皮巷，北通漆器墙。

钟公桥　【万历】《杭州府志》：东与新宫桥大河通。

新宫桥　【万历】《杭州府志》：旧名宗阳宫桥。

望仙桥　《咸淳临安志》：在德寿宫前。

通江桥　《梦粱录》：在杂卖场西。

黑桥　《咸淳临安志》：在六部桥北。《钱塘县志》：桥西有义井。

州桥　《梦粱录》：在玉牒所对巷。【万历】《杭州府志》：旧府治在桥西，因名。

安和桥　【万历】《杭州府志》：原名圣安寺桥。

锦云桥　《咸淳临安志》：旧称都亭驿桥。【万历】《杭州府志》：宋名"六部桥"，元名"通惠"，南出凤山水门，至浙江驿河。

西湖水，自通江桥出候潮水门，为桥五。

普济桥　【万历】《杭州府志》：旧名过军桥。

水门桥

保安桥　在抚署西。

保安闸桥　在抚署东。

诸家桥　《钱塘县志》：一名车驾桥。宋有车驾司。

西湖水，自新宫桥迤北至田家桥，出武林水门，为桥十有九。

三圣桥　【万历】《杭州府志》：旧有三圣庙，故名。

铁佛寺桥　【成化】《杭州府志》：旧名佑圣观桥。

荣府桥　俗名府桥《梦粱录》：在荣王府看街前。【万历】《杭州府志》：宋荣王府在桥东，因名。

荐桥　《梦粱录》：在富春坊东。《钱塘县志》：一名清泰，上有英济庙，以祀潮神，今名清泰庵。

积善桥　【万历】《杭州府志》：旧有回回拜佛堂，俗呼回回新桥。

丰乐桥 《咸淳临安志》:在善履坊东。

油局桥 《梦粱录》:在善履坊东,曰油蜡局桥。【万历】《杭州府志》:旧名新桥。

柴垛桥 【万历】《杭州府志》:旧名太和[1]。

盐桥 《仁和县志》:上有惠济庙,即蒋侯祠,故亦名惠济桥。

仙灵寺桥 《梦粱录》:在仙灵寺东。

登云桥 【万历】《杭州府志》:宋时有平籴仓,贡院在其北。《仁和县志》:每棘闱榜发,获隽者由贡院赴布政司饮宴,鼓吹导引,必登此桥,取"登青云"之义,故有是名。

西桥 《仁和县志》:一名塌桥,东有宋时御酒库。

通济桥 《咸淳临安志》:在丰储仓后,葛家桥东。【万历】《杭州府志》:俗名梅家桥。《仁和县志》:宋时法物库在此。

鹭鸶桥 在贡院东。《仁和县志》:自鹭鸶桥北东至桥南一带,河俱塞,水复至梅家桥落北。

梅东高桥

小梅家桥 《梦粱录》:在御酒库北。

白洋池桥 《仁和县志》:河通白洋池,因名。

方家桥 《仁和县志》:白洋池北为方家桥。

田家桥 《咸淳临安志》:田家普济桥。【万历】《杭州府志》:自东桥以下,俱接连大河。

西湖水,自军头司桥转西,由观桥通西河,至教场桥出武林水门,为桥五。

观桥 《咸淳临安志》:在报恩坊北。过此桥转西一直至新庄桥,入万寿观。【万历】《杭州府志》:跨大街南北,自此而西一带,为观桥河。《仁和县志》:东南为贡院牌坊。《西湖游览志》:吴越王建,题其梁曰:"吴越王宝正六年辛卯四月八日,因建钱明观,造此石桥。"观桥之水,自东而西,过青莲桥、祥符桥,折而北,合清湖之水。

阔板桥 《仁和县志》:即旧志称贡院桥。【万历】《杭州府志》:旧贡院在此。

藩封桥 《梦粱录》:在藩封酒库前。《仁和县志》:即今小桥。

祥符桥 《咸淳临安志》:在祥符寺前。《仁和县志》:宋北煮库在此,东有春风楼。

回龙桥 《仁和县志》:即旧志小新庄桥。过西落北,历教场师姑斜桥,出武林水门。王同祖《回龙桥望驾诗》:"两行卫士锦宫袍,万岁声常彻九皋。过尽羽旄风细细,彩云不动御炉高。"

---

〔1〕 雍正本"柴垛桥"条位于"荣府桥"条与"荐桥"条之间。

西湖水,自凤山门外绕城河入庆春水门落新坝,合东运河,而出艮山水门,为桥九。

土桥　《仁和县志》:旧称泥桥。向逢霹雨淋漓,行者裹足不前,里人李茂玉创改石桥,往来称便。

东横河桥　《钱塘县志》:又名横河第二桥。

西横河桥　《钱塘县志》:又名横河第一桥。

万安桥　《钱塘县志》:在淳祐桥北。

菜市桥　【万历】《杭州府志》:庆春桥,旧名菜市,在庆春门里。

太平桥　【万历】《杭州府志》:在菜市桥北。

新桥　《仁和县志》:一名广积仓桥,康熙年间重修。

骆驼桥　《仁和县志》:跨西街,不通水。

坝子桥　《仁和县志》:桥洞有三,相传为鲁般所造。北数武,即艮山水门。

西湖水,自万安桥迤南至断河头,为桥六。

淳祐桥　《钱塘县志》:在章家桥北。

春熙桥　【万历】《杭州府志》:今名章家桥。

安乐桥　《钱塘县志》:在平安桥北。

平安三桥　【万历】《杭州府志》:俗呼豆腐三桥。

平安二桥　《钱塘县志》:俗呼豆腐二桥。

平安一桥　《钱塘县志》:一名斗富桥,俗讹豆腐。

西湖水,自凤山水门出城,由庆丰关直抵江干闸口,为桥十一。

庆丰桥　《西湖游览志》:庆丰桥之水,入城为六部桥,其上流为岸桥。

南新桥　《西湖游览志》:沿城而西,为万松岭,下岭为松林街。其东为车子巷。

柳翠桥　《西湖游览志》:柳翠巷内,相传宋时妓女柳翠所建。

海鲜桥　《西湖游览志》:海鲜巷内,石长丈余,其文如鱼龙蕴藻之状,巧如绘画,盖宋时故内物也。

梁家桥　《西湖游览志》:进九曲巷,出青果团。

诸桥　《西湖游览志》:通上锐路。

美政桥　《西湖游览志》:宋有玉津园。

洋泮桥　《西湖游览志》:有龙王庙。万历中,建海月桥于桥南。

海月桥

化仙桥

进龙桥 《西湖游览志》:近进龙浦。

西湖水,自候潮水门出城,由抽分厂为沙河,北抵艮山门,为桥六。

嘉会桥 《西湖游览志》:通贴沙河之水入城。贴沙河,一名里沙河,舟筏所经,北抵艮山门者。

萧公桥

济川桥 《西湖游览志》:在抽分厂前,初名椤木桥。相传钱氏偏据,旁堆椤木,俗因呼之。又谓普济桥,或曰因旧有普济寺得名。正德六年,主事王光佐重建,改今名。

利津桥 《西湖游览志》:北为铁幢。

跨浦桥 《西湖游览志》:跨浦桥街,一名众义巷。

大通桥 《西湖游览志》:傍有银杏树,为舣舟渡江之所,今沙涨,去岸者二十里矣。

西湖水,自武林水门出城,由清河闸过陡门桥,通上塘河,为桥二十有八。

崇福桥 《咸淳临安志》:在北郭税务前。端平二年,殿司建。【万历】《杭州府志》:在吴山驿西。

余杭桥 《西湖游览志》:宋端平二年建,东通猪圈坝,其时有北郭税务。

新河桥 《西湖游览志》:桥下为新河坊口,乃张士诚所开者。旧有广惠庙,宋康定元年建,以祀广德王张渤者,递代褒封。二月八日,倾城士女集焉。

下堰桥 《仁和县志》:在余杭桥侧。

过军桥 《仁和县志》:即渡船桥,宋时神武铺在此。

永清桥 《仁和县志》:今名新桥。

张家桥 《仁和县志》:在新场,宋时近下界新仓。

天宗栈库桥 《咸淳临安志》:在上闸东陆家场前。《仁和县志》:今名道塘桥。宋时,天宗栈库在天宗水门内。

清河上闸桥 《仁和县志》:宋天宗煮库在此。

清河中闸桥

清河下闸桥

上陡门桥 【万历】《杭州府志》:在上闸南。

中陡门桥　《仁和县志》：在崇福桥北。

中兴永安桥　《仁和县志》：在上陡门西，宋绍兴丁巳重建。冯楫《中兴永安桥记》：水行乎地中，大为江河淮济，小为溪涧井泉。汲而取之，引而导之，可以充灌溉，具饮食，资涤濯，备涂泽。然可用而不可犯，可涉而不可履。古之圣人，设为方便，使犯之而不溺，履之而不蹈，去其害而就其利者，盖有道焉。于水之直流而远者，作舟船以行之；于水之横流而近者，设桥梁以通之。凡人往来乎四海万里之外，水潦莫能为之阻者，舟之利固大，而桥之功亦居多。今夫道途之间，一水之隔，深不可舟，浅不可涉，咫尺之近，如在千里，有桥济焉，顷步可达。两山相瞰，水流其中，涯立万仞，其险可怖，彼不能至，此不可往，有桥济焉，如履平地。平原旷野，穿渠走水，水欲常运，渠不可堙。渠通水流，行者有阻，有桥济焉，二俱无碍。然则桥之为用大矣哉！东南之地，势最趋下，受百川水潦之归，随流上下，固有舟矣。截流而过，非桥孰能济之？府北十余里，号北关镇，商贾骈集，物货辐辏，公私出纳，与城中相若。车驰毂击，无间昼夜，而河流阻乎其间。旧有三石桥，行者赖以获济。居北而最大者，曰永安。建中靖国初，僧舜钦募缘成之。积有岁年，日就隳损，经由不敢俯视，虑其覆坠，人人寒心。镇民耆艾陈德诚数往观焉，遂萌济众念，愿同兴修。同侪余庆施、宗宥等及僧梵海，结约募缘。自绍兴丁巳仲秋鸠工聚财，至今年戊子初春告成，号曰"中兴永安桥"云。

下陡门桥　【万历】《杭州府志》：在得胜桥西。

德胜桥　《咸淳临安志》：旧名堰桥。韩世忠于此掩击苗刘，故杭人呼为"德胜"。一作"得胜"。

袁家桥　《仁和县志》：在得胜坝东北，今塞。

西杨婆桥　【万历】《杭州府志》：在东杨婆桥西，洪武初重建。

东杨婆桥　【万历】《杭州府志》：在长板桥北。

兴福桥　《仁和县志》：往塘南艮山门。【万历】《杭州府志》云"旧名潮王桥"，误。

通隐桥　《仁和县志》：在兴福桥侧。

潮王桥　《仁和县志》：庙侧小桥，以潮王庙而名。

应家木桥　《仁和县志》：在茧桥东。【万历】《杭州府志》作"应家桥"。

大安桥

永济桥

戚公桥　《仁和县志》：在土神祠后。

大兴桥

东新桥　《仁和县志》：往五里塘以进艮山门，有东新关。朱南杰《东新桥值雪诗》："间关入帝乡，飞雪出余杭。天地皆明白，山川忽老苍。柳眉遮旧影，梅额点新妆。客里急先务，桥边问短航。"

西湖水，自艮山水门出城，与清湖闸水合流，至东新关，出东新桥，为桥二。

艮山吊桥

施家桥[1]

---

〔1〕 雍正本"施家桥"后有"谨按：桥梁在湖面者，原可分路登载。惟城内城外河道湖流所届甚远，不止吴山一路，故以城内外诸桥别之。再园亭非现在所有者，皆列入古迹。惟桥梁重关水利，虽古有今废，而旧址现在可考，或因时制宜后有当修复者，故仍载本门"一段按语。

武林览胜记卷五

园亭 _{书院附}

园圃以毓草木,亭台以望氛祲,王制所有事也。而藻耀山川,辉映云日,亦足以润色太平。西湖自六龙巡幸,胜迹长留。而贤达者流,投轨接轸,即林皋以结宇,望云壑以考室。向非际会升平,未易覿斯美盛。昔人因名园之兴废,知洛阳之盛衰,有以也。志园亭。

孤山路

圣因寺花园　在孤山之南,圣因寺内。康熙四十四年,圣祖仁皇帝省方幸浙,恭建行宫于孤山之上,西首为园。雍正五年,钦奉上谕,改为圣因寺,即园中万岁楼恭奉圣祖仁皇帝神御[1],俾臣民万世瞻仰。内有御书,光碧亭、云岫阁,并双桂轩,皆林峦绝胜处。恭纪名胜。

西湖山房　在圣因寺内正殿东南,圣祖仁皇帝御书题额,北为揽胜斋。恭纪名胜。

御书云峰四照亭　在孤山巅,圣因寺后。雍正七年,总督臣李卫建。十年,御题"云峰四照"四字,奉悬亭上。恭纪名胜。

放鹤亭　在孤山之北。宋和靖处士林逋故庐也。元至元间,儒学提举余谦既葺处士之墓,因植梅花数百本,构梅亭其下。郡人陈子安以处士妻梅子鹤,不可偏举,乃持一鹤放之,遂构鹤亭。后与梅亭并废。明嘉靖间,钱塘令王钗重建,曰"放鹤亭"。崇祯壬申,盐运副使崔士秀新之。李日华《重修放鹤亭记》:昔人次第隐逸,以声光

---

[1]　雍正本"御"后有"龙牌"二字。

泯绝，邈不可追，如披裘石户，推居太上。余曰：此程品之论也，亦憎夫借径终南佐命句曲者耳。夫隐品当程，而隐材尤当核。璞惟引虹，是以贵其不凋；剑惟犯斗，是以惜其终掩。彼碌碌铮铮者，譬如猿蹲树杪，縠饮涧阿，顽然有生，一无表见，则真深山野人，何从觅几希之异，而命之隐君哉？宋和靖先生，钦崎历落之士也。应制科不第，退隐钱塘明圣湖。初，亦婚娶生子。洪著有《山家清供》一编，每称先人非不妻而妻梅、不子而子鹤也。祥符天圣间，二房日骄。韩范之略，未能绥靖，忠佞揉杂，丁夏之党，互为水火。先生咿吟漆室，纡轸于怀，故发其遗书，有"曾无封禅"之句，所赍之志概可见矣。当日有绘湖景装轴，鬻钱湖上，于林麓端标数字云"林君复放鹤处"。先生见之，曰"世亦知有老逋耶"。后人想象其处作亭，非先生自亭也。先生一日倚杖柴门，得句云"夕寒山翠重，秋净雁行高"，吟讽满意，抵掌曰：平生读《武侯传》，未尝不心折其鸿树，然视余今日鏖句于翠绿中，觉神韵孤上番似过之。过之者，轶之也，亦骛之也。先生未尝忘世，世亦不能忘先生。想见点雪冲虚，缘镞不设，八瀛照影，指纵由心，飘萧尘磕之表。先生与鹤，其俱在耶？闽崔君仲征，沉溵耿亮，丰采毅如，生平宦辙所经，惠泽煦若春霖，风棱凛于霜锷，一触珤焰，几燎昆墟。幸需新恩，大节昭布，来佐嵯司，赍我邦国，回翔湖山之上，狎主骚坛之盟。其品与材，与和靖先生而两。虽其显晦夷阻判乎异遭，然皆金玉其音而糠粃万有者也。崇祯壬申嘉平月，友人陈则梁以书来，云："崔使君割廉标胜，孜孜未替，前月一新湖心亭，蓝山人田叔监之，韩太史求仲记。今又新放鹤亭，徐文学仲炎监之，吾子应记之。"余谢不敏。既而曰："是诚在我。"余既慕崔使君之品与材，每坐驰明圣湖头，即胸中着两和靖，而生平诠次隐逸，所耿耿欲吐如是，敢附见之。岁久圮。

国朝康熙十二年，巡抚范承谟重葺，布政使李之粹榜曰"林君复放鹤处"。三十五年，圣祖仁皇帝御书《舞鹤赋》，勒石孤山，恭建御碑亭于其上。沈德潜《放鹤亭诗》："昔贤曾放鹤，空余放鹤处。亭树故依然，美人缅迟暮。封禅喜无书，暗香尚留句。不见鹤飞还，寒梅落古树。"[1]

平湖秋月亭　在孤山路口，旧为望湖亭。康熙三十八年，圣祖仁皇帝御书"平湖秋月"，为西湖十景之一，遂建亭于此。详《名胜》[2]。

勾留处　前浙江巡抚范承谟升任福建总督，去浙时，尝取乐天"未能抛得杭州去，一半勾留是此湖"之句，书"勾留处"于湖心亭。康熙三十八年，圣祖仁皇帝临幸西湖，御书"湖心亭"额，遂移范书于孤山放鹤亭之南，建亭以悬之。五十八年，承谟孙时崇为福浙总督，重加修葺，缭以石垣，亭临方塘，悉栽芙蕖，周遭杂植花木。后为高轩数楹，辅以舫斋，环以曲廊，左构重楼，临池为水阁，洁净轩爽。邦人怀承谟旧泽，犹称范公书院云。

---

〔1〕　雍正本无沈德潜《放鹤亭诗》。
〔2〕　雍正本"详《名胜》"作"恭纪名胜"。

敬一书院　在孤山上四贤祠之右[1]。康熙二十四年，巡抚赵士麟建。每月之朔，集绅士耆老，宣讲圣谕于此。至望日，会师儒讲学。既擢去，士民即以祠之。赵士麟《西湖讲堂诗》："佳丽称两浙，风景首西湖。院院仙家宅，纷纷佛者徒。于此有讲堂，乃在孤山隅。月吉须读法，讲说资诗书。煌煌十六条，帝言合典谟。劝民戒游荡，勖士学唐虞。游荡非小害，何以办赋租。唐虞亦易效，孝弟可为模。能勉即上智，不移乃下愚。古来歌舞场，最易负居诸。抚军受命来，所重在封疆。今者与多士，称说惟先王。迂阔颇自笑，功何由彰。学优乃能仕，仕学须审详。为学贵知本，亦如筑斯堂。堂基苟不固，栋宇徒辉煌。风雨能飘摇，欹斜乃其常。鉴此各自励，先儒即周行。计功与谋利，病甚息与荒。他日翊社稷，还如处胶庠。"

西爽亭　在孤山圣因寺之西。雍正八年，总督臣李卫建。详《名胜》。

褒忠亭　在孤山路口关帝庙左，为前分巡温处道陈丹赤建。丹赤死祖弘勋之难。康熙三十三年，诏赠通政司通政使，谥曰"忠毅"。圣祖仁皇帝御书"名垂青史"四字，因建是亭。

快雪堂　秀水冯梦祯开之，以南国子祭酒免，遂不复出，筑室孤山之麓，家藏《快雪时晴帖》，名其堂曰"快雪"，今为司农严沆别业。张遂辰《晚留孤山草堂诗》："孤山草堂绝可怜，湖深渚绿正芊绵。频年水郭荡飞絮，昨日春衣过禁烟。笛近客依灯火岸，酒阑人返夕阳船。闲游但使心情在，随处风花似渭川。

清风草庐　在陆宣公祠左，前吏部尚书徐潮别业。潮巡抚河南时，圣祖仁皇帝尝御书"凛矢清风"四大字赐潮，潮因以名其庐，凛圣训也。中有楼，旧名"风满楼"，后取东坡句改"雨奇晴好之楼"，背倚石壁，为轩数楹，修竹万竿，参蔽天日。湖上园榭虽多，销夏者以此为选胜场焉。沈近思《清风草庐诗》："结屋苍崖下，风来蘋末多。湖光收玉镜，山翠满云萝。凉月忽移榜，清秋一放歌。因风怀吏部，高蹈寄庭柯。"

西湖书院　明成化间，布政使宁良等建，以居大理卿郡人夏时正，名"孤山书院"，西太乙宫故址也。建书库，捐赡田，以待四方学子。又名"西湖书院"。夏时正《孤山书院种梅方伯祁阳宁公携樽见过诗》："占断层崖学种梅，呼朋踏破白云堆。自怜结屋青山住，不谓乘春画舫来。竹下倒裳迎使节，花间供具促吟杯。都非诏遗procedure求急，鸥鹭无烦着意猜。"徐奇《西湖书院诗》："天上归来昼锦行，一区书屋傍湖成。身如五柳先生懒，心似孤山处士清。松下研朱朝露滴，竹西开卷夕阳明。遥知载述中宵候，万丈文光北斗平。"岁久圮。

国朝康熙二十五年，督学王揆于跨虹桥之西重构为讲学之所，门对曲院，中为讲堂三楹，后为层楼，翼以廊庑，为诸生肄业之所，仍名"西湖书院"云。

崇文书院　在跨虹桥西。明万历间，巡盐御史叶永盛视鹾之余，集内商子弟于西湖之跨虹桥西，授以题，命各就舫中属文。舫皆散去，少焉，画角一声，群舫毕集，

---

[1]　雍正本无"上"字。

各以文进，面定甲乙，名曰"舫课"。去官后，商士思之，就其地建书院，中奉朱子木主，而以其旁舍祀永盛[1]，春秋配飨，即以馂余为舫课[2]。国朝康熙四十四年，圣祖仁皇帝御书"正学阐教"四字[3]，赐为额，爰鼎新之，榜曰"崇文"。疏泉为池[4]，中为飨堂，而辟其左为正厅，敬摹御书，勒石而崇奉之。前为方亭，后为诸生讲堂，迤东为西泠桥。桥侧旧有正学书院，亦万历间建，久圮。

曲院风荷亭　在苏堤跨虹桥西。康熙三十八年，圣祖仁皇帝书"曲院风荷"，为西湖十景之一，遂建亭。其处内有锦带楼，东为春晓楼[5]。详《名胜》。

御题竹素园　在湖山神庙西。雍正九年，总督臣李卫辟地为园，创建亭宇。十年，恭奉皇上御书"竹素园"三字，额悬正厅，内有流觞亭、水月亭、临花舫、观瀑轩、聚景楼，俱擅湖山之胜。恭纪名胜。

流觞亭　在竹素园内。引桃溪之水屈曲环绕，可以流觞。李卫《流觞亭题额》：西湖名胜甲天下。所少者，飞瀑横空，悬流直下，此唐宋诸贤吟咏之余，未能无遗憾也。余徇士民之请，奏建怡贤亲王祠。祠之北岸，尚少映带，创为湖山神庙，以为后障。有泉一道，循山而下，喷珠洒雪，响佩鸣环，曲折流贯于祠之右偏，岂前贤搜剔未尽，抑山水之胜亦必待其时而始显耶？行则声随，坐可手掬，即仿以古人流觞之制，谁曰不宜？结亭其傍，以志西湖瀑流之胜，实自今日始。

水月亭　在竹素园内，流觞亭之南，前临湖面，后绕溪流，水月交辉，此为绝胜。李卫《水月亭记》：余既建湖山神庙于曲院荷风之西，而列十有二月及闰月花神像以配之。山水之明秀，草木之英华，数千年游展所往来，耳目所应接。编户之民，终岁食湖之利，卒未知湖山花柳之有功于人，今而后有所以酬报之矣。因念和风化日，圣世之光华，无物不照，无远不被，而独于暮烟方合，一轮行天，岚岫沉波，星河倒影，登高远望则镜面平铺，鼓楫中流则金光荡漾，桂魄蟾光映西湖，而倍加精采。生居湖上与往来湖中者，宜其怀思眷恋而不置也。夫太阴垂照，幽隐必周，月光之非西湖得私，岂待言哉？然而，境偏则界界不宽，地僻则襟怀不旷。有山无水，则嶻嶪而无所与容；有水无山，则泛滥而不知所极。山不环聚，则月之精神散而不收；水不澄清，则月之光彩淆而不洁。无亭台高下之胜，则不能掩映成奇；无桥梁堤岸之绕，则不能混荡生致。而且霜深雪积，见月而感慨生；巨壑深秋，得月而毛发竖。甚至孤鹘横江，峡猿啸夜，荒郊僻野，地阔人稀，月之光华，其亦无所栖泊矣。岂若西湖之上，自一钩以迄如轮，见者无不赏，赏者无不爱惜流连，而不能自已。上而冠盖，下而担负，莫不朝中秋而暮元夕也。猗欤盛哉！何其悦人目而怡人情也。湖山神庙之西，剩有隙地，清泉一道，曲折流绕其间。地既高旷，泉复潆洄，筑亭其上，而颜之曰水

---

〔1〕雍正本"旁舍"作"后寝"。

〔2〕雍正本"课"后有"楗其文于醝使者评骘"九字。

〔3〕雍正本"书"作"题"。

〔4〕"疏泉为池……久圮"一段文字，雍正本作"中为飨堂，辟其左为亭，敬摹御书，勒石崇奉。后为敬修堂，为诸生斋舍。雍正十一年，盐驿道张若震重修，规制大备"，其后并有姚之骃《修崇文书院记》共七百余字。

〔5〕雍正本"锦带楼"作"迎熏阁"，"春晓楼"作"望春楼"。

月。落成之日,杭民闻者惊告,见者欣喜。余乃进而谕之曰:圣天子奋至德之光,建中和之极,以普被万民尔。民岁获丰稔,心志和畅,以故得优游闲暇,徜徉于名山胜水之间。既卜其昼,又卜其夜,领略此朔望晦弦之景象,夫亦称仁讲让,力穑服畴,退而思所以答离明之治,则不禁跂予望之。

苏堤春晓楼　在苏堤望山桥之南。康熙三十八年,圣祖仁皇帝御书"苏堤春晓",为西湖十景之首,恭建御碑亭。雍正八年,总督臣李卫以亭隘不称瞻仰,爰建岑楼,崇奉天章,云霞绚彩,遂于楼侧复构一亭,题曰"曙霞"。详《名胜》[1]。

贤王祠花园　在金沙港。雍正八年,总督臣李卫奉命建怡贤亲王祠,遂于祠西辟地为园,由正殿回廊启径而入,叠石为山,疏泉为池,杂莳卉木,创置亭宇,轩槛玲珑,栏楯衔接。上有星桥月榭,远瞩全湖之胜,望之如十洲三岛,真神仙洞府也。详《名胜》。

垂钓亭　在贤王祠内,俯临金沙涧,水净沙明。白居易《冷泉亭记》云:"可垂钓于枕上。"斯亭得之,故名。

丁家山亭　丁家山,在金沙港西南。上有高阜,平临湖曲。雍正九年,甃石为磴道,建亭其上。李卫《丁家山亭题额》:怡贤亲王祠,南对丁家山,草木蒙翳,未称眺览。余方周视审度,思所以增饰之。适奉诏入觐,嗣即移节保阳。今年春,承命来南,过西湖,重登此山。亭台高下,曲磴纡回,片石拔地而起,山巅天然一池,群峰攒蓄,展萼敷华,别自成一境界。兹山旧不入《游览志》,前人题咏,寂然无闻。今则笠展如云,舣舟湖上者,又将指此为第一胜观矣。癸丑暮春题。复于山半更置一亭,高下相映。山上多紫石,玲珑秀削,状类蕉叶,为轩数楹,曰"蕉石山房"。详《名胜》[2]。

花港观鱼亭[3]　在苏堤映波桥之南。康熙三十八年,圣祖仁皇帝御书"花港观鱼"扁额,建亭其处。详《名胜》。

湖心亭　在全湖中心。旧有湖心寺,寺外三塔鼎峙。明弘治中,寺与塔俱毁。嘉靖中,知府孙孟寻遗址建亭。万历中,按察佥事徐廷裸重建。《西湖游览志》:万历四年,佥事姑苏徐廷裸、大参海虞王竺、钱塘尹西蜀姜召同建,亭额有"太虚一点宛在水中央"之题。司礼孙隆重砌四础,升为重檐,改曰"喜清阁"。考聂心汤《县志》称,湖心寺外三塔,其中塔、南塔并废,乃即北塔基建亭,名"湖心亭"。复于旧寺基重建德生堂,为放生之所。据此,则旧湖心寺,乃今之放生池,而今之湖心亭,乃三塔中北一塔之基也。国朝康熙三十八年,圣祖仁皇帝御书"静观万类"四字,又于阁上御书"天然图画"额。雍正五年,重加增葺。许叔夏《湖心亭诗》:"孤亭突兀敞高秋,风起青萍紫翠浮。目送归鸿何

---

〔1〕　详《名胜》,雍正本作"恭纪名胜"。
〔2〕　雍正本无"详《名胜》"三字,惟"房"字后有厉鹗《同吴绣谷游丁家山新亭诗》。
〔3〕　雍正本"花港观鱼亭"条在"湖心亭"条与"三潭印月亭"条之间。

处去，碧天明月夜悠悠。"张萱《湖心亭即景诗》："涨玉周遭淡欲无，三潭深处一亭孤。疏钟度水寺边寺，野艇依林湖外湖。日落云容浑自懒，春残病骨未全苏。开尊不用邀明月，已获骊龙颔下珠。"祝时泰《湖心亭诗》："湖心塔寺昔曾经，孤屿今来见此亭。新水影摇双槛碧，旧山光映四檐青。烟花地远春谁主，涧壑风生酒自醒。一曲沧浪萝月白，石门长日野云扃。"王寅《湖心亭诗》："雨后湖波漾转娇，烂银盘里坐吹箫。四围兰桨三千顷，双带桃花十二桥。亭压蛟宫翻晚照，沙沉塔庙说前朝。虚窗鸥鸟时来往，自识幽情不用招。"刘子伯《湖心亭诗》："湖心亭子枕澄波，一片湖光似镜磨。春草远堤盘翠带，好山当面点青螺。烟开沙觜飞银鹭，酒泻仙罍劝玉娥。疑向水晶宫里渡，月明犹自沸笙歌。"方九叙《湖心亭诗》："沧波萦绕小亭幽，来往惟凭一叶舟。三塔已沉青草没，两峰相对黛烟浮。潭心影动疑鲛室，风里翚飞似蜃楼。何用乘槎霄汉去，藏鸦门外即瀛洲。"童汉臣《湖心亭诗》："春山匝水四帘青，绕座轻鸥点绿汀。鱼影萍开当槛戏，莺声风暖隔花听。看云不许通尘骑，载酒惟容度雀舲。山阁溪桥吟咏遍，烟波长对此虚亭。"曹溶《湖心亭诗》："白公仙去柳无烟，六一祠荒浸碧泉。谁使冶游添故事，顿令飞阁起遥天。春平凫雁时争席，日澹笙歌好系船。南望葑田应尽辟，酒人长拟祝丰年。"

三潭印月亭　在放生池之前。重建三塔，奉圣祖仁皇帝御书扁额，建亭其上。详《名胜》[1]。

南山路

问水亭　在涌金门外，柳洲二贤祠之左。明万历间，司礼孙隆建，为舣舟解维系缆之所，今为关帝庙，而舟人犹称问水亭焉。王思任《问水亭诗》："我来一清步，犹未拾寒烟。灯外兼星外，沙边更槛边。孤山供好月，高雁语空天。辛苦西湖水，人眠即熟眠。"丁文策《问水亭诗》："问水亭边问水滨，西湖常占四时春。六桥桃李遥攀楫，三竺烟云已撩人。画舫才登箫鼓动，油车初出髻鬟新。长年试讯何方泊，逢着莺花展坐茵。"

柳浪闻莺亭　在涌金门南，钱王祠右。康熙三十八年，奉圣祖仁皇帝御书扁额，建亭其处。详《名胜》。

南屏晓钟亭　在南屏山净慈寺前，旧称"南屏晚钟"。康熙三十八年，圣祖仁皇帝御题十景，改南屏晓钟，建亭其处。详《名胜》。

雷峰西照亭　在雷峰上，峰顶有塔，旧称雷峰夕照。康熙三十八年，圣祖仁皇帝御题十景，改雷峰西照，建亭其处。详《名胜》。

藕花居　在净慈寺前。明洪武间，僧广衍建，为南屏八景之一。国朝康熙二十三年，巡抚王国安重葺。去后浙人即以祠之外树石坊，题曰"藕花书院"。进内夹

---

〔1〕　雍正本"详《名胜》"作"恭纪名胜"。

道,皆方塘,广可数十亩,尽栽红莲,芳气袭人。中构小屏,门内有堂有亭,轩窗静洁。后临新开净慈寺河,藕花尤盛。王守仁《藕花居诗》:"掩映红妆莫浪猜,隔林知是藕花开。共君醉卧不须扇,自有香风拂面来。"

南山亭　在净慈寺侧。南屏山麓下,有精舍曰"壑庵",郡人汪之萼庐墓处也。庵多奇石,疏数偃仰,类形合势,清泉周流,若环若玦,刳木作桥,实以拳石,竹阑扶之。池岸饶嘉木美箭,被以芙蓉,游观者契集,号赛西湖。庵侧为懒窝,由庵而上,为幽居洞。洞之上为司马温公摩崖碑,崖侧为米芾书"琴台"字。其阳为南山亭,之萼之孙守湜建。迤逦而上,为文昌祠,准提阁。祠侧岩隙,有之萼子于高书"叱石崩云"四大字。山径至此,石益奇,地益高,所见益远,左江右湖,如在几席矣。王曾祥《南山亭记》:汪君又持龙泉教授归,年届六十矣。其子廷对、廷扬谋所以乐其志者,以西湖壑庵为曾大父庐墓处,中饶回池、沓岛、露荷、金鲫之胜。君每乐而安之,谓将投老于此。庵后逾层崖,履积石,琴台嵌空,南屏障列,余地径轮,敞可四瞩,而无以劳,安而倦息[1],恒嘻嘻焉。爰是辇壤焚𥎊,夷堆实迮,承盖以埏,陁阶用砥[2],曾不积日,为亭翼然。既乃饮众落成,倚槛辽睐,则山风飔飔,岭云嵯峨,丹崖盖张,慧日幢竖,明湖远白,孤屿含青,贞松老杉,机罗骈织,经舟纬楫,萍聚凫没[3],高空之观,希夷之游,莫有乐于此者矣[4]。流饮既酣,衿裾之属,合词以称,谓二子诚能乐志,而君且与山并寿也。因名为南山,而揖曾祥记之。苏轮《雨霁泛舟湖上至壑庵小饮诗》:"积雨才初霁,轻舟溯大堤。香荷翻碧浪,绿树映红泥。天插群峰小,城横半壁低。无人来把钓,有客独扶藜。双塔盘云出,幽禽隔岸啼。遣怀长夏好,随意一樽携。入洞穿丹嶂,飞泉引翠霓。木桥何屈曲,竹屋任东西。躞蹀寻高迹,攀萝阅旧题。土花寒漠漠,石气冷凄凄。虚壁龙蛇走,空林鸟雀栖。草虫疑促织,山果似棠梨。钟鼓优昙域,烟霞桃李蹊。倦将苔作席,醉欲饮如鲵。性癖耽邱壑,心闲狎鹿麛。几时餐玉鲙,今日煮金薺。三竺岚光合,南屏翠色迷。归来明月上,一路紫骝嘶。"吴斯洺《过壑庵登南山亭和朱彝尊游南屏韵》:"出郭罩轻阴,云防碍车恶。须臾凉飙生,得稳登山约。船开溯空明,泼剌池畔泊。红兰雁齿柱,粉壁凤毛诺。左右白森弥,南北青牟崿。绿澄荷蹋茎,黄微柳萦绰。解衣循虚廊,骋且凭高阁。队可狎鸥鹭,啸且侣鸾鹤。气爽轻欲飞,天碧净如垩。如何不命酒,况有花作箔。欣看急觞递,何待银瓶索。肥比驼蹄烹,莹或熊肪削。凫斟羹浓酽,鱼拟翅脆薄。呼撑面面窗,舵楼崇栱橴。瑟瑟菰沉米,姣姣蓼吐蕚。四座方高谈,全湖已半掠。主人揖客入,小有庵名壑。经营适在初,胖蠁冀有托。墙有数堵环,地仅一弓拓。嫪恋切杯

〔1〕　雍正本"息"后有"杖履所及"四字。

〔2〕　雍正本"砥"后有"虀不侈丹,纍不呈素"八字。

〔3〕　雍正本"没"后有"丽瞩媚神,莫可概举。若邑里隔望而喧埃不及,阴晖递来而茹吐屡变,则"二十八字。

〔4〕　雍正本"矣"后有"且夫神物蛰蟠,所以全力也;旷士晏息,所以怡心也。心恬体宁,机剧不纷,拔秒易韵,耳虚目明,乃以永生。是则先生之息此亭也,融熙妪于高牖,涤炎歊于虚甍,把颢气于爽宇,延阳旭于幽扃,委顺嘉运,宣节劳形,其不足颐神远算畅和葆真也欤。时"一段文字。

棬，忠诚矢葵藿。衣冠神游晏，子姓拜趋蹌。树人兼树木，松杉栝柏柞。植德园拟淇，习礼圃仿矍。旁且辟佛龛，僧饭煮土镬。专以给洒扫，兼以储秱镈。导客蹑山椒，有亭高霍霍。平湖既涵如，南山且拱若。烟云迭成帟，竹树乱于篺。玲珑石丈人，谁为此阒廓。疑蹲仍似动，将坠忽又络。或奔或若卧，一迎更一却。怒类虎毶毽，娟赛女约绰。因瞻宋镌壁，山骨供凌铄。易卦及中庸，温公字鏨凿。足迹疑未经，芳名勒盘礴。胜境爱题识，逸概俨今昨。云亭泥检文，兹岂所访落。至今好事多，椎拓翠珉攫。玉孕当含中，丑疥徙侵膜。只羸后来者，悬崖恣扪摸。余兴未遽穷，攀萝越危彴。松风振飕飗，尘块涨滓漠。二客不能从，童羖甘罚爵。淋漓促觥筹，饾饤列珍错。计晷迫下舂，馎饦代胔臛。酩酊荷筒倾，咄嗟萍虀嚼。竟日得盘辟，同乡聚笑噱。婆然此一翁，亦附抒快乐。那可不永言，昔有斐然作。无负南屏游，抽思许盍各。畴能辨厥味，醍醐与酥酪。阳春美难继，皇荂调应莫。句必力排奡，工不在涂雘。行行暮霭来，孤鸿叫西郭。炊缕亘林峦，月钩晃荒寞。客方萃舆儓，吏将阖锁钥。似此纪清游，孰哂饮狂药。君其三雅擅，我聊一醉博。佳景追易逋，只愁手腕弱。有如读遗经，一一添注脚。”

醒心书屋　在花港之西，文学戴大受读书处。大受著《世宝》《醒心》《畜德》诸录，因以名其书屋。有山梅古柏，掩映湖滨。

玉岑书院　在赤山埠。督学汪漋校士两浙七年，尝与诸生讲学其地。去任后，多士醵金，岁修中堂三楹，旁为舫斋，轩窗明净，庖湢备具，以地少僻左，故游迹罕到。而空山窅冥，水木明瑟，抱经之士，往往于此诵习焉。

匏庵　在南山满觉院旧址之傍，钱塘吴名溢庐墓之所。近九溪十八涧，泉石深邃，树木蓊翳，循山为廊，中构栩栩阁，溪流一道，萦绕阁前，激石声瀌瀌，冬夏不竭。隔溪巨竹千竿，蔽满山谷，苍翠可爱。阁为袁太守于令题额，陈洪绶为书杜句云“侧身天地更怀古，回首风尘甘息机”，可想见其风致矣。卒后，即葬于其傍。所手植桂树一株，根倚岩石，高不盈丈，轮囷数围，为翁山老桂之冠。

江湖伟观亭　在慈云岭。

敷文书院　在凤凰山西岭。宋元为报恩寺[1]。明弘治十一年，浙江右参政周木因废寺旧址，建万松书院，上有芙蓉岩、可汲亭、石匣泉。稍西，有水云亭、振衣亭，中有飞跃轩。西有留月台，东有掬湖台，中有毓秀阁。稍西，有如圭峰、明道堂。右有居仁斋，左有由义斋。又有颜乐、曾唯二亭。嘉靖三十三年，杭州知府孙孟重建明道堂及居仁斋、由义斋。万历五年，巡盐御史马应梦，即毓秀阁北建继道堂，翼以穷理、居敬二斋。岁久，尽圮。国朝康熙十年，巡抚范承谟重建。康熙五十五年，巡抚徐元梦奉圣祖仁皇帝御书“浙水敷文”四大字敬悬中堂，并勒石焉。后有正谊堂、存诚阁。逶迤而西，有亭翼然，巡抚朱轼颜曰“玩心高明”。又前有轩，颜曰“表

---

〔1〕 雍正本“寺”后有“元废”二字。

里洞然"。稍西，有载道亭，督学汪潆颜曰"与灏气俱"。登山遐瞩，左江右湖，如在襟带，万松离立，谡谡作声，中多怪石，狰狞奇特，不可名状。夹以桃柳、梅杏、桎桐、杉桂之属，四时繁英缤纷，绿阴幂䍥。凡肄业诸生，藏修息游，足畅胸臆。湖滨胜概，此为巨丽云。周长发《敷文书院纪事用东坡石鼓歌韵诗》："倚盖广轮肇字丑，孔卓寅人觉童叟。吴山俎豆续瓣香，浙水珪璋骏奔走。堂庑南开松岭颠，鼓钟东振钱江口。女墙雉影案罗前，湖镜螺痕光跋后。俨上嵩衡俯万千，恍窥云梦吞八九。秋雨寒馨散桂丛，春风婀娜舒桃柳。宸翰亲颁自玉除，玺书大锡光瑶斗。星躔的皪照心胸，河岳横空落腕肘。开府宪邦崇械朴，丹铅甲乙分苗莠。鹅湖鹿洞难追师，云龙幸见孟韩友。琼枝旧识栖凤鸾，铩羽何期选鹙鹢。登陟高山剪蓬藋，摩挲断碣辨蛇蚪。抠衣稽首拜宫墙，展席雍容揖眉者。沅芷沣兰纫众香，枯桐橡竹异群嗾。共砺人伦作模楷，尽呈廊庙储瓒卤。上讨典坟植根柢，下搜箴赋资蒙瞍。六经光远烛天汉，一蒉功亏等培塿。掷地会知自有声，奏刀还觉游无厚。毋随薄俗斗戈戈，肯逐声华标某某。景庆欣逢辟四门，梗楠更喜罗九有。东西海外贡贝琛，南北山中赋栲杻。养泽久能隐雾豹，箧巾岂复陈刍狗。嗣宗莫漫悲途穷，李广何须嗟不偶。譬若挽强破侯鹄，左有驺虞右狸首。徐看玉尺细刊衡，敢向唾壶恣击掊。怀珍待聘愿少安，伐异党同又何取。满堂磊落皆英姿，多士刮磨判光垢。针芥文章固有神，襟怀冰雪尤当守。圣主贤臣重瞽宗，士风炳蔚传不朽。贱子藉手乐观成，还拟重镌金石寿。"郑江《题敷文书院石壁诗》："清斋规十笏，西壁凿混元。斑驳绣莓苔，矶碑多斧痕。譬若画品中，顾陆称最尊。亦复杂荆关，细绉云岚翻。众峰卓立更雄特，日月亏蔽烟霞吞。偶上载道亭，石气迎朝暾。青苍薄蚀眩眦睚，陡令十指舞瘃不敢扪。直者铦锷森剑戟，横者僵卧蹲鼍鼋。巨者高峙整玉佩，细者荦确理芳荪。大字擘窠辩蝌蚪，漶漫古色堆彝敦[1]。欲与诗人斗奇险，瞥见胆落如惊温。傍崖剔雪藓，倚树搜霜根。激泉溜雨莽清澈，还向磴道寻溪源。自爱丈人置邱壑，长往空谷辞篱藩。我思唤起襄阳颠日夕，低头下拜无违言。"

观风偶憩亭　在敷文书院之左。雍正四年，总督臣李卫重修书院，遂建是亭，并题额焉。

北山路

亭子湾亭　出涌金门而北，沿堤植柳，古名柳洲。稍折而西，水流湾曲，曰亭子湾，旧有亭，久废。雍正八年，总督臣李卫建关帝庙，复构一亭，以存旧迹。亭前杂植卉木，多种秋色，红紫烂然可观。临水夹以竹篱，启双扉，以便登泊。

较射亭　在亭子湾。地接城闉，可容骑射。水际构亭，以为较阅之所。雍正八年创建[2]。

---

〔1〕　雍正本"敦"作"樽"。
〔2〕　雍正本"建"后有注文"详名胜"三字。

镜阁 在钱塘门外。高士奇《西湖镜阁诗》："西湖湖水连天碧，万顷琉璃浸山色。翠幕青旗映远空，层崖迭巘争奇特。晓雾轻笼二月天，桃花含露柳含烟。金羁宝勒游春骑，乌榜兰桡载酒船。酒船游骑纷争逐，鹅管鸥弦声断续。但饰歌亭斗绮罗，谁支杰阁供遐瞩。我昔曾从湖上游，钱塘门外有高楼。槛前细浪千鳞蹙，槛外云霞一掌收。问说当年全盛日，风流文沉时时集。镜阁亲经待诏题，花香流水传遗笔。爱客无过阁里人，吟笺茗碗娱秋春。批风抹月屏俗虑，云房竹坞无纤尘。我闻此语辄徙倚，欲往从之渺烟水。几载悲歌作浪游，相逢忽在长安市。客市萧条春暮时，落花寂寂柳丝丝。与君细话家山好，笋蕨村醪系梦思。"

南阳书院 在钱塘门外，面湖背郭。督学彭始搏尝讲学其地，受代去，诸生更为增饰楼榭，杂莳花木，榜曰"南阳"，从始搏郡望也。

就庄 在断桥东。前莱州知府海宁陈谦别墅。沿堤插柳，结篱为门，颜曰"亦吾庐"。门内左右两池，并种台莲，上有芙蓉、梅花，护以枳棘。池北，垒石为山洞。洞之西，题曰"就庄"。入门而东，丛桂翁郁，砌石台五六级，缃梅绿萼，上下掩映，间以碧桃、山茶、海棠。台上为拙娱草堂，堂后为止止轩。俯临石涧，涧名"君子泉"。谦自为铭曰："旱不干，涝不溢，师此水，攸好德。"对面黄石山，横亘十余丈。左转为滋兰室，南为浣云馆。栏槛之外，平挹湖面，东为芥舟馆，西拾级而登浮槎。槎右为流天阁，阁之北为壶中。入壶而左，为多态楼，取东坡诗"湖山故多态"之义。按：《西湖游览志》云此地旧有飧秀阁，后为片石居，最后为华亭董其昌别业。今浣云馆额，尚为其昌手书。又考南宋此地为水月园故址，方岳《题水月园诗》有"翁之乐者山林也，客亦知夫水月乎"之句。其地向为名流所居，深得水月之趣，而恰当断桥残雪之左，雪色尤可爱云。陈吁《就庄壶中歌》："枕梦宦一生，橘隐棋两叟。笑彼偪侧徒，局踏在高厚。徒溟斗触蛮，等是无何有。乃知尘寰中，何处判净垢。而况高人胸，异境随指取。西湖天下景，肩摩趾错蹂。是名云水乡，亦号尘坌数。就庄如隔凡，块苏视花柳。中又有壶中，别一混沌剖。冰玉清在悬，蓬瀛仙亦友。跳身寝处宽，樊笼谢挥手。团圈劣容膝，浮沉非濡首。主欢诗盈瓢，宾醉鸥余酒。当其日月长，晦明吾户牖。因思天壤间，如卵蕃鹗縠。居诸两弹丸，流峙一笪篰。自其隘者观，瓮天竟于隅。方寸若有余，云梦吞八九。遥忆壶中人，仙班指谁某。尻轮吾过从，不待牛马走。"陈恂《夏至集就庄限鱼字韵诗》："明湖澄夏景，清流拭吾庐。高柳列衡门，下荫新芙蕖。当楼红欲然，海榴灼庭除。登高发长啸，有客何鱼鱼。委怀在山水，乐志惟琴书。远采淮海风，近揽吴淞袪。日归诣就庄，涉历多不如。西湖天下无，况兹日至初。耦耕事沮溺，莫笑混樵渔。"又《流天阁听雨诗》："云合千山晚，风生万树秋。雷车惊日御，雾障吐虹尤。泼墨米家笔，冲波羽客舟。奇观应叫绝，爽气满湖楼。"陈谦《山庄春望诗》："高下梅花不乱行，闲情只合为花忙。十年种树云归岫，一览登楼春满庄。水镜独清尘网隔，糟邱吾老玉钉香。山窗莫患居无竹，墙外琅玕映女郎。"

断桥残雪亭 在断桥上。康熙三十八年，圣祖仁皇帝御题十景，书"断桥残雪"，即于桥上建亭。详《名胜》。

来凤亭 宝石山形若翔凤，保叔塔在其巅，宛如凤味。塔下旧有天然图画阁，久废。雍正九年，总督臣李卫建亭，题曰“来凤”。

八仙庄 在葛岭下，面锦带桥，背寿星岩。按旧《志》，为宋平章贾似道游观之地。似道闻仙乐空中迭奏，遂凿石仙八座，因以名庄。内有镜湖楼，楼极宏敞，今为学士陈恂别业。石八仙，顺治初移置通元观。

丹井山房 在葛岭下，门临湖面，进内为回廊，结草堂三楹。其北为丙舍，折而西，有屋数楹，面临方井，水色白味甘，深广各丈许。考《西湖游览志》：葛洪游江左，好神仙导养之术，后结庐西湖，因其所居，遂名葛岭。今其地原近葛翁之居，第《游览志》止称岭上有甘露泉、梅泉，并不言丹井。惟姚靖志指智果寺西南之井为葛翁井，并引渔人啖丹得寿之说以实之，似未可信。然张伯雨诗云“一宿葛洪丹井上”，则其地有井，沿其说者旧矣。此井甘洌异常，因收幕园中，知之者鲜。园为故侍御顾豹文别业。雍正九年，其子之珽复葺而新之。豹文又辟园于城北，名愿圃，池塘广数亩，高阁立水中，山石坡陀衍迤，位置天成，张南垣所叠，为武林假山之最云。王士正《丹井山房记》：西湖秀甲天下。濒湖诸山最胜者，曰葛岭。葛岭之阳，撮奇得要，郁然而阴、幽然而旷者，吾友侍御且庵丹井山房是也。侍御起家进士，望隆朝宁，因亲老乞养，早赋，遂初题其所居曰“养志堂”。复因葛岭之胜，作为亭馆。平台曲榭，联以长廊，周以缭垣，嘉卉美石，经纬错迕。每至春风澹沲，秋日清莹，奉其尊人优游杖履其间。复与二、三同志流连倡和，于以导和纳粹，蠲烦析酲，盖自是坚卧林泉，不复有出山之志矣。余与侍御为同年交，别且垂三十载。一官匏，系浮沉，京洛湖山，风景付之梦游。客有从浙中来者，为余述西泠朋旧，首及侍御山居之乐，辄不禁为之神往焉，遂援笔记之。杭世骏《丹井山房诗》：“相逢猿鹤亦比邻，幨里溪山花外身。招得林逋为主客，一枝秋影拜词人。三间黄篾称闲居，骢马归来奉板舆。比似横山潭畔路，居民犹说顾尚书。佳儿绝类王文度，名宦居然阳道州。犹有风流在岩壑，花时高卧海棠楼。几点秋阴上蒋菰，过桥人指辋川图。杂蔬五亩竹千个，不数岷山宅一区。”

翁庄 在葛岭之下，明季翁开之别业。中有湛华亭，额为开之手书。亭后有池，池上水阁四楹。西为小轩二楹，回廊曲折，通于亭上。庭前老桂婆娑，犹开之手植。曾孙广东提学副使嵩年拓而新之，中建御书碑亭，恭勒圣祖仁皇帝御赐朱子诗，及临董其昌书于亭上。阶前古桂五株，大可合抱，干霄蔽日，花时香飘云外。其下结屋数楹，题曰“天香书屋”。后有小池，味极甘洌，甲于葛岭诸泉。惜旧名不传，人无知者[1]，疏为曲沼，通于湛华亭后水阁之池，架以石梁，环以曲栏。前有殿春舫，植牡丹数十本。又前为水楼三楹，平临湖面。其书屋旧址，向为前大学士黄机别业，机退老于此，自题曰渔家。殁后归翁，由是改筑，遂合湛华亭为一云。王式丹

---

[1] 雍正本无“人无知者”四字。

《翁萝轩湖庄诗》："我爱庾兰成，一篇小园赋。先生湖上园，日涉自成趣。檐宇无俗氛，俯仰惬所遇。翠排一桁山，绿聚千章树。境入檀栾丛，门开画舫路。往往及花时，宾从来杖屦。香幔延春华，食单选饮具。悠然丝竹清，小伶新声度。灯影照低鬟，波光引微步。安石心自写，公瑾曲能顾。未妨儿辈觉，用慰年华暮。有客托比邻，过从得小住。世事勿复云，逸情时一赴。别墅且赌棋，曲水共成句。花落当复开，萍散讵易聚。他日梦湖山，伊人定洄溯。"陈恂《宿天香书屋忆萝轩作》："桂林老树荫青埠，又见新英发故枝。绿酒红灯怀旧梦，清秋白发感前时。天香人去耆英散，冷露花飞星斗移。独立空阶自惆怅，微吟犹忆画中诗。"[1]

小辋川 在葛岭下，前少詹事邵远平别墅。中为堂三楹，奉悬圣祖仁皇帝所赐御书"蓬观"二字。匾额后为三弘一致堂，祀其高祖经邦遗像。经邦著书，有《弘简》《弘道》《弘艺》三录，建楼贮焉。面湖有楼名"四可"，内有轩曰"笑笑"，有斋曰"笔花"。古桂四株，连蜷偃蹇，花时香闻数百武。志称吴大山乞休归，筑室西湖，植老桂修篁，颜曰"辋川"，此即其故基也。邵锡光《小辋川藏书楼记》：去城西钱塘门凡里许，有地数弓，负葛岭，面孤山，湖水萦其前，左右石桥如蟛蛛，故王叔明画楼也。先大夫购以为别业，以贮先比部弘斋公所著书，遂奉公像祀焉。先大夫归老之日，坐卧其中，著书凡若干卷，因亦肖像其旁。先是，弘斋公藏书楼在玉泉山。明万历间，从高祖古庵公改卜灵鹫山之下，至是凡三徙矣。余读礼归，以地去墓田较近，遂日居于此，取先大夫所著书重加校雠。燕息之暇，仰而思，俯而泣，曰："是先比部灵爽所凭也，是先大夫之所朝夕瞻依，皇皇焉而有余慕者也。"夫以先比部之忠清亮节，其神固无往不在，即其所著书，亦既上呈，乙夜之览，流播宇内，初不必择地守之，以示无失坠，特为之。子孙者，凡先人一游息一吟啸之所，皆将有俨见忾闻之意，而况其生乎手泽之所存欤！此先大夫之所为，惓惓于斯者也。且藏书楼之卜于玉泉，徙而灵鹫，又讵知其辗转而徙于兹。虽曰有数，亦以见缔造之与守成交若斯之难也。然则先大夫之作为此楼也，为子若孙者，其又宜何如敬守之欤？若夫斯楼登览之胜，四时烟云，霁晦之景，与夫嘉木美竹之可喜者，则名公钜卿数见于篇什矣，兹不复道也。邵远平《小辋川落成奉高祖遗像祀焉恭纪诗》："卜筑城西路，霏微积翠环。忠魂栖圣水，大业副名山。老桂香犹在，修篁泪已斑。柴门清绝处，都似不关关。"自注："公司榷荆州三月，税额已足，自是任人往来，商民谣曰'不关关'"。邵长蘅《湖上宿小辋川诗》："新绿涨湖岸，宿云拥南屏。孤山如旧识，相送一楼青。侵晓上山脚，寂不闻鸟语。石上滑青苔，竹间滴残雨。"邵声远《四可楼晚眺诗》："独倚高楼上，幽怀亦洒然。水明沽酒火，门泊卖鱼船。淡月穿深树，疏钟隔暮烟。临风思旧德，长恋白云边。"吴允嘉《辋川馆看桂诗》："高秋渐觉酒怀宽，晓出探花露未干。隐士独分天上种，姮娥只在月中看。不将艳色争黄菊，自有幽香斗木兰。即此小山吾欲老，一枝折取报刘安。"

镜水楼 在葛岭之麓，地约二亩余，筑室数楹，面孤山。隔岸白沙堤，环绕如带。临湖更起一楼，题曰"镜水"。南屏、凤凰诸山，历历在目，并邻辋川，秋时老桂

---

〔1〕 雍正本无王式丹《翁萝轩湖庄诗》及陈恂《宿天香书屋忆萝轩作诗》。

作花,拂筵袭几,自成馨逸。仁和赵鹤建。赵鹤《镜水楼记》:夫念本返始,恒物大情。而所悦为安,忽不知老,非以虚明朗其照、闲邃笃其忱耶? 吾家自宋南渡,分居古虞五夫里东潜村几世矣。先大夫泰宇公来游武林,乐山水清绝,始考宅褚公故里。余云墅之慕,成于结习,而保无用以获闲,任性灵而直往,乐有余欢,此外何务? 乃于葛岭之麓,辟地二亩,小筑数椽,芳槿护篱,长杨接闼,丛桂馥于秋飙,寒梅贞于冬雪。是焉栖寄,差可凭衿,而发兴有端,辅赏不足。其于高空轩邈之观,犹未尽其冲豫也。因复即石成基,凭林架栋,为楼三间,与辋川接连,以揽全湖之胜,近睇远瞩,状有灵焉。垠岸重沙,分绮点黛,云楼风阁,缨峦带阜,俯跃鳞于缥碧,挹乱红于澄涔,并蔚然光目,焕若拂面。而或时际凝阴,日非停午,云含幽渚,翠蓄渌渊。合烟罩雾,则菶荟横陈;回光纳景,则巉岏倒植。时悟玄览于静深,委天形于湛寂,区外所资,于斯悉办。经始康熙己丑六月,落成庚寅仲春。乡先生龚蘅圃题以“镜水”,盖以触类之形,而流观可鉴也,抑余有永怀焉。夫挹空溯明,引人致深,而承流溯源,逝将焉放。身世所历,何非泊宅,孰可据为几席间者乎? 登斯楼也,凭而游,若脱而休。茫乎日与之对,而泊不知其所求。畸人旷士,其亦等万动于逝波,息群纷于流影焉,可矣[1]。

赵庄　在镜水楼左,工部侍郎赵殿最别业。

洗心亭　在清涟寺内,面临玉泉,方塘如镜,游鱼泳跃,清澈见底。雍正六年,总督臣李卫建亭其上,颜曰“洗心”,自为记。详《寺观》。

双峰插云亭　在行春桥西,正对南北两峰。康熙三十八年,圣祖仁皇帝御题十景,改“两峰”为“双峰”,建亭其处。详《名胜》。

九里松亭　在行春桥南,集庆寺北,旧称一字门,久圮。吴说书亦无存,今为路亭,尚仍故处。详《古迹》。

冷泉亭　在飞来峰下,云林寺前,唐刺史元屿建。旧传冷泉深广,可通舟楫,亭在水中,宋郡守毛友移置岸上,亭倚泉而立。《西湖游览志》云:“冷泉”二字,白乐天书,苏子瞻续书“亭”字,今皆亡矣。亭扁为盱江左赞隶,今为明华亭董其昌书。白居易《冷泉亭记》:东南山水,余杭郡为最。由郡言,灵隐寺为尤;由寺观,冷泉亭为甲。亭在山下,水中央,寺西南隅,高不倍寻,广不累丈,而撮奇得要,地搜胜概,物无遁形。春之日,吾爱其泉熏熏,木欣欣,可以导和纳粹,畅人血气。夏之夜,吾爱其泉淳淳,风泠泠,可以蠲烦析酲,起人心情。山树为盖,崖石为屏,云从栋生,水与阶平。坐而玩之者,可濯足于床下;卧而狎之者,可垂钓于枕上。矧又潺湲洁澈,粹冷柔滑,若俗士,若道人,眼耳之尘,心舌之垢,不待盥涤,见辄除去,潜利阴益,可胜言哉! 斯所以最余杭而甲灵隐也。杭自郡城抵四封,丛山复湖,易为形胜。先是,领郡者有相里君造虚白亭,有韩仆射皋作候仙亭,有裴庶子棠棣作观风亭,有卢给事元辅作见山亭,及右司郎中河南元𩐎最后作此亭,于是五亭相望,如指之列,可谓佳境殚矣,能事毕矣。虽有敏心巧目,无所加焉。故吾继之,述而不作。僧如璧《新广冷泉亭记》:灵隐冷泉,其源出于寺西南百步之

---

[1]　雍正本无赵鹤《镜水楼记》。

近,直寺之前,潴而为池。唐刺史河南元藇作亭池上,后刺史白公居易记之,刻石亭中,其叙胜概甚备。然士大夫有识者,犹以池量狭陋,为未足以尽冷泉之美,盖三百年于此矣。政和初,兵部尚书张公以龙图阁学士出守是郡,暇日宴客池上,徘徊不忍去,意将廓而大之。长老云公乐然用其说,撤屋剧地,伐石为堤,东西三倍其初,南北半之,长松巨桧,不改其列,而池已浩乎大矣。池傍故有岩窦,钦巇空洞,如刻如斫,至是扬波石中,倒影水面,湛净明碧,不以育鱼鳖而蔡蛟龙,使人登此亭者,超然有绝人遗物之意。余波渺弥,浮闸而下者,雷奔电激,飞雪喷雾,使人临是池者,恍然如在天台卢阜,窥石桥而睨三峡,莫知其在湖山俯仰之间也。嗟夫!天下之物,用之有不极其材,骇鸡之犀,夜光之璧,世有不尽见其美者,古今之通患。是举也,能使累世未尽之奇,一日呈露,盖张公之意,而云老之力。此岂偶然哉?亦尝徘徊周览壁间之题,如唐丞相李峤、裴度、裴休与夫元稹、张籍之徒,读其诗,未尝不想其人。是数公者,功名文彩,照耀后世。今其流风遗泽,固已云散梦扫,漠若与凡辈共尽,而斯泉固自如也,于是慨然而叹。今此地已三广,冷泉之名当益张,士大夫之游者当益众,援笔而赋者当益多。然逝者如流,日迁月谢,客一过之,或昔少而今壮,或昔壮而今老。盛衰得失,相寻于无穷。后之视今,将犹今之视昔。则视斯池者,亦可矍然以惊,翻然而惧矣。孙治《冷泉亭旧在水中考》:冷泉亭之建于刺史元藇也,乐天踵而记之。其曰亭在山下水中,故可濯足于床下,而垂钓于枕上也。则其为水中,无疑也。宋时,毛君友为郡守,拆去之。其自序曰:昔人加亭于冷泉,如明镜中加绘画,山翠水光,去者过半,拂拭昔翳,旧观复还。以斯而言,则当时之亭之在水中,益无疑也。或曰洪熙时大水,岸崩土塞,石闸俱废,水益隘。后之为亭者,遂不于水中,而于堤上。余问之故老,亦无从而知之也。则今之亭,非昔之亭,亦不知起于何时也。苏轼《冷泉亭送唐林夫诗》:"灵隐寺前天竺后,两涧春淙一灵鹫。不知水从何处来,跳波赴壑如奔雷。无情有意两莫测,肯向冷泉亭下相萦回。我在钱塘百六日,山中暂来不暖席。今君欲就灵隐居,葛衣草屦随僧蔬。肯与冷泉作主一百日,不用二十四考书中书。"梅询《冷泉亭诗》:"古窦鸣幽泉,苍崖结虚宇。六月期客游,披襟苦徂暑。开窗弄清浅,吹鬓疑风雨。不见白使君,烟萝为谁语。"毛友《冷泉亭诗》:"面山取势俯山中,亭外安亭自蔽蒙。眼界已通无碍物,胸中陡觉有真空。试寻橹响惊时变,却听猿啼与旧同。万事须臾成坏里,我来阅世一初终。"徐集孙《冷泉亭诗》[1]:"山远源深绝市声,许由因此隐方成。一生独喜枕流好,万事何如酌水清。野衲洗心滋味淡,骚人照影利名轻。软红尘里浑如醉,谁识斯泉可濯缨。"林洪《冷泉诗》:"一泓清可浸诗脾,冷暖年来只自知。流出西湖载歌舞,回头不似在山时。"周权《冷泉亭诗》:"昔人来自天竺国,缥缈孤云伴飞锡。天风吹落凝不去,化作奇峰耸空碧。至今裂峡余云髓,桂冷松香流未已。翠光围住玉壶秋,不放晴雷度山趾。道人宴坐无生灭,炯炯层胸照冰雪。夜深出定及清泠,寒猿啼断西岩月。"钱惟善《游冷泉亭诗》:"绤绤生凉坐酒醒,暂于树底弄清泠。煮茶博士那知味,觅句宾王尚有灵。石上白云终日湿,洞中瑶草四时青。我来不宿空归去,夜梦庐山漱玉亭。"董嗣杲《冷泉亭诗》:"小朵峰前玉镜寒,几回倚杖听潺湲。箕公饮涧非凡水,慧理呼猿是此山。亭角静依金刹古,树身凉卧石阑闲。无因可洗人间热,时御清风照影还。"张新标《冷泉亭诗》:"千峰碍日树参天,望

---

〔1〕 雍正本无徐集孙《冷泉亭》、林洪《冷泉》、周权《冷泉亭》三诗。

人空亭已冷然。雨后正逢飞瀑急,泉声百道不闻喧。"张文燫《冷泉亭诗》:"明月印虚亭,澄潭落峰影。久坐易罗衣,非关秋气冷。"曹既明《冷泉亭诗》:"朱檐日静轩窗冷,碧嶂云低草树香。山影倒沉波底月,夜阑相对泻寒光。"王修玉《冷泉亭诗》:"流泉汩汩激苍苔,石上孤亭向水开。一径松阴人迹绝,黄猿呼子过桥来。"

汤庄　在灵隐寺西。旧为明副使包涵所别墅,原名青莲山房。倚莲花峰,跨曲涧,深岩峭壁,掩映林麓间,台榭之美,冠绝一时。外以石屑砌墙,柴根编户,内则曲房密室。行其中者,宛转不能即出。今虽易主,而人犹称包氏北庄。陈继儒《青莲山房诗》:"名园极华丽,反欲学村庄。编户留柴叶,磊墙带石霜。梅根常塞路,溪水直穿房。觅主无从入,裴徊走曲廊。主人无俗态,筑圃见文心。竹暗常疑雨,松吟自带琴。牢骚寄声伎,经济储山林。久已无常主,包庄说到今。"傅搩重《暮春游灵隐过包家园诗》:"桃花风过春欲老,柳阴一路啼娇鸟。明湖圣湖纤云浮,南峰北峰碧波绕。金沙的烁明野袍,湖风吹鬓寒萧萧。行过松阴八九里,听彻渔歌十二桥。策杖转行转深径,半空隐隐鸣金磬。试投觉路破沉冥,顿割烦襟入清净。韬光旭日射海门,满湖岚气生云根。布地金绳光照面,旧是祇洹长者园。飞来峰起洞门下,石磴盘盘接车马。合涧桥边水势高,哀湍急瀑望空泻。老僧携我投山家,蝇鸣石鼎尝新茶。亭台楼阁列图画,轩窗几席堆云霞。筼廊萝洞春风别,歌鸟眠花春梦歇。雨余涩径翳苍苔,夜半空潭浸明月。从来太古是青山,青山知尔平生闲。人闲比似山更静,白石为肩松为关。客来双鹤忽起舞,隔树泉鸣若春雨。坐听琴筑细玱琤,卧看烟云互吞吐。流水飞花处处春,仙都往往来渔人。可知身入桃源路,何必相逢说避秦。道人席地笑而语,谓余不识来何许。山深那知岁月迁,但记花开人老矣。尝闻东海安期生,采芝煮术餐黄精。白日飞升去何所,颇疑即此逃其名。一山两山豁灵境,大鱼小鱼浮玉井。不见花开十丈莲,但见天香落空影。万个琅玕攒绿云,曲栏篆绣蜗涎文。佩声鹤背下缥缈,霞裾戌削云中君。雕亭徙倚日云暮,三天龙象腾烟雾。一声粥鼓催去人,两袖松花落无数。重寻归路苍林迷,空山何处黄猿啼。垆头沽酒不复饮,乘月醉卧西湖西。"今为前翰林学士汤右曾别业,中建御书楼,自题有"他日卜邻先有约,故人颇问不休官"之句[1]。

白云山房　在飞来峰之西,白云峰下。雍正元年,前广东提学副使翁嵩年建。中为白云山,面莲花峰。庭有巨石,镌古籀文曰"母石"。东南有画舫,榜曰"爱吾庐",谷口郑簠书。前有小池,盛暑不涸。东有高阁,阁前湘梅绿萼数百株,花开极盛。东、南、北三面,皆溪流环绕。又东有书室二楹,与高阁相并。东北为楼,四面见山,题曰"得树环山"。楼前有池,澄渟不竭,大抵屋皆南向,而就其地势高下,盘旋往复,结构疏密,或整或斜。中多牡丹,松、桂、梅、竹、桃、杏,皆嵩年手植也。赵昱《九日过白云山房诗》:"风流耆旧远,尽日掩秋堂。野水落寒石,乱山低夕阳。白云从过眼,黄菊又初霜。空有琴书在,尘封已半床。"周长发《秋日小憩白云山房诗》:"乳窦峰前路,秋声入径闻。

---

〔1〕　雍正本"他日卜邻先有约,故人颇问不休官"作"连峰紫翠看皆好,乔木风烟画不如"。

寒泉千涧落,翠竹半窗分。石瘦堆黄叶,山深贮白云。结庐尘境远,趺坐到斜曛。"[1]陆秩《白云山房诗》:"卜筑依灵鹫,轩楹在翠微。竹声围石几,僧影到山扉。白发人真淡,青山愿未违。一枝如可借,欲息汉阴机。"杭世骏《白云山房诗》:"白云深处掩苍苔,文练垂窗面面开。曲水暗流花径去,奇峰都抱小楼来。爱晴拭几频看画,扫榻留宾漫举杯。最好万竿修竹上,一层青翠饭猿台。"

吴山路

大观台　在吴山绝顶。石面砥平,方广如削,远瞩江波,近挹湖渌,群山环绕,如列障上。为亭奉圣祖仁皇帝御制诗,勒石其中。详《名胜》。

巫峡峰青亭　在吴山火德庙。内有石笋十二,高数丈,玲珑瘦削,如山峰离立,各以象名,曰笔架,曰香炉,曰棋盘,曰象鼻,曰玉笋,曰龟息,曰盘龙,曰剑泉,曰牛眠,曰舞鹤,曰鸣凤,曰伏虎,旧称巫山十二峰。上为斗姥阁。雍正六年,总督臣李卫建亭,题曰"巫峡峰青"。

钟翠亭　在三茅观南磴道之上。明万历间,司礼孙隆建。李式玉《钟翠亭诗》:"钟翠亭前独倚栏,玉皇缥渺五云端。峰头白鹤仙人路,松下朱幡太乙坛。两地江山时自隔,一城霜雪岁将残。海门又报潮声起,翘首东来匹练寒。"王修玉《吴山钟翠亭晚望诗》:"翠障丹梯不可攀,徘徊独步石栏间。斜阳半入中峰寺,残雪犹明隔岸山。鸿雁远冲孤戍没,江流遥带断冰还。苍茫暮色浑无尽,极目重城欲上关。"

吴园　在吴山,旧为某氏园。山阴张元忭徙其栋础,别造寄园,怪石奇峰,古松茂柏,不能将去。商山吴氏售弃地,依山就树,结构为园。阶前一石,状若芙蓉,为风雨所坠,半入泥沙,较寓林奔云[2],尤为苫壮。

片石居　倪氏别业,在吴山之麓。中有舫亭,其下即石龟巷,依山势为曲折,饶竹之胜。

丁仙亭　在瑞石山紫阳庵内,仙人丁野鹤蜕骨于此。明正统间,道士范致虚建。详《寺观》。

紫阳别墅　在紫阳山。康熙四十二年,运使高熊征捐建,颜曰"紫阳别墅"。以其地在紫阳山麓,适与新安之"紫阳"同名,遂以别墅别之。其中为乐育堂,奉朱子位。堂后有簪花阁,有五云深处讲堂。东为近水楼、南宫舫、瀛洲榭,生徒于此弦诵焉。又折而东,为春草池,为垂钓矶,为看潮台,为别有天,为寻诗径。循径而入,层

---

〔1〕　雍正本无周长发《秋日小憩白云山房》,而有"汪坤《秋日小憩白云山房诗》:'乳窦峰前路,秋声入径闻。寒泉千涧落,翠竹半窗分。石瘦堆黄叶,山深贮白云。结庐尘境远,趺坐至斜曛。'"

〔2〕　雍正本"较"后有"之"字。

梯迭巇。蹑其巅,为巢翠亭。远瞩钱塘圣湖,如在襟带。其他如小瞿塘、石蕊峰、梧桐冈、鹦鹕石、笔架峰、螺泉、葡萄石诸胜,皆岩石瘦削,壑谷深靓。岁延耆宿主讲席,朝稽夕考,一禀鹿洞规则。雍正三年,宁绍分司徐有纬捐俸重茸。七年,总督臣李卫改建巢翠亭为文昌阁。

　　邱园　在瑞石山麓,松江同知邱诗别业。

　　宣园　在瑞石山麓。石壁倚天,古木亏蔽,泉不盈丈,清冽见底,盛夏不涸。

　　倪园　在铁冶岭[1],广文倪石鲸别业。

西溪路

　　西溪山庄　在东岳庙之西。由思过桥入径,古梅翠竹,夹岸排立,外环河水,澄澈可鉴。稍北,有亭曰“花宇”。度石桥,有六角亭曰“放鹇”。过西,则松梅藤竹,益复奇古,有屋曰“竺西草堂”。堂之南,有亭曰“古香”。又进,曰“一枝巢”,旁小石兀立,合形构宇,曰“曳霞轩”。又东曰“抱孙居”。又北曰“临流草堂”,门环曲水,贞木间之。旁有屋,曰“独醒斋”。又西南曰“捻花书屋”。过一枝巢,曰“自在窝”,面清池三、四亩,两岸梅益蒙密,有屋曰“保丹斋”。又东,木香十数架,与梅竹互植。进此,曰“筏喻”,有小楼曰“云心阁”。楼西下,梧竹环列,曰“来风轩”。其上,曰“皆春阁”,小屋曰“啸月”。啸月之西,曰“桐荫山房”。山房西小墙内,栽怪松数百本,有门曰“北崎”。度小石桥,有亭曰“嘉植”。亭极宏厂,远可四望,复饶桃杏之胜,沿地叠石,被以牡丹。有亭曰“鼻功德”,外颜曰“自得泉”。又北,梅石池岛,更益前观,有木桥曰“西园”,有门曰“柳暗花明又一村”。墙内屋,曰“听松”,曰“和鸣”。书屋计地,广七十亩,池半之,梅约五六百本,华亭户部郎中张汇别业,结构布置,趣若天成[2]。

　　高庄　在西溪。康熙三十八年,圣祖仁皇帝南巡,临幸西溪,由昭庆寺乘马,至木桥头登舟,从骑尽止桥外,独与内大臣泛小舟至其庄,观览久之,因赐五言诗,并御书“竹窗”二字。高士奇《扈从由昭庆寺乘马至木桥头泛小舟赐幸西溪山庄恭纪诗》:“华骝驻野桥,芝盖停山路。漾舟入隈隩,仄径纡仙步。修竹递荫覆,老梅自盘互。岚光异昏晓,鸟声变新故。泠泠吹面风,泫泫沾衣露。溪上旧柴桑,乃邀天一顾[3]。厥壤饶笋鱼,原禽有麛兔。午春开总翠,骤暖落繁素。登阁延宸览,赏逐云烟暮。感此不世遭,山灵式王度。”高士奇《圣驾临幸西

---

〔1〕铁冶岭,雍正本作“清平山”。

〔2〕雍正本无“结构布置,趣若天成”八字。

〔3〕雍正本“一”作“子”。

溪山庄赐五言诗并御书竹窗二字恭纪诗》:"渚水湾环路浅深,何期圣主一登临。勾陈暂驻溪桥外,朗曜能回涧壑阴。雪蕊烟梢光睿藻,竹窗梅岸洽宸襟。恩辉振古真谁并,珉石难镌感激心。旧业重编枳棘篱,渔村淳朴只茆茨。松斋药畹何曾有,岚气榛烟且是宜。弱草长承垂露叶,寒花尽发向阳枝。何当玉趾经过地,千载流传际会奇。"

汪庄 在西溪,汪元亮别业,后归少詹事邵远平子锡荣,扁曰"就山堂"。面临大池,绕池古梅数百本,有小亭曰"半弓"。堂前绿萼花一,枝古干成,香片若虬龙夭矫,青枝倒垂,形如飞凤。花开时,俨如雪翅。西溪园林皆有梅,而奇古可爱,自永兴寺绿萼而外,此梅实为之冠。

洪园 在西溪,明刑部尚书洪钟别业。其余地已属他姓,惟小邱尚存,山石玲珑,奇树森荫,尚可登眺。吴任臣《游洪氏园诗》:"秋宪当年赋遂初,槿篱茅屋树扶疏。一溪香雪长携屐,满院萝阴正读书。乍可山如人影淡,无妨月照夜台虚。荒烟此日迷花坞,十笏模糊指旧庐。"

陆庄 在河水之北,去秦亭山二三里,钱塘陆阶尝奉母居此。方广六十余亩,四面皆水,非舟弗通。由短桥穿竹径,延缘而入,为庄门。入门,为堂三楹,扁曰"白凤书斋"。东进,为屋数椽,绕以回廊,面临方池。池左右竹木蒙密,题曰"种竹养鱼之轩"。西有舫室,临半月池,为读书处。庄内种植,多桑竹梅杏,濒河屈曲,环以竹篱,亦称清幽之地。庄前后为骆家庄,而陆庄据其中。遥望村居,烟火数十家,若断若接,一时名流,多诗以纪之。应撝谦《陆庄小记》:康熙乙酉夏五,吾友陆三梯霞奉母裘太夫人出郭,西入河渚之骆庄居焉。骆庄去秦亭山而北,可二三里,树林阴翳,桑麻铺菜,时人比之桃花源。禹航天目径山诸水,潴于南湖。骆庄为钱邑僻壤,其下流也。问渡者,率乘小艇一叶,不能并舟而济,纡阻复隐。其水径,则千溪万壑,往往迷而不能出焉。骆庄之地,有庐可家,有田可农,有园可种,有池可渔。梯霞即其处,买田十亩,园一区,池数方。有堂,有轩,有亭,更置读书之室,门临短桥,周环皆水。舟居有屋,聊可娱也。惟时梯霞短布单衣,芒鞋草笠,日荷锄其间,治苗之非种、竹之不成,列并饲鱼,鱼肥,而观其唼喋莲叶间焉。间携书一卷,终以耕渔,若不能卒读也。梯霞初至骆庄时,裘太夫人以次子鲲庭赴义,泪阑干不止。长公丽京又行遁,每枕席不安。旋以大节自遣,而丽京亦归依膝下,第五六子次第学成,孙繁弨崭然头角。梯霞遂获稻酿酒,剥笋烹鱼,趋子舍行觞,庶几不负阿母教,盖屈指凡七年,梯霞魂魄,犹依依居此矣。是为记。丁澎《题陆庄诗》:"大泽为蛇耻作龙,昔也万卷今老农。陆君磊砢善高蹈,劲节昂藏千丈松。一湾河渚环茅屋,十亩栖迟耕且读。带经聊把倪宽锄,绵上羞承介推禄。小池种得千头鱼,曲径栽成万竿竹。慈亲色笑儿女欢,高堂尽可供鱼菽。白蘋紫蓼溪水滨,绿蓑青笠趁闲身。春犁秋获终岁事,量晴较雨东家邻。白眼空山少俦侣,我亦灌园遗世人。虾菜苓箬兼浊酒,田家乐事君多有。蓬蒿二仲时一来,顿令忘却桃源口。腐鼠徒吓蒙园翁,卧龙虚说南阳叟。君不见渔樵相话在芦菰,黄荃妙笔今已无。行乞写生着我侧,宛然沮溺耦耕图。"吴农祥《题陆庄诗》:"吴市吹箫日,严陵把钓时。风尘真面目,冰雪老须眉。留滞尊孤节,幽忧惜羽仪。龙门真寂寞,凤阙限追随。黍稷占天气,柴荆习土宜。移家安北郭，无地辟东菑。荒径何人问，高堂念母慈。雨蒸吹笠暖，云起荷锄迟。事往英豪拙，机深酷吏欺。命同蝼蚁贱，行苦脊令知。相慰偿诗卷，惊呼赖酒卮。片言能默许，微过亦箴规。雅调怜黄绢，清吟傥素丝。长歌看月落，短梦谢年衰。气本艰难壮，名从隐逸疑。我寻高士传，谁有故园期？"[1]毛先舒《过陆庄诗》："修竹编篱席挂门，先生风节此中存。曾经患难名尤重，只爱幽栖道更尊。诗废蓼莪衫进泪，楼空花莫墨留痕。陆庄旧隐犹追忆，应似兰成赋小园。蟹舍鱼庄滕易安，避秦有路不多宽[2]。板舆奉侍潘怀县，蔬圃逍遥陆务观。阅世棋从闲处着，卜居占向静中看。于今未改烟霞癖，曌铄磻溪理钓竿。"

北山草堂　在河渚，前安令慈溪郑羽逵别业。汪沆《北山草堂诗》[3]："绝好风亭与水轩，摊书长日寂无喧。客来不惮溪行远，一路梅花引到门。"

〔1〕　雍正本无"应撝谦《陆庄小记》"至"谁有故园期"一段文字。

〔2〕　雍正本"秦"作"嚣"。

〔3〕　雍正本"北"字前有"过郑雪崖明府"六字。

武林览胜记卷六

寺观一

鹿苑鹨林，肇于西域；珠宫璇室，创自西池。自慧理有竺国飞来之称，居易有蓬莱水中之句，而西湖遂兼擅其胜。是以选佛之场，栖真之宅，错峙于南北两山间，或始创而嗣兴，或名存而迹异，揽胜者所必及也。志寺观。

孤山路

圣因寺 在锦带桥西，孤山之南。面明圣湖，群山环拱，万井东连，揽全湖之胜。国朝康熙四十六年，圣祖仁皇帝南巡幸浙，臣民欣忭爱戴，遂于斯地恭建行宫，上奉太皇太后。銮舆临幸，驻跸旬日，亲洒宸翰，书扁额对联，正中御题曰"澄观斋"，联云"云窗静抱峰峦秀，花径平分水草香"。进内，御题曰"涵清居"，联云"入座烟岚铺锦绣，隔帘云树绕楼台"。进东，御题曰"西湖山房"，联云"苍霭望中收四面湖光依几席，熏风行处遍六桥花柳间桑麻"。更东，御题曰"揽胜斋"，联云"花雨润时沾翰墨，竹风清处韵琴书"。进西，为花园，有亭，御题"光碧"二字，联云"千峰林影帘前月，四壁湖光镜里天"。有楼曰"万岁楼"，御题"云岫"二字，联云"螺尖滴翠峰千迭，鸢尾凌霄竹万竿"。又御书程子诗一联云："万物静观皆自得，四时佳兴与人同"。山上有泉，御题曰"淳泉"。睿藻辉煌，奎光璀璨，与湖山佳丽，辉映千古。雍正五年，巡抚臣李卫奏称：西湖行宫，曾经圣祖临幸，今则闲设湖滨，无以展诚敬之思。而修理需费，防护需人，一有疏虞，臣子私衷，何以得安？伏思行宫为殿廷宫室，非敢作地方别项公所。仰惟皇上广孝之心，俯就臣民报恩之念，恳请钦定嘉名，御书扁额，延请高僧焚修颂祝，量拨西湖岁修公田，以资养膳。其中所贮物件，择民间不敢用者，解送内库，其余留为供佛之需，等因具奏。七月二十一日奉旨：圣祖皇帝念切民生,省方问俗,不费地方一丝一粟,每次颁发谕旨甚明,此天下臣民所共知者。至于驻跸之所,地方预备行宫,乃出于臣民爱戴之心,不能禁止,亦天下臣民所共知者。今行宫既属闲设,每年修葺需费,防护需人,在本地有司,未免又多一番经理,非所以体圣心而惜物力也。李卫所奏甚是,即照所请行。其余地方有行宫之处,如何办理,方为妥协。着该督抚会同该管官悉心商酌,具奏请旨该部知道。钦此。钦遵改建佛寺。本年八月,钦定寺名,御书扁额曰"圣因寺",于万岁楼上恭设圣祖仁皇帝神御,为万世臣民瞻礼之所。寺外启建山门,上悬"圣因寺"额。第一进,为弥勒殿,臣李卫敬题一联云:"山外皆山峦岫绕成清净界,画中有画笙歌谱就太平图。"进内,为韦驮殿,上奉圣祖南巡舟中临襄阳米芾书一帧。第二进,为大雄宝殿,上悬御书"泽永湖山"扁额,内供万寿宝藏并世尊旃檀像,东庑为伽蓝殿,西庑为祖师殿。第三进,为法堂,内供钦颁《道藏》。第四进,为观音殿,供大士铜像。第五进,为禅堂,东入为官客堂,为斋堂,为云水堂,为香积厨,为库房。又东为关帝殿,为大悲阁。西进为方丈,再进为内方丈,臣李卫恭制一联云:"圣德遐昌北极恩光昭北阙,皇仁远被西湖瑞霭接西天。"又西为御碑亭,旧名双桂亭,恭摹御书扁额,勒石崇奉。又进为文昌阁,前为地藏殿,为戒堂,为收供堂,为内客堂,为祖堂。由禅堂进西,为御花园,拾级而上为万岁楼。楼后翠竹万竿,乔松列荫。上有六角亭,更上为御题"云峰四照亭",臣李卫恭建[1],环山杂莳花木,为寺后映带,穹檐杰栋,势接烟霄,铃语钟声,响彻云汉。延维扬福缘庵僧元度来主方丈,法嗣成永继之[2]。焚修徒侣及云水挂塔者[3],日至三百余众[4],官给田百亩,以供斋米,令于六桥沿堤余地艺蔬,以充食用。由是瓶钵之需,不待外求,巨刹名蓝,直与龙宫鹫岭永寿于天壤间矣[5]。

报恩院　在白沙堤之西,旧名卢舍庵。《钱塘县志》:万历间,织造孙隆有德于杭,郡人建祠祀之。国朝顺治己丑,上方院卢九德修造,立栅水中,禁人捕捉,以为西湖放生之所,遂名卢舍。住持僧智玉募建普同塔四座。康熙五十五年,织造孙文成改建,更名报恩院。

广化寺　在孤山之南,旧名孤山寺。《咸淳临安志》:广化院,天嘉元年建,名永福。

---

〔1〕　雍正本无"更上为御题云峰四照亭,臣李卫恭建"十五字。

〔2〕　雍正本"延维扬福缘庵僧元度来主方丈,法嗣成永继之"作"雍正十一年,钦命悟修禅师明慧来主方丈"。

〔3〕　雍正本"挂塔"作"高僧"。

〔4〕　雍正本无"至三百余"四字。

〔5〕　雍正本"矣"后有黄云《圣因寺和彭城李六翮韵》及张云锦《恭谒万岁楼敬赋诗》。

《西湖游览志》：即孤山寺。大中祥符，改今额。有辟支佛骨塔。陈文帝天嘉元年，有天竺僧持辟支佛骨舍利至杭，遂于孤山建永福寺，立塔。会昌之难，归于郡库。大中后，僧方简建广化寺，迎佛骨于塔。绍兴间，改创四圣观。《钱塘县志》：元杨琏真伽改为万寿寺。元末，毁。明洪武初，诚意伯刘基复建。岁久，倾圮。崇祯甲申，杭人即其外建数峰阁。祀明倪元璐、凌义渠、周凤翔、施邦耀、吴麟征、陈良谟六人。水部陈调元，廓而大之。始汉至明，凡名贤皆祀之，仍名曰广化寺[1]。元稹《孤山石壁法华经记》：按沙门释惠皎自叙其事云：永福寺，一名孤山寺，在杭州钱塘湖心孤山上。石壁《法华经》在寺之中，始以元和十二年严休复为刺史时惠皎萌厥心，卒以长庆四年白居易为刺史时成厥事。上下其石六尺有五寸，短长其石五十七尺有六寸，座周于下，盖周于石，砌周于堂，凡买工凿经六万九千有二百五十钱，十经之数。经既讫，又立石为二碑。其一碑，凡输钱于经者，由十而上，皆得名于碑。其输之贵者，若杭州刺史严休复，中书舍人、杭州刺史白居易，刑部郎中、湖州刺史崔元亮，刑部郎中、睦州刺史韦文恪，处州刺史韦行立，衢州刺史张聿，御史中丞、苏州刺史李谅，御史大夫、越州刺史元稹，右司郎中、处州刺史陈岵。九刺史之外，缙绅之由杭者，若宣慰使、库部郎中、知制诰贾𫟪以降，鲜不输于经石之列，必以输钱先后为次第，不以贵贱、老幼、多少为后先。其一碑，僧之徒思得名声人闻其事以自广。余以长庆二年相先帝无状，谴于同州，明年徙于会稽，路于杭。僧之徒误以余为名声人，相与日夜攻刺史白，乞余文，刻石永永。白居易《西湖晚归回望孤山寺赠诸客诗》："柳湖松岛莲花寺，晚动归桡出道场。卢橘子低山雨重，栟榈叶战水风凉。烟波澹荡摇空碧，楼阁参差倚夕阳。到岸请君回首望，蓬莱宫在水中央。"白居易《孤山寺遇雨诗》："拂波云色重，洒叶雨声繁。水鹭双飞起，风荷一向翻。空蒙连北岸，萧飒入东轩。或拟湖中宿，留船在寺门。"张祜《孤山寺诗》："楼台耸碧岑，一径入湖心。不雨山常润，无云水自阴。断桥荒藓合，空院落花深。犹忆西窗月，钟声出北林。"林逋《孤山寺端上人房写望诗》："底处凭栏思渺然，孤山塔后阁西偏。阴沉画轴林间寺，零落棋枰葑上田。秋景有时飞独鸟，夕阳无事起寒烟。迟留更爱吾庐近，只待重来看雪天。"林逋《孤山寺诗》："云峰水树南朝寺，只隔丛篁作外邻。破殿静披蘧篛古，斋房闲试酪奴春。白公睡阁幽如画，张祜书碑妙入神。乘兴醉来拖木突，翠苔苍藓石磷磷。"

莲池庵　在孤山白沙堤，旧为嘉泽龙王庙。《钱塘县志》：水仙王庙，俗称龙王堂。在钱塘门外，后徙压堤桥。万历十四年，守余良枢重建于孤山白沙堤。国朝康熙四十二年，圣祖仁皇帝南巡，御书"平湖秋月"扁额，建亭其处，遂徙庙于亭后，后毁。雍正五年，总督臣李卫改建莲池庵，仍祀嘉泽龙王，以复水仙故迹。后供大士，命僧尼住持，以奉香火，盖寓因于创云。

西太乙宫　在孤山之南，久圮。《咸淳临安志》：淳祐十二年，太史局奏：太乙临梁益，请用天圣故事，建西太乙宫。有旨，从之。乃析延祥观地为宫，即凉堂建殿，曰黄庭之殿。其外为景福之门。东有延祥之观，以备临幸。其外为福祥之门。皆理

---

〔1〕 雍正本"寺"后有"今名六一泉"五字。

宗御书。凡宫之事,视东太乙宫。《西湖游览志》:西太乙宫,宋理宗时,中贵卢允升等称五福太乙临吴越之分,乃即延祥园建太乙宫。而玛瑙坡、六一泉、金沙井,皆归御圃。宫观亭榭,理宗以御书额之,若瀛屿、射圃、白莲堂、挹翠堂、蓬莱阁、香月亭、清新亭,竞列秀爽,殆仙居焉。《遂昌杂录》:西太乙宫成后,西出断桥,夹苏公堤,皆植花柳,而时时有小亭馆可憩息。若夫宫之景福门、迎真馆、黄庭殿,结构之巧,丹艧之严,真擅蓬莱道场之胜。【成化】《杭州府志》:元初,僧杨琏真伽改宫为寺。道士章道录募杨和王别业在栖霞岭黄山者,重建焉。至正庚子,毁。周密《西太乙宫黄庭殿诗》:"蕊宫广殿号黄庭,突兀浮云最上层。五福贵星留不住,水堂空照九枝灯。"

崇真道院　　在苏堤第四桥,久圮。《咸淳临安志》:咸淳四年建。其地旧有水仙王庙,并以香火奉属焉。《武林旧事》:后有阁,今改为僧寺。

施水庵　　在苏堤第四桥,久圮。《武林旧事》:名圆通,有石台笼灯,以照夜船。

谨按:《西湖游览志》云"崇真道院,俗呼为施水庵",误。

旌德观　　在苏堤映波桥,后移建城中保安坊。《西湖游览志》:观本定香寺。《咸淳临安志》:宝庆二年,守袁同知韶创先贤祠,徙玉晨道宫于东北隅,以供洒扫,请于朝,赐额曰"旌德"。有亭曰虚舟,曰云锦,皆枕湖。

永宁崇福院　　在金沙港,久圮。《武林旧事》:又名小隐寺。元系内侍陈源适安园,近世所歌《菊花新曲破》之事,正系此处。后改为寺。《咸淳临安志》:寿皇圣帝拨赐贵妃张氏为坟寺[1]。绍熙元年,赐充功德院,改今额。淳祐元年,旨专一崇奉孝宗神御。

资国院　　在金沙港,久圮。《咸淳临安志》:乾德三年,孙赞明舍宅建,元名报国。治平三年,改今名。咸淳五年,安抚潜说友重修。赞明为履泰乡土神,钱氏封为履泰将军。周紫芝《雪中归资国诗》:"出门天意已垂垂,湖上回鞭雪满衣。人向水晶宫里住,马从银色界中归。树头云冻依然在,湖面鸥寒断不飞。今夜灯前有残橘,拥炉深闭一蓬扉。"

谨按:《西湖游览志》作"资国园",误。

南山路一

柳洲寺　　在涌金门外。《咸淳临安志》:慧明院,天福五年建,旧额"资福"。大中祥符,改今额。绍熙间,斥为聚景园,徙于柳州龙王堂通元庵侧。【成化】《杭州府志》:元至正十二年壬辰,蕲黄寇毁,重建。曹勋《泛西湖次柳洲寺诗》:"净舍乘闲一苇杭,入门松竹献清凉。倚栏澄碧龟鱼乐,照眼荷花风露香。"

────────────

〔1〕　雍正本"寿皇圣帝"作"高宗皇帝"。

通元庵　在涌金门外,元末筑城,移入城内。《咸淳临安志》:景隆观,旧为通元庵。嘉定十四年,旨许建观,以旧修内司宪营地,俾羽士陈永年创造。宁宗御书名扁,赐有璇玑殿。理宗御书有"景命万年"之阁。张耒《通元庵诗》:"羽盖翩翩下九重,江乡秋晚滞仙踪。信传真府凭青鸟,剑舞瑶台走碧龙。顷刻风云兴五岳,须臾雨泽慰三农。殷勤欲问《参同契》,双鸟遄飞未易逢。"

莲觉寺　在涌金门外。《钱塘县志》:宋开宝间,钱王建。开禧元年,赵师择并为柳洲寺。明万历间,大司马王业浩改为园。国朝顺治三年,重建。

灵芝崇福律寺　在涌金门外。《咸淳临安志》:太平兴国元年建。本吴越王故苑,芝生其间,舍以为寺,遂号灵芝。大中祥符初,赐今额。元符初,律师元照重修。建炎初,毁于兵,惟师塔存。绍兴间,析其址为显应观。乾道间,始次第兴创。绍兴元年四月、二年五月,孝宗数临幸,至斋堂饭僧,命主僧法光就寺日施食,月给内帑钱。光遂面湖创堂,扁曰"依光",中设御座,又塑千手观音像,作水陆大斋于寺之西偏。绍定间,朝廷给田七百亩。郑清芝《拨赐灵芝寺田产记》:杭之俗,佛庐遍人境。独灵芝为古律刹,负城阙而挹湖山,宅幽滨胜,足以囊括云水,颐指烟云。游方之士,履溢户外无虚日。客有过而问曰:"是能蝉蜕尘埃,餐沆瀣乎? 熊经吐纳,服汞铅乎? 将飞锡行空,抑面壁坐忘乎? 若犹未也,则镜寒碧,倚苍秀,几何不为殷雷之数耶?"语未既,而老衲笑于傍曰:"客何识之隘耶? 吾法有大神力获于未尽之田,殖于不贷之圃,坐至香积,如天雨花,方将属厌,方将鼓腹。虽然,有由也。自吾宗师久公以耆年清德,为今太傅、枢使、大丞相鲁公所知,来董法席。学子麇至,庖烟属云间,倾困竭釜。夏执事者师他日见鲁公诵之,不俟词毕,请诸朝,畀户绝之田七百亩有奇,而粟磷磷矣。复出私钱二百万,易沃壤为亩二十有五,而茹菁菁矣,时绍定元祀也。于是踊粢之岁,腐红积苍;陨霜之晨,寒绿蔽野。钟鱼一震,泉石皆比箸声,收钵敷座,则相与叹曰:'大哉! 我公之赐也。继自今食焉而不营,居焉而不绌,庶无负吾律乎。'丐记于予,因笔之,以登诸石。"

咸淳二年,为蠲和役。何钦《题蠲免灵芝寺和役碑》:灵芝寺,系律肆。政和间,有元照师持律精苦,四方学子宗慕而来,卓为梵宇胜会。寺有依光堂,临据湖曲重华,屡经游幸,迄今神御崇奉惟谨。寺本吴越故苑,因产灵芝,创为精蓝,故田亩素薄,僧行凡二千指,多持钵给食。史、郑两丞相当国日,拨赐雪川沈氏户绝产七百亩有奇,上以充神御瓜华之用,下以备寺僧香积之羞,常赋和役供输之余,在寺廪者,亦无几矣。咸淳丙寅,有请于今太傅平章贾公,遂取和役蠲除之。从来竺梵凭借国王大臣,莫匄咸戴,龙天亦皆欢喜无量也。主僧宗印既肖公像,又叙本末,勒诸坚珉。谨拜手书其下方。

又创云会堂,有浮碧轩。旧有夜讲亭、日观堂,皆废。何澹《灵芝崇福寺记》:沿湖古刹相望,以得湖之多为胜。既胜矣,而去城远,则人倦游焉。灵芝附城瞰湖,湖缘其三之一,去城阛不百步,都人士足相踵也。寺本吴越故苑,芝生其间,舍以为寺,号曰"灵芝",皇朝益以"崇福"二字,地既广袤,宇亦雄胜。元丰间,郡守李悰以僧元照持南山戒律有声,俾阐其化,从游尝五百众。照以政和六年九月一日示寂,塔全身于寺之西北隅,宗绪有传,四众咸仰。建炎兵火,焚寺,

85

塔存于埃烬,众以为异。六飞驻跸,于郡割寺基十八九为显应王庙,羽流复庐其旁。一塔之外,败屋残僧,凄然托处,香火不绝如线。绍兴十一年,照门人用钦聚其徒,谋曰:"吾师不徒为后学宗,为民有祷,靡不应。其可无谥号?"请诸朝,得谥"大智律师",塔曰"戒光之塔"。其徒自是思复上赐田,以兴废为事。乾道改元,道心律师实来,讲明宗旨,以化远近。凡土木之役,则命寺僧智辉董焉。辉练达物情,左筹右计,不顾其地与力之不足,而苦心专志,随方逐圆,以寓其巧,积铢累寸,以底其成。先用日者说,易向为东南,峙三门,翼两序,经藏香积,次第而举。继心曰彦熙,建善法堂。继熙曰通戒律师端妙,仍委辉以役事。筑基衍址,不愆于素,佛殿僧堂,轮奂壮丽,丈室斋寮,下屋圊湢悉具。淳熙庚子,妙以老退处。上下合词,推首座法光为主。光推己与人,听讲充斥,首新大智之塔。既又增宇以栖云衲,饰馆以备檀那,潮音大振。绍熙元年四月,孝宗皇帝幸寺。明年上元,召光入重华宫,亲问戒律大义及施食因缘,大契旨。三月,孝宗再幸,赐缗钱五百。四月,太皇太后临幸,赐白金百两。五月,孝宗又幸,愒息终日,御小车至僧堂饭僧,赐衬坐方丈,良久顾谓光曰:"此地清幽,施食甚宜,如隘陋何?"光奉诏,创大轩三楹于正寝之后。帝闻,月给内帑就施。光积所赐及他檀施,别创观音道场,作水路大斋所于西偏[1],尽挹湖山之胜,像设庄严益甚。法堂素浅,每修净会,道俗交病,于是又斥大与堂,合而为一。工告讫功,凡地与屋,无欠无余。自心至光,人更者五,年更者三十九,而后大备,稍复永平之观。琉璃金碧,上下相映,木鱼钟鼓,见闻咸喜。人乐其成,而不知其成之不易也。光与辉辈,志坚心齐,后先相须,如出一手,岂不可尚哉?故因光请,而乐为之书。《西湖游览志》:元末,毁。永乐初,竺源重建。楼钥《灵芝寺诗》:"送客灵芝寺,凭栏山有无。自从朝北阙,始得见西湖。烟外移轻桨,波间浴野凫。清寒不可驻,回首又神都。"徐集孙《游灵芝寺诗》:"梵宇背湖光,朱桥度绿杨。折藤维小艇,拂石坐幽房。斋板惊闲鹭,苔碑卧夕阳。都人喧鼓吹,未识此徜徉。"朱继芳《灵芝寺诗》:"黄金匝地小桥通,四面清平纳远空。云气长扶天子座,日光浮动梵王宫。残碑几字莓苔雨,清盘一声杨柳风。沙鸟不知行乐事,背人飞过夕阳东。"

显应观　在涌金门外,灵芝寺侧。《咸淳临安志》:始绍兴十八年,诏有司建于城南包家山,以奉磁州崔府君。东汉崔瑶子玉也,封嘉应侯,号曰"应王"。二十四年,分灵芝佛刹之半,移建今处。观额,本宣和所赐。靖康间,高宗出使至磁州,神马引而南。建炎初,秀王夫人梦府君拥羊,谓曰"以此为识",遂诞毓孝宗。由是累祠弥谨。中为显应之殿,其神位曰"护国显应兴圣普佑真君",高宗为书殿扁,揭以御名。《西湖游览志》:崔府君六月六日生辰,游人阗沓。咸淳间,改额昭应。楼钥《中兴显应观记》:真君崔姓,庙在磁州,旁为道观,河朔人奉之五百余年矣。靖康中,高宗由康邸再使金,磁去金营不百里。既去,谒祠下,神马拥舆,昐蠁炳然。州人知神之意,劝帝还辕。孝宗诞育于嘉兴,先形绛服,拥羊之梦,生有神光烛天之祥。此皆其最著者也。中兴驻跸钱塘,初置观于城南,寻徙于西湖之滨,分灵芝僧寺故基为之。祠宇宏丽,像设森严,长廊靓深,采绘工致,铁骑戎卒,左出右旋,

---

〔1〕　雍正本"路"作"陆",义长。

戈铤旗盖,势若飞动。敞西斋堂,以挹湖山之秀。为宗祐观[1],以处羽衣之流,称其为大神之居。高宗脱屣万乘,尝同宪圣临幸,以丹垩故暗,赐金藻饰一新,既又三十年矣。皇帝皇后,聿追祖考之意,载命兴葺,复赐缗钱二万,俾都监右街鉴义主管教门公事明素大师陈永年,买田以增斋供之费,所以妥灵而锡福斯民者甚。至是,诚不可以无纪也。窃考神之所自,不知者以为北魏之伯渊,其知者以为后汉之子玉。虽皆名公,而实非也。《续会要》等书,亦不详谛,或误后人。唐武德元年,置磁州。贞观元年,州废,而以滏阳属相。至永泰初,始复旧。《仁宗实录》:景祐二年,封崔府君为护国显应公,且言府君贞观中为相州滏阳令,再徙蒲州刺史,史失其名。在滏阳,有爱惠民,为立祠,后因葬其地。咸平二年,始赐府君之庙。而京师北郊及郡县,奉之如岳祠。至是,因民所信向而封崇之,故诏曰"惠在滏邑,恩施蒲人"。又曰:案求世系,虽史逸其传,尸祝王官,而民赖其德。使为子玉与伯渊,安得谓史逸其传欤?元符二年,即旧号封王,大观赐庙额,政和赐冠冕。七年,加封护国显应昭惠王。宣和三年,郡守韩景朝辞承上命葺治,祠曰敷灵,观曰显应。且按旧碑为之记,其说略与《实录》同。又言唐太宗梦得之,俾诏入觐,刺蒲州河北采访使,因命刑曹二尤编录神之灵迹五十余条,闻于世。淳熙十三年,奉光尧圣旨,改封真君。然至今以府君为号者,尤见其本不为令也。季夏六月,相传以为府君生朝,都人无不归乡,骈拥竟夕,尤为一时之盛。孟冬十月,又谓为府君朝元之节,或云以是日上升,禁庭皆设斋醮。北人之寓居者,是日亦必至焉。钱惟善《显应观书事诗》:"楼观窥江郭,新晴扑紫岚。深林疑有雨,积溜响空潭。素发何由变,元机庶可参。明朝重与子,来此漱余酣。"

宝莲院 在灵芝寺侧,久圮。《咸淳临安志》:旧在宝莲山。嘉定十四年,移今处。《西湖游览志》:杨节使废为园,徙寺于丰豫门外。冯当可《游宝莲寺分韵诗》:"路出青山近,招提更可人。清心钟磬响,远迹簿书尘。晚日池边迥,秋风杖履亲。频来一樽酒,不畏老僧嗔。"

永隆院 在灵芝寺侧,久圮。《咸淳临安志》:绍兴十年,有在京毗卢寺僧净琳,即钱湖门外建毗卢廨院。乾道丙戌,移请今额。绍定间,毁。端平至景定,以次重建。林希逸《重建永隆院记》:咸淳初元,有僧自京,图永隆兴复之事,求记于予。院处钱湖门外,厄以融风之警。自绍定辛卯迄今余三十年,始复其旧,皆主僧了悟独力营之。端平甲午,殿成。越七年庚子,门成。又六年乙巳,僧堂、厨室、两庑成。又十年甲寅,法堂成。又七年庚申,钟楼成。除一殿之费得之檀越家,余尽出其手。悟贫僧也,一钵之外,非有余赀。院无升斗,岁入食于斯者,应缘而已。积平生之勤,而就此大工役,难矣哉!寺之始,实作于智澄净琳。琳,安定府毗卢寺僧也。自有金难,既逾而南。绍兴乙巳初,创此屋,以毗卢廨院名之。乾道丙戌,方请今额。纪悟之成事,而思琳之初心,是固有可美者焉。悟,四明人,今年六十有五,檀越忠恪王节使櫹也。

慧光庵 在灵芝寺侧,久圮。《咸淳临安志》:在聚景园前。乾道间,张循王女孙真寂妙明惠懿大师,自幼奉敕为尼,守慈福宫香火,遂建庵以居。因佛指放光,赐慧

---

〔1〕 雍正本"宗"作"崇"。

光为额。至今住持,皆张氏女。

　　谨按:《西湖游览志》载此事,在"慈云岭慧光尼庵"下,疑误,当从《咸淳临安志》为是。

　　正觉院　在灵芝寺侧,久圮。《咸淳临安志》:乾德二年,钱氏建,旧额罗汉院。太平兴国元年,改赐今额。

　　超化院　在灵芝寺侧,久圮。《咸淳临安志》:显德六年,钱氏建。

　　宝德寺　在灵芝寺侧,久圮。《咸淳临安志》:法慧禅师开山,杨和王存中舍地创建,请今额,充三衔,建散圣节道场。

　　法喜院　在清波门外,宋时改入聚景园。《咸淳临安志》:广顺元年建,为护国罗汉院。大中祥符元年,赐今额,地入聚景园,移额于四板桥普贤院。

　　兴福院　在清波门外,宋时改入聚景园。《咸淳临安志》:开宝二年,吴越王建。旧有心渊堂、清莲堂、凝碧轩,今为聚景园,移置于清波门城下。

　　定水院　在清波门外,宋时改入聚景园。《咸淳临安志》:旧号湖光,内有水鉴堂、湖光堂、檀香千手眼大悲像。今为聚景园,移额东青门外。

　　净慈禅寺　在南山慧日峰下。《净慈寺志》:周显德元年建,号慧日永明院。宋太宗赐"寿宁禅院"额。《释氏稽古略》:绍兴九年,大赦天下,诸路、州、军建报恩光孝禅寺,以崇宁万寿天宁寺改之,奉徽宗香火。《咸淳临安志》:绍兴十九年十月,改是额,中毁。孝宗赐金,讫成之。嘉泰四年,又毁,仍给钱重建。嘉定十三年,始成,闳胜甲湖山。绍定四年,僧法熏于佛殿前凿双井。淳祐十年,建千佛阁,理宗书"华严法界正偏知阁"八字。景定五年,增赐田。寺有慧日阁,五百罗汉堂。程珌《重建净慈山报恩光孝禅寺记》:崔嵬净慈山,东南推甲乙。鉏荒不记年,吴越号慧日。道潜与延寿,相仍坐教席。皇皇太宗,更号寿宁。绍兴有制,追严佑陵。载易今名,厄度中更。佛智道容,再堂应真。昙密法进,宝殿经营。孝皇御历,赐金趣成。既成临幸,震动山林。嘉泰之四,埃于郁攸。退谷义云,载吼龙蚪。杰阁层空,天画云浮。河沙真谛,辄赐龙楼。唯是罗汉之林,大雄之殿,费大莫兴,星霜几换。嘉定庚午,起禅老崧。一顾慨然,执振祖风。尔议择材,尔谦程工。规置坚定,一朝屹立,都人骇叹,谓出神力。无碍广修,尤奉尊者,五百巨人,耽耽广厦。功绪方延,合而未全。乃以小嫌,引去翻然。自尔八年,住牒四传。丹漆金碧,迄未之圆。辛巳有命,以崧再至。至不期年,始克竣事。于是湿红映地,飞翠侵霄,檐转鸯翎,阶排雁齿。星垂珠网,宝殿洞于琉璃;日耀璇题,金椽耸乎玳瑁。良由千秋纪节,召入阙庭,赐号赐衣,殊渥亡伦。椒殿遂严,天赍亦均。风动八表,欢喜见闻。施以金缯,川委云蒸。佛行有橐,亦复自倾。嗟此突兀,其工匪易。凡二十年,始终乃备。禅师名妙崧,赐号佛行禅师。【万历】《杭州府志》:元季,诸寺皆毁,惟是寺幸存。虞集《净慈报恩寺记》:杭州路净慈报恩禅寺,在郡城之阴,面临湖水。后周时,钱氏国于吴越。忠懿王倪迎衢州慈化定慧禅师道潜至其府,受菩萨戒,建慧日永明寺以居之,今净慈是也。潜常从忠懿求塔下金铜十六罗汉像。忠懿适梦十六人者从潜行,异而与之。斯有罗汉殿之始也。智觉禅师延寿者,本余杭人,宋建隆初,忠懿王迎居灵隐山,遂住永明。居十五年,作《宗镜录》一百卷,则寺所以有宗镜堂也。熙宁中,郡守陈襄请圆照宗本居之。岁旱,湖水尽涸。寺西隅,甘泉出,有金色鳗鱼游焉,因凿为井。寺众千余[1],饮之不竭,名之曰圆照井。元丰初,继者其门人大通善本,时所谓大小本也。宋南渡,寺毁而复兴。绍兴初,高宗临幸,延湖州道容住居,复十六大士之旧,并塑五百罗汉像,皆出一僧之手。像成而化去。九年,始赐净慈之额。既而,又毁。孝宗时,赐金成之。未数十年,又毁。住山者退谷义云闻于朝,给钱以更作。后数十年,少林妙崧主之,赐田曰泰宁庄。绍定四年,主者石田法熏,犹以寺之取水为远,以杖扣佛殿前地,因使凿双井,出大泉以给众。景定五年,虚堂至愚主之,又赐田曰天赐庄。不十余年,而宋亡矣。宋时,定京辅佛寺推次甲乙,尊表五山为诸刹之纲领,而净慈在其中。惟我圣朝,尤重象教。至元中,住山无文义传,置田若干亩,名至元庄。庚寅岁,寺又毁,独传泾毗尊者不坏。自是,住者以次复之。古田得垕作蒙堂以居。诸方之尊宿次作库堂、栴檀林、观音殿;愚极至慧建佛殿、法堂、罗汉殿,皆有像;雪庭正传作选佛场、宗镜堂;晦机元熙作千佛阁;辟门外之道,则提点广泽相之也;东屿得海作钟楼;方丈千濑善庆作藏殿。历数十年,累数师之勤,各效其功,犹有待也。至正壬午,平山处林,自中天竺受宣政院使高公纳麟之请,来主兹山,积其余以备营建。于是观音罗汉之殿严饰相好,学众游息安禅之所增益完美。尊而祖堂,幽而三塔,廊庑之修,库庾之积,凡所宜有,莫不备具,诸方以为仪则。昔高公自枢密同知外领宣政,出其经济之绪余,施于佛刹,丛林风致,焕然一新。右丞相别怯里不花躬为外护,先后左右,名公大臣,赞襄文治,底于无为,使浮屠氏之人大得以行其道。后之览者,又将观于一刹,而有考于一代之盛乎?至正五年岁乙酉六月吉日书。

《西湖游览志》:洪武间毁,僧法净建。正统间复毁,僧宗妙建。寺内有永明室、圆照楼、丛玉轩、一湖轩,并废铁锅重数十斤,款云"梁贞明二年铸"。寺北有四眼井。《钱塘县志》:后有文昌阁,创于葛寅亮,钱塘令吴光义成之。陈尧佐《游永明寺诗》:"附郭山光峭若悬,倚空楼殿白云巅。孤轩半出青松杪,浩气疑游碧汉边。惜别拟留风外燕,伤秋因感雨中蝉。人家掩映藏鱼浦,岛树扶疏没水天。痛饮岂同莲社客,狂歌聊许竹林贤。忘形且尽尊前乐,休意楼岩与济川。"彭汝砺《和题净慈寺诗》:"已失禅关治,空岩古殿尊。佛香尘草莽,僧饭饱鱼豚。万竹藏秋色,丰碑落烧痕。废兴俱物鉴,谁似语公孙?"[2]白珽《净慈寺诗》:"奎额昭回龙屈盘,入门已觉厌尘寰。何当白发三千丈,来寄清风五百间。帝子金摇金潋滟,家人卦剥翠屏颜。西湖日日船如织,半在南屏第一山。"邓林《游净慈寺分韵得冬字诗》:"客况萧条逼暮冬,游寻方外散尘踪。路从西子湖头入,人在香山寺里逢。看到梅花吟正苦,沽来竹叶味偏浓。老僧旧是斯文友,赢得相过不厌重。"徐贲《春日游净慈寺诗》:"看山候初晴,连骑西湖道。遥遥烟际墟,苒苒风中筊。谷寒听莺迟,路远逢花少。林溪几登顿,僧房更窅窕。重来感昔时,翻令失幽抱。"张以宁《游净慈寺诗》:"为爱湖南第一山,寻春远自白桥湾。峰峦影落空青里,楼殿香生暖翠间。乍到只疑天路近,因过聊借竹房闲。醉中不记归时晚,笑驻肩舆待月还。"姚绶《题方丈诗》:

"第一桥头归日晡,天风吹酒已全无。人家只隔东西崦,烟水平分里外湖。自解金鱼怜杜甫,谁招白鹤吊林逋。两峰胜概山僧得,好为南屏一写图。"金璐《净慈寺诗》:"南屏东下招提远,倚杖行看万树齐。古塔千寻僧独往,高松百尺鹤同栖。青山隐隐光初净,落日沉沉影渐低。回首恍然如梦里,夜深乘月过湖西。"余怀《游南屏净慈寺诗》:"小雨催孤棹,湖南别有天。几家临水住,一塔倚山悬。声出花边磬,香流树杪泉。绤衣浑欲冷,高展破云烟。"

五百罗汉堂　曹勋《五百罗汉堂记》:临安都会,实据形胜。东连巨浸,挹溟渤之空阔;西接天目,孕山乳之宏秀。面朝背负,势兼吴越。而湖在其右,一水练静,名岫环迭。平碧十余里,傍岸皆僧坊宝社,净慈山报恩光孝禅寺实居其首。在钱氏时,为永明寺,慈化定慧师道潜居之。潜尝请于忠懿王,求塔下金铜罗汉像。会王曾梦十六大士从师而行,密符请意,因如其求,归于精舍。是后,智觉寿禅师相继住持,作《宗镜录》等数万言,为衲子指南。至圣朝仁宗皇帝,以圆照禅师宗本、大通禅师善本相继法席,英风义概,声彻上都,诏对殿中,名动海内,丛林之盛,号为南山之冠。建炎初,寺遭回禄,其址坦存,缊褐萧然,遂为荆榛之地。绍兴初,翠华巡幸,暂驻此邦。士大夫往往感今怀昔,访寻胜处,咸欲稍复旧观,日以为念。会有荐湖州佛智大师道容住持。既至,开辟堂宇,挂塔禅徒,鱼鼓声闻,一新爽垲。又念昔金铜像,梦应殊胜,乃劳心募化,罔惮寒暑。能者效勤,巧者献工,富者输财,辩者劝施,以至行商坐贾,田间著姓,破悭舍有,整平成基,创建五百大士,释迦中尊,金碧相鲜,丹艧有度,行列拱对,环相序居,萧散契方广之名,庄严等石桥之胜,榱题焕丽,绕以重楹,应供之间,觉颜间俱有喜色。逮及宝幢花幡,张座供器,凡作佛事者,靡不毕举。鸠工于癸酉之夏,落成于戊寅之春,迄岁五周,始即厥绪。四方观者,莫不赞叹。规制雄伟,像与法称,大江而南,得未曾有,宜为行都道场之冠。塑者一僧,事竟即化。时劝化有承宣使王公继宣,名重一时,心存诸佛,善缘所在,无不导众心而称首。故兹胜事助缘,最于他人。自治木塑造,装饰修供,莫不身亲。惟兴隆之意,岂昔因中以俨然未散处自有一种法性?不然,何皈依响导之切也。佛智屡求文于予,予乃摭寺废兴,檀那资助,佛智竭力及总废十万余缗,叙为梗概,俾览者具详众事于予文。

国朝康熙三十八年,圣祖仁皇帝南巡幸寺,御制《由净慈寺经南屏诸山诗》:"纡曲南屏路,欣随步辇来。时奉皇太后观览。鸟飞惊玉仗,花落点经台。邃阁闻松籁,疏篱进竹胎。双峰高不极,更在白云隈。"赐御书"净慈寺"额并"西峰"二字。又御题一联云:"云间树色千花满,竹里泉声百道飞。"又赐御书《金刚经》一卷。四十六年,圣驾再幸,奉旨重修。四十九年,工竣,御制重修净慈寺碑文:盖闻宝界三千,咸归净业;珍台八万,同证慈航。施布地之银衣,国名舍卫;供弥天之珠树,园号祇洹。自灵鹫西来,至玉函南渡,层轩飞阁,起鹿苑于湖山;芝盖花幡,记伽蓝于崖谷,皆为选佛之场,实[1]是栖真之室。杭州净慈寺者,周显德中缔构也。宿尊入梦,殿辟永

---

〔1〕　底本"实"误作"室",据清释际祥《净慈寺志》卷首一载《圣祖仁皇帝御制重修净慈碑文》及雍正本改。

明；白足藏书，堂开宗镜。担经锡杖，卓石上之奔泉；瓯法金鱼，伏亭前之寒井。南屏山色，螺翠千盘；北岸波光，琉璃百顷。高柯映户，时来献果之猿；修竹参霄，常见衔花之鸟。数经营于越角，已历多年；论景致于浙江，信称胜地。乃者僧人不戒，难返风轮；遂尔像教延灾，适遭火劫。禅基未续，道迹将湮。朕周览余杭，巡行南国，惜兹善果，结此福因，命集工徒，重葺院宇。兰楣桂栋，出炎网而焕金绳；藻棁雕题，化昆冈而为玉阙。巍峨琳殿，偕莲座以俱新；璀璨瑶幢，对雷峰而并立。飘孤山之香雪，居然花散维摩；舞方丈之长松，依旧风清罗汉。龙天护法，郁东岭之烟霞；狮象宣音，应西兴之钟鼓。蛟藏江浦，再听梵音；鸽下晴空，还看瓶刹。智灯回照，显色相于已倾；慧日高悬，镇檀林而永固。俾下域顾瞻净土，时怀常净之心；愿群生感化慈缘，悉发大慈之隐。用摛紫翰，述壮丽之规模；爰勒青珉，标建修之岁月。康熙四十九年十一月谷旦。

雍正八年，总督臣李卫重修山门并"湖南佛国""震旦灵山"二坊。十一年四月二十六日，奉上谕：佛教自达摩西来，阐扬宗旨，济拔群迷，利益众生，福田慧果，曹溪以下，代不乏人。朕留心内典，深明此事，历览古来名僧言句。宋初，永明寿智觉禅师，实为出类拔萃。其所著惟《心诀》《心赋》《宗镜录》《万善同归集》等书，实皆宗教合一之论，与后学参证禅徒大有裨益。朕亲加选录刊刻，颁示天下丛林。禅师可谓曹溪以后善知识中杰出之人，着加封妙圆正修智觉禅师。因念师生宋时，居杭之慧日，开堂说法，其寺为今之净慈。今寺内僧徒未知仍旧供养禅师法相与否？现在承其支派者何人？着地方官并行详查。如香火已废，著为庄严法相，令僧徒朝夕瞻礼，香灯供养。其支派如已无人，着具折奏闻，朕酌量择人承嗣。其塔院现在何处？亦着查明修理。夫三教一贯之理，朕已初降谕旨，深切开示，谅僧俗人等必已灼然无疑。朕今此举，与褒录先贤之典，非有二义。尔督抚率该地方敬谨遵行。特谕，钦此。浙江总督管巡抚事臣程元章钦遵檄行，布政使司布政使臣王纮转饬查明，亲行察勘，建坊修理。

水心保宁寺　在南屏山前湖中，今曰放生池。《咸淳临安志》：水心保宁寺，天福中建，旧曰水心寺。大中祥符初，赐今额。旧有思白堂，白乐天旧游。元丰三年，枢密使林希榜曰"思白"，示怀贤之意。好生亭，人多放生于此，郡守沈文通命曰"好生"。陆莲庵，钱忠懿王时，绍岩禅师诵莲经于水心寺，有莲花七本生于庭陆。绍兴间，地入聚景园。隆兴初，嗣濮王请额于椤木桥庵。《钱塘县志》：又于寺内重建德生堂。秦观《送僧归保宁寺诗》："西湖环岸皆招提，楼阁晦明如卧披。保宁复在最佳处，水光四合无端倪。车尘不来马足断，时有海月相因依。上人弱龄已隶此，心目所证惟瑰琦。白玉芙蓉出清沼，天然不受红尘扰。坐客一语不入意，目如明星视飞鸟。冠切云兮佩三难，上人顾之真等闲。应缘却入人间世,兴尽却归湖上山。伊余久欲窥禹穴,矧今仲父官东越。行挽秋风入剡溪,为君先醉西湖月。"

陆莲庵　苏轼《陆莲庵诗》:"何妨红粉唱迎仙,来伴山僧到处禅。陆地生花安足怪,而今更有火中莲。"

南屏兴教寺　在南屏山,元末圮。《咸淳临安志》:开宝五年,吴越王建,旧名善庆。太平兴国中,改今额。旧有齐云亭、清旷楼,皆废。余怀《游憩南屏寺诗》:"小雨催孤棹,湖南别有天。几家临水住,一塔倚山悬。声出花边罄,香流树杪泉。绤衣浑顾冷,高屦破云烟。"〔1〕

清旷楼　杨万里《题清旷楼诗》:"清旷楼中夕照间,落晖残雨两生寒。楼中看尽南山了,又看西湖与北山。"

广教院　在净慈寺东方家峪口,久圮。《咸淳临安志》:太平兴国二年,钱邓王建,旧额香刹。治平二年,改今额。有小南屏山。

法性寺　在净慈寺侧,元末圮。《咸淳临安志》:乾德五年,吴越王建,旧名弥陀。大中祥符,改今额。

显圣律寺　在净慈寺侧,元末圮。《咸淳临安志》:天福五年,吴越王建。【成化】《杭州府志》:开宝五年,邑人罗仁德捐地为寺。旧名显瑞。治平二年四月,改今额。

空律寺　在净慈寺侧,元末圮。【成化】《杭州府志》:后周广顺元年,吴越王建,旧名天王。大中祥符元年,改今额。绍兴三年,旨充朝廷祭祀斋宫,别于西南隅建院。

显严院　在雷峰塔下。《咸淳临安志》:开宝中,吴越王建皇妃塔,遂建院。后有雷峰庵,郡人雷氏故居。治平二年,赐显严额。宣和间,兵毁,惟塔存。乾道七年,重建。庆元元年,塔与显严始合为一。五年,重修。

普度亲庵　在南屏之西。《钱塘县志》:明少司农圮瞻葛公住宅也。为母报恩,舍宅建刹,因名曰普度亲庵。万历四十八年建,即古永阴寺旧址,葛寅亮自为记。国朝康熙年间,毁。

雷峰塔　在南屏山。《咸淳临安志》:郡人雷氏居焉。钱氏妃于此建塔,故又名"王妃塔"〔2〕。又曰"黄皮塔",以其地尝植黄皮,盖语音之讹耳。《西湖游览志》:塔建七级,后复以风水家言,止存五级。俗传湖中有白蛇、青鱼两怪,镇压塔下。吴越王钱俶《黄妃塔碑记》:敬天修德,人所当行。矧俶忝嗣丕图,承平兹久,虽未致全盛,可不上体祖宗师仰瞿昙氏慈忍力所沾溉耶?凡于万几之下,口不辍诵释氏之书,手不停披释氏之典者,差有深旨焉。诸宫监尊礼佛螺髻发,犹佛生存,不敢私秘宫禁中,恭率瑶具,创窣堵波于西湖之浒,以

<hr>

〔1〕　雍正本无余怀《游憩南屏寺诗》。

〔2〕　雍正本"王"作"黄"。

奉安之。规模宏丽,极所未见,极所未闻。宫监宏愿之始,以千尺十三层为率,爰以事力未充,姑从七级梯,旻初志未满为慊。计砖灰土木油钱瓦石,与夫工艺像设金碧之严,通缗钱六百万,视会稽之应天塔。所谓许元度者,出没人间,凡三世,然后圆满愿心。宫监等合力,于弹指顷,幻出瑶坊,信多宝如来,分身应现,使之然耳。顾元度有所不逮,塔之成日,又镂《华严》诸经围绕八面,真成不思议劫数大精进幢,于是合十指爪以赞叹之,塔曰"黄妃"云。吴越国王钱俶拜手谨书于经之尾。陈允平《雷峰少憩诗》:"倚塔看明月,寒光度玉绳。曲堤藏小艇,疏柳见孤灯。水竹映苔石,岩花缘涧藤。香云吹散后,猿鹤伴高僧。"钱惟善《十一月初二日与袁鹏举钱良贵同登雷峰塔访鲁山文公讲主诗》:"钱湖门外黄妃塔,犹有前朝进士题。一字排空晴见雁,千峰照水夜然犀。周遭地带江湖胜,孤绝山同树木低。二客共驰千里目,故乡各在浙东西。"

上清宫 在雷峰塔北,久圮。《武林旧事》:葛仙翁炼丹旧址,道士胡莹微祖筑庵,郑丞相清之曾此读书。淳祐中,重建,赐今额。理宗御书"清净道场"。郑清之《上清宫诗》:"上清仙腹正便便,剩约风光似辋川。晓雨洗开新绿岸,晚霞酿出嫩红天。鞭浮野竹数茎笋,叶衬秋荷几柄莲。不是西湖最佳处,更于何处着癯仙。"

普宁寺 在雷峰塔下,久圮。《武林旧事》:又名白莲。《咸淳临安志》:广顺元年建,号安吴寺。大中祥符初,改今额。奉成肃皇后香火,有铁塔一,石塔二。《两湖麈谈》:按《武林旧事》:南山濒湖,有普宁寺。且云寺有铁塔一,石塔二。秦少游《龙井题名》亦云航湖至普宁,遇道人参寥,策杖而湖而行,出雷峰,度南屏,得支径,上风篁岭,正其处也。今湖堤遗墟尚存,止见石塔,院宇尽毁。虽颓垣败户,无复存者。向非此塔,后人亦何从而指拟矣。

净相院 在雷峰塔后,久圮。《咸淳临安志》:显德三年,吴越王建,旧名"瑞相"。太平兴国间,改今额。绍兴初,重建。佛殿有无尽意阁、娱客轩、一段奇轩。倪思《重建净相院佛殿记》:由雷峰之阴并湖而行余里许,有院曰"净相",背负山麓,面瞰平湖,松竹森蔚,景趣幽雅。庭有杜鹃花数本特盛,东坡先生所为赋诗也。始予在学馆,遇胜日或休沐,时时游焉。当是时,院之堂宇虽备,而佛殿自建炎毁于兵,未克修建。主僧师雅指其基,谓余曰:"吾当募众助而鼎新之,期以某年成。果成也,君为我记之。"虽嘉其志,许之。然意其役费甚巨,未必果如期能成也。自是数年,余屡膺选擢,事绪滋多,不至净相者已久。去年春,师雅忽造门,曰:"曩所建殿,今成矣。许记文,敢请。"余往观焉,轮奂一新,丹艧炳焕,中塑像七,又图画其两旁,皆极严丽。问所以能办者,则曰:"吾立志既定,坚忍不移,隆暑祁寒不辞劳,丐谒檀施不惮烦,锱铢而累之,日月而积之,是以役费虽巨,而终获如吾志。"人苟有志,其何事之不立。余于此有感焉。夫以余昔所尝游之地,又嘉师雅之志而有感,且重于食言,合是三者,记虽欲不作,得乎? 院始于周显德间,钱忠懿王所创,号"瑞相院",至太平兴国三年,改今额。宣和中,大本禅师尝敷法席。隆兴初,右街僧录彦观维持,其徒甲乙相嗣,三世而至师雅。师雅,永嘉人,禀质纯实,多与士大夫游,有足嘉者。殿成于绍熙元年三月,记之刻则二年二月也。昔龚颐正书东坡《杜鹃花诗》贻主僧,跋云:苏文忠公赋此诗,逮今百余年,虽菩提寺去此不远,未知孰是? 然此花老干萧疏,亦意当时物。公在颍为诗,有"醉翁行乐处,草木亦堪敬"。故余于此亦云,且书以贻净相院主僧绍原。

娱客轩　许及之《娱客轩诗》:"妙景非声亦非色,非色不应容粉饰。东坡妙用去虚空,大地山河等儿剧。简斋有句添蛇足,雨抹晴妆要娱客。皇妃塔边净相寺,破屋荆榛十年事。雅师办得一片心,化出宝坊全体备。杰阁巍巍尊大士,我已名之无尽意。更拈蛇足扁东偏,与师饷客为客地。东坡仙去可无诗,客来了此一段奇。未雨未晴还举似,非鬼非仙竟是谁。

一段奇轩　袁说友《一段奇轩诗》:"清诗冷阁更佳名,一段家风太瘦生。东老昔知有余乐,西湖今可问前盟。年来倍觉青山好,老去休惊白发更。欲识个中无尽意,挑包急急看吾行。"许及之《和袁说友诗》:"一段奇轩无尽意,西湖风月契三生。只今扁榜成佳话,他日寻诗有旧盟。得失鸡豚随日了,去来凫雁逐时更。痴儿尚欠梅花句,已拟长歌出塞行。"傅伯寿《和袁说友诗》:"门外红尘走利名,庵中白发任浮生。羡师法窟能深入,压我诗坛已屡盟。渺渺水光帘万里,离离梅影雪三更。何人荐取真消息,试鼓瑶琴一再行。"张抑《和袁说友诗》:"灵山烂熳本难名,收拾闲情付此生。出处自知无上策,往来聊欲试同盟。门多贤辙人便静,琴锁师堂岁几更。六月汗巾来借榻,频游应不禁船行。"陈傅良《和袁说友诗》:"齐年兄弟更齐名,商略行藏共此生。自昔从君瞻马首,如今输我与鸥盟。读书松竹交千载,曳履星霜数五更。为问塞翁谁得失,请无一话到留行。"

留锡庵　在雷峰塔之阴。《钱塘县志》:向有白莲寺,久废。国朝顺治己亥,僧虚舟即其址建庵,名曰"留锡"。

福城庵　在雷峰塔侧。《钱塘县志》:晋葛洪炼丹于此,故名小蓬莱,后为宋内侍甘升园。国朝康熙戊申,天台僧灯演者,始建庵于此,名曰"福城"。

夕照庵　在雷峰塔之阴。《钱塘县志》:五代时,显严院故址。明末,创有夕照庵,因宋林逋《登雷峰塔诗》有"幽云""夕照"之句,乃西湖十景之一也。岁久,倾圮。国朝康熙七年,僧如蒿重建,乃名"夕照"。

法因寺　在九曜山,即今发祥祠地。《咸淳临安志》:长兴四年,吴越文穆王建,旧额"报慈"。大中祥符元年,改今额。殿有古铁塔。

谨按:《紫桃轩杂缀》:杭州邵皇亲坟,吴越时法因寺基也。后建发祥祠,以祀昌化伯邵林。详见《祠宇》。

大仁禅寺　在南山石屋洞,俗称石屋寺。《咸淳临安志》:广运中,吴越王建,旧为石屋。宣和三年,改今额。有洞镌罗汉诸佛像。山顶有石庵,天成团圆如凿,高丈余,一名天然庵。咸淳二年,创建观音诸天宝阁。陈宜中《佛阁记》:南山大仁院,广运中,吴越王钱氏建。有洞曰"石屋",因即为名。元祐二年,改今额。洞屋豁辟,衍迤凡二丈六尺。曩有大知识人镌洞石,作罗汉七百余尊,士民瞻向,历载浸久,貌像漫漶。嘉定间,训武方公俊卜窀瑞峰,即院对山也,日与主钵僧文纬者游,腾言石屋南山胜境,遂鸠工计匠,补缺振废。由是庄严相貌,芒张彩纷,见者咸以顿还旧观,生欢喜心。既而,岩罅滴溜,滋润蒸郁。公议建阁于洞之顶,度材孔良,将命斤斧,而倏不起。有子武经大明,怆先志未遂,与其安人黄氏谋如家事,乃樽费节用,鼎创阁宇,凡若干楹,则嘉熙丁酉之夏也。轮奂崔嵬,如在碧落,不增历级,佛地难扳。又命僧普照募缘以竟其事,则淳祐己巳之秋也。二役既毕,诸佛尊严,石屋若辟而宏,南山若增而高,烟霞松竹,若鼓舞而导迎,遂为一方伟观。是不特训武,佳城在目,武经汲汲于继志述事之孝,且勤施乐诚,为大众作福田利益,而己不专焉。是不可书乎? 邱濬《重修杭州石屋寺记》:钱塘南高峰之麓,有寺名石屋,即吴越王所建大仁院也。寺距西湖三里许,中有岩石,其下穿然空,窈然深,若屋然。后人因以名寺,镂石为阿罗汉像五百余。其间泉石之胜,奇诡万状,游西湖者,必盘旋焉。岁久,而地鞠为草莽之区者,不知凡几年矣。成化改元,有比邱惠馨者,自京兆来游于杭,慨然以兴废为心,结茅其间,鸠工聚材,期复其旧。若殿若阁若堂,若廊庑丈室,与夫山门桥塔之类,咸以次就绪,焕然一新。虽未尽如往昔之壮丽,然以一远方之僧无所因起,不假势力,一旦倏然成久废之功,盖亦难矣。岁丙申,馨来京师,介通政何公文璧求予文记其成。予不辞,而为之书。

西关净化院　在烟霞岭下,久圮。《咸淳临安志》:开运间,吴越王建,名曰西关净化禅院。后废额,徙于南山石坞。孝宗以其地赐李隶,因重建佛宇,发土中得钱氏时寺记,龛置石间。咸淳三年,太傅平章魏国公修复水乐胜概,乃为葺治寺宇,还其院额之旧云。宋人《水乐净化院记》:大璞未雕,性寂则无我执我;淳源既泮,性生遂有于成身。是以四相盛衰,三界纷扰。本师世雄,哀其颠坠,悯彼轮回,树巨釭而烛幽,运广筏而济溺。立善广福,皆为方便之门;举手低头,尽是可归之路。净化院者,即鉴诸道者之所建也。道者,永嘉人,受业于仙峰护国灵应禅院,弥年苦节,早岁勤身,着头陀粗敝之衣,修菩萨利乐之行。逢缘必作,随处立功。建濠河津要之桥梁,修府郭壅狭之歧路,早临潭庙中之灵宇,宵奉园穹前之净池。其于运力供僧,重言化俗,苟有一善利于人,乐无不为,乃曰:"国土民安,君王信向足,云水烟霞之众、瓶囊杯锡之游。其间或有幻相无情,尘缘将尽,百衲之衣何直? 周身之具奚求? 爰寻佛言,备得教旨。且西土苾刍、苾刍尼,下至优婆塞、优婆夷,送往之礼,名以阇维。阇维之文,实火化也。弃余灰于远水,免遗骨于他山。牢无烦人,置不有地。"即具以上事达于庙朝,创佛祠于湖山,思祈为功德主。上曰:"六度门中,尝闻喜舍;八福田内,屡建津梁。勤王早立于大勋,奉佛素崇于至性。"闻是善也,忻然在怀。遂奏敕与,请置其所。乃于镇西关之右,延寿山之阳,郛郭匪遥,柴水甚便,命开基址,式建僧居。圣上允俞,锡名净化。阇维之道,兴于此焉。由是芸阁勋臣,香闺贵戚,府郭君子,阛阓信人,发心无难舍之财,集事有易成之力,像设必备,舍宇一周,香灯含昼夜之辉,钟磬续晨昏之韵。仍于院侧,立此方坛。或愿阇维,不计来众,资其事用,给以薪蒸。利济之门,无大于此。将欲纪录不朽,刊勒坚珉。海阔山高,莫并有为之福;毫枯笔竭,难书无尽之功。时开运三年岁在丙午二月十日记。

石佛接待庵　在水乐洞后,久圮。《咸淳临安志》:相传广顺间,有古佛出现,化为圣僧,顶笠挑包,入山隐于石。时人于石上镂成相貌,嗣创小庵。咸淳元年,辟地增建。

满觉院　在满觉陇,久圮。《咸淳临安志》:天福四年建,旧额圆兴。治平二年,改今额。《武林梵志》:万历戊戌,僧海龙重建。

归云庵　在水乐洞旁,久圮。《武林旧事》:宁宗时,水庵清禅师坐禅石窟中,闻南峰钟鸣,遂大悟。旧为归云庵,今改永兴寺。《武林梵志》:万历壬子,僧海龙筑静室其址,改称护云庵。

清修寺　在烟霞洞。《咸淳临安志》:广顺三年,吴越王建,旧额烟霞。治平二年,改今额。洞石刻罗汉六尊,钱氏别刻十二尊,足成之。《武林梵志》:寺久圮。万历己亥,孙隆重建。俞德临《南高峰烟霞山清修院化缘疏》:金仙出西竺国,挈日月以照三途;宝刹倚南高峰,敛烟霞而分万壑。号为福地,著在《图经》。曩因劫火焰焚,顿使宗风寂寞;虽收龟毛兔角,难茸蚊睫蟭窠。黄面老子若来,有地也无栖泊处;白水真人肯出,成功只在刹那间。何愁风雨震凌,伫看楼台突兀。见施乐施,重兴千载道场;今生来生,定获诸天福报。

荣国禅寺　在南高峰,久圮。《咸淳临安志》:天福间建,元系塔院,奉白龙王祠。宝祐五年,福王捐施重修,请富阳废寺额。咸淳六年,安抚潜说友创造华光宝阁,且拓径以便登陟。又有五显祠。《西湖游览志》:今寺废,而祠尚存。

南高峰塔　在南高峰。《咸淳临安志》:天福中建,高可十丈。崇宁二年,僧修懿重修。乾道五年,僧义圆重建。《西湖游览志》:元季毁,旧七级,今存五级。僧了心《重建塔记》:住南高峰塔道人义圆,一日疏其重建大略,来东城退居,求拙者语以识之。乃肃仪拜手,献文字供,以塞其望。曰闻如是,晋天福中,有梵僧飞锡至虎林,因睥睨南峰最高顶,曰:“于斯可以立大觉真人之表相。”乃探毫囊,出舍利一颗,傍假比邱尼道圆疏助之力,作窣堵坡,以福来者。我圣世至道二年邦人朱氏泉、崇宁癸未仁王僧修懿,两尝茸补。尔后跨跞星霜,日就朽故。绍兴二十有一禩,石屋宗妙师具笺疏,挽今圆道人者居之。圆志在再新桹栱,壮观两山,克念伸祷,致大居士刘侯伉以青铜钱五百万成就之。今檐楹飞涌,瓦甓坚致,龛室之内,绘佛菩萨像合二十有四尊,卫以天龙部属十六善神。至于案几器用,罔不备举。每巡檐张灯,或冥冥雨夜,海商山客,以此为司南者也。四厢辟窗,以备游览。东瞰平芜,烟消日出,尽湖山之观。南俯大江,涛洞洄伏,舟楫隐见,指渔浦萧然,物色如画。西接岩窦,怪石翔舞,洞穴邃密,畴昔分扰之际,隐于是者,活二千余人。侧有应真瑞像一坛,状貌奇古,若鬼工天成。北瞩陵阜,坡陀曼延,箭栝丛出,粲麦连云,山椒巨石,屹如峨冠,目之曰先照。檀度孙公琦访求香干,悬以缯幡,竖精蓝标帜,复相其下上,叠石梯山,乃便于步武。信士周公绍,能鼓鞴为千石钟,举以重阁,昏晓挝之。是中或雄杰伟丽,岌岌巍巍,成象于斗牛之间;或春蚓秋蛇,夭矫于晴岚晓霞之际;或铿金戛玉,声闻于湖渚江皋之上。此皆圆道人置力不懈,而大居士二檀信毅然勇施者也。

大慈定慧禅寺　在大慈山,俗称虎跑寺。《西湖游览志》:唐元和十四年,寰中禅师建,宪宗赐额曰广福院。大中八年,改大慈禅寺。僖宗乾符间,加“定慧”二字。宋末,毁。元大德间重建,又毁。明正德十四年,宝掌禅师重建。嘉靖十九年,又毁;二十四年,山西僧永果重建。徐一夔《重建大慈定慧禅寺记》:大慈定慧禅寺者,唐寰中禅师之道场也。寰中得旨于百丈大智禅师。元和中,行脚至杭,爱兹山幽邃,因卓锡焉。依皈者众,将建道场。而地脉高亢,乏水以供淘溷,意欲他徙。一日禅定,有神人仪观甚伟,拜而言曰:“吾师行道此方,以利益群品。吾将役二虎移南狱童子泉,以施吾师。”翌日,有二虎在山西南隅,以爪爬地,如掘井状。而,水泉涌出盈坎,且味极甘洌,遂成道场。他日,有自南狱来者,禅师问童子泉何如？曰："涸矣。"于是泉以"虎跑"得名。寺之成，锡额曰"大慈"，则长庆元年也。开成初，禅师入灭。咸通初，其大弟子钦山邃上其师之行于朝，谥曰"性空"，塔曰"定慧"，易寺额曰"法云院"。中和间，又以塔名配寺名，如今所揭额云。宋太平兴国中，寺以南泉愿、临济元、无著喜、赵州谂、岩头奯、雪峰存俱至兹山，与中禅师激扬宗旨，故又名"祖塔院"。元祐间，苏长公守杭，有《病中游祖塔院诗》，见于家集。建炎初，又复寺额如长庆时。嘉定间，权臣史弥远利其地可为坟墓，欲阴废其寺，或为董语危之，乃沮。弥远犹徙其寺额于乡郡，建香火院，而奏夺其地为军营。时有僧曰克符者，杂处其中，图复其旧，而卒勿果。元至元中，巴江回公居净慈第一座，缚茆泉上，以待时缘。方薙草畚砾，得一石，状类僧伽，乃中禅师像也。濯而奉之，识者以为寺兴之兆。大德初，盐运使胡公度雅敬慕回公，为捐赀财兴造，而寺额则仍中和之旧。至治中，止严成公继之，作亭于半山，题曰"古禅林"。兹寺虽已复，而规模不加于昔。洪武十年，定严戒公来领寺事，爰发弘愿，以改作为己任。首捐衣赀，购地二亩，凿为方池以潴水。乃裒众施，具材命工，作大雄宝殿，视旧加三之一，历四寒暑而后成。将作僧堂、法堂，而故址不足以容础，乃削岩划壑，左右前后，为尺六百有奇，而僧堂、法堂及方丈三门钟楼两庑，视旧始广。至于库庾庖湢，亦皆以次而完。欲别为室，以待云水之暂至者，名胜之恬养者，病患之摄治者，亦窘于基址，故于两庑之间作为重屋，而分房以处之，又涉五、六寒暑而后备。余尝涉湖而西，过赤山之冈三四里许，缘山斗折而入，不尽百步，新作山门，揭"大慈山"三字，则元江浙行省平章紫微史公弼所书。既入山门，又缘山行二三百步，有石梁横小涧上，乃抵寺门。山势三面环拥，林壑清閟，岚霏翠寒，人间尘坌不至，信乎清净之域也。陈珂《大慈山虎跑定慧禅寺记》：寺在杭之南，去城十里许，山势崔嵬，凌逼霄汉。山之阴，世传为越王台，左右龙虎抱卫。西湖与钱塘江，则又资于外抱之两腋。湖去赤山埠，江去白塔岭，各舍舟二三里即达。于大慈乡定慧塔，双峙于三，解脱三门。唐元和间，性空禅师卓锡结茅于此。虎跑地出泉，累朝有"广福""大慈""定慧"敕额。至宋末，大坏于兵燹。元初，僧克符竖庵于故址，至实山回重新。迨明有净戒善求者，或展拓规度，或栽植松桧，景象交映。成化甲午岁，予读书于此山之西，方丈寺尚无恙。正德初，再过此山，则荡然邱墟，可为太息。时有大功德寺僧宝峰道瑄者，晋阳巨族，至杭，住崇福寺，为禅宗所仰。正德庚午，大慈僧众以礼致之。宝峰慨然，振衣而至，郡城内外，望风云集。宝峰庀材鸠工，经营相度，昼夜寒暑，无少假息。由是台殿廊宇、门庑楼阁、仓庾庖藏、像设器用，靡一不具。自是年二月始事，至毕工，几三载。昔苏文忠公为《讷庵记》，讲法师辩才之在天竺，吴越人奉之如佛出世，凡有废缺，人争竭力成就。宝峰殆亦近之。是何修而能令人若此哉？寺众举以为德，踵门求余为之记。苏轼《重游祖塔院诗》："紫李黄瓜村路香，乌纱白葛道衣凉。闭门野寺松阴转，欹枕风轩客梦长。因病得闲殊不恶，安心是药便无方。道人不惜阶前水，借与匏尊自在尝。"苏辙《次韵子瞻病中游虎跑泉僧舍诗》二首："扫地开门松桧香，僧家长夏亦清凉。公庭多事久来厌，静处安眠计甚长。修竹填窗藤箪绿，白莲当户石盆方。香厨晚饭红粳熟，忽忆烹鸡田舍尝。""涧谷新晴草木香，野情萧散自生凉。雨添山色翠将溜，日转松阴晚更长。病客独来惟有睡，游僧相见亦他乡。还家烦热都消尽，不信医王与药尝。"丁复《和苏轼重游祖塔院诗》："虎跑泉春花树香，龙翔寺午风日凉。看经未觉异世远，把酒但怜清昼长。二月芳菲过大半，百年行乐亦多方。溪房即似坡翁在，尽索黄山满意尝。"释来复《和苏轼重游祖塔院诗》：

"金沙泉涌雪涛香,洒作醍醐大地凉。倒浸九天河影白,遥通百谷海声长。僧来汲月归灵石,人到寻源宿上方。欲著茶经校奇品,山瓢留待羽仙尝。花雨飞来满院香,翠微楼阁树阴凉。江通鲸吼千波急,山接龙飞两乳长。苏子文章传异代,潘郎道德重诸方。何时共酌玻璃盏,细把灵泉一味尝。"释宗泐《和苏轼重游祖塔院诗》:"煮茗泉头春水香,曾沾一勺即清凉。慈翁仙去迹犹在,蜀客来寻兴更长。梵呗轻扬银浪涌,阑干缭绕石池方。群生热恼思涓滴,化作醍醐与世尝。"释守仁《和苏轼重游祖塔院诗》:"空岩花落满池香,古屋松阴入座凉。诗到东坡名独擅,水来南岳派何长。晴波汩汩珠千颗,夜色澄澄月一方。赖有浮沤传正脉,凿崖分与世人尝。"陈耘《和苏轼重游祖塔院诗》:"玉甃涵清入地香,味同甘露沃心凉。灵源上接银河近,地脉潜通瀚海长。坡老旧游诗独在,慈翁仙去化无方。思归怜我空消渴,一滴何由到口尝。"聂大年《和苏轼重游祖塔院诗》:"於菟跑地泉水香,醍醐入口甘露凉。龙吞沧海军持满,僧入翠微山路长。乾坤万古有清气,钟鼓数声闻下方。斟泉煮茗作清供,峨眉老仙会共尝。"洪春《和苏轼重游祖塔院诗》:"坐觉心清闻妙香,滴衣空翠昼生凉。雨添石罅泉声急,日转林梢塔影长。宝刹灯辉传奕叶,玉堂诗美诵多方。万松隔断红尘境,茗碗谁能到此尝。"陈高《城西虎跑寺诗》:"石势虎蹲伏,山形龙屈盘。寺开唐殿阁,坟掩宋衣冠。幽涧泉声细,斜阳塔影寒。近城多战鼓,栖息此中安。"张以宁《虎跑寺诗》:"苍苔白石路盘回,林谷藏春一径开。山势北连三竺去,泉声西自五云来。春残野衲和春老,风静闲云伴鹤回。游赏渐多题咏遍,不知谁继子瞻才。"吴鼎芳《宿虎跑寺诗》:"湿烟郁结乱山横,鼓断钟声火自明。野寺冰霜经晚岁,石林风雨坐残更。十年一梦浮云冷,四海孤身落叶轻。愿得皈依清净海,莲花香里证无生。"

国朝康熙二十八年、三十八年,圣祖仁皇帝南巡,两幸寺中。雍正九年,总督臣李卫重修。毛奇龄《早入虎跑禅寺用苏子瞻旧题原韵诗》二首:"满坞朝烟俨散香,法幢开处石流凉。岩垂莲片支云远,塔转松阴入路长。佛阁图分四壁,山厨笋蕨供诸方。当年野虎闲跑处,留得清泉与世尝。""深林行过麝脐香,参遍诸天趁早凉。笕水续流春后浅,幡竿倒影暮来长。闲僧不作休粮术,过客时传舍药方。行忆旧朝风物改,百年灰劫有何尝。"

谨按:《咸淳临安志》载:祖塔法云院,开成二年钦山法师建,旧名资庆。大中八年,改大慈。开运二年,改仁寿。太平兴国六年,改赐今额。坡公《紫李黄瓜村路香》一诗,即系其下苏诗集中《病中游祖塔院题王梅溪诗》,注引《杭州图经》建寺改额之年,与《咸淳临安志》相符,又注云"今虎跑寺也"。而《西湖游览志》云寺唐元和十四年僧寰中建,宪宗改额曰"广福院"。大中八年,改大慈禅寺。僖宗乾符间,加"定慧"二字。又宋濂《虎跑泉铭序》云:寰中蒲阪氏子,得法于百丈海,一时龙象,如南泉愿、临济元、赵州谂、岩头奯、雪峰存、无著喜、钦山邃,咸来咨叩道要。考元和为宪宗年号,开成为文宗年号。寺之建,实始于寰中。《咸淳临安志》钦山建寺之说,疑误也。且资庆与广福,其名既互异,而又无乾符加"定慧"之文。至其所载"开运二年改仁寿,太平兴国六年改祖塔法云院",则田汝成《志》均失之矣。若云自宋以后,或复称大慈定慧禅寺。查《虎跑寺志》及成化、万历两《府志》《武林梵志》,俱不详言。何也?惟《虎跑寺志》毛奇龄序云:大慈山名,定慧塔名,盖寰中为寺开山,祖其塔名。性空大师,定慧之塔,祖塔之名,或由是欤。

广泽禅寺　在大慈山之阳。【成化】《杭州府志》:晋天福六年,吴越王建。有泉一泓,名甘露。宋治平二年,改额广泽院。明洪武初,复名甘露。《武林梵志》:洪武九年,僧东明建。正统间,毒峰善禅师重建。嘉靖十五年,僧天祥真重建。

崇先袭庆寺 在樵歌岭。《西湖游览志》:俗呼真珠寺,旧名荐福院。晋开运间,吴越王建,为清鉴禅师道场。宋大中祥符六年,改崇教院。开庆元年,赐今额。《武林梵志》:洪武壬申,复建。弘治十五年,重修。万历庚子,僧德昭重修。

惠因讲寺 在赤山。《慧因寺志》:后唐天成二年,吴越王建,初称慧因禅院。晋水法师,名净源,其疏释经义,流传殊域,致高丽国王之子僧义天航海来朝,乞为师门弟子。神庙遣尚书郎杨杰伴行抵师所,遂改为教院。及义天还国,以青纸金书晋译《华严经》三百部并经阁之赀,附贡舶以进,俗遂呼院为高丽。迨晋水示寂,高丽以祭奠为名,兼贡金塔二座。时苏文忠公守杭,疏乞止之。章衡《敕赐杭州慧因教院记》:杭之为州,领属县十,寺院五百三十有二。凡讲所传,多天台智者之教。惟贤首一宗,历年沉隐。是以法师源公力振宏纲,始立教藏于苏于秀。元丰八年,高丽国王子、佑世僧统义天,闻风抠衣,愿承密印。于时,资政殿学士、大中大夫蒲公来牧是州,以廊庙之器而临一方,其恺悌之政、威怀之略,指麾于谈笑之间,绰有余裕。乘闲率宾僚游南山慧因禅院,观其缔构栋宇,规摹壮丽。惜其久寂而不葺,乃命法师主之,又施金塑贤首七祖之像。僧统从而印造经论疏钞七千有余帙,教藏之能事毕矣。于是其徒晋仁等以状援例,乞易禅院为教院,永世相承,以严师席。蒲公即具奏以闻。越元祐三年五月一日,锡命报可。崖谷辉焕,邦人踊跃,贤首之教,自是而兴。其学之浅者,知由文字入不二法门,而不泥于文字;其学之深者,见佛性于言下,而至于无言。则此院易名之旨,乃示人像法之宗,如暗室而照明灯,如步海而驾大航,岂小补而已? 法师敬上之赐,刊勒于石,托予述而揭之,以垂不朽。元祐四年,高丽驸马都尉潘王璋复奉诏进香幡于院。继晋水者为易庵禅师,宁宗御书"易庵"赐之,改为讲寺。元至正末,兵燹,十遗二三。明正德间,僧万松兴复。《武林旧事》:湖山间,惟此寺无敕额。潘晟《重修慧因讲寺记》:西湖有古刹曰慧因,玉岑山龙盘其前,南高峰虎踞其后,擅诸山之胜,为名梵之雄。盖吴越忠武肃王所创也。元丰间,高丽国王子僧统义天入贡,受晋水禅师教以归,乃泥金书《华严经》赍奉于寺,更建华严大阁藏之,故时人多以高丽名寺。宁宗朝,有易庵禅师阐扬大乘,丕振宗风,为一时缁流所推毂,御书"易庵"二字赐之,刻石尚存。迨明,慧因寺岿然,鲁灵光也。正德以来,僧困征徭,寺之削也滋甚。嗣僧以宾礼礼行僧万松,为重修主所。幸承天守方公九叙、大中丞陈公洪濛护持益力,经始于万历甲戌,以戊寅落成。如通悟元率其徒与孙,焚修其中。予向在留都,掌邦礼,如通以藏经诵予,备陈慧因兴废之颠末,乃述所闻,而次第之,以属右史。

广果寺 在赤山惠因桥北,久圮。《咸淳临安志》:开宝八年,钱忠懿王建,旧额香龛。大中祥符中,改今额。有古佛殿。绍圣二年,造有虚悦轩、栖凤轩、山龛、罗汉。

开化尼寺 在赤山,久圮。《咸淳临安志》:嘉泰三年,妙智大师慧信开山,请今额,宁宗御书"寂庵"二字。

法兴寺　在赤山,久圮。《咸淳临安志》:乾德二年,吴越王建,旧名法明。治平二年,改今额。

保福院　在长耳巷,元末毁。《咸淳临安志》:乾祐元年,吴越王建,旧名保庆。治平元年,改今额。

真如院　在赤山,久圮。《咸淳临安志》:正观元年建,旧名延长。治平二年,改今额。

净梵院　在赤山,久圮。《咸淳临安志》:广运中,吴越王建,旧名瑞峰。大中祥符元年,改今额。

崇教院　在赤山,久圮。《咸淳临安志》:开运二年,吴越王建,旧名荐福。大中祥符六年,改今额。

宝林院　在赤山移城南尊胜巷。《咸淳临安志》:开宝六年,钱邓王建,旧名总持。治平二年,改今额。乾道三年,充庄文太子香火院。有可赋轩。可赋轩张孝祥《可赋轩诗》:“光明猎猎上乌巾,不那西湖烂熳春。借我绳床对修竹,为君一洗软红尘。”

广法院　在赤山,久圮。《咸淳临安志》:开宝七年建,庆历中重修。有清旷亭,后废。淳熙四年,开府郑氏请以为庵额。嘉熙四年,充王子齐王功德院。

修吉寺　在赤山,久圮。《咸淳临安志》:天成三年,吴越王建,旧名瑞龙。大中祥符元年,改赐今额。寺内有西湖奇观。

正济寺　在赤山,久圮。《咸淳临安志》:乾德二年,吴越王建,旧名普门。大中祥符元年,改今额。

法雨寺　在赤山,久圮。《咸淳临安志》:天福六年建,旧名水心,续改云龙。大中祥符元年,改今额;三年,佛心禅师创法堂。淳祐十二年,重创佛殿、钟楼、僧堂、廊庑,移立铁塔于法堂前。陈天麟《法雨寺佛殿记》:人之性本实,而学佛者以性为空。性者何?伦理是也。释氏明心见性,谈空说妙,绀其宇,缁其衣,离而父母,舍而君臣。而伦理之大,终不可泯。以此见实,理无不在。虽欲异于吾儒之教,不可。予初游法雨,荆榛出于垣端。不数年,先讲师支倾补罅,予材之未知敬也。往来稍稔其奉母,以答歌罗逻胎育之恩[1],孝养备至,檐头睦州,鬼神合爪,于是始知其为人[2]。兹寺三百余年,芜废之久。一旦殿宇煌煌然,法鼓铿铿然,钟梵之声,时出于青岚白云之上。予惊焉,曰:“谁钦施者?”先曰:“吾有大功德,尊天降赐僧牒公楮,俾中贵人王孝先董斯役,以成此段因缘。吾朝夕焚修伽陀,于焉报恩,以伸华祝。”予以知孝亲者,必爱君均一,伦理之实,而洋洋然盈天地间。空虚元寂,孰能为之?寺晋天福六年建,初名水心,又改云龙,后改法雨,重建于宝祐二禩。制干陈巨川舍铸洪钟,铁塔乃古婕妤孙氏造,植于西偏,后

---

〔1〕　雍正本无“以答歌罗逻胎育之恩”九字。
〔2〕　雍正本无“檐头睦州,鬼神合爪,于是始知其为人”十五字。

移植殿之中。唐先讲师,即今住山都正广果,思公上足也。思寂后,寺并入慧因。先公易地建幢,斯亦所谓西没东涌,南没北涌。思不亡,广果不废矣。来谒记,喜为书之。

安福尼寺 在赤山,久圮。《咸淳临安志》:宝祐元年,尼普隆创,系钱湖门里净居子院。五年,请今额。

极乐尼寺 在赤山清化路口,久圮。《咸淳临安志》:元系尼僧德勤嘉定二年创小庵。淳祐五年,移请今额。

定光庵 在法相寺西,久圮。【万历】《钱塘县志》:庵久废,万历三十五年修复。

凝神庵 在赤山,久圮。《西湖游览志》:蒲衣道士张达道所居,高宗尝赐白羽扇,至元犹存。萨都剌《同伯雨游凝神庵因观宋高宗赐莆衣道士张达道白羽扇诗》:"晴日赤山湖水明,湖中山影一眉青。蒲衣道士无人识,羽扇年多落凤翎。"

法相律寺 在惠因寺北。《咸淳临安志》:天福四年,吴越王建,旧名长耳相。大中祥符九年,改今额。《武林梵志》:有宗慧堂、竹阁、云壑禅栖、颖秀山房、青莲居、种石轩、梦化石。《钱塘县志》:万历三十五年,邑令聂心汤修复。黄省曾《自石屋洞至法相寺诗》:"性分各有极,修意江海上。采药仍景台,颛老乃希向。披情乐林草,凤驾邈云嶂。阳岫方缅观,阴崖载亏望。壁辟时悚怖,洞闶恣登降。觉路驰访踪,开士礼跌相。形忘躬有蜕,理止神非表。承泉代绠汲,托基排垒创。安道志岂渝,兴公怀自亮。沉冥常内足,高寄无所让。"程嘉燧《法相寺诗》:"同栖古佛地,疑居开士林。众香凝户湿,空翠积阶阴。竹响人声杳,泉泥虎迹深。西南岩壑美,随意更幽寻。"国朝康熙五十三年,殿毁,重建。

六通律寺 在长耳巷。《咸淳临安志》:乾祐二年,吴越王建,旧名惠德塔。治平二年,改今额。《西湖游览志》:有辟尘炉,非木非石,扣之铮然,纤尘不染。【万历】《钱塘县志》:嘉靖间,垂废。万历壬子,僧性瑛重建。

旌德显庆寺 在小麦岭,久圮。《咸淳临安志》:嘉定初,恭圣仁烈皇太后建,充后宅功德院。宁宗御书扁。理宗益买田以赐,凡三千亩有奇,以奉太后神御。《西湖游览志》:有云扉轩、清壑、凝紫、静云等亭。

灵应观 在小麦岭,久圮。《武林旧事》:宁宗朝,张知宫创,御书"冲隐庵"。淳祐中,道士范善迁重建,赐名今额。今庵在观右,而观改仁寿院矣。

太清宫 在小麦岭,久圮。《咸淳临安志》:绍兴元年建,宁宗御书"太清宫"、"岁寒亭"及"养性"二字以赐。又有矩玉亭。咸淳四年,旨赐惠顺贾贵妃充功德院。《武林旧事》:宁宗时,朱灵宝守固建,有岁寒轩,养性、凝神二堂。今改观音院。

积庆教忠寺 在小麦岭,久圮。《咸淳临安志》:端平元年,金枢密渊创建,理宗皇帝御书"积庆山"及"藏书阁"以赐。又赐寺额,曰"积庆教忠"。

法空寺 在大麦岭,久圮。《咸淳临安志》:显德五年,吴越王建,旧名资庆。大中祥符元年,改今额。

水陆庵　在大麦岭,久圮。《武林旧事》:杨寺廨院,旧名庆安。《咸淳临安志》:庆安院,在行春桥南,元系水陆庵。嘉定十五年,充麦岭旌德显庆寺廨院。

灵石寺　在灵石山栖真院之上,久圮。《竹坡诗话》:西湖诸寺,所存无几,惟南山灵石,犹是旧屋。寺僧言顷时有数道人来丐食,拒而不与,乃题诗屋上而去。字画颇类李北海,其诗云:"南坞数回泉石,西峰几迭烟云。登携孰以为侣?颜寓李甲萧耘。"后好事者译之,前一句乃"吕"字,第二句"洞"字,第三句"宾"字,是洞宾与三人者来耳。李甲,近世人,东坡以比郭忠恕,善画而有文余,当是神仙也。郭祥正《灵石西庵诗》:"欲问庵中事,人驯虎亦驯。杨梅几番熟,谁为惜余春?"范成大《游英石山寺诗》:"西湖富清丽,城府尘事并。我独数能来,不负双眼明。骚骚残絮罢,飐飐新荷成。岁华日夜好,游子能无情?午阴酿初暑,稍喜巾袂轻。山风吹鬓毛,将我入松声。崖寺金碧暗,石泉肝胆清。寿蔓万蛟舞,灵峰双髻撑。仙人昔来游,笔墨上朱甍。举臂寻丈高,聊得儿童惊。老矣谢狡狯,题诗记吾曾。"自注:"英石即灵石,寺门颊壁有仙人颜雨、李甲、萧均三人题诗,方运笔时,伸臂丈余,阍人惊报主僧,回顾已失。"

崇报显庆院　在灵石山,久圮。《咸淳临安志》:显德四年建,旧额栖真。熙宁元年,改赐寿圣。崇宁二年,枢密章綮奏乞充功德院。

崇因报德院　在灵石山,久圮。《武林旧事》:高宗常临幸。院与积庆山后永清院,皆薛开府功德。此院已废,独灵石塔存。

武林览胜记卷七

寺观二

南山路二

龙井延恩衍庆院 在风篁岭下,俗称龙井寺。《西湖游览志》:唐乾祐二年,居民凌霄募缘建,为报国看经院。宋熙宁中,改寿圣院,苏子瞻书额。绍兴三十一年,改广福院。淳祐六年,改是额。元丰二年,辨才禅师自天竺归老于此,不复出入,与苏子瞻、赵阅道友善。后人因建三贤祠祀之。《咸淳临安志》:有过溪亭、又曰二老[1]。德威亭、归隐桥、方圆庵、寂室、照阁、赵清献公闲堂、讷斋、潮音堂、涤心沼、狮子峰、萨埵石,山川胜概,一时呈露。而二苏、赵、秦诸贤,皆与辨才为方外交,名章大篇,照映泉石。杨杰《延恩衍庆院记》:天台宗师辨才净老坐道场者四十年,指空假中以接人。其心契于圣智,具戒定慧以行己。其德动于幽潜,真有道之士也。初住钱塘法惠院之宝阁,次住上下二天竺,又住南屏山之兴教寺,往来学徒,盖逾万人。分传教观,多能演其所闻,开悟学者。师平生未尝辄有求于人,然所至必为四众依向,莫不兴盛,盖其有以致之也。余在都下,时见清献公与师酬倡偈颂,已知师之所存矣。及观苏子瞻与师言其儿幼弱不能行,因祷师加护,即壮而能行,然后知师功行至矣。师一日谓诸徒曰:"吾筋力衰惫,劳于应接,安得幽僻处一庵地以养余年?"檀越闻之,曰:"辨才师有退居之意,吾辈蒙其德不为不久,盍往择可居之地?"乃于龙井山得寿圣院敝屋数楹,主者不堪其居,愿人为代以舍去。于是请师徒弟怀益主奉香火,汲巾侍瓶,甲乙相承,以严佛事。其院即吴越王所创,国朝赐今额也。檀越为师鼎新栋宇,不日而成。中建尊殿,严圣像也。前有三门,示三解脱也。钟鼓有阁,惊晦明也。堂曰潮音,信群听也。斋曰讷,欲无言也。室曰寂寂,而常照也。阁曰照照,而寂也。泉曰冲用,不穷也。又堂曰闲。赵公致政,访师退居,二闲人

---

[1] "又曰二老"四字应为注文,底本、雍正本误作正文,据《咸淳临安志》改。

也。庵曰方圆，不执一也。桥曰归隐，退以乐也。沼曰涤心，渊清彻也。郡居有寮，安其徒也。众山环绕，景象会合，断崖泓澄，神物攸宅，龙井岩也。势将奋迅，百兽窜慑，狮子峰也。昔人饲虎以度有情，萨捶石也。修竹森然，苍翠夹道，风篁岭也。元丰八年秋，余被命陪高丽国王子佑世僧统访道吴越，尝谒师于山中。乃度风篁岭，窥龙井，过归隐桥，鉴涤心沼，观狮子峰，望萨捶石，升潮音堂，憩讷斋，酌冲泉，入寂室，登照阁，临闲堂，会方圆庵，从容论议，夕而复还。师异日遣其徒丐文，以纪其本末。余既与之记，又系之以诗十三章云。

【成化】《杭州府志》：元至大延祐间，翰林待制周仁荣本心弟进士仔肩，本道门人，右榜进士及第达溥化兼善，兄弟师友，皆讲学山中。《武林梵志》：岁久，寺圮。万历二十三年，司隶孙隆命僧真果重修霖雨阁。郑清之《到龙井诗》："山围古寺绿周遭，一阁轩腾面势高。炉篆得芳抽露篆，石泉借著作云涛。风流二老归灵鹫，笔墨千年续楚骚。拙语留题冒珠璧，暗中摸索愧刘曹。底忙不肯访禅林，山寺何曾避客深。奇石韵高非令色，老松皮脱见真心。檐牙狗铎关幽事，溪曲无弦出妙音。拂拭少游碑好在，姓名曾记落碑阴。十里轻轩憩佛庐，梦身差记蝶蘧蘧。伊蒲巧作鱼虾样，矮笋新镵茧栗珠。暂到欲陪僧处静，等闲生怕俗尘污。计然老去翻多事，空挽西施向五湖。"贺灿然《游衍庆院诗》："石磴回盘尽日过，仙林宝刹迥嵯峨。缘阶井溜通泉乳，绕殿花香挂薜萝。野鹤下时秋色净，山僧卧处白云多。南屏选胜无如此，坐对烟霞一笑歌。

讷斋　苏轼《讷斋记》：钱塘有大法师曰辨才，初住上天竺，以天台法化吴越。吴越人归之如佛出世，事之如养父母，金帛之施，不求而至。居天竺十四年，有利其富者，迫而逐之。师欣然舍去，不以为恨。吴越之人从之者如归市，天竺之众分散四去。事闻于朝。明年，俾复其旧。师黾勉而还，如不得已。吴越之人争出其力，以成就废阙，众复大集。无几何，师告其众曰："吾虽未尝争也，不幸而立于争地。久居而不使去，人以己是非彼，非沙门也。天竺之南山，山深而木茂，泉甘而石峻。汝舍我，我将老于是。"言已，策杖以往，以茅竹自覆。声动吴越，人复致其所有，巉岭埋圮，筑室而奉之。不期年，而荒榛岩石之间，台观飞涌，丹垩炳焕，如天帝释宫。师自是谢事，不复出入。高邮秦观少游名其所居曰讷斋。道潜师参寥属予为记。余闻之，师始以法教人，叩之必鸣，如千石钟，来不失时，如沧海潮，故人以"辩"名之。及其居此山，闭门燕坐，寂默终日，果落根荣，如冬枯木，风止波定，如古涧水，故人以"讷"名之。虽然，此非师之大全也。彼其全者，不大不小，不长不短，不垢不净，不辩不讷，而又何以名？虽然，乐其出而高其退，喜其辩而贵其讷，此众人意也。则其以名斋也，亦宜。杨杰《讷斋诗》："天道竟何言，四序自流转。乃知毗耶离，默然真大辩。"释元净《讷斋诗》："忆昔毗耶老，杜口有谁听。还闻寂寂里，其辩过雷霆。"

照阁　杨杰《照阁诗》："幽人无适莫，乘兴登高阁。夜月锁云林，春花绣岩壑。"释元净《照阁诗》："高峰衔皎月，深壑泻飞湍。谁来白云里，与汝凭栏看。"

寂室　杨杰《寂室诗》："白云隔尘喧，虚室太岑寂。寒尽春自来，莺啼报消息。"释元净《寂室诗》："心寂寂自绝，此意焉思说。寒云散空庭，独有月照雪。"

潮音堂　杨杰《潮音堂诗》："潮来音普闻，潮平音亦歇。孰若此山堂，潮音未尝绝。"释元净

《潮音堂诗》："真说无所示，真听无所闻。海潮山外过，妙向入深云。"

方圆庵　杨杰《方圆庵诗》："地方不中矩，天园不中规。方圆庵里叟，高趣有谁知？"张雨《游龙井方圆庵阅宋五贤二开士像诗》："独寻招提游，果得世外欢。昔贤所栖集，画像藏屋端。山僧启锁鱼，不待啜茗干。修广各异制，精采俱生完。堂堂苏长公，英气邈难干。筇杖紫道服，天风吹袖宽。清献薄须眉，示我铁肺肝。尚余所施物，片石秀而寒。侍郎胡金华，高括侍中冠。眉间可容掌，手版出中单。颍滨与淮海，秋色亚层峦。参差独锱衣，颔髭茁茅营。最后辩才师，文茵高座寒。空山一室内，举目皆龙鸾。再拜倾挈壶，喜极重悲酸。去之三百载，归路何漫漫。斯人为列星，下视虫沙繁。宁不念学子，道术救凋残。抵舍亟摹貌，微哉难控抟。梦中傥未遇，展诗时一观。"

藏经阁　邓文原《南山延恩衍庆寺藏经阁记》：寺肇始于吴越钱氏，曰报国看经院。宋熙宁初，赐名寿圣。绍兴间，又更曰广福。其曰"延恩衍庆"者，淳祐六年赐额也。寿圣故圮陋，莫能庇风雨。时辩才师谢事天竺来居之，咄嗟而檀施响臻，栋宇云构。缙绅大夫士慕望而与之游者，迹接乎兹山之内。由是人境之胜，甲于西湖。余尝过龙井，访方圆庵，登潮音堂，高风逸韵，洒然心目，若见其人。信知一念所摄，即清净妙圆觉境，亦古今之常理也。一日，寺僧居奕来谒，曰：元贞初，比邱德祐嗣兹法席，崇敞像设，庐居丹垩，楞填之功，咸增旧观。又买上胰一顷有半以饭僧，复捐己田为亩者百以重追远。居奕缵承其志，购四大部及《华严合论》《宗镜录》，耆德时演时集。居亿等悉聚力，具大宝藏，袭以縻函，庋以飞阁。观者挹其亢爽，可以扶幽阐微，于是寺有成绩。今住山者，德泉也。记之以谂来者。国朝康熙年间，僧一泓重葺。

寿圣院　在南山风篁岭。《两湖塵谈》：地势幽僻，峰峦回合，迥绝尘凡。予童时犹见小庵及辩才塔，俗呼为"老龙井"。秦少游《题名记》所谓"夜二鼓，至潮音堂，访辩才"，即其地也。今之寺，则井之所在耳，非院也。

钵池庵　在风篁岭。《武林梵志》：有洗钵泉，德周果师栖隐处。

崇恩演福禅寺　在风篁岭，元至正末毁。《西湖游览志》：俗称南天竺。隋开皇中，有法师贞观居之。《咸淳临安志》：淳祐八年，赐今额，为教院。咸淳四年，改禅院；五年，御书六大字为扁。冯梦得《崇恩演福寺记》：粤先皇帝在宥，以戊申年六月诏有司备礼，葬惠顺贵妃贾氏于积庆山之原。盖是山自天目蜿蜒逦迤，清淑磅礴，面金龙[1]，腋龙井，并湖诸峰，势若拱揖。乃建宝坊，赐名崇恩演福寺。越十四年壬戌，周汉国端孝公主薨。公主，妃所出也，遂附于右。尔来若干年矣。若稽旧刻，锡之上胰，资荐惠顺甚备。惟端孝未果辄赐，上心慊然。及是，益以吴门田五十亩，蠲科徭，以崇先帝割爱遗育之意。始改教为禅，宸奎昭回，辉填龙象。时太傅、平章、魏国公发大施舍，建无量福海，檐葡林，易丈室，而东堂庑寮位内外焕列，种种严备，最上殊胜。法筵请众，延领十方，弘誓圆成，将迈南北两山。开阐无遮，续续未艾，以广上恩。命僧可湘主寺事，是为记。

---

〔1〕　底本"面金龙"于义未安，"龙"疑因下文"龙井"而误。它本"面金龙"作"面金钟"。

【成化】《杭州府志》：元至元后，复为教院，皆名师硕德主之。学徒甚众，号称教海。后至元中，毁。至正初，一新之，后有无垢院，已并入寺。有白莲华院，在玉儿峰侧。有安养寺，本泽云梦塔院，后充十方教寺。有佛海塔院，与小麦岭相对，乃澄湛堂瘗爪发之所。至正中，其弟子继绝宗居之，有楼曰夕佳。至正末，寺毁，惟院与楼存。黄溍《南天竺崇恩寺记》：杭之南山，由雷峰迄龙井，其间浮屠之居四十有二。而传天台之学者，惟崇恩演福寺为最盛。寺在小麦岭积庆山之灵石坞，今所谓南天竺也。宋渡江初，未有寺。尝斥为牧地，后以为祥光异响出现其间，人咸惊异焉。淳祐戊申，葬贵妃贾氏于山之左，肇建宝坊，锡以今额，命天台宗师圆庵果为开山，率其众人而居之。寻复给田以充华香食饮之须，降钱以资土木营缮之费。景定壬戌，葬周汉国公主于山之右，益俾以吴江上腴之田五十亩。嗣领教事者初岩、鉴石、庭生，并赐紫衣加右鉴议。咸淳戊辰，贾魏公柄国，以妃同气故，大发私帑，俾禅僧绝岸湘，增新其栋宇，显敞弘丽，视昔有加。至元丁丑毁，久未克兴复。会法席偶虚，行宣政院求能负荷其事者，得今才公以住是山，至正癸未也。莅事伊始，僧俗信向而至者，或为创大殿、造洪钟；或为作三世佛及文殊、普贤、迦叶、阿难之像列；或为作观自在像，涌现其后；或为作梵、释二天像，列侍其旁；或施以大藏教。而十地菩萨、大阿罗汉、护法天神之像，则合众力以成之。寺之耆旧，咸克交赞叶助，而分督其役。斋室、蒙堂、库庾、庖湢，既莫不毕具，而云堂、丈室、经、钟二楼，皆次第告成。檀越有祠，在殿西偏，门径迫隘，则辟使宽广。凡可以致其力者，无不为也。惟是兹山支于天目，至是适当风气之会，清淑所钟，郁而不泄，冈峦迥复，窈然靓深，泉甘土肥，林木茂邃，诚宇宙间奥壤也。才公，名必才，字大用，嗣法于湛堂云。

夕佳楼　徐一夔《夕佳楼记》：夕佳楼，在杭之南山演福教寺。有明静塔院，盖佛海大师之徒瘗其师爪发之所。院有东、西二楼。夕佳，盖西楼也。其地右瞰澄湖，左抱高峰，二麦岭在其前。每日轮西下，余光返照，徘徊于林岫之间，烟霏霞气，午浓乍淡，五色相鲜。虽精绘事不能貌，是所谓夕佳者也。昔在至正中，佛海之大弟子海慧法师，以硕德重望，唱道大方而归，遂居兹楼。黄文献公溍、张外史雨，为方外友。二老既至，海慧辄相携登楼，览观景物，鬻茶赋诗，久之而去。其后欧阳文公元持节过杭，亦造兹楼，访海慧，见景物如前所云，为书"夕佳"二字，而夕佳之名始著。张雨《夕佳楼诗》："西山朝气爽，南山夕气佳。朝爽人共忻[1]，夕佳吾所怀。山僧阅世久，结庐深避乖。蕙楼将对峙，菌阁亦双排。维南列崇阜，不受烟岚霾。我亦迟暮人，心迹倦鸟偕。兹焉记高躅，庶与静者谐。"

无垢院　在凤篁岭，久圮。《咸淳临安志》：光化二年，吴越王建，旧名无著。《湖山胜概》：无著禅师道场，旧在石人岭。庆元中，韩平原以寺为生坟，遂移寺于此。嘉定十一年，重修。有仙人台、清音轩。后为演福寺，遂废。

白莲院　在凤篁岭下，久圮。《武林旧事》：相传晋肇法师讲经于此。《北砠文集》：肇法师诵经，莲生陆地，鸳鸯亦能诵经。释居简《白莲花寺翻盖法堂榜》："一阐提皆具

---

〔1〕　忻，雍正本作"欢"。

信根，羽禽何与；修多罗如标月指，龙藏成诠。高原陆地，不生莲花；水鸟树林，皆念佛法。境如清泰，后夜此堂空月明；桃似元都，前度刘郎在何处？壁疏屋漏，雨震风陵；持危扶颠，因陋就简。菩萨居四依之次，姑待重来；鸳鸯飞百尺之檐，行看先贺。"张伯淳《次韵伯几寄示游西湖白莲寺诗》："乐事从闲得，新诗以道鸣。何人追惠远，入社有渊明。深院不受暑，迅雷多快晴。遥知出山处，如过虎溪清。"

净林广福院 在凤篁岭，久圮。《咸淳临安志》：庆元三年，杨开府移请为额。主僧可全，创松关、南泉、芳桂亭，为留憩之地。《武林旧事》：开府杨庆庵祖坟，土人呼"上杨庵"[1]。后为演福寺，遂废。姜夔《访全老诗》："深衣跨羸骖，杳杳春山路。入寺君未知，闲看移桂树。沉碑含秀润，隆画出神奇。道人那得比，老子乃耽之。"

理安寺 在南山十八涧。《钱塘县志》：古涌泉院，旧名法雨寺。五代时，有伏虎逢禅师栖息于此。吴越王建。宋理宗时[2]，以祝国泰民安，改为理安寺。明弘治四年六月二十四日，龙井山洪水发，寺废。万历甲午，佛石禅师重建。佛石，即法雨也。有松颠阁、且住阁、符梦阁。赵韩《登理安寺山阁望江诗》："由来登此地，绝阁几人攀。越岭当孤寺，江声入万山。供余猿弄钵，慈力虎投关。归到湖堤上，如闻戒律还。"王穉登《理安寺诗》："废寺荒芜已百年，师今结屋更安禅。林如支遁堪栖鹤，社似庐山喜种莲。岩畔伐薪常易米，石边接竹每供泉。诗成尽是云霞色，不数清江与皎然。"

国朝康熙五十三年，圣祖仁皇帝发帑重建，置寺山千亩，斋田二百余亩，命僧性音住持，御书"理安寺"扁额，奉悬山门。又赐"石磬正音"四字，崇奉佛殿正中。又御题对联二副，"法雨晴飞绕殿香云至，天花昼下交空瑞日悬""势到岳边千峰环秀色，声归海上万水拱洪涛"，奉悬殿柱。复奉赐佛像、巨钟及杂宝供器，皆内府制造。雍正五年十一月，皇上特命僧实慧来主方丈，御书"慈悲自在"扁额，奉悬藏经楼。又奉赐"曹溪人瑞"四字，崇奉法堂。又御制对联云"成佛念轻纵然自在还为妄，度生心切须信慈悲也是贪""杖履得回游子脚，葛藤灰尽老婆心"，俱奉悬方丈。天章炳焕，与名山巨刹永垂千古云。

褒亲崇寿教寺 在凤凰山后方家峪。《咸淳临安志》：绍兴十八年建。十九年，赐"褒亲崇寿"额。《西湖游览志》：俗称"刘娘子寺"。刘贵妃父懋因金人南侵，献钱二万缗以助军费。高宗嘉之，遂令建寺以为功德。有松雪亭、偃松、交枝桧。壁间有陈公储画龙，其奇。《留青日札》：红霞帔者，宋宫人品名。今西湖褒亲崇寿寺，乃红霞帔刘贵妃香火院，故俗称"刘寺"。【成化】《杭州府志》：元至元丙子火，重建。元末，又毁。正统间，主僧昙芳重建。王炎《游刘寺次林子长郎中韵诗》："琳琅触目聚潜郎，假日相携入酒乡。

小凭笋舆穿野径,却寻萧寺涉修廊。意行尘外襟怀爽,身坐梅边笑语香。镊白倦游休叹息,喜迎一线日华长。"楼钥《刘寺即事诗》:"不到兹山二十年,岂知重见旧山川。烟深虽不见湖水,且看长空万里天。飞泉何事仰空流,无数明珠散不收。驻辇昔时曾撒殿,至今抛掷未曾休。"吴钢《崇寿寺诗》:"坳径石齱齵,梅枝间竹斜。旧封妃子墓,残照觉王家。亭砌吹风叶,岩流出洞花。饱参尘世味,得似野僧茶。"周端臣《刘寺诗》:"万竹苍寒拥翠门,寺碑金字御书存。荣华肯信当年事,仪制空留后世恩。阁影有灯尘网暗,瘝宫无月土花昏。见梅不敢轻攀折,恐是春风水际魂。"周密《刘寺诗》:"翟羽鸾销事已空,奉华遗寺对高松。宫斜风去无人见,且看门前粉壁龙。"

广慈院　在方家峪,久圮。《咸淳临安志》:乾德四年,吴越王建,旧名广福。治平二年,改今额。

广严院　在方家峪,久圮。《咸淳临安志》:天福二年建,旧名妙严。治平二年,赐今额。

宁亲广福院　在方家峪,久圮。《咸淳临安志》:绍熙三年,拨宝藏院前地建。旧名报恩广福,为淑妃陈氏香火院。绍熙四年正月,改今额。

净教院　在方家峪,久圮。《咸淳临安志》:乾道中,僧如净建,赐额。《西湖游览志》:蔡贵妃香火院。

宝藏院　在方家峪,久圮。《咸淳临安志》:长兴元年,吴越王建,有武肃王祠及碑。

西莲瑞相院　在方家峪,久圮。《咸淳临安志》:显德元年,吴越王建。旧名西莲,以本院尝产青莲华。又有观音现瑞,至今尚存,身不惹尘。钱氏造宝幢二于殿前。《西湖游览志》:黄贵妃香火院。

西林法惠院　在方家峪。《咸淳临安志》:乾德元年,吴越忠懿王建,旧名兴庆。大中祥符中,改今额。【成化】《杭州府志》:旧名法慈院。《西湖游览志》:庆历间,禅师法言作西轩,苏子瞻见而爱之,题曰"雪斋"。李晔《游西林寺诗》:"湖上秋来雨气深,买舟容易到西林。青山好处看不尽,白鸟一双穿柳阴。"

雪斋　秦观《雪斋记》:雪斋者,杭州法惠院言师所居室之东轩也。始言师开此轩,汲水以为池,叠石以为小山,又洒粉于峰峦草木之上,以象飞雪之集。州倅太史苏公过而爱之,以为事虽类儿戏,而意趣湛妙,有可以发人佳兴者,为名曰"雪斋"。而去后四年,公为彭城,复命郡从事毕君景儒篆其名,并自作诗以纪之。于是士大夫喜幽静、乐胜选者,过而不至,则以为恨焉。苏公之才高于天下,斥其弃余,以为词章字画,皆妙绝一时。是斋虽褊小,无足取称于人,而公所书诗实在其壁。后之君子,将有闻雪斋之风不可得而见者矣,岂特为今日之贵耶? 言师,名法言,字无择。元丰三年四月十五记。苏轼《雪斋诗》:"君不见峨眉山西雪千里,北望成都如井底。春风百日吹不消,五月行人如冻蚁。纷纷市人争夺中,谁信公言似赞公。人间热恼无处洗,故向西斋作雪峰。我梦扁舟适吴越,长廊净院灯如月。开门不见人与牛,惟见空庭满山雪。"

横翠阁　苏轼《法惠寺横翠阁诗》："朝见吴山横，暮见吴山从。吴山故多态，转侧为君容。幽人起朱阁，空洞更无物。惟有千步冈，东西作帘额。春来故国归无期，人言悲秋春更悲。已泛平湖思濯锦，更看横翠忆峨眉。雕阑能得几时好，不独凭阑人易老。百年兴废更堪哀，悬知草莽化池台。游人寻我旧游处，但觅吴山横处来。"

水月寺　在梯云岭，元至正末毁。【成化】《杭州府志》：宋太平兴国二年建，有水月池，故名。元至元丙子，毁而复建。杨万里《游水月寺诗》："烟日蔫云乍暑天，倦投山寺借床眠。清凉世界谁曾到，却在红尘紫陌边。"

头陀庵　在慈云岭下。《武林梵志》：在华津洞侧。洞本赵冀王园，叠巧石为之，有仙人棋台。

上石龙永寿禅寺　在慈云岭下。《咸淳临安志》：天福七年，吴越王建，旧名资贤。大中祥符元年，改今额。寺与石龙相接，山石突出，宛如龙首，故名。咸淳元年，改为尼寺。

福全院　在慈云岭下，久圮。《咸淳临安志》：绍兴五年，请昌化县废额，未几毁。嘉定十一年，重建，有圆通阁。程珌《重建福全院记》：福全老禅，姓罗氏，新安人。故龙图阁学士、吏部尚书汝楫之孙，故通判福州颢之子，受律六十年，冰霜峻厉，里中敬惮之。一日，偕其徒请于予曰："福全，故空山也。吾师岩宝绍达绍熙间移额建焉，无几辄毁，又建之。三门两庑，则韬谷、慧云继之。然未有殿也，吾与正严始作之。严，昌化民家子也，不幸化矣。幸为记之。"殿作于嘉定十一年二月，成于其年五月，縻金钱十千缗。施之者，武节郎陈起宗、其子训武郎陈遵、宣城居士汪士隆。西方念佛堂作于十六年，主其设者，无碍道鉴。其年孟冬朔日记。

天真禅寺　在龙山上。《咸淳临安志》：龙德元年，吴越王建，旧名登云台。大中祥符元年，改今额。《武林梵志》：成化年，毒峰善禅师重建。

下天真寺　在龙山下，今为勋贤祠。《武林梵志》：与包山联界，齐高宗朝建[1]。洪武年，普正大师建。永乐元年，洪演法师重建。成化二十三年，毒峰善禅师重建。

天龙禅寺　在龙山之阳，宋郊台之右。《天龙寺志》：唐天龙和尚开山。乾德三年，吴越王拓新，以居镜清怤禅师。宋大中祥符九年，改名感业。建炎中，毁于兵。岿然出于火者，木观音也。绍兴十三年，既置圜邱，以净明为斋宫，以感业居从官。僧徒渐散，而寺亦圮。元延祐间，僧善平恢复。僧守贵继之，以泰定三年迁寺旧址之南百步许。洪武初，僧行满重兴。《武林梵志》：嘉靖间毁，明迪、明寿重建。万历二十三年，寂时普新之。宋濂《石佛记》：濂憩永明慧日峰下天龙寺，其主僧月舟禅师行满要濂出游[2]。寺乃唐天龙尊者驻锡之地。宋乾德三年，吴越王为建宝坊，因名"天龙"。王之女曾刻木

---

〔1〕　雍正本无"齐"字，《西湖志纂》卷六"下天真寺"条"齐"作"宋"。

〔2〕　雍正本"其"作"之"。

作观音像界之,至今犹存。大中祥符,改额"感业"。元泰定元年,重建。寺后皆山,相传为越王台。从西斜迤而上仅三十步,小塔出灌莽中,盖藏天龙舍利处。又斗折而北,入妙庄严境门。又西行六十步,平岩幽邃,镌成无量寿佛像,涂以黄金,累甓为洞户,作栏楯护之。又刻《般若心经》,系以太平兴国六年。左峙石洞,尤奇。傍勒"饶云斋"三字、诗一章,不能全辨。又东折三十步,有慈氏如来暨天亲无着侍卫七像。又东折三十步,有宝陁大士像。石壁上刻"天龙寺光明石"六字。石能夜现光怪,故名。三处仍勒佛号于石,以金填之。濂既周览,徘徊太息,顾月舟,问其故。月舟曰:"斯事甚异。洪武七年秋七月十有一日,野燎发,延及寺。山风挟之为声势,光焰射天,黑烟已罩殿庐。行满大惧,向木观音像哀号,期与殿俱烬。或力解之,乃脱三衣,祝而焚之。已而,反风灭火,继之以雨。明日,行山中,藤蔓榛棘尽幻为灰,石像呈露。行满惊喜,为之刬剔澡涤,命工绘饰严护,实其年冬十月也。"先是,神光起寺西四十步,久而愈明,因掘地验之,获石观音,异归奉之东庑。旱潦疵疠,崇祷辄应,由是依归者众,寺得重振。今诸像毕出,似非偶然,不可无以示来者,愿为之记。余士吉《题天龙寺诗》:"龙飞凤舞两峰回,王气才销梵宇开。卓锡地侵迎辇地,雨花台近拜郊台。草分绿色缘城去,风引江声入寺来。三百年来如昨日,老禅犹说旧蓬莱。"张光弼《题天龙寺丛桂楼诗》:"天龙楼阁迥无邻,玉斧修成月满轮。受质岂无如邻者,触机还有姓黄人。香通三昧惟心印,花散谁天尽法身。谁把碧云题树叶,惠休诗句本清新。"邓林《游天龙寺和同庵简禅师壁间韵》:"天龙寺里谒如来,绀殿重扃迤逦开。白傅顿成香火社,东坡犹记妙高台。宝山愿力随缘结,尘世清心到此灰。吟罢倚阑闲纵目,长江东去鹤飞回。"高得旸《游天龙寺诗》:"九龙山下天龙寺,楼阁岿然兵火余。微雨散香花冉冉,好风弄影树疏疏。黄金台客丹青障,玉雪坡翁篆籀书。况遇汤休喜文事,白云拟借白闲居。"释止庵《游天龙寺诗》:"群山江上走蜿蜒,直引潮声到寺前。楼阁下头生雨气,树林高处出香烟。流传只守千家钵,受用单承一指禅。白发老僧东塔住,自言将及赵州年。"

天华禅寺　在龙山。《咸淳临安志》:清泰元年,吴越王建,系镜清禅师道场,旧名千春龙册。大中祥符中,改今额。【万历】《钱塘县志》:宋淳熙中,有僧说法,坠天华,故名。《武林梵志》:寺有颐轩、妙音楼、化生池,即禁蛙池。禅师说法时,叱蛙不鸣,故名[1]。嘉靖间,僧德隆重建。

胜相禅寺　在龙山。《咸淳临安志》:开成四年建,旧名龙兴千佛寺。治平间,赐今额。建炎,兵毁,止存五丈观音像及阁。程珌《胜相寺记》:寺负钱塘龙山,唐开成四年建,曰"龙兴千佛寺"。后有西竺僧曰转智,冰炎一褚袍,人呼纸衣道者,走海南诸国,至日本。适吴越忠懿王用五金铸十万塔,以五百遣使者颁日本。使者还,智附舶归,风鸣海汹,舟且倾。智诵《如意轮咒》,俄见如意珠王相,十首八臂,度高十丈,风息遂济。智谋揭高粱,可容十丈胜相,以答佛施。时千佛寺乃僧光主之,有阁高八丈。光请于忠懿,以阁为殿,立五丈之像者二,合为十丈。治平中,改赐今额。建炎间,毁于腊寇,唯胜相一阁不堕劫火。绍兴初,光之嗣孙曰清,中兴之。

---

〔1〕　底本"即禁蛙池。禅师说法时,叱蛙不鸣,故名"疑为注文,而阑入正文中。

清有子琦、珍,珍之子性,奕世经理,乃克大备。乾道间,三殿临幸,颁赉甚渥。今师寿者,性之法子也,清峻自厉,壮髦。一日,架钟缭廊,宿仆尽起,金碧辉煌,增光畴昔,风遄迤遐,舍予日至,且有施田以惠无穷者。备末之功,等乎开山。然则寿也,实屹立乎三百九十四载之下,来者勉诸。绍定己丑仲夏记。《武林梵志》:俗称五丈寺。万历间,僧如准重建。

龙华禅寺　在龙山。【万历】《杭州府志》:即龙华宝乘院。《咸淳临安志》:开运二年,吴越王钱弘佐舍瑞尊园建,仍造傅大士塔。大中祥符元年,改今额。《西湖游览志》:有傅大士塔像,拍板门槌,元末毁,宣德四年建。钱惟善《二月望日过龙华寺看桃花未开兴尽而回诗》:"二月龙华寺,桃花寒未开。千峰闲白日,一径乱苍台。访旧山僧化,啼春野鸟哀。前朝遗迹在,燕麦长祺台。"

兜率庵　在四顾坪右。《武林梵志》:左壁有小石佛三尊,乃傅大士宴坐处,僧佛石结庵于此。壁间诗有"越山吴地半江分"之句。左又一洞,内有石,俨然观音像,因名。山顶有圆池,相传有弥勒殿庵,即理安寺下院。

净明院　在龙山,久圮。《咸淳临安志》:自郊坛斋宫入,天福七年建,旧额"广济"。祥符元年,改今额。院有易安斋、梅岩亭,旧有笃鸟亭、江月庵。黄缙《龙山净明寺记》:寺建于晋天福七年,吴越文穆王给号广济,以处佛寺之为律学者。大中祥符元年,乃赐今额。南渡草创,有司以其地在国之阳,因取僧所食田若干亩,为祀天圜邱,而寓斋宫于其室。久之,僧相率自言起处非便,请撤寺屋,即其西南改筑而居焉。至元二十年,所司以闻于朝,愿斥祠坛,仍为田以畀之。事阻不行。延祐二年,位山律师国瑞以诉于行省,始悉得其故地。方谋所以增庳益狭,而或者不戒于火。师慨然以兴作为己任,旬月月累,阅十寒暑,而寺以复完。凡殿堂门庑,库庾庖湢,总为屋若干区,费钱若干缗,一出于经用之羡财与其私囊,豪末之助,不以资于人。泰定四年某月某甲子,落成之日。师之同业兴教律师道明以书来曰:"净明废兴之颠末,粗见于郡乘,而瑞之经营寺事,未之有述也。幸为文以记之。"寺故有江月庵、笃鸟亭。而所谓梅岩、易安斋者,又为斋宫时所创也。累朝御题石刻犹在云。王十朋《四月四日祀赤帝于慈云岭净明寺祀毕游易安斋至江次送黄子升通判还乡诗》:"祀罢灯花喜,山游晓色新。江头送归客,我亦是行人。"郑清之《净明院诗》:"斋阁虚闲只净明,俗氛暂洗觉身轻。半山云脚炊烟湿,一枕松声涧水鸣。对语老禅真法器,译经新谛出僧檠。归翻贝叶莲花颂,犹带招提月影清。"

大通庵　在龙山,久圮。《咸淳临安志》:显德二年,吴越王建。旧名显明,治平二年改今额。

普宁庵　在鸿雁池南。《武林梵志》:宋孝宗隆兴元年,道慧禅师开山请额。宋末,毁。元仁宗皇庆二年,僧了清重建。洪武二十四年,归并万寿寺。万历元年,重建。

道林寺　在普宁庵西。《咸淳临安志》:广顺元年,吴越王建。旧名普济,大中祥符元年改今额。《武林梵志》:元祐七年,松岩法师重建。至正初,僧断江增广之。

至正末毁，重建。国朝康熙壬子，僧方慈重葺。

奉圣院　在鸿雁池北。《咸淳临安志》：开宝元年，吴越王建。旧名广福，大中祥符改今额。《武林梵志》：正统十四年，僧广仁重建。岁久，倾圮。万历丁酉，僧圆松重建观音殿一真堂。

宝惠院　在龙山，久圮。《咸淳临安志》：天福二年，吴越王建。旧名普济，太平兴国中改今额。

妙觉院　在龙山，久圮。《咸淳临安志》：显德元年，吴越王建。旧名妙能，治平二年改今额。

水灯广教院　在龙山，久圮。《咸淳临安志》：广顺元年，吴越王建。旧名多宝，大中祥符元年改今额。

法云院　在龙山，久圮。《咸淳临安志》：开运元年，吴越王建。旧名资崇，大中祥符改今额。

寿圣接待寺　在龙山下闸头，久圮。《咸淳临安志》：宝祐二年，医僧保和大师得宁建，接待云水，请今额。

保和寺　在龙山下闸。《武林梵志》：有铁沙河水绕寺，右流出官河。宋宝祐甲寅建，至正元年重建。嘉靖三十四年，僧圆珍重修。万历二十七年，僧寂诚重修。

九曜寺　在担水巷。《武林梵志》：俗称安家堂。安家舍堂为寺，故名。相传宋曹彬下江南时建，至今奉彬为土神。宋绍兴中，普明禅师开法席，苦近地无水，夜梦神从地现，旦泉涌，甚甘。今称龙山泉，亦称上井。殿久圮，嘉隆间，僧上庵、真定相继重建。

般若院　在龙山。《咸淳临安志》：乾道四年，吴越王子秦王建。《武林梵志》：旧废。万历甲午，僧真诚定浮重建。

玉虚观　在龙山，久圮。《咸淳临安志》：旧为三官院。钱武肃王龙德三年置，祥符四年赐今额。建炎初，荡于兵火。绍定六年，羽士陈永锡建三清阁。淳祐三年，斥御马院半址赐焉。十一年，御书玉虚之观以赐。明年，又举御马院余地尽界之，仍降度牒，造景福万年殿。观西有张氏园，愿以归修内司，遂并拨赐其地为三茅殿。

善慧禅寺　在玉厨山。《西湖游览志》：元延祐间，伏龙冈禅师道场。

真觉院　在龙山，久圮。《咸淳临安志》：开宝八年建，旧名奉庆。大中祥符元年，改赐今额。

崇德院　在龙山，久圮。《咸淳临安志》：开运二年，吴越王建，旧名尊胜。治平二年，改今额。

无相寺　在龙山，久圮。《咸淳临安志》：广顺二年建，旧名真相。治平二年四月，改今额。宝祐三年，重建。咸淳四年，改赐寿相。寺有会正堂、紫芝岩，右有灵鳗池。熙宁七年，久旱。郡守沈起祷之，至晚大雨，今号灵泽龙王池。

普安院　在龙山，久圮。《咸淳临安志》：显德四年，吴越王建。旧为安吴塔院，治平二年改今额。

崇福院　在龙山，久圮。《咸淳临安志》：绍定五年建，专充接待。李心传《崇福院记》：龙山崇福禅寺者，绍定壬辰，开山僧宗明所创也，在杭郡之南，浙江之上。建炎以来，自川、陕、荆、湖、闽、广六道入京者，皆渡涛江而来。由西兴抵龙山，最为冲要。而傍江东西，曾无次舍之地，行者病焉。明方外士，慨然有济人利物之心。前是十年，首建明化寺于西兴，以为延待往来之所。及是又创于龙山，俾祁寒暑雨之际，倦思憩、渴思饮者，各有所之。盖其所接纳行道之人，咸与焉，匪以缁黄而已。明因新会稽郡通守邓甥殊求予文，以为记。余考先王盛时，郊遂都鄙之间，十里有庐，二十里有市，薪刍委积，所在随之，盖使行旅乐出于其途，实王政之一事。逮及唐季，犹有巡宫。至于国朝，亦著驿舍。渡江多事，此制殆废。明以一浮屠，乃能仿佛昔人之遗意，举有司之所未暇及者，而尽力行之，岂不可尚哉？以其能充恻隐之端，似为国家仁政之助。而士君子之得位者，又因以劝，则王制可以渐复。此予之所以重感也。

报恩寺　在万松岭，今在杨梅岭，名报恩庵。《西湖游览志》：唐元贞间建。元至正间，筑城，移建大井巷，并海会寺。成化间，仍徙故址。内有舞凤轩、万菊轩、铜井。《武林梵志》：弘治十年，参政周木改寺为万松书院。僧寂源于万历壬子建于南山杨梅岭下，名报恩庵，以存古迹。

报先庵　在万松岭，即今万松书院[1]。《武林梵志》：万历己亥，僧普明建。仁和刘洪谟倡缘，樊良枢有碑记，并卓锡青松额。樊良枢《凤凰山报先庵记》：凤凰山之阴万松书院，本报恩招提旧址。弘治中，参政周公毁寺建院，祀孔子，配以四贤，号曰孔家山。自万松坊迤逦入，有半刹曰报先。万历己亥，普明上人来自匡庐，卓锡兹山。吾乡刘公洪谟为邑宰于斯，邑人直指金公偕州牧孔公承士，请复为庵。庵环堵皆山，左薄湖滨，右挹江涛，拱城闉而负八蟠，尽幽绝之胜。山后有古松三株，婆娑偃仰，有干霄凌风之势，则郡之阳所隐映也。

报国讲寺　在凤凰山麓。《报国寺考古录》：唐号罗汉院，南宋为大内。元至元十三年，从杨琏真伽请，故宋内建五寺，曰报国，曰兴元，曰般若，曰小仙林，曰尊胜。报国基址即垂拱殿，延祐六年火毁，大䜣禅师重建。黄溍《凤凰山禅宗大报国寺记》：至元二十一年，有旨即杭州凤凰山之行宫建大寺五，分宗以阐化。其传菩提达摩之学者，赐号禅宗大报国寺，乘法力以畅皇猷，宣天休以隆国势。比邱妙齐承诏开山，朝廷既授以田若干亩，而蠲其税赋，齐复置宜兴庄田若干亩，而赀用日益丰。历岁滋久，寝就衰削。延祐六年，不戒于火，寺尽废。其明年，江浙行中书省左丞相脱欢答剌罕领行宣政院事，择可任兴复之寄者，得大䜣以为住持，聚货食，召匠佣，斥基址，简材甓。将诹日以庀事，首令善于宫宅地形之术者测景辨方，审其面

---

〔1〕 即今万松书院，雍正本作"在今书院之左"。

势。寺故东向，易稍近南，作佛殿、法堂、丈室、山门。后负立壁，前瞰奔涛，茂松美竹，蔽亏左右，位置适宜，而山川为之改观，飞翠湿红，侵霄映地。栋宇之雄丽，亦昔所无。刻雕藻绘，像饰有严[1]，华幡鼓钟，列置如式。庄田夺于豪民，则白之有司，而故疆毕归。泰定二年，欣迁中天竺，法明来补其处，土木之事，悉逐于遍。继程督劝相，遍独以身亲。云堂、蒙堂、众寮、两庑既成，而床第、卧具、井匽、舂碓之属，一无所缺。至正四年，今住持正逵实来。其明年，造钟、经两楼，而丛林之规制大备。自始役至讫功，凡十六寒暑。其为费大率取诸经用之羡财，而合众缘以相其力之所不给。状称始创寺时，刷地得断石，乃《安国罗汉院记》。相传即其故址，异时以院为行宫，而今复为寺，殆非偶然。按《宋史》及《临安志》，行宫本杭之州治，其徙安国罗汉之额于相国西井，在建行宫后五十有五年，与状所载不能尽合。姑附见之，以广异闻焉。《西湖游览志》：兴元寺即芙蓉殿，般若寺即和宁门，仙林寺即延和殿，尊胜寺即福宁殿。杨琏真伽发宋诸陵，建塔其上。其形如壶，俗称一瓶塔，高二百丈，内藏佛经数十万卷，佛菩萨像万躯，垩饰如雪，故又名白塔。至顺辛未正月十四日黎明，雷震之。至正末，为张士诚所毁。其寺钟即故禁物也，至今有尊胜巷。延祐至正间，诸寺递毁。洪武二十四年，重建报国寺。郭界《客杭日记》：正殿佛皆西番形像，门立四青石柱，镌凿盘龙，甚精致。上犹有金铜钟一口，上铸"淳熙改元"，曾觌篆字铭，宋故物也。《武林梵志》：万历丙午，僧海音新葺旧有大雄殿、大悲阁、碧梧轩、舞凤轩。《报国寺考古录》：万历末，贾参将屯兵于寺，而旁屋三门遂废矣。郑洪《凤凰山报国寺诗》："当时此地肃朝班，阊阖深沉虎豹关。大将偃旗奔鲁壁，降王衔璧下吴山。空中万马浮金碧，梦里千官拥佩环。极目长江如练带，百年谁似白鸥闲。"邵思文《简报国寺渭清远诗》："闻说招提境，空山紫翠中。法王新象驭，天子旧龙宫。爱酒惭陶令，能诗忆远公。欲寻方丈室，相续晋贤风。"

仪凤轩　释昙噩《题杭州报国寺仪凤轩诗》："涛江之上青崔嵬，山势远从天目来。钱氏岂能当王气，郭生端复是仙才。光摇海旭九苞动，影拂云霄双翅开。为我翩然览辉下，一轩着此亦宜哉。"

尊胜塔　张光弼《观坼塔诗》："白塔谁所营，又复为平地。犹有百年人，闲来说兴废。"

白塔　钱惟善《同武仲仁登白塔诗》："鹿苑萧条景，龙山惨淡阴。百年同感慨，九日此登临。宫叶诗难写，离花酒共斟。不知城外雨，凉思满幽襟。香火今朝寺，云山前代宫。雕阑陈迹在，白塔滇烟笼。雨泫交龙桂，风悲孤凤桐。惟应江上水，千古酹英雄。"又《晚雨过白塔诗》："宋宫传是唐朝寺，白塔崔嵬寝殿前。夏雨染成千树绿，暮风散作一江烟。苍苔门外铜铺暗，细柳营中画角传。寂寞葫芦宫井畔，野人拾得旧金钿。"

谨按：白塔有二。范文正公《过余杭白塔寺诗》云："登临江上寺，迁客特依依。远水欲无际，孤舟曾未归。乱峰藏好处，幽鹭得闲飞。多少天真趣，遥心结翠微。"又王铚云："余与郭寿翁别于

---

〔1〕　底本"饰"后有"设"字，据雍正本删。

钱塘,返送至龙山白塔寺。"[1]又钱惟善《白塔诗》:"宋宫传自唐朝寺,白塔崔嵬寝殿中。"龙山白塔,建于唐代。南宋时,此塔已在禁中,故不见于《咸淳临安志》,而后之作志者遂失之。《西湖游览志》惟以镇南塔为白塔,而不详龙山之白塔寺。镇南塔,即杨琏真伽建于尊胜寺以镇王气,俗称一瓶塔者,又一塔也。元末,寺毁于张士诚。贝琼《穆陵行》云"江头白塔今不见",则镇南塔亦并划去矣。

梵天讲寺　在城南凤凰山。《咸淳临安志》:乾德中,钱氏建。旧名南塔,治平中改赐今额。中兴后,仅存小寺。今地近有塔幢者,皆故基也。《梦溪笔谈》:钱氏据两浙时,于杭州梵天寺建一木塔,方两三级。钱帅登之,患其塔动。匠师云:"未瓦,上轻,故如此。"以瓦布之,而动如故[2]。密使其妻见喻皓之妻,赂以金钗,问塔动之因。皓笑曰:"此易耳。但逐层布板讫,便实钉之,则不动矣。"匠如其言,塔遂定。盖钉板上下弥束,六幕相联如胠箧,人履其板,六幕相持,自不能动。人皆服其精练[3]。《西湖游览志》:有石塔二,灵鳗井、金井。【嘉靖】《仁和县志》:元末毁,明洪武十年复建。王在晋《重修梵天寺建观音阁记》:由凤凰山门折而南,又南折而西,为梵天讲寺。宋乾德三年,吴越王所建也。毁于元元统间,重创于永乐十五年。久而倾圮。僧成杉于嘉靖甲子建佛殿,仁良于万历甲辰建天王殿,建山门,来纶于万历壬子募建观音阁,又凿池名元镜,而南塔故墟俨然称胜焉。僧守诠《梵天寺诗》:"落日寒蝉鸣,独归林下寺。柴扉夜未掩,片月随行履。惟闻犬吠声,又入青萝去。"苏轼《梵天寺见僧守诠小诗清远可爱次韵诗》:"但闻烟外钟,不见烟中寺。幽人行未已,草露湿芒屦。惟应山头月,夜夜照来去。"朱子《梵天寺观雨诗》:"持身乏古节,寸禄久栖迟。暂寄灵山寺,空吟招隐诗。读书清盘外,看雨暮钟时。渐喜凉秋近,沧州去有期。"

释迦真身舍利塔　在凤凰山。《吴越备史》:贞明二年,命惠州防御使弟铧率官吏僧众诣明州鄮县阿育王寺,迎释迦舍利塔归于府城,仍建浮图于城南以置之。《咸淳临安志》:显德五年火,开宝元年忠懿王重建。钱氏纳土,舍利入京,置在开宝寺。

圣果禅寺　在凤凰山之右。《圣果寺志》:隋开皇二年始建。唐乾宁间,无著喜禅师重兴。吴越钱镠,于梁开平四年镌三佛及罗汉像于寺左右。宋景祐间,僧惠然建塔。庆历五年,郡守郑戬请赐额曰"崇圣"。高宗南渡,废为禁苑。孝宗淳熙十三年四月甲子重建,德祐末毁。元至元二十年五月复兴,至正间毁。洪武四年,重建。正德九年,僧子敬鼎新。嘉靖丙辰年,倭寇至,被焚。戊午年,僧正因复建焉。苗衷《重建圣果寺碑记》:圣果寺,在武林城南,凤凰山之右翼。隋文帝开皇二年始建,至唐无著文喜禅

---

〔1〕雍正本"返"作"追"。

〔2〕故,底本作"此",据雍正本改。

〔3〕雍正本无"盖钉板上下弥束,六幕相联如胠箧,人履其板,六幕相持,自不能动。人皆服其精练"一段文字。

师重兴。宋庆历,郡守郑戬奏赐额曰"崇圣"。宋南渡后,寺改为苑。逮德祐末,鞠为荒墟。洪武间,海昌盐初敬公永庆退席,卓锡于兹,慨寺废三百祀而古迹犹存,力以鼎建为任。惟师戒珠智炬足以耸四众,故倡则和者风靡焉。不数寒暑,殿阁堂宇,诸佛塑像,焕然一新。禅诵于斯者,金谓刹兴久废之余,铸辞砾石以揭之,则后者有以知敬公之善倡,众檀之善和也。释处默《至圣果寺诗》:"路自中峰上,盘回出薜萝。到江吴地尽,隔岸越山多。古木丛青霭,遥天浸白波。下方城郭近,钟盘杂笙歌。"沈遘《依韵和施正臣游圣果寺诗》二首:"盘崖绝巘与天通,汗漫烟霞谢世笼。耸起浮屠山突兀,自然衔石出青葱。古人兴废千年上,游客登临一啸中。谁为燕然愧班窦,孤城羁据亦铭功。""长爱高僧住绝岑,定知无复俗缘侵。人生扰扰应从昔,世事悠悠岂独今。轩冕徜来真可愧,山林归去莫嫌深。孟轲事业谁能及,告子惟先不动心。"[1]王安石《游圣果寺诗》:"登高见山水,身在水中央。下视楼台处,空多树木苍。浮云连海气,落日动湖光。偶坐吹横笛,残声入富阳。"邓林《游圣果寺分韵得地字诗》:"佳朋总名流,圣果亦名寺。良辰载酒游,绝壁扪萝至。纵目天壤宽,隔江吴越异。题诗继默公,甘让一头地。"张时彻《圣果寺诗》:"盘辟青岩畔,逍遥碧汉中。对门江浴日,入阁树交空。洗药因灵涧,飧霞傍法宫。山中双白鹤,与尔得相从。"王守仁《移居圣果寺诗》:"江上但知山色好,峰回始见寺门开。半空虚阁有云住,六月深松无暑来。病肺正思移枕簟,洗心兼得远尘埃。富春咫尺烟涛外,时倚层霞望钓台。"董沄《圣果寺避暑观理宗御书诗》:"藤杖把八尺,石梯跻百层。东参千佛阁,西上月岩亭。步步群峰绕,莲花瓣瓣青。中峰当北斗,南粤见西兴。鹤背知天近,鸡前看日升。厨堂通木客,钟磬落鸥汀。江草连山色,风帆指佛灯。幽花青石壁,深竹白头僧。偶避非常暑,因参最上乘。翻思拨深火,不羡踏层冰。烦恼伊谁起,清凉自我成。试看忠实字,便是息心铭。"[2]毛先舒《圣果寺和宋荔裳诗》:"古寺空山草路斜,春晴欣驻使君车。凤凰栖老吴宫树,麋鹿深穿宋苑花。海色诸峰开夕照,江声万骑走平沙。悬知题罢新诗后,翠壁千年郁紫霞。"

崇圣塔　在凤凰山顶。《咸淳临安志》:七级,高二十余丈,晦夜放光。景祐初,僧慧然建。庆历初,郡守郑戬奏,赐号崇圣塔。【成化】《杭州府志》:南渡,建行宫,废。

六湛寺　在包家山。《武林梵志》:其上为桃花关。

上善庵　在包家山,久圮。《咸淳临安志》:元系白衣五圣庙。淳祐七年,易为庵,扁今额。

福泉庵　在包山冷水峪,久圮。《咸淳临安志》:咸淳四年建,扁福泉禅庵。有龙王泉井,方阔丈余,遇旱不竭。

正宗庵　在山川坛左。《武林梵志》:元至大间,僧大方建。

三一庵　在山川坛右。【万历】《钱塘县志》:白玉蟾修炼于此,见窦中涌泉,遂开

---

〔1〕　雍正本无沈遘《依韵和施正臣游圣果寺诗》二首。

〔2〕　雍正本无董沄《圣果寺避暑观理宗御书诗》。

石池，名辟剑，有神龟出没。《西湖游览志》：白玉蟾有像存焉。玉蟾，南海琼州人，当宋乾道间，于黎母山中遇神人授洞元雷法，遨游江湖，修真访道。嘉定中，召赴行都，对御称旨，命主太乙宫，更结小庵于此。一日去，不知所往。庵中有得月楼。贯云石《三一庵诗》："茅楝萧萧水石间，放怀终日对林峦。梦回不觉月临砌，吟罢始知身倚阑。药碓夜舂云母急，石瓶秋迸井花寒。群鱼亦得逍遥乐，何用机心把钓竿？"

大慈禅寺 在包山。《西湖游览志》：俗称包山寺。《咸淳临安志》：乾道九年，僧德殊建接待院。淳熙四年，移请今额。

慈恩开化教寺 在龙山月轮峰。《咸淳临安志》：开宝三年，吴越王就南果园建寺，造六和塔。宣和间，毁于兵。绍兴二十二年，北僧智昙以衣钵募缘重造，十载始成。隆兴二年，赐今额。有金鱼池。【成化】《杭州府志》：元末毁，重建。《西湖游览志》：嘉靖十二年，寺与塔俱火。苏轼《六和寺冲师闸山溪为水轩诗》："欲放清溪自在流，忍教冰雪落沙洲。出山定被江潮涴，能为山僧得少留。"

六和塔 在龙山月轮峰。《咸淳临安志》：即旧宁寿观。开宝三年，智觉禅师延寿，始于钱氏南果园开山建塔，因即其地造寺，以镇江潮。塔高九级，长五十余丈，内藏舍利，或时光明焕发，大江中舟人瞻见之，后废。绍兴十二年，奉旨重造。二十六年，僧智昙因故基成之，七层而止。曹勋《临安府重建月轮山寿宁院塔记》：浙江界于吴越，一昼一夜，涛头自海而上者，再掠堤突岸，摧陷莫测，甚至卷民庐舍，冲坏田亩，为临安之患久矣。钱氏曾以万弩射潮头，终不能却其势。后有僧智觉禅师延寿，同僧统赞宁创建斯塔，用以为镇。自尔潮习故道，居民德之。迨宣和三禩，塔与寺为寇盗所爇，潮复为患。巨浸怒沫，顷刻间，捣堤坏屋，浸附江之陆数十百丈。绍兴岁在壬申，天子忧之，思所以制其害者。在廷之臣，首以复兴斯塔为请，诏赐可。都下守臣择可主持斯事，得僧智昙，愿以身任其劳，即命住持是院。昙自被命，如和义郡王杨存中率先众力出俸资助[1]，居士董仲永以家之器用衣物咸舍以供费，先造僧寮、库司、水陆堂、藏殿，安存新众，俾来者有归。以致中朝莲社，闻风乐施，虽远在他路，亦荷担而来。自癸酉仲春鸠工，至癸未之春，五层告成。是年岁晚，则七级就绪。外则规制壮丽，气象雄杰，日以万众欢喜瞻仰，得未曾有。内则蹬道以登，环壁刊《金刚经》，列于上下。及塑五十三善知识，备尽庄严。至于佛菩萨众，各以次位置。凡所以镇静山川、护持法界者，莫不阂而存焉。塔兴之初，潮势虽仍汹涌，已不复向来之害。以故衣缁冠黄耆艾士民，德昙甚深，拱手赞叹。是塔也，不独镇伏潮不为害。又航于海者，寅夕昏晦，星月沉象，舟人未知攸济，则必向塔之方视塔中之灯光，以为指南，则海航无迷津之忧。是故，富商大舶尤所归向，而喜舍无难色，此又塔之利也。约用工百万，缗钱二十万云。

《武林梵志》：嘉靖三年，毁。万历间，袾宏重修。赵抃《题六和塔壁诗》："上方楼殿已幽深，更向诸峰胜处寻。金摆池鱼擎俗眼，琴调山溜写清音。红芝九本初无种，翠柏千株自有

---

〔1〕 雍正本无"如"字。

心。众羡宫师康且寿,始知功德积来阴。"何宋英《题六和塔诗》:"吴国山迎越国山,江流吴越两山间。两山相对各无语,江自奔波山自闲。风帆烟棹知多少,东去西来何日了。江潮淘尽古今人,只有青山长不老。"朱继芳《六和塔诗》:"三百有余年,潮头不敢颠。孤尖标白浪,层级上青天。铃隔山僧呗,灯通海客船。老来登眺眼,不道步难前。"俞德邻《登六和塔诗》:"僧舍倚松北,浮图界竹西。江通严濑远,云压越山低。槐里三原隔,襄城七圣迷。临风悲往事,月落浇乌啼。"尹廷高《登六和绝顶诗》:"江分吴越绿漫漫,闲向浮屠绝顶看。目览钱塘殊觉小,身游玉宇不知寒。海连芳草春潮急,山拥颓峰古木蟠。游子举头应怪问,何人天半拍阑干。"张羽《登六和塔诗》:"江上浮屠快一登,望中烟岸是西兴。日生沧海横流外,人立青冥最上层。潮落远沙群下雁,树敧高壁独巢鹰。百年等是豪华尽,怕听兴亡懒问僧。"吴廷桢《登六和塔诗》:"孤塔凌青汉,天风面面来。江光秋练净,岚色晓屏开。独鸟冲烟没,连帆带日回。云涛何荡漾,东海隐蓬莱。"

真圣观　在六和塔侧,久圮。《咸淳临安志》:宝庆二年,道士江师隆创,有真武像。淳祐间,摹本上进。

灵泉广福院　在六和塔南,久圮。《咸淳临安志》:开运三年,吴越王建。旧名灵泉,治平二年改寿星,绍兴二十二年改今额。有灵泉一泓,覆之以亭。

庆善禅院　在六和塔南,久圮。《咸淳临安志》:旧号百丈山。皇祐二年夏,英公竦请充功德院,改今额。旧《志》:有迎云亭、百丈亭、正观亭、养高堂,今皆废。

真际院　在五云山。《咸淳临安志》:乾德四年,吴越王建。旧为静虑庵,又曰定慧庵,大中祥符改今额。《武林梵志》:周显德丙辰,志逢禅师结茅开山,大将凌超创华严道场。乾德间,吴越王召赐紫衣,赐额真际院。明初,毁。正德十二年,僧法坚重建。寺内伽蓝,乃华光藏神,杭人牵牲祈财无虚日。有伏虎亭、端敬亭、五云瑞亭,方伯范涞、宪副陈经济建。

保寿院　在五云山,久圮。《咸淳临安志》:开宝七年,吴越王建。旧名万寿,治平二年改今额,绍定乙未重建。赵汝谈《保寿寺记》:出临安城而南,沿江西行十余里,又支行逗入山崦五里,峰峦错峙,前后环立如屏障,保寿院在焉。院额乃治平二年所赐。以此山之胜,建为宝坊净刹,宜其粥鱼斋鼓,倾动一方,而香火寂寥,人迹罕到。院僧或浮寄他舍,数议兴复,阒无应者。永嘉薛君始徙籍钱塘,僧以复院告,乃捐钱二百万,俾议兴葺。材苇既集,斤斧丛臻,阅月,堂庑略具。力殚粟乏,不绩于成。议鬻寺闲地,君复高其估酬之。凡院之田入于豪家者,按其籍赀复之,而归诸寺。由是倾者毕支,败者毕葺,始称佛庐。薛君,名梦桂,常预进士举,以文字游诸公,多爱重者。故予记寺之兴,并及寺之僧干缘者,曰圆,曰源。其兴役以乙未十月,迄工于丙申之三月。

云栖寺　在梵村。《咸淳临安志》:栖真院,乾祐五年,吴越王建。旧名云栖,治平二年改额。《钱塘县志》:明隆庆中,禅师袾宏建庵,掘地有碑,即古云栖寺也。袾宏《云栖寺记》:杭府治南连大江,西引明圣二湖,万山绕湖,而络绎江浒。溯江西上,行二十余里,山名五云。先是,山之巅有五色瑞云盘旋其上,因以名山。已而,五云飞集山西坞中,经久不散,时人异之,号为云栖坞。宋乾德五年,有僧结庵以居。坞多虎,僧至,虎辄驯服,世称伏虎禅师者是也。吴越王钱氏为之建寺,而云栖于是创始矣。初,筑室五云之顶。天禧中,降敕赐真济院,遂并辟云栖、天池二院。治平二年,改号栖真。今日云栖者,复古也。云栖居五云之西,径曲林幽,四山围合,苍翠枞然。东冈而上,有壁观峰。峰下出泉,名青龙泉。迤逦下中峰之傍,复出一泉,名圣义泉。又下而西冈之麓,复出一泉,名金液泉。笕引涓涓,汲濯不竭。独以荒僻寥落,人迹罕至,非忘形者莫能居焉。绍兴初,有余知阁者扈跸南渡,隐于寺侧,后舍宅归寺。弘治七年,霖雨发洪,庐宇经像,随水飘荡。僧稍稍散去,而故院遂榛莽。卫将军玉溪杨公暨子念堂,时募僧重修,频苦虎患,居无何,即引去。隆庆五年,袾宏行脚南还,爱其岑寂,孤形只钵,趺坐圮壁间。太学生陈如玉、李绣等为之构静室三楹,悠然若将终身。环村四十里,岁伤于虎者不下二十人。宏乃发悲恳,讽经千卷,设瑜伽、施食津济之。自是虎不伤人。适亢旱,祷于山,偶时雨霍。村民大悦,相与累累然,肩材木而至,曰:"兹吾祖所植也。"荷锄镵,发其尘垄之础磉,而指之曰:"兹云栖之故物也。禅师福吾村,愿鼎新寺之遗址,以永吾一境之香火。"由是不日而成兰若,外无崇门,中无大殿,惟禅堂处僧,法堂以奉经而已。宏,沈氏子,字佛慧,号莲池,仁和人。于石《栖真院诗》:"空翠凝寒不受埃,断崖千尺拥崔巍。老僧倚树惊猿去,童子扫阶知客来。石径晴因松露湿,茶烟远趁竹风回。禅家也辨吟边料,不种闲花只种梅。"

国朝康熙二十八年,圣祖仁皇帝南巡幸寺,《御制云栖竹树甚茂幽兰满山诗》一首。恭纪名胜。三十八年,圣驾再幸,御书"云栖"二字及"松云间"扁额,又《御制云栖寺诗》一首:"江路转隈隩,山行惬心赏。古树与茂竹,翳蔽极深广。潺潺细泉流,萋萋芳草长。其际春之暮,天气堪俯仰。鸟性鸣晴曦,蜂蝶争下上。巡省历穷谷,所至察万象。小憩涧壑幽,泽贵被草莽。"巡抚张敏恭摹勒石,建御书亭。四十二年,再幸寺中,《御制过云栖憩竹林下令人剧笋剧兰诗》:"寻春二月幸云栖,满目天光入品题。密林布荫渔樵乐,幽柏成行蕙芷齐。浴手临泉开箨笋,傍岩倚石选蓬藜。余杭风景西湖胜,未入山中待竹迷。"《御制云栖归途遇雨诗》:"钱江风雨促前旌,竹树缤纷细草萌。夹岸黎元瞻拜切,频施膏泽惬民情。"四十六年,再幸寺中。寺有大竹一竿,赐名皇竹。总督梁鼐建皇竹亭。雍正七年,钱塘县知县李惺重修御书亭。

天柱寺 在云栖坞。《咸淳临安志》:布经院,开宝二年,吴越王建。旧名天柱,治平二年改额。《武林梵志》:在云栖三聚亭里许,即常乐寺。

广福院 在定山北。《咸淳临安志》:开运二年,吴越王建。旧名宝福,熙宁元年,改寿圣宝福。绍兴三十年,改今额。旧《志》:有渊堂、喷月泉。

妙静寺 在定山北。《武林梵志》:宋元祐中,投子义青禅师开山,赐额明阳寺。建炎四年,法成禅师重建,更名妙静。庆元六年,绍隆禅师重修。元至正二十五年,悔悟禅师重修。洪武六年,太古羲禅师重修。

光明寺　在定山北。《武林梵志》:唐显庆元年,高宗敕赐光明禅寺。明善导和尚说法开山。正统十一年,惠辨重建。

慈严院　在定山风水洞,久圮。《咸淳临安志》:太康间,葛稚川舍宅为寺。上元间,赐额恩德。天成二年,吴越王重建。大中祥符二年,改今额。曾旼《慈严院记》:余杭郡南走四十里,有山曰云泉,其寺曰恩德。考之于传,则是山者,晋葛稚川之旧居也。考之于诗,则是寺者,唐白杭州之旧游也。元丰建元之仲夏,予与昭武虞君用晦、暨阳刘君季朴,自郡联镳来访是山,依半坠之朽崖以行,盘乘圮之峻岭而下,蹈落潮之沙,涉溢涧之水,步枯杓,憩荒馆,凡经日而后至焉。则其来之勤也,可知矣。及瞻其山,则虽苍翠屏颜,然无与他山异也。行其寺,则虽栋宇轮奂,然亦与他寺等也。而山有二穴焉,一破山骨,面天如突,习习清风,热嘘而出。一在山麓,下芘如屋,泠泠清泉,源源相续。则是山之胜,在此二穴而已。方是时也,火云流空,炎辉方酷,居以烦愠,行以喝毒。而予三人方披襟乎风岩,颒面乎水谷,侧耳以聆风之清声,拭鼻以纳风之芳馥,玩水之清浅而濯缨,激水之潺湲而置足,盖不知夫天地之有时燠也。东南营营,杭为大城,水陆所会,舟纵车横。陌中之尘,常鼓而不尽;渠中之流,无时而暂清。而是山也,盘石不动,群峰无声,松竹转白日之清音,禽鸟依茂林而和鸣。音迹既远,恬无所惊,盖不知夫城市之有纷争也。而今日之客,仕隐相半。仕者畏简书,居者顾舍馆,于是乎喟然相与而叹。惜其去之之速,而不但忘其来之之勤,则亦以为无负矣,乃握笔而记之。许浑《慈严院诗》:"楼台横复重,犹有半岩空。萝洞浅深水,竹房高下风。晴天疏雨外,秋树断云中。未尽平生志,孤帆又向东。"祖无择《慈严院诗》:"恩德传名久,慈严赐号新。楼台依半阙,风水忆长春。客有披襟者,时无洗耳人。清音发钟磬,翠色混松筠。住合登仙籍,来宜出俗尘。经年嗟倥偬,半日喜逡巡。席上诗情逸,樽中酒味醇。匆匆又归去,自愧使君身。"

武林览胜记卷八

寺观三

北山路

昭庆律寺 在钱塘门外,溜水桥西。《咸淳临安志》:乾德五年,钱氏建,旧名菩提。太平兴国三年,建戒坛。七年,改赐今额。《留青日札》:每年三月,开戒坛,为天下僧人受戒之所,名曰万善戒坛[1]。《西湖游览志》:天禧初,有圆净法师学庐山慧远结白莲社,缙绅之士与会者二十余人,运使孙何为之记。孙何《西湖莲社记》:西湖者,余杭之胜游;净行者,华严之妙品。境与心契,人将法俱。浮屠首常结社于此,举白莲以谕其洁,依止水以方其清。栋梁飞动乎溪光,云木参差乎山翠,追道安之故事,蹑惠远之遗踪。尔乃八十高僧、一千大众,受持正觉,劝导迷途,故参预苏贰卿序之于前,今承旨宋尚书碑之于后,仍贻丽句,以赞真宗,辉映士林,蔚为倡首。于是乎钓台上列,宥密近臣,文昌明卿,玉署内相,琐闱夕拜,谏垣大夫,纶阁舍人,卿寺少列,郎曹应宿,仙馆和铅。曲台礼乐之司,延阁著述之士,殿省春坊之俊,幕府县道之英,凡若干人,莫不闲发好辞,演成盛事,摘锦布绣乎堂上,合璧连珠于牖间。峡路运使、史馆丁刑部,顷岁将命瓯闽,息肩邻里,复又写林泉之幽胜,集群彦之歌诗,作为冠篇,鼎峙兰若。虽梁萧再出,裴休复生,一字千金,无以增损。况何之固陋乎?今所叙者,闻法随喜之岁月,寄诗入社之后先,辨其官班,列彼名氏。至夫义利交战,道胜者为至人;爱恶相攻,德成者为君子。若乃混韦布乎公衮,等林泉于市朝,以王、谢之名位,慕宗、雷之风犹者,则有相国河内向公、贰卿长城钱公在密地日,参政太原王公、夕拜东平吕公在纶阁日,密谏颍川陈公、度支安定梁公任省倅日,尚书琅琊王公、夕拜清河张公在余杭日,侍读学士东平吕公任司谏日,工部侍郎致仕沛国朱公在翰林

---

〔1〕 底本"《留青日札》:每年三月,开戒坛,为天下僧人受戒之所,名曰万善戒坛"原为正文,位于"运使孙何为之记"后,今据文意及雍正本乙正。

121

日，大谏始平冯公在翊善日，紫薇郎赵郡李公、安定梁公、弘农梁公在史馆日，故阁老太原王公在扬州日，皆文为国华，望作人杰，仰止师行，发为声诗。丽句披沙，孰谓布金之地；英词润石，郁为群玉之山。大矣哉！朝野欢娱，车书混一。禅扉接影，将府署以争辉；鱼梵交音，与颂声而间作。常公定力坚固，有自诚而明之心；法性圆通，有为善最乐之谕。欲使人修净行，家习净名，睹相起慈悲之缘，披文生利益之意。转置热恼之众，延集清凉之乡，足以发挥后来，启迪先觉，住第一义谛[1]，入不二法门，岂徒夸阳春白雪之词，衒螭首龟趺之作？翚飞鸟企，状兜率之斋宫；凤跋龙拏，书竺干之梵夹而已。咸平四年，常公远自浙水，来乎姑苏，旅寓半年，以碑阴为请，且就他山之石，将刊不朽之名，何厕儒家流，领太史氏。受承旨尚书之顾，三读为荣；黍武功参预之知，九原未报。丁刑部言扬事举，既接科名；心照神交，实由道契。依经作传，敢萌左氏之词；相质披文，但愧陆机之说。与我同志，无多诮焉。

【成化】《杭州府志》：有堂二：曰绿野，曰白莲。轩二：曰碧玉，曰四观。南渡初，其地为策选锋军教场，仅存戒坛。其后，渐复旧观。元末，寺毁。洪武间，重建。成化丙戌，僧广慎复新之。《留青日札》：嘉靖三十五年，倭寇临北关。都御史李天宠焚之，乃五月六日也。不数年，总制胡宗宪重建，焕然胜昔。隆庆三年乙巳闰六月六日，为雷火所焚。【万历】《钱塘县志》：新都汪道昆募建。万历三十五年，敕赐银一千两助建。内有藏经阁、观音井、卧牛石、放生池。《钱塘县志》：崇祯庚辰，毁。陈尧佐《昭庆寺诗》："湖边山影里，静景与僧分。一榻坐临水，片心闲对云。树寒时落叶，鸥散忽成群。莫问红尘事，林间肯暂闻。"王禹偁《昭庆寺华严社诗》："梦幻吾身是偶然，劳生四十又三年。任夸西掖吟红叶，何似东林种白莲。入定雪龛灯焰直，讲经霜殿磬声圆。谪官不得余杭郡，空寄高僧结社篇。"朱继芳《昭庆寺诗》："幽寻得胜趣，城市几人能。古柳深中磬，长廊尽处灯。画龙听说法，塑佛看斋僧。别寺经行处，兹游昔未曾。"张时彻《昭庆寺诗》："绀殿倚城隅，诸方此受符。彩霞腾秘阁，赤日射澄湖。寺古旃檀馥，林深燕雀娱。群峰堪揽结，飞动欲谁俱？"

国朝顺治间，重建。康熙四十二年除夕，正殿毁。五十二年，重建。张丹《十九日黄大宗拟登初阳台修展重阳故事因雨阻集昭庆寺诗》："词客还来结伴游，西湖风色满南楼。一年两醉丹枫日，双鬓重寻白雁秋。寒雨层台空落木，晚钟萧寺有归舟。衔杯强续登高兴，把菊何须动旅愁。"

庆忌塔　在昭庆寺之北。《西湖游览志》：春秋时，吴庆忌葬于此。其地在宋，为丰储仓，前有石池，深窈不测。宋咸熙六年七月，池水尽立浮苴登木，荡突久之。或曰有数百岁大龟，久而成妖也。又时有物出水，若铁棺然。《湖墅杂记》：大佛寺畔，有壶瓶塔，元西僧所建，今不存。《钱塘县志》：康熙三年，塔坏。中有小塔数千枚，及瓦棺细人数千。吴任臣曰：段家桥有庆忌塔，故老相传吴公子庆忌实葬于此。及读陆广微《吴地记》，吴公子庆忌坟在吴县东北三十五里。今呼庆坟，是吴既有庆忌故塚，又安得复更葬西湖侧哉？然则

---

〔1〕　雍正本"住"作"竖"。

庆忌之名何居?《白泽图》曰:水之精,名庆忌,状如人,乘车盖,一日驰千里,以其名呼之,则可使入水取鱼。庆忌,本水怪名也。塔为厌胜而设,明矣。康熙三年,塔坏,忽倾小塔数千枚,左右率番字环绕,土人不解其故。余为考《元史纪事本末》。元时,西僧作擦擦者,以泥作小浮图或十万、二十万以至三十万。又常起浮图二百一十有六,实七宝珠玉,半置海畔,半置水中,以镇海灾。据此,则庆忌塔者,乃元释杨琏真伽辈造之,镇压水怪。而中间所藏小塔,乃擦擦类也。后人缘钱唐有吴庆忌宅基,偶以字同而讹为庆忌瘗骨之所云。又云庆忌塔今俗呼为壶瓶塔者是也,或云棋盘山上如方石名为庆忌塔非。吴农祥曰:志伊言庆忌非吴公子是矣,言小塔为西僧擦擦,则非也。按吴越国王钱弘俶,造八万四千宝塔,其制高六寸,重三十五两,刻曰"吴越国王钱弘俶造八万四千宝塔,乙卯岁记"。又塔四面脚下各有宝字,则非元僧造矣。且巨石山有两塔,形式相同,可证也。

菩提院 在钱塘门外,后并入昭庆寺。《西湖游览志》:本钱惟演别墅,舍以为寺。《咸淳临安志》:太平与国二年建,名惠严。七年,改赐今额。建炎间,毁。先是,寺僧募良工孔仁谦作大悲像,千手错出,不能尽布。夕梦沙门语曰:"何不分形于宝焰之上?"如其言,而像成。迨乾道间,僧彬再以命工,亦难之。有媪在旁,道之至净池,像忽现水面,一晤而媪已失矣。乃创阁妥焉。宝庆三年,恭圣仁烈皇太后赐钱重建殿。淳祐六年,重建千佛阁。旧有堂二:曰南漪、迎熏;轩五:曰澄心、涵碧、氍毹、玉壶、披颢。今皆不存。

菩提小轩周紫芝《菩提小轩骤雨晚晴诗》:"杭颍雌雄本自殊,淡妆浓抹是吴姝。满倾涨玉千钟酒,来看镕银百顷湖。白鸟去边山泼黛,绿蒲疏处雨跳珠。不知能事王摩诘,貌得西山落照无。"

九曲法济院 在钱塘门外,久圮。《咸淳临安志》:乾德元年,钱氏建,旧名观音。治平二年,改赐今额。毁于建炎,创于绍兴己未。有明轩、爽轩,今不存。

普润寺 在钱塘门外,久圮。【成化】《杭州府志》:宋淳熙元年,有成大师舍地以建,元末毁。《武林梵志》:万历戊申,圆果禅师募化重新。

宝胜院 在石函桥西,久圮。《咸淳临安志》:乾德五年,吴越王建。旧名应天,治平二年改今额。

洞明禅庵 在石函桥,久圮。《咸淳临安志》:咸淳六年,朱端卿舍宅为庵,僧嗣源实经始之,颇得湖山之胜。

精进院 在溜水桥东,久圮。《咸淳临安志》:开运元年建,旧名精修。治平二年,改今额,充北蜡斋宫。

清心寺 在石函桥,久圮。《咸淳临安志》:旧名涌泉,天福五年建,治平二年改今额。对寺门,有涌泉。

多宝院 在宝积山,久圮。《咸淳临安志》:开运元年,钱氏建。旧名宝积,治平二年改今额。旧有绿阴堂。

保叔塔崇寿院　在宝石山。《武林梵志》：一名圣寿禅寺。《咸淳临安志》：旧有应天塔、极乐庵。【成化】《杭州府志》：吴越王之臣吴延爽者，建塔于山之上，附以佛庐。宋开宝初，赐额曰崇寿院。咸平中，僧永保修，因名保叔塔。元延祐中毁，僧可周重建，至正末毁。徐一夔《重建宝石山崇寿院记》：杭之西湖，其山自天竺支分而来，傍湖行四五里许，至东北隅而止，其势磅礴，缩而不去。又有浮石，大经数百围，号落星石。吴越钱氏有国时，封山为宝石山。钱氏之臣有吴延爽者，往东阳请善导和尚舍利，建浮屠九级，附以僧坊，人称为宝塔院。宋开宝初，始赐额曰崇寿。咸平中，僧永保有目眚，誓修宝塔，以还光明。化缘城府，十阅寒暑，市人咸以师叔称之。塔既完，人因呼为保叔塔。兹山以塔益胜，故皆称塔而不称寺。绍兴末，塔复就摧，有洪济师重修完之。延祐中，塔寺并毁，院僧法周、可复大加兴修，相轮崒绝，上摩霄汉，星镫露铎，辉联响接，飞楼涌殿，架岩溢壑，气色青红，佛、菩萨、天人之像设，珠缨宝鬘，前后布护，异香净供，昼夜燃列，俯视下界，湖光一碧，朱帘画舫，歌鼓往来。其外民庐栉比，红楼翠阁，参差掩映，毕献于眉睫之下，至者忘返。至正末，兵燹大作，塔与寺又毁。有大善知识曰慧炬师，发弘愿，广募檀那，图复旧观。其同袍似荪、慧满，相与经画。文昶、可祥、可达、善开、广能、崇政等，协力以济。先建宝塔，杀二级为七，其地加广。次作佛殿，作东西廊，作上下山门，以及西方三圣殿。尊事之像，严奉之具，甫见如式。而师化去，至于尊祖，有室饭僧，有堂憩客，有寮以及经钟之楼，庖湢之舍，则其同袍成之。异时，南北两山，名蓝巨刹，金碧相映，号称佛国。今皆化劫灰。兹山虽占奇丽，较其规模，固不能与彼埒也。一旦睹兹殊胜如旧，顾不伟欤？炬师，字照庵，钱塘人。

《西湖游览志》：塔门旧有张即之书"湖山胜概"四字，今移置净慈寺。成化间，毁。弘治间，僧可胜重建。一夕，大雷，塔渐废。正德九年，僧文镛重建，又筑西方殿于塔后，挹凉亭于山下。嘉靖元年，塔毁。二十三年，僧永果重建。又有全真号浪滔滔者，亦与协力，故能饰复旧美。王炎庆《元丁巳九日登保叔塔诗》："湖边老石立巨鳌，背负浮图千尺高。升高望远天界阔，海山江树皆秋毫。蓬莱藏室极清静，虽有暇日无游遨。不应令节亦虚度，特为黄菊觞新醪。樽前一笑岂易得，身涉百夏今二毛。兹游回首便陈迹，事如逝水流滔滔。明年九月定何许，未用感慨增烦劳。半生随牒落州县，暮年结绶来神皋。去留聚散偶然耳，且覆一杯持蟹螯。"钱惟善《保叔塔诗》："金刹天开画，铁檐风语铃。野云秋共白，江树晚逾青。凿屋岩藏雨，黏崖石坠星。下看湖上客，歌吹正沉冥。"张羽《保叔塔院诗》："赤阑闲倚化人宫，湖上春阴望不穷。百尺楼台空相外，万家城郭雨声中。斋房漏滴莲花水，讲殿经翻贝叶风。自笑世缘心自石，拟焚香注问生公。"邓林《登保叔塔诗》："碧嶙峋上拄青藜，更蹑凌空百尺梯。越海一泓杯勺小，吴山数点髻鬟低。乾坤俯仰今非昔，乌兔循环东复西。笑问从游年少者，慈恩雁塔几时题。"沈周《保叔寺诗》："宝石岩峣耸梵宫，古城西畔乱山东。荧荧高叶丹林露，袅袅游丝翠壁风。下界行人映松竹，半空飞鸟拂帘栊。故乡迢递独登塔，烟水长洲一望中。"张宁《再游宝所塔诗》："负郭岩扉敞石坛，上方门径绕层峦。楼观海日夜先曙，竹引湖风夏亦寒。林外歌声泉出谷，水中人影钓杨竿。何当雪月烟花候，来共山僧信宿看。"

谨按：《涌幢小品》云：杭州有保俶塔，因俶入朝，恐其被留，作此保之。称名者，尊天子也。今误为保叔。又《霏雪录》云：宝所塔，俗误为保叔塔，谓嫂造此塔，期冥福，以庇小郎。薄喙之徒，附会厚诬如此。二说各异。《西湖游览志》既载保俶建塔之事，又沿袭宝所之名，是徒取其名之新而不核其事之实。今并塔于院，复称保叔者，仍《咸淳临安志》之文也。

兜率寺 在宝石山。《咸淳临安志》：显德二年，钱氏建。宣和初毁，以其地为副将廨舍。有僧思净，俗姓喻，善画弥陀，悟笔法之妙，世号喻弥陀。就多宝山剬石为弥勒像，至七年，圣相成，因移请兜率寺旧额为寺。杨万里《晚出兜率寺送许耀卿诗》："天竺兴云线许长，须臾遮尽众山苍。何如洒作千峰雨，乞与都城六月凉。兜率山深露气清，柳阴暗处藕花明。无端拾得闲烦恼，背却西湖又入城。"

大佛禅寺 在宝石山麓。《咸淳临安志》：陆羽《武林山记》云：自钱塘门至秦皇缆船石，为西石头。宣和中，僧思净就石镌成大佛半身。淳祐七年，赵安抚与篱重修。旧有二尊殿临湖，就石琢二佛，与院相近。【成化】《杭州府志》：石佛饰以黄金，仍构穹殿覆其上，名曰大佛头。其寺遂因以名。《西湖游览志》：元至元间，院毁。明永乐间，僧志琳重建，敕赐为大佛禅寺。弘治四年，僧永安重修。寺畔有塔，俗称壶瓶塔，乃元时西河僧所建。张时彻《大佛寺诗》："碧水映招提，相过碧草齐。殿头巢鹳鹤，松顶挂虹霓。竹密难窥户，花开自作蹊。高人能习静，为借白云栖。"国朝顺治年间，重修。

相严寺 在宝石山麓，久圮。《咸淳临安志》：天福七年，钱氏建。旧为十三间楼石佛院。治平二年，改赐今额。淳祐三年，重建。

智果禅寺 在葛岭上，宝云寺西。《咸淳临安志》：开运元年，钱氏建。元祐中，守苏文忠公重建法堂，有题梁，有参寥泉。僧道潜，号参寥子，初住智果寺，会者十六人，用《圆觉经》"以大圆觉为我伽蓝，身心安居平等性智"分韵赋诗。《西湖游览志》：旧在孤山。宋绍兴间，徙筑北山。有泉适出寺后，好事者仍名参寥泉，以志旧迹。元末，毁。明洪武初，僧可祥、惠炬重建。其梁盖子瞻手书，自孤山移置者。徐一夔《重建智果院记》：智果院，在西湖之北，葛岭之上。后唐开运元年，吴越王钱氏建。宋元祐中，苏文忠公守杭。初，公在黄州时，梦中有"石泉槐火一时新"之句。及游智果，境与梦符。公与参寥子有道契，遂延住兹院。参寥子者，吴僧道潜号也，有戒行，而以诗名。主席之日，集者自公而下凡十有六人，分韵赋诗，号称一时盛事。钱塘素多巨刹，智果实蕞尔。寺而名闻四方者，地以人胜也。至正初，予过葛岭，尝游焉。遵坡陀而上，竹树茂密，晴霏扑体。抵于寺门，振衣南眺，澄湖一碧，朱帘画舫，歌鼓相应。顷之，循左廊而上，殆半，侧出十许步，有泉在石罅，其色绀寒，则公梦中诗所道者。其上有祠，公与参寥子之肖像在焉。返自泉所，道左廊欲尽，磴道升至于法堂。有木板厚不盈尺，广四倍之，长可三十尺，横置几上，其肤署曰"元祐五年岁庚午二月辛卯朔二十五日乙卯上梁"。盖初作堂时上梁，公为志其岁月，贴置栋脊，此其手墨也。堂已改作，后人以公遗墨故庋之。葛岭去城伊迩。王师略浙之岁,城守有虑诸刹或夺于敌,则为栖兵之地,悉焚之,智果并毁。洪武初元,予至其处,则向之所经,尽为瓦砾,山昏林翳,尘埃眯目,昔人之风致不可见矣。时院僧已散去,其邻刹之上首相与言曰:"吾徒以佛之力幸复故栖,何忍智果独废?"崇寿有可祥师者,其人足任起废,盍往请之。祥闻之,亦欣然首捐衣钵为之倡,而募好施,助其不足。中作宝殿,塑观音大士像,朱缨宝鬘,庄严端好,翼以两廊,绘七难二求三十二应于壁,极幻化之态。前为三门,而金刚神列于两傍石泉之上,仍为祠堂,以奉公与参寥子。至于庖湢等室,亦无不具。不三四年,予再过之,变瓦砾之区为金碧之宇,旧观俨然。孰谓起废之不在其人乎?祥字云屋,自幼出家于崇寿院。《钱塘县志》:未几,又毁。僧实庵复成之。苏轼《以参寥上人初得智果院会者十六人分韵得心字诗》:"涨水返旧壑,飞云思故岑。念君忘家客,亦有怀归心。三间得幽寂,数步藏清深。攒金卢橘坞,散火杨梅林。茶笋尽禅味,松杉真法音。云崖有浅井,玉醴常半寻。遂名参寥泉,可濯幽人襟。相携横坞上,未觉衰年侵。一眼吞江湖,万象涵古今。愿君更小筑,岁晚解我簪。"释道潜《得以字韵诗》:"泰山屹天下,四海同仰止。我公命世英,突兀等于是。胸中廓秋汉,皎绝微云滓。当年事危言,轩冕如脱屣。正贵知我希,宁惭不吾以。风云果在符,六翮排空起。一昨厌承明,抗章求迤逦。余杭古雄藩,比屋富生齿。立谈政即成,兴不负山水。雍容敦末契,访我顽且鄙。大旆辉松门,禽猿亦惊喜。森森门下士,左右綮珠履。使君道德资,圭角非所恃。软语如春风,熏然着桃李。今朝真胜事,千载足遗美。安得笔如椽,磨崖为公纪。"又《卜居智果寺诗》:"偶来湖上缉衡门,桐长修柯竹有孙。引策每从佳处去,望云桥下是西村。青灯残篆夜寥寥,门外秋风振苇萧。惭愧高人能见忆,为予西望立溪桥。"仇远《智果寺诗》:"独径苍苔引瘦筇,墙阴修竹碧玲珑。青山犹及见坡老,小雨何须问社公。云冷石藏烹茗雪,日长门掩落花风。定知神扈题梁字,不与当时劫火同。"国朝顺治年间重建。

治平寺　在锦坞西,久圮。《咸淳临安志》:建炎初,僧法聪建锦坞庵。绍兴二十一年,移请今额。寺有阁,面揖孤山,扁曰烟云。徐逸《昼眠治平寺诗》:"频年游览不暂置,野艇往来无水程。雨休最好是鸥浴,风静更清闻鹤声。酒家新熟欠前帐,僧榻借眠余宿醒。嵩高泰华未挂眼,鬓影萧飒难为情。"

玉清宫　在锦坞西,元末毁。《咸淳临安志》:绍定元年,降钱造,移赐今额,崇奉宁宗皇帝、恭圣仁烈皇太后神御。理宗御书"玉清之宫"以赐。

玛瑙讲寺　在宝云山。《咸淳临安志》:开运三年,钱氏建。治平二年,改赐今额。寺旧在孤山。绍兴二十二年,以其地为延祥观,而徙寺于葛岭之东。绍定六年,创高僧阁。淳祐八年,赵安抚与篪重建。【成化】《杭州府志》:元末毁,永乐间重建。陈俞《雨后过玛瑙寺诗》:"借屋傍精庐,无事数来往。披草通前流,刻树寄笋长。微风四山落,小立领松响。讵长息诸缘,暂喜脱尘网。"张雨《宿玛瑙寺诗》:"一宿葛洪丹井上,化为蝴蝶梦魂清。湖田凉蛤四散吠,烟寺晓钟相递鸣。孤屿横陈为玉几,初阳焕烂似霞城。挐舟又入水云

去,还我风篁雪窦声。"〔1〕

宝云寺　在玛瑙寺西,元至正末毁。《咸淳临安志》:乾德二年,钱氏建。旧名千光王寺,雍熙二年改今额。旧《志》:有宝云庵、清轩、月窟、澄心阁、南隐堂、妙思堂、云巢楼,皆不存。郭祥正《宝云寺诗》:"有客学无心,庵云结宝阴。松风深夜起,时作老龙吟。"

云巢楼　张雨《云巢楼诗》:"初阳台上白云多,云里层层玉树歌。栖息一枝缘未稳,飞翻千仞奈危何。雨中幕燕雷惊起,峰顶笙鸾月送过。好在丹梯无万尺,屋头看尽白沤波。"

招贤律寺　在葛岭。《咸淳临安志》:禅宗院。唐德宗朝,郡人吴元卿为六宫使,弃官参鸟窠禅师,建庵修道,即会通禅师也。开运三年,钱氏建院。元名招贤,治平二年改今额。宝祐三年,重建法堂。【成化】《杭州府志》:元末毁,犹存古殿。国朝康熙十五年,僧起纲重建,名清隐庵。吴允嘉《寒食同宋次升比部清隐庵雨坐诗》:"清明犹未过,先与访参寥。话久分泉味,寒深乞酒瓢。竹房论旧雨,药径数新苗。更约贤兄弟,重来坐石桥。"

福地院　在葛岭西,元至正末毁。【成化】《杭州府志》:宋贾似道故第,僧满月即其地建院。大德二年,雪庵李溥光被旨来南开山阐教,重建僧坊,题曰"头陀福地"。

涵青精舍　在葛岭上。《钱塘县志》:康熙丁未,沈昺、沈菦、何舟瑶等建,为惜字公所。沈名荪《涵青早望诗》:"终宵清不寐,晓起在楼西。几处浓云放,千山乱鸟啼。树光摇日大,江雾压城低。欲借米家墨,萧然一幅题。"

宝严院　在葛岭上,久圮。《咸淳临安志》:后唐天成二年,钱氏建。旧名垂云,治平二年改今额。元丰中,僧清顺作垂云亭。又有借竹轩,秦少游曾宿此轩,梦天女以维摩求赞。淳祐三年,理宗赐僧智光御书"晦庵"二字,续建佛阁,赐御书"无量福海"四字。

垂云亭　苏轼《僧清顺新作垂云亭诗》:"江山虽有余,亭榭着难稳。登临不得要,万象各偃蹇。惜哉垂云亭,此地得何晚。天公争向背,诗眼巧增损。路穷朱栏出,山破石壁很。海门浸坤轴,湖尾抱云巘。葱葱城郭丽,淡淡烟村远。纷纷鸟雀去,一一鱼樵返。雄观快新获,微景收遗遍。道人真古人,啸咏慕嵇阮。空斋卧蒲褐,芒屦每自捆。天怜诗人穷,乞与供诗本。我诗久不作,荒涩旋锄垦。从君觅佳句,咀嚼废朝饮。"陈襄《宝严院垂云亭诗》:"小亭巉绝出云间,万象升沉不得闲。莫怪诗翁头白早,时来向此写湖山。"沈远《垂云亭诗》:"老师有意出人间,便学垂云也未闲。带雨有时归北岭,随风依旧过南山。"

寿星院　在葛岭上,久圮。《咸淳临安志》:天福八年建,有寒碧轩、此君轩、观台、杯泉,东坡皆有诗。寺有坡公祠。《西湖游览志》:有灵泉、平秀轩、明远堂。苏轼《次韵周长官寿星院同钱鲁少卿诗》:"琉璃百顷水仙家,风静平湖响钓车。寂历疏松欹晚照,伶俜寒

---

〔1〕　雍正本无张雨《宿玛瑙寺诗》。

蝶抱秋花。困眠不觉依蒲褐,归路相将踏桂华。更着纶巾披鹤氅,他年应作画图夸。"晁以道《寿星院诗》:"石磴插青云,禅宫入渺冥。归云侵客座,流水乱松声。天近月逾白,竹多山更青。从来邱壑志,不独付孙登。"邹浩《寿星院观竹诗》:"只园寂寞耸高材,自有鸾凤接翅来。回首壶觞散桃李,日斜风动使人来。"[1]周紫芝《次韵子东湖上杂书寿星寺诗》:"上方重阁到云天,一落天星今几年。不见老坡寒碧句,满林风玉自苍然。"胡助《寿星院诗》:"窗扉寒碧静娟娟,野衲何知此胜缘。独立移时清思极,直疑修竹是坡仙。"

寒碧轩　苏轼《寒碧轩诗》:"清风肃肃摇窗扉,窗前修竹一尺围。纷纷苍雪落夏箪,冉冉绿雾沾人衣。日高山蝉抱叶响,人静翠羽穿林飞。道人绝粒对寒碧,为问鹤骨何缘肥。"周紫芝《次韵子韶游寿星寺寒碧轩诗》:"好竹连山万壑青,落星天近接飞甍。流杯共把人须胜,风玉相看眼倍明。故老旧游云已散,孙郎长啸凤重鸣。闲来却倚朱阑看,苍雪依然入句清。"

此君轩　苏轼《此君轩诗》:"卧听谡谡碎龙鳞,俯看苍苍立玉身。一舸鸱夷江海去,尚余君子六千人。"

观台　苏轼《观台诗》:"三界无所住,一台聊自宁。尘劳付白骨,寂照起黄庭。残梦风中褭,孤灯雪后青。须防戏童子,投砾犯清泠。"

杯泉　苏轼《杯泉诗》:"石眼杯泉举世无,要知杯渡是工夫。可怜狡狯维摩老,戏取江沙入钵盂。"[2]

明远堂　车垓《明远堂诗》:"十年不向此凭阑,景象依然一望间。龙鬣吐云天入水,楼台倒影日衔山。僧于僻寺难为隐,人在扁舟未是闲。孤鹤似寻和靖宅,盘空飞下复飞还。"

四圣延祥观　在葛岭,旧在孤山。《咸淳临安志》:旧四圣堂。四圣者,道经云紫薇北极大帝之四将,曰天蓬、天猷、翊圣、真武。先是,显仁皇太后绘像,事甚谨。高宗以康邸北使将行,见有金甲四人执弓剑以卫者。绍兴十四年,慈宁殿斥费建观,凡古佛刹如宝胜、报恩、智果、广化之在此山者,皆他徙。十五年,内出神像奉安,斫以沉香。二十年,诏复东都延祥旧名,殿曰北极四圣之殿,门曰会真之门。又三清殿曰金阙寥阳,法堂曰通真,皇帝元命阁曰清宁,皆理宗御书。藏殿曰琼章宝藏,孝宗御书。庆元四年,起居郎张贵谟为记。张贵谟《四圣延祥观记》:《灵应启圣记》所纪太宗建北极四圣观于京城,则左右领二元帅,若翊圣、真武二真君是也。记中摭四圣护国福民事甚详,如艺祖建报恩护圣阁,太宗立家堂元真殿,真宗以明化为宁安宫,仁宗于内庭为神报祠,皆四圣之威灵应验如此。伏自靖康之变,岁在丁未,显仁太后北狩,佩平日所绘四圣像以行。至绍兴十有一年南归,因与韦渊语及北方尝梦见所谓四圣者,复止见二人,问之,云:"二送圣君还南朝,二留卫圣母。"曹勋被徽宗密旨,持二太后书达南京,乞太后密语一二以为信。"大王奉使时,我与邢夫人相送,小僮见大王后有人带甲执戈者四,众无所睹,我独悟,事四圣甚谨。此必神佑,可以此言

---

〔1〕　使人来,雍正本作"使人哀",义长。

〔2〕　雍正本无"杯泉"条。

之。"既归,遂于禁中造沉香像,同所绘像奉安于慈宁宫。越二年,委韦渊就西湖择地建四圣殿,两庑三门。成,即降赐慈宁所奉圣像于殿。至戊辰,显仁以慈宁宫屋三间两庑,立醮堂于殿北。庚午,复在京延祥观命道录彭德淳主观事,置道士二十一人,拨望湖堂、广化寺归观,别建寺以安僧徒。又以智果观音院充本观道院,建殿以奉三清四帝。至绍熙五年甲寅,孝宗增创钟楼及本观所造轮藏,为屋几三百楹,徒众日增,合食不翅千指。朝廷积赐缗钱以千计,田亩以万计。观址周围七百余丈,考之《图经》,即孤山也。一山蟠踞,湖波回环,增卑改崇,缭以周墙。其屋与地相为高下,崇檐四注,堂殿中峙,栱楯躅疏,馆舍清靓。九天方袍之士,委蛇于其中,真成云气仙灵之宫矣。观东有通谷穹岫,捣垣居水,如蓬堵壶梁,草木茂接,果华四时,吐芳而扬烈。西则阴林暗霭,山行杳窅,如西厢清静之居。一泉沥液,清而易挹,晗时令日[1],供酌献奉,精飨自足,交神塞明,以徼福无穷,如灵效益著,增光在昔,则启圣所记可信不诬矣。

《西湖游览志》:元初,杨琏真伽废为万寿寺。【成化】《杭州府志》:以武林水门东旧市舶务及城基改建。至正丙申,毁于兵,其地又入于军营,后迁于葛岭。王炎《四圣延祥观诗》:"羽衣引我度松关,借得湖山一眼看。去棹来桡皆物役,个中惟有白鸥闲。"俞桂《延祥观诗》:"御园犹自有逋梅,约束游人莫肯开。听得老兵谈旧事,几年不见翠华来。"赵汝迕《四圣纳凉诗》:"琳宫暑自薄,短簟逸人眠。树系来时马,风移听处蝉。药童清入画,道士默如禅。忽忆山中雪,瘦梅逋老阡。"高似孙《四圣观诗》:"水明一色抱神州,雨压轻尘不敢浮。山北山南人唤酒,春前春后客凭楼。射熊馆暗花扶宸,下鹄池深柳拂舟。白发邦人能道旧,君王曾奉上皇游。"

嘉德永寿讲寺 在葛岭西虎头岩,后改洪忠宣祠。【成化】《杭州府志》:宋理宗时,秦国夫人毛氏既毫,结庵于此,卒就葬焉,遂即庵为寺。宝祐癸巳,赐是额,以夫人有"柔嘉淑德"之封号也。葬之明年,有芝生墓侧,因名丈室为芝岩。前有放生池,建堂于上,曰翔泳。有阁曰宝庄严。至正末毁,洪武间重建。

翔泳堂 白珽《翔泳堂酒中诗》:"环辞度得雪儿歌,浓墨斜书碧玉柯。醉折芙蓉熏酒盏,里湖凉似外湖多。"

凤林禅寺 在葛岭西,俗称喜鹊寺。《西溪梵隐志》:唐鸟窠禅师道场也。师幼出家,诣长安,得法,南归孤山永福寺。后抵秦亭山,有大松树,盘屈如盖,乃止其上。复有鹊驯扰巢于侧,时人因以鸟窠名之。《武林梵志》:宣德间,僧如月重建,敕名凤林寺。徐集孙《凤林寺诗》:"鹊巢不见委空枝,透彻机关在险时。自后非禅无可问,多因险处怕人窥。"释来复《喜鹊寺诗》:"宝网金幢变劫灰,瞿昙寺里尽蒿莱。鸟窠无树山夔泣,不见谈禅太傅来。"

定业院 在葛岭西,久圮。《咸淳临安志》:唐元和元年,刺史裴常棣建。鸟窠师山门,有环峰堂、袭梦轩,今不存。

报恩院　在定业院侧,久圮。《咸淳临安志》:开宝七年,钱氏建。旧名报先,在孤山。治平二年,改今额。绍兴二十一年,以其地为延祥观,徙此。

妙智庵　在栖霞岭,久圮。《咸淳临安志》:开宝四年,太尉张公建。旧名报恩观音院,治平二年改今额。《西湖游览志》:即牛皋香火院。宋伯仁《妙智庵诗》:"结屋古山颠,源流未有年。便非真隐者,且喜得安然。石洞云同卧,茶铛客对煎。我来聊小憩,诗满夕阳天。"

褒忠衍福寺　在栖霞岭下,今为忠烈祠。《咸淳临安志》:元系智果观音院。嘉定十四年,旨拨充岳忠武王功德院,仍以褒忠衍福禅寺为额。《西湖游览志》:宋亡,寺废。王之六世孙在江州者名士迪,与宜兴岳氏合力起之。未几,复废。至元间,天台僧可观者诉于官,郑明德为作疏,杭州经历李全重兴之。郑元祐《重修褒忠衍福寺疏》:伏念故宋赠太师武穆岳鄂王,忠孝绝人,功名盖世。方略如霍嫖姚,不逢汉武,徒结志于忘家;意气如祖豫州,乃遇晋元,空誓言于击节。赐墓田栖霞岭下,建祠秋水观西。落日鼓钟,长为声冤于草木;空山香火,犹将荐爽于渊泉。岂期破荡子孙,尽坏久长规制,典祠田,赙佛宇,春秋无所烝尝;塞墓道,毁神栖,风雨遂颓庙貌。鹙鸧夜啼拱木,踯躅春开断垣。泪落路人,事关世教。盖忠臣烈士,每诏条有致祭之文;岂狂子野僧,搀国典出募缘之疏。望明有司告之台省,冀圣天子锡之珪璋,褒忠义在天之灵,激死生为臣之劝。周武封比干墓,事著遗经;唐宗建白起祠,恩覃异代。下均士庶,咸共见闻。方回《复业记》:岳鄂忠武王之殁后二十一年,绍兴壬午,以礼葬于钱塘县栖霞岭,世称曰岳坟。王之孙吏部公甫、尚书公珂,创祠曰忠烈,寺曰褒忠衍福,置土田房僦以赡其众。迩岁乃有寺僧与其后之为僧者,荡无戒律,坟荒寺废,业属他人。大德五年辛丑,岳氏之长彭泽令适,俾其侄前广济尉宗自九江来任复业之责。宗人之居宜兴者,前武学生立武及其侄龟山长浚供其费,遂尽复墓,若寺之旧。初,僧之窃售于人也,得中统钞五十五锭,今复增廿锭而赎之。营缮之费,又不得与焉。是役也,重修莅事者,江州路报恩寺住持门僧德纯也;忻然退赠无难色者,西番沙迦偏院使也;汲引而左右之者,严德昭朵罗赤瑛吉祥也;协力以迄于成者,上舍君之伯侄也;劬瘁五载,忘家以集事者,广济君也。借来求记,友人桐江邵君宗伟以属紫阳方回者也。若复业之详,则官有案牍,寺有榜据,此不书。大德九年乙巳中元日记。【成化】《杭州府志》:再废。洪武初,正祀典,即寺之址,建王庙祠。详见《祠宇》。

护国仁王禅寺　在扫帚坞。《咸淳临安志》:初,慧开禅师休粮禅定于隆兴黄龙峰顶。自是,所至祷雨辄应。孟少保琪,为捐金买地建寺。淳祐五年,赐今额。七年,京师亢旱,有旨宣入选德殿演说,雨随至。既还山,又遣内侍问何时沾足?开对以寂然不动,感而遂通。是夕,雨如倾。上大悦,赐佛眼禅师,锡赍甚渥。寺后有龙洞,澄深不可测。八年,郑丞相清之躬祷而雨,赐护国龙祠额。未几,锡封侯曰灵济。宝祐六年,拨赐平江官田三千亩。《西湖游览志》:元至正末,毁。洪武初,僧祖吉重建。《钱塘县志》:嘉靖间,僧明贵重修。周文璞《归憩仁王寺诗》:"重到招提未觉迟,钵单初副袷衣时。僧房斋院门门闭,梅子枇杷树树垂。蚁荫经幢求托化,龙缠佛座学慈悲。长年无事闲来此,坐对空山讽小诗。"

天龙庵 在扫帚坞,久圮。《咸淳临安志》:嘉定五年,禅师慧开见山间有紫气如盖,结庵其处。嗣秀王师弥捐金,为增广之,参政楼钥书"天龙"二大字。

永安院 在扫帚坞,久圮。《咸淳临安志》:淳熙间,僧道恩建,为观音庵。庆元二年,发地得石幢,有永安寺名。广顺三年岁次壬子二月丙午日建,就请为额。尝以奉吴秦王香火院,有小圃亭曰清芬。

长庆院 在扫帚坞,久圮。《咸淳临安志》:崇奉祠山大帝,旧系华严庵。绍兴四年,请赐今额。淳祐四年,赵安抚与𢠢增建宝阁。

净性禅寺 在扫帚坞西。《西湖游览志》:宋乾德五年,吴越王建,名净心院。大中祥符间,改今额。元末,毁。国初,重建。邵经邦《游净性寺诗》:"庭心千橘舞秋风,碧刺青梢两院通。斜月石林开咫尺,浅阴松径入玲珑。天边闻铎情难定,闲里逢僧话未终。粗粝不辞香积供,短筵村酌小轩中。"

净胜院 在履泰乡,久圮。《西湖游览志》:俗称升仙宫。宋时,女僧妙清建。高宗常临观焉,有御爱松。

冲虚观 在履泰山麓,久圮。《咸淳临安志》:绍定中建,名宁寿庵。淳祐六年,移请今额。宁宗宫人张氏为尼,建此。

佛光福寿院 在履泰山麓,久圮。《武林旧事》:旌德寺子院。《咸淳临安志》:元系小庵,移请今额。嘉定十七年,法师如坦请为塔院。恭圣仁烈皇太后赐钱重建,宁宗御书"桂堂"二字,扁之丈室。

不空院[1] 在履泰山麓,久圮。《咸淳临安志》:不空院,广顺元年,吴越王建,旧名传经,治平二年改今额。

敕赐清涟寺 在青芝坞,即玉泉寺。《咸淳临安志》:南齐建元中,灵悟大师昙超开山卓庵,讲经演法。天福三年,始建寺,名净空院。淳祐十一年,理宗御书,赐"玉泉净空之院"六字。咸淳三年,重修。五年,省札拨赐官田三百亩有奇。周栋《开山尊者记》:钱塘灵苑山,屹在西湖之北,旧无所闻。南齐建元末,灵悟大师卓庵演经,龙君远来听法,又为师抚掌出泉,若《珠林胜迹记》,若《高僧传》《僧史》,具于沙门载籍者四;富春二志、临安新志,见于府县纪述者三。其说大概不殊,此事实所由始也。寺建于晋天福三年,其始名净空,今天子赐御书敕额,加赐"玉泉"二字。师旧称南齐尊者,嘉定始赐今号。嘉应公,即发泉龙君也。淳祐,始赐今封庙额。嘉泰初,赐灵泉。嘉定,改赐仁惠。嘉熙,又改赐神运。此爵号次第也。淳祐戊申,内出金钱,增屋二十楹。于是灵悟有祠堂,龙王有像殿,守僧更易不常,规制随圮。府尹赵公

---

[1] 不空院,底本原作"传经院",据雍正本及上下文意改。

与籧极力外护，奏仍甲乙住持之旧，仪曹为之，符下公府。寺无常产，淳祐庚戌，始拨赐官田若干亩。此寺计大略也。政和间，有旨与上竺同免科需，今俱为御前雨旸祈祷第一所。惟上方时有锡赉，他无所仰焉。师凤具道器，为天人师，禅定累日不起，入山独处，虎兕循伏。宋大明中，奉诏往辽东宏赞禅道，始游灵苑说法。有老人来听，请曰："我龙也。世居富春鹿山，昆弟五人，我为长。去冬，邑民凿山陶甓，侵我室庐，群龙怒而不雨，今累月矣。诸弟不从吾言，愿师一往化之。"师谓："此庵亦无水，汝能致之乎？"老人抚掌而泉出。今寺西南有泉，击声如珠，累累而涌上，潴为前后二沼是也。大旱不缩，巨浸不溢，鱼数百尾泳其中，空明可鉴毛发。师将行，龙感富春官吏来迎。师离灵苑，雨随注。至观山结坛，浮舟而需洽。龙为师结庵灵岩，峻不能陟，化为白马，载师以登。今石上马迹、岩沼、蜥蜴之类存焉。呜呼！灵矣哉！师讳昙超，清河人。来灵苑时，诸公皆以为南齐之建元，《僧史》以为宋孝武之大明。此从其众者。

【万历】《杭州府志》：元末毁，宣德间重建。《武林梵志》：万历间，钱塘令聂心汤重修。有"晴空细雨"扁，方伯窦公供书。王在晋《重修玉泉寺碑记》：杭之有玉泉，介青芝坞、石板巷、九里松之间，清泠湛澈。方塘一鉴，照人眉目，鲂鲤文鳞，浮沉出没，悠然自适。有客投饵，鱼即受饵，汲水不惊，触人不避，夏不知暑，寒不知冰，鱼之与水忘也。见者亦忘其为鱼与水也。寺以泉名，转折而为方丈，则甃石为平桥，小涧喷珠飞沫，滴如荷露，洒如玉屑。苔藻相染，水入深蓝，与青旻一色。往自南齐建元灵悟大师昙超卓庵讲经，有老人于庵前抚掌，泉自涌出。泉名抚掌，又曰细雨。净空名院创于五代，宋理宗皇帝御书"玉泉净空"锡额。寺重葺于咸淳间，元末毁，本朝宣德重兴，历年二百所矣。万历二十八年，织造内监孙公整其颓圮，而住僧性科募金鸠工，法宫梵宇，益增胜焉。余乃为记，勒石志之。张时彻《玉泉寺诗》："绀宇潴澄碧，青云覆石渠。穿崖惊宿鸟，拨藻数游鱼。扫榻霞扉敞，藏经石室虚。山僧知爱客，碧草不教除。"王世贞《玉泉寺诗》："寺古碑残不记年，清池媚景且留连。金鳞惯爱初斜日，玉乳长涵太古天。投饵聚时霞作片，避人深处月初弦。还将吾乐同鱼乐，三复庄生濠上篇。"

国朝康熙三十八年三月，圣祖仁皇帝南巡幸寺，御制《玉泉有五色鱼赐名清涟寺诗》："锦鳞游泳漾波纹，隐藻穿蘋暗作群。濠濮会心原不远，清涟题额与传闻。"赐御书《金刚经》一部，大士像一尊。雍正六年，总督臣李卫重修，并建洗心亭。李卫《重修玉泉寺碑记》：相传玉泉自南齐高僧说法，此地龙王来听，抚掌涌出，故初建有龙神祠。而其事怪诞，未及深考。但按泉在青芝、石版、九里松之间，山田数千亩，俱资灌溉，其利泽所被，亦云普矣。且以一鉴方塘，清凉湛澈，就中文鳞鲂鲤，五色烂然，非跃非潜，以恬以适，直欲与水相忘于终古，殆亦泉之灵异所涵育而变化者耶。晋天福间，于泉左建有净空禅院。南宋理宗，曾亲书额。明万历时，以寺废重修，复匾"晴空""细雨"等书，而嗣后景色踵事增华矣。康熙四十二年，圣祖仁皇帝南巡江浙，驾幸玉泉，特赐宸章，兼及金经法像，尤为亘古旷典，焕然更新。乃更阅二十余年，寺宇渐复颓坏，卫膺特命节越是邦，适以劝农，所经少憩泉，次则见圮梁败壁，蔓草荒烟，不觉心悯。会有盐政承役,暮年无子,家计颇饶,犹不悟积非,爰着整修,以赎罪戾焉。其工起于戊申仲夏,成于孟冬。法殿讲堂,回廊曲槛,无不绚采,庶几足以珍藏御书,辉映清涟,而建亭泉际,颜曰"洗心"。盖从来官吏其贪庸不职者,大率心先污也。惟不能洗濯,斯终于难洁,似兹泉之澄清宛在。虽鳞虫至蠢,犹知动中取静,以自修饬,何况于人,其可竟忘祓除耶?自有此亭临于泉上,吾愿登斯亭者,因涧溪之一曲,扩灵慧之天怀,即鱼水之相忘,戒形神之误用。其或见地光明,襟期旷远,则凭阑寓目,当不啻冰心之映玉壶。否则,气习未除,旧染仍在,急宜以鉴形者鉴心,还以自鉴者自洗,庶几心之察察,不终受物之汶汶乎?夫如是,而兹泉利益,固不仅可以供游览,并不仅为南亩助丰登,为西来增净土也。而当年泉涌果原于抚掌与否,何必深论哉?卫于江浙,忝有统率文武之责,故因记寺泉,而并为官守者劝。雍正戊申十一月。

显明院　在青芝坞,久圮。《咸淳临安志》:广顺二年,吴越孟谦建。旧名兴福保清,大中祥符元年改今额。旧《志》:有鉴空阁、绿静堂,今废。

鉴空阁　苏轼《和黄秀才鉴空阁诗》:"明月本自明,无心孰为境。挂空如水鉴,写此山河影。我观大瀛海,巨浸与天并。九州居其间,无异蛇盘镜。空水两无质,相照但耿耿。妄云桂兔蟆,俗说皆可屏。我游鉴空阁,缺月正凄冷。黄子寒无衣,对月句逾警。借君方诸泪,一沐管城颖。谁言小丛林,清绝冠五岭。"

万安院　在青芝坞,久圮。《咸淳临安志》:天福七年,钱氏建。旧名清化永安,治平二年改今额。

慈圣院　在青芝坞,元末毁。《咸淳临安志》:乾祐元年,钱氏建。旧名慈云,治平二年改赐今额。

普向院　在青芝坞,久圮。《咸淳临安志》:开运元年,钱氏建。绍兴中,殿帅杨存中请移建北山青芝坞,专充殿司诸军瘗所,令僧主其香火。王希吕《普向院记》:绍兴十六年,朝廷以西湖之阴隙地三百亩为殿前十三军之茔地,创立精舍,为荐拔之所。迁南荡之废寺曰普向者榜其上,从故太傅杨王存中之请也。乾道八年,住持僧法千言:"兹寺之建,诸军之士生死蒙福,独其主帅屡更,敷陈不时,故赐额缺焉。深恐历日寖久,本末之不克备,无以新众视、示来世,朝廷德意,殆成虚美,是诚不可缓者,敢以为请。"今殿帅节使王公友直即以其事闻,于是有旨,赐以"愍忠资福普向"之额。法千既以救牒刊之坚珉,又笔其大概,使来请文。希吕与千同时杖策而南者,义不可辞。昔先王之治天下,其纪纲法度所以维持天下者甚殷。若其政理,则本诸人情。孟子以养生送死无憾为王道之始,此之谓也。本朝寝兵措刑,著为家法。今和戎有年,边尘不惊,六军之士安居而饱食,而且赐之葬地,守以僧舍,锡以美名,恩深漏泉,德施罔极。夫礼尚往来,事有施报,往而不来,世无是理。将有入是寺读是文者,灼然知圣人广大之德,而潜有以发其忠孝慷慨之心,以笃于施报往来之义,异日摧城陷阵,立非常之功,以上报非常之恩,必有其人矣。

陈恺《游普向诗》十首:

西湖西岸三百寺，一一题名嗟未能。他日诛茅追胜赏，却寻诗版验吾曾。

一老昂藏物外高，陈陈胸次尽龙韬。功名未疗湖山癖，却着袈裟替战袍。

青林果熟星宿烂，修竹风来环佩鸣。翠影扶疏僧宇静，吟余屋角见云生。

虀盐未必劣僧蔬，尘里光阴易破除。他日摩肩霄汉上，却须此室以藏书。

日冒风埃鬓脚黄，归怀绊骥可能忘。谁知碧岭苍云外，占断人间五月凉。

寺壁龙蛇石刻新，夔州十绝典型存。鹅溪为卷湖山去，拟与诗人到处论。

远近僧垣共白云，萧然不着世间尘。朝参夜讲庸何计，野饭山栖已可人。

处士前身自水仙[1]，天教清句纪山川。即今秋菊寒泉意，双鹤飞来若个边。

崇冈回首路萦盘，夕照明边小凭栏。船合浅沙催客上，玻璃影里见长安。

行穿老桧千寻影，归受凉荷十里风。从此胜游萦客梦，梦随黄鹄下云空。

天清宫　在青芝坞。久圮。《咸淳临安志》：女冠冲靖大师沈师谦建。宝祐五年，移请今额。任士林《天清宫记》：宋宝祐，冲靖大师赐紫沈师谦，筑庵于钱塘县灵峰之南，以庇修真之徒。恭定公卢府君实资施之，始改作，请于朝，赐额曰天清宫。未几，恭定公薨，师谦之徒真静大师罗道清、通微大师胡常净相与谋。景定三年壬戌，辟基筑，画堵制，请于恭定公之子御带公原深，慨然曰："吾先君志也，其可以弗成乎？"凡楮樟杉栝之储，瓴甓硙碱之用，丹碧髹垩之供，委输毕具。越二年，殿堂楼阁，廊庑山门，方丈之居，斋庖之宇，像设幢盖，香华之饰，钟鼓之建，如地涌天设。又明年，师谦未克朝夕于新营而羽化矣。其徒真妙大师沈元胜实嗣之，御带公复施田为亩四百五十，而强山为亩三百而少。于是，星阶月殿之下，云窗雾阁之间，玉佩珊珊，签笈整整，不知瑶池翠水之在人世也。今住山端静凝和大师胡正宁曰："吾甲乙绳承为第二，传宫事本末，不托文以纪金石，何以示后人？"以状来，余遂为之记。

资寿院　在青芝坞，久圮。《咸淳临安志》：元系大圣庵。淳熙七年，移请今额。

南禅资福尼寺　在鲍家田，久圮。《咸淳临安志》：尼惠果开山。绍熙元年，移请今额。景定五年，更创佛殿。安刘《建佛殿记》：高宗驻跸钱塘，西有湖，为群山围，浸成福地。有鲍家田，最幽阻闃寂，以演佛之说为宜。自仁师者从开封来，唯兹卓庵，导其徒，其地犹未寺也。绍兴初，有果师见，谓克增光者。会南禅敕赐资福寺以承嗣不任废，乃益自励，祈其额焉。主比邱戒塘彗户洁净以乐，宫掖向之无嫌碍。嘉定壬午，恭圣仁烈皇后洒翰锡之，是名圆庵，山门与额对映。于是，鲍田寺声洞远迩，缘法充斥，而殿屋未扬，厥惟弗称。今师德深曰："殿以栖像，将妥之心远甚。"独早夜贬啬，累铢寸而图之，敛卷不迹权贵之门，力役不强耕作之夫，负大木、砻密石者，不督而程，若出神授。落成，求予记之。

灵峰禅寺　在青芝坞后。《西湖游览志》：故鹫峰禅院，晋开运间，吴越王延伏虎光禅师居之。宋治平二年，改赐今额。俗传为唐时裴休墓院者，非也。《咸淳临安志》：旧有容碧轩，今不存。《武林梵志》：万历初，僧散寺败，仅存殿宇，邑人陈善延

---

〔1〕　雍正本"自"作"是"。

僧通慧居之。寺旧有眠云堂、翠微阁、洗钵池、妙高台。周紫芝《晚至灵峰诗》："绣树千枚与万枚，灵峰寺里看杨梅。青山行尽且归去，红子熟时应再来。"

真觉院　在桃源岭。《武林梵志》：嘉靖三十八年，僧伴云建。俗称伴云庵，亦称桃源居[1]。

神霄雷院　在庆化山。【成化】《杭州府志》：宋咸淳间，有道士陈紫芝自闽来浙，卜居兹山。后入朝祈祷有感，赐号冲素真人，又赐院额，崇奉雷神。《西湖游览志》：六月二十四日，郡人云集，设醮舍资，至今不废。王谦《神霄雷院记》：院在庆化山麓，规制虽小，而所踞雄峙，望之慄然，真若雷窟也[2]。宋嘉定间，陈崇真自闽来，乐其地，遂留兹建焉。理宗初政，闻有道，召见，命以剑水入布，喂有红露，异之，遂锡以紫芝，号爵真人，仍赐今额。中肖九宸道像，及列诸雷君，操兵以卫，俨神霄府。其雪犬在傍，而杖戟者徐急捉数于形见，人尤畏事之。元初，西僧杨总欲更为佛庐，以方媚上，于塔藏赵氏御骨，故无谁何者。犬则为寝噬之，惧来膜拜，即告茜冒皆去，仍新以土木焉。灵著如此。

三藏塔院　在胭脂岭下，久圮。《咸淳临安志》：绍兴初，三藏法师法道在城建千佛阁寺，为子院。

明真宫　在九里松，后移建钱塘仓北。《咸淳临安志》：嘉定中，女冠建。宁宗御书"明真"二字。《武林旧事》：后改为三藏寺。

南资忠报院　在九里松，久圮。《咸淳临安志》：初名长寿庵，续充德寿宫张和国坟，改赐和国庵。庆元六年，移请今额。

普福讲寺　在胭脂岭。【成化】《杭州府志》：宋咸淳戊辰，天台僧朋砺募郡人鲍氏建，凡八年而成，以古废院大普福扁请于朝，为十方天台教院，眉山家之巽为记，赵孟頫重书寺额。至正末，悉毁，重建。《西湖游览志》：寺有芝云台。【万历】《钱塘县志》：有绿筠坡、锡杖山、葛仙井、辟支塔、瑞冈坞、药涧桥。邓文原《寄住持无公诗》："净土谈元屡款扉，平生我亦悟毗尼。天台道在毗陵记，庐阜神交惠远师。度岭白云飞锡处，散花清昼说经时。西南峰下龙泓路，曾记山房旧赋诗。"国朝顺治戊申，重建。

天医院　在胭脂岭，久圮。《西湖游览志》：钱塘名医朱应轸建，以奉陶、吴、许三真君。殿后为上池轩，上池清冷澄澈，竹石蓊翳可爱，督学乔公因阜为之记。

大圆觉天台教寺　在普福寺西。【成化】《杭州府志》：自唐开山，为修证了义法师塔院。《释氏稽古略》：绍兴十三年，敕于临安府西山建天申万寿圆觉寺。《西湖游览志》：高宗书额，及制二诗赐之。寺有归云堂、三昧正爱阁，理宗御书"清凉觉地"。【万历】《杭州府志》：元至正毁，重建。宋高宗《赐僧守璋诗》："古寺春山青更妍，长松修竹翠含烟。汲泉拟欲增茶兴,暂就僧房借榻眠。久坐方知春昼长,静中心地自清凉。人人圆觉何曾觉,但见尘劳尽日长。"吴钢《圆觉寺诗》:"梵室香飘隔竹闻,壁间肆笔烂奎文。山深翠荟经行处,犹卧从龙数点云。地偏境静人无事,雨后风柔物可情。山鸟定知琴意好,倚花浑不作春声。"邓文原《游圆觉寺诗》:"大圆觉境清凉地,要阐毗卢贝藏开。飞锡不妨随鹤下,蟠桃曾见有龙来。相逢定性三生路,尽了尘心万劫灰。忆我初年慕禅悦,石桥烟雨过天台。"徐一夔《圆觉寺诗》:"法侣西州彦,招邀有雅情。供分园果熟,沐爱井泉清。江近潮偏响,山平月倍明。无眠知夜永,况乃候虫鸣。"

黑观音堂　在集庆寺东。《西湖游览志》:俗传弘治间太监张庆游山至此,见青衣女子匿入此庵,索之不得,见座中黑漆观音,礼拜而去,自此香火遂盛。

显慈集庆讲寺　在集庆山。《癸辛杂识》:淳祐庚戌之春,创新寺于西湖之积庆山,改九里松,旧路轮奂,极其靡丽。至壬子之夏,始毕工,穆陵宸翰赐名曰"显慈集庆教寺",命讲师思成为开山教主。既而,给赐贵妃阎氏为功德院。《西湖游览志》:有三池、九井、月桂亭、金波池,并废。【成化】《杭州府志》:元末毁,重建。仇远《集庆寺诗》:"半生三宿此招提,眼底交游更有谁? 顾恺漫留金粟影,杜陵忍赋玉华诗。旋烹紫笋犹含箨,自摘青茶未展旗。听彻洞箫清不寐,月明正照古松枝。"许应元《宿集庆山房诗》:"风尘十年别,共卧北岩秋。夜久寒侵榻,山空雨撼楼。三乘君早悟,一壑我何求。待谢簪裾累,长陪宗少游。"

敕赐云林禅寺　在武林山之阴,北高峰下,即灵隐寺。《灵隐寺志》:创于咸和元年竺僧慧理,山门始榜曰"绝胜觉场",仙翁葛洪所书。正殿曰"觉皇殿",历五季,隋兴废莫考。唐大历六年,复兴。属会昌废教,寺毁僧散,后稍稍兴复,规制未宏。吴越钱王命僧延寿重为开拓,殿宇一新,建石幢二,正殿仍觉皇之旧殿,后为千佛阁,最后为法堂,东建百尺弥勒阁[1]。宋景德四年,改景德灵隐禅寺。南宋高、孝翠华屡幸,理庙亲洒宸翰,增辉山水,当时号称禅院五山之第二山,改法堂为直指堂,赐直指堂印。罗处约《重修虎林山灵隐寺碑记》:斗牛之下,有郡曰钱塘;浙水之右,有山曰武林。居山之寺曰灵隐,其得境之胜地乎! 观其群山环倚,一峰中断,平湖鉴物,洪涛骇人,云生若趋,石怪欲语。陆羽记东晋咸和初,有梵僧慧理由天竺而至,叹曰:"兹山灵鹫之一峰耳,何代飞来乎?"所携白猿,复识其处,睨彼故地,同乎新丰。由是布金其田,宝新其刹,憩莲峰之石,翻贝叶之文。洞深有天,岩垂为室。晋、宋已降,贤能迭居。碑残简文之词,榜尽稚川之字。唐运之季,国霸为钱,云构之规,则又过矣。绣桷画拱,霞晕于九霄;藻石雕楹,花垂于四照。修廊重复,潜奔溅玉之泉;飞阁岧峣,下瞰垂珠之树。风铎触均天之乐,花鬘搜陆海之珍。有若碧树芳枝,春荣冬茂;翠岚清籁,朝融夕凝。呼猿风闻,卧龙石老。会汉南王籍彼土宇,归我昌期。雍熙之二载,郡之四众,请月禅师为之首,师印可禅那,深得其髓。越明年,仆自苏台抵杭郡,月禅师俾文其事,因不自揆而

---

[1]　雍正本"阁"后有"西有祇园。今名紫竹林"九字。

书之。

　　元至大元年，觉皇殿岁久蠹朽，撤故为新。皇庆元年十月，落成。至正己亥，毁于兵。癸卯，始建方丈伽蓝堂。洪武十七年，重修觉皇殿。宣德五年，觉皇殿灾。九年，重建，仍复旧观。隆庆三年，毁于雷火。万历壬午，鸠工。以癸未冬十二月始事，越五年而成。张翰《重修灵隐寺碑记》：吾杭自钱氏有国，南宋建都两山，诸刹依然胜概。其间敕于先朝，如虎林山之灵隐寺，尤为冠绝。东晋咸和，梵僧慧理建，后析而两之，东灵鹫，西灵隐。宋景德四年，复合为一，启觉皇殿、弥勒阁。高宗驻跸，数临幸，赐金额庄田，以后兴废靡常。迨洪武中，住持惠明恢复如旧。永乐初，善才增塑三世金身。宣德间灾，住持良玠重建。隆庆三年，复毁于雷火，止余直指一堂。时海寇纷扰，寺僧德明等图复，力不赡。万历壬午，陆司寇光祖知僧如通足任斯役，令僧众亟迎。比至，首筑坛，跌坐其上，说《楞严》《法华》诸经，远迩谛听，罔不来助。于是栋梁榱桷之材，甃砌磻墁之石，金䨜丹垩之饰，覆垫砖甓之需，智士运谋，壮夫输力，不三数年，大觉殿巍然中峙。就弥勒阁旧址为藏殿，后为直指堂。又后为方丈，左为妙应阁，右为选佛斋，壮丽周匝，雅饬庄严。数十年，瓦砾之场，轮奂一新。落成之日，宜记其本末，以垂永久。僧众相率诣余，余遂次第其事，系之铭。宋理宗《灵隐千佛赞》："一佛不二，千佛奚别。如处处水，现在在月。无去无来，不生不灭。梅花开时，前村深雪。"宋之问《灵隐寺诗》："鹫岭郁岧峣，龙宫锁寂寥。楼观沧海日，门对浙江潮。桂子月中落，天香云外飘。扪萝登塔远，刳木取泉遥。霜薄花更发，冰轻叶未凋。夙龄尚遐异，搜讨涤烦嚣。待入天台路，看予度石桥。"綦母潜《题灵隐寺山顶禅院诗》："招提此山顶，下界不相闻。塔影挂清汉，钟声和白云。观空静室掩，行道众香闻。且驻西来驾，人天日未曛。"贾岛《早秋题天竺灵隐寺诗》："峰前峰后寺新秋，绝顶高窗见沃洲。人在定中闻蟋蟀，鹤于栖处挂猕猴。山钟夜渡空江水，汀月寒生古石楼。心欲悬帆身未遂，谢公此地昔曾游。"张祜《题灵隐寺诗》："峰峦开一掌，朱槛几环延。佛地花分界，僧房竹引泉。五更楼下月，十里郭中烟。后塔耸亭后，前山横阁前。溪沙涵水静，洞石点苔鲜。好是呼猿久，西岩声响连。"杨巨源《送章孝标归杭州诗》："曾过灵隐江边寺，独宿东楼看海门。潮色银河铺碧落，日光金柱出红盆。不妨公事资高卧，无限诗情要细论。若访郡人徐孺子，应须骑马到江村。"白居易《留题天竺灵隐两寺诗》："在郡六百日，入山十二回。宿因丹桂落，醉为海榴开。黄纸除书到，青宫诏命催。僧徒多怅望，宾从亦徘徊。寺暗烟埋竹，林香雨落梅。别桥怜白石，辞洞恋青苔。渐出松间路，犹飞马上杯。谁教冷泉水，送我下山来？"权德舆《戏赠天竺灵隐二寺寺主诗》："石路泉流两寺分，寻常钟磬隔山闻。山僧半在中峰住，共占青猿与白云。"司空曙《灵隐寺诗》："青山古寺绕烟波，石磴盘空鸟道过。百尺金身开凿壁，万龛灯焰隔烟萝。云生客路侵衣湿，花落僧房覆地多。不与方袍同结足，下归尘世竟如何。"郑巢《题灵隐寺皖公院诗》："山寒叶满衣，孤鹤偶清羸。已在云居老，休为内殿期。岚昏钟磬早[1]，果熟饭猿迟。未得终高论，明朝更别离。"梅询《灵隐寺诗》："千峰凌紫烟，中有梵王阙。灵眄树幽栖，尘心自超越。松篁发春霭，桂实坠秋月。幸得谢世人，兹焉老华发。"林逋《和运使陈学生游灵隐寺寓怀诗》："山宇气相合，旦暮生秋阴。松门韵虚

---

〔1〕　雍正本"钟磬"作"鸣磬"。

籁,铮若鸣瑶琴。举目群状动,倾耳百虑沉。按部既优游,时此振衣襟。泓澄冷泉色,泻我清旷心。飘飘白猿声,答我雅正吟。经台复丹井,扪萝尝遍临。鹤盖青霞映,玉趾苍苔侵。温颜照槁木,真性讶幽禽。所以仁惠政,及物一一深。洒翰嶙峋壁,返驾荫檀林。回睨窣堵峰,天半千万寻。"潘阆《灵隐寺诗》:"绕寺千千万万峰,满天风雪打杉松。地炉火暖黄昏睡,更有何人似我慵。"苏轼《立秋日祷雨宿灵隐同周徐二令诗》:"百重堆案掣身闲,一叶秋声对榻眠。床下雪霜侵户月,枕中琴筑落阶泉。崎岖世味尝应遍,寂寞山栖老渐便。惟有悯农心尚在,口占云汉更茫然。"又《游灵隐寺复用前韵诗》:"君不见钱塘钱王,壮观今已无。屋堆黄金斗量珠,运尽不劳折简呼。四方宦游散其孥,宫阙留与闲人娱。盛衰哀乐两须臾,何用多忧心郁纡。溪山处处皆可庐,最爱灵隐飞来孤。乔木百丈苍髯须,扰扰下笑柳与蒲。高堂会食罗千夫,撞钟击鼓喧朝晡。凝香方丈眠氍毹,绝胜絮被缝海图。清风时来惊睡余,遂超羲皇傲凡蓬。归时栖鸦正毕逋,孤烟落日不可摹。"李纲《灵隐宫诗》:"我昔曾游飞来峰,白猿昼挂峰上松。晔然灵光如彩虹,钟磬自响金仙宫。宦游漂泊西复东,虽欲再到无由从。帝居钧天陋瀛蓬,螭坳载笔侍重瞳[1]。逆鳞聊试摩神龙,谪堕剑浦山重重。征鞍来此寻旧踪,恍如梦落烟霞中。朱楼宝殿飞玲珑,寒泉幽石欣相逢。门前池馆虚含风,一洗尘虑清心胸。明朝南去随征鸿,惆怅胜游回首空。"邓肃《灵隐寺诗》:"松篁拥翠入云间,雅称高人养道闲。自是红尘飞不到,一溪流水绕青山。老木森森小径斜,淡烟横锁两三家。晚来欲写萧疏景,举目遥岑望更赊。"王恽《灵隐寺诗》二首[2]:"山缘松竹烟光润,寺倚峰峦地位雄。凭槛忽惊灵鹫上,世间真有化人宫。""旋开僧牖观山罢,闲逐游人看寺回。买得两钱干果子,步穿经洞引猿来。"杨维桢《游灵隐寺诗》:"九里松关一径深,修廊千丈昼沉沉。佛安玛瑙青香座,僧住旃檀紫竹林。南北高峰天外笔,东西流水屋头琴。冷泉亭外闲盘礴,洗尽三生名利心。"程敏政《阁文振方伯王景端都阃诸公饯灵隐寺诗》:"钱塘门外日初红,万顷湖光一境空。白塔苍松山向背,画船垂柳路西东。放生字认唐遗碣,行在名传宋故宫。吊古有情诗不逮,一林啼鸟自春风。飞来峰下旧只园,胜览平生第一番。方丈云深疑伏虎,洞门风冷罢呼猿。天开画史丹青笔,水杂游人笑语喧。相对东皇须尽醉,一时那得聚高轩。偃盖松间载酒行,才惊飘泊过清明。五年别向兹山会,两月春无此日晴。石古谁参圆泽偈,井枯犹带葛洪名。酒酣又是分携处,情比江潮晚未平。"张以宁《游灵隐九日诗》:"秋日秋山景色微,秋来风景解人稀。泉通金谷清偏冷,峰出霜林峻欲飞。黄叶下封游客路,白云闲护定僧扉。人生晚节须当惜,畅饮何妨醉夕晖。"王世贞《游灵隐寺诗》:"步屧径垂尽,招提天忽开。山驱丹鹫下,泉卷白龙回。石气清僧席,藤阴裛佛台。铁衣双大士,金粟万如来。寺愧题名隐,诗怜异代才。游人日何限,无地着苍苔。

蓬莱堂　孙雄飞《灵隐蓬莱堂诗》:"堂开金色界,梵客好钩帘。山影碧侵座,水声清绕檐。彩云埋石脚,珠露滴松髯。终拟携孤笛,凭栏唤玉蟾。"

石幢　释山显《灵隐寺石幢诗》:"高幢垂五代,端拱寺门雄。地涌虬螭角,天成神鬼工。莲

---

〔1〕　螭坳载笔侍重瞳,底本作"蟠坳载笔侍重瞳",据雍正本改。
〔2〕　底本无"二首"二字,据雍正本及文意补。

花开仰覆,佛顶峙西东。卓出灵峰半,招摇云雾中。"[1]

国朝顺治戊戌,大殿毁,僧弘礼创造。内有天王殿、轮藏殿、伽蓝殿、罗汉殿、金光明殿、大悲殿、法堂、方丈、直指堂、南鉴堂、联灯阁、华严阁、青莲阁、梵香阁、玉树林、法寿堂、万竹楼、钟楼、普同塔院。康熙二十八年,圣祖仁皇帝南巡幸寺,御制《灵隐寺诗》一首:"灵山舍秀色,鹫岭起嵯峨。梵宇盘空出,香云绕地多。开襟对层碧,下马抚烟萝。羽卫闲来往,非同问法过。"亲洒宸翰,书"云林"二字,赐名云林寺。三十八年,圣驾再幸云林,赐金佛一尊、香金五百两及御书"禅门法纪"额。又御题一联,云"禅心澄水月,法鼓聚鱼龙",御制《云林寺诗》一首:"无为几事少,问俗驻林丘。卫骑森严减,炉烟暧曃浮。鸟啼香界古,花缀梵筵幽。野径春风引,轻铺细草柔。"四十二年,圣驾再幸,御制《再过鹫峰诗》一首[2]:"爱此清幽一径深,马随泉响入云林。苍苔古洞何年凿,脉脉韶光自赏心。"赐御书《金刚经》一卷、《心经》一卷。四十四年,再幸云林,赐寺僧慧辂御书金扇一柄、石砚一方。四十六年,圣驾再幸,又赐人参二斤,香金四十两。雍正六年,年总督臣李卫倡修大雄殿、天王殿及诸堂宇楼阁,焕然一新。李卫《募修云林寺引》:尝闻佛教之兴,由于西域;宝刹之建,盛于西湖。盖秀气乃结名都,而异境多归净土。如云林寺者,创由晋代,廓自熙朝,海负江环,久擅东南胜概;山奇泉冷,素称吴越禅宗。飞来鹫岭之峰,俗尘难到;散下蟾宫之子,佳话常留。伏念圣祖仁皇帝幸浙省方,每荷翠华暂驻,研云染墨,曾叨御笔亲题,香霭重其氤氲,瑞照增其朗耀。近因莲台岁久,兰若年深,灿烂梦椽,渐被鼪鼯剥落;崔巍殿宇,旋惊风雨飘摇。维兹名胜之区,可无中兴之侣?乃有住持智广者,虔思补葺,立愿增修,将用旧基以维新,永护宸章于历久。但颓垣废瓦,早须布地之金;绮井丹楹,端赖发心之士。用是弘祈檀越,广种福田,多寡随缘,工程计日。高僧劝善,谅非藉此营私;君子平施,或可因而成事。朱彝尊《偕诸君过灵隐寺雨宿松霭山房限韵诗》二首:"湖云乍合山雨微,平岗细路风吹衣。过桥几处砖塔涌,到寺一道岩泉飞。斩新白花蕊照眼,依旧青竹园开扉。攀萝扪葛信公手,我与僧弥暂忘机。""正喜余霞射东谷,何期檐溜滴阶频。且贪是夕剪灯话,判作来朝着屐人。慧远酒边能发兴,周颙肉罢讵生嗔。猫头之笋一饱足,况有青青鸭脚芹。"严绳孙《灵隐寺诗》:"旧知灵隐寺,此日足幽寻。自昔传飞锡,于今尚布金。江流消劫火,山响答潮音。桂子丹崖古,莲华碧殿深。到来惟瀑水,近处即长林。夜诵闻猿语,朝参是虎心。未能捐慧业,已是异尘襟。落日荒荒去,春烟细细沉。只应扫花雨,息影鹫峰阴。"顾嗣立《灵隐寺诗》:"高峰势插天,北有青莲舍。石桥俯碧溪,涧草青可藉。入门寒飕飀,荫郁类长夏。江声走云根,湖光流树罅。猗欤梵王宫,仙居谁与亚?鱼鳞排屋檐,薜磴任凌跨。佛殿敞以宏,讲堂清

---

〔1〕 雍正本"中"后有"千佛阁"条,其文云:"徐渭《千佛阁诗》:灵山高阁迥,千佛一灯传。万古西湖月,年年照冷泉。"

〔2〕 雍正本"首"后有"恭纪山水"四字,无"爱此清幽一径深,马随泉响入云林。苍苔古洞何年凿,脉脉韶光自赏心"二十八字。

且暇。徐行入佳境，悠然如啖蔗。穿厨绕曲房，石上寒溜泻。山春草木香，岚气争变化。岩半一声钟，飞堕石梁下。"[1]

北高峰塔　在灵隐后山。【成化】《杭州府志》：唐天宝中，邑人建[2]，高七层，藏古佛刹[3]。会昌中毁，钱武肃、忠懿王皆重修之。宋至和三年，雷火，又修之。《咸淳临安志》[4]：元丰间，圆明大师重建。咸淳七年，毁。旧《灵隐寺志》：又建，今圮，止存三层。潘阆《北高峰塔诗》："北高峰上塔，竟上最高层。尝谓人难到，何当我独登。天香闻不断，海月见微棱。懒下红尘路，重来恐未能。"梅询《登北高峰塔诗》："高峰列远岑，亭亭几百载。铃声答夜风，轮影落苍海。闲云伴危级，曙日平烟彩。欲下生暮愁，千山闭轻霭。"苏轼《游灵隐高峰塔诗》："言游高峰塔，蓐食治野装。火云秋未衰，及此初旦凉。雾霏岩谷暝，日出草木香。嘉我同人来[5]，久便云水乡。相观小举足，前路高且长。古松蟠龙蛇，怪石坐牛羊。渐闻钟磬音，飞鸟皆下翔。入门空无有，云海浩茫茫。惟见聋道人，老病时绝粮。问年笑不答，但指空藜床。心知不复来，欲归更彷徨。赠别留匹布，今岁天早霜。"邓林《登北高峰塔诗》："扪萝百折上嶙峋，世界凡仙到此分。小朵岳莲来异域，孤撑天柱入层云。江湖俯看杯中泻，钟磬回从地底闻。借问须弥在何处，老僧留客且论文。"姚肇《次邓林北高峰塔诗》："高峰千仞玉嶙峋，石磴跻攀翠霭分。一路松声长带雨，半空岚气总成云。上方楼阁参差见，下界笙歌远近闻。谁似当年苏内翰，登临处处有遗文。"

慎庵　在灵隐山，即岣嵝山房。《灵隐寺志》：原系本寺塔院。《武林梵志》：万历辛亥，僧清茂重葺。

白云庵　在灵隐寺方丈后，久圮。《释氏稽古略》：灵隐方丈后山，有此邱曰清觉，号本然。元祐七年，游浙。明年，至杭州灵隐寺。灵隐圆明童禅师以寺后白云山庵居，觉乃自立宗，以所居庵名，为号曰白云宗。

灵鹫兴圣寺　在合涧桥边，元末毁。《咸淳临安志》：慧理法师卓锡之地。开运二年，吴越王建，名灵鹫。大中祥符八年，改今额。嘉熙元年，重建。淳祐十二年，又建灵山海会之阁，理宗御书扁。有滴翠轩、九品堂。楼杕《重修兴圣寺记》：灵隐前，天竺后，介两山间一兰若，曰灵鹫。窦石洞前，嵌空合流，中分而兼有之。考诸志实，惟晋理法师卓锡之始。理咸和初自西天来，见兹山而惊曰："是中天竺国灵鹫山之小岭，不知何年飞来？佛在世日，多为仙灵所隐。今此亦复尔耶。"乃披荆榛，乃辟梵庐，地以人显，至今岩以理名，访其塔犹在。更唐表章，至吴越尊尚，国朝驻跸，隐竺之价日高，而是刹几芜废不治，缁素怆焉。嘉熙元年秋，妙选吴僧行果主之。越明年，作山门，易向而南。明年，两庑成。又明年，观堂成，位置合宜。事可

---

〔1〕　雍正本"下"后有"紫竹林"条约七百字。

〔2〕　雍正本无"邑人"二字。

〔3〕　雍正本无"藏古佛刹"四字。

〔4〕　雍正本无"又修之。《咸淳临安志》"八字。

〔5〕　人来，雍正本作"来人"。

则而物皆可久也。雅靓邃修，丹碧夺目，规画一出其手，内外备矣。始筑丈室，建宝阁，尽挹四山之秀。闻者乐施，见者兴敬，于是灵鹫复粲粲。余爱山林成癖，坐冷泉，憩香林，屡尝造其庐。修鳞泳波，茂树当道，径窈桥横，真使人意消于烟霏空翠之表。果，北峰暮年之法子，兄事古云晦岩，盖有大过人者，起废细行也，愿力宏固，有家法在。遂书之。

海会阁 王埜《登新阁诗》："山从西域来，寺自东南有。林泉既奇秀，岩穴更深黝。世僧奋空拳，经始不已久。俄然幻杰阁，丹碧照林薮。相辉灵隐前，更胜天竺后。理公坐崖屋，千岁骨已朽。坡翁昔曾游，遗句在否。洞猿不待呼，清昼时一吼。"

石佛庵 在灵隐山直指堂后。《武林梵志》：梁简文帝所造迦叶、维卫石佛二尊。万历间，僧如朒建庵，后建准提阁。

韬光庵 在灵隐寺西。《咸淳临安志》：天福三年，吴越王建，旧额广严。唐长庆中，有诗僧结庵于院之西，自号韬光。《西湖游览志》：韬光禅师，蜀人。代宗时，辞师游。师嘱之曰："遇天可前，逢巢即止。"师游灵隐山巢沟坞，值白乐天守郡，悟曰："此吾师之命也。"遂卓锡焉。乐天闻之，遂与为友，题其堂曰"法安"。【成化】《杭州府志》：大中祥符元年，改今额。乾道九年，充咸安郡王士铢功德院，废久。洪武间，重建，毁。正统十年，僧一真重建，火。天顺二年，僧宗融重建。释如璧如琳《访渊公不值诗》[1]："紫蕨伸拳笋破梢，杨花飞尽绿阴交。道人闭户不知处，黄栗留鸣鹊在巢。"黄顺之《韬光诗》："瘦藤拄到古韬光，分得山僧半榻凉。幽鸟一声春梦断，湿云漠漠护残香。"杨蟠《韬光庵诗》："寂寞庵前草，春深鹿自耕。老僧垂白发，山下不知名。"郭祥正《韬光庵诗》："逢人寂无语，结草自栖禅。但见岩花笑，庞眉不记年。"高攀龙《万历癸丑与丹阳周仲纯来游韬光诗》："偶来山中坐，兀兀二旬余。心中淡无事，宛若生民初。流泉当几席，众山立庭除。高树依岩秀，修竹夹路疏。所至得心赏，终日欣欣如。流光易蹉跎，此日良不虚。寄言养性者，速驾深山居。"王瀛《韬光庵诗》："吟边喜与故人登，老树无枝石有棱。坐久江潮听渐近，寒山高出白云层。"文震孟《庚午冬游韬光诗》："斜阳竹树影萧萧，独有幽蛮破寂寥。万境不波心似水，满庭红蕊映山椒。"潘耒《宿韬光山房诗》："招提宅山颠，而有清泉泻。涛声乱阴晴，瀑势无冬夏。殿门俯层峦，万象森在下。湖帆曳林空，海日升岩罅。我来岁已晚，枫菊犹未谢。白石净可餐，流云驶堪驾。浮生如窗尘，几人得休暇。遇坎且止止，茅斋倘相借。"王式丹《韬光庵诗》："丛篁高蔽日，曲筧细鸣泉。乍可寻幽径，真成到洞天。佛灯明薜壁，僧磬冷炊烟。叹息香山去，无人爱种莲。"汤右曾《韬光诗》："洞桥徙倚老松根，肃肃岩扉昼不喧。坐觉清风生石壁，行穷修竹见山门[2]。依依烟郭江光绕，点点林雅海气昏。却怪白沙春涨阔，游人指点说潮痕。"

保宁院 在灵隐寺西，久圮。《咸淳临安志》：天福三年，吴越王建。旧额保安无量寿院，治平二年改今额。

---

〔1〕《访渊公不值》一诗，它本诗名各异，作者亦不一，或作"如璧"，或作"如琳"。

〔2〕 底本"穷"作"躬"，据雍正本改。

北资圣院　在灵隐寺西,久圮。《咸淳临安志》:天福二年,吴越王建,旧名大明。大中祥符元年,改今额。

时思荐福寺　在石人岭下,明时毁。《释氏稽古略》:绍兴十四年,诏改天竺灵山寺为时思荐福寺,赐宪圣慈烈皇后吴氏奉先香火。《西湖游览志》:有宜对楼、通云亭、天池楼、双珠亭、万玉轩。元至正末毁,明初重建,复毁。

宜封楼　叶绍翁《宜封楼诗》:"讲罢闲来立矮栏,裌裟衣薄翠光寒。请师莫起云屏想,只作当年面壁看。"杜汝能《宜封楼诗》:"已看山不厌,高处更营亭。对面开诗景,当空列画屏。药生香草异,盖结古松灵。见说师斋暇,时来此读经。"

天池楼　张雨《天池楼诗》:"天池一楼小如架,檠出半天天雨华。山围丈室狮子座,寺属三朝母后家。时呼白猿听奇句,亦许飞仙餐紫霞。我来把断阆风口,只留林角置裌裟。"

普圆庵　在灵隐寺西。《咸淳临安志》:天福二年,吴越王建旧。旧名资严,大中祥符元年改今额。《武林旧事》:寺有超然台。后隆国黄夫人以超然台为葬地,遂移此院于山之西[1]。

永福寺　在灵隐寺西石笋峰下。《武林旧事》:隆国黄夫人功德院,咸淳九年建[2]。旧《钱塘县志》:永福古刹,刘宋元嘉时为琳法师讲所。石晋天福间,颜为普圆院,又名资岩。南宋咸淳间,为度宗母隆国夫人香火,改敕今额。时有毒声大师居之,号大吉祥寺,功德最盛。明初,恢拓规模,为空谷隆禅师道场。永乐间,僧宗钜建殿。弘治间,涤水圮,僧渐散去,佃于民间。嘉靖间,柴珍之得之以梦神示警,发愿复归三宝,请天台教主松溪法师主焉。张以宁《黎沧洲邀饮灵隐小酌永福僧舍诗》:"灵鹫山高石窦空,冷泉亭外树茏葱。人行绝涧春无雨,花落深林夜有风。山水增妍词客在,衣冠寻乐故人同。舞雩沂水歌游歇,尽说兰亭翰墨工。"[3]国朝顺治中,天台之裔静昭兴复。

谨按:旧钱塘志所载,永福与普圆原系一寺。《咸淳临安志》仅有普圆,而无永福。《武林旧事》普圆、永福之名具载焉。周公谨为宋末元初人,其所载未为无据,今并存之[4]。

---

〔1〕　雍正本无"普圆庵"条。

〔2〕　雍正本无"《武林旧事》:隆国黄夫人功德院,咸淳九年建"一段文字。

〔3〕　雍正本无"明初……法师主焉"一段文字,而载有《永福寺志》相关论述。又雍正本无张以宁《黎沧洲邀饮灵隐小酌永福僧舍诗》,而有张以诚《过白衲庵诗》。

〔4〕　雍正本无"谨按……今并存之"一段文字。

武林览胜记卷九

寺观四

北山路

下天竺讲寺　在灵鹫山麓。《西湖游览志》：晋僧慧理建。隋开皇十五年，有僧真观者，钱塘人，与禅师道安头陀、石室檀越陈仲宝拓而新之，号南天竺寺。《咸淳临安志》：唐永泰中，赐额。五代时，有五百罗汉院，后废。大中祥符初，改赐灵山寺。天禧四年，复天竺寺额。绍兴十四年，高宗皇帝改赐天竺时思荐福寺额，为吴秦王香火院。庆元三年，太皇太后有旨，下竺名刹，不欲永占，可复元额，为天竺灵山之寺。宝祐二年，改赐天竺灵山教寺额。有御书阁，藏累朝宸翰。《武林旧事》：方丈曰：佛国山"法堂"二字，乃云房钟离权书，甚奇古。大抵灵竺之胜，周回数十里，而岩壑尤美，实聚于下天竺寺。自飞来峰转至寺后，诸岩洞皆嵌空玲珑、莹滑清润，如虬龙瑞凤，如层华吐萼，如皱縠叠浪，穿幽透深，不可名貌。林木皆自岩骨拔起，不土而生。传言兹山韫玉，故腴润若此。胡宿《下天竺灵山教寺记》：天竺寺者，余杭之胜刹也。飞来峰者，武林之奇巘也。晋有梵僧慧理，指此山乃灵鹫之一小岭耳，不知何年飞来，至此挂锡置院，初曰"翻经"。隋开皇中，法师真观增广之，改为天竺寺。其后大比邱昙超、道标领徒倡教，名在僧史。唐末盗起，寺焚略殆尽。吴越王镠因即旧址，建五百罗汉院。大宋之兴，名山精舍，申易嘉号，锡名曰"灵山"。祥符中，州人联牒丛叩府下，请大士遵式领其众，演天台教观。式公辨博明解，远近向慕。智者之学，自是益振。天禧初，王冀公临州，一见加礼，为奏复天竺旧额。冀公亲题其榜，笔力殊劲。且有敕旨，许作十方讲说主持。还朝，又表其高行，赐号"慈云"，仍施钱万缗，为营佛殿。未几，侍郎胡公继典是郡，又捐己俸，助作三门，分施峻廊，翼其左右。檀施风偃，莫不喜舍。于是，裒合众施，环立群宇。殿之后曰法堂，其右曰僧堂，曰金光三昧堂，曰老宿堂。其左曰厨，曰库，曰浴院，曰延寿堂。及东西缭廊六十楹，井匽、春、砲之所凡百二十余区，皆匪亟而成，观感以化。至于金像模肖，莫不奇特。又造栴檀观音像，置三昧堂中。慈相穆如，智者之遗法也。初，寺有桧树枯死，至是柯叶复茂。众目之曰重荣桧，乃兰若中兴之兆。慈云告老，庵于东岭，传寺事于明智大师祖韶。韶公亦宿植德本，密资觉力，延接海众，宴坐道场二纪有余，百事无旷。天圣中，两宫外护，三宝焉依。清净之风，大流率土。吉祥之地，首眷兹山。乃诏乾元、长宁二节度僧各一。明道至皇祐间，二遗近珰黄元吉舍施檀香缕金佛、菩萨、罗汉等像五十二身，释迦、文殊、普贤、阿难、迦叶琥珀等像五身。又施西天灵塔、佛骨、舍利、白氎等，仍赐飞白御书六轴、飞白御书扇子等。且有中旨，每岁度行者一人。韶公钦承圣施，寅奉墨宝，于法堂后建御书阁三栋，以虔香火。阁之东西，建方丈二十区，北厂虚楹，正面鹭石，名胜游士多至其下。又于殿之前[1]，建钟、经二台，东西对峙。山门之左，创五百罗汉院，右建天台教藏院，后曰看经堂。北曰泗洲菩萨殿，后曰茶堂，亭轩房牖之类，亦百有二十余区。前后轮奂，表里华洁，钟梵通于霄汉，金碧照于岩谷。新涧春夏，众声琤然；灵峰旱暮，云气馥若。疑神物之有护，信灵仙之所隐。则此寺之崛兴，与兹山之共敝[2]。韶公以某雅尘禁职，缅慕宗乘，见托以文，且记其事。至于龙潭猿涧，一邱一壑之胜，则有陆鸿渐《山记》在焉，今但记其置寺之本末云。

《钱塘县志》：元末毁，明洪武间重建。崔颢《游天竺寺诗》："晨登天竺山，山殿朝阳晓。涧泉争喷薄，江岫相萦绕。直上孤顶高，平看众峰小。南州十二月，地暖冰雪少。青翠满寒山，藤萝覆冬沼。花龛瀑布侧，青壁石林杪。鸣钟集人天，施饭聚猿鸟。洗意归清净，澄心悟空了。始知世上人，万物一何扰。"綦毋潜《登天竺寺诗》："郡有化城最，西穷叠嶂深。松门当涧口，石路在峰心。幽见夕阳霁，高逢暮雨阴。佛身瞻绀发，宝地践黄金。云向竹溪尽，月从花洞临。因物成真悟，遗世在兹岑。"陶翰《宿天竺寺诗》："松柏乱岩口，山西微径通。天开一峰见，宫阙生虚空。正殿倚霞壁，千房标石丛。夜来猿鸟静，钟梵响云中。岑翠映湖月，泉声乱溪风。心超诸境外，了与悬解同。明发唯改视，朝日长崖东。湖色浓荡漾，海光渐瞳蒙。葛仙迹尚在，许氏道犹崇。独往古来事，幽怀期二公。"李白《送崔十二游天竺寺诗》："还闻天竺寺，梦想怀东越。每年海树霜，桂子落秋月。送君游此地，已属流芳歇。待我来行乐，相随浮溟渤。"又《与从侄杭州刺史良游天竺寺诗》："挂席凌蓬邱，观涛憩樟楼。三山动逸兴，五马同遨游。天竺森在眼，松风飒惊秋。览云测变化，弄水穷清幽。叠嶂隔遥海，当轩写归流。诗成傲云月，佳趣满吴洲。"严维《宿天竺寺诗》："方外主人名道林，怕将水月净身心。居然对我说无我，寂历山深将夜深。"张籍《宿天竺寺寄灵隐寺僧诗》："夜向灵溪息此身，风泉竹露净尘埃。月明石上堪同宿，那作山南山北人。"白居易《题天竺南院赠闲元旻清四上人诗》："杂芳涧草合，繁绿岩树新。山深景候晚，四月有余春。竹寺过微雨，石径无纤尘。白衣一居士，方袍四道人。地是佛国土，人非俗交亲。城中山下别，相送亦殷勤。"又《宿天竺寺回诗》："野寺径三宿，都城复一还。家仍念婚嫁，身尚系官班。潇洒临秋水，沉吟晚下山。长闲犹未得，逐日且偷闲。"张祐《天竺寺诗》："西南山最胜，一界是诸天。上[3]路穿

---

〔1〕 底本、雍正本"又"误作"入"，今据《咸淳临安志》改。

〔2〕 雍正本无"则此寺之崛兴，与兹山之共敝"十二字。

〔3〕 底本、雍正本"上"误作"下"，据《（万历）钱塘县志》改。

岩竹,分流入寺泉。蹑云丹井畔,望月石桥边。洞壑江声远,楼台海气连。塔明春岭雪,钟散暮松烟。何处去犹恨,更看峰顶莲。"郑巢《宿天竺寺诗》:"暮过潭上寺,独宿白云间。钟磬遥连树,星河半隔山。石中泉暗落,松外户初关。却忆终南里,前秋此夕还。"陈陶《宿天竺寺诗》:"一宵何期此灵境,五粒松香金地冷。西僧示我高隐心,月在中峰葛洪井。"释道潜《与愚上人宿天竺诗》:"夕阳山气蔼葱葱,路转松阴复几重。行过石桥人未见,数声先听寺楼钟。稽留峰北好林泉,珍重幽栖得所便。柏子烟中能宴坐,想无余习可攀缘。霜压帘栊露泣条,银河影转斗随杓。清言共失三更梦,错恨芙蓉漏易消。"释道潜《陪司马才仲节推诸君游天竺诗》[1]:"西郊久不雨,草木无余青。薄云弄秋晖,山色时晦冥。超然五词客,文采披华星。联翩过吾庐,车盖纷满庭。相携访灵鹫,细路通岩扃。攀翻幽桂丛,衣襟袭芳馨。绝境异人世,吾诗岂能名。诗豪追卯下,妙语逾琼英。愿言一挥写,乐事良难并。高空堕海日,归骖尚能停。"杨万里《寒食雨中同舍约游天竺诗》:"游山不合作前期,便被山灵圣得知。只等五更倾一雨,三更犹是月明时。笋舆冲雨复冲泥,一径深深只觉迟。孤塔忽从云外出,寺门渐近报侬知。住山何敢望他僧,只是游山也不曾。可惜一条杉桧路,都将湿了不教行。破雨游山也莫嫌,却缘山色雨中添。人家屋里生松树,穿出茅檐却覆檐。小溪曲曲乱山中,嫩水溅溅一线通。两岸桃花总无力,斜红相对卧春风。老桧如幢翠接连,山茶作塔绿阴缠。山僧相识浑相忘,不到山中十五年。三峰小石一方池,下有机泉仰面飞。坐看跳珠复抛玉,忽然一喷与山齐。清远溪中小闸头,遮栏溪水不教流。山僧为我放一板,溅云奔雷怒未休。城里哦诗枉断髭,山中物物是诗题。欲将数句写天竺,天竺前头更有诗。忽见金丝袅绮疏,又惊寒食带来初。不知折尽西湖柳,插遍长安万户无。禅房寂寂水潺潺,洞草岩花点缀间。忽有仙禽发奇响,落伽来自补陀山。雨里匆匆怨出郊,晴时不出却谁教。西湖北畔名园里,无数桃花只见梢。户户游春不放春,只愁春去不愁贫。今朝道是游人少,处处园亭处处人。若道寻春被雨催,如何随处两三杯。晚晴晓雨如翻手,有底亏侬不好来。万顷湖光一片春,何须割破损天真。却将莩草分疆界,对外垂杨属别人。轿顶花枝尽闹装,游人未暮已心忙。无端更被千枝柳,展取苏堤分外长。"张耒《宿天竺寺诗》:"山僧留客意殷勤,把酒山亭对夕曛。披径乱藤盘石树,摩崖苍藓涩秋云。月中桂子随风落,洞口猿声静夜闻。老去野心偏向逸,竹窗禅榻漫平分。"又《重游寺中诗》:"石梁溅水入苍苔,阴洞傍穿涧底回。殿阁金银从地涌,山林图画自天开。龙随僧到分云住,猿认人呼下树来。游兴未阑斜日尽,马头呼酒尚徘徊。西湖之西天竺深,天香满风多桂林。老猿引子下高树,流水与云来远岑。上方已变劫灰黑,古洞长带秋风阴。清辉娱人且归去,后夜月明来重寻。"白珽《天竺寺诗》:"山转龙泓一径深,岚烟初润扑衣巾。松萝掩映似无路,猿鸟往来如有人。讲石尚存天宝字,御梅尝识建炎春。城中遮日空西望,日与长安隔两尘。"沈周《下天竺诗》:"奇倚灵峰住,缘萝取次寻。红泉交石面,翠壁秀堂阴。猿鹤遗尘想,烟霞发隐心。归来灯火候,深木露沉沉。"

七叶堂　白居易《天竺寺七叶堂避暑诗》:"郁郁复郁郁,伏热何时毕。行入七叶堂,烦暑随步失。檐雨稍霏微,窗风正萧瑟。清宵一觉睡,可以消百疾。"国朝康熙三十八年,圣祖仁皇

---

〔1〕　雍正本"释道潜"作"又"。

帝南巡,驾幸寺中,赐帑金重修。

七宝普贤阁　在下天竺。【成化】《杭州府志》:沙门善照以七宝塑普贤菩萨像,吏部尚书虞策志其事。

西岭草堂　在下天竺。【成化】《杭州府志》:标法师立。郭祥正《西岭草堂诗》:"应谶游尘世,湖边一草堂。松声半夜雨,花气四时香。"

日观庵　在下天竺。《西湖游览志》:僧遵式建,范仲淹为之记,至今相传有文正公卧榻。王随《寄遵式诗》:"语传要妙三乘法,香供精严七祖堂。日观庵中绝尘念,弥天高雨霭钱塘。"

神尼舍利塔　在飞来峰顶。旧《灵隐寺志》:同州般若寺尼智仙通禅观,言人吉凶,神验。隋文帝始生于寺,尼谓太祖曰:"此儿佛所佑。"太祖因委尼视育。一日,皇妣来抱,见儿成龙形,惊坠地。尼讶曰:"惊吾儿,致令晚得天下矣。"及帝长,尼私谓曰:"佛法暂废,赖汝而兴,宜记之。"属周武废教,尼隐帝家而卒。后帝即位,令天下造佛舍利塔。《咸淳临安志》:仁寿二年,遣僧慧诞赍神尼所嘱舍利,于此造塔。发土得石函一,因置所赍舍利石函其中,不差分寸,人咸异之。郭祥正《神尼舍利塔诗》:"神尼凿一塔,杳在碧云端。舍利夜光现,君须正眼观。"

中天竺禅寺　在稽留峰北。《咸淳临安志》:中竺天宁万寿永祚禅寺,开皇十七年,千岁宝掌禅师从西来入定,建立道场。按《释氏稽古略》:师太宗贞观十五年返杭之飞来峰,栖止之,今中天竺寺也。有"行尽支那四百州,此中偏称道人游"之句。太平兴国元年,钱氏建寺。旧为崇寿院,政和四年改赐今额。南渡初,有摩利支菩萨感应,因命增广殿宇,以禁中所奉佛像赐焉。有华严阁,宝祐二年,赐钱重修,御书扁。《西湖游览志》:元天历间,僧大忻得幸于文宗,改天历永祚禅寺。【成化】《杭州府志》:有天香阁、桂子堂、此中亭。元末毁,重建。《武林梵志》:明洪武初,赐号中天竺禅寺。正德间,毁。嘉靖二十五年,僧慧镛等募建刹并白衣观音堂。王元章《送僧归天竺诗》:"天香阁上风如水,千岁岩前雪似苔。明月不期穿树出,老夫曾此听猿来。相逢五载无书寄,却忆三生有梦回。乡曲故人凭问信,孤山梅树几番开。"沈周《中天竺有怀住山佑天吉诗》:"珠树悬碧涧,却有小桥通。水格重重石,松鸣树树风。路当三里半,寺在两山中。今日天香阁,先期忆佑公。"

华严阁　王信《华严阁记》:钱塘南北山为浮屠氏居者,大小几四百所,而授禅家学者三。灵隐、净慈,地雄势重,易起人向慕心,故凡事随欲辄办。惟中天竺,萧然孤立乎上下二刹之间,虽在昔为名山,而前后因陋就简,往往不克自振。粤僧法华来主大席,奋然昌宗风于几坠之地。淳熙十四年,被旨祷雨。大士道过其门,则杰阁岿然,群目惊异。僧帅其徒请观之。摄衣同登,金碧璀璨。中设千叶卢舍那像,立文殊、普贤二菩萨于其旁,五十三善知识布左右,而翼以钟、经二台。四山环焉,如拱如卫,高欲摄云,俯疑临渊,石梁横陈,清流激湍,气象瑰富,非向所见。余问曰:

"师何力办此？"法华曰："末也。吾将兴佛殿而东之方丈、法堂、廊庑，皆撤其故，度材计工，不办不已。"经始于癸卯之夏，而落成于丙午之秋。法华身若不胜衣，言语无缘饰，而一念所起，勇猛精进，足以感发人之善心。不然，何为之遽而成之易也？法华起而言曰："寺辟荒于千岁，宝掌禅师生于周威烈王之十二年，至唐显庆二年而化，盖住世千七十有二年，维纪可考也。法华洒扫于兹，岁在己亥冬十一月望之夕，梦一僧来桂子堂，额耸貌古，金环贯耳，自言为千岁和尚，昔尝居此，今汝能建立，吾道兴矣。言讫，不见。晨兴，集大众焚香作礼像前，而致祷焉。此其愿力也，法华何能为？"余虽未敢遽信其说，然观千载归寂之偈，尝有"他生复再来"之语。法华之梦，不为无据。譬如为山，进以一篑，亏以一篑。法华其勉之。

国朝康熙三十八年，圣祖仁皇帝南巡，驾幸寺中，赐帑金三百两。四十二年，圣驾再幸，御书"灵竺慈缘"四字额。

兴福院　在杨梅坞。《咸淳临安志》：淳熙初，慧光法师若讷，奉旨拨赐上天竺空闲山地用衣钵创建。绍兴三年，御书"弥陀兴福教院"为额。《上天竺山志》：宋末，毁。天启甲子，僧德光复建，中立三世如来殿，萧山张士骕倡施。后为弥陀三圣殿，东瓯刘康社创缘为弥勒阁。刘康社《重建弥陀兴福教院记》：杭之上天竺，有乳窦、狮子两峰，间即杨梅坞也。宋孝宗敕两峰强半山坡为慧光讷法师别业，以使退休。光宗御书"弥陀兴福教院"为额，而院名始著。元时，院废。我朝万历二十六年，灵隐祇园庵月辉禅师德光，爱此宽闲深邃，结庐禅诵。其背系上竺住持玉长老分产，及绍峰与师久契，因划其山麓若干亩舍之。师即募金购材，筑精蓝，日与弟子正课，闲暇开垦平削，几更寒暑。及游台宕，东瓯宰官欣然倾盖，与合郡檀度遂下南山之木，取道东海，募营中兵士异归。无何，又募郡人冯有恩倡刻弥陀丈六之像，观音、势至相继而成，盖天启五年也。嗣后，弟圆慧孙明彻共捐银帛，更造两厢，周遭掩映，焕然有章。兵部尚书衡岳朱公，榜曰"重建弥陀兴福教院"。师进此山，将四十年，其焦心劳思，间关拮据，殆非一日，可谓不负绍峰者矣。

多福院　在枫木坞，久圮。《咸淳临安志》：天福五年，吴越王建。旧名光福，治平二年改今额，嘉泰元年赐今额。

大明寺　在枫木坞，久圮。《咸淳临安志》：元赐额兴福庵。淳熙二年，法华和尚建。淳祐六年，移请今额。

东冈塔　在枫木坞。《西湖游览志》：隋法师真观建。郭祥正《东冈塔诗》："窣堵藏真骨，东冈气象殊。烟云扫不尽，苔藓一痕无。"

永清寺　在永清坞。《咸淳临安志》：薛大资昂香火院，大观间建。《西湖游览志》：中天竺之对，为永清坞。正德间，陈氏建庵坞中，名永清庵。

心庵　在永清坞。《西湖游览志》：正德间，宝珠禅师建。

上天竺讲寺　在天竺山乳窦峰北，白云峰南。《咸淳临安志》：后晋天福四年，僧道翊结庐山中，夜有光就地，视得奇木，命孔仁谦刻观音像。会僧勋从洛阳持古佛舍利来，因纳之顶间，妙相具足。钱忠懿王梦白衣人求治其居，王感悟，乃即其地创佛庐，号天竺看经院。咸平初，郡守张去华以旱迎大士至梵天寺致祷，即日雨。自是，遇水旱必谒焉。天圣中，僧诜梦像浮空而行，出小山，曰："吾欲憩此。"明日，僧寂至，语梦阳，乃谋徙今处，乳窦峰矗其前，白云、狮子、中印诸峰左右环拱。嘉祐末，守沈文通以为天竺起于司马晋时，逾七百载，而观音发迹西峰，甫七百年，遂分为二，所谓上天竺也。大士以声音为佛事，非禅那所居，即谢去。住持海月以辩才法师元净为其主，仍请于朝，以教易禅，赐名灵感观音院。时曾鲁公公亮为相，实奖其事。既而，蔡端明襄出守，鲁公以钱十万为扁，委蔡公为书之。《武林旧事》：后理宗易以御书，山门乃蔡京书。元净乃益凿山辟地，增广殿宇。绍圣二年，郡守陈轩请于朝，诏以一路祠庙施利，缮修精舍。靖康初，郡迎大士祷雨于法惠寺，属有金难，僧道元秘大士像于井。寺前庑下有观音泉，即其处。兵退，瓦礫中忽铿然有声，始知井所在，得圣像归之院。绍兴五年，高宗临幸。孝宗即位，以久雨致祷，即日霁上，喜甚，赐内府宝玉三品。明年，御制大士赞。乾道三年、淳熙二年，翠华一再临幸，殿及门扁咸锡奎章，改院为寺。又赐金币，创十六观堂法轮宝藏，仍命皇太子大书二扁。理宗赐大士应梦画像，书《心经》其上，仍赐御制赞殿记及白玉秉炉。如应真阁、超诸有海广大灵感观音教寺、广大灵感观音宝殿诸扁，皆奎画也，并贮于云汉之阁。寺内堂轩亭馆，几五十所。内秋芳阁，高宗皇帝车驾尝憩焉。《上天竺山志》：有藏经殿、白云堂、坐白云峰，故名。至辨才法师，更建。高宗临幸，孝宗赐僧录若讷白云堂印，以辖禅、教、律三宗。咸淳元年，度宗御书白云堂扁。两峰堂、在白云堂后，前与双桧、乳窦相参，故名。绍兴二年，圆通如法师建。绍兴五年，丞相京镗书扁。成化间，毁。嘉靖四十二年，寺众为郡倅雷柏建遗爱堂，即两峰堂故址也。万历间，毁。崇祯己巳，募建，易堂为阁，今称藏经阁。护国金光明忏堂、皇祐年间建，寻毁，基在正殿西偏。法堂、讲堂、水陆堂、在殿左。绍定二年，理宗诏建。中印堂、云汉阁、隆兴元年建，奉安历，赐御书，宋季毁。千佛阁、绍熙五年建，提刑赵时逢撰记。秋香阁、淳祐九年建，今为禅堂。秋芳阁、绍兴二十三年，住持圆智建。延桂阁、绍熙中建。伴云阁、在白云堂左。鸣阳楼、即钟楼。振远楼、即鼓楼。水月楼、在水月池上，僧录若讷建。清晖楼、在白云堂左。皇华馆、宝祐元年八月，住持佛光建，奉延中使降香者驻节焉。夜讲堂、治平中，辨才法师夜分讲经，故设之。双桂轩、淳熙二年，赐唐相国园中双桂植此。清华轩、在秋香阁后。淳祐九年，重新。竹屿轩、赵孟頫书扁，在观堂。圆通门、普门、相肃仪亭、《咸淳临安志》：辨才建，蔡襄名。原注：洪武二十八年，重建。正统五年、万历五年，重建。雪坡亭、东坡访辨才法师，适雪霁，构亭以纪其胜。植杖亭、政和五年，郡守李偃访宣梵珍法师，适珍下山，遂植杖立谈，因置亭表之。谢屐亭、宣梵法师静处观堂，陟两峰之麓，每出入喜着屐，尝曰："安石隐东山，乃携二妓游蔷薇洞。吾以松竹为蔷薇，卒无开落，以白云、明月为妓，空色两忘，何忝安石哉!"选径之半为亭,以述厥志。**梦泉亭**、齐玉法师既凿梦泉于西坡,仍建亭以志其异。**曲水亭**、熙宁间,妙珪法师退居复庵,在寺门桥南引泉为曲水,仿兰亭故事,作亭其上。《西湖游览志》:一名流杯亭。亭心有水台盘。**见心亭**、在琼老桥外。嘉靖十三年,都指挥金事李节建。**石幢子院曰白云东院、复庵、梅峰庵**。端平中,梵奎法师退院在见心亭北,万历年废。**同庵、古镜庵、北峰庵、静处斋、华严山居**。鲍钦止《代陈轩撰灵感观音院记》[1]:绍圣二年,轩自合肥移守钱塘。明年,奏疏于朝,曰:"臣所领州之西偏,湖山之胜甲于天下,而天竺山在焉。自五代时僧翊得奇木,不能名,刻为观音像,僧勋又以佛舍利内置顶间。其后,像见光怪,与人作福祥,远者载金石,近者亦相传不绝,不复概举。臣自去秋视事,民方荐饥。今年春雨,弥月不止,吴兴苦卑,连岁水灾,父老日夜忧惧。臣即率官属,躬祷像下,冲雨入山[2],衣褐沾湿,渠决坏道,从者皆涉。比臣之还,天宇开霁,纤云不兴,白日正中,清风穆然。邦人合爪叹息。既又舆至城中作佛事,与民祈禳。已而,雨旸有时,农不告病,稼穑斾斾,遂为丰年,实兹像之庇此土也,所不可忘。臣窃考图志,唯天竺山粤自晋末尝为道场,逮圣朝天圣,始分上下方,而观音像所在,历载崇奉。在治平中,赐号灵感,因以名寺。在熙宁中,许寺岁度一人为僧,朝廷每遣中谒者走香币,其所封识用御府宝玺,盖严恭如此。惟是殿宇之建,垂六七十年,日就颓敝,不足以揭虔妥灵,宜有加饰。臣不胜大愿,愿给祠部空名度僧牒数十道货缗钱,市材僦工,撤而新之,不惟俾东南之人永有瞻式。倘遇水旱祸灾,吏不能力者,亦敕令从事,许衰一路祠庙施利,以充其费。于是,毗陵胡公宗哲、番阳张公绶偕为转运副使,特主其事,乃得钱五百万。民乐施者,又若干万。是役也,凡在见闻,智者献谋,巧者出技,富者荐货,贫者效力,良材密石,尽山泽之选。经始于某年某月,而以某年某月告成,为殿宇若干间,高明奥深,严翼宏大。复辟其前楹以为忏堂,金碧丹恶之饰,炳焕夺目。至于香火之具,爪华之供,物无不备,睟容妙相,巍然益尊。过而礼者,恍若梵天帝释之居,又疑身在图画,或以为三昧力所变幻也。盖如是而后足以侈上之赐,而显扬菩萨之威灵,以慰夫邦人父老之心。四年,某移金陵,住持某、大师某以书来乞铭,将作石以诏于后,为撰次其本末云。"

洪迈《上天竺寺碑》:华藏世界,毗卢觉海,万亿河沙,诸佛菩萨,均以大慈能仁,阐豁悲愿,为出世导师。而随意融摄,从闻思修,使末创有生恃戴瞻仰,如在其上者,惟观音大士为然。钱塘上天竺,肇始于道翊师,示梦于钱忠懿,显祠于咸平,浮像于天圣。易十方于妙臻,还旧贯于元净,尘尘刹刹,久而深昭,于是有灵感美名之锡。当时宝光示现,浚发兆祥,如赤珠,如火燧,如流离虎魄,如苍玉。或粲绚屋翼,或跻升山颠,衍为朝阳飞烟,匹练绛采,轩匼寒青,上挹霄汉,湛然虚明之盛,普照四天。知制诰吕夏卿、龙图阁学士沈文通、宝文阁待制陈轩,纪载于前,可覆视也。遭靖康孽火,鞠为灰烬。蒿目浅智,意其复初为难。人天护承,否极必泰。大驾南守,正临是邦。绍开中兴,宁济万夏。虽英谟雄烈,大业得以凭借。然窃窈沕穆,菩萨焉依。凡请雨谒晴,不嫌于屡,故六七十载,昭事愈饬。传序三圣,年增岁加,锡銮和铃,荐枉法驾。捐内帑金币,俾建经、钟二楼,会法安僧之堂、罗汉之阁、水陆之宇,视所应为,次第崇立。孝宗创于西北隅,启十六观,赐

---

〔1〕 雍正本无"鲍钦止代"四字。《咸淳临安志》卷八十亦云鲍钦止代陈轩作。
〔2〕 雍正本"冲"作"冒"。

之玉缶瓤彝、珠宫金相、宝冠璎珞，价值数十万缗。亲制赞文，特书两扁，终之以法轮宝藏。圣安太上，亦揭贲云章。今皇帝又申永作天台教寺之旨，凡禅律贤首，慈恩异宗，毋得窥觊更易，然后学者知所蒙赖。是教也，本于智者建化，以妙为宗，以如为体，以法华三珠为极致，以安养国土为依归，以正观为修澄之要，荡一切尘，以空而观，立一切法，以假而观，究一切性，以中而观，以五时八教，判释如来一代训典，迄于无生真缔，超最上乘。教海渊源，义高天远。厥今水精之域，圆满清净，其门庭辉如，其堂殿穹如，其观阁耸如，其厢庑邃如，群居常寂，以智导迷，人知选佛之场，定在是矣。先后住持者，曰惟日，曰若讷，曰师觉，曰妙珪，皆擢录教门，实称僧中龙象。珪遗信，求记本末。既书之，而又系偈言。

《西湖游览志》：庆元三年，改天台教寺。元至元三年，毁。五年，僧庆恩重建，仍改天竺教寺。黄溍《上天竺寺观音殿记》：杭之上天竺山广大灵感观音教寺新作大殿成，住山慧日属某记之。按郡志，石晋时，僧翊结庵兹山，有瑞光发于前涧，就视得奇木，募善工刻为观音大士像。会僧勋自洛阳持舍利来，置顶中，妙相以具。吴越钱氏，易庵为院。宋天圣初，乃徙今所，即瑞光所发处也。嘉祐、治平间，赐号灵感，遂以为院额。淳熙初，易院为寺。淳祐末，又加以"广大"之号。皇元尊象法而尚教乘，天竺实居东南列刹之首。至元之三年，寺毁于灾，惟圣像巍然独存，诸珍异服器亦无损毫末，人以为是有神灵阴护之。亡何，而主僧仲颐告寂，庆子思以五年夏五月来莅寺事，谓欲复吾故宇，莫先于治殿，以揭虔妥灵。耆旧僧之意适同，各探己囊，出钱有差，知事僧亦力相之。俄有大商至，自江右献巨楠六十三寻，收亡僧所遗，钱以缗计者五千，银以两计者七百八十，田以亩计者四百。既而，达官大姓，相继输钱，而施不啻十万缗。殿之始建，以其年冬十有二月。凡其制，为间二十有四。其崇八寻，倍其崇而益寻有二尺以为修，半其修而去寻有二尺以为广。功未竟，而子思以至正二年春迁四明之延庆，本无由延庆东堂出领兹山，悉力殚虑，图终其役。三年春三月，殿成。冬十月，本无逝。四年闰二月，慧日自下天竺升补其处，节缩浮费，并哀罴施之羡余，完以污墁，饰以鬐肜，而前堂、后室焕乎一新。先是，平章政事执礼和台光禄公睹其帐座故敝，畀子思钱五千缗，使改为之。鸾翔凤翥，金碧焜煌，诹辰协吉，安奉如式。逮慧日之来，而器物之颁，法所宜有者，纤悉毕备。缁白之侣，有所瞻依，荐绅之流，咸欣庆焉。杭在异时为行都，庑头属事之幸临，宸章奎画之褒饰，宝冠龙符、玉缶瓤彝之赐予，昭其余辉，下贲林壑。剡今昭代，帝德所覆，承护有严，名香花幡，中使狎至。王公贵人，至于闾里好事之家，稽首慕趋，恒恐不及。宜不难于以坏为成，然犹六更岁籥，三换主席，乃克就绪。是用备记其废兴之颠末，来者尚鉴于斯，俾勿坠哉。

【成化】《杭州府志》：元季毁，重建。成化丙申，镇守太监李义重建钟楼，重修三门，殿庑一新。商辂《上天竺重建钟楼记》：钱塘佛寺上天竺，乳窦峰耸其南，白云峰拱其北，天香岩峙其东，双桧岩直其西，重冈迭嶂，螺髻堆青，涧水松风，笙簧入韵，诚一方胜概也。寺创于五代之间，时天下绎骚，惟两浙晏然，盖钱氏立国之功。文穆之世，高僧道翊，结庵是山。一夕，见前涧光明上烛，旦往视之，得奇木，遂刻为观音像奉之。后感梦忠懿，易庵为寺。至宋咸平、元祐，寖加增广。南渡以来，六朝车驾不时临幸，赐广大灵感观音寺额，列为五山之首，禅教宗之。我朝改教为讲，五山之名，仍因其旧。郡之人，水旱疾疫，有求必祷，舆马阗骈，往来如市。是虽佛之感动于人,要尔山川之灵有以相之。寺故有钟楼,颓圮已久。近时,司礼太监李公义奉命出镇,间尝诣寺,因见巨钟在地,恻然兴念,爰施己资,募工度材,重建层楼,发钟悬之。于是鲸音四达,晨昏有警。寺之景象,远过于前。住僧智沾具废兴始末,征余为记。予因其请,姑为之说,或来者有考,嗣者弗失,庶几名山胜境与天地相为悠久云。

《武林梵志》:正德时,圣母张进古铜塔一座渗金观音像,并供后殿。万历癸丑冬,东宫进渗金大士一尊,并金觥金念珠一串,存大悲阁。《钱塘县志》:自宋至今,每亢旱淫潦,有司恒即山中迎大士像入城,于吴山海会寺祈祷,无不响应,而大士遂为一郡雨旸司命。远方趋赴,香火之盛,不下普陀。远及齐鲁楚豫,无不奔至,四时不绝,而春月尤繁。宋孝宗《天竺广大灵感大士赞》:观音大士,以所谓普门示现神通力故,应迹于杭之天竺山,其来尚矣。朕每有祷祈,随念感应,曰雨曰旸,不愆晷刻,是有助于冲人者也。因为赞曰:"猗欤大士,本自圆通。示有言说,为世之宗。明照无二,等观以慈。随感而应,妙不可思。"宋理宗《天竺广大灵感观音殿记》:朕闻有感必有应,有应复有感。感从心起,则应从心得,非自外求也。方佛在耆阇崛山时,观世音菩萨摩顶受记,合掌作誓,言愿以慈悲心救度河沙众生,受诸苦恼。凡火坑波涛之难,刀锯枷械之难,恶兽蝠蛇之难,一切困厄,可怖可愕,惟能一念归敬,则以变化力游戏三昧,现帝释身,现长者身,现宰官身,慧日慈云,甘露法雨,转热恼而清凉,变急难而安乐,随其声音,种种解脱。是岂有他故哉!佛以如来心济渡,人以如来心信向,心心相感,念念相应,则佛即是心,心即是佛,普门示现,皆在灵台方寸中。我闻补陀山,宛在海中岛,是为菩萨现化之地,距杭之天竺一潮耳,故神通威力,每于天竺见之。按:后晋天福四年,僧道翊结庐天竺山,得夜明木,刻为宝相。至钱氏忠懿王俶,夜梦白衣,始创寺以妥其灵。我朝天圣初,僧铣梦像行山中,曰:"吾欲憩此。"乃谋更创,面挹乳宝[1],翼以白云、狮子峰,一殿中居,众山环拱,烟云缥缈中,时闻钟磬声,恍然天宫化城。寻赐名灵感观音院。南渡圣圣相承,崇信尤笃,凡所祷祈,如响斯答。绍兴间,有车马临幸之宠。乾淳中,有宝玩御赞之赐,亦尝亲枉翠华,腆有锡予,大书扁额以旌之。庆元、嘉定间,永充教寺有旨,蠲免租役有旨。是岂佞佛者哉?所以答景贶也。朕以凉德嗣丕基,历年于兹,海宇宁乂,繄我佛力,曰雨曰旸,有请必应。其所以福生民、寿王国者至矣。顷尝赐像与赞,及《心经》、秉炉,昭示尊奉之意。甲寅秋,合宫宗祀,假庙之旦,云簇簇有雨意,心香潜祷,灵隐随格,阴霾划刬,旸光开霁。荐飨之夕,天宇不尘,星月明烂,神来宴娱,熙事用集。朕以何因缘,获此嘉应?亦惟此心有以感之耳。心者何?仁是也。且佛法自汉永平流行中国,今几千百年矣。而大士灵异,独于我朝为最验,盖我祖宗以不妄杀为旦誓,以不科敛为家法,以爱养百姓为根本,恻隐之仁,与佛心一。真观、清净观、悲观及慈观,大士之所以能灭诸苦者,仁也。我祖宗之所以垂裕后昆者,亦仁也。佛外无心,心外无佛。感应之机,其在是欤。至建创之岁月,制度之崇庳,皆略不载,惟述灵异之迹云。宋理宗《灵感观音大士赞》:"神通至妙兮,隐显莫测;功德无边兮[2],应感何速。时和岁丰兮,佑我生民;兵寝刑措兮,康此王国。"田锡《题上天竺

寺诗》:"三月杨花扑马飞,联镳来款白云扉。湖边钟磬含清籁,树杪楼台霭翠微。野景留人狂欲住,春光啼鸟劝思归。萋萋芳草重回首,十里松门照夕晖。"释道潜《谒上天竺观音大士诗》:"十年江海去飘然,魂梦长依鹫岭边。月地云阶重到处,殷勤稽首白衣仙。"苏轼《雨中游天竺灵感观音院诗》:"蚕欲老兮麦欲黄,前山后山雨浪浪。农夫辍耒女停筐,白衣仙人在高堂。"又《闻辨才师复归上天竺以诗问信诗》:"道人出山去,山色如死灰。白云不解笑,青松有余哀。忽闻道人归,鸟语山容开。神光出宝髻,法雨洗浮埃。想见南北山,花发前后台。寄声问道人,借禅以为诙。何所闻而去,何所见而回。道人笑不答,此意安在哉?昔年本不住,今日亦无来。此语竟非是,且食白杨梅。"释清顺《宿天竺诗》:"昔人不可见,行路多长松。空遗炼丹处,井干绿苔封。月明还独宿,白云下疏钟。夜半桂子落,不知自何峰。"释斯植《上天竺寺诗》:"古寺寒桥路,钟声静忽闻。数峰平处合,一水众溪分。老树烟萝雨,残灯石塔云。闲心寄幽寂,似觉远尘纷。"孙雄飞《上天竺诗》:"行穷湖上径,迤逦到林峦。地瘦马蹄涩,水清山骨寒。楼台栖树杪,钟盘闹云端。自笑利名役,未能来挂冠。"张拭《过上天竺寺诗》:"上竺诸天近,中林万木低。迥超尘世外,恍入雪山西。忽漫参龙象,行将混鹿麇。何年释簪绂,于此独幽栖。"朱熹《春日过上天竺诗》[1]:"竺国古招提,飞甍碧瓦齐。林深忘日午,山迥觉天低。琪树殊方色,珍禽别样啼。沙门有文畅,啜茗漫留题。"吕祖谦《游上天竺诗》:"净域何虚寂,居然隔市喧。僧来浑不语,吾亦欲忘言。至乐存箪食,浮名类触蕃。行行返初服,贲趾老邱樊。"真德秀《游上天竺诗》:"世事不可了,还须入是山。遥寻黄叶路,迥出白云间。沦茗止烦渴,谈空得笑闲。飘飘有余兴,归去掩柴关。"魏了翁《游上天竺诗》:"风波满平地,世路绕羊肠。急欲逃尘网,遥登选佛场。云深午犹暝,竹密夏生凉。兴逸忘归去,高眠借石床。"戴复古《游上天竺诗》:"好山看不了,遂借上方眠。酒渴倾花露,诗清泻涧泉。生无谪俗韵[2],老欲结僧缘。睡觉钟声晓,窗腾柏子烟。"仇远《游天竺诗》:"行遍山巅到水涯,尚无红叶与黄花。长松夹道六七里,小墅通村十数家。竺国云深僧寂寞,草堂洞古石嵯峨。野翁共醉官炉酒,扶醉归来已暮鸦。登览欣逢胜日闲,苍松九里费跻扳。行过绿水尽头路,步入白云生处山。猿鸟尚能知异境,仙凡原不隔重关。几时拂袖逃尘网,野衲村樵共往还。"白珽《宿上天竺诗》:"名山倦游历,挂起手中藤。佛国三生石,天台百岁僧。定回松院磬,吟苦雪龛灯。愧我心犹杂,何因问二乘。"赵孟頫《游上天竺寺诗》:"九松曾入画,三竺久频登。忽遇飧芝叟,遥寻辟谷僧。风泉喧梵呗,烟月炯禅心。闻见皆真谛,惭余悟未曾。"倪瓒《宿上天竺诗》:"禅月湛高秋,金天夜色幽。珠林星彩动,碧殿露华浮。莲漏忙催酒,松涛怒撼楼。清凉彻毛骨,吾欲换貂裘。"王蒙《游上天竺诗》:"选胜谒莲台,松阴结驷来。腊醅移宿酿,春服试新裁。膏雨朝初歇,香云午未开。催诗频击钵,丽藻愧邹枚。"邓林《游上天竺分韵得銮字诗》:"胜日拉良朋,肩舆出西郭。盘盘松绕径,瀺水赴壑。行到水穷处,好山围佛国。岳莲倚天开,小朵青欲落。下竺与中竺,咫尺相联络。上竺犹在望,白云飞漠漠。更前二三里,五峰起参错。绀宇敞其中,紫翠映丹麓。礼佛诚方露,探奇兴随作。跻扳至半山,有亭颇幽窅。小憩未移时,暮烟起丛薄。或言林有虎,闻者尽惊愕。跟跄遽回

---

〔1〕 雍正本"熹"作"子"。

〔2〕 雍正本"谪"作"适"。

步，雅怀转萧索。老僧城中回，延登最高阁。言言相慰藉，情况殊不恶。开炉煨大瓶，自取佳茗瀹。清供出斋厨，亦稍行杯酌。谈论至夜分，斜月射帘箔。栖禅七尺床，雅称伸闲脚。身安梦亦便，逍遥遍寥廓。似见白衣人，晨钟忽惊觉。自笑利名缰，羁人甚于缚。起来万虑生，衣裳颠倒着。留诗谢老僧，更订重来约。"沈周《登上天竺诗》："佛国最深处，令人不倦游。鸟提千树杪，鹿下五峰头。地静钟声远，山明宝气浮。老僧禅观熟，诗亦似汤休。"杨一清《宿上天竺寺诗》："望穷窈窕更崔巍，胜概元从混沌开。天际芙蓉谁削出，海中灵鹫自飞来。古坛阴洞云千叠，洞草岩花路几回。三十旧游今七十，偶然行乐莫相猜。"申时《行谒大士诗》："三竺云深一径斜，摄衣重到梵王家。皈心自礼青狮座，演法仍听白鹿车。谷底生风闻静籁，檐前飞雨散空花。病中犹有维摩在，且向名山阅岁华。"李邃《游天竺寺有怀谢康乐诗》："秋光淡岩岫，入谷闻晨钟。白云嵌紫芝，峰朵开芙蓉。林香昼自结，夹道罗长松。沙广草烟薄，溪深花露浓。梵岭郁飞鹫，咒潭降毒龙。闲禽互交语，道侣时相从。久矣悟空寂，斋心礼金容。精庐隐暮色，蔬食修珍供。还憩崖亭上，永怀高人踪。"叶向高《天竺赠云堂上人诗》："万峰行尽出孤龛，高卧平分尘尾谈。梦冷霜枫归海上，秋随衡雁到江南。昙花香散僧初定，草径苔生鹿自谙。正是东林逢慧远，不禁明发动征骖。"朱国祚《宿上天竺寺诗》："丹枫落叶思悠悠，古刹名山不厌游。高卧何妨云入户，长吟惟有鹤为俦。竹摇灯影千岁夕，松作涛声万壑秋。竟日徜徉忘去住，此身端为白云留。"姜龙《登上天竺阁诗》："欹阁倚危巅，疏钟破暝烟。洄回遥带合，峰抱翠涛连。无复容尘地，刚余看月天。想应风雨夜，枯坐更通元。"[1]

十六观堂　李纲《上天竺寺十六观堂碑记》：上天竺寺始自石晋天福四年，僧道翊开山。后钱忠懿王因感大士灵异，辟地聿新之，名曰看经院。逮高宗南迁，迭见祥瑞，圣驾不时临幸。乾道元年二月，住持若讷宣对称旨。四月，特赐御币金帛，鼎建十六观堂，以为止观之所，极其弘丽。东宫亲书扁额以赐，曰"超诸有海"。先是，辩才净法师于嘉祐、熙宁间两住本山，兼统禅讲二教律三宗，赐诗褒美。东宫复书"归隐"之额，听其退居兴福。讷以观堂之设，厥功甚伟。圣王之意，正欲阐明教观，虔修金光明忏法于智者乍兴之时，以续佛慧命。讷谓不具纪述，镵勒坚珉，则无以昭示圣王之令典。时予提举洞霄宫，倩予摭其寺之颠末，以诏来者，知所绍述。不惟表章前圣之殊恩，抑亦振扬如来之坠绪。是为记。楼钥《十六观堂记》：嘉定改元，岁在戊辰，四月乙巳，被命祷雨于上天竺山。住持左右街僧录妙珪有请曰："公顷年直学士院时，尝许以修造记。既而去国，遂求于内相洪公。今公既再入朝，而寺之十六观堂成，愿求记文，以践前言。"余何辞，余四明人也。城中延庆教院，为东南最盛处，尝一至其处。上天竺山，以观音大士功德殊胜，四民所钦。孝宗皇帝留心内典，乾道三年二月，驾幸此山，修供大士，赐缗二万，俾建此室。遂写延庆规模，以为之严净精妙，过者必肃。又尝命建于禁中，退朝余暇，多燕坐其上，或引禅律高僧设斋道讲，非人间所可及也。光宗皇帝，时在潜邸，奉旨书额。自此，四方修梵行者接迹其中。然物之废兴，不离于数。开禧二年七月二十六日，灯炷为灾，悉以煨烬。珪以竭力营建，成于期年，又过于旧，金碧辉映，称其所谓净土之说，得旨再摹光宗御书揭之。山去都城最远，幽邃秀润，固已素离尘染。况又为此净处,坐进此道者,可不勉乎!余去年告老,不谓复为此来。珪公住山十有七年,建立胜事,又作复庵于山之南,为归老计。道俗归向,领三数百众修进不倦。累朝眷遇,至今不衰。余非久于此者,将复寻延庆之游,又不能推明九品十伦之旨。特以珪请之勤,为书其实以遗之。

复庵　陆游《上天竺复庵记》:嘉泰二年,上天竺广慧法师筑退居于寺门桥南,名之曰复庵。负白云峰前[1],直狮子、乳窦二峰,带以清溪,还以美箭嘉木[2]。凡为屋七十余间,寝有室,讲有堂。中则为殿,以奉西方像设。殿前辟大池,两序列馆,以处四方学者。炊爨湢浴,皆有其所。床敷巾钵,云布鳞次。又以为传受、讲习、梵呗之勤,宜有游息之地以休。其暇日则又作园亭、流泉,以与学者共之。既成,命其弟子了怀走山阴镜湖上,从求文,以记岁月。开禧元年三月三日记。

天仙阁　沈辽《题上天竺天仙阁诗》:"久厌朝市冗,粗能忘盖缠[3]。头依梵呗地[4],行结西方缘。山前种香稻,山下流清泉。此地既岑寂,此心良泰然。法师清净观,招我修初禅。斯言说不践,何路休余年。"

白云堂　沈辽《天竺白云堂诗》:"四十余年随世缘,眼昏头白更茫然。他时一念若不断,来向此山开福田。"苏轼《题辨才白云堂壁诗》:"不辞清晓叩松扉,却值支公久不归。山鸟不鸣天欲雪,卷帘惟见白云飞。"王守仁《题白云堂诗》:"白云僧舍野桥东,别院回廊小径通。岁古檐松存独干,春还庭竹发新丛。晴窗暗映群峰雪,清梵长飘高阁风。迁客从来甘寂寞,青鞋时过月明中。"

国朝顺治十七年,殿毁。康熙五年,重建。三十六年十月十五日,赐御书石刻《金刚经》。三十八年三月,圣祖仁皇帝南巡。二十四日、二十六日,圣驾两幸寺中,赐御书"法云慈雨"额。太皇太后赐内帑五百两,修葺大殿前后殿宇。御制《重修天竺寺碑文》:朕御历凝庥,心周区域,省方设教,跸驻湖山。眷兹民力于东南,讵止皇舆之名胜。若乃因其旧迹,无侈前观,则天竺寺之所由以重修也。粤惟鹫岭著于西方,法轮则一;竺峰丽于南国,名刹维三。固缁梵所熏修,亦仙灵之窟宅。潮音送响,遥接普陀;塔影横空,长留舍利。瑞光发于涧上,奇木像大士之容;白衣感夫梦中,净域建看经之院。或旱干间作,禾麦告枯;而幡盖来迎,霖雨濡作。有祷辄应,无福不臻。斯固历晋、宋以迄今,实亦载简编而可信。意者能仁之量,等于好生;佛道之成,关乎民隐。推斯指也,不其伟与。将使般若之门,随方而启;仁寿之域,举世咸登。有其兴矣,曷可废哉!朕曩者亲奉慈闱,式临兹宇。自芳湖而西顾,望初地以南循。辇过花迎,旌回云卷。岩深乳窦,含真珠之宝光;峰转飞来,带琉璃之绀色。百灵斯护,七圣不迷。既祝我皇太后寿履康宁,复冀凡兹庶民室家盈庆。然则

────────

〔1〕　雍正本"负"前有"背"字。
〔2〕　还以美箭,雍正本作"环以秀竹"。
〔3〕　雍正本"盖"作"俗"。
〔4〕　雍正本"头"作"暂"。

迦释之弘慈,国家之布德[1],岂有殊也？顾念山灵如昔,寺貌未新,我皇太后为国发心,为民祈福,特申慈命,重葺香林。兹役之兴,不妨民事。凌云再焕,将无干竺之灵；匪日成功,实笃坤元之庆。恒沙国土,偕常乐以同升；亿万苍生,享太平而无极。是则我皇太后之圣心,依然迦释之心。而于朕经营天下、利济生民之心,亦适有惬也。夫四十二年二月十七日,圣驾再幸,赐帑金四十八两。四十三年二月十九日,赐御书金字《心经》一轴。四十六年四月初七日,圣驾再幸,赐御书金字《药师经》,并御制《药师经赞》。《赞》曰：弘慈正觉,愿力无边。惟琉璃光,朗照大千。功德普遍,法象昭宣。寒衣饥食,佑善解愆。介寿锡福,燕翼蝉联。家敦忠孝,俗化党偏。兵销刑措,乐利安全。敷天率土,赖是因缘。清宁巩固,万禩延绵。六十一年春,大殿并左右前后殿宇碑亭等俱毁。

雍正七年,总督臣李卫即藏经旧址起造御书楼,上供金书法宝,中立碑文。李卫《恭纪天竺寺碑阴》：洪惟圣祖仁皇帝临御六十一年,文德覃敷,武功邕茂,仁育义正,万国咸宁。虽高居九重,不忘民依,省方观风,南巡江浙,六龙所届,膏泽随之,乃于翠华临跸之余,浏览西湖天竺之胜。特念兹寺创建久远,夙号禅林,而翚甍无华,金碧减色,非所以安妥慈氏,锡福兆民。敕发帑金,重为润色。既御制睿序,寿之穹碑,复赐金书尊经,以为镇山鸿宝。天文佛日,交相辉映,湖山动色,草木回光。美哉盛乎！诚东南之钜麓也。岁在辛丑,不戒于火。于是寺僧实岐等,请于藏经阁旧址恭建巍楼,上供金书,奉御书而翼于楼之正中。臣既喜此举,乃更捐俸倡首。维时两浙人士,累沐皇上教育之仁、蠲复之泽。又以八方宁谧,大有频书,亦争愿输金合钱,共襄胜事。因以所得如干金,均为与建之用。经始于雍正六年九月[2],越次年仲冬下浣落成。从此层檐插霄,龙章华焕,山川神后,永相呵护,梯航裔域,来游来瞻,既足上昭圣祖仁皇帝功德之隆盛,且于皇上孝思维则之圣衷,或亦仰副万一,则臣之所愉快也。谨拜手稽首,恭纪于碑阴。雍正九年,总督臣李卫奏请兴修,奉旨赐帑金,重建宝殿。

吴山路

海会寺　在石佛山。《西湖游览志》：吴越王建,旧名石佛智果院。大中祥符中,改名积善海会寺。《咸淳临安志》：中废,止存星宿阁。嘉泰间毁,以其地为进奏院,拨赐宝积廨宇及扁鹊堂建寺。《武林梵志》：至正间,重建。成化十年火,僧浩中重建。李旻《海会寺记》：寺据吴山东南冈,号称胜地。钱塘江潮横其前,凤凰峰峦拥其后,俯视一城之中,阛阓逵路,可指而数。初名智果院,元至正丙子重建,而易今名。至正辛卯,又火,乃拓旧基

---

〔1〕　雍正本"国"前有"与"字。
〔2〕　经,底本作"议",据雍正本改。

而大之。江浙行省平章巎巎子山为题门额，曰"大海会寺"。而观音宝殿，则御史大夫庆童所题也。洪武间，第寺之甲乙，海会遂为巨刹。成化复毁，住持僧洪忠有徒曰宗人，乞施建大雄殿、天王殿、山门、观音殿、两庑、库庾庖湢，无不具备。殿中为丈六金像，及诸胜悉复旧名。《钱塘县志》：康熙十年，天王殿圮，僧明贞等新之。三十七年，重建。每逢水旱祈祷，必迎上竺观音大士于此，雨旸无不立应者[1]。

东岳中兴观　在吴山馨如坊至德观左，俗呼东岳庙。《咸淳临安志》：大观中，建东岳行祠，规制略具。绍兴七年，乡民始营葺之。二十九年，有茹氏者捐赀讫成之，翼以道观。嘉泰辛酉毁，包道成募缘重建，扁曰崇道庵。嘉定乙巳，始请观额。绍定辛卯、嘉熙丁酉，仍毁，赵安抚与欢乃即其地改卜北向建庙。淳祐壬子，赵安抚与篱又易而东。明年，理宗御书"东岳之殿"以赐。陈寿文《谢赐御书观额表》：伏以琳馆肇新，位定东方之震；宸奎宠锡，光昭南面之离。道日普明，宗风益振。窃以泰山之主，实为方岳之宗。眷此神皋，首从祀典。海山归会，坐令江汉朝宗；火木相生，有永邦家王气。当奎娄之躔次，控青岱之要冲，郁然肤寸之云，偏若崇朝之雨。权既尊于管蹻，向当取于发生。寿文浪迹江湖，猥司香火，甫鸠工之有日，忽涣号之自天。画灿云章，增重湖山之胜；墨文凤翥，于昭云汉之光。耸三极之具瞻，翕万灵之拱护。齐休宗社，永镇乾坤。伏遇既圣，多能清心寡欲，仁风溥博，抚先王必世之时；厚德施生，致大道无为之化。兵锋偃息，民俗阜安，瑞露凝甘，景风吹暖。际此清闲之燕，游兹翰墨之林，遂致微臣，亦从所祷。臣应对洒扫，仰瞻御画之星垂，晓夕焚修，愿祝皇图之巩固。宝祐元年癸丑三月日。《西湖游览志》：元末，毁。明景泰间，重建。成化十年，大火，观亦延烬。嘉靖十一年，道士徐志源重建，侍郎江晓为之记。

玉枢道院　在东岳庙左。《西湖游览志》：俗称神霄雷院。天顺六年，道士吴志中建[2]。

至德观　在吴山上，俗名太岁庙。《咸淳临安志》：即十一曜太岁堂也，元隶太史局。绍定四年毁，羽士请以为庐。端平三年成，御书扁曰"至德之观"。《西湖游览志》：元至正毁，浑仪无存，行省丞相达识帖木儿重建。宋授之《至德观记》：杭州吴山至德观，相传崇奉太岁帝君，香火载稽郡志。宋淳祐元年，尚书省牒道士龚道清焚修住持，由来远矣。江南归职，方氏复益，葺理就绪。至正壬辰，荡为灰烬。浙省丞相达识帖木儿，上承宠眷，砥柱南服，养民事神，靡不勤恪，鼎新营建，命礼问官。大都沙总其事，宣差帖木督其程。经始于至正二十二年四月，告成于是年十月。中建至德殿，后起星宿宝阁，前植山门，翼以两庑，丹艧照日，

---

〔1〕"《钱塘县志》：康熙十年，天王殿圮，僧明贞等新之。三十七年，重建。每逢水旱祈祷，必迎上竺观音大士于此，雨旸无不立应者"，雍正本作"国朝康熙十年，天王殿圮，僧明贞等重建。三十七年，重修。雍正九年，总督臣李卫增葺，大新其制"，其后并载有李卫《重修海会寺碑记》共六百余字。

〔2〕雍正本此条作"玉枢道院在东岳庙左，俗称神霄雷院。明天顺六年建，后圮。国朝雍正九年，总督臣李卫捐资饬属重建"。

156

瓻棱插汉，肖塑三大帝真，五星九曜、周天星宿、后土神煞，慈严猛奋，起敬起愕。又以余力治方丈井爨，在此完好，跨越前规，施者祷者云集焉。元末，毁。天顺六年，道士吴志中重建。成化甲午，大火，诸庙皆焚，而兹观无恙。每岁迎奉勾芒之神于此。史继宸《至德观记》：吴山巅有至德观者，峙藩署之东偏。按郡乘，宋绍兴间在浑仪台侧，奉岁神，岁首春勾芒宅焉，天子为题额。元复毁[1]，浑仪废，而阁复建，设天帝星曜象，俗称星宿阁。元末，复毁。天顺间，始振于道士吴志中，为复阁。阁上奉天帝群曜，阁下奉至德及勾芒六甲，岿然高峙。上雨旁风，蠹蚀其里，不葺且圮。不佞新之，观者壮焉。阁前距百武，而伍相庙遥相望，蹳山俯江，神灵郁盘，天时地利，是冯是裡。是役也，左使赵公倡什三，右使范公成什七，陶埴涂暨若干，工植若干，鸠工六月，以十月朔告成事。不佞为之记。赵公，名钦汤，解州人。范公，名淶，休宁人。

清源崇应观　在吴山上，久圮。《咸淳临安志》：宝祐元年，蜀人牟子才等陈请云：大江发源，实是汶江。清源真君，庙食其土，治水之迹，为世大利。朝廷春秋祠享，神实作配。旨就吴山卜地建庙，御书"清源崇应之观"、"清源之殿"。

承天灵应观　在吴山巅城隍庙左，俗名三官庙。《咸淳临安志》：旧故天、地、水府三官堂。绍兴间，改冲天观。绍定四年，毁。端平元年，重建，改赐今额，仍建梓潼帝君行祠。淳祐十年，旨增建玉皇上帝宝阙。《西湖游览志》：元末，毁。洪武二十三年，道士严一清重建。弘治七年，道士沈元理、章德芳相继修之。任士林《承天灵应观记》：承天灵应观，在杭州东南隅吴山之巅。至元十三年，元靖真常大师陈君元德，实主观事。隶观之田，有司籍在常住，免其租入，元德力也。初，观曰冲天，创于宋绍兴，祠天、地、水府三官，费内帑缗钱若干万。毁于绍定，逮端平始复建，奉旨赐今额。淳祐中，增建玉皇宝阁。方绍定既毁而末复也，观妙大师郑君守一，慨然曰："是不可不图。"神营心计，上移时宰，江淮列阃，千里求施，出殿阙于瓦砾之场，列幢盖于尘煤之聚。祥飙昼下，景光夕游。巍巍乎列圣之居，秩秩乎群玉之佩，三官朝而玉皇侍也。川行岳立，景福攸介，三门廊台，守藏之室，斋庖之房，周阿崇峻，列楹齐月，翼以潼梓真祠、朱仙阆宇，观于是侈于旧矣。始漕臣嘉郑之功，白礼部，俾以承甲乙。嗣郑者，惟其宗，今三传。元德为善继使，继陈而起，知郑之心弘，陈之守观，且久弗替矣。于是乎记。吴讷《登吴山留题承天观诗》："满目尽楼台，路从山顶来。潮生沙岸没，云破海门开。官舍笼鹅去，道人骑鹤回。题诗向何处，石壁扫苍苔。"刘基《题承天观诗》："吴山顶上承天观，玉牒金符镇地灵。百尺楼台依斗极，九霄风露出窗棂。江声汹涌蛟龙阙，云气虚无翡翠屏。见说蓬莱恰相对，仙凡只在隔沧溟。"

百法寺　在石龟巷。《西湖游览志》：宋建炎初，僧宝宁建。有大佛半身，依山凿石为之。《咸淳临安志》：旧名百法庵。淳熙十四年，移涌金门外广润院为额。《武林梵志》：元时，改额百法，赵子昂书。元末，毁。明天顺元年，僧道冲重建。

---

〔1〕　元复毁，雍正本作"至正毁"。

宝奎寺　在宝山顶[1]。《两湖麈谈》：在吴山下。门径幽深，树石清雅，乃宋相乔行简故第。石上刻"见沧"二字，相传理宗书。《西湖游览志》：行简舍宅为寺，以宝奎请额。元季毁，明弘治间重建，尚书洪钟为记。

元妙观　在石龟巷。《咸淳临安志》：唐时，为紫极宫。梁开平二年，改真圣观。大中祥符二年，诏诸郡建天庆观，尝以元真观为之。天禧三年，郡守王钦若奏徙天庆观额于此。绍兴二十六年，重修。绍定四年毁，重建。卢壮父《天庆观记》：天锡大宝，命于有宋。澶渊既捷，以大中祥符纪元之明年，诏天下都邑，并建道观一，锡名天庆，于以崇清静而洽醇熙。陟降左右，不显亦临，积厚流光，美祥来格。五载冬闰诞，颁明旨，诸天庆观悉严奉圣祖天尊大帝像设。卓哉皇乎！生民尊祖之丕范，顺天立教之宏规也。惟钱塘左江右湖，天庆奠址，负吴山南乡。中兴跰跰，隆上都而观万国，岁时尹漕帅属朝谒。如遇诞节，内而官省，外而台省，归我报上者必于是，事隆体特，非他郡比。绍定辛卯秋，麈居畚绠不戒，爰暨兹宇。皇帝首斥内帑金帛祠牒更创之。自宫披邸第至都人士，罔不捐赀佐役。明年春，圣祖殿成，藏室承东，斋庐延西。重门洞开，迓云车风马之灵；秘宇巍拥，妥龙龟朱蛇之神。于是，住持观事陈永颢经工庀材，实敏实勤。上闻而嘉之，申以锡赉，为钱万缗，俾迄其事。又明年，三境列真之庭始克备。内出"天庆之观"四大字以落之，金扁璇题，奎璧辉绚，穹伟渊靓，阳曜阴藏，穆穆焉天下之壮观矣。淳祐二年夏四月甲子记。

《西湖游览志》：元时，改元妙观，寻毁。洪武间，有陈四者，佃其西之半。陈无子，舍道士俞复中重拓之。观后有石洞，幽雅阴寒，夏游最快。观中有蕉花一株，以盛衰卜休咎。【成化】《杭州府志》：今其东半亦有葺治营构者，乃以真圣旧额，与元妙并立。吴全节《元妙观诗》："榴皮书壁走龙蛇，池上芭蕉又见花。北阙恩承新雨露，西湖光动旧烟霞。春风日长元都树，秋水星回碧汉槎。修月功成三万户，蕊珠宫里诵《南华》。"欧阳元《元妙观诗》："羽衣荣捧紫芝泥，除道松关驿马嘶。水国萤符驱海鳄，云房解榻听天鸡。月中桂子吹香送，池上蕉花与屋齐。珍重谷城黄石老，轻身许我蹑丹梯。"俞焯《元妙观诗》二首[2]："炼师挂杖挑云去，路出通川载小车。黍米重开元始劫，芭蕉曾见上年花。回仙何在诗留壁，丁令能来鹤去家。珍重元元谈妙有，春风香案礼东华。""归寻岩客问题诗，江上人城半是非。关外青牛莫西去，辽东白鹤且南飞。秋千节里过寒食，渊九人前杜德机。池上蕉花春不老，年年香醉九霞衣。"张雨《元妙观诗》："岩头紫殿插檐牙，直下萧闲水竹家。赤鲤见人翻鼓浪，元夫据石细吞霞。仙留池上青蕉在，饮散林间白日斜。挽住冷袍遮醉语，莫令辜负美金华。"张翥《元妙观诗》："远别仙人黄石翁，一龛香火领祠宫。青衣洞僻荒苔雨，白马山寒古木风。金鼎空歌声渺渺，蒲团晏坐息蒙蒙。不知岩客重来否，零落蕉花石沼中。"林清源《元妙观诗》："学授黄庭演道机，虚堂习静坐多时。鹤来似忆千年事，僧老曾看几局棋。苔影侵碑微见字，蕉花满地更无诗。江湖若遇吕岩客，为问龟

---

〔1〕　雍正本"宝"前有"七"字。
〔2〕　"焯"当为"焯"之误。

山籍有谁。"贡奎《虎林元妙观诗》:"琳宫古崔巍,独有山胜绝。天光垂帝座,照耀金碧色。修廊接层崖,俯目视深泽。阴阴木叶暗,石削苍壁列。流泉出嵌空,六月洒飞雪。平生功名谋,洗我肝肺热。同游得幽人,再拜摩断碣。兴亡见汉唐,高爽了吴越。更拟穷幽探,驰景忽西灭。"

真圣观　在元妙观左。《西湖游览志》:后唐乾符间建,吴越王改两浙真君庙。元季毁,明正统九年重建。

普光庵　在忠节祠北。《西湖游览志》:元元统间,丞相莫华舍地,僧法藏建。

紫阳庵　在瑞石山。【成化】《杭州府志》:嘉定间,邑人胡杰居此,建集庆堂。元至元间,道士徐洞阳改为紫阳庵,其徒有丁野鹤弃俗为全真。《西湖游览志》:其庵久废,道士范应虚重建,作玉虚、望江二楼。冯梦祯《重修紫阳庵记》:武林诸山,脉自天目。龙飞凤舞,挟江湖海之巨丽,而尽于吴山。吴山之最胜,曰"瑞石"。山志称其秀石玲珑,岩窦岣窿,寒泉滴沥[1],汇为泓澄,青幽彻骨,空翠扑肌。盖实录也。而紫阳庵者,又擅瑞石之胜。宋嘉定间,邑人胡杰居此,始建集庆堂。元至元间,羽士徐洞阳庵之,改今名。其徒丁野鹤者,弃俗栖真,屏居于此,将化之日,召其妻王守素入山,付偈云:"懒散六十年,妙用无人识。顺逆两俱忘,虚空镇长寂。"遂抱膝逝,端坐如生,漆蜕尚在。野鹤所证,盖得北真之道者。而紫阳,则张平叔别号,又南真也。南真修形神俱妙之术,北真兼契虚无,其归稍别,入处稍别,岂有师南而徒北耶?然不可考矣。庵久废。正统甲子,羽士范致虚重兴之,作玉虚、望江二楼,聂大年为之记。然庵踞直指台之上,招呼可及,以故颇禁登陟,游人鲜少,香火寥寂。自正统迄今,凡百五十年,又不知经几废兴矣。今左使溧阳史公游其地,而乐之曰:"美哉斯境!盖仙真之所宅,灵淑之所会。而颓圮若此,令崇奉靡托、瞻憩无所,其何以助登高之杰思、豁望远之冲眸?"此地主事也,乃议新之。庵东故有会真堂,平屋三楹,因而楼之,侧楼四楹辅之。殿倚山,山故有蓬莱阁三楹,其址仅存,因而亭之。金碧辉映,旦暮改观。山若辟而壮,泉若浚而澄。左右江湖若涤,而宽数百里。山川远近,献状于咫尺之下,若廓而新。是役也,经始于某月日,落成于某月日,工费凡若干,而属予记之。公名某,字应之,与余俱丁丑进士,改庶吉士。程敏政《与阎方伯饮紫阳庵次韵诗》:"一缕茶烟湿未消,几梯云路暗通桥。涛头盛拥鸥夷怒,亭上清留野鹤标。病目临风常带缬,敝裘经雨半成潮。重来便拟非生客,径揖山灵不待邀。"

重阳庵　在吴山之右馨如坊。《重阳庵集》:始自唐开成间,祖师韩道古结茅以居,感青衣童子出现,有泉自洞中涌出,潴而为池,岁旱不竭。后大德间,西川道士冉无为云游至浙,因观青衣岩洞,遂盖三清宝阁、元帝圣殿。嗣汉三十八代天师广微子,书"青衣洞天,吴山福地,十方大重阳庵"一十四字,刻于石壁。洪武二十四年,立为全真丛林。丙子,道士钟道铭重建。成化十一年,住持梅道暹新之。《留青日札》:重阳庵,人多不知其取义。今南山地名道姑湾,掘土五六尺,即见庵基,砖瓦无恙,且有佳山,皆太湖佳石。土人云:重阳,女庵也。与地名道姑湾相合。城中重阳庵,郡志不载其故,而石

---

〔1〕　底本脱"沥"字,据雍正本及《武林掌故丛编》补。

壁但有元天师广微子所书"大重阳庵"字，则此或下院也。但重阳之名，不见于宋，或曰始于元大德间，或曰重阳女乃宋高宗二宫人，出家于此，盖香火院也。此亦臆说。按道书言，上为阳，而清又为阳，故曰重阳。

青衣童子亭　陈赞《重建青衣童子亭记》：重阳庵，在吴山梓潼庙之前，自唐宋以来，为羽士全真之所。庵后有洞，流泉出焉，绀寒澄碧，大旱不涸。相传有青衣童子现洞口，好事者因构亭泉上而覆之，内塑童子像，遂名之曰青衣洞。洪武丙子，湖广常德郡丁启东氏来游于杭，尝梦一道士携童子衣青衣抵其旅寓，曰："以此子赠君。"问所从来？曰："自重阳庵。"觉而异之。至其所，见亭中童子像，俨然梦中所睹。归果得一子。次年，复来杭，重建亭，覆以陶瓦，加之藻绘，所以答灵贶也。启东既捐馆，子玉字润山，克有成立，读书励行。宣德中，以贤良方正荐为闽县簿。其母谓曰："若父以尔故，作亭于杭之重阳庵，盍往视焉，敝则新之，庶不忘尔父之志也。"润山访至亭所，果摧圮，而厥考题名尚存。乃出俸金若干，付本庵住持何君志远成之，又托其友人江君用时协相焉。于是市材庀工，经始于正统九年十一月十六日，越两月而落成。其规制渠渠翼翼，美轮美奂。观者嘉叹。志远欲砻石刻文以志颠末，属笔于予。是为记。张羽《重阳道院诗》："玉洞泉香草自春，丹楼南下瞰城闉。青衣童子曾来地，白石先生过去身。九转炉寒销宿火，七真堂古锁秋尘。松间道士多凡骨，未省谁为出世人。"

宝成寺　在宝莲山。《咸淳临安志》：天福中，吴越王妃仰氏建，旧额释迦。大中祥符中，改今额。宝祐五年，赐额曰宝成寺。有石观音、罗汉像。《武林梵志》：岁久，废为黎氏园。万历壬子，方伯吴公请捐赀建大观楼。

开元寺　在清平山。《释氏稽古略》：开元二十六年，诏天下州郡各建一大寺，以纪年为号，额曰开元寺。《西湖游览志》：宋建炎间，徙建西湖。元季兵燹，复徙故址。

宝月寺　在宝月山，久圮。《咸淳临安志》：龙德三年，钱氏建，旧名瑞像。大中祥符元年，赐今额。

广严院　在七宝山，久圮。【成化】《杭州府志》：后唐清泰元年，钱氏建。旧额瑞隆，宋治平二年改是额。寺有双竹，甚奇。《咸淳临安志》：中兴后，分寺基为御厨营。景定初，惟一重建。王应凤《重建广严院记》：杭之宝山有仁祠焉，其初曰瑞隆，后唐清泰二年所建也。逮治平，更号广严。熙宁间，苏文忠公游而乐之，为《赋双竹湛师房》及《新开径》诸诗。林间烟雨，清坐忘忧，固已形在江湖，而身超祇薮矣。自六飞驻跸，析其地十之八，为内饔晋徒之居，履綦辙迹，略无可考。其在淳熙，有僧善资者复葺之，发地得钟焉，有铭在栾，则寺故物也。既毁于辛卯，而俗以铜钟名其寺。或笑曰："是亦铁炉步之比耶。"一日过市，见寺之主首惟一，曰："自吾师祖庆居是山，谋斥而新之。尚方长秋皆有赐惠，顺妃亦如之。时大傅大丞相鲁公闻东淮，施加厚，亦既建阁五楹，以奉圆通，功垂成而终。惟一嗣之，丕勤诱披，欲成吾师之志，倘亦嗒然如云，则功废矣。"余闻而叹曰："庆与一师弟，不辎器尘，以鸠众力，巧于用狭，兴于久废，于阁之下为殿，像设位置，咸与地称。羯磨之室，法音之楼，爰及库藏庖涸，器用悉备。盖坚忍精进，皆有过人之材。吾徒之饱食安步者，或愧焉。"遂书以遗之。

通元观　在七宝山麓。《西湖游览志》：绍兴二十九年，内侍刘敖入道修真，结庵于此。高宗御书"通元"二字榜之，赐名能真。内有寿域楼、万玉轩、望鹤亭、谒斗坛、白鹤泉、鹿泉。嘉靖间，法师徐道彰重修，其徒郁存方修志。存方祷雨祈晴，往往灵验。观中修竹荫庭，赤日无暑。虞元良《通元观记》：瑞石山通元观，宋绍兴壬午都录少师鹿泉真人刘敖之所建也。敖，高宗内侍，志慕元元，乞为道士，高宗赐名能真，荣之爵号，俾主宁寿观。真人尝梦三茅君乘鹤至瑞峰之阳，旦而见三鹤飞翔梦所，良久乃去。明年是日，鹤至如初。真人感之，请于高宗，爰建殿以祠三茅。又立三清殿于山巅，后列谒斗台、望鹤亭及道流栖炼之室。高宗命曰"通元"，书额赐之，是为观之始也。元道士俞行简重修，有贯云石、虞伯生、张仲举诸公赠诗存焉。元末兵火，殿宇为墟，古像不毁，人异之。皇明成化庚寅，道士徐渊澄与其徒徐道彰，即旧址兴建，尽出己资，人亦乐相焉。琳宇崇麓，玉像精严，碧瓦鳞次，瑶阶肪截，盘礴曲栏，嘉木秀合，于是通元之胜，殆不知在阛阓中矣。道彰之孙郁存方，善继先志，得厥祖之道。嘉靖庚寅，观复灾，惟三清殿力救仅免，复加修治，坚完辉润，曲尽心力也。倚山为宫，岚潦蒸溢，惧其易坏也。槛柱阶垣，悉用贞石，坊甃孔固，石崖莹密，特异他山。旧刻宋高宗诗、三茅君、鹿泉像及诸名人题志，乃又增刻元一像而修饰之，位置有法，皆自存方规画也。宋高宗《赐刘能真诗》："简易高人道，崇修性自真。身常居太极，心已远凡尘。玉陛辞荣禄，瑶台役鬼神。侍宸三十载，羡尔道心醇。"王安石《太白岭》[1]："太白龙骧东南驰，众岭环合青分披。烟云厚薄皆可爱，竹木疏密自相宜。阳春已归鸟语乐，溪水不动鱼行迟。生民无不得处所，与兹鱼鸟皆熙熙。"吴芾《赠刘真人修道诗》："乞归学钓锦江鱼，买地吴山更筑居。兴逐烟霞心自远，身辞荣禄客来疏。宜春花满增新圃，返老丹成却秘书。悟向忘言谁共得，只应回也日如愚。"贯云石《赠俞行简法师诗》："遁迹复忘形，丹成养性灵。精诚动神鬼，呵叱走风霆。鹤去松云满，龙归雨气腥。送师歌短曲，凉吹满江亭。"黄唐《通元观诗》："云气深深护石坛，红尘飞不到阑干。清阴满地无人迹，一径松风鹤梦寒。"

寿域楼　贺洪《题寿域楼诗》："百尺亭亭倚太清，绮云浮盖护雕楹。龙光夜透思陵敕，鹤背时闻子晋笙。天目远分山脉秀，海门遥驾旭轮升。登临每起游仙兴，欲御天风过岛瀛。"

望鹤亭　赵孟頫《登望鹤亭诗》："上有白鹤翔，下有幽人居。幽人道当成，白鹤来不虚。"

万玉轩　李旻《题万玉轩诗》："云轩四面琅玕绕，半亩翠阴谁为扫。六月凉生暑不侵，一天雨过秋先到。琴书润湿衣袂寒，清风摇曳朱阑干。我欲借此读书处，惊动山神安不安？"

国朝朱复元、朱广基重修。

七宝庵　在七宝山，久圮。《西湖游览志》：元延祐间，道士元谷建。至正间，贝一黙重修。

谨按：七宝庵，不知圮于何年。今七宝山龙神庙后，有七宝丛林，奉元武神，神系铜像。明万历间，参政查允元创建，正殿西向，全湖之胜皆可俯视。在城市中，境最幽僻。

---

〔1〕　底本、雍正本脱"王安石《太白岭》"六字，今据补。

定水寺　在七宝山。《咸淳临安志》：旧为观音庵。《西湖游览志》：宋乾道八年，建于万松岭。嘉定八年，移清波门外。元至元十年，筑城徙此。

开宝仁王寺　在七宝山。《咸淳临安志》：先是，东京开宝寺有仁王院僧慧照大法师随驾南渡。绍兴五年，奏请权建于七宝山。绍兴三年，诏赐敕额。嘉泰甲子、绍定辛卯，一再毁。僧祖仁重建。端平元年，尚方铸钟以赐。淳祐元年，御书寺额。景定五年毁，重建。程公许《重建仁王寺记》：仁王院，旧隶东京开宝寺。艺祖皇帝六龙御天，沙门智曦奉敕兴创。至慧照大师法晔领徒从高宗大驾南渡，奏疏行阙，请即钱塘七宝山改建，主大内祈禳事如故典。制曰可。嘉泰甲子，以居民火延毁。僧祖仁慨然以肯堂自任，不数年浸复旧观。再燎于绍定辛卯之季秋。今皇帝嗣履大宝，亟命司藏荦畀金币为之经始。豪贵风动，叶相其成。古石佛像、观音台殿宏丽，与三门鼎立相望。云堂丈室，庖湢帑廪，选僧之所，作务之寮，缭绕周围，纤悉毕具。万石龙籤，架以层楼，晨昏镗鞳，则端平元年尚方之制作也。六字飞白，揭之前荣，奎壁焜耀，则淳祐元年宸翰之贲饰也。三顷上腴，择之余杭香积属廛，则三年上命之颁赉也。清净檀施，佛所护念，乃若经律论钞，覆以宝藏，运以飙轮，金碧庄严，天然围绕，俨然双林一会未散，无非宫闱锡予。及近侍之臣捐金喜舍，出纳具图籍，可覆考也。祖仁殚劳土木，幸迄于成。介灵隐禅者宗礼谒直学士院臣公许为之记。

三茅宁寿观　在七宝山东北。《咸淳临安志》：本三茅堂。绍兴二十年，因东都旧名赐观额。殿曰太元，奉茅君像，徽宗御画也。有宁宗御书'道纪堂'三字。绍兴中，赐古器玩三种，皆希世之珍。其一宋鼎，鼎高尺有九寸，广尺有咫，两耳旁出而曲上，三足皆具牛首。鼎外周环如篆籀，腹内铭四十有一字。传者谓宋武帝孝建元年八月，作牛鼎以祀太室[1]。今以焚香殿中。按《西湖游览志》：宋鼎作汉鼎，以刘宋建元为汉建元，误。其二唐钟，本唐澄清观旧物。绍兴间，有金声震于太湖，渔者莫能致湖滨，寺观争以舟迎。独澄清观迎之，钟凌波而上，一引即入于舟。丙辰九月二十四日戊午，常州澄清观女冠王玉仙所造。尚方出金帛度牒易以赐，禁中每听钟声，以为寝兴食息之节。其三褚遂良书小字《阴符经》。景定庚申，贾似道以江汉功入相，理宗赐内府金币百巨万，辞。有旨就观宣索《阴符经》以赐。观之外，有庵曰仁寿。陆游《三茅宁寿观碑记》：绍兴二十年十月，诏赐行在三茅堂名曰宁寿观，因东都三茅宁寿之旧也。初，章圣皇帝建会灵观，实于崇元殿之侧营三茅君殿，是为祖宗崇奉之始。至是高宗皇帝方跻天下，于仁寿之域尤垂意焉。乃命道士蔡君大象知观事，蒙君守亮副之，许其徒世守。又命

---

〔1〕　底本"鼎高尺有九寸，广尺有咫，两耳旁出而曲上，三足皆具牛首。鼎外周环如篆籀，腹内铭四十有一字。传者谓宋武帝孝建元年八月，作牛鼎以祀太室"一段文字，《武林坊巷志》所载《咸淳志》皆作注文。又"绍兴间，有金声震于太湖，渔者莫能致湖滨，寺观争以舟迎。独澄清观迎之，钟凌波而上，一引即入于舟。丙辰九月二十四日戊午，常州澄清观女冠王玉仙所造"，《武林坊巷志》所载《咸淳志》无"寺观争以舟迎。独澄清观迎之"及"一引即入于舟"诸字，"造"后有"河东薛泚为之铭"七字，然皆为注文。雍正本同底本。

内侍刘敞典领，置吏胥，给清卫兵，略用大中祥符故事。后十年，敞遂请弃官，专奉宁寿香火。诏如所请，赐名能真，改左右街都道箓，仍领观事，实又用至道中内侍洪正一故事。上心眷顾此观，每示优假如此。然迨今岁月寖久，未有纪之金石以侈上锡者。绍熙五年六月，知观事冲素大师邵君道俊，始裒石来请游为文，传示后世。伏睹宁寿观实居七宝山之麓，表里江湖，拱辅宫阙，前带驰道，后枕崇阜，尽得都邑之胜。广殿中峙，修廊外翼。云章宝室，签帙富丽，浩浩乎道山蓬莱之藏也；钟、经二楼，翚飞霄汉，飘飘乎化人中天之居也。金符象简，羽流毕集，进趋有容，肃恭斋洁，济济乎茹灵芝饮沆瀣之众也。导以霓旌，节以玉磬，侍者翼从，以登讲席，琅琅乎彻九天震十方之音也。佑陵之御画，德寿、重华之宸翰，焕乎河洛之图书也。鸿钟大鼎，华盖宝剑，褚遂良、吴道子之遗迹，卓乎秘府之奇珍也。荣光异气，夜烛天半，所以扶卫社稷、安镇中夏者于是乎在，非他宫馆坛宇可得而比焉。

【成化】《杭州府志》：元后，至元辛巳火，续建未完，兵革遂止。明初，重葺一新。

【万历】《杭州府志》：成化间，镇守太监李义于正殿之左创建昊天宝阁。商辂《三茅宁寿观诸天宝阁记》：杭郡治东南有吴山，左江右湖，为一郡胜概。上有三茅宁寿观，直七宝峰之麓，实历代祝厘之所。司礼太监李义奉敕镇浙江，公务之余，间此登览，因睹寝阳殿左隙地，宜增饰轮奂，遂捐己赀，市材僦工，鼎建诸天宝阁，上奉元穹圣像，下列佑真君像，备极庄严。以至钟鼓香花，凡供神之物，靡不悉具。观之钟楼，先此久圮，并为新之。经始于成化壬辰冬十二月，落成于癸巳秋八月。命住持道士夏雷轰率其徒众，晨香夕镫，祝延圣寿，祈福锡民，其用心善已。若乃雄堞前环，层峦后拱，波涛浩渺，潮汐吞吐，至此使人神情舒畅，尘虑消释。阁之形胜，即观之形胜，览者当自有得，予不备书。

嘉靖戊午，胡宗宪改三清殿为元武正殿。王炎《同李鲁三郎中游三茅观诗》三首："羽衣邀我坐团蒲，一穗香云绕竹炉。九陌红尘飞不到，疑从木豸入悬壶。""愁边无处寄幽怀，拟傍梅花把一杯。玉靥含香浑未吐，当携欢伯为重来。""路入疏梅密竹间，俯看水墨画湖山。玉妃妒我清游好，剪水飞花作苦寒。"钱惟善《十五日吕彦孚王槐卿方元器马彦初同过三茅观时雪晴云散惝虚望远不知身世之在城市也赋诗一首以纪之》："三茅真馆聚群仙，阆苑蓬壶思渺然。涧雪晴飘松上雨，野云冷护洞中天。眼高但觉江湖小，心远那知井邑连。欲与梅花争比寿，抱琴携酒约年年。"王冕《三茅观诗》："层峦开径隐空青，勃窣蹒跚眼力生。萝磴痴岚留宿雨，石林寒竹动秋声。城隍下瞰红尘海，楼阁高悬白玉京。夜静何人吹凤管？碧桃千树月华明。"张羽《游三茅观诗》："洞府阆春云，名从地脉分。金毫开妙相，玉札篆灵文。鹤驭三天下，鸾笙五夜闻。何因避世网，香火事茅君。"屠隆《张肖甫司马招饮三茅观绝顶是夜遂宿观中诗》："山当凉月酒全消，步入流霞路转遥。有鸟隔花窥绛蜡，何人映竹弄璚箫。晚潮初过暮渚出，风雨忽来秋殿遥。更傍真人分紫气，一官吾已梦冥寥。"

云居圣水寺　在云居山。《西湖游览志》：本二寺也。云居庵者，宋元祐间僧了元号佛印建。圣水寺者，元元贞间僧明本号中峰建。至大间，沙门指月拓基广之，掘地得智井，中有佛首三枚，诸相具足，遂涂金事之，名曰"三佛泉"。洪武二十四年,并圣水于云居,赐额曰"云居圣水禅寺"。内有听松轩、中峰、发塔。了元,号佛印。明本,号中峰,又号幻住。明本祝发时[1],有故宋宫人杨妙锡者以香盒贮发,舍利丛生,遂建塔于寺,久废。成化间,僧文绅修复。张翥《吴山圣水寺诗》:"高处见沧溟,西风吹酒醒。潮来一片白,山拥万重青。草木如浮动,烟尘忽杳冥。登临不可极,吟思满秋汀。"张时彻《圣水寺诗》:"兰若藏云腹,行行石径长。开窗邀树色,列席镜湖光。地迥星河别,山深芝木芳[2]。使君能吏隐,留客醉霞觞。"国朝康熙五十三年,僧维新及其徒西铭重建。

谨按:【万历】《钱塘县志》云:云居庵,唐懿宗年建。又《云居志》云:唐咸通中,僧道膺原居豫章云居山,爱此山麓,卓锡,亦曰云居,不忘故也。《咸淳临安志》云:灵智院,在七宝山,旧为圣水庵。有观音岩出泉,能疗民疾。嘉定二年,移请今额。绍定间,重建。是云居庵,固不始自宋圣水寺,亦非创于元。《西湖游览志》殆未详考,至言圣水、云居合为一寺,较他书,特为明晰耳。

西溪路

净业堂 在秦亭山。《武林梵志》:为净性下院。僧圆礼筑,地饶竹,名万竹净业堂。孙克弘书额曰"香光庄严"。

按[3]:《西溪梵隐志》有石筠禅院,即其旧址也。

普慈院 在秦亭山。《武林梵志》:嘉靖初,僧广莫建。

佛惠禅寺 在方井。《武林梵志》:晋天福七年,普觉一禅师开山,为法华祖师道场,因名法华山[4]。《咸淳临安志》:绍兴间,益王府移请今额。《西溪梵隐志》:永乐间,本源文达禅师重建。正德间毁,都督万表为外护祇园。法师圆果阐扬宗教,请龙藏永镇梵刹,建阁修葺,焕然一新。下院名圆通庵,在六宝村,别院名白业堂。薛应旗《佛惠寺诗》:"人天无住着,究竟有真诠。面壁应难悟,翻经孰可传。遍寻何处遇,普度亦须缘。忆在吴门别,重逢不记年。"文徵明《佛惠寺诗》:"法身曾趁木杯浮,又驾慈航月下游。出世不求千岁药,泛溪长载一轮秋。桂香飘处清禅梦,兔影低时歇棹讴。物色由来总虚幻,何须重看海中沤。"

白业堂 王世贞《白业堂记》:白业堂者,故讲师朗公所立也。朗公之同母兄曰祇园,俱少而离俗,负大智慧,为秀法师上足,寻驻锡于杭之碧峰山。祇园示寂,法席愈盛。诸赆施云集。朗公不以充衣食供,而买地碧峰之址,大约亩三十而微。剪棘平块,中为堂五楹,左右静室翼之,后为斋厨浴湢。四周高埔,旷洁靓深,竹树匝列,阴森蔽亏,结夏解夏,无非安地。时郡守新都吴君,

---

〔1〕 雍正本"了元,号佛印。明本,号中峰,又号幻住。明本"作"明本,又号幻住"。
〔2〕 雍正本"木"作"术"。
〔3〕 雍正本"按"前有"谨"字。
〔4〕 雍正本无"因名法华山"五字。

诣公室而乐之,颜其楣曰"白业",志净土也。朗公未五十而示病现化,其门徒真相、如莲、性印奉遗体瘗于堂之前而塔焉,因介王征士百谷来请记。余旧尝识公,顾皙而长,面若满月。每升座说,巍巍金山,海潮之音,听者惊悚,密意殷勤,惟余是属。余今敢辞?第朗公之业,余不能深窥其趣。而为弟子者,羯磨精进,毋替朗公之志,以无业为白业可也。夫堂,则一幻地而已矣。

智胜庵　在秦亭山麓。《西湖游览志》:明弘治间建。

上乘院　在西溪之东梅花坞中。《咸淳临安志》:贞观十九年建[1],旧名龙居。治平间重建,改今额。有寂观堂。《西溪梵隐志》:崇祯初,郡城莲居新伊法师退隐此庵。有书册藏经,禅讲学人欲阅藏请教者依之,故有十余静室附焉。释大善《上乘院诗》:"万斛松筠覆草庐,千函文字寄溪居。龙王藏惜宫中宝,野衲披宣架上书。瓦鼎生烟拈紫降,磁瓶贮水插红蕖。如今禅讲交参日,共集花岩作蠹鱼。"

古法华寺　在西溪之东法华山下。《西溪梵隐志》:明隆万间,云栖宏大师以匡庐莲社,宗风大振东南。云间郑昭服舍园宅为常住址,在龙归径北,约八亩有奇。初号云栖别室,俗名郑庵。崇祯癸西秋,郡守庞公承宠给额,称古法华寺。吴应宾《古法华寺碑记》:古杭法华山有云栖别院者,乃云间青莲居士郑昭服所施建也。居士皈依莲大师,法名广瞻,雅发大愿,将昔所置楼房宅舍、山场园林若干施与弥天之泽[2],为布地之金。大师命僧济舟等居焉。青莲弃世,其子文学食贫。有翁公汝进、钱公养庶、洪公瞻祖、罗公大冠、葛公寅亮、袁公俨、宋公守一、闻公启祥等,共捐朱提六镒助之,而此地永为法华道场矣。众请之郡守庞公承宠捐金给额,改为古法华寺。济舟乞余言,以纪其事。

崇真院　在西溪之南。《咸淳临安志》:天福六年,吴越王建,旧名永福,治平二年改今额。《西溪百咏序》:栅桥东有小崇真庵。今二院俱兴。崇祯间,龙门寺僧信起心一重建于溪之南。溪东昭庆寺,僧我庵重建。

报先明觉院　在佛慧寺北路。《咸淳临安志》:建隆二年,吴越王建,旧名报先,治平二年改今额。有虚心轩。《西溪百咏序》:谚云:"千年灵隐,八百报先。"盖唐寺也,岁久倾隤。万历间,万鹿园募众重建。寺有恒如禅师,习天台教,四十年不出山,诵《法华经》六千余部。

玉池庵　在塔坞内。《西溪梵隐志》:崇祯己卯,僧洪远所葺。

指华庵　在龙归坞。《西溪梵隐志》:崇祯二年,郡城祖山寺僧智授建。

龙归院　在龙归坞。《西溪志》:宋绍兴间,帝幸洞霄宫过此,因改清化寺为龙归院。故僧佛印禅诵之堂也。《西溪梵隐志》:明万历中,广陵僧真一无用自补陀来,购邱氏园基结庵。厨有古井,味甘洌,名菩萨泉。初名西方庵,改称古龙归院。僧大

---

〔1〕　底本"贞"作"正",据雍正本改。
〔2〕　雍正本"泽"作"释"。

善《龙归院诗序》:龙归院,万历中,广陵无用禅师重建庵,奉迦叶维卫及栴檀像,皆摹古法,望之如生。师有《草亭歌》,有《梅笋谱》。每俟梅花谢后,独往观之。邻人疑问,师笑曰:"吾惟爱其劲骨。"其徒忍仙能继师志。

法华律院　在西溪路北。《西溪梵隐志》:嘉靖中,东晖晓禅师建。里人金长臣施地,俗呼金家庵。

室罗院　在圆通庵西北,俗称杨家庵。《西溪梵隐志》:崇祯中,僧海智字慧明筑佛堂。

大苏林　在西溪法华山之阳。《钱塘县志》:为吴越王将台。钱氏纳土后,改为赵山寺。《西溪梵隐志》:初名弥陀庵。嘉靖间,僧如性居之。万历中,海云购复,长洲刘锡元更名曰"大苏林"。

莲花庵　在四方庙北。《西溪梵隐志》:万历中,陈氏建。国朝顺治庚寅,重修。

永庆庵　在直坞。《西溪梵隐志》:万历间,观音桥男小寺僧建。国朝顺治元年,云栖别室僧成忏复兴之。

曲水庵　在正等院左。《钱塘县志》:即古清化寺旧址。明崇祯初,云栖古德法师建。四围并阚水映竹,长河萦绕,汇为放生池。王廷《赠曲水古德法师诗》:"木叶寒山对息机,荒深绝迹鸟行稀。禅关自启水环锁,香雨不分花静飞。手种青松千腊近,心悬白法一灯微。闲身志未忘文字,莫道浮名有是非。"

芦庵　在曲水庵右,即正等院。《咸淳临安志》:绍兴中,侍卫马军司驻屯于此,建屋以奉诸君香火。《西溪梵隐志》:万历初年,正等寺僧如觉因龙归坞迁此庵。董宗伯题曰"交芦",盖取经"根尘识三,都无实性,同于交芦"之义。亦以庵构芦中,直名芦庵。崇祯改元,其嗣性圆拓庵成院。大学士钱士升题额,曰"复古正等院"。

慈觉庵　在秋雪庵东。《西溪梵隐志》:万历中,僧性禅构精舍,号省庵。崇祯己卯,僧智养母其中。云栖古德法师为改庵,名慈觉,盖其孝行可方古慈觉法师云。钱士升《赠慈觉庵笠云诗》:"昔日参承曲水边,拈来禅净理双圆。而今说法依然在,翠竹苍葭带晚烟。"

秋雪庵　在西溪东兼葭深处,原名资寿院。《咸淳临安志》:资寿院,元系大圣庵。淳熙七年,移请今额。《西溪梵隐志》:宋潼川军节度所立。崇祯甲戌,灵寿寺僧智一、智洪住锡焉。庵水周四隅,兼葭弥望,花时如雪,陈继儒题曰"秋雪"。戊寅,拓庵为院,复古额曰"资寿",人仍以"秋雪"名之。释智一《秋雪庵自题诗》:"秋窗底事雪弥漫,风飐芦花起钓滩。点点定僧衣似湿,飘飘渔父笠疑寒。远笼竹浪烟仍翠,澹抹枫林叶尚丹。忽听小舠歌欸乃,西岩仿佛认晴峦。"

报劬庵　在桃源岭下方井东。《钱塘县志》:陆环溪封公墓侧,其嗣之选、之遇、之远倚庐处也。梅竹相映,溪山环绕,董文敏赏其幽胜,为题额焉。

福清庵 在安乐山前。《西溪梵隐志》：唐中和间，性空和尚开山，种竹万竿，卓庵丛中。宋隐士迈子山过院，有"花覆石桥闲戏马，叶齐山寺乱啼莺"之句。万历间，云间僧桂峰复建。后废。毛奇龄《修复福清禅院碑记》：向予观梅西溪时，已从徐氏庄直抵安乐，将欲过福清而不能也。或曰福清在安乐山之阴，右接永兴，其地环九龙而负层崖，当西溪之胜。故游西溪者，必过福清，而其后从秦亭还，仍不一过。今年秋，周子子铉携西溪僧来谒予为记，曰："予方游福清，而福清院主介香城院主以记文请。"因询其所遇及所知，然后知福清之从来远也。按院创自唐贞观建元，以竹院名。而僖宗中和间，有禅师性空者居之，改名传教，种竹万余竿，遂为胜场历传。至元天历，复竖殿堂，于万竹中间以杂梅。一时游者，多为诗镌其堂。逮明万历之末，则尚书陆公、太史冯公以及了凡袁先生、切公严先生、德园虞先生辈共为护持，虔请禅师桂峰驻锡其中，重界净居，恢复旧业。而以师从天台来，福庭清凉，与之相埒，遂易今名。若其竹，则未知其与旧何等。而不谓数十间之兴废已叠至也[1]。今律僧自慧偕其徒济生，竭蹷丏募，仍还故观。凡殿堂寮舍，跃莲承藻，鱼嬴钟杵，巾盂幢幕，灿然一新。而梅花而竹，仍独擅西溪之胜焉。夫佳山佳水，原足系人之流连。况俨然初地，历唐、宋、元、明，累劫不毁，而又加之以十里之梅、万竿之竹，当西溪之地之胜。向非慧公师弟力为修复，其为天下所怀思而不得见者，盖不知凡几也。然则师之功可少哉？吾他日乘兴，尚当入西溪，重抵安乐，以穷其所谓福清之胜者而记之。释大善《福清竹院诗》："藤萝萦合竹丛生，淡写浓描似画成。满院清阴筛月色，千竿翠籁入溪声。庭中桂子云间落，池上苹花水底明。为问废兴何岁月，我年二十始知名。"

夕照庵 在石人岭下。《西溪百咏序》：晋咸和间，灵隐慧理禅师退隐于此。周显德间，兵废。宋祥符间，尼僧道成复兴。《西溪梵隐志》：明万历中，僧艮峰购杨氏址，拓为庵，复古额曰夕照，俗呼杨庵。

永兴寺 在安乐山下。【万历】《钱塘县志》：唐贞观间建。《西溪志》：悟明尊者开山。晋天福，僧宣大章住此，释《法华经》。宋铁牛印禅师重葺，寻毁。《西溪梵隐志》：明断臂诸道者建草庵，旋废。万历初，冯太史梦祯延僧真麟饬新之，手植缘萼梅二本，题其堂曰二雪。黄汝亨《永兴寺碑记》：西溪名刹曰永兴寺，当灵竺之后山。唐贞观年，悟明尊者开山。宋铁牛印禅师重建。济颠复叠石为安乐桥，不数武而当水啮处，嵌碛欲堕，夏涨秋灌，势甚冲决，而岿然独存。民将食螺，已断尾，颠乞放之池中，遂活。至今螺无尾。寺中废。嘉靖间复兴，失其东偏，为万氏祠。而祠又属赵氏，冯祭酒开之倡缘，以七十缗赎还，于是东境始复。僧真麟居禅堂三间在池左，高榆修竹间，碧琅绿雪，修然可人。池右种梅百本，霏霏晴雪，芳馥林表。冯公因属林上人，并佛宇一新之。冯公往来此寺，尝叹曰："此寺非惟地居幽绝，僧且朴真无绮妄，非诸山等。即十八里梅花，春时山家焙茶，香闻十余里，亦清胜冠诸丛林矣。"因题曰二雪堂。寺后有方丈，名安乐松轩，是不佞所书。厨下井名圣泉，云间陆尚书树声有"净界庄严"题，中江莫如忠书，足与寺千载。宜记。李流芳《永兴寺寄怀诗》："人言西溪梅，不道西溪竹。试问十

里香,何如万顷绿。夹道飞流喧,出云两山矗。永兴好兰若,平畴带溪曲。梅竹正萧疏,冈陵正绵邈。登楼揽幽香,故人有书屋。我乍至云栖,遇君南屏麓。夸我此中来,清享知己足。今朝翻白沙,崎岖历山谷。我来适君去,恨不同信宿。胜事各自领,嘉游恐难续。终当期汗漫,相与谢羁束。”

福胜院　在安乐山麓。《西溪梵隐志》:晋天福间,吴越王建。宋僧困本澄重兴,绕寺栽梅,迈子山尝题其院,有“野涧飘来兰气合,家山梦去雪标清”之句,故有福胜梅花之目。元末,兵毁。明万历中,云栖僧大善构址,结茅三楹,颜曰溪巢,杨副宪师孔书额。崇祯间,石郡守万程改古福胜院。

永乐庵　在西溪之西南森罗坞。《西溪梵隐志》:创自梁贞明间。宋建炎中,法师性宗重兴之。《西溪百咏序》:绍兴中,有梵僧阿利真负经西来,隐此得道。元末,兵毁。明万历间,洪中丞清远延云栖悦心禅师重建。崇祯改元,复旧额。

清溪道院　在安乐山下。《西溪梵隐志》:唐宝历间,羽士费元真开山。宋徐提举隐此。

神仙宫　在钱塘门外东山衕[1]。《西溪百咏序》:宋御书神仙宫额,黄冠千指。至端平间,有女真魏无暇筑室,退居于此。今惟宫名存焉。

宝寿寺　在西溪棠岭桥。《西溪梵隐志》:宋太平兴国,禅师法行宏崇,太宗特敕禅居,赐名。光孝中,废。端平二年,石田禅师由灵隐退居,更名宝寿。《西溪百咏序》:正德元年,无尽和尚复兴。万历间,元律讲主寄浮相继住持。崇祯初,云门石雨禅师重开古塔[2]。

---

〔1〕　雍正本“在钱塘门外东山衕”作“在西溪”。
〔2〕　雍正本“塔”后有“谨按:园亭非现在所有者,皆列入古迹。惟寺观祠宇兴废不常,故虽古刹荒祠,凡旧志所载者,俱仍收入本门。”

武林览胜记卷十

祠宇上

域中名山大川，必有神以主之。西湖名胜甲天下，扶舆清淑之气，于是焉钟。其地灵，则其神亦灵。肸蚃昭明，固其所也。是以寒泉秋菊，配食水滨；风马云旗，迎神江上。式瞻庙貌，有与湖山永为奠丽者矣。志祠宇。

孤山路

怡贤亲王祠[1]　在金沙港。祀和硕怡贤亲王。王立心忠孝，秉性谦和，体天子爱民之仁，赞襄圣治，裕邦赋，育人才，兴水利，慎河防，修军政，平矿法，勋绩不可胜纪。而请减江南、江西、浙江浮粮，恩泽之被于浙民者尤普。雍正八年，薨。浙省绅士、军民、商贾、耆老，环吁题请建祠。本年九月十八日，总督臣李卫具题。题为舆情之爱戴实深庙祀之祈求虔切恭疏题达仰请睿鉴事：窃惟和硕怡贤亲王禀承圣训，敬慎恪恭，勋在社稷，泽被生民。皇上之所以报元功而酬显德者，皆上合天祖之默成，下符朝野之公论。顾王之宣猷佐化表著于政事者，天下臣民，久已共仰。而其嘉谋硕画，密勿赞襄，远近黎庶，何由悉闻。自蒙圣谕宣扬，而后隐微之美善，无人不知。此皆皇上圣不自圣，必欲贤王之功德一事不泯于人间，斯有以奋发亿万人之天良，而创建千百年之盛举也。迩月以来，浙省绅士、军民、商贾、耆老连呈累牍，颂贤王之懿媺、表黎庶之讴思者，词不胜书，疏难枚举。如嘉、湖二府绅民，则称数百年之浮粮一旦减裁，使万户编氓终身感戴，沐天家雨露之仁，知贤王赞襄之力，愿展涓埃，永建庙祀。如杭、宁、绍、台、金、衢、严、温、处等九府绅民，则称浙属编氓屡荷圣慈优恤，蠲全省之正赋，减额内之浮粮，时和岁丰，家给人足。今恭读谕旨，宣示王猷，知圣恩之加厚浙民者无所不至，则王功之隐被浙省者由此可推，谨效涓埃之义，永承庙祀之新。如通省盐商士民，则称盐法专掌于司农，

---

〔1〕　雍正本"怡"前有"和硕"二字，且此条位于"天泽庙"条后。

惠政远敷于浙水，革除科派，宽免浮加，种种优恤，深沐皇上之弘恩，更感贤王之美德，惟此浙民之庙祀，稍纾南土之讴思。并有苏州府住销浙引商人，各陈感戴之衷，愿捐协助建庙工用等情，纷纷具呈。并据藩、臬二司各属据情转详前来感戴之虔，呼吁之切，实属万口如一，众志金同。夫盛德至善，民不能忘。何况怡贤亲王，躬辅圣明，德周寰宇，千古留亲贤之泽，万年蒙乐利之庥。臣请俯顺舆情，于西湖名胜之区，嘉兴入境之首，各听捐赀建庙，展祀明禋。臣与同僚文武及镇司道府大员，均愿助厥成工。仰请钦定祀典，永著为例。臣等得以瞻拜仪型，式奉模楷，则俎豆常新，馨香可格。圣主酬德报功之盛心，臣民怀仁慕义之至愿，均足永垂奕禩于无斁矣。臣谨会题。

　　钦奉俞旨，准行。遂卜吉于西湖圣因寺侧，孤山之西，地名金沙港灵竺路所从入也。爰作堤，与苏公堤合，构玉带桥以通祠址。中建祠门三楹，照面楼三楹，进内仪门三楹，享堂三楹，前后旁屋各三楹。更进为正殿三楹，奉王神牌。左右旁屋各七楹，后寝五楹，上构岑楼，下接水轩。左右厢楼，亦如其数。外翼以回廊，周以缭垣。西为园，园之中叠石为山，引水为池。山可以踏屐，池可以流觞，有桥可以通舟，有亭可以垂钓。平台杰峙，遐瞩湖光；高轩玲珑，近延爽气。杂植花木，四时竞发，高下回环，茏葱掩映，凡以娱王之灵，亦使飞潜动植咸得其所，益以成王之德也。始工辛亥二月，落成是年八月。李卫《怡贤亲王祠碑记》：天子敦股肱之谊，笃友爱之情，俯顺臣下所请，许直省地方凡受怡贤亲王功德之最显著者，听所在建王祠宇，春秋享祀，展国家崇德报功之典，舒人民思慕感戴之忱。浙省戴王功德，尤深且渥。命下之日，官绅士民无不欢欣鼓舞，踊跃趋事，相与相度原隰，经营向背，卜西湖之金沙港，竖礅筑基，伐材课力，寸椽片瓦，不扰民间，而大工以集。落成之日，官率其属，士偕其侣，远近民人，扶老携幼，拜王祠下，乐三阕，礼告成。卫乃熏沐，敬谨载拜，而为之记曰：功高而口不言功，德盛而身不任德，臣节之纯也。不言功而君上为之猷扬，不任德而君上为之表暴，圣恩之厚也。皋夔稷契，古称圣臣，或掌工虞，或司水火，各举其职，而功皆及于万祀。怡贤亲王，以一人之身，而群圣臣之所为备。总度支，则上裕国，而下且有以泽人；掌禁旅，则令既肃，而恩亦有以逮下。赞理军务，则良筹密策，洞中机宜；兴修水利，则疏浚筑防，普流惠泽。然而，王不言也。王不言，而天子言。天子言之，而天下无不知王之功如是其大。王之功，何其伟欤！伊尹、伯夷、柳下惠，孟子所许，或曰清，或曰任，或曰和，各造其极，而德皆奋乎百世。怡贤亲王以一人之身，而三者之德无所不该。忠以奉上，敬以立身，诚以居心，直以处众，勤无或懈，慎无或疏，廉至不染一尘，明至远彻万里。然而，王不言也。王不言，而天子言之。天子言之，而天下无不知王之德如是其该。王之德，何其盛欤！且也天子有欲行之政，委之王，而无不如天子所欲为；天子有欲宣之命，谕之王，而无不如天子所欲言。圣天子在上，治法驾百王，心传接二帝，而承流宣化，王实能默会圣心，善承上旨，以成中天之景运。《书》称"一德一心"，若王之所以事上，而天子之所以任王，则真若合符节者矣。至于为宗室之楷模，树百官之坊表，同事者悉受成全教导之功，闻风者咸切观感奋兴之念，则又因王一人之功德，而令在廷之臣凡有片长尺技者，皆得就准绳而入陶铸。唐虞庶司百职，事不必尽传其名，而都俞飏拜，成一廷师济之盛，未必非皋夔稷契有以表率而化导之。孟子云："顽夫廉，懦夫有立志。"百世犹将闻风兴起，况同为圣世之臣哉？然而，王皆不言也。王不言，而天子于王薨逝之后，悲伤震悼，典礼有加，而又胪列王功德之韬晦于生前者，昭示天下。而后天下臣民，受国家深仁厚泽之施，承圣天子礼陶乐淑之化者，无不感激怀思，家尸户祝于王，则又自古以来所未有之遭遇矣。呜呼！日星在天，江河行地，王之功德，薄海内外，无不普被。至于蠲免浮粮，则又江南、江西、浙江所特被之恩。浙民之心，感皇恩之浩荡，因而颂扬王赞襄左右之助，固然其无足异。所可记者，宇内不乏名山胜水，然大概僻远，不近城市。独杭之西湖，介在郭门之外，都人士庶朝游夕览，诚寰中一大佳丽地。但其间山水明秀之处，皆旧迹名区，楼台亭榭，鳞次栉比。止金沙港一方，为天竺、灵隐溪流入湖之所。沙有金色，港因以名。其他山回水抱，既幽且胜。然一望澄潭，旁无隙地，故从无建筑，乃于兹数十年积渐拥涨，迩来竟成爽垲，全湖之胜，举而聚之户闼之间。而王祠遂卜建于此。又筑新堤，遍植花柳，联络接续。并建玉带桥一座，以通舟行，则王之功德不独感于人，且有以格于天矣。卫之朴讷，何能铺扬王功德之盛，祇就天子之所以褒王者颂王，且即王之所以格天者为王颂。其或可序述王功德之万一焉尔。

四贤祠　在孤山之阳。《西湖游览志》：正德间，郡守杨孟瑛建，祀唐刺史李公泌、白公居易、宋守苏公轼、处士林公逋。先是，唐民怀白公之德，即山之广化寺以祀公。至宋，益以苏公、林公，名三贤堂。周紫芝《酬三贤赋并序》：蝇馆主人独游西湖，短棹扁舟，夷犹孤山之下，夜既久而无声，月将晓而始出。仰而望之，吊三贤之遗踪，张高风之辽邈，叩舷而歌，举酒一酬而赋之：岁元默之宵中兮，月既望而时秋。鼓兰舟之桂楫兮，采芙蓉于芳洲。夜黯黮其未艾兮，骖白鹭以夷犹。俟望舒之始驾兮，升素魄于海陬。整予冠而仰睇兮，叩予舷乎中流。望华祠于山阿兮，眷三士之高标。虽出处之异致兮，亦分路以扬镳。维香山之忠正兮，耿直节于中朝。忤群奸而见逐兮，指新井以蒙嘲。彼西蜀之老人兮，抱素业于夔皋。援斯文于未泯兮，障俗学之澜涛。终一斥而不复兮，病谇口之嚣嚣。岁七周于海滨兮，脱九死而归故邱。痛二老之不遇兮，越今昔而同传。岂鸾鸦之不可以争飞兮，抑驽骥之难于并游？岂柄凿之不可以相人兮，抑亦臭味之异于薰莸？弃珠玑而贯鱼目兮，斥骙骝而驾罢牛。笑蹄涔之沮洳兮，转龙骧之巨舟。独高人之前知兮，遂遐举而莫招。爰卜宅于兹山兮，侣麋鹿而友渔樵。却鹤书而不受兮，恐晓猿之怒号。草萋萋其春荣兮，叶靡靡而秋凋。阅四时而不改其操兮，孰谓山中之不可以久留？抗高风而配逸躅兮，追两轨以奚差。嗟予生之后时兮，徒心旌之摇摇。瞻清扬于仿佛兮，拜遗像之非遥。聊举觞而一酹兮，歌三迭而魂销。倘微词之可格兮，冀羁旐旆乎云霄。【万历】《杭州府志》：绍兴后废。府尹周淙，徙寄水仙王庙庑。后尹袁韶徙建花坞。元廉访使徐琰，祀于西湖书院。明天顺间，知府胡浚复建今处。成化十八年，修。正德元年，知府杨孟瑛增李邺侯，再易今祠，祀以春秋。杨孟瑛《四贤祠碑记》：孟瑛守杭郡三年，于今属邑仁和、海宁涝以旱告。事闻于朝，得复开西湖。孟瑛任其事，还往孤山，见三贤祠栋挠梁坏，惧神之不栖，而羞吏之不恭也。窃惟逋仙风节，山崇湖深，名教攸系。白文公、苏东坡，皆杭贤守。石函一封，时泄时钟。葑洲既辟，千顷一碧。两邑之田，残沟断洫，莫匪遗泽，民到于今赖之。堂庑弗饰，胙羞弗严，何以格神明、昭崇报耶？又惟唐邺侯李公泌，亦尝刺是州，穿六井，引湖波，民始不食咸苦。虽功不在湖,而以湖为功,与白公、苏公埒。曷作新庙,合而祀之,更称四贤。祠之灵,人之情,协顺助信,而杭民亦永有依归矣。乃具其事,白于镇守麦公、刘公,巡按车公、程公、张公暨藩臬诸公。乃发帑,鼎作之堂,为楹间者三,梁栋旅楹悉以楠,四隅之楹以石,榱桷称是。门庑皆撤朽腐,更用锜新,漆丹垩黝,甚丽。以法敛剩材,作思贤堂于祠西,缭垣四周,直湖启门,榜曰"四贤"。且籍废寺田池六十亩,俾守者共岁事。仰惟三公治杭,事有美绩,人有遗爱,率应祭法。六井一湖,才一事耳。然杭人祠文公,必于孤山;祠邺侯,必于涌金北城;祠东坡,必于湖堤锁澜之桥。岂政以时易,易则不传,爰与泽流,流故终不可谖也。今孤山之祠,盖以北城湖桥既废,故因文公之旧,而合食于是。至于推祀通仙,则宋泰定即有之,盖义起也。是役以三月八日肇事,六阅月讫功。孟瑛率僚属诸生,释奠祠下,赋迎送神词二章。礼成,因叙作祠始末,刻诸石,并书二辞遗杭人,使歌以祀四君子云。其辞曰:西山之潆兮,清且涟漪。春桥烟柳兮,秋风不靡。谁汲绠兮六井,谁启函兮上塘之陂。缅三贤兮湖上,招通仙兮游嬉。考钟鼓兮铿锵,望焄蒿兮杳微。拥云旗以来下,见旌幢与裳衣。敞新宫兮并坐,慰吾民兮永思。孤山兮,在水中央。梅枝零落兮,花有余芳。眇通仙兮何在,侣三贤兮一堂。抗朱绂兮韦布,道同归兮行藏。于以奠兮芹藻,肃郡守兮自将。睠堂庑兮少留,委吏民兮耿光。幸顾步兮容与,览新湖之圆方。千秋兮万岁,报事兮敢忘。周紫芝《孤山新作三贤祠诗》:"两公才力尽骅骝,俱得东南第一州。易湿青衫江上泪,难禁白发海边秋。此生名字依然在,晚岁功名亦未收。处士若无当日节,更将何物配风流。"屠隆《四贤祠诗》:"谡谡青松落日悬,磷磷白石枕清泉。平峦窈窕初开地,太守风流出牧年。草色能侵游女袜,荷花开傍钓鱼船。只今寂寞湖边宿,一片凫鸥下夕烟。"国朝康熙中,毁于火,重建。

名贤祠　在孤山之阳。《钱塘县志》:祀汉严光,唐陆贽,宋林逋、赵抃、王十朋、吕祖谦、张九成、杨简,明宋濂、王琦、章懋、陈选。

范忠贞公祠　在孤山四贤祠左。《钱塘县志》:祀前浙江巡抚忠贞范公。公讳承谟,字觐公,顺治壬辰进士,以学士出为浙江巡抚,多惠政,晋福建总督,死耿逆之难。浙人哀思,祠祀名宦。巡抚赵士麟,准给钱塘学租银八两,春秋有司致祭。后公之子时崇,总督浙闽,重为修建,而山麓别建亭[1],奉公书勾留处扁额悬之。李之粹《范忠贞公祠记》:孤山之麓,自林处士妻梅子鹤后,至今数百余载,月冷梅荒。凭吊遗踪者,每有抚今追昔之感。往范公以中丞抚浙时,为即其故址构亭补梅,聿复旧观,慕先贤之芳躅,续久废之胜游。继奉简命,督师七闽,乃值孽藩倡乱,肆虐忠贞。浙人慕德兴悲,因立祠于放鹤亭侧,盖亦羊公之堕泪碑矣。余过致吊,哀感横生,因而记之。

古文昌祠　在四贤祠侧。《钱塘县志》:旧称古文昌祠。明万历间,南赣巡抚邑人洪瞻祖重修。内有董其昌书"紫府飞霞洞天"额。国朝康熙年间,两江总督范承勋、浙江布政使郎廷极重建,并祀关壮缪。前为魁星阁。

敬一祠　在四贤祠侧。《钱塘县志》:祀巡抚赵公士麟。士麟,号玉峰,云南人,

---

[1]　雍正本"而"作"于"。

康熙甲辰进士[1]。康熙甲子岁抚浙，兵辑民安，开浚城河，自江干至湖墅，疏凿皆通舟楫，往来便利，民咸德之。又讲学湖滨，及内擢，即其地建祠。后并祀巡抚都御史张泰交。泰交，号泊谷，山西人，康熙壬戌进士。居官廉正，不为苛刻之行，亦难少犯其颜色。卒于官。宫詹邵远平为肖像，同奉于祠。

关帝庙 在孤山之阳。《钱塘县志》：俗名照胆。台前有三义阁，后有清啸亭，旧贮玉印一，文曰"汉寿亭侯印"，瓦纽，相传为神故印。又有石刻竹，相传为神笔，以竹叶画成诗字。

谨按：印白质黑章，中有一穴，似便于佩带而设。穴中纹极细，作红色，斑驳如锦，一面刻"汉寿亭侯印"，一面刻帝讳，至今崇奉庙中。

陆宣公祠 在孤山之阳。【万历】《杭州府志》[2]：隆庆六年，巡按御史谢廷杰即陆宣公旧祠改祀汉严光以下十一人，而徙宣公像于祠前之恩纶阁，颜其额曰"西湖书院"，都御史仁和陈洪濛为记。陈洪濛《两浙名贤祠记》[3]：夫登雅颂之堂，则丝革杂奏；窥宝玉之府，则晶辉炫人。是以隋珠秘而精气流，龙剑沉而神光发。彼金石之奇，包融元气，犹敷真抒采若是。矧夫明德君子，流传往牒，照烛来兹，超然离世绝俗者哉。所以醒觉聋聩，开磨翳昏，炳图像而干星文者，益可知已。浙地衽海襟江，山川清蔚，士之瑰奇瑰异者恒比比焉。其闲雅冲粹，则如天台稽岫之盘旋；浩瀚清醇，则如西湖雁宕之明丽；高诣远致，则如赤城天目之隆绝；深识渊造，吞吐茹纳，则如禹穴之奥，浙江之奇。于是人争标格，户有月旦，莫不曰是文明之区，君子之国也。自昔两浙名贤以德以功与春秋祀载在常典者，亦略备矣。然皆角立鼎峙，各崇于乡，顾未有包挟众美，撮其英标，群然俎豆于一堂者也。隆庆壬申，属侍御豫章虹峰谢公来按兹壤，秉宪辑文，仁经义纬，百度既饬，礼教聿崇。乃于观风之暇，详核省志，尚论先哲，于汉得一人焉曰严子陵光，于唐得一人焉曰陆敬舆贽，于宋得六人焉曰林君复逋、曰赵阅道抃、曰王龟龄十朋、曰吕伯恭祖谦、曰张子韶九成、曰杨敬仲简，于皇明得四人焉曰宋景濂濂、曰王文珤琦、曰章德懋懋、曰陈士贤选。爰即西湖之阳宣公旧祠，增立几筵，等其世次而祀之。不以爵举者，示崇德也。标其姓字，仍曰先生者，示后学知所宗也。祠有山田荡若干，有司领之，岁时供祀。不以烦民者，欲其久也。于是浙士之高节懿美表表在人者，莫不萃于兹堂。四方游士与乡之缙绅大夫暨诸里中末学，凡欲仰止高山，景行先哲，咸于兹兴瞩焉。侍御公之德美，可书也已。或曰："是祠建于陆氏，专祀宣公，旧矣。宣公以帏幄密谟，力排兴元之难，英风义概，彪炳千古。彼诸君子，未必能过之也。今侍御建议，令彼诸贤从容来乘之，何哉？"公曰："不然，是乃宣公之心也。夫笙镛合作，而后黄钟之韵始调；朱绿并施，而后黼黻之功斯备。兹诸君子者，与宣公同德比义，即时代先后，名位显晦，盖洎乎宣公之流也。以兹合享，夫谁曰不宜。且专祀宣公，则仅为陆氏祠。并祀诸贤，则为公家祠

---

〔1〕　康熙甲辰，底本作"顺治"且"治"与"进"间约有两字留白，据雍正本改。
〔2〕　雍正本"万"前载有《西湖游览志》四十七字。
〔3〕　雍正本"祠"后有"碑"字，且无"夫登雅颂之堂……益可知已"一段文字。

173

矣。为陆氏祠，孰与为公家祠哉？予故曰是乃宣公之心也。"或曰："祀诸贤，当矣。如青田之刘，宁海之方，钱塘之于，余姚之孙，精忠伟烈，辉映天地，顾不当祀耶？"公又曰："不然。夫祀有特祠，有合祠。此四君子者，功在社稷，道负纲常。朝廷念其功勤，则既有特祠祀之矣，是非合祠所当及也。"议既定，杭守涂公渊以侍御公意来征文于余。余谓：杭以西湖重湖之胜，以是祠重湖。今以诸名贤重，微侍御公，则欲重者特是湖耳。今得公表章之，而浙之名贤，咸昭揭在人耳目。虽赫赫不可盖者[1]，固不系祠之有无，乃其风后学而佐声教，则增光于山川多矣。《天启实录》：五年八月，奉旨：海内私创书院，已有旨尽行拆毁。惟先臣陆贽祠堂着行该抚按改正，仍归陆氏子孙世守。

　　谨按：御史张纳言阿太监魏忠贤意，奏请毁天下书院，削夺邹元标、孙慎行、冯从吾、余懋衡官诰，因欲毁东林书院，而及天下也。时江南、江西等省凡建书院尽行拆毁，而此祠因陆氏家祠，得以不废。

　　国朝初圮，重建[2]。雍正九年，总督臣李卫重修[3]，改建坊表，题曰"湖山增胜"。吴农祥《陆宣公祠诗》："奉天仓猝侍宸游，涕泪丹墀战鼓收。两税朝廷输别库，一时宰相老忠州。遐方瘴疬山川隔，故国风尘竹柏秋。同抱琼林千古恨，夜阑明月入南楼。"顾岱《陆宣公祠诗》："碧瓦荒凉覆绿丛，闲寻古殿礼宣公。两峰苍霭疏烟上，万木春深细雨中。献替动关天下计，经纶不愧大臣风。孤山岭外恩纶阁，仿佛遗徽俎豆崇。"[4]

　　嘉泽庙　旧在宝石山，后移孤山下。【成化】《杭州府志》：旧在钱塘门外二里[5]，号钱塘湖龙君。白居易《钱塘湖龙君祝文》：去秋愆旸，今夏少雨，实忧灾沴，重困杭人。居易忝奉诏条，愧无政术，既逢愆序，不敢宁居。昨祷伍相神，祈城隍祠，灵虽应期，雨未沾足。是用撰词祇事，改请于神。恭闻明神炳灵于阴祇，资善于释氏，聪明正直，肃靖慈仁，无忧不通，有感必应。今请斋心虔告，神其鉴之。若四封之间，五日之内，雨泽沾足，稼穑滋稔，敢不增修像设，重荐馨香，歌舞鼓钟，备物以报？如此则不独人之福，亦惟神之光。若寂寥自居，盻蟁无应，长吏虔诚而不答，下民颙望而莫知，坐观田农使至枯瘁，如此则不独人之困，而亦惟神之羞。惟神裁之！敬以俟命[6]。**钱氏表请封广润龙王**。钱镠《建广润龙王庙碑》：盖闻四灵表瑞，则龙神功济于生民；百谷熟成，则水旱事关于阴骘。而况浙阳重镇，自古吴都，襟带溪湖，接连江海，赋舆甚广，田亩至多，须资灌溉之功，用奏耕桑之业。钱塘湖者，西临灵隐，东枕府城，澄千顷之波澜，承诸山之源派。梁大同中，湖干尝置。唐咸通中，刺史崔彦曾重修，凿石为门，蒸沙起岸。自予扶翊圣运，移

---

〔1〕　雍正本"盖"作"泯"。
〔2〕　雍正本无"谨按……重建"一段文字。
〔3〕　雍正本"修"后有"题曰以道事君"六字。
〔4〕　雍正本无吴农祥《陆宣公祠诗》，而载有李卫《陆宣公祠记》。
〔5〕　雍正本无"旧在钱塘门外二里"八字。
〔6〕　雍正本"嘉泽庙"条下无白居易《钱塘湖龙君祝文》，而将白居易《钱塘湖龙君祝文》列入《艺文》"杂著"类。

节建旄,旧日湖堤尽为城宇,澄滓有同于镜水,济时每及于生灵。一郭军民,尽承甘润,逐年开割,森若泓缺,长居一尺之深缺,不竭元阳之失度。其中菰莲郁茂,水族繁滋,蒸黎实藉以畋渔,河道常资于灌注。壮金城之一面,不异汤池;润绿野之万家,常如甘泽。固有神龙居止,水府司存,降景祐于生灵,兴旱涝之风雨。原其自编祀典,积有岁年,虽陈奠酹之规,未施展敬之所。盖为古来藩侯牧守不能建立殿堂。予统吴越山河,绾天下兵柄,前后累申祈祷,皆致感通。既荷阴功,合崇祠宇。昨乃特于湖际选定基垌,创兴土木之功,建立栾栌之构。至于殿庭廊庑,门楹阶墀,悉亲起规模,指挥擘划,俱臻壮丽,以称精严。然后慎选良工,塑装神像,威容赫弈,冠剑阴森,陈将僚侍卫之仪,列钟鼓豆笾之位,以至车舆仆马,帐幄盘筵,祭器爨厨,无不臻备,馨香荐献,不阙四时。况镜水清流,烟波浩渺,其湖周百余里,其派数十余川,济物于人,功能及众,亦无龙君之庙貌。予遂与钱塘龙君一时建立庙堂,同表奏闻,乞加懿号。果蒙天泽,并降徽章。其所奉敕旨,具录如后。敕:"钱塘重地,会稽名邦,垂古今不朽之基,系生聚无强之福。有兹旧迹,特创新规,岂曰神谋,实因心匠。盖水府受天之职,庇民之功,岁市罔阙于牲牢,祈祷必观于盻蠁,致一方之义化,致两境之安康。钱镠普扇仁风,久施异政,至诚所切,遂致感通。其钱塘湖龙王庙,宜赐号广润龙王;镜湖龙王庙,宜赐号赞禹龙王。牒至准敕旨。"若夫人惟神赞,神实人依,信冥阳共理之言,乃幽显相须之义。今者式严庙貌,永受蒸尝,四时之殷荐不亏,万姓之祷祠无阙,神其受天朝之宠赏,缺千古之光辉,常镇吴邦,预消灾沴。必使原田肥沃,克昌"广润"之名;谷稼丰登,更表土龙之德。今则严禋已立,邃宇咸周,聊记岁月,刻于琬琰。后来观者,其鉴之哉!后累封为博济侯。乾道五年,周安抚淙以祷雨应,重建,名水仙王庙。淳祐八年,赵安抚与篱,又建亭其前之井,扁曰"寒泉"。宝祐间,马安抚光祖更创。咸淳五年,安抚潜说友又葺而新之。郭祥正《水仙庙诗》:"丹青严像貌,荇藻荐杯盘。月落庙门静,龙蛇惊夜寒。"僧绍嵩《憩水仙祠集句》:"万木已西风,千山景象通。岸拖秋草绿,日抹半山红。穴蚁苔痕静,诗人眼界空。水仙来往处,脉脉兴何穷。"《钱塘县志》:后徙建压堤桥之北,并以乐天、和靖、子瞻三贤祔祀。有井曰"荐菊",取苏诗"不然配食水仙王,一盏寒泉荐秋菊"之句。后废,仍祀三贤于孤山。明嘉靖二十二年,郡守陈仕贤因祷雨有应,重构亭其上,复圮。万历十四年,守余良枢重建。国朝康熙四十二年,圣祖仁皇帝南巡,御书"平湖秋月"扁额,建亭其处,徙庙于亭后。后毁庙,改建马公祠。雍正五年,总督臣李卫易为莲池庵,仍祀嘉泽龙王,以复水仙故迹,后供大士[1]。

朱文公祠 在孤山之阳。《钱塘县志》:公昔为浙东提举,修举荒政,厘革病民诸事。又治台州,置书院,申教条,立社仓,宽逋负,奏捐丁绢,输筑陡闸,开浚河渠,修治塘岸,有功于浙最深。孙铉仕浙运管使,因家焉。明嘉靖四十年,督学秦梁谓朱子提举浙东有遗泽,子孙亦在兹土,应得专祠奉祀。遂建祠锦坞山,题额"紫阳书

---

〔1〕 雍正本"士"后有"于祠后"三字。

院”。督学苏浚、乔因阜先后录其裔孙，以守春秋，动支仁和县学租八两，遣官致祭。国朝顺治丁西，公裔孙以锦坞山峻，岁久倾圮，请于巡抚陈应泰、巡按王元曦、提学谷应泰[1]，移建今处。

湖山神庙　在跨虹桥西。祀湖山之神。雍正九年，总督臣李卫建。李卫《湖山神庙记》：西湖名胜甲天下，古刹贤祠，远近布列。凡有功德于民及可以为民祈福者，率无不备土木之工，盛丹垩之饰。以其近城市，便于展礼，而且山水之秀，实足以妥神灵而壮观瞻也。雍正八年，两浙士庶念怡贤亲王功德及民，永不能忘，亟恳立庙以祀。余既据情题请，荷蒙敕议俞允。爰卜地于湖之金沙港，建王祠宇。自经始迄落成，每乘便相度，见其地受天竺、灵隐分流之水，据西湖三面之胜。于此而崇庙貌，享明禋，颂王功德之盛，实有以上格天心，默承神佑。若预设此山明水秀之区，以成王祠之大观者，因而周视详审。苏堤春晓在其前，曲院风荷居其后，花柳参差，金碧照耀[2]，虽瀛州方丈，何以加兹。惟迤西一偏，贤王祠之北，草树蒙翳，未尽搜剔。乃移舟湖行，见清泉一道，由岳坟桥边曲屈而来，渟泓澄澈，是又别一洞天也。废置弗治，不几令山水抱遗珠之叹乎？余平昔常念天下名山大川，悉有神以主之。下至溪涧丛薄，洞壑泉窦，虽未必尽列祀典，而民间祈祷报赛，辄有所指。目阖辟之间，一气鼓荡。气之所聚，良能著焉。《河图括地志》云：川德布精上为星。张衡曰：地有川岳，精钟为星。西湖诸山，浮岚耸翠，而且泉流所溉，周及数邑。茭蒲菱芡，渔网兽罝，民食其利，四时不绝。精气所感，岂独无列宿以主之？而湖山之神，从无庙宇。辟此一席之地，以答造化钟灵毓秀之盛，且俾王祠左右，无不新之耳目，则又自有西湖以来所未有之奇胜也。虽然，湖山之神，既得享矣。三秋桂子，十里荷花，湖山之所以佳丽者，阙而不祀，礼犹未备。考之典术，东方岁星之精为杏。又《春秋·运斗枢》：玉衡之精，散而为桃。则知草木之敷英，亦皆列宿之精所化。同丽象纬，则共室分祀。揆之于礼，洵无不可。彼世俗称魏夫人弟子黄令征，生能种花，殁为花神。是未有令征之前，花之衰盛荣落，竟无有司其事者。其为荒诞不经，不足取信于天下明矣。西湖自正月至十二月，无月无花，无花不盛，土性固宜果木。而余连年来，又加意培植。环湖远近三十里，高下曲折，红紫相间，一望几无隙地。《遁甲书》：梧桐可知正闰，岁生十二叶，有闰生十三叶。草木何知？亦有主之者而已。既知正闰，则依正闰之月塑像以祀，庶无阙略。因为屋几楹，中设湖山正神，旁列十二月花神，而加以闰月，各就其月之花，表之冠裳，以为之识[3]。夫而后，全湖之胜，既毕聚于王祠之间。而山川清淑之气，草木葱郁之象，无不照映拥护于前后左右。事有创而不得以奇目之者，凡以山水卉木，皆本于星精所化，而非无所依据也。是为记。

天泽庙　在赵公堤旁，俗名履泰将军庙。《西湖游览志》：履泰将军，姓孙，名显忠，钱塘人，仕吴越。宋嘉熙中，赵与懽京尹祷雨有验，奏封天泽侯。有天泽井。《钱塘

---

[1] 雍正本无“巡按王元曦、提学谷应泰”十字。

[2] 雍正本“耀”后有“画船箫鼓出入其间，不啻裹乾坤于锦绣，设世界于庄严”二十二字。

[3] 雍正本“识”后有“有司之者，必有佐之者，纷红骇绿，神既司之，其应时而发，同时敷秀，必有潜为催而默为使者，为塑四时催花使者，立像于湖山神之旁，而制始大备”。

县志》:赵与懽奏请封天泽侯,建庙,特赐额曰"孚应"。额及省牒,皆与懽手书,石刻"天泽"二字犹存。【万历】《杭州府志》:万历癸未夏,旱。郡守张振之率僚属士民遍祷,不雨。一夕将军降乩,示以祷雨所向,且为助雨。明日,祷祠下,遂雨三日,年大有。庙故隘,将倾圮矣。是年秋,拓地新之。郡丞喻均有记,并申著为令。岁夏秋仲月,令邑丞以下致祭。喻均《天泽庙记》:履泰将军庙,隶钱塘之金沙港,去郭十五里许。地故僻,不入通衢。而庙隘,仅数椽,颓垣败瓦,隐约桑柘间,罔有过而礼者。太守张某始撤而新之。庙之址,不盈亩。议者争言庙旁民故尽属将军,阴蚀于里中之黠者。公下从事按之,立可致。公曰:"吾为妥神计,乃更扰百姓乎?"第昂其直以市,遂广至五亩有奇。前为庙门,南引而临衢。门两楹,中为殿,奉将军像。殿四楹,益宏以敞。后为殿,奉将军夫人像。寝亦四楹,而制稍缩。门以内筑甬,属之夹甬。而渊然于殿之左者为井,翼亭其上。负门而屹然于井之前者为台,以祷雨寝之。后为池,窅然幽以深。将军故以天泽侯封池,所以象泽,从阴气也。迤殿而东为房,以栖守庙缁流。隙地为蔬圃,间树以竹,缭以周垣。既壮且丽,庙新矣。人人知有将军,易观听而礼祀之矣。庙所以新者何?先是,夏六月,不雨。守日率僚虔祷。一夕,神降于乩,具示祷雨所向。守大惊,稽往牒。而走视其庙,则将军固尝以祷雨显。宋嘉熙间,敕封为护国天泽侯。守益大骇,遂祷之。车未入郭门,而甘澍随之矣。一雨三日,陇亩尽沾足,岁不为凶,远迩大欢。始请于监司,发赎锾新将军庙。复申着祀典,每岁以夏秋二仲月,檄丞簿一人致祭,为百姓祈谷。荐绅三老,将立石庙中,而属记于余,因述其大端如此。

旌德先贤祠 在苏堤南山第一桥。《梦粱录》:宝庆二年,袁大资韶请于朝,以杭居吴会,为列城冠,湖山清丽,瑞气扶舆,人杰代生,踵武相望,祠祀未建,实为阙文。以公帑求售居民园屋建堂,奉忠臣孝子、善士名流、德行节义、学问功烈,自陶唐至宋本郡人物许箕公以下三十一人,及孝妇孙夫人等五氏,各立碑刻,表世旌哲而祀之。袁韶《奏建先贤祠疏》:伏睹乾道中忠定史越王以故相镇越,于镜湖立先贤祠,凡会稽先儒高士揭名分享,遂为一郡盛典。迩者复赐缗钱,葺而新之。又金陵因卞壶旧宅,亦取江左诸贤萃为一祠,皆所以尊礼名贤、昭示民则之谊。杭居吴会,为列城冠。湖山清丽,人杰代生,踵武相望。祠祀未建,实为阙文。仰惟圣神御极,万化维新,饰治以文,增光儒道。其在首善之地,若兹逸礼,可不搜举而振起之乎?臣韶承乏京邑,职在宣化,昨以三贤祠宇位置弗称,已更诸爽垲。独先贤祠典未秩,度营有日,择胜良艰。近闻南山之北、新堤之上居民有以居庐园池求售者,因捐公帑以酬其直,计缗钱七千有奇。尝躬往相视,其地前挹平湖,四山环合,夷旷窈深。今欲建立堂皇,表以台门,翼以廊庑,缭以垣墙,通以桥梁,创为严奉先贤之所。并欲稽考历代史传及百家之书、郡志所载,凡忠臣、孝子、善士、名流,有德行、节义、学问、功业足以表世励俗者,诠次事实,撰系赞述[1],勒诸坚珉,列置堂中,将以旌前哲而淑方来,隆上都,观万国,其于教化实非小补。涓日鸠工,以次兴建,所合具申朝廷,乞札下本府,以凭遵守施行。袁韶《先贤赞》:陶唐许箕公由:一身蓬

---

〔1〕 雍正本"系"作"像"。

庐，万物土苴。黄屋垂裳，何有于我。洗耳之泉，昼夜不舍。稽留之山，可眺天下。汉严先生光：甄殷陶周，起渭去莘。先生奚为，毕世隐沦。西都之季，气节不伸。以此助理，匪洁其身。吴偏将军凌公统：蚁视曹瞒，电扫蜂猲。翼蔽仲谋，脱危虎尾。忠不顾身，有貳无贰。岂曰兵家，为古国士。晋临海太守范文贞平：涵今茹古，殚见洽闻。津航学海，从者如云。周粟虽甘，其忍去殷。文贞之谥，汗简流芬。晋中尉褚公陶：龙跃凤鸣，人物之盛。虽有他乐，亦不敢请。晚观清姿，瞿然兴敬。吾善者机，心会神领。晋孙先生晷：造物与游，尽性穷理。阇室不愧，佩仁服义。禹稷同道，饥溺由己。天啬其年，如回之死。宋龙骧将军壮侯卜公天与：惟节与谊，天下大闲。杲杲龙骧，为人所难。死轻鸿毛，名重泰山。凶徒逆傅，胡不厚颜。宋范先生叔孙：世降俗漓，货力为己。邻有急难，睨而不视。温温德人，药疾槽死。榆阴孟亭，必恭敬止。齐褚先生伯玉：瀑布长虹，难比其洁。刿山白石，莫抗其节。蒲壁空还，不受羁绁。馆岩之侧，太平日月。齐顾先生欢：寒松怪节，残膏腹筒。蓼莪废诗，晋哀是侣。山谷谏编，蛛网金匮。南风帝琴，草堂流水。齐杜先生京产：轩冕市朝，酰鸡舞瓮。肥遁邱园，道义为重。子亦谢官，菽水归奉。桥梓俱零，死生同梦。梁范先生元琰：抱瓮生涯，山泽癯儒。匿瑕之德，熏洽里间。跨齐历梁，萧然索居。埶云好爵，不如园蔬。梁参军记室褚公修：赜探羲文，学鄩歆向。孝通于天，曰严与敬。溢米废餐，苦庐灭性。超绝今古，冠冕百行。唐中书令褚公遂良：为遗老臣，立朝孤忠。事有至难，遑恤我躬。逐魄湘水，贻祸汉宫。委阶之笏，光摩苍穹。唐礼部尚书褚文公无量：发挥圣真，经纬邦国。遭忧言归，庐在空谷。松柏滋荣，麋鹿攸伏。惟孝惟忠，其人如玉。唐荆川大都督许公远：气吞轧荦，屈身髯张。哽贼喉牙，为国金汤。壮哉义士，魂兮故乡。名存忠烈，庙食相望。唐章孝标先生成缅：终唐之世，垂三百年。于杭大州，得三人焉。孝通神明，维德之全。杀青阙文，我永其传。后梁钱武肃公镠：匹马一呼，奄有吴会。楼而藏之，百年有待。子孙其昌，生民永赖。锦衣故城，山川不改。宋钱忠懿公弘俶：真人龙兴，挥斥六合。我有土田，图献闾阎。吴芮分茅，忠载令甲。煌煌大星，流光累叶。宋吏部侍郎郎公简：名对公车，万乘知己。膏馥诗书，岭峤洙泗。遨头倦游，宴休禊泛。医国刀圭，乃矼州里。宋林和靖先生逋：避影林壑，清畏人知。尔梅多事，漏吾天机。长风孤骞，秋鹤与飞。山高水深，无成无亏。宋知制诰谢公绛：决河之谏，砥柱颓波。爰田之均，概量取禾。象簧众建，子衿肩摩。乃言底绩，其德不瑕。宋知谏院钱公彦远：大科异等，一翁二季。白眉最良，德称其位。玉立朝绅，霜清谏纸。莘莘公如，百年有几。宋大中大夫钱公藻：翩翩王孙，侃侃儒素。国有大疑，廷抗三疏。平生美官，一寒如故。何以赠终，知者明主。宋翰林学士沈公遘：伊昔绣游，骇耀间里。而公之归，仁及生死。砖花日新，隧柏风起。哲人其萎，命也天只。宋龙图阁直学士陆公诜：雕戈荡节，邕桂延廓。航琛辇赆，威行令孚。青苗之议，千喙嗫嚅。笔端肤寸，膏泽蚕凫。宋翰林学士钱公勰：戒得若仇[1]，口唾钩饵。疾恶如仇，笔驰蛇豕。孤云九华，一斥不起。名振鸡林，清哉肤使。宋直秘阁吴公师礼：帝学巍巍，游戏弄翰。言当格心，奚止笔谏。棠棣专经，谷风共难。施屯丰年，识者三叹。宋龙图阁直学士虞公奕：鸿雁安居，踽踽怀惠。皇皇者华，君子岂弟。若人侵官，事特其细。投劾以争，所全国体。宋八行崔先生贡：尸祝于庠，惟褚及

许。异世并祠,以盛德故。行归于周,为护为矩。仰止高山,尚其踵武。宋太师张文忠公九成:关洛正传,表微继绝。道扶中兴,大义昭揭。逸波稽天,何伤日月。扬光于今,并畅忠烈。晋虞定太夫人孙氏:烈烈共姜,英英陵母。惟夫人德,二美俱有。岁晚养堂,金章紫绶。受报于天,俾昌俾寿。晋孙贤妇虞氏:彤史无传,女师闺诏。展如之人,独怀清操。野服岩居,名齐德耀。爰表芳徽,来者是效。唐冯孝女:孝之大端,于终于始。有女能之,愧彼男子。靡室靡家,养生丧死。揭石乡关,永锡尔类。唐莫氏妻何氏:临难守节,哲士难之。惟此烈妇,白刃弗移。杀身成仁,其甘如饴。松柏之心,匪姑焉知。宋孝妇盛氏:妇之事姑,难于事亲。乃眷淑德,今昔异闻。里阙表懿,史册扬芬。闺门之化,式是国人。【万历】《杭州府志》:宝历三年,诏易其额,曰“旌德观”,中书舍人王塈为记。王塈《旌德观记》:皇帝嗣立之明年,改元宝历。既进贤举良以厉在位,又褒表先朝儒学之望,且访其后而官使之。意向所形,天下风动。九月吉日,知临安府袁公韶,言于朝曰:“圣明御极,留神治本。微臣承乏辇毂下,将何以宣布上旨,为列州率。钱塘为浙右都会,名人巨公前后相望,独未有论次章述者。今将考此邦人物,仿会稽故事,创为祠宫,俾国人有所矜式,庶教道其有补。”朝廷嘉焉,即日报可。择南山下、新堤之上,水环其址,平湖满抱,林峦映发,夷旷静深,为之区画。外堂内室,周以廊庑,门垣桥径,各当其置。涓辰赋工,民以悦从。遂采摭郡志,旁搜史籍,上下数千载间,得全节之士,自许箕公以下三十有一人,女妇之以孝烈著者五人,辑其生平大概,制赞刻石,列之堂室,以代绘像。又明年,移玉宸宫于其侧,俾掌熏洁之事,请易其额曰“旌德观”。今丞相鲁公为大书而揭之。既讫工,属塈为记。塈闻一乡之善士,生同时,居同里,耳闻目接,固有与之俱化者矣。若居虽同里而生不同时,其得于父兄长老之传。如楚国先贤,《襄阳耆旧》一传所载,士大夫或未必尽知,而凡民何从知之。况六飞移跸,今已百年,物繁俗靡,出城不跬步,湖山之丽甲天下,良辰美景,婆娑游衍。又安知许、严高节之在此都也?今也周旋祠下,挹志士之流风,识正女之嘉行,将有起敬起慕,若醇醒而梦觉者,是岂不为感发人心之地哉!公于先贤去取之际,进德行而退文艺,先节义而后功名,使闻之者有益,蹈之者无弊。权度森然,莫不叹其精且详也。窃考国家盛时,以三司开封为天下剧任,号称省府,必用清流。而异时登擢俊异,往往由此。其选盖本之儒术,以观其识;投之盘错,以观其能。祖宗详试人材,盖有深意。官制行三司职归户部,而行都繁穰,视开封则一。公幸遇先帝,自军器少监,擢兼府事,历司农太府,遂由地官贰卿而陟文昌,六载于兹,渊源流通而上有余财,条教明清而下无犯令。群情肃穆,百废具举。省府二任,处之裕如,非平时学问明于体用,则酬酢事物焉能从容不迫、审所先后之若此耶?先贤名氏,传赞纪述详矣,兹略不叙。独叙建堂本意,于以表明宅牧得贤之美,且著京邑所以承流宣化之意,俾方来观者知所取则焉。后毁,徙保安坊内。国朝承历代增祀,共二百二十七人。右为女贞祠,亦承历代增祀,共一百有四人。

南山路

柳洲二贤祠　在涌金门外,濒湖。《钱塘县志》:旧名子贡使越祠,祀端木子。国朝左布政使张搢彦重建。章士斐《子贡使越祠记》：子贡使越祠者，介西湖之西，不知始何时，倾废久矣。布政使新乡张公更为之征记于余。余曰：子贡未尝使越也，盖《史记》之言云。虽《越绝书》及《吴越春秋》亦云夫夫子之意，审在存鲁，则子贡奉夫子之教以存鲁，亦鲁存焉尔。之吴之越之晋何为者耶？故子贡无使越事也。夫子曰：夫其乱齐存鲁，吾之初愿。若强晋以敝吴，使吴亡而越霸，赐之说也。美言伤信，慎言哉。其言则是，然文非夫子言也。越之围吴，在哀公十三年。其灭吴，在哀公二十二年。哀公十六年夏四月，孔某卒，固不及见吴亡也。考左氏子贡之辞于吴者四见，辞于越者一见。鄫之会，辞免康子之召。会伐齐也，辞州仇拜甲之赐。会槖皋也，辞免寻盟。会于郧，又赖其辞以舍卫侯。此子贡能言之效，然皆公与大夫命之。又颛事而已。其一辞于越，非辞于越也。哀公二十七年，越使后庸来聘，盟于平阴。康子病之，言及子贡曰："若在此，吾不及此。"夫此不得子贡从越而思子贡，当时之能言，必能免已于盟。此子贡未尝入越之明征也。《吴越春秋》又言句践既诛文种，求贤圣，吾夫子奉先王雅琴礼乐往奏。句践不得志而反。《越绝》亦云不知句践霸世，诛文种，距夫子卒又八年。讹妄至此。余又安知后人不托子贡以为能言之藉耶？《越绝》一书，世名为子贡作，乃下及秦汉。何也？故知使越非实矣。然会吴伐齐，实战艾陵，其于黄池之会，差隔二年。必史误联为一事，而又取说辞之蒙子贡者，卒信为实。若《越绝》，若《吴越春秋》《家语》，又自相舛袭而为之耳。虽然，当康子越盟，愧以不得子贡，则如子贡诚使越，越必藉手以霸无疑。况圣贤之道，如日星丰其屋，蔀其家，乃弗见之。越人苟有如子贡之贤者，俨恭祇肃，以存于形容。虽子贡尝使越可矣，祠之其又可也。康熙二十六年，巡抚金鋐、督学周清源从先贤仲子后裔之请，以仲子旧祠在粥教坊者移来，合祀于此，故改今名。颜光敩《柳州二贤祠碑记》：柳洲二贤祠，祀仲子季路、端木子贡也。夫以两贤之神焉，往而不在。且自天子之都达于郡县，二丁之祭，万世不能废。两贤处十哲之班，配享血食久矣。奚独西湖哉？必有子若孙，流寓斯土，不忘所自，故得奉其庙祀与。岁乙亥，家大宗博士懋衡来浙，访予传吾乡仲君。博士言请予为二贤祠记，俾嗣孙藉以世守。丙子秋，博士又以书来曰：吾家世居卞里。汉更始间，先贤十七世孙名世德，因赤眉之乱，迁任之横坊村，即今所名仲家浅也。至唐开元，贺知章令任城，始建仲子庙于河浒，春秋俎豆，历代相传。宋靖康，北兵南下，仲族稍稍散失。有仲基者，以武功授高邮判。建炎戊申，偕孔端友扈跸临安。杭之有仲族，自基始。计先贤至基，凡四十八传。又十传至琎，明成化进士。今宜宾聚居仁和之粥教坊西，请之有司，立仲子庙，以寄水木之思，春秋祭祀勿绝。甲申乙酉，兵燹，庙祀中缺。湖滨有子贡使越祠，不知始自何时。方伯张君缙彦更新之，亡何守祠生远去，为浮屠窃据，毁子贡木主。禹航进士孙应龙白之官，始复。康熙二十六年，先贤裔孙仲诚、仲清、仲学濂伤祠祀久废，诣府请与子贡并祀。中丞宛平金公鋐考其请，载入郡县《志》。学使周君清源，给学租致祭，著为定典。苟不得子一言以记之，将四方之览胜者，无以知祀事所由来。而子若孙之流寓斯土者，又将何以绵世守也。予览书，具悉始末。夫尼山之徒三千，孔子生平所称许，不曰子贡，则曰季路。我朝振兴文治，崇尚学校，迥越百王。凡海隅日出之邦，九州万国之外，虽小夫妇人，罔不知圣贤之道之尊。况钱塘为大都会，山川毓秀，代有伟人。其间学士才人，登临山水，入谒斯祠，俨乎行行侃侃之风，藉以收放心而资学道者之助，又奚止于子若孙之奉祀为足绵世守已哉？若夫祠系以柳洲，何也？闻之故老，言祠前故有柳洲亭，仍之以存旧迹也。爰记之，以报博士[1]。

三义庙　在涌金门外，濒湖。《钱塘县志》：古问水之东，有庙曰三义，祀汉昭烈帝、关壮缪侯、张桓侯。其肖像三人，皆并列焉。吴任臣《三义庙辨》：三义立庙，是也。同坐，非也。帝与二公，恩若兄弟，分则君臣。史言先主初起时，每当稠人广坐，关、张侍立终日。是在未即位之先，尚有主臣之辨。况已登大宝，而犹可并列乎？然则庙中之位当若何？奉昭烈南向，而壮缪、桓侯侍坐东西，有如大烝配享之列。盖为尊者，礼在则然也。同郡柴绍炳向主此论，今特为申说之如此。

钱王祠　在涌金门外南，旧名表忠观。【万历】《杭州府志》：祀吴越王钱镠、镠子文穆王元瓘、瓘子忠献王弘佐、忠逊王弘琮、忠懿王弘俶。宋时，观在龙山。熙宁十年，知杭州赵抃请于朝建。苏轼作碑记。苏轼《表忠观碑》：熙宁十年十月戊子，资政殿大学士、右谏议大夫、知杭州军州事臣抃言：故吴越国王钱氏坟庙及其父、祖、妃、夫人、子孙之坟，在钱塘者二十有六，在临安者十有一，皆芜秽不治。父老过之，有陨涕者。谨按：故武肃王镠，始以乡兵走破黄巢，名闻江淮。复以八都兵讨刘汉宏，并越州，以奉董昌，而自居于杭。及昌以越叛，则诛昌而并越，尽有浙东西之地。传其子文穆王元瓘，至其孙忠献王弘佐，遂破李景兵，取福州。而弘佐之弟忠懿王俶，又大出兵攻景，以迎周世宗之师。其后，卒以国入觐，三世四王，与五代相终始。天下大乱，豪杰蜂起。方是时，以数州之地盗名字者不可胜数，既覆其族，延及于无辜之民，罔有孑遗。而吴越地方千里，带甲十万，铸山煮海，象犀珠玉之富甲于天下，然终不失臣节，贡献相望于道。是以其民至老死不识兵革，四时嬉游，歌舞之声相闻，至于今不废。其有德于斯民甚厚。皇宋受命，四方僭乱以次削平。西蜀江南，负其险远，兵至城下，力屈势穷，然后束手。而河东刘氏百战守死，以抗王师，积骸为城，酾血为池，竭天下之力，仅乃克之。独吴越不待告命，封府库，籍郡县，请吏于朝，视去其国如去传舍，其有功于朝廷甚大。昔窦融以西河归汉，光武诏右扶风修理其父祖坟茔，祀以太牢。今钱氏功德，殆过于融，而未及百年，坟庙不治。行道伤嗟，甚非所以劝奖忠臣、慰答民心之义也。臣愿以龙山废佛寺曰妙音院者为观，使钱氏之孙为道士曰自然者居之。凡坟墓之在钱塘者，以付自然；其在临安者，以付其县之净土寺僧曰道微。岁各度其徒一人，使守掌之。籍其地之所入，以时修其祠宇，封植其草木。有不治者，县令丞察之，甚者易其人，庶几永终不坠，以称朝廷待钱氏之意。臣抃昧死以闻。制曰可。其妙音院改赐名曰"表忠观"。铭曰：天目之山，苕水出焉。龙飞凤舞，萃于临安。笃生异人，绝类离群。奋挺大呼，从者如云。仰天誓江，日月晦蒙。强弩射潮，江海为东。杀宏诛昌，奄有吴越。金券玉册，虎符龙节。大城其居，包络山川。左江右湖，控引岛蛮。岁时归休，以燕父老。晔如神人，玉带球马。四十一年，寅畏小心。厥篚相望，大贝南金。五朝昏乱，罔堪托国。三王相承，以待有德。既获所归，弗谋弗咨。先王之志，我维行之。天祚忠孝，世有爵邑。允文允武，子孙千亿。帝谓守臣，治其祠坟。毋俾樵牧，愧其后昆。龙山之阳，岿然新宫。匪私于钱，唯以劝忠。非忠无君，非孝无亲。凡

百有位,视此刻文。元时毁。嘉靖三十九年,总督都御史胡宗宪、巡抚都御史周斯盛暨藩臬诸司,以灵芝寺改建。寺盖王故苑也。陈柯《改建钱王祠碑记》:予少读苏子瞻《表忠》碑文,乃慨钱王于吴越之民,其德厚矣。当群盗倡祸,中原无主,十国之君,拓疆宇以自据。其为民之心,尚未辨也。及中原易姓,则随时纳款。天命既一,则籍土归王,其心不忍残戮,其民挈之水火之中,使嬉游于富完安乐之乡。且时历百年,位传三世,而始终之心如出一人。其视诸国各一时僭据以抗王师,虽糜烂其民而不顾者,其为德何如也?予谬守兹土。先是倭寇孔棘,督抚梅林胡公等改祠于灵芝寺。寺盖王故苑也。幸翕然同心,用襄厥成。予又病东坡之碑残剥,为易石摹刻之,以置诸新祠。使谒王祠者,读兹文以思王德,庶几斯祠斯文相与传世千百于无穷也。《钱塘县志》:进石坊,折而为桥。又石坊为门,有东坡书"表忠观"石刻。碑亭正宇,奉五王像。有新建伯王守仁"顺天者存"扁,后为庆系堂。明末,渐圮。崇祯中,裔孙检讨国本等请宪申约,后裔孙士璋等请重修葺。仍岁以春秋,额支官师致祭。施枢《表忠观诗》:"荒碑五尺藓生花,飞鼠巢梁壁缀蜗。玉带锦衣人俨在,不知誓券落谁家。"邓原岳《表忠观诗》:"一亩芳祠即故邱,钱王香火此重留。水犀独拥三千卒,裘马横行十四州。画栋秋风栖鸟雀,青峦夜雨泣松楸。英魂不散封疆异,山下寒泉空自流。"徐𤊹《钱王祠诗》:"越王祠宇枕平湖,犹有遗民说故都。鱼钥蚀苔封玉印,蜗涎绕土篆金铺。霜寒一剑留吴气,月照孤峰冷霸图。欲剔残碑征往事,古文零落断龟趺。"[1]王穉登《钱王祠诗》:"玉带龙衣貌宛然,朱门碧殿傍湖边。行人下马看碑字,高柳藏鸦拂庙墙。禾黍故都州十四,波涛古岸弩三千。伤心一片崖山地,月色潮声更可怜。"陈子龙《钱王祠诗》:"草草群雄事,纷纷割据年。斗牛占王气,屠贩出豪贤。地屈孙刘势,形支江海边。爪牙多健勇,参佐集神仙。本奉中原朔,时分属国天。锦城开邸第,大木拥旌旆。受册三楼下,歌风四马前。自从纳土后,终见举宗迁。青盖方朝洛,丹书改赐田。金舆何日去,玉碗不曾还。守墓新恩重,荒祠旧德传。冕旒皆壮丽,子姓特绵联。晚树腾鼯鼠,空檐响杜鹃。崇功铭版碣,遗恨满山川。异代还祠庙,当年入管弦。窦融应贵宠,张轨共周旋。锡礼何妨盛,王侯岂易捐。谁言脱屣便,不见誓书坚。宋室诸陵在,南枝更可怜。"

　　国朝康熙四十四年,圣祖仁皇帝南巡,御书"保障江山"额,恭摹勒石。五十六年,巡抚朱轼议重修[2]。又钱塘门北菩提院侧、武林门普慧院傍、方家塔宝藏寺傍,俱有王祠。雍正五年,敕封诚应武肃王。冬十一月,总督臣李卫重建,明年八月落成,庙前立石坊曰功德坊。李卫《重建诚应武肃王祠碑记》:士君子苟有介节孤芳,振拔流俗,即可以明祠祀。况生平功业,实能仰答一人,俯护百姓,则春秋殷荐,虽千百载犹当世享之。浙有武肃王,封自梁唐,相沿奕叶,其功与德,在史册乘志既详哉言之矣。厥后褒嘉忠悃,爰建祠于东扬。又建表忠观于西湖之滨,凡武林士民且祈且报,累累勿绝,亦足以见惠泽所被果深且远也。

---

〔1〕　雍正本徐𤊹《钱王祠诗》与王穉登《钱王祠诗》乙。

〔2〕　雍正本"重"前有"令"字,"修"后有"未果行"三字,"又钱塘门北菩提院侧、武林门普慧院傍、方家塔宝藏寺傍,俱有王祠"为注文。

雍正丁未岁,我皇上嘉其灵爽,敕封诚应。而旧观倾圮,殊不足以肃瞻仰,因令刻期修建,以底厥成。夫事之废兴成毁,相寻无穷。宋以妙音院佛寺改奏为观,而兴在熙宁者,旋又废诸明代。嘉靖中,再卜地于钱王故苑,于是观复立,遂塑王像,并子文穆、孙忠献、忠逊、忠懿诸王俱祔之。迨嘉靖迄今,又数百年。而故址颓垣,几于再废矣。自有此建,庶几涌金门外,省会城西,绿柳堤边,黄莺畴处,望其门其灵斯在,谒其像其神乃依。是又足以廓宋、元、明之宇,而旧典聿新也。夫百年易尽者人事,百世不泯者忠魂耳。以王之精灵,荷圣天子之崇祀,加以摩霄栋宇,列曜轩楹,斯棘斯飞,美轮美奂,有不保兹封土、奠我蒸民于亿万斯年者乎?而岂仅如度越流俗之士崇诸祀典者,不过表当时风后世哉?是役也,始于丁未十一月,迄戊申八月竣事。观傍西湖,由湖而上则有阶,历阶而进则有坊。有亭以奉御碑,有桥以驾碧沼。有门二重,有殿有楼。殿供王像,楼供王得姓之祖商贤大夫焉,循旧制也。前后有墙,东西有廊。其间鱼鳞凤集,藻井绮疏,无不照灼,而选材坚固,则又足以为久远之计。从此宰兹土者,加意保护,俾尔军民勿轻亵越,则是观庙貌,其与钱王之德而俱永与。朱彝尊《表忠观诗》:"城边碧瓦树灵旗,庙口明湖濯翠微。听罢缓歌归夜月,独存丰碣对闲扉。钱塘白马回犀弩,玉座青菁上锦衣。保障东南功不细,祠官异代岂相违。"

孙忠烈祠　在涌金门外南。《钱塘县志》:祀明孙忠烈公燧。公死宸濠之难。嘉靖间,建祠于此。

周元公祠　在清波门外钱家湾。《钱塘县志》:祀宋濂溪周子惇颐。南渡时建,久废。国朝康熙四十一年,督学姜橚檄令重修,岁以春秋致祭。巡抚都御史张泰交题额,都转运使高熊征有碑记。雍正九年,总督臣李卫重建。

发祥祠　在南屏山西。【万历】《杭州府志》:祀昌化伯邵林,以诞孝惠皇太后也。先是,林卒时,权厝北山青芝坞。嘉靖十八年,林孙锦衣卫指挥辅请于朝,诏守臣择今地遣官营葬,为之建祠墓,下给供祀田八顷,赐今祠额。

西湖土地祠　在南屏山前。国朝雍正八年,总督臣李卫改旧祠,祀西湖土谷之神。

王公祠　在藕花居。《钱塘县志》:即湖山书院,祀巡抚都御史王国安[1]。

神禹庙　在茶坊岭下。《梦粱录》:夏禹王庙,在钱湖门城侧。

旌功祠　在三台山。【万历】《杭州府志》:祀少保、兵部尚书、赠太傅、谥肃愍于公谦。《名山藏》:于谦,字廷益,钱塘人。正统十二年,乘舆北狩,郕王即位。是时,北征将士十亡八九,京师人心汹汹。侍讲徐珵倡议南迁,谦劤哭于廷曰:"京师,天下根本,郊庙社稷,宫阙百官,万姓公私,蕴聚皆在。京师一动,大势尽去。宋之靖康,殷鉴不远。敢言南者,众共诛之。"乃告内外,缮濠隍,誓士马,警楼橹,治崄塞,以备不虞。也先拥上皇大同城下,大同之士登陴而语:"赖天地祖宗之灵,国有君矣。"至宣府,宣府之士登陴而语:"赖天地祖宗之灵,国有君矣。"至都城下,都城之士登陴而语:"赖天地祖宗之灵,国有君矣。"谦扬言曰:"岂不闻社稷为重,君为轻?"上

---

〔1〕　雍正本"安"后有"外有石坊题曰藕花书院"十字。

疏曰:"也先违天负义,久留上皇,深犯京畿,其为仇恨,庸可胜言。若许以和,万有不可。昔宋真宗澶渊之役,契丹挫败,敛心就盟,尚输岁币过三十万。徽、钦北辕,奸臣误国,至割土纳贿,屈己贬尊,灭而后已,前事之不忘。以臣之计,莫若选将厉兵,贮威育勇,来则震武,去不穷追。若大举入寇,以我肆士,加之奋帅。臣等蒙死前行,可以力战而服。若使臣通好加礼,必先示弱启侮,臣所谓万不可者也。"也先因景帝不谒上皇,以为抱空质而不义中国,乃归上皇。上皇还,居南内。景帝疾,石亨、徐有贞夜开长安门迎上皇复位,因诬谦与王文谋召襄王子,下狱。责簿对曰:"而何外求君?"文曰:"藩王非金符不可召。金符藏内府,安从召之?"谦曰:"无庸。"石亨奏论死。上犹豫曰:"谦功。"有贞从旁言:"谦不功,陛下不夺门矣。"有贞,即珵也。是日,诏谦、文并弃市,籍其家,戍谦子冕龙门。谦历事三朝,知无不言,识达大体,毅然任天下。年未五十丧妻,不娶,门第萧然。籍家时,仅得所赐盔甲袍带而已。京师人语曰:"鹭鸶冰上走,何处觅鱼嗛。"他日,奉天门灾,上见谦隐隐火光中。宪宗立诏复官,赦冕还。二年,遣行人谕祭谦墓。明宪宗《谕祭故兵部尚书于谦文》:卿以俊伟之器、经济之才历事先朝,茂著劳绩,当国家之多难,保社稷以无虞。惟公道而自持,为权奸之所害。在先帝已知其枉,而朕心实怜其忠,故复卿子官,遣人谕祭。呜呼!哀其死而表其生,一顺乎天理;厄于前而伸于后,允惬乎人心。用昭百世之令名,式慰九泉之冥漠。灵爽如在,尚克鉴之。弘治二年,训导储衍、礼科给事中孙缙、谦子府尹冕先后陈请,命下建祠墓所,赐额,张宁为记。张宁《旌功祠碑记》:皇上纪元弘治之初,仰体先朝德意,俯从致仕立天府尹于冕所请,赠赠少保兼兵部尚书于谦特进光禄大夫、柱国、太傅,赐谥肃愍,祠曰旌功,命有司春秋致祭。时镇守藩臬郡邑官属,皆钦承不懈,祠祀毕举。冕瞻拜涕泗,思报无日,谨当刻石志感。以宁素辱少保知遇,又尝备员礼科,宜书所见,式昭久远。越惟自昔人臣才高任重,功大冤极,劳生于艰危,罔死于平治,肃愍公百世一人;重华协德,反正除邪,彰不赏之功,辩切肤之潜,我圣朝千古一时也。事之始末详实,有谕祭文、国史传、旌功录,天下士大夫吊慰之作,亦既显赫流传,无烦衍述矣。窃念公平生忧勤中外,遗致身家。己巳之变,誓死殉国,守经行权,施无弗济。揆其要切,莫重于披留监国、斥沮南迁、烧散刍粮、闭关出敌、决迂回銮、坚绝和议、计徙寓寇,不援虚报八者,皆当时枢机关键,一得失则废兴所系,少迟速则安危相倚。惟公材器绝伦,识度超越,隐然以大司马兼统五卿之务,动无牵制,处断如流,用是安却强寇,奠安社稷。及边警解严,六职仍旧,更张建定,各有专属。而所司类以金谋,遂事托公镇重。不知者,固宜责备于公。公未尝自辩。顾以久总兵柄,监往虞来,过于严峻,一时贪功习矫如石亨、徐有贞辈,置不能行,禁不得肆,恣睢积怨,伺甘心于公者殆非一人。公亦未尝自恤。夫责不辩则疑谤易乘,怨不恤则祸难阴蓄,卒致彼设变于安,动险于顺,媒蘖附会,诬公欲立外藩,构陷殊死。事及,公犹举止失详,略无余言申解。盖自任患以来,常奉悬宋丞相文山画像于卧所,其志念明远,操履坚定,虽万不幸,亦当无所移夺矣。未几,亨辈胁权肆奸,窜殛相踵。天道好还,刑赏类应。而公之忠枉,凤荷知怜者,今皆显被褒恤,一命而复官,再命而锡祀,三命而有易名。赠秩建祠专祀之典,意肇于英皇,事举于宪圣,恩广于皇上,于崇德报功之间,见继志述事之大,非特一家之庆幸也。昔周公辟位居东,蒙谮入楚,虽君臣贤圣,不能无无妄之祸。及其末也,亦惟因事显白,而成王终无良悟之心。褚遂良、岳飞皆以忠死,今皆秩祀于杭。远者殁百五十年,近者六七十年,更历数朝,依违忌沮,渐加追重。求如今日之离明干断,速自宸衷,而恩泽世洽于肃愍者,古未前闻也。宁故曰:千古一时,百世一人。宜府尹君服膺兢惕,汲汲图永,以俟首邱于祠墓之倚,可谓忠孝无忝矣。于乎至哉!

嘉靖十六年,巡按御史周汝员属钱塘知县李念新之。嗣是,巡按御史傅凤翱、阎邻、王绅、巡盐御史高對相继协修。《钱塘县志》:万历三十年,改谥忠肃,谕祭葺祠。张珣《旌功祠诗》:"苍龙失驭九门开,排难成功死地回[1]。奸党既萌终稔祸,圣明非是不怜才。两朝雨露新恩在,一夕湖山旧梦回。惟有旌功祠外水,洗冤长使后人哀。"王世贞《旌功祠诗》:"正统逢今岁,风尘日暂蒙。乾坤三己巳,社稷一于公。不作青衣辱,依然黄屋崇。祠连赐冢地,石马汗秋风。"吴振缨《谒旌功祠诗》:"一酹空山起暮烟,松风啸雨咽寒泉。鲁阳浪说挥西日,娲石谁云补漏天。北阙至今回玉垒,西湖终古祀绵田。但令社稷能长在,不使荒林叫杜鹃。"陈子龙《于忠肃祠诗》:"紫盖烽烟竟不旋,手持大计靖江天。北门虎卧回鸾日,南内龙飞赐剑年。山外怒涛归碧海,冢边荒草像祈连。上皇犹想风云际,曹石功名倍黯然。"黄淳耀《旌功祠诗》:"澶渊非祸宋,代邸本安刘。力竭山河在,功成骨肉忧。草衔冤血碧,江挟怒涛流。雪涕荒祠下,乾坤空自愁。"[2]

国朝顺治间,兴修,仍令春秋致祭。康熙三十一年,知府李铎重建,自为记。张纲孙《于忠肃公祠诗》:"英宗北狩无忠肃,社稷安危不可论。每忆往时成浩叹,可怜遗像此空存。苍苔细雨侵碑字,白日寒烟满墓门。寂寞祠堂嗟岁老,竹深松火又黄昏。"沈钦圻《谒于忠肃公祠诗》:"宰木丰碑拱墓门,旌功祠畔礼忠魂。孤臣决策安中国,群小讹传召外藩。共信金符存内府,空教热血洒荒原。隔湖相望栖霞岭,两地沉埋万古冤。"朱彝尊《于忠肃公祠诗》:"昔在狼山下,军书犯近坰。六师轻朔漠,万骑失雷霆。土木尘长满,龙蛇岁不宁。豆田沙浩浩,黍谷路冥冥。济世须元老,长材总四溟。从容持国计,指顾悉兵形。瑕吕安群议,刘琨表外廷。嗣王仍历数,高庙有神灵。既罢金缯款,无烦白马刑。北辕旋翠辇,南内启朱扃。命已甘刀镬,功真溢鼎铭。春秋隆代祀,俎豆肃维馨。一自辒车至,难期候火停。遗墟愁战伐,大树日飘零。碧草空祠长,黄鹂过客听。霜钟沉晓月,风幡绕明星。卞壸谁修墓,巫阳数降庭。谶还思雨帝,碑欲堕江亭。远水澄湖碧,流云暗壑青。千年华表鹤,哀怨此重经。"龚鼎孳《满江红用岳鄂王韵》词:"万里神州,当公世、三光几歇。奉社稷、仰回天步,义声霆烈。翠辇不移蝼蚁草,丹心常照龙堆月。置死生、成败付苍穹,孤忠切。弓乌恨,须臾雪。徐石辈,须臾灭。视大名诸葛,旗常无缺。策定抗辞灵武赏,事完补洒攀车血。倘非公、无论夺门功,谁陵阙?"

东岳庙　在中台八盘岭。【成化】《杭州府志》:宋咸淳中建。《钱塘县志》:明万历中,徙建。国朝康熙年间,重葺。

灵应庙　在小麦岭饮马桥侧。【成化】《杭州府志》:神姓蒋,名通,生平性直好善,事亲孝。宋绍兴十一年七月,即小麦岭徐家桐木之下端坐而逝,秋旸尤炽,七日如

---

〔1〕　死地回,雍正本作"柱石催"。

〔2〕　雍正本无黄淳耀《旌功祠诗》,而易之以"杨鹤《于忠肃祠柱联》:千古痛钱塘并楚国功臣白马江边怒卷千堆浪雪,两朝冤少保同岳家父子夕阳亭里伤心两地风波"。

生,观者惊异。次年疫作,是境无恙。有父老梦神人衣紫横金,曰:"疫不侵此境,上帝命我护之也。"于是,奉而祠之。端平丙申,境有虎患,祷于神,遂擒二虎。嘉熙间,触处旱灾,境内有雨,民赖以安。事闻于朝,赐额曰灵应。

龙王庙　在风篁岭龙井之上。《咸淳临安志》:绍兴十八年,赐庙额,累封为嘉应广济孚惠王。宋宁宗《加封嘉应广济孚惠王敕》:昔我高宗,千乘万骑,尝登南山之风篁岭,驻跸龙湫,酌泉于上,一草一木,咸被昭回之光。时维明神,实见敬礼,涓滴分人,通海浃湖,兴云出岑,润吴泽越。揆以祭式,宜有宠褒,而封爵未加,是为阙典。朕今以彻侯美称加宠于尔有神。珠宫贝阙,莫穷其源,而华衮轮台,其永有耀,尊我都邑,振尔光灵,可特封嘉应广济孚惠王。咸淳五年,安抚潜说友更创祠宇。

显应庙　在风篁岭畔。《咸淳临安志》:胡则,婺之永康人。天圣丙寅、明道癸酉再守杭,有惠政。在郡时,独无潮患。以兵部侍郎致仕,葬龙井山中。建炎间,方寇猖獗,聚永康方岩山,贼夜梦紫袍金带神人现赤帜于空中,随就剿灭。朝廷褒嘉,为建庙,封显灵侯。后累加封。

张宣公祠　在清波门外方家峪。《杭州府志》:祀宋南轩张子栻。祠向在尉司下扇里。万历甲辰,裔孙移建今处。钱塘知县聂心汤为记。吴太冲《张宣公祠后记》:张南轩先生栻,在孝宗朝反复奏对。孝宗至动容悚听,有未闻之叹。而忠献身任陕、蜀,思陵言其忠诚。孝宗受禅,手诏入朝。符离之败,不忍言罪,复任都督。忠献父子见知于君也,专且深矣。然苏云卿于忠献有"长于知君子,短于知小人"之辞。而陈同甫亮讥切道学,以为空谈正心诚意,视偏安忍耻,不深责二人之言,皆深爱忠献父子者也。盖尝论神宗前之君子能操化权,而时命当其全;神宗后之君子坐屈于小人,而名实复不相副。宋之小人,神宗以前,其为党也孤,其为恶也浅;神宗以后,盈朝宁皆党也所,张施皆恶也甚矣。宋之君子,前处其易,而后处其难也。忠献父子于君臣不可谓不遇矣。孝宗曰:"朕待魏公,不为浮议夺。"而请解督府,不谕留南轩先生在朝。未几,岁而召对至六七,何不使在禁闼,而仅除外职。孝宗于忠献,实阳近而阴远也。嗟乎!宋室之不竞也,久矣。忠献之言曰:"今梓宫未返,天下涂炭,愿陛下挥涕敛发,以全天下之民。"南轩则曰:"必胜之形,当在早正素定之日,不在两阵决机之时。是岂高言性命者哉?"章惇、蔡京残善类,斫元气。至高、孝,而小人皆能夺人主之志气,而得其要领。忠献父子进退取予,皆小人也。夫国家,使小人得司其命,以乾道、淳熙之朝不殊于建炎、绍兴之朝,则哲宗、徽宗之秽熏染成之也。先生祠,向在尉司下扇里,其移方家峪,则万历甲辰始也。太冲妇翁天与先生,实先生二十世末孙。其犹子沇、惇又重新之,而命余记之。祠专祀南轩,而予先及魏公者,魏公于张不祧也。他日祀南轩,先列魏公,则亦南轩之意,而子孙所当讲求者也。恐斋惕庵,虽在诸生,有大人长德之望,使追祀魏公,当为歌以侑之[1]。

---

〔1〕　雍正本"之"后有"崇祯丁丑记"五字。

忠节祠　在清波门外方家峪。【万历】《杭州府志》:祀宋赠秘阁修撰徐应镳[1]。弘治十八年,赐祭文祠额。正德十一年,知府梁材始建祠。万历四年,知县姜召、训导黄金粲以祠宇倾圮请于左布政使王应显、右布政使张任,撤废祠。邑人傅楫舍地四亩,展旧基之前改建。大学士吕本为记。吕本《重建忠节祠碑记》:钱塘忠节祠,祀宋太学生、赠秘阁修撰、谥忠节江山徐公应镳字巨翁及其子琦、崧、女元娘者也。公墓在方家峪,向未有祠之者。建祠锡额,有司春秋致祭,则自我明弘治乙丑始。正德丙子,大司徒健庵梁公材振扬潜德,聿新祠宇,勒诸贞珉。迨今万历丙子,又六十年,祀事若初,祠几沦蓁莽。钱塘令姜君召邑博士黄君金粲,驱图葺治,闻于左辖新泉王公应显。公慨然曰:"吾事也。"谋之同寅右辖瀛峰张公,撤废祠以充。先是,祠僻在山坳,乃迁于前若干步,约地四亩有奇。中为堂三间,祠忠节;两庑各三间,子若女祔。门三间,周缭以垣。肇事于岁之二月,夏五月功竣。址既爽垲,庙复崇严,英风义气,凛犹生也。追惟元兵压境,三宫北辕,维时拥旄握枢之臣匍匐乞降。巨翁太学生耳,无一命之荣,无专城之寄,乃毅然不辱,盟诸武穆,阖门自焚。幸其仆救而出之,山潜谷遁,伊谁咎哉?彼其心,则以居王之土,为王之臣,而主辱臣死之义确乎不可易者。率其子女俱死井中,是诚得死所矣。昔齐亡,王蠋一布衣,死不事燕,卒之。齐臣迎襄王于莒,而田单得以成功,蠋有力焉。公殁不旋踵,如文如陆,如张三巨公者,请命慈元,景炎即位,于福祥兴,登极于广,鞠旅勤王,豪杰响应。当是时,使弘范不力请穷追,务在必得,则宋之为宋未可知也。纶綍所谓存赵孤主宗祧雪雠耻者,谓非巨翁相振激,与永享大烝,谁曰不宜。夫自建祠以至今日,多历年所矣。而新祠者,一见于梁公,再见于王公、张公,旷世之盛典也。王公,福建漳浦人,庚戌进士。张公,直隶嘉定人,丁未进士。姜君,四川广安人,甲戌进士。黄君,福建龙溪人,贡士。董役则县丞周其仁,凤阳人也。同然忠义,上下一心,故书而不略。吴瓒《忠节祠诗》:"养士谁云收效难,夷齐今见出贤关。一门父子完高节,万世纲常立大闲。凛凛清风垂竹帛,煌煌金额照湖山。马前求活知多少,地下相逢可汗颜。"

顺济庙　在江干大观楼右,又名善利院。祀善利龙王。自宋至今,尚存。陈傅良《内制浙江潮神顺济庙善利侯特加忠靖二字敕》:敕某神:朕固不为秘祀,专乎其福也。至四方长吏,有为吾民请曰:某山川之神,能惠其境中,则褒崇之典朕靡爱焉,以庶几古蜡百神之义。矧惟江涛近在寰内,而有司以报礼未称,将侈大之,用锡美名,以从民欲。神尚终惠,使世世享可。

谨按:《止斋文集》第载敕文,无年月可考。

勋贤祠　在天真山之阳。【万历】《杭州府志》:祀新建伯王公守仁。嘉靖九年,新建门人薛行人侃、王参议臣等佥谓新建存日尝修业于兹,书贻同志,醵金构精舍崇祀,置祀田七十余亩,在事荐绅复倍充之。万历七年,用事者议毁天下书院田,为耽视者佃分。十二年,巡抚都御史萧廪、巡按御史范鸣谦合请于朝,复祠赐额,尽赎故祀田还之祠中。有司以岁之春秋仲次丁日,有事祠下。巡抚萧廪作记。萧廪《复勋贤祠碑记》：万历七年，天真精舍毁，阳明先生祠产没之官。后五年，蒙恩复祠赐额，而祠产亦复供祠祀。先是，抚臣廪、按臣鸣谦上言，切见故太师、新建文成侯王守仁摅忠竭诚，靖寇讨逆，有功宗社甚大。身任斯文，教阐遗经，其有功于后学亦甚大。当其生存，而建功请学之地莫不有祠。若今所议核浙省城南天真精舍，其一也。始以门人后学原本卜筑遗意，倡义起祠，渐积置产，非有混于有司，不意书院议毁，而豪民奸僧利其产腴，概以书院请佃。当事者遂陊其宫墙，籍其产，畀之奸豪，而没其直于官。佃者因夷其主，仆其碑，髡其林木，而擅其产，以谋厚利于己。谨按：《礼经》："以劳定国，则祀之。"又曰：凡释奠于先师，必有合也，有国故则否。守仁之勋，宜得从大享。其学上溯邹鲁，卓然盛世贤师儒，尤有合于瞽宗之义。今宗庙孔庭，从祀未举，议者屡欲请之。乃兹一亩之宫，合四方之力，以数十年之勤成之。而制于敝法，劫于单词，一旦毁之，甚非国家崇德报功之意也。载考浙省故臣，若基若谦若懋，或以功祠，或以德祠，或有以额赐祠者。守仁之功，视基、视谦无愧；其学，视懋且有光，宜有特祠，以垂永久。于是圣天子俞之，遂予祠赐额，勋贤如议。廪、鸣谦乃下其事于杭州署守均，而以判勉学董其役。又各出赎锾为祠费，筮吉举事，卜于故基，弗食。乃卜故基之西南，食。庀材伐石，程工计佣，经始三月丁亥日，落成于八月丁巳日。时维秋期，郡官遵制举祀，而廪、鸣谦若藩臬大夫，下洎学官弟子，胥相之。祀已，交相庆。廪乃言曰：美哉！祠天章星垂，朱甍云列，惟圣天子崇德报功，肇称明祀。凡游息荐享于斯者，仰瞻勋贤，尚亦永怀帝德也哉。虽然，亦知圣明褒表勋贤之意乎？典礼崇隆，德意洋洋，匪直彰往，凡以劝方来也。吾党由学而仕，日有孜孜，孰不愿为勋贤。然先生之勋繄贤，而其贤也繄学，盍亦自其学而学之乎？致知之学，渊源曾、孟，而良知之体，则具诸一心，达诸天下者也。惟其发也，无有纳交要誉恶声之心；其达也，不介于情欲攻取作辍之私。则其成也，复还其毋然畔援，毋然歆羡之体。是故，为子则孝，为臣则忠，居上则仁，为下则顺，处常则敬，事尽分时乎？遇变，则靖寇讨逆之略无乎弗成，是为勋贤，是为树的，以劝方来之意。吾党其有意乎？喻均《勋贤祠沿革序》：勋贤祠者，祀故兵部尚书、新建侯、文成王公也。公扶义平宁籓之变，受封爵，居常讲道会稽阳明山中，学者称之为阳明先生云。始，先生往来武林，游天真诸梵刹，睇其林壑，盘郁幽绝，心爱乐之，与门人修业其间。嗣是每一至，辄移旬不能去。及起征思田，扰攘兵戈间，犹思结茅为终隐计。尝从道中遗诸生诗，有"天真鹿门"之句。先生既卒，于师诸门人经行天真梵刹，痛典型已坠，而余教未衰，谓先生魂魄犹或眷顾昔游，默启我后，蕲俎豆先生，用识不忘。于是门人揭阳薛尚谦、南昌王公弼首议，而泰和欧阳崇一、安福邹谦之诸君子，与浙之门人相与醵金，即其地构精舍一区，春秋祀先生。当是时，庙貌既新，观感弥励，毋论浙东西人士并切羹墙，而一时当路士人，若部使汝宁张景、水部揭扬薛侨各出赎锾，余课鬻田供祀。而左使东吴顾璘、督学进贤万潮、华亭徐阶，相继奖率，咸乐输助。嗣后，总制新安胡宗宪、中丞桐城阮鹗、部使新建谢廷杰、万安萧廪、督学瓯宁滕伯轮，协力表章，流远益沛。由是游息之榭日广，赡养之产月炽，四方冠盖之士望桥门而讲学者，云蒸雾涌，殆时异而岁不同矣。迨万历七祀，用事者创议毁天下书院，改为廨宇，田粮归于里甲，征其价，输之官，驱学徒，散遣之。而精舍田号膏腴，天龙富僧及里中豪睥睨久矣，遂遘会倡言[1]，与诏书

[1] 雍正本"会"作"诬"。

合宜毁。而当路诸司懔懔,奉诏令惟谨,莫敢抗议。髡其山,平其宫,神明之所栖托,贤达之所瞻依,五六十年之所经营,鞠为茂草矣。学士大夫过而欷歔,涕洟而不能止。迩者天祚斯文,帝用谏臣,言下郡国,核书院之应复者以闻。而前部使萧廪,适以中丞自关中移镇武林,慨焉叹息。会部使江阴范鸣谦豫为稽核,遂协谋恢复之。于是寺僧暨里中豪俱悔祸,具以废材及土田还有司,不敢爱。中丞括橐中俸,得百两有奇,并计三四年之粒入,以酬其值。不足,复益以觞客之觥,总之又得二十有奇,而后其数符焉已。乃合疏请于朝,大要谓先生摅忠竭诚,靖寇讨逆,上则有功宗社,身任斯文,教阐遗经,下则有功来学,撰之国典,宜有专祠。而精舍乃门人后学买田筑室为崇祀谋,合四方之力,逾五六十年而始成。不意当圣明之时,一旦遽废,伤学者仰止心,无以为尽忠任事者劝。今木石尚存,田入甚裕,若使竟为永废,不惟无益公家,适滋一方争夺,宜及时修复。且称刘诚意、于少保、章宗伯各荷圣恩,专祠于乡。守仁理学所造,视章懋而有光;勋业之隆,比诸刘基、于谦而无愧。宜特赐祠额,彰示来兹。疏上,天子为动容,下其事礼官。于是尚书莆田陈经邦等是抚按议,上之天子。制曰可,并赐金额。海内学士大夫,动色称庆。时同知新建喻均在郡署守,总祠事,廉其木石,木蠹朽不可用,石亦仅有存者。两台相与谋曰:"我二人刻约,即赎锾上供外,尚足充祠费,何可重烦有司。"于是共捐赎锾二百三十有奇,而鹾使汝宁羊可立亦捐赎锾百,左使宣城徐元太捐赎锾六十有奇,佐以租入,畀之署守均。而属通判黄勉学领其役,鸠众工,聚群材,计日授事。已而,士献其谋,工效其力,官董其成,夏而肇基,秋而竣事。轮奂具美,顿还旧观。檄有司修祀事如礼,而两台暨藩臬大僚并诣祠展谒,道路观者叹息,至举手加额,谓不图今日复睹清朝盛典云。王守仁《西安雨中寄德洪汝中并示书院诸生诗》:"几度西安道,江声暮雨时。机关鸥鸟破,踪迹水云疑。仗钺非吾事,传经愧尔师。天真泉石秀,新有鹿门期。"《寄答德洪汝中方卜筑书院盛称天真之奇诗》:"不踏天真路,依稀二十年。石门深竹径,苍峡泻云泉。泮壁环胥海,龟畴见宋田。文明原有象,卜筑岂无缘。"钱德洪《勋贤祠诗》:"云埋五岭路悠悠,海上罗浮入梦愁。山月凄凉归鹤夜,霜风飒瑟泪猿秋。百年著述图书在,千载经纶几席留。忍伐祠前苍峡树,春秋配食荐晨羞。"王世贞《谒勋贤祠诗》:"杖策寻幽巚,叩祠荐清苹。木落群姿尽,烂然见天真。轻风飘须眉,萧萧若有神。三字抉灵机,万古意忽新。六籍遂糟粕,千圣失经纶。媚川在怀中,舍楫问鲛人。笑彼愚公山,老昧襄成津。重恐鱼目多,冥然骄自珍。所以老氏叹,圣作大道湮。下学而上达,吾意书诸绅。"后学祀遗像于燕寝[1],而配祔南京兵部郎中徐爱、湖广乡贡进士冀元亨、行人司司正薛侃、国子监祭酒邹守益、礼部尚书欧阳德、处士王艮、广西参议王臣、工部员外郎刘魁、刑部员外郎钱德洪、南京兵部郎中王畿,皆高第弟子也。《钱塘县志》:万历中,知县聂心汤补刻《阳明全书》[2],清理租税,归县祭祀之羡以供诸生讲学之费。后久渐弛[3]。国朝康熙中,进士包括等复为清理,其阳明书院之在姚江者,岁久尽圮。雍正九年,总督臣李卫重修。

---

〔1〕 雍正本无"学"字。
〔2〕 雍正本"汤"后有"重建太极亭"五字。
〔3〕 雍正本无"后久渐弛"四字。

山川坛　《西湖游览志》：在包家山，洪武时建。

昭贶庙　在江干浑水闸南。《钱塘县志》：祀宋兵部尚书张夏。神以景祐间为两浙转运使，江潮为患，筑石堤，自六和塔至东青门延袤十二里。杭人德之，立祠堤上，俗称张司封庙。大观二年，封宁江侯，改封安济公。绍兴十四年，敕赠灵感；三十年，增顺济。寻加爵号曰"灵济显佑威烈安顺王"。祠之左，奉十潮神。成化间，重建。今因之[1]。

资福庙　在江干。《钱塘县志》：祀宋烈文侯张宪。侯，景定二年追封，立祠东山巷口墓所。复为建庙于江干。今称郡城都土地庙。

协顺庙　在江干石塚。【万历】《杭州府志》：祀宋陆圭。圭，昭庆军人。宣和中，以真州兵马都监引兵进攻方腊败，死为神。绍兴间，阴却海潮，以卫江岸。淳祐中，潮圮江岸，屡筑不就。神与三女，扬旗空中，浮石江面，岸赖以成。浙西帅臣徐槼闻于朝，赐今庙额，封广陵侯，并封三女为显济、通济、永济夫人。《钱塘县志》：三女，一主护岸，一主起水，一主交泽。傍有小庙，祀十二潮神，各主一时。朱彝尊《谒广陵侯庙诗》并《序》："钱塘江干，有广陵侯庙，其来古矣。乙未三月，将之越中，问渡，展谒庙下。按枚乘《七发》'观涛于广陵之曲江'，世疑广陵国为扬州府治。然元季钱思复试《罗刹江赋》，证曲江即浙江，杨廉夫甃之，时号曲江处士。而曾子固撰《越郡赵公救灾记》中有'广陵斗门'，合之伍子之山、胥母之场，疑义可析。因赋绝句纪之。江月松风者，思复自题其集名也。'昔闻江月松风客，赋证钱塘是曲江。不见郊关广陵庙，灵风长拂旧幡幢。'"

---

〔1〕　雍正本"之"后有"国朝雍正三年，敕封静安公，春秋致祭"十五字。

武林览胜记卷十一

祠宇下

北山路

关帝庙　在亭子湾。《钱塘县志》：庙建于万历二十六年，岁久，圮。国朝雍正九年，总督臣李卫拓其地重建，并构校射亭，校阅武标员弁骑射于此。

兴化李公祠　在钱塘门外响水闸。《钱塘县志》：公姓李，名思敬，扬州兴化人。初，令永丰，有善政。榷北关，清惠爱商，不奉诏增税，第清漏匿，而课常足。及守栝苍，罢采铸，严保甲，建丽谯，兴文学，诸所创举，皆可不朽。身殁之日，杭人讴思不已，呈请崇祀，仍肖像西湖，以当岘山之碑云。国朝康熙年间重建，表额曰兴化李公祠。

广惠庙　在钱塘门外霍山坊。【成化】《杭州府志》：按《宋朝会要》：神姓张，名渤，血食广德军之祠山。康定元年，始封灵济王。崇宁三年，赐庙额曰广惠，累封至正昭显威德圣烈王。宝祐丁巳，改封真君。凡再加曰正佑圣烈昭德昌福。祠创于乾道庚寅，越二十有五年，绍熙甲寅始成。赵师白《建广惠庙记》：霍山庙者，广德张王之别祠也。王以休功显德敷佑生民，绵历数千余载，历代罔不优礼褒崇。暨入国朝庆历，追锡之命，增加王号，极其荣美。粤自迹祠山，肇兴庙食，邦人兢悚，以供祀事。凡雨旸疵疠之灾，寇攘水火之患，有祷于王，疾于响答，奇验异应，灼灼动人之闻见。救溺拯危，转祸为福，载诸传记，不可殚述。光灵之迹，旁加广被。于是离宫行庙，金碧丹艧，连城跨郡，岧峣相望焉。仰惟帝城，四方之极，百神受职，是翼是卫。矧王之神游所止，密拱京甸，众大之区，并蒙祉福。顾独未有揭虔妥灵之地，不其阙与？乾道寅寅，始卜地于霍山，衰金鸠工，营建栋宇，规模位置，焕然鼎新，奉神之物，无一不备。盖以便都人之敬，而格明神之休。庙成于绍兴甲寅正月二日，为费钱十万，而判院张宗况助施独多焉。师白兼掌诸祠，嘉其成绩，因考其颠末，而刻之石。既有旨，令修内司别为祠于金地山,以便祈祷。然都人士女竞趋霍山,不以一关为惮也。景定二年洪安抚焘,咸淳四年安抚潜说友,前后葺治,愈加严整云。《钱塘县志》:岁以二月八日,倾城士女骈集。相传神即祠山张大帝,是日其诞辰也。

灵卫庙　在钱塘门外,俗称金祝庙。《咸淳临安志》:建炎三年十二月,完颜宗弼犯境,守臣康允之退保赭山。钱塘县令朱跸率民兵逆战,伤甚,犹叱左右负以击贼。己丑,遂遇害。时尉曹十将金胜、祝威亦以力战殁,乡民瘗二人于钱塘门外,因立祠曰金祝二太尉庙。郑子文《金祝二太尉庙记》:太尉金胜、祝威,同为钱塘尉曹总目。建炎三年己酉腊月,金人侵杭州,权守康允之拉州民避寇赭山,城无御备。有钱塘令苕溪朱跸,鸠乡丁仅二千,趋余杭邀击其前队。民非素练,耳目不熟钲帜,令遂陷阵而殁。两太尉集涸兵,还据葛岭,编竹覆泥为涂以御敌。越翌日,敌骑飙至,蹄蹴踣仆者鳞叠,巨斧奋斫,横尸山委,军声大震。兀术褫魂,辟易数舍,退赤山,执民为乡导,由南壁入。两太尉犹力护西隅,以寡制众,战久力疲,遂遇害。乡民具马革骈瘗近郊,今钱塘门外杨云洞之右,同立祀于死所,今钱塘门侧是也。血食一境,已逾百禩。时赛祭翕集,居者蒙其佑,病者祷而痊,无疫疠,无岁灾,无横魃,神之赐也。淳祐十年,赐庙额曰灵卫。景定二年,洪安抚焘为请封爵,诏侯二神曰忠佐、忠佑。咸淳二年,漕使又以士民之请上于朝,乃封朱令为显忠侯。宋理宗《封显忠侯敕》:神生为烈士,殁为明灵,宜也。矧曰死于王事,可不表而出之。建炎初,金寇犯杭,汝时宰钱塘,鸠民兵邀击之,设奇疑敌,民得逃死,身中流矢,犹能扶伤尾袭,奋勇直前,竟以战殁。功烈如此,而爵命未加,非阙典与?民不能忘,合辞请于部使者,遂彻予闻,深用嘉叹,肇锡侯封,仍贲显号,以旌尔尊主庇民之功。四年,安抚潜说友改建庙,设跸中坐,而坐胜、威于东西庑。【成化】《杭州府志》:洪武四年,正祀典礼部定,拟三人御敌而死,以死勤事,皆宜在祀典。拟称宋钱塘令朱公之神,以金、祝配,称宋尉曹将金公、祝公之神。祭日,每岁七月初一日。【万历】《杭州府志》:宣德元年,清军御史吴讷重修。弘治十二年,镇守太监麦秀、巡按御史邓璋、清军御史任文献、令钱塘知县胡道重建,提学副使赵宽为记。赵宽《重建灵卫庙碑记》:忘身御难,志士所以成仁;醉功显忠,国家所以立政。至于位卑力微,欲障横溃,用一命之殒,全万民之生,事之难为者也。兴废起坠,鼓舞作兴,彰往事于寝微,激清风于末俗,知政事之先务者也。惟昔宋室不竞,金人俶扰,完颜之寇,直闯临安。事出仓卒,人无固计。守臣弃城而鼠窜,敌兵乘胜而兽突。林林赤子,阽危涂炭。钱塘令朱公跸,慷慨士也,闵元元之无辜,愤封豕之肆毒,志激气扬,奋焉挥戈,鸠疲薾之乡民,冲凶威以赴斗,肉投馁虎,盖所不惜。于是公之属尉曹将金公胜、祝公威咸负勇烈,实同心膂,编竹葛岭,则群丑大踣,当关西隅,则万夫莫逾。虽以众寡不敌,相继倾殒,然间阎遁逃,咸得争脱,苍生获全,奚翅万计?三君子者,诚所谓以一身而易一邦之人者也。夫狼瞫之驰秦,义则义矣,而无益于民。诸葛瞻之陷陈,忠则忠矣,而无济于事。视三君子何如也?且人孰不爱其身,持赤手而拒猛兽,孰不知必害于其身?然卒不顾,精神之所运用,肝胆之所蕴蓄,殆将彻星辰而铄金石、夷泰华而隘沧溟者也。况乎爵禄不登于庙堂,声誉不流于缙绅,平时泯泯,无异庸俗。一旦遭遇变故,磊磊落落,杰出一世之上,挺立千仞之表,岂非天地至大至刚之气，而孔子所谓志士仁人也哉？故在当时，陈安之歌兴，哀于陇上；巡远之庙食，报于睢阳。岁时伏腊，牲币交集，非过也，宜也。庙在钱塘门外，淳祐十年赐额灵卫。元及国朝，祀事不绝。历岁既久，祠废不治。镇守太监麦公、巡按御史邓公、任公咸奉帝命，康济一方，感陈迹于延揽，钦仰止于流风，惧无以妥神灵，徼民福，思欲撤而新之。于是钱塘令胡道以营建为己任，聚财用，储糇粮，度地势，计工役，仍庙旧墟，基益厚以崇，宇益广以高，有台有廊，有门翼然，斋宿庖宰之所毕具。经始于弘治己未九月，毕工于明年二月，费不出官帑，事不伤民力，可谓能且劳矣。落成之日，士民父老，奔走萃集，瞻望咨嗟，咸曰："三君子勋德在吾乡，炳炳如此。其忠谋壮节，瑰伟雄迈，足以激懦砺钝如此，国家载在祀典，所以旌而报之者如此。镇巡藩臬郡县为民父母，导我礼义，立则制范，不言之教又如此。我民其可忘，我民其可不知劝。"因踊跃再拜而退。镇巡诸公，闻而嘉之，恐湮没弗传，命宽述其事，刻诸石，用昭示于无穷。《岁祀灵卫庙祝文》：惟神官不必高，而得以殁受乎显封；禄不必厚，而得以庙享于无穷。惟能舍生以取义，故人孰不仰慕乎高风？呜呼！当时之事，谁识其忠？于斯一时，惟睹三公。某等忝牧兹土，祀事是崇。牲醴既洁，粢盛既丰。神其来格，以鉴我衷。《钱塘县志》：嘉靖间，邑人吴鼎、县令王钺屡修。万历初，县令姜召增建后殿。三十四年，令聂心汤议加春秋二祭。其后因之。

马塍庙　在钱塘门北溜水桥。《钱塘县志》：旧祀宋马雄、马武。世传二人东西居，共为田园之塍，故名。屠隆庙《记》云：宋乾德间，僧雪岩建岁丰禅院。治平中，改宝觉丰乐寺。后毁，仅存雄、武二王祠，概而名之曰马塍庙，以奉土谷香火。

显功庙　在大石佛西。《咸淳临安志》：神姓岳，名琚，家于霍山，为临安府吏。建炎间，金人犯境，神输家财，募勇士三百人，推钱塘尉曹十将为首领，迎敌死战，阖境以安。里人怀其功，即四圣延祥观祠事之，号宝稷山王。咸淳四年，旨赐庙显功，侯以忠翊。宋理宗《封忠翊侯敕》：朕惟六飞南渡，举百二山河，无一人敌王所忾。尔神克奋孤忠，输募死士，得二将率众三百，卒夺金人南下之盛气，而一境赖以安存。今经百有余年，二将已都显号，而神独无以旌其灵，可乎哉？进锡通侯，宜在以劳定国之典。《钱塘县志》：宝稷山，即巨石山。明绅士凌登名、钱养庶等有祭巨石山神文，刻石庙侧。傅龄文《显功庙诗》："宋室危南渡，空城守御稀。忘生知转斗，忍死出重围。将帅多茅土，褒封失布衣。凄凉灵卫庙，吹泪上旌旗。"

褒忠祠　在玛瑙寺左。《钱塘县志》：明正统时，监察御史夏诚随驾北狩，殉土木之难。旧有像附扬清祠，有司以扬清非公妥神之所。裔孙夏时登新建，移像专祠。钱塘知县魏峨颜其额曰褒忠，春秋致祭。

洪忠宣公祠　在葛岭下。《钱塘县志》：祀洪忠宣公皓。皓，建炎初使金不屈，十五年放归，赐第西湖葛岭。后遂建祠焉。《宋史·洪皓传》：洪皓，字光弼，番易人[1]，为大

---

〔1〕　雍正本"番易"作"鄱阳"。

金通问使。至云中，黏罕迫使仕刘豫。皓曰："万里衔命，不得奉两宫南归，恨不能磔逆豫，忍事之耶？"黏罕怒，将杀之。旁一卒喑曰："此忠臣也。"目止剑士，为之跪请，得流递冷山。方二帝迁居五国城，皓密遣人奏书，以桃、梨、粟、鸹献，二帝始知帝即位。皓闻佑陵讣，北面泣血，旦夕临。绍兴十年，因谍者赵德，书机事数万言，藏故絮中，归达于帝。言："顺昌之役，金人震惧夺魄，燕山珍宝尽徙以北，意欲捐燕以南弃之。王师急还，自失机会，今再举尚可。"十一年，又求得太后书，遣李徽持归。是冬，又密奏书，曰："金已厌兵，势不能久。异时以妇女随军，今不敢也。若和议未决，不若乘势进击，再造反掌尔[1]。"又言："胡铨封事，此或有之。金人知中国有人，益惧。张丞相名动异域，惜置之散地。"又问李纲、赵鼎安否？献六朝御容，徽宗御书画。其后梓宫及太后归音，皓皆先报。金主以生子大赦，许使人还乡，皓与张邵、朱弁在遣中。自建炎己酉出使，至是还，留北中凡十五年。皓既对，退见秦桧，语连日不止，谓："张和公，金人所惮，乃不得用。钱塘暂居，而景灵宫、太庙皆极土木之华，岂非示无中原意乎？"桧不怿。侍御史李文会效皓不省母，出知饶州。明州大水[2]，中官白锷宣言："燮理乖戾，洪尚书名闻天下，胡不用？"桧闻之，愈怒。系锷大理狱，寻流岭表。罢皓，提举江州太平观。言者犹谓皓睥睨钧衡，除饶州通判。又安置英州，居九年，始复朝奉郎，徙袁州，至南雄卒。后一日，桧亦死。理宗时，毛淑妃葬其旁[3]，改为坟寺。元末，毁。明嘉靖中，总督胡宗宪即祠故址重建，寻圮。万历四十二年，裔孙瞻祖徙建西溪，而葛岭遗址遂废[4]。国朝雍正九年，总督臣李卫重建[5]。

吞金祠　在葛岭。《钱塘县志》：祀邑庠生吴锡妻戴烈妇也。烈妇年十七，归锡。锡婴瘵疾，甫婚即侍汤药，历三载，会疾革，请先死。及属纩，以首触棺，血流被面。其母慰之。烈妇曰："女从严命，以身适人，义惟从一，不能两全，奈何？"舅复止之。烈妇曰："翁有叔可奉事，未亡人年少，无所出，宜从夫地下。况既以死许，义难食言。"遂拜别尊属。凡可求死者无不为之以环伺，不获。最后，屑金簪并坏玛瑙器吞之，呕碧血数升死。里民绅士上其事，请旌，复建祠，颜曰吞金。

李文襄祠　在葛岭下。祀故文华殿大学士、谥文襄、前浙江总督李之芳。雍正八年，总督臣李卫改建。有碑记[6]。

陈忠肃公祠　在葛岭。祀宋赠太师陈文龙。明正德间建。《尧山堂外纪》：宋景炎初，兴化军降元，文龙被执，至合沙不屈死。墓在智果寺傍。

永赖祠　在葛岭之西，俗名庞公祠。【万历】《杭州府志》：嘉靖四十四年，庞尚鹏以

〔1〕　雍正本"造"后有"一"字。

〔2〕　明州，雍正本同，《宋史·洪皓传》作"明年"。

〔3〕　雍正本无"毛淑妃葬其旁"六字。

〔4〕　雍正本无"万历四十二年，裔孙瞻祖徙建西溪，而葛岭遗址遂废"二十一字。

〔5〕　雍正本"建"后有"题曰忠良济美，并书一联云：身窜冷山万死持回苏武节，魂依葛岭数椽邻近鄂王坟"三十三字。

〔6〕　雍正本无"有碑记"三字，而载有张玉书《大学士李之芳墓志》及李卫《李文襄祠碑记》共约七百字。

监察御史按浙,行均平条鞭法,士民追思。万历十三年,创祠,春秋致祭,尚书张瀚为记。张瀚《庞公祠碑记》:浙以财赋名天下,岁所输京国者,十居三焉,故民赋日繁。往者征发百出,宾传旁午,吏不得不厚责之民,民役始重。故事:上官取诸县,与县所取给,一钱寸缕,即十百,莫敢不应,谓之曰"耳房役";监司大吏按部,与四方人士乘传至省,所司为具供帐,月增岁置,或横被攫去,不敢问,谓之曰"铺陈役";预备存积诸仓,岁久风雨浥烂,鼠雀食耗,亏损之数,责令守支诸役计额取盈,往往坐以自盗,谓之曰"斗级";醝法既敝,盗贩公行,严设逻卒,责以捕获,月凡二比,鞭挞淋漓,不如格者有罚,谓之曰"应捕"。兹数役者,常以百供一,服稿之家偶絓斯役,畜产立尽。往予见良农勤苦食力,仅有田庐,不一二年间荡覆靡遗,则以是役故。前部使者非不严约束,为之告谕,然上下相蒙,只具文而已。南海庞公才具英特,干局精敏,丰采严毅,如太阿出匣,绣斧所指,墨吏望风,解印绶去,豪强屏迹。当按部时,筹咨民隐,日进三老于庭,具言困苦。公檄所属诸司有干力者与之图议,咸云"耳房""铺陈"可省,其"应捕""斗级"暨诸力役,岁费金钱若干,当以籍籍之,即于岁所征,均敛于民,在豪右大家无得脱免。而农民不重困,庶贵贱同役,无仰屋窃叹者,号曰"均平"。册议定,即日下牒诸司施行,仍具疏于朝,请著为令。报曰可。乃立石院署,永为遵守。盖公所建,即宋人雇役遗意,而抑横征、宽民力,其德于浙人甚巨。至今服田之家得完盖藏无覆赘鬻子者,公之赐也。公今去浙二十余年,而浙人至今歌思弥切。乡大夫方伯陈公、副宪吴公相地西湖之阳,建专祠祀之。予力赞其议,始事于万历乙酉冬月,于是远近士民咸捐赀乐助,不一年祠成。其中为堂三楹,中列公像,左右侧室各一间,廊房各三间,后为楼居,以储祭具,则皆旧所遗也。前为大门,扁曰"庞公遗爱祠"[1]。三十八年,督学陈大绶题额永赖祠。国朝康熙中,祔祀浙闽总督张存仁。

葛仙翁祠　在葛岭上。【成化】《杭州府志》:仙翁尝炼丹于此,后人立祠祀之。

关帝庙　在跨虹桥北,岳王坟左。《钱塘县志》:明万历十五年建。有郡人施如忠涉河,舟覆,见神空中拯救得免,归即倡募建此,并祀河神于后。尚书张瀚为记,陈继儒题庙柱云"德必有邻,把臂呼岳家父子;忠能择主,鼎足分汉室君臣"。

忠烈祠　在栖霞岭东。【万历】《杭州府志》:祀杭州前卫指挥陈善道、吴懋宣,冠带总旗张儒,海宁卫指挥满朝、采炼、马呈图,千户王继隆,百户康绥、杨臣、王相、姚宁、吕凤、姜楫,海门卫立功指挥俞亨、昌国卫,百户陈爵、陈表,三江巡检张杲,铁场巡检乔仲厚,平湖县典史乔登,皆以倭变阵亡海宁卫赭山、长沙湾等处。嘉靖三十二年,巡按御史赵炳然请于朝,建祠,春秋致祭,浙江左布政使陈仕贤为记。陈仕贤《忠烈祠碑记》:全浙地当寰宇东南,襟带沧溟,潮汐吞吐,洪蒙之中,扶桑之涯,有卉服焉。限隔山海,倚岛为国,自秦始芽蘖也。在汉为倭奴,在唐为日本。逮宋元,遂为边患。我太祖高皇帝恶其狡黠,绝之不通。自是屡寇东陲,卒赖大帅刘江之力,百有余年,海上晏然,民不知警。余初莅杭,

---

[1]　雍正本"祠"后有"工既竣,请予为记。传曰:法施于民则祀之,能捍大患则祀之。浙民之困四役,其患滋大,惟公捍之。矧良法一定,百世无戭法已施于民矣。春秋祠祀,谁曰不宜"。

见杭俗奢靡，勋臣尺籍与齐民伍，漫不知兵甲为何物，心窃忧之。余既去，不及两纪，而变作矣。于是昭勇将军陈善道死之。将军故余之门人也，仪丰而质颖，慷慨倜傥，出于天性，而学以成之。自少有大志，每诵岳武穆"文官不爱钱，武将不惜死"之语，则明目张胆，言于其父。父风奇之。长游郡庠，而文日有名，继登武举进士，擢为卫使，以谋勇称。檄督漕艘，励枕戈之志，抗饮泉之节，部台属望焉。俄而，缘边亡命挟彼岛夷以艨艟至。太平既久，人民惊溃，武夫辟易无敢御者。将军承督抚令，奋力元戎，冒雾而却其前锋，望烟而知其将遁，合围急击，斩获甚多。未几，流倭千余犯我赭山。赭实江海关隘，事出仓卒，城中震恐。将军复承委命，即日率民兵三百，徒步七十里，赴贼营不远。诘明与贼遇，将军盛气前，射杀六人，枭首一级。贼大惊，进迫乌合之众，一时瓦解。将军独战于泞卤中，靴滑蹶仆负伤，挥刃犹中贼额，遂洞胁而绝。壮士潘宾、王贵感愤，亦赴斗死，实癸丑四月有八日也。明日得尸，怒目不瞑，面色勃勃如生云。博士诸生请于当道，上其事于朝。天子愍之，特敕建祠，祭如典。于乎烈哉！晋有狼瞫，唐有花卿，宋之杨业，我明花云将军，奚愧焉。自甲辰迄今，焚屠之惨，上干于天，使当时介胄之士皆如将军，则盗弄之初无所得逞，其祸未必至此。于乎痛哉！余兹典藩，得悉将军杀身之实，且与而父有旧雅也，顾瞻于祠，于是重有感焉。而风化攸系，恐既久而实因以泯也。爰作些词，俾邦人岁祀歌之，用以示劝云。

褒忠祠　在栖霞岭东。【万历】《杭州府志》：改凤林寺为祠，祀明左击将军宗礼、都指挥邵升、指挥金事姚泓、赠指挥金事于岳，皆以倭变阵亡柘林、三里桥等处。嘉靖三十七年，总督都御史胡宗宪请于朝，建祠，春秋致祭。

诺公祠　在凤林寺左。祀镇浙将军宗室诺罗布。将军恤兵爱民。圣祖仁皇帝南巡，御书"天潢维翰"四字以赐之。后浙民请建祠于西湖之滨，祠内有敦诗说礼堂[1]。

钟忠惠公祠　在跨虹桥左。祀明河南金都御史钟化民。化民以劳于王事卒。万历中，奉旨河南建祠。后因郡人请，建祠西湖之滨。倪元璐《建钟忠惠公祠碑记》：万历丁酉秋七月，巡抚都御史钟化民以尽瘁卒官。于时中州宗室暨绅衿百姓莫不号泣，谓公既以劳定国，以死勤事，争俑匄，控直指。姚公愿据礼立祠肖像，以昭朝廷祀典。姚公奉奏，得旨建祠，与祭三年。复为请祠请谥，旨赐祠忠惠，春秋致祭，盖异数也。于是两浙士民，陈述公功德模范，足为乡党百世仪表，虽公宦游所，皆有祀祠。而本郡专祠尚缺，非所以树风声、慰仰止也。愿醵金择地，建祠西湖跨虹桥左以奉像，置田三十亩输官，襄春秋奠。当道报可。历有年所，而记阙焉。余奉召过省，公仲子名臣手公祠录传记，请余记之。余惟公生平懿行事业具志史乘，述其大者。初，皇储未建，公为山西道，请立元子。寻以执法忤权贵，调行人，迁议郎。时三王并封之议兴，公抗疏极论之。执政以下，咸为公虑不测。乃上因疏感悟，遂定元子封。甲午，中州连年灾荒，炊骨相食，聚啸揭竿蜂起。廷议使公往赈。安集之时，公已迁光禄丞，上命兼河南道监察御史，督理荒政。公请得假便宜，发帑三十万金，留漕十万石，即飞示驰。弛贵粜禁，以集商米、设粥厂，择朴勤

---

[1]　雍正本"诺公祠"条列入孤山路，且"敦"字前有"君子泉"三字。

者主之，隆赏严罚，胥吏无侵。公撤驺从，单骑遍历州县村墟，慰问稽核。疠疫流行，不遑自恤。纠逮一二墨吏，诸司望风勤事，恤贫宗，疗疾疫，归流移，掩遗骼，盗贼闻风屏迹。公随地抚驭安插之。于时中州之民，计共活五千四百六十万四千有奇。上意慰悦，转公太常少卿。适河南抚臣缺，上心器公，超资敕往。时值矿盗乱宛、邓间，公亲督歼乱首，余党解散。不六月，周历八郡，抚循之公，神气素裕，已积为救荒劳耗，至是转剧，病遂不起。公初以庚辰进士令闽惠安，移剧江右乐平，举清廉第一，著有《亲民类编》。继擢乌台，按秦晋，有《阅视类编》《求生录》。在光禄，有《便民十约》。在太常，有《请亲祀郊庙并请改于肃愍谥忠肃疏》。公自家居至官成，凡昼所行，夜必危坐省察，每拜一疏，必积诚斋沐，祈感动在。敷奏之外，故生前格心，身后蒙眷，理不诬也。则今祠之建，使杭人士之朝夕周旋，与四方来游之士瞻像景行，慨然共兴天下己任之怀，所以风示来学者，至宏且远矣[1]。

忠烈庙　在栖霞岭下，俗名岳王庙。【万历】《杭州府志》：祀宋少保、鄂国忠武王岳飞。《宋史·岳飞传》：飞进军朱仙镇，兀术遁，还汴京。自燕以南，金号令不行，欲签军以抗飞，河南无一人应者。飞语其部下曰："直抵黄龙府，与诸君痛饮耳！"方指日渡河，而桧欲割淮以北弃之。乃先召张俊、杨沂中归，而后言飞孤军不可久留，乞令班师。一日，奉十二金字牌。飞愤惋泣下，东向再拜曰："十年之力，废于一旦。"飞既归，所得州县旋复失之。明年，兀术破濠州，张俊驻军黄连镇，不敢进，杨沂中遇伏而败。帝命飞救之。金人闻飞至，又遁。兀术遗桧书曰："汝朝夕以和请，而岳飞方为河北图，必杀飞，始可和。"桧亦以飞不死，终梗和议。风中丞何铸、侍御史罗汝楫交章弹论，谓金人攻淮西，飞略去舒、蕲而不进，比与张俊按兵淮上，又欲弃山阳而不守。又谕俊，令劫王贵，诱王俊诬告张宪，谋还飞兵。桧遣使捕飞父子，证张宪事。飞笑曰："皇天后土，可表此心。"初，命何铸鞫之，飞裂裳以背示，铸有"尽忠报国"四大字，深入肤理。阅实无左验，改命万俟卨。卨傅会其狱。岁暮，狱不成，桧手书小纸，付狱，即报飞死，年三十九。子云弃市。

王诬死后，孝宗为雪其冤，改葬于栖霞岭。复官，赐谥，废智果院为祠，赐额曰褒忠衍福寺。宝庆二年，改谥忠武。嘉定四年，追封鄂王。宋宁宗《封鄂王敕》：人主无私，予夺一归万世之公；天下有公，是非岂待百年而定。眷言名将，宿号荩臣。虽勋业未竟于生前，而誉望益彰于身后。缅怀英概，申畀愍章。改追复少保、武胜军节度使、武昌郡开国公、食邑六千户、食实封二千四百户、赠太师、谥武穆岳飞，蕴盖世之才，负冠军之勇，方略如霍嫖姚，志灭仇雠；意气如祖豫州，誓清冀朔。屡执讯而获丑，亦运筹而策勋。外摄威灵，内弹谋画。属时讲好，将归马华山之阳；尔犹奋威，欲抚剑伊吾之北。遂至樊蝇之集，遽成市虎之疑。虽怀子仪贯日之忠，曾无其福；卒堕林甫偃月之计，孰拯其冤？迨国论之初明，果邦诬之自辨。中兴之主，思念不忘；重华之君，追褒特厚。肆眇躬而在御，想风烈以如存。是用颁我丝纶，稽之王爵。锡熊江之故壤，超敬德之旧封。盖将慰九原之心，亦以作三军之气。于戏！修车备器，适当闲暇之时；显忠遂良，罔间幽明之际。尚惟泉壤，歆此宠光，可特封鄂王，余如故。嘉定四年六月二十日，中书舍人李大异行。

---

[1]　雍正本无"钟忠惠公祠"条。

宋亡，寺废。王之六世孙士迪重建。未几，复废。至元间，僧可观诉于官，复之。杭州经历李全慨然重兴。庙有王像，以其子云、雷、震、霖、霆祔焉。后作寝堂，像王夫人与其女。郑元祐《重建精忠庙记》：故宋赠太师、忠武、岳鄂王起卒伍，至将相。其谋审战胜，规模设施，虽古名将不是过。而高宗昏瞀，竟毙王于权奸之手，逮今二百余年矣。虽儿童妇女，概知王之为烈也。孝宗嗣位，礼葬王父子于西湖之北山旧废智果观音院，赐额曰"褒忠衍福寺"，锡之田土，命僧甲乙流传主之。宋亡，寺废。王之子孙在江州者，方与义兴岳氏通谱，合力起废，坟与寺复完。久之，王疏属有为僧者，尽撤寺所有属诸人。行道之人，嗟愍悲伤。会陇西李君全初以承事郎来，为杭州路总管府经历，过王墓道，每瞻望徘徊。时褒忠寺住持僧可观等，合词请于君。君遂以兴复王坟为己任，筹于众，得一人焉曰黄华父。延劳开劝，情词恳勉。华父素服君，承命惟谨。于是李君捐己赀，合华父之力，市材鸠工。前为庙门，翼为两庑；中作王正寝，洁清精严；后作王燕寝之室。正寝中像王，右像王之子、左武大夫、忠州防御使，左像王之将、神龙卫四厢都指挥使、阆州观察使。燕寝中像王父母，王夫人在焉。王故五子，忠州君既侑食于正寝，次任忠训郎、合门祗候、赠武略郎，次任朝寝大夫、敷文阁待制、赠中奉大夫，次任朝奉大夫、提举江南东路常平事，又其次任修武郎、合门祗候，以及王之女号银瓶娘子者，并阆州君之夫人，与夫王诸孙名位通显者，皆肖像以祀事焉。王部曲诸将，张宪烈文侯、徐庆昌文侯、董先焕文侯、牛皋辅文侯、李宝崇文侯、王贵尚文侯。其张宪墓，在庙之西东山神寿巷。牛皋香火妙智庵，亦在庙之北栖霞岭。余皆缺焉。李君惧庙祀之或缺，有田一百余亩在吴之昆山州及吴江、乌程、归安等处，归之庙为祔田。庙既落成，杭之守土官一再致祭，父老率其子弟瞻拜王庙貌，观感而叹曰："杭内附几七十年，其任幕府长不知几人矣。视王庙貌坟寺颓毁黭灭，漠然无一动其心者。今李君独缔构经营，劝率华父，一新王之庙。自非李君义忠契心，其能若是乎？"众欲著明，李君以及华父非刻之金石，何以传示不朽。乃为叙述其事，复为迎享送神辞，使并刻之石。辞曰：墓木阴，墓道深，作新庙，墓之南，神来临兮。新庙作，杰枅桷，王父子，俨冠服，飒风驭，下寥廓，神来格兮。祔田腴，岁有储，牲体肥，酒瓮旴，神来斟兮。神醉止，锡寿喜，侑享王，终复始，神降社兮。盍箅陈，跪跽频，徼后福，更千春，依送神兮。

至正中，加号保义庙，寻毁。明洪武四年，正祀典，称宋少保、鄂武穆王，即寺址复建，祭以岁十二月二十九日王忌辰也。《岁祀武穆王祝文》：惟神义胆忠肝，贯乎日月。宋室未宁，遂遭谗蹶。千载之下，扼腕痛绝。坟茔所在[1]，典祀不缺。某等钦承上命，忝职兹土，适当忌辰，谨具牲醴庶品，用伸常祭。

景泰间，杭州府同知马伟修饬祠墓，请于朝，赐春秋祀及忠烈庙额。弘治间，太监麦秀重建寝殿。庙右偏，有流芳亭，刻王遗像于石，置其中。正德十二年，镇守太监王堂复肖王夫人子女遗像于后寝，扁曰"一门忠孝"。靳贵《修忠烈庙碑记》：天子在阼之十二年秋八月，镇守太监王公重修宋岳鄂武穆王庙成，走使来请予文为记。予惟今之论王者，

---

〔1〕　底本"坟"误作"愤"，据雍正本改。

曰善将兵，曰义勇，曰精忠报国。是则固然，而未足以尽王之蕴也。王平生以恢复中原为己任，高识远略，迥出诸将右。盖其定于胸中者，素矣。迹其论疏，如曰"二圣蒙尘未久，请上还京，迤逦北伐，则中原指期可复"，如曰"金人所以立豫，盖欲以中国攻中国，彼得休兵观衅。臣请提兵趋洛，号召五路叛将，豫且弃汴，河北、陕右诸郡可以尽复"，如曰"钱塘非用武地，愿建都上游，用汉光武故事，亲率六军往来督战，庶将士知圣意，人人用命"，皆中兴良策，非取办仓卒、苟为应敌之计者所能也。昔韩信佐汉高灭项，成一统之业，不出乎登坛数语。诸葛武侯与昭烈隆中之议，他日之所经营，终不外是。自古英雄豪杰莫不皆然，而其成功则天也。使王遇汉高、昭烈，其所树立当不在淮阴、武侯下。顾以高宗为之君，奸桧为之相，大功不竟，谓之何哉？史称王忠愤激烈，议论持正，不挫于人，卒以得祸。呜呼！祸福，君子所不计也。靖康、建炎之际，臣子不共戴天之时，身已不有，尚何利害之足计耶？盖以言词逊顺者，君子处世之常道，非人臣立朝之大节也。且祸福有命，世之人甘言诡随求以免祸而卒得祸者，亦岂少哉？或又谓侯专阃外之寄，当如介子之破楼兰，矫诏进军，迎复二帝，然后请罪阙廷，不当奉金牌之命以自止也。是不然，君子之所以异于人者，亦惟其心焉耳矣。即如所论，则犯顺蹈逆，自比于叛臣之迹，王之心安乎？不安乎？虽或唾手燕云，痛饮黄龙，尽如生平之愿，王固不敢出也。或又谓桧以天子之命诏王，王不奉诏，则将声其逆命之罪于天下。捷书未奏，而属镂之赐剑至矣。王之奉诏，意盖出此。以此策桧则可，以此论王，岂知王之心者哉？王之心，知有君焉而已。故宁使其身之无功，而不忍其心一息之无君；宁使其功名之不终，而务使其忠义一毫之罔缺。何也？心之所安，在彼也。或者之论，乃计功谋利之私，充类至尽，虽跋扈叛逆何所不至？稍知大义者，有所不为。而谓王之贤为之乎？以是论王，将再屈于九原之下矣。予故不可不论。庙经始于丙子春正月，落成于丁丑秋八月，凡一年有奇。太监公以内官监，太监推择来镇浙江[1]，老成慎重，雅尚忠义。观乎此举，亦可以知其所存矣。

嘉靖三十七年，总督都御史胡宗宪重修。徐阶《修忠烈庙碑记》：昔读明道先生书，有言曰："天下之士，须才与至诚合一，方能有济。才而不诚，虽有忠义功业，亦出于事为，浮气几何，时而不尽。"窃尝执是评古之人物。至武穆王事，未尝不叹王之才与至诚，非寻常号有忠义功业者所能拟也。王始起徒步，在诸将中位最卑，年最少。然而百战百胜，为功最多。郾城之捷，庐州之援，虽桀骜如兀术，犹悲啼窜避之不暇。其才大率类汉淮阴侯。高宗之始用王，有精忠之褒，有中兴之委。其为知遇，亦大率类汉高之于信。然信困楚之绩，拒彻之言，虽有可称，而怏怏之私卒不免萌于夺爵之非其罪[2]。维王自破刘豫唐州之后，锐意欲取中原。于时高宗方惑于奸桧，以节制光州则不果，以谏阻和议则不纳，以请洒扫诸陵则不从，盖高宗之用王者，已大异于初。而王援拱亳、略汝、郑，经营颍、蔡，为之益力。比进取朱仙，恢复之功且垂成矣，而班师之诏遽下。未几，王亦身及于戮。以忠受祸，至今论者犹共冤之。而王怡然就死，略无忿怼不平之意。其视信失王则不赴讨狶之征、临刑则追咎拒彻之误者，固未可同年语也。然则王忠义功业，非激于高宗之知遇，如信解衣推食之云；非摄于天下之议己，如信悖人不祥之说。特其殉国之心真切恳至，意

以为幸不死于战，即归死于狱。苟初心之不违，斯随寓而安耳。非诚之至也，奚能为之？故语王之纯节，惟汉诸葛忠武侯、唐郭汾阳王可谓侪匹。而汾阳之才，又似不及王。盖三代以降，才与至诚合一卓然炳然者，王及诸葛两人而已。方今天下承平，士幸生其时，如王之忠义功业固无由自见。然而有官守言责者，体王之心，以修其职，以尽其忠，则岂有异道乎？阶故不辞而记之。胡铨《吊岳将军诗》："匹马吴江谁着鞭，惟公攘臂独争先。张皇貔虎三千士，揭拄乾坤十六年。堪恨临淄功未就，不知钟室事何缘。石头城下听舆议，万姓颦眉亦可怜。"[1]林泳《岳庙诗》："天意只如此，将军足可伤。忠无身报主，冤有骨封王。苔雨楼墙暗，风花庙路香[2]。沉思百年事，挥泪洒斜阳。"林景熙《岳王祠诗》："寥落一杯在，英雄万古冤。孤忠悬白日，遗恨寄中原。树老残霞淡，尘深断碣昏。东南天半壁，往事泣寒猿。"高明《岳祠诗》："莫向中州叹黍离，英雄生死系安危。内廷不下班师诏，绝漠全收大将旗。父子一门甘伏节，山河万里竟分支。孤臣尚有埋身地，五国游魂更可悲。"林清源《岳王祠诗》："岳王坟畔褒忠寺，地老天荒恨尚存。介胄何堪投狱吏，衣冠无复望中原。青山能掩苌弘血，落日空悲蜀帝魂。辽鹤不归人事别，吴宫秋草又黄昏。"龚璛《咏岳王孙县尉复栖霞墓田诗》："岳鄂诸孙复墓田，清明寒食起新烟。道傍为我除苍桧，山下如今哭杜鹃。高庙神灵应悔此，中原父老尚凄然。西湖靡靡行人去，却望栖霞转可怜。"[3]于谦《岳忠武王祠诗》："匹马南来渡浙河，汴城宫阙远嵯峨。中兴诸将谁降敌，负国奸臣主议和。黄叶古祠寒雨积，青山荒冢白云多。如何一别朱仙镇，不见将军奏凯歌。"刘珏《岳王庙诗》："汤阴曾赋岳王诗，又向钱塘拜古祠。啼鸟不知征北恨，悲风长满向南枝。碑文剥落苔封厚，山色苍凉日下迟。丞相门前踪迹断，莫言天道竟无知。"李东阳《咏史乐府》："金字牌，从天来。将军恸哭班师回，士气郁怒声如雷。声如雷，震三陲，幽蓟已复无江淮。仇雠和，壮士死。天下事，安有此。国之亡，嗟晚矣。"夏言《满江红》词："南渡偏安，瞻王气，中原消歇。叹诸公，经纶颠倒，可怜忠烈。曾见凄凉亡国事，而今惟有西湖月。睹祠宫，宰木尚南枝，伤心切。人生易，头如雪。竹简汗，青难灭。拄乾坤，要使金瓯无缺。后土漫藏遗臭骨，龙泉耻饮奸臣血。恨当时，无奈小人朋，盈朝阙。"

国朝顺治八年，巡抚都御史范承谟捐金重修。康熙二十一年，殿宇倾圮，两淮转运使罗文瑜重建。三十一年，知府李铎重修。五十四年，总督范时崇檄郡县重建。雍正九年，总督臣李卫重修，建石坊于祠前甬道，题曰"碧血丹心"。邵长蘅《岳鄂王祠诗》二首："古庙精灵在，栖霞落照中。黄龙竟遗恨，铁马尚嘶风。诏狱成三字，羁魂泣两宫。贺兰谁踏破，泪洒满江红。""马角怜渊圣，龟兹足绍兴。君王无远略，大将亦何能？入夜灵旗闪，屯云古木层。年年祠畔水，鸣咽绕西陵。"徐釚《岳王庙诗》："帆挂西陵隐画桡，岳王祠畔草萧萧。频年羌笛吹孤月，尽日垂杨锁六桥。海色遥添晴阁雨，钟声晚渡浙江潮。登临莫问前朝事，只有南枝恨未消。"

---

〔1〕　雍正本无胡铨《吊岳将军诗》。

〔2〕　风花庙，雍正本作"花风墓"。

〔3〕　高明《岳祠》、林清源《岳王祠》、龚璛《咏岳王孙县尉复栖霞墓田》三诗顺序，雍正本作林清源《岳王祠》、龚璛《咏岳王孙县尉复栖霞墓田》、高明《岳祠》。

忠孝祠 即岳武穆王庙右斋。【万历】《杭州府志》：祀武穆长子继忠侯云、嫡孙邺侯珂。万历三十五年，杭州府推官胡来朝采高应珂议，创祠特祀。工部主事李养质为记。李养质《忠孝祠碑记》：岳武穆王忠烈炳史册，昭日星，遍兖、豫、虔、楚、吴、越之间，相与特庙而俎豆之，春秋不绝。独其冢子继忠侯云，其事多逸，且无特祀，迄今缺然。按传，侯名云，字会卿，年十二即偕张宪讨金人，先登陷阵，军中号曰"赢官人"。弱冠，所操槌八十斤，能左右手运，万人辟易，古老将不过是。从王誓师渡江，收复襄汉、蔡州、河南诸郡，大破杨么于洞庭。数立奇功，王不以为功。张浚阴上其事，得授武功大夫，王力辞。以特旨迁三资，累表不受。郾城之捷，侯以骑兵直贯其阵，战几数十合，身被十余创，金尸布野。兀术复合师十二万，侵颍昌。侯及王贵又大败之。金人大恐，中原大振。以功迁忠州防御使，王又辞。盖侯知有君父而不知有身，王知有祖宗社稷之耻，而不知有子之功。其时，自燕以南，金人号令不行，谁之力耶？乃为贼臣所忌，傅会成狱以死。"莫须有"三字，何以服天下？而高宗不之问也。呜呼！余读传记至此，未尝不泫然涕洟，为之饮恨，发立眦裂，思得秦桧、张俊、万侯离、王俊数贼人之尸而寝处之，以报王父子于地下。间行谒侯像，凛凛有生气，若欲跃焉挥戈从王战金人，而喋血其间。其所瞋目张眉，又若衔数贼臣之误国然者。壮哉！侯固岳之孝子，宋之忠臣，虽沉冤以没，千百年后，其忠义

属人心，犹若山之峙，渊之澄，冰霜之凛冽，日月之照临也。法宜专祀，而仅附庙食，予为怃然。会司理胡公署杭州府事，从高应科请，出橐中俸若干金，以王庙右斋更创祠宇，像侯以祀，王嫡孙邺侯珂附焉，额曰"忠孝祠"。高应科乞余记其事，乃为叙次如左。胡公，赞皇人，口碑籍甚，此其表忠之一节也。遂镌之石。

三十六年，参政陈邦瞻以王女银瓶娘子附像致祭。杨维桢《银瓶怨》："岳家父，国之桢。秦家奴，城之倾。皇天弗灵，嗟我父与兄。生不赎父，死不如无生。千尺井，一尺瓶，瓶中之水精卫鸣。"王逢《银瓶娘子词》："苍梧月落乌号霜，寒泉幽凝金井床。绮疏光流大星白，梦惊万里长城亡。女郎报父收囵圄，匍匐将身赎无所。官家圣明如汉主，妾心愧死缇萦女。井临街衢下通海，海枯衢迁井不改。银瓶同沉意有在，万岁千春露神采。魂今归来风冷然，思陵无树容啼鹃，阿耶墓木西湖边。"刘珏《银瓶庙诗》："灵渊白日堕银瓶，身命浑如一羽轻。地下应逢而翁泣，只惭生不似缇萦。"[1]陈禹谟《孝娥赞》："狱也风波，仇国之耻。井也银瓶，冤父之死。纯孝精忠，柱砥风靡。桧耶离耶，朽骨永沴。"

启忠祠 在忠烈庙西。祀武穆王考妣，始建年月无考。《宋史·岳飞传》：父和，能节食以济饥者。有耕侵其地，割而与之；贳其财者，不责偿。飞未冠，挽弓三百斤，弩八石。学射于周同，尽其术，能左右射。同死，朔望设祭于其家。父义之，曰："汝为时用，其殉国死义乎！"绍兴五年，母封国夫人。

翊忠祠 在忠烈庙西。【万历】《杭州府志》：祀宋施全、刘允升。全，宋殿司小校也。愤桧，手刺之，不遂，磔于市。允升，建州布衣也。闻岳武穆被逮，诣阙上书，讼

〔1〕 雍正本无刘珏《银瓶庙诗》。

其冤。桧大怒，下棘寺论死。邦人重其义，因并祀之。每祭武穆王毕，致祭。《钱塘县志》：弘治二年，工部主事莆田林沂建祠。四年，按察使杨悛、副使吴伯通等重拓，题额曰"翊忠"[1]。狱卒隗顺痛武穆冤死，负尸潜瘗。后孝宗购求敕葬，皆顺之功。万历三十年，布政使范涞从郡人高应科之请，祔祀于祠[2]。工部主事施浚明为记。

施浚明《翊忠祠记》：忠武以精忠构奇祸，千古冤之。锡谥创祠，自宋迄今，有加无已。祠间子女部曲，多以从死，得祀其旁，为翊忠祠。建州布衣，以讼冤死得祀。殿前小校，以刺奸死得祀。盖权奸横则怒及余胥，公论昭则爱推乌屋，有以哉。独南枝岿然，非衣冠藏也。猘獢哆舌，片纸一飞，将星立堕。后来者购求遗骼，不在棘寺，而在丛祠九曲间。玉环双橘，宛然睹记，俾忠魂有凭，伊谁力耶？乃曾莫有过而问之者，是忠武抱痛于生前，而隗生埋照于身后也。名在郡乘，祀在阳羡，配食于翊忠之祠也固宜。

俞公祠　在栖霞岭西。《西湖游览志》：俞公，名琳，字德章，临安人。成化丁未进士，历官工部尚书，豁达有雅量。祠临大池，幽清可赏[3]。

黄龙祠　在扫帚坞。【万历】《杭州府志》：宋淳祐间建。以祷雨有应，封灵济侯，赐祠额曰"护国龙祠"。至正末，毁。洪武七年夏旱，监司郡守致祷祠下三日，雨。是冬，命通判王佐即旧址建祠，题今额。徐一夔《黄龙祠记》：黄龙祠，在西湖北山之阴。自其趾斗折而上，有谷谽谺，不合如砺。水泉甘寒，深不可测，旱不缩，而潦不盈，有龙居焉。故老相传，曩夏雨初霁时，尝有神物蜿蜒卧于松上，其气苾苾然而黄，盖黄龙也，故号黄龙洞。祠在洞侧，以栖龙神。宋淳祐间，无门开禅师有道行，尝说法龙兴之黄龙山而归，卓锡兹山之麓。见洞中尝现光怪，祷雨辄应，或谓龙随师至云。时孟少保珙从师咨决心要，遂捐财为之建寺。而师因谋龙神为之护法，于是始有祠。会天旱，理宗延师入内祈雨，师请退而默祷。未几，帝遣内侍问之。师对曰："寂然不动，感而遂通。"已而，大雨。自是无雨辄祷，祷辄应。当是时，封龙为灵济侯，锡祠额曰"护国龙祠"矣。至正末，兵燹大作，湖上之山俱赭，龙蛰不见，祠因就毁，岁亦多歉。寺之僧有名祖吉者，屏居南山石屋。一日归，视得度之地尽为瓦砾，慨然欲振无门之风。乃扫徐林径，诣洞祝曰："祖道弗坠，龙其来归乎！"遂募缘兴造，而归向者日至。肇作奉佛之堂，余屋规以次就，而林壑亦勃然有生气。洪武七年六月，天久不雨，民皆忧惶。杭卫都指挥使徐公司马、浙省参知政事徐公本、李公质、郡守王公德宣，相率致祷甚虔。与神约："不出三日当雨，即三日而雨，当新神祠，神无我违。"吉亦用其法，如其祖之默祷，以副其意。如期果雨，时雨犹未足。越三日，致祷如初，又得大雨。遂具木石，而属通判王佐董其事，以十有一月甲子，即其故处审择面势，作为祠屋。栋宇翚飞，丹垩炳焕，林壑改色，用以揭虔妥灵。题曰"黄龙祠"者，从世所称也。夫神依人而行者也。是故古之圣王先成民，而后致力于神。今上深恤民隐，故方面官臣遑遑焉以救灾为务。匪神

---

〔1〕　雍正本无"《钱塘县志》：弘治二年，工部主事莆田林沂建祠。四年，按察使杨悛、副使吴伯通等重拓，题额曰翊忠"一段文字。

〔2〕　雍正本无"从郡人高应科之请"八字，"祔祀于祠"作"并祀之"。

〔3〕　雍正本"俞公祠"条列入孤山路，且"赏"字后有"有木香一本，高三丈，古梅一株，盘抱奇石"十六字。

之觌,其何以慰安之哉？庙祀以报之,礼也。乃作铭曰：新庙翼翼,在彼山北。伊谁作之？实维方伯。所重民命,旱既太甚。下民告病,方伯是听。有嘉方伯,惟神是依。刻日请雨,神不我违。灵觌具来,报事敢稽。吹箫击鼓,北山之涯。虽无琼醴,亦有清酤。虽无玉饔,亦有束脯。灵风飒然,林色为冥。神之格思,匪物伊诚。自今伊始,报事勿怠。年谷顺成,物无疵疠。永卫生民,庙食世世。

张烈文侯祠 在仙姑山西。《西湖游览志》：宪诬死,葬于东山巷口。《宋史·张宪传》：张宪,飞爱将也。绍兴十年,金人入侵,宪战颍昌、战陈州皆大捷,复其城。兀术顿兵十二万于临颍县。宪至,破其兵。兀术夜遁,追奔十五里,中原大震。会秦桧主和,命飞班师,宪亦还。未几,桧与张俊谋杀飞,密诱飞部曲能告飞事者,卒无人应。闻飞尝欲斩王贵,又杖之,因之诱贵告飞。贵不肯,曰："为大将宁免以赏罚用人,苟以为怨,将不胜其怨。"桧、俊不能屈。俊劫贵以私事,贵惧而从。时又有王俊者,善告讦,号"皂雕儿",以奸贪屡为宪裁。抑使人谕之,俊辄从。桧、俊谋以宪、贵皆飞将,使其自相攻发,因及飞父子,使主上无疑。俊自为状付王俊,妄言宪谋还飞兵,令告王贵,使贵执宪,俊亲行鞠炼。宪被掠无全肤,竟不伏。俊乃手自具狱成,告桧械宪,下大理寺。桧矫诏召飞父子至。万俟卨诬飞致书宪、贵,令虚申警报以动朝廷,云与宪书规还飞军。其书皆无有,乃妄称宪、贵已焚之矣,但以众证具狱。语在飞《传》。宪坐死。

景定二年,追封烈文侯。元总管夏思忠,为立石表其墓。寻废。明正德十二年,布衣王天佑发地得碣石,乃崇封焉。按察使梁材为建庙宇,修撰唐皋为之记。唐皋《张烈文侯祠碑记》：宋有天下三百年,忠义之士载史籍者,多矣。其以忠义得祸,千古共冤,则未有如岳武穆王之死于权奸之陷害者也。同时受害者,有张烈文侯,其冤与武穆等。侯,名宪,蜀之阆州人,武穆爱将,或曰其婿也。骁勇绝伦,从武穆为部将。武穆信任之,每有攻战,与其子云率先诸将。而侯之立功,视诸将独多。若破曹成、擒郝政、平荆襄、复随邓、战临颍,皆有奇捷,以功授阆州观察使、御前前军统制、宣抚司副都统。郾城之役,屡战皆捷。金人夺气,中原大振。进军朱仙镇,去汴京四十五里,刻期恢复。而贼桧倡和,矫诏班师,与张俊谋陷武穆,遣使捕飞父子,就大理狱。又执宪于镇江,搒掠无完肤,卒无可诬者。岁终,狱不成。桧以手书付吏,即报飞死,侯与云皆弃市。呜呼！不亦冤甚矣哉！武穆死,与其子云俱葬栖霞岭下。侯之墓去武穆不远百步许,地曰东山巷口。后桧死,冤始白。武穆既追封赠谥,建祠墓侧,赐额秩祀。侯亦谥烈文。里人立祠祀之。庙在委巷中,人无所瞻仰,而墓台荒秽,莫为修治。元杭州路总管夏思忠,尝立石标识其处。历岁滋久,漫无可考,迄今数百十年。正德丁丑,布衣王天佑过东山巷,草莽中见断碑焉,题曰"宋张烈侯墓",白诸左布政使何公天衢、按察使梁公材、董学副使刘公瑞,以告巡按御史张公缙。乃檄杭州知府留侯志淑躬履墓所,悉复其地之侵于豪右者,起断碑而整之,缭以周垣,为之门而扃鐍之,以限其出入。盖已伟然改观矣。已复以鼎创庙宇为己责。外为门屋四楹,中为堂四楹,后为寝堂四楹。复为廊以翼之,左右各七楹。又树石坊于通衢,榜曰宋张烈文侯祠。经始于庚辰二月,落成于是岁三月。适皋促装还京,舟抵于杭,守属皋为之记。皋之谫劣,何能为役？顾得因此窃附其名,又何幸耶！嗟夫！君亲大伦也,忠义大闲也。大伦笃,而后三纲为之振；大闲立,而后四维为之张。有天下国家者,未有不恃此而享安顺之福也。当徽、钦北狩之时,宋之臣有不共戴天之仇，中原不洒之耻，何时而可忘？又何人而不痛愤耶？高宗有飞以将，而飞有宪等桓桓虎臣为爪牙，恃此以复仇雪耻，而恢中兴之业，固无难者。奈何忘寝阁之命，受逆桧之奸，使飞父子与宪皆死非其罪，卒无人能任恢复之责。宋自是偏安一隅，日益不竞，以沦于亡。桧之罪，上通于天矣。高宗视父兄之仇，恬不为念。万里长城忍于自坏，何为者哉？当是时，以飞之雄武盖世，宪等之骁勇莫敌，士卒素附，河洛倾心，使其蓄临淮之疑，蹈鬻拳之胁，则高宗未必不枭桧之首以谢诸将，都人未必不脔桧之肉以快众心。然飞与宪等，深知君臣之义，无所逃于天地之间，宁下理狱，而委其心于皇天后土之照临。人讯之者，裂裳而示之背"尽忠报国"之文，昭乎凛然。宪亦就执于镇江，百炼不回，视死如饴。君臣之大伦，忠义之大闲，若二臣者，至是无遗憾矣。侯之大节如此，人固冤其死而仰其忠。顾体魄之藏久郁弗彰，而卒藉手于一介之士以阐其幽。一时中外诸公，又皆协谋同志，以成表忠扬烈之举。鉴已往之简略，而为今日之周详，发既死之幽潜，而示生者之激劝，所以挈纲维，植名教，淑人心，扶世道，功不甚巨矣乎？是为记。吴瓒《张烈文侯庙诗》："恢复忠贞抱满怀，桓桓壮气虎臣才。一人谋国竟成误，百战勤王化作灰。湖曲喜看新庙宇，幽冥愧死老奸回。荒阡若不逢明世，雄兔刍荛混草莱。"《钱塘县志》：明末圮，国朝巡抚范承谟即故址重建。

忠勇庙　在九里松。《咸淳临安志》：神姓张，名圮，系亲卫大夫、果州团练司、御营宿卫前军统制。绍兴三十二年，从张子盖解海州围，圮用命战没。《宋史·张子盖传》：金人围海州，急以子盖为镇江府都统往援之，即日渡江，驰至楚州。金人陈万骑于河东，子盖率精锐数千骑击之，曰："彼众我寡，利在速战。"遣统制张圮略阵，圮中流矢。子盖曰："事急矣。"奋臂大呼，驰入阵，诸将继之，殊死战，围遂解。后赠容州观察使，建庙海州。其后，又诏别建于临安府行春桥之侧。

朱行人祠　在九里松。【万历】《杭州府志》：祀宋行人朱弁。弁以建炎元年副王伦使金，拘留十七年，仗节不屈。和议成，放归，卒。《宋史·朱弁传》：朱弁，字少章，婺源人。建炎初，遣使问安两宫，为通问副使。见黏罕，邀说甚切。黏罕不听，守之以兵。绍兴二年，金人遣宇文虚中来，言和议可成，当遣一人诣元帅府受书还，虚中欲弁与正使王伦探决策去留。弁曰："我来固自分必死，岂应今日觊幸先归？愿正使受书，归报天子。"伦将归，弁请曰："古之使者，有节以为信。今无节有印，印亦信也，愿留印，使弁得抱以死，死不腐矣。"伦解以授弁，弁卧起与居。金人逼弁仕刘豫，绝其饩遗以困之。弁固拒，驿门忍饥待尽，誓不为屈。金人亦感动，敬礼如初。久之，复欲易其官。乃具酒食，召被掠士夫饮，半酣，语之曰："吾已得近郊某寺地，一旦毕命报国，诸公瘗我其处，题曰'有宋通问副使行人朱公之墓'，于我幸矣。"众皆泣下，莫能仰视。金人知其终不可屈，遂不复强。王伦还朝，言弁守节不屈。会黏罕等相继死，弁密疏其事及金国虚实，曰："此不可失之时也。"遣李发等间行归报，其后伦复归。又以弁送徽宗大行之文为献，其词有曰："叹马角之未生，魂消雪窖；攀龙髯而莫逮，泪洒冰天。"帝读之感泣。十三年，和议成，弁得归，入见便殿，言："金人以黩武为至德，以苟安为太平，虐民而不恤民，广地而不广德，此皆天助中兴之势。"秦桧恶其言敌情，沮之。十四年，卒。葬仙芝岭下，墓今废。万历三十八年，提学金事陈大绶从高应科议,建祠,春秋致祭。《钱塘县志》:祠久废。国朝知府马如龙详复,额支钱塘学租银五两致祭。孙谷《朱行人祠诗》:"二帝无消息,行人泪忍挥。不惭濒死饿,犹恨议和归。麟阁形甘没,牛眠是处非。悲怆十七载,俎豆倍沾衣。"向杰《朱行人祠诗》:"苏卿使节已多年,朔漠风高鬓皓然。二帝无魂归魏阙,孤臣有泪洒冰天。倾葵白日心常赤,横草黄沙志亦坚。遗像一龛崇俎豆,芳名应与鄂侯传。"

邵弘毅祠 在灵鹫山。《钱塘县志》:祀明员外郎邵经邦,万历初建。国朝康熙辛酉,五世孙锡荫更建祠于西湖之滨,并有像。龚鼎挈《邵弘毅祠诗》:"胜国东南隽,登临忆邵公。一封兼五谏,九死矢孤忠。弓冶文孙绍,烝尝异地同。当年谁补衮,宁不愧高风。"

吴山路

英卫公庙 在吴山,俗称伍公庙。《咸淳临安志》:神伍氏,名员,吴王赐之属镂以死。吴人怜之,为立祠于江上,因命曰胥山。唐元和十年,刺史卢元辅修。卢元辅《胥山祠铭》:有吴行人伍公子胥,陪吴之职,得死直言。千五百年,庙貌不改。汉史迁曰胥山,今云青山者,谬也。夫差既王,宰嚭受赂。太伯庙血将干,阖闾剑光先失。公朝焉晏焉,入则谏焉。属镂之赐,竟及其身。鸱夷盛尸,投于水滨。愤悱鼓怒,配涛作神。迄今一日再至,海鸥群飞,阳侯夹从。仲秋阙望,杭人以旗鼓迓之。百城聚观,大耀威灵。荡潒千里,洪波砥平。有滑有脂,有咸有腥,遥实乎下庭;山海梯航,鸡林扶桑,交臂乎卯阶。金狄在户,雷鼓在堂,魏尊汉豆,六代笙簧。可谓奉天爵之馨香,获人神之盛礼。佐皇震怒,驱叱大邪,万里永清,人观斗气。铭曰:矫矫伍员,执弓挟矢。仗其宝剑,以谒吴子。赫赫王闾,实听奇谟。锡之金鼓,以号以诛。后王嗣立,执书不泣。颠越言润,宰嚭谗辑。步光欲飞,姑苏待执。吾则切谏,抉眼不入。投于江上,自统波涛。昼夜两至,怀沙类骚。洗涤南北,簸荡东西。夷蛮卉服,罔敢不来。虽非命祀,不让渎济。帝帝王王,代代明明,表我忠哉。

景福二年,封广惠侯。【万历】《杭州府志》:宋赠额忠清。大中祥符五年,海潮冲击州城,诏本州岁春秋祭。康定九年,守蒋堂重建,王安石为记。王安石《重建忠清庙记》:予观子胥出死亡逋窜之中,以客寄之身,卒以说吴,折不测之楚。仇报耻雪,名震天下,岂不壮哉!及其危疑之际,自能慷慨不顾万死,毕谏于所事,此其志与夫自恕以偷一时之利者异也。孔子论古之士大夫若管夷吾、臧武仲之属,苟志于善而有补于当世者,咸不废也。然则子胥之义,又曷可少耶?康定三年,予过所谓胥山者,周行庙廷,叹吴亡千有余年,事之兴坏废革者,不可胜数。独子胥之祠不徒不绝,何其盛也!岂独神之事吴之所以兴,盖亦子胥之节有以动后世,而爱尤在吴也。后九年,乐安蒋君为杭使,其州人力而新之。临川王安石与之铭曰:烈烈子胥,发节穷迫。遂为策臣,奋不图躯。谏合谋行,隆隆之吴。厥废不遂,邑郡俄墟。以智死昏,忠则有余。胥山之巅,殿屋渠渠。千载之祠,如祠之初。执作新之,民欢而趋。惟忠肆怀,惟孝肆孚。我铭祠庭,示后不诬。苏轼《祭英烈王文》:钦诵旧史,仰瞻高风。报楚为孝,徇吴为忠。忠孝之至,实与天通。开塞阴阳,斡旋涛江。保鄣斯民,以食此邦。嗟我蠢愚,所向奇穷。岂以其诚,有请辄从。庚子之祷,海若伏降。完我岸闸,千夫奏功。牲酒薄陋,报微施丰。敬陈颂诗,侑此一钟。

绍兴三十年,改封忠壮侯。嘉熙三年,海潮大溢,京兆赵与懽祷于神而息,奏建英卫阁。赵与懽《英卫阁记》:英卫阁者,始建吴山忠清庙。阁名,今上亲洒宸翰以赐者也。初,山有星宿阁直庙之前,堪舆家指为龙首。绍定辛卯年毁,其后庙虽新而阁不复。嘉熙己亥六月,与懽被命再尹京。时水失故道,湍激波荡无虚日,沙若崩而陷,岸若坠而颓。曩时,潮所不及地,遇大泛,弥望七八十里间,隤为洪流,月塘真如古刹,亦宛在水中沚。佥谓此天灾,难以人力胜。因就付以筑堤事,固辞弗俞,用钦承休,命程工石,计徒佣,具畚锸,兴工役。凡人力所至,不敢不勉,且乞灵于神以相之。有请于朝,得旨新作台门,仍建杰阁,栋梁岩峣,丹青辉焕。爰肖神像,巍然中居,侍卫旁立,冠佩陆离。群山四环,大江前绕,川祇波若,罔不帖妥听命。阁甫就,而水陆寺前之坝亦不日而成,脱蛟龙垂涎之渊,为军民奠枕之地。匪人之谋,皆神赐也。既又摭"英卫"二字以名之,又奏乞奎画以贲之,于是新阁伟然冠山椒而特立,镇江涛而不惊。顾前之为阁者,大有径庭矣。私窃自念神之威灵在天,其行事在史,其爱在民,其功在后世,奚以记为?然有司职在推广皇帝答扬神贶之意,其可以无述?乃为之言曰:天地正大,刚烈之气,钟而为神。其生也,家则为孝子,国则为忠臣。其殁也,上则为星辰,下则职江海。所谓越宇宙而挺生,亘古今而长存者,神盖其人也。神不忍宰嚭信越之浮词,诱于伐齐之利,而忘其玩吴于股掌之上也,遂以恳恳之忠极谏于王,而不讳属镂之赐,甘心如饴。其为言曰:"自我死后,世必以我为忠,上配夏、商之臣,与龙逢、比干为友。"遂伏剑而死。每读《吴越春秋》至此,未尝不感愤而涕落也。呜呼!士大夫出身事主,患不明国之安危与主之荣辱尔。知之明,则竭力而为,尽忠以告,视死生祸福与鸿毛等。逮其以言触忤,身膏斧钺,而其眷眷念国,犹不忍替,亦以忠义之心,知国重于身尔。充此志也,虽去千百世之下,其英灵卫国,凛凛犹生。若神者,所谓钟天地正大刚烈之气者。非耶。按《史记》"吴人怜之,为立祠江上",则神之祀于吴,盖有年于兹。其英风义气与江涛俱壮,其全名巨节与吴山俱高。至其加爱吴人,则千载犹一日,越汉历唐,以至我朝,庙祀之典,有崇无坠。自六飞驻跸钱塘,以江为重。江之神,以忠清庙为重,故祀尤加严,而缺典尚多。先是,神之父国号为楚,兄以郑,故老口相传,莫之经见。而母嫂犹未锡嘉号,遂具疏以闻。下奉常襃封,追爵父奢烈侯,以母嘉应夫人配;兄尚昭顺侯,以嫂淑惠夫人配。悉像于庙之东房,总曰王父之殿。尊尊也。妃曰协清夫人,新命也。大中祥符间,著为令,每岁春秋,由翰院撰词,命羽流祈福,率即殿廉醮事,殊不称典。爰即故门址,改创醮殿,表曰延真,且俾天明宫道士叶撰领庙之管钥而洒扫之。国家崇福庙祀之典,至是告备。阁经始于是年之七月,落成于十月一日。殿及延真相继竣役,则岁庚子四月也。皆庙巨事,宜牵连特书。凡役工三万五千有奇,为屋六十有七楹云。

七年重修,王安国为记。王安国《重建忠清庙记》:胥山庙者,吴人奉祀盖已千百余年矣。至于今天子命祀,而使之岁时祈祝,未尝懈也。嘉熙七年,长兴沈公作藩于杭,政以大成,下畏以爱。既而雨旸或愆,躬祷于庙,岁仍大熟,于是邦人皆以为神之赐也。乃相与告于公曰:"愿治庙堂,以妥神灵。"公既乐诏教之施能媚于民,而又嘉民之不忘神惠而思为报也,故听之。八年六月,庙成。公遂祭享,耆稚嗟叹,咸愿刻石,以诗题之。而使人来请词于临川王安国,乃作辞曰:"维此句吴,泰伯肇居。其后绵绵,享有邑都。阖闾夫差,力欲图伯。有臣子胥,才实刚者。报楚入郢,遂栖越君。使国为雄,我志获伸。彼何宰嚭,冒货奸宄。我愤于忠,国亦随毁。武林之墟,胥山之冈。立庙以祀,民始不忘。既历年久,报祀不懈。以迄于今,帝遣祈拜。公作邦伯,实治庙民。每祝必诚,获应于神。卒是逾岁,风雨顺节。谓非神休,有或灾孽。人乃告公,庙屋将倾。愿易而新,不戒遽成。严严之堂,有翼其庑。凭附之威,观者俯偻。众曰讫事,公即大祭。宾赞肃虔,鼓箫喧沸。豕羊其肥,桂酒香醇。神顾享之,醉饱欣欣。众愿具石,刻载厥美。系之铭诗,庸告无止。"

自嘉熙至咸淳间,累封忠武英烈显圣安福王。【成化】《杭州府志》:元封为顺佑忠孝威惠显圣王。虞集《奉旨撰祭伍子胥文》:尔以忠陨,主潮于吴。潮今为灾,吴其沼乎。尔其扬灵,具训海若。俾安其常,毋作民虐。既止既安,民遂有生。尔作明神,永有令名。

洪武四年,奉旨节该封定神祇教诸人只称呼今封的号[1],称吴行人伍公之神。祭日每岁用九月二十日,祭以豕一,府长官主之。徐一夔《岁祀伍公庙祝文》:惟神昔在于吴,以忠而殒。庙食兹山,用昭素愤。神气不磨,护潮出没。白马素车,尚见仿佛。唯圣御宇,有嘉其忠。申敕守吏,岁祀是崇。洁兹牲醪,荐于神所。庶其来歆,永奠江浒。简文帝《胥山庙诗》:"去国资孝本,循忠全令名。舟里多奇计,芦中复吐诚。偃月交吴舰,鱼丽入楚营。光功推妙算,千载藉余声。洪涛犹鼓怒,灵庙尚凄清。行潦承椒奠,按歌杂凤笙。无劳晋后壁,讵用楚臣缨。密树临寒水,疏扉望远城。窗寮野雾入,衣帐积苔生。惟有三青鸟,敛翅时逢迎。"徐凝《题伍胥庙诗》:"千载空祠云海头,夫差亡国已千秋。浙波只有灵涛在,拜奠青山人不休。"王偁《胥山忠清庙诗》:"朝驱下越阪,夕饭当吴门。停车访古迹,霭霭林烟昏。青山海上来,势若游龙奔。星临斗牛域,气与东南吞。九折排怒涛,壮哉天地根。落日见海色,长风卷浮云。山椒载遗祠,兴废今犹存。残香吊木客,倒树哀清猿。我来久沉抱,重此英烈魂。吁嗟属镂锋,宜尔国士冤。峨峨姑苏台,榛棘晓露繁。深居麋鹿游,此事谁能论。因之毛发竖,落叶秋纷纷。"[2]方行《子胥庙观潮诗》:"吴越中分两岸开,怒涛千古响奔雷。子胥不作忠臣死,勾践终非伯主才。岁月销磨人自老,江山壮丽我重来。鸱夷铁箭今安在,目断洪波万里回。"高启《吊伍子胥诗》[3]:"地老天荒伯业空,曾于青史见遗功。鞭尸楚墓生前孝,抉目吴门死后忠。魂压怒涛翻白浪,剑埋冤血起腥风。我来无限伤心事,尽在胥山烟雨中。"瞿祐《伍子胥庙诗》:"一过丛祠泪满襟,英雄千古此消沉。江边敌国方尝胆,台上佳人正捧心。入郢共知仇已报,沼吴谁识恨尤深。素车白马今何在,不及陶朱像铸金。"徐渭《伍公祠诗》:"吴山东畔伍公祠,野史评多无定时。举族何时同刘草,后人却苦论鞭尸。退耕始觉投吴早,雪恨终嫌入郢迟。事到此公真不幸,镯镂依旧语夫差。"

《钱塘县志》:正统十四年重修,岁久庙圮。万历八年,重建。崇祯十六年,重修。国朝康熙二十六年,建额。雍正三年,以神为浙省江海保障之神,敕封英卫公,

---

[1] 奉旨节该封定神祇教诸人只称呼今封的号,雍正本作"奉旨封定神祇只称今号"。

[2] 王偁,雍正本作"王禹偁"。按:此诗实为明解缙所作。

[3] 吊伍子胥,雍正本作"伍公庙"。

奉旨重修祠宇,两庑附祀掌潮神祇。傅敏《重修英卫公庙碑记》:英卫公庙,祠春秋吴行人伍公也。公殁,吴人祠诸江上,号胥山庙。唐封广卫侯,钱武肃王奏改惠应,旋晋吴安王。宋赐祠额"忠清",改封忠壮侯,又建英卫阁以祀。元季叠晋八字王封,明厘祀典,诏郡长吏岁以九月二十日祀,而祠额不改。国家祇膺宝命,百神率职。薄海际天,飙纡涛谧。雍正纪元之三年[1],敕封英卫公,诏发帑银,以新公祠。于是知杭州府事臣魏定国,知仁和县事臣胡作柄,知钱塘县事臣杨梦琰祇承祠部牒檄,选材鸠工,肇工于秋八月之十有六日,藏事于十一月之十有七日。堂寝门庑,彤碧绚耀,而役不逮坊里。杭人士聚观新额,谓宜有以宣上德、述神贶。臣傅敏时署巡抚事,爰纪其源流暨岁月,镵诸丽牲之碑。谨按:公懋勋伟绩,《春秋左氏传》《史记》盖綦详矣。独殁而归神大海,依潮来往,其说始见于《越绝书》《吴越春秋》。而《越绝》谓"捐于大江中",或疑当属扬子。又"越境北至秀"之语儿,吴山地本隶越,不知章沇番禺胥号大江,而是时吴适栖越。今棠邑、姑苏诸地,虽雅多公迹,胥山要以杭为准。至其神之扬灵潮汐也,如武肃王祷于祠而沙涨十余里,宋马亮祷而潮却且出横沙数里,赵与懽肃祷而江干七十八里之决以塞。英威燀赫,焯有可纪。天子轸念浙东西,耆庶敬举秩祀,崇号上公,而祠部檄守臣新欹腐剥洳之栋埠,以妥公灵。视前代礼有加焉,宜矣。昔汉有防海大塘,唐史载盐官塘,浙江惟富阳塘、钱塘长堤差可考。然白居易任刺史,业虑涛激西北。而大历八年,宋祥符、景祐、庆历、元丰、淳熙、绍熙,元致和暨明洪武后,五大溃决,毁陷漂败,不可胜纪。唯国家修举水政,警惰核冒,其于捍江捍海,实克举端木氏、赵氏暨范阳郦氏之所录,王充、虞喜、卢肇、燕肃、余靖、张载、苏轼、史伯璇、金履祥之所覃思而极论,华信、李浚、李蟠后诸贤之所昕涂夕燎,而仅获集事者,胥荟萃其经画,以见诸石囤、木柜、络竹、排桩间,而只荐罔获矫诬,水害迨用是息。然则山阳之材、鸿鹭之羽、百炼之镞有所不能抑,铁轮铁絪以贯铁幢有所不能镇。而稽望垄秩于《虞书》,绎怀柔于《周颂》,此其克符祭法御灾捍患之指,而神职以共民生又义者也。且杭郡东南形胜,遥控海疆,当桐江入境,东观定浮,错对里山,渔浦诸峰,峙青点黛。及其出毫赭,历沙潬,会钱清、上虞两江而东也,近则石墩白塔,远则花鸟陈钱,以迄于叶壁叠岛,斜鸟盘台之外,且不啻亿万里。而鲸飙鳄雾,讫偕盐官,潮胥帖粹。然则于越之西陵,冲波可以无庸击;禹航之西津,恬流可以无庸渡。而灵戈威矛,恒偃戢于浪山涛屋之中,俾杭郡百万户庐舍塍垄无虞震腾者,惟公卫于斯滋固。而圣天子之德,海涵天覆,而莫之有涯也。臣敏等备位列岳,爰敢附唐宋守土臣后,肃撰庙铭焉。其辞曰:艾陵退息,城山进攻。凡为臣者,孰如公忠。昭关东奔,纪南西趋。凡为子者,孰如公孝。维忠维孝,千人之英。殁而归海,海若震惊。一日再来,素车白马。火霆错击,银潢倒泻。扬波重水,异壤同神。忠孝协轨,以卫斯民。帝德覆敷,爰被二浙。涛清喷玉,堤坚屹铁。乃报公功,崇封肇开。麭参星斗,楹余云雷。酾酒刲牲,雅歌节舞。潮平山碧,乐此终古。

　　忠义庙　在吴山伍公庙前。《钱塘县志》:俗名施公庙,有石坊刻吴山第一庙。神即宋殿前司小校施全,愤秦桧奸邪误国,怀刃刺之,不遂,被桧磔于市。邦人怜之,立祠。明成化十一年重建,大理卿夏时正有记。

---

〔1〕　雍正本"三"作"元"。

东岳庙　在吴山馨如坊。《咸淳临安志》：大观中建。绍兴七年，乡民合力重修。嘉泰四年、淳祐十二年，重建者再。宝祐元年，理宗赐御书"东岳之殿"四大字。道士陈寿文《谢理宗赐御书表》：琳宫肇新，位定东方之震；宸奎宠锡，光昭南面之离。道日晋明，宗风益振。臣惶惧顿首，窃以泰山之主，实为方岳之宗。眷此神皋，首从祀典。海山归会，坐令江汉之朝宗；火木相生，有永邦家之正气。当奎娄之躔次，控青岱之要冲，郁然肤寸之云，遍作崇朝之雨。权既尊于管摄，向当取于发生。臣浪迹江湖，猥司香火，甫鸠工之有日，忽涣号之自天。画灿龙章，增重湖山之胜；墨香风霭，于昭云汉之光。耸三极之具瞻，龟万灵之拱护。齐休宗社，永镇乾坤。兹盖恭遇陛下，既圣多能，清心寡欲，仁恩溥博，抚先王必世之时，厚德施生，致大道无为之化，兵锋偃息。民俗阜安，瑞露凝甘，景风吹暖，际此清闲之宴，游兹翰墨之林，遂致微臣，亦从所祷。臣应对洒扫，仰瞻御画之星垂；晓夕焚修，愿祝皇图之岳固。《钱塘县志》：元季，毁。明嘉靖十一年，重建。国朝康熙初，又毁，重建[1]。

惠应庙　在吴山至德观右。《西湖游览志》：俗呼皮场庙。有神张森，相州汤阴人。县故有皮场镇，萃河北皮鞟，蒸溃产蝎，螫人辄死。神时为场库吏，素谨事神农氏，祷神杀蝎。镇民德之，遂立祠，凡疹疾疮疡，有祷辄应。汉建武间，守臣以闻，遂崇奉之。傍邑皆立庙。宋时，建庙于汴京显仁坊。建炎南渡，有商立者携神像至杭州，舍于吴山看江亭，因以为庙额曰惠应。咸淳德祐，累封王爵，两庑绘二十四仙医，相传佐神农氏采药者也。【成化】《杭州府志》：成化间，重建。

嘉济庙　在吴山，又名江东庙。《钱塘县志》：祀秦赣人石固。宋累封王爵，赐今庙额。

灵济庙　在吴山。《钱塘县志》：庙祀唐桑宪保。宪保，姚江人，行九，故俗称桑九郡王，仕唐。宣宗时，使海昌卒，追封为神。宋建炎间，助张浚御金人事闻，建庙。明景泰、嘉靖间，又以塞黄河功封王爵。岁久庙圮。万历四年，重建。

二程子祠　在吴山金刚岭。《钱塘县志》：祀宋明道、伊川两程子。相传旧有祠在城西河下，岁久荒圮。国朝康熙十七年，督学程汝璞改建今处，岁春秋祭。

忠节祠　在宝月山下。【万历】《杭州府志》：祀吴行人伍员、唐仆射褚遂良、宋少保岳飞、明太傅于谦。初，弘治十年，巡盐御史姚寿建忠节坊于今祠右，岁久坊圮。嘉靖十六年，巡按御史周汝员复建。十七年，巡按御史傅凤翔饬有司岁祀以仲秋之望。邑人吴鼎为记。吴鼎《重建忠节祠记》：初，弘治十载，巡鹾部使者舒城姚公建忠节坊于杭，以表故行人伍公、唐仆射褚公、宋岳武穆王、我朝于肃愍公，语具上蔡李相公记中。坊左为记石亭，亭外墙垣，县官地也。比岁垣圮亭毁，地没匿，鞠为茂草，仅存记石漫漶，而风声微矣。岳氏、于氏及郡县诸生以白按史吉水周公，事下杜倅炳，征诸往牒暨故老，良然，已反正其地。周公

---

〔1〕　雍正本无此"东岳庙"条。惟底本、雍正本本卷"西溪路"皆列有"东岳庙"条，文字与此条相异。

209

曰："国家以忠义劝士，而士节不立，其诸宣扬导化者之责乎？"乃营作忠节祠于故侵地，会令毁淫祠，则撤其材为堂，像设四公于中，前重门，东序、西序、后寝各四楹。中门左右，各为亭一，以覆李公记石暨今记石。他庖湢周垣，率如仪。经始嘉靖十有六年冬十月，越明年夏且落成。周公去，代者应山傅公饬有司事事，岁以仲秋之望合享忠节祠。又明年，滇府高公来按嵯政，叹是举激振甚大而未有记述，告郡守陈侯曰："侵地复归，赖前记足征也。今祠而无记，后将何考焉？矧余履姚公之位，予何敢让？"郡守亟图之，相与问于鼎。或曰："何祠乎忠节？"曰："祠人臣以忠而被祸者也。然则，何贤乎伍公？伍公可谓竭忠所事矣。何贤乎褚公？褚公可谓正言不讳矣。何贤乎岳公？岳公可谓主辱臣死之矣。何贤乎于公？于公可谓安社稷为悦矣。舍四公无死忠者乎？"曰："有。有则何祠乎四公？或生于斯，或没于斯也。然四祠载在令甲，复祠不近黩乎？"曰："秩祀古今，同德合义，益广风劝。《春秋》与贤者不一而足，意也。恶乎黩？不然，浮屠、老子何益于人纪？而精舍庄严，几千百所矣。不深省彼而顾厌此，谬矣〔1〕。矧曰有其举之莫之敢废者哉。是所谓崇国典，修旧章，绍闻前人之懿，非比于造端也。而或疑未经建白于朝，亦过矣。"爰为歌四章，俾歌以祀四公。其祠曰：骋予望兮海东，灵何为兮水中。灵之来兮潮生，化鸥夷兮长虹。驾素马兮朱旗，抚长剑兮忡忡。台有麋兮墓有樾，嗟太息兮焉终。右伍行人。展吴歌兮越吟，魂不归兮焉如。狐死必首邱兮，胡不反葬于故都。灵修化兮媒劳，绿衣粲兮愁予。奠桂浆兮椒醑，招魂归来兮，南方不可以久居。右褚仆射。鼓鼙兮铙歌，君不乐兮奈何？有酒兮如渑，君不饮兮独醒。铁甲如云兮，蔽天而来下。蚩尤为旗兮，元豹为马。摄天矢兮执天枪，旄头落兮殪天狼。岁既晏兮壮士惊，杳冥冥兮怀北征。右岳少保。吉日兮出狩，献公兮椒酒。陈镂簋兮絙朱弦，奏黄钟兮破瓦缶。死从彭咸之居兮，生与管父之友。敌何为兮域外，吾何为兮中原〔2〕。思公功兮未敢言。右于肃愍。《钱塘县志》：隆庆元年，巡按御史王得春改祀于报功祠。万历三年，巡按御史吴从宪仍复故祠。

水神庙　在宝月山。【万历】《杭州府志》：境内时多火灾，民苦患久之。万历二十五年，杭民姚世明等倡议祀黄河龙君镇压神司。漕运呈于左布政使赵钦汤等官，允议捐俸构地四亩起建，为浙漕祈福，行祠镇禳地方火灾。开基辟土，忽泉水涌出，人咸异之，遂名曰"金龙泉"，在祠之右。

城隍庙　在金地山。【成化】《杭州府志》：宋以前，在凤凰山。绍兴九年，徙今处。宋赐庙额曰永固，封保顺通惠侯。宋高宗《封保顺通惠侯敕》：钱塘为郡尚矣。自版图归于我家，惟城与隍必有神主之。况岁之丰凶，时之水旱，民之疾疫，求焉而必应者哉。郡历几时，而无一牒之奏以答神休。意者聪明正直交感于幽显之间，固自有时也。朕今驻跸于此，视之不异畿甸，重侯美号，用加不次之封。其歆其承，永妥尔祀，可特封保顺通惠侯。

咸淳间，加号曰辅正康济明德广胜王。明洪武元年，奉旨封各府城隍为鉴察司

----

〔1〕　雍正本无"不然，浮屠、老子何益于人纪？而精舍庄严，几千百所矣。不深省彼而顾厌此，谬矣"三十一字。

〔2〕　雍正本"敌何为兮域外，吾何为兮中原"作"昔何为兮北狩，今有主兮中原"。

民城隍威灵公。三年,正祀典,诏各处府、州、县城隍称某府某州某县城隍之神。成化十年,寝殿火。十一年,浙江左布政使宁良、右布政使杜谦重建。【万历】《杭州府志》:弘治十六年,镇守太监麦秀、巡按御史夏景和重建,知府杨孟瑛为记。杨孟瑛《重建城隍庙碑记》:杭为浙之名郡,带江襟海,控吴扼楚,方岳所临,为东南大都会。重熙累洽,安富阜蕃,生聚百万,早作夜息,关柝不惊,奚所芘凭?惟城惟隍。然则饰节悦,严盼饔,非所宜然乎?弘治癸亥春,雨旸不时[1],灾及田谷。镇守太监麦公、巡按御史夏公,率属吏持瓣香谒城隍告焉。仰见庙栋就危,门庑欲圮,怃然兴叹,谓兹民主吏惰弗恭,何以徼福?明神用敷,锡厥庶民。乃出赎金,授孟瑛经度其事。三阅月,工告成。焕启宏规,一新旧贯,庙清而穆,神宇静肃,门敞而夷,神道透迤,两阶覆虎,幢节有所,俨乎民之望,邃乎神之藏,旷乎有以旅豆登而序绥裳也。夫二公建兹懋绩,宜有述作,以告后之人,命孟瑛记其事。窃惟积土为城,壁立而垣,缭居者屏,倚积水为隍,波回而川汇,居者堑依,冥漠之中,谁其尸之?缅想其神受命上帝,颛职保民,此固百姓所宗、有国者所秩祀也。矧天目凤舞,吴山马立,万松诸峰,如虎群踞,海潮西涌,长江东下,西湖千顷,天函日沃,杭之城,杭之隍,视方城汉水形胜过之。其神之威,宜何如也?神之威则庙之崇,非侈也,宜也。揭佑民《永固庙诗》:"凿凿龙虎死,集灵壮高居。其阳激江涛,其阴渟澄湖。井固不可改,邑亦何尝殊。但感岁月迁,流入楣间书。重来二十年,旧眼碧欲枯。神在不可褻,下山仍踟蹰。"

《钱塘县志》:万历四十五年,庙毁。邑人金中丞学曾请于制府刘一焜倡捐重建,张大猷记。国朝康熙六年,水师王虎重修,并易殿柱为石。三十一年,按察使孟卜重建牌坊,并新右司斋厅。三十八年,翰林学士揆叙重修。庙制:山麓为牌坊,历坡而登,前为庙门,进为仪门,甬道而上为站台,中为神殿,东西为斋祓所。钱塘与仁和附府,不别为庙[2]。

谨按:祀典:风云雷雨山川城隍之神,本有位号,无姓名。而杭州府城隍,相传为浙江按察使周新[3]。新,广东南海人,永乐初为御史,弹劾不避权贵,人称冷面寒铁。及按察浙江,屡有异政,廉声震天下。锦衣指挥纪纲怙宠,遣千户往浙缉事,作威索赂。新捕之,千户遁入京,诉纲。纲奏新专擅上命,逮至陛前,新抗言曰:"在内都察院,在外按察司,朝廷法官也。臣奉法捕恶,奈何罪臣?"上怒,命杀之。临刑呼曰:"生为直臣,死为直鬼,我无憾矣。"未几,纲伏法。上寻悟其枉,他日见若有人被朱衣立庭中。上问为谁?曰:"臣周新也。上帝以臣刚直,命为城隍神,为陛下治奸臣贪吏。"言讫,不见。见黄佐《周新传》。据此,杭民崇祀,出于民之公心,未尝有敕封明文也。然以新之聪明正直[4],又官于兹土,即以主城郭池隍,保障生民,御灾捍患,谁曰不宜?

---

〔1〕 底本、雍正本"旸"在"时"字后,今据文意乙正。

〔2〕 雍正本"庙"后有毛际可《谒城隍庙诗》。

〔3〕 雍正本"而杭州府城隍,相传为浙江按察使周新"作"而《钱塘县志》称永乐中敕封浙江按察使周新为城隍之神。考"。

〔4〕 雍正本"然"前有"毛际可诗第据县志而作"十字。

梓潼庙　在金地山。《西湖游览志》:神初祀于蜀。唐元宗幸蜀,封神左丞相。宋元祐三年,加封辅元开化文昌司禄帝君。嘉熙间,蜀破,民多徙钱塘,而蜀人牟子才等请立庙于吴山。元末毁,国初重建。《钱塘县志》[1]:国朝康熙二十五年毁,巡抚金鋐复建。

火德庙　在金地山。《西湖游览志》:大火为宋分野。宋以火德王,故南渡后,建庙于此,以奉荧惑之神。洪武中布政使王钝、永乐中参政易昶相继重建。今郡人禳火者,皆就庙中,盖遗俗也。内有董其昌书"坎离既济"额。国朝康熙二十五年毁,巡抚金鋐重建。雍正六年,总督臣李卫重修。

龙神庙　在瑞石山。雍正五年,上遣官赍送龙神像,敕封福越滋农龙王。总督臣李卫建祠于大观台旧址。正殿三楹,奉神位。两侧廊庑,共六楹。外平屋二楹,门设栅栏,屋如正殿之数,缭以垣墙,共五十四丈。旁建风伯雨师亭,岁时祈祷必应,有司崇祀为特虔云。

顺济圣妃庙　在三茅观侧,俗名天妃庙。《钱塘县志》:即三仙阁址,祀莆田林都检女灵卫夫人。宋宣和中,赐庙额曰顺济,故仍其名曰顺济圣妃庙。

汪王庙　在大观台之麓。《钱塘县志》:祀唐节度使汪华高祖。时以保障有功,封越国,称王,持节歙、宣、杭、睦、饶六州军事。宋封灵惠公,明封广济惠王。汪藻《灵惠公庙诗》:"台殿崇崇冠岭巅,行人跪起白云边。山河霸业三千里,歌舞灵衣五百年。铁马威神通异域,衮龙书命降中天。偃王遗种班班在,好乞韩碑记邈绵。"元注:"灵惠,余祖也。隋末有宣徽之众,本朝以阴兵佐边境,锡今封。余通守宣城,故用韩碑事。"

白马庙　在七宝山东麓。《钱塘县志》:旧名护国天王庙。宋建炎间建,以奉磁州崔府君,今奉为土谷。世传泥马渡康王,即此事,见《宣和遗事》。

嘉泽庙　在涌金门城下。《咸淳临安志》:神姓李,名泌,字长源,唐相国邺侯也。德宗兴元间守杭,有风绩。郡地苦斥卤,民日汲咸水。侯凿六井,引西湖水入城中,始得饮清泉。郡人德之,为立祠。【成化】《杭州府志》:宋嘉定中,赐庙额"嘉泽"。咸淳中,潜安抚说友拓地重建。

金华将军庙　在涌金门内。《咸淳临安志》:神姓曹,名杲,真定人,仕后唐为金华令。时郡兵叛,以计平之。吴越王嘉其功,擢守婺国。初,钱氏入朝,委以国事。杲即城隅浚三池,曰涌金。既殁,民德之,为立祠池上。咸淳初,安抚李苪廊而大之,以钱氏书"涌金池"三大字刻石于庙之右偏。

谨按:李邺侯引湖水入城,曹将军浚涌金三池,皆有关于西湖,故二庙并列,余不泛及也。

---

〔1〕　雍正本无"钱塘县志"四字。

西溪路

屠墟庙　在古荡濑河。门额题"古灵昭庙",殿额题"宋敕封屠墟灵昭侯"。宋时土社也。吴焯《灵昭庙宋残碣考》:秦亭道中有古灵昭庙,神为宋敕封屠墟灵昭侯。庙廊下,有残碣半段,首行存"尚书省"三字,其文密行细书,俱已漫漶,可读者犹三数百字。乃宋理宗淳祐七年,里人请于朝,得申封立庙。所称屠墟者,以神著灵,时赤帜见火光中上有"屠墟"二字。而灵昭者,乃当时所封之号也。考《咸淳临安志·坛庙门》失载此庙,而康熙年间新碑,直书神为蜀主刘璋,字季玉。按《蜀志》本传称璋袭父焉位为益州牧,后加振威将军,不闻王蜀。不知今碑何所据而云然也。且残碣中其辞之可辨者,但述神灵异之事,虽隐约有刘璋名,似难以蜀主称之。庙近塊泉,秦亭山当其面。

东岳庙　在西溪法华山下。《咸淳临安志》:乾道三年建。《钱塘县志》:嘉定十七年,枢使史弥远请于朝,拓地重建。宝庆三年落成,刘霅为记。至今为杭郡岳庙之冠,庙制甚肃。每年三月二十八日,相传神诞,远近麇集焉。

蒋侯庙　在西溪千斤池北。《梦粱录》:神姓蒋,名崇仁,弟名崇义、崇信。乐于赈施。每岁秋成籴谷,如春夏价增,如原价出粜,不图利源。岁歉,则捐谷以与饥者。神死之日,嘱二弟曰:"须存仁心,力行好事。"两弟谨遵兄训,恪守不违。里人立祠,表其德。《钱塘县志》:咸淳三年,赐庙额曰"广福"。六年,安抚潜说友请于朝封神,及二弟皆侯,爵曰孚顺、孚惠、孚佑。庙在盐桥西,即侯故居。淳熙间,尹韩彦质徙建桥上。其故居,名祖庙。今西溪庙地名蒋村,相传昔侯苗裔私祀于乡者也。

武林览胜记卷十二

古迹上

夫地因人重,物以事传。寻遗躅,览故墟,怀古者所为,一往而情深也。湖山自白、苏继美,选胜标奇,迄宋室南迁,行都肇建,巍观杰构,辉映林峦。嗣尔名人结宇,贤达经游,其流徽余韵,犹得于搜访之余,翠然而高望已。志古迹。

孤山路

白公竹阁 《咸淳临安志》:旧在广化寺柏堂之后,有小阁,多植竹。白公每偃息其间,遂以名。今与寺俱徙。《钱塘县志》:旧址在孤山,杭人因祀白公于此。宋徙置北山报恩院,而阁已废。明嘉靖二十四年,太守陈一贯又建,仍祠白公。白居易《宿竹阁诗》:"晚坐松檐下,宵眠竹阁间。清虚当服药,幽独抵归山。巧未能胜拙,忙应不及闲。清虚别修道,只此是元关。"苏轼《孤山竹阁诗》:"海山兜率两茫然,古寺无人竹满轩。白鹤不留归后语,苍龙犹是种时孙。两丛却似萧郎笔,千亩空怀渭上村。欲把新诗问遗像,病维摩诘更无言。"又《竹阁忆乐天翁诗》:"柏堂南畔竹如云,此阁何人是主人。但遣先生披鹤氅,不须更画乐天真。"释道潜《夏日竹阁诗》:"沉水摧烟青缭绕,风篁余韵冷萧骚。楚山竹箪琉璃滑,卧看闲云槛外高。"郭祥正《白公竹阁诗》:"竹阁公所爱,延僧酌夜茶。渔歌天外起,何似听琵琶。"周紫芝《次韵季共大雪早游竹阁书所见诗》:"忆昔司酒母,濒湖赋官屋。颇如贺知章,上疏得湖曲。诗虽竟坐穷,天亦稍从欲。三年看飞雪,万岭琢寒玉。有时横轻舠,不敢唾净绿。但当忍涕洟,岂不念安燠。是时走绯衣,荷担晚相逐。坚冰凿涸阴,惟日在北陆。收藏备赐颁,功用等神速。归来关空庭,玉立僵冻木。青灯照诗肩,屡作龟颈缩。高轩客谁过,寒瓮酒空熟。只今古城隅,回望苍山麓。崎岖失岩岫,红腐用饘粥。王郎飞晓骖,此意知有属。久怀断弦悲,当倩鸾胶续。话客想回舟,敲门亦看竹。恨无摩诘手,风姿写幽独。忆君肠九回,得意目三复。平生交游尽,如子一夔足。他时追汗漫,便可摆拘束。人生何自苦,成败棋一局。"释永颐《雪中送僧还竹阁诗》:"白公竹阁云生晚,城市人归夜雪平。灯在北高峰顶上,塔如千尺玉长檠。湖练平铺肃夜涛,柳翻王母白旌旄。舞残鹭翻归何处,天上飞花散碧桃。"黄公度《雨后陪省中诸公游竹阁诗》:"红尽桃初实,青浓柳欲花。春归人迹少,山远市声哗。空有前朝树,难寻处士家。登临多感慨,况复客天涯。"董嗣杲《竹阁诗》:"此君玉立此楼空,不复幽眠想白公。百尺有檐侵碧落,千竿无语足清风。阑尖亭影流渔屋,龛面祠香托佛宫。石琢端平丞相记,都归宝庆守臣功。"自注:"竹阁,有郑清之《记》。"陈赟《竹阁和韵》[1]:"竹间高阁势凌空,后世人称白傅公。一榻清虚延夜月,四檐萧瑟韵秋风。笙箫时过游人舫,钟磬遥传佛氏宫。民乐耕桑无水旱,穹碑犹记郡侯功。"戴表元《辛亥七夕醉陪诸公登西湖竹阁诗》:"画鹢凌风汗漫游,雨声飞出万山头。江湖望阔边城起,吴越音多客思柔。野树有枝犹系马,官荷无叶可藏鸥。十年浪走红尘道,今日登临始识秋。"

柏堂 《咸淳临安志》:陈文帝天嘉二年,建广化寺。寺有当时所植二柏,其一已枯。东坡作《孤山二咏序》云:柏二株,其一为人所薪。山下老人自为儿时已见其枯矣,然坚悍如金石,愈于未枯者。僧志诠作堂于其侧,名曰柏堂,与竹阁相连,属余作二诗纪之。堂久废。今基在西太一宫,有孝宗御书轼诗刻石,覆以小亭。苏轼《柏堂诗》:"道人手种几生前,鹤骨龙姿尚宛然。双干一先神物化,九朝三见太平年。忽惊华厦依岩出,乞与嘉名到处传。此柏未枯君记取,灰心聊伴小乘禅。"杨蟠《陈朝桧诗》:"零落雪霜后,犹含千载春。一株化为石,谁是种时人。"郭祥正《陈朝桧诗》:"岁老枝叶简,春深香气新。可怜湖上桧,曾识井中人。"董嗣杲《陈朝柏诗》:"枯株独寿忆双栖,谁想天嘉蓊郁时。坡老诗成无继笔,阜陵书此有遗碑。日摇槎影龙蛇断,雪缀花痕鸟雀疑。化石可期人莫讶,柏堂不复辨荒基。"陈赟《陈朝柏和韵》:"乔枝曾见鹤来栖,霜雪难侵岁暮时。铁干共称陈代物,坡诗犹刻宋朝碑。人于得失何须较,物有荣枯讵足疑。靖节祠堂无复在,树傍或可访遗基。"释守仁《陈朝桧诗》:"吴枫楚柳逐烟空,陈桧依然护梵宫。可惜祯明歌舞地,后庭无树着秋风。"

四照阁 《方舆胜览》:在孤山巅。周紫芝《游孤山诗》注:山巅旧有关氏四照阁。顷部使者献西湖图,神庙问关氏四照阁安在。其知名如此。【成化】《杭州府志》:阁久废。天顺间,郡守胡浚建仰贤亭其址。成化乙未,左方伯宁良仍以"四照"扁之。释元净《四照阁夜坐怀少游学士诗》:"岩栖木石已嶙然,交旧何人慰眼前。素与昼公心印合,每思秦子意珠圆。当年步月来幽阁,拄杖穿云冒夕烟。台阁山林本无异,故应文字不离禅。"僧参寥《四照阁陪辨才师夜坐怀少游学士诗》:"猿鸟投林已寂然,芭蕉过雨小楼前。云依绝壁中间破,月自遥峰缺处圆。照坐不须红蜡具,可人惟有蕙炉烟。较雠御府图书客,畴昔曾闻此夜禅。"秦观《和四照阁见怀诗》:"遥闻双履去翛然,书翰犹存数日前。沧海尽头人灭渡,乱山深处塔孤圆。忆登夜阁天连雁,同看秋崖月破烟。尚有众生未成佛,肯超数界入诸禅。"郑獬《四照阁诗》:"湖山天下之绝境,群山绕湖千百重。碧笋四插明镜绿,此阁正落明镜中。当轩不置窗与槛,湖光山翠还相通。侧耳似闻天仙语,接手便欲翻长空。"

---

〔1〕 雍正本陈赟《竹阁和韵》与戴表元《辛亥七夕醉陪诸公登西湖竹阁》二诗互乙。

谨按：《邹道乡集》作"四照亭"。

林处士庐　【万历】《杭州府志》：在孤山，内有巢居阁。林逋《小隐自题诗》："竹树绕吾庐，清深趣有余。鹤闲临水久，蜂懒得花疏。酒病妨开卷，春阴入荷锄。尝怜古图画，多半写樵渔。"又《湖山小隐诗》二首："猿鸟分清绝，林萝拥翠微。步穿僧径出，肩搭道衣归。水墅香酤熟，烟崖早笋肥。功名无一点，何处更忘机。""园井夹萧森，红芳堕翠阴。昼岩松鼠静，春堑竹鸡深。岁课非无术，家藏独有琴。颜原遗事在，千古壮闲心。"又《自题小隐诗》："湖水入篱山绕舍，隐居应与世相违。闲门自掩苍苔迹，过客时惊白鸟飞。卖药比常嫌有价，灌园终亦爱无机。如何天竺林间路，犹到秋深梦翠微。"邹浩《次韵参寥访和靖先生故居诗》："湖边高节与谁邻，落日寒松往往皴。就使衡门已尘土，不妨千古是阳春。"蔡襄经《林逋旧居诗》："修竹无多宅一区，先生曾此隐西湖。诗言不喜书封禅，亦有余书补世无。山色凝岚水色清，山云常与水云平。先生来举持竿手，钓得人间亢俗名。"鲍当《题林和靖隐居诗》："湖水春来绿，山云忿亦繁。何如隐君子，长啸掩柴门。"陈尧佐《林处士水亭诗》："城外逋翁宅，开亭野水寒。冷光浮荇叶，静影浸渔竿。吠犬时迎客，饥禽忽上栏。疏篱僧舍近，嘉树鹤庭宽。拂砌烟纷袅，侵窗笋戟攒。小桥横落日，幽径转层峦。好景吟何尽，清欢画亦难。怜君留我意，重叠取琴弹。"曹既明《过林和靖旧址诗》："短棹不归双鹤去，一邱烟草寄山阴。水边疏影黄昏月，无限风骚在客心。"黄镇成《题林处士故居诗》："先生胜隐得孤山，小艇沿湖日往还。自爱烟霞居物外，岂知名姓落人间。鹤无过迹苔痕老，梅自开花月影闲。表墓有铭祠有奠，高风千载更廉顽。"[1]蒋芑《林君复旧庐诗》："水上孤亭处士家，白杨萧飒乱清笳。残碑低压寒云断，古岭横衔暮影斜。夜夜月明来鹤唳，年年春晓放梅花。相如遗草成何事，东祀西封只叹嗟。"郑昂《林处士幽居诗》："山篱短短径斜斜，屋子三间竹半遮。岁馑无僧供菜把，天寒有鹤守梅花。武陵流水非秦世，姑熟青山落谢家。共约春晴草芽动，杖藜携酒踏晴沙。"祝时泰《访林处士故宅诗》："湖畔访逋仙，晴攀林外烟。亭留放鹤处，花忆种梅年。故宅遗芳草，高祠列四贤。巢居不可作，名共此山传。"高应冕《访林处士故宅诗》："处士湖心宅，梅花岁月深。山孤云共寂，亭隐水同阴。配食千年祀，怀贤此日心。乾坤应不老，春思满芳襟。"王寅《访林处士故宅诗》："西泠桥畔路，松柏郁苍苍。放鹤亭谁构？栽梅宅久荒。登临怀往哲，山水借余光。椒酒孤坟下，碑题照夕阳。"刘子柏《访林处士故宅诗》："昔贤嘉遁后，寂寞旧烟霞。白日寻荒路，青山问隐家。碑残微有字，梅古半无花。回首西湖上，寒风噪暮鸦。"童汉臣《访林处士故宅诗》："碧水孤云径，青山隐士家。烟霞千仞鹤，冰玉一园花。身并巢由洁，名同箕颖嘉。回看王谢第，时见委尘沙。"

巢居阁　【成化】《杭州府志》：林处士居有巢居阁，元江浙儒学提举长沙李祁重建。李祁《巢居阁记》：钱塘之胜在西湖，西湖之奇在孤山。而山之著闻四方，则由故宋和靖林处士始。处士家是山，有阁曰巢居。考之郡《志》，可见已人亡代远，阁宇俱废。前提学余君谦始复其故址，而祠事之。其后十年，祁来谒祠下，取径出祠后，履山之巅，见其基隆然而方，意其若尝为

---

〔1〕　此诗文字与卷二十一《冢墓上》"和靖处士林逋墓"条所引萨天锡《和靖墓》相同，惟题名不同。参检他本，当以"萨天锡《和靖墓》"为是。

216

坛壝者。或以语祁曰："此巢居之故地也。"俯仰今昔，缅焉兴怀，乃谋有以复其旧。越明年，而始成。既成而落之，俯而视其下，则云树四合，群枝纷挐。而斯阁也，翼然出乎其上，真有若巢之寄乎木末者。于是始畅然曰："吾乃今知处士之所以名斯阁矣。"洪荒既远，淳风日漓，而古人不复可见。处士生于数千百载之下，高蹈之风邈焉寡俦，仁义之与居，道德之是求，远荣名乎朝市，守寂寞于樊邸，殆将心古人之心，行古人之行矣。名阁之意，或者其在是乎？嗟夫古人之与今人，世之相后若是，其甚辽绝也，志之所趋若是，其甚乖背也。而能因处士之风，以知古人之尚，使檮巢之俗犹将仿佛乎见之，则斯阁之不可不复也，审矣。然则祁之所以为是者，盖将以瘳寐古人，而非徒以事游观从时好也。以为有好时者，非予之心也。登斯阁者，其亦尚知予哉。至正八年记。废久。明成化十一年，浙江左布政使宁良、右布政杜谦、杭守陈让重建于三贤祠右偏，而延南京大理寺卿致仕夏时正居焉。林逋《巢居阁偶书诗》："绕舍青山看未足，故穿林表架危轩。但将松籁延佳客，常带岚霏认远村。吴榜自能凌晚汰，湘累何苦属芳荪。余生多病期恬养，聊此栖迟一避喧。"又《巢居阁绝句》："山水未深猿鸟少，此生犹拟别移居。直过天竺溪流上，独树为桥小结庐。"

梅亭　鹤亭　【万历】《钱塘县志》：元至元间，儒学提举余谦既葺处士之墓，植梅于下，因构梅亭。郡人陈子安作鹤亭配之。

延祥园　《都城纪胜》：西依孤山，为和靖故居，三朝临幸。

西湖书院　【成化】《杭州府志》：在三贤祠右，即宋太学旧基。元时建三贤祠，因建西湖书院。明洪武初，改书院为仁和学。成化十二年，浙江左布政使宁良即故址重建，有晴澜堂、松轩、瀛屿。牟巘《西湖书院诗》："橘园庭畔市多尘，曲院桥边境转清。山色湖光精舍敞，笔床茶灶钓船轻。奈何一字不堪煮，且与三贤相并行。笑问寿藏何早计，不妨更学赵台卿。"夏时正《孤山书院种梅方伯祁阳宁公携樽见过诗》："占断层崖学种梅，呼朋踏破白云堆。自怜结屋青山住，不谓乘春画舫来。竹下倒裳迎使节，花间供具促吟怀。都非诏遣旌求急，鸥鹭无烦着意猜。"[1]

西阁　《西湖游览志》：在孤山，一名弥勒阁，辟支塔在焉。僧志文《西阁诗》："杨柳兼葭覆水滨，徘徊南望倚栏频。年光似鸟翩翩过，世事如棋局局新。岚积远山秋气象，月生高阁夜精神。惊飞一阵凫鹥起，莲叶舟中把钓人。"

东坡庵　《西湖古迹事实》：坡老既铭孤山六一泉，又于泉后凿石筑室，自名曰东坡庵。

望湖亭　【万历】《杭州府志》：唐时，在孤山之北。宋徙宝石峰。国初，复还旧址。白居易《湖亭晚归诗》："尽日湖亭卧，心闲事亦稀。起因残醉醒，坐待晚凉归。松雨飘藤帽，江风透葛衣。柳堤行不厌，沙软絮霏霏。"韩克庄《湖亭宴赏有怀徐复初诗》："芙蓉花开一万顷，钱塘最好是湖边。晚风得酒更留月，春水到门还放船。笙引凤凰天上曲，赋裁鹦鹉座中仙。令人却

---

〔1〕　雍正本无"西湖书院"条。

忆徐公子,深阁焚香日晏眠。"陆光祚《登望湖亭诗》:"亭标望湖好,风日侣春和。白雪融青嶂,红霞漾碧波。天空群雁渡,山静一僧过。顿觉尘襟涤,悠然发浩歌。"王穉登《望湖亭诗》:"亭边杨柳水边花,落日行人正忆家。不及江南湖上寺,木兰舟小载琵琶。"

凉堂　《四朝闻见录》:孤山凉堂,西湖奇绝处也。植梅数百株,堂中素壁,四堵萧照画。【万历】《钱塘县志》:凉堂,宋绍兴时构,理宗改为黄庭殿。

鉴堂　《咸淳临安志》:在孤山。

数峰阁　《钱塘县志》:在六一泉寺门,祀鸿宝倪公元璐、柯茗凌公义渠、巢轩周公凤翔、四名施公邦耀、磊斋吴公麟征、宾日陈公良谟。旁为先觉堂,以祀乡先达。吴伟业《登数峰阁礼浙中死事六君子诗》:"四山风急响松楸,遗庙西泠枕碧流。故国衣冠怀旧友,孤忠日月表层楼。赤虹剑血埋燕市,白马银涛走越州。盛事若修陪祀典,汉家园寝在昭邱。"[1]

岁寒亭　《遂昌杂录》:孤山之阴,有一亭在高阜上曰岁寒,缭亭皆古梅。程巨夫《题岁寒亭诗》:"吾庐不暇理,且复理斯亭。风雨从渠破,云山送我青。苍龙千岁质,白鹤九霄翎。相与成三友,今年聚德星。"

挹翠阁　《遂昌杂录》:孤山挹翠阁临水上下,皆拱斗砌成,极为宏丽。与岁寒亭,皆庐、董二珰建西太乙宫时并建。

香月亭　清新亭　挹翠亭　香莲亭　【成化】《杭州府志》:并在孤山。《钱塘县志》:在西太乙宫傍,并理宗御书。

水竹院落　《咸淳临安志》:在孤山西泠桥南,贾似道别墅。理宗御书"奎文之阁"。阁之下为堂曰秋水。观圃于湖西者,率多幽窈之趣。若俯浩荡渺空碧,非穿林越磴不得骋而快也。兹堂前枕湖漘,左挟孤山,右带苏堤,波光万顷,与栏槛相直,无少障碍。又有道院、舫亭等,杰然为登览之最。《古迹考》:内有思剡亭第一春[2]。

总宜园　《梦梁录》:张内侍园,在西林桥西。

冰室[3]　周紫芝《游孤山诗》注:"孤山有藏冰室,往过山下,见绯衣荷锸数十人在山上,盖藏冰于此而取之也。"

凝碧园　《梦梁录》:张府园,在孤山路。

快雪堂　《携李诗系》:冯祭酒梦祯,为人高旷,往往以风流自赏。移家武林,筑室孤山之麓,家藏王羲之《快雪时晴帖》,因以名其堂。冯梦祯《结庐孤山记》:居士得地于孤山之阳,北际山阴。登其巅,如青虹偃卧镜中。群山西来,分而为二,层叠环绕。东南之缺,

---

〔1〕　雍正本无"吴伟业《登数峰阁礼浙中死事六君子诗》"。

〔2〕　雍正本无"第一春"三字。

〔3〕　雍正本"冰"前有"藏"字。

则江外诸峰与雉堞掩映相补，足称湖山最胜处。士之乐此者，多矣。而递至余，余敢负诸？乃以癸卯春仲就竹结庐二重，先成者曰"青岩居"。中为堂，左右二室，卧榻在焉。前辟广庭，后半之，俱植芭蕉。启北扉，则岩石乱松，青翠溢目。前庭留旧竹数竿，又莳桐二于竹西，甃其中丈许，以容露坐，则青山出于屋角，高树映接，使人意远。"青岩居"之前曰"晚研堂"，广不盈廿肘，纵半之庖湢附焉。前亦为广庭，莳梅三，盖绕庐东南，皆竹也。竹之西南，有桐一章，大可合抱，扶枝修干，能障夏日，此余园中树王也。大桐际池，池不能亩。去五月始栽荷，月余敷花结实，芬馥撩人。池之西竹少于东，而盛于东。径而南置扉焉，小令不通肩舆，所谓设而常关者，颜之曰"慧业庵"。吾庐不啻成，已然坐晚研，惟西南一隅受湖，竹树蒙密，限以短垣，所得无几。规以山半起堂，则如引镜自照其面，湖山全收矣。乃括木瓦，参新旧材，杂成之。南窗北牖，延风受月，最宜消暑。两翼离为曲室，可通可蔽，前甃石为台，垣其左右。其东磴而升，上梁于去岁嘉平某日，时积雪初晴，命之曰"快雪堂"，取晋帖《快雪时晴》语，但不如坡公绘雪耳。又自卧楼三层，附郁金堂之右，鸦儿舍其西南，形家曰不宜，乃议毁，徙之快雪堂西，损为二层，梯其后，前缀小轩。小轩之东启北扉，可通"快雪"。二役嗣兴，而湖山窈窕，遂为几案间物。阴晴寒暑，朝夕变幻，蜻舫往来，青骢油壁，乍盈乍虚，皆入余游戏三昧中矣。尚期起阁山巅，抚青松，坐危石，表里湖山，一揽无余。而力未迨也，姑俟之。又《孤山新筑初成诗》："结宇孤山半，危楼百尺连。嘉名标快雪，胜集指新年。启户群蜂入，推窗一镜悬。春深添水树，更觉弄波便。山阁不盈丈，居高纳景多。奇书老堪读，侍女弱能歌。双屐迷朝翠，孤舟倦夕波。太平容自卧，何事忆鸣珂。"《钱塘县志》：今为少司农严沇别业[1]。

叶广居宅　《槜李诗系》：叶广居，字居仲，嘉兴人，才力绝人，与乡人张翼、刘堪为文字友，仕至浙江儒学提举。晚年筑室孤山西泠桥，陶情诗酒。

谨按：【万历】《杭州府志》《西湖游览志》俱作"广居，仁和人"。

翠微园　在孤山，许岳少崖之别业，见《白华楼藏稿》。茅坤《翠微园记》：予览古今传记，世之学士大夫致其仕而来归者，并卜佳山水筑园林以自娱。而帝王之都若鄠杜、若洛阳、若建邺为最盛。惟我钱塘，则西湖清浅之波，逶迤之岫，莲芰之洲，凫雁之渚，且吴越王缪献图入贡，绝不见兵革。而宋室南渡复百年于是，歌舞绮丽之侈最天下矣。明兴以来，宋故所称翠华游幸或已芜废，而浮屠老氏列仙幽士之宫犹往往而在。予罢官来，一入钱塘，辄一过西湖。而社游二十年间，势家巨室之傍西湖而园者，岁数增置，星罗齿错，不可胜数。然予尝品之，惟许少崖使君为之最。盖他势家巨室所占稍内而深，或附邱墓，或穿污池，或择岩壑，或闭松萝，于湖之一切烟波不及览眺。稍外而浅，则又歌梁舞榭，画船绮吹，尽属眉睫。骚人墨子，逃虚甘寂之士，不能不稍稍厌心者。独许使君家园，丰神复别。君尝邀予过之，指而曰："其地为葛仙岭，即汉时葛稚圭所煮丹砂故处也。"俄而摄衣登楼眺之，则又指而曰："其南之屏列，则孤山宋处士林逋所放鹤亭也。其东之颓垣废砾，则初阳台也。其西之深林丛麓，则宋太尉岳公飞墓也。"山中湖而峙，而烟堤若

───────

〔1〕　雍正本"凝碧园"条与"叶广居宅"条之间无"快雪堂"条，而有"蓬莱阁"条与"裴园"条，又"北山路"亦有"裴园"条，然二"裴园"条文字不一。

带,画桥绮疏,红蕖绿柳,相与袅娜绰约。于其侧,则宋学士苏轼所筑,世所称苏堤是也。湖之东西两相属,鳞次而南,则又某为南北峰,某为天竺、为飞来、为石屋、为虎跑、为慈云、为风篁、为万松,龙蹲虎踞,蜿蜒透迤,远者三十二十里,近者五七里三四里。当其河横月映,烟消日出,所可凭栏指顾者,一一若掌也。予乃衔之曰:"乐哉!兹邱也。"湖之所,当错绣环靓,未尝不外瞭。而湖之隐约湛深,则又未始不内屏。他则内之深者,蒙茸蔽亏;而外之浅者,艳冶尽露。兹独若晦若明,若却若迎,若浓若淡,若醉若醒,譬之潇湘之上,洛浦之滨,仙妃鸣佩,翩翩乎凌波而过也。而于其间,又若杳然神游,可望而不可亲者。嗟乎!欧阳文忠公,尝称钱塘擅东南山水之美,而梅太守挚所筑有美堂,则又尽钱塘之美。予窃谓西湖擅钱塘山水之美,而兹园也,则又曲尽西湖之美者已。于是濡毫而题之曰翠微。翠微者,志西湖最佳处也。他所杂构楼台亭榭,则已有邢太史诸君题其上,予故不复记。

大雅堂　在孤山,高氏别业,见《白华楼藏稿》。茅坤《大雅堂记》:光州太守颖湖高公,善诗歌。其免官来归也,数携樽罍,宴游于西湖之上[1]。酒半酣,辄席草而吟,甚乐也。然朝而往,暮而归,湖之胜所,当烟云晦明,楼台掩映,河横月转,鱼龙夜静,不及也。湖之山稍深,则巉崖绝壑,飞泉怪石,浮屠老氏之所不能宫,幽人逸士之所不能蹑。其困于晷之移而日之尽,甚且风雨冰雪,迫驺御疲,杖屦而遗者,何可胜道也。于是卜筑于孤山之麓,即宋处士林逋所放鹤故处。山中湖而峙而俯而盼,则兰汀岸柳,飞凫宿鹭,棹歌渔吹,断桥古渡,可楹而望也。仰而眺,则南北诸峰熊蹲虎踞,蜿蜒透迤,若翔若舞,若峛若崺,远者十里,近者四、三里,无论寒暑凉燠,向之所困于杖屦驺御而遗者,可以朝扪葛而探,夕载鹤而访也。于是移书社中诸先生,请各解其囊中之金以为宫,而又别买湖之捍水而田者若干亩,令守宫者得以间籍其所入饬庖寝,而供诸先生岁时宴游之费。其至也,分曹赋诗,大略访兰亭故事。各镂句刻响,以求其至,而诗不成,饮以巨觥。约曰:诗不成无返,醉无返,日暮无返,风雨冰雪无返,兴不尽无返。客闻而题其宫之额曰"大雅堂",盖志社游以诗也。因请予记其事。

正学书院　《两浙盐法志》:在西泠桥侧。万历间,西商建,寻废。

香月社　在孤山。盛时龙《偕徐元举江纯长梅用平沈云居卢元则江邦申徐孟凌仲凌幼凌重集孤山香月社诗》:"人去梅花在,重来结淡缘。当年香不散,此夜月初圆。胜待诸君赏,名须一字传。莫言追往事,高调已无前。"

洪氏别墅　《西湖游览志》:中书舍人洪澄别墅。疏泉辇石,乔木数十章,左右映蔚,号称佳丽。后属陆炳,改为宣公祠。吕希周《中秋燕集洪中舍西湖别墅诗》:"凤阁仙官云水庄,绛河银榜净琴张。蟾蜍出海光元满,箫鼓中流夜未央。平地楼台摇杂树,四山图画落飞觞。蓬瀛路接瑶宫近,桂醑还调玉女浆。"

巢云居　在西泠桥,明都御史洪瞻祖别业。王子卿《湖上洪氏山庄诗》:"草堂临绿野,芸阁俯晴湖。幔卷来河汉,窗开列画图。松阶调独鹤,莲渚狎双凫。载酒频招饮,飘然兴不孤。"

---

[1]　雍正本"宴"前有"招卿大夫与其闾里处士之相与社而诗歌者"十八字。

湖阁　在孤山,明陈青芝别业。万表《陈氏湖居避暑诗》:"一片湖光净野扉,经旬避暑竟忘归。晚来松下贪凉坐,十里荷香透葛衣。"

松窗　《钱塘县志》:在第五桥,张濡别墅。

雪江书堂　《武林旧事》:在第四桥。淳祐中,胡贤良仉所居。

荐菊亭　《西湖游览志》:在第四桥,水仙王庙荐菊井上。嘉靖二十二年,守陈仕贤构。

怀山台　在三桥,见《芸居乙稿》。陈起《过三桥怀山台诗》:"卖花声里凭阑处,沽酒楼前对雨时。景物如初人自老,夕阳波上燕差池。"

湖山堂　《武林旧事》:在第二桥,旁有水阁,尤闳丽。董嗣杲《湖山堂诗引》:咸淳三年,安抚洪焘创建。任士林《湖山堂诗》:"楼台影落空明外,钟磬声来紫翠中。白日一庭歌舞地,萧萧菰蒋已秋风。"

思白堂　《咸淳临安志》:在湖中水心寺,白居易旧游。元丰三年,枢密使林希榜曰"思白",以示怀贤之意[1]。

南山路

丰乐楼　《都城纪胜》:在涌金门外,与门相值乃杨和王之耸翠楼。后张定叟兼领库事,取为官库。正跨西湖,对两山之胜。《咸淳临安志》:旧为众乐亭。楼据西湖之会,千峰连环,一碧万顷,柳汀花坞,历历槛栏间。游桡画船,往往会合于楼下,为游览最。顾以官酤喧杂,楼亦卑小,弗与景称。淳祐九年,赵安抚与筹始撤新之,瑰丽宏特,遂为西湖之壮观。其傍花径曲折,亭榭参差,与兹楼映带,缙绅多聚拜于此。董嗣杲《丰乐楼诗》:"莺花箫鼓绮罗丛,人在熙和境界中。海寓三登歌化日,湖山一览醉春风。水摇层栋青红湿,云锁危梯粉黛空。千里掌平都掩尽,有谁曾纪建楼功。"陈赞《和董嗣杲丰乐楼诗》:"万条垂柳百花丛,楼外湖山一望中。人醉三春罗绮月,帘开四季管弦风。当时杰构基犹在,昔日繁华事已空。惆怅文山生恨晚,虞渊取日竟无功。"释仲殊《丰乐楼寒食调寄诉衷情》词:"涌金门外小瀛洲,寒食更风流。红船满湖歌吹,花外有高楼。时日暖,淡烟浮,恣嬉游。三千粉黛,十二阑干,一片云头。"赵汝愚《题丰乐楼调寄柳梢青》词:"水月光中,烟霞影里,涌出楼台。空外笙箫,人间笑语,身在蓬莱。天香暗逐风回。正十里,荷花尽开。买个轻舟,山南游遍,山北归来。"韩㟻《丰乐楼调寄浪淘沙》词:"裙色草初青。鸭绿波轻。试花霏雨湿春晴。三十六梯人不到,独唤瑶筝。艇子忆逢迎。依旧多情。朱门只合锁娉婷。却逐彩鸾归去路,香陌春城。"吴文英

〔1〕　雍正本"湖山堂"条与"思白堂"条之间有"小隐园""资国园""茶阳亭"三条,而底本"小隐园""资国园""茶阳亭"三条列"北山路"而非"孤山路"。

《丰乐楼调寄高阳台》词："修竹凝妆,垂杨驻马,凭栏浅画成图。山色谁题? 楼前有雁斜书。东风紧送斜阳下,弄旧寒、晚酒醒余。自猜疑,能几花前,顿老相如。伤春不在高楼上,在灯前欹枕,雨外熏炉。怕舣游船,临流可奈清癯。飞红若到西湖底,搅翠澜、总是游鱼。莫愁来,吹尽香绵,泪满平芜。"

耸翠楼　《咸淳临安志》:在涌金门外,杨和王建。

柳洲亭　【万历】《钱塘县志》:即丰乐楼旧址。明嘉靖间,郡守陈仕贤建,名柳洲别馆。张京元《柳洲亭记》:亭据湖滨,有楼曰丰乐,故宋时兰若改创。已久为诸公府会客常所,取其去郭近,一举目则湖山若揖,聊塞游湖故事耳。

湖堂　《武林旧事》:旧在耸翠楼侧。郭祥正《湖堂诗》:"宴启簪缨集,堂开锦绣丛。舞娥临短岸,天影衬芙蓉。"

问水亭　【万历】《钱塘县志》:在涌金门外。《钱塘县志》:柳洲亭傍,明孙司礼隆建。张遂辰《问水亭归船诗》:"银烛碧笼纱,归船喧几家。仍呼小桃叶,月下送琵琶。"

玉莲亭　【万历】《钱塘县志》:在问水亭侧。

涵镜亭　【万历】《杭州府志》:在柳洲亭西北,四面皆池。

迎光楼　【万历】《钱塘县志》:张循王别业。

养鱼庄　《武林旧事》:在柳洲,杨郡王府。

郑清之赐第　《宋史·郑清之传》:上赐第于西湖之渔庄。

宋西酒库　《咸淳临安志》:在涌金门外。

刘园　《武林旧事》:在柳洲,内侍刘公正所居。

环碧园　《咸淳临安志》:在丰豫门外,柳洲寺侧,杨郡王府园。董嗣杲《环碧园诗》:"绕舍晴波聚钓仙,五龙池畔柳洲前。清虚不类侯家屋,轮奂曾资母后钱。三面轩窗秋水观,四时箫鼓夕阳船。揽将山北山南翠,独有黄昏得景全。"

钱王故苑　《西湖游览志》:灵芝寺,本钱王故苑,芝生其间,舍以为寺。

省马院船步　《咸淳临安志》:在涌金门外,灵芝寺侧。

杨王上船亭　《西湖游览志》:在灵芝寺畔。

依光堂　董嗣杲《依光堂诗引》[1]:本钱氏灵芝崇福寺。绍兴中,阜陵临幸,因创堂,扁曰依光。【万历】《杭州府志》:宋进士题名之地,张即之书额。陈鉴之《同刘叔泰放步湖边入灵芝寺坐依光堂良久叔泰诵坡仙好把西湖比西子之句因赋古风一首》:"刘郎唤我出,胜处意所便。清寒桃柳风,浓淡杉桧烟。僧庐自生香,步绕古佛前。依光偶不扃,坐数禽联翩。平林度清磬,遥堤簇归船。湖山露真态,鸥点溶溶天。形容几吟笔,刚道妆抹妍。莫作西子看,正如姑射仙。相知喜值予,微笑生清涟。"董嗣杲《依光堂诗》:"尘凝黼座忆垂衣,今古湖波锦

---

〔1〕　雍正本"《依光堂诗引》"作"《西湖百咏引》"。

四围。灵毓紫芝三秀远,光开绿玉片金辉。松窗自掩空莲社,石榻相期卧柳枝。半卷珠帘看落景,笙歌长送画船归。"

朱文公寓居 《四朝闻见录》:庆元元年,韩侂胄欲逐赵忠定,遂禁伪学。朱文公去国,寓居西湖灵芝寺,平江木川李杞独叩请,得穷理之学,有《紫阳传授》行于世。《古迹考》:后人榜曰紫阳寓居。

杏花园 《宋稗类钞》:涌金门外,有杏花园。

剩园 《钱塘县志》:在涌金门外,本莲觉寺。明万历间,大司马王业浩改为剩园。

集贤亭 《钱塘县志》:在涌金门外。

尺远居 《钱塘县志》:在涌金门外,余氏别墅。

芙蓉园 《钱塘县志》:在涌金门外。

寄园 在问水亭北,明状元张元忭别墅。

戴园 在问水亭北,明铨部戴斐君别墅。

钱园 在涌金门外,明阁学钱麟武别墅。

小瀛洲 在涌金门外,明会稽商周祚别墅。陶望龄颜其门曰小瀛洲,联曰"楼台晚映青山郭,罗绮晴娇绿水洲"。进内,为楼外楼也。宜阁,见《水天阁集》。

谨按:《钱塘县志》称楼外楼为山阴祁氏别业。又商景兰有《剩园诗》,为中丞祁彪佳作,是祁氏亦有园亭在湖上也。

两峰书院 《西湖游览志》:在涌金门外,太子太保、刑部尚书洪公别业也。公致仕后,筑书院于西湖,号两峰居士。

宋茶坊 【万历】《钱塘县志》:在茶坊岭。

聚景园 《都城纪胜》:旧名西园。《咸淳临安志》:在清波门外。孝宗致养北宫,拓圃西湖之东,又斥浮屠之庐九以附益之。清波门外为南门,涌金门外为北门,流福坊水口为水门。亭宇皆孝宗御扁,尝请两宫临幸。后光宗奉三宫、宁宗奉成肃皇太后,亦皆同幸。岁久,芜圮。今老屋仅存者,堂曰揽远,亭曰花光。又有亭植红梅。有桥曰柳浪、曰学士,皆粗见大概。惟夹径老松,益婆娑。每盛夏,芙蓉弥望,游人舣舫绕堤。外居守者皆培桑莳果,有力本之意焉。《武林旧事》:有会芳殿、瀛春堂、揽远堂、芳华亭、花光亭、瑶津、翠光、桂景、滟碧、凉观、琼芳、彩霞、寒碧、柳浪桥、学士桥。《钱塘县志》:《天逸阁集》载聚景亭,台尚有花醉、澄澜诸名,则田《志》尚未能尽也。曹勋《聚景园看荷花诗》:"四山收尽一天云,水色天光冷照人。面面荷花供眼界,顿知身不在凡尘。陆游《聚景园诗》:"圣主忧民罢露台,春风侧苑昼常开。尽除曼衍鱼龙戏,不禁呈尧雏兔来。水鸟避人横翠霭,宫花经雨委苍苔。残年自喜身强健,又作清都梦一回。"高翥《聚景园口号》:"浅碧池塘连路口,淡黄杨柳护檐牙。旧时岁岁春风里,长见君王出看花。竹影参差临断岸,花阴寂历浸清流。游人难到阑干角,尽日垂杨覆御舟。"高似孙《聚景园诗》:"翠华不向苑中来,可是年年惜露台。水际春风寒漠漠,官梅却作野梅开。"释永颐《聚景园诗》:"路绕长堤万柳斜,年年春草待香车。君王不宴芳春酒,空锁名园日暮花。"

刘松年宅　《钱塘志补》:在清波门。

鲍当宅　方匀《泊宅编》:余至杭,创一小圃,在清波门外。是圃乃鲍当郎中故居,鲍有诗名《清风集》。

周辉宅　《清波别志·序》:辉居清波门,因著清波三《志》。

宋钱湖门　【万历】《钱塘县志》:在清波门南内,傍云居山。

飞仙里　《列仙传》:济南李芨,宋乾道中寓临安。尝诣净慈,过长桥,恍惚迷路,见青衣道人分烧笋,食之,绝异常味。风雨昼冥,失道人所在。觉身轻举,冉冉若乘云[1]。

水南半隐　《井中心史》:郑思肖父鞠山翁,讳起。淳祐间,居西湖,有水南半隐在长桥,作《水南半隐记》。

南园　《武林旧事》:在长桥南。光宗初赐韩侂胄,名南园。后复归御前,名庆乐。理宗淳祐中,赐嗣荣王,易名胜景。《咸淳临安志》:"胜景"二字,理宗御书。《蓉塘诗话》:庆乐园,韩平原之南园也。有碑石卧荆棘中,犹存古桂百余。《梦粱录》:内有十样亭榭,工巧无二。射圃、走马廊、流杯池、山洞,堂宇宏丽。野店村庄,装点时景,观者不倦。内有阁,名凌风。阁下香山,巍然立于前,非古沉却枯桦耳。陆游《南园记》:庆元三年二月丙午,慈福有旨,以别园赐今少师、平原郡王韩公。今其地实武林之东麓,而湖西之水汇于其下,天造地设,极湖山之美。公既受命,乃以禄赐之余,葺为南园,因其自然,辅以雅趣。方公之始至也,前瞻却视,左顾右盼,而规模定;因高就下,通窒去蔽,而物象剖。奇葩美木,争列于前,清泉秀石,若顾若揖。于是飞观杰阁,虚堂广厦,上足以陈豆核,下足以奏金石者,莫不毕备。升而高明显敞,如蜕尘垢;入而窈窕邃深,疑于无穷。既成,悉取先侍中魏忠献王之诗句名之。堂最大者曰许闲,上为亲御翰墨以榜其额。其射厅曰和容,其台曰寒碧,其门曰藏春,其阁曰凌风。其积石为山,曰西湖洞天。其潴水艺稻,为囷为场,为牧牛羊、畜雁鹜之地,曰归耕之庄。其他因其实而命之名。堂之名,则曰采芳,曰豁望,曰鲜霞,曰矜春,曰岁寒,曰忘机,曰眠香,曰堆锦,曰清芬,曰红香。亭之名,则曰远尘,曰幽翠,曰多稼。自绍兴以来,王公将相之园林相望,莫能及南园之仿佛者。然公之志岂在于登临游观之美哉?始曰许闲,中曰归耕,是公之志也。公之为此名,皆取于忠献王之诗,则公之志,忠献之志也。与忠献同时功名富贵累将相者,岂无其人?今百四十五年,其后往往寂寥无闻。而韩氏子孙功足以铭彝鼎、被弦歌者,独相踵也。迄至于公,勤劳王家,勋在社稷,复如忠献之盛,而又谦恭抑畏,拳拳于忠献之志,不忘如此。

---

〔1〕　雍正本"云"后有"后人因名其所居之里曰飞仙"十二字。

公之子孙,又将视公之志而不敢忘,则韩氏之昌,将与宋无极,虽周之齐、鲁,尚何加哉!或曰:"上方倚公济大川之舟。公虽欲遂其志,其可得哉?"是不然。上之倚公,公之自处,本自不侔。惟有此志,然后足以当上之倚,而齐忠献之功名。天下知上之倚公,而不知公之自处;知公之勋业,而不知公之忠。此南园之不可以无述。游老病谢事,居山阴大泽中。公手书来示,曰:"子为我作南园记。"游窃伏思,公之门,才杰所聚也。而顾以属游者,岂谓其愚且老,又已挂冠而去,则庶几其无谀词、无侈言,而足以道公之志与?此游承公之命,而不获辞也。

谨按:陆务观以作《南园记》为生平瑕累,比诸杨廷秀之坚拒,诚为不及。然于极盛之时,能讽以抑畏,引以退休,每称忠献,以寓法祖之意,犹不失立言之体。后之人,当玩其词,而原其志已。

晚节香亭 《四朝闻见录》:韩氏南园,有晚节香亭,植菊二百种,取其祖魏公诗句名之,陆游《记》中不及也。

翠芳园 《咸淳临安志》:在钱湖门外南新路口,面南屏山,故旧名屏山园。咸淳四年,尽徙材植,以相宗阳宫之役。今惟门闼俨然。《梦粱录》:内有八面亭,一片湖山,俱在目前。董嗣杲《翠芳园诗引》[1]:屏山园,开庆初内司展建,东至希夷堂,直抵雷峰山下水地,西至南新路口,水环五花亭外。

甘园 《玉照新志》:乾道中,巨珰甘升有别墅在西湖惠照寺西,地连郡之社坛。《武林旧事》:在净慈寺侧,又名湖曲园。曾经临幸,有御爱松、望湖亭、小蓬莱、西湖一曲,后归赵观文,又归谢节使。朱继芳《辛亥二月望祭斋宫因游甘园诗》:"朝霏作雨连天湿,花气熏人到骨香。四望水亭无正面,有花多处背湖光。"周密《甘园诗》:"小小蓬莱在水中,乾淳旧赏有遗踪。园林几换东风主,留得亭前御爱松。"

宋船坊 《咸淳临安志》:甘园傍,理宗御船泊焉。

谢府新园 《咸淳临安志》:在惠照斋宫西,即中常侍甘氏园,后属谢府。内有道院、村庄、四面堂、水阁等。

谨按:谢府新园,即甘园。《西湖游览志》载"于南屏路惠照寺侧",是也。复于北山昭庆寺侧,又载谢府新园,而增"元夏若水亦居此园"之文,盖因惠照与昭庆同为南宋斋宫,因而误入耳。

真珠园 《都城纪胜》:在雷峰前,张循王园。《武林旧事》:有真珠泉、高寒堂、杏堂、水心亭、御港,曾经御幸,今归张循王府。陆游《真珠园雨中作》:"清晨得小雨,凭阁意欣然。一扫群儿迹,稍稀游女船。烟波蘸山脚,湿翠到园边。坐诵空蒙句,余怀玉局仙。"林光朝《九日同胡侍郎出真珠园诗》:"来自清源葛已罩,君王问猎我犹堪。百年耆旧如重见,九日登临得纵谈。才子不知汾水上,仙人长在大江南。明珠照夜应无数,要是层波更好探。"

宋官酒库 《古迹考》:在真珠泉侧,取泉以酿酒。

吴越西关门 《七修类稿》:在雷峰塔下。

---

[1] 雍正本"《翠芳园诗引》"作"《西湖百咏引》"。

通元亭　《咸淳临安志》：在雷峰塔傍。

望湖楼　《咸淳临安志》：在雷峰塔傍，与通元亭并咸淳二年建。

宋惠照斋宫　《咸淳临安志》：在钱湖门外，惠照院与昭庆俱为朝廷祠祭之所。惠照有坛殿，有燎坛，夏至日祭皇地祇，立夏祭荧惑，立秋祭白帝。旁为致斋合子。

宋望祭殿　《宋会要》：南渡后，诸陵在西洛，每岁时伏腊，阻绝不得祭，建殿于净慈之后，颜曰望祭。《读史记闻》：南宋设望祭殿于南屏绝顶。先一日奏闻，遣官致祭。或以内臣行其礼，疏简不可考。

昭勋崇德阁　《梦粱录》：太常寺，在慧日峰罗汉洞。内有昭勋崇德阁，上绘像文武功勋大臣自忠献赵韩王普以下二十五人于其上。

汲古亭　楼钥《重修太常寺记》：寺有泉，名曰观音，结亭其上，扁以汲古。

怀远古驿　楼钥《重修太常寺记》：高宗驻跸钱塘，以法惠僧寺为敕令所，会迁敕局，法惠废为怀远驿。

琴台　《净慈寺志》：在慧日峰西，怪石耸秀，石壁有米元章"琴台"二大字。

徐炳宅　《武林纪事》：炳举进士不第，隐于西湖之上，自号回峰。回峰，即雷峰也。

南屏轩　《四朝闻见录》：小南屏山对南屏轩。

南屏书院　牟𪩘《南屏书院诗》注：南屏书院，在慧日峰。牟𪩘《南屏书院诗》："南屏环拥翠云堆，谁遣精庐特地开。祭酒先生甘隐遁，燃藜太乙忽飞来。胸中垒块五千卷，门外芙蕖十万栽。白日竟抛妻子去，群仙携手上瑶台。"

南屏山居　【万历】《钱塘县志》：在高士坞，即孙太初卜居处。孙一元《新卜南屏山居诗》："石上藤萝对夕曛，解衣长日坐来频。挽回沧海真无计，领略青山合有人。养鹤似嫌双口累，为渔又过一生身。相逢惟是南屏老，独树柴门许结邻。道人占断南屏景，十里青山带郭斜。对水柴门通鹤渚，隔邻烟火是渔家。岩头老桧占风雨，石上菖蒲阅岁华。妆点太平还着我，棕鞋桐帽送生涯。"

南屏小隐　在南屏，管氏别业，见《长水集》。沈懋孝《南屏小隐为管先生赋》："先生豹隐今安在，十里青山带郭斜。对水柴门通鹿寨，隔窗松火是渔家。金鹅剑气干霄汉，石匣灵文久岁华。闲步高岩觅瑶草，白羊终日啖胡麻。"[1]

葛寅亮宅　柴绍炳《户部侍郎屺瞻葛公传》：公致政后，阖户著书南屏，有终隐之志。

湖南吟社　在南屏。张瀚《夏日集湖南吟社诗》："结社南山下，萧然远世纷。偶谐泉石趣，得与鹿麋群。小燕窥帘语，新篁绕径芬。长堤一水断，宿雾两峰分。国士吴公绩，诗豪晋右

---

〔1〕　雍正本无沈懋孝《南屏小隐为管先生赋》，"南屏小隐"条与"葛寅亮宅"条之间有"小南屏"条。

军。持觞夸圣酒,学道证元文。笑傲娱长日,声歌焕绮云。回看即陈迹,延赏坐余曛。"

读书林 黄汝亨《司勋虞公墓铭》:公名淳熙,去官归隐南山回峰下,采药行吟,足迹不窥官府。

寓林 《寓林集传》:黄公汝亨读书之地名曰寓林,在雷峰塔,即甘园小蓬莱遗址。石上有宋刻"青云岩""鳌峰"等字。公题其石名奔云。张遂辰《黄贞父先生归老寓林同胡仲修汪然明赋》:"寓林松桂郁苍苍,早谢浮荣老墨庄。峦壑天然生几席,星河夜起落衣裳。醉眠郡郭无书札,闲坐琴樽亦野航。何必赐来湖一曲,濯缨随地是沧浪。"

南庄 在南屏,明副使包涵所别业。陈函辉《南屏包氏南庄诗》:"独创楼船水上行,一天夜气识金银。歌喉裂石惊鱼鸟,灯火分光入藻苹。潇洒西园出声妓,豪华金谷集文人。高才未肯甘岑寂,何必逼仙与结邻。"

南山小筑 在南屏,见《檀园集》。李流芳《登慈云岭还访严印持忍公无敕邹孟阳闻子将于南山小筑信宿为子将题画诗》:"慈云何盘盘,崒崃罗众致。白石如叠浪,青林若簪髻。落日宜远山,况与秋爽会。忆昨湖上亭,邂逅多意气。感君十年心,发我千里思。江山日待人,突兀为我辈。从来费梦寐,到此烦应对。奇怀郁种种,笔墨差远寄。披襟欲嗒然,相与寻冥契。"又《小筑清晖阁晚眺诗》:"林岫生烟水起风,湖山一抹隐雷峰。吴歌四面渔灯乱,坐到南屏罢晚钟。"

南屏书屋 《钱塘县志》:在高士坞,柴绍炳著书处。

霁云亭 积翠亭 发函亭 白云亭 释契嵩《游南屏山记》:由山麓而上,东则霁云亭,西则积翠亭。由积翠而上抵发函亭,由发函而东至白云亭[1]。从麓至顶,岩石皆奇,世所无有。

居然亭 《西湖游览志》:在莲花洞口,登兹则湖山风景扬睫无遗。嘉靖间,闽人洪玉方珠为绍兴守,逮会城,寓净慈。刑部照磨张文仁筑此亭居之。玉方曰:"一日茅栋成,居然我泉石。"遂名居然亭。江汝璧《居然亭记》:亭在西湖南屏山之上,刑曹照磨张君德元为今大参西淙洪公而作也。初,公之守绍兴也,以祀事迕误,待罪于杭,假寓南屏之僧舍。盖自嘉靖癸巳春,阅夏而秋冬,乃获俞旨以去。时公之危登邃眺,而奇麋弗探;汰泳斋游,而秀麋弗撷。等诸倏来旋往,曾弗能以信宿者,得已多矣。顾有当厥心眷焉,昕夕则尤在于山之所谓莲花洞。洞盖负陵之阿,瞰湖之汇,据高明以为之基,揽广大以为之量,奇臻秀献,莫或阂焉。盖湖山之胜之会也[2]。于是诸从公者,咸请亭兹以侈公迹。而照磨君者,又公乡人也,遂起而为公亭。亭成问名。公曰:"居然哉。"盖取朱子诗"一日茅栋成,居然我泉石"之语云。公名珠,字玉方,闽之莆田人,西淙其别号也。

法华台 《净慈寺志》:在慧日峰下,即石隐新构香严社处也。林霏绵蒙,崖壁相望,回岫萦纡,石路阻夹,湖山映带,凭眺无遗。相传永明和尚于此诵《法华经》,

---

〔1〕 雍正本前三"发函"皆作"发函"。

〔2〕 盖湖山之胜之会也,雍正本作"盖湖山及胜之区也",义长。

尝感诸天,雨华缤纷岩窭。万历甲午,内监孙隆构亭,以识旧迹。迨辛亥,亭圮。方伯吴公用先、王公在晋及膳部黄公汝亨,为僧窭别构香严社于台前,承阿枕流,宵窱虚敞,洵为嘉观。黄汝亨《香严社记》:西湖两山无地不佳秀,独湖南净慈寺最胜。净慈亦有精舍,然多为游僧行脚、酒客坐沸之场。所称万峰舍,西隐慈云,南枕慧日,东望莲洞,北接藕洲,湖光在案,岩石作供,为南屏最胜处。而隐于寺林之西,众目不尽睹。然《咸淳志》载永明寿禅师就此日课《法华经》凡万三千部,尝感四天花雨,故名雨花台。本朝高士孙太初旧隐遗址亦在焉。余尝过净慈访元津,窭法师顾而乐之,叹此名流胜境不应荒蔓林蓁中,何不就此胜地创为堂曰法华忏堂,昼夜修持,接寿师雨花之液。而以堂后构轩三楹。轩之南,起一阁,供白衣大士。阁以下有净室三,两间与雨花岩对。周遭竹木之胜,吾辈同调人于焉结社,于焉偃息。嗣太初高士之风,彼凡僧俗士不与焉。岂非西湖南山千载盛事耶? 友人汪孟朴然明辈闻斯语,欣然以裹材缔构为己任。方伯本如吴公、大参岵云王公、司理子嵩孙公,咸捐俸来助。友人项扈虚、黄长吉、汪季元、李元白、门人方若渊、方美征俱欢喜相劝而成。假万峰房之西,开一径入。上数十步,筑短墙为门,颜其处曰香严社。而为忏堂、为轩、为阁、为室,如前语皆具。轩名媚清,取谢灵运"白云抱幽石,绿篠媚清涟"之句。阁仍雨华,则吴公所题也。从社径而入,逶迤长廊,林风山月,时来拂人,旷然殊观,览者无不赞叹。余因与吴公约曰:"不杀生,不演戏,不借人寓。"期与修士共保,使无堕坏。吾辈与寺僧,俱不得蓬庐视之也。

肃仪亭　《净慈寺志》:在南屏港口。

齐树楼　【万历】《杭州府志》:在石屋岭。正德间,方豪建。夏言《石屋齐树楼诗》:"钱塘西湖好林麓,白石清泉翳修竹。吴山有楼出木杪,胜处凭高此其独。棠陵野客善题诗,彩毫落纸无停思。独尔登临兴豪发,直欲历揽搜神奇。日日出游湖上寺,有时醉卧湖船里。风流不减李太白,气岸直同杜子美。倚栏拍手一长歌,白云飞起青山多。石林夜雨泣魍魉,潮江秋涨鸣鼋鼍。胸中万叠烟霞癖,不受人间一尘迫。只有看山眼最青,无奈忧时鬓先白。楼中把酒送飞鸿,酒醒梦回沧海东。江霞遥映上天竺,海日正抱南高峰。客来时出袖中草,江山大半收文藻。何日相携齐树楼,烦君更述同游稿。"

水乐洞园　《两湖麈谈》:过石屋岭,近烟霞,内有水乐洞。《咸淳临安志》:旧为杨郡王别圃。累石筑亭,最号幽雅。历年久,多芜秽不治。平章贾公乃因其旧增葺之,以所得苏公《水乐洞诗》真迹刻置其上,又取诗语名其亭若堂,曰声在,曰爱此,曰留照,曰独喜。他如介堂、玉渊、漱石、宜晚,则在在纪其胜。又即山之左麓,辟荦确为径。循径而上,亭其山之巅。杭越诸峰,江湖海门,尽在目睫,扁曰"上下四方之宇",洵奇观也。

小水乐园　《武林旧事》:福邸园。

舒啸亭　《武林梵志》:在烟霞洞傍。

延云亭　【万历】《杭州府志》:在南高峰下,刘公泉左。

炊香阁　滴翠轩　含晖亭　《钱塘县志》:并在虎跑滴翠轩,坡公书。

越王台 【万历】《钱塘县志》：在大慈山巅。

南岑别业 在玉岑山。许应元《题南岑别业诗》："西湖仍选胜，对此玉山岑。且暮白云色，冬春芳树林。岩花鲜水气，径竹翠成阴。渔父来相过，羊求自可寻。谢安棋暂对，公理钓虚沉。讵许烟霞癖，应谐荟蔚心。一尊聊暇日，四海望为霖。他日平泉石，来听醉后吟。"

宋试院 《咸淳临安志》：绍兴间，分省试于两浙，以赤山惠因院为大试院，广果院为别试院。

宋赤山酒库 《咸淳临安志》：清酒库在赤山武状元坊口，煮酒库在左军教场侧。

宋城西巡检司寨 《咸淳临安志》：在赤山武状元坊。

宋造会子局 《梦粱录》：在赤山湖滨，先置局于九曲池，后徙于此。

宋牛羊涤宫 《西湖游览志》：在赤山埠。

黄篾楼 《名胜志》：赤山埠浴鹄湾张雨寓居，有水轩黄篾楼。刘邦彦《黄篾楼诗》："春水初生浴鹄湾，篾楼高枕对青山。鸟声啼足忽飞去，门掩绿阴清昼闲。"

镜花阁 《武林梵志》：法相寺沿坞而上为镜花阁，古梅参差，湖波掩映，亦佳境也。

听泉亭 《武林梵志》：近法相寺里许，沿坞而上为听泉亭，苏轼题榜。

黄公望故居 【万历】《杭州府志》：筲箕泉，在赤山之阴，元黄子久卜居泉上。

梅坡园 董嗣杲《西湖百咏引》：在小麦岭，杨太后宅园。《武林旧事》：杨郡王园，又名总秀园。董嗣杲《梅坡园诗》："墙拥双扉琐锦窝，溪声不送树声多。谁家种麦曾名岭，今日寻梅且陟坡。万厦栋梁巢燕雀，四山风日养松萝。园丁自饱栽花利，月给杨家得几何？"陈赞《梅坡园和韵诗》："花成锦绣草成窝，自古名园富贵多。直把金钱堆作坞，宁论玛瑙砌成坡。瓠瓜袅袅缘青蔓，松柏垂垂绾翠萝。麦岭北边龙井口，荒凉今日竟如何？"

卢园 《武林旧事》：在大麦岭，内侍卢允升园，西湖十景所谓花港观鱼是也。

醉白楼 《西湖梦寻》：在茅家埠，一松苍翠，飞带如虬，今为吴庄。

冰壑书堂 《武林旧事》：枢密金渊，号冰壑，尝作书堂。积庆、永清二山在后，平鼎山在左，湖山在前，乃南北二峰之中最高一山也。理宗御书积庆山怡颜藏书农圃以赐。

褚庄 《钱塘县志》：在金钟峰。汉末褚族旧居于此。

闲堂 《咸淳临安志》：在方圆庵东。赵清献公既挂冠，而辨才法师亦退居此山，因以此名。杨杰《闲堂》诗："赵公归休年，访师翠微间。始知浮世上，白日两人闲。"

龙井山斋 明孝廉闻启祥子将别业，是宋人方圆庵遗址，见谭元春诗。

过溪亭　苏轼《过溪亭诗序》：辨才老师退居龙井，不复出入。余往见之，尝出至风篁岭。左右惊曰："远公过虎溪矣。"辨才笑曰"杜子美不云乎'与子成二老，来往亦风流'。"因作亭岭上，名曰过溪，又名二老。苏轼《过溪亭次辨才韵诗》："日月转双毂，古今同一邱。惟此鹤骨老，凛然不知秋。去住两无碍，人天争挽留。去如龙出山，雷雨卷潭湫。来如珠还浦，鱼鳖争骈头。此生暂寄寓，常恐名实浮。我比陶令愧，师为远公优。送我还过溪，溪水当逆流。聊使此山人，永记二老游。大千在掌握，宁有离别忧。"释元净《过溪亭诗》："政暇去旌旃，策杖访林邱。人惟尚求旧，况悲蒲柳秋。云谷一临照，声光千载留。轩眉狮子峰，洗眼苍龙湫。路穿乱石脚，亭蔽重冈头。湖山一目尽，万象掌中浮。煮茗款道论，莫爵致龙优。过溪虽犯戒，兹意亦风流。自惟日老病，当期安养游。愿公归庙堂，用慰天下忧。"释道潜《和子瞻过溪亭诗》："远公吾家杰，道妙非壶邱。德倾龙象侣，貌盖江湖秋。平公经纶学，不为名相留。滔滔若悬瀑，下注万丈湫。昔年谢讲事，众挽不转头。刲心老岩穴，百念本不浮。东南望多士，维见此老优。翰林天下公，方外实荤流。旌旗虎溪路，竟日泉石游。众生病未已，师竟可忘忧。"钱勰《和子瞻过溪亭诗》："幻泡昧空色，真梦迷黄邱。宦学类狂走，尔来三千秋。齿发非他时，岁月不我留。古刹插乱石，蛰龙蟠霞湫。天人大道师，驻锡今白头。安住善护念，晚节非沉浮。昔尝谓出处，未用相劣优。权贵分二乘，股肱均九流。今知扰扰者，讵得逍遥游。从兹许礼足，尚可治幽忧。"成廷珪《游龙井过南天竺登二老亭诗》："二老题诗处，风流不再逢。客归黄叶雨，僧住白莲峰。谁谓山无凤，人传井有龙。白头江海上，今夕寄行踪。"

龙泓亭　在龙井，见赵清献、辨才诸集。赵抃《龙泓亭诗》并序：予元丰己未仲春甲寅，以守杭得请归田，出游南山，宿龙井佛祠。今岁甲子六月朔旦复来，六年于兹矣。老僧辨才，登龙泓亭，烹小龙茶，以迓予，因作四句云："湖山深处梵王家，半纪重来两鬓华。珍重老师迎意厚，龙泓亭上点龙茶。"释元净《次赵抃龙泓亭韵诗》："南极星临释子家，杳然十里祝青华。公年自尔增仙籍，几度龙泓咏贡茶。"又《龙井亭诗》："虚亭乱石间，中有潜虬府。澄湛源泉穷，旱岁为霖雨。"钱勰《龙泓亭赠辨才师诗》："辨才天人师，一意演说法。犹如一雨倾，药草皆萌达。瓮盎及湖海，各现天一月。以是度众生，报身随数灭。旧龛留香灯，想象瞻华发。应供无时穷，龙渊莫之竭。"

桂芳亭　《西湖游览志》：在净林广福院。

松雪亭　《西湖游览志》：在方家峪凤凰泉上。

赵冀王园　《西湖游览志》：方家峪西南为华津洞。宋时赵冀王园。其中层叠巧石为之者，曲引流泉灌之，水石奇胜，花竹蕃鲜，有仙人棋台在焉。

江湖伟观亭　【万历】《杭州府志》：在慈云岭[1]。

宋社稷坛　《七修类稿》：今慈云岭上。

登云台　《杭州府志》：即钱王郊台，在天真院上。《咸淳临安志》：龙德元年，吴越王建。大中祥符元年，改天真禅寺。顾豹文《龙山登云台诗》："北阙承恩霸府开，丹崖碧

---

[1]　雍正本无"江湖伟观亭"条。

草见郊台。如云官女鱼肠绕，映日臣僚豹尾陪。异姓公侯茅土授，中原天地羽书催。分封尚记梁朝事，零落碑阴首重回。

瑞萼园 《武林旧事》：本钱王园，舍建龙华宝乘院。

上辂路 《西湖游览志》：诸桥街通上辂路。宋时，圜邱大路，御辇所由也。

宋郊邱 《咸淳临安志》：在嘉会门外南四里，龙华寺西。绍兴十三年正月，礼部太常寺请依礼制建坛于国之东南，坛侧建青城斋宫，乃命领殿前都指挥使职事杨存中、知临安府王唤等修筑。为坛四成：上成从广七丈，再成十二丈，三成十七丈，四成二十二丈。分十三陛，陛七十二级。坛及内墙凡九十步，中外墙通二十五步。燎坛方一丈，高一丈二尺，在坛南二十步丙地，余四十步，以列仗卫。惟青城斋宫及望祭殿诏勿营，临事则为幕屋，略仿京师制度。大殿曰端诚，便殿曰熙诚，其外为泰禋门。隆兴三年，以寝殿在净明寺易安斋，去青城稍远，乃徙寺之旧熙诚殿于端诚殿后，以充寝殿。

易安斋 《四朝闻见录》：光尧御书于郊坛易安斋曰：竭款泰坛，因过易安斋，爱其去城不远，岩石幽邃，得天成之趣，为题梅岩诗，作亭其上。宋高宗《净明院易安斋梅岩亭诗》："怪石苍苔映翠霞，梅梢疏瘦正横斜。得因祀事来寻胜，试探春风第一花。"孝宗《和韵诗》："秀色环亭拥霁霞，翛然冰艳数枝斜。东君欲奉天颜喜，故遣融和放早花。"徐清叟《用御制韵诗》："千年奎画照苍霞，酬唱官梅竹外斜。恭想皇灵天阙上，归时犹惜洛阳花。偶因祀事访丹霞，寺古山深石径斜。冲冻细寻梅信息，枝头喜见状元花。"

太极亭 《钱塘县志》：在勋贤祠前宋耤田中。万历中，司马温公祠堂，知县聂心汤重建。《西湖游览志》：在龙山龙华寺侧[1]。

贯酸斋别业 《天龙寺志》：贯云石，号酸斋。元仁宗时，官学士。称疾还江南，卖药钱塘市中，结庐龙华山，曰栖云，天龙寺中有扁曰山舟，云石所书。刘士亨《题山舟诗为贯云石作》："高僧住处舟如屋，稳卧横无夜壑忧。篙橹不施随地泊，波涛已断乐天游。香飘半入苍龙窟，梦落多迷白鹭洲。唤起酸斋狂学士，虎溪溪上共夷犹。"

玉津园 《咸淳临安志》：在喜会门外。绍兴十七年建。孝宗数临幸，命皇子、宰执、亲王、使、侍从讲燕射礼，上亲御射。淳熙元年，孝宗尝御制七言诗以赐，皇太子及丞相曾怀等皆赓和，刻石。孝宗《玉津园燕射诗》："一天秋色破寒烟，别簇连堤压巨川。欣见岁功成万宝，因行射礼命群贤。腾腾喜气随飞羽，袅袅凄风入控弦。文武从来资并用，酒余端有侍臣篇。"光宗和诗："秋深欲晓敛轻烟，翠木森围万里川。阊阖启关传法驾，玉津按武会群贤。皇皇圣父明如日，挺挺群臣直似弦。蹈舞欢呼称万寿，未饶天宝报恩篇。"曹勋《从驾玉津

---

[1] 雍正本"太极亭"条无"司马温公祠堂"及《西湖游览志》：在龙山龙华寺侧"，而于"太极亭"后以"司马温公祠堂"独立成条，后接《西湖游览志》：在龙山龙华寺侧"。

园诗》:"天子行春御六龙,五云回暖泛晴风。和鸾宝苑梅花路,剩有香传玉座中。花梢糁糁动朱栏,萱草侵苔雪已干。行阙风光随处乐,春台人物不知寒。"刘敞《过玉津园诗》:"垂杨冉冉笼清籁,细草茸茸覆路沙。长闭园门人不入,禁渠流出雨残花。"

宋八作司营　《咸淳临安志》:在玉津园前。

宋御马院　《咸淳临安志》:在嘉会门外,有教骏营。

宋象院　《咸淳临安志》:在嘉会门外。

宋车辂院　《咸淳临安志》:在嘉会门外。为库四:曰玉辂,曰金根车,曰金象,曰革木。又有小库,藏太平等车。

宋南外酒库　《咸淳临安志》:在嘉会门外。

宋巡检司寨　《咸淳临安志》:在嘉会门外。

宋城南厢厅　《咸淳临安志》:在嘉会门外。

宋周汉国公主第　《武林纪事》:景定间,周汉国公主下降,赐第嘉会门左。

宋高禖坛　《咸淳临安志》:在嘉会门外。绍兴十六年筑,岁祀青帝,以伏羲、高辛配。张翥《游凤凰山故宫至高禖台鸿雁池诗》:"蔓草寒烟老木风,南朝佳气古坛空。壁来山鬼遮秦使,盘泣仙人出汉宫。坏堭尚传祠乙鸟,荒池曾见射飞鸿。骚人自古多离思,长在登临感慨中。"

宋先农坛　《咸淳临安志》:在嘉会门外,玉津园南。

宋仪鸾司营　《咸淳临安志》:在丽正门外。

唐州治　【成化】《杭州府志》:在凤凰山柳浦西,即凤凰山之右是也。《西湖游览志》:旧有虚白堂、因岩堂、高斋、清晖楼、忘筌亭、东楼、西园。虚白堂《古迹考》:在郡圃,唐时建,后为钱氏都会堂。白居易《郡亭诗》:"平旦起视事,亭午卧掩关。除亲簿领外,多在琴书前。况有虚白亭,坐见海门山。潮来一凭槛,宾至一开筵。终朝对云水,有时听管弦。持此聊过日,非忙亦非闲。山林太寂寞,朝夕空喧烦。惟兹郡合内,嚣静得中间。"又《虚白堂诗》:"虚白堂前衙退后,更无一事到中心。移床就日檐间卧,卧咏闲诗侧枕琴。"李郢《宿虚白堂诗》:"秋日斜明虚白堂,寒蛩唧唧树苍苍。江风彻晓不得睡,二十五声秋点长。"罗隐《虚白堂前牡丹相传白太傅手植诗》:"欲询往事奈无言,六十年来托此根。香暖几飘袁虎扇,格高常对孔融樽。曾忧世乱阴难合[1],且喜春残色尚存。莫背栏干便相笑,与君俱受主人恩。"赵抃《虚白堂诗》:"松萝潇洒似居山,宾退公余半是闲。谁谓乐天虚白意,只传诗句落人间。"因岩堂《古迹考》:在郡圃,唐时建。白居易《因岩堂诗》:"箕颍人穷独,蓬壶路阻艰。何如兼吏隐,复得事跻攀。岩树罗阶下,江云贮栋间。似移天目石,疑入武邱山。清景徒堪赏,皇恩肯放闲。遥知兴未足,即被诏催还。"高斋《避暑录话》:州宅之东,清暑堂之后。旧据城闉,横为屋五间,下瞰虚

---

〔1〕　阴难合,雍正本作"枝难植"。

白堂，不甚高大，而最超出州宅，故为州者多居之，谓之高斋。白居易《初到郡斋寄钱湖州李苏州诗》："俱来沧海郡，半作白头翁。漫道风烟接，何曾笑语同。吏输秋税毕，客散晚亭空。霁后当楼月，潮来满座风。雪溪殊冷僻，茂苑太繁雄。惟此钱塘郡，忙闲却得中。"又《留题郡斋诗》："吟山歌水潮风月，便是三年官满时。春为醉眠多闭合，秋因晴望暂褰帷。更无一事移风俗，惟化州民解咏诗。"严维《九日高斋诗》："诗家九日怜芳菊，迟客高斋对浙江。渔浦浪花摇素壁，西林树色入秋窗。木奴向熟悬金实，桑落新开泻玉缸。四子醉时争讲德，笑论王霸屈为邦。"清晖楼《古迹考》：在旧州治，唐守严维建。白居易《清晖楼寄严维诗》："严郎制兹楼，立名曰清晖。未及题花榜，遽催还粉闱。去来三四年，尘土登者稀。今年新太守，扫洒施帘帷。院柳烟婀娜，檐花雪霏微。看山倚西户，待月辟东扉。碧窗夏瑶瑟，朱栏飘舞衣。烧香卷帘坐，风燕一双飞。君作不得住，我来幸相依。始知天地间，灵境有所归。"忘筌亭《名胜志》：在郡圃，唐时建。白居易《忘筌亭诗》："翠巘公门对，朱轩野径连。只开新户牖，不改旧风烟。虚室闲生白，高情淡入元。酒酣同坐劝，诗就满城传。自笑沧江畔，遥思绛帐前。亭台随事有，争敢比忘筌。"东楼《太平寰宇记》：高十八丈[1]，唐武德七年置。《图经》：一名望海楼，在郡治中和堂北。白居易《初领郡衙退登东楼作》："鲦悍心所念，简牍手自操。何言符竹贵，未免州县劳。赖是余杭郡，台榭绕官曹。凌晨亲政事，向晚恣游遨。山冷微有雪，波平未生涛。水心如镜面，千里无纤毫。直下江最阔，近东楼更高。烦襟与滞念，一望皆遁逃。"又《杭州春望诗》："望海楼明照晓霞，护江堤白踏晴沙。涛声夜入伍员庙，柳色春藏苏小家。红袖织绫夸柿蒂，青旗沽酒趁梨花。谁开湖寺西南路，草绿裙腰一道斜。"又《重题别东楼诗》："东楼胜事我偏知，气象多随昏旦移。湖卷衣裳白重叠，山张屏障绿参差。海仙楼塔晴方出，江女笙箫夜始吹。春雨星攒寻蟹火，秋风霞飐弄潮旗[2]。太守经年嘲不尽，郡斋空作百篇诗。"又《寄题余杭郡楼兼呈裴使君诗》："官历二十考，宦游二十秋[3]。江山与风月，最忆是杭州。北郭沙堤尾，西湖石岸头。绿筹春送客，红烛夜回舟。不敢言遗爱，空知恋旧游。凭君吟此句，题向望潮楼。"又《东楼南望八韵诗》："不厌东南望，江楼对海门。风涛生有信，天水合无痕。鹢带云帆动，鸥和雪浪翻。鱼盐聚为市，烟火起成村。日脚金波碎，峰头钿点繁。送秋千里雁，报暝一声猿。已豁烦襟闷，仍开病眼昏。郡中登眺处，无胜此东轩。"又《郡楼夜宴留客诗》："北客劳相访，东楼为一开。褰帷待月出，把火看潮来。艳听竹枝曲，香传莲子杯。寒天殊未晓，归骑且迟回。"赵抃《望海楼诗》："潮声千里若云雷，日月如期早暮来。景觅东楼天下少，帘门长对海门开。"蔡襄《上巳日州园东楼诗》："地上多于枝上花，东楼凝望惜年华。潮头正对伍员庙，燕子争归百姓家。粉箨渐高山径笋，绿旗初展石岩茶。流芳自与人兼老，樽酒相逢莫重嗟。"苏轼《望海楼诗》五首："海上涛头一线来，楼前指顾雪成堆。从今潮上君须上，更看银山二十回。""横风吹雨入楼斜，壮观应须好句夸。雨过潮平江海碧，电光时掣紫金蛇。""青山断处塔层层，隔岸人家唤欲应。江上秋风晚来急，为传钟鼓到西兴。""楼下谁家烧

夜香,玉笙哀怨弄清凉。临风有客吟秋扇,拜月无人见晚妆。""沙河灯火照山红,歌鼓喧呼语笑中。为问少年心在否,角巾欹侧鬓如蓬。"又《八月十七复登望海楼作》:"楼上烟云怪不来,楼前飞纸落成堆。非关文字须重看,却被江山未放回。眼昏烛暗细行斜,考阅精疆外已夸。明日失杯君莫怪,早知安足不成蛇。乱山遮晓拥千层,睡美初凉撼不应。昨夜酒行君屡叹,定知归梦到吴兴。天台桂子为谁香,倦听空阶夜点凉。赖有明朝看潮在,万人空巷斗新妆。秋花不见眼花红,身在孤舟兀兀中。细雨作寒知有意,未教金菊出蒿蓬。"西园姚合《郡中西园诗》:"西园春欲尽,芳草径难分。静语惟幽鸟,闲眠独使君。密林生雨气,古石带潮文。虽去清秋远,朝朝见白云。"又作许浑诗[1]。

吴越镇海军使院　【成化】《杭州府志》:唐光化三年,吴越王镠以唐州治扩而大之,依山阜以为宫室,名曰镇海军使院。《七修类稿》:今万松牌楼地。罗隐《镇海军使院记》:惟天子建国,必推九牧。九牧既序,区分局署。两汉三公,府有掾属。魏晋而降,则置行台。若魏以秦王仪镇中都、高齐以辛术监治东徐州,事皆行台之任也。其官属,则令仆以至尚书丞郎。唐制:由行台而置采访使,殆今节制之始也。镇海军旧治京口,大丞相以钱塘之众东揵汉宏,西殪逆朗,天子不欲易其土,故自符竹四命,然后移军于钱塘。生物以宜,租赋以便,斥去旧址,广以新规,廊开闳闳,拔起阶级,俾幢节之气色,貔武之出入,得以周旋焉。庚申年,始辟大厅之西南隅,以为宾从宴息之所。左界飞楼,右劘严城,地耸势峻,面约背敞,肥楹巨栋,间架相称,雕奂之下,朱紫苒苒,非若越之今而润之旧也。疆场之事,则议之于斯;聘好之礼,则接之于斯;生民之疾痛,则启之于斯;军旅之赏罚,则参之于斯。非徒以酒食骈罗而语言嘲谑者也。其府属以下,或入都旧将,或从公于征,或禀之于朝廷,或拔之于乡里,故天子用清宫传道之选以佐之,辍教民论道之任以副之。其余省秩卿曹,职领相次。自我朝藩服官属之盛,无加也。噫!大丞相之勋德,既藏之天府,而攀鳞附翼者,非镌刻砺石,其可久乎?是年冬十月,始命观察判官罗隐为记。握发殿《顺存录》:武肃王于宫中建握发殿,取周公吐哺握发意,讹作恶发殿。《鸡肋编》:绍兴四年,大享明堂,更修射殿,以为享所。其基即钱氏握发殿。八会亭《吴越备史》:武肃王建亭于虚白堂之基,曰八会亭。以平吴定越讲武计议,凡八会于此也。已而,更名都会堂[2]。阅礼堂【成化】《杭州府志》:武肃王建,为观礼之处,宋改为中和堂。功臣堂《吴越备史》:武肃王建功臣堂于府门之西,树碑纪功,列宾僚将校功臣名氏于碑阴,凡五百人。天宠堂《吴越备史》:汉乾祐元年春正月,弘俶即王位于天宠堂。宋乾德元年,重建天宠堂。仙居堂《吴越备史》:晋天福六年九月,弘佐即王位于仙居堂。天册堂《吴越备史》:晋天福十二年六月,弘倧即王位于天册堂。思政堂《吴越备史》:晋天福六年九月,忠献王迁于思政堂。武功堂《吴越备史》:在龙山后,改文穆王庙。大庆堂《吴越备史》:宋建隆元年三月,大庆堂成。堂广大,凡百间,王旧邸也。瑶台院

---

〔1〕又作许浑诗,雍正本作"谨按:《郡中西园诗》,一作许浑作"。
〔2〕雍正本作"堂"后有"宝正三年夏六月,有蝗蔽日而飞,昼为之暝。王亲祀于都会堂。是夕,大风蝗堕浙江而死,即此堂也"。

《吴越备史》：本孝献世子府，改为瑶台院。义和院《吴越备史》：天福十二年，胡进思戎服入见忠逊王，王退入义和院。天长楼《吴越备史》：楼在内城之东。周显德二年秋七月，有虹入天长楼。叠雪楼【成化】《杭州府志》：武肃王于叠雪楼架强弩数百以射潮。青史楼《吴越备史》：孝献世子与弘佐戏采于青史楼。南击场《吴越备史》：周显德三年正月，南击场门楼火。碧波亭《晏公类要》：在子城北门外。《五代史》载钱氏大阅兵于碧波亭。【万历】《杭州府志》：亭临水面，阔数丈。元丰中，郡守张铣重建。钱塘府亭钱武肃王建，见《罗昭谏集》。罗隐《钱塘府亭诗》[1]。

北宋府治 【成化】《杭州府志》：宋自钱氏纳土即国为州治。至和初，守孙沔重建双门。至高宗立为行宫，而徙州治于清波门北。宋公宇有中和堂、清暑堂、南园、巽亭、望越亭、曲水亭、清风亭、燕思阁、红梅阁、石林轩、云涛观。中和堂【成化】《杭州府志》：即钱武肃王阅礼堂。宋至和三年，守孙沔重建，名曰中和。建炎三年，高宗临幸，有御笔并诗。后改为伟观堂。赵抃《中和堂诗》："老来重守凤凰城，千里人心岂易平。乐职古贤形叹颂，中和终不为虚名。"刘景文《陪东坡中和堂赏月诗》："中和堂上月，盛夏似高秋。天泻银河水，人披紫绮裘。气飘闻赤壁，语胜踊黄楼。归袂接夫子，适从何处游？"韦骧《中和堂诗》："秋阳远泛秋山色，越峤连云耸深碧。廓然千里会一堂，势压全吴迥无敌。古今贵耳不贵目，方丈蓬莱徒记籍。安知严丽非壶中，登览浑疑脱尘迹。芙蓉耐霜红两行，杉桧凌空翠千尺。卷帘樽俎当清风，大白一飞群虑释。烨烨辉光生旧榜，公以中和乐邦职。又钦德操必有邻，朝夕堂阴看七石。"沈辽《春日中和堂诗》："春风何处来，婉婉不暂停。芳林二三月，赤白斗敷荣。我念造化始，有谁主其平。天地不相干，世人强经营。阳光肆燠沐，幽禽弄和声。春风迎我笑，宛转入轩楹。虽非少年客，感事岂忘情。拂拭久悬榻，开帘敞高明。衰病无可乐，聊兹寄平生。彭殇付一梦，吾已能逃名。"清暑堂【成化】《杭州府志》：宋治平三年，守蔡襄建。蔡襄《清暑堂记》：京师东南千里入吴越，杭与吴为一大都会。其地倾而入海，又多陂池，以故苦湿。方春夏时，梅雨蒸郁，砒甓皆汗，披纤衣，覆大厦，犹鼻息奄奄，不得旷快。非有高明之居，曷以御之？于是清暑之堂作焉。清暑负州廨之左，直海门之冲。其风远来，洒然薄人，日以决事，佚而忘劳，至者莫不悦之。或曰："昔者召伯将营召以居，重爱民力，暴处远野，庐于甘棠之下，而听断焉。百姓思之，作《甘棠》之诗，以美其事。今斯堂也，度面势，揭崇宇。前有江海浩荡无穷之胜，潮涛早莫以时上下，奔腾汹涌，蔽映日月，雷霆鼓骇，方舆动摇。浮商大舶，往来聚散乎其中。朝霞夕景，不缋而彩翠，旁走群山。滨山带湖，崖陈弥漫，岩岫崒崣，峣乎河汉之上。苍烟白云，少顷万变，茂林香草，冬荣不凋，此所以娱君之视听也。及夫夏日，比室烦燠，方且披轩闼，据高凉，放浪于无何，翱翔于至极，萧然而自适。或宾友环次，鸣管搜瑟，酾酒均饵，歌呼冥醉，此所以怿君之心意也。于民何有？岂不与昔之人庐于远野者异哉？"余谓之曰："唯人之情，不得其适则怳然。余于是堂也，愈吾疾，亦于是休吾心焉。体康志定，然后究民之不至而教之，度民之所有而周之，去其所不愿，就其所便安。如得其平，于为惠也亦大矣。乘其间也，燕宾朋，接和好，是亦为政也。且召伯之

---

[1] 雍正本"诗"后详录诗文内容凡五十八字。

治,或失其平。虽木栖露寝,民莫之思。甘棠之政,后世仰而慕之。甘棠之芰,不可常也。"遂以其说为《清暑堂记》。赵抃《清暑堂诗》:"江上潮音晓暮闻,天饶风月地无尘。自夸清暑堂中景,容得衰翁未退身。"南园巽亭《咸淳临安志》:庆历三年,郡守蒋堂建。赵抃《巽亭诗》:"越山吴水似围屏,妙笔无传画得成。闲上东南亭上望,直疑身世是蓬瀛。"苏舜钦《巽亭诗》:"公自登临辟草莱,赫然危缔压崔嵬。凉翻帘幌潮声过,清入琴樽雨气来。畴昔登临何处好,平生怀抱此中开。东南地本多幽胜,此向东南独壮哉。"苏轼《次韵詹适宣德小饮巽亭诗》:"君方梦谪仙,我亦吊文园。江上同三黜,天涯又一樽。晴雷殷白昼,梅雪耿黄昏。归路多情雨,应随御史轩。"望越亭《咸淳临安志》:庆历中,守蒋堂建。政和初,守张阁迁巽亭于此。陈希元《望越亭诗》:"飒飒西风叶叶秋,谁家烟火起沧洲。乘闲不耐无机性,拟劝渔翁直钓钩。"赵抃《燕望越亭寄程给事诗》:"望越亭无一点尘,迢迢东首坐凝神。雨余岫色浓如黛,日出波光烂若银。我类武陵归去客,君为蓬岛上头人。谁知老守吾乡便,得与诗翁作善邻。"曲水亭【万历】《杭州府志》:宋治平中,守沈遘建。清风亭【万历】《杭州府志》:在中和堂侧,直望海门。燕思阁【成化】《杭州府志》:至和中,守孙沔建。红梅阁【成化】《杭州府志》:在石林轩侧。石林轩《名胜志》:燕思阁,宋至和中,守孙沔立石七株,号七贤石。元祐中,守蒲宗孟改名石林轩。云涛观【成化】《杭州府志》:政和元年,张阁既徙巽亭,以旧址更造。隐秀斋《名胜志》:在府治通判此厅,苏轼书。双门【成化】《杭州府志》:吴越钱氏之子城北门。宋至和初,守孙沔重立。蔡襄《双门记》:杭中二浙为大州,提支郡数十,而道通四方,海外诸国,物货丛居,行商往来,俗用不一。自钱氏专有吴越,治兵蓄财,日为战守。朝廷除刺史以来,盖八十年,其风俗治迹有足称者。要之,起废弊,变缫习,斯亦难矣。至和元年,资政殿学士、给事中孙沔自枢密副使来抚是邦,曰:"此吾乡,敢易治之?"廛里之税,岁糜中产余二千家,为之籍其地而出其资。市贾谩欺,取予不均,为之正量衡而一之。富黠倚强,蚀贫诛利,为之索其党而逐之。盗侠闭藏,出没无常,为之抉根株而去之。俗尚浮屠,归施无节,严以约束。妇人女子,洁廉其行,宠以衣珥。高年旧德,或复咨访。数月之间,近远竦动,迎向公训。公知众之己悦也,随所譬喻,勉之于善。秋八月,语其僚曰:"诸侯台门,以高为贵,盖以尊天子所命而示等威也。昔钱氏倚山阜为治所,而双门置栅木,锢金铁,用为敌备。今方内统平,吾为守臣,于以道化而流泽。每大号令,从官属,陈兵校,会州之士民,即门内张次班列而布宣之。门圮而地狭,又非礼制,岂所以重方面之体乎?吾将易而新之。"即以其说谋之转运使,资以羡钱。又询之于民,良家大姓愿以力助。于是商其用而裁取之,凡金埴竹木之材,必可其直;墍陶盖梓之工,必当其庸。十一月甲戌兴作,明年五月讫工。十有五日壬申,合乐燕饮以落之。至于下邑旁郡,携扶老稚,阗溢郛郭,相与观听,指是巍然者曰:"上之命令,由是而出;下之情伪,由是而入。一有不诚,重为门羞。吾属戒焉。"是年,襄出刺清源,州人遮余而言曰:"我公之为治,固有闻于执事矣。始者革弊恶,人畏其明。已而,捐养鳏惸,教敕子弟。及其治成,井市童儿不收落钱,田丰海熟,人得其职。公作双门,我实为之。公归有时,我思无穷。愿为纪所作之始,而刻之石,庶远不忘。"初,公定邕广寇,还请莅杭,上以其逊而不伐,召升宥密。未几,以直议不能与众合,遂伸前请。至则励精夙夜,不以宴息自处。其进退忠义之节与所施为,若千里之绩,固不以书见。然州人过余再三,称颂殷勤,不书无以慰其志。凤凰门《咸淳临安志》:在凤凰山下,赵抃诗云"老来重守凤凰城"是也。凤凰亭《咸淳临安志》:在府治南,通判北厅。

宋大内 徐一夔《宋行宫考》:在凤凰山下,即唐以来旧治也。建炎三年二月,高宗诏以杭州为行宫。时执政奏屋宇隘陋,高宗以百官六军未得其所,不御正寝。绍兴元年十一月,诏守臣徐康国措置,且命不得华饰。二年,南门成,名曰行宫之门。三年,以百官遇雨泥行非便,诏梁汝嘉创廊庑于南门之内。二十八年,始增筑禁城。陈随应《宋行宫记》:行宫,即钱王旧宫也。皇城九里,入和宁门,左进奏院、玉堂,右中殿、外库。至北宫门,循廊左序,巨珰幕次,列如鱼贯。祥曦殿、朵殿接修廊为后殿,对以御酒库、御药院、慈元殿、外库、内侍省、内东门司、大内都巡检司、御厨、天章等阁,廊回路转,众班排列。又转内藏库,对军器库。又转便门,垂拱殿五门十二架,长六丈,广八丈四尺。檐屋三门,长广各丈五。朵殿四,两廊各二十间,殿门三间,内龙墀折槛。殿后拥舍七间,为延和殿,右便门通后殿。左一殿,随时易名。明堂郊祀曰端诚,策士唱名曰集英,宴对奉使曰崇德,武举及军班授官曰讲武。东宫在丽正门内,南宫门外,本宫会议所之侧。入门,垂杨夹道,间以芙蓉,环朱阑,二里至外宫门。节堂后为财帛、生料二库,环以官属直舍。转外窑子,入内宫门。廊右为赞导春坊直舍,左讲堂七楹,扁新益。外为讲官直舍。正殿向明,左圣堂,右祠堂,后凝华殿。瞻箓堂,环以竹,左寝室,右斋,安位内人直舍百二十楹。左彝斋,太子赐号也。接绣香堂,便门通绎己堂,重檐复屋。昔杨太后垂帘于此,曰慈明殿。前射圃,竟百步,环修廊。右博雅楼,十二门。左转数十步,雕阑花甃,万卉中出秋千,对阳春亭、清霁亭、前芙蓉、后木樨。玉质亭,梅绕之。由绎己堂过锦胭廊,百八十楹,直通御前。廊外即后苑,梅花千树,曰梅冈。亭斋曰冰花。斋枕小西湖,曰水月境界,曰澄碧。牡丹曰伊洛传芳,芍药曰冠芳,山茶曰崔丹,桂曰大阙清香,堂曰本支百世,佑圣祠曰庆和,泗州曰慈济,钟吕曰得真,橘曰洞庭佳味,茅斋曰昭俭,木香曰架雪,竹曰赏静,松亭曰天陵偃盖。以日本国松木为翠寒堂,不施丹艧,白如象齿,环以古松。碧琳堂近之,一山崔巍,作观堂,为上焚香祝天之所。理宗时,吴知古掌焚修,每三茅观钟鸣,观堂之钟应之,则驾兴。山背芙蓉阁,风帆沙鸟,咸出履舄下。山下一溪萦带,通小西湖。亭曰清涟,怪石夹列,献瑰逞秀。三山五湖,洞穴深杳,豁然平朗,翚飞翼拱。凌虚楼对瑞庆殿、损斋、缉熙。崇政殿之东,为钦先孝思、复古、紫宸等殿。木围即福宁殿。射殿曰选德。坤宁殿,贵妃、昭仪、婕妤等位宫人直舍蚁聚焉。东过阁子库、睿思殿、仪鸾、修内、八作、翰林诸司,是谓东华门。

宫城四门 《武林旧事》:丽正、南门。和宁、北门。东华、东门。西华、西门。

宫内各门 《武林旧事》:南宫门、丽正门内。北宫门、和宁门内。南水门、东水门、苑东门、苑西门、会通门、宣德门、上合门、玉华合门、隔门、斜门、关门、含和门、贻谟门。二门系天章阁。

外朝正殿 《咸淳临安志》:文德殿、正衙,六参官起居,百官听宣布。绍兴十二年建。紫宸殿、上寿。大庆殿、朝贺。明堂殿、宗祀。集英殿、策士。以上四殿皆即文德殿,随事揭名。垂拱殿。常朝四参官起居,绍兴十二年建。《宋史新编》:杭城大内,即州治也。休兵后,始作崇政、垂拱二殿。他如紫宸、文德、集英、大庆、讲武诸殿之名,虽存东都之旧,然惟随时所御,则权更其名,实则垂拱、崇政二殿而已。

　　内朝后殿　《咸淳临安志》:延和殿、垂拱及后殿之后,皆有此殿。遇圣节、长至、正旦、寒食大礼,斋宿或避正殿,则御焉。旧《钱塘县志》:《宋史》称淳熙八年改后殿拥舍为别殿,取旧名,谓之延和,至今因之。按淳熙六年后殿上梁文云:听朝决事,兼汴都延和崇政之名;论道谈经,殆炎汉虎观金华之比。是延和殿早已有之,而其名实始于北宋也。崇政殿、即祥曦殿。陈随应《从驾记》:崇政殿亲从内外等子各如上数,即指此殿也。福宁殿、御寝。《乾淳岁时记》:立春前,临安府进大春牛,设之福宁殿庭。《西湖游览志》:下有曲水流觞。复古殿、高宗建,理宗重修,有御制记。旧《钱塘县志》:此燕闲之所,禁中避暑多御之。选德殿、孝宗建,以为射殿。御座后有大屏,分画诸道,列监司郡守为两行,各标职位姓名,又图疆域于碑阴,诏周必大为记。《玉海》:孝宗皇帝辟便殿于禁垣之东,名曰选德。规摹朴壮,为陛一级。中设漆屏,书郡国守相名氏,群臣有图方略来上可采者,黏之壁,以备观览。数延文武讲论治道,询求民隐。至于中外奏报若军国机务,皆于此决。暇则抽绎经传,或亲御弧矢,虽大寒暑不废。缉熙殿、理宗辟旧讲殿为之,御制记。旧《钱塘县志》:绍定五年,理宗制敬天命、法祖宗、事亲齐家而下凡四十八条,御札十二轴,诏讲读苑书官撰箴辞。明年六月甲午,缉熙殿成,御书"缉熙"二字榜之,亲为记文,以所制箴辞,亲洒宸翰,列殿上以备观览。熙明殿、咸淳三年,改东宫益堂以为讲读之所,上自御制记。勤政殿、咸淳二年,即进食殿改建。嘉明殿、咸淳二年,即东宫绎己堂改建。旧《钱塘县志》:熙明、勤政、嘉明三殿,并度宗建。钦先孝思殿。绍兴十五年建,仍东都之旧制,置在禁中,以奉累代以来祖宗神御。旧《钱塘县志》:创于崇政殿之东,凡朔望节序生辰,酌献行香,用家人礼。而《武林旧事》以钦先孝思为二殿,【万历】《钱塘县志》遂沿其误。

　　宫内诸殿　旧《钱塘县志》:明华殿、禁中。倚桂殿、周必大进呈《选德殿赋》于此。清燕殿、重九于清燕殿赏橙橘。膺福殿、元夕鳌山,多于复古、膺福、明华等殿张挂。庆瑞殿、即顺庆殿,理宗改禁中例,于八日作重九,排当于庆瑞殿,分列黄菊,灿然炫眼,且点菊灯,略如元夕。需云殿、大燕之所。澄碧殿、淳熙四年九月,宣召侍读史浩,赐宴澄碧殿。抵暮,送以金莲烛,宿玉堂直庐。上命作诗,浩进古诗三十韵,御制俯同其韵。二年五月辛卯,宴辅臣于澄碧。玉牒殿、藏宗潢世系之所。马氏抄云[1]:临安玉牒殿灾,延及殿门。宰臣以门字有勾脚带火笔,故招火灾。遂撤额投火中,乃息。后书"门"多不用勾脚。纯福殿、绍兴二十六年,作本命殿于万寿观,依在京以纯福为名[2]。符宝殿、贮躬应天命之宝。穆清殿、见皇后册礼,东京延福宫有是殿。慈宁殿、绍兴九年,诏皇太后殿名慈宁。三十日,毕功。慈宁,即显仁韦后也。寿康殿、庆

----

〔1〕　雍正本"抄"前有"曰"字。
〔2〕　雍正本"在京"作"汴京"。

元元年,御书"寿康宫寿康之殿"七字。先是,绍兴五年,改寿安曰寿康。坤宁殿、皇后所居。秾华殿、皇后所居。慈明殿、杨太后所居。《三朝政要》云:绍定三年,慈明殿出缗钱犒军。慈元殿、谢太后所居。重寿殿、绍兴末,以旧慈福为重寿殿,二太后皆徙居此。仁明殿、全太后所居。清华殿。自坤宁以下,皆皇太后皇后所居,屡朝多更名。

谨按:南宋禁中诸殿名,见于《咸淳临安志》《梦粱录》《武林旧事》诸书,俱各不备。而梁允植旧《钱塘县志》搜采群籍,详加注释,故从梁《志》登载。然犹未备也。考王士点《禁扁》载宋宫中殿名在杭者,有祥曦、延和、乾文、佑圣、垂拱、福宁、景福、宝庆、太霄、崇禧、广爱、通真、嘉明、灵晖、仙仪、福庆、明堂、神宁、顺福、瑞庆、神应、灵休、彰德、熙明、大成、广孝、福临、玉孝、集禧、纯福、康寿、膺庆、选德、复古、介福、明离、缉熙、凝机、重徽、毓瑞、正阳、肃仪、申佑、长生。四字者,三极储祥、无极妙道、金阙寥阳等名。而景灵宫、鸿庆宫、资福院不与焉。是宫殿诸名失传者多矣,附录于此,以备参考。

御阁 徐一夔《行宫考》:南渡后,遂令修内司,复建诸阁,藏祖宗御书图籍。太宗阁曰龙图,真宗阁曰天章,仁宗阁曰宝文,神宗阁曰显谟,哲宗阁曰徽猷,徽宗阁曰敷文,绍兴十年建。高宗阁曰焕章,淳熙十五年建。孝宗阁曰华文,庆元二年建。光宗阁曰宝谟,嘉泰元年建。宁宗阁曰宝章,宝庆二年建。理宗阁曰显文,咸淳元年建。诸阁皆在禁中,阁置学士直阁。《愧郯录》:中兴后,惟建天章一阁,以藏祖宗御书。今行宫大内后万松岭有地,旧名天章。日历载:绍兴十九年,从义郎赵子嵚投进太祖御容一轴,赴天章阁收奉讫。《建炎以来朝野杂记》:列宗皆有阁,惟太祖英宗无御集,故不置阁。

堂 《武林旧事》:翠寒、高宗以日本罗木建,古松数十株。澄碧、观堂、芳春、杏。凌寒、钟美、牡丹,钟美堂大花为极盛。堂前三面皆以花石为台,三层各植名品,标以象牌,覆以碧幕。台后分植玉绣球数百株,俨如镂玉屏。堂内左右,各位三层雕花彩槛,护以彩色牡丹画衣。间列碾玉、水晶、金壶及大食玻璃、官窑等瓶,各簪奇品,如姚、魏、御衣黄、照殿红之类几千朵,别以银箔,门贴大斛,分种数千窠,分列四面。至于梁栋窗户间,以湘筒贮花,鳞次族插,何翅万朵。堂中设牡丹红线地茵。自中殿妃嫔至内宫,各赐翠叶牡丹、分枝铺翠牡丹、御书画扇、龙涎、金合之类有差。下至伶官乐部应奉等人,亦沾恩赐,谓之随花宴。灿锦、海棠。燕喜、静华、清赏、稽古、御书院。清远、清彻、澄碧、水堂。蕊渊、环秀、山堂,一作环香。文圃、御书院,一作文圃。书林、御书院。华馆、衍秀、披香、会瀛、春暮,则稽古堂、会瀛堂赏琼花。德勤、云锦、荷堂。清雾萼绿华、梅堂,度宗易名琼姿。碧琳、凝光、澄辉、绣香、呈芳、会景、青花石柱,香楠袱额,玛瑙石砌。正始、后殿,谢太后改寿宁殿。怡然、惠顺位。信美、婉容位。清晖。禁中中秋夕赏月清晖堂。

亭 《武林旧事》:清泳、清趣、清晖、清颢、清迥、清隐、清寒、清激、放水。清玩、清兴、静香、静华、春妍、春华、春阳、春信、梅。融春、寻春、映春、余春、留春、皆春、寒碧、寒香、香琼、香玉、梅。香界、碧岑、滟碧、鱼池。琼英、琼秀、明秀、深秀、假山。

衍秀、濯秀、锦烟、锦浪、桃花。绣锦、万锦、丽锦、丛锦、照妆、海棠。浣绮、缀金、橙橘、缀琼、梨花。秾香、暗香、晚节香、菊。岩香、桂。云岫、山亭。映波、含晖、达观、秀野、凌寒、梅竹。涵虚、平津、真赏、芳远、垂纶、近池。鱼乐、池上。喷雪、放水。流芳、芳屿、山子。玉质、此君、竹。聚芳、延芳、兰亭、激湍、崇峻、惠和、浮醴、泛羽、并流杯亭。凌穹、山顶。迎熏、会英、正己、射亭。丹晖、凝光、雪径、梅。参月、共乐、迎祥、莹妆、植杖、村庄。可乐、文杏、壶中天、别是一家春。

　　阁　《武林旧事》：清华、凌虚、清漏、倚桂、中秋夕有赏月延桂，排当于此阁，临时取旨，夜深，天乐直透人间。来凤、观音、芙蓉、万春、太后殿。睿思、怡真、容膝、受厘、绿绮。

　　斋　《武林旧事》：损斋、高宗建。彝斋、谨习斋、燕申斋。高宗《损斋记》：尝谓当天下之正位，抚域中之万微，苟无以立其独，则多见弊精神、疲意志而不知止；广晏游、事不急、胶胶扰扰，莫收其放心。顾能回光抑损之道，岂不较然有感于斯！且汉、唐之君乐道为切，而未烛元览。武帝以推心[1]，非用损以持盈也；明皇以侈心，非知损以守位也。推原本指，俱失满戒。兹鉴往事，夕惕以思。凡追逐时好，一切长物率屏去，不复经意。几案间但有书史，商确古今，尽撤无益，示不贵之化。其于荡心侈目者，罔不扫除；清心寡欲、省缘薄费者，奉以周内焉。不则染毫弄翰，真草自如，浓淡斜行，茂密惟意，第于笔砚间有未能忘情似贤乎已。夫乾坤之道，易简也。易简，则天地之理得矣。《传》曰："器用不作，车服从给。"信斯言哉！宵旰余暇，乃辟殿庐之侧明窗静户，为游息之所。欣然摭前说，榜曰损斋。朝夕清燕，视以自警。庶几损德之修，自奉养有节，式稽于训。

　　楼　《武林旧事》：博雅、书楼。观德、万景、清暑、清美、明远、禁中称楠木楼，赏雪多御明远楼。后苑进大小雪狮儿，并以金铃彩缕为饰，且作雪花、雪灯、雪山之类。倚香。《杭州府志》：楼有梳妆[2]。报国寺有梳妆楼遗迹[3]。

　　台　《武林旧事》：钦天、奉天。宴春、秋芳、天开图画、禁中例观潮于天开图画。高台下瞰，如在指掌。都民遥瞻黄伞雉扇于九霄之上，真如萧台蓬岛。舒啸、跄台。

　　园　《武林旧事》：小桃源、观桃。杏坞、梅冈、瑶圃、村庄、桐木。

　　轩　《武林旧事》：晚清。

　　观　《武林旧事》：云涛。

　　庵　《武林旧事》：寂然、怡真。

　　坡　《武林旧事》：玛瑙、洗马。

---

〔1〕雍正本"推"作"雄"。
〔2〕雍正本无"杭州府志楼有"六字。
〔3〕雍正本"报"前有"杭州府志"四字。

学士院 《咸淳临安志》:在和宁门内,盖沿唐北门之制也。

玉堂 《咸淳临安志》:高宗用淳化二年赐承旨苏易简故事,御书赐学士周麟之。庆元五年,更造,仍以玉堂为名。景定五年,诏复寓直旧制,御制诗一首,赐直院牟子才、马廷鸾,曰:学士寓直玉堂,此盛典也。今复见之,爰以诗赐焉。

摛文堂 《咸淳临安志》:在玉堂之后,东西两阁,以处词臣。宁宗用政和五年赐承旨强渊明故事,御书扁赐学士高文虎,有记。

讲读官宿直位次 《咸淳临安志》:在直院内。隆兴元年,诏经筵官直宿直院。刘珙以直宿位次屋宇窄狭乞行展盖。从之。谢翱《过宋故宫诗》:"复道垂杨草欲交,武林无树着凌霄。野猿引子移来往,覆尽花间翡翠巢。紫宸楼阁燕流霞,今日凄凉佛子家。寒照下山花雾散,万年枝上挂袈裟。"[1]林景熙《宋故宫诗》:"惊风吹雨过,历历大槐踪。王气销南渡,僧坊聚北宗。烟深凝碧树,草没景阳钟。愁见花砖月,荒秋咽乱蛩。"黄潜《凤凰山故宋宫诗》:"沧海桑田事渺茫,行逢遗老色荒凉。为言故国游麋鹿,谩指空山号凤凰。春尽绿莎迷辇道,雨多苍莽上宫墙。遥知汴水东流畔,更有平芜与夕阳。"赵孟頫《凤凰山故宋宫诗》:"东南都会帝王州,三月莺花非旧游。故国金人泣辞汉,当年玉马去朝周。湖山靡靡今犹在,江水悠悠只自流。千古兴亡尽如此,春风麦秀使人愁。"[2]仇远《宋宫诗》:"渐无南渡旧衣冠,尚有西湖风雨寒。凤鸟不来山寂寂,鸥夷何在海漫漫。荒陵樵采官犹禁,故苑烟花客自看。惟恨余杭门外柳,长年不了送征鞍。"杨维桢《凤凰山故宋宫诗》:"天山乳凤飞来小,南渡君臣又六朝。劫火不烧杨琏塔,箭锋犹抵伍胥潮。磷光夜附山精出,蜃气秋随海雾消。惟有官人斜畔月,夜深犹自照吹箫。"张翥《凤凰山故宋宫诗》:"南渡君臣建业偏,不堪乔木黯风烟。岂知白马兴王日,又到红羊换劫年。三辅皇图空郡国,六朝王气渺山川。白头开府归来日,应览遗踪一怆然。"钱惟善《凤凰山故宋宫诗》:"登临休赋黍离章,千里江流接大荒。剑锁碧华空楚舞,镜埋香骨失秦妆。薜萝木客啼萤苑,荆棘铜驼卧鹿场。寂寞万年枝上月,夜深犹照旧宫墙。"贝琼《经故内诗》:"山中玉殿尽苍苔,万里金舆岂复回?地脉不从沧海断,潮声犹上浙江来。百年禁树知谁惜,三月宫花尚自开。此日登临解题赋,白头庾信不胜哀。"高启《凤凰山寻故宫遗迹诗》:"兹山势将飞,宫殿压其上。江潮正东来,朝夕似奔响。当时结构意,欲敌汴都壮。我来百年后,紫气愁不王。鸟啼壁门空,落叶满阴障。风悲度遗乐,树古罗严仗。行人悼降王,故老悲奸相。苍天何悠悠,未得问兴丧。世运今复衰,凄凉一回望。"刘基《宋故宫诗》:"泽国繁华地,前朝旧此都。青山弥百粤,白水入三吴。艮岳销王气,坤灵肇帝图。两宫千里恨,九子一身孤。设险凭天堑,偷安负海隅。云霞行殿起,荆棘寝园芜。币帛敦和议,弓刀抑武夫。但闻当宁奏,不见立庭呼。鬼蜮昭华衮,忠良赐属镂。何劳问社稷,且自作欢娱。粳稻来吴会,鱼龙出具区。至尊巍北阙,多士乐西湖。鹢首驰文舫,龙鳞舞绣襦。暖沙摇襞积,凉月浸氍毹。紫桂秋风老,红莲晓露濡。巨鳌擎拥剑,香饭滗雕胡。蜗角乾坤大,鳌头气势

〔1〕 雍正本无"紫宸楼阁燕流霞,今日凄凉佛子家。寒照下山花雾散,万年枝上挂袈裟"二十八字。

〔2〕 雍正本黄潜《凤凰山故宋宫》与赵孟頫《凤凰山故宋宫》二诗乙。

殊。秦廷迷指鹿，周室叹瞻乌。白马违京辇，铜驼掷路衢。含容天地广，养育羽毛俱。橘柚驰包贡，涂泥赋上腴。断犀埋越棘，照乘走隋珠。吊古江山在，怀今岁月逾。鲸鲵空渤澥，歌咏已唐虞。鸥革愁何极，羊裘钓不迂。征鸿暮南去，回首忆莼鲈。"释道衍《登宋故宫诗》："萍迹漂流天地间，自惭方服亦无闲。三年作客居京国，九日携朋到凤山。渺渺白云迷旧业，英英黄菊照颓颜。人生莫厌登临乐，已去年华不再还。"姚丞《过宋故宫次沈启南韵》："废苑秋深草树微，湖山湖水少光辉。不应河北颁师急，却使江南报捷稀。行殿声沉环佩玉，寝宫香冷绮罗衣。空教过客增惆怅，搔首无言对落晖。"〔1〕王衡《过故宋离宫诗》二首："泉声鸣咽寺门前，望到斜阳更黯然。佛阁几经妆阁改，柳枝翻作竹枝传。蟏蛸露下游铜井，踯躅春红满藉田。闻道武林春社里，至今土鼓挂榆钱。""凤凰山上日红时，正好芙蓉夹岸吹。肃肃大堤来觌马，丛丛少女进深卮。十三处所无行馆，四百年来读断碑。始信沧桑亦常事，及时行乐不须疑。"〔2〕吴农祥《宋故宫诗》："干历仍怀土，坤灵迥向隅。铜驼秋渐歇，铁马昼常趋。币帛延强敌，干戈损壮图。奔亡怜上下，瞬息划荣枯。北使盟书入，南儿拜表俱。寝园荒汴水，秘殿塞江湖。感激依诸将，经营仗硕儒。五云开气象，百代壮规模。事大闲烽燧，幽忧走触舻。诛求供帝命，战伐愧兵符。宝座偏淮海，银河闪斗枢。佩环旋庆贺，钟簴足观娱。邦立师臣佐，人惊大帅诛。艰难齐解甲，消息远扬桴。万里倾骐骥，千山响鹧鸪。霸朝留越绝，僻径擅吴趋。沃土尘寰丽，神皋上苑殊。飘帘迷社燕，月榭受啼乌。鸱尾归潮拆，龙鳞复岫迁。云霄悬玉宇，沆瀣滴金铺。鱼钥寒楼堞，蛟宫转辘轳。尚衣穷翡翠，御馔逼醍醐。海月遥升殿，山泉曲入厨。行藏羞羽檄，警跸奏笙竽。灯影吹阡陌，香尘扑道涂。邀奇征狎客，秘戏羡名姝。禅位迁新室，登坛失故都。两宫虚踯躅，九庙隔驰驱。远吹来丹桂，清辉映白榆。楼居原缥缈，辇路不崎岖。酒醉储皇赐，花深内侍扶。伤怀惭蜀道，高奏杂巴渝。积粒沾千斛，飞钱散五铢。风初怀蛱蝶，霜老插茱萸。彩笔千年视，雕梁一日需。紫宸朝北魏，黄屋效东吴。将作呈宫制，司农算国租。前车烦指点，后乘竭征输。宁骇龙蛇忏，还看雁鹜呼。臣心荒易动，时俗逼难诬。白石闻娇女，青溪醉小姑。投鞭遗玛瑙，留玦碎珊瑚。杨柳迷朝市，樱桃荐禁衢。异时悲雪窖，何日问冰壶。官库迟欢伯，勾栏屈酒徒。此时疑将相，作计恋妻孥。宝盖于阗玉，瑶池合浦珠。艳阳频理楫，丰采忆当垆。高会称于越，同盟俨小邾。推迁嗟大椿，汩没信洪炉。浦溆风霜阻，山河岁月徂。仙台浮鸑鷟，天厩弃骊騄。世事多侵骨，奸雄已切肤。圣神宽有罪，权幸陷无辜。好祸情真忍，追游气已粗。半闲聊泛泛，后乐更区区。海邑推龙藏，江门伏凤雏。飘零屡主幼，追执使臣拘。仓猝怀衔璧，因循薄负嵎。登山或长啸，兹地已平芜。"吴任臣《南宋宫》词："浮渲梳头玳瑁妆，披香粉殿惜罗裳。只今剩有江流水，尚带余脂百合香。金鼓喧阗束锦装，宫人对对绿沉枪。童儿樵采坐荒草，共说当年御教场。"

---

〔1〕　雍正本无高启《凤凰山寻故宫遗迹》、刘基《宋故宫》、释道衍《登宋故宫》、姚丞《过宋故宫次沈启南韵》四诗。

〔2〕　王衡《过故宋离宫》后一首，雍正本作"竹子深深覆短沟，人传此地凤凰游。江水不能遮马腹，宫墙随意长禾头。平原烧白无归鸟，野戍霜清好放牛。寒食清明更萧瑟，汴州今亦似杭州"。

望江亭 《西湖游览志》：在凤凰山西大江，百里可览[1]。

万松坊 《西湖游览志》：永乐己亥，金台王玘书。

太虚亭 《凤凰山志》：在山顶大松傍。

三松 《凤凰山志》：山顶之上，三松并立，龙潜虎踞。其大数十围，高数十丈。

徐复宅 《北窗炙輠》：钱塘处士徐复，号冲晦处士，居万松岭。孙忉犹守故庐，语人曰："先祖有言：子孙世世勿离，钱塘永无兵燹。"徐故精数学也。

陈旦宅 宋濂《陈旦墓碣》：宋国子助教旦，始自宜城，徙居杭之万松岭家焉。

富览园 《都城纪胜》：在万松岭内王氏园。

留月台玉壶台 《名胜志》：在万松岭上。夹道植松，有八盘径。

凤山书屋 【成化】《杭州府志》：在凤凰山下。蒋骥之居。解缙《凤山书屋记》：余友蒋君良夫，家杭城凤山之阴。自少读书学问，志尚清苦，故能早取科第，官法从升，擢翰林学士。记注述作，誉望隆洽，谦谦然如家居读书时。素好蓄书，自谓其生平之乐在于读书也，乃以凤山书屋记为请。余谓君岂以读书为念哉？凤山，故赵宋之社居也。试与君登城闉而眺望，则昔之崇台杰阁、金縢石室之藏，皆灌木丰草，虬䆩之墟，闾阎之居也。以今视昔，奚翅相十百千万哉？然物理有广崇而易坏、浅鲜而长久者，亦其势也。故江陵之烈焰与砥柱之洪波，兴亡异世而渐尽则同。汲郡之冢编、鲁堂之壁简，所蓄几何而至今存者？余知君之志，不在乎积之多也。今君之凤山有书，官舍有书，积而能读，读而能得，得而乐之，乐而用之。是其积书又岂不多哉？抑闻凤山为钱塘最胜。常人之情，必为高台广榭，以穷观游临眺之乐，庶几有以得其胜也。今君则不然。筑室于此，以读圣贤之书，志圣贤之学，将期至于高明远大之域，则夫宴嬉登览以流连光景者，又乌足美哉？于是蒋君之志诚可尚也已，并歌以记之。翼翼华构，钱塘之墟。鞘鞘瑞草，凤山之隅。君子之居，君子之书。于粲其仪，千年一飞。千载一时，吁嗟风兮。

宋殿前司营 《梦粱录》：在凤凰山八盘岭。中置衙，有御书阁、凝香堂、整暇堂。山之上，有亭扁曰延桂，最高处曰介亭，崖石嶙峋。亭之后，为冲天楼，极高，为江海湖山奇伟之观。《西湖游览志》：殿前司为亲军护卫之所，俗称御教场者，此也。王问《御教场歌》："旷远峻削，壮哉兹邱。镇压溟渤，襟带江流。吴塵星列，越树云浮。帆樯动万里，风气凌九州。绍兴初年宋南骛，六宫娇娥避豺虎。天子重开日月旗，击鼓敲金日论武。解却歌舞妆，旋把铁衣着。拈弓玉指柔，挥戈皓腕弱。云鸟营中寂不喧，两军早得孙卿客。海日照铠甲，天霜飞剑铦。大嫔虽恃宠，亦知军令严。趑趄婕好当熊立，飞仙轻趫齐云翼。玉颜珠汗落马头，脂凝腕尽作桃花色。论功谁第一，阿娇正娇妒。倩取锦标来，偏得君王顾。御手解装束，敕赐千黄金。置酒飨群士，奏凯动霜林。月横参差斗柄转，歌笑犹传岩下音。老将江头向风立，千将拂拭难为心。"王守仁《御校场诗》："绝顶秋深荒草平，昔人曾此驻倾城。干戈消尽名空在，日夜无穷潮自生。谷口岩云扬杀气，路边疏树列残兵。山僧似与人同兴，相趁攀萝认旧营。"徐桂《御校场

---

[1] 雍正本无"望江亭"条。

怀古诗》："宋家曾此耀三军，壁垒苍茫向夕曛。霜仗霓旌空旧日，吴钩越棘散如云。波澄自偃鱼龙阵，谷响谁喧虎豹群。闻道佳兵非息战，两阶千羽在修文。秋日登临思不禁，荒台断础动萧森。江潮自绕新城郭，宫月犹悬旧羽林。徽道乱紫千载树，周墟平入万家砧。恶闻风急寒蛩语，疑是严更夜夜音。"田艺蘅《御校场怀古诗》："宋室曾屯武，山留御校场。神州几戎马，怪石自旗枪。晓日江湖白，秋风草树黄。圣朝崇雅化，无地不金汤。"钟渊映《过宋御校场址是累朝观潮处作》："尚忆宸游处，严城列会同。观涛临曲水，驰道拟回中。翠盖朝承露，芝旗晚引风。言驱七萃士，齐试六军雄。将帅感思奋，君王自即戎。冯夷朝幕府，罗刹蔽艨艟。松下秦王辇，云间夏后宫。瑞烟浮五色，仙乐听三终。白马来何疾，吴儿技最工。拔河传往事，超距倏乘空。喷薄凌春雪，氤氲接彩虹。蜃楼从地涌，鲛市与天通。杂奏鱼龙戏，仍论校猎功。湖山方宴会，襄汉已交攻。苑走胥台鹿，人悲朔塞鸿。惊沙屯铁骑，高柳挂雕弓。潮汐还从北，江流不向东。御堤尘飒飒，跸路草芃芃。渔父留金篆，征人走玉骢。平生怀古意，凄恻感飘蓬。"吴农祥《御校场诗》："此地留遗迹，登临值酒阑。草深环佩冷，花落辘轳寒。玉殿银凫出，金沟石兽残。六宫游幸地，昔日指长安。"

忠实亭　【成化】《杭州府志》：在圣果禅寺。

天峰孤啸亭　《西湖游览志》：中峰上，少师夏公谨题。

望海亭　《西湖游览志》：中峰旧有望海亭。

介亭　《咸淳临安志》：在凤凰山，对排衙石。熙宁中，郡守祖无择作。天风泠然，有缥缈凭虚之意。赵抃《介亭诗》："介亭群石似飞来，深插云松两两排。占得群峰最高地，翠姿何处有尘霾。"苏轼《登介亭饯杨杰次公诗》："篮舆西出登山门，嘉与我友寻仙村。丹青明灭风篁岭，环佩空响桃花源。前朝欲上已蜡屐，黑云白雨如倾盆。今晨积雾卷千里，岂畏触热生病根。在家头陀无为子，久与青山为弟昆。孤峰尽处亦何有，西湖镜天江抹坤。临高挥手谢好住，清风万壑传其言。风回响答君听取，我亦到处随君轩。"又《登介亭次刘景文韵》："泽国梅雨余，衰年困蒸溽。高堂磨新砖，颇觉利腰足。松根百尺井，两绠飞净渌。流觞聚儿童，一笑为捧腹。清风信可取，刚气在岩麓。始知共此世，物外无三伏。长歌入云去，不待弦管逐。西湖真西子，烟树点眉目。涛江少酝藉，高浪翻飞屋。俯仰拊四海，百世飞鸟速。远追钱氏余，近吊祖侯躅。吾生如寄耳，寸晷轻尺玉。谁似刘将军，逸韵谢边幅。千言一挥手，五车不再读。春岩彩鸡舞，月峡哀猿哭。朝先鹍鸠起，暮与寒螀续。我老废吟哦，赖君时击触。从今事远览，发轫此幽谷。清游得三昧，至乐谢五欲。莫作狂道士，气压刘师服。"又《登介亭次袁公济韵》："昏昏堕醉梦，奈此六月溽。君诗如春风，吹我朝睡足。登临得佳句，江白照湖渌。袖手独不言，默稿已在腹。是时风雨过，蔼蔼云归麓。疏星带微雨，金火争见伏。惜哉此清景，变灭不可逐。归来读君诗，耿耿犹在目。却思少年日，声价争场屋。文如翻水成，赋作叉手速。秋风起鸿雁，我亦继华躅。那知君蹭蹬，独泣荆山玉。相见南新道，青衫垂破幅。早知事大谬，恨不十年读。莫嫌冯唐老，终胜贾谊哭。今年复为僚，旧好许重续。升沉何足道，等是蛮与触。共为湖山主，出入穷涧谷。众驰君不争，人弃我所欲。何时神武门，相约挂冠服。"又《述古召饮介亭作》："西风初作十分凉，喜见新橙透甲香。迟暮赏心惊节物，登临病眼怯秋光。惯眠处士云庵里，倦醉佳人锦瑟旁。犹有梦回清兴在，卧闻归路乐声长。"苏颂《次韵蒋颖叔金部游介亭望湖山二十四韵》："我昨来余杭，孟陬值杓建。春色正融怡，皇华纤眷盼。言此佳山水，巧丽极怪变。有如画屏风，罗列围四面。城南古浮图，又为一郡冠。联驱松径中，信步苍崖畔。莓苔黏履屦，虬枝拂簪弁。纵览识高深，顾慕增诧叹。心迷真赏奇，意觉旅游倦。物色虽难穷，指注亦粗遍。楼台郁相望，无异挂盘线。向非适幽遐，何由尽闻见。惟昔吴越君，塔庙务华焕。依山镌大像，叠石累高岸。经营无已时，赀费岂复算。较其舆地中，佛光占过半。荣华一朝尽，金石空残片。款识刻犹存，排衙行不乱。虚亭复增修，郡府余壮观。故人柏台彦，早岁历监殿。自从交臂来，几回伤聚散。声光日以高，使节复频换。江湖偶追陪，旬浃停车传。更有山林期，兹焉适予愿。"又《次韵签判同登介亭诗》："纷纷尘事厌烦冥，何处能令爽气生。簿领欲迷头不举，烟霞才望眼偏明。门临沧海千重险，地厌高邱一再成。若论三山方外境，须将此地拟浮瀛。"又《和安上弟雪中登介亭诗》："滴沥泉池乱蕊珠，悠飏僧壁点颒糊。登高偏见山远好，万瓦参差篆玉符。"[1]

王保生园　《梦粱录》：在包家山。

壮观园　《都城纪胜》：有就包山作园以植桃花，都人春时最为胜赏，惟内贵张侯壮观园为最。

望潮亭　在钱塘江上，见《节孝集》。

清芳亭　【万历】《钱塘县志》：江上有清芳亭。

草阁　在江上，李晔故居。李晔《草阁诗》："草阁正在江之滨，白沙翠竹便为邻。家鸡避客飞上屋，野鸭成群来近人。石渠翰墨非无地，锦里桑麻却甚真。目送渔舟行浩荡，一川烟雨渺丝纶。"

望江亭　【嘉靖】《仁和县志》：在尊胜寺。刘基《望江亭诗》："柳拂江亭旧画栏，望江人去地应闲。寝园寂寞秋风里，行殿荒凉野草间。白塔尽销龙虎气，荒城空锁凤凰山。兴亡莫问前朝事，江水东流去不还。"

樟亭驿　《舆地志》：今为浙江亭。白乐天《樟亭驿见杨旧诗》："往恨今愁应不殊，题诗梁下又踟蹰。羡君独梦见兄弟，我到天明睡亦无。"又《宿樟亭驿诗》："夜半樟亭驿，愁人起望乡。月明何处见，潮水白茫茫。"郑谷《题樟亭驿楼诗》："故国江山外，登临返照间。潮来无别浦，木落见他山。沙鸟晴飞远，渔人夜唱闲。岁穷归未得，心逐片帆还。"孟浩然《与颜钱塘登樟亭望潮诗》："百里闻雷震，鸣弦暂辍弹。府中联骑出，江上待潮观。照日秋空迥，浮天渤海宽。惊涛来似雪，一坐凛生寒。"[2]又《与杭州薛司户登樟亭楼诗》："水楼登一望，半出青林高。帟幕英僚敞，傍筵下客叨。山藏伯禹穴，城压伍胥涛。今日观溟涨，垂纶欲钓鳌。"宋昱《樟亭观涛诗》："涛来势转雄，猎猎驾长风。雷震云霓裹，山飞霜雪中。激流起平地，吹涝上侵空。翕辟乾坤异，盈虚日月同。艅艎从陆起，洲浦隔阡通。跳沫喷岩翠，翻波带景红。怒湍初抵北，却浪复归东。寂听堪增勇，晴看自发蒙。伍生传或谬，故叟说难穷。来往应无已，申威亦匪躬。冲腾如决胜，回合似相

----

〔1〕　雍正本无《和安上弟雪中登介亭诗》。

〔2〕　雍正本无孟浩然《与颜钱塘登樟亭望潮诗》。

攻。委质任平视,谁能涯始终。"喻坦之《题樟亭驿楼诗》:"危槛倚山城,风帆槛外行。日生沧海赤,潮落浙江清。秋晚遥峰出,沙干细草平。西陵烟树色,长见伍胥情。"米芾《绍圣二年八月十八日观潮浙江亭诗》:"怒势豪声进海门,州人传是子胥魂。天排云阵千雷震,地卷银山万马奔。高与月轮参朔望,信如壶漏报朝昏。吴争越战成何事,一曲渔歌过远村。"汪元量《浙江亭别客诗》:"诸公来此欲凭阑,秃树沾云湿不干。小燕正嫌三月雨,老莺又受一春寒。楼头呼酒尽情饮,江上遇花随意看。莫怨人生有离别,人生到此别离难。"贝琼《浙江亭观潮诗》:"山摧岸坼昼冥冥,动地西风带蜃腥。沧海倒流吞日月,青天中裂走雷霆。欲招白马今无迹,莫信神鱼尚有灵。一气虚空自升降,乾坤与我亦浮萍。"邵思文《浙江亭诗》:"极目钱塘上,千峰列画屏。雨晴江树碧,潮落海门青。对县悲王导,移家忆管宁。临风一惘怅,沽酒慰飘零。"[1]吴琚《浙江亭观潮调寄酬江月》词:"玉虹遥挂,望青山隐隐,如一抹[2]。忽觉天风吹海立,好似春霆始发。白马凌空,琼鳌驾水,日夜朝天阙。飞龙舞凤,郁葱环拱吴越。此景天下应无,东南形胜,伟观真奇绝。好是吴儿飞彩织,蹴起一江秋雪。黄屋天临,水崖云拥,看击中流楫。晚来波静,海门飞上明月。"

秀江亭　《武林梵志》:在月轮峰开化寺傍。楼钥《次韵六和塔秀江亭壁间留题诗》:"江外参差列万山,我家深在万山间。好山正不用钱买,但要未老身先闲。长江比愁终似少,江水能回愁不了。扁舟何日过西陵,鄮山佳处吾归老。"李宗勉《题秀江亭诗》:"经行塔下几春秋,每叹无缘到上头。今日登临方觉险,不如归去卧林邱。"

宋随龙余知阁宅　《云栖寺志》:掘地得断碑,题曰"宋随龙余知阁宅界"。傍有石,隐隐有诗,盖护跸南来,因家于此,后舍宅为寺也。

曲江草堂　《钱塘县志》:在五云山下,钱惟善故居。

南果园　《武林梵志》:钱氏南果园,在月轮峰傍。

吴越龙山门　《七修类稿》:在六和塔西。

宋徐村酒库　《咸淳临安志》:在六和塔以南徐村。

铁井栏　《明一统志》:在六和塔寺南。昔有蛟龙自井而出,攻损江岸。钱氏铸铁井栏以镇之,刻八卦于上,以象八方。

钱王铁幢　《吴越备史》:王射潮箭所止处,常立铁幢,因名铁幢浦。徐一夔《铁幢辨》:旧《临安志》云吴越王镠用强弩射潮,箭止处,立铁幢以识。又云钱氏子孙言筑塘时,高置铁幢三,以为水则。在今利津桥北者,其一也。其地旧名铁幢浦。幢制首圆如杵,径七八寸,首出土三尺,余趾皆陷土。故老曰:初置幢时,塘犹未成,虑潮荡幢,用铁轮护幢趾,以铁緪贯幢干。且维緷石捷,然后实土筑塘,故幢首出土。宋淳祐间,赵安抚作亭覆幢,今平为民居。而铁幢之首,崭然出洼池可验。幢本有三,一在旧便门街东南小巷,今巷尚名铁箭;一在旧荐桥门外。皆埋塞。仅存在利津桥者,若不表识,亦埋塞矣。近有指此幢为箭幢,首为镞。不思方射潮时,已逐潮去,

---

〔1〕 雍正本无邵思文《浙江亭诗》。

〔2〕 雍正本"如"前有"细"字。

箭乌能存？且鏐虽英雄，一时精诚所激，岂有异于常箭哉？又谓幢首可撼而不可拔，以为神。不察其下关键故也。乃惑《夷坚志》之说，谓此矢拔则龟目红，尤谬。

映江楼 《西湖游览志》：在永昌门外。宋时，有亭扁曰"烟云鱼鸟"。至正庚寅重建，扁曰"瞰江"。正德元年，改建层楼，扁曰"映江"，尚书屠滽为记。

武林览胜记卷十三

古迹中

北山路

九曲城　《武林旧事》：钱塘门外，有九曲城。

玉莲堂　《咸淳临安志》：在钱塘门外。景定三年，安抚魏克愚徙于此。董嗣杲《玉莲堂诗引》：旧在郡治教场南。景定三年移此，扁曰"一清"。后以堂外多白莲，复揭玉莲旧赐扁。【万历】《杭州府志》：湖中竞渡，以此为夺标之所。《西湖游览志》：明嘉靖二十一年，按察佥事刘望之建宾馆于此，复其名为玉莲堂，浚池，树白荷。甫成，以忧去，扁额未揭。里人但称月牙公馆云。董嗣杲《玉莲堂诗》："仙根曾就华峰移，净引湘波出浴妃。龙护前皇三字在，燕居旧尹一清非。风檐摇影凉姿媚，月槛迷香冷艳肥。平展水天菱唱远，竹山苍翠自成围。"

来鹊楼　《西湖游览志》：出钱塘门折而北，为来鹊楼，邑人张文宿别墅也。尝为晋江令，有雅致，寄傲湖山，构楼湖畔。栋宇经始，有鹊巢焉，遂名来鹊楼。李元昭《西湖社成集来鹊楼诗》："西湖清且浅，中有兰与蕙。烟雾变晦明，鳞虫潜水裔。飞构冒层阜，仙筵敞平潆。野馔何芳鲜，烹调狎甘脆。翩跹麟凤臻，适遇风云际。簪佩曜华宿，觞酌论文艺。社以白莲申，盟以青松誓。莫谓倾盖新，山林置遣契。"

宋贡院　【成化】《杭州府志》：宋贡院，在钱塘门外王家桥。试一郡之士，谓之方外贡士。

钱惟演别墅　《西湖游览志》：菩提院，本钱惟演别墅，舍以为寺，有白莲、绿野等堂，碧玉四观，披颢等轩，南漪、迎薰、澄心、涵碧、玉壶、雪氍毹等亭，后并入昭庆寺。

南漪堂 董嗣杲《南漪堂诗引》：在钱塘门外，菩提寺西。东坡咏《南漪堂杜鹃花诗》即此。后为玉壶园。

玉壶园 《咸淳临安志》：在钱塘门外，本鄜王刘光世园，后属之临安府守赵与𥲅，筑堂四面。景定间，更隶修内司，又为堂，曰明秀。杜范《赵山甫居玉壶尽得湖山之胜醉和其韵诗》："占尽春光好，湖山一览余。著身蓬岛里，纵目画屏如。我计还知错，君谋定更疏。他年同到此，卜筑更踌躅。"张舆《玉壶园诗》："林亭绝幽迥，长夏绿云香。明月出山小，白莲承露凉。谯鼓楼头急，吴歈风外长。翛然玉壶内，浑与世相忘。"董嗣杲《玉壶园诗》："莫问南漪与玉壶，杜鹃还更试花无。坡仙一顾吟空老，地主频更景不殊。船出断桥春淑远，钟传萧寺晚楼孤。山明水秀轩扉敞，落日渔歌过里湖。"

望湖楼 《咸淳临安志》：在钱塘门外，昭庆寺前，一名看经楼，钱忠懿王建。《武林旧事》：先得楼，即古望湖楼。赵抃《望湖楼诗》："僧棹渔舠恣往还，澄波如鉴照群山。绕湖三百浮图舍，只是凭楼一瞬间。"王安石《望湖楼诗》："水光山气碧浮浮，落日将归又少留。从此只应长入梦，梦中遂与故人游。"苏轼《六月廿七日望湖楼醉书五首》："黑云翻墨未遮山，白雨跳珠乱入船。卷地风来忽吹散，望湖楼下水如天。""放生鱼鳖逐人来，无主荷花到处开。水枕能令山俯仰，风船解与月裴回。""乌菱白芡不论钱，乱系青菰裹绿盘。忽忆尝新会灵观，滞留江海得加餐。""献花游女木兰桡，细雨斜风湿翠翘。无限芳洲生杜若，吴儿不识楚词招。""未成小隐聊中隐，可得长闲胜暂闲。我本无家更安往，故乡无此好湖山。"又《宿望湖楼和吕察推诗》："新月如佳人，出海初弄色。娟娟到湖上，潋潋摇空碧。夜凉人未寝，山静闻响屧。骚人故多感，悲秋更惆栗。君胡不相就，朱墨分黝赤。我行得所嗜，十日忘家宅。但恨无友生，诗病莫诃诘。君来试吟咏，定作鹤头侧。改罢心愈疑，满纸蚓蛇黑。"苏辙《次韵子瞻望湖楼上五绝》："欲看西湖两岸山，卧乘湖上木兰船。湖山已自随船改，更值阴晴欲雨天。""眼看西湖不暂来，簿书无算拨还开。三年屈指挥将尽，记取从今得几回。""湖山欲买恨无钱，且尽芳樽对玉盘。菱角鸡头应已厌，蟹螯马颊更勤餐。""终日清漪弄短桡，久忘车乘走翘翘。秋风且食鲈鱼美，洛下诸生未可招。""滞留朝市常嫌闹，放弃江湖也未闲。孤艇粗穷千顷浪，肩舆未尽百重山。"潘阆《望湖楼诗》："望湖楼上立，竟日懒思还。听水分他界，看云过别山。孤舟依岸静，独鸟向人闲。回首重门闭，蛙声夕照间。"苏颂《次韵奉酬通判姚郎中宴望湖楼过昭庆院暮归偶作》："山半楼台绕曲堤，水风当夏却炎威。尝思遍览前朝迹，自恨劳生暇日稀。偶到上方凭槛久，恍如员峤蹑云飞。白莲旧社空遗址，有几人从此路归。"

择胜园 《咸淳临安志》：在钱塘门外九曲城下。绍定三年，秀王府创，有理宗御书"择胜""爱闲"二扁。

新园 【成化】《杭州府志》：在钱塘门外酒库侧，秀王府园。

宋策选锋军教场 【成化】《杭州府志》：在昭庆寺。

宋昭庆斋宫 《咸淳临安志》：昭庆有望祭殿，立夏祭南方岳渎，立秋祭西方岳渎，两庑为致斋合子。淳祐间，守臣赵与𥲅重修。

隐秀园　《咸淳临安志》：在钱塘门外城北，刘鄜王园。

上船亭　《武林旧事》：在钱塘门。

总宜园　《咸淳临安志》：在断桥路口，中贵张氏园。董嗣杲《总宜园诗》："望湖楼山变幻奇[1]，万千光景自纷披。妙分西子争妍态，绝想东坡得句时。柳径曲埋兜率寺，花阴直接放生池。内官爱展亭台去，尽付年华与酒卮。"

庆忌宅　【万历】《杭州府志》：在钱塘门外，宋丰储仓，其故基也。前有池，相传为庆忌磨剑处。宋咸淳六年，池中尝有风水之变，今庆忌塔尚存。

双清楼　在钱塘门外，见《方壶存稿》。汪莘《秋日饮钱塘门外双清楼诗》："西湖日日可寻芳，楼上凭栏意未忘。斫取荷花三万朵，作他倩女嫁衣裳。"

放生亭　《西湖游览志》：在宝石山麓。宋天禧四年，王钦若请以西湖为放生池，郡守王随为记。庆元四年，赵师睪建德生堂、飞泳亭、枕山亭。飞泳，理宗御书。

东西马塍　《梦粱录》：吴越王牧马于钱塘门外东西马塍，其马蕃息，号为马海。《咸淳临安志》：东西马塍土细，宜花。都城之花，皆取焉。或云塍当为城，盖钱王旧城。余杭门外地，与此相接。叶适《同赵振文游马塍诗》："马塍东西花十里，锦云绣雾参差起。长安大车喧广陌，问以马塍云未识。荼蘼缚篱金沙墙，薜荔楼阁山茶房。高花何啻千金直，着价不到宜深藏。青鞋翩翩乌鹊袖，严房引前金蒋后。随缘摘蕊煎冬酥，小分移床献春酒。陈通苗傅昔弄兵，此地寂寞狐狸行。圣人有道贲草木，我辈栽花乐太平。知君已在苕水住，尽日橹声摇上渚。无际苍波蓼自分，有情绿浦鸥偏聚。追逐风光天漫许，抛掷身世人应怒。君不见南宫载宝回，何如赵子穿花去。"刘克庄《水心先生为赵振文作马塍歌次韵诗》："洛阳牡丹隔万里，棘荒姚魏扶不起。马塍近在杭州陌，野人只向诗中识。匀朱傅粉初窥墙，海棠为屋辛夷房。千林春色已呈露，一株国艳犹閟藏。多情苟令香透袖，俊游恐落都人后。摇鞭深入红云乡，解衣旋贳黄腾酒。淮南芍药初过兵，人生何必塞上行。坠裀委壤各有命，肯学冻士鸣不平。移家欲傍园翁住，手开芜地通苹渚。寻芳栩栩趁蝶飞，逐臭纷纷怜蚋聚。君不见元都吟笔妙燕许，诗人却遣世人怒。君若拏舟独往时，我亦荷锄相随去。"赵蹈中《为赵振文和水心马塍歌》："昔年家住长安里，春风尽日香尘起。纷纷车马过绮陌，买花人多少人识。五侯第宅连苑墙，粲若琼蕊敷丹房。花寀近取马塍本，曲栏高槛深迷藏。主欢对客小举袖，击鼓吹箫满前后。真珠一斛聘国姝，琥珀千杯酌天酒。几年农器不销兵，雨耕云获歌且行。种花土腴无水旱，园税十倍田租平。拏舟来近菰蒲住，演漾回溪通枉渚。霜晴沙浦橘林明，日暮水浑鱼网聚。东门故侯应自许，灞陵醉尉宁须怒。何当学稼随老农，荷锄驱犊田中去。"白珽《三月八日过西马塍诗》："散策好春日，湖西古马塍。阴晴虽不定，天地自分明。柳处风无力，蛙时水有声。园家分半席，问得御花名。"宋无《马塍诗》："桃李宫城近，偏承雨露恩。至今耕种地，一半作花园。"刘泰《马塍看花诗》："一溪流水绕芳塘，谁种溪南十亩桑。樵谷暗通三竺寺，人家住近百花庄。偶随碧草寻诗去，却爱青林煮酒香。便典春衣拚醉

---

〔1〕　雍正本"望湖楼山"作"楼上湖山"。

倒,旁人惯识杜陵狂。"〔1〕陈允平《马塍道上诗》:"闲拖瘦竹筇,独步马塍东。鸟影青山外,春愁碧树中。麦潮风化蝶,樱熟雨生虫。莫向溪头去,溪头多落红。"宋伯仁《寓西马塍诗》:"十亩荒林屋数间,门通小艇水湾环。人行远路多嫌僻,我得安居却称闲。樽酒相忘霜后鞠,一时难画雨中山。何年脱下浮名事,只与田翁剩往还。"

张雨故居 【成化】《杭州府志》:在西马塍,内有菌阁。陈旅《菌阁记》:钱塘邑屋丛凑数十里,至为重楼以居,委巷若哄市,人气瀹郁为湹雾。城西山水清旷,而笙歌粉黛,下上无空日。夫杭东南奥区,芬华之所族,而亦幽静之所去也。城北有村曰马塍,居民多业艺花,土沃俗质,聚近而揫远。至元后丙子岁,句曲外史来栖焉。外史杭人,入华阳洞学道廿余年,世虑消尽。独岁一还里展墓,览春木,踟蹰不能去。乃二月雨作,舣舟西塍,宿故人朱明宇所居院。院有止堂余壤,杂栽草树,溪流折入,鱼鸟来亲。天雨未止,外史欣然为留,因约结屋共处。于是审曲面势,治地戒工,为阁四楹,南向以二庑翼之。三月甲戌成,益构佳卉植其下。旁有长松数十章,落落如高人。湖上之山,腾伏阁外,盖得冲览之会焉。外史旧有菌阁,在金菌山,吴兴赵文敏公篆榜,极古。兹复以真迹署新阁,意扁舟往来,所至在菌山也。时外史方著《幽文》《元史》二书,将于此成之,暑退乃去。此则明宇处守,而岁以为常。茅岭云气深厚,大虎时出林冲人。杭人思见外史,而莫能往也。幸岁时来归,得一候言笑,于是阁矣。因征记,刻于溪石。外史张氏,名天雨,字伯雨,海昌无垢翁之后昆也。明宇,名希晦,龙虎山高士,止堂易氏之元裔云。张雨《马塍新居诗》:"浮家泛宅意何如,玉室金堂意未疏。归锦桥边停舫子,散花滩上作楼居。淡然到处自凿井,元晏闭门方著书。但得草堂费便作,人间何处不樵渔。"萨都剌《宿张外史马塍新居诗》:"竹树忽闻乾鹊噪,明朝归去候新晴。小楼无处著秋意,暗雨空山如海声。叶落窗虚闻鹤步,峰回路转断人行。谁知昨夜元洲客,剪烛谈诗到二更。"张翥《题张外史马塍新居诗》:"窈窕丹房古涧阿,长松修竹绕层波。桃源隐者时相遇,茆洞仙人夜或过。沉瀣杯寒供晚食,青冥笙响答空歌。白云浮出池痕满,知是龙泓宿雨多。"

梅庄园 《咸淳临安志》:在西马塍,韩蕲王园,广一百三十亩,堂曰乐静、曰清风及竹轩,皆高宗御书。又有澄绿堂、水阁、梅坡、芙蓉堆,四时花木,各有亭。按:《西湖游览志》误作"梅冈园"。

宋涤羊所 《西湖游览志》:羊坊桥,宋时涤羊之所。

姜夔寓馆 《武林旧事》:在水磨头,近石函桥。姜夔《湖上寓居诗》:"荷叶披披一浦凉,青芦叶叶夜吟商。平生最识江湖味,听得秋声忆故乡。"

赵郭园 《西湖游览志》:石函桥北,旧有赵郭园。

水邱园 《武林旧事》:在北山路。

梅冈园 《武林旧事》:在北山路,御园。

瑶池园 《西湖游览志》:中贵吕氏外宅也,池周二里,植菱芡。

---

〔1〕 雍正本刘泰《马塍看花》列宋伯仁《寓西马塍诗》后。

谢府园　《武林旧事》:在北山路,有一碧万顷堂。

万花小隐园　《武林旧事》:在北山路,谢府园。

钱氏园　《武林旧事》:在北山路华亭,钱府园。

张氏园　王氏园　《武林旧事》:在北山路。

聚秀园　《武林旧事》:在北山路杨府。

秀野园　《武林旧事》:在北山路谢府[1]。

云洞园　《咸淳临安志》:在钱塘门外古柳林,杨和王园。直抵北关,最为广袤。洞筑土为之,中通往来。其上为楼。又有堂曰万景天全,群山环列。洞之旁为崇山峻岭,有亭曰紫翠间,尤可远眺。桂亭曰芳所,荷亭曰天机云锦,皆号胜处。《西湖游览志》:云洞园,培土为洞[2],屈曲通行,图画云气。其旁有丽春台,青石为坡,不斫碱齿。春时令丽人歌舞为戏,得上坡者受赏。园内有万景天全、方壶潇碧、天机云锦、紫翠间[3]、濯缨、五色云等亭榭,玉龙、玲珑、金粟、天砌等台洞。户牖辉煌,花木蟠郁,穷极丽雅。盛时凡用园丁四十余人,监园使二人。

古柳林　董嗣杲《西湖百咏诗引》:在钱塘正库西昭庆寺,东北抵杨和王云洞园。

宋钱塘尉司　《咸淳临安志》:在钱塘门外。隆兴癸未,施温舒建。《西湖游览志》:相传为王子高故居。兹邑特繁丽,仁宗尝览西湖图,叹曰真仙尉也,遂建真仙亭。苏子瞻尝率宾僚游焉,建英游阁。林和靖访谢尉,赋《秋水芙蕖诗》,建咏物楼。华庚《钱塘尉司记》:钱塘尉,承平时号八仙。裕陵览《西湖图》,尝有“真仙尉”之语,时则有真仙亭。东坡帅杭,率宾僚来游,时则有英游阁。林和靖访谢尉,赋《秋水芙蕖诗》,则有咏物楼。陈后山兴寄高远,形于篇咏,愿得终身为御寇,亦可想其盛也。南渡后,公宇弗存。隆兴癸未,施君温舒徙望湖楼之桃园,规制草创。逾四十年,因陋就简,漫不加葺。嘉泰辛酉,永嘉高君不倚实来,环视官舍,若将压焉。乃捐己俸,并郡邑所助,撤而新之,厅堂室庐舍二十有一间,堂曰擢桂、曰平湖,亭曰真仙,轩曰清风。今大参许公为之隶古,以扁其楣。既成,欲以先后莅职姓氏刊诸石,岁月远者莫考,独张仲颜见于王随《放生碑》,许淳仁见于东坡奏议,他不可复得。乃断自绍兴二十四年,而下得十有七人,求记于余。余以为尉之官最卑,有材未易展,信足以孚于下,而道不能获于上。虽有志,奚其遂? 高君莅官甫数月,以锁厅登太常第,雍和闲雅,裁制有余。题名小事,悦职分所关,有一未举,决不暇及。今也易隘陋之居为高明,亦可谓难矣。余故乐为之书。袁肃《钱塘尉司记》:官府之居于仕宜,山水之乐于隐宜,二者不可得兼也。居官府矣,簿书器尘之间,适与山水会,盖亦有之。然或瞰岩而倚麓,或阻间而临流,是一丘一壑,非山水奇观也。至于户庭之

旁,四望而群峰献状;几席之上,旁睨而巨浸扬澜,又亦有之。然地灵不足以动大君之品题,景物不足以发名胜之吟赏,则亦未为山水之遭也。间有遭焉者,旷而遐,野而僻,非能依神京之枢极,近金城之舻樯也。幸而密迩都邑矣,栋桡弗支,庭芜不治,而山水精神藐若不接,过者太息。若今钱塘尉治,不惟适与山水会,而又饱湖山之奇观焉。不惟跬步修门,而又有如余君子大之贤,能使所居官大[1],复创公宇,足以称赤尉之居,发山水之秀焉。吁!其可谓兼仕官、隐居之两全者矣。由嘉泰而上,废兴颠末,壁记略具。宝庆元年冬,余君实来睹治舍倾颓,亟请于府尹尚书袁公。公喜为开端厚助,乃经之营之,筑石塘二十寻,以护其址,为屋五十楹,加于旧址五之二。厅事门庑,既崇既敞,堂曰棹桂、曰平湖,轩曰清风,延宾之室曰真仙,楼曰英游,其下曰咏物,皆因前人命名。又名其亭曰水云。轮奂翚飞,恍然改观。君因俾记其事,余谓风景系于人,不系厥居。职举而居葺,岁久如一日也。楼以英游名,实取东坡帅杭率宾僚来游故事。尚书既祠坡仙矣,三年仲春莅此,君方赞帅幕,主宾欢洽,而又踵前闻人旧游,不知坡仙时为尉者真见知如此否乎?故并书之。余君名天任。

水云亭 袁肃《钱塘尉司题名记》:钱塘尉治饱湖山之奇观,名其亭曰"水云"[2]。

天然图画阁 【万历】《杭州府志》:在保俶塔旁。夏言《天然图画阁诗》:"客到西湖上,春游尚及时。石门深历险,山阁静凭危。午寺鸣钟乱,风湖去舫迟。清樽欢不极,醉笔更题诗。"

学士轩 【成化】《杭州府志》:在保俶塔右。元集贤学士黄溍游杭,僧炬为筑此轩舍之。

垂露亭 《泊如斋集》:亭当新堤之会,云间曹介夫客游而亭之,曰:"断桥垂露滴梧桐,吾以其名亭乎?"二三好事醵金成之。

看松台 《名胜志》:在宝石山。俯临巨壑,仰拂松梢。

水月园 《咸淳临安志》:在大佛头之西。绍兴中,高宗拨赐杨和王存中,御书"水月"二字。后复献于御前,孝宗拨赐嗣秀王伯圭。中有水月堂,俯瞰平湖,前列万柳,燕游者多集焉。《武林旧事》:有瀛燕堂、玉林堂,皆御书。范成大《雨中集水月园诗》:"献之今年不堪暑,天亦相怜病良苦。明更中秋法云凉,夜半行云晓行雨。蕲州竹簟清如冰,饥蚊倔强犹飞鸣。下床早喜衣裳健,出门更觉山川明。曳屐扶藜寻水月,不惜垂垂巾角折。竹间松下已凄然,却要芳樽生暖热。"楼钥《水月园诗》:"其美杯残意未休,相将重上望湖楼。楼台忽已居平地,风月何曾识旧游。更挈酒樽过水月,坐增诗兴满沧洲。春风共约新桥畔,遥拜双龙万斛舟。"方岳《水月园送王侍郎诗》:"送别孤山步绕湖,阑杆尽处倚孤蒲。翁之乐者山林也,客亦知夫水月乎?万事不如归自好,百年聊与醉为徒。藕花初醒莼丝老,唤住醒船鲙腹腴。"董嗣杲《水月

---

〔1〕 雍正本无"使所居官大"五字。

〔2〕 雍正本无"水云亭"条。

园诗》："园门当路掩清华,乔木灵根裹翠霞。地拥楼台齐葛岭,天分香影傍林家。中兴勋将曾营业,外邸王孙且看花。月色水光三十里,何人来此泛仙槎。"

十三间楼　《武林旧事》:在石佛院。东坡守杭日,每治事于此。有冠胜轩、雨亦奇轩。郭祥正《十三间楼诗》："高楼插湖脚,绀碧十三间。待月客无寐,看山僧自闲。"陈默《十三间楼诗》："昔年曾到十三楼,一月西湖十顷秋[1]。寒碧轩中最宜暑,只缘修竹近清流。"

江湖伟观　《遂昌杂录》:保俶塔山上,寿星寺西,陟磴而上,为江湖伟观。今则磴道不复识矣。董嗣杲《西湖百咏引》:在寿星寺最高处,原名观台。淳祐十年改建,其上更创两亭,直至山椒。《西湖游览志》:寿星院上有阁曰江湖伟观,安抚赵与籈建。朱继芳《江湖伟观诗》:"吴山表里水为池,百有余年壮帝居。天目远将双凤落,海门近拱六龙飞。胥涛白雪生秋思,太乙红云驻夕晖。江上沙鸥湖上舫,柳边风里两依依。"张蕴《江湖伟观诗》:"堤柳朝朝送酒船,一阑山色越帆烟。蓬莱云气东溟外,阊阖星辰北斗前。突兀向来无此屋,登临当日有诸贤。夕阳过雁慵回首,吟入关河万里天。"赵希槼《江湖伟观诗》:"华屋岿然占上方,一尊同此寄相羊。江潮翻海暮天阔,湖水拍堤春草长。芊芊越山凝紫翠,摇摇苏柳间青黄。归鸿影里阑干晚,回首中洲入渺茫。"邓林《江湖伟观诗》:"世间无尽是天游,更出吴山最上头。江面春声潮卷雪,湖心寒影月澄秋。海门舟楫云开见,瀛峤亭台水载浮。不比钱塘歌舞处,远怀西北有神州。"[2]黄庚《江湖伟观诗》[3]:"环峙山川秀气钟,人烟楼阁郁重重。潮生潮落东西浙,云去云来南北峰。海曙扶桑红影湿,堤春杨柳绿阴浓。子胥已远岳侯死,斗酒聊浇磊块胸。"叶茵《江湖伟观诗》:"此地旧寒碧,留题护竹君。窗虚不碍月,壁老易生云。一水东西隔,两山南北分。未堪低着眼,世事正纷纷。"又《江湖伟观山亭诗》:"结束虚亭近太清,山光水影互逢迎。人心只觉山多险,几个人心水样平。软红尘外耸嵯峨,题品先曾属老坡。立脚愈高天愈阔,静看舟楫驾风波。"[4]董嗣杲《江湖伟观诗》:"亭空窗户不曾扃,两眼风烟障翠屏。西子艳分晴雨倦,伍胥魂激浪涛腥。鼓箫咽晚难无酒,花柳争春别有亭。恨掩四时歌舞去,古祠寒玉儿竿青。"

此君轩　董嗣杲《西湖百咏诗引》:此君轩,在寿星寺西廊。寺门坡下又有亭名一击。

玛瑙山居　《西湖游览志》:宝云山之巅,石磴数百级,有阁凌空特起,凭眺最胜,所称玛瑙山居者是也。陈俞《玛瑙山居晓望诗》:"雨霁佛屋明,苔径深曲折。树摇高露惊,草密暗泉咽。前林或清磬,烟灯远欲灭。寄谢尘中人,与君从此别。"

洪皓宅　王守仁《两峰洪公墓志》:宋太师忠宣公皓赐第于钱塘西湖之葛岭。

竹阁元关　《西湖游览志》:竹阁,宋时徙建于葛岭报恩院,故称竹阁,寺已废。

---

〔1〕　雍正本"月"作"色"。

〔2〕　雍正本无邓林《江湖伟观诗》。

〔3〕　湖,底本误作"潮",据雍正本及文意改。

〔4〕　雍正本无《江湖伟观山亭诗》。

嘉靖中，太守陈一贯仍祀白公，遂扁其堂曰竹阁，门曰元关，从公诗"无劳别修道，只此是元关"。今为六桥草堂，少卿徐江山别业。黄宜山《葛岭竹阁诗》："移自孤山占此山，苍凉老屋万琅玕。樱桃杨柳空花梦，千古清风满阁寒。"

挹秀园　【成化】《杭州府志》：在葛岭水仙庙前，杨驸马园。

具美园　《梦粱录》：杨府园，在葛岭水仙庙西，有饮绿亭。

秀野园　《武林旧事》：在葛岭路，刘鄜王园，有四并堂。

半春园　小隐园　琼华园　《西湖游览志》：在玛瑙寺西，皆史弥远别墅。台榭工丽，在在殊宜。《集古录》：史卫王别墅，最为雄丽，后皆折入贾平章宅，故其名胜隐矣。

大吴园　小吴园　《武林旧事》：俱在葛岭路。

快活园　《西湖游览志》：在凤林寺右，宋赵婉容别墅。

集芳园　《西湖游览志》：在葛岭上，故张婉仪别墅。绍兴间，收属官家，藻饰益丽，有蟠翠、雪香、翠岩、倚绣、挹露、玉蕊、清胜诸扁，皆高宗御题。淳祐间，理宗以赐贾似道，改名后乐园。楼阁林泉，幽畅咸极。《齐东野语》：景定三年，诏以贾似道有再造功，遂以集芳园及缗钱百万赐之。园故思陵旧物，古木寿藤，多南渡以前所植者。积翠回抱，仰不见日。架廊叠磴，幽渺透迤，极其营度之巧。犹以为未也，则隧地通道，抗以石梁，傍透湖滨，架百余楹，飞楼层台，凉亭燠馆，华邃精妙。前据孤山，后据葛岭，两桥映带，一水横穿，各随地势以构筑焉。堂榭有名者，曰蟠翠、古松。雪香、古梅。翠岩、奇石。倚绣、杂花。挹露、海棠。玉蕊、琼花荼蘼。清胜。假山。已上集芳旧物，皆高宗御扁。"西湖一曲奇勋"，理宗御书。秋壑、遂初、容堂，度宗御书。初阳精舍、熙然台、砌台，山之椒曰"无边风月""见天地心"。水之滨曰"琳琅步""归舟"。旱船。通名之曰后乐园。又以为未足，则于第之左数百步瞰湖作别墅，曰光禄阁、春雨观、养乐堂、嘉生堂、千头木奴。生意潇然。生物之府，通名之曰养乐园。黄庚《贾秋壑废圃诗》："不学苍龙卧浙东，惊风吟佩随青璁。既无长策安江左，空有名园似洛中。危栈连云晴亦雨，飞楼近海夜生风。人间富贵皆尘土，回首吴山落照红。"汪元量《贾魏公府诗》："重门犹钉旧桃牌，惆怅行人去不回。万种好花环曲径，一泓流水绕香阶。高台已见山羊走，乔木惟闻蜀鸟哀。檐外竹梅森似束，邻翁时剪作烧柴。"柳贯《过贾丞相故第诗》："恨满龙骧江上舟，可容副使老循州。高冠谁上麒麟阁，断础犹名燕子楼。洛下啼鹃惭相业，辽东归鹤诧仙游。异时不藉公田策，安得吴航驾海流。"汤益《过贾氏废园诗》："檀板歌残陌上花，过墙荆棘檐牙。指挥已失铁如意，赐予宁存玉辟邪。败屋春归无主燕，废池雨产在官蛙。木绵庵外尤愁绝，月黑夜深闻鬼车。"

初阳台　【万历】《钱塘县志》：在宝云山顶，地高朗，宜远瞩。每岁十月朔，日月合璧，诡观也。下有浴日泉、宝云茶坞。董嗣杲《初阳台诗》："宝山山顶结芙蓉，方士凌虚几御风。日月光华含吐异，云萍踪迹往来空。石盘草子粘深碧，土级苔花剥碎红。舍侧又将精舍展，蓬瀛有路直能通。"杨载《初阳台诗》："丹台欲上路盘盘，秋月圆时正好观。已作高亭临岽嵼，岂辞深夜倚阑干。云封大壑蛟龙睡，露下苍林翡翠寒。下顾尘寰多迫隘，致身何止在云端。"张雨《初阳台诗》："初阳台上新亭好，一曲笙簧石壁开。惊起玄真狂道士，步虚飞下玉清台。"任士林《登初阳台诗》："人生尘埃中，白日送昏晓。不上初阳台，百年空自老。神光散瑶天，宝气横碧草。想当丹成时，飙车谒黄道。丁公骨已寒，壬女迹亦扫。独有山水泉，清甘散群槁。秋风洒铜盘，夜月照吴沼。陂竹不归来，浩歌林影悄。"

香水邻园　《都城纪胜》：在葛岭，廖莹中园，名药洲园，后归于贾氏。《癸辛杂识》：廖药洲湖边之宅，有世禄堂、在勤堂、惧斋、习说斋、光禄观、相庄、花香、竹色、红紫妆、芳菲径、心太平、爱君子。门桃符题云"喜有宽闲为小隐，粗将止足报明时""直将云影天光里，便作柳边花下看""桃花流水之曲，绿阴芳草之间"。

瞿洪宅　《西湖游览志》：葛岭有善住阁，运使瞿洪舍宅建，有山中四时亭、安乐窝。

宋四圣观营　《咸淳临安志》：在葛岭。

宋西太乙宫营　《咸淳临安志》：在葛岭[1]。

杨瑀宅　《钱塘志补》：瑀在太史时，上询其乡土，对以西湖葛岭之胜，御书"山居"二字赐之，因自号山居。

乐寿堂　袁桷《乐寿堂诗序》：余游葛岭，有堂颜曰乐寿，容斋李公习静之所。

乔园　《武林旧事》：在小新堤，乔幼闻园。

裴园　《武林旧事》：在小新堤，裴禧园。杨万里《裴园诗》："岸岸园亭傍水滨，画图飞入水心横。傍人莫问游何处，只拣荷花开处行。"楼钥《七月上浣游裴园赋醉翁操》："茫茫苍苍。青山绕，千顷波光。新秋露风荷吹香。悠扬心地修然，生清凉。古岸摇垂杨，时有白鹭飞来双。隐君如在，鹤与翱翔。老仙何处，尚有流风未志。琴与君兮宫商，酒与君兮杯觞。清欢殊未央，西山忽斜阳。欲去且徜徉，更将霜鬓临沧浪。"[2]

小隐园　《西湖游览志》：在赵公堤，宋内侍陈源外宅。后入重华宫，拨赐张贵妃，建崇福院。

资国园　《武林旧事》：在小新堤，旧名报国。有东坡书"隐秀斋"。《西湖游览志》：即履泰将军孙显忠故宅。

茶阳亭　《咸淳临安志》：在金沙涧，僧道源建。

---

〔1〕 雍正本"宋四圣观营"与"宋西太乙宫营"并为一条，曰："宋四圣观营西太乙宫营《咸淳临安志》：在葛岭"。其后并有"从吾别墅"条，文曰："《杭州府志》：在葛岭，明副使林梓别业。"

〔2〕 雍正本无楼钥《七月上浣游裴园赋醉翁操诗》。

葛仙翁虬松　《西湖游览志》:在履泰将军庙[1]。

宋巡司　《西湖游览志》:栖霞岭北有古剑关,宋立巡司于此。

畅亭　瀹俗亭　《咸淳临安志》:栖霞洞多岩石,贾魏公于洞之外为亭二,曰畅、曰瀹俗。

流芳亭　《西湖游览志》:在岳墓西,有石刻王像。

岳坟桧　《太平清话》:其树劈开[2]。天顺时,杭州郡丞马伟为之,以象分尸状,至今犹活。

御爱松　《西湖游览志》:仙姑山旧有净胜院,宋时女僧妙清建,高宗常临幸焉。有御爱松。

鉴空阁　《咸淳临安志》:在青芝坞显明院后,又有绿净堂。苏轼《和黄秀才鉴空阁诗》:"明月本自明,无心孰为境。挂空如冰鉴,写此山河影。我观大瀛海,巨浸与天永。九州居其间,无异蛇盘镜。空水两无质,相照但耿耿。妄云桂兔蟆,俗说皆可屏。我游鉴空阁,缺月正凄冷。黄子寒无衣,对月句逾警。借君方诸泪,一沐管城颖。谁言小丛林,清绝冠五岭。"[3]

鲍庆臣采地　《咸淳临安志》:在东山衖之北,有玉泉水灌溉,吴越相鲍君福赐田于此。《西湖游览志》:吴越相鲍庆臣采地。

白纸局　《西湖游览志》:在玉泉。明宣德间,置白纸局,就池造纸,淯浊久之。局废,而泉复冽。

宋左军步军寨　《咸淳临安志》:在行春桥二麦岭。

九里松门　【成化】《杭州府志》:在行春桥西。《武林旧事》:唐刺史袁仁敬守杭日,植松于左右,各三行。有一字门,扁吴说书"九里松"三字。高宗尝欲易之,自以不及,饰以金而重揭之。孙治《九里松说》:袁公仁敬之树松也,左右各三行,行九里,起行春桥,至灵隐而止,及下竺焉,是为九里松也。万历《志》载九里松之见在者,下竺路十一本,灵隐集庆一百一十九本,共一百三十本。邵虎庵之为山志也,相去十余载,所记行春桥至张家亭八本,至黑观音堂五十一本,至飞翠亭七本,至飞来峰牌二本,回龙桥至灵隐寺门十二本,下竺路十本,共九十一本。及其末年,已十亡其五。余为童子时,犹见有二十余本。及于今日,所存者不过十数本矣。嗟乎!松尽,而九里又何有矣?无其实者,以名存之。千载而下,得与泰山五大夫并传者,则犹赖乎此也云耳。余阙《九里松送吴左丞诗》:"结驷向青郊,松阴九里遥。言从天竺寺,直渡小春桥。偃塞成芝盖,萧瑟荫兰桡。相送将何赠,期君保后凋。"夏言《九里松诗》:"百盘云磴入千峰,飞盖行穿夹道松。长昼风雷惊虎豹,半空鳞甲舞蛟龙。江涛夜合秋声壮,湖雨春添黛色浓。欲藉丹青图直干,恨无韦偃得相从。"

---

〔1〕　雍正本无"小隐园""资国园""茶阳亭""葛仙翁虬松"四条。

〔2〕　雍正本"其"前有"在岳坟前"四字。

〔3〕　雍正本无"鉴空阁"条。

宜对亭　《名胜志》：九里松有宜对亭，叶绍翁书。

月波亭　《灵隐遗事》：大松数围，正与月波亭对。《钱塘县志》：亭在袭庆寺。

班衣园　《灵隐寺旧志》：韩世忠别墅。吴农祥《班衣园怀古》二首："夹岸芙蕖合，阴崖薜荔疏。角巾依石室，高枕倚云庐。故国多戎马，将军狎蹇驴。清凉老居士，问讯更何如。尚见思陵记，楼台有御题。威仪开辇道，曲折向丹梯。导骑还持盖，高僧共杖藜。名园有胜赏，日日醉如泥。"

香林园　《齐东野语》：在九里松，苏仲虎尚书园。

钱歆宅　《武林纪事》：歆孝义知名，居九里松之间，尝建杰阁，藏书甚富，东坡榜之曰"钱氏书藏"。

朱墅　《灵隐寺旧志》：梁隐士朱世卿别业，在九里松。

曲院　《西湖游览志》：九里松傍。宋时取金沙涧之水造曲，以酿官酒。其地多荷花，世称"曲院风荷"是也。

春淙亭　《灵隐寺旧志》：在合涧桥，贝琼有记。

丁飞宅　《笠泽丛书》：隐君丁翰之名飞，能鼓琴，居钱塘龙泓洞之左右，或曰憩馆耳。别业在深山中。

钱塘县旧治　《水经注》：浙江东径灵隐山，山下有钱塘故县。《太平寰宇记》：灵隐山下，至今基趾犹存[1]。

古泉亭　《太平寰宇记》：钱塘古泉亭，有紫水如霞。

虚白亭　《咸淳临安志》：唐守相里君造。释来复《虚白亭诗》："洞然一室生虚白，包括须弥百千亿。卧游恍讶玻璃宫，幻出诸天帝青色。常作清静观，廓达含太空。水晶寒映座上月，玉气晴射窗间虹。神光圆照彻中外，万物朗融无隔碍。空明一色镜涵天，触目如居焰摩界。我坐此室生灵光，阎浮大树多阴凉。门开冷泉境，路入无何乡。道人不起那伽定，夜明帘卷当银潢。扶过毗耶城，趋出摩竭方。身本无来亦无往，那用三万二千狮子床。可知有相皆非实，明暗色空谁辨的？莫教童子窥习禅，误作水光投瓦砾。扫除圣解并凡情，纯清绝点泯见精。忽惊兜率海天晓，红轮辗破琉璃青。"

候仙亭　《咸淳临安志》：唐守韩仆射皋建，久废。安抚赵与𥲔更造。白居易《候仙亭同诸客醉作诗》："谢安山下空携妓，柳恽洲边只赋诗。争及湖亭今日会，嘲花咏水赠蛾眉。"又《醉题候仙亭诗》："蹇步垂朱绶，华缨映白须。何因驻衰老，只有且欢娱。酒兴还应在，诗情可便无。登山与临水，犹未要人扶。"沈亚之《候仙亭诗》："新创仙亭覆石坛，雕梁峻宇入云端。岭北啸猿高枕听，湖南山色卷帘看。"

观风亭　《咸淳临安志》：在冷泉亭侧，唐庶子河东裴常棣建。

---

〔1〕　雍正本无"《太平寰宇记》：灵隐山下，至今基趾犹存"十五字。

见山亭 《咸淳临安志》：唐守卢给事元辅建。郭祥正《见山亭诗》："游子一凭栏，遍看湖上山。不须飞鸟去，已在画屏间。"张商英《见山亭诗》："帘卷疏烟醉眼开，浮云飞尽见崔嵬。苦嗟霖雨遮藏久，深谢晴风引致来。丹桂有时明月满，旧山无路白猿哀。禅僧指我真空理，心火茫然一夜灰。"

袁君亭 《灵隐寺旧志》：后人思慕刺史袁仁敬建。郭祥正《袁君亭诗》："民乐袁公惠，开亭古道边。能将九里碧，长与万人传。"

梦谢亭 《晏公类要》：灵隐山畔旧有梦谢亭。灵运父不宜子息，乃于钱塘杜明师舍寄养。杜明师夜梦东南有贤人相访，及晓，灵运至，故有梦谢亭。《名胜志》：一名客儿亭，卢元辅诗"绝顶客儿亭"是也。杨蟠《客儿亭诗》："昔日林间兴，风流谢客儿。春山花又发，不见屐来时。"贝琼《梦谢亭诗》："相传谢康乐，曾寄杜明师。此客今为土，何人更解诗。山空黄叶坠，岁久绿苔滋。日暮高亭坐，悠然动我思。"

杜明甫宅 《灵隐寺旧志》：在飞来峰傍。

紫薇亭 《咸淳临安志》：唐守紫薇舍人唐询，暇日至灵隐山顾访胜概，后建亭于此，因名。

翠微亭 【嘉靖】《浙江通志》：韩世忠忤秦桧，解兵柄，逍遥湖上。绍兴十二年三月建。此亭因岳飞有《登池州翠微亭诗》，故以名亭，亦隐痛之也。亭在飞来峰半。【成化】《杭州府志》：乾道五年，安抚周淙重建。洪适《次韵范守翠微亭诗》："带郭长堤十里春，是中佳处外风尘。层层危磴浑依旧，一一高亭已渐新。领略江山初纵目，剪除荆棘不劳神。携壶一笑须投隙，官事何时可脱身。"董其昌《登翠微亭诗》："烟迷杨柳洲，水拍芙蓉岸。我忆南湖秋，西山暮云乱。"

壑雷亭 【成化】《杭州府志》：在冷泉亭侧，赵安抚与篲创。

石桥亭 《咸淳临安志》：在武林山中，路近翻经台。

杏园 《尧山堂外纪》：钱塘莫维贤居灵竺间，绕舍栽杏，号曰杏园。

岣嵝山房 《钱塘县志》：在灵隐。明李元昭用晦构庐于慎庵之址，山房数楹，架回溪绝壑之上。溪声出阁下，高崖插天，古木蓊蔚。山人好诗，与天池徐渭友善。以山石自磔生圹，死即埋之[1]。所著有《岣嵝山人集》。李元昭《岣嵝山房客至留饮诗》："峰峦开霁景，洞壑敛春阴。蝶粉沾花面，蛛丝系草心。青霞飞醉盏，白雪泛鸣琴。且尽山阳赏，无劳问解簪。"茅坤《访李岣嵝山居诗》："将军少击剑，耻与世浮沉。独着黄冠去，言依青嶂深。林中看虎啸，花外听猿吟。谁谓闭关久，犹逢空谷音。"田艺蘅《由灵隐访岣嵝山房遂登北峰诗》："灵隐今谁隐，盘旋玉涧西。通幽开竹径，灭景抗岩栖。白日因君系，青云为我低。轻风生羽翰，去去蹑丹梯。"黄汝亨《岣嵝山房诗》："窈窕此山中，岩房一径通。飞泉时带雨，拂响坐临风。人静禅初

---

〔1〕 雍正本无"以山石自磔生圹，死即埋之"十一字。

梵,天高月正空。凄清聊奏曲,人世已鸿蒙。"王思任《岣嵝僧舍诗》:"乱苔膏古荫,惨绿蔽新芊。鸟语皆番异,泉心即佛禅。买山应较尺,赊月敢辞钱。多少新凉界,幽僧抱竹眠。"张遂辰《晚寻岣嵝山居诗》:"寺右岣嵝宅,崖盘路不穷。穿林人踏叶,响地水连筒。草阁寒松半,石桥秋涧中。早看萝上月,一片堕山风。"

白阁　《钱塘县志》:明邵重生古庵建白阁于隐灵鹫山呼猿洞,祀许由及唐宋名贤,为楼三楹,中祀其父经邦[1]。张遂辰《过邵古庵洞中山庐诗》:"绝欲中年后,浮名大梦间。饮泉依葛井,饵术出茅山。星落成苍冻,松高入古闲。隔溪指渡石,只放鹤飞还。"

一笑轩　《灵隐寺旧志》:在灵鹫,见孝宗御语[2]。

翻经台　《西湖游览志》:相传谢灵运儿时翻经于此。《庐山记》云:灵运见远公而异之,以北本《涅槃经》翻为南本三十二卷,遂以名台,则台当在庐山。而兹山更见,岂后人希谢氏之高踪而托名耶?白居易《翻经台诗》:"一会灵山犹未散,重翻贝叶有来由。是名精进才开眼,岩石无端亦点头。"姚铉《翻经台诗》:"康乐悟元机,寂寥此栖息。经翻贝叶文,台近莲花石。"梅询《翻经台诗》:"灵运曾此台,冥心住幽寂。重译叶上书,深藏林中述。遗文传竹素,野蔓侵苔碧。登览日未休[3],苍山日将夕。"陈樵《翻经台诗》:"石函朱几曙云中,云散台高万象空。枝重有时来白鸟,雨残无处着晴虹。血书贝叶三年碧,秋入萝衣半袂红。几度山人同听法,翠微深处石池龙。"[4]张芬《翻经台诗》:"萧寺曾投迹,翻经谢客儿。榛烟埋古径,麋鹿卧荒碑。书濑情何癖,伐山事更奇。芙蓉映初日,我亦爱君诗。南本翻经处,风流谢客儿。明霞传啸语,止水淡须眉。河岳归雄伯,尘沙礼导师。荒台有遗迹,千载见残碑。"董嗣杲《翻经台诗》:"过门蛙步入香林,七叶疏阴地尚灵。曾借东山康乐手,共翻北本《涅槃经》。阑腰叶拥空台赤,石罅泉通远笕青。云掩莲花峰下座,若人演义若人听。"陈赟《和董嗣杲〈翻经台〉诗》:"昔闻康乐访祇林,玩水登山豁性灵。乐道遍穷三教旨,与僧同译几函经。旧台犹在云长护,行径无踪草自青。想见当年鸣梵呗,老猿应向月中听。"

饭猿台　《古迹考》:在呼猿洞口,广丈许,高二尺。僧知一居此,畜猿。好事者每来施猿食,故名。贝琼《饭猿台诗》:"猿父识猿性,身与群猿居。应同支遁马,岂赋狙公狙。共息贝多树,时分香积厨。黑衣今不至,长啸意何如?"

颠仙庐　【万历】《钱塘县志》:颠仙,姓郑。在呼猿洞口。

东坡祠堂　《灵隐寺旧志》:在灵鹫寺。邦人初祀公苏堤,惠卿奏毁之,此又寺僧所建。

隐居堂　《晏公类要》:后汉陆玮,字文该,隐居灵隐山间学《易》,图淮南王及九

〔1〕 雍正本"邦"后有"足不入城市,遇节序祭祀,归家信宿,已即还山,如是者二十年"二十四字。
〔2〕 雍正本无"见孝宗御语"五字。
〔3〕 雍正本"日"作"意",义长。
〔4〕 雍正本无陈樵《翻经台诗》。

师之像。又名九师堂。郭祥正《九师堂诗》："尔学五古子，缘何绘九师。一堂风月淡，日用少人知。"〔1〕

思真堂　陆羽《二寺记》：许迈，字远游。建思真堂，在灵隐山。郭祥正《许先生书堂诗》："丹井光长在，空堂貌亦存。邻僧深夜磬，时复与招魂。"

葛坞　《咸淳临安志》：在灵隐山，方士葛元字孝先居焉。东晋大著作葛洪，亦隐于此。郭祥正《葛坞诗》："二葛既成仙，犹存炼丹处。有时化鹤来，徘徊不知去。"〔2〕

郗公庵　《武林旧事》：石笋峰有郗公庵，杭守祖无择爱此山之胜，结庵于此。后人取公所封名之。方丈左右金漆板扉，皆赵清献、苏、秦、陈、黄留题，及文与可画竹，张总持父子、吴傅朋等题字甚多，岁久暗淡，犹隐隐可见。

超然台　《武林旧事》：石笋峰有超然台。

望海阁　《灵隐寺旧志》：在北高峰顶。王炎《二月中休日黄帅领客登望海阁次韵诗》："翚飞栋宇压危峰，面面风光入坐中。潮汐近通天阙下，蓬瀛疑在海门东。巡行谁说秦皇事，疏凿今余夏后功。空阔无边惟此地，君侯心与境相同。"

重荣桧　【成化】《杭州府志》：在天竺光明忏堂后，隋朝所植，高数丈，大十围，后为兵火所燎。至大中祥符间，复茂盛，故名。

石面灵桃　【成化】《杭州府志》：在翻经台之侧，生于石面，每年结实甚大。宋政和间，归于京师。

香林亭　《西湖游览志》：香林洞旧有香林亭。

月桂亭　《古迹考》：在月桂峰下。

丹灶　陆羽《二寺记》：葛洪炼丹之所，丹灶犹存。

回轩亭　《西湖游览志》：在下竺。

枕琉亭　【万历】《钱塘县志》：在无竭泉上。

跳珠轩　《西湖游览志》：在下竺客寮，有泉出石罅，飞洒如珠。

登啸亭适安亭清晖亭　《西湖游览志》：并在下竺。

---

〔1〕　雍正本无郭祥正《九师堂诗》。
〔2〕　雍正本无"葛坞"条。

武林览胜记卷十四

古迹下

吴山路

有美堂 《名胜志》:在吴山顶。宋嘉祐二年,梅挚以龙图阁出守,仁宗赐以诗,有"地有湖山美"之句,因名其堂。欧阳修为记,蔡襄书。今故址不存,而府治后堂尚仍其名。欧阳修《有美堂记》:嘉祐二年,龙图阁直学士、尚书、吏部郎中梅公出守余杭。于其行也,天子宠之以诗,于是作有美之堂,盖取赐诗之首章而名之,以为杭人之荣。然公之甚爱斯堂也,甚久而不忘。今年自金陵遣人走京师,命余志之,其请至六七而不倦。余乃为之言曰:夫举天下之至美与其乐,有不得而兼焉者多矣。故穷山水登临之美者,必之乎宽闲之野、寂寞之乡而后得焉。览人物之盛丽、夸都邑之雄富者,必据乎四达之冲、舟车之会而后足焉。盖彼放心于物外,而此娱意于繁华,二者各有适焉,然其为乐不得而兼也。今夫所谓罗浮、天台、衡岳、庐阜、洞庭之广、三峡之险号为东南奇伟秀绝者,乃皆在乎下州小邑,僻陋之邦,此幽潜之士、穷愁放逐之臣之所乐也。若乃四方之所聚,百货之所交,物盛人众,为一都会,而又能兼有山水之美以资富贵之娱者,惟金陵、钱塘。然二邦皆借窃于乱世,及圣宋受命,海内为一。金陵以后服见诛,今其江山虽在,而颓垣废址、荒烟野草。过而览者,莫不为之踌躇而凄怆。独钱塘自五代时知尊中国,效臣顺,及其亡也,顿首请命,不烦干戈。今其民幸富足安乐,又其俗习工巧,邑屋华丽,盖十余万家。环以湖山,左右映带。而闽商海贾、风帆浪舶,出入于江涛浩渺、烟云杳霭之间,可谓盛矣。而帅是邦者,必皆朝廷公卿大臣,若天子之侍从。又有四方游士为之宾客,故喜占形胜、治亭榭,相与极游览之娱。然其于所取有得于此者,必有遗于彼。独所谓有美堂者,山水登临之美,人物邑居之繁,一寓目而尽得之,盖钱塘兼有天下之美,而斯堂者又尽得钱塘之美焉,宜乎公之甚爱而难忘也。梅公清谨好学,君子也。视其所好,可以得其人焉。赵抃《有美堂诗》:"城在东南诚第一,江湖只向坐中窥。斯堂占胜名天下,况有仁皇御制诗。"苏轼《有美堂暴雨诗》:"游人脚底一声雷,满坐顽云拨不开。天外黑风吹海立,浙东飞雨过江来。十分潋滟金樽凸,千杖敲铿羯鼓催。唤起谪仙泉洒面,倒倾蛟室泻琼瑰。"又《会客有美堂周邠长官与数僧同泛湖往北山湖中闻堂上歌笑声以诗见寄因和》二首:"蔼蔼君诗似岭云,从来不许醉红裙。不知野屐穿山翠,惟见轻桡破浪纹。颇忆呼卢袁彦道,难邀骂坐灌将军。晚风落日元无主,不惜清凉与子分。""载酒无人过子云,掩关昼卧客书裙。歌喉不共听珠贯,醉面何因作缬纹。僧侣且陪香火社,诗坛欲敛鹳鹅军。凭君遍绕湖边寺,涨渌晴来已十分。"蔡襄《重阳日有美堂南望诗》:"越邑吴封绣错分,华堂繁吹半空间。山峰高下抽青笋,江水东西卧白云。菊蕊芬芳初应节,松林照耀欲迎曛。州人不见归时醉,未拟风流待使君。"又《和夜登有美堂诗》:"忽闻乘月上层台,正值江湖夜色开。云屋万重灯火合,雪山千仞海潮来。静游惟有诗情得,独笑应无俗语陪。纵使羁怀多感慨,若逢清致少徘徊。"沈遘《和王岩夫有美堂会诸年契诗》:"西寺题名墨尚新,今为宾主此堂人。纵谈更起挥青尘,极醉何妨倒紫纶。梁苑旧游皆已往,吴山高会正临春。欲知胜事常难得,佳句先应动荐绅。"谢迈《独登有美堂诗》:"龟趺双跱日星悬,读罢凭栏心浩然。缭绕峰峦浮野色,参差楼阁起晴烟。湖光净照山间寺,江浪遥连海外天。安得翰林风月手,一时摩写入诗篇。"张先《有美堂赠彦献主人调寄山亭宴》词:"宴堂永昼喧箫鼓。倚晴空、画栏红柱。玉莹紫微人,蔼和气、春融日煦。故宫池馆更楼台,约风月、今宵何处。湖水动鲜衣,竞拾翠、湖边路。落花荡漾怨空树。晓山静、数声杜宇。天意送芳菲,正黯淡、疏烟细雨。新欢宁似旧欢长,此会散、几时来聚?试为挹飞云,问还解、相思否?"

谨按:《咸淳临安志》:有美堂,钱氏初建江亭于此,当在吴山最高处,左江右湖,故为登临之胜。又东坡有《九日舟中望见有美堂上鲁少卿饮处诗》言"舟中望见",则必西湖舟中也。旧志言堂在郡城内,又可见古城介在吴山外矣。淳祐六年,府尹赵与𥳑获古刻小碑于山巅太岁殿之侧,即仁宗御赐梅公诗,则此堂故址当在吴山无疑。《西湖游览志》载有美堂在凤凰山者,误也。

强至宅 《咸淳临安志》:至所居在吴山里。

乔行简宅 《武林梵志》:吴山之阳有宋丞相乔行简故第,奇石峭拔,东望海门。绍定间,理宗幸其第,书"见沧"二字,勒之崖石。后舍宅为寺,名宝奎。《西湖游览志》:嘉靖中,郡人茅瓒读书寺中,后及第,因号见沧,作亭覆石上。

郑炳宅 陈继儒《玉峰道人传》:居吴山里。

泉石山房 在吴山,郝思道建。张以宁《泉石山房记》:钱塘山水佳丽甲江左。其地为胜国故都,民物繁伙,闾阎栉比,置圃无所。而吴山屹立阛阓中,兼城市山林之秀,其佳丽又甲于钱塘。士人郝思道爱筑室焉,崇石于庭,洒泉及雷,白云时来,皓月下浸,玩而乐之,仍效晋人枕石漱流之旨,颜其藏修游息之居曰泉石山房,绘而诗之,介其友虎检阅大举请予文。予谓吴山固甲于钱塘,然而世多豢酣富贵、汗血声利者,鲜克领其趣而颛其乐。惟尚志读书,弗味世眒,寂寞以为徒,淡泊之与娱,然后能有而乐之,与人人殊。予闻思道先世居莒之沂水,幼侍先大父御史行台、父正乡橡江浙行省,因侨于是而居焉。以钟鼎之家、膏粱之习顾能翛然于泉石之好,兹固世之所尤罕矣。予家武夷三山之曲,縻禄京尘,寝负归约,其愧思道何如也,遂以大举之请为记之。

太虚楼 《客越志》:太守孙孟建,在吴山绝巘,望见百里。

有余清轩　在吴山,富氏宅,见《铁崖集》。杨维桢《有余清轩记》:钱塘富子明氏,有华堂一所在吴山。凡图史壶觞、觚翰琴奕之具,无不位置在列。早作一轩,西子湖如大圜镜,在横几下。四时朝暮,风烟雨月之状,取之无穷。不知九衢中奔走红尘于十丈间者有权门势阀也,因自扁其轩曰“有余清”。予至钱塘,必馆其所。集贤赵雍既为作古籀文书之,而以记属予。予曰:“举世皆浊而子欲独清,其得乎?”子明曰:“某之清,人人之所共得,吾非夺彼以为吾有也。人清不足,我清有余,彼何加于我?我何损于彼哉?”予以其言为知道。虽然子明季世有为之才也,吾有进于子明者。其在永嘉时,常以经略使命招谕山贼,身试虎口,人皆危之。不数语,开以逆顺祸福,即投戈归顺。为忌疾者损其功,才与位未直也。今嗣皇方有事于四方之征,天下秉志之士无不奔走先后,子明可揽辔而起矣。以澄清之清洒扫区夏,岂得事丈室之清以为有余乎? 子明谢曰:“此范孟博之清也,于吾清乎何有?”

如此江山亭　《七修类稿》:在吴山天圣观上。

天开图画阁清晖亭　《西湖游览志》:在承天灵应观上。元末,毁。洪武二十三年,道士严一清重建。弘治七年,道士沈元理、章德芳复相继修之。吴讷《宿天开图画阁用杨廉夫韵诗》:“承天观里开图画,吴越山河一览中。半夜月明湖水白,五更日出海门红。彩船春晚笙歌歇,粉蝶风高鼓角雄。十二阑干都倚遍,归心飞过大江东。”张雨《清晖亭诗》:“万瓦连云人世窄,一鸡啼日海波红。欲窥倒景青冥外,故着危亭紫翠中。”又《吴山清晖亭与垣之仲举联句》:“吴山秋色里,倚石望沧江。日脚霞侵户,涛头雪溅窗。浪奔沙岸叠,山夹海门双。有客谋新隐,于兹感旧邦。凭高乘险绝,怀古黜纷庞。杂爹书连屋,淋漓酒满缸。联诗搜月窟,臂阮泻岩淙。龟壳冠将堕,龙文鼎可扛。颇谐幽事熟,未觉壮心降。满月孤金柱,丛筼乱碧幢。晴峰俄点点,夕磬已枞枞。归路风尘表,酣歌不用腔。”

宋太史局　《西湖游览志》:在至德观侧。宋有太史局置神御殿,以奉昊天上帝、皇地祇、太祖、太宗、高宗、宁宗、理宗之神。

宋浑仪台　《西湖游览志》:在至德观。台上有浑仪,下有土圭。元至正毁,浑仪无存,行省丞相达识帖木儿重建。

看江亭　《西湖游览志》:在皮场庙。

真圣观蕉花　【万历】《钱塘县志》:观中蕉花盛开,有道士赵肖先居之。一日,有羽客来访,适赵他出,题诗蕉叶曰“午夜君山玩月回,西邻小圃碧莲开。天风香雾苍花冷,名籍因由问汝来”,又曰“白雪红铅立圣胎,美金花要十分开。好同子往瀛洲看,云在青霄鹤未来”。相传以为吕祖师寄托也。揭傒斯《真圣观蕉花访仙人题诗处诗》:“谁道钱塘非昔日,神宫仙馆参差出。天庆已开元妙门,桃花犹结千年实。仙人岩客题诗处,道士著经曾姓褚。旧人虽有马先生,年几一百犹童孺。永昌门外浙江潮,趁潮暮暮复朝朝。仙人一去不可招,蓬莱仿佛三山遥。炼师归领祠宫事,净洗尘心养真气。满城弹指百年间,惟有吴山千丈翠。”

竹山阁　【成化】《杭州府志》:在竹园山。宋临安尹赵与𥲅建阁其上,平瞰西湖,扁曰"竹山阁",理宗御书。景定三年,魏安抚克愚徙其阁。

宝成院牡丹 在宝莲山。苏轼《宝成院赏牡丹诗》:"春风小院却来时,壁间惟见使君诗。应问使君何处去,凭君说与春风知。年年岁岁何穷已,花似去年人老矣。去年崔护若重来,前度刘郎在千里。"

宋太庙 《咸淳临安志》:在瑞石山左。正殿七楹,分十三室,太祖、太宗、真宗、仁宗、英宗、神宗、哲宗、徽宗、钦宗、高宗、孝宗、光宗、宁宗。咸淳添置理庙一主,通为十四室。又设配飨功臣位于横街之南,太祖赵普、曹彬,太宗薛居正、石熙载、潘美,真宗李沆[1]、王旦、李继隆,仁宗王曾、吕夷简、曹玮,英宗韩琦、曾公亮,神宗富弼,哲宗司马光,徽宗韩忠彦,高宗吕颐浩、赵鼎、韩世忠、张俊,孝宗陈康伯、史浩,光宗葛泌,宁宗赵汝愚。诸室之西,奉僖、顺、翼、宣四祖神主。每遇三年,以孟冬祫飨,即庙行礼,次诣诸室,恭行祀典。

谨按:《西湖游览志》称宋太庙奉祀列宗,独钦宗缺而不祀。今考《咸淳志》明载自太祖至理宗凡十四室,并未尝缺祀钦宗。况钦宗升祔自有月日,见于《宋史》。惟钦宗无配飨功臣,故缺焉,非缺钦宗主也。田《志》之误,特为拈出。

阅古堂 《四朝闻见录》:韩侂胄所居,在太庙侧。有桃坡十二级,夜燕则殿岩用红灯数百出于桃坡之后以烛之。《钱塘志补》:宋为宁寿观之地,韩侂胄凿山为园,作为流觞曲水,故当时言官论韩侂胄有"创造亭馆,震惊太庙"之语,盖宋太庙正当泉下之山也。

集庆堂 《西湖游览志》:紫阳庵,宋嘉定间邑人胡杰居此,建集庆堂。

瑞石山楼 《西湖八社诗集》:祝时泰有《瑞石山楼望江诗》。

江湖一览亭 【万历】《杭州府志》:在七宝山三茅观西。

五台宅 《武林纪事》:七宝山,南渡时,御史中丞辛丙、殿中侍御史常同、监察御史魏矼、明橐、周纲皆居其上。

樱桃园 《西湖游览志》:在七宝山。宋时,采含桃以荐太庙者。牟巘《七儿应复同客饮樱桃园摘新归以遗亲用其诗韵识所感诗》:"闻汝相随入翠微,归时晚色已凄迷。樱桃为喜筠笼重,燕子休嫌茅屋低。我老恐妨儿辈乐,新诗欲继古人题。老年自觉摧颓甚,送客何妨过虎溪。尚记当年荐寝园,百官分赐荷恩宽。带青丝笼空余梦,搔白头人苦不欢。诗老夸称作崖蜜,野翁惊看泻银盘。南山见说红千树,鸟雀儿童任入阑。"顾豹文《樱桃园怀古诗》:"月令尝新礼,春城压万艘。何时清羽檄,终日事弓刀。俎豆还驰马,楼船想钓鳌。行台虚露布,内府隔云璈。朱邸倾盘是,丹墀锁槛高。江南羞橘柚,淮北献蒲桃。味每登清庙,光堪滴小槽。试分青玉案,直射

<hr>

[1] 沆,底本作"玩",据雍正本改。

赤霜袍。过眼催啼鸟,偷晴避百劳。唐时门下省,双阙赐樱桃。"[1]

瑞庆院双竹　《杭州府志》:瑞庆院内有双竹矫立,斜透枯树,冠其顶出,森然并竦。司马光《广严双竹诗》:"双干格枯腹,青青凡几霜。龙腾双角直,鲸喷两须长。既欲寻支遁,安能问辟疆。屡来非别意,未与此君忘。"[2]

借竹轩　《钱塘县志》:在瑞隆院。秦少游曾宿轩中,梦天女以维摩像求赞。

莫能名斋　【万历】《杭州府志》:在宝莲山,浙西安抚司干办公事厅。杨简《莫能名斋记》:四明杨简为浙西抚属。淳熙十一年八月朔,既领事,而宅偢隘陋,外高中卑,无晏息之所,客至不可留,不可以奉亲。偶得在官僧屋于宝莲山之巅,帅君雅礼士,为更其居。又使简惟意规摹之,乃创书室于高爽之地,且曰是不可不命名。简思所以名之。东望大江,巨涛际天,越山对揖,衮衮如画,风帆飞鸟,夕阳烟芜,朝暮晦明,变态百出。于是间名之乎?如此命名,不惟游逸颠迷,沉溺外景,要不可谓真识江山。西望钱湖,玉洁如镜,茂林奇峰,楼观辉日,烟霭翠蒙,模写不可。于是间名之乎?如此命名,不惟游逸颠迷,沉溺外景,要不可谓真识湖山。反而即诸本真,敛其放情,落其外慕,穷理密之幽微,探元珠之杳冥。不则事理两融,曲畅旁通,百川会同,归宿于中。又不则幽然无事,惟意所之,无所造为,乐亦熙熙。于是间名之乎?如此命名,不惟游逸颠迷,沉溺外景,俱不可为实识本真。周思天下古今名言,无一可以称此。又岂惟简莫能名?正恐尽万古明智绝识之士,竭意悉虑,穷日夜之力,终莫能名。于是榜曰"莫能名斋"。然则终不可得而名之乎?曰:有能名之者。是斋之南,高松扶疏,微风过之,萧然有声,是能名吾斋矣。是斋之东,洪涛驾风,怒号翻空,是能名吾斋矣。是斋之西,湖光翠迷,忽飞鸟啼,是能名吾斋矣。是斋之北,壟与其麓,鳞比甍屋,人物往复,啾啾碌碌,是能名吾斋矣。有嘲曰:"既曰莫能名,又曰是能名,何其立说之无常?"简曰:"常。"淳熙乙巳仲春记。

溜水亭　陆游《阅古泉记》:阅古泉,在溜水亭之西。

杨园　《西湖游览志》:宝莲山旧有宝莲寺,宋嘉定间杨节使废而为园。

三仙阁　《钱塘县志》:内雕张三丰三身,一立,一卧,一坐。明文皇访三丰,相传隐于此。林璐曰:尚有文皇御札存阁中。阁近三茅观。林璐《三丰遗迹诗》:"仄径千峰随窈窕,乘鸾何处诵黄庭。相传汉鼎蛟龙紫,遥辨唐钟蝌蚪青。天子玉除函御札[3],仙人金字久书经。江湖俯瞰都无恙,台上涵虚拥翠屏。"王修玉《三仙阁诗》:"青山岑嵝连烟空,茅君坛西石阁崇。阁前江水云蒙蒙,阁边古树霜前红。中有神仙号三丰,变化灵异乘飞龙。文皇求之不可逢,今日宛然睹其容。肖像有三貌则同,或坐或卧颜如翁。立者凛凛生气浓,一目若眇扶枯筇。我来再拜思遗踪,斜阳忽瞑万壑钟。道人引我还中峰,蓬莱欲往将安从。"顾豹文《吴山寻三丰遗趾诗》:"殿阁嵯峨缥渺间,千秋祠庙驻名山。此时应戴苍龙去,谁道曾骑白鹿还。南极星辰瞻彩服,九天风雨隐朱颜。我来箕踞长松下,倚剑狂歌怅莫攀。"

---

〔1〕　雍正本无顾豹文《樱桃园怀古诗》。

〔2〕　雍正本无司马光《广严双竹诗》。

〔3〕　雍正本"除函"作"函除"。

宋枢密院亲兵营 《咸淳临安志》:在三茅观前。

宋内藏库 《咸淳临安志》:在三茅山。

寅宾亭 《咸淳临安志》:在三茅宁寿观,见日出。钱惟善《过寅宾亭诗》:"寅宾亭上听松声,夏木参天绿染成。千岁鹤归城郭是,四更鸡动海波明。每逢野客分云坐,惯引山童踏雪行。载酒谁能忘胜概,赋诗我独寄幽情。"

梅亭 《四朝闻见录》:陈谠《题吴山三茅观梅亭诗》有云"竹密不知云欲雨,山高尽见水朝宗",继是无有和者。

烟霞阁 《西湖游览志》:清平山旧有烟霞阁,四壁画古贤像。

宋侍卫步军司 《梦粱录》:在铁冶岭西,衙有御书阁、湖山堂、锦绣楼、相公井。

宋景献太子府 《梦粱录》:在铁冶岭。

杨维桢宅 《七修类稿》:杨铁崖初居杭铁冶岭。

谨按:李晔《草阁集》有《题杨廉夫隐居诗》云"饮马桥南水亭好",是廉夫又有寓居在南山也。

超然台 《钱塘县志》:在云居山顶。

赞元亭 《钱塘县志》:在云居山顶,明胡宗宪建。

宋恭圣杨太后宅 《咸淳临安志》:在漾沙坑。

宋左右骐骥院 《咸淳临安志》:在漾沙坑。以二十四匹为额,日朝参则二院御者各以三马南向,立于和宁门之外。

宋诸军粮料院 《咸淳临安志》:在漾沙坑,以七官宅为之。

七官宅 《七修类稿》:在郭婆井[1]。

西溪路

西溪辇道 旧《钱塘县志》:历方井、法华、秦亭几十有八里,为南宋车驾入禹航洞霄宫辇道。朱东观《西溪辇道和吴农祥诗》:"露台吹角月黄昏,七萃先驱出北门。十里马蹄春草路,三山莺语落花村。仙宫玉牒来殊锡,便殿铺金谒至尊。九琐洞霄干帝座,春风何处不消魂。"

秦亭 《钱塘县志》:相传秦少游建亭其上,故称秦亭山。

凿翠轩 《西溪百咏诗引》:在西溪之东法华山下,乃姚江孙树之隐居。树赋性简僻,隐此三十余载,不与人接,惟闭户著书。释大善《凿翠轩诗》:"翠竹林中凿一方,绿香深处隐山房。云生石几花生笔,月满萝轩书满床。就涧煮茶便陆嗜,因梅卧雪续林芳。杜门不应人间事,注《易》删《诗》滋味长。"

方井亭　《西溪梵隐志》：宋米芾题额。岁久，亭圮。明里人王槐重修，大司寇洪钟补书"方井桃源岭"五字。

蒹葭里　《西溪百咏诗引》：在西溪东北，俗名河水。近高僧名士蝉联居此，乃西溪最胜处。释大善《蒹葭里诗》："千顷蒹葭十里洲，溪居宜月更宜秋。鸥凫栖水高僧舍，鹳鹤巢云名士楼。薝卜叶分飞鹭羽，荻芦花散钓鱼舟。黄橙红柿白菱角，不羡人间万户侯。"

泊庵　《西溪百咏诗引》：在西溪秋雪庵南荻苇丛中，乃邹孝直之庄。邻有王之声、孙元襄、李蟠玉、胡彦远鳞次芦洲，构隐钓读。

淇上草堂　《西溪百咏诗引》：在蒹葭里，刘孝廉雪符别业，有萝轩、竹阁、梅屿、荷池。释大善《淇上草堂诗》："溪山深处隐仙居，径转云桥步碧虚。日气荷香熏几席，烟光竹翠滴阶除。萝轩万绿供新茗，草阁群青拥古书。抱卷幽人随月读，兴来乘胜问樵渔。"

长庆堂　《钱塘县志》：五代梁贞明间，有隐士吕公建庵，名曰长庆。沈九如《长庆堂记》：河渚峰峦隐现，涧泉凄咽，长松劲柏，老梅疏竹，人迹既断，杳若万里。织帘砍纕，足以养生；拾橡纬萧，遂堪终岁。吴祭酒伟业，所谓真隐居者，此其处也。二十年前，吴吏部本泰卜居，遂终老焉。而刘民部廷献、胡山人介皆有别业在河渚。民部未第时，江高士浩赠之诗，曰："得失如今易地观，吾将斗酒贺刘安。碧翁能解幽人意，放尔归来理钓竿。"又曰："当时懒上计偕车，只恐天台旧路迷。秋晚归来黄叶满，半规寒月在花溪。"胡山人介《别曹侍郎溶外补云中过旅堂话别调寄贺新郎》词云："落日催行李。借筹边、北门锁钥，关山牙棨。绝塞长城雄剑动，一变旌旗壁垒。忆畴昔、风流有几。长是汉廷推魏尚，笑从容、尊俎应难拟。横槊罢，诗成矣。燕山犹记浮清蚁。下西台、故人征逐，豸袍斜倚。刻烛分题惊坐客，错落骊珠盈几。那又隔、雁门千里。落日飞乌相忆处，算男儿、不为封侯悔。君管乐，吾园绮。"则诸君甘藜藿，变名姓，隐于川岩，莫知其处，盖不止长庆自然流美于河渚矣。

金鱼井亭　《西溪梵隐志》：亭旁有金鱼井，梁材柱础跨辇道而翼然。

万玉轩　《西湖游览志》：在石人岭后时思荐福寺，寺侧有万玉轩，北近西溪，最多古梅。

涌山阁　《钱塘县志》：在西溪之东石人岭下，貔山主人听泉处。释大善《涌山阁诗》："烟霞深锁世情违，春鸟啼门昼掩扉。翠岫涌云林外起，碧溪漱雪阁前飞。瀑花带霰迷幽径，喷雾含烟落翠微。仙客临流高卧听，梦随清响入元微。"顾豹文《涌山阁遗址观落梅诗》："何处梅争发，西溪又夕晖。月来初有影，风定不成飞。水鸟闲窥户，山蜂却坐衣。玉楼还泛泛，瑶圃尚霏霏。繁蕊看初落，高枝见亦稀。吹箫留杖履，清磬冷岩扉。草阁残僧舍，溪桥惜钓矶。飘零那易负，惆怅未能归。"

洪镃宅　《钱塘志补》：镃性恬淡，不乐仕进，归隐西溪，以图史消岁月，或栽花莳竹，借以自娱。暇时与农夫邻老课晴问雨，究桑麻之事。

章神巷　《西溪梵隐志》：在马池南巷。相传宋咸淳间，有章姓者勇敢有力，闻贼兵过溪,时方春米,即头戴石臼,手持白挺,大呼而出,兵皆散去。溪民无扰,人皆称得胜章相公。今祀为土谷神。

留下 【成化】《杭州府志》:自西堰桥至镇十八里,地形爽皑。宋南渡,将筑行宫于此,后定于凤凰山,此地独留,故曰留下。李式玉《留下镇有怀宋故宫诗》:"五马南浮到海隅,洞潭曾此卜王都。凤凰山下千门辟,鹳鹊台前万国趋。明月夜悬珠树冷,黄昏秋影石幢孤。祇今惟有空山在,春殿无人鸟自呼。

仰家园 柏家园 方家园 《西溪梵隐志》:在九沙,吴越国西教场故地。董宗源《仰园诗》:"小桥傍岸绿成溪,高阁轻阴春昼齐。鸟语绵蛮连上下,鱼梁深浅合东西。青分杨柳风中舞,红压桃花雨后低。惆怅当年多胜概,回廊犹见旧碑题。"吴本泰《柏家园看梅诗》:"浦溆沿洄沙路迂,石田梅老几千株。朦胧梵苑开香界,零乱春宫粲雪肤。芳沁冷泉山鹿饮,梦迷残月野禽呼。诛茅小筑何年遂,画作幽居梅里图。"

宋高宗禁酒牌 【万历】《钱塘县志》:西溪留下西南三里,有宋人禁酒牌,即高宗入山村酒肆,喜其供奉精洁,御书界牌以赐曰"不为酒税处"是也。

陶家厢 《咸淳临安志》:在禁酒牌后。理宗朝,有陶处士隐此。水竹田桑,夫耕妇织,有栗里之风,皆山川幽寂处。

张氏园 《西溪百咏诗引》:在西溪之南,碧涧绕门,白云入室,竹楼花榭,月色泉声,皆有留人之意。

孙庄 《西溪百咏诗引》:孙武书庄,在张园之左,有小阁名藏云。

翁氏书阁 《钱塘县志》:西溪之东安乐山下永兴寺前,有永兴湖,一泓澄碧,红莲绿柳,映水临堤。崇祯初,翁氏伯仲构书阁于此。

西溪草堂 《西溪梵隐志》:祭酒冯梦祯别业。李衷纯《冯开之太史筑室西溪予将卜邻赋寄诗》:"闻君卜筑虎溪边,万壑千峰直插天。高卧白云秋嶂里,归来黄叶寺门前。鹿蕉梦破人间世,龙树禅栖物外缘。不识遗民甘世弃,肯容莲社共周旋。"

云谷山房 《钱塘县志》:在青芝桥最深处,素心孙道人构竹为藏修之所。

河渚草堂 张卿子《孤山慵隐卷序》:河渚草堂,邹孝直之别业。

宜园 《钱塘县志》:在柏家园,旧为司勋虞淳熙别墅,后属郑司彦。

石庙松 《西溪百咏诗引》:在西穆坞内。有神为五代石晋子孙,遂称石庙。祠前有古松,大可十围,想同时物也[1]。

别天居 《西溪百咏诗引》:在安乐山下永兴湖上,兰陵陆元见隐此。旧有古梅三百蔽篱落间,近徙径就梅,移篱放树,引流绕阁,种石依泉,为兹山还胜处。

---

〔1〕 雍正本"也"后有注文"僧大善《石庙松诗》:千岁孤松古社前,虬枝针叶散苍烟。龙蟠待雨潜云谷,鹤舞凌云驾洞仙。双涧鸣涛歌乐业,九沙拱秀祝丰年。四时义社分清籁,树下同吟秋水篇"。

永兴山亭　《钱塘县志》：山特秀挺，绿萝开径，高隐者居焉。

金四将军宅　《西溪梵隐志》：在溪市北。宋建炎间，金四将军从张伯英战死，其妻归旧庐，筑桥资冥福，桥下垂柳独盛。

放山台　《西溪梵隐志》：在永兴西，为当湖孝廉冯茂远侨居。旧有大士阁，三面皆山，当窗豁如，乃穿木立屋，颜曰“放山快此”，曰放山到眼也。

杨圩　《西溪百咏诗引》：在溪北。宋之功臣杨统制世居钱塘，兄弟友爱，退归林下，各置一圩之产，因名杨圩。

百丈里　《西溪梵隐志》：宋开庆间，董氏三荆宦成，递捐赀以通江道。今石桥百丈之址犹存。

周陆隐居　《西溪梵隐志》：隐者周士民，乃茂叔之裔，有山园在耕南坞堂名草窗，隐居四明。象山陆氏子，乃子静之裔，家于卧象山下，轩曰寓目，又筑望云台。今惟陆家桥存焉。董嗣杲《周陆隐居诗》：“渔樵耕牧自成村，就屋编篱古意存。出坞野云多曲折，过桥溪水半清浑。一逢白壁书香社，几见朱阑障墓门。地利最饶人事简，山家还有别乾坤。”

横山草堂　《西溪梵隐志》：在六松林畔，为江氏别业。有醉山阁、拥书楼、竹浪居、藏山舫，有亭有桥，有田有石。

江元祚《横山草堂记》：客诘横山樵子曰：“达人安于容膝。子居室之外，有淡圃、竹树、池台，亦云侈矣。又况结境幽奥，城市之中，俨然邱壑，能闭门即深山也。何又营草堂，得无取境过奢乎？”山樵曰：“噫！余岂贪于取境者哉？盖欲以可进可退之身寄之山林城市者也，故两营焉。”客曰：“子言是矣。第草堂奚加于淡圃，每见子过淡圃如寄、入草堂如归，何哉？”山樵曰：淡圃之不得匹草堂，犹培塿之不可当衡华也，请为子言之。草堂结于黄山。黄山旧名横山，土音呼横为黄，遂相传为黄山。离吾家五十里许，其途有二：一由涌金门，以平湖长江为径，历净慈而梵村，入朱桥；一由钱塘门，以古梅修竹为径，历东岳而西溪，越大岭。二径俱胜，一萧旷，一幽邃。入山宜幽，予多取道西溪焉。西溪抵吾庵，路过半矣。延途茂林森夹，碧涧纡流，村落茅亭，不数里一憩，且转折烟迷，如入武夷九曲，非止行山阴道，令人应接不暇也。近庵二百余武，更有六松，大十数围，高可百尺，古干龙拖，苍姿翠滴。每箕踞其下，清泠之气逼人，不惟为横山翘楚，即三竺九里，亦避下风。惜局于社垣之间，殊未得所耳。然峭峙路傍，与佛慧古树、法华老梅，均为吾往来快观。若千百年来预为山居辟此佳径也。由是渐入深壑，竹阴转密，日影不得漏。有溪一湾，潺潺横泻，雪浪漱石齿间。予磊石为桥，即名漱雪，更植桃其岸。傍有一泉，尤清澄可弄，中涵竹色，因以‘蓄翠’题焉。过此，则白云苍霭，斜封小径，而一种幽深之致，令人意自远。再历高阜，松筠夹道，逶迤而入，编竹为扉，曰鹿簖。内复辟旷地，植梅数十本。冬月香雪平铺，亦不减孤山疏影。此处一望，翠竹成窝，青山作障，兼多林木，掩映茅檐。而篱垣一带，横亘山腰，如作关栅，因颜其门曰扃岫。进此有堂，高出竹杪，风枝扫月，如奔绿浪，遂名竹浪居。从此左支五折而进，净供梵王，则名空蕴庵。庵前梨树一株，疏秀入画。及夫花发，春雨微蒙，娇香冷艳，潇洒风前也。左曰香梦窝，予寝榻在焉。右曰挂屐寮，以款吟侣。稍后曰云髻轩，峰露墙头，如人行于墙外而见其髻。庭北有阁，二松翠黟目，云壑挂窗，署曰巢松、曰云肆。阁之南，又有轩，结境虚敞，桐阴薜石，点缀阶前，竹露松风，时送秋响，更枕小涧，旦夕沸声，非特眼界闲远，抑且耳际多韵，偶举陶句曰'悠然见南山'，取其面山而悠云耳。稍下数级，临所枕涧，因堪浴砚，即以名溪。溪上架一艇曰留屭，令得凭栏醉目，观星浪碎飞，或汲流煮茗，坐以谈元，故来游者不致徒涉而过。越是，地多奇石，余稍为布置，可倚可凭，曰泚笔垒。就其高下屈曲，嵌一修廊，宜吟宜步，曰却月廊。廊尽，另辟一窭，背山临流，曰花源云构。内有厂阁三楹，山翠环拥，大爽人意。当雨雪之晨，霁月之夕，挹岚光之变幻，观浮云之卷舒，能令骨痴心醉。李九疑先生题曰醉山，深得此中之趣者也。下有曲室曰偕隐，谋畜妻子处。再进有半阁曰藏山舫，两崖相夹，如泊富春山下，境之最幽绝者。出楼南，曲径阴深，蜿蜒而上，构一亭，曰霞外。参差峰岫，浪拥眉际，寥廓江海，镜铺目端，加之朱氛焕衣，白云抬足。予每登眺，便觉体气欲仙。稚圭'皎皎霞外'之句，余向喜其立论超旷，而今竟得其实际矣。他如庵后有玉峡水、豹跃泉，足供瓢饮，何莫非山樵清享？山后又有曰龙潭千丈岩，可畅游览，何处非山樵乐地？乃知草堂之构，既屏以崇山峻岭，复绕以茂林修竹，前则江湖梅松为径，后则岩石泉瀑为邻，诚为造物所钟，必厚以天福，而后乐此。予薄福人，愿依栖焉，敢自期耶？子言归淡圃如寄，子真知我者矣。"

李日华《横山草堂记》：武林山水秀甲天下。人所竞趋，在明圣一湖。而韵者乃走西溪，得其蒨深窅窱、盘纡演衍之致。至于竹翠万屯，梅香十里，耳目清映，口鼻芬霏，似非尘境矣。然朝往夕回，春浓夏寂，有时日之玩，无弥岁之欢，犹浅之乎。其为遭者，昔真实冯先生溯溪直抵留下，曰此中大有佳处，因策杖运肘，期规百弓地，为香山西林之续。不意竟为湖面所妮，仅筑"快雪"于孤山，而归其蜕于此，可叹也。余友江邦玉，累袭组圭，夙耽缃素。一日担书负笠，从留下孤进，又廿里，达横山之趾，顾而乐之。归罄箧笥，岁月规置，遂有卓茅之地若干亩。又以余暇秉锄旁近，副山肝之腴，引海眼之溜，犖确者垛以佐培塿，窈窣者导以轮涓沥，绝则布圮，高则沓级，平则空以延月，翳则剪以逗云。凡剔旧壤十之四，得新泉七之五，而后垣之、藩之、屋之、堂之、楼之、阁之、亭之、榭之、溷之、庾之、栅之。构结之事，因材于山，呼匠于谷，设绳于心，司契于目，不筮不兆，不验不祈，不谋于室，不告于常所，往来而山居成。邦玉曰：是居也，去吾舍不五十里，王无功居河渚，以便还家伏腊，渊明住栗里，亦悦亲戚之情话，贞不违俗，予其希踪乎？戊辰春，予适在武林，懒宜主人秦心卿、邦玉、儿亨，各御软舆，经翠光竹树淙流洒淅间。有时蓦然震地，则山民治楮之碓；涎涎曳行，则野樵荷薪之声。山静日长，真同太古。从是抵山居，泉益壮，为蓄翠泉，竹柏影涵浸。桥其上，曰漱雪。从桥渐进，不拾级而趾，益高遂达平旷，织竹纬荆，曰鹿藩。藩南列垣门，曰扃岫。是居不徒远障周遮，而山之玉骨蒨姿，巉然弥布内壑。扃之者，表内美也。又南为竹浪居，得竹最亲处也。繇左五折为空蕴庵，以奉大士。左曰香梦窝，主人燕息所也。右曰挂屐寮，以奉来游之宾。后当西岭，松栝茑萝，纠缠蔽黟，仅露峰杪，类窥墙之髻，曰云髻轩。庭北曰巢松阁，左曰云肆，地益高，摩苍虬顶，吸云表露，纪实也。转南正当午峰，曰悠然见南山。稍西又辟一境，度洞为修廊。廊之端，架虚阁，小阑可凭，衡木可坐。泉落珊珊，可俯窥，可侧听，曰留屭。其廊屈曲，曰却月廊。有溪如沼沚可濯，曰浴砚溪。溪左右有奇石累累，可拊可就，曰泚笔垒。吟咏挥运，选胜遴幽，必此其最也。又缘溪而进，启一户，曰花源云构，内有杰阁三楹。远近诸岑，穷诡极变，颓然领之,曰醉山楼。楼下曰偕隐。又北曰藏山舫。山跗四距屋,其中轩槛洞明,两崖对峙,可觞可琴,舟以任载游,移而泊然置之壑中。根深宁极,道之奥也。出楼南一小峰,亭之曰霞外。放目寥廓,巉赭击雪之涛,沧溟沃日之浸,万亩亿畴,千蹊百线,俱挟翠岚红景,与双瞳相值,观止矣。余来宿挂屐寮三,昔又间道走一丈岩,奔雷斗霆之下,班坐石上,纵谈剧谑,勺泉饮之,爽同沆瀣。归而执笔叙述,宜有秀韵,而竟不能也。庐山西林,必香山自记,始无遗情。余徒叹邦玉胆智、神韵与福缘之厚,为真实先生所逊而已,不足增草堂之概也。[1]

借竹居　《西溪梵隐志》:在龙归坞斤竹涧,山前沈氏建。

吴越将台　《钱塘县志》:在大苏林。钱氏纳土后,改为赵山寺。

古法华亭　《西溪梵隐志》:在花坞口辇道上,唐肆也。南北设板桥,以憩行旅。横山六松,长江元祚书额。

自然室　《西溪梵隐志》:在荆山湾内孤峭峰间,一隐者结茅,颜曰自然室。

谨按:湖上古迹无定址可考者,仅从前贤记载题咏中略识其名,然亦不可没也,今附录于左。

唐处士宅　方干有《赠钱塘湖上唐处士诗》。

西斋　许浑有《游钱塘青山李隐居西斋诗》。

映发亭　杨蟠《西湖百咏》有《映发亭诗》。

西水亭　杨蟠《西湖百咏》有《西水亭诗》。

清隐阁　杨蟠《西湖百咏》有《清隐阁诗》。

杨蟠宅　《泊宅编》:杨蟠,字公济,其宅在钱塘湖上。

饮绿亭　范成大《饮绿亭诗引》:李羣知县作亭西湖上,予用东坡语名之曰饮绿,遂为胜概。范成大《饮绿亭诗》:"芷茸莲巢唤客游,芦鞭席帽为君留。未论吹水堪添酒,且要移床学枕流。乍雾却阴梅酿雨,暂暄还冷麦催秋。石湖也似西湖好,烦向苍烟问白鸥。"

春波堂　岳珂有《春波堂诗》。岳珂《春波堂小饮怀棠湖旧隐》三首:"平生到处西湖长,眼底波光日日新。图在辋川非旧隐,梦回笠泽是前身。一江细雨敧春菊,万里雄风起白苹。独立苍茫动归兴,钓矶须理未垂纶。""炎暑今年特地奇,不妨湖上访清漪。长堤步屧谁堪拟,高阁凭栏我总宜。唤客黄鹂穿柳度,猜人白鸟映荷窥。衰翁病骨难禁热,且倩西风自在吹。""虚栏四面挹湖光,最爱薰风六月凉。万朵芙蓉红影闹,两行杨柳绿丝长。铺陈雪月晶明态,商略阴晴浓淡粧。四序清游总如此,春波何必独名堂。"[2]

尤袤别圃　《万柳溪边旧话》:先庄定公筑圃临安之西湖,度宗尝幸其堂,御笔题楣间,曰"三世五登宰辅,奕朝累掌丝纶"。

半湖楼　朱继芳《半湖楼诗》:"四明仙客此楼居,毕竟西湖压鉴湖。"

---

〔1〕　雍正本较底本文字多有损益。

〔2〕　雍正本无"春波堂"条。

葛天民宅　《癸辛杂志》：天民初为僧，后返初服，居西湖上，时所交游，皆名胜士。

苏壁山房　《佩楚轩客谈》：南宋金应桂，字一之，雅有标度，能欧书。晚居西湖南山中，筑苏壁山房，左弦右壶，中设图史古器，客至摩娑谛玩，清谭潇洒。每入城，幅巾氅衣，望之若神仙然。李彭老《寄题苏壁山房调寄高阳台》词：“石笋埋云，风箪啸晚，翠微高处幽居。缥简云签，人间一点尘无。绿深门户啼鹃外，看堆床，宝晋图书。尽萧闲，浴砚临池，滴露研朱。旧时曾写桃花扇，弄霏香秀笔，春满西湖。松菊依然，柴桑自爱吾庐。冰壶玉尘风流在，更秋兰，香染衣裾。照窗明，小字珠玑，重见欧虞。”

松声楼　钱惟善《松声楼诗》：“南山多巨松，空翠拂灵石。”

余园　明殿撰余煌别墅。

陈园　明掌科陈尔翼别墅。

池上轩　明孝廉黄元辰别墅。

芙蓉园　明富春周中翰园。

赪谷草堂　明陈遂初别墅。邵经邦《陈遂初赪谷草堂诗》：“赪谷吾曾入，堂开湖水阴。此时瞻桂席，何处觅瑶琴。解剑蛟龙吼，回车雾雨深。宝花天靳惜，沧海没璆琳。”

湖边草堂　明侍御童汉臣别墅。万表《童侍御湖边草堂诗》：“背郭红尘隔，临湖画舫环。晓风清吹发，莫雨醉歌还。喧寂心因悟，迟迟地自闲。宁知淮上客，同此卧花间。”

小桃王氏别馆　见田艺衡诗。田艺衡《题小桃王氏别馆诗》：“柳外朱楼绚彩霞，阿谁湖上浣春纱。留人燕子初命子，映面桃花恰始花。轻薄未应来邺下，呢喃多是忆王家。东风频驻青骢骑，无那桥西酒旆斜。”

陈侍御西湖庄　见《石篑山房稿》。陶望龄《陈侍御西湖庄诗》：“名场羡尔一身收，墨诏新衔拜醉侯。艇子旧装莲叶样，吴儿殊有串珠喉。轻舆软径花间驭，晚翠朝烟水上楼。我有清狂公记取，十旬三渡净慈游。”

梅花屿　见陈邦瞻诸诗。陈邦瞻《梅花屿诗》：“梅花枝几行，孤屿带横塘。雪在难分色，风来始悟香。横斜依夕照，清绝问修篁。此夜看明月，佳人不可忘。”郑以伟《梅花屿诗》：“谁家园林秋一段，烟波割取西湖半。桑条覆窗黄欲交，竹叶凌轩绿不断。夹岭古梅青可怜，铁枝半枯孤山前。客来未是花开日，尚照师雄一觉眠。”田艺衡《徐元举张维升维光邀饮梅花屿诗》：“梅花点点落渔矶，那忍桃花一片飞。白发有情容白社，红粉何事笑红衣。湖滨唤酒莺初出，堤上扶筇草渐肥。百二好春逢上巳，只宜茗芋答晴晖。”

鹦栖园　见温纯诸诗。温纯《游鹦栖园诗》：“高榭倚危岑，登临惬素心。峰疑移海市，人似到云林。花气卷帘入，歌声杂鸟吟。相看春意足，底用出郊寻。”张佳引《游鹦栖园诗》：“城市即林邱,何人肯倦游。杯摇千璧动,天豁大江流。花气班荆得,山容改席收。公余便脂辖,一任主家投。"[1]

郎阁　吴之鲸别业。吴之鲸《湖上郎阁诗》:"枫赤霜元橘正黄,远峰点点映沧浪。如拳朗阁劳人问,绛帐何如马季常。"

懒园　海宁葛征奇别业。李因《懒园赠别诗》:"竹径藤庵古树幽,柳条拂地系归舟。离情莫向愁人说,肠断箫声鹦鹉洲。"

吴氏湖馆　吴今生别业。张卿子《湖上篇》有《灯夕雨中饮吴今生湖馆听歌诗》。

吴园　商山吴去尘别业。张卿子《湖上篇》有《吴去尘雨堂对菊诗》。

吴氏草堂　吴羽南别业。张遂辰《过吴羽南新筑草堂诗》:"荒略南邻意,开林径未分。藤花依树上,野水近桥闻。自起烹春雨,谁来坐夕曛。情高直稀事,不乞草堂文。"

张氏湖馆　张遂辰别业。遂辰又有东庄。张遂辰《初入湖馆诗》:"半屋出芭蕉,春深昼寂寥。池翻双翠鸭,门接小红桥。柳短遮来浅,村明望不遥。只愁通画舫,游女过吹箫。"又《春夕同姚江吕白榆嘉禾陈则梁魏子一吴门薄子珏栖水卓珂月连饮湖馆诗》:"何来车马水西东,每夕湖头燕赏同。深院花寒春未半,绮筵歌阕月方中。词章转益交情重,壶矢能将乐事终。更喜披襟多醉后,一时风咏尽才雄。"又《晚坐西楼诗》:"残雪初消新月生,楼头日暮江南晴。不知春水添多少,几处烟中画桨声。"又《西楼蚤秋忆隔湖诸子诗》:"泽国恒早凉,流火忽西匿。晚起向空堂,木叶何策策。熠耀定不飞,蟋蟀乍鸣壁。凉箪渐侵肌,微镫暖中夕。嗟我孤卧人,眷然抱忧疾。无事长委怀,讵必平生戚。况此秋风初,高楼水边出。河落未渠央,相望方脉脉。"又《新晴过东庄诗》:不到东庄久,门前系野航。柳花吹麦垄,别是一风光。"

盟鸥墅　陈孟文别业。凌登名《集陈孟文盟鸥墅诗》:"苏堤五月绿成阴,绮阁连云草木深。十里平湖当几席,几番疏雨过园林。楸枰遮莫同长夏,玉沥何妨共浅斟。遥望龙舟出花港,一声鼍鼓起幽禽。"

---

[1]　雍正本无张佳引《游鹳栖园诗》。

武林览胜记卷十五

名 贤 上

山川间气笃生伟人，而人杰地灵，则山川复因人而增重。过盘涧而怀硕人，瞻淇澳而思君子，即其地，可想见其人焉。西湖名流辈出，或选胜而来，或抱奇而处，山高水长，有令人流连向往而不能置者。志名贤。

汉

陆玮 《西湖游览志》：玮字文该，隐居学《易》，图淮南王刘安及九师像以祀之，名九师堂。【万历】《钱塘县志》：文该，后汉时纳禄，隐居于灵隐山。

宋

谢灵运 《南史》本传：灵运，安西将军奕之孙。少好学，博览群书，文章之美为江左第一。袭封康乐公，出为永嘉太守。郡有名山水，素所爱好，遂肆意游遨，所至辄为诗咏，以致其意。在郡一周，称疾去职，移籍会稽，有终焉之志。与族弟惠连、东海何长瑜、颍川荀雍、泰山羊璇之以文章赏会，共为山泽之游，时人谓之四友。《西湖游览志》：灵隐山畔有梦谢亭，晋杜明禅师为谢灵运建。灵运父举之，忧不宜畜，乃寄养于杜明。杜明夜梦东南有贤人相访。翌日，灵运至，遂建梦谢亭，一名客儿亭。

梁

朱世卿　《钱塘县志》：梁盐官人，有别业在武林山傍，云隐士盐官朱世卿墅。

唐

骆宾王　《唐书》本传：宾王，义乌人。七岁能赋诗，除临海丞，鞅鞅不得志，弃官去。徐敬业举义，署为府属，为敬业传檄天下，斥武后罪状。后读至"一抔之土未干，六尺之孤安在"，矍然曰："谁为之？"或以宾王对。后曰："为宰相，安得失此人。"敬业败，宾王不知所之。《本事诗》：当徐敬业之败，与宾王俱逃，捕之不获。敬业为衡山僧。宾王乃落发，遍游名山，至灵隐，以周岁卒。

袁仁敬　《咸淳临安志》：唐开元中，帝自择诸司长官，以袁仁敬剌杭州，诏诸王、御史祖道洛滨，赐诗亲书，以宠其行。仁敬治郡之暇，尝种九里松。有天台教寺，自唐开山。有袁公松门，跨路如一字然，称一字门。又有袁君亭，后人因思慕袁君建。

李源　《西湖游览志》：源，京洛人。父恺死禄山之难，源悲愤，不仕不娶，居惠林寺三十年。

李泌　《旧唐书》本传：泌，字长源，魏八柱国弼六世孙。徙居京兆，出为杭州刺史，拜中书侍郎同平章事，卒赠太子太傅。《西湖游览志》：自江潮避钱唐而击西陵，沮洳斥卤，化为平原。今之城市聚落，皆江流故地也。其水苦恶，惟负山凿井，乃得甘泉，而所及不广。唐宰相李泌当兴元时守杭州，始作六井，引湖水以济民，民以为利。

卢元辅　《咸淳临安志》：元辅，自河南县令除杭州刺史，于武林山作见山亭。其所撰《胥山祠铭》，文采焕发，至今犹传诵之。

谨按：元辅之文，见于《唐文粹》中。今北山神尼塔下石壁上，尚有元辅《游天竺寺》七律一首，大书深刻，至今尚完好。诗句隽永，书法遒劲，录碑碣中，可补唐诗之遗。

相里君　白居易《冷泉亭记》：先是领郡者有相里君造虚白亭，韩仆射皋作候仙亭，有裴庶子棠棣作观风亭。

元藇　《咸淳临安志》：藇为右司郎中，作冷泉亭。

严休复　【万历】《杭州府志》：休复于唐宪宗时知杭州。《唐语林》云：白乐天除杭州，替严员外休复。休复有时名，公喜为之代。乐天《清辉楼诗序》云：严十八郎中在郡日,改制东南楼,名曰清辉,未立标榜,召归郎曹。喜代之意,于此可见。是其称职可征矣。

白居易 《唐书》本传:居易,字乐天,为杭州刺史。始筑堤,捍钱唐湖,钟泄其水,溉田千顷,民赖其汲。【万历】《杭州府志》:居易,长庆中为中书舍人,进忠不见听,乃丐外迁,为杭州刺史。其筑堤捍湖,并复浚六井诸惠迹在杭。及罢,杭俸多留官库。继守者公用不足,则假而复填,如是者五十余年。盖廉静固其雅操云。

崔彦曾 【成化】《杭州府志》:彦曾,咸通二年为刺史,开沙河塘。

陆羽 旧《钱塘县志》:羽,字鸿渐,竟陵人。以筮得渐之蹇曰:"鸿渐于陆,其羽可用为仪,吉。"因以为名氏。上元初,隐苕上,自称桑苎翁。时人方之接舆,尝寓灵隐山,作《二寺记》,曾镌于石,惜乎不传。

五　代

钱镠 《五代史·吴越世家》:镠,字具美,临安人。唐天复二年,封越王。天祐元年,封吴王。梁太祖即位,封吴越王,卒谥武肃。《吴越备史》:龙德二年,册封为吴越国王。《咸淳临安志》:景福二年七月,发民夫二十万及十三都军士,筑杭州罗城,周七十里。《宋史·河渠志》:钱氏有国,始置撩湖兵士千人,专一开浚。

曹杲 《咸淳临安志》:杲,真定人,仕后唐,为金华令。时郡兵叛,以计平之。吴越王嘉其功,擢守婺国。初,钱氏入朝,委以国事。杲即城隅浚三池,曰涌金。既殁,民德之,为立祠池上。

罗隐 《灵隐寺旧志》:隐从事湘南,历淮、润,皆不得志,乃归谒吴越王钱镠,以《过夏口诗》献,云:"一个祢衡留不得,思量黄祖谩英雄。"镠览之大笑,表为钱塘令。作《灵隐诗》。朱温篡唐,隐说镠举兵伐梁,曰:"虽无成功,犹可退保杭越,奈何交臂事贼,为千古羞。"殆有鲁仲连之风。《咸淳临安志》:罗隐为钱塘令,手植海棠于县署。王元之有诗纪之,曰:"江东遗迹在钱塘,手植庭花满县香。若使当年居显位,海棠今日是甘棠。"自注云:"钱塘县内,有罗江东手植海棠。"[1]观此诗,隐之风流未泯可知矣。

鲍君福 《咸淳临安志》:君福,字庆臣,为吴越钱氏相,以功赐采田于玉泉之侧,今所谓鲍家田是也。君福性淳厚,有胆气,从军以骁果称。能马上轮双剑入阵,望之如飞电。晋天福中卒,谥曰忠壮。

---

〔1〕 雍正本无"自注云:'钱塘县内,有罗江东手植海棠'"。

何溥　《咸淳临安志》:溥,越州人。识云气,善地理,为南唐仆射大夫。国亡,溥挂冠,隐芙蓉山。隐迹禅门,不谈僧话。每诵《道德经》,必曰:"真圣人也,孔子岂欺我哉。"今石屋岭有祠。

宋

钱龢　《武林纪事》:龢,字岊父,吴越王后,以孝义知名。居杭州钱塘门外九里松之间,建杰阁,藏书甚富,东坡榜之曰"钱氏书藏"。仕至直秘阁,知荆南府。其兄穆文,有《寄仲弟岊父诗》曰:"东方千骑拥朱轮,衣锦归逢故国春。莫向西湖恋风月,鸰原知有望归人。"

潘阆　《四朝闻见录》:阆,字逍遥,太谷人。居钱塘太学东巷,后人称潘阆巷。阆为宋秦王府记室参军,落魄不检,与秦王继恩善。继恩得罪下狱,捕阆甚急。阆遂髡为僧而逃。后以曹彬疏奏,太宗怒解,召阆,授四门助教。自以老懒不任朝谒,封还敕命。未几,议者谓阆终是秦党,多怨望,编置信上。阆至信上,酌道旁圣泉,诗犹称秦王旧衔也。《郡斋读书志》:崇宁间,武夷黄静仕杭,得阆诗十首,刻之石,为之跋云:"放怀湖山,随意吟咏,词翰飘然,非俗手所可仰。"潘阆,谪仙人也,有《逍遥集》。

胡则　《咸淳临安志》:则,字子正。少倜傥,负气吴越间,不设贡举,儒风为息,则独搜经史,属文词。及归宋,遂登端拱二年第,践更中外四十七年。初,为金书贝州节度观察判官公事,命行河北路,省士民冗役几十万。数守浔州,虎为患,祷城隍神,翌朝得死虎于庙中。性孝,丁母忧,庐墓有草木之祥。《武林纪事》:子正再牧杭州,得请加兵部侍郎致政,因退居西湖,乘游舫,泛清波,深尊雅弦,左子右孙,与亲朋笑歌于岁时之间,浩如也。朝廷命长子楷通守钱塘,以就养之。宝元二年,终于私第。

陈尧佐　《四朝诗选》:尧佐,字希元,号知余子,阆州人。端拱进士,累擢知制诰,历同中书门下平章事,以太子太师致仕,卒谥文惠。《西湖游览志》:涵碧桥,宋转运使陈尧佐重建,碑纪其事。

林逋　《武林纪事》:逋,字君复,世为钱塘人。祖克己,仕钱氏,为通儒院学士。逋少孤,刻志为学。景德中,放游江淮。及归,结庐西湖之孤山。真宗闻其名,屡赐粟帛,诏州县常存慰之。善行草书,喜为诗。其语孤峭澄淡,而未尝存稿。或问之,逋曰:"吾终志山林,不欲取名于时,况遗后世乎?"不娶,无子,教兄子宥登进士第。《咸淳临安志》:林逋先生,虽在隐逸,为一时名公推重。范仲淹赠诗曰"巢由不愿仕,尧舜岂遗人",又云"风俗因君厚,文章到老醇"。梅尧臣序其诗,谓其"谈道则孔、孟,语文则韩、李,趣向博远,直寄适于诗耳"。欧阳修谓:"自逋之卒,湖山寂寥,无有继者。"其推重如此。《四朝诗选》:逋结庐孤山二十年,不入城市。仁宗赐谥和靖先生[1]。有诗三卷,《西湖纪逸》一卷。【万历】《杭州府志》:逋隐居西湖,杭守王随每与唱和,访其庐,出俸钱以新之。李及、薛映每就见,清谈终日。逋尝畜两鹤,纵之则干霄,久焉复入樊中。时泛小艇,游西湖诸寺。客至,则一童应门延坐,开笼纵鹤,必棹船而归,盖以鹤飞为候。其临终诗云:"湖上青山对结庐,坟前修竹亦萧疏。茂陵他日求遗稿,犹喜曾无封禅书。"卒年六十一。逋尝称李咨,谓其有公辅之器。逋卒,而咨守杭,为服缌。与其门人哭而葬之舍侧,刻临终一绝纳圹中。仁宗赐谥和靖先生,仍赐米五十石,帛五十匹。陆游《书和靖帖》:"祥符天禧间,士之风节文学名天下者,陕部魏仲先、钱塘林君复二人,又皆工于诗。方是时,天子修封禅,告太平,有二人在,天下麟凤芝草不足言矣。君复书法,又自高胜绝人。予每见之,方病,不药而愈;方饥,不食而饱。忽得睹上竺广慧法师所藏二帖,不觉起敬立。法师能捐一石,刻之山中,使吾辈皆得墨本以刮目散怀,亦一奇事也。"

王济 【成化】《杭州府志》:济,字巨川。性刚直,无所畏避。景德四年,时薛映满[2],议择代者。冯拯曰:"余杭比诸道易治。"上曰:"方面之寄,古诸侯也。常时无事,则为易治。吴人轻巧,苟预备非常,安可谓之易也?"因阅班簿,指孙仅、王济谓王旦曰:"二人孰优?"旦曰:"济有吏干,可副是选。"上面加慰谕,仍诫以朝廷阙失,许密疏上言。吴越俗尚华靡,济矫以素质,用瓦缶木杓为犒设之具。吏民窃哂之,济不为变。郡城西有钱塘湖,可溉田千余顷,岁久湮塞,命工浚治,增置斗门,以防溃溢之患,仍以白公旧《记》刻石湖侧。民颇利之。

李及 《咸淳临安志》:及,字知几。《宋史》作幼几。乾兴元年,以枢密直学士知杭州。于时内侍江德元用事,其弟德明使过杭,及待之薄。僚佐惊曰:"江使者兄弟,荣枯大臣如反掌耳。公不加礼待,虽不期福,独不畏为祸乎?"及曰:"待之如是,足矣。"既而,德明谓僚佐曰:"李公春秋高,何不求闲郡自处,乃居杭繁剧地?"僚佐走语之。及笑曰:"及老矣,诚愿得闲郡自逸。"既而,德明亦不能伤也。时人重其操守。及资质清介,治尚简严,喜慰荐下吏,而乐道人善。在杭恶其风俗轻靡,乃不事游宴。一日微雪,出郊。众谓当命宾朋为高会,乃独造林逋,清谈至暮而归。任中未尝市物,满去,惟《白乐天集》一部。既而,悔曰"惟此愧心耳"。

---

[1] 雍正本无"逋结庐孤山二十年,不入城市。仁宗赐谥和靖先生"二十字。
[2] 雍正本"薛"前无"时"字,而有"杭州守"三字。

徐复　【成化】《杭州府志》:复,字希颜,一字复之,莆田人。久游吴,因家杭州。康定中,元昊叛,诏求文武材可用者,宋绶、林瑀以复荐。召见,问天时人事。复献所为《边防策》《太乙主客立成历》《洪范论》。帝善其言,欲官之,固辞焉。林瑀同修《周易会元纪》,岁余归,礼以束帛,赐号冲晦处士,年几八十。沈文通守杭,榜其居曰高士坊。《北窗炙輠》:钱塘两处士,和靖居孤山,冲梅居万松岭,并称二处士。

郑戬　【成化】《杭州府志》:戬,字天休,苏州人。庆历元年,以资政殿学士知杭州。西湖溉民田数百顷,岁久不治,葑泥湮塞,及为豪族僧寺规占。戬发属县丁数万尽辟之,民赖其利。后有诏,岁常修导。

梅挚　《宋史》本传:挚,字公仪,成都新繁人。性淳静,不为矫厉之行,平居未尝问生业。喜为诗,多警句,有奏议四十余篇。《西湖游览志》:嘉祐二年,梅公仪以龙图阁直学士出守杭州,仁宗赐之诗曰:"地有湖山美,东南第一州。剖符宣政化,持橐辍才流。暂出论思列,遥分旰仄忧。循良勤抚俗,来暮听欢讴。"挚既履任,名其堂曰有美。欧阳永叔为之记,蔡君谟为之书,士大夫题咏者甚多。

梅询　【成化】《杭州府志》:询,字尧臣,为仁和令,尝作《武林山十咏诗》,刻石于冷泉亭上。

范仲淹　《宋史》本传:仲淹,字希文。其先邠州,后徙江南,遂为苏州吴县人。举进士第,参知政事,以天下为己任,日夜谋虑,兴致太平。自朋党之论浸闻,自请罢政事,乃以为资政殿学士、陕西四路宣抚使知邠州,以疾请邓州。寻徙杭州,再迁户部侍郎,徙青州,请颍州,未至而卒。赠兵部尚书,谥文正。仲淹内刚外和,为政尚宽厚,所至有恩。《鹤林玉露》:宋皇祐间,吴中大饥,范文正公领浙西,乃纵民竞渡,与僚佐日出燕西湖,谕诸寺以岁荒价廉,可大兴土木。于是诸作鼎新。又新仓廒吏舍,日役千夫,监司劾奏杭州不恤荒政,游宴兴作,荡财伤民。公乃条奏所以如此,正欲发有余之财以惠贫者,使工技佣力之人皆得仰食于公私,不至转徙沟壑。荒政之施,莫此为大。是岁,惟杭饥而不害。《灵隐寺志》:僧遵式建日观庵,范文正公为之记。灵隐至今相传有文正之卧榻。

沈遘　《武林纪事》:遘,字文通。嘉祐中,以礼部尚书知杭州,令行禁止。人有贫无以葬、孤不能嫁者,悉用公府钱为葬嫁者数百人。良家卖入娼优者,悉以钱赎归其父母。接遇士大夫以礼,各得其欢心。每晨起视事,及午则与宾客往还,从容雅谈,士大夫无不称其能。尝作南井,引西湖水入城,以便民汲,人呼为沈公井云。

祖无择　《四朝诗选》:无择,字择之,上蔡人。进士高第,历光禄卿、秘书监、集贤学士。【成化】《杭州府志》:无择,治平四年以谏议大夫加龙图阁学士知杭州,常作介亭于凤凰山。

赵抃 【万历】《杭州府志》:抃,字阅道,衢州西安人。熙宁三年,以资政殿大学士知杭州。十年,复自越州移知。建言钱氏有故庙在钱塘,颓圮荒芜,请选僧道主管,岁度其徒一人,以供祭祀。朝旨欲修城,抃奏杭人罹旱,乞罢役。其为政本于岂弟,不严而肃。议者谓抃治民,虽西京所称循吏不能过也。

苏颂 《宋史》本传:颂,字子容,泉州南安人。父葬润州丹阳,因徙居之。第进士。神宗朝,吴越饥,选知杭州。一日出,遇百余人哀诉曰:"某以转运司责逋市易缗钱,夜囚昼系,虽死无以偿。"颂曰:"吾释汝,使汝营生,奉衣食之余悉以偿官,期以岁月而足。可乎?"皆谢不敢负,果如期而足。颂宴客有美堂,或告将兵欲乱。颂密使捕渠领十辈,荷杖付狱中。追夕会散,坐客不知也。及修两朝正史,转右谏议大夫。

陈襄 《四朝诗选》:襄,字述古,侯官人。举进士,累知诏诰,历枢密直学士兼侍读。有《古灵集》二十五卷。《西湖游览志》:宋熙宁间,六井皆废,民苦远汲。郡守陈述古命僧仲文、子珪等董其事,发沟易甃,补苴罅隙,而相国之水清洌溢流,千艘更载而贸之。

苏轼 《宋史》本传:轼,字子瞻,眉山人。通判杭州,熙宁时,新政日下,轼每因法以便民。民赖以安。元祐四年,拜龙图阁学士,知杭州,出郊用前执政恩例,遣内侍赐龙茶、银合,慰劳甚厚。既至杭,大旱,饥疫并作。轼请于朝,免本路上供米三之一,复得僧度牒,易米以救饥者。明年春,又减桌常平米,多作饘粥药剂,遣使挟医分坊治病,活者甚众。杭,水陆之会,疫死比他处常多。乃裒羡缗得二千,复发囊中黄金五十两以作病坊,稍蓄钱粮待之。

杭本近海地,泉咸苦,居民稀少。唐刺史李泌始引西湖水作六井,民足于水。白居易又浚西湖水入漕河,自河入田,所溉至千顷,民以殷富。湖水多葑,自唐及钱氏,岁辄浚治。宋兴,废之,葑积为田,水无几矣。漕河失利,取给江潮。舟行市中,潮又多淤,三年一淘,为民大患。六井亦几于废。轼见茆山一河专受江潮,盐桥一河专受湖水,遂浚二河以通漕。复造堰闸,以为湖水蓄泄之限,江潮不复入市。以余力复完六井,又取葑田积湖中,南北径三十里为长堤,以通行者。

吴人种菱,春辄芟除,不遗寸草。募人种菱湖中,葑不复生。收其利以备修湖,取救荒余钱万缗、粮万石,及请得百僧度牒,以募役者。堤成,植芙蓉、杨柳其上,望之如画图。杭人名为苏公堤。

浙江潮自海门东来,势如雷霆,而浮山峙于江中,与渔浦诸山犬牙相错,洄洑激射,岁败公私船不可胜计。轼议自浙江上流地名石门,并山而东,凿为漕河,引浙江及溪谷诸水二十余里以达于江。又并山为岸,不能十里以达龙山大慈浦。自浦北折抵小岭，凿岭二十五丈，以达岭东古河。浚古河数里，达于龙山漕河，以避浮山之险。人以为便。奏闻，恶者力沮之，功故不成，人皆以为恨。轼二十年间再莅杭，有德于民。家有画像，饮食必祝，又生作祠以报。六年，召为吏部尚书。

《梁溪漫志》：东坡镇余杭，遇游西湖，多令旌旗导从出钱塘门，坡则自涌金门从一二老兵泛舟绝湖而来，饭于普安院，徜徉灵隐、天竺间。以吏牍自随，至冷泉亭，则据案剖决，落笔如风雨，分争辨讼，谈笑而办已。乃与僚吏剧饮，薄晚则乘马以归，夹道灯火，纵观太守。有老僧，绍兴末年九十余，幼在院为苍头，能言之。

秦观　《四朝诗选》：观，字少游，一字太虚，高邮人。登进士第，复举贤良方正，历秘书正字。有《淮海集》三十卷。《西湖游览志》：少游《游龙井寺记》云：元丰三年中秋后一日，余自吴兴道杭，东还会稽，龙井有辨才大师以书邀余入山。比出郭，日已夕，航湖至普宁，遇道人参寥，遂弃舟策杖，并湖而行。出雷峰，度南屏，濯足于惠因涧。入灵石坞，得支径上风篁岭，憩于龙井亭，酌泉据石而饮。行二鼓，始至寿圣院，谒辨才于潮音堂，明日乃还[1]。

杨蟠　【万历】《杭州府志》：蟠，字公济，章安人，贯杭州。登庆历六年第，尝赋《西湖百咏诗》。欧阳修读其集，有诗云："苏梅久作黄泉客，我亦今为白发翁。卧读杨蟠一千首，乞渠秋月与春风。"王安石有《答蟠书》曰："读足下之文，但知畏之。"苏轼守杭，蟠丞郡，与轼唱酬。平生为诗数千篇，而百咏留传至今，犹可黼黻湖山云。

周邠　《钱塘志补》：邠，字开祖，钱塘人。宋嘉祐八年进士。熙宁间，东坡倅杭，多与唱酬，所谓周长官是也。方东坡官杭时，有《会客有美堂周邠长官与数僧同泛湖诗》，又《次韵述古过周长官诗》，又《次韵答乐清尹周邠雁荡山图诗》，是邠尝知永嘉之乐清县事矣。又西湖僧怀显撰《钱塘胜迹记》，周邠为序，题曰"朝请大夫、轻车都尉"，此则邠之官阶也。

徐奭　《西湖游览志》：奭，钱塘人。隐居湖山，以修真终老。徽宗闻其名，赐号冲晦先生。《咸淳临安志》：奭以徽宗朝赐号冲晦先生，故庐在城中吴山下，又尝居万松岭下。

谨按：宋时钱塘两冲晦，皆系赐号。一名复，真宗朝赐号冲晦处士；一名奭，徽宗朝赐号冲晦先生。成化郡《志》列复于《高隐》，列奭于《方外》，此本之《咸淳志》。至万历郡《志》列复于《寓贤》，列奭于《隐逸》。考奭为徽宗赐号，徽宗崇尚道教，当时方士得受先生之号，似奭曾为道士，故《咸淳志》列之方外也。至二人所居之地，今郡邑《志》多混载。据成化《志》，只言复所居之处，沈文通榜曰高士坊，今吴山之下尚有高士坊巷之名。言其居在吴山者，近是，并不言居万松岭。及

---

〔1〕　雍正本"秦观"条列"周邠"条与"徐奭"条间。

考《北窗炙輠》言钱塘两处士,一林和靖,一徐冲晦,和靖居孤山,冲晦居万松,两庐夹湖相望。予尝馆于冲晦孙㘉之居,即冲晦故庐也。据此,则复实居万松岭。岂䆒亦居吴山,又居万松耶?总因冲晦之名相同,即《咸淳志》已不能分析,何况后来作《志》者耶?

徐炳 《武林纪事》:钱塘徐立之,名炳。举进士不第,遂隐于西湖之上,自号回峰先生。回峰,即雷峰也。都官员外郎苏为闻其名,劝之仕,曰:"若命与时会,然后出佐天子,福元元。不然,则悔吝生矣。曷若追冥鸿雾豹,与孤云俱乎?"为甚敬其言,为之立传云。【万历】《杭州府志》:立之,旧名炳。

韩世忠 《宋史》本传:世忠,字良臣,延安人。风骨伟岸,目瞬如电,挽强驰射,勇冠三军。建炎以来,为中兴武功第一,拜枢密使。不以和议为然,为秦桧所抑。连疏乞解枢柄,继上表乞骸,罢为醴泉观使,奉朝请,进封福国公,节钺如故。杜门谢客,口不言兵。时跨驴携酒,从一二奚童纵游西湖以自乐。平时,将佐罕见其面。改潭国公,封咸安郡王,改镇南武安宁国节度使。薨,进拜太师,追封通义郡王。孝宗朝,追封蕲王,谥忠武,配享高宗庙。世忠解兵罢政,卧家凡十年,淡然自如,若未尝有权位者。晚喜释老,自号清凉居士。《武林纪事》:世忠周游湖山,而于冷泉亭尤多盘桓。又建亭于飞来峰之半,颜曰翠微。晚年尝作小词,甚清逸。

洪皓 《敦煌事迹》:皓,字光弼,江西鄱阳人。建炎初,假礼部尚书,充金国通问使。至云中,黏罕迫事伪齐,不屈,流递冷山,即陈王悟室聚落地。苦寒大雪,薪尽,拾马矢煨面而食。悟室锐欲南侵,折之甚力。留北连年,惧通问失职,使人求两宫所在,以桃、梨、枣、面献。五国城中裕陵讳闻,操文以祭,辞极酸棘,闻者流涕。书机事数万言,因谍者达帝。绍兴十三年,与张邵、朱弁全节归朝,见帝内殿,求还乡养母。帝曰:"卿忠贯日月,志不忘君,虽苏武不能过也,岂可舍朕去?"因赐第于钱塘西湖之葛岭,命迎养其亲。

朱弁 【万历】《杭州府志》:弁,字少章,徽州婺源人。绍兴二年,遣使问安两宫。弁奋身自献,诏补修武郎,借吉州团练使为通问副使,即日与使者王伦同行。至云中,过黏罕,邀说甚切,遂留金。金人百计迫之,不屈。十三年,和议成,得归,献金国所得六朝御容及宣和御书画,述北方所闻见事状。帝高其节,有进用意。秦桧沮之,仅转奏议郎。十四年,卒于临安府白龟池之寓舍,遗命归葬,不果,权厝西湖智果院,忠义之士莫不哀之。后四十年,从孙熹官浙中,卜葬积善峰下,世其家焉。

岳琚 《咸淳临安志》:琚,家于霍山,为临安府吏。建炎间,金人犯境,输家财,募勇士三百人,推钱塘尉曹将金胜、祝威为首领,迎敌死战,阖境以安。里人怀其功,即四圣延祥观祠之。

张澄　《咸淳临安志》：绍兴八年，以右朝请大夫、集英殿修撰知临安府。时临安府臣任同京邑，而澄有治剧才，甚有时誉。言临安古都会，引江为河，支流于城之内外交错相通，舟楫往来，为利甚溥。岁久湮塞，民颇病之。乞因农隙浚治，更不调夫兴工，刷那诸州壮城厢兵共千人量度开浚。半年之外，河流无湮塞矣。从之。除户部侍郎。绍兴十四年，以龙图学士、右宣奉大夫再知临安府。五月，浚临安府运河。

汤鹏举　《咸淳临安志》：绍兴十八年，以左中奉大夫、直秘阁、两浙转运判官、除直敷文阁知临安府。十九年，以西湖秽浊湮塞，诏鹏举措置。遂用工开撩，及修砌六井阴窦水口，增置斗门闸板，量度水势，通放入井。

尤袤　《宋史》本传：袤，字延之，常州无锡人。少颖异，入太学，以词赋冠多士，寻冠南宫。绍兴十八年，擢进士第。累官至礼部尚书兼侍读，谥文简。《万柳溪边旧话》：袤筑圃临安之西湖，度宗尝幸其堂，题屏间曰："五世三登宰辅，奕朝累掌丝纶。"

范成大　【万历】《杭州府志》：成大，字致能，吴郡人。绍兴二十四年进士，累迁著作佐郎，除吏部郎，知处州。寻迁起居郎，假资政殿大学士充祈请使，全节归，除中书舍人，累官吏部尚书，参知政事，以病乞闲。进资政殿学士，再领洞霄宫。居杭州枣木巷。今巷西石湖桥，因其号名桥也。成大素有文名，尤工于诗，题咏湖山，作诗尤多。高宗尝命陈俊卿择文士掌内制，俊卿以成大、张震对。上尝书"石湖"二字赐之。

周必大　《四朝诗选》：必大，字子充，一字洪道，庐陵人。登绍兴二十年进士第，召试馆职，累掌内外制，历左丞相，拜少保益国公，以少传致仕，谥文忠。自号平园老叟，有《平园集》。周必大《游下竺御园诗序》：丁酉二月二十日，同部中诸公游下竺御园，坐枕流亭，观放闸，桃花数万随流而下，至集芳园。是时，海棠满山，郁李满涧，殆不数人间世[1]。

周辉　《两浙名贤录》：辉，字昭礼，淮海人。绍兴间，居清波门之南。嗜学，工文，当世名公卿多折节下之。藏书万卷，父子自相师友。撰《清波杂志》十二卷。

周淙　【万历】《杭州府志》：淙，字彦广，湖州长兴人。乾道三年，以右朝请大夫、直龙图阁、两浙转运副使知临安府，请置官卒，专开撩西湖。又奏浑水、清水、保安三闸已行修治，今欲差官一员充监闸官，令管辖闸兵依时启闭，不住打撩河道，免至湮塞。诏可之。尝修《乾道临安志》十五卷，今不存。

---

〔1〕　雍正本"数"作"类"，是。

楼鈜　楼钥《书从兄少虚不肯移社坛事》：兄讳鈜，字少虚。尝为临安府教授，坚持规矩，学者翕然师之。光宗以东宫尹京内侍知省，怙势横恣，欲广湖上园囿，讽府中移置社坛。府命兄为祝文，兄执不可。移书府少尹曰："改移社坛就昭庆筑垒，某窃以为社稷系一府利害，不可轻有改移。社坛委是荒芜，止合芟治增筑，非旱干水溢，不宜变置。社稷今六气顺序，别无灾诊，若令轻改，神何所依？祝史之文，其将何辞？揆之幽明，事不稳便，未敢制撰。"言虽未用，而闻者叹服，咸曰："昔知其能文，不谓风节如是之高也。"

谨按：毁社坛以广园囿者，孝宗朝内侍甘升也。时府少尹为赵渭，有州学教授入议状，遂建言：祀典，国之大事，不宜轻徇阉寺之欲，力争之，卒不可夺而止。事见《玉照新志》。然不详其人，第云或谓是石斗陆九渊，未知孰是？今考《攻愧集》系楼钥之兄楼鈜，所载沮毁社坛议甚详，书之以补王明清之缺。

张杓　《咸淳临安志》：杓，字定叟，浚之子，汉州绵竹人。淳熙十一年，以承议郎、直徽猷阁、两浙转运副使知临安府。置修江卒以御潮，疏积年湖壅，三闸六井，一一修复。十六年，以兵部尚书再知临安。有内侍毛伯益占西湖菱池为亭，与外戚家舆仆以刃交争，狱具，夤缘求免。杓曰："吾官可去，法不可屈。"执奏论如律。

陈恳　宋濂《陈府君墓碣》：宋国子助教旦始自宜城徙杭，生悫，居万松岭。悫，字公实，有文学。一时名人，如范元卿、陆务观、辛弃疾咸与之游。论者谓其气节度量有郭元振之风。

黄䕫　《弘简录》：䕫尝从朱熹学，熹深期之。累官大理寺簿。愤时不乐，闲行西湖，慨然曰："吾昔在南北山，一水一石，无不品题，今无复情况，何耶？"

俞灏　《咸淳临安志》：灏，字商卿。世居杭，父徙乌程。登绍熙四年第，仕东淮。宣抚邱崈令佐毕再遇往救山阳，灏料敌必窥采石，请回军石梁河以遏其锋，敌捣虚不入而遁。再遇知扬州，荡平湖海，多灏计划。再遇欲诛胁从者，救活甚众。开禧间，议开边政，府密引灏言轻脱寡谋之人不可信，赵良嗣、张觉往辙可鉴。历旌节，皆有声。宝庆二年致仕，筑室九里松，买舟西湖，会意处竟日，返以诗词自适，号青松居士。

孙惟信　《西湖游览志》：惟信，字季蕃。仕宋，光宗时弃官，隐西湖。工为长短句，好艺花卉，自号花翁。家徒壁立，无旦夕之储，弹琴读书晏如也。

宋斌　【万历】《杭州府志》：斌，袁州人。少从黄干、李燔登朱熹之门，学禁方严，羁旅困沮，年且八十矣。临安尹赵与懽延之，事以父行，奏乞用旌礼布衣故事，不报。死葬于西湖上，与欢岁一祭焉。斌游大儒之门，厪贤尹之礼。其问学行谊有足称者，虽同寓居湖山，而不得如林逋、徐复显被旌礼，斯遇不遇之异哉！

张巨济　《四朝闻见录》:巨济,字宏图,福清人。嘉泰间,上书宁宗,以慈懿攒陵今在湖曲,若陛下游幸,则未免张乐,此岂履霜露之义?宁皇感悟其言,旋转一秩。由此湖山遂无清跸之声,非特俭德云。御鹢至沉于波,臣黄洪诗云:"龙舟大半没西湖,便是先皇节俭图。三十二年安静里,棹歌一曲在康衢。"

袁韶　【万历】《杭州府志》:韶,字彦淳,庆元府人。嘉定十三年,为临安府尹。在职几十年,都民感其惠政,呼为佛子。尝作乡贤祠于西湖之滨,仍勒石赞之。卒赠少傅。后以郊恩累赠太师、越国公。《西湖游览志》:旌德先贤观,宝庆间京尹袁韶建,有虚舟、云锦二亭,堂名仰高,祀许由以下四十人。第二桥旧有三贤堂,袁公所建,以祀白、苏、林三公者。后有三堂,扁曰水西云北、月香水影、晴光雨色^[1]。

赵与𥲅　《宋史》本传:与𥲅,字德渊,太祖十世孙,居湖州,嘉定十三年进士。《梦粱录》:淳祐丁未,大旱,湖水尽涸。郡守赵与𥲅奉朝命开浚,自六井至钱塘、上船亭、西泠桥、北山第一桥、苏堤、三塔、南新路长桥、柳洲亭前等处,凡种菱荷茭荡,一切薙去,湖水如旧。《西湖游览志》:淳祐中,京尹赵与𥲅自北新路第二桥至曲院筑堤,以通灵、竺之路。中作四面堂、三亭,夹岸花柳,以比苏堤,人称赵公堤。《净慈寺志》:与𥲅建壑雷亭于灵隐。

赵师秀　《四朝诗选》:师秀,字紫芝,号灵秀,永嘉人。尝登科改官,有《清苑斋集》。《西湖游览志》:师秀旅寓杭州,有终焉之志,恋恋西湖,以终其生。

周密　《净慈寺志》:密,字公谨。宝祐间,为义乌令。入元不仕,自号泗水潜夫。诗极典雅,善画,得意辄自题其上。尝著《武林旧事》,西湖两山名迹备载,颇称该洽。《剡源文钞》:公谨与杭州杨承之大受有连^[2]。大受和王诸孙,其居之苑篽引外湖之水,以为流觞曲水。大受捐其地之西偏以居公谨,故公谨亦为杭人。《湖录》:四水者,湖城以苕水、余不水、前溪水、北流水合而入于郡雪溪,故名四水。公谨生于湖,故有四水潜夫之号。后人称为泗水者,谬也^[3]。

郑起　《井中心史》:郑思肖父鞠山翁,讳起。淳祐间,居西湖,有水南半隐在长桥,作《水南半隐记》。

赵孟坚　《西湖游览志》:孟坚,字子固,号彝斋,宋诸王孙也。修雅博识,善笔札,工诗文。酷嗜法书,多藏三代以来金石名迹。遇其会意时,虽倾囊易之,不靳也。又善作梅竹,往往得逃禅石室之妙,于山水为尤奇,时人珍之。襟度潇爽,有六朝诸贤风气,时比之米南宫,而子固亦自以为不歉也。东西薄游,必挟所有以自随,

---

〔1〕　雍正本无"《西湖游览志》……晴光雨色"一段文字。
〔2〕　雍正本"莲"后有"依之"二字。
〔3〕　雍正本无"《湖录》……谬也"一段文字。

一舟横陈,仅留一席为偃息地,吟讽至忘寝食。所至,识不识望之,而知为米家书画船也。尝客行都,会菖蒲节,周公谨偕一时好事者邀子固各携所藏,买舟湖上,相与评赏。饮酣,子固脱帽,以酒晞发,箕踞歌《离骚》,傍若无人。薄暮,入西泠桥,掠孤山,舣棹茂树间,指林麓最幽处曰:"此真洪谷子、董北苑得意笔也。"邻舟皆叹,以为真谪仙人。

葛天民 《西湖游览志》:天民,字无怀。初为僧,名义铦,号朴翁。后返初服,居西湖上。时所交游,皆名胜士。尝有《西湖避暑诗》云:"有暑犹当避,无忧可得忘。竹疏身共瘦,湖近意先凉。静胜宁须奕,幽期不当觞。还同残梦乐,炙背负朝阳。"

潜说友 《两浙盐法志》:说友,字君高,缙云县人。【成化】《杭州府志》:咸淳四年,除司农少卿,兼知临安府,至七年罢。说友在官,尝修《咸淳临安志》。《梦粱录》:咸淳四年,守臣潜说友申请于朝,乞除斥湖中菱荷,毋得存留秽塞侵占湖岸之间。

鲍度 《梦粱录》:咸淳中,御史鲍度劾奏内臣陈敏贤、刘公正包占水池,盖造屋宇,濯秽洗马,无所不施,一城黎元俱饮污浊之水,起疾疫之灾。奉旨令临安府拆毁屋宇,开辟水港,湖中拆除荡岸,得以无秽污之患。

陈均 《两浙名贤录》:均,字子公。咸淳初,除检正。会贾似道以平章居湖滨,欲以堂印自随。均争曰:"堂印无出城之理。"由是免官。

谢翱 《西湖游览志》:翱,字皋羽,福之长溪人,徙浦城。好佳山水,遇即恣游。至元甲午,来家西湖上,前代遗老咸诧见翱晚也。

武林览胜记卷十六

名贤中

元

吾邱衍　《西湖游览志》:字子行,仁和人。操行高洁,博览坟典,工篆隶,谙音律,不求荣进,隐居教授。居一楼,坐学童楼下,遣高弟子递授之。客至,童子辄止其登,使登,乃登。与客笑谈楼上,而楼下群童肃如也。廉访使徐琰闻衍名,访之。衍从楼上呼曰:"此楼何敢当贵人登也!愿明日走谒谢。"琰笑而去,明日竟不谢。人咸称为"贞白先生"。后死于水,西湖多宝院僧可权从子行学,葬其遗文于后山,与其师骨塔相对,曰:"皆吾师也。"乞铭于胡汲仲,汲仲为之铭。

邓文原　《西湖游览志》:邓善之文原,其先绵州人。父漳,徙钱塘,遂为钱塘人。至元中,为杭州路儒学正,以春秋立教,累官翰林侍讲学士,辞官还钱塘。戴表元《送砥平石归天竺兼柬邓善之诗》云:"闻道西湖也自怜,君行况是早春天。六桥水暖初杨柳,三竺山深未杜鹃。旧壁苔生寻旧刻,新岩茶熟试新泉。城中诸友须相觅,西蜀遗儒正草元。"

申屠致远　【万历】《杭州府志》:致远,字大用,寿张人。至元初,授太常太祝。宋平,焦友直、杨居宽宣慰两浙,举为都事,首言:宋图籍宜上之朝,江南学田当仍以赡学。行省从之。临安改为杭州,迁总管府推官。西僧杨琏真伽作浮屠于宋故宫,欲取高宗所书九经石刻以筑基,致远拒之,乃止。至元二十年,拜江南行台监察御史,改湖广行台,卒官金淮西江北道肃政廉访司事。致远清修苦节,耻事权贵,家无余产,聚书万卷,历官多节概云。

徐琰　【万历】《杭州府志》:琰,字子方,号养斋,东平人。用荐以至元三十一年拜浙西肃政廉访使，尝作《戒石铭》曰："天有明鉴，国有公法。尔畏尔谨，以中刑罚。"即宋太学故址改建书院，迁西湖之锁澜桥北三贤堂于书院，置山长一员主之，遂请于朝，名西湖书院。琰有文学重望，东南人士重之，所谓以经术饰治者。

仇远 《四朝诗选》：远，字仁近，钱塘人，自号近村，又称山村。《西湖游览志》：仁近，元初为溧阳州儒学教授，工诗文。一时游其门者，皆有名当时。有《同段吉甫泛湖诗》、《秋日西湖园亭诗》最称合作。马思赞《跋山村兴观集诗》：余从曹侍郎倦圃得山村手书诗一卷，凡数十篇。其卷首题"兴观"二字，侍郎手录而传之，名曰《兴观集》。余并得之，此侍郎所命名，非山村故集名也。山村家于杭，湖山游咏之诗固多。是卷多其游什，想其蜡屐携壶，畅怀适览，故作书亦见其兴会飙举耳。

金应桂 【成化】《杭州府志》：应桂，字一之，号荪璧，钱塘人，能词章。宋季为县令，入元隐居凤篁岭。书学欧阳询，画学李龙眠。《武林纪事》：一之标度风雅，居西湖南山中，筑荪璧山房，左弦右壶，设图史古器。客至，抚摩谛玩，清谈洒洒不休。每肩舆入城，幅巾氅衣，望之若神仙然。

杨载 《四朝诗选》：载，字仲弘，浦城人，徙家杭州。初，以布衣召为翰林国史编修官。延祐初，登进士，累官宁国总管府推官。《西湖游览志》：载家钱塘，与虞伯生、揭曼硕、范德机齐名，称"虞杨范揭"。洪武初，祀于杭学乡贤祠。有《和西湖竹枝词》。

胡长孺 《钱塘县志》：字汲仲，永嘉人，少淹博。至元初，荐入为修撰，以疾辞归，寓虎林山下，诱引后学不倦。其文章颇为时所知，屡典文衡，年七十五卒。有《石塘文稿》五十卷。

鲜于枢 《四朝诗选》：枢，字伯机，渔阳人。《西湖游览志》：枢为浙江行省都事，因居杭州。风流文雅，与吴兴赵子昂相伯仲。迁太常簿。子昂尝貌其神，虞伯生赞之曰："敛风沙裘剑之豪，为湖山图史之乐。翰墨轶米薛而有余，风流拟晋宋而无作。是以吴兴公运画沙之锥，刻希世之玉，使千载之下眼，识二妙于遐邈。"伯机有鹤死，命瘗之西湖，士大夫多有诗悼之。

赵孟頫 《四朝诗选》：孟頫，字子昂，宋秦王德芳后。居湖州，以荫补官。仕元，累拜翰林学士承旨。卒，追封魏国公，谥文敏。【万历】《杭州府志》：子昂以世胄仕元，观其《过凤山故宫所为诗》有"玉马朝周"之句，其意可见矣。方立朝时，矫矫自树，则其人固非贪冒宠利，卒能以身致君，践清华以终老。以其文行，实方闻之士也。

白珽 《四朝诗选》：珽，字廷玉，钱塘人。以荐授官，累迁江浙儒学副提举，历兰溪州判官，致仕，自号栖霞山人。《灵隐寺志》：廷玉结庐于金沙港。《西湖游览志》：班博综经史，方回、刘辰翁称其诗逼陶韦、书逼颜柳。尝著《西湖赋》二首，考据精核。

高克恭　《四朝诗选》：克恭，字彦敬，其先西域人，徙燕之房山。自省郎出为江浙行省左右司郎中，终刑部侍郎，卒赠刑部尚书，谥文简。《辍耕录》：克恭一日与客游西湖，见素屏雅洁，乘兴写奇木古石。后数日，赵文敏公见之，为补丛石。户部杨侍郎得之。虞文靖公题诗其上，云："不见湖州三十年，高公读书生古燕。西湖醉归写古木，吴兴为补幽篁妍。国朝名笔谁第一，尚书醉后妙无敌。老蛟欲吼风雨来，星随天河化为石[1]。赵公自是真天人，独与尚书情最亲。高怀古谊两相得，惨淡酬酢皆天真。侍郎得此自京国，使我观之三太息。今人何必非古人，沦落文章付陈迹。"此图遂成三绝矣。

贯云石　【万历】《杭州府志》：贯云石，元功臣阿里海涯之孙也。其父名贯只哥，云石遂以贯为氏。卜居凤山门外，自号酸斋，名小云石。海涯生而神采秀异，膂力绝人，长折节读书，目五行下。仁宗时，为翰林学士，称疾还江南，卖药钱塘市中，结庐龙华山。诡姓名，易服色，人无知者。《七修类稿》：云石临终，作辞世诗云："洞花幽草结良缘，被我瞒他四十年。今日不留生死相，海天明月一般圆。"洞花、幽草，两妾名也。北山栖云庵，其藏修之所。

虞集　《钱塘县志》：集，字伯生，临川人。官至奎章阁学士，少游钱塘。《西湖游览志》：伯生少不偶，寓居钱塘。一日，偕杨仲弘、范德机访微炼师于湖西，求召仙。炼师置箕，悬笔书符。有顷，箕动笔运，书曰："某当境神也，欲乞虞公撰一保文，申达上帝，以求升耳。"伯生许之。翌日，文成，焚之湖滨。逾旬，再诣炼师。神复降曰："某已获授城隍，谨候谒谢。公必贵显，幸毋自忽。"既而，伯生由校官至奎章阁侍书学士，封仁寿郡公。

张昱　《列朝诗集》：昱，字光弼，庐陵人。早游湖海，为虞集、张翥所知。杨左丞镇江浙，用才略参谋军事，迁杭省左司员外郎，行枢密院判官。光弼诗酒自娱，超然物表。左丞死，弃官不出。张氏礼致，不屈。策其必败，题蕉叶以寓意。居寿安坊，今之花市也。贫无以葺庐，凌彦翀为疏募焉。【万历】《杭州府志》：方张士诚起，昱弃官不仕，颇以诗酒自娱，号一笑处士。及元亡，高庙闻其名，召见，欲官之，因其老，曰"可闲矣"。放归，故又号可闲老人。昱每处西湖上，粗衣粝食，读书赋诗，以适其志。所著有《左司集》行世。

杨瑀　《辍耕录》：瑀，字元诚，钱塘人，号竹西居士。性警敏，博学，长身紫髯。

---

〔1〕　雍正本"随"作"堕"。

元天历间,署广成局副使,寻擢建德路总管,升浙西宣尉。初,瑀在太史时,上从容询其乡土,对以西湖葛岭之胜,御书"山居"二字赐之,因自号山居。著有《山居新语》。

黄溍 《四朝诗选》:溍,字晋卿,婺州义乌人。以荐为应奉翰林,转国子博士、浙学提举。至正中,再起为翰林直学士、知制诰、同修国史,进侍讲学士,同知经筵。卒谥文献。《净慈寺志》:晋卿自幼笃学,博极群书,发为文章,如澄湖不波,一碧万顷,与柳贯、虞集、揭傒斯游,人号为儒林四杰。天历初,诏天下善书会杭州净慈寺,泥金书《大藏尊经》,公与焉,又为寺撰诸塔铭。

陈旅 《四朝诗选》:旅,字众仲,兴化莆田人。以荐除国子助教,出为江浙提举,召应奉翰林文字,迁国子监丞。有《安雅堂集》。《西湖游览志》:众仲元统初为江浙儒学副提举,萨天锡赠诗云:"江南少识陈众仲,阙下才名北斗齐。直阁每从花底见,挥毫曾向御前题。观鱼小海风新浴,立马上林莺乱啼。今日西湖堤上路,独骑款段踏春泥。"众仲在任,雅好湖山,意有所属,便乘兴独往,流连竟夕,得佳句则欣跃而归。后为应奉翰林。

揭傒斯 《四朝诗选》:傒斯,字曼硕,龙兴富州人。以荐授翰林国史编修官,迁翰林应奉,累进侍讲学士,同知经筵。至正初,召修宋、辽、金三史,充总裁官。卒谥文安。《西湖游览志》:学士沟,在山南。元时,西湖堙合,好事者疏之以通小舟。集贤学士揭曼硕祀南镇,弭节葛岭,见而助焉,因名学士沟,曼硕自为记。

张翥 《西湖游览志》:张仲举翥,其先晋宁人,父为杭州钞库副使,因家焉。翥少时豪放不羁,好蹴踘,喜音乐。父忧之。一旦翻然易辙,闭户读书,从仇仁近学,以诗文名海内,累官至翰林学士承旨。《武林纪事》:翥在杭日久,南北两峰,湖云江月,题咏殆遍。诗极清丽,冷然可诵。

杨维桢 《四朝诗选》:维桢,字廉夫,会稽人。泰定丁卯进士,仕至江西儒学提举。明初,召修礼乐书,安车赴阙,以白衣乞还,自称铁笛道人。《西湖游览志》:维桢初居吴山铁冶岭,故号铁冶。既得铁笛,更号铁笛。雅好声伎,名彻都下。叶居仲寄之诗云:"闻道西湖载酒还,飞琼弱翠拥归鞍。可无私梦登金马,剩有春声到玉銮。异国顿消乡井念,小堂新作画图看。野人未纳彭宣履,独向清溪把钓竿。"有四妾:竹枝、柳枝、桃花、杏花,皆善歌舞。尝以《西湖竹枝词》寄昆山郭羲仲,羲仲以《吴中柳枝词》答之。

叶广居 《西湖游览志》:叶居仲广居,仁和人。天资超迈,才力过人,仕至江浙儒学提举。筑室西泠桥,陶情诗酒。所著有《自得斋集》。自题《隐居诗》:"瘿木裁冠鹤氅轻,十年尘土厌飘零。小山旧隐云封户,大药新成月满庭。丹井夜交龙虎气,碧霄春蹑凤凰翎。西风客舍炎歊净,拟读琴心内景经。"

周伯琦　《四朝诗选》:伯琦,字伯温,饶州人。以荫补南海簿,累擢监察御史、廉访,浙西行省承制假参知政事,诏谕平江张士诚,拜江浙行省左丞。《七修类稿》:伯琦工真书篆隶,而篆尤精。予与中书叶天中游于飞来峰之阴,偶得篆记一篇,攀萝附木,洗剔录之,遂知飞来峰石像之所出,亦可补杭《志》之缺也。

樊执敬　《钱塘志补》:执敬,字时中,独航其号,世为郓人。至政间,为浙江参政。徐寿辉自徽犯浙西,公以孤兵逆贼于天水桥,战死,其妻与子溺于西湖,杭人立祠祭焉。杨铁崖为文纪之。又尝见公作《观潮诗》于《霏雪录》中,诗云:"烟波闪闪海门开,平地潜生万壑雷。大信不亏人不死,浙江亭上看潮来。"其平生之志可见矣。

萨都剌　《四朝诗选》:都剌,别号直斋,本答失蛮氏,后为雁门人。泰定乙卯进士,应奉翰林文字,累擢南台御史,以建言左迁,历河南廉访使经历。有《雁门集》《两浙名贤录》。天锡寓居武林,博雅,工诗文。每风日晴美,辄肩一杖,挂瓢笠,脚踏双不借,走两山间。凡深岩邃壑人迹所不到者,无不穷其幽胜。至得意处,辄席草坐,徘徊终日不能去。兴至则发为诗歌,今两山多其遗墨。

黄公望　《四朝诗选》:公望,字子久,本姓陆。世家常熟,继永嘉黄氏,遂徙富春。有《大痴山人集》。《西湖游览志》:筲箕泉出赤山之阴,合于惠因涧。元时,黄子久卜居。《紫桃轩杂缀》:尝闻人说黄子久年九十余,碧瞳丹颊。一日,于武林虎跑泉方同数客立石上,忽四山云雾涌溢郁浡,片时遂不见子久,以为仙去。予向疑耽画者饰之,今翻《道藏》玉文金笈,经公望编录者非一。其师则金蓬头,友则莫日鼎、冷启敬、张三丰,乃知此老原从十洲来,绘事特其狡狯之一耳。

钱惟善　《都元敬诗话》:钱思复,名惟善。尝赴江浙省乡试,时出浙江潮赋,三千人中皆不知钱塘江为曲江,思复独用之,盖出枚乘《七发》。考官得其卷,大喜,置于前列。思复归,乃构曲江草堂。暮年,自称曰曲江老人。有《江月松风集》。

陈柏　《四朝诗选》:柏,字新甫,号云峤,泗州人。常为侍仪舍人,官至太祝。【万历】《杭州府志》:柏性豪宕结客,尝被命监铸祭器于杭。无锡倪元镇慕其名,来见之。张宴湖山间,罗设甚盛,酒终为别,以一帖馈米百石。柏命从者移置匠所,举觥引妓乐,趣从者而前,悉分散之。顾倪曰:"吾在京师,即熟尔名,云江南士之清者,他无与比。其所以章章者,盖以米沾之也,请从今日绝交。"时张伯雨在坐,不胜局踏。其豪气类如此。平日喜居钱塘,好古有余,而治才不足。又不乐小官,年逾六十,不得志而卒。

逯西皋　《西湖游览志》:西皋者,元左丞相鲁曾孙也,占籍钱塘。工文翰,有雅趣。仕行省都事，后弃官居西湖，年八十五卒。

陈基　《钱塘县志》：字敬初，临海人。九岁与兄聚从师于杭，寓观桥之陋巷，夜雨暴至，张盖就寝不顾。自扁其轩曰三叹，读书不辍。已而，受学黄溍。授经筵检讨，寻转江浙行中书省郎中。请葺岳飞坟祠，致祭，自为文，刻石墓上。出官钱补刊西湖书院经史板。洪武初，召修《元史》。书成，赐金还，卒于道。有《彝白斋稿》二十卷。

明

莫惟贤　凌云翰《莫隐君墓志》：隐君，名昌，初名惟贤，字景行。少颖悟，知为学，长益俊迈，知克家。九世以宗远泽斩，思振家声。大治第西河，扁其堂曰有政，合家族以居之。受教山村仇先生，兼通诗传。延祐宾兴时，年十九，一试不售，则曰："吾宁藏璞，勿在肘。"[1]翰林待制杨刚中举辟，授以右职，亦不起。有别业在南山下，作屋介两山间，命曰两山。始有隐念，交日众，学日富，尤通佛、老之说，以广莫子自号。后感琼馆玉蟾师授以内外丹诀，遂有得焉。以别业稍近市喧，复卜居于下濑亭，扁曰留晖，用和靖诗也。后复徙居南屏别业，其处颇多景物胜概，因人而成，若辋川之南堂，遂为二十一题，多赋之者。洪武三年，始建学立师，为英才首。君以《诗经》为杭州府学训导，教成一乡之俊士。后以疾辞，订平昔所为诗词等，号《广莫子稿》。又《和陶集》《纂名物钞》若干篇，藏于家。《两浙名贤录》：维贤，钱塘人。好学能诗，雅尚标致。筑别业于灵隐、天竺间，绕屋栽杏，号曰杏园，日与骚人墨客游咏其中，列二十一题，时人比之辋川。

杨复初　《西湖游览志》：复初筑室南山，以"村居"为号。

杜彬　凌云翰《吴山隐夫传》：彬居吴山，人咸以"吴山隐夫"称之。所居当吴山之胜，过者甚众。其人颜苍而冰，发皓而泽，目绀而朗，肤积而腴。壮而仕，老而隐身，以青囊之术鸣于时。

张舆　《西湖游览志》：张行中舆，仁和槎溪人。洪武初，上书论时务，称旨，授刑部主事。词翰清丽，有《约可闲老人访玉药圃诗》："明朝寒食风日晴，可闲欲同湖上行。君若肯将花径扫，日高相与款柴扃。"

徐一夔　《西湖游览志》：一夔，字大章，天台人。洪武六年，以儒士荐授杭州府学教授。博雅通经，教法严整，为文有法度，士林服之。召入纂修《元史》，赐蟒衣，

---

〔1〕　雍正本"在肘"作"再刖"。

复任在任凡九年。所著有《始丰稿》。湖上勒石之文,多其手笔。

高得旸　《西湖游览志》:高孟升得旸,钱塘人。洪武间,以文学荐授临安学教谕,升高州学教授。永乐初,召为宗人府经历,纂修大典,为副总裁。记闻博洽,诗文纯雅,名重一时。所著有《节庵集》。尝作《钱塘十景诗》,词调俊逸,风致可想也。

刘俨　《列朝诗选》:俨,字敬思,自号樗隐,钱塘人。元世不仕,隐居西湖之上。明征入修礼乐书《方舆续编》,授广东市舶司,未几卒。

瞿佑　《西湖游览志》:佑,字宗吉,钱塘人。学博才赡,风致俊朗。洪武中,以荐举授临安学训导,迁周府长史。著有《西湖四时·望江南》词[1]。

方孝孺　《列朝诗集》:孝孺,字希直,一字希古,世居临海。召至京,除蜀王府教授,献王师事之,号其读书之室曰"正学",学者称"正学先生"。建文帝召为翰林博士,进侍讲。靖难时,以死殉。《西湖游览志》:希直之从学于太史宋景濂也,相得甚欢。尝从景濂宿南屏山,晨起对雪,浩饮高歌,意气慷慨。后数年,景濂殁。而乡人有王生者,偶写《南屏对雪图》,索诗于希直。希直阅之,感叹陈迹,遂题诗云:"昔年岁暮京国还,舣舟夜宿南屏山。山风吹雪天欲压,夜半大雪埋江关。清晨倚楼望吴越,六合玉花飘未绝。恍疑江水驾山来,万顷银涛涌城阙。山僧好事喜客留,置酒开筵楼上头。玉堂仙人宋夫子,红颜白发青貂裘。坐读古今如指掌,共看云收月华上。寒辉素彩相摩荡,碧海璚台迭萧爽。酒酣击节心目开,慷慨吊古思英才。荒祠古柏岳王墓,废湖残柳苏公台。一时佳会难再得,仙人天上尘世窄。王子何年绘此图,正貌南屏旧游迹。吾知王也奇崛人,新诗妙笔俱绝伦。偶然挥洒岂无意,神授仿佛存天真。世间今古同飞电,回首人豪都不见。空有萝山石室书,夜夜虹光射霄汉。"盖其时景濂已谢病还山,而希直自海上来迓,邂逅于南屏。师生道义之情,湖山增重矣。其曰"萝山石室",乃景濂读书精舍也。

周新　【万历】《杭州府志》:新,字志新,广东南海县人。永乐中,官御史,弹劾不避,贵戚惮之,呼为"冷面寒铁"。擢浙江按察使,尝斥西湖侵占以备旱,凡雄据于豪右者,悉夺还之。由是势家交怨,竟为锦衣指挥纪纲所陷,濒死,矫矫无片辞挠讪。上寻悟其枉,他日若见有人被朱袍立庭中,语上曰:"上帝以臣刚直,命为浙江城隍。"言讫不见。今杭人以五月十七日祠于吴山城隍庙,为其始生之辰云。

聂大年　《西江志》:大年,字寿卿,临川人。生而一目重瞳。比长,博学,善诗、古文,书得欧阳率更法。《两湖麈谈》:大年任仁和学官最久,好吟咏,凡两湖两山及杭城文物之家多留题。其诗平妥流畅,其书真行皆佳,故翰墨往往为三吴取重。

---

〔1〕　雍正本"瞿佑"条后有"谢肃"条。

孙蔗田　【万历】《钱塘县志》:不知何名,隐于西溪,不受征聘,以诗文自娱。所著有《蔗田集》。与同邑包太白名行相参,人目为西溪二隐[1]。

莫璠　【万历】《钱塘县志》:璠,字仲玙。隐居西湖,与刘士亨为诗友。读史慨然,慕谢安石、文文山、谢叠山之为人,意气横发,有古烈士风。

吴讷　【万历】《杭州府志》:讷,字敏德,常熟县人。由荐任监察御史。宣德初按浙,风裁凛然,下车即采歌谣、行举刺。尝修岳武穆墓。高宗石经有秦桧诸跋,毁之,皆有关风劝。终左副都御史,谥文恪。

于谦　《列朝诗集》:谦,字廷益,钱塘人,永乐十九年进士。宣德初,授山西道御史。越五年,超行在兵部右侍郎,巡抚梁晋,历十八年。己巳北狩,拜兵部尚书,历升少保。裕陵复辟,死西市。茂陵念其忠,赐谥肃愍,更谥忠肃,事具国史。公少英异,过目成诵,文如云行水涌,诗顷刻千言,奕奕俊爽。田叔禾《西湖志余》摘其七言今体,如"香爇雕盘笼睡鸭,灯辉青琐散栖鸦""紫塞北连天末去,黄河西绕郡城流""风穿疏牖银灯暗,月转高城玉漏迟""天外冥鸿何缥缈,雪中孤鹤太凄清""醉来扫地卧花影,闲处倚窗看药方""渭水西风吹鹤发,严滩孤月伴羊裘""野花偏向愁中发,池草多从梦里生",皆佳句也。《夏日忆西湖诗》云:"涌金门外柳如烟,西子湖头水拍天。玉腕罗裙双荡桨,鸳鸯飞近采莲船。"

于冕　【万历】《杭州府志》:冕,字景瞻,少保、兵部尚书谦之子。景泰初,以父功荫府军千户。及谦被谮死,冕坐谪戍龙门。宪庙初,事得白,加谦官谥,因复冕官,改文资,历南京太仆寺少卿,应天府尹致仕。《西湖游览志》:弘治初,景瞻自南都谢事归杭,号南湖归叟。

夏时正　陈守址《大理卿夏公神道碑》:公讳时正,字季爵。正统十年进士,为刑部主事,升郎中。奉敕录囚福建,平反死狱六十余人,升大理寺丞,改南太常卿。成化五年,升南大理寺卿。七年,岁大侵,命大臣分道巡视。公至江西,兴发劝分,赈济饥民二十三万户,裁省诸司冗滥力役数万人,罢黜不职庶官二百人。所至命有司兴学劝士,条析兵民利弊,而兴革之。远近悦服。长河洞流民啸聚,有司不能禁。公亲临其境,谕以祸福。民感泣罗拜,境内帖然。南昌城章江门外,每岁夏秋之际,潦水挟风涛为患,啮城址,浸淫民居。召监司会计帑羡,分遣官属修固城垒,增筑濒江之堤及丰城诸县陂岸,皆江西百世之利也。既还南京,明年以疾乞致仕。归杭,至僦室以居。布政使张赞等重建西湖书院于孤山以处公。久之,书院火,归慈溪。弘治十二年,布政司杨峻迎还杭,舍于归锦坊。日著书属文,寿八十八。《西湖游览

志》:时正致仕,布政司宁良作西湖书院,聘时正主之,四方文学云集。尝作诗篷湖中,随风往来。

何琮　《分省人物考》:琮,字文璧,仁和人。景泰庶吉士,除礼科给事中,历官兵部侍郎。居官清介,门无杂宾,立朝几四十年,勤慎如一日。公余归私宅,纵步花径间,口不绝吟。尝以西湖为杭之眉目,近为居民占据,恐其久而易湮,言之当道,闻于朝而疏浚之。又著《西湖图说》以示后人,群推为不可及。李旻《浚治西湖议》:成化十九年,巡视都御史刘敷用杭人通政何琮言,临湖查勘,凡宣德、正统等年圈筑报税者,一切锄而去之,税粮百三十余石,派堤西有产之家代纳。

张维　《书画谱》:维,字叔维,常熟人。画笔宗董北苑、吴仲珪,游迹多在西湖,自号西泠寓客,故烟峦出没,得吴越诸山之神。诗才清逸,程孟阳数称之。

邵琮　【万历】《杭州府志》:琮,字叔璋,仁和人。登天顺进士,授大理评事,累擢四川按察司副使。未几,致仕归,徜徉湖山,足迹不入公府,人高其贤。

张锡　《西湖游览志》:张天锡:锡,钱塘人,号海观。天才拔萃,文雄一时。领天顺壬午乡荐,授山西山阴县教授。解官南还,湖山名胜之所燕集无虚日,人以铁崖方之。

张宁　《海盐县图经》:宁,字靖之,其先德清人。景泰五年进士,授礼科给事中,拔掌科,升都给事,知府汀州。致仕归家,居三年卒。《西湖游览志》:靖之,海宁人,号方洲。景泰天顺中,为给事中,有名,奉使朝鲜国,人雅重之。集所著作为《皇华录》。成化初,忤权要,出为汀州知府,引疾归田。雅好山水,岁率一再至杭州,至辄携亲朋出游西湖,綵舟蜡屐,随意所之,大篇短章,顷刻立就。又善丹青,所著有《方洲集》。

孙原贞　【万历】《杭州府志》:原贞,名瑀,以字行,江西德兴县人,永乐戊戌进士。正统八年,来为浙江左布政。诚信爱民,忠诚体国。处州盗起,发兵剿捕,军糈旁午,列郡骚然。原贞经画有方,供应不匮,事集而民不病,进拜副都御史。督兵深入,戮其渠魁,群盗悉平,拜兵部尚书。《钱塘县志》:景泰七年,镇守浙江,兵部尚书孙原贞建议筑修西湖二闸。

洪钟　王守仁《襄惠洪公墓志》:公名钟,字宣之。成化戊子领乡荐,乙未举进士,授刑部主事,总诸司章奏。声闻大起,升员外郎,仍领诸司事。升郎中,虑囚山西。弘治己酉,升江西按察副使,四川按察使,所在发奸摘伏,无所挠避,而听决如流,庭无宿讼。由是豪右屏息,土官宣慰司皆凛凛奉约束安民。世有马湖,恃力骄僭,为地方患。从容画策,去之,请吏于朝,遂以帖然。升江西右布政使,转福建左布政,著绩两省,升都察院右副都御史,巡抚顺天兼整蓟州诸边备。建议增筑边墙,自山海关界领口西北至密云古北口黄花镇，直抵居庸，延亘千余里，缮复城堡三百七十，悉城沿边诸县，官无浪费，而民不知劳，缓急有赖。又奏减防秋官兵六千人，岁省挽输犒赏之费，以息军民横役之苦。夺民产及牧圃草荡之入于权贵者，悉还之。远近大悦。改云南巡抚，再改贵州，召还督理漕运兼巡抚凤阳诸处。正德乙卯，升右都御史，掌南京都察院事。寻升南刑部尚书，改北工部，复改刑部兼都察院左都御史，加太子少保，赐玉带，出总川、陕、湖、河四省军务。沔阳洞庭水寇邱仁、杨清等攻掠城邑，以计擒灭之。蓝五起蜀，与鄢老人等聚众寇暴川、陕间，远近骚动。遂涉历险阻，深入贼巢，运谋设奇，躬冒矢石，前后斩获招降十数万，擒其渠酋二十八人，露布以闻。土官杨友、杨爱相雠激为变，众至三万，流劫重庆、保宁诸州县。调兵剿平之。朝廷七降敕奖励，赐白金麒麟服，进太子太保。引年乞归，章七上，始允，赐驰驿还归。筑两峰书院于西湖上，自号两峰居士，与朋旧徜徉诗酒以为乐，如是者十一年。诏遣有司劳问，思复起于家，而公已不可作矣。

洪镃 《钱塘志补》：镃，字器之，号时轩，钱塘人，襄惠之弟。攻苦读书，勇于为学，寒暑不辍，诗文楷法，俱超轶绝伦[1]。商文毅公闻其名，辟置幕下，荐授中书舍人，欲大用之。而性恬淡，不乐仕进，归隐西溪，以图书消岁月。或栽花莳竹，借以自娱。时与农夫、邻老课晴问雨，究桑麻之事。尝慕林处士高风，读其集，称赏不置。襄惠扬历中外，屡遣人招之，俱不赴。及官尚书，欲荐于朝，力止之。其高蹈如此。著有《时轩自怡集》二十卷。

胡濬 【万历】《杭州府志》：濬，江西铅山人，正统乙丑进士。天顺元年，升杭州知府。敏于听断处剧，郡日有清燕。八年，卒于官。民哀思不忘，设主孤山以报祀。《西湖游览志》：成化十年，郡守胡濬辟外湖。

刘璋 【万历】《杭州府志》：璋，字廷信，福建南平县人。天顺丁丑进士。成化六年，任浙江布政使。公平正大，治体精明，烛奸革弊，吏不敢欺，凝重洁白，卓有大臣风度。终工部尚书、太子少保，历官四十载，敝屋萧然。《西湖游览志》：成化十七年，布政使刘璋、按察使杨继宗等清理西湖续占。

杨继宗 《西湖游览志》：西湖元废而不治，任民规窃。明初，籍之遂起额税，苏堤以西尽为阡陌。至成化十七年，御史谢秉中、布政使刘璋、按察使杨继宗等清理续占。继宗，山西人。成化九年，为嘉兴知府。十六年，升浙江按察使，不携家眷，止带老仆一人执爨，清直之声震两浙。镇守太监张庆权势烜赫，门下多倚势生事。继宗莅任，各敛手杜门不敢出。贪猾官吏，多望风引去。然继宗虽嫉邪，而爱惜人

才,故人咸仰其公正。亲丧,方坐厅事。讣至,即解印绶,步出驿亭,老仆挑两箸笼登舟。杭民老稚挽留不及,皇皇如失父母。

刘泰　《两浙名贤录》:泰,字士亨,钱塘人。负奇志,特立不群。景泰天顺间,隐居武林山中。好学笃行,肆其余力于诗,精丽奇伟,为一时绝倡。《西湖游览志》:泰,号菊庄,所著《菊庄晚香》诸集有次。聂大年《游净慈寺诗》书于壁间,按察使泰和曾蒙简见之,谓僚寀曰:"如此闲情,我辈不及也。"《两湖麈谈》:菊庄雅负诗名,杭人与宾山匹休,因有二刘之目。

马洪　《两浙名贤录》:洪,字浩澜,钱塘人。以辞赋擅名,清修苦节,皓首韦布,而含珠吐玉,声价益重,所交皆一时名士。每过从出游,衣冠杂集,车从都雅。洪独葛巾草履,高步其间,人望之若野鹤之在鸡群也。《西湖游览志》:浩澜,号鹤窗。善诗赋,而词调尤工。徐伯龄言:鹤窗与陆清溪皆出菊庄之门,清溪得诗律,鹤窗得词调,异体齐名。著《花影集》,自序云:月下灯前,无中生有。以为假则真,谓为实犹虚也。

徐镃　《两湖麈谈》:明农先生徐镃,兵部尚书贞襄公之子。贞襄赐葬南山之原,土名陆家坞。镃方襄事之际,得志石焉,谓是宋金枢密渊之墓,遂掩其穴,移上葬之。此忠厚之道,近世所无也。

夏时　【成化】《杭州府志》:时字以正,钱塘人。永乐戊戌进士,授户科给事中,改南京户科。宣德二年,署尚宝司兼吏、礼、兵、刑、工科事,视七印。杨士奇称其忠而敢言。升江西按察司金事、布政司参议、广西左右布政使。前后所上疏,皆时务紧切,时论韪之。年七十致仕,卒时天性孝友,亲丧庐墓三年,不御酒肉,昼夜悲泣,有群鸟巢于墓木。祭酒李时勉为著传。【万历】《杭州府志》:夏时德行足为乡邦矜式,乃谋建祠于石人岭以祀之,请于郡守张禧。事闻当道,咸共嘉叹,题其祠曰"孝廉"云。陈赟《湖山胜概序》:方伯夏公以正以《湖山胜概记》一通见示,凡灵踪秘迹杭人所莫识者,历历如指掌,可考而有据,何其博也。兼赋绝句百首,悉用董嗣杲之旧,清新蕴藉,令人兴怀古之思。

陈赟　《余姚县志》:赟,字惟成。锐于经史,荐为儒学训导,纂修《宣庙实录》,两浙事迹皆赟采撷,称良史才。任翰林待诏,升广东参议。兵后,访民间掠卖者还之,瘗暴骨。迁太常少卿,致仕,投老西湖,与骚人墨客为诗酒会。【万历】《杭州府志》:赟本余姚人,爱钱塘山水之胜,构别业于武林城北。及卒,特赐祭以荣之。所著有《自怡》《容台》诸稿。陈敏政《西湖百咏倡和诗序》:太常会稽陈惟成,博学多才,尤长于诗。其致政而归也,乐钱塘山水之胜,日与名公硕彦往来西湖之上,得宋季董静传《西湖百咏》和之。好事者争相传诵焉。

姚文　旧《钱塘县志》：文，杭州前卫人。事母尽孝，每晨出，必拜母而往，暮还如之。母卒，择地于玉泉山下。诘旦，有鹿聚其地，跪成穴，遂葬焉。其孝感如此。天顺三年旌表。

朱铺　张宁《广西布政司参政朱公墓志》：公讳铺，字廷用，号恒庵。景泰丙子，领乡荐。明年，登柯潜榜进士，授南兵部职方主事，改工部，升郎中，出知庐州府。秩满，寻有广西之命。致仕归，于大理卿夏公季爵、宪副张公鸣玉、都阃徐公彦章数人觞咏迭会于西湖山水之间，号归荣雅会。

陆伟　《分省人物考》：伟，字仲奇，号质庵，钱塘人。成化乙酉乡荐，授泽州知州，政通人和，小民戴德，而怨家讹谤，叹曰：人当知止足，力恳当路。致事而归，与乡之不仕及倦而归者徜徉于西湖孤山间，更倡迭和。有《归田录》传于时。居常甘淡薄，于世味漠如也。年至耄耋，灯下能读细字。喜吟诗，有稿藏于家。

梁万钟　【万历】《杭州府志》：万钟，字天锡，四川温江县人。成化戊戌进士，知仁和县，兴利举废，子惠之声浃里巷，邑人肖像祀之。三原王公重其人，擢知杭州府。浚西湖以潴水，使旱潦有备。新岳武穆王祠，升两浙转运使，人称循吏。

刘英　《西湖游览志》：刘邦彦英，钱塘人，号宾山，善诗翰。成化间，隐居不仕，邀游湖山，名振远近。旧《钱塘县志》：邦彦自幼笃学，操行高洁。其为诗清奇俊逸，洒然出尘，与刘士亨、赵廷玉、霍孟赐、俞鸣玉结会赋诗，所至题咏湖山。英长篇短章，备极工巧，名振一时。程敏政《刘君宾山墓志》：其居在北郭之夹城里。

李旻　《钱塘县志》：旻，字子阳。成化间，乡试廷对皆第一，授翰林院修撰。上疏终养，不许。官至南京吏部侍郎。长身修髯，才识高迈。于学无所不窥。善谈议，每发言，如倒峡悬河，四坐倾听。为司成时，教范严肃。家吴山下，环堵萧然，不屑治家人业。

陈士宁　【嘉靖】《仁和县志》：士宁，仁和人。涉猎书史，喜延接贤士大夫，与同邑郑壁、夏诚友不事荣利，日为湖山游咏。有《游咏录》行于世。搜蓄古法帖名画及彝器之属，暇时过访，互相品鉴。

项承恩　《钱塘志补》：承恩，字宠叔，新安人。屡试不第，遂隐西湖岳坟，携一女奴供爨，奇丑。室中杂置书籍画卷、盆花竹石。禾中李日华赠以诗，曰："西湖流水供濯足，南屏山色对梳头。月夜酣眠琴作枕，雪朝孤坐絮为裘。盆花巧作千金笑，壁画赀高万户侯。何用更寻高士传，先生风格在林邱。"有访沈石田画一扇，深得子久家法，自题云："阴阴茅屋野人栖，望里烟波咫尺迷。约伴携尊钓斜日，从来浪迹寄山溪。"万历癸未季春，余与徐企孺、许思德游飞来峰。既而，思德仲兄沂春为作记，且邀谈竟日，出书画纵观，甚欢，因写于沂春扇背，题短句见意云。

吴循吾　《六研斋笔记》：循吾，歙县人。少豪放，喜声律。晚年落拓，寓居武林吴山，松关竹屋，翛然如在尘外。家有伽楠大士像，大者高三尺，小者尺余，供室中，奇香溢于户外。

武林览胜记卷十七

名贤下

明

杨孟瑛 【万历】《杭州府志》：孟瑛，字温甫，四川丰都县人。成化丁未进士，弘治十六年知杭州，迁顺天府丞，去以在任浚西湖多糜官帑被劾，复降知府事。《实录》载孟瑛守杭，议开西湖，盘查御史胡文璧劾其开浚无功，费用官帑至二万三千余两，宜罢黜。吏部议以工在既往，理无可复，宜仍将孟瑛降除杭州，量用民力以终前功，故有是命。孟瑛当事敢任，多便民美政。其浚复西湖，俾水有蓄泄，实利益下塘诸田，亦一时敏干吏云。《西湖游览志》：孟瑛知杭州府时，西湖民间规占者十九。孟瑛建议于御史车梁、佥事高江，锐意浚复。详见《水利》。

惠隆 《分省人物考》：隆，字从道，号北屏，仁和人。弘治癸丑进士，授刑部主事，进员外郎，擢江西按察司副使。所至以治绩显。甫逾强仕，解组归，营别墅于所居东浒，茅亭花榭，极幽雅之趣。垂老，足不履公门，口不谈世务，与吴乐闲辈为五老归田会，登眺湖山，以觞咏自娱，仿唐香山、宋洛社之遗矩，绘图梓诗以传。【嘉靖】《仁和县志》：隆罢政家居，宅临下湖，构西爽楼，远对西山，层峦叠嶂，仰之悉入目中。

吴瓒 《分省人物考》：瓒，字器之，号乐闲，仁和人。弘治庚戌进士，授弋阳县，升南通州知州，甫两月乞休，力辞轩冕。性好吟咏，多撰述，考求遗闻，作《武林纪事》八卷，足备湖山掌故。

吴一贯 【万历】《杭州府志》：一贯，字道夫，广东海阳县人。成化辛丑进士。弘治十年按浙，精敏强毅，敢于有为，酌科差，务节省，以纾民困，著为条式，俾垂永久,民咸赖之。历大理少卿,以刚直忤逆瑾,谪嵩明知州。瑾诛,复江西按察副使,进按察使,卒。李旻《西湖复古堰记》:乐天通石函,子瞻筑石堰,所以钟其源而节其流也。后人坏堰而易之以版,守者得以为奸,涨溢乃靳而不启,旱则启而竭之,或因而取货焉,为湖之病数十年矣。弘治丁巳,监察御史吴君巡按浙江,以兴利除害为己任,欲复其旧,鸠工琢石,不日告成。滨湖上下之人,得享旧日之利。

　　王守仁　《名山藏》:守仁,字伯安,余姚人。弘治十二年进士,授刑部主事,改兵部武选司。正德元年,科道官以论刘瑾,忤旨,逮系。守仁论救,谪龙场驿丞。瑾诛,擢庐陵知县,升南京刑部主事,调吏部郎,升南太仆鸿胪少卿、右佥都御史,巡抚南赣。宁王宸濠反,以便宜檄诸道兵攻之,遇之湖,擒之。升南京兵部尚书,参赞机务,封新建伯。卒谥文成。万历初,从祀孔子庙。《西湖游览志》:守仁之既擒宸濠也,忽传王师已及徐淮,遂乘夜遄发至钱塘,凛凛忧栗,作诗云:"灵鹫高林暑气清,竺天石壁雨痕晴。客来湖上逢云起,僧住峰头话月明。世路久知难直道,此身那得尚浮名。移家早定孤山计,种果诛茅却易成。"顷之,王师遣人追宸濠,复还江西,遂谢病居净慈寺。《净慈寺志》:守仁自乡举时读书南屏,后擒宸濠,忽传王师已及徐淮,遂乘夜遄发至钱塘,谢病居净慈,成诗六首。南屏之阳,有洞以公名。尝建天真精舍于龙山之阳,即今勋贤祠也[1]。

　　孙一元　《列朝诗集》:一元,字太初,秦人。尝栖太白之颠,故称太白山人。风仪秀朗。元巾白袷,以铁笛鹤瓢自随,所至倾动其士大夫。尝入吴会,遂栖迟不去。费宏罢相,访之南屏山中,值其昼寝,就卧内与语,送之及门,了不酬谢。费出语人曰:"吾一生未尝见此人也。"《欧余漫录》:太初寓南屏山,尝蓄一鹤自随,与许给谏台善。许为置田一二亩,岁输粟于万峰深处以充鹤粮,而作券予之。初,太初开笼调鹤,鹤飞去,台乃用唐人"想伊只在秋江上"之句,首尾作诗二律。两人风趣,虽林君复亦当欣让矣。《西湖游览志》:西湖之改名高士湖也。孙太白自序云:正德乙亥孟春,与石川子泛舟西湖。石川子曰:"昔青莲居士李白与尚书郎张谓泛沔川南湖,因改为郎官湖。今日予与子游,颇追迹前事,西湖因可为高士湖矣。"大笑,酌酒于湖,命予诗纪之。

　　李赞　《两湖麈谈》:李方伯平轩在浙省时,公暇辄为山行,遇适兴处,即走笔题咏,两山佳处,往往有之。尝见其《游龙井》一诗曰:"带雨拖云入翠微,兹游媒蘖已多时。得观龙井非为晚,无补薇垣敢怨迟。佛国还输三竺胜,僧房何少二泉诗。山

---

　　〔1〕　雍正本"王守仁"条与"孙一元"条间有"顾璘"条。

深昼静成欢剧，间酌清泠当酒卮。"[1]风味殊自清高，况其政事亦复精绝，惜为逆瑾所屏，赍志以没，可概也已。

孙景时　《分省人物考》：景时，字成叔，杭之右卫人。性耿介，于世寡谐。师事阳明、甘泉二先生。正德丙子，举于乡，筮仕长洲教谕，迁攸县令，却馈谢。无何解官归，乃搜辑故典，证以长老旧闻，质诸乡评，作《武林文献录》，修《杭州府志》。

张文宿　《分省人物考》：文宿，字拱辰，号白崖，仁和人。赋性奇伟，风仪玉立，早涉坟典，旁及诸子，履道植仁，敦孝秉义，蔚然动士林望。正德癸酉，荐于乡。嘉靖癸未，释褐，授晋江令。以风操孤劲自持，未究大施，遭谗落职[2]，乃萧然长往，门堵空芜，不怨也。就西湖傍筑一小楼，楼未及成，有二鹊日喈喈从梁题间营巢，巧逼斧匠，人以为异，即名其楼曰"来鹊"。湖中又置一舫，大司马白泉汪公署曰"水月楼"。日与郡中沈青门、田豫阳、李峋嵝、方十洲、童南衡、张太华结为西湖书社。或遇秾辰艳景登楼，放舟赋诗。诗成酒散，互相砥砺，辞华沉着，不为浮绮，为一时所宗云。

方豪　《西湖游览志》：方思道豪，开化人。正德间，刑部郎中。雅好山水，居湖最久。尝筑室于石屋，号齐树楼。少师夏公谨赠以诗。

庞尚鹏　旧《浙江通志》：尚鹏，广东南海人。嘉靖间，巡按浙江，墨吏多解印绶去。尝令士民敷析利弊，立一条鞭法，仍胪旧名，曰母使后人重征也。《西湖游览志》：嘉靖十八年，巡按御史傅凤翔行县，清理西湖占据，御史庞尚鹏刻碑于清波、涌金、钱塘三门，严为禁防。

童伟　【万历】《杭州府志》：嘉靖时，钱塘童封君伟既有章服，犹雅淡如素。尝制巨竹为桴，放西湖中，随波流止，命曰烟波钓筏。

钱可久　《江南通志》：可久，字思畏，桐城人。诗才俊逸，字画遒润。自言与杭州西湖结物外交，驾舟千里访之，扣舷高歌，旁若无人，一时推为风雅之冠。

徐梦华　《留青日札》：梦华，字子善，钱塘人。魁梧倜傥，燕额虬髯。其诗萧豁隽朗，有《奇尔楼稿》。如《西湖曲》："湖水年年绿，春花度度新。六桥歌舞地，几易管弦人。"年二十六，为安南参军，有《思亲诗》"为怜萱草庭前冷，不恋梅花岭上春"，即挂冠归。其人品可知。

田汝成　《分省人物考》：汝成，字叔禾，杭州人。嘉靖丙戌进士，授南京刑部主事，由员外郎转礼部仪制。忤时宰，出为广东佥事，转广西左参议。及归里，盘桓湖

---

〔1〕　雍正本无"尝见其《游龙井》一诗曰……间酌清泠当酒卮"一段文字。又"风味殊自清高，况其政事亦复精绝，惜为逆瑾所屏，赍志以没，可概也已"，雍正本作"风致清高，政事精敏，惜赍志以没"。

〔2〕　雍正本"未究大施，遭谗落职"作"未几落职"。

山间,探禹穴,上四明,穷雁荡,泛吴淞,涉邗江,遨游河洛五六年,卒著《西湖游览志》。

田艺蘅[1]　《钱塘县志》:艺蘅,字子艺,汝成子。教授应天,博学,善属文。自弱冠,以诗赋著声海内,名公争交欢焉。所著前后正续集数十卷,杂著数十种。说者谓其文神采中涵,奇辉外射,裕清淑之粹,参扶舆之灵,浙江不足灇其澜,西湖不足澄其洁,凤山不足萃其昂,吴越之遗墟,南宋之废址,不足以凄其感,骚逸而下,罕见其俦。誉之不无少过,而多闻好奇,世以比之成都杨慎。为人高旷磊落,不可羁靮,至老愈豪。朱衣白发,挟两女奴,坐西[2]湖花柳下。客至,即其座,唱酬斗酒百篇,人又拟之谪仙云。

黄省曾　【万历】《钱塘县志》:省曾,字勉之,吴郡人。博雅,工文词,与钱塘田汝成交莫逆。嘉靖中,来游西湖,僦居南屏最久。自号五岳山人。涉险不假筇策,湖山之胜,足迹几遍。谈说形胜,穷状奥妙,歌咏随之。所著有《寓林集》。

吴玭　《分省人物考》:玭,字汝莹,号南岑,钱塘县人。举嘉靖癸未进士,历官广东布政使参政。性疏爽,治园亭西湖之滨,与宾客燕游其间,若乐而忘检者至。持官特严,奉亲以孝。

张瀚　《分省人物考》:瀚,字子文,号元洲,杭州人。成进士,初任部郎,为治行第一。积官至吏部尚书,持衡数年,务以进贤退不肖为主,一时吏治喁喁。及归,啸咏湖山间。善书法,兼工点染,诗文庄丽典则。有《奚囊蠹余》《松窗梦语》藏于家。卒,谥恭懿。

祝时泰[3]　梁允植《钱塘县志》:时泰,字汝亨,号九山,闽县人。博雅善诗。嘉靖中乡举,官员外郎。挂冠归,慕钱塘湖山之胜,卜居西湖,与郡人高应冕、童汉臣、方九叙、沈仕、刘子伯结玉岑诗社,遨游啸咏,以终其身。《西湖八社诗姓氏》:社友户曹员外郎祝时泰、光州太守高应冕、庠士王寅、刘子伯、承天太守方九叙、江西宪副童汉臣、隐君沈仕[4]。

方九叙　《西湖八社诗姓氏》:方九叙,字禹绩,号十洲,钱塘人,为承天太守。方九叙《西湖八社诗序》:杭盖东南大都会,山水蔚盘,昔人拟之清都洞。天顺岁丙午,予尝与田豫阳氏八人结社湖曲,赋诗祀游。今所传《西湖社选》,是其作也。近复偃息林泉,追逐云月。兹社也,凡会之地八,同会之人六。若予六人仕隐固殊,风

---

〔1〕雍正本"田汝成"条与"田艺蘅"条间有"周诗"条,约一百五十字。

〔2〕西,底本作"两",据雍正本改。

〔3〕雍正本"张瀚"条与"祝时泰"条之间有"李奎"条,文约一百八十。

〔4〕雍正本无"《西湖八社诗姓氏》……隐君沈仕"一段文字。

雅道合,岂偶然欤？乐天香山,洛阳耆英,古今社事,兹其兼美矣。

沈仕 《仁和县志》:仕,字懋学,侍郎锐少子。弱冠,有才名。梦游青门山,及寤,求名山志读之。见秦时东陵侯邵平隐此,叹曰:"古隐者居也,吾其隐乎?"遂弃举子业,自称青门山人,以诗歌自娱。好古法书名画,日摩挲久之,有得,援笔挥洒,风神气韵,绝胜顾门。遇佳山水,辄流连累旬月。嘉靖中,客京师,诸贵人闻其名,争造请,待以上客,赠遗累千金,随手散去。年七十,始反故庐,家徒四壁,资绘画以自给。然意所不当者,虽重资不为动。人获片纸,珍若拱璧。卒于家。《西湖八社诗序》:隐君沈懋学,主南屏社。净慈寺、南高峰、法因寺、虎跑泉、珍珠泉、甘露泉、藕花居、雷峰塔、金波园、内六桥、外六桥、肃愍墓、钱王祠诸胜属焉,青门主之[1]。

陈仕贤 【万历】《杭州府志》:仕贤,字邦宸,福建福清人。嘉靖壬辰进士。岁己亥,来知杭州,奉职循理,事简政平。《灵隐寺志》:仕贤击杨琏真伽像于飞来峰。

钱立 《分省人物考》:立,仁和人。嘉靖乙丑进士,授刑部主事,历官广西副使。生平恬于仕进,自郎署典郡,意未尝不在林壑。既归,屏迹公府,时与二三朋旧结社湖山。晚岁,兀坐一室,焚香,手一编,颜所居曰怡老。

沈梅 茅坤《近溪沈公墓表》:嘉靖乙卯,余罢官归,栖圣水寺,同通政马公三才、太仆卿沈公淮、光州守高君冕、山人沈君仕辈为西湖社游。是时,近溪沈公梅与马沈为同年友,亦囊诗筒过焉。公性怡旷,与人交无城府坑堑。三试南宫不第,补博士,谕铜陵。未几,令贵池。既至,省供亿,绝馈遗,邑之豪举而猸法者稍芟薙之。节冗费,决滞狱,平徭役,刷庠序,以循吏称。按节使檄而奖之者沓至。然性淡而亢,不善俯仰,誉者什九,而齮龁之者亦什之一。于是解绶归,结庐苕上,别卜筑于北山中曰怡闲,闭户读书。向所共西湖社游者并凋落殆尽,犹数过圣水,共余徜徉泉石间。所草《西湖志》,多先辈见闻所不逮。其他《近溪集》《也足堂俚语》《苕上游咏》《西湖游咏》诸手著,士大夫数口赏不置。卒年七十六,家世安溪里,故号近溪。

茅瓒 《钱塘县志》:瓒,字邦献。少时梦神人授二巨字,交曰见沧,因以为号。读书宝奎寺山巅,始至夜分,雷雨大作,崖崩数十丈,独所居无恙。质明,露"见沧"二大字,盖故镌宋理宗御书,适与梦符。戊戌殿试第一,历南北祭酒、礼部侍郎兼学士、加太子宾客,以吏部右侍郎引疾归。

许岳 茅坤《广东按察使司副使少崖许公墓表》:公举进士,由尚书郎出榷芜湖,则谨筦钥;监芦洲,则绝勋贵。而按颍上也,海夷内讧,公且以身撼之,以谗贬沔阳州同知,徙判岳州,擢荆州同知。蜀寇黄中势张甚,公入施州,度险隘,审向导,募

---

〔1〕 雍正本无"《西湖八社诗姓氏》……青门主之"一段文字。

死士，料刍饷，寇随以殄。中朝方议赏，而节使以前任许姓者不法事误移公，公不复辨，弃官归。寻擢常州守，移柳州。课农桑，兴学校，饬吏胥，息桴鼓，彬彬然唐柳柳州风概。峒蛮啸山谷，搜治之，斩获无算。移守梧州，以功晋广东海道副使。乞骸归，共马通政、沈太仆暨余辈往来西湖为社吟。督府铜梁张公颜其堂曰"清风高节"，人以为实录云。

李元昭　《灵隐寺志》：元昭，字用晦，世袭千户。早弃官，构庐于灵隐慎庵之址，曰岣嵝山房[1]。

邵穆生[2]　黄汝亨《高士邵虎庵塔铭》：穆生，一名重生，别号虎庵。比部员外郎经邦仲子，生而骨相磊落，吐音弘亮。为诸生，不屑科举比偶之学。年三十，即屏居灵鹫山之呼猿洞，开凿严岫，营构轩阁，树艺花木。所贮自经史外，多古文奇字，元笙秘籍之书。晨昏披览，凡四十余年，不入城市。性嫉俗，冠盖车骑过之若浼。郡守喻公邦伯迫欲见，即逾墙遁去，不与一接。其孤峭如此。惟道人衲子、樵夫野老，或酒徒诗客，有叩即应，仰天浮白，竟日长啸，与猿鹤响答不倦也。俗事不屑见闻，遇忠孝大节及人间不平事，则慷慨起若挺身欲赴者[3]。精皇极数，多验。所游名山，即自为图画，多古法，间出王叔和[4]、米元章笔意，然不多作。诗不模拟唐句，往往自抉胸臆，绝欲趺坐，不倒身侧足，夜如其昼。一日，忽倒身卧，胸突生一骨，痛不可忍，即猛省，趺坐如昨，痛骨立消。于是命治龛，戒毋用木，逾月而葬，冢上置塔，塔覆以亭。殁前二日，撤食饮水数斗，迁居楼下危坐，静存而逝。所著有《武林山七志》《山中甲子诗》文数种。《仁和县志》：穆生，字汝宣。感父廷杖事，弃举子业，隐灵鹫山中，筑阁祀许由及唐宋名贤。为楼三楹，中祀其父，右自处。藏书又三楹。足不入城市，布政使吴用先欲见之，谋于黄汝亨。汝亨请屏驺从，以儒生服往。汝亨先行，谓穆生曰："有桐城学者欲见公，读所著书。"穆生许之。吴入，遂设饮，极欢而罢。明日，汝亨札至，曰："昨来乃方伯吴公求所著书。"穆生亦不靳也。善画，有求画者辄不与，曰："吾岂画师耶？"

陈善　《杭州府志》：善，字思敬。父荆献，博学端方，从王文成先生游。善幼颖异，从父游文成门。文成曰："此任道器也。"弱冠，举进士，三令岩邑，擢郎官。督学

---

〔1〕　雍正本此条位于"童伟"条与"钱可久"条之间，其文作《列朝诗集传》：元昭，字用晦，杭州人，世袭千户。弃去不就，与童伟御南衡、方职方十洲辈结社西湖。其诗皆明农习隐之言。又好炼丹，构庐于灵隐慎庵之址，曰岣嵝山房。词客过者，多为诗赠之"。

〔2〕　雍正本"邵穆生"条前有"李梓"条，其文曰：《杭州府志》：梓，字汝林，嘉靖壬戌进士。历延平守，有政绩，擢金腾副使。归结庐葛岭，日从吾别墅"。

〔3〕　雍正本无"性嫉俗……则慷慨起若挺身欲赴者"一段文字。

〔4〕　雍正本"和"作"明"。

滇粤，士蒸蒸向风。仕至云南左布政使。未六十，予告归，讲明理学，步中规矩，危坐终日，无疾言遽色。尤好施济，待以举火者甚众。收掩道殣，修治东新、余杭诸塘，慈云、黄泥诸岭。壬子民乱，相戒勿犯其室[1]。纂修《杭州府志》，十年而成。

徐桂　《两浙名贤录》：桂，字茂吴，余杭人。博综经史，工古文词。登隆庆辛未进士，授袁州府推官。坚正不阿，每执法，失上官指，遂投劾归，僦居杭城之东隅。地幽僻，有亭池竹木之胜，中列国史金石与商彝周鼎、法书名画，日婆娑其中。有洁癖，巾帻衣履无不精。楚客有过之者，先使人觇视衣服新洁，方使前，促膝无所忤。及去，犹使人交帚拂其坐处，人以是怪之[2]。兴至，发为诗歌，尤长咏物。《西湖十咏》脍炙人口，属和者数十家，终不及也。

姜召　旧《钱塘县志》：召，字可叔，四川广安州人。万历初，由进士令钱塘。性廉敏，一目数行下[3]，人一见，终身不忘。剖决若神，且坐堂皇，至午罢衙，庭空无人，时独棹小艇西湖上，焚香读书，与诸文士谭论经义，亹亹不倦。在邑八年，四境清肃，百废具举，后令朱光祚请祠名宦焉。

冯梦祯　钱谦益《南国子祭酒冯公墓志》：公讳梦祯，字开之。其先高邮人，徙嘉兴之秀水。少惠，就塾师，吟讽不辍。王母惜膏火，止之。引被障窗疏，帷灯至旦，其专勤如此。隆庆庚午，举于乡。万历丁丑，会试第一，选庶吉士。与同年生以文章意气相豪，跌宕俯仰，声华籍甚，亦以此负狂简称。邹忠介抗论江陵，被杖远戍，独送之郊外，执手慷慨。除编修。江陵没，执政精求史馆中觚角崭出能薉牙异同者，及其未翼而翦之，坐是终以不振。尝假归，师事盱江罗近溪，讲性命之学。居丧蔬素，专精竺坟，参求生死大事。紫柏可公以宗乘倡于东南，奉杖抠衣，称幅巾弟子。萧闲淡漠，无意荣进。补广德州判官，量移行人司，副尚宝司丞，升南京国子司业。迁右谕德，再迁右庶子，拜国子监祭酒。成均文体士气，翕然一变，端居造士，阔略酬对。南曹郎疾其慢己，飞章劾之。遂移病去官，筑庵于孤山之麓，名其堂曰"快雪"。山云团户，湖水浮阶，禅灯丈室，清歌洞房，海内望之，以为仙真洞府。凡九年而卒。旧《钱塘县志》：梦祯晚年制桂舟，贮书画，春花秋月，遨游西湖，竟月不返。亦时与僧莲池及邵重生、虞淳熙兄弟、朱大复诸公结放生社。是时，徐桂茂吴余杭人、屠隆长卿四明人岁来入社，吟咏甚富。

莫叔明　旧《钱塘县志》：叔明，字公远，长洲人，一名更生，字延年。因游湖山

---

〔1〕　雍正本无"壬子民乱，相戒勿犯其室"十字。

〔2〕　雍正本无"客有过之者，先使人觇视衣服新洁，方使前，促膝无所忤。及去，犹使人交帚拂其坐处，人以是怪之"一段文字。

〔3〕　雍正本无"下"字。

乐焉，自号冷泉子。为诗险奥卓绝，务为人所不经道。忘情世味，箪瓢晏如。后徙居湖墅，临古树清流，即其地坎焉，命其子曰："死即埋我于是。"王世贞为《志》曰"诗人莫公远墓"。

何伦　《钱塘县志》：伦，字士明，性至孝。方四岁，得所分鲑鱼，不食而藏之，夕更荐父母。稍长，谈古今忠孝大节，辄抚几而泣。父殁，负土成坟，哀感行路。岁大祲，与妻子采湖中菱芡杂菽以进。其母不知为歉岁，家有甘井，辟汲道以与乡里共。邑人有讦家事者，伦叹曰："是不可长也。"作正俗八议，众韪之。著《家规》《心训》二书，督学苏浚序而梓之，曰《何孝子集》。

聂心汤　《钱塘县志》：心汤，字纯中，新淦人。万历甲辰进士，令钱塘。沉粹明敏，事至即决。适南湖水溢，于是建化湾塘，次筑闸，次议浚湖，次建捍江塘。士民思其德，劖石颂之。聂心汤《钱塘县志·自叙》：不佞莅钱塘五年，览胜湖山，缅怀昔贤浚水溉田，致芡菱谷米水泉之用，世世功德于民，询之掌故，则缺焉而未详。于是取郡《志》《西湖志》而损益之，有征可信，因例起义，厘为十纪，以备遗忘。

黄汝亨　《仁和县志》：汝亨，字贞父。万历二十六年进士，授进贤知县。邑多浮赋，上书台司，力争宽征。迁南京工部主事，升礼部郎，寻迁江西提学佥事，进布政参议，备兵湖西。逾年，以祝厘便道还浙，遂谢病不复出，结庐南屏小蓬莱，题曰寓林，以著作自娱。持缣素碑版造请者相望于道。每避客六桥之阴，轻舟软舆，踪迹既至，则启窗一笑，酒茗交行，挥翰如飞。有《寓林交集》三十卷，诗六卷行世。

葛寅亮　《灵隐寺志》：寅亮，字屺瞻，历官司农。尝督学楚闽，称得人。闲居教授，弟子数千。性俭素，布衣徒步于灵竺之间，不知其为贵人也。旧《钱塘县志》：寅亮，字水鉴，号屺瞻，北定乡人也。举万历浙江乡试第一，辛丑成进士，授南礼部主事，转郎中。引疾还，杜门不交公府，就湖南筑精舍，读书谈道其中。负笈者多四方名士，质疑问难，必披折与尽。凡口传笔记，靡不宗葛氏学焉。位至少司农，卒年七十七。屺瞻谈经讲艺，汲引人才，惟日不足。所著有《湖南讲》行世，《易系词》《讲治安策》《仕学录》《造适集》《菀尔集》藏于家。

虞淳熙　黄汝亨《稽勋德园虞公墓志》：司勋虞公长孺，举省试第四人。成进士，时万历癸未也。授兵部职方司主事，迁主客员外郎。逾月，改司勋。又逾月，引疾归。公不得志于时，而宏护净业，所在经筵法席，以身为导。又爱惜名胜[1]，即两峰六桥三潭间，松石花鸟虫鱼之属，咸加爱护。公故贫儒子，力不能购书，获有奇秘，与弟闭门抄写，昼夜不尽不止，以故涵育浸灌，汪洋奥衍。有《武库行秘书之

---

〔1〕　雍正本无"不得志于时，而宏护净业，所在经筵法席，以身为导。又"二十一字。

目》。诗文宏深微妙，应念而作，风生雨集，排古荡今，作者人人自废。去官，归隐南山回峰下，采药行乐，啸咏惟适。台府大吏及四方之客游武林者怀刺造庐，欲一识其面，悉戒阍以绝。天下知与不知，语及虞司勋，辄曰异人云。

陆振奇 旧《钱塘县志》：振奇，字若冲，斯如里人。工文章，与里中郑之惠、冯梦祯、葛寅亮、虞淳熙、云栖释袾宏为莫逆交。振奇精于易学，尝百十人问难，辨析不穷，学者称庸成先生。读书之暇，尝就西湖为放生社之惠[1]。有《纪异》一则，别载《放生录》中。

吴大山 《钱塘县志》：大山，字仁仲，居凤凰山之燕窝，江西副宪源之孙，光禄寺卿果之子。万历时，随父任京师，召试楷书，授内阁中书。辛卯，中顺天乡试，为部郎。历任滇南参政，皆有声绩。未几，乞休归西湖，筑别业，植老桂修篁，颜曰辋川。

叶永盛 《两浙监法志》：永盛，字子木，江南泾县人。万历己丑进士，为两浙巡监御史。时弇臣言利，妄称浙余盐山积[2]，可得饷三十万。征之急，商绌莫能办。永盛具五疏，奏入，蠲十之九，人心始安。浙商子弟以外籍不得与试，特请于朝，置商籍。视醭之余，集内商子弟于西湖，跨虹桥西，授以题，就舫中属文，面定甲乙，名曰"舫课"。去官后，商士思之，即其地建崇文书院，中奉朱子，即以其旁祀永盛焉。

李流芳 《书画谱》：流芳，字长蘅，嘉定人。万历丙午，举南雍，再上公车，不第，遂绝意进取。性好佳山水，中岁于西湖尤数诗酒，笔墨淋漓挥洒。山僧榜人皆相与，款曲软语间，持绢素请乞，欣然应之。

沈守正 《灵隐寺志》：守正，字无回，钱塘人。为孝廉，清介绝俗，当世士大夫重其守。下帷灵隐，讲业授徒，历有年所。

唐新 《钱塘县志》：新，字仲可，兰陵人。工诗，嗜山水。爱西湖之胜，买舟居之，舟名"莲叶"，往来烟云浦溆间。尝至绝粒，采莼而食，晏如也。孝廉吴之鲸忧其乏绝，为疏以传知己，有云："唐仲可夷犹烟水，款乃苍波，瓶中不堪喂鼠，榜傍可以眠鸥，七十二种，惟有薄羹，一十二时，尝遭水厄。"一时同事，咸相解囊。新闻之，叹曰："吾何可以口食，为诸君子累哉？"竟谢归。

吴之鲸 《钱塘县志》：之鲸，字伯裔。文才俊爽，高自标置。每一脱稿，辄付剞劂。或规之，曰："吾以防散逸耳。"与冯梦祯、黄汝亨相友善。所著有《武林梵志》《阆阁诗》。

---

〔1〕 雍正本"惠"作"会"。

〔2〕 盐，底本作"监"，据雍正本改。

吴之龙　《钱塘县志》:之龙,字雪门,歙人。生有异质,读书一目十行下,工诗。长游武林,遂居钱塘。从葛寅亮讲学湖南,业日进,屡蹶不售,遂绝意进取。谒选得光禄丞,与米友石、刘半舫诸名卿日唱和,诗迅发老健。性豪迈,不乐绳束,还隐西湖,结竹阁社,四方词人无不归之。瘦筇过顶,白发飘然,人谓地行仙云。

袁文玉　《钱塘县志》:文玉喜山泽游,筑室柳州亭左露桃烟柳间。每喜独行堤畔,比游人出,则负仗回。恶闻箫鼓声,尝诵左思诗曰:"山水有清音,何必丝与竹。"百有一岁,犹强饭健行,矍铄也。

曹振　《钱塘县志》:振,字叔周。性孝友,善读书,好作画。得北宋人笔意,遂以画名。素磊落自异,不善趋媚[1]。会有以魏玚绫帐命画者,振怒掷笔,竟出策塞。归隐西湖,自号玉岑山樵。善挝鼓。每酒酣月落,乌履纵横,出羯鼓挝之,意高气扬。其声渊渊,如风涛骤集,座客皆奋袖起舞。年七十九卒,葬黄鹤山下。

闻启祥　《钱塘县志》:启祥,字子将。博综群书,万历举南雍。尝与吴郡李流芳同与计吏入京师,至国门,忽意不自得,趣车径返。后屡以荐被征,悉辞不赴。《灵隐寺志》:子将绝意仕进,筑阿西山。其言语妙天下,冯梦祯、黄汝亨一流人也。

邹之峄　钱谦益《邹孟阳墓志》:李长蘅爱武林山水,其游也,以邹孟阳为湖山主人。长蘅秀出人表,歌诗图绘与湖山相映发。孟阳钩帘据几,隗俄其间,山僧舟子皆能指而识之。长蘅为孟阳画《西湖江南卧游册》三十余帧。孟阳所至,必携之以行,曰:"长蘅与江南山水皆在吾箧中矣。"晚年,山水之情弥胜,偕老僧游天台,携《卧游册》曰:"吾挟此册与俱,长蘅有知,当偕我越楢溪凌石梁耳。"其托寄如此。孟阳,名之峄,世居海宁,徙钱塘之东溪。

邹方回　失名李流芳《清晖阁草序》:余往来西湖者十年,得同调之友六七人,邹方回其一也。方回文弱可爱,坦衷直肠,而遇事慷慨,乐缓急人,殆世之有心者。客岁孟阳馆余于小筑,子将、方回读书于澄怀阁,辄移榻就余商榷文艺,旁及歌咏书画。朝暾夕岚,山水气变,辄命觞筋相对,酣畅而后已。有时载花月港,拜石紫阳,采莼湖心,结荷池上,未尝不与方回共之。

冯延年　《静志居诗话》:延年,字千秋,秀水人,祭酒之孙。祭酒爱西湖之胜,筑快雪堂于湖漘,千秋遂入籍钱塘。己卯副榜,贡入北雍。归隐秋月庵,为复社,与子首川父子并著录云。

陈潜夫　《灵隐寺志》:潜夫,字元倩,杭州人。历官河南御史。为诸生,读书灵隐山房,以名教自任,卒能践其志。

---

〔1〕　雍正本无"不善趋媚"四字。

施庄 《钱塘县志》：庄，字康夫。居紫阳山，少贫，力学。性颖异，喜自负。左方伯吴某极重之，延上座。庄衣大布衣，着高齿屐，踞客座，高谈今古，烛跋不使去。乌伤傅岩奇其才[1]，以妹妻焉。岩成进士，而庄屡踏省闱，不见收。设馆凤山之阳，户外履恒满武林，号为施氏学。

何萃 《钱塘县志》：萃，字辂亦。少孤，力学，与施庄友。崇祯间，两中副车。己卯，以贡入南雍。吴太冲时为司成，移书吏部，曰："萃武库甲兵，今朝廷急士，当及锋用之。"会为忌者所阻，免归。亦设馆凤山之麓，武林从游者曰何氏学。所著有《古今治平略》《廿一史汇纂》《类法篇》诸书。

冯廷槐 《钱塘县志》：廷槐，少参自南公子，博洽群籍，下笔自成一家言。晚年，自称二酉山人，不求进取。著《武林近事》十卷。

汪汝谦 钱谦益《汪然明墓志》：然明，讳汝谦，居敛之丛睦。生三岁而孤，崭然如成人。事其母，捧手肃容，视气听声，七十年如一日。事诸兄若姊，同仁均爱，抚孙恤甥，睦姻收族，婚嫁葬埋，于我乎取，缓急叩门，无不应。所至公卿虚席，胜流歙集，刹江观涛之客，三竺漉囊之僧，西陵油壁之妓，靡不檥箱捧席、倾囊倒筐。人厌其意，留连而不忍去。所著有《西湖韵事》。

关键 《钱塘县志》：键，字六钤。与钱肃乐读书胜果寺，钱引绳墨，合规矩，而键驰骋上下，汪洋恣肆，谈者心悸。临川艾南英亟称之，而云间陈子龙独首推键，于是有关、钱之学。癸未成进士，知丹徒县，不半年，弃官归家，居以名德自重，绝口不言世事。子真君平之亚也。

顾若群 《仁和县志》：若群，字不党，一字超士。为诸生，闭户下帷，纵观子史，究古今治术，而择其可施行者。说经则观先儒语录，取新安鹅湖异同之旨会通之。以余闲作诗赋古文词。入云栖，隐于缁流。所著有《石公新旧稿》。

吴本泰 《钱塘县志》：本泰，字梅里。崇祯甲戌进士，以行人改吏部文选郎，入为尚宝卿。初籍海宁，后乐钱塘河渚而徙居焉，遂为钱塘人。本泰性恬淡，无嗜好，绳床棐几，朝齑暮盐，宴如也。其居河渚，与高僧耆旧相往来，撰《西溪梵隐志》。其弟宫詹太冲称之，曰："吾兄如千顷澄波，淆之不浊，自是德器使然，非浅学可测也。"

江浩 旧《钱塘县志》：浩，字道闇，文昭后裔也。与同郡张岐然季初友善。岐然为尚书恭毅之后，两人创为古学。同时如丁奇遇、冯惇、虞宗瑶、徐腾等约为读书社。其法因经而及传，先考订而后辨论。武林士人不习矜张而学有原本者，由读书社始也。浩久为诸生，落落不得志，后落发隐居河渚，尽焚所著书，为名僧，曰梦破。

---

〔1〕 雍正本"乌伤"作"义乌"。

不入城市,一瓢一笠,往来芦风梅雪间,自取适意而已。歧然后亦为僧,名济义,开堂说法,武林名流多与印合。二人虽皆为僧,然孤情特立,要亦僧隐者也,故仍列之《隐逸传》中。

萍道人　《杭州府志》:道人,名如晓,字萍纵,萧山人。善书画,冲口吟哦,多佳句。出游三吴,瓢笠自持。为人方严孤峭,遍游宣、歙、明、剡、台、宕诸名胜。老乃驻西湖,结宇乌石峰,名曰岩艇。崇祯末年卒,年八十余。如晓藏名而隐,不知其姓。所著有《草萍集》。

国　朝

王元佐[1]　《钱塘县志》:元佐,字又章。重孝义,敢任事,慕陶靖节、孔稚圭之为人,卜居吴山之麓,郡守颜其堂曰"景陶迹孔"。

朱东观　《钱塘县志》:东观,字全古。崇祯拔贡,丙子南雍副榜,具经济才。养母于石人坞,母亡出游,晚乃归家。以《涑水通鉴》尽为补注,老眼昏花,于夹窗下就明处日书之。卒年八十。

吴山涛　《两浙盐法志》:山涛,字岱观,之龙之子。崇祯己卯,举于乡。三任学博,授陕西成县令。弹丸小邑,且当残破,后钱粮协济。民艰甚,山涛力请题改,邑人戴之。任二年,致仕,投老湖山,啸歌自得。书法秀逸,自成一家,兼善作画,残绢断缯,皆为世所珍。出塞日,赋西塞诗三十首,因自号塞翁。年八十七,无疾终。

张遂辰　《钱塘县志》:遂辰,字卿子。其先江西人,父徙钱塘[2],因家焉。少颖异,不屑为举子业,喜读《史》《汉》百家言,工古文。一游成均,由吴江渡秦淮,陟金焦,过牛渚。董其昌、陈继儒见之,曰:"奇才也。"交李流芳、钱谦益辈,声名籍甚。幼善病,日检医方,成名医。博综典故,考究精核。湖上有遂成别业,名湖馆,又有东庄,皆有诗。

胡介　《钱塘县志》:介,字彦远。幼颖异,为博士弟子。性高介,抗意而行,后隐于河渚,蓬门萝屋,与其妻翁氏笑傲溪山间。翁故武林巨族,能诗,有贤名。夫妇唱和,欣欣自得。介工于诗,死后十年,淮东黄之翰为刻以行世。

严沆　旧《钱塘县志》:沆,字子餐,号颢亭,明太常大纪之孙,武顺之子。顺治乙未进士,选为馆元,授兵科给事中,仕至户部右侍郎,总督仓场。卒于官。沆自为

---

〔1〕　雍正本列"王元佐""朱东观""吴山涛"三条于"明",而非"国朝"。

〔2〕　底本"徙"作"从",据雍正本改。

诸生,已藉藉人口,称文章经济之士。在谏垣时,多所论奏,每一疏上,人传诵之。性至孝,以武顺早卒,事母极尽色养,于城东筑皋园,比于皋鱼之泣。复得冯祭酒孤山快雪堂,花时常奉板舆侍太夫人出游,乡人荣之。武顺名噪武林,与兄调御、弟敕,称三严先生。沆能继世学,交游尽南北名流,或集东园,或会湖庄,尊罍茗碗,酬唱歌吟,殆无虚日。至于耆旧英杰,丧乱以后,飘零奔走,咸依以为命[1]。所入俸钱,宗党之外,尽以给朋友焉。

钱士琏 《钱塘县志》:士琏,字奇玉,郡诸生。尝游学东瓯,值山寇窃发,海氛未靖,琏佐橡幕,出奇计定之,浙东诸郡赖以安堵。又尝劝禁俘掠,出株连,人高其义。当事欲疏荐,不受。黄冠野服,日徜徉湖山间,年八十七寿终。

钱士璋 《钱塘县志》:士璋,字章玉,诸生,负经济才。岁大祲,当事为粥以食饥者。士璋计口授餐,民皆果腹。道有馑死者,出私财瘗之。民苦徭役,建议立条鞭法以均之,著为令簿。游天台,因号赤霞山人。后归西湖,见石山壁立,有篆刻赤霞字符其号,遂筑菟裘终老焉。

林嗣环 《钱塘县志》:嗣环,号铁崖,泉州人。顺治己丑进士,授广西海南副使,摄学政,爱养士子。后削秩归,慕武林山水,侨居湖上,与曹秋岳、王西樵相倡和。卒,葬西湖之白沙泉。

王猷定 旧《浙江通志》:猷定,字于一,别号轸石,南昌人。善古文,为人倜傥自豪。寓居西湖,殁于昭庆僧舍,严津、陆圻、毛先舒为治丧椁。猷定为文郁勃,如殷雷未奋,又如崩崖压树,槎枒盘礴,旁枝得隙,突然干霄,或间露卑率语,然苍骨老气终不可没也。

吴名溢 《钱塘县志》:名溢,字我匏,钱塘诸生。时娄东甬上,诸名宿舟车络绎,皆主其家。两丧皆庐墓,著《丧礼注》。筑匏庵于南山满觉垄,遂自号匏庵。晚年又构药园于城东,汇名流觞咏之作为《药园盉簪集》。查继佐序其文,云:"明季文体诡变,尚诸子杂说、仙释语录聱牙佶屈之文。匏庵独沉酣六经,阐发实义,作《麟经诠解》;考三传互异,折衷诸家,为《春秋详注》。"严沆尝语人曰:"林峦标致,当推是公,非晚近人也。"卒,年七十六。

孙治 《钱塘县志》:治,字宇台。少颖异,通《左》《国》《春秋》,喜秦汉文,故其为文沉郁入古。为诸生祭酒,隐居教授,讲学湖滨,自称武林西山樵者,撰《灵隐寺志》。西泠十子,其一也。十子:陆圻丽京、柴绍炳虎臣、孙治宇台、陈廷会际叔、张

---

〔1〕 雍正本无"至于耆旧英杰,丧乱以后,飘零奔走,咸依以为命"十九字。

纲孙祖望、毛先舒驰黄、丁澎药园、沈谦去矜、吴百朋锦雯、虞黄昊景明[1]。圻著《威凤堂文集》二十卷、诗集十四卷、《口谱》十卷、《灵兰墨守》十卷；绍炳著《翼望山人集》十卷、《古韵通》五卷；治著《孙氏遗集》十六卷、《灵隐志》十二卷、《遣兴集》十二卷；廷会著《瞻云遗集》十六卷；纲孙一名丹，著《从野堂文集》二十卷、诗集二十卷；先舒一名骙，著《撰书》《隐囊别纪》《韵学通指》《匡林》《思古堂集》《诗辨坻》《格物问答》《圣学真语》；澎著《扶荔堂文集》二十二卷、《药园诗集》十二卷、词集六卷；谦著《东江集》八卷；百朋著《朴庵集》三十二卷[2]。

丁景鸿　《杭州府志》：景鸿，字弋云，领戊子乡荐。尝结社于两峰三竺间，有鹫山十六子之订，因号鹫峰。

丁文策　《钱塘县志》：文策，字叔范，号固庵，学者称江樵先生。文策束发读书，为文另辟堂奥，时流翕然宗之。已而，谢浮名，自号布衣，奉其母偕隐河渚。当事闻其才，屡辟不就。两应督抚之聘，纂修通志及郡志。所著有《西湖集》《琐言放庸集》《吴声百岁序谱》诸书，传于世。

吴文翰　《杭州府志》：文翰，字元浚。有至性，读书攻苦，几失明。补郡庠生，亡何入龙泓山中，怀古著书，与方外为莲社游。诗歌寄托高远，有陶韦风规。

---

〔1〕　底本无"景明"二字，据雍正本及文意补。
〔2〕　雍正本"十子……百朋著《朴庵集》三十二卷"为注文。

武林览胜记卷十八

方外上

武林诸山汇为圣水,不独人杰钟灵,亦仙、佛化身地也。盖从古高真徒侣,多托迹于名胜之区。矧自白、苏守郡,雅爱谈禅,吴越封山,倾心向道。嗣尔趋风接轨,皆足增胜湖山,袞集见闻,聊以备外史之掌故云。志方外。

晋[1]

葛洪 《晋书》本传:洪,字稚川,句容人。游余杭山,见何幼道、郭文举,目击而已,各无所言。时或寻书问义[2],尤好神仙导养法。从祖元得仙,以丹术授弟子郑隐。洪乃就隐学,悉得其法。后师鲍元,元以女妻洪。洪传元业,兼综医术。《明圣湖观》:稚川隐西湖山,以仙著。初,闻郭文举在大涤,造请焉。修真著书,号抱朴子。

许迈 《真灵位业图》:迈,字叔元,小名映,改名远游,东华署为地仙。《晋书》本传:迈,句容人,少恬静,不慕仕进。南海太守鲍靓隐迹潜通,迈往候之,探其至要,谓余杭悬溜山近延陵之茅山,是洞庭西门,潜通五岳,陈安世、茅季伟常所游处。于是立精舍于悬溜,而往来茅岭之洞室。永和二年,移入临安西山,登严茹芝,有终焉之志。著诗十二首,论神仙之事。《西湖游览志》:稽留峰,即远游嘉遁之所。

裴仙姥 《方舆胜览》:东晋初,有裴氏姥采众花酝酒,贫者贳与之。经数年,忽有三人至姥所,各饮数斗不醉,谓姥云:"予非常士,知姥当仙,故来相命。"因授药数

---

〔1〕 雍正本"晋"后另行起有"道教"二字。

〔2〕 雍正本无"游余杭山,见何幼道、郭文举,目击而已,各无所言"十九字,"时或"作"少时"。又"义"底本作"羲",据雍正本改。

丸,姥饵之,月余,不知所在。《名胜志》:姥,余杭人,嫁于西湖农家。《钱塘县志》:今柳浪有仙姥墩。曹唐《小游仙诗》:"八景风回五凤车,昆仑山下看桃花。若教使者沽春酒,须觅余杭阿母家。"

杜子恭　《宋书》自序:子恭,钱塘人,通灵有道术。东土豪家及京邑贵望并事之,为弟子,执在三之敬。《搜神后记》:子恭尝就人借瓜刀,其主求之。子恭曰:"当即相还耳。"既而,刀主行至嘉兴,有鱼跃入船中,破鱼腹,得瓜刀。《南齐书·孔稚珪传》:稚珪父灵产,有隐遁之怀,立馆事道,东出过钱塘北郭,辄于舟中遥拜杜子恭墓。《神州古史考》:杜子恭者,神方验于《晋史》,冢墓载于《齐书》,盖黄公道术之流、葛洪神仙之比也。

唐

马湘　《太平广记》:湘,字自然,杭州人。治道术,遍游天下。所游行处,或宫观严洞,多题诗句。《闻奇录》:自然貌丑,鬵鼻、秃鬓、大口,饮酒石余,醉卧即以拳入口。人有疾病告之,折薪草呵而与食,无不差者。尝吟曰:"昔日曾随魏伯阳,无端醉卧紫金床。东君谓我无情赖,罚向人间作酒狂。"后往梓州上升。《诗话类编》:候潮门外水府净鉴观,其修炼之所也。薛应旗《书马湘传后》:嘉靖三十九年,余修浙《志》,将置《仙释》。七月二十四日,有神附鸾书曰:"丹阳道人马自然烦大夫修作,不可舍我也。"余曰:"将欲修入《志》中乎?"曰:"然。"曰:"我不甚知公出处,奈何?"鸾书曰:"考《西湖志余》,见予迹也。"

李升　《神仙通鉴》:升,字云举,自言江夏人。性高古,师少室山道士,学炼气养形之术。尝布衣游行天下,时元微之廉察浙东,白居易出牧钱唐,以升旧友,皆慕升之文学道术,邀致宾席间,问升生当太平之世,何不受荣禄而久为布衣乎?对曰:"不为世累。"召之,亦不就。乃徐吟曰:"生在儒家遇太平,元纁重滞布衣轻。谁能世路趋名利?臣事玉皇归上清。"元与白奇之,诗酒延留。岁余,复去他适,莫知所之。

钱朗　《神仙通鉴》:朗,字内光,南昌人。开成初,为安南都护副使,后为光禄卿。归隐庐山,师东岳道士徐钧,得补脑还元服炼长生之术。昭宗世,钱唐彭城王钱镠慕朗得道长年,乃迎就钱塘,师事之。时朗已一百五十余岁,童颜轻健,元孙数人,皆以明经进身,仕为宰官。

五　代

张契真　《十国春秋》：契真，钱塘人。生有异相，青骨方瞳，形如瘦鹤。幼负箧从胡法师游。已而，道遇朱天师，一见喜曰"子骨法应得仙"，授以要诀。未几，复受樊先生灵宝箓，独处真圣宫数年，翻绎蕊笈琅函之秘，深得微旨。忠懿王命主三箓斋事。

宋

张伯端　《三洞群仙录》：天台张伯端，字平叔。尝馨所得，吟成律诗九九八十一首，号曰《悟真篇》。其《九转金液还丹诗》一篇云："黄芽白雪卒难寻，远者须教德行深。四象五行全藉土，三元八卦岂离壬。炼成灵质人难识，消尽阴魔鬼莫侵。欲向人间留秘诀，未逢一个是知音。"《瑞石山志》：平叔，自号紫阳。元丰五年三月十五日，蜕去。《名胜志》：瑞石山左紫阳洞，宋张平叔、元徐弘道俱修真于此。《七修续稿》：杨长史之父冲，杭庠士也，笃好仙术。一日，遇麻衣人于途，曰："有客寄书于宅，君知之耶？"归，果得书，开缄，则仙人张平叔拜帖也[1]。

车四　《两浙名贤外录》：四，不知何处人。青巾布袍，修髯伟干，有黄白术。好饮酒，一吸数斗不醉。尝往来西湖山水间。

皇甫坦　《宋史·方技传》：坦，蜀之夹口人，善医术。高宗召见，问以长生久视之术。坦曰："先禁诸欲，勿令放逸。丹经万卷，不如守一。"帝叹服，书"清净"二字以名其庵。

《神仙通鉴》：坦，字履道，遇朱真人，传内外二丹之诀。一日，见顶门有珠光焰，因歌曰："山头红日出，药苗新。欲将心事付瑶琴。知音少，弦断有谁听。"识者以为丹成之验。绍兴二十七年，显仁太后得目疾，国医不能疗。忽梦黄衣道人，长须广耳，太后问："能医眼否？"曰："能。"觉而异之，以语高宗。时坦南游，自称眼医。临安守张俣以名闻，宣至慈宁殿，为太后嘘呵布气。良久，翳开目明，喜曰："真梦中所见也。"将还山，留一扇于禁中，曰："有发寒热者，以此扇之，当差。"未几，宫中多患疟，用之皆验。隆兴元年，上皇御札诏至，宣见于康宁殿，乃命馆于西湖显应观西斋

----

〔1〕　雍正本《七修续稿》……则仙人张平叔拜帖也"为注文。又雍正本无"长史之父""杭庠士也"八字，"也"后有"国朝雍正十一年，敕封大慈圆通禅仙紫阳真人"十九字。

堂。乾道初,游武当,上皇遣德寿宫使臣陈球宣召。二年二月,至行在所,复命馆伴于显应馆。幸其馆,命登御舟,泛湖游园。后屡侍燕,闲谈修真之旨。赐御书《灵宝度人经》,寿圣皇后书《清静妙经》。宋高宗《皇甫真人像赞》:"皇甫高士,眉宇列仙。以道兴世,孰计其年。闲云在空,孤鹤行天。掀髯一笑,同乎自然。"

王元悟　《通元观志》:元悟自北海来,至临安,见吴山有五色云,遂登绝顶,趺坐竟日。士民乃编茅为庵,设三道像,供以香花。坐一木榻,日进一蔬食,足不下山者三十年。一日,召众曰:"予辞世矣。"乃作偈曰:"一寸光阴一寸金,结茅默坐白云岑。蓦然识得虚皇面,天不高兮海不深。"语毕,蜕去,是为宁寿开山祖师。

蔡道像　《通元观志》:道像,不知何许人。宋高宗渡江遇风,舟不能进,问左右曰:"此去何神?"对曰:"三茅山有茅君焉。"祷之立应。后幸临安之吴山,有三绛衣人,顷之不见,访其地,惟茅庵中有三茅真君像,因感江中之事,遂赐为三茅宁寿观,选高行者充知观事,以道像主焉。《两浙名贤外录》:道像每建金箓斋,辄有仙鹤百余盘旋醮坛之上,因赐七宝,以镇其山。

李芄　《神仙通鉴》:济南李芄,字定国,寓临安军营中,以聚学自给,暇则纵游湖山。尝诣净慈寺,过长桥,于竹林迷路,见青衣道人劚笋,芄揖之。道人问所往,曰:"将往净慈瞻礼五百罗汉。"道人曰:"未须去,且来同食烧笋。"食之甚美。俄而,风雨晦冥,失道人所在。少顷,雨止而出,至寺门,觉身轻神逸,行步如飞,归舍不复饮食。其从兄大猷为诸王宫教授,将之任,遣仆致书,见其颜如桃红,且能辟谷,以语大猷。及大猷至,则已去云游茅山矣。后又闻入蜀,隐青城山。大猷后为梓州路提刑,使人至眉访之。眉守报云:数年前,已轻举乘云而去。今惟绘像存焉[1]。

武道光　《画髓元诠》:道光,钱塘人,东太乙宫道士。善潜补六朝古名画,又能作花鸟窠木竹石。

张守真　《神仙通鉴》:守真,字遵一。生而纯素守静,长而寡欲。宋绍兴十年,承袭世教,赐号正应先生。乾道六年,高宗诏赴德寿宫,馆于养鱼庄,命醮月台[2],所祷有异应。越明年,复召见,以上清三洞诸品宝箓流传寖久,乃锡金委道录院锓木成书,就延祥观传度。

白玉蟾　《紫桃轩又缀》:白玉蟾,本姓葛,闽清人。父亡,随母改适雷之白氏,因改姓名。《神仙通鉴》:玉蟾,号海琼子,得翠虚陈泥丸先生之道。喜饮酒,不见及醉。博洽儒书,究竟禅理。大字草书,视之若龙蛇飞动。兼善篆隶,尤妙梅竹。受

---

〔1〕《道藏》本《历世真仙体道通鉴》卷五三"李芄"条,文字与此稍异。

〔2〕醮,底本误作"瞧",据《道藏》本《历世真仙体道通鉴》卷一九及雍正本改。

上清箓，行诸阶法，所用雷印常佩肘间，祈禳辄有异应。尝游西湖，至暮堕水，舟人惊寻不见。达旦，则先生在水上，犹醺然也。《续文献通考》：嘉定中，命馆太乙宫。一日，不知所在。封紫清明道真人，有《上清》《武夷》二集行世。《画髓元诠》：玉蟾尝画祖师张平叔、薛道光及自己像。陈旅《题白玉蟾赠刘丹晨暑月诗后诗》："玉蟾先生列仙儒，夙昔梦见冰雪如。丹晨不比刘师复，弥明本解人间书。紫清午榻松阴冷，俯视尘寰真大井。银河夜静淡明月，水风吹落元云影。元云盘屈龙虎章，百神守之不敢将。"张昱《题白玉蟾像诗》："白玉如蟾俱是妄，青天指月亦非真。武夷洞里曾相见，却是寻常劈篾人。"

林外 《西湖游览志》：外，字岂尘，泉南人。词翰萧爽，谈论不羁，饮酒无算。在上庠，暇日独游西湖幽寂处，坐小旗亭饮焉，丰姿都雅，角巾鹤氅，飘飘若神仙。置虎皮钱箧数枚藏腰间，每出其一，命酒家倾之，视钱计酒直，酒且尽，复倾一箧。迨暮，凡饮数斗不醉，而箧中之钱若循环无穷，肆中大惊异，索笔题壁间云："药炉丹灶旧生涯，白云深处是吾家。江城恋酒不归去，老却碧桃无限花。"明日，都下喧传某肆有神仙至饮云。

张达道 《西湖志》[1]：达道，凝神庵道士。高宗尝赐白羽扇，至元犹存。萨都剌《同张伯雨游凝神庵因观宋高宗赐蒲衣道士张达道白羽扇诗》："晴日赤山湖水明，湖中山影一眉清。蒲衣道士无人识，羽扇年多落凤翎。"[2]

鬅髻道人 《齐东野语》：端平间，周文璞、赵师秀数诗人春日薄游湖山，醵饮西林桥酒垆，皆大醉熟睡。忽有鬅髻道人过而睨之，哂曰："诗仙醉耶。愿酒家善看客，我当偿酒钱。"索水，以瓢中药少许投之，入口略漱，噀之地上，则皆精银也。时游人方盛，皆环视骇叹，忽失道人所在。薄暮，诸公始醒。酒家具道所以，皆怅然自失。其家持银往市，得钱正可酬所值，了无赢余。明日，喧传都下酒家图其事于壁，自以为遇仙酒肆。好事者竞趋之，遂为湖山旗亭之甲，而诸公亦若有悟云。

陈崇真 《西湖志类钞》：崇真，宋咸淳间羽士。善雷法，因敕建雷院以居之，赐号冲素真人。

吴山道人 《括异志》：三山曾陟馆于海盐陈氏七载。有道人自吴山来，谓曰："子思乡切，何不暂归？"乃翦纸为马，令合眼上马，以水噀之，其疾如风，嘱曰："汝归不可久留。"须臾到家，门户如旧。妻令入浴，易新衣。陟曰："我便去。"妻曰："才归便去，何不念父母妻子乎？"陟便上马行，所骑马足折。惊寤，乃自在书馆中，随身衣服皆新制者。道人亦不见，惟留一药蓝，中有诗云："一骑如龙送客归，银鬃绿耳步

[1] 雍正本"《西湖志》"作"《西湖游览志》"。
[2] 雍正本"萨都剌……羽扇年多落凤翎"为注文。

相随。佳人未许轻离别，不是仙翁岂得知。"

元

莫沾乙　《名山藏》：沾乙，号月鼎。入青城山丈人观，见无极，受五雷法，用是召雷雨，破鬼魅，动无不验。《秘笈》：杜徽之夏日尝随莫月鼎入西山，至湖上，热甚。月鼎曰："吾借一伞，与汝共戴之。"乃向空嘘气，忽黑云二穗随而覆之。《宗阳宫志》：沾乙，钱塘人。元世祖欲闻雷，掷胡桃，应声而发，赠金缯，碎以济贫者。一日，偕客饮西湖，客畏日，浮果壳觞面，云起湖中，翳日光。市魁娶妻，为北高峰白猿所摄，呼飙追妇归。灵异多此类。

郎如山杨清一　《洞霄宫志》：如山，字鲁瞻，余杭人。精教典，师洞霄明一先生。宋景定间，居延祥馆。至元丁丑，开山西湖崇真观。逾年，领洞霄宫，主席西太乙宫，掌浙西道道教。戊子三月，御史中丞崔彧寻访高道，以公入觐。暨乞归，奉旨蠲宫门租赋。元贞初，授体元崇教安道法师，赐宫锦金衣一袭。一日，谓徒众曰："吾不久斯世，汝等当勉励进学，勿羡吾荣。"寿七十有三。其徒杨清一，字元洁，临安人。精于符法，为东太乙宫法师。至元后，改升西太乙宫，继郎席。丙申秋，以郎命捧香诣阙，郎赐衣，亦与焉，授冲真洞元葆光法师。张础《宜晚堂呈郎一山诗》[1]："心自空清境自真，夕阳林下著闲身。山中一段烟霞晚，物外三生造化春。大厦规模原内景，小冠风采是高人。扁舟且莫彝陵去，我欲溪头一问津。"

马臻　《元诗选传》：臻，字志道，别号虚中。少慕陶贞白之为人，着道士服，隐于西湖之滨。大德中，从天师张与材至燕京行内醮。未几，辞归。手画桑干、龙门二图传于世。所著曰《霞外集》。

王寿衍　《辍耕录》：寿衍，字眉叟，杭州人。出家为道士，受知晋邸，后以弘文辅导粹德真人管领郡之开元宫。浙省都事刘时中者，名士也。既卒，贫无以葬。躬往吊哭，周其遗孤，举其枢葬于德清县，与己寿穴相近，春秋祭扫不怠。马祖常《送王眉叟真人诗》："秋蝉上寒竹，白鹤立苍苔。石洞松花落，云房涧水来。弹琴翻道曲，捣药应猿哀。别浦回船急，孤山看早梅。"张天雨《寿溪月真人木兰花慢》词："试瑶台借雪，春意早，满林峦。笑东老殷勤，能倾家酿，兴尽清欢。曾因求贤把诏，便朗吟、溢浦又庐山。自爱西湖烟雨，玉鞭分付

---

〔1〕　郎一山，元孟宗宝编《洞霄诗集》卷九同，雍正作"郎如山"。按：邓牧编、孟宗宝集《洞霄图志》卷五"郎、杨二先生"条云郎如山，号一山。

青鸾。神仙官府肯容闲[1]。枢要在元关。有溪上金鳌,月中金粟,长驻婴颜。愿似洪崖橘尸[2],尽千年游戏向人间。早晚凤池书到,通明殿上催班。"

张雨 《尧山堂外纪》:一名天雨,字伯雨,钱塘黄冠,号真居,九成之裔。后入华阳洞,自号句曲外史。初见虞伯生,伯生问能作几家符篆。曰:"不能。"伯生曰:"某试书之,以质是否。"连书七十二家,伯雨辄下拜,曰:"真吾师也。"自是托交甚契,与伯生书,必称弟子。《太平清话》:伯雨素不善画,尝醉写奇石,具一种逸韵,为云林所称。《仙里麈谭》:伯雨少学琴,畜一琴,名风林。尝从赵子昂论琴,以为琴之五音,各有改弦法。其法不传,世之所谓琴者,皆不审五音之主,徒呶呶耳,殆不如秦筝之按宫征也。倪瓒《寄张伯雨诗》:"林卧对云雨,忧来不可绝。褰帷望庭际,春风动林樾。飞萝散成雾,烟草绿如发。不见高世人,饥渴何由歇。神鸾戏元圃,巨鳞偃溟渤。尔亦碧岩中,通形修隐诀。烧香庭竹净,洗砚池苔滑。取瑟和流泉,掺觚酌明月。迹高行亦苦,冰蘖忌芳洁。何当往相寻,拂石栖松雪。"萨都剌《寄句曲外史诗》:"霞佩翩翩出洞天,当时仿佛见癯仙。几年海上张公子,今日山中葛稚川。沧海尘飞丹已熟,玉堂人去榻空悬。林间载酒来相觅,乞写丹经与世传。"张翥《中秋张外史招赏月失约赋谢诗》:"明月中天雾气消,酒醒凉思正飘飘。星河不动秋空阔,钟鼓无声夜寂寥。露下远山皆落木,风来沧海欲生潮。仙家玩事无缘到,虚负琼楼听玉箫。"李晔《题张雨隐居诗》:"爱君亭子涧之涯,不减西湖处士家。长日春风吹杜若,有时流水出胡麻。山童斩竹供垂钓,野客寻源忆泛槎。欲信神仙在人世,重来犹恐失桃花。"张炎《作水墨水仙寄张伯雨浪淘沙》词:"青雾湿云鬟,蕊佩珊珊。酒醒微步晚波寒。金鼎尚存丹已化,雪冷虚坛。游冶未知还,鹤怨空山。潇湘无梦绕丛兰。碧海茫茫归不去,却在人间。"

王应瑾 徐一夔《王真士寿藏碑铭》:真士,钱塘人,名应瑾,景丹其字也。生时,母梦紫气满室。稍长,气韵凝重。识者曰:"此道器也。"年十八,从鹤林宫沈日瑞度为道士。佑圣观者,故宋孝宗之潜邸也,星冠霞佩之侣集焉。真士入处其观之延真馆,精究元业,德誉日隆,其后遂为元门尊宿。四十二代天师界号教门高士,洞微真隐纯一法师,住持元妙观,同领本府诸宫观事。性至孝。父母殁,购地五亩于南山之金沙坞葬之,俾其从子奉祀。故杨廉夫、张伯雨情好甚笃。初,谢龙翔之席,归延真馆,疏种药畦,作淡竹亭,浚天一泉,置吹笙石,筑驭鹤台,而日逍遥其间,曰:"吾聊以尽吾之有夜旦者尔,他无所为也。"张昱《东圃为道士王景丹赋诗》:"东圃轩在元武宫,海日欲上烟飞红。若人餐之百体充,养得面貌如婴童。上清有法授有宗,灵章秘咒存心胸。一气孔神天与通,右卫白虎左青龙。掷火万里行老翁,欲雨即雨风即风。燮理造化代天工,事亲则孝君则忠,神人执鞭须相从。"

徐弘道 《紫阳道院志》:弘道,号洞阳。修真瑞石山,年八十三,沐浴更衣,书

---

〔1〕 底本、雍正本无"肯容"二字,今据它本补。
〔2〕 底本"橘"下一字似有残损,残存字形类"尸"字,雍正本作"口"。

颂而蜕,有"不离本性即神仙"之句。得法弟子,丁野鹤也。弘道常感张平叔住山传诀,故庵名紫阳云。

丁野鹤　《武林纪事》:野鹤,钱塘人,弃家为全真道士于吴山之紫阳庵。《紫阳道院志》:野鹤师徐洞阳,沿门诵经,受少许米,不他丐。元宵,众以月供斋,竞谈吴门灯之盛。令各闭目,目启而灯见。久之,众归,往谢之,曰更能化群鹤。争起捕所化鹤,皆纸也。鹤鸣人喧,忽反顾,丁作控鹤坐而化,漆身祀焉。先是,召其妻王守素,付之偈曰:"懒散六十三,妙用无人识。顺逆两相忘,虚空镇常寂。"妻感其言,亦为女冠。范涞《紫阳碑记》:丁翁野鹤,坐茅二十年,蜕化显白鹤之异,而山灵益著。王表《紫阳庵观丁野鹤真身诗》:"客本山中人,还向山中息。伐毛沧海上,煮石青崖侧。鹤胎养元牝,蝉蜕遗金骨。此身亦非我,去来偶相值。丹砂误时人,空复炼形质。山房夜不屝,孤猿啸寒月。"王穉登《紫阳庵丁真人祠诗》:"丹壑断人行,琪花洞里生。乱崖兼地破,群象逐峰成。一石一云气,无松无水声。丁生化鹤处,蜕骨不胜情。"莫如忠《紫阳庵吊丁野鹤诗》:"紫阳楼观锁烟霏,上界钟声落翠微。无地可逃车马迹,有山即与市朝违。林端远淑千峰影,郭里晴岚万树晖。试问昔人能羽化,前身好是令威非。"

王守素　《辍耕录》:钱塘民家女,其夫鹤化,遂亦束发簪冠,着道士服,奉遗尸二十年,迹不下山。年逾七十,几于得道者。《瑞石山志》:守素入山修道,途中拾得树一株,持归植于山中,祝曰:"我若功成,愿汝成林。"后二十年,树已成林,守素即化去。相传葬于元天殿之台前,树名成道树。萨都剌《赠王守素诗》:"不见辽东丁令威,旧游城郭昔人非。镜中春去青鸾老,华表山空白鹤归。石竹泪干斑雨在,玉箫声断彩云飞。洞门花落无人迹,独坐苍苔补道衣。"

俞行简　《通元观志》:行简,名真静,嘉禾人。元顺帝时,住持三茅观,后主本观。深明道法,博通儒典。两浙祈祷辄应。贯云石、虞伯生、张仲举辈咸有诗赠焉。贯云石《赠俞行简法师诗》:"遁迹复忘形,丹成养性灵。精诚动神鬼,呵叱走风霆。鹤去松云满,龙归雨气腥。送师歌短曲,凉吹满江亭。"虞集《赠俞行简法师诗》:"仙坛遥接上真宫,吴越江山一望中。南北两峰云杳霭,东西三浙雨冥蒙。经声旋动仙音作,楼阁萦回复道通。云鹤仙人无定迹,飙轮时辗望三峰。"张翥《赠俞行简法师诗》:"羽盖翩翩下九重,江乡秋晚滞仙踪。信传真府凭青鸟,剑舞瑶台走碧龙。顷刻风云兴五岳,须臾雨泽慰三农。殷勤欲问《参同契》,双舄遄飞未易从。"

陈渭叟　【成化】《杭州府志》:渭叟,杭人。读书学道,不混俗,不忤物,赋诗有天然趣。隐居葛溪上,岁一来杭,城中名人胜士争要致之。叶森《题紫云编诗》:"一度诗来一见君,只应芳杜袭兰薰。有时写到游仙句,绕笔秋香生紫云。"张翥《寄渭叟诗》:"忽忆江南古庄叟,钓竿归去拂珊瑚。药炉已熄勾庚火,书箧闲抛遁甲符。欲与陈陶同啖鲊,只令张翰远思鲈。不知别后诗多少,刊到云编戊己无。"

董嗣杲 【成化】《杭州府志》：嗣杲，字静传，钱塘人。寄迹黄冠中，博辨强记，谈前朝典故如指诸掌。作诗词，不经思索，下笔辄成。有《西湖百咏诗》行世。

明

冷谦 《泳化类编》：谦，字启敬，号龙阳子。元中统初，与刘秉忠从沙门海云游。博学，精于《易》，尤深邵学。及百家方术，靡不洞习。至元间，于四明故相家观李思训画，因契之，遂以善绘名。后遇异人授中黄大丹，传张氏契真之旨，年百余岁，如童颜。【成化】《杭州府志》：谦，钱塘人，隐居吴山顶上。晓音律，善鼓琴，飘飘然有尘外之趣。洪武初，授协律郎，不知所终。刘基《泉石歌为启敬赋》："君不见吴山削成三百尺，上有流泉发苍石。冷卿以之调七弦，龙吟太阴风动天。初闻滑滑响林莽，峭若元宵鬼神语。冷然穿崖达幽谷，笋籁飕飕振乔木。永怀帝子来潇湘，瑶环琼佩千鸣珰。女夷鼓歌交甫舞，月上九疑啼凤凰。还思娲皇补穹碧，排抉银河通积石。咸池泻浪人重溟，玉泉冰澌相戛击。三门既凿龙池高，三十六鳞腾夜涛。丰降咆哮震威怒，鲸鱼犍尾惊蒲牢。焂然神怪归寂寞，殷殷余音在寥廓。鲸人渊客起相顾，江白山青烟漠漠。伯牙骨朽今几年，叔夜广陵无续弦。绝伦之艺不常有，得心应手非人传。忆昔识子时，西州正繁华。筝笛沸晨暮，兜离漫矜夸。子独徜徉泉石里，长日松阴净书儿。取琴为我弹一曲，似掬沧浪洗尘耳。否往泰来逢圣明，有虞制作超茎英。和声协律子能事，罔俾夔挚专其名。"[1]

周思得 《两湖麈谈》：思得，杭城人，少学符术。永乐中，召赴京，寓大德观。祈祷雨晴，呼召风雷，累应。每朝廷有问，则中贵赍御封词旨赴观，设香案焚之，周不与知也。顷之，神降，则历历指陈如见。一日，神降，颇怒。周曰："有旨故敢召，何怒为？"神曰："小事可渎吾耶？"周问："奚小事。"神曰："失一狸奴耳，误入某阁仰尘板中，无恙也。"果于其处得狸奴。其他灵验，不可殚纪。尝取诸家科范纂为《大洞金书》，行于世。累封高士真人。《宗阳宫志》：尸解时，年九十三，敕葬八盘岭。明成祖敕：尔周思得，体尚净虚，术超灵异，祈旱魃而甘霖立沛，阐正法而魑魅潜踪。功绩显然，用仿古制，授官给符。尔其守真勿懈，奉道益虔，弘阐元宗，用副朕意。

柴道人 《续文献通考》：道人善祈祷。永乐中，浙中大旱，延至设斋坛。三日后，雷响一声，坛前二幡结成二龙头，雨如注，西湖水涸其大半。

徐道彰 许仁《徐法师传》：道彰，号凝虚。职任真人府赞教，住通元观。能采三光之气，治褆儿之失明，行紫庭追虫法，救疼瘵于几危者。遐迩醮禳，必延请焉。所获金帛，建三清等殿，法相器具聿新，筑丹室数椽。潜身修炼，足不逾外者十数

---

[1] 雍正本无刘基《泉石歌为启敬赋诗》。

年。至癸未长夏既望,山亭忽有群鹤飞鸣。师乃嘱徒曰:"后三日,我当去矣。"至期,索笔书偈,趺坐而化,满室异香,竟日不散。毕宗敬《赠徐法师诗》:"仙房四绕石为基,景物清幽足赋诗。绿竹阴浓春寂寂,紫藤花落昼迟迟。潮生海口拖银练,月到天心泻玉厄。老道凝虚清不寐,焚香独坐遣三尸。"

阎蓬头　【万历】《钱塘县志》:阎蓬头居雷峰最久。冬浴冰水,暑坐溺缶,出而暴之,无秽气。劝人行阴骘,与巨公游,且筑巨丽宫观。一日,坐逝吴毛百户家。

卓晚春　《名山藏》:晚春,莆田人。生嘉靖间,自号无仙子,亦曰上阳子,人呼为小仙。八岁善算,虽累千万不爽。言休咎,皆奇中。初不识字,十四能诗,十六善草书。唐顺之作《小仙草书歌》,有"瑰璃东海黄公符,苍古太庙姬王璪。藤缠老树千尺挂,鹰攫寒崖百鸟懦"之句。当道召之,辄与抗礼。冬月履霜雪,着黑麻布裙,背加青纱帕子而已。虽寒夜,必露宿石上,或走浴溪涘,饮水十数瓯,曰:"漂我紫金丹也。"甲寅岁,托言北征,过江桥,语人曰:"桥石折,莆阳变矣。"丙辰,桥石折。壬戌,贼陷莆城[1]。后脱化于杭州净慈寺。

俞大彰　《重阳庵集》:俞宾梅,名大彰,字用昭,别号海空,吴山重阳羽士也。祷雨禳灾,芟邪辅正,历五十余年,随试辄效。杭地远近,咸以神异称之。熊逵《飞龙吟》:"重阳羽客青衣仙,异书勘破三十年。芟治祈祷悉贯熟,试之捷于声应谷。昨宵一札下龙潭,海蛟竞起来东南。江翻海立雨如注,霹雳轰空人骇避。槁苗赖之顷浡然,更倩何人补漏天。官民酬功馈以物,长啸却之兼自律。且云厥功非我有,太真冥冥假吾肘。物不夺志功不居,飞龙之诗岂易书。"

祝小仙　《两浙名贤外录》:小仙,粤人。来游西湖,寓于藕花居。藕花居者,高仪之别业也。仪一日访之,小仙曰:"汝卧此,汝卧此。"仪未几卒,竟筑其地为墓。后尸解,三圣桥复有遇诸粤者,曰:"为我寄声,以谢武林诸旧好云。"

许源　【万历】《钱塘县志》:源,号野云。弃武弁,自滇游蜀,遇蓝斗篷得诀,居斗牛宫。俄南来修炼表忠观,傍以却病方致贵游,而实承王马之派。变貌须臾,若八公,年百八岁,书颂坐蜕。

国　朝

孙道元　《杭州府志》:道元,字善长,号复阳子,桐川人。父尝遇羽客,修髯长身,曰:"君当举子,是垣中一星。"言已,即去。初生时,不啼不乳者累月,嗣若闻空

---

〔1〕　雍正本无"甲寅岁……贼陷莆城"一段文字。

中有语者然,遂受乳。甫七龄,求出家。父母知其有夙根,送吴山火德庙,度为道士。二十四访游五岳,尽得要妙。过信州,张真人授以正一清微五雷大法,示曰:"大道必积功行,藉以福国利民。若独善其身,德不被物,虽得长生,犹殇子也。"由是以救济累功,以参炼弥性,习静大涤山。年七十有四,克期示化。

武林览胜记卷十九

方外下

晋[1]

慧理　《佛祖统纪》：咸和元年，西天沙门竺慧理至钱塘武林山，惊曰："中天竺灵鹫小岭，何年飞来此地耶？"因名天竺山飞来峰，建寺曰灵隐。《释氏稽古略》：飞来山有洞，旧有白猿，呼之，应声而出，宴坐之岩号理公岩，今瘗塔存焉。《西湖梦寻》：师常畜黑白二猿，每于灵隐寺月明长啸，二猿隔岫应之，其声清皦。

南北朝

智一　《灵隐寺志》：智一法师，刘宋时居灵隐山半峰，精守戒范，而善长啸。养一白猿，有时不还，乃吮吻张喉，林木振响，则猿至矣，谓之白猿梵，称为猿父，故今有饭猿台。《琅嬛史唾》：智一善啸，有长松之韵，时名哀松梵。

昙超　《佛祖通载》：沙门昙超，居钱塘灵苑山。一夕，有神人至，曰："此邦蒙师留，苍生之福。然富阳民无故凿山麓，断坏群龙之室。龙忿，不致雨，今二百日矣。欲师一往诲龙，为苍生请福。"超诺之[2]，至赤庭山，为龙说法，俄大雨。县令闻超在，办舟迎之，超即日遁，还灵苑。《武林梵志》：超，姓张氏，清河人[3]。

---

〔1〕　雍正本"晋"字前另行起有"释教"二字。

〔2〕　雍正本"超"前有"岂有意乎？超曰：此檀越事，吾何能为哉？神曰：弟子力能吐云，不能致雨"二十七字。

〔3〕　雍正本《武林梵志》作《西湖高僧事略》，"人"后有"夜讲经……"五十余字。

宝掌　《指月录》：宝掌，中印度人。周威烈王十二年丁卯，降神受质，则左掌握拳。七岁祝发，乃展，因名宝掌。魏晋间，东游，遍探两浙名山，建中天竺寺，后居浦江宝严[1]。

隋

贞观　《武林纪事》：钱唐范圣远，父母祷佛而生，号贞观。左掌有仙文，右掌有人字。长为僧，与道安禅师居雪隐石室，立精舍，号南天竺[2]。《天中记》：观八岁通诗礼，和庾尚书林檎之作。沙门洪偃面相谓曰："颡高多知，耳白有名。我有四绝，尔具八能。"谓义导书诗辨貌声棋是也。时人语曰："钱唐有贞观，当天下一半。"

宝达　《高僧传》：号刹利法师，持密咒。浙江潮大至，激射湖上诸山，达哀其桑麻之地悉变为江，诵咒止之[3]。自尔西岸沙涨。后罔知所之。《灵隐寺志》：宝达，不知何许人，晦迹武林山，住刹利院，因名刹利禅师。孙治《治潮皆灵隐僧论》：僧都统赞宁与知觉禅师延寿，建塔创寺于江干以镇之，而潮循故道。是其一也。前南齐时，惊涛为害，宝达诵秘咒累日，吴行人形见于梦，而潮击西兴东岸以平。又其一也。洪武初，海潮崩岸，坏民庐舍，照庵慧炬时居理公岩，为潮神说三皈戒，杨枝洒处，即止不崩。又其一也[4]。

唐[5]

灵一　《高僧传》：灵一，姓吴氏，广陵人。宝应元年，圆寂于杭龙兴寺。师禅诵之隙赋诗，兴会飞动。与天台道士潘志清、襄阳朱放、南阳张继、安定皇甫曾、范阳张南史、吴郡陆迅、东海徐凝、景陵陆鸿渐为尘外之友。刘长卿《寄灵一上人诗》："高僧本姓竺，开士旧名林。一去春山里，千峰不可寻。新年芳草遍，终日白云深。欲狗微官去，悬知讶此心。"姚合《寄灵一律师诗》："梵书钞律千余纸，净院焚香独受持。童子病来烟火绝，清泉漱口过斋时。"

道标　《释氏稽古略》：标幼而神宇清茂，中乾元元年试通经之选。为僧有高行。贞元十四年，结庵杭州之西岭。李吉甫、韦皋、孟简皆与结尘外交。吴人语曰：

---

〔1〕　雍正本"宝掌"条列入"晋"而非"南北朝"。又雍正本未引《批月录》文，而引有《西湖高僧事略》二百余字。

〔2〕　雍正本无《武林纪事》文字，而有《西湖高僧事略》引文近百字。

〔3〕　雍正本"之"后有"夜有伟人，元冠朱衣，谓曰：师慈心为物员闻命矣"。

〔4〕　雍正本列"宝达"条于"南北朝"，居"昙超"条后。

〔5〕　底本脱"唐"字，据雍正本及上下文意补。

"杭之标,摩云霄。"竟陵陆羽见标曰:"日月云霞,吾知为天标;山川草木,吾知为地标;推能归美,吾知为德标。闲居趣寂,得非名实在公乎?"杭人尊之而不名,但呼曰"西岭和尚"〔1〕。

澄观　《慈云志》:观,字大休,会稽人,姓夏侯氏。天宝七年出家,至肃宗二年丁酉受具。是年奉诏入内,敕译《华严》。建中二年,驻锡此寺,大阐《华严》教部,天降甘露应之。韩愈《送僧澄观诗》:"愈昔从军大梁下,往来满屋贤豪者。皆言澄观虽僧徒,公才吏用当今无。后从徐州辟书至,纷纷过客何由记。人言澄观乃诗人,一座竞吟诗句新。向风长叹不可见,我欲收敛加冠巾。洛阳穷秋厌穷独,丁丁啄门疑啄木。有僧来访呼使前,伏犀插脑高颡权〔2〕。惜哉已老无所及,坐睨神骨空潜然。"

守直　《神州古史考》:钱唐范氏守直,字坚道,齐信安太守瑝之八叶。后住灵隐峰,时大历二年也〔3〕。

道林　《锦绣万花谷》:杭州道林禅师见秦望山有长松,枝叶盘屈如盖,遂栖止其上,人谓之鸟窠和尚。《武林梵志》:师,富阳潘氏。元和中,刺史白居易入山访之,问曰:"师之住处何其危险耶?"师曰:"太守危险尤甚。"曰:"余忝郡守,何险之有?"师曰:"薪火相交,识浪不停,得非险乎?"公悦,以偈问曰:"特入空门问苦空,故将禅事叩禅翁。为当梦是浮生事,为复浮生是梦中?"师答曰:"来时无迹去无踪,去与来时事亦同。何须更问浮生事,只此浮生是梦中。"长庆四年入寂,塔于北山之喜鹊寺焉。来复《西湖杂诗》:"宝网金幢变劫灰,瞿昙寺里尽蒿莱。鸟窠无树山猿泣,不见谈禅太傅来。"

鉴空〔4〕　《纂异记》:齐君房家于吴。元和初,游钱塘,至孤山寺西,馁甚。有胡僧顾君房笑曰:"法师谙秀才旅游滋味否?"君房曰:"旅游滋味即是矣。法师之呼一何谬哉!"僧曰:"子不忆讲《法华经》于洛中同德寺乎?"探钵囊出一枣,大如拳,曰:"食之,知过去未来事。"君房食讫而寝,顷刻乃悟。君房至灵隐寺,乃剪发具戒,法名鉴空。《灵隐寺志》:鉴空法师,姓齐,名佐。

会通　《景德传灯录》:会通禅师,杭州人,姓吴氏,本名元卿。德宗时,为六宫使。寻得乡信,知母病,乞归。会韬光法师勉之,谒鸟窠,即与披剃具戒。师常卯斋,昼夜精进,诵大乘经〔5〕。寻固辞游方,鸟窠以布毛示之,悟旨,时谓布毛侍者。《西湖志余》:今招贤寺乃会通道场。

---

〔1〕　雍正本此条但引《西湖高僧事略》及《高僧传》,文字与此迥异。

〔2〕　雍正本"权"作"颧"。

〔3〕　雍正本无"后住灵隐峰,时大历二年也",而有"具足律仪,立愿诵《法华经》。梦神人施珠一颗,及觉,炯炯在握。住灵隐峰,大历五年,寓龙兴净土院"。

〔4〕　雍正本"鉴"作"续"。

〔5〕　雍正本"经"后有"而习安般三昧"六字。

韬光 《七修类稿》:韬光禅师,莫详族氏。唐穆宗时,结茅于灵隐寺西峰,与鸟窠、布毛为友。刺史白居易常具馔以诗邀,师答云:"山僧野性好林泉,每向岩阿枕石眠。不解栽松陪玉勒,惟能引水种金莲。白云乍可来青嶂,明月难教下碧天。城市不堪飞锡去,恐妨莺啭翠楼前。"其高致如此。至今庵以师名。白居易《招韬光禅师诗》:"白屋炊香饭,荤膻不入家。滤泉澄葛粉,洗手摘藤花。青芥除黄叶,红姜带紫芽。命师相伴食,斋罢一瓯茶。"姚合《谢韬光上人赠百龄藤杖诗》:"衰病近来行少力,光公乞我百龄藤。闲来杖此向何处,过水缘山只访僧。"

惠皎 《佛祖统纪》:长庆四年,沙门惠皎于杭州西湖孤山镌石壁《法华经》,刺史白居易九人助其功,宰相元微之为之记[1]。

寰中 《景德传灯录》:师姓卢氏,河东蒲坂人。于并州童子寺出家,后往浙江北大慈山。唐武宗废教,师短褐隐居。大中壬申岁,重剃染,大扬宗旨,谥性空大师。《虎跑寺志》:师初结茅时,乏水,感二虎跑泉于滴翠轩阶右,因额曰"虎跑泉"[2]。唐僖宗《性空大师定慧塔赞》:履践真实,心悟无际。南泉赵州,激扬酬对。居乏寒泉,虎跑以济。维德斯彰,风清日丽。

楚南 《释氏稽古略》:楚南,福州张氏子,住钱塘慈云。光启间,刺史钱镠请师下山供养。僖宗闻其道化,就赐紫衣。文德元年入寂。著《破邪论》。

文喜 《圣果寺志》[3]:师,嘉禾语溪朱氏。七岁出家,往五台山。咸通三年,参仰山寂禅师,令为典座。大顺元年,钱王奏赐紫衣,请师住圣果。乾宁四年,又奏赐无着号。光化己未,又移居无着院。十月廿七日夜子时,告众曰:"三界心尽,即是涅槃。"言讫,跏趺而逝。时方丈发白光,林木同色。世寿八十,僧腊六十。

五 代

可周 《高僧传》:可周,俗姓傅,晋陵人。出家建元寺。梁乾化二年,受杭州龙兴寺召开演,黑白众恒有半千。武肃王钱氏命于天宝堂夜为冥司讲经,鬼神现形扈卫,往往人睹焉。王闻而郑重,赍中金如意并钵、紫衣一副,加号精志通明。以天成元年终于观音院本房。

弥洪 《十国春秋》:弥洪夙有道行。开运元年,结庵于杭州烟霞洞口。寻于洞内见石刻罗汉者六,遂虔礼之。已而,弥洪死。忠懿王一夕梦僧告云:"吾兄弟一十

---

〔1〕 雍正本"记"字后有"灵佑"条。
〔2〕 雍正本此条仅引《五灯会元》《西湖高僧事略》,文字与此多有不同。
〔3〕 雍正本"《圣果寺志》"前引有《西湖高僧事略》约二百三十字。

八人,今方有六。王盍为我聚焉?"王命侍臣访,至洞,遂补刻一十二像。

道怤　《天龙寺志》:唐天龙道怤顺德禅师,永嘉陈氏子。初,住越州镜清院,学者奔凑。吴越钱王命居天龙寺,后创龙册寺,延请居焉。晋天福初示寂,塔于龙册山。

志逢　《五灯会元》:志逢,余杭人,出家于东山朗瞻院。尝梦升须弥山,睹三佛列坐。初释迦,次弥勒,皆礼其足,惟不识第三尊。释迦谓之曰:"此是弥勒处师子月佛。"师方作礼。觉后,因阅《大藏经》,乃符所梦。后住杭州华严道场。《理安寺纪》:吴越国王向其道风,召赐紫,署普觉大师。开宝初,忠懿王创普门精舍,三请住持,再扬宗要。四年,大将凌超以五云山新创华严道场请住,于是往来两山,爱涧中幽胜,禅栖焉。后开山成丛林,即今之理安也。师尝携大扇,号大扇和尚。又尝游城市,必骑虎出入。虎偶伤人,师倚杖责之,又称伏虎禅师。雍熙二年十一月,告寂。

道翊　《释氏稽古略》:道翊,杭州上天竺僧。《上天竺山志》:翊,当阳侯杜公子,出家于终南山翠微寺。晋天福四年,入天竺佛国山,止息西峰之隈。一夕,忽见山麓火光烛天。诘旦,得异木浮水面,剖之,得大士像,宛然天成,不假刻削。梦白衣人曰:"明日,僧从勋自洛阳来,随身有古佛舍利,当求之。"已而,僧果至,求得之,纳于像之顶门,灵感异著。师与兄道宣、弟道定偕入杭,后宣为南山六通寺律师,定为法相始祖,时号僧中三凤云。

行修　《十国春秋》:行修,泉州人,陈氏子。生而长耳垂肩,七岁犹不言。长至金陵瓦棺寺祝发,参雪峰义存。来杭之法相院,依石为室,禅定其中,乏水,卓锡岩际,清泉迸出。《涌幢小品》:定光佛初为和尚,号法真,耳长九寸,上过于顶,下可结颐。吴越王宾礼之,居定光院。既寂,漆遗蜕,目口微张。

慧明　《崇圣纪事》:慧明,姓蒋氏,幼岁出家[1]。汉乾祐中,钱忠懿王延入府中问法,命师住崇圣,为开山王。因命翠岩令参等诸禅匠及城下名公定其胜负,时群彦弭伏,王大喜悦,署圆通普照禅师。后移报恩。

契盈　《十国春秋》:契盈,闽人,通内外典学。广顺中,来居杭之龙华寺,赐号广辨周智禅师。一日,侍忠懿王游碧波亭,时潮水初满,舟楫辐辏。王喜曰:"吴越国去京师三千里,谁知一水之利如此。"契盈答曰:"可谓三千里外一条水,十二时中两度潮。"时人称为骈切[2]。

道潜　《十国春秋》:道潜,河中人,本姓武氏。显德初,忠懿王迎入西府,赐号慈化定慧禅师,居慧日永明院。道潜尝欲从忠懿王求罗汉铜容,未白也。王忽梦十八巨人随行。明日,道潜以请,王奇而许之,于赐号中加"应真"二字,以表异焉。圆

---

〔1〕 雍正本"家"后有"谒法眼,师资道合。寻回鄞水大梅山庵居,迁天台白沙"二十一字。

〔2〕 雍正本"切"后有"时江南未通,两浙贡赋率由海达青州,故云"十七字。

复《永明潜禅师赞》：巍巍法器，孕灵河嵩。空华严相，绍法眼宗。名闻霸府，冕王致恭。永明祖令，杲日当空[1]。

延寿 《武林纪事》：延寿，杭州人，号抱一子。十七岁诵经，群羊跪听。初为吏，弃，出家。著《宗镜录》百二十卷。钱王请住永明净慈寺，殁号智觉禅师，追谥宗照。惠洪《智觉禅师行业记》：初，说法雪窦。建隆元年，移灵隐，又移之永明。众至二千，时号慈氏下生。国朝雍正十一年四月二十六日，钦奉上谕：加封妙圆正修智觉禅师。净慈寺内旧供法相，重为庄严，令僧徒瞻礼供养，并修理塔院，查明支派，钦择承嗣之人承嗣。

宋

赞宁 《尧山堂外纪》：赞宁，德清人，出家灵隐寺。宋初，征入汴京为僧录。太祖行香至相国寺，问曰："朕见佛，拜是？不拜是？"对曰："现在佛不拜过去佛。"太祖大喜，遂为定礼。《湘山野录》：僧录赞宁洞古博物，著书数百卷。王禹偁、徐铉就而质焉。柳仲途开赠以诗，有"空门今日见张华"之句。《十国春秋》：赞宁，本姓高氏，为两浙僧统。是时，江潮或溢出石塘。赞宁与延寿建塔于江干镇之，潮由是复寻故道。太平兴国三年，召对滋福殿，赐紫方袍。寻赐号曰通慧，命充翰林史馆编修。纂《高僧传》三十卷、《内典集》一百五十卷、《外学集》四十九卷。听归杭州旧寺，卒谥圆明，葬龙井[2]。王禹偁《通慧大师文集序》：文穆王时，大师声望日隆。又得文格于光文大师汇征，受诗诀于前进士龚霖，由是大为流辈所推。时钱塘名僧有若契凝者，通名教一支，谓之论虎；常从义者，文章俊健，谓之文虎；大师多毗尼著述，谓之律虎。

绍岩 《高僧传》：绍岩，俗姓刘，雍州人。七岁出家[3]，凡百经书，览同温习。洎入吴会[4]，遂于钱塘湖水心寺挂锡，恒讽持《法华经》无昼夜，俄感陆地生莲。续居上方净院。有疾[5]，作偈示门徒曰："吾诵经二万部，决以安养为期。"[6]跏趺坐化。

晤恩 《武林梵志》：晤恩，字修己，常熟人，姓路。年十三，闻诵《弥陀经》，遂出家破山兴福寺。后汉开运中[7]，造钱塘。《慈光寺志》：因师讲贯弥年，通达《法华》《光明

---

〔1〕 雍正本无圆复《永明潜禅师赞》，有《西湖高僧事略》文九十五字。

〔2〕 雍正《湘山野录》与《十国春秋》两段文字互乙。

〔3〕 雍正本"出"前有"求"字，"家"后有"于高安禅师，十八进具于怀晖律师"十四字。

〔4〕 雍正本"会"后有"栖息天台四明山，与德韶禅师共决疑滞，临川益公"二十字。

〔5〕 雍正本"疾"后有"不求药石"四字。

〔6〕 雍正本无"曰：'吾诵经二万部，决以安养为期。'"十三字。

〔7〕 雍正本"汉"作"晋"。

经《止观论》。雍熙三年八月朔日,于中夜睹白光自井而出,明灭不恒,乃绝粒禁言[1],端坐面西而化。

省常　《佛祖统纪》:西湖昭庆寺沙门省常刺血书《华严净行品》,结社修西方净业。宰相王旦为之首,参政苏易简等百三十二人及一时士夫,皆称净行社。庐山莲社莫如此日之盛。

道诚　《武林纪事》:钱塘慧晤大师道诚居月轮山,撰《释氏要览》三卷,又注王勃《释迦成道记》。丞相王随守杭,赠以诗。余弼《慧悟禅师上方诗》:"孤峰牢落几何年,台殿于今插半天。已是精蓝夸绝徼,更将宝塔在危颠。烟霞色任阴晴变,钟磬声随上下传。珍重老僧无别境,一生幽趣只山川。"

智圆　《佛祖通载》:智圆,字无外,自号潜夫。生钱塘徐氏,八岁受具。二十一岁,闻奉先源清师传天台三观之旨,问辨凡二年而清殁,遂居西湖孤山。《西湖游览志》:智圆博学励行,号中庸子。时王文穆公罢相,知杭州,诸僧出迓。慈云禅师邀之皆往,圆以疾辞,曰:"倾山倒壑,奔走红尘,暂留坐镇。"诸僧报服。与处士林逋为友[2]。

遵式　《梦粱录》:遵式,姓叶,字知白。崇宁间,赐慧通大师,掌天台教观。绍兴间,住天竺,高宗赐号曰慈云忏慧禅主。《佛祖统纪》:宰相王钦若出镇钱塘,率僚属诣天竺灵山,谒慈云禅师遵式,请讲《法华》,叹曰:"此道所未闻,此人所未见也。"即为奏锡天竺旧名。师奏请西湖为放生池,每岁四月八日,郡人会湖上纵鱼鸟,为主上祝寿。明道元年十月一日,说法坐逝。人见大星殒于鹫峰,红光赫然[3]。林逋《送遵式师谒王相国诗》:"虎牙熊轼隐铃斋,棠树阴阴长碧苔。丞相望崇宾谒少,清谈应喜道人来。天竺屠颜暂掩扉,讲香浮穗上行衣。白猿声里生公石,莫遣移文怨晚归。"又《和天竺慈云师诗》:"林表飞来色,犹怜久卜邻。沿洄一水路,梦想五天人。谢绝空园草,沉冥满几尘。暮云如有得,宁谢寄声频。"[4]

契嵩　《僧宝传》:契嵩,字仲灵,镡津李氏。受记荔于洞山聪公,夜则顶戴观音像,诵其号必满十万乃寝。经书章句不学,而能著《禅宗定祖图》《传法正宗记》。书成,游京师,韩琦、欧阳修延见而尊礼之。还居钱塘佛日禅院,应密学蔡公襄所请也。《冷斋夜话》:嘉祐间,嵩禅师住西湖。三十年,撰《辅教编》,诣阙上之。仁宗嘉叹其才,书尽赐入藏。明教之名,遂闻天下[5]。《梦粱录》:契嵩,自号潜子。熙宁岁季夏,入灭,以释氏法茶毗,五根不坏,名其塔曰"五根不坏之塔"。宋濂《传法正宗记序》:宋明教大师契嵩,博采三藏洎诸家记载,释迦为表,三十三祖为传,持法一千三百四人为分家,略传而旁出,宗证继焉,名曰《传法正宗记》。复画佛祖相承之像,明其世系,名曰《定祖图》。申述禅师及西域诸师为证,以辟义学者

---

〔1〕　雍正本"言"后有"一心念佛。至二十五日,为弟子说止观指归及观心仪"二十一字。

〔2〕　雍正本无《西湖游览志》文,而引有《西湖高僧事略》文,二者文字多有不同。

〔3〕　雍正本未引《佛祖纪事》文,而引有《西湖高僧事略》文,二者文字绝异。

〔4〕　雍正本"遵式"条在"宗本善本"条后。

〔5〕　雍正本"院"后无"应密学蔡公襄所请也……遂闻天下"一段文字。

之妄名,曰《正宗论》,共十二卷。其卫道之严,凛乎不可犯也。

善升 《武林纪事》:善升,钱塘人,姓仲。十岁出家,注御制《法音集》,赐号日观大师。深于琴操,住天竺寺。范仲淹屡入山访之。一日,遣侍者告范而逝。范公为作墓铭。

慧勤 惠思 苏轼《六一泉铭》:西湖僧慧勤甚文而长于诗。予到官三日,访勤于孤山之下[1]。《咸淳临安志》:慧勤,余杭人。欧阳公赠以诗。同时,有惠思亦居孤山。苏轼《钱塘勤上人诗集叙》:故太子少师欧阳公好士,为天下第一。不喜佛老,其徒有治《诗》《书》、学仁义之说者,必引而进之。佛者慧勤,从公游三十余年。公常称之为聪明才智有学问者,尤长于诗。熙宁七年,余自钱塘将赴高密,勤出其诗若干篇,求余文以传于世。余以为诗非待文而传者也,若其为人之大略,则非斯文莫之传也。欧阳修《送僧慧勤诗》:"越俗僭宫室,倾赀事雕墙。佛屋尤其侈,耽耽拟侯王。文彩莹丹漆,四壁金焜煌。上垂百宝盖,宴坐以方床。胡为弃不居,栖身客京坊。辛勤营一室,有类燕巢梁。南方精饮食,菌笋鄙羔羊。饭以玉粒粳,调之甘露浆。一馔费千金,百品罗成行。晨兴未饭僧,日昃不敢尝。乃兹随北客,枯粟充饥肠。东南地秀绝,山水澄清光。余杭几万家,日夕焚清香。烟霏四面起,云雾杂芬芳。岂如车马尘,鬓发染成霜。三者孰苦乐,子奚勤四方。乃云慕仁义,可以治膏肓。有志诚可嘉,及时宜自强。人情重怀土,飞鸟思故乡。夜枕闻北雁,归心逐南樯。归乃能来否,送子以短章。"李觏《送僧慧勤归乡诗》:"旧国起归兴,三江一棹轻。夜吟逢月白,晓渡起潮平。楚岸云藏寺,吴宫水绕城。羡师尘外去,何日濯吾缨。"王安石《和惠思岁二日诗》:"沙砾藏春未放来,荒庭终日守陈荄。遥怜草色裙腰绿,湖寺西南一径开。"苏轼《九日寻臻阇黎遂泛小舟至勤师院一首诗》:"白发长嫌岁月侵,病眸兼怕酒杯深。南屏老宿闲相访,东阁郎君懒重寻。试碾露芽烹白雪,休拈霜蕊嚼黄金。扁舟又截平湖去,欲访孤山支道林。"

重显[2] 《僧宝传》:显,字隐之,遂州李氏,幼依普安院仁铣落发。显与学士曾公会善,相值淮上,问显何之,曰:"将游钱塘。"曾曰:"灵隐天下胜处,珊禅师,吾故人。"以书荐显。显至灵隐三年,曾奉使浙西,访显于灵隐,问向所附书。显袖纳之,曾大笑。珊益以是奇之。

静源 《慈云志》:静源,字伯长,姓杨氏,住杭之祥符寺。左丞蒲公守杭,以慧因院易禅为教,命师展之。所至,缁素尽皆倾谒。熙宁三年,赵抃守杭,苏轼通判杭州,与师道契,请住慈云,制《华严》《楞严》《圆觉》三忏及《法华集义通要》十四卷。高丽国王子统义天航海而来,问法于师,朝廷遣侍讲杨杰馆伴。元祐三年冬,示寂[3]。苏轼《访晋水源法师不遇诗》:"清晓来香刹,源公尚未归。不闻钟磬响,惟见白云飞。"又

---

〔1〕 雍正本无"苏轼《六一泉铭》:西湖僧慧勤甚文而长于诗。予到官三日,访勤于孤山之下"一段文字。
〔2〕 雍正本"重显""静源"二条互乙。
〔3〕 雍正本未引《慈云志》此段文字,而有《西湖高僧事略》引文,内容较前者丰富。

《题晋水法师影堂诗》:"吾师乘鹤去,惟有鹤林存。何日飞锡来,相谈朝与昏。"

慧才[1]　《释氏稽古略》:杭州南山法师慧才[2],每持大悲咒,必百八遍。尝梦观世音菩萨脱袈裟以衣之。是春三月,为灵芝元照及道俗千人受菩萨大戒于雪峰,方羯磨观音像放光明[3],净慈禅师守一作《证戒光记》,米芾书。

清顺　可久　《梦粱录》:清顺,字怡然。可久,字逸老。所居皆湖山胜景,而清约介静,不妄与人交,无故不入城市。有馈之米者,日取二三合食之。虽蔬茹亦未尝有,故人尤重之。《避暑录话》:景修尝以九月望夜道钱塘,与诗僧可久泛西湖,至孤山,已夜分。是岁早寒,月色正中,湖面渺然如镕银,傍山松桧参天,露下叶间,嶷嶷皆有光。可久清癯苦吟,坐中凄然不胜寒,索衣无所有,以空米囊覆其背。平生得此无几[4]。《明圣湖观》:子瞻佐郡,日与僧清顺、可久、惟肃、义诠为方外之交。

道潜　《咸淳临安志》:字参寥,於潜浮溪村人,本姓何。以童子诵《法华经》,度为比邱。于内外典无不窥,能文章,尤喜为诗。尝赋《临平绝句》,苏轼为写而刻诸石。轼守钱塘,卜智果精舍居之。轼南迁,道潜转海访之。当路捃其诗语,谓有讥刺,遂返初服。建中靖国初,曾肇言其非辜,诏复祝发,赐号妙总大师。崇宁末,归老江湖。有诗集行世[5]。陈师道《送参寥序》:妙总师参寥,大觉老之嗣,眉山公之客,而少游氏之友也。释门之表,士林之秀,而诗苑之英也。余爱其诗,读不舍手;属其谈,晚不听去。夜相语及唐诗僧,参寥子曰:"贯休齐己,世薄其语。然以旷荡逸群之气,高世之志,天下之誉,王侯将相之奉,而为石霜老师之役,终其身不去。此岂用意于诗者,工拙不足病也。"由是而知,余之所贵,乃其弃余,所谓浅之为丈夫者乎。于其行,叙以谢之。苏轼《送参寥师诗》:"上人学苦空,百念已灰冷。剑头惟一吷,焦谷无新颖。胡为逐吾辈,文字争蔚炳。新诗如玉雪,出语便清警。退之论草书,万事未尝屏。忧愁不平气,一寓笔所骋。颇怪浮屠人,视身如邱井。颓然寄淡泊,谁与发豪猛?细思乃不然,真巧非幻影。欲令诗语妙,无厌空且静。静故了群动,空故纳万境。阅世走人间,观身卧云岭。咸酸杂众好,中有至味永。诗法不相妨,此语更当请。"秦观《春日寓直有怀参寥诗》:"觚棱金爵自昭峣,藏室春深更寂寥。扪虱幽花敧露叶,岸巾高柳转风条。文书几上须犛变,鞍马尘中岁月销。何日一筇江海上,与君徐步看生潮。"韩驹《次韵参寥诗》:"此身不拟堕尘缘,常恐惊鸿落向弦。蹋尽世间千涧壑,归来胸次一山川。深宫木末犹秋色,故国天涯只暮烟。凭仗道人分石甃,要看庭下玉龙旋。"[6]

仲殊　《尧山堂外纪》:仲殊,名挥,姓张氏。安州进士。弃家为僧,居杭州吴山

---

〔1〕　雍正本"慧才"条前有"慧辩"条。

〔2〕　雍正本"才"后有"解行入四明法智尊者之室"十一字。

〔3〕　雍正本"明"后有"初贯宝焰渐散讲堂灯炬日光皆为映夺"十六字。

〔4〕　雍正本无"《避暑录话》……平生得此无几"一段文字。

〔5〕　雍正本"世"后有"《墨庄漫录》:本名昙潜,子瞻改曰道潜"十四字。

〔6〕　雍正本无韩驹《次韵参寥诗》。

宝月寺。能诗,与东坡为方外交。《明圣湖观》:仲殊嗜蜜,思聪嗜琴,东坡诗"招得琴聪与蜜殊"是也。苏轼《次韵仲殊雪中游西湖诗》:"宝云楼阁闹千门,林静初无一鸟喧。闭户莫教风扫地,卷帘疑有月临轩。水光潋滟犹浮碧,山色空蒙已敛昏。乞得汤休奇绝句,始知盐絮是陈言。"

思聪 《东坡志林》:孤山思聪闻复师作诗清远如画,工而雅逸爱[1],放而不流,其为人称其诗。苏轼《送钱塘僧思聪归孤山叙》:钱塘僧思聪,七岁善弹琴,十二舍琴而学书,十五舍书而学诗。诗有奇语,云烟葱胧,珠玑的皪,识者以为画诗之流。聪又不已,遂读《华严》诸经,入法界海慧,今年二十有九。老师宿儒,皆敬爱之。秦少游取《楞严》文殊语字之,曰闻复。使聪日进不止,自闻思修以至于道,则《华严》法界海慧尽为蘧庐。而况书诗与琴乎?吾将观焉,以为聪得道浅深之侯。韩驹《次韵思聪诗》:"欲问琴聪冰镜篇,揭来端为著幽禅。五更下马呼残梦,数面成亲是宿缘。伏脑怜君有犀骨,腾身笑我不鸢肩。白头奔走襄阳道,空诵新诗忆浩然。"

元净 《咸淳临安志》:本姓徐,字无象,於潜人。十岁出家[2],二十五赐紫衣及辨才号。知杭州吕溱请住大悲宝阁,居十年。沈文通治杭,命住上天竺。师增室至万础,重楼杰阁,冠于浙西[3]。后还於潜,逾年,复归天竺,留三年,谢去,老于南山龙井之上。赵抃《辨才赞》:师去天竺,山空鬼哭。天竺师归,道场光辉[4]。大士大悲,实师焉依。师乎真乎,真金琉璃。道宗智者,法嗣韶师。须弥有坏,至道无为。稽首慈相,仰之赞之。皆无妙幻,岂胜言师。苏轼《辨才大师真赞》:"即之浮云无穷,去之明月皆同。欲知明月所在,在汝唾雾之中。"苏轼《赠上天竺辨才师诗》:"南北一山门,上下两天竺。中有老法师,瘦长如鹳鹄。不知修何行,碧眼照山谷。见之自清凉,洗尽烦恼毒。坐令一都会,男女礼白足。我有长头儿,角颊峙犀玉。四岁不知行,抱负烦背腹。师来为摩顶,起走趁奔鹿。乃知戒律中,妙用谢羁束。何必言法华,佯狂啖鱼肉。"

了元 《僧宝传》:了元,字觉老,号佛印,饶州浮梁林氏。从师授五经,去读《首楞严经》于竹林寺,爱之,尽捐旧学。游庐山,谒开先暹道者。于是说法,为开先之嗣。四住云居,四十年之间,德化缁白,缙绅之贤者,多与之游[5]。《西溪梵隐志》:清化寺改名龙归,佛印禅师曾卓锡焉[6]。《西湖志余》:杭之蜡烛庵、圣水寺,皆其道场也。苏轼《戏答佛印偈》:"百千灯作一灯光,尽是恒沙妙法王。是故东坡不敢惜,借君四大作禅床。"秦观《送佛印诗》:"抱包初舍蔚头蓝,江月松风处处参。他日惠林为上首,几年弥勒作同龛。真珠撒帐开新

---

[1] 雍正本无"爱"字。

[2] 雍正本"家"后有"受业于慈云。慈云没后,复事明智"十三字。

[3] 雍正本"西"后有"学者数倍。居十七年,有夺之者"十二字。

[4] 雍正本"留三年,谢去,老于南山龙井之上"居"辉"字后,且无"大士大悲……岂胜言师"一段文字,而"上"字后有"精修行业,行成力具,著应非一。尝与僧熙仲同食,仲视师眉间有光如萤,揽之得舍利。元祐八年示寂,寿八十一"。

[5] 雍正本"游"后有"曹王以其名奏之,赐号佛印"十一字。

[6] 雍正本无"《西溪梵隐志》:清化寺改名龙归,佛印禅师曾卓锡焉"二十字。

座,飞鸟衔花绕旧庵。云散虎溪莲社友,独依香火思何堪。"

宗本善本　《咸淳临安志》:宗本,字无诘,姓管,号净慈圆照禅师。熙宁中,郡守陈襄请住净慈山。越数年,神宗召入福宁殿说法,诏赐肩与入见。善本,开封人。圆照禅师住净慈,招师居上座。圆照退,师继之。韩绛奏号法涌大师。哲宗遣中使抚问降香,宣赐高丽磨纳衣,敕赐大通禅师。大观入灭,追谥圆定之号,塔号定光之塔。《泊宅编》:大通乃圆照弟子,时称吴中二本。《西湖游览志余》:大通禅师操律高洁,人非斋沐,不敢登堂。东坡一日挟妙妓谒之,大通愠形于色。公乃作《南歌子》一首,令妙妓歌之,大通亦为解颐。公曰:"今日参破老禅矣。"苏轼《净慈寺谒圆照本禅师诗》:"卧闻禅老入南山,净扫清风五百间。我与世疏宜独往,君缘诗好不容攀。自知乐事年年减,难得高人日日闲。欲问云公觅心地,要知何处是无还。"

思净　《辍耕录》:思净,钱塘喻氏。建妙行院于北关,接待供僧三百万。画阿弥陀佛,杨侍郎杰赞为"喻弥陀"。又于西湖之北镌石为大佛头。杨杰《喻弥陀赞》:寂寥于万化之域,动用于一虚之中。事理交彻而两忘,以性融相而无碍,遂能圆至功于顷刻,建佛土于微尘。吾故曰:"不观《圆觉经》二十五种清净定轮,安知喻弥陀三十五年无作妙行者也。"噫[1]!

云阇黎　《西湖游览志》:云居宝山,苏公佐郡,游山偶入方丈小院,阒然有僧隐几低头读书。与之语,漠然不对。问其邻僧,曰:"此云阇黎也,不出五十年矣。"不数月,卒。公再往访之,吊以诗。苏轼《题壁诗》:"云师来宝山,一住五十秋。读书常闭户,客至不举头。去年造其室,清坐忘百忧。我初无言说,师亦无对酬。今年复叩门,空房但飕飀。云已灭无余,薪尽火不留。却疑此室中,常有斯人不。所遇孰非梦,事过吾何求。"

法照　《武林纪事》:照住水心寺,不妄接人,惟与隐迹高僧智圆为方外友。撰《律钞义苑》七卷。殁后,王随为撰塔铭[2]。崇宁中,赐号法照大师。

嗣珍[3]　《高僧传》:嗣珍法师住上天竺,提唱宗风。《上天竺山志》:宣梵嗣珍法师,政和五年居观堂。时徽猷阁待制李偓知杭州,入山访之。适师下山,而遇诸途,即植杖立谈,忘日之既夕也,因建植杖亭,以志其处。师喜着屐,尝构精舍于西峰,石磴纡盘,出入每三休焉。谓人曰:昔谢安石隐东山,尝携二妓游蔷薇洞。吾以松竹为蔷薇,岁寒青青,卒无开落。以白云、明月为二妓,空色两忘,吾何忝安石哉!爱构亭径之半,曰谢屐,以志所好。

守璋　《梦粱录》:守璋,姓王。戒行精洁,尤工于诗,号文慧禅师。有《柿园集》行于世。《咸淳临安志》:高庙于绍兴二年幸圆觉寺,因睹其集,宸瀚亲洒《晚春》一绝,刻石于亭,

---

〔1〕　雍正本此条仅引《西湖高僧事略》,文字与此处迥异。

〔2〕　雍正本"铭"后有"立石兜率寺"五字。

〔3〕　雍正本"思净""云阇黎""法照""嗣珍"四条顺序为"嗣珍""云阇黎""思净""法照","法照"条前并有"惟政"条。

曰:"山深烟景重,林茂夕阳微。不雨花犹落,无风絮自飞。"[1]复书《圆觉经》,及制二诗赐之。宋高宗御制诗:"古寺春山青更妍,长松修竹翠含烟。汲泉拟欲增茶兴,暂就僧房借榻眠。""久坐方知春昼长,静中心地自清凉。人人圆觉何曾觉,但见尘劳尽日狂。"

净辉　《贵耳集》:孝宗幸天竺及灵隐,有辉僧相随,见飞来峰,问辉曰:"既是飞来,如何不飞去?"对曰:"一动不如一静。"又有观音像手持数珠,问曰:"何用?"曰:"要念观音菩萨。"问:"自念则甚?"曰:"求人不如求己。"

慧远　《佛祖统纪》:慧远,号瞎堂。孝宗乾道七年二月,禅师入对选德殿,上有省,首肯之。八年十月,赐号灵隐慧远佛海禅师。《灵隐寺志》:姓彭,眉山金流镇人,二手如日月。宋孝宗宣召慧远,慧远有诗记曰:"钵盂走马向天庭,漫踏天街马不惊。回首飞来峰上望,白云包尽帝都春。"[2]

崇岳　陆游《松源禅师塔铭》:崇岳,生于龙泉之松源吴氏,因以自号[3]。隆兴二年,始得度于临安西湖白莲精舍,自是遍历江浙诸大老之门,罕当其意。庆元丁巳,适灵隐虚席,被旨居六年。道盛行,法席为一时冠。退居东庵,书偈而寂[4]。陆游《呈松源禅师诗》:"几度驱车入帝京,逢僧一例眼双青。今朝始觉禅家别,说有谈空要眼听。"

道济　《七修类稿》:济颠乃圣僧,宋时累显圣于吾杭湖山间,有小石像于净慈罗汉堂。《净慈寺志》:济,字湖隐,天台李茂春子,母王氏梦吞日光而生。年十八,就灵隐瞎堂远落发,风狂嗜酒肉,寺众讦之。瞎云:"佛门广大,岂不容一颠僧?"自是人称济颠。远寂往依净慈德辉,为记室,尝欲重新藏殿,梦感皇太后临赐帑金。嘉泰四年,夕醉,绕廊喊无明发。众莫悟。俄火发毁寺,济乃自为募疏[5]。濒湖居民食螺,已断尾矣。济乞放水中,活而无尾。嘉定二年五月十六日,索笔书偈曰:"六十年来狼藉,东壁打到西壁。如今收拾归来,依旧水连天碧。"掷笔逝,葬虎跑塔中,盖五百应真之流云。释戒显《济颠祖师诗》:"怪尔真罗汉,纵横魔佛间。师尊一瞎老,颠尽两名山。诗偈天然韵,神通半杂顽。金身披破衲,顶礼欲开颜。"

智融　楼钥《方外传》:俗姓邢,以医入仕。南渡后,居临安万松岭,号草庵邢郎中。官至成和郎。年五十弃官,谢妻子,祝发灵隐寺。人不知其能画。山深多蛇,忽作二奇鬼于壁,一吹火向空,一蹋蛇而掣其尾。蛇患遂除。

道冲　《释氏稽古略》:道冲,武信长江荀氏。遍历丛林,皆分半座。淳祐四年,奉旨住灵隐。《随隐漫录》:阎妃以特旨夺灵隐寺菜园,建功德寺,住持冲号痴绝,退院示众云:

---

〔1〕　雍正本"深"作"突"。

〔2〕　雍正本无"宋孝宗宣召慧远……白云包尽帝都春"一段文字,而有"《普灯录》:年十三,从药师院宗辨为僧。会圆悟复领昭觉,远依之,裹法嗣"。

〔3〕　雍正本"号"后有"见大慧杲于径山。大慧称蒋山应庵华公为人径捷,师闻之,不待旦而行。既至,朝夕咨请。应庵大喜,以为法器"一段文字。

〔4〕　雍正本"书"前有"微疾"二字,"寂"后有"塔于北高峰之原"七字。

〔5〕　雍正本"疏"后有"行化严陵……"凡五十七字。

“欲去不去被去碍，欲住不住被住碍。浑不碍，十洲三岛鹤乾坤，四海五湖龙世界。”尤焴《痴绝禅师语录序》：余观近世尊宿《语录》，多成窠臼。惟痴绝师独较些子，盖其得处超轶，用处洒落，故平生室中不许人下语，专以此著罗龙打凤，而学者鲜能凑泊。门庭高峻，屹然宗匠之灵光[1]。

居简　《灵隐寺志》：敬叟居简禅师，潼川龙氏[2]。于飞来峰北涧扫一室，居之十年。人不敢以字称，以北涧称之。淳祐丙午示寂。有《北涧集》十九卷。张自明《北涧文稿序》：予归自岭表，北涧游华亭，知予入长安，驾小舟看予于清河坊客舍。读其文，宗密未知其伯仲；诵其诗，合参寥觉范为一人，不能当也。虽然北涧无学之宗也，文于何有见之文者似焉而已矣[3]。

元

温日观　《画禅》[4]：日观，字仲言，又号知归子，居葛岭玛瑙寺。《遂昌杂录》：温日观，人但知其画葡萄，不知其善书也。今世传葡萄多假。其真者，枝叶须梗，草书法也。酷嗜酒，杨总统以名酒啖之，终不一濡唇。见辄忿詈曰：“掘坟贼。”惟鲜于伯机父爱之。温时至其家，袖瓜啖其大龟，抱轩前支离叟，或歌或笑。每索汤浴，鲜于公必躬为进澡豆。其法中所谓散圣者，其人也。吴莱《题温日观画葡萄诗》：“佛者本西域，葡萄亦来西。奈何此善画，无复渠所携。我曾考其故，初与汉使偕。上林乃有馆，葱岭何所梯。天时自不同，地气忽以迷。结子且磊磊，悬藤更高低。先几日已露，薄德不及稽。终令白氎像，远从双狻猊。从兹故国木，伴尔禅家栖。幽心恍有得，烂墨研为泥。快哉一挥洒，遽若无町畦。依稀可少辨，变作天投霓。万古空朔色，南山竟朝跻。画工尚逸品，游戏从筌蹄。岂伊吾无人，何往非耄倪。岂伊吾无物，桃李总成蹊。此皆外所产，故与中州齐。为尔抚此卷，长歌欲惊嘶。”宋无《僧日观画葡萄诗》：“玉山道人苍壁立，胸潴万斛松煤汁。吐作千年古怪藤，犹带西湖烟雨湿。元气淋漓草木活，太阴菌蠢虫蛇蛰。须萦翠雾瘦蛟走，睛抉元珠黑龙泣。神剜鬼刻字崛奇，水精火齐光陆离。天魔擎来帝青宝，鲸波涌出珊瑚枝。墨花酣春马乳见，月落庭空无影时。”

水盛　《稽古续集》：字竺源，自号无住翁，乐平人，姓范。天历间，主西湖妙果寺。一时公卿与师为方外交甚笃。书偈而逝，寿七十三[5]。

原妙　《净慈寺志》：高峰原妙，吴江人，出家净慈。时雪岩钦寓南屏北涧塔所，怀香往叩之。后辞入天目，立死关于师子岩三十余载。所著有《高峰语录》。

大䜣　《尧山堂外纪》：大䜣住杭中天竺，有学行，研穷教典，旁贯百家。文宗召

[1] 雍正本无尤焴《痴绝禅师语录序》文。

[2] 雍正本“氏”后有“真西山为江东部使者虚东林命之，以疾辞”十七字。

[3] 雍正本无《张自明《北涧文藁序》文。又雍正本“居简”条后有“元敬”“若芬”二条。

[4] 雍正本“《画禅》”作“《辍耕录》”。

[5] 雍正本“水盛”条后有“明本”条。

赴阙,特赐三品文阶。《七修类稿》:近旧着黑衣,文宗赐以黄衣。其徒后皆衣黄,故欧阳原功《题僧墨菊诗》云:"苾刍原是黑衣郎,当代深仁始赐黄。今日黄衣翻泼墨,本来面目见馨香。"萨都剌《赠近笑隐长老诗》:"佛宫天上有,人世见应稀。客遇钟鸣饭,僧披御赐衣。青春忘蝶梦,白日说龙飞。遥忆宸游处,金莲照夜归。"[1]

行端 《续传灯录》:号元叟,临海何氏。以灵隐山水清胜,挂锡焉。大德中,主中天竺。皇庆壬子,迁灵隐。三被金襕袈裟之赐。慕其道者鳞萃,至无所容。《灵隐寺志》:文字不由师授,自然能通。自称寒拾里人,以至正辛巳化去,全身窆于寂照院。

明

怀渭 《献征录》:字清远,晚自号竹庵,南昌魏氏子。浙江行省丞相康里公延主会稽之宝相。未几,迁杭之报国。洪武初,净慈禅林虚集复请为住持。八年十二月,召弟子善解,属以后事,怡然而逝。张羽《寄南屏渭长老诗》:"蒲室传心第一宗,老寻古刹寄行踪。贯花偈就人争写,坏色衣穿自懒缝。案上梵经皆贝叶,手中谈麈是青松。何年惠远重开社,来听东林寺里钟。"

德祥 《两湖麈谈》:号芷庵,杭人,洪武中高僧,能诗善书。《净慈寺志》:俗钟氏。洪武初,住持净慈。所著有《桐屿集》。姚广孝《祥长老草书歌》:"祥师只今为巨擘,上与闲素争巉屼。钱塘山水甲天下,秀气毓子为灵檀。十年不出笔成冢,中山老兔愁难安。晴轩小试乌玉玦,双龙随手掀波澜。昨将一纸远寄我,天孙机锦千花攒。愿师勿置铁门限,从他需索来热官。缙绅相与叹莫及,便欲夺去加巾冠。"

来复 《名山藏》:字见心,丰城人。主灵隐寺,禅源妙悟,教部精探。其诗清朗横逸,有尘外思。《西湖游览志》:洪武初,以高僧征,仕至左觉义。著有《蒲庵集》。宋濂《复公文集序》:昔官禁林,四方以文来见者甚众。晚阅见心复公之作,秾丽而演迤,整暇而森严,剑出匣而珠走盘也。发为声歌,其清朗横逸,绝无流俗尘土之思,置诸古人篇章中,几不可辨,因谓当今方袍缝掖之流鲜有过之者焉。其可传远无疑。虞集《送复见心返杭兼柬张伯雨诗》:"春雨西江涨百川,袈裟又上浙东船。行寻龙卧云生境,坐听猿吟月浸泉。客里有诗烦为寄,山中何法可相传。故人或者寻张拙,鼻涕垂颐雪满肩。"张翥《赠来复诗》:"莲花峰下天香树,吹老西风几度秋。僧宝师真弘觉范,诗成我亦孟参谋。文章宇宙千年事,身世江湖万里舟。甚欲相期石桥路,更须同访羽人邱。"周伯琦《答复见心长老见寄诗》:"浙水东头佛舍莲,蒲庵上士坐忘年。五云古衲层澜涌,百宝浮图列宿躔。床上贝书多译梵,门前海舶直通燕。比邱喜得阶兰秀,应种菩提满法田。"乌斯道《次蒲庵长老韵诗》:"一别老禅三载余,每怀溪上笑谈初。春山细雨沾乌帽,晴日闲华堕碧疏。

九日登高曾有约,二王小楷未能书。至今不到天香室,深愧埃尘少涤除。"〔1〕

守仁〔2〕　《灵隐寺志》:号一初,富春人。灵隐僧,从杨廉夫、张伯雨游。能诗,善书法。洪武中,征授僧录司右善世。所著有《梦观集》。杨维桢《送兰仁二上人归三竺序》:余在富春时,得山中两僧曰兰曰仁,皆用世之才,授之以《春秋》经史学。兵兴,潜于释。

宗泐　《净慈寺志》〔3〕:季潭泐,别号全室,临海人。得旨净慈笑隐䜣,尝居南屏松月居。洪武初,应召居龙翔集庆,演经注经,制赞佛乐章,赐膳无虚日。每和其诗,称为泐翁。又命往西域,得《文殊》等经而还。张雨《寄中竺泐季潭诗》:"师从钟山来,遗我故人书。一入白云去,相思秋雨余。徒惭尘土迹,来拟竹林居。遥想中峰月,清梵满空虚。"高启《和复见心简季潭泐公诗》:"高堂钟鼓毒龙惊,曾布袈裟海上城。庐岳禅师传法印,道园学士许诗名。几趋北阙瞻天近,独坐南屏对月明。书到喜闻双径老,雨花新散满瑶京。"

一如　《钱塘县志》:会稽人。洪武二十八年,居上天竺。善讲《法华经》。少师姚广孝尝语人曰:"如公,两浙一人也。"永乐间,修《大藏经》,诏一如总其事。

如兰　《上天竺山志》:古春,名如兰,富春人。淹通经论,余及诗文。所著名《支离曳集》。于忠肃公弥月时,师赴汤饼会,摩其顶曰:"此儿他日救时宰相也。"后果验。于谦《吊古春兰法师诗》:"维那正法眼,冰鉴独先知。摩顶昔怜我,铭心更忆诗。救时惭宰相,被谤俱磷缁。拜奠香台下,临风雪涕洟。"

慧炬　《灵隐寺志》:照庵慧炬律师,明天台教,诸暨人。住理公岩,周伯琦为篆记,与黄潜友善。洪武初,海潮冲岸,坏民居庐舍。师为潮神说三皈戒,即止不崩,时称炬菩萨。

简庵　【万历】《钱塘县志》:得法时,庵后征修大典,校雠法藏,赐赉甚厚。归莅南屏,鼎新像设。

袾宏　《西湖梦寻》:字佛慧,仁和沈氏子。为博士弟子,试必高等。一日,阅《慧灯集》,失手碎茶瓯,有省〔4〕。弃而专事佛学,使屠公力挽之,不回也。从蜀师剃度受具。游方归,得古云栖寺旧址,结茆默坐,悬铛煮糜,日仅一食,胸挂铁牌,题曰"铁若开花,方与人说"。久之,檀越争为构室,渐成丛林。一时江左诸儒,皆来就正。孝定皇太后绘像宫中礼焉,赐蟒袈裟,不敢服。破衲敝帏,终身无改,斋惟蔬菜。晚著《禅关策》。进其所述,峭似高峰,冷似冰者,庶几似之矣。《列朝诗集》:环山多虎患。师讽经施食,虎遂远徙。岁大旱,击木鱼,循田念佛,雨随足迹而注。住山三十余年,别

---

〔1〕　雍正本无乌斯道《次蒲庵长老韵诗》。
〔2〕　雍正本"守仁"条前有"慧日"条。
〔3〕　雍正本"净"前有《名山藏》引文凡四十五字。
〔4〕　雍正本"省"后有"乃于世相作一笔勾歌"九字。

众示寂，塔于五云山麓。《净慈寺志》：师继室汤，领尼主孝义无碍庵，先师坐逝。师著有《竹窗随笔》《二笔》《三笔》《净土疑辨》《往生集》《名僧辑略》《正讹集》《云栖记事》《莲社山堂漫稿》《孝义庵记》等书行世。袁宏道《云栖小记》：莲池戒律精严，于道虽不大彻，然不为无所见者。至于单提念佛一门，则尤为直捷简要，六个字中，旋天转地，何劳捏目[1]，更趋狂解。然则虽谓莲池一无所悟可也，一无所悟是真阿弥，请急着眼[2]。

大善 《虚闲集传》：大善，字心宗，别号虚闲子，钱塘魏氏。投云栖寺落发，既领禅土不二之旨，复游普宁、雪浪之门，归隐西湖。初住北峰之下。次迁南峰之巅，依泉就石，编蓬为室。最后，迁西溪之上，以古松为邻[3]。曹勋《西溪百咏序》：西溪之名，古不甚著，著于南渡之留下。其为《西溪百咏》者，亦云是宋之遗民虚闲禅师汇而存之。盖既不忍前乎我者日销日沉，又不忍后乎我者其低徊凭吊，若存若亡，则不独师之高韵千古，而婆心亦千古矣。

国　朝[4]

正岩 《钱塘县志》：字豁堂，金陵郭氏子。七龄即绝荤，十岁丧父。白母，依灵隐薙染，参净慈三峰汉和尚，闻净板声悟，遂驻足南屏。性颖敏，兼通儒教，工吟咏，善书法，间画山水，多仿元人。

方宜 《杭州府志》：字梦曙，苕人，出家法相寺。左笔善书，有诗名。年十九有悟，尽弃章句，续云栖放生之会，不替者三十年。康熙元年仲冬二十五日，遍礼佛像，集徒讲演《金刚经》一卷。次日，至大江之滨，卓杖大声曰“好江水”，遂泊然立化。

德修 《钱塘县志》：钱塘人，寓方家峪茶亭。先是薙发，后习静北山穷谷中，面壁二十年，后住茶亭。康熙七年元宵日，自炊水沐浴，说偈曰：“无拘无束，不与形役，逍遥自在。”正月十六，入龛趺坐，火自内出，顷刻而化。

弘礼 吴伟业《重建灵隐具德大和尚塔铭》：号具德，山阴张氏。投普陀宝华庵仲雅师祝发，三峰汉月藏禅师，则所从记莂，授以临济正宗者也。先后十坐道场。灵隐鼎建巨功，事同开创。大殿火，重新之。构殿材于大山深谷，巨数十围，人力罕

[1] 底本“目”误作“日”，据文意改。

[2] 雍正本无“《列朝诗集》……请急着眼”一段文字，而引有旧《浙江通志》凡三十五字，其后并有“国朝雍正十二年，敕封净妙真修禅师，着地方官致祭一次”二十三字。

[3] 雍正本引《虚闲集传》文，大意与此处同，然文字更多，内容更丰富。

[4] 雍正本“国朝”部分仅录五人，依次为方宜、德修、弘礼、成法、上绪。与底本相较，雍正本无正岩、戒显及慧辂三人，而增成法一人。

致。一日,雷雨大作,暴水泛涨,浮涌毕出,缺一石柱,五显神示梦募至。殿成,巨丽甲天下。得法弟子共六十八人。世寿六十有八,僧腊四十七[1]。

戒显　《灵隐寺志》:字愿云,太仓王氏子。康熙丁未,具德和尚迁双径,命师继席灵隐。语录诗文盛行于世。

慧辂　张汇《谛晖禅师塔铭》:号谛晖,吴兴金田沈氏。顺治己丑,至灵隐,礼具德和尚。具德弟子五千人,师以年少,依位而立。宝身突兀,常住不迁,乃嗣法焉。历住兴福、妙济、师林、天竺、龙井诸寺,终于云林。慧辂《奏对录》:康熙三十八年,圣祖仁皇帝省方幸浙。时三月二十六日,驾至灵隐,赐御书《金刚经》一部、金佛一尊、白金五百两,赐扁曰"禅门法纪",赐对曰"禅心澄水月,法鼓聚鱼龙"。又赐御书金扇一柄。查慎行《寄谛晖禅师诗》:"谛公世寿八十八,见说形神倍清拔。有时掣钵身入城,健若云端出巢鹘。随行不用木上座,一日往还能步夏。葛藤斩尽松性孤,那怕霜根被缠杀。开堂说法逾四纪,坐断高峰梵王刹。一拂何曾肯付人,问着三交两头瞎。似怜我是无家客,远枉山中八行札。我来便合去寻师,却向石头防路滑。云林咫尺径未到,回首湖西山矗矗。明年拟坐雨安居,眼膜终须宝篦刮。"

上绪　沈嘉辙《钵后集序》:绪,字亦谙,钱塘诗僧。始卓锡西湖葛岭,移居南屏,即孙高士太初旧隐也。后示寂于临平之小林。所著集名《钵后》,凡九卷。

---

[1]　雍正本此条仅引《杭州府志》,文多不同。

武林览胜记卷二十

物　产

明圣之瑞,肇应金牛。是知一物虽微,莫不涵泳太平,承符德化,其所格被者深也。西湖山辉水媚,品汇滋繁。洪惟圣泽覃敷,是以庶类咸若观百昌之畅遂,益征太和之翔洽已。志物产。

谷　品

鲍家田稻　《咸淳临安志》:鲍家田,在钱塘门外东山巷之北,有玉泉水灌溉。吴越王相鲍君福,赐田于钱塘,至今名焉。吴廉静《鲍家田诗》:"摇旆家家酒,扶犁处处村。草深迷井口,槿密拥篱根。绿水明秧本,青山失烧痕。多应忌蚕事,畏客掩柴门。"

八卦田稻　《西湖游览志》:宋藉田,在天龙寺下,中阜规圆,环以沟塍,作八卦状,俗称九宫八卦田,至今不紊。马龙标《西湖竹枝词》:"八卦田中学种秧。"

麦岭麦　【成化】《杭州府志》:大小二麦岭,旧多种麦。

王坟豆　《紫桃轩杂缀》:南屏山邵皇亲坟左侧,有地产蚕豆,颗大而味鲜,杭人呼为王坟豆。汪懋麟《酒舍诗》:"酒舍争传段七娘,王坟小豆摘新尝。春残花事都无了,别有幽芳出院墙。"

木　品

九里松　《武林旧事》:九里松,唐刺史袁仁敬守杭日,植松于左右,各三行。《灵隐寺志》:唐九里松,今将千岁,大者五六人抱,虬枝偃蹇,龙干攫挐,为海内异观。数年之间,所存略尽。山后桐村坞土谷祠有松六株,甚奇古。好事者欲观九里旧松,于此访之可也。邓林

《九里松诗》："松是山灵一手栽，尧天长就栋梁材。龙髯怒起春风急，似怪游人喝道来。"夏言《九里松诗》："百盘云磴八千峰，飞盖行穿夹道松。长昼风雷惊虎豹，半空鳞甲舞蛟龙。江涛夜合秋声壮，湖雨春添黛色浓。欲藉丹青图直干，恨无韦偃得相从。"王世贞《九里松诗》："偃盖垂髯一万株，郁葱佳气冠江湖。长依汉地三天竺，不数秦时五大夫。永夜涛声遥自合，高秋岭色未全孤。无劳白眼轻人世，雨后芝苓好更锄。"

南屏松　《净慈寺志》：南屏临湖一带，自长桥至太子湾，旧名南新路。夹路多长松，几五里许，苍翠，与袁仁敬所栽九里相掩映，间有枯萎。明初，寺僧夷简及诸好事者补植之。

万松岭松　《方舆胜览》：万松岭夹道栽松。《西湖志类钞》：万松岭多巨松，在唐时已有之矣。白乐天《夜归诗》云："万株松树青山上，十里沙堤明月中。"南宋时，密迩大内，碧瓦红檐，鳞次栉比。今平为大涂，而松亦无几。《咸淳临安志》：白公诗"拂城松树一千株"，指万松岭言，今多不存。

雍正八年，总督臣李卫以兹岭为省城来脉所关，宜植荫木，且为南北上下通衢，亦资荫喝，因补种万株，苍翠夹道，渐复旧观。

云居寺桐　《云居寺志》：唐时，寺内有桐一本，白香山有诗。白居易《云居寺孤桐诗》："一株青玉立，千叶绿云委。亭亭五丈余，高意犹未已。山僧年九十，清净老不死。自云手种时，一颗青桐子。直从萌芽拔，高自毫末始。四面无附枝，中心有通理。寄言立身者，孤直当如此。"

枫木坞枫　《咸淳临安志》：枫木坞旧多枫木，故名。郭祥正《枫树林诗》："一坞藏深林，枫叶飘蜀锦。寄语别家人，路遥霜霰凛。"

双桧　《灵隐寺志》：双桧峰上有双桧，望之如盖。

药王树　《灵隐寺志》：在灵隐山门外，大三围，乃香樟也。有僧过之，曰："此药王树，可治心疾。"

青林岩槠　《灵隐寺志》：青林岩多槠桂木，叶常青，凌冬不凋，故曰"青林"。

断桥柳　《湖山胜概》：段家桥，万柳如云。白居易《杨柳枝词》："苏州杨柳任君夸，更有钱塘胜馆娃。若解多情寻小小，绿杨深处是苏家。"葛天民《湖上观柳偶记龙泉先生勾春柳一丝之句感而有述诗》："断槎无叶又无枝，得似勾春柳一丝。不是画船栖泊处，白鸥飞下立多时。"

柳洲柳　《广群芳谱》：西湖北山有柳洲亭。南渡后，自涌金至钱塘沿城五里堤岸，遍插垂柳，故名。贡性之《涌金门见柳诗》："涌金门外柳垂金，三日不来成绿阴。折取一枝入城去，教人知道已春深。"

苏堤柳　《西湖游览志》：苏公堤夹植花柳，岁久弗治。成化已前，杨孟瑛辟之，列插万柳，顿复旧观。久之，柳败而稀。嘉靖十二年，县令王钺令小罪可宥者得杂植桃柳为赎，自是红翠烂盈，灿如锦带矣。王宇《西湖柳诗》："堤上千枝复万枝，春来谁不系相思。西湖多少堪栽树,却种柔条引别离。"吴扩《赋得西湖新柳诗》:"袅袅六桥春,依依万树新。似萦离别恨,如待冶游人。殢雨柔条怯,含烟翠色匀。笛闻心易折,眉画梦难真。映水娇歌扇,飞花杂舞尘。风光迈刘阮,何必问桃津。"

三桥柳 《西溪梵隐志》:西溪有三桥,多植柳,浓阴夹道。又金四姥桥下,垂柳独盛。释大善《三桥柳诗》:"绿杨夹岸两依依,覆遍虹梁风日微。青叶交浓忘夏至,白花散漫识春归。人家傍树张茅店,鸟雀乘阴刷羽衣。昔日笙歌闻载酒,只今惟见鹢鸪飞。"[1]

湖田桑 环湖沿山之田,民多种桑。施肩吾《春日钱塘杂兴诗》:"酒姥溪头桑袅袅,钱塘郭外柳毵毵。路逢邻妇遥相问,少小如今学养蚕。"[2]

土檀香 《上天竺山志》:土檀香乃桦树根,香极清远。

棕榈 《武林旧事》:慈云岭满山皆棕榈。

无根藤 《灵隐寺志》:往往被墙,无根自茂。

花 品

孤山梅 【万历】《杭州府志》:孤山故多梅,为林处士放鹤之地。今梅径梅坞尚存,剥落荒藓者,殆不下数百年物也。《芸林诗话》:"孤山梅花,虽以和靖得名,然白乐天有《忆杭州梅花诗》,则自唐时已赏鉴矣。"《遂昌杂录》:"孤山之阴,一亭在高阜上,曰岁寒。缭亭皆古梅。"《西湖游览志》:"至元间,儒学提举余谦既茸处士之墓,复植梅数百本于山,构梅亭于其下。"张萧《孤山种梅序》:"夫人标梅异,物借人灵。古往而今,自来风光无尽,景迁而人不改,兴会常新。是知有补斯完,无亏不满。谁非造化,转水光山色于眼前;繄彼人功,留雪月风花于本地。维昔孤山,逸老曾于瀛屿栽梅。偃伏千枝,淡荡寒岚之月;崚嶒数树,留连野水之烟。自鹤去而人不还,乃山空而种亦少。庾岭之春久寂,罗浮之梦不来。虽走马征舆,闹前堤之景色;奈暗香疏影,辜此夜之清光。是以同社诸君子点缀冰花,补葺玉树,种不移于海外,胜已集于山中。灌岩隙而长玉龙,纷披偃仰;矗涧湄而栖白凤,布置横斜。幽心扶瘦骨同妍,冷趣值寒枝共远。西泠桥畔,重开元圃印清波;六一泉边,载起琼楼邀皓月。非惟借风霜之伴,与岸花江柳斗风光;亦将留山泽之臞,令溪饮岩居生气色。倘高人扶筇扫石,正堪读《易》说《诗》;若韵士载酒飞觞,亦足吟风弄月。使千古胜场不逾寂寞,将六堤佳境尽入包罗。岂独处士之功臣,抑亦坡仙之胜友。余薄游湖上,缅想孤踪,策月下之驴,为问山中谁主;指云间之鹤,来看亭畔几枝花。爰快述其良图,用同贻于好事云尔。"白居易《忆杭州梅花因叙旧游寄萧协律诗》:"三年闲闷在余杭,曾为梅花醉几场。伍相庙边繁似雪,孤山园里丽如妆。踯躅游骑心长惜,折赠佳人手亦香。赏自初开直至落,

〔1〕 雍正本无释大善《三桥柳诗》。
〔2〕 雍正本"少小"作"小小"。

欢因小饮便成狂。薛刘相次埋新垄[1]，沈谢双飞忆故乡。歌伴酒徒零散尽，唯惭头白老萧郎。"林逋《山园小梅诗》二首："众芳摇落独暄妍，占尽风情向小园。疏影横斜水清浅，暗香浮动月黄昏。霜禽欲下先偷眼，粉蝶如知合断魂。幸有微吟可相狎，不须檀板共金樽。""剪绡零碎点酥干，向背依稀画亦难。日薄纵甘春至晚，霜深应怯夜来寒。澄鲜只共邻僧惜，冷落犹嫌俗客看。忆着江南旧行路，酒旗斜拂堕吟鞍。"周紫芝《次韵仲平陈郎中孤山见梅诗》："绿发朱颜日枯槁，心向梅花自倾倒。谁知更有少陵翁，江上情多被花恼。三年家住孤山下，玉树濒湖得春早。山高有月韵最胜，水近无风香亦好。凌霜我欲念花寒，对酒花应怜客老。孤芳一别今几时，更恐山林迹如扫。十年清梦竟成空，遗恨此生常草草。醉挽芳条欲问谁？满挹清尊酬碧昊。"又《次韵陈郎中再赋孤山梅诗》："南枝先回北枝槁，玉山谁向花前倒。庾郎已老怕愁多，何郎怜花为谁恼？今年冬温得雪迟，西湖地胜着花早。旧时处士作诗处，篱落横枝为谁好。清霜着树月满枝，白雪堆花门不扫。丽句能为铁石肠，赖有广平文独老。借令一笑有余妍，能此新诗不须竿。归寻手种桃李花，痛剪繁枝投有昊。"朱南杰《孤山观梅诗》："费尽年年造化功，精神全在雪霜中。一枝映带窗前月，消得逋仙作主翁。"王冕《素梅诗》："树头历历见明珠，底用题诗问老逋。且买金陵秋露白，小舟载月过西湖。西湖湖上水如天，狂客长吟夜不眠。骑鹤归来清兴好，梅花无影月娟娟。断云流水孤山路，看得春风几树花。骑鹤归来城郭是，月明箫管是谁家。疏花冷蕊依寒水，玛瑙坡前春独回。却忆去年风雪里，吹箫曾棹酒船来。月明曾过西湖路，爱看横枝当水斜。试问玉堂诸学士，几时清梦到山家。明月满天霜气重，梅花风韵更清妍。鹤飞不带箫声远，春过西泠第二船。一树横斜白玉条，春风吹乱雪飘飘。孤山老却林和靖，多载笙歌过六桥。溪谷冰霜春到迟，老夫长夜只吟诗。凭谁说与中朝士，此是江南第一枝。"王冕《红梅诗》："昔醉西湖处士家，酒旗吹上水边花。东风蛱蝶迷清梦，一树珊瑚月影斜。"释来复《西湖杂诗》："西泠桥下水生烟，属玉飞来近钓船。荒尽梅花三百树，孤山无地访逋仙。"夏正《孤山梅花诗》："种梅凡几树，结屋可三间。人老花长好，香清梦亦闲。雪深门静掩，月冷鹤飞还。瀛屿人间世，神仙海上山。"李演《问梅孤山调寄声声慢》词："轻鞯绣谷。柔屐烟堤，六年遗赏新续。小舫重来，惟有寒沙鸥熟。徘徊旧情易冷，但溶溶、翠波如谷。愁望远，任云销月老，暮山自绿。聱笑人生悲乐，且听我樽前，渔歌樵曲。旧阁尘封，长得树阴如屋。凄凉五桥归路，载寒秀、一枝疏玉。翠袖薄，晚无言，空倚修竹。"张矞《孤山问梅调寄木兰花慢》词："爱西湖千树，曾几度为携尊。向柳外停桡，苔边待鹤，酒熟诗温。瀛洲旧时月色，怅荒凉、惟有数枝存。天上梨花成梦，江南桃叶移根。如今憔悴客愁村，难返暗香魂。甚岁晚春迟，角寒笛晓，雪暗云昏。登临不堪寄目，但青山影影月纷纷。再约与君同醉，从他啄木敲门。"

蟠桃梅　李仁山《词注》：蟠桃梅，来自杭和靖诗句，得于孤山也。白璞《李仁山槛中蟠桃梅调寄南乡子》词："前村潇洒，雪径人回驾。一槛谁移春造化，郁郁香浮月下。青绫半护冰姿，宛然临水开时。说与绿毛么凤，不妨倒挂斜枝。"

南山早梅　石湖《梅谱》：钱塘湖上，有一种开尤早，余尝重阳日亲折之。范成大《九月十日南山见梅诗》："五年留连首屡回，来寻南涧濯尘埃。春风直恐渊明去，借与横枝对

---

〔1〕 底本"新"作"心"，据雍正本改。

菊开。"

青蒂梅　《四朝闻见录》：光尧亲祀南郊，因过易安斋，为赋梅岩诗。尝问主僧云："此梅唤作甚梅?"僧对曰："青蒂梅。"又问曰："梅边有藤唤作甚?"对曰："万岁藤。"

天竺梅　【万历】《杭州府志》：西湖之梅，迩来颇不甚多。惟九里松抵天竺一路几万株，俗称梅园。他处虽繁，皆莫逾此。葛天民《忆竺涧梅诗》："根在岩边结，枝从水际横。此花殊近道，凡木欠修行。密雪笼幽片，疏篁倚瘦茎。那时香不浅，忆我话无生。"毛泽民《浣溪沙词并序》："初春泛舟，时北山积雪盈尺，而水南梅盛开。水北烟寒雪似梅，水南梅斗雪千堆。月明南北两瑶台。云近恰如天上坐，魂清疑向北边来。梅花多处载春回。"

千叶梅　《钱塘县志》：梅花，天竺为最盛，有千叶梅、重台梅。

西溪梅　萧士玮《南归日录》：西溪十八里，皆种梅。趾目所向，无非梅者。中有梅泉，从地涌出，作梅花瓣，若可拾掇。释真一《梅谱》：法华自方井以西，石人岭下以东，纵横十余里，皆有梅。其成林，而情景足媚人意。人一见之即拊掌欢呼称赏者，尤在岳庙之西，法华亭之东，与予所居龙归坞南北村落之间为更盛。其梅列为三等：为老梅、中梅、嫩梅。冯梦祯《西山看梅记》：武林梅花最盛者，法华山上下，十里如雪。《梅谱》：今法华之成林可观者，皆已接之梅也。自十年、二十年已上者，断其中腰，取已接梅树上嫩枝，嵌其本间，掩以土，裹以竹箨，不一月，而嫩枝生。然须春时发生之候，其接木之人，亦须少年有旺气者。老年衰残人，便少生意。梅在三十年以上者，便不堪接，接亦多不活。土人称未接梅为野梅，已接梅为家梅[1]。马德树《西溪探梅诗》："露浸东湖一杯酒，相送西溪几回首。中宵伐鼓出郊原，月在船头烟在柳。石桥竹墅旧往还，梦魂先绕秦亭山。行回百转迎清旭，莺题清早开人颜。千树万树色皓皓，高枝低枝尽苍老。如涛喷雪摇晴空，如龙蟠泥见鳞爪。游人多点寿阳妆，轻裙十里吹暗香。粉蝶翩跹霜蕊舞，满山石发俱清凉。穷历幽林愁日落，榻借青岑俯层阁。浮生心赏人，百不能得一。花下应须饮十日。微醉溪湾月伴衾，再起看花声瑟瑟。"

永兴寺绿萼梅　《西溪百咏序》：永兴寺，万历初冯太史开之手植绿萼梅，春时盛开，车马络绎。释大善诗云："断尾螺池留胜迹，绿英梅阁集嘉宾。"李日华《永兴寺双梅为先师冯具区手植诗》："琳宫双琼树，手植华阳仙。谭唾缀珠点，文情浮玉烟。光白定僧起，梦香高士眠。孤山根脉在，相为保芳妍。"曹溶《永兴寺双古梅歌》："南渡钱塘一抔土，离宫春色凭谁主。鳞鬣龙松拂面迎，辇道只数西溪古。玉涧烟空走蓁翳，轻舟仿佛经豾虎。翠华劫火出招提，游人惯听斋时鼓。穿阶树作双石蹲，苔剥刿尽疏花吐。城中车马纷然集，岂识老僧心独苦。老僧蹙额向我说，貉裘健儿弓挽铁。生驹杂沓系花下，金缕模糊锦鞯裂。夺得村醪齐唱歌，南枝连蕊遭攀折。试看陇表百不存，硕果犹有青铜根。汲泉奉帚洗遗浡，绡衣对峙欺朝暾。禅林静覆香雪重，经声袅袅常闭门。东邻隐者今狂士，一生爱花颠不已。曾种满园三百枝，每日梳头便来

---

〔1〕　雍正本"冯梦祯《西山看梅记》：武林梅花最盛者，法华山上下，十里如雪"居"梅"字后。

此。劝我题字悬壁间,长句可压东风还。画角横吹几开落,不改微萍江外山。"[1]

万松岭蜡梅　《咸淳临安志》:此花有数种,以檀心磬口者为佳。苏轼诗:"君不见万松岭上黄千叶,玉蕊檀心两奇绝。"

马塍山茶　《咸淳临安志》:东西马塍山茶,色品最盛。陈了斋有《接花诗》云:"花单可使十,色黄可使紫。"今观马塍栽接,有一本而十色者。

栖霞岭桃花　《咸淳临安志》:栖霞岭旧多桃花,开时烂然如霞,故以名岭。其下为桃溪。

半道红桃花　《武林旧事》:北山关王庙旧路种桃,号半道红。

包山桃花　《咸淳临安志》:在城南有冷水峪,多桃花,名桃花关,门上旧有"蒸霞"二字。《西湖志类钞》:冷水峪夹山多桃花,中有流水,旧呼桃源,游人多集焉。胡仲参《包山观桃花诗》:"因访桃花到岭根,御林春色此平分。千株未数唐观,一幅犹堪画晋源。仙在云间无处觅,人行风外有香闻。笙箫隐隐宫城隔,立尽黄昏更断魂。"[2]岭谓万松。

湖堤绯桃　《西湖杂记》:望湖亭接断桥一带,堤甚工致,夹道种绯桃、垂杨、芙蓉、山茶之属二十余里。周紫芝《闻西湖梅尽桃花已有开者作诗二首》:"不到西湖忽换年,今朝欲挂杖头钱。催成柳色遽如许,落尽梅花最可怜。""日日湖边踏浅沙,西湖久住已成家。刘郎去后空肠断,忆着元都观里花。"高应冕《湖上看桃花诗》:"雨余还出郭,难负看花期。烟外鸟啼树,风前鱼弄丝。舟移春水急,花落暮山迟。醉路迷芳草,桃源闻马嘶。"刘子伯《雨后湖堤看桃花诗》:"山云忽卷湖西雨,春色遥分两岸花。香湿马蹄芳草乱,鸟栖烟树夕阳斜。一枝照水含朝露,几树临风落暮霞。多少游人醉歌舞,王孙何事隔天涯。"吴允嘉《湖上看桃花诗》:"青油榜子木兰桡,夹岸桃花映水娇。爱杀多情双蛱蝶,飞来飞去段家桥。"

满觉垄李花　【万历】《杭州府志》:李花之多,莫盛于西山满觉垄。花时,一望如雪,名类有清消、紫粉、鹅黄、红李等类种。李流芳《西湖卧游册跋》:从烟霞寺山门下眺,林壑窈窕,非复人境。李花时,尤奇绝,真琼林瑶岛也。《快雪堂集》:余从十八涧出徐村,一路李花,盛开如雪。

天竺桂　《咸淳临安志》:木犀有黄、红、白三色,旧天竺山多有之。苏轼《天竺山送桂花分赠元素诗》:"月阙霜浓红蕊干,此花原属桂堂仙。鹫峰子落惊前夜,蟾窟枝空记昔年。破衲山僧怜耿介,练裙溪水斗清妍。愿公采撷纫裳佩,莫遣孤芳老涧边。"郭祥正《香桂林诗》:"根托山中地,香分月里秋。游人莫攀折,风散一岩幽。"张九成《忆天竺桂诗》:"湖上北山天竺寺,满山桂子月中秋。黄英六出非凡种,肯许天香过别州。"自注:"天竺种,他州无本。"

满觉垄桂　《钱塘县志》:桂一名木犀,满觉垄独盛,拔萃岑岭,敷条岩壑。花时,游人杂沓其下。

---

〔1〕　雍正本无曹溶《永兴寺双古梅歌》。
〔2〕　雍正本"魂"后无"岭谓万松"四字,有黄顺之《冷泉峪桃花诗》。

西溪桂 王穉登《西溪寄彭钦之书》：西溪十八里，皆行山云竹霭中，衣袂尽绿。桂树大者，两人围之不尽。树下花覆地如黄金，山中人缚帚扫花，售市上，每日仅当脱粟之半耳。

灵山野桂 【万历】《灵隐寺志》：灵山多野桂，无种而生。

灵隐桂子 《南部新书》：杭州灵隐山多桂树。僧曰："月中桂也。"至今中秋夜，往往子坠。《灵隐寺志》：康熙五年八月十三日[1]，载堂禅师闻屋上历落有声，出视之，其状圆而长，大如草麻子，壳有文，亦相类。取呈具德和尚，曰："此月中桂子，吾已见过二次。"时有好事者索观，取四五枚去，才至扬州，而桂子已尽。《本草拾遗》：今江东诸处，每至四五月后晦，多于衢路间得月桂子，大于狸豆，破之辛香。古老相传，是月中下也。余杭灵隐寺僧种得一株，近代诗人多所论述。《洞冥记》云：有远飞鸡，朝往夕还，常衔桂实，归于南土。南土，月路也，故北方无之。山桂犹堪为药，况月桂乎？

天竺桂子 《群芳谱》：浙中山桂，台州天竺最多。子如莲实，或二或三，离离下垂，天竺僧称为月桂。其花时常不绝枝头，叶底依稀数点，亦异种也。《本草纲目》：月桂落子之说，起于武后时。相传有竺僧云："自天竺鹫岭飞来。"故八月常有桂子落于天竺。道经，月桂谓之不时花。皮日休《天竺寺八月十五日夜桂子诗》："玉颗珊珊下月轮，殿前拾得露华新。至今不会天中事，应是嫦娥掷与人。"陆龟蒙《和袭美诗》："霜实常闻秋半夜，天台天桂堕云岑。如何两地无人种，却是湘漓是桂林。"释慈永《代忏主撰桂子诗并序》：上嗣统之六祀，天圣纪号龙集丁卯秋七、八两月望舒之夕，寺殿堂左右，天降灵实。其繁如雨，其大如豆，其圆如珠。其色白者、黄者、黑文者，时有带壳者，壳味辛。识者曰："此月中桂子也。"州牧右谏议大夫胡公则，同太常博士秘阁校理陈公诂、太常博士孙公昱暨冠裳好事者皆封呈，咸奇之。旧俗所传，月坠桂子，惟天竺素有之。唐天宝中，寺前一子成树，今月桂峰在焉。刺史白公居易诗云："宿因月桂落，醉为海榴开。"注云："天竺有月中桂子落灵隐，多海榴花。"又《东城桂诗》曰："子坠本从天竺寺，根盘今在阖闾城"。又刺史卢公嗣句云："远客偏求月桂子，老僧不志石莲华。"凡才士好以诗游胜概者，到兹鲜不以月中桂子为奇句焉。予居是山，兴复废寺，十有二载，始此一见之耳。因取之播种林下，浃句而甲坼，弥月而盈寸，虽柔条未抽，而绿叶可识。信东平庭际，淮南小山，固不可以同日而语。明年春，移白猿峰下古回轩亭，环亭而植，凡二十有五株，仍改亭为月桂亭，作诗二章，一章十二句，一章八句，刻石是亭之侧，敢告后贤。《桂子诗》云："月桂生瑶实，千年会一时。偏从天竺落，只恐月宫知。出海光轮满，当轩玉树欹。婵娟含素影，凌乱下空墀。泉客珠连泣，秋荷露忽垂。林间僧共拾，犹诵乐天诗。"《种桂诗》云："嫦娥有深意，飞桂白云关。为惜仙家树，移栽佛国山。蟾宫人苦折，鹫岭世稀攀。他日岁寒里，松杉相倚闲。"[2]

月轮山桂子 《脞说》：张君房为钱塘令，宿月轮山。寺僧报曰："桂子下塔。"遂

登塔望之,纷纷如烟雾回旋,成穗散坠,如牵牛子,黄白相间,咀之无味。

招贤寺紫阳花　《南部新书》:招贤寺僧植桂,香紫可爱,郡守白公号紫阳花。白居易《紫阳花诗并序》:"招贤寺有山花一树,无人知名。色紫气香,芳丽可爱,颇类仙物,因以紫阳花名之。何年植向仙坛上,早晚移栽到梵家。虽在人间人不识,与君名作紫阳花。"

孤山榴花　《咸淳临安志》:唐时,孤山有石榴花,灵隐旧亦多海石榴。乐天诗:"宿因月桂落,醉为海榴开。"《青霜杂记》:钱武肃王,讳镠。至今吴越间,谓石榴为金樱。白居易《题孤山寺石榴花示诸僧众诗》:"山榴花似结红巾,容艳新妍占断春。色相故关行道地,香尘拟触坐禅人。瞿昙弟子君知否,恐是天魔女化身。"

龙井素兰　《钱塘县志》:老龙井产素兰,品绝一郡。

法华山荪　《群芳谱》:兰花紫白者,名荪,出法华山。

龙山瑞香　《西湖游览志余》:瑞香有黄、紫二种,有紫瓣而缘金者。苏轼《次韵曹子方龙山真觉院瑞香花诗》:"幽香结浅紫,来自孤云岑。骨香不自知,色浅意殊深。移栽青莲宇,遂冠薝卜林。纫为楚臣佩,散落天女襟。君持风霜节,耳冷歌笑音。一逢兰蕙质,稍回铁石心。置酒要妍暖,养花须晏阴。及此阴晴间,恐致悭嗇霖。彩云知易散,鹈鴂忧先吟。明朝便陈迹,试着丹青临。"又《真觉院瑞香调寄西江月》词:"公子眼花乱发,老夫鼻观先通。领巾飘下瑞香风。惊醒谪仙春梦。后土祠中玉蕊,蓬莱殿后鞓红。此花清绝更纤浓。把酒何人心动。"又《坐客见和复次韵》词:"小院朱阑几曲,重城画鼓三通。更看微月转光风。归去香云入梦。翠袖争浮大白,皂罗半插斜红。灯花零落酒浓浓。好语一时飞动。"又《再用前韵戏曹子方坐客云瑞香为紫丁香遂以此曲辨证之》:"怪此花枝怨泣,托君诗句名通。凭将草木记吴风。继取相如云梦。点笔袖沾醉墨,傍花面有惭红。知君却是情浓。怕见此花撩动。"

聚八仙花　《说略》:聚八仙,即今八仙花,西湖山中在在有之。

菩提寺杜鹃　《咸淳临安志》:钱塘门外菩提寺有此花,甚盛。东坡有《南猗堂杜鹃花诗》,今堂基存。此花所在,山多有之。苏轼《南猗堂杜鹃花诗》:"南猗杜鹃天下无,披香殿上红氍毹。鹤林兵火真一梦,不归阆苑归西湖。"

俞祠木香　《西湖游览志》:孤山俞公祠内,左有木香一本,引蔓双柏,高三丈余,枝条蒙密,洒落满庭。花时如迸玉垂珠,雪色照耀,软香袭人,闻数百步。众鸟鸣噪其上,终日不去。至花残,乃不复闻。

灵隐红辛夷　《槎庵小乘》:辛夷花,鲜红似杜鹃,俗称红白篿是也。白乐天有《灵隐寺红辛夷戏酬光上人诗》云:"紫粉笔含尖火焰,红胭脂染小莲花。芳情乡思知多少,恼得山僧悔出家。"

天竺石岩　《花木考》:与杜鹃花本一种石岩,先敷叶,后着花,其色丹。赵抃《上天竺寺石岩花诗》:"对植齐开古梵宫,欲求精笔画难工。直将春占三旬盛,谁谓花无十日红。未羡山桃资客笑,且陪庭柏作家风。遍寻他处都无此,宝殿前头只两丛。"

开元寺牡丹　《西湖游览志余》：白乐天为杭州刺史，令访牡丹。独开元寺僧惠澄近自京师得之，植于庭。时春景方深，惠澄设油幕覆其上。徐凝自富春来，未识乐天，先题诗曰："此花南地知难种，惭愧僧闲用意栽。海燕解怜频睥睨，游蜂未识更徘徊。虚生芍药徒劳妒，羞杀玫瑰不敢开。唯有数苞红萼在，含芳只待舍人来。"乐天到寺看花，乃命凝同醉而归。

四照亭牡丹　孤山四照亭之前，叠石为台，植牡丹数百本，悉彭城佳种。花开如蒸霞烂锦，远近皆见。

范浦芍药　《咸淳临安志》：今艮山门外范浦，多植此花。冠于诸色者，有早绯、玉白、缀露等名。又有千叶白者，土人尤贵之。

集芳园海棠　周必大《省斋文稿》：集芳，禁籞也，海棠满山，郁李绕栏，殆不类人世间。明日，内直海棠、郁李各一株方开，遂赋绝句。周必大诗："清胜堂前花万重，玉堂署里两芳丛。应怜寓直清无侣，聊伴衰翁宿禁中。"[1]

灵鹫酴醾　《山家清供》：一日，过灵鹫访僧苹洲，留午粥，甚香。询之，乃酴醾花也。

荷花　《梦粱录》：荷花，红白色千叶者。西湖荷荡边，风送荷香馥然。《咸淳临安志》：白公《郡斋诗》云"绕郭荷花三十里"，指西湖而言也。《钱塘县志》：芙蕖，西湖多种之。金房绿叶，素株翠柯，紫藻朱仪，映川逸目。王穉登《客越志》：湖中旧植藕花，云锦灿烂，香气十里。近恶其妨渔，一时拔去，刻石城闉，著为令。虽钓徒快心，而湖色殊寂寂无可观。余意不若散水衡钱于种花之家，而留花娱人，庶几两利。《西湖志类钞》：西湖夏夜观荷最宜，风露舒凉，清香徐细，傍花浅酌，如对美人倩笑款语也[2]。周紫芝《湖上晚归见荷花》二绝："藕湖烟水欲沉沙，已着芙蕖一两花。拟借短蓑随雨去，共谁同把钓鱼车。""骎骎烟柳谁家树，拍拍西湖尽日风。和靖宅边山雨急，苏公堤上藕花红。"于石《观西湖荷花诗》："我昔扁舟泛湖去，回望荷花浩无数。谁家画舫倚红粧，笑声迥入花深处。笙歌凄咽水云寒，花色似嫌脂粉涴。夜深人静月明中，方识荷花有真趣。水天倒浸碧琉璃，净质芳姿淡相顾。亭亭翠盖拥群仙，轻风微颤凌波步。酒晕潮红浅渥唇，肤如凝脂腰束素。一捻香骨薄裁冰，半破芳心娇泣露。湖光花气满衣襟，月落波寒浸香雾。快然人在蕊珠宫，便欲移家临水住。回首落日低黄尘，十年不到湖山路。花开花落几秋风，湖上青山自如故。"高启《西湖夏夜观荷诗》："雨晴南浦锦云稠，晚待湖平荡桨游。狂客兴多惟载酒，小娃歌远不惊鸥。半湖月色偏宜夜，十里荷香已欲秋。为爱前汀好凉景，满身风露未回舟。"孙一元《晚坐湖上荷花盛开诗》："薄晚西湖上，花开还自怜。风回香冉冉，鸥泛叶田田。云色晴移水，月明净放船。夜凉兴更好，独坐钓丝边。"袁中道《西湖看荷花寄客诗》："十里清流洗客尘，销魂芳艳满湖

---

〔1〕　雍正本无"集芳园海棠"条。

〔2〕　雍正本无"《西湖志类钞》：西湖夏夜观荷最宜，风露舒凉，清香徐细，傍花浅酌，如对美人倩笑款语也"。

滨。秋来亦自堪行乐,只恐荷花不待人。"王瀛《湖中观莲诗》:"闲来湖上放扁舟,为爱芙蓉花正稠。十里彩云明霁景,一番香雨洗清秋。路从曲院追遗迹,家在耶溪忆旧游。懒向回塘听野唱,恐教牵动百年愁。"朱应钟《西湖采莲曲》:"五月芙蓉浦,花开胜若耶。若将湖作镜,应照妾如花。玉腕摇轻楫,红莲暗绿波。花深欲无路,棹转忽闻歌。"尹台《西湖采莲曲》:"湖市罗裙映玉缸,苏堤杨柳拂船窗。采莲误触鸳鸯起,飞向花间还自双。二八吴娃学戏船,冰绡轻桂动如烟。含情棹入荷花里,笑问横塘若个边。"田艺蘅《西湖采莲曲》:"湖面团团宝镜开,两峰高髻耸妆台。阿郎不用频看妾,自有荷花照水来。风翻桂楫浪如雨,鸳鸯双飞翠盖舞。郎嗅芙蓉夸味甜,谁知寸心独自苦。"范成大《雨后游西湖荷花盛开调寄满江红》词:"柳外轻雷,催几阵,雨丝风急。雷雨过,半川荷气,粉融香浥。弄蕊攀条春一笑,从教水溅罗衣湿。打凉州、箫鼓浪花中,跳鱼立。山倒影,云千叠。横浩荡,舟如叶。有采菱清些,桃根双楫。忘却天涯漂泊地,尊前不放闲愁入。任碧筒、十丈卷金波,长鲸吸。"陈三聘《次石湖韵》词:"绀谷浮空,山拥髻、晚来风急。吹骤雨、藕花千柄,艳妆新浥。窥镜粉光犹有泪,菱波罗袜何曾湿。讶汉宫、朝罢玉皇归,凝情立。尊前恨,歌三叠。身外事,轻如叶。怅当年空击,誓江孤楫。云色远连平野尽,夕阳偏傍疏林入。看月明、冷浸碧琉璃,君须吸。"朱彝尊《西湖荷花调寄满江红》词:"郭外垂杨,直映到、水仙祠屋。爱十里、花明镜面,岸沉沙腹。几阵凉飔翻叶白,连盘骤雨跳珠绿。是谁侬、一道拨青苹,波纹蹙。红衣褪,开还续。碧筒卷,擎相促。绕菱根荇带,冷香飞逐。偏是风前蝴蝶住,但无人处鸳鸯浴。擘生绡、悔不学丹青,描横幅。"

双莲　双莲即瑞莲,宋时产于北山,今湖上亦多见之。苏轼《沈谏议招游湖不赴明日得双莲于北山下诗》:"湖上棠阴手自栽,问公更得几回来。水仙亦恐公归去,故遣双莲一夜开。诏书行捧缕金笺,乐府应歌相府莲。莫忘今年花发处,西湖西畔北山前。"

绣莲　《咸淳临安志》:聚景园后湖中者,名绣莲,极贵。《西湖游览志余》:绣莲,红辨而黄缘[1],结实如饴。

金莲　《灵隐寺志》:生湖中重台。【万历】《杭州府志》:名曰地涌金莲。

韬光金莲　《名花谱》:西湖北山韬光庵有金莲,圆叶,小花,浮生水面。柳池有斗大紫莲[2]。

显教寺金莲　《西溪梵隐志》:显教寺殿前为金莲池,其花色黄如金,叶圆如小钱。

瑞相院青莲　《咸淳临安志》:西莲瑞相院产青莲花。

茉莉　《武林旧事》:六月,士女登舟泛湖,为避暑之游,茉莉为最盛。初出之时,其价甚穹。妇人簪带,多至七插。

栀子　【万历】《钱塘县志》:花有北山之栀子。

---

〔1〕　雍正本"辨"作"瓣",是。
〔2〕　雍正本无"柳池有斗大紫莲"七字。

金灯　【万历】《钱塘县志》：花有北山之金灯。

藏春坞凌霄　《群芳谱》：西湖藏春坞门前，有二古松，各有凌霄花络其上，诗僧清顺常昼卧其下。子瞻为郡，一日屏骑从过之，松风骚然。顺指落花觅句，子瞻为作《木兰花》词。苏轼《凌霄花调寄减字木兰花》词："双龙对起，白甲苍髯烟雨里。疏影微香，下有幽人昼梦长。湖风清软，双鹊飞来争噪晚。翠飐红轻，时下凌霄百尺英。"

山矾　《百花藏谱》：生杭之西山，三月开花，细小而繁，香馥甚远，即俗名七里香也。种之易活。

金钵盂　【万历】《灵隐寺志》：生湖中，单瓣。

白苹　【万历】《灵隐寺志》：生湖中，色白香清，即萍藻所生。

红蓼　【万历】《灵隐寺志》：生湖濒，俗呼水红。

苏堤芙蓉　《咸淳临安志》：东坡倅杭日，有《和述古中和堂木芙蓉诗》。今苏堤及岸湖多种，秋日如霞锦。陈造《四月望再游西湖诗》："春光陆续委东流，看到湖边安石榴。更与苏堤鸥鹭约，办舟来赏牡丹秋。"自注："俗目芙蓉为秋牡丹。汤焕《六桥芙蓉诗》："柳疏荷晚湖波凉，木芙蓉发延秋光。淡烟斜日弄清影，浴凫飞鹭窥红妆。繁华唤醒莺燕老，歌舞梦断蒹葭苍。何当认撷问渔父，着我一叶枫林傍。"高观国《苏堤芙蓉调寄菩萨蛮》词："红云半压秋波碧，艳妆泛露娇啼色。佳梦入仙城，风流石曼卿。宫袍呼醉醒，休卷西风锦。明日粉香残，六桥烟水寒。"陈逢辰《延祥观拒霜调寄西江月》词："绿绮紫丝步障，红鸾彩凤仙城。谁将三十六波春，换得两堤秋锦。眼缬醉迷朱碧，笔花俊赏丹青。斜阳展尽赵昌屏，羞杀舞鸾妆镜。"张矞《秋日湖上赏木芙蓉调寄南乡子》词："秋色照波明。夹岸芙蓉似锦城。罨画楼台红粉面，轻盈。未许黄徐写得成。一舸载杨琼。共醉花前玉笛声。犹记青鸾和月跨，三生。我是仙家石曼卿。"

城垣甘菊　产城堞上。花小而色黄，味甚香美。今每岁采备入贡。

马塍菊　沈竞《菊谱》：临安西马塍园子，每岁至重阳，谓之斗花，有八十余种。《钱塘县志》：西湖多市其种，黄者九十有三，白者八十有二，紫者三十，粉红者二十有四，称异品者十有七。近日，土人或以庵间接菊花之小者，顿大，又以各菊互接，则白间黄，黄间红，尤参错可爱。杨万里《经和宁门外卖花市见菊诗》："病眼雠观一束书，客舍葭莩菊一枝。看来看去两相厌，花意索寞却似无。清晓肩舆过花市，陶家全图移在此。千株万株都不看，一枝两枝谁复贵。平地拔起金浮屠，瑞光千尺照虚碧。乃是结成菊花塔，蜜蜂作僧僧作蝶。菊花障子更玲珑，生采翡翠铺屏风。金钱装面密如积，金钿满地无人拾。先生一见双眼开，故山三径何独怀。君不见内前四时有花卖，和宁门外花如海。"

观音菊　《百菊集谱》：天竺花是也。此非南天竺，或呼为落帚花，亦非也。自五月开至九月，花头细小，其色纯紫，枝叶如嫩柳，其干之长与人等，或呼为观音菊。史铸《观音菊诗》："霞幢森列引薰风，高出疏篱紫满丛。翠叶纤纤如细柳，直宜插向净瓶中。"

果　品

樟亭樱桃　《咸淳临安志》:唐时樟亭驿有双樱桃。白居易《樟亭双樱树诗》:"南馆西轩两树樱,春条长足夏阴成。素华朱实今虽尽,碧叶风来别有情。"

七宝山樱桃　《西湖游览志》:七宝山旧有樱桃园,宋时采含桃以献太庙者。

灵隐寺枇杷　《灵隐寺志》:大殿下有枇杷树,花实异他所。《咸淳临安志》:白者为上,黄者次之,无核者名椒子枇杷。

湖菱　《咸淳临安志》:初生嫩者名沙角,硬者名馄饨。湖中生如栗样者,极鲜。东坡《望湖楼醉书五绝诗》云:"乌菱白芡不论钱。"苏轼《申三省起请开湖六条状》:西湖水浅,菱葑壮猛,虽尽力开撩,而人力不继,则随手葑合,与不开同。窃见吴人种菱,每岁之春,葑除捞漉,寸草不遗,然后下种。若将葑田变为菱荡,永无茭草埋塞之患。《宋史·苏轼传》:轼知杭州时,募民种菱湖中,葑不复生,收其利以备修湖。

湖芡　《咸淳临安志》:芡又名鸡壅。产西湖者尤胜,然不多也,可筛为粉。【万历】《钱塘县志》:芡实湖产,特佳,香软而粒大。《于越新编》:芡大如拳,有刺,中圆实可啖,俗谓鸡头,今出杭州西湖,越绝无。周紫芝《食芡有感诗》:"鸡头子熟客新尝,流落空嗟客异乡。红线绿荷香里梦,十年灯火记钱塘。"

湖藕　《西湖游览志》:藕出西湖者,甘脆爽口,匾眼者尤佳。其花有红、白二种,白者香而结藕,红者艳而结莲。瞿宗吉诗云"画阁东头纳晚凉,红莲不及白莲香",是也。《钱塘县志》:藕出西湖者,曰花下藕,尤美,时方之西子臂云[1]。

莲房　【万历】《杭州府志》:红花者为上,白花者次之,然尤以江干鸿雁池及西湖所产为最,余皆不及。

石坞杨梅　《咸淳临安志》:旧载杨梅石坞其地产杨梅,今在畑霞岭瑞峰寺之侧。施注苏诗:《杭州图经》:杨梅坞在山南,近瑞峰,杨梅尤甚,有红、白二种,今杭人呼白者为圣僧梅。《西湖古迹事实》:杭州杨梅坞内,有一老妪,姓金。其家杨梅甚盛,所谓"金婆杨梅"是也。苏轼《参寥惠杨梅诗》:"新居未换一根椽,只有杨梅不值钱。莫共金家斗甘苦,参寥不是老婆禅。"

梵天寺杨梅　苏轼诗:"梦绕湖山却月廊,白梅卢橘觉犹香。"自注:"杭州梵天寺有月廊数百间,寺中多白杨梅、卢橘。"

两山杨梅　【万历】《杭州府志》:有早色、晚色、熏色、吃色数种。早色色最红,味酸。熏色色紫黑,味甘美。吃色、晚色俱红紫半,晚色味松甜。北山多早,南山多晚,熏色并有之。可熏,可晒,可水,可糖,可蜜。周紫芝《西湖摘杨梅调寄阮郎归》词:"西

---

〔1〕　雍正本无"时方之西子臂云"七字。

湖山下水潺潺,满山风雨寒。枝头红日晓斓斑,越梅催染丹。连翠叶,拥金盘,玉池生乳泉。此生三度试甘酸,欲归归尚难。"

十八涧杨梅 【万历】《杭州府志》:杨梅,东墓岭十八涧亦盛,俗呼杨梅涧。

徐村杨梅 【万历】《杭州府志》:徐村产多,尤甘美。

龙井杨梅 《钱塘县志》:龙井法华山产者,为天下冠。

橘橙 元淮《苏堤秋宴诗》:"湖上秋来景色新,芙蓉绿橘间黄橙。"

大树堂栗 《灵隐寺志》:慧理祖师西天携来种,实小而味美。惟灵隐有数十本,移他处则不生。大树堂一株最大,乃慧理手植,西晋时物也,至今郁茂。

报国寺银杏 【成化】《杭州府志》:报国寺有银杏树,其实无心。《槎庵小乘》:银杏,俗名白果,一名鸭脚子,武林山甚多。此树不华而实,或云夜半一花即敛。杨载《钱塘怀古诗》所谓"万年珠树落秋霜",盖指此树也。

蔬　品

菌 《咸淳临安志》:多生山谷竹松间。其大者净白,名玉蕈,最贵。黑者名茅,赤者名竹孤,皆下品。

松花菌 《狯园》:西湖诸山中有松花菌,色红洁可爱,俗名胭脂蕈。

竹蕈 《上天竺山志》:生竹根上,色白而甘,无毒。

灵山椒 【万历】《灵隐寺志》:灵山旧产椒,与川蜀无异,今无。《灵隐寺志》:椒园种椒,香胜他处。

百山萝卜 【成化】《杭州府志》:百山萝卜其大而长者,尺余,出钱塘方家峪等山。《咸淳临安志》:名芦菔,西溪为胜。

茨菇 《灵隐寺志》:湖中出。庄同生《西湖竹枝词》:"劝郎休恋凤凰山,须记茨菇浅水湾。手劈竹田森碧玉,莫教红泪洒成斑。"

茭白 【万历】《钱塘县志》:茭白本秋实,惟西湖四时有之。茭田之值可十余金,利倍禾稼。钱惟善《食茭白诗》:"西风吹雨饱秋菰,卸却青衣见玉肤。客里尝新成一笑,不图今日见西湖。"

湖莼 【万历】《钱塘县志》:生西湖中,春末夏初采,有冰铃附叶下。旧传产湘湖,不知湘湖人来此取去。《钱塘县志》:初生,嫩而无叶,名雉尾莼,又名马蹄莼。叶舒长,名丝莼。至秋则无人采矣。《西湖游览志余》:闻之渔人云,西湖第三桥近出莼菜不下湘湖者。《阅耕余录》:莼菜生松江华亭谷,郡志载之甚详,吾家步兵所为寄思于秋风者也。然武林西湖亦有之。袁中郎状其味之美云:香粹滑柔,略如鱼髓蟹脂,而轻清远胜。其品无得当者,惟花中之兰、果之杨梅可以作配。余谓花中之兰是矣。果中杨梅,岂堪敌莼。何不以荔枝易之。李流芳《西湖卧游册三潭采莼跋》:辛亥四月在西湖,值莼菜方盛,时时采撷,作羹饱啖。有《莼菜歌》,大意谓西湖莼菜,自吾友数人而外,无能知其味者。袁石公盛称湘湖莼美,不知湘湖无莼,皆从西湖采去。又谓莼非湘湖水浸不佳,不知莼初摘时必经宿浸,浸乃愈肥。凡泉水湖水皆可,不必湘湖也。然西湖莼人竟无知之者。图中人舟纵横,皆萧山卖菜翁也。可与吾歌并存,以发好事者一笑。李流芳《莼羹歌》:"怪吾生长居江东,不识江东莼菜美。今年四月来西湖,西湖莼生满湖水。朝朝暮暮来采莼,西湖城中无一人。西湖莼菜萧山卖,千担万担湘湖滨。吾友数人偏好事,时呼轻舠致此味。柔花嫩叶出水新,小摘轻淹杂生气。微施姜桂犹清真,未下盐豉已高贵。吾家平头解烹煮,间出新意殊可喜。一朝能作千里羹,顿使吾徒摇食指。琉璃碗成碧玉光,五味纷错生馨香。出盘四座已叹息,举筋不敢争先尝。浅斟细嚼意未足,指点杯盘恋余馥。但知脆滑利齿牙,不觉清虚累口腹。血肉腥臊草木枯,此味超然离品目。京师黄芽软似酥,家园燕笋白于玉。差堪与汝为执友,菁根杞苗皆臣仆。君不见区区芋魁亦遭遇,西湖莼生人不顾。季鹰之后有吾徒,此物千年免沉锢。君为我饮我作歌,得此十斗不足多。世人耳食不贵近,更须远挹湘湖波。"张鸣鹤《西湖采莼诗》:"渚莼香细绿生春,翠带牵丝出水新。漫忆秋风归兴早,喜逢令节荐差频。自怜藿食酖盐味,讵羡豪门鼎俎陈。采撷不妨归棹晚,桃花烟暖隔鱼津。"凌邱《西湖采莼诗》:"花满苏堤柳满烟,采莼时值艳阳天。漫移短棹寻渔隐,似逐佳人拾翠钿。香蕴和羹舒雉尾,脂凝细叶煮龙涎。浮山寄寓湖山隐,不向秋风怨未还。"虞淳熙《西湖采莼曲》:"六桥烟月挂香台,金管瑶笙荡桨来。指冷不禁探水玉,无端浪说采莼回。"[1]徐桂《西湖采莼曲》:"乍嚼冰丝还冷齿,更餐玉液会流涎。桃花飘尽杨花落,留得湖中景物鲜。"虞淳熙《西湖采莼曲》[2]:"湖上风光两处分,采莼弄影自为群。龙须冷滑龙膏紫,寒色侵衣染绿云。"沈明臣《西湖采莼曲》:"西湖莼菜胜东吴,三月春波绿满湖。新样越罗裁窄袖,着来人说似罗敷。"江镆《西湖采莼曲》:"雨过桃花涨满湖,雉羹风格最于酥。丝萦汉女苍霞佩,玉映鲛宫雪泪珠。"张文颖《和西湖采莼曲》:"碧荫随波凝似玉,琼枝映水滑于酥。不妨采作真人供,一夜春风遍两湖。"张遂辰《采莼曲》:"湖南三月潭水绿,迩年竞歌采莼曲。小舠单桨入晓烟,叶叶丝丝袄连属。浮波乍见色参差,柔露盈盈不满掬。更怜寒沁滑流匙,粉乳芳姝敢轻触。一从此品出人间,紫蕈青菰尽臣仆。清泉淡煮味有无,肯使寻常姜桂辱。因来逐嗜诸少年,遂鄙长筵脍如玉。偶传胜事真可人,安排未免嗟聊复。虽高盐豉说风流,讵忍清馋作题目。我欲一笑赋老饕,莫只相矜窀边墙。不道当时生龁肩,覆啖粗豪元不俗。"

鸭脚芹　朱彝尊《过灵隐寺诗》:"猫头之笋一饱足,况有青青鸭脚芹。"[3]

药　品

黄皮木　《咸淳临安志》:钱塘雷峰塔有之。《名胜志》:雷峰塔产黄皮木。

---

〔1〕　雍正本无虞淳熙《西湖采莼曲》。
〔2〕　雍正本"熙"作"贞"。
〔3〕　雍正本无"鸭脚芹"条。

贯众 《咸淳临安志》:生龙井口。

茯苓 《武林旧事》:小麦岭无垢寺偃松下有茯苓,因名泉为茯苓泉。

益母草 《咸淳临安志》:生龙井山谷,亦名草天麻。

石膏 《太平寰宇记》:钱塘县治亥地有石膏,雨霁时出,药用为最。《本草纲目》:钱塘山中雨后时自出,今钱塘人凿山取之甚多,捣作齿药货用。浙人呼为寒水石,入药最胜他处者。

寒水石[1] 《咸淳临安志》:软者寒水石,硬者石膏,生南高峰塔山下。

草　品

金星草 《咸淳临安志》:生南高峰。

芝 《花史》:临安许迈常采芝于西山。《武林旧事》:灵芝寺,钱王故苑。以芝生其间,舍以为寺,故名。《山居新语》:余山居宝云山上,不时生芝。《上天竺志》:有紫、红、黄三种,皆木本。七识云柄如漆者,是暑雨时采,蒸熟,数年不变。

青芝 《西湖游览志》:青芝坞尝产青芝。

荨 苏轼《乞开西湖状》:西湖水涸草生,渐成荨田。熙宁中,臣通判本州,则湖之荨合盖十二三耳。今十六七年之间,遂堙塞其半。父老皆言:“十年以来,水浅荨横,如云翳空,倏忽便满。更二十年,则无西湖矣。”苏轼《次韵林子中见寄诗》:“卷却西湖千顷荨,笑看鱼尾更莘莘。”施宿注:“公开西湖,以荨积为堤,以通南北,今苏公堤是也。”

蕴藻荇荇 《西湖游览志余》:湖中蕴藻荇荇诸水草,牵风演漾,弥蔓不绝。土人取之,以供鱼食,岁计亦不下数百金也。周紫芝《次韵关子东湖上杂书水荇诗》:“旧闻春草满池塘,何事新题荇蕊黄。寄语藕花从此去,不须满意着红妆。”

芦苇 周紫芝《湖上种芦诗小序》:湖亭之胜,大似江上,但无芦苇。二月二十,移植数千本。周紫芝诗:“大年着色山前雨,摩诘无声句里秋。已是湖山无限好,更栽芦苇伴轻鸥。”

河水芦花 《西溪百咏序》:蒹葭里,俗名河水。一派沙汀水濑,芦花如雪。

浪头温 《王考功集》:浪头温,湖中草名。俗云:此草多,则湖水大。王士禄《西湖竹枝词》:“儿家住近傍湖村,岁岁门前验水痕。莫怪今年湖水阔,春来长遍浪头温。”

---

〔1〕 雍正本无“寒水石”三字,而将《咸淳临安志》:软者寒水石,硬者石膏,生南高峰塔山下”径入“石膏”条“入药最胜他处者”后。

竹　品

皇竹　五云山云栖寺，夹道多竹。寺内有大竹一竿。国朝康熙四十六年，圣祖仁皇帝南巡，赐名曰皇竹。

双竹　《竹谱》：条篁嫩箨，对抽并引，王子敬谓之扶竹。武林山西双竹院中产。《灵隐寺志》：天亲竹，即双竹也。赵抃《题杭州双竹寺诗》："粉箨双双脱，修篁两两高。同心齐管鲍，并节汉萧曹。寒岁霜威御，炎天暑气逃。此君真可异，吟远不知劳。"

方竹　《格古要论》：方竹出西蜀，浙江杭州西湖飞来峰山下亦有之。

木竹　释赞宁《笋谱》：今灵隐山出。中坚，亦通小脉，节内若通草中也[1]。笋坚可食，今人采竹作杖，可爱或与簜同类耳。

新妇竹　《事物绀珠》：出武林山阴。释赞宁《笋谱》：其竹圆直，韧可为篾。笋则三月而生，可食。

鹤膝竹　《咸淳临安志》：出灵隐山。节密而内实，略如天坛藤，间有突起者，故名。《灵隐寺志》：竹出灵山，一名唐公竹，又名鹤膝竹，曲突如鹤膝状。

石面竹　《灵隐寺志》：鹫山多有之。

石竹　《咸淳临安志》：林和靖有《石竹二丛诗》云："深枝苒苒装溪翠，碎片英英剪海霞。"

金竹　《西溪梵隐志》：金竹岭满山之竹，皆作黄金绿玉之色。释大善《金竹岭诗》："万竹丛峰到水湄，参差清影日迟迟。颜分绿玉枝偏翠，色借黄金叶亦奇。萧史引教丹凤宿，仙人曾化赤龙骑。如今暂隐寒严下，得遇风云或有时。"[2]

刚竹　释真一《笋谱》：可以为筐篮。法华土民之贫者，乃用之以度生。

寿星院竹　《东坡志林》：湖上寿星院竹，极伟。邹浩《寿星院观竹诗》："祇园寂寞耸高材，自有鸾皇接翅来。回首壶觞散桃李，日斜风动使人哀。"[3]

风篁岭竹　《西湖志类钞》：风篁岭，苍筤篆篠，风韵凄清。至此，林壑深沉，迥出尘表。流淙活活，自龙井而下，四时不绝。岭故丛薄荒密[4]。元丰中，僧辨才浚治洁楚，名曰风篁。

元妙观竹　《太平清话》：吴山元妙观池上绝壁，有竹一枝，俯而仰息，斋写其真

---

〔1〕　雍正本无"中坚，亦通小脉，节内若通草中也"十三字。
〔2〕　雍正本无释大善《金竹岭诗》。
〔3〕　雍正本无邹浩《寿星院观竹诗》。
〔4〕　雍正本无"流淙活活，自龙井而下，四时不绝。岭故丛薄荒密"十九字。

于屏上。吴仲圭记[1]。

冬笋 【万历】《杭州府志》:冬笋,俗名潭笋,味更美。杭州笋四时皆有其美,甲于诸蔬。

早笋 《咸淳临安志》:哺鸡笋出稍早。和靖诗:"烟崖早笋肥。"

晚笙 《咸淳临安志》:出杨坟。

扶竹笋 释赞宁《笋谱》:扶竹,今武林山西旧谓双竹,院中所产。相传云自永泰以来有之。冯翊严诸为之记。王子敬《竹谱》云:会稽箭竹,钱塘扶竹。盖此双竹,即扶竹也。是竹为笋,便有合欢貌。

紫桂笋 释赞宁《笋谱》:或问:笋有五色章采否?对曰:江东黄筌《闲居赋》有青笋,《闽中赋》有素笋、赤笋。钱塘多紫桂笋。自余班狸缥细,不可胜言。

燕笋 释赞宁《笋谱》:钱塘多生,其色紫,苞当燕至时生,故俗谓燕笋。

法华山笋 《钱塘县志》:法华山笋最盛,有鸟哺鸡、白哺鸡之名[2]。释真一《笋谱序》:江南吴越皆多笋,然未有过于武林法华山,其品为最高也。盖他方之笋,俱任其生长,未有锄刈灌治之法,故其味不甚鲜。而多食之,使人心胃嘈囉而不宁。新安问政山及吴兴杨坟,亦知锄治灌溉之法,然未有若法华土民之最精者。此物不以腥膻烹割为期,号之为林鲜。林下得此一味以娱口,亦足矣。何必侈求以自甘乎?笋之母为竹,竹中空而外清者也。冬寒不凋,舆松柏齐坚。而疏叶垂枝者,酷肖威凤之曳尾,故其性可以通天。苏子瞻谓笋长寸,枝叶皆具,非逐节而生,盖是童子而即有大人之气象。故食之,能清心坚人志也[3]。《笋谱》:笋冬月即生,埋头土中,以锄掘之,可三寸许。其味极鲜,甲于他笋。未出土,名猪蹄红,长尺许。其籜元又名元笋,又名蚤笋,盖冠诸笋而先出者[4]。

鲜芽 释真一《笋谱》:系晚笋,在三月间盛时生。其籜光润而紫,元状类鳗鱼,不假锄壅,卑湿之处愈生。

鹭鸶青 释真一《笋谱》:三月间生。诸笋皆清瘦。是笋更瘦,而色稍青,其味清新而淡趣。

尖头青 释真一《笋谱》:最晚出,诸笋寥落,此笋方翠。笋无有不尖。此笋更尖如削,其味鲜。

毛笋 《咸淳临安志》:一名猫头。大者一茎重数斤。释真一《笋谱》:为诸笋之王。其籜有毛,故名。俗呼为猫笋者,非也。在冬月为冬笋,亦称潭笋。从深土中掘出,富家子多以价

---

〔1〕 雍正本无"元妙观竹"条。

〔2〕 雍正本"鸟"作"乌",义长。

〔3〕 雍正本无"盖他方之笋……能清心坚人志也"一段文字,

〔4〕 雍正本于"法华山笋"另立"猪蹄红"条,而以"《笋谱》……盖冠诸笋而先出者"一段文字属之。

高为贵,冬时竞买之。至毛笋,则贱视之。然法华毛笋[1],大者重几二十余斤,犹未出土。肉白如霜,堕地即粉碎。以指揾之,其软嫩如腐,嗅之作兰花香。诸笋败时,富家郎嫌味渐淡,复买食之,则知世间物品真者自贵,不可以一时之弃取为重轻[2]。

边笋　《梦粱录》:笋有数名,有边笋。释真一《笋谱》:即毛笋之旁出者。方笋盛时,生气上升,笋皆竖。气既衰,根即横生,尽其力,可横亘十余丈,至地之边际,与竹之长短相称,谓之竹边,故名边笋。又其状类鞭,亦名鞭笋。地肥者,软嫩,长尺许。其箨紫色而兼白,其味恬淡而鲜,其气醇而有蕴藉,不类毛笋之精英,尽发泄于外也。新笋成篁,新绿成阴。命童子锄几茎,杂以他蔬之清者,煮成汤,啖黄米饭,瀹新茗,颇似烟火神仙[3]。

雷山笋　红笋　释真一《笋谱》:雷山笋、红笋皆于春时斗妍,春至则汇生,春去则绝响。

苦笋　《山家清供》:竹有苦竹,出笋,味亦苦。释真一《笋谱》:法华旧无苦笋。余倡植之,就其竹为篱,间亦取笋食之。土人皆笑,意谓其无甘且不足以得利,又妨他笋也。尝忆山谷以诗寄坡公云:"君如端为苦笋归,明日春衫诚可脱。"坡公笑答曰:"鲁直欲以苦笋硬差排我致仕耶?"[4]煮苦笋与煮苦菜同法,投之沸汤,以武火煮,少顷取起,以清水入磁缸漂之,频换水。半日可食,不用盐浸,以刀切寸段啖之。初入口,尚有微苦,后苦气渐转,觉舌本清凉,为恬淡、为无味之味,非俗士所可知也。

刚竹笋　释真一《笋谱》:刚竹笋,其味冽,而苦与南都之筀笋同。

羽　属

鹤　《高士传》:林逋结庐西湖之孤山,尝蓄二鹤。或泛小艇出游,客至,则童子开笼纵鹤,逋随放棹而归。

鸦　《四朝闻见录》:绍兴初,高宗建行阙于凤凰山。山中林木翁如,鸦以千万。高宗在汴邸,无山,未尝闻此。至则大骇,命内臣张去为领修内司诸儿聚弹射而驱之临平赤岸间,盖去阙有五六十里。未几,鸦复如初,宫中亦习以为常。

百舌　《咸淳临安志》:和靖诗:"百种堪怜好言语,一般惟欠好毛衣。"

杜鹃　《杭州府志》:即杜宇,一名子规。田家候其鸣,则兴农事。周文璞《寿星寺闻子规诗》二首:"子规欲归归未得,啼向钱王寿星石。月明血尽人不知,只怪晓山深似碧。""莫向空山恼病僧,暮云台殿异乡人。多时不识巴山路,守着浓花啼过春。"周紫芝《次韵关子东湖上杂

---

〔1〕雍正本无"在冬月为冬笋……然法华毛笋"一段文字。
〔2〕雍正本无"诸笋败时……不可以一时之弃取为重轻"一段文字。
〔3〕雍正本无"新笋成篁……颇似烟火神仙"一段文字。
〔4〕雍正本无"土人皆笑……鲁直欲以苦笋硬差排我致仕耶"一段文字。

书子规诗》："两边山水子规啼，不管还乡客梦稀。应为老翁推不去，故将好语劝人归。"李涛《三月十六日西湖闻杜鹃诗》："才上苏堤闻杜鹃，杜鹃怪我在天边。平生不作功名想，今日胡为富贵牵。辟谷未能那废日，买山所欲尚无钱。但须两事略如意，便占白云深处眠。"吴锡畴《湖上闻鹃诗》："涌金门外买湖船，绿树阴阴叫杜鹃。恰莫叫从城里去，有谁人肯辨归田。"

提壶 《咸淳临安志》：和靖《过下湖别墅诗》："多谢提壶鸟，留人到落晖。"

鸫鹕 【万历】《杭州府志》：鸫鹕，其鸣曰钩辀，林逋诗所谓"林木叫钩辀"。

鸂鶒 《咸淳临安志》：和靖《春日即事诗》："鸳鸯如绮杜蘅肥，鸂鶒夷犹翠溦微。"

松鼠竹鸡 林逋《湖山小隐诗》："昼岩松鼠静，春堑竹鸡深。"

兽 属

马 《梦粱录》：吴越王牧马于钱塘门外东西马塍，其马蕃息，号为马海。

鹿 《和靖集注》：所养鹿名呦呦。林逋《呦呦诗》："深林槭槭分行响，浅荮茸茸叠浪痕。春雪满山人起晚，数声低叫唤篱门。"

猿 李绅《诗序》：杭州天竺、灵隐二寺，寺多猿猱，谓之孙团，弥长其类。陆羽《武林山记》：宋僧智一善啸，有哀松之韵。尝养猿于山间，临涧长啸，众猿毕集，谓之猿父[1]。释遵式《白猿峰诗序》：西天僧慧理蓄白猿于灵隐寺。罗处约《灵隐寺记》：晋僧慧由天竺而至，所携白猿复识其处，睨彼故地，同乎新丰。梅询《呼猿洞白猿诗》："古洞飞白猿，寂历不知处。风激石上泉，僧疑月下树。微茫认松雪，仿佛横樵路。空碧增尔思，苍苍奈烟雾。"[2]徐集孙《下竺看猿诗》："渴泉饮罢过别枝，株守山林得便宜。伸手攫拿野僧果，贵游玩弄如儿嬉。膏粱恣欲甚邱壑，苞苴剩把实囊橐。本然无物抛乞与，纵有腥膻医无药。劝汝俦侣只依僧，残斋剩核亦洁澄。切勿自照具人面，便尔忘却当初洞口呼不应。"张昱《冷泉亭观猿诗》："旧从巫峡看猿挂，此日山中复见之。黠与樵苏争堕果，捷于风雨上高枝。月沉夜涧魂先断，风搅[3]霜空叫转悲。应记往年梅岭事，玉环付与老僧知。"黄玠《冷泉亭呼猿诗》："俯石瞰寒泉，饮之不盈升。照影忽自笑，相看面如冰。摇摇松树枝，山猿呼欲应。渐老筋骨疲，爱尔解飞腾。"

虫 属

蝙蝠 《咸淳临安志》：蝙蝠洞多蝙蝠，因以名之。《西湖游览志》：蝙蝠洞内产蝙蝠，

---

〔1〕 雍正本无陆羽《武林山记》。

〔2〕 雍正本无罗处约《灵隐寺记》及梅询《呼猿洞白猿诗》。

〔3〕 搅，底本、雍正本作"揽"，据〔成化〕《杭州府志》改。

大者如鸦,亦有纯白者,其粪即夜明沙。

蜥蜴　《灵隐寺志》:北高峰涧中有蜥蜴,长二寸,黑色,腹有红点,四足五爪。

蟋蟀　《宋史·贾似道传》:似道不事朝政,于半闲堂日据地斗蟋蟀。《敏求记》:似道撰《促织经》一卷。《促织经》:其名色有白牙青、拖肚黄、红头紫、狗蝇黄、锦蓑衣、肉锄头、金束带、齐臂翅、梅花翅、琵琶翅、青金翅、紫金翅、鸟头金翅、油纸灯、三段锦、红铃、月额头、香色肩铃之类,甚多。虫之色白不如黑,黑不如赤,赤不如青。其形以头项肥、腿脚长、身背阔者为上;头尖、项紧、脚瘦、腿荡者为下。虫病有四:一仰头,二卷须,三练牙,四踢腿。若犯其一,皆不可用。

鳞　属

金鱼　《梦粱录》:金鱼有银白、玳瑁等色。钱塘门外多蓄养之,入城货卖,名鱼儿活。《西湖游览志》:吴山大井中,有金鱼数十头,父老云已三百年[1]。自来无施食者,兼以寒泉阴窦,仰蔽天日,而久久不毙,殆神物也。宣德间,大旱,井涸,人有取食者,肉坚韧若麻筋。然邺侯井中亦有五色鱼,其源通西湖,故孳乳日伙,又与吴山井不同也。

玉泉金鱼[2]　《武林旧事》:玉泉泉色清澈,蓄大金色鱼。《西湖游览志》:玉泉净空院有池亩许,清澈可鉴,蓄五色鱼数十头,游泳如画。宋裒《玉泉寺观金鱼诗》:"金鳞韬隐已多时,寺壁重泥又有诗。龙若久怀霖雨志,不应蟠屈小方池。"[3]徐集孙《玉泉观金鱼诗》:"石沼凿琼瑶,金鳞数百条。年深须变化,泉洁自逍遥。网罟难垂手,公卿拟上腰。龙宫依梵法,翻水雨青霄。"朱彝尊《杭州玉泉寺池中五色鱼千头内一种翠蓝者最可爱赋之调寄玉人歌》词:"轻涟白,爱一种娜隅,晕蓝拖碧。练塘风暖,苍玉恣抛掷。丹砂泉浅游朱鬣,受尽人怜惜。又争如雨过天青,者般颜色。濠上未归客,投香饭青精,日斜与食。莲叶东西,何事便深匿。翠鳞六六空摇尾,懒递闲消息。但年年映取柳阴千尺。"

南屏金鲫　《冷斋夜话》:东坡诗:"我识南屏金鲫鱼。"西湖南屏山兴教寺池,有鲫十余尾,金色。道人斋余争倚槛投饼饵为戏。《东坡志林》:旧读子美《六和寺诗》云"沿桥待金鲫,竟日独迟留",初不喻此语。及倅钱塘,乃知寺后池中有此鱼如金色。昨日复游池上,投饼饵。久之,乃略出,不食,复入,不可复见。自子美作诗至今四十余年,已有迟留之语,则此鱼自珍贵盖久矣。苟非难进易退,而不妄食,安得如此寿耶?《桯史》:今中都有蒸鱼者,能变鱼以金色,鲫为上,鲤次之。贵游多凿石为池,置之檐牖以供玩。问其术,秘不肯言。或云以阛市浍渠水之小红虫饲凡鱼百日,皆然。初白如银,次渐黄,久则金矣。未暇验其信否也。又别有雪质而黑章,的砾若漆,曰玳瑁鱼,文采尤可观,惟杭人能饵蓄之。

---

〔1〕　三,田汝成辑撰《西湖游览志余》卷二十四及雍正本作"一二"。

〔2〕　雍正本无"金"字。

〔3〕　雍正本无宋裒《玉泉寺观金鱼诗》。

湖鲫 【万历】《杭州府志》：鲫，池河江海亦皆有之。然以湖生者为美，若出西湖之里湖者更佳。《咸淳临安志》：西湖产者，骨软肉松。

湖鱼 【万历】《杭州府志》：湖鱼为鲫，为鳙，即鲦之属。然湖生者，不甚大而美，为肉鲲，为鳉篦。《西湖游览志余》：湖中多杂鱼，而独无鳜，盖地气绝产者也。宋谚云：南柴北米，东菜西水。今改西鱼者，盖城中之水不藉西湖，而鱼产之富岁岁不减也。《苕溪渔隐丛话》：钱氏有国，西湖渔者日纳鱼数斤，谓之使宅鱼。苏轼《夜泛西湖诗》："渔人收筒未及晓，船过惟有菰蒲声。"自注："湖上禁渔，皆盗钓者也。"[1]张文宿《西湖打鱼歌》："湖中雨深水满堤，锦鲤泼泼银鲫肥，老渔争捕识水性，随波撒网船如飞。侬家有船亦有网，身拙不惯脚为桨。眼见他人得甚多，日暮归来但空掌。邻姬送酒新落槽，老妻卷袖操霜刀。岂知篓内无一得，清灯夜共何寥寥。朝来水长船竞出，緵罟篊籇益繁密。鲂鮎未寸亦不遗，我纵得之何忍食。厨中老妻且莫嗟，湖水一退唯兼葭。鱼兮鱼兮善自育，老渔之心无餍足。"

鱼羹 《武林旧事》：淳熙间，寿皇以天下养。每奉德寿三殿，游幸湖山，小舟时有宣唤赐予。如宋五嫂鱼羹，尝经御赏。

江鲥 《咸淳临安志》：六和塔江边生者，极鲜腴。

圆照井金色鳗 虞集《净慈寺碑记》：熙宁中，郡守陈襄请圆照宗本居之。岁旱，湖水尽涸，寺西隅甘泉出，有金色鳗游焉，因名之曰圆照井[2]。

梵天寺灵鳗 《西湖游览志》：先是，四明阿育王山有灵鳗井。吴越王迎阿育舍利归梵天寺奉之，凿井南廊，鳗忽现，僧赞宁有记[3]。

湖鳗 【万历】《杭州府志》：鳗鱼，湖中有之，然不如江生之多。每秋风大作，其至如阵，市者满道，但其味则以池湖中者为佳。《钱塘县志》：善市者，取之于江，蓄之于湖，则脊黑而肥美。

土步 《灵隐寺志》：似河豚而小，其味甚美，产于西湖。【万历】《杭州府志》：土鳖，俗名吐哺，以清明前者为佳。邵斯贞《西湖竹枝词》："未到清明土鲋肥，寺前新酿白蔷薇。沽得酒来鱼正熟，月到湖心荡桨归。"

谨按：土步鱼，《演繁露》作土部，又作土附云。此鱼质沉，常附土而行，不似常鱼浮水游逝。后人加"鱼"去"部"，则以为鲋耳。其以土步为鲋鱼，恐未是也。

介 属

湖虾 《咸淳临安志》：虾湖生者，壳青。

---

〔1〕 雍正本无《苕溪渔隐丛话》文及苏轼《夜泛西湖诗》。

〔2〕 雍正本无"圆照井金色鳗"条。

〔3〕 雍正本无"梵天寺灵鳗"条。

湖蟹　《咸淳临安志》:西湖旧多葑田,产蟹,土人呼湖蟹。和靖诗:"草泥行郭索。"又《西湖晚归诗》云:"水痕秋落蟹螯肥。"今湖蟹绝难得。【万历】《钱塘县志》:生湖中者,色青,雄曰"狼蚁",雌曰"博带"。《蟹略》:西湖蟹,称天下第一。陆放翁诗:"久厌膻荤愁下箸,眼前湖上得双螯。"《宋史·沈遘传》:遘知杭州,闾巷长短纤悉,必知禁西湖鱼鳖,故人居湖上,蟹夜入其篱间。适有客会宿,相与食之,且诣府[1]。遘迎语曰:"昨夜食蟹美乎?"客笑而谢之。汪元量《杭州杂和林石田诗》:"偶出西湖上,新蒲绿未齐。携来鳊缩项,买得蟹团脐。"田艺蘅《西湖诗》:"紫螯佐酒尖脐蟹,江脍飞刀巨口鲈。"[2]

无尾螺　《净慈寺志》:濒湖居民将食螺,已断其尾,济颠乞以放之,遂活。今西溪安乐山池中,尚有无尾螺,传为济颠手放故物也。

货　属

湖醅　《清波杂志》:醅法言人人殊,故色、香、味亦不等。温厚清劲,复系人之嗜好。泰州雪醅著名,盖用州治客井蟹黄水。绍兴间,有至都下用西湖水酿成,颇不逮。有诘之者云:蟹黄水重,西湖水轻,尝较以权衡得之。苏轼《乞开西湖状》:天下官酒之盛,未有如杭者也。岁课二十余万缗,而水泉之用仰给于湖。若湖渐浅狭,水不应沟,当劳人远取山泉,岁不下二十万功。此西湖之不可废者五也。《鹤林玉露》:嘉定间,临安西湖上三贤堂亦卖酒。太学士人题诗云:"和靖东坡白乐天,几年秋菊荐寒泉。如今往事都休问,且为官司趁酒钱。"府尹闻之,愧而止。王叔承《武林富春游记》:湖滨多酒家,树末青旗,酒垆或浮榭水次。余饮孤山酒家,陈媪谓西湖宜雪,又宜中秋月。因约八月中看潮钱塘,当夜醉媪家矣[3]。袁宏道《饮第六桥酒垆上诗》:"流芳亭畔草如油,堕粉吹香历几秋。鄂国有祠争下马,西陵无主漫登楼。玉珑酿熟多酬直,吐哺鱼肥易上钩。南北诸峰收不尽,朝朝放艇过溪头。"

百花酒　《神仙传》:仙姥,余杭人,嫁于西湖农家,善采百花酿酒。后服化去。王安石《送惠恩归钱塘诗》:"花前若见杭姥,为道仙人忆酒家。"[4]

虎跑泉酒　《钱塘县志》:取虎跑泉酿者,名虎跑泉酒,味极醇。

珍珠泉酒　《净慈寺志》:珍珠园,在雷峰之阴。内有泉迸出,累累如贯珠,官库取以酿酒。《西湖志类钞》:真珠泉,宋景祐中官家取以酿酒,遂以为酒名。《谈荟》:宋南渡,京醅有雪醅、真珠泉、皇都春、有美堂、中和堂、皇华堂。

荷花曲　《名胜志》:金沙涧,其地产荷花。宋南渡时,取以制曲酿酒,因立曲

---

〔1〕　雍正本"且"作"旦",义长。

〔2〕　雍正本无田艺蘅《西湖诗》。

〔3〕　雍正本无"《鹤林玉露》……当夜醉媪家矣"一段文字。

〔4〕　雍正本无王安石《送惠恩归钱塘诗》。

院。周紫芝《与张尚书论移曲院书》：户部之有曲院，其在西湖阅六七年，为曲六百余万斤，官获其利三十余万缗，不为不多矣。其为利，可数而陈也。议者乃欲徙而迁之，不知其何苦而为是哉？酒与曲，须水而成，水善则美，水恶则散，不可以择也。西湖之水清甘如饴，岁取而用，未尝或失。今之所迁地濒浊港，用竹为筒以引河流，不下百丈，灌以江潮，其味甚咸。人或以此难之。则又欲凿井取泉，而不知泉脉之来，是以江潮而已。前日，议者谓某："若谓水咸，不知龙山南外江涨，北外当用何水？"某告以"龙山用鸿雁池水，南外用巡检司大井水。江涨，用下湖水，北外亦用下湖水"。下湖者，西湖之外流也。议者无以为对。往岁，京师曲院止用一井，其味极苦，人不能尝。然曲非此水不成。其后，徙置博士桥，而曲屡坏。乃复故处。以此知水置之不可不择也。周文璞《曲坊诗》："曲坊才尽上湖船，笑问云山欠酒钱。两行柳丝黄不断，不知身去御园边。"

宝云茶　《咸淳临安志》：宝云庵产者，名宝云茶。

香林茶　《咸淳临安志》：下竺香林洞产者，名香林茶。

白云茶　《咸淳临安志》：上竺白云峰产者，名白云茶。东坡诗："白云峰下两旗新。"

龙井茶　【万历】《杭州府志》：老龙井其地产茶，为两山绝品。《钱塘县志》：茶出龙井者，作豆花香，名龙井茶，色青，味甘。又翁家山亦产茶。最下者法华山石人坞茶，而龙井法相僧收以语四方人曰本山。《快雪堂集》：昨同徐茂吴至老龙井买茶，小民十数家各出茶。茂吴以次点试，皆以为赝，曰："真者甘而不冽，稍冽便为诸山赝品。"得一二两以为真物，试之，果甘香若兰。而山人及寺僧反以茂吴为非，吾亦不能置辨。伪物乱真如此！刘瑛《谢龙井僧寄茶诗》："春茗初收谷雨前，老僧分惠意殷庼。也知顾渚无双品，颁试吴山第一泉。竹里细烹清睡思，风前小啜悟谭禅。相酬拟作长歌赠，浅薄何能继玉川？"王寅《龙井试茶诗》："昔尝顾渚茗，凿得金沙泉。旧游怀莫置，幽事复依然。绿染龙波上，香搴谷雨前。况于山寺里，藉此可谈禅。"于若瀛《龙井茶歌》："西湖之西开龙井，烟霞近接南峰岭。飞流密泻写幽壑，石磴纡曲片云冷。拄杖寻源到上方，松枝半落澄潭静。铜瓶试取烹新茶，涛起龙团沸谷芽。中顶无须忧兽迹，湖山岂惧涸金沙。漫道白芽双井懒，未必红泥方印嘉。世人品茶未尝见，但说天池与阳羡。岂知新茗煮新泉，团黄分冽浮瓯面。二枪浪白附三篇，一串应输钱五万。"

安乐山茶　《西溪梵隐志》：安乐山春日焙茶石坞，香闻十里。

湖水　《六研斋笔记》：武林西湖水取贮五石，大缸澄淀六七日，有风雨则覆，晴则露，使受日月星之气，用以烹茶，甘淳有味，不逊惠麓。以其溪各奔注，涵浸凝渟，非复一水，取精多而味自足耳。

丝　西湖人家多勤女红，春时皆以养蚕缲丝为业。顾若璞《湖上缲丝曲》："桃花花繁杨柳垂，纤腰嫩脸香风吹。莺儿调声声正滑，堂上丝车鸣轧轧。少年骑马挟金弹，青幂朱舫纷夹岸。缲丝终日不忍看，寒蛩早晚啼秋幔。"

湖绵　【万历】《钱塘县志》：绵濯以西湖水者，为东南最。程嘉燧《湖南晚归诗》："湖头新水出新绵，荷叶生时又一年。桑薴乱烧斜日里，百层山翠万条烟。"张遂辰《雨晴湖畔诗》：

"积雨晴生桑柘烟,人家早觉翳鸣蝉。烧香山下游船少,新水涓涓正出绵。"

纸　《快雪堂集》:宋人尝造纸于玉泉。《六研斋笔记》:杭州北山玉泉池水曾置局作纸,甚佳。以扰民,寻罢。《西湖游览志》:宣德间,置白纸局,就地造纸。淆浊久之。局废而泉复冽矣[1]。

金沙　《咸淳临安志》:金沙井,在广化寺。其地沙光灿如金,拨以杖,皆黑[2]。

青石　【万历】《杭州府志》:钱塘南高峰出青石,土人采之为金银锡箔墩石,极光腻。又用为捣衣石、志石、碑石、石瓜之类。

天竺石　《旧唐书·白居易传》:居易在杭州,得天竺石一,华亭崔二。苏州得太湖石五、折腰菱,俱置于里第池上。释居简《石赋并序》:飞来天竺,讲徒聚石作供,为之赋。石奇而怪兮,有惜不惜。石眠人兮,犹人眠石。夫二三子,悠然会心,攀高陟遐,隐搜细寻。扪萝鸟轻,箫云景沉。俯窥嵚崎,侧行岑崟。磅礴岩阿,徘徊涧阴。洗濯雨蚀,摩挲藓侵。兽骇始蹲,鸾回欲升。介如其质,锵乎其音。如考琼璜,如戛球琳。如获大贝,如致南金。室迮兮其何能及,石远兮辇无佣直。屹如林兮,若拱而揖。百夫睨兮,无用其力。若夫坡陁兮盘,峭峙兮桓,王佐才可就而不可致;权奇兮巧,玲珑兮小,市廛隐可致而不可雺。俯疏檐而巍插,挂绮疏而环植。立中不倚,凛姿淡如。却步欲前,伛偻及趋。匪卑媟尊,匪亲简疏。匪璞贵雕,匪瘠贵腴。阴之以线蕉密叶之凉,友之以青琅方寸之虚。泽之以金茎沆瀣之清,镌之以石鼓断缺之余。坚不可镌,顽不可泽。与将为鲁叟之坚乎?抑为瞽瞍之顽乎?或曰是石也,皆有飞来之一体。始焉飞来,终将飞去。固荡诞漫诒兮,不可复据。夜半有力者,负之而趋。吾恐昧者不知兮,防之不预。因作而言曰:"小子识之,庶乎一得兮,有补千虑。"姚合《天竺寺前立石诗》:"补天残片女娲抛,扑落禅门压地拗。霹雳划深龙旧攫,屈盘痕浅虎新抓。苔粘月眼风挑剔,尘结云头雨磕敲。秋至莫言长矼立,春来自有薜萝交。"苏轼《天竺石诗并序》:"予去杭十六年复来,留二年而去。平生自觉出处老少粗似乐天,虽才名相远,而安分寡求,亦庶几焉。三月六日,来别南北山诸道人,而下天竺惠静以丑石赠行作诗。在郡依前六百日,山中不记几回来。还将天竺一峰去,欲把云根到处栽。"[3]薛章宪《袖归天竺石诗》:"奔泉激射下层颠,泪没泓沙不记年。贡比韶松思往圣,餐同薯蓣挟飞仙。微皴颇讶龟纹折,稍莹还疑鹄卵圆。袖里携归呼石友,铜盆贮水斗精坚。"

玛瑙石　《咸淳临安志》:玛瑙坡地有碎石若玛瑙。《西湖游览志》:人多采之,以镌图篆。《西溪百咏序》:玛瑙池底皆细石,圆绣,状如玛瑙。释大善诗:"潭石霞生排玛瑙,沙泉星泛吐琉璃。"[4]

泥孩　《江湖纪闻》:临安风俗:嬉游湖上者,相竞买泥孩、莺哥、花湖船回家,分送邻里,名曰湖上土宜。《白獭髓》:迎春黄胖起于涌金门外,地有杏花园,游人多取黄土戏捏为人形尔。张遂辰《春游》词:"半山落日促归涂,手抱泥孩出酒垆。争拥六桥垂柳下,一舟近岸百人呼。"

---

〔1〕雍正本无"《西湖游览志》:宣德间,置白纸局,就地造纸。淆浊久之。局废而泉复冽矣"二十七字。

〔2〕雍正本无"金沙"条。

〔3〕雍正本无苏轼《天竺石诗并序》。

〔4〕雍正本无释大善诗。

浙江省新型重点专业智库杭州国际城市学研究中心
浙江省城市治理研究中心成果

浙江智库
ZHEJIANG
THINK TANK

王国平 总主编

杭州文献集成

武林览胜记 下

［清］杭世骏 撰 朱大星 点校

ZHEJIANG UNIVERSITY PRESS
浙江大学出版社
·杭州·

武林览胜记卷二十一

冢墓上

冢人墓，大夫之掌，所以辨兆域也。而有功居前，不列爵等，尊卑之次，礼意可知已。自有西湖以来，若堂若釜者凡几。要惟功德在人，而后墓厉有守。不然，彼桓氏之椁，岂真能与石不磨者耶？志冢墓。

孤山路

和靖处士林逋墓 《梦粱录》：林处士墓，在孤山之阴。详《名贤》。叶森《修葺和靖先生墓堂记》：和靖先生墓在孤山。宋绍兴间，建四圣延祥观，诏勿徙墓。后葺祠宇，金华王庭书"和靖先生墓"五字表墓道，林泳为记。至元己卯，江浙儒学提举余谦德撝命森修葺之。复言于宪，各捐俸助修，始于是年四月廿三日，成于五月十三日。祀以少牢，名其轩曰鹤轩。植梅数百本于山之上。德撝命森书石焉[1]。朱伦瀚《重修林和靖先生墓记》：得志行道，勋业表于世，声名传于后，此有所建立于天下者之所为也。无所建立矣，而称之在当时，传之在后世，非其人立身行己自有不可泯灭者。由是而传之称之，固不在勋业之有所表著也耶。和靖处士生宋咸平景德间。是时宋运方昌，人才辈出，其以事功政绩著者史不胜书。而处士放浪江湖，卒归老于西湖之孤山，以终其身。如处士者，岂真无意于建树耶？何其生郅隆之世而甘以高蹈终也？处士既不用于世，其为处士之才与识俱不可得而知。迹其生平，居西湖二十年，不入城市，则其高风峻节有过人者矣。至于识李咨于未遇，教其兄子策名于世，则固未尝无意于世者。俾处士而出其才与识，有所作为于天下，事功政绩何遽不若人。而处士卒不为也，则固自有所以为处士者在矣。余年弱冠，过西湖，吊处士墓，尚及见老梅一本，传为处士手植。年来承乏监司，朝夕湖山之侧，一抔黄土，较三十年前渐至塌毁，而所为手植之梅已不可复睹。因捐俸葺其墓，树表以识，墓之前后复增植梅

---

[1] 雍正本叶森《修葺和靖先生墓堂记》此段文字居于《辍耕录》"身后空余白玉簪"后，其后并有"《杭州府志》：成化十年，郡守李端重修，邑人于冕沈恒于墓上重种梅百树"二十八字。

花数十树。嗟嗟！千百年来，人之言梅花游孤山者，意中辄憬然有一处士在，不知此皆非处士也。墓之有无，在处士固浮沉野马视之。知此意者，其始可与言处士矣。因工竣之日，复握管而为之记。雍正十年二月。《辍耕录》：至元间，释氏豪横，各处陵寝发掘殆尽，独孤山林处士墓惟遗一玉簪。时有人作诗以悼之，曰：“生前不系黄金带，身后空余白玉簪。”高翥《拜林和靖墓诗》：“玉函香骨老云根，占断孤山水月村。荐菊泉清涵竹影，种梅地冷带苔痕。生前已是全名节，身后谁从问子孙。惟是年年寒食日，游人来与酹芳樽。”吴惟信《拜和靖墓诗》：“坟草年年一度青，梅花无主自飘零。定知魂在梅花上，惟有春风唤得醒。”方岳《林和靖墓诗》：“结庐旧与青山对，修竹萧疏半不存。惟有亭前古梅在，暗香疏影几黄昏。”徐集孙《重拜和靖先生墓诗》：“秋声尔许悲，怀古若为思。菊老泉堪荐，山孤草亦萎。高风留塑鹤，残雨暗荒碑。依旧梅千树，无花香似诗。”林景熙《谒和靖墓诗》：“回首咸平梦，清风自满湖。乾坤一士隐，身世此山孤。鹤去空秋梦，梅开尚旧枝。耳孙今白发，持酒酹寒芜。”仇远《和靖墓诗》：“飞仙又向别峰游，竹下闲房且少留。满鬓朔风吹客帽，倚阑落日在渔舟。梅花路滑难寻种，蓺草田荒半作洲。独往独来沙鸟怪，山空日落使人愁。”萨天锡《和靖墓诗》：“先生胜隐得孤山，小艇沿湖日往还。自爱烟霞居物外，岂知名姓落人间。鹤无过迹苔痕老，梅开花月影闲。表墓有铭祠有奠，高风千载起廉顽。”郑厚《谒和靖墓诗》：“山前山后冢累累，处士孤坟没草莱。古殿更遭新劫火，荒林难觅旧栽梅。月香水影诗空好，鹤怨猿悲客共哀。回首西泠桥外寺，晚来金碧拥楼台。”[1]周鼎《过和靖墓诗》：“灵光千古独岿然，几树梅花尔独贤。小结巢居犹昨日，归来笼鹤竟何年。淡烟流水斜阳外，芳草新亭古墓前。欲去徘徊城上月，里湖还有未归船。”[2]

宋德国公主攒所　【成化】《杭州府志》：在孤山六一泉。《咸淳临安志》：报先院，在孤山。治平二年，改今额。有六一泉。嘉熙四年，安攒德国公主。

高翥墓[3]　《武林旧事》：字菊涧，葬孤山后谈家山。

按察使副使柴祥墓[4]　《杭州府志》：在孤山。《灵隐寺志》：祥号醴泉，天性笃孝，官御史，直谏有声。陈情终养二十年，乡党称长者。

率府沈君墓　【万历】《钱塘县志》：在西城。曾巩《率府沈君墓志》：君姓沈氏，始自吴兴，徙家钱塘。君以宗室密州观察使宗旦恩，累迁太子右司副率府副率，兼监察御史，阶银青光禄大夫，勋武骑尉。嘉祐二年卒，葬钱塘之西城。

孝童郭金科墓　《钱塘县志》：在表贞祠右。《明孝友传》：孝童名金科，钱塘人。天性至孝，火焚其庐。金科年十五，已脱于火，不见母，遂恸哭入火救母，竟焚死。明晨，出其尸煨烬中，子母相抱不解。御史闻之，命葬之孤山，表曰郭孝童墓。

---

〔1〕雍正本无郑厚《谒和靖墓诗》。

〔2〕雍正本“船”字后有“国朝雍正十年，浙江粮储道朱伦瀚重葺”十六字，其后接上文之朱伦瀚《重修林和靖先生墓记》。

〔3〕雍正本“高”前有“宋处士”三字。

〔4〕雍正本“按”前“明”字。雍正本“冢墓”各条多注明朝代，以下不再一一出校。

南山路

孝子丁鹤年墓 《杭州府志》:在学士港之南园。《尧山堂外纪》:鹤年,回回人。尝卜日葬其父,霖雨不止,鹤年仰天悲泣。翼日,雨止,葬毕,雨如初。时兵乱后,失母墓所在,悲慕深切,夜梦母告以葬所。邻翁韩重者,亦梦焉。即其地求而得之,见母尸正中一齿如漆,复啮齿滴血试之,良验,遂改祔父圹。人呼丁孝子。

御史木讷墓 《钱塘县志》:在学士港口。

忠烈黄斌墓 【万历】《钱塘县志》:在学士港。正统十四年,征处州贼叶宗留,以忠烈战殁于阵。

大学士谥文端高仪墓 【万历】《杭州府志》:在南屏山。万历二年,谕葬。吕调阳《大学士高公墓志》:公字子象,别号南宇,世籍钱塘。举进士,授编修,累升礼部尚书[1]。乞休,加太子少保。归逾年,诏起于家,日侍讲于文华东序,进文渊阁大学士。讣闻,命以一品礼祭葬,谥文端。徐煇鸿《谒高文端墓诗》:"雷峰隐隐藕花庄,湖水青苍半夕阳。墓下疏花吹燕雀,城边哀角散牛羊[2]。两湖雨露迟仙驭[3],三殿风云隐御床。辛苦受遗高相国,手携丹诏出明光。"

礼部尚书谥文僖倪谦墓 《钱塘县志》:在新亭乡。陈镐《倪公传》:公字克让,钱塘人。正统己未进士,历官南京礼部尚书,赠太子太保,敕葬。

宋庄文太子墓 《咸淳临安志》:在宝林院。《建炎以来朝野杂记》:太子初名愉。绍兴十六年,补右率府,更名惇。乾道元年八月立。《咸淳临安志》:宝林院,开宝六年建,名总持。治平三年,改今额。乾道三年,充庄文太子攒所香火院。

宋皇子齐王墓 《咸淳临安志》:在广法院。

孝子孙宗黻墓 《杭州府志》:在庆乐园。《钱塘县志》:宗黼,字仲文。幼有至性。六岁丧父,即知哀慕。母杨鞠之,相依为命。及长,益竭诚奉养。母终,庐墓侧。逮免丧,犹日榜一舟至墓所泣奠。年逾八十,日扶掖至母氏旌节坊下稽首,终身不忘其亲。成化间,旌表。

布政使参议孙枝墓 《杭州府志》:在南屏山之右。

昌化伯邵林墓 《西湖游览志》:在九曜山。《献征录》:昌化伯邵公林暨夫人杨氏,实维太皇太后之考妣也。先是,公与夫人俱早逝,权厝于钱塘北山之青芝坞。嘉靖乙亥,诏守臣择地于南山之麓而改葬焉,赐谕祭,建祠,赐额曰发祥。

兵部员外郎陈诗墓 《清朴祠记》:在九曜山。陈诗《自撰生圹志》[4]:学易以万历庚

---

〔1〕 底本"升"作"陞",据雍正本及文意改。

〔2〕 雍正本"哀"作"画"。

〔3〕 底本"两"作"雨",据雍正本改。

〔4〕 雍正本"陈诗"作"学易"。

寅生太平里,甲子领贤书,庚辰就博士。癸未五十四始徼南宫选,旋移南驾部。年六十有四。癸巳冬归,自铭其墓之石。铭曰:畴曰蓄而无终岁粟,畴曰嗣乃能善养志。畴非孝,生事祭葬力独效;畴非悌,极难课艺诸昆季。友周兮干蛊,创守兮并苦。逾壮,荐乡试,半百方赐第。理楚刑兮金曰平,不用兵乱者宁。因转南获视含饭,寝尔苦遽尔。潜北山之北,南山之南,适其适而恬其恬。闻之者谓荣有爵,贵者寿,谓群不党,矜不争。犹然昔日之书生,于乎今已矣。俾后之人铭其阡曰:此穷措大陈学易之墓门。

光禄寺卿龚佳引墓　《钱塘县志》:在青龙山。

长史瞿祐墓　《杭州府志》:在甘溪。详《名贤》。

府尹陈良器墓　【万历】《杭州府志》:在甘溪。

太仆寺卿王荣墓　【万历】《杭州府志》:在石屋岭。《分省人物考》:王荣,字希仁,钱塘人。永乐进士,授全椒学训导,升淮府左长史。至宣宗朝,历官吏部都给事中,升太仆少卿。景泰中,进太仆寺卿。四年,致仕归。天才快敏,立朝五十余年,声实并著。

刑部主事王谦墓　在石屋坞。徐一夔《王自牧墓志》:钱塘卓行之士王君自牧,讳谦。以洪武八年卒,年五十七,无子。其友相与治葬于南山石屋坞先茔之次。君文学行谊不愧古人。会有诏求前代遗逸,有司以君荐,授中书,迁刑部主事,寻引退。平生所为文并诗,自类为家集。亦好道家,自号壶父。著《壶父书》一卷。

礼部主事陈镛墓　《杭州府志》:在石屋岭西。【成化】《杭州府志》:镛,字叔振,钱塘人。永乐乙未进士,入翰林,授礼部祠祭主事。宣德三年,征交南兵部尚书李庆赞军务举史安及镛自辅。二人屡进忠,益骄恣不纳,至败被执。镛顾安曰:"吾辈见危授命耳。"皆不屈死。少师杨士奇表安墓,叙两人事甚悉。镛重厚清介,表里一由于正。乡邦称之。

按察使冯觐墓　旧《浙江通志》:在石屋岭。

邵武同知诸燮墓　《两浙名贤录》:在石屋岭。

宋皇子保宁军节度使墓　《咸淳临安志》:六通慈德院,旧名惠德院。治平二年,改今额。嘉泰四年,充皇子保宁军节度使攒所。

高德旸墓　《武林纪事》:在南山。庶子邹济作铭。详《名贤》。

处士柴绍炳墓　《钱塘县志》:在南山花家圩。

宋景献太子墓　《武林旧事》:在法因院。《咸淳临安志》:法因院,旧额报慈。大中祥符元年,改今额。嘉定十三年,充景献太子攒所。

两浙转运使张镇墓　《咸淳临安志》:在西湖佛手山。陆游志其墓。旧《浙江通志》:镇,秦之三阳人。父宗元,敷文阁待制。镇以恩任承事郎,历两浙转运使。委明州造船,人或啃其非勋阀所宜。镇谢曰:"吾处之惧弗称,敢薄之耶?"不以卑冗怠事[1]。

---

〔1〕　雍正本"不"前有"讫代去"三字。

京兆尹沈光祚墓 旧《浙江通志》：在翁家山。天启间，谕葬。

许瓢隐墓 【成化】《杭州府志》：在大慈山。

广西布政使参政朱镛墓 在大慈山。张宁《太中大夫广西布政司右参政朱公墓志》：弘治元年，参政朱公卒。公讳镛，字廷用，号恒庵。景泰丁丑进士，授南京兵部职方主事，升郎中。出知庐州，秩满，有广西之命，以军务行边。致仕归，寿六十七，葬于大慈山。

知通州吴瓒墓 《武林纪事》：在大慈山。详《名贤》。陈尧道《武林纪事后序》：《武林纪事》四册，自一卷至六卷，则纪武林事；续后二卷，则纪闻见事。乃乐闲吴先生瓒稽考诸书、会萃成编者也。先生年八十余，注书立言，手不释卷，真天地间之完人，而吾辈之所当法者也。

江西提学查允元墓 《江西通志》：在虎跑大慈山。

礼部郎中张懋忠墓 旧《浙江通志》：在白鹤峰。孙媳孝妇郭氏祔。

处士王必显墓 《钱塘县志》：在白鹤峰。

临淮县尹蒋会隆墓 在玉岑山。程鉴夫《临淮县尹蒋君墓志》：濠上蒋君会隆，官淮东道儒学副举，迁淮安路临淮县尹。以大德乙巳卒，墓在钱塘县玉岑山。

赠参政黄庆墓 《钱塘县志》：在南高峰玉岑山。庆有隐德，称为长者。

处士吴博墓 《杭州府志》：在玉岑山。旧《浙江通志》：博嘉靖间布衣。宫詹太冲，其曾孙也。原籍海盐。母殷年十九遭家变，襁负其子，迁武林。吴氏之籍武林，由处士始。

学士王献墓 《杭州府志》：在玉岑山下。成化二十三年，谕葬，遣官营墓。王㒜《王学士墓志》：公讳献，字惟仁，仁和人。景泰进士，授编修，官至礼部左侍郎，先后握院章者十有六年。

宋成穆郭皇后攒宫 《咸淳临安志》：在钱湖门外修吉寺。《宋史·后妃传》：后，开封祥符人，奉直大夫直卿之女孙。孝宗为普安郡王时纳焉，封咸宁郡夫人，生光宗。孝宗受禅，追册为皇后，谥恭怀，寻改安穆。及营阜陵，又改成穆。《建炎以来朝野杂记》：郭后，孝宗之正配也，权攒于北山修吉寺。

宋成恭夏皇后攒宫 《咸淳临安志》：在钱湖门外修吉寺。《宋史·后妃传》：后，宜春人。初，入宫为宪圣皇后阁中侍御。普安郡王夫人郭氏殁，太后以赐王，封齐安郡夫人，即位进贤妃。逾年，奉上皇命，立为皇后。乾道三年，谥安恭。宁宗时，改谥成恭。

宋慈懿李皇后攒宫 《咸淳临安志》：在钱湖门外修吉寺。《朝野杂记》：后，安阳人。父道为湖北帅。有皇甫坦者至其第，道命诸女拜之，其中女慈懿后也。皇甫见之，惊曰："此天下人母，我奈何受其拜耶?"孝宗闻坦语，即为恭王聘之。淳熙十六年，立为皇后。绍熙五年七月，称太上皇后。庆元六年，终寿康宫，谥慈懿。

宋恭淑韩皇后攒宫 《咸淳临安志》：在钱湖门外修吉寺。《建炎以来朝野杂记》：后，相州人，魏忠献王琦六世孙。淳熙十二年，平阳郡王归邸第，封新安郡夫人。十六年，受禅，立为皇后。庆元七年,葬慈懿皇后攒宫之东广教寺,谥恭淑。

宋成国公主攒所　《咸淳临安志》:在惠因寺。《武林旧事》:高丽寺,旧名惠因寺,皇姑成国公主攒所。

少师叶仲愈墓　【万历】《杭州府志》:在大慈乡赤山[1]。

儒学提举叶广居墓　《杭州府志》:在赤山。详《名贤》。

湖广参议周文墓　《杭州府志》:在高丽寺。《分省人物考》:文字宗武,仁和人。永乐甲申进士,授翰林,出为兵部员外,转湖广参议。卒,部民拥道哀号,至为服以送归衬。

少保忠勇李宝墓　《武林纪事》:在定香桥。唐际盛《少保李公神道碑》:宋忠勇李公宝,南渡后飞将也。高宗时,淮浙奸民造舟潞河,由海道袭两浙。谍闻,仓卒命将,授浙东路副总管,驻平江捍海。公抵江上,溯西北风出大洋,行三日,风愈厉。公酹酒自誓,神色不沮。方趋进师,风又大作,涛涌如山,公行益奋。时海州重围,旌麾弥望,引兵登岸,鼓行而前,敌出不意,为夺气解去。公奖胜忠义,勉以功名,招集降附。唐岛之捷,俘斩无算,并擒奸民为乡道者,上于朝[2]。高宗闻之,喜曰:"朕自用宝,果立首功。"敕书忠勇,表其旌旗,就除节度,制置二品,赏锡有加。卒赠检校少保。

兵部尚书方宾墓　【成化】《杭州府志》:在法公埠。

兵部尚书赠太傅谥忠肃于谦墓　《名胜志》:在三台山。详《名贤》。《西湖游览志》:成化二年,遣行人马暽谕祭。弘治七年,赐谥曰肃愍,建祠曰旌功。万历十八年,改谥忠肃。陆弼《于忠肃墓诗》:"荒坟邻近鄂王宫,异代孤臣伏腊同。北狩忽闻哀痛诏,中兴多仗保厘功。百年天地同元气,五夜松杉度烈风。圣世祇今恢庙略,玉门闻已罢和戎。"夏绳孙《谒忠肃公墓诗》:"荒冈草色闷萧森,从古功高怨易深。西市啼鹃催客梦,南宫白石见臣心。山留高塚仍寥落,公在神州未陆沉。苜蓿春嘶沙苑马,肯容游子泣碑阴。"[3]陆荣《谒于忠肃墓诗》:"荒祠残碣两峰秋,社稷功高未乞休。自信丹心成铁石,已拼碧血染松楸。黄龙塞远枝南向,白马江寒水逆流。千古英雄精爽在,临风凭吊泪难收。"

金都御史许子良墓　《钱塘县志》:在三台山。万历三十二年,谕祭葬。

吏部尚书谥恭懿张瀚墓　《杭州府志》:在三台山。万历间,谕葬。详《名贤》。

吏部员外郎钱养廉墓　旧《浙江通志》:在三台山。《杭州府志》:字国维,仁和人。万历己丑进士,授工部都水司主事,寻补吏部考功署郎中事。张位当国,要结大珰,与吏部争权。尚书孙丕扬以清望特用养廉,非阁臣议。丕扬去,养廉调验封,寻夺官归。

---

〔1〕　雍正本另行起有注文"谨按:【万历】《杭州府志》少师叶仲愈墓不载时代,未敢以他籍疑似者强相附丽,爰据文录存,以备稽考。后仿此"。

〔2〕　雍正本无"唐岛之捷,俘斩无算,并擒奸民为乡道者,上于朝"十九字。

〔3〕　雍正本无夏绳孙《谒忠肃公墓诗》。

湖广副使许文岐墓 《杭州府志》:在中台山。

福建按察使沈循墓 《杭州府志》:在中台山。

刑部郎中项麒墓 【万历】《杭州府志》:在马婆岭下。《西湖游览志》:麒字文祥,仁和人。景泰间,以贡士授南京吏部司务,升南京刑部郎中。告归,卒年八十二。

高士高铠墓 《钱塘县志》:在马婆岭。铠孝事继母,抚育群弟,有司旌其孝义。寿九十有三。

吏部郎中张信墓 【万历】《杭州府志》:在马婆岭。子太仆丞瑛,孙广西参议铨衬。

河南布政司参政查志立墓 《河南通志》:在马婆岭。

宋贵妃贾氏攒所 《咸淳临安志》:在崇恩演福寺。《武林旧事》:崇恩演福寺,宝祐丁巳重建,为贾贵妃攒所。

宋周汉公主攒所 《建炎以来朝野杂记》:在演福寺。《咸淳临安志》:寺在小麦岭。淳祐八年,充惠顺贵妃贾氏攒所。景定三年,周汉国端孝公主衬焉。

宋雍王墓 【成化】《杭州府志》:在崇报显庆院。

枢密金渊墓 《武林旧事》:在小麦岭。枢密号冰蘖,尝作书堂于此,因葬焉。

金紫强至墓 【万历】《杭州府志》:在小麦岭。《武林旧事》:至字几圣。今石羊虎犹存其子渊明墓,在西溪钦贤乡,诸子亦多衬此。《梦粱录》:强文宪、强渊明墓并在西溪。

张夫人墓 《四朝闻见录》:慈明杨太后母张夫人,初被宪圣幸,后归李氏,葬西湖小麦岭地名放马场。

翁孟寅墓 《咸淳临安志》:在小麦岭。孟寅,字宾旸,号五峰。

都督金事张真墓 《钱塘县志》:在小麦岭。成化七年,谕葬。魏骥《镇守浙江左军都督金事进阶荣禄大夫张公墓志》:公讳真,字以诚。靖难时,以武臣子弟援扈从功,授彭城卫正千户,升指挥同知,升徐州卫指挥使,调浙江临山卫,升浙江都指挥使金事,升署左军都督府都督金事,镇守浙江。平金华处州盗,实授都督金事,加骠骑将军上轻车尉,兼掌浙江都指挥使司事。年七十二致仕,卒年九十四,葬于钱塘北山之原。

郇国公赠太尉谥文宪章得象墓 【万历】《杭州府志》:在栖真院侧。《宋史》本传:得象,字希言,浦城人,进士及第。杨亿以其有公辅器荐之。历知制诰、翰林院学士,官至镇安军节度使同平章事,封郇国公,赠太尉,谥文宪。

徐申墓 【万历】《杭州府志》:在栖真院。《武林旧事》:申字干臣,号青山翁。

真人周思得墓 《杭州府志》:在八盘岭。详《方外》。

吏部侍郎李旻墓 旧《浙江通志》:在八盘岭。赐祭葬。详《名贤》。

贤良方正张翱墓 旧《浙江通志》:在八盘岭。

广西布政使沈敬墓 【万历】《杭州府志》:在丁家山。成化中谕祭。《分省人物考》:敬,字克钦,钱塘人。正统进士,累转广西左布政使。时田州黄明倡乱,率师克捷,入贼巢,中毒死。

副使陈洪范墓　《钱塘县志》:在丁家山。

俞和墓　在仙芝坞。徐一夔《俞子中墓碣》:子中,讳和,别号紫芝,桐庐人。父章游钱塘,因家焉。子中得赵文敏用笔之法,极力工书,篆、楷、行、草各臻于妙。用文敏私印,莫辨其赝。文章钜家,如黄文献溍、陈监丞旅每为文,必致子中书之。至正初,朝廷修辽、金、宋三史,移文江浙行省缮为镂板,遣翰林应奉张公翥视工,属子中校正。有司奉币,请入局。既竣事,行省参知政事秦公拟以学校官处之,子中固谢。其居有醉墨轩。以洪武十五年葬于南山仙芝坞。

御史姚奇引墓　《杭州府志》:在颖秀山。

吴越太尉开府仪同三司谥贞献薛居正墓　《咸淳临安志》:在灵石山。冢前生紫藤,遍绕三峰之上。其三世孙昂官尚书左丞,葬天竺山妙法院。《钱塘志补》:五代宋初,有两薛居正。其一钱塘人,仕吴越武肃王,官太尉,谥贞献[1]。

句曲外史张雨墓　【万历】《杭州府志》:在灵石山玉钩桥。详《方外》。《西湖游览志》:墓近玉钩桥,伯雨卖玉钩所建也。墓久颓废。成化间,嘉兴姚公绶复葺之,为立传。又为之铭曰:此句曲外史贞居先生张公墓也[2]。南屏之右,西湖之阳,梁题玉钩,洞渡灵石,路披筱树,坞带烟霞。石室藏书,碑文纪事。其形虽逝,其神则存。翰墨在人,文章垂世,俨然生气之张皇;馨欬无声,周旋灭影,穆若太虚而示寂。开元精舍,久无继续之贤;勾曲贞居[3],全乏访求之彦。遂使墓门荒翳,兆趾崩奔。松柏摧为薪,莫设时樵之禁;身世是何物,曾罹夜客之侵。痛兹剑跃雷津,慨尔砚离玉匣。既往无咎,将来可图。旷世而默契予心,尚友而景行前哲。姚绶《题张伯雨墓诗》:"百年尚友重文章,登拜孤坟一瓣香。赤壁舟中惊鹤梦,玉钩桥下奠椒浆。匣藏神剑犹生气,云阁秋山自老苍。双眼摩娑旧碑刻,还疑清夜吐虹光。仙去端依纬节朝,仙坛环佩竟寥寥。字收渤海千军阵,诗遍成都万里桥。黄篾楼空焦炬入,清风堂废白云销。惟余灵石山头月,千古风华不待招。"

赣州知府沈南金墓　在灵石山。许相卿《中顺大夫赣州知府沈公墓志》:公讳南金,字子轻,家世郡城人,为钱塘博士诸生。嘉靖二年,举进士,授南京大理寺右评事。历寺正,迁广东廉州府,补江西赣州府。老于家。嘉靖三十一年卒,年七十九,葬于灵石山之阳。

陈拾遗墓　《武林旧事》:拾遗,唐人。岁久,莫考名字。在积庆山下。

枢密吕思恭墓　在积庆山。陈造《枢密吕君墓志》:君讳思恭,字礼夫,东平人。自承信郎积官至枢密院。葬钱塘积庆山之原。

征士王泰来墓　在积庆山。赵孟頫《有元征士王公墓志》:公讳泰来,字复元。其先大

---

〔1〕　雍正本无《钱塘志补》文。

〔2〕　底本、雍正本"贞居"误作"居贞",今据改。

〔3〕　底本、雍正本"贞居"误作"居贞",今据改。

名人，宋三槐文正公之裔。因荐馆于集贤院，乞归居钱塘，自号月友处士。公生于宋端平三年，卒于至大元年，年七十三，葬于西湖茅家埠积庆山之阳。

贤妇赵夫人墓　在积庆山。徐一夔《崔母赵夫人墓志》：钱塘崔晟之母曰赵夫人，讳淑端，魏国公孟頫之孙女，湖州路总管雍之女，处士崔复之妻。寇陷钱塘，处士遇害，夫人奉舅姑神主以出，教子成家。喜观书史，有涉女事者，记以自箴，一时俱称其贤。洪武六年，葬于钱塘县履泰乡积庆山先茔。

兵部尚书徐琦墓　《钱塘县志》：在积庆山。魏骥《南京兵部尚书徐公墓志》：公讳琦，字良玉，钱塘县之江头人。登进士，擢行人司，寻升南京兵部尚书。敕有祗事国家勤劳茂著之褒。景泰三年卒，诰赠资政大夫，享年九十有八。四年，诏遣礼部谕祭，工部营葬。墓在钱塘县履泰乡之原。《西湖游览志》：徐尚书琦，宣德初以左通政使安南，黎利馈金珠香缯，悉却之。少师杨士奇画梅题诗赠之，云："两度安南奉使来，玉葩曾见岭头梅。天朝使者清于玉，不带飞尘半点回。"

广西布政使参议吴鼎墓　在积庆山。许相卿《泉亭吴先生墓志》：嘉靖二十四年，泉亭吴先生卒。志曰：吴君讳鼎，字惟新，钱塘城北隅人。正德中进士，尹临淮县。时毅皇南征，有中贵道临淮，非分征索。君锐身先吏民击伤中贵，遂奏逮，诏狱廷议，白君还治，征为南京刑部主事，转礼部郎中，迁广西布政使左参议。卒年五十三。墓在积庆山南麓。

云南布政使陈善墓　旧《浙江通志》：在积庆山。详《名贤》。

关景仁夫人周氏墓　在履泰乡。曾巩《夫人周氏墓志》：夫人讳琬，字东玉。嫁关氏，为徐州丰县令景仁之妻。卒于治平二年，葬履泰乡葛松原。关氏，钱塘人也。

太府寺丞陈刚中墓　《武林旧事》：在风篁岭沙盆坞。【万历】《杭州府志》：刚中，福州福清人。建炎二年登第，任太府寺丞。应诏上封事，主议恢复，忤秦桧。编修胡铨贬新州，刚中启贺其行，云："屈膝请和，知庙堂御侮之无策；张胆论事，喜枢庭经远之有人。"遂与张九成等七人同谪，差知安远县。有诗云："同日七人俱去国，何时万里许还家。"既至县，感瘴而殁。

都御史李昂墓　《钱塘县志》：在风篁岭下。旧《浙江通志》：昂，字文举，仁和人。景泰甲戌进士。成化间，出知青州。属岁饥，昂请发廪以济。在治八年，垦田至五千余顷，活饥民二十余万。民列其治行三十四事，立祠表海亭。寻升福建左参政，历官都察院副都御史。弘治间，讨平剧贼杨九隆等，民蛮詟服。两广、江右、湖湘、闽浙群盗窃发，昂亲入贼巢，斩获以万计。改督漕运，开河浚源。卒，赐祭葬。大司马华容刘大夏表其墓，曰："语云马或奔踶而致千里，士或有负俗之累。而立功名如文举，长才远略，所至辄有建树，卓卓可纪。彼其所存者大矣。"

云南巡抚都御史吴诚墓　在风篁岭。张弼《都察院右副都御史吴公墓志》：公讳诚，字尚忠。景泰辛未进士，官拜右副都御史，巡抚湖广。时交趾弄兵，敕巡抚云南。公奋击贼众，云南辑宁。卒于官，黔国公遣官归榇于乡。赐祭葬如礼，葬于龙井山之风篁岭。

广东按察使副使许岳墓　在风篁岭。茅坤《少崖许公墓表》：予由西湖步风篁岭，东望封中佳气。其为马鬣之阡，固按察许少崖公自为墓宫以待百年者也。公殁，其子卜葬焉，太子少保张公铭其墓[1]。

太常寺少卿陈贽墓　【万历】《杭州府志》：在风篁岭龙井山之原。子右通政嘉猷祔。详《名贤》。

德兴知县王起彪墓　《钱塘县志》：在龙井风篁岭麓。学使王掞题曰"异烈孤忠"。李之芳《题表忠录序》：虎子王公，讳起彪。以《春秋》成进士，授德兴令，三月化行。而邻封寇起，公讨之不克，骂贼而死。

邳州同知钱梦龙墓　《杭州府志》：在风篁岭[2]。

吴越国元妃仰氏墓　《咸淳临安志》：在龙井山放马场。《十国春秋》：仰氏，湖州人。天福八年冬，忠献王纳为元妃。

兵部侍郎胡则墓　【万历】《杭州府志》：在龙井广福院之麓。范仲淹《胡公墓志》：宝元三年葬，夫人颍川郡君陈氏祔。详《名贤》。

知婺州东阳县杨翱墓　在龙井。王安石《太常博士杨君夫人金华县君吴氏墓志》：故太常博士、知婺州东阳县事杨君，讳翱，字翰之。暨夫人金华县君吴氏，葬于钱塘之履泰乡龙井之原。杨君之卒也，年六十七，以庆历二年从其先人已葬。而夫人后君十六年以卒，时嘉祐二年，年七十三，而以明年祔于杨君之墓。子端、子蟠，同时进士。

浮梁尉吴天秩墓　《武林纪事》：在龙井。韦骧《吴平甫墓志》：平甫，讳天秩。初，补太庙斋郎，出为大庾县尉，调浮梁县尉。卒于官。世为杭人。平甫工于为文，有集五十卷。卒于元丰三年，葬于钱塘履泰乡龙井之原，合室邵氏而葬焉。

谨按：《平甫集》不传，其题名见于南屏石屋摩崖，今尚存。

主簿关君妻曾氏墓　在龙井。曾巩《郓州平阴县主簿关君妻曾氏墓表》：关君景珲妻姓曾氏，建昌南丰人，巩之长妹也。嘉祐二年卒，六年葬于杭州钱塘履泰乡龙井之原。

承宣使方茂荣世墓　在龙井方山。王逢《题方德玉先陇瑞芝卷》：德玉之先扈高宗，家临安。其六世祖茂荣，昭庆军承宣使。生椿年，荣州防御使。生待举，恩州防御使。生好问，殿前都指挥使、判太医局。生中，广东提刑，亦判医。生寿孙，仕元广平路医学教授。咸葬龙井之方山。其地负金钟灵石。至正二十三年夏四月，芝一本产指挥墓上。余因序之，并为诗纪其事。

赠礼部尚书汪谐墓　《杭州府志》：在龙井。弘治十三年，谕葬。子太常卿举祔。《分省人物考》：谐，字伯谐，仁和人。天顺进士，授编修，累升礼部右侍郎兼学士。请老，年六十八，赠礼部尚书。

刑部侍郎沈锐墓　《钱塘县志》：在龙井。《分省人物考》：锐，字文进，仁和人。成化进士，授刑部主事，陟应天府尹、南京刑部右侍郎。乞归。

---

〔1〕　雍正本"墓"后有"《武林怡老会诗集》：许岳，字子峻，仕为南京工部主事，历员外郎中，直隶常州、广西柳州、梧州三府知府，广东按察司副使致仕"。

〔2〕　雍正本无"邳州同知钱梦龙墓"条。

大理寺卿陈珂墓 《杭州府志》：在龙井。《分省人物考》：珂，字希白，钱塘人。弘治进士，授刑部主事，历升都察院副都御史，巡抚河南。入为大理寺正卿，致仕。

处士费镛墓 邵经邦《处士费西村墓志》：镛字鸣远，世为钱塘人。嘉靖乙巳，葬于龙井山。

四川按察使佥事沈瑞临墓 《钱塘县志》：在龙井刘安山。旧《浙江通志》：瑞临笃志理学，操行醇粹，四方宗之，称约庵先生。官终四川按察司佥事。

太常寺卿严大纪墓 旧《浙江通志》：在陆家坞。

秘书监褚玠墓 《钱塘志补》：《褚氏家谱》云玠字良璧，陈时官秘书监，卒葬九溪。

谨按：《南史》本传：玠，字温理。天嘉中，兼通直散骑常侍，迁中书侍郎，除山阴令，累迁御史中丞。卒赠秘书监。今《家谱》字曰良璧，或别有所据者耶。

宋贵妃黄氏攒所 《武林旧事》：在西莲瑞相院。《建炎以来朝野杂记》：贵妃黄氏，光宗后宫。淳熙末，上在东宫，高宗以和义郡夫人黄氏赐之。及即位，拜为妃。

宋贵妃蔡氏攒所 《咸淳临安志》：在净教院。《宋史·后妃传》：贵妃蔡氏，初入宫为红霞帔，封和义郡夫人，进婉容。淳熙十年冬，拜贵妃。

赠秘阁修撰徐应镳墓 《杭州府志》：在方家峪。《武林纪事》：应镳，字巨翁，江山人。咸淳末，补太学生。德祐二年，元伯颜师次皋亭山，三宫皆北行。应镳与子曰琦、曰崧、女元娘誓不降，登梯云楼，纵火自焚。仆见镳父子俨坐如塑，惊扑灭之。镳与子女出户，不知所之。翌日，得于井中，皆僵立，瞠目如生，殡西湖金井僧舍。益王褒其节，赠朝奉郎秘阁修撰。后十年，同舍生刘汝均率儒生收葬方家峪广严院侧，号正节先生。弘治、正德年间，为建祠，赐号忠节。

兵部侍郎何琮墓 《钱塘县志》：在方家峪。弘治二年，赐祭葬。详《名贤》。

宋刘妃墓 《西湖百咏诗引》：在方家峪凤凰山下褒亲崇寿院后。绍兴中，高宗敕葬妃子于此。《武林旧事》：刘氏，临安人。绍兴十年，为红霞帔。十六年，封才人，转婕妤、婉容。二十四年，进贤妃。无名氏《题刘妃坟诗》："秋风落尽故宫槐，江上芙蓉并蒂开。留得君王不归去，凤凰山下起楼台。"

太原太守褚从礼墓 《钱塘志补》：在慈云岭。从礼，字德嘉。以贤良方正举，历官至太原守，世称廉吏[1]。

吴越国恭懿夫人吴氏墓 《钱塘志补》：在慈云岭西原。《吴越备史》：夫人吴氏，名汉月，钱塘人，中直指挥使珂女也。幼以婉淑奉文穆王元瓘，性慈惠而节俭。每闻王决事有及重刑者，常嚬蹙，以仁恕为言。诸吴每有迁秩，皆峻阻之。及其入对，多加训厉，故诸吴终夫人之世，不甚骄恣。敕封吴越国顺德太夫人。广顺二年，谥恭懿。

---

〔1〕 雍正本无"太原太守褚从礼墓"条。

刘英墓　在慈云岭。详《名贤》。程敏政《宾山刘君墓志》：此杭诗人宾山刘君之墓。君字邦彦，世居钱塘北郭之夹城里。君为诗，精妥流邑，兼备众体。三吴两浙之言诗者，必曰邦彦。天顺中，郡欲以明经起君，君以母老固辞。其别业在甘泉里，多竹，榜其室曰"竹东"。晚号宾山，皆终隐之意也。年七十二，葬南山慈云岭。

礼部主事傅岩墓　《杭州府志》：在慈云岭下施家山。

高士褚伯玉墓　《钱塘志补》：伯玉为尚书令湛之子。生三子：孟邦、仲都、季郡。葬龙山。《西湖游览志》：伯玉，字元璩，钱塘人。少有隐操，寡嗜欲，往剡居瀑布山三十余年。齐高帝手诏吴会二郡以礼迎遣，辞疾。上不欲违其志，敕于剡白石山立太平馆居之。

博士褚仲都墓　《钱塘志补》：仲都，字子京，伯玉次子。精《周易》之学。梁时为五经博士。生子修。年六十一，葬龙山。

褚蒙墓　《钱塘志补》：蒙字治卿，沄之子，葬茶花山。

吴越国文穆王墓　《历代山陵考》：在龙山之南。《吴越备史》：元璙，武肃王第七子，在位十年，谥文穆。和凝《文穆王神道碑》：云起龙骧，化为侯王。鸿骞凤翥，鹗立鹰扬。凛然劲气，绰尔雄铓。大名之后，五世其昌。武肃开基，奄有吴越。恩洽百城，名驰双阙。既委招怀，复专征伐。裂土苴茅，秉麾仗钺。尚父秉代，元帅承家。传荣袭庆，奕叶重葩。有典有则，去甚去奢。威名炫赫，事望光华。谭薮纵横，词泉浩渺。曹植思迟，崔偬书少。月夕花朝，猿岩雁沼。笔落彩笺，风清绿筱。神传射诀，天富兵铃。龟文月角，燕颔虬髯。威熊伏兽，名可愈痁。抚众以惠，待士持谦。事必有恒，政皆求理。扶弱遏强，先人后己。但见偃风，莫闻狎水。阜康烝黎，廓清边鄙。量陂素广，德岳弥高。礼延耆硕，令肃权豪。庭趋忠烈，府集英髦。讲论韬略，奖劝勋劳。自靖称藩，益勤述职。虔布诏命，动遵楷式。每陈贡输，常逾万亿。表率方隅，匡扶社稷。功庸罕对，渥泽无伦。礼优伯舅，位极人臣。镕金铸玉，龟鉴龙纶。永承当代，莫继芳麈。禁暴戢兵，取威定霸。方赖控临，忽闻薨谢。云惨长空，星沉永夜。号恸军民，涕泗华夏。初闻讣奏，寻辍视朝。深嗟旦奭，不及松乔。倍加赠襚，久罢箫韶。君臣分至，水陆程遥。间杰伦亡，英贤继袭。擗踊悲摧，无所迨及。益务抚循，加之周给。人情既安，兵威自戢。一方肃静，三世耀荣。朝宗事大，誓志倾城。欲光家世，上奉圣明。愿书贞石，用显声名。金玉令人，鼓旗良帅。德盛功崇，文经武纬。述之莫穷，言之无愧。庶几乎百世千秋，人见之为堕泪。《两湖麈谈》：钱氏有两浙，三世四王。东坡称坟墓之在钱塘者十有四。暇日曾一披寻，有所谓钱王坟者，山势回环，气局壮伟。有邱窿然，其前石兽数枚，制甚奇古，不类今时所见。一碑甚巨，字虽剥落，尚隐隐可读。石晋天福二年立，称守、尚书令、中书令、吴越国王，盖文穆元璙墓也。其余则皆湮没无存。钱氏保障浙民，东坡之文尽之，无复庸议。但数百年之后，岂惟漫为禾黍，且邱垄其间，而往迹尽废矣。

吴越国忠献王墓　《历代山陵考》：在钱塘县龙山之西南。《十国春秋》：王名弘佐，文穆王第六子，在位七年，谥忠献，太常卿张昭撰神道碑。

太常少卿沈周墓　在龙山。王安石《太常少卿分司南京沈公墓志》：皇祐三年，太常少卿分司南京钱塘沈公卒。明年，子披、子括葬公钱塘龙居里先公尚书之兆。公讳周，字望之。以进士起家,监苏州酒,为侍御史,按察江东。自请得明州,遂以分司归第。年七十四,更十三官。

寿昌县太君许氏墓　在龙山。曾巩《寿昌县太君许氏墓志》:夫人许氏,苏州吴县人。嫁沈氏,其夫讳周,太常少卿、赠尚书刑部待郎,杭州钱塘人。夫人以熙宁元年卒,年八十三。二年,合葬钱塘县龙居原。子曰披曰括,有文学。

司农少卿沈振墓　在龙山。沈辽《伯少卿埋铭》:公讳振,字发之,世为钱塘人。以大祠郎起家,历上高、临淮二县主簿,迁茶陵县令。以荐改大理寺丞,迁太子中舍,知剡县,移巴西县,改金华县,封殿中丞。仁宗祀明堂,拜国子博士。出知藤州,转虞部员外郎,进比部员外郎,通判卫州。英宗即位,以比部郎中乞监灞山灵仙观。今上即位,拜司农少卿,封长兴县开国男,食邑三百户。以熙宁六年卒于河东私第,享年七十三。以明年二月葬龙山先茔之左。

乐安郡君翟氏墓　在龙山。王安石《乐安郡君翟氏墓志》:尚书主客员外郎钱塘沈君,名扶之。夫人翟氏,以治平三年卒于京师。男曰某,翰林学士、右谏议大夫、知制诰。曰回,泰州军事判官。曰辽,将作监主簿、监寿州酒。曰邈,漳浦县主簿。曰迫,将作监主簿。今上即位,翰林守杭州。夫人既卒,诏以主客守苏州,葬夫人杭州钱塘县龙居山舅姑之兆。

谨按:长子不书名,此沈遘也,字文通,后以字行。此不书名,盖南宋时刻《临川集》,避高宗嫌名,去之也。

云巢先生沈辽墓　在龙山。《云巢集传》:辽,字睿达,世为钱塘人。应有司不中,乃次翰林。公任为将作监主簿,后监杭州军资库。以被诬夺官,徙永州,改池州。卒元丰八年也,还葬钱塘县龙居山。著《云巢集》十卷。

金都御史郑颙墓　在龙山。魏骥《中宪大夫郑公墓志》:都察院右金都御史、调福建按察司副使郑公,卒天顺元年也。明年,葬于龙山先茔之次。公讳颙,字士昂,号思庵。远祖宋南渡,遂为钱塘人。宣德间,膺乡荐。明年,会试中乙榜,授江西抚州乐安学教谕。以平贼功,杨文贞荐擢御史,升云南按察司副使。历大理寺少卿,升左金都御史,仍还云南。天顺改元,调福建按察司副使。卒于建宁之分司。

封御史顾郕墓　在龙山。余寅《顾公墓碑》:公讳郕,字希曾。曾大父自平湖徙仁和为掾,得尉龙溪,迁清流簿。是时,闽征粤兵剿山寇。公至,辄布方略,以子钤官福建道御史,封公如子官。年八十二,葬于龙山之原。

敦武校尉邹世闻墓　在凤凰山。徐一夔《元敦武校尉益都翼管军上百户邹君墓志》:君讳世闻,字文达,登州黄县人。世以武弁起家。至正初,告袭阶进义校尉,从讨峒寇,得欸附。张氏陷姑苏,有官资者多附之。君怒骂,自度年老,乃屏居峡石。享年六十八,葬于钱塘凤凰山担水哄之原。

都御史张本墓　【万历】《杭州府志》:在凤凰山报国寺。

中书舍人吴潮墓　《钱塘县志》:在凤凰山北观音洞。

御史顾豹文墓　《钱塘县志》：在吴家山[1]。豹文，字季蔚。顺治乙未进士，知真阳县，行取为御史。乞休，享年七十五。

礼部尚书谥文昭江澜墓　【万历】《杭州府志》：在妙因山。《献征录》：澜，字文澜，仁和人。成化进士，除编修，历升礼部尚书。谕葬，赠太子少保，谥文昭。

光禄寺少卿吴果墓　在龙华山。焦竑《光禄寺少卿小江吴君暨配宜人高氏墓志》：君讳果，字行甫，别号小江，世居钱塘。都御史诚之曾孙，父源江西按察副使。君从宪副入燕见沧茅公，以长女字之。会女卒，高文端公以女归君。君以中舍给事殿庭，与修《大明会典》《世庙实录》。成，升大理寺评事兼翰林典籍。晋郎中，升光禄寺少卿。疏言文渊阁藏书宜谨，上嘉纳之。以年至乞归[2]，享年六十九，与宜人合葬龙华山。

工部尚书谥文和陈敔永墓　旧《浙江通志》：在八卦田。

陶叔献墓　在月轮山。沈遘《陶叔献墓志》：庐江陶叔献，字元之，庐江人。父方左侍禁杭州巡检，始家焉。叔献以皇祐元年三月登进士，四月卒于京师。与其考妣序葬于月轮山之东原，嘉祐八年也。

知府翁汝遇参政翁汝进墓　《杭州府志》：俱在六和塔。《杭州府志》：汝遇，字子先，仁和人。万历戊辰进士，初授东莞令，榷芜关，最后守朝歌，俱有惠政。弟汝进，字献甫。万历乙未进士，授兴化县，历官至山东参政，以忤逆珰魏忠贤罢归。

张振渊墓　旧《浙江通志》：在六和塔之左。世称彦陵先生。

施节妇徐氏墓　吴太冲《施节妇墓志》：钱塘处士施继山妻徐氏，守贞苦节，卒葬六和塔月轮山之麓。

集贤陆广墓　在范村。王安石《京东提点刑狱陆君墓志》：提点京东诸州军刑狱公事兼本路劝农事、朝奉郎、尚书司封员外郎、充集贤校理、上轻车都尉、赐绯鱼袋借紫陆君，讳广，字彦博。其先吴郡人。曾祖讳景迁，仕吴越，为骁骑上将，官检校太傅。祖讳崇扆，以威武军观察推官从归京师。君以天圣二年进士起，至皇祐四年以使走齐州，卒于郓之平阴，以嘉祐六年正月归君于钱塘范村之穴。

右文殿修撰周杞墓　《梦粱录》：在徐、范村之间。《咸淳临安志》：杞，龙图格之弟也。建炎三年，知常州。值苗、刘之变，倡义勤王，以功除右文殿修撰。洪内翰迈跋其檄中谓：公闻变，愤踊，即飞表请反正。适忠穆吕卫公制置淮浙，兼领建康，即驰介赍书，议起兵勤王协谋。于是忠穆公及诸大将皆提兵境上，凡军之百役、刍荛薪蒸、谷菽泉帛、弓刀甲楯、车船人徒，动以万计。辰索暮办，调脂弥缝，不使一间语。师既东，身独留张杜要害，使去者无却顾忧。取日虞渊，功最右席。迈常恨世徒知忠穆复辟之功为大，而周公首倡大义，则少有能言者。

秘阁修撰赵巩墓　《咸淳临安志》：在徐、范村之间。《武林纪事》：巩，字子固，钱塘

---

[1]　雍正本无"在吴家山"四字。

[2]　雍正本"至"作"老"。

人。登乾道进士。尝使金,问曰:《皇帝清问下民赋》非汝作乎？叹服之。从游者甚众,号西林先生。时禁伪学,以秘阁修撰知扬州,编入党籍。

兵部尚书谥端敏胡世宁墓 【万历】《杭州府志》:在五云山。嘉靖十年,谕葬。《献征录》:胡端敏公世宁,正德中由刑部升广西太平府知府,寻迁江西宪副。时宸濠谋不轨,吏江西者势怵利啖,惟其欲是听。间有稍知顺逆者,不过循默自保,孰有奋不顾身如胡公者哉？疏朝入而祸夕发,竟以脱身间走,得免灰灭。及械击掖庭,备尝百毒。朝之用事者悉受濠赂,几陷不测矣。赖御史徐文华申救减死,得戍辽东。躬履行间,授徒以自业。嗣濠诛,起官,累仕至兵部尚书、太子太保。公为主事时,尝自赞云:“信而未孚者,多言也;正而未谅者,多戏也;周而若比者,好称人之善也;恕而若刻者,多发人之奸也;过有甚于此者,轻浅粗疏也。然则,无一长可取与？曰瞒人之事勿为,害人之心勿存。有利于国之事,虽死不避。三者,吾将持是以终身焉。”而前数者,气质之偏,则亦庶乎其有改也。迹公生平,不愧其言矣[1]。公幼极艰苦,寄食就学,卓有经济之志。任几四十年,虽禄一品,被服饮食犹素士云。

顺天府尹查秉彝墓 【万历】《杭州府志》:在五云山桐树坞。嘉靖四十年,谕葬。《明诗综传》:秉彝,字性甫,海宁人。嘉靖戊戌进士,除推官,历官顺天府尹。

长史俞起蛟墓 《杭州府志》:在雁亭乡。

浙江都指挥佥事王佐墓 在定山。赵宽《昭武将军浙江都指挥佥事王公墓志》:公姓王,讳佐,字廷辅,永平之迁安人。世习武,公以俊秀充武学生,后领父职。弘治改元,兵部奏授都指挥佥事,赴两浙备倭。在浙土凡十年,以久涉风涛,感疾而逝,时弘治十年也。遗命葬钱塘,以弘治己未葬于定山之原。

吴越给事罗隐墓 《梦粱录》:在定山乡。详《名贤》。

谨按:《研北杂志》云:谢皇甫尝至新城,故老言罗隐给事冢在县徐村之水坞,冢碣犹存。梁开平四年,沈崧志。又《绍兴府志》云隐寓居萧山,卒,墓在许贤乡。《明一统志》云隐墓在泾县东七十里。《江西通志》云罗隐坟在乐安县罗家潭。其说不同,未知孰是。今仍旧《志》,存以俟考。

鄜王谥武僖刘光世墓 《咸淳临安志》:在定山北乡。【万历】《杭州府志》:光世,保定军人。高宗时,授耀州观察使,屡战胜金,为中兴良将。尝仕浙西安抚大使,累官安国公、陕西宣抚使,赠太师,谥武僖,追封鄜王。无名氏《题刘公墓诗》:“将军力尽马蹄穿,一片丹心万古传。叱咤风云起平地,扶持日月丽中天。宝刀挂壁血犹在,丹诏褒功墨尚鲜。到底英雄身不死,旌忠长倚碧云边。”

---

〔1〕 雍正本无“公为主事时……不愧其言矣”一段文字。

武林览胜记卷二十二

冢墓下

北山路

杜子恭墓　《梦粱录》：在钱塘。《宋书·沈约自叙》[1]：钱塘人杜子恭，通灵有道术。《明一统志》：孔稚圭东过钱塘北郭，于舟中遥拜之。

　　谨按：《南齐书·孔稚圭本传》云：稚圭父灵产，太始中罢晋安太守，有隐遁之怀。过钱塘北郭，辄于舟中遥拜杜子恭墓。此盖于《稚圭传》中追叙其父灵产事，非稚圭也。

国子监丞陈旅墓　【万历】《杭州府志》：在西湖北太学山。详《名贤》。

郑光祖墓　《钱塘志补》：葬灵芝寺。详《名贤》。

尉曹将金胜祝威墓　【成化】《杭州府志》：在云阳洞右。《西湖游览志》：宋建炎三年，完颜宗弼至临安，郡守康允之退保赭山。钱塘令朱跸鸠乡兵二千邀击之，力战死。尉将金胜、祝威复集洞兵，据葛岭，编竹覆泥为大途以诱之。群骑飙至，跳踉而踣仆者鳞叠，遂大骇，遁赤山。得奸细为导，由南壁入，胜、威被执，死之。郡人感其忠节，骈葬云阳洞之右。

礼部主事王洪墓　【成化】《杭州府志》：在尉司下扇。胡俨《王希范墓志》：希范，讳洪。曾祖德甫，祖善，父辉，世居钱塘。举进士，任行人。将命关陕，得使职。人贤之。历升侍讲，迁礼部主事。享年四十有二。希范之学渟蓄深博，期至于古人。而不假之年，其命也夫。

许昭远墓　《钱塘县志》：在下扇一鄒。许昭远与妻卢氏并至孝，人称为双孝墓云。

沈礼墓　在金固山。宋濂《钱塘沈君墓志》：君讳礼，字仲和，钱塘其所居。素善书，广致奇异之书，列庋左右，昼夜研索，期不愧于古人。行一善则喜，否则若不能自容。是非儒者之行

耶。卒以洪武九年,墓在钱塘城西之金固山。

资政殿学士谥庄敏章粢墓 《武林旧事》:在宝石山。【万历】《杭州府志》:粢,建州浦城人。历官同知枢密院事。立边功,为西方最,授资政殿学士、中太乙宫使。未几卒,赐恤甚厚。命其婿刘何使两浙供葬事。赠太师,谥庄敏。

贞白先生吾邱衍遗文冢 《武林纪事》:吾子行先生衍死于水,骨朽渊泥。西湖多宝院僧可权葬其遗文于后山,与其师骨塔相对。乞铭于胡汲仲,铭曰:"生弗渎,死弗辱,贞哉白。"贞白,乃先生之号也。详《名贤》。凌云翰《悼吾子行先生诗》:"布衣吾道士,举世莫能偕。遽作骑鲸客,空遗梦蝶斋。阳冰书瘦硬,方朔语诙谐。墓碣名贞白,临文每怆怀。"

宋邳王墓 《咸淳临安志》:在玛瑙山。《武林旧事》:宝云观,邳王攒所。

宋兖王墓 《咸淳临安志》:福教院,王子兖王攒所。

宋恭孝仪王仲湜墓 【成化】《杭州府志》:在显明寺。《咸淳临安志》:显明院,旧名兴福保清。大中祥符元年,改今额。绍兴初,为太傅仪王湜攒所。《西湖游览志》:仲湜当靖康时,徽、钦北驾,六军欲拥而立之,王不从。及高宗即位于应天,王觐诣行在,命为濮王。后薨,葬于此。《南宋遗事》:在北山虎头岩下。

施岳墓 《古今碑目》:在虎头岩。《钱塘县志》:岳字仲山,号梅川,吴人。能词,精于律吕。杨守斋植梅作宇以葬[1],薛梦桂撰墓志。

宋贵妃毛氏攒所 《咸淳临安志》:在茅寺。

宋润国公主攒所 《咸淳临安志》:在开元寺。

宋秦国夫人毛氏墓 《西湖游览志》:在嘉德永寿讲寺。宋理宗时,秦国夫人毛氏者,皇后母也。既老,结庵于此,后遂葬焉。

宋冲善广王墓 《咸淳临安志》:在上智果院。景定四年,充皇孙镇安宁武军节度使、开府仪同三司冲善广王攒所[2]。

宋梁广王墓 《咸淳临安志》:在巾子峰。《武林旧事》:上智果院有梁广王攒所。

直秘阁朱弁墓[3] 《咸淳临安志》:在智果院。详《名贤》[4]。《钱塘县志》:弁卒于临安稽留山。后四十年,从孙熹官浙中,卜葬于积善峰下。

参知政事陈文龙墓 【万历】《杭州府志》:在智果寺旁。葬之次日,即生竹。竹俱有刺,人不能登。众谓忠义所感。《尧山堂外纪》:景炎初,兴化军降元。陈文龙被执至合

---

〔1〕 雍正本"字"作"亭"。

〔2〕 雍正本无"冲善广王攒所"六字。

〔3〕 雍正本"直秘阁朱弁墓"条列于"吏部侍郎茅瓒墓"后。

〔4〕 雍正本"详"前无《咸淳临安志》:在智果院"九字,有"在九里松"四字,"贤"后引有《西湖游览志》文。

沙,以诗寄仲子诀别,云:"斗垒孤危弱不支,书生守志誓难移。自经沟渎非吾事,臣死疆场是此时。须信累臣堪衅鼓,未闻烈士树降旗。一门百指沧胥此,惟有丹衷天地知。"

花翁孙惟信墓　《梦粱录》:在水仙庙侧。详《名贤》。刘克庄《孙花翁墓志铭》:季蕃客死钱塘,妻子兄弟皆前卒,故人立斋杜公、节斋赵公与江湖士友葬之西湖北山水仙王庙之侧。季蕃孙氏,名惟信,季蕃字也。贯开封,祖、父皆武爵。季蕃少受祖泽,调监常不乐,弃去。始婚于婺。后去婺,留杭最久。其言以家为系缧,一身之外无他求,一榻之外无长物,无乞米之帖,无逐贫之赋,终其身如此。自号花翁,名重江浙公卿间。非山水风月,一不挂口。长身缊袍,意度疏旷,见者疑为侠客异人。尤重气义。尝客孟良甫、方孚若家。孟死,犹拳拳其子孙。孚若葬,徒步赴之。淳祐三年九月卒,葬以其年腊月。杜公,辅臣;赵公,大京兆也。季蕃,一布衣,以死托二公。卒赖二公以葬,且筑室买田祠焉。天下两贤之。季蕃长于诗,水心叶公所谓"千家锦机一手织,万古战场两锋直"者也。中遭诗禁,专以乐府行。余每规季蕃曰:"王介甫惜柳耆卿缪用其心,孙莘老讥少游放浪,得无似之乎?"季蕃笑曰:"彼践实境,吾特寓言耳。然则以诗没节,非知季蕃者;以词没诗,其知季蕃也愈浅矣。"铭曰:"昔眉山公欲以和靖配水仙王,其论已定。余评季蕃,和靖之亚,傥分半席,无不可者。伯鸾要离,异世同调。曷不侪君,偕侑新庙。"仇远《花翁墓诗》:"水仙分地葬诗人,一片荒山野火焚。荐菊有庭今作圃,扫松无子漫留坟。蜗牛负壳粘碑石,老鹤携雏入垄云。欲把管弦歌楚些,却怜曲度不如君。"

抱朴子葛洪墓　【万历】《杭州府志》:在葛岭宝云寺。《西湖游览志》:洪字稚川,晋时人。博闻深洽,江左绝伦,尤好神仙导养之术。见高士郭文举于大涤山中,觌德而悟,结庐西湖,修真著书,号抱朴子[1]。吴莱《登初阳台谒抱朴子墓诗》:"人生扰扰间,颇觉天地窄。我忆抱朴子,高堂睨空碧。初阳出山上,照破万古石。丹光动鼎铛,雾气浮冠舄。遗书上下卷,道妙或黄白。老衰及病瘦,辛苦为形役。岂伊凤鸾姿,终以狐兔宅。尸解本无形,空飞宁复迹。郑君曾有传,勾漏恍所历。降子倘可问,稚川特未隔。幽林来魍魉,缺井守蜥蜴。神仙果何人,海岳长献剧。世传老楠死[2],吾谓方朔谪。虚坟谁所为,怪树独悲激。满前湖与山,秋色落几席。困兹些尔魂,目送天边翮。"萨天锡《谒抱朴子墓诗》:"炼丹仙子渺茫间,一夕乘风去不还。火冷炉头灰已烬,云封洞口岭长闲。千年瑞气生瑶草,夜半天风向佩环。真境空明自今古,烟尘依旧隔瀛寰。"

上官良史墓　【万历】《杭州府志》:在北山招贤寺后。《武林旧事》:良史,字季长,号淇园。

赵师秀墓　《梦粱录》:在葛岭。详《名贤》。刘克庄《吊赵紫芝墓诗》:"夺到斯人处,词林亦可悲[3]。世间空有集,天下更无诗。尽出香分妓,惟留砚付儿。伤心湖上冢,谁葬复谁碑。"薛师石《拜紫芝墓诗》:"辛未联诗别,九载成恍惚。大星坠地旋无光,君身入土名不没。吴越之水相交流,寂寞诗魂何处游。不闻孤鹤唤人醒,空见梅花似人影。无复东岩招谢客,应往西湖傍和

---

〔1〕　雍正本"寺"后有"详方外"三字,无"《西湖游览志》……号抱朴子"一段文字。

〔2〕　雍正本"楠"作"聃"。

〔3〕　雍正本"夺到斯人处,词林亦可悲"作"蔓草萦荒岭,经过亦可悲"。

靖。世上如今一句无，一灵独存势欲孤。我有生刍束未得，只愁宿草易荒芜。"徐集孙《拜紫芝墓诗》："晚唐吟派续于谁，一派才昌复已而。对月难招青冢魄，见梅如揖紫芝眉。四灵人物嗟寥落，千古风骚忆俊奇。公去遥遥谁可法，少陵终始是吾师。"

忠宣洪皓墓 《建炎以来朝野杂记》：在葛岭。详《名贤》。

太史杨瑀墓 《钱塘志补》：在葛岭。详《名贤》。

宋婉仪魏氏攒所 《咸淳临安志》：在喜鹊寺。

辅文侯牛皋墓 《名胜志》：在栖霞岭剑门关。王惟俭《宋史记》：皋，字伯远，汝州鲁人。金入侵，皋战屡胜，补保义郎。再攻京西，皋十余战皆捷，辟为同统制兼京西南路提点刑狱，寻改神武后军中部统领。伪齐合寇，岳飞遣皋行，裹三日粮未尽，城已拔。敌攻淮西，飞遣皋渡江，自提兵与皋会。皋追击之，军声大震。除武秦军承宣使，寻充河北京西抚司左军统制，加龙神卫四厢都指挥使、成德军承宣使。绍兴十七年上巳日，都统制田师中大会诸将，皋遇毒，亟归语所亲曰："皋年六十一，官至侍从。所恨南北通和，不以马革裹尸耳。"或言秦桧使师中毒皋云。

处士仇远墓 【万历】《杭州府志》：在栖霞岭。详《名贤》。钱惟善《拜仇处士墓诗》："诗穷八十年，江海正凄然。玉麈风生颊，青山雪满颠。门墙张籍俊，墓表孟郊贤。出处人皆识，哀歌彻九泉。"张翥《揖仇仁近墓诗》："前辈凋零尽，南阳有古阡。诗因传四海，酒不到黄泉。槐国真咸梦，桃园亦是仙。松根一掬泪，惨淡堕风烟。"凌云翰《谒仇山村墓追和张仲举诗韵并序》：洪武戊午清明，恭谒栖霞先垄，与南阳仇先生墓相邻，因酹焉。偶阅张仲举集有《拜栖霞仇先生墓》绝句云："泪洒荒苔积草中，更无人迹纸烟空。坟前惟有山茶树，开到清明自落红。"因追和其韵。"敬吊先生落照中，纸烟销尽酒樽空。牛羊上垄无人管，岂为当时面发红。"

左司员外郎张昱墓 【万历】《杭州府志》：在栖霞岭。详《名贤》。《七修类稿》：光弼，号一笑居士。尝曰："吾死埋骨西湖，题曰'诗人张员外某之墓'足矣。"其后果如所言。

少保鄂王谥忠武岳飞墓 《梦粱录》：在栖霞岭下，子云祔。【万历】《杭州府志》：初，飞潜瘗九曲丛祠。孝宗时，改葬是处，墓木皆南向。景泰间，同知马伟修葺，取桧析干为二植墓前[1]。正德八年，都指挥李隆铸为桧、桧妻王氏、万俟卨三像跪墓前。嘉靖十四年，巡按御史张景刻"尽忠报国"四大字于石，树墓之南。《南宋相眼》：诏临安府访求岳将军尸。其坟在钱塘门外，当时私号贾宜人坟。《辍耕录》：岳武穆王墓，自国初以来坟渐倾圮。江州岳氏讳士迪者，与宜兴州岳氏合力起废。久之，庙与寺无寸草片瓦。李君全为杭总管府经历，慨然以为己任。而郑君明德为作疏，请褒忠义在天之灵，激生死为臣之劝。疏成，郡人王华父一力兴建，赵公子期在礼部倡议。奏闻，降命敕封。名人多有诗吊之。赵孟𫖯《岳鄂王墓诗》："岳王坟上草离离，秋日荒凉石兽危。南渡君臣轻社稷，中原父老望旌旗。英雄已死嗟何及，天下中分遂不支。莫向西湖歌此曲，水光山色不胜悲。"潘子素《岳王墓诗》："湖水春来自绿波，空林人迹少经过。夜寒石马嘶风雨，日落山精泣薜萝。江左长城真自坏，郢中明月竟谁歌。惟余满地苌弘血，草色年年碧更多。"

---

〔1〕 雍正本"前"后有"名分尸桧"四字。

凌云翰《岳鄂王墓诗》:"前相汪黄后相秦,力图恢复竟何人。朱仙路近旌旗晚,古汴城高草木春。江月照空埋剑狱,边沙遮断属车尘。栖霞岭下将军冢,夜夜悲风起石麟。"朱彝尊《岳忠武王墓诗》:"宋室偏安日,真忘帝业艰。但愁诸将在,不计两宫还。鄂国英雄士,淮阴伯仲间。策名先步曲,薄伐自江关。赤县期全复,黄河度几湾。龙廷生马角,雪窖视刀镮。城下盟何急,师中诏已颁。盈庭尊狱吏,囊木谢朝班。相狡妻兼煽,和成主愈孱。长城隳道济,大勇器成覸。旧井银瓶失,高坟石虎闲。铭功存版碣,铸像列神奸。旷世心犹感,经过泪独潸。传闻从父老,流恨满湖山。朔骑频来牧[1],南枝尚可攀。墓门人寂寞,江树鸟缗蛮。宿草经时绿,秋花满目斑。依然潭水月,终古照潺湲。"

　　国朝雍正九年,知钱塘县事李惺重铸秦桧与妻王氏、党张俊、万俟卨跪墓前。李惺《铭》[2]:"铁产于山等也,何独采而铸此。然则,铁之污亦大不幸也夫。"

　　尚书员外郎董京墓　【成化】《杭州府志》:在栖霞岭扫帚坞,子枢密院都承旨必先祔。

　　医学提举倪居敬墓　在扫帚坞。徐一夔《元保冲大夫江浙官医提举倪公墓志》:公讳居敬,字行简,杭州人。遇异人授秘方。至正中,授医学教授。天兵下吴门,征至军前,疗疾无弗愈。洪武四年卒,葬栖霞岭扫帚坞。

　　湛渊先生白珽墓　《武林纪事》:在栖霞岭。详《名贤》。宋濂《元湛渊先生白公墓志铭》:湛渊先生白公,讳珽,字廷玉,家钱塘。由太平路儒学正,寻迁从事郎、婺州路兰溪州判官。不复有宦情,居西湖,以湛渊自号。天历元年九月十五日卒,年八十一,葬钱塘县履泰乡栖霞山之阳。其子遵治命,题曰"西湖诗人白君之墓"。铭曰:"虎林有哲夫,秉德良优柔。嗜义如嗜利,避名如避仇。指退以为进,谦抑以自修。知分中自定,不假外物求。天经况所惇,血泪交颐流。冠冕百行先,伦品庶不偷。发越见声诗,笙镛间鸣球。律吕素和协,八音交相缪。雄章落四海,虹气日夜浮。栖霞有名山,草木光如油。纪德荐石章,千古振诸幽。"

　　丞相琐柱墓　旧《浙江通志》:在岳墓之东,今有碑表。

　　烈文侯张宪墓　【成化】《杭州府志》:在东山衕口。元总管夏思忠为立表识。《武林纪事》:宋岳云、张宪被秦桧诬害,乡人痛其死,为之立祠,祀为土神。云墓在武穆王茔域之内。宪坟在岳坟西一里唐家巷侧,年远,为土人占业,止遗一邱沦于丛莽。士人王天佑偶见此邱前有碣,篆书题曰"张烈文侯墓",惊曰:"旧闻烈文侯有墓,不意在此。"归即具言于当道。时巡按张公缙遂拉同官相厥地,修筑茔域,仍树碣于墓前,以识旧也。予目睹盛美,作诗吊之曰:"将军坟墓久凄凉,一段精忠伴夕阳。寂寂松篁锁烟雾,离离禾黍散牛羊。遭逢盛世褒忠烈,整顿荒坵待表彰。料得英灵终不泯,千秋犹自镇钱塘。"后并侯庙亦新之,时正德十四年也。

　　孙秀姑墓　《钱塘县志》:在东山巷。冯景《孙秀姑传》:秀姑孙氏,钱塘人。杨鼎元聘

---

[1]　朔骑频来牧,雍正本作"北狩终难返"。
[2]　雍正本"铭"前有"铁人"二字。

为其子文龙妇。父母亡,归杨。待年,鼎元父子贾浙东,秀姑依姑居,与阎士积邻。士积尝穿壁窥秀姑,日与群婢敲壁叫呼辱之。秀姑恸哭曰:"我尚可活耶?"俟姑寝,秀姑箓灯缝衣裳,上下联缀,饮盐汁而死。大中丞张敏疏请建坊。

湖广按察使佥事杨祜墓　《钱塘县志》:在青芝坞,子承宪祔。《两浙名贤录》:祜,字汝承,钱塘人。嘉靖己丑进士,选庶吉士,出为湖广兴国州知州,寻升济南府同知。为政廉平,民歌思之。陟江西佥事,调湖广佥事,兴利举废,多善政。

举人汪沨墓　《钱塘县志》:在青芝坞。详《名贤》。

御史赵苍璧墓　《钱塘县志》:在青芝坞。

处士毛应镐墓　旧《浙江通志》:字叔成,号继斋。布衣醇德,邻里敬之。墓在青芝坞[1]。

陕西参政钱钺墓　《杭州府志》:在佛牙坞。《河南通志》:钺,字大用,仁和人。成化中,知汝宁府,持身清谨,律例精明,郡中熙然称治。在任九年,升陕西参政。

御史毛子俊墓　《钱塘县志》:在西山玉泉。旧《浙江通志》:子俊,汴人。扈宋高宗跸南来,忠义慷慨。尝上书言事,与秦桧忤,罢官。没,葬于此。

学士柴士宗墓　《杭州府志》:在玉泉寺西北。《钱塘县志》:士宗,本汴人。宋高宗建炎年间,兄弟二人扈跸南渡,一为学士,一为校尉。士宗卜居于杭,卒葬玉泉。为武林柴氏之始祖,五百余年,子孙繁衍,称为名家。

处士郑德峻墓　《古今碑目》:在西湖玉泉山碧梧原,左丞周伯琦题曰"有元竹隐郑处士墓"。

副都御史钱宏墓　《钱塘县志》:在玉泉寺右。童承叙《钱公神道碑》:公讳宏,字可容,别号江楼。正德戊辰进士,试铨部政,寻迁刑部广东司员外,执法明允。转山东按察司副使,劳绩最著。民闻公名,辄曰:"钱使君,青天也。"擢至都察院副都御史。年六十有一。其先本汴人,扈宋徙钱塘。公后葬于玉泉山祖兆之左,有司所营葬也。

刑部员外郎邵经邦墓　《杭州府志》:在玉泉山。旧《浙江通志》:字仲德,庚辰进士。时永嘉张璁与经邦同籍,相得甚欢。大礼议起,经邦以工部改刑部主事署员外郎,世宗以陆灿言勒张璁归桂萼致仕。不数月,手诏追还,逮灿下狱。经邦欲进言,未有间。会十月朔日有食之,乃奏:"璁不宜召还。议礼诸臣不宜宠任太过。"且引皇父之诗以为喻,大略谓议礼与政不同。礼在人心,所向不一,故可排众论任独见。若夫朝廷之政,苟非开诚布公,集思广益,不可一日行也。陛下即能移此[2],议礼诸臣亦安能掩天下万世耳目,服愚夫愚妇之心耶?疏入,世宗震怒,廷杖几毙,祸且不测。会乾宁东七所灾,得减死,谪戍镇海卫,历三十四年,卒于戍所。先是,经邦为工部主事,不肯附丽权贵。在戍时,潜心经史,著有《三弘集》。学者谥为弘毅先生。

---

〔1〕 雍正本无"处士毛应镐墓"条。

〔2〕 底本"陛"误作"升",据雍正本及文意改。

许斌墓　《钱塘县志》:在玉泉山老人洞,俗名锅子山村。子广东道御史贤附。

赠按察使佥事高咸临墓　在玉泉山。《钱塘县志》:咸临,字与侯。顺治乙酉贡生,任福建永安令。贼犯永安,城陷,不屈死之。事闻,赠官荫子。

五节妇墓　旧《浙江通志》:在西山玉泉傍。钱塘毛氏五节也:陈氏、许氏、童氏、孙氏、查氏。一门四世,而苦贞完节者继踵,人皆称毛氏之家风。

宋贵妃陈氏李氏攒所　《咸淳临安志》:在慈圣院。《建炎以来朝野杂记》:淑妃李氏,孝宗后宫也。初,为典字。淳熙三年冬,转通义郡夫人。七年冬,为婕妤。明年秋卒,赠贵妃。时李焘在经筵,因夜直,尝谏以后宫多妄费。上曰:"安得此声? 近惟葬李妃用三万缗耳。"淑妃陈氏,初封新平郡夫人。淳熙十二年冬,进美人。十八年冬,进婉容。绍熙元年,拜为妃。

宋永王祁王墓　《咸淳临安志》:在放马场寿圣崇宁功德院。绍定三年,改充皇子永王祁王攒所。

直秘阁提刑周格墓　《梦粱录》:在独角门步司前军寨前。《咸淳临安志》:格,处州人,直秘阁,浙江提刑。建炎元年,讨叛卒陈通,与子肇丕俱遇害。高宗嘉其死节,赠官,敕葬。其子袝焉。

处士姚澣墓　《古今碑目》:在西山浣。吴兴人。唐大中八年九月二十四日葬。

户部侍郎严沆墓　《杭州府志》:在西山。李霨《严公墓志》:公字子餐,顺治乙未进士,累官至总督仓场、户部侍郎。

少詹事邵远平墓　《钱塘县志》:在雷院。远平,号戒山。康熙甲辰进士,举博学宏词,历升少詹事。

宋济王竑墓　《建炎以来朝野杂记》:在驼巘岭下。《武林旧事》:竑,宁宗长子也。先是,宁宗得太祖十世孙昀以嗣。沂王、济王与史弥远有隙,弥远日媒蘖于宁宗,济王出居湖州。太湖贼劫济王,谋立之,不从。率州兵击贼,变闻,弥远称诏杀济王。人多冤之。寻乃见崇诏,复王爵。景定五年,敕葬于驼巘岭。

都官员外郎元奉宗墓　在驼巘岭。范仲淹《都官员外郎元公墓志》:公讳奉宗,字知礼,其先临川危氏也。王考德照为吴越王相,赐姓元氏。景德中,公中甲科,历仕尚书屯田员外郎。公思事松楸,愿得余杭监郡。诏从其请。进都官员外郎。景祐戊寅,考终永定里,享年七十八,葬于钱塘履孝乡陁岘岭之先茔[1]。

太子少保谥章简元绛墓　在驼巘岭。苏颂《太子少保元章简公神道碑》:公讳绛,字厚之,钱塘人。其先本危氏,著姓临川郡之南城县,后迁钱塘。公由进士出仕。熙宁八年,拜参知政事,卒赠太子少师。按公生大中祥符己酉,终元丰甲子,以天圣丁卯登仕,以元丰辛酉纳掾起州县,历中外华要而至丞弼。自著作佐郎十三迁至尚书,工部侍郎。五易封爵,至魏郡公。凡九镇

_____

〔1〕履孝乡,雍正本同。按:"孝"疑为"泰"之误,文中"履泰乡"经见,而"履孝乡"仅此一见。

藩郡，而兼一路安抚铃辖者四，六经使任，而江西、河北皆再至八。朝典领台阁诸宫观，更践省府，总十一职。以二品致政，寿七十六。在仕五十八年，世鲜其比。葬于杭州钱塘县西山，其里去祖茔几许[1]。夫人太原王氏、蜀郡王氏并祔。

谨按：《梦粱录》：都尉周仰、待制周邦彦、少师元绛三墓并在南荡山。今考诸山，无南荡之名。因元绛碑有去祖茔几里之文，故以元绛墓次元奉宗后，并二周墓亦附见焉。

王氏世墓　在驼嵊岭。宋濂《孝思庵记》：钱塘王骥，晋丞相导后。其裔孙耕以文行称。周乾化中，仕吴越，官乌程倅。乌程之弟眹，遂居虎林山中，实骥之五代祖。骥之祖，名暹，字子愚，锡号为明谊处士。尝图地于西湖北山之间，曰驼嵊岭。有三奇石，怪松根蟠其上，预为寿藏，且曰："此新兆也，吾敢居其首乎？南山梯子岭，先世数大墓存焉。年远不敢迁，仿古者葬衣冠之义，斫木为主，书吾父名，葬其中。他日吾则祔其傍，庵庐三楹，颜之曰孝思，示后世不忘其先也。"

清江知县沈仪墓　《钱塘县志》：在桃源岭。《分省人物考》：仪，字茂德，仁和人，锐子。正德举于乡，授清江县，升惠州府通判。投劾归，端居静养，若孤鹤高骞，有翩然之致。

处士陈廷会墓　《杭州府志》：在桃源岭。

马三宝墓　《梦粱录》：在行春桥水竹坞教场内。《钱塘志》：按成化郡志，墓在九里松行春桥水竹坞。宋绍兴末，欲去之，以广教场。方举锸，有黑蜂数百出墓中，不可近。是夜，帅梦一峨冠朱衣者告曰："吾钱王之子，葬此已久，祈勿毁。"遂辍役。至元十五年，军斯名狗儿者掘发之，得铁券一，题曰："雁门马氏葬横冲桥，至元十五年[2]，狗儿坏我屋。"其定数如此。夫铁券所云马氏，似与俗呼马三宝相符。而又谓之钱王子，何也？世代渐远，无从质订，存以俟考。

宋贵妃慕容氏攒所　《咸淳临安志》：在资德院。《建炎以来朝野杂记》：慕容氏，哲宗后宫也。崇宁元年，封才人。大观二年，进美人。靖康之难，六宫皆北去。惟先朝嫔御得免[3]，乃建承庆院以处之。绍兴十四年冬，拜贤妃。年八十，赠贵妃。

宋贵妃张氏攒所　《咸淳临安志》：在永宁崇福院。《宋史·后妃传》：张氏，开封祥符人。初入宫，封永嘉郡夫人。乾道六年，进婉容。淳熙七年，封太上皇淑妃。十六年，进贵妃。

杜汝能墓　《咸淳临安志》：在曲院。《武林旧事》：汝能，字叔谦，太后诸孙。居曲院，能诗，有声。

吏部侍郎茅瓒墓　《杭州府志》：在盘龙山。详《名贤》。

参议黄汝亨墓　旧《浙江通志》：在花园桥下。详《名贤》。

处士周天佑墓　在茅家埠。贝琼《贞孝处士周公墓志》：公讳天佑，字思顺。其先汴人，五世祖燨，宋机察官，扈从高宗南渡，占籍于杭。公好学读书，受《易》于吴兴宇文子贞。居家以孝闻。监察御史李完者荐授嘉兴路崇德州倅，不赴。洪武四年，葬茅家山祖茔之侧。

---

〔1〕　雍正本"许"前有"里"字。

〔2〕　年，底本及雍正本皆作"六"，据上下文意改。

〔3〕　底本"免"误作"兔"，据雍正本及文意改。

太仆寺少卿吴谦墓　【万历】《杭州府志》：在茅家埠。成化二十三年，谕葬。

兵部侍郎陈禹谟墓　《钱塘县志》：在茅家埠。天启间，谕葬。《分省人物考》：禹谟，号心抑，仁和人。万历丁丑进士，授中书，选御史，寻除江西巡按。所至简肃，终养里居十年。起补巡漕，升太仆卿，抚郧阳，转刑部侍郎，终于官。

礼部侍郎蒋骥墓　【万历】《杭州府志》：在尉司里仙芝山。杨荣《蒋良夫墓表》：良夫，讳骥，世为钱塘人。登洪武庚辰进士，擢行人。尝奉命使郡国，所至皆仰风采。永乐初，升翰林院检讨，自是得尽阅古今之书。未几，为人所连，逮系狱十有余年，处之怡然。洪熙改元，得释。升左春坊，又升翰林院侍讲，进侍讲学士，寻拜礼部右侍郎。命下之日，士林称庆。遽以疾卒，遣官谕祭，诏有司治坟茔。

山西按察使佥事王琦墓　【成化】《杭州府志》：在仙芝岭。郑厚《佥事王公墓表》：公讳琦，字文珊。永乐甲午，领乡荐，会试中乙榜，授汝州学正，拜河南道监察御史，升山西按察司佥事。提学晋阳，士风为之丕变。越二年，改四川，寻致仕。晚年闭门，自号百拙居士。不营治产，岁侵无以朝夕。卒，无以为葬，合郡士大夫咸痛惜之，为之葬而礼焉。

赠尚书江晓墓　【万历】《杭州府志》：在仙芝岭。吕本《江公神道碑》：公讳晓，字景熙，别号瑞石。正德戊辰，中会试第四人。除兵部武选司主事，历官工部右侍郎。年七十有二，穆宗即位，用台谏言，赠尚书，祭葬悉如制。

侍郎江铎墓　旧《浙江通志》：在仙芝岭。万历二十三年，谕葬。

宋贵妃阎氏攒所　《咸淳临安志》：在显慈集庆寺。

都督张奎墓　【万历】《杭州府志》：在飞来峰石人坞。

都督牛桓墓　《钱塘县志》：在灵鹫山。

谏议大夫杨大雅墓　在灵隐山。欧阳修《谏议大夫杨公墓志》：公讳大雅，字子正，杭州钱塘人。以谏议大夫、集贤院学士出知亳州，封鄃略县男，食邑三百户。卒年六十九。有《西垣集》。以景祐二年与漳南县君合葬。

谨按：杨大雅初配漳南县君张氏，继配即广平郡太君张氏。欧公于大雅《志》中不详葬所，第云葬杭州某乡。而广平《志》中则云葬于灵隐山祖茔，则此墓当在一处也。

广平郡太君张氏墓　在灵隐山。欧阳修《广平郡太太君张氏墓志》[1]：杨公大雅以文行知名，号有清节。夫人张氏佐公，以勤俭治家，教子弟，和宗族，皆有法。至和二年，卒于高邮。以嘉祐元年葬于杭州钱塘县履泰乡西村灵隐山祖茔之西。

直秘阁钱龢墓　《武林纪事》：在灵隐、天竺两山之间。详《名贤》。

翰林唐询墓　在灵隐山。详《名贤》。沈辽《翰林唐公祠堂记》：公讳询，字彦猷。仁宗朝为御史，历苏、杭、青三州。爱钱塘之灵隐，以为山水当天下第一。而公之幽宫，乃卜于宝峰。葬后三年，仲子坰为作堂于寺之西轩，以申公志。

---

〔1〕　底本"郡"后原衍一"太"字，据雍正本及上下文意删。

冲晦先生徐奭墓　《古杭杂记》：在灵隐石笋院。详《名贤》。

峋嵝山人李元昭墓　《西湖游览志》：灵隐寺旁峋嵝山房，故将军李元昭隐居也。年八十五，预示逝期，乃葬焉。详《名贤》。

郭时义墓　《钱塘县志》：在灵隐山。宋建炎间，时义母冯氏医孟太后疾愈，封国安夫人，赐姓赵，并坟山。

骠骑将军严德墓　【万历】《杭州府志》：在灵隐寺西。《西湖游览志》：将军名德，太平当涂人。从明太祖讨张士诚有功[1]，遂令守御杭州。会天台贼反，德往讨之，中流矢，卒。上悼之，赠骠骑上将军，追封天水郡公，敕有司治葬于此。

金都御史张濂墓　旧《浙江通志》：在灵鹫山。《钱塘县志》：父赠吏部稽勋司员外郎，应桢及弟光禄寺署丞江俱葬此[2]。

高士邵穆生墓　在灵鹫山。详《名贤》。黄汝亨《高士邵虎庵塔铭》：先生讳穆生，别号虎庵，弘斋公讳经邦仲子。年三十余，即屏居灵鹫山之呼猿洞。卒，即葬于山庐之侧，冢上置塔，塔覆以亭。

行人陆培墓　旧《浙江通志》：在灵鹫山。详《名贤》。

知通州诸梦环墓　《钱塘县志》：在灵隐山。旧《浙江通志》：梦环，字宇怀。登进士，出守通州，恤刑薄敛，有古循吏风。

光禄寺卿诸允修墓　旧《浙江通志》：在灵鹫山。

布政使陈王廷墓　旧《浙江通志》：在灵鹫神尼塔下[3]。

文华殿大学士谥文僖黄机墓　《钱塘县志》：在灵鹫山。机，字次辰。顺治丁亥进士，授编修，积官文华殿大学士兼吏部尚书。年七十五，卒。

兵部侍郎项景襄墓　《钱塘县志》：在灵隐山。旧《浙江通志》：景襄，字去浮，号眉山。顺治壬辰成进士，乙未廷对，补检讨，历官兵部右侍郎。卒于官。

太子太保经略宋应昌墓　旧《浙江通志》：在北高峰下，子守敬尔祔祔。

知代州赠吏部尚书黄思道子参政赠吏部尚书克让墓　《杭州府志》：俱在北高峰下。旧《浙江通志》：思道，号默庵，钱塘人。万历庚午举人，除知代州。崇学宽刑，称循良。殁之日，殓犹不给[4]。赠中大夫[5]、广东右参议，今追赠奉政大夫、吏部尚书。克让，字含光。万历甲午举人，戊戌进士，官工部都水使，榷荆州，寻擢广东参政。

吴越国顺睦妃孙氏墓　《梦粱录》：在石人岭下。《钱塘志补》：忠懿王妃孙氏，名太

---

〔1〕　讨，底本作"计"，据雍正本改。
〔2〕　底本"弟"作"第"，据雍正本及文意改。
〔3〕　雍正本无"布政使陈王廷墓"条。
〔4〕　雍正本"给"后有"郡人悲号罢市"六字。
〔5〕　雍正本"中"后有"奉"字。

真,钱塘人,泰宁节度使承佑之姊也。少事忠懿王甚谨,一以俭约为训。汉制拜夫人,周敕封吴越王贤德夫人。宋开宝五年,进封贤德顺睦夫人。九年,王与妃及世子惟浚入觐,加封吴越国王妃。是岁,归国薨,葬石人岭。

礼部员外郎程文墓　【万历】《杭州府志》:在石人岭下。文,徽州人。屡官翰林院编修,有文集行于世。

布政史夏时墓　【成化】《杭州府志》:在石人岭。详《名贤》。

许玫许现墓　【万历】《杭州府志》:睢阳太守许远之二子玫、现,葬钱塘县天竺庄鸡笼墩。

吴越国孝献世子墓　《咸淳临安志》:在天竺前山。《吴越备史》:名弘傅,文穆王第五子,立为世子。卒年十六,谥曰孝献。

宋宪圣吴太后攒所　《西湖游览志》:在石人岭下。时思荐福寺为高宗吴太后葬所,墓前有二石马,琢刻如生。旧传夜辄驰骤,秋瓀光莹如玉,至今苔藓不侵。

工部侍郎严时泰墓　在上天竺。尤侗《武林严氏墓道记》:时泰,正德辛未进士,由县令历永昌太守、四川布政,升巡抚。有征蛮功,进工部侍郎。葬于上天竺东偏。子之清,世袭锦衣千户,祔。

都督佥事许亨墓　《钱塘县志》:在天竺后山。杨荣《许公墓志》:公讳亨,镇浙江都司二十余年。其没,军士咸奔送其丧,去今四十年矣,人犹思之不忘。庶吉士山阴秦瑛挽之,诗曰:"门外日高闲剑戟,海滨风静利渔樵。累朝功业黄金重,一寸忠勤雪发添。"皆宝录也。

都督万表墓　《杭州府志》:在月桂峰欧家山。钱谦益《万公传》:公讳表,字民望,鄞县人。正德庚辰中武进士。以都指挥起家,为漕运参将者二、漕镇总兵挂印者二,以都督同知佥事南京中军都督府。公于漕政兵事无不洞悉,所至皆建竖。甲寅海上倭乱,散家财,募死士,奋欲死之。金书南府,道经姑苏,与倭遇娄门杨泾桥,率所募及少林僧邀击,身中流矢,遗书于子曰:"我家世以战功死王事,我身不任兵,晚年添一箭瘢,不亦美乎?"公少嗜元学,已而精阅内典。披衲入伏牛山,晓行见日升,忽大悟。历官四十年,家无余财,瓶钵萧疏,与野衲杂处。嘉靖中,王汝中、罗达夫、唐应世以理学名于时,公与之颉颃,自号鹿园居士。

编修杨载墓　《武林纪事》:葬钱塘。详《名贤》。

淳固先生宋斌墓　《梦粱录》:在资国寺右。【万历】《杭州府志》:斌,字文叔。袁州分宜人。弱冠,师晦庵先生,受四书大义。年八十,私谥为淳固先生。

西溪路

参军阚廷诏墓　《杭州府志》:在秦亭山下。

长史裘自谦墓　《钱塘县志》:在碧峰山下。仲子赠奉政大夫之雄,葬碧峰之右丹凤山,有丹山起凤坊。

沈栖霞墓 【万历】《杭州府志》:在法华山。

武义大夫毕进子节度使谥忠毅再遇墓 《梦粱录》:并在西溪。《宋史·毕再遇传》:进从岳飞转战江淮间,积阶至武义大夫。再遇以恩补官。边事起,再遇以功第一,累迁左饶卫上将军。和好成,乞归,以武信军节度使致仕。年七十,赠太师,谥忠毅。

敷文阁待制柳约墓 在西溪。周必大《左朝议大夫充敷文阁待制致仕柳公约神道碑》:公讳约,字元礼,秀之华亭人。考讳廷俊,述古殿学士。公登大观三年上舍第,深于经术,大为学者宗。宣和四年,充编修《汴都志》。寻为徽州司录,改通判宿州。七年,拜监察御史。靖康初,兼权殿中侍御史,尝论三镇不可弃。改尚书工部员外郎,迁太常少卿,除直龙图阁,知严州,兼两浙西路兵马都监。自是遂以忠劳召用,未久而罢。起知蔡州,被命即行,略无顾避,用郊恩次对敷文阁待制。绍兴十五年告老,是年卒于家,享年六十四,遗命以述古葬临安之西溪。诸子遂以是年亦葬公西溪,去先茔才数里云。

集英殿修撰曾炎墓 在西溪。楼钥《集英殿修撰致仕赠光禄大夫曾公神道碑》:刑部侍郎炎,字南仲,裔出南丰曾氏。隆兴元年进士。淳熙八年,知江宁县。绍熙元年,迁大理寺主簿。二年,除司农丞。三年,擢知温州,筑瑞安石冈及平阳斗门。庆元元年,召赴行在,除尚书郎中。四年,总领淮西江东兵马钱粮。五年,除直敷文阁福建路转运副使。嘉泰二年,除起居舍人,转起居郎兼权刑部侍郎。三年,郊祀恩封曲阜县开国男,食邑三百户。嘉定元年,被命守婺。未几,改姑孰。二年,宗社礼成,进封开国子,加食邑二百户。四年,致仕。薨,享年七十一,以光禄大夫告第官。其后,葬于临安府钱塘县钦贤乡西溪山先茔之次。有《觉庵集》与《邑政总类》藏于家。

赠少傅谥襄恪赵密墓 《梦粱录》:在西溪钦贤乡。《宋史》本传:赵密,字叔微,太原人。用材武,授河北队将,戍燕,累功至太尉,拜开府仪同三司,领殿前都指挥使。上疏告老,以万寿观奉朝请。隆兴二年,进少傅。和议成,罢为醴泉使。乾道初卒,年七十一,赠少傅。

吏部员外郎虞淳熙墓 在西溪。详《名贤》。黄汝亨《稽勋德园虞公墓志》:虞公以万历癸巳去官,归钱塘,隐南山回峰下。天启元年,坐而没。三年,葬于西溪七十二贤峰下。

谨按:旧《浙江通志》载淳熙墓在雷峰塔下。据黄汝亨《墓志》,墓实在西溪,其所居在雷峰也。

赠刑部尚书洪有恒墓 《西溪梵隐志》:在西溪。子赠太子太保、刑部尚书薪祔。

刑部尚书谥襄惠洪钟墓 【万历】《杭州府志》:在西溪东穆坞。详《名贤》。王守仁《谥襄惠两峰洪公墓志》:特进光禄大夫、柱国、太子太保、刑部尚书兼都察院左都御史致仕洪公,以嘉靖二年薨,年八十一。天子遣官谕祭,锡谥襄惠,赐葬钱塘东穆坞之原。娶郑氏,继周氏、徐氏。又继魏氏,尚书文靖公之孙女。公墓合魏夫人之兆。

中书洪澄墓 《西溪梵隐志》:在西溪阮家山。葛寅亮《中书洪澄传》:澄,字静夫,别号西溪太保,钟子也。少擅文誉,中正德举人,官内阁,制敕中书兼修玉牒。归筑别业于孤山。晚年徜徉湖上,足迹不入城市,以孙瞻祖贵,赠都察院右都御史。

推官洪吉臣墓　《西溪梵隐志》：在横山桐坞村。

祭酒冯梦祯墓　《钱塘县志》：在西溪梅坞。详《名贤》。董斯张《吊冯开之殡宫诗》：
"玉树承无恙，书来月甫更。鹤传君子化，鹏告主人行。夜壑谁移棹，寒来独斫楹。西州门下路，
一过一吞声。槜李距钱塘，盈盈一水望。暂归归魄久，短别别魂长。谈屑凋宾座，歌尘冷妓堂。
孤山新筑墅，明月吊虚廊。"

副都御史陈洪濛墓　《钱塘县志》：在荆山。万历间，谕葬。余有丁《陈公墓志》：公
讳洪蒙，字元卿，自号抑庵。举进士，寻擢江西按察副使。乙丑入觐，推都察院右副都御史、巡抚
贵州兼督湖北川东军务，进阶通议大夫。

太仆寺卿陈潜夫墓　《杭州府志》：在荆山。详《名贤》。

漕运总督谥清献徐旭龄墓　《钱塘县志》：在荆山。冯溥《徐公神道碑》：公讳旭龄，
字元文。自玉山占籍钱塘。父讳一鸿，授徒玉山。戊子，江右寇发，出避贼，遇害。公匍匐千里，
寻尸山谷间，遇虎不顾。梦父示以死所，且告以毛廿八者，乃得遗骸。啮指沁骨，因负以归，一时
传为孝感。成进士，前后居铨部八年，流弊一清。授云南道监察御史，累迁都察院左佥都御史，巡
抚山东，升工部侍郎，督漕事。公至淮，以筹三便厘三害等疏请行。自是，岁省军民金钱数十万。
秋，淮、扬、徐大水，以公请得蠲赈。阅视下河，及赈济徐州。两岁中水陆往还，以劳卒，年五十六。

处士陈祚明墓　《钱塘县志》：在鲜于山。

都督陈九思墓　《钱塘县志》：在小和山森罗坞。

吏部尚书徐潮墓　《钱塘县志》：在小和山。汤右曾《冢宰徐公墓志》：公讳潮，字青
来，一字浩轩。癸丑进士，由庶吉士积官至吏部尚书。卒年六十九，葬小和山之原。

塔 附

孤山路

辟支塔　《咸淳临安志》：在孤山。

晤恩禅师塔　《咸淳临安志》：在玛瑙坡。圆公《孤山诗》有"竹荫高僧塔"之句。
详《方外》。

智圆和尚塔　【成化】《杭州府志》：在孤山玛瑙院，今徙葛岭东[1]。详《方外》。
《西湖游览志》：智圆，临化命门人。即后山敛陶器而护葬之，名陶器冢。自为铭曰："清净本然，无

---

〔1〕　雍正本无"今徙葛岭东"五字。

变无迁。为藏陶器,密迩闲泉。"[1]

抱玉慧琳法师塔 《灵隐寺志》:在玛瑙坡[2]。

南山路

中峰和尚舍利发塔 【成化】《杭州府志》:在云居庵。

永明禅师塔 《宋镜录传》:在慧日峰。详《方外》。国朝雍正十一年,奉旨重修,建立牌坊,上刻"敕封妙圆正修智觉禅师之塔"。

必才禅师塔 在南山演福寺。宋濂《佛鉴圆照论师大用才公行业碑》:师讳必才,字大用,姓屈氏,临海人。以至正十九年灭度于南山演福教寺,建塔寺之南偏,奉舍利藏焉。

可授禅师塔 在南屏山[3]。

济慧禅师戒公塔 【成化】《杭州府志》:在虎跑寺。大理寺少卿杨复撰铭。

赞宁禅师塔 《灵隐寺志》:在龙井。详《方外》。

辨才法师塔 《咸淳临安志》:在龙井塔后。苏颖滨为塔碑。详《方外》。苏轼《辨才塔铭》:"如来昔在世,心禅语为教。譬如四大海,惟是一湿性。性于湿性中,变化千万亿。风来为澜涛,风去为湛然。鱼龙所游戏,鬼神所出没。船筏借其力,网罟取其利。其上为洲渚,诸国所生育。其下为渊谷,百怪所藏伏。东西出日月,上下属河汉。观者不能了,睥睨何暇说。如来知迷闷,随变为解释。因变所说者,是则名为教。彼善闻教人,当如是幻尔。既已知是幻,则当塞其实。我观世教师,皆谓教其实。由是教实故,则为禅所诃。禅虽诃乎教,终以教致禅。禅若不敢教,是杜所入门。教而不知禅,是不识家也。辨才真法师,于教得禅那。口舌如澜翻,而不失道根。性湛如止水,得风辄灿然。心是于东西,普福禅教师。士女常奔走,金帛常围绕。师惟不取故,物来不能拒。道成尽有数,西方一瞬息。西方亦非实,要有真实处。"

原璞法师塔 在龙井。宋濂《杭州集广教寺原璞法师璋公圆冢碑》:洪武元年,杭之显慈集庆教寺原璞法师,灭度于京城大天界寺,其弟子奉灵骨,归窆于郡之龙井辨才塔南。师讳士璋,字原璞,受生于海宁王氏。年十九,除发。元至正十三年,主州之栖真教寺。栖真与南天竺演福邻,古称教海,法师时往叩焉。二十年,移住旌德教寺。诗文有《别录》若干卷。

傅大士塔 《钱塘县志》:在凤凰山[4]。

莲池大师塔 《西湖梦寻》:在五云山。详《方外》。

---

[1] 雍正本无《西湖游览志》……密迩闲泉"一段文字。

[2] 雍正本"《灵隐寺志》"与"在玛瑙坡"互乙,且在"志"后有"姓戈,新安人……"凡八十字。

[3] 雍正本"山"后有注文宋濂《净慈第七十六代住持无旨禅师受公碑》文凡七十七字。

[4] 雍正本"山"后有"龙华寺"三字。

北山路

修真了义禅师塔　《钱塘县志》:在葛翁井。

鸟窠禅师塔　《西湖百咏诗引》:在定业院后。太和七年,示寂。后人发塔,惟见碑铭。详《方外》。

三藏道法师塔　【成化】《杭州府志》:在九里松。

大智照律塔　《钱塘县志》:在灵芝西北。

瑞光卧塔　《灵隐寺志》:在月桂峰下。慈云大师示寂时,有大星堕地,因葬,题曰瑞光卧塔。

慧理法师塔　《灵隐寺志》:在回龙桥道左。详《方外》。虞淳熙《慧理大师塔铭》:石燕拂云,岭鹫入吴。公锡于飞,猿心可呼。安安而思,月运云驶。生灭毁成,亦复如是。谓公盖殊,鸡足与彝。谓轮盖倾,鳖足与支。幡摇乌惊,栱积星碍。骨妖斯濯,黑囊佩虚。如梵天宫,乘往来宋。南红泗影,不骞不摧。《释氏稽古略》:山有宴坐之岩,号理公岩,今痤塔存焉。慧麟瑞《慧理祖塔诗》:"为问开山祖,双猿洞未封。全身当谷口,一塔压回龙。锡挂西天月,雷轰鹫岭钟。欲知真面目,溪水尽朝宗。"晦山显《慧理开山祖塔诗》:"欲表灵峰异,迦维特地来。双猿呼洞出,五寺凿灵开。石塔当溪口,全身听蛰雷。到山先觌面,谁虑没荒莱。"

神尼舍利塔　《西湖游览志》:在灵鹫峰顶。《钱塘县志》:隋文帝始生,尼知其贵。帝长,尼私谓曰:"佛法暂废,俟汝而兴。"属周武废教,尼隐帝家而卒。及帝即位,令天下造佛塔,而以尼舍利函赍至灵山造塔焉。晦山显《神尼舍利塔诗》:"插汉浮图古,传来隋代时。神通仙佛母,禟褓帝王儿。闹市知天子,深宫礼圣师。灵山藏舍利,斑剥故朝碑。"

无着文喜禅师塔　《西湖游览志》:在灵隐山畔。详《方外》。《武林纪事》:乾宁四年,住灵隐,殁葬慈光院。后迁灵隐,盖后唐光化三年也。历十三甲子,计今顺治七年庚寅,七百五十一年。山僧作圃种菜,辟地九尺。及师缸顶有小钵,破之,黑气冲天,良久方散。启视之,则师跌其中[1],前发仅覆额,后发下垂蔽体,脚指三匝于身,手指甲仅一匝,笑容如生,衣微红色,按之如灰烟然。此九月十三事也。发之日,山鸣。十六日午时,莱寮上梁,是夕北峰塔倒,城中地震[2]。

佛海禅师塔　在灵隐山。周必大《灵隐佛海禅师远公塔碑》:师姓彭氏,名慧远,眉山人。乾道五年,诏住皋亭山崇先寺。六年,开堂于灵隐,赐号佛海禅师。淳熙三年上元,安坐而化。是月葬乌峰之塔,寿七十四[3]。

---

[1]　底本"跌"作"跌",据雍正本及文意改。
[2]　雍正本无"发之日……城中地震"一段文字。
[3]　雍正本"四"后有"僧腊五十九"五字。

辅良大师塔　在灵隐山。宋濂《杭州灵隐寺辅良大师石塔碑》：洪武四年正月，灵隐释氏大师灭度，报年五十五，僧夏四十。用阇维法从事火灭，得舍利盈升。其弟子以是年瘗骨于归云塔实在寺东偏。大师讳辅良，字用贞，号介庵，苏州吴县人，姓范氏，文正公十叶孙。受戒住天平山白云寺，从笑隐欣公，契其心法。后住杭之中天竺，预知代期，端坐书偈而殁。

具德禅师塔　《钱塘县志》：在云林寺[1]。

硕揆禅师塔　《钱塘县志》：在云林寺后石佛庵。王泽弘撰志铭[2]。

道翊祖师塔　《钱塘县志》：在孔窦峰。详《方外》。《上天竺山志》：崇祯丁卯夏，住持照本重立石碑坊一座，题曰"晋开山圣僧道翊祖师之塔"，县侯王扬基书额。癸酉冬，重加塔门柱槛，琢石新之。

真观法师塔　【成化】《杭州府志》：在天竺东冈。《灵隐寺志》：观法师葬地久圮。宋慈云募，王钦若重修，罶甃甚工。详《方外》。杨蟠《真观法师塔诗》："东冈人不识，野寺在樵渔。落叶年年满，春风为扫除。"郭祥正《真观法师塔诗》："宰屠藏真骨，东冈气象殊。烟云扫不尽，苔藓一痕无。"释遵式《真观法师塔诗》："五六百年内，金躯亦化尘。方知新冢上，尽是古人身。白发争名急，青山送骨频。除师灵塔外，一一好沾巾。"

日观大师塔　《武林纪事》：在天竺山。详《方外》。范仲淹《天竺山日观大师塔记》：师钱塘人，姓仲氏，名善升。皇祐元年，余至钱塘，就山中见之。一日，遣侍者持书谢余："将去人世，必藏于浮图之下，愿公记焉。"又一日，侍者来告曰："师化矣。"其门人藏于塔。铭曰："山月亭亭师之心，山泉泠泠师之琴。其性存兮，孰为古今。聊志之兮，天竺之岑。"

慧日大师塔　在天竺山。宋濂《上天竺慈光妙应普济大师东溟日公碑》：皇明奄有方夏，有学僧伽奉诏入京，数召见，字而不名。及建钟山法会，师说毗尼净戒。洪武五年，辞归杭之上天竺山。秋七月朔，梦青莲花生方池中，召弟子曰："此生净土之祥也。"至四月，书颂而寂，世寿八十九，僧腊七十二。其月藏于山之西峰妙应塔院。师讳慧日，号东溟，天台赤城人[3]。

---

[1]　雍正本无"具德禅师塔"条。
[2]　雍正本无"硕揆禅师塔"条。
[3]　雍正本"人"后另有"国朝伯亭大师塔"条，凡七三字。其后另行并有注文"谨按：吴山在城内，向属禁地，无墓塔，故不列吴山路"二十字。

武林览胜记卷二十三

碑碣上 金刻附

夫披文相质,宏于齐梁,后世纪胜题年,益复云起。要以流风迹,导余薰,其致一也。明湖碑碣相望,眉山涑水并有摩崖。既鹊顾以龙盘,亦鲸呿而鳌掷,为嗜古者所耽玩焉。爰搜白瓦,用次丹书,未虞岸谷之殊,或藉琳琅之载云尔。志碑碣。

孤山路

石壁《法华经》　旧在孤山寺,即广化寺。见元稹《孤山石壁法华经记》,文见《寺观》。

陈襄竹阁题名　旧在广化寺内。熙宁七年立石,咸淳四年重立。见《咸淳临安志》。

苏轼六一泉铭　旧在广化寺内。明洪武初,释行升重立。见《西湖游览志》,文见《山水》。

岁寒岩三大字　在孤山巅。

岁寒岩　篆书。郭令公历中书二十四考,广成子住空同万八千年。字已漫漶。《西湖游览志》云:相传苏轼书。

林逋墓碣　旧在墓前。和靖先生墓,咸淳四年,金华王庭书,立石,见《咸淳临安志》。

谨按:金石之文,每多散佚。凡现存者,依洪氏《隶释》例,悉据原文登载于左。惟佛经无庸全录,及诗文已载别门者,俱一一注明。其或文不足录者,止登时代岁月。或碑已遗亡,而原文尚散见群籍者,则用小字录出,即注本行之下,以存其旧,俾览者有考焉。

重建巢居阁记　旧在孤山。江浙儒学提举长沙李祁记,又大理少卿夏时正记并书篆。见【成化】《杭州府志》。

宋孝宗书苏轼陈朝桧诗　旧在孤山之南桧傍,立石小亭内,见《咸淳临安志》。

重修西湖书院记　旧在孤山之南,贡师泰撰,见【成化】《杭州府志》。

西湖书院田记　旧在孤山之南,黄溍撰,见【成化】《杭州府志》。

重修西湖书院记 旧在孤山之南,山长陈泌记,又夏时正记并书篆,见【成化】《杭州府志》。

钱塘先贤堂记 旧在第一桥,中书舍人王墅撰,见《咸淳临安志》,文见《祠宇》。

先贤堂乡名士列士赞辞 旧在堂侧,见《武林旧事》。

南山路

涌金池三大字 旧在涌金门内,吴越王元瓘书。清泰三年丙申之岁建午之月,特开此池。见《梦粱录》。

洞古经 旧在涌金门外显应观,宋理宗书,见《西湖游览志》。

显应观碑 旧在涌金门外观内。嘉定三年,楼钥奉诏撰并书,见《咸淳临安志》,文见《寺观》。

弥陀颂 旧在灵芝崇福寺内,苏轼撰并书,见《古今碑刻》。

灵芝崇福寺记 旧在涌金门外寺内,宋参政何淡撰,见【成化】《杭州府志》,文见《寺观》。

灵芝崇福寺赐田记 旧在寺内,宋丞相郑清之撰,见【成化】《杭州府志》,文见《寺观》。

表忠观碑 在今钱王祠门内,两列。

朝奉郎、尚书祠部员外郎、直史馆、权知徐州军州事、骑都尉苏轼撰。文见《祠宇》。嘉靖三十六年,杭州知府陈柯重摩立石。正书。

华严经 旧在雷峰塔上,围绕八面。吴越王钱俶撰记,见《咸淳临安志》。

湖隐上人赞 旧在净慈寺,为济颠作,不署名,见《元牍记》。

家人卦 在南屏兴教寺后。

【☲☳】"家人:利女贞"至"反身之谓也"。隶书,分十二行,字径八寸,摩崖。

乐记 在家人卦后。

"君子曰:礼乐不可斯须去身"至"举而错之,天下无难矣"。隶书,分十行,字径八寸,摩崖。

中庸 在《乐记》后。

"子曰:道不远人"至"君子无入而不自得焉"。隶书,分十行,字径八寸。右司马温公书。正书,摩崖。

谨按:以上三篇书法同,末题司马温公书。《武林旧事》云此唐人书,后人添刻温公。其实非也。考光之父司马池,于康定元年知杭州,后亦封温公。或其守杭时书此,以教民正,未可知。光本传称光于宝元初中进士甲科,因池在杭,求签苏州判官事,以便省视故。池有叙述吴越风俗文,系光代作,见于《传家集》。此段摩崖,大抵池为守时所刻,故《咸淳临安志》亦称温公书也。

琴台二大字 在家人卦傍。

琴台行书,字径三尺。米芾书正书,摩崖。

三生石三字　在家人卦傍,篆书,摩崖。

周昌题名　在家人卦傍。

南山之隈,白石巍巍。上有丹崖,下有琴台。弥天然师,与我游哉。勒名石坚,庶播将来。至正甲午仲春,吴兴周昌书于南屏石壁。正书,摩崖。

张若谷等题名　在南屏。

龙图阁学士、刑部侍郎、知府事张若谷,两浙路体访安抚、三司度支判官、税课转运使、司勋郎中张从华,康定辛巳暮春二十三日游晏此山,尽日而去。正书,摩崖。

蔡襄等题名　在南屏。

资政殿学士、谏议大夫、知军州原武郑戬天休,转运使、尚书兵部员外郎陇西李定子山,转运使、尚书□部员外郎东平吕觉秀民,尚书祠部郎中、集贤校理彭城钱仙游绮翁,著作佐郎、馆阁校勘莆阳蔡襄君谟,庆历元年辛巳十二月十日题。正书,摩崖。

郑民瞻等题名　在南屏。

郑民瞻德常、弟民监先觉、民度仲详、陈浚□叔、徐代用用之、上官□□□、黄应叔和,庆历二年□午正月十九日游此。正书,字径三寸,摩崖。

苏温雅等题名　在南屏。

苏温雅、舜钦、杨混,庆历二年八月六日倩仲题。正书,字径五寸,摩崖。

浦延熙等题名　在南屏。

宋皇祐辛卯岁季秋既望,浦延熙、李乔游南屏山题记。隶书,字径五寸,摩崖。

鲁元翰题名　在南屏。

鲁元翰熙宁乙卯仲夏再游。正书,摩崖。

王廷老等题名　在南屏。

王廷老伯扬、张靓子明、孙迪彦诚、胡志忠仲举、吴君平常甫、郭附明仲,熙宁八年四月廿三日同游南屏兴教寺。正书,摩崖。

晁仲舒题名　在南屏。

晁仲舒与侄端彦、张援同游。正书,摩崖。

楼钥少林二大字　在南屏。

少林。正书,字径八尺,横写。攻愧。正书,字径一尺,在大字左,摩崖。

艮卦　在幽居洞。

艮其辅,言有序,悔亡。隶书,字径六寸,摩崖。

损卦益卦　在幽居洞。

【☷】山下有泽，损；君子以惩忿窒欲。【☳】风雷益，君子以见善则迁，有过则改。隶书，字径六寸，摩崖。

云壑二字　在南屏。隶书，字径五寸，摩崖。

苍谷题名　在南屏。

苍谷题。正书，字径尺余，摩崖。

左传晏子语　在太子湾。

晏子曰：君令而不违，臣共而不贰；父慈而教，子孝而葳；兄爱而友，弟敬而顺；夫和而义，妻柔而正；姑慈而从，妇听而婉。礼之善物也。隶书，分五行，字径一尺，书法与家人卦同，摩崖。

乾祐凿佛赞　在石屋洞。

观音自在菩萨尊像一躯，并装彩龛室等。因而赞曰：大圣观音，身现尘刹。随声响应，咸见菩萨。了兹宝相，孰不解脱？善哉净信，本惠清豁。命乎鄙手，倚岩镌割。水月现前，俨然生活。乾祐二年岁在己酉九月十□日记。小行书，摩崖。又有数段，并吴越时刻，文莫辨。

陈襄等题名　在石屋洞。

陈襄、苏颂、孙奕、黄颢，曾孝章、苏轼同游。熙宁六年六月二十一日。正书，摩崖。

谨按：《咸淳临安志》云石屋洞崖仿佛有东坡题名，传云党禁时镌去。今字画朗然，此出后人重刻，是以书法远不逮龙华。

王廷老等题名　在石屋洞。

睢阳王廷老伯扬、钱塘吴君平常甫、大名王颐正甫、昭武上官垲彦明、临川王安上纯甫同游。熙宁癸丑七月己未。正书，字径四寸，文右行，摩崖。又一刻在水乐洞，题名人同。

鲁元翰题名　在石屋洞。

熙宁甲寅十月二十五日，扶风鲁元翰游石屋洞，君彦、君亮侍行。正书，摩崖。

王廷老等题名　在石屋洞。

王廷老伯扬、吴君平常甫、孙迪彦诚、胡志忠仲举、郭附明仲、张靓子明，熙宁八年四月廿三日同游石屋洞。正书，摩崖。

潜说友题名　在石屋洞。

潜说友来。咸淳五年七月望日。正书，摩崖。

大德凿佛记　在石屋洞。

昔在石晋佛天福年中，开山建院，刊坚珉，为瞿县罗汉像凡七百余尊。星霜屡易,大欠庄严。遂投诚檀信,择吉鸠工,重绘重整,再□再新,以广其传。愿一切人普同瞻仰,后之人继承我志,时理之,庶永示于不朽也。□德□年岁在壬寅,住山永隆识。正书,摩崖。谨按:年号上失二字,考壬寅岁为元大德之六年也。

员峤真逸等题名　在石屋洞。

皇庆壬子九月八日,员峤真逸、河东李偶士弘偕净慈晦机、中竺元叟、明庆匝岩、演福湛堂、会稽千岩同游,男思德侍行。是日风高气清,乘兴就高峰。行书,摩崖。

施振等题名　在石屋洞。

至正戊子夏四月望,郡人施振、杨瑀、莫昌、邬进礼同游。隶书,摩崖。

沈嘉等题名　在石屋洞。

皇元至正壬寅冷食,通川沈嘉、彭城羊宣、河东张齐、燕南孙中、古越张朗、杭州王皞、武林王旬、太原王苹同游。正书,摩崖。

焕著等题名　在石屋洞。

至正十四年三月六日,奉御焕著、检校王谦、照磨任士文、管勾张晋、掾史王昫部、管勾王畋、永嘉陈昧同游。南山诸公俾昧书于石屋洞,以识岁月。正书,摩崖。

杨朵儿只班题名　在石屋洞。

至正十四年暮春,中台知印杨朵儿只班偕潭州总管伯笃鲁丁同游。正书,摩崖。

方豪石屋二大字　在洞内。

石屋。草书,字径尺余。思□书。行书,名灭一字,摩崖。

谨按:《西湖志》:诸洞名皆棠陵方豪书。豪字思道,此豪书也。

孙克弘燕谷二字　在石屋。

燕谷。隶书,字径四寸。雪居。正书,摩崖。

孙克弘云窝二字　在石屋。

云窝。篆书,字径五寸。雪居。正书,摩崖。

姚原道等题名　在石屋。

丙辰季秋廿九日,通川姚原道彦圣与弟原古伯玉、原仁安叟、原孝景纯同游,子侄㴑、汲、涤、沈、汭、济侍行。正书,摩崖。

吴涵石屋洞诗　在洞内。

石屋云深处,烟崖日午时。坐来幽兴极,老我一题诗。丹园吴涵。正书,摩崖。

西关净化院碑　在水乐洞。

西关净化禅院新建之记。题额,篆书。开运三年岁在丙午二月十日记。正书,文见《寺观》。

谨按:此记载,《咸淳临安志》不著撰人书人姓名。今观碑字泐裂过半,惟首行题名处"撰"字上有"冲援"名,"书"字上有"遂征"名,然难求其实矣。

净化院经幢　在水乐洞。

佛顶尊胜陁罗尼经。经不录。绍熙壬子三月癸酉朔二十二日甲午,内侍武功大夫、主管佑神观李隶建。小楷,内止二面,字微可辨。

苏轼水乐洞诗　旧在洞傍。咸淳中刻石,见《咸淳临安志》。

孙克弘清响二字　在水乐洞。

清响。隶书,字径尺余。华亭雪居书。正书,摩崖。

尹彦明等题名　在烟霞洞。

雒阳尹彦明、赵伯奕、邢叔端、朱晞真、致一、时可、子寅、宁极、维方,绍兴戊午十月四日同来。篆书,摩崖。

谨按:朱晞真,名敦儒。朱子极称其能书。此段玉筋篆,敦儒笔也。

周氏世德记　旧在满觉垄。朝奉大夫、太常博士、知常州王安石撰。见【成化】《杭州府志》。

谨按:《襄阳志林》:周辉云曾祖仁熟于王荆公为中表请得上世墓志,托米元章书入石,号世德碑。即此碑是也。

刘公泉三字　在南高峰下。宋常平刘常甃池,因篆书三字于石,见【万历】《杭州府志》。

大佛字　在南高峰。

佛。正书,字径八尺。庆元丙辰三月八日,檀越胡安钱、唐景明就石书,本□邱大荣刻。岩主净津建。隶书,摩崖。

虎跑寺经幢　在寺门。天福六年立,小楷。末有建幢记,行书,大字,文多不辨。

虎跑寺碑　在寺内。

大慈山定慧禅师寺记。篆书题额。至治三年十月甲申日记。正书,碑半在墙内。

虎跑泉碑　在寺内。

虎跑泉铭。篆书。前翰林学士承旨、嘉议大夫、知制诰兼修国史兼太子赞善大夫金华宋濂撰并篆额。前僧录司右普世、天界善世禅寺住持、天台沙门释宗泐书。洪武二十三年夏六月初八日,中天竺寺净戒、当代住山首记同立石。正书,文见《山水》。

苏轼游祖塔院诗　在虎跑寺。洪武二十三年,重摩刻,行书。诗见《寺观》。

虎跑泉记　在泉上。大理少卿杨复撰,见【成化】《杭州府志》。

玉岑二大字　在玉岑山。许采书,摩崖。见《西湖游览志》。

李忠勇神道碑　在赤山。

高丽寺尚书省牒碑　在寺内。

尚书省牒。大字,行书。前住持平江府吴江县华严宝塔教院僧清远。小字,正书。牒奉敕宜差住持临安府南山高丽慧因教寺[1]。牒至准敕。故牒。大字,行书。宝庆三年正月日牒。小字,行书,尚书省印。少师、右丞相鲁国公。押。参知政事宜。押。参知政事薛。押。大字,行书,右行。尚书省牒僧清远。大字,行书。尚书省印二。临安府札。小字,正书。文不录。宝庆三年正月日。小字,正书。尚书省印。少师、右丞相鲁国公押封。大字,行书。尚书省印二。

高丽寺碑　在寺内。尚书省牒。碑阴,正书,字多不辨。

谕祭少保于谦碑　在三台山墓前。谦子兵部郎中冕立。见【成化】《杭州府志》。

宋杨太后书《道德经》　旧在小麦岭太清宫,刻石幢上。见《西湖游览志》。

苏轼等题名　在大麦岭。

苏轼、王瑜、杨杰、张璘同游天竺,过麦岭。正书,字径三寸。文右行,摩崖。

邱邻题名　旧在风篁岭。静庵、邱邻、贾似道乙未腊月二日来游,复亨泰侍。后三十一年夏闰,大丞相、魏国公贾似道再登揆席,少驻湖曲赐第,因谒演福来此。客廖莹中、陈诗川、从子德生侍。见《咸淳临安志》。

谨按:此段题名今已不见。惟贾似道尚存数题:一在三生石,隶书;一在石屋洞;一在龙泓洞。并正书。似道精于碑刻,即所有摩崖皆大书深刻,第其人不足录耳。

秦观游龙井题名　旧在龙井寺,见【万历】《杭州府志》。文见《山水》。

龙井记　旧在龙井寺。元丰二年记,米芾书,郑清之跋其下。见【万历】《杭州府志》。

辨才法师真赞记　旧在龙井寺。元丰元年,资政殿学士、右谏议大夫、知杭州赵抃撰。见【成化】《杭州府志》。

跋辨才十题　旧在龙井寺。元丰二年八月,高邮秦观跋,辨才徒怀楚刻石。见《咸淳临安志》。

辨才法师行业记　旧在龙井寺。元祐癸酉,大中大夫、守门下侍郎苏辙撰。见【成化】《杭州府志》。

寿圣院讷斋记　旧在龙井寺。元祐元年三月,朝奉大夫、主客□郎杨杰撰。见【成化】《杭州府志》。

苏轼等题名　旧在龙井。苏轼、钱勰、江公著、柳雍同谒龙井辨才。元祐六年正月七日。元祐庚午,辨才老师年始八十,道俗相庆,施千袈裟,饭千僧,七日而罢。眉山苏轼子瞻、洛阳王瑜中玉、安陆张璘全翁、九江周焘次元来馈芎茗。二月晦日书。见《咸淳临安志》。

方圆庵记　在龙井。

杭州龙井山方圆庵记。元丰癸亥四月九日,慧日峰守一记。鹿门居士米元章

书。万历丁酉仲夏,知仁和县事晋陵□□跋。行书。

神运石题字　在龙井。

巉嶙神运石下有玉泓池。草书。南山道人李德遣五丁神运此石,就立在石上。正书。

谨按:此十字纵横有法。"运""池"二字独大[1],几尺余,绝类米书。《西湖游览志》止言石上有"神运"二字,非也。

葛采诗　在龙井。

千年灵洞几人看,洞里丹青画未干。当是神仙栖止处,石悬龙迹喷阴寒。□巢葛采留题,住山善庆摩刻。正书,摩崖。

林景度等题名　在龙井。

林景度、韩无咎、李秀叔、司马季思、崔子霖、韩子师,乾道辛卯八月晦自龙井来。正书,字径四寸,摩崖。

方豪等题名　在象鼻峰。

癸酉正月九日,思道从惟忠、斯清再至。见旧题迷误,复书此。行书,摩崖。

胡楷联峰二字　在南山心庵,摩崖。

董其昌陈继儒李流芳等题名　在联峰,摩崖。

钱武肃王庙碑　在方家峪。《咸淳临安志》云旧称钱王太庙。钱氏五王皆祠焉。前有丰碑,螭首龟趺,极高大,已经剥蚀。细按之,实未尝刻字者。

西林法惠院雪斋记　旧在方家峪院中。元丰三年四月十五日,秦观撰。见【成化】《杭州府志》,文见《寺观》。

钱镠慈云岭题名　在岭上。

梁单阏之岁兴建龙山。至涒滩之年,开慈云岭,便建西关城宇、台殿水阁。今勒贞珉,用记年月。甲申岁四月十五日,吴越国王记。篆书,字径五寸,摩崖。

谨按:此刻凡四十九字,分七行,行七字。即在岭路傍陷石壁一方刻。其字画颇完好。府县《志》称止十八字及立碑岭上者,误也。甲申,后唐庄宗同光二年。

佛法僧三大字　在慈云岭。

佛法僧。正书,字径三尺。熙宁二年己酉岁中秋日,无锡弟子陈延柏施财刊石。正书,摩崖。

云泉二大字　在慈云岭。

云泉篆书,字径一尺。赞曰:惟石生云,泉流涓涓。上应银汉,彻于璇源。玉阳史际。隶书,摩崖。

---

[1]　底本"二"作"三",据雍正本改。

宋仁宗佛牙赞　在慈云岭石佛院。

佛牙赞。仁宗神文圣武明孝皇帝制。正书，大字，赞不录。大宋绍圣改元甲戌岁乙亥月，敬刊于杭州慈云岭永寿石佛殿之左。正书。

谨按：此刻在石佛院殿之左壁，摩崖为之，系七律一首。《咸淳临安志》已辨其伪托。诗亦俚鄙。今观其上有旧题额云"新建镇国赞延遐龄石像之记"，凡十二字，篆书，颇精妙。此必吴越凿石佛时所记之文，后为俗僧磨改，殊可惜也。

冲羽书心印铭　在慈云岭旧石龙院傍石壁内。

心印铭。唐翰林学士兼太子侍读、史馆修撰、守右补阙梁肃作。浩浩群生，或动或静，或幽或明，旁魄六合，运用五行，莫不因其心而寓其形。波流火驰，出入如机，如环无端，莫知其归。或细不可视，或大不可围。日月至明，或以为昏。秋毫至微，或以为繁。或囊包天地，或渴饮四海。舒卷变化，惟心所在。夭寿得丧，惟心所宰。心迁境迁，心广境广。物无定心，心无定境。明则有天人，幽则有鬼神。苦乐相纷，如丝之棼。有无云云，不可胜言。抑末也已，本则不然。惟本之为体，寂兮浩兮，不可道兮；显矣默矣，不可测矣。统万有于纤芥，视亿载于屈指。外而不入，内而不出。不阖不辟，不虚不实。无感不应，无应不神。在天而天，在人而人。常存而未始或存，常昏而未始或昏。岂惟我然，盖无物不然。岂惟我得，盖无物不得。混而为一，莫睹其极。故曰：心生法生，心灭法灭。离一切相，则名诸佛。钱唐讲律僧冲羽书。陶翼并男拱镌字。天宋皇祐癸巳岁七月[1]，草堂僧慎微斜同志刻于石龙院之崖。正书，字径三寸，摩崖。

钱倩仲题名　在石龙院心印铭傍。

建中靖国元年仲冬，会稽钱倩仲游。正书，字径三寸，摩崖。

石龙净胜院舍田记　在石龙院傍。淳熙庚子三月十三日，住山释子崇立石。正书。记魏氏三八娘舍田事，文不录。

建庚申胜会记　在石龙院千佛头。绍兴二十七年立。正书。文不录。

瑶华洞三大字　在千佛头。

瑶华洞。正书，字径八寸。皇祐元年己丑九月，提点两浙。缺左边。守尚书度支员外郎苏舜元立石。右边摩崖。

钱倩仲题名　在瑶华洞。

彭城钱倩仲辛巳仲冬十八日，乘兴游瑶华洞。小楷，分六行，横写，摩崖。

普泽院仁法师行业赞　旧在龙山院内。观文殿学士、金紫光禄大夫、尚书户部侍郎孙沔

〔1〕　天，雍正本同。按："天"疑为"大"之误。

撰。见【成化】《杭州府志》。

钱镠郊台题名 在天真寺内灵化洞。

梁龙德元年岁次辛巳十一月壬午朔一日,天下都元帅吴越国王钱镠置。正书,字径五寸,摩崖。

林逋苏轼题名 旧在灵化洞。见《西湖志》。

天真寺小石幢 在寺内。吴越时刻,文莫辨。

宋孝宗玉津园燕射诗光宗和诗 旧在嘉会门外玉津园。淳熙元年刻石。见《咸淳临安志》。

傅大士像塔记 在宋郊坛净明寺。吴越胡进思造。晋天福十年二月十一日,惠龛记。见【成化】《杭州府志》。

司马池等题名 在龙华寺后。

司马池、周骙、钱聿、石再宝、陈嘉谟、谢景伯、马元康同游此寺。康定元年中秋二十四日,元翼题。正书,字径三寸,摩崖。

苏轼等题名 在龙华寺后。

苏轼、王瑜、杨杰、张璹同游龙华。元祐五年岁次庚午三月二日题。正书,字径四寸,摩崖。

谨按:苏轼诸题名,党禁时都划去,多出后人补刻。惟此题系原刻,故精采倍常。

王希吕等题名 在龙华寺后。

淳熙八年闰月甲午,驾幸玉津园。王希吕、韩彦直、阁苍舒、郑丙□辉、王佐、施师点、赵汝恭、孟经、叶翥、贾选、木待问、宇文价以扈从至此。正书,摩崖。

萧燧等题名 在龙华寺后。

淳熙十年三月十八日,车驾幸玉津园,萧燧、王佐、黄洽、曾逮、宇文价、葛邲、王蔺、张大经、詹仪之、余端礼、李昌图、赵彦中以扈从至此。正书,摩崖。

萧燧等题名 在龙华寺后。

淳熙丁未季春甲子,驾幸玉津,萧燧、韩彦直、宇文价、洪迈、葛邲、蒋继周、韩彦质、王信、陈居仁、李峴、陈贾、张森、颜师鲁、刘国瑞、胡晋臣扈从至此。正书,摩崖。

范成大等题名 在龙华寺后。

至能、季思、寿翁、虞卿、子宣、正甫、渭师、子余、无咎,淳熙戊戌季春丁巳同游。子师不至。正书,摩崖。

周必大等题名 在龙华寺后。

周子充、程泰之、刘正甫、王仲衡、芮国瑞、陈敦仁、吴希深、木韫之、齐子余,以淳熙己亥季春廿有二日同来。正书,摩崖。

京镗等题名　在龙华寺后。

绍熙五年冬至,签书枢密院事豫章京镗祀上帝,斋宿于寺。庆元改元季秋,镗以知枢密院事再斋宿于此。二年孟夏,雩祀上帝,镗以右丞相充初献,仍斋宿于此。三年,镗以右丞相充雩祀初献,斋宿于此。五年四月,镗复斋宿于此,仍以右丞相充初献。六年春分,祀高禖,镗复以右丞相充初献,斋宿于此。并正书。庆元四年冬至日,祀昊天上帝,永嘉许及之以同知密院事充初献。庆元五年九月十二日,祀上帝,同知密院事许及之充初献。并隶书,摩崖。

何淡等题名　在龙华寺后。

庆元二年二月十四日春分,祀高禖,括苍何淡以同知枢密院事充初献,斋宿于龙华。庆元三年二月二十六日春分,淡以参知政事复充高禖初献,斋宿。庆元四年九月,祀上帝,临海谢深甫以知枢密院事兼参知政事充初献,斋宿于寺。庆元五年二月十八日春分,禖祀,淡以参知政事充初献,斋宿。庆元六年孟夏望日,雩祀上帝,深甫以右丞相充初献,斋宿。五月十六日,祷雨,祀上帝,深甫充初献。庆元六年冬日至[1],祀上帝,长乐陈自强以签书枢密院事充初献,斋宿。嘉泰元年二月八日春分,禖祀,淡以知枢密院事兼参知政事充初献,斋宿。嘉泰元年,雩祀上帝,深甫充初献,斋宿。五月十八日,祷雨,祀上帝,深甫充初献,斋宿。嘉泰二年四月,雩祀上帝,自强以参知政事兼知枢密院事充初献,斋宿。嘉泰二年九月九日,同知枢密院事袁说友以季秋祀上帝,斋宿于此。嘉泰癸亥四月壬子,签书枢密院事广都费士寅斋宿,以雩祀上帝充初献也。开禧初元二月二十三日,祀高禖,广陵张岩以参知政事充初献,斋宿龙华寺。开禧初元四月十一日,雩祀上帝,吴越钱象祖以参知政事兼同知枢密院事充初献,斋宿于龙华。开禧元年九月八日,祀上帝,自强以右丞相充初献,斋宿。开禧二年孟夏,雩祀上帝,自强充初献,斋宿。开禧二年长至日,祀昊天上帝,眉山李壁以参知政事充初献,斋宿龙华。开禧三年正月初四日,上辛祈谷,自强充初献,斋宿。并正书,摩崖。

袁说友题名　在龙华寺后。

庆元六年八月,吏部尚书建安袁说友四以奏告,斋宿于此。隶书,摩崖。

潜说友等题名　在龙华寺后。

咸淳七年正月二十二日,潜说友、徐理同游龙华。正书,摩崖。

吴越钱文穆王神道碑　在妙因山墓道前。

大晋故天下兵马都元帅、守尚书令以下缺。中书侍郎、同门下平章事和凝撰。

---

〔1〕 雍正本"日至"作"至日",义长。

行书。铭见《冢墓》。

谨按：此碑高一丈五尺，首行止存十余字。文凡立十行，每行九十字。前一半石已泐尽，后半完好处尚可读，书法绝佳。今《冢墓》所载者，从《十国春秋》录出，止铭也。

白居易虚白堂诗　旧在凤凰山府治，刻石，立堂上。见《咸淳临安志》，诗见《古迹》。

双门记　旧在和宁门内。至和二年，莆田蔡襄撰。见《舆地碑记》，文见《古迹》。

清暑堂记　旧在凤凰山府治。治平三年，莆田蔡襄撰并书，又范仲淹记，并见【成化】《杭州府志》。文见《古迹》。

戒石铭　旧在凤凰山府治。治平四年，郡守祖无择撰，见【成化】《杭州府志》。

宋高宗玉堂二大字　旧在学士院。学士周麟之刻石，见《咸淳临安志》。

宋高宗损斋记　旧在宋南内。绍兴二十八年十一月，出内札，以新刻石本《损斋记》，赐群臣。见《建炎以来朝野杂记》，文见《古迹》。

谨按：高宗所书《论》《孟》诸经，俱刻石，名曰石经。孝宗启光尧石经之阁于太学以贮之。今遗在杭州府学者，虽不全，尚有七十余石。每石分四段，悉皆正书。此《损斋记》已不传。考《志雅堂杂抄》云：高宗书"损斋"二字并《损斋记》，后有左仆射沈该以下题识，惜乎不可得见也。

绍兴米帖　旧在宋南内。绍兴辛酉，高宗集米芾墨迹刻石禁中。见《韵石斋笔谈》。

宋孝宗春赋　旧在和宁门北都堂。淳熙六年，右仆射蒋芾等刻石。见《中兴馆阁续录》。

淳熙重刻淳化阁帖　旧在宋南内。凡十卷，卷尾楷书题"淳熙十二年，修内司恭奉圣旨摸勒上石"。见《法帖谱系》。

庆元党籍碑　旧在尚书省。庆元三年立，置籍凡五十九人。见《中兴编年》。

宋理宗玉堂诗　旧在学士院。直院牟子才、马廷鸾等刻石。见《咸淳临安志》。

谨按：理宗亦善书。其所制古圣十三赞，大字，正书。今在杭州府学，字画颇完好。

王羲之墓田丙舍帖　旧在宋南内，理宗刻石。见《石刻铺叙》。

钱镠排衙石诗刻　在凤凰山顶。

王东南一剑定长鲸，□帝匡扶立正声。□辉争不仗神明，□建瑶坛礼玉京。□□常爇不曾停，□□恒传宝藏经。□□今为显真灵，□□□来镇上清。正书，字径二寸，摩崖。

谨按：旧《志》称排衙石有钱王诗刻。今观所存七言诗八句，首行止一"王"字，系当时臣下所刻。前有行书数行，字差小，皆已漫漶，仅存"仙圣所居，必有祯祥之事。宫庭旋建聊题"七言八句，余多不辨。审诗意，似为建郊坛而作也。

凤山二大字　在凤凰山顶。

凤山。正书，字径七尺。淳熙丁未春，洛王大通书。正书，摩崖。

王大通等题名　在凤凰山顶。

宋人王大通、宋黼、穆冠卿，淳熙丁未春晚同来。正书，字径四寸，摩崖。

梵天寺经幢　在寺门。

大佛顶陁罗尼经。在幢内,三幅,字已漫漶。大随求即得大自在陁罗尼神咒经。右幢。经不录。并正书。《建幢记》:窃以奉空王之大教,尊阿育之灵踪,崇雁塔于九层,卫鸿图于万祀。梵刹既当于圆就,宝幢是镇于方隅。遂命选以工人,凿于巨石,琢鞭来之坚固,状涌出之规仪;玉削霜标,花雕八面,勒佛顶随求之加句,为尘笼沙界之良因。所愿家国恒康,封疆永肃,祖世俱乘于多福,宗亲常沐于慈恩,职掌官寮,中外宁吉,仍将福祉,遍及幽明。凡在有情,希沾妙善。乾德三年乙丑岁六月庚子朔十五甲寅日立。天下大元帅、吴越国王钱俶建。并行书。

灵鳗井记　旧在梵天寺。僧录赞宁撰,刻塔石上。见《咸淳临安志》。

观音泉铭　旧在罗汉洞。嘉泰元年立石,见《咸淳临安志》。

胜果二大字　在胜果寺殿后,立石碱下。

胜果。隶书,字径三尺。皇宋淳熙十三年夏四月甲子重建。正书。

忠实二大字　在胜果寺后。正书,字径五尺,横写,摩崖。

谨按:此书无题款。【成化】《杭州府志》云胜果寺有宋高宗书"忠实亭"石刻,在凤凰山之右,或即此书也。

跃云二字　在胜果寺后。隶书,字径八寸,摩崖。

凤山灵应庙记　旧在庙中。洪武中,杭州府儒学教授徐一夔撰,见【成化】《杭州府志》[1]。

昭贶神庙记　在三郎庙下。

乡贡进士战惟肃撰,金华吴肃书,吴兴赵弈篆。至正二十五年七月日,钱塘县尹仇有进立石。正书。文见《祠庙》。

佛顶尊胜陁罗经　在江干闸口砖塔,宋刻,无纪年书人。

大佛顶陁罗尼经　在江干石塔,宋刻,无纪年书人。

欧阳修秋声赋归雁亭诗　旧在六和寺傍真圣观内,见《咸淳临安志》。

六和塔尚书省牒碑　在塔内。

尚书省牒。大字,行书。牒文。小字,正书,文不录。牒奉敕宜赐开化寺为额。牒至准敕。故牒。大字,行书。少保、尚书左仆射、同中书门下平章事、签书枢密院事兼权参知政事钱。押。同签书枢密院兼权参知政事虞。押。并大字,扁写。隆兴二年十二月日牒。大字,尚书省印。付僧智昙札。押临安府印,小字,正书,文不录。付开化寺札。小字,正书,文不录。乾道元年七月日。押临安府印。乾道元年八月日。押临安

_____

〔1〕　雍正本"凤山灵应庙记"后有"石刻诸经"条。

府印。

修六和塔砖记　在塔内。砖刻，字阳文。首题"大宋国"，末书"辛巳四月"。

观世音经像碑　在六和塔。

佛说观世音经。前有大士圆光小像。经文小楷，细书。袖珍本，经不录。已定居士董仲永向施小字《观音经》，后以湮没，遂成中辍。今复命工刻经于石，用广其施。又求得菩萨妙相、李伯时墨本同刻诸石，作无尽施。仲永稽首合掌说偈。赞不录。时绍兴二年岁次壬子中元日记。小楷。此段在经文之前，上亦有大士跌坐像。

金刚般若波罗蜜经　在六和塔。

金刚般若波罗蜜经。依经文，分三十二段。经不录。正行书各体，不著名。昔熙宁盛时，贾文元公与名德者旧三十有二人，为僧智利悟朋共书《金刚经》一卷。今朝廷奠安，四方无虞，六和塔主僧智昙请于亲贵巨公，接踵前规，合同写此。跋隶书。以下缺。

四十二章经　在六和塔。

特进尚书、左仆射、同中书门下平章事、吴兴郡开国公沈该。第一段。左正奉大夫、守尚书右仆射、同中书门下平章事、缙云郡开国公汤思退。第二段。左中大夫、知枢密院事陈诚之。第三段。左中大夫、参知政事陈康伯。第四段。左太中大夫、同知枢密院事王纶。第五段。左太中大夫、权吏部尚书贺允中。第六段。行书。左朝请郎、试尚书吏部侍郎兼史馆修撰兼侍讲叶义问。第七段。左朝请大夫、试尚书兵部侍郎兼侍讲兼直学士院杨椿。第八段。左朝散郎、试给事中兼直学士院兼同修国史周麟之。第九段。左朝散郎、试中书舍人兼权枢密都承旨洪遵。第十段。左朝散大夫、充敷文阁待制、提举佑神观杨偰。第十一段。左朝奉大夫、权尚书吏部侍郎沈介。第十二段。左中奉大夫、权尚书户部侍郎赵令詪。第十三段。左朝奉大夫、权尚书礼部侍郎兼侍讲孙道夫。第十四段。行书。左朝请郎、权尚书工部侍郎王晞亮。第十五段。左朝请郎、权尚书刑部侍郎兼权详定一司敕令黄祖舜。第十六段。左宣教郎、试起居舍人兼权中书舍人张孝祥。第十七段。左朝请大夫、太常少卿兼权中书门下省检正诸房公事宋棐。第十八段。左朝奉大夫、守宗正少卿金安节。第十九段。右朝请郎、守大理少卿李洪。第二十段。右朝议大夫、司农少卿董苹。第二十一段。右中大夫、行太府少卿钱端礼。第二十二段。行书。左朝奉大夫、将作监张宗元。第二十三段。左朝请大夫、军器监张运。第二十四段。行书。左朝请大夫、尚书吏部郎中杨朴。第二十五段。行书。右朝奉郎、守尚书户部郎中兼权金部郎中莫蒙。第二十六段。右奉直大夫、尚书刑部郎中路彬。第二十七段。行书。左朝散郎、守尚书工部郎中张廷实。第二十八段。左奉议郎、守尚书吏部员外郎兼权尚书右司郎官周操。第二十九段。行书。左朝奉郎、尚书吏部员外郎兼国史院编修官兼权枢密院检详诸房文字叶谦亨。第三十段。行书。左朝奉郎、尚书吏部员外郎兼国史院编修官胡沵。第三十一段。行书。右朝散郎、尚书司勋员外郎陈俊卿。第三十二段。左宣教郎、守尚书司封员外郎鲍彪。第三十三段。左朝请郎、尚书考功员外郎陈棠。第三十四段。左朝散郎、尚书礼部员外郎杨邦弼。第三十五段。左朝奉郎、尚书祠部员外郎兼权国子司业张洙。第三十六段。右承议郎、尚书刑部员外郎黄子淳。第三十七段。行书。左朝请郎、尚书都官员外郎兼玉牒所检讨官兼权户部员外郎杨俟。第三十八段。左奉议郎、守尚书比部员外郎沈枢。第三十九段。左朝请大夫、行尚书屯田员外郎韩彦直。第四十段。行书。左承议郎、秘书丞兼国史院编修官兼兵部员外郎虞允文。第四十一段。右奉议郎、秘书省校书郎兼国史院编修官兼权尚书驾部员外郎洪迈。第四十二段。经文俱不录。圣宋绍兴乙卯冬十一月旦,西蜀布衣武翃跋。跋不录。都劝缘住持传慈恩宗教僧智昙立石。正书。

　　谨按:六和塔大小诸经搨,俱极一时书人之选,且字画完好,可玩也。

　　余知阁宅界碑　　旧在云栖坞。有余知阁三绝句,见《云栖寺志》。

武林览胜记卷二十四

碑碣下

北山路[1]

白居易钱塘湖石记 旧在石函桥侧。长庆四年三月十六日,杭州刺史居易撰。见【成化】《杭州府志》,文见《水利》。

谨按:《长庆集》题作《钱塘湖石记》,盖记西湖水利之事。石记云者,即碑记也。自《舆地碑目》改作《石函桥记》,后来作志者,俱仍其误,故正之。

六井记 旧在相国井亭上。熙宁七年,太常博士、通判杭州苏轼撰。见《咸淳临安志》,文见《水利》。

乾道重修六井记 乾道三年,龙图周淙撰。见《咸淳临安志》。

咸淳重修六井记 咸淳六年,侍郎卢钺撰。见《咸淳临安志》。

谨按:《六井记》碑,旧在城内相国井。至乾道、咸淳二碑,旧《志》不著立石之处,故载《六井记》后。余城内碑碣不涉西湖者,不复阑入。

苏轼南漪堂杜鹃花诗刻 旧在钱塘门外菩提院内。见《石迹记》。

昭庆寺戒坛白莲社记 旧在寺内坛侧。宋转运使孙何撰。见【成化】《杭州府志》,文见《寺观》。

古刻白莲堂诗　莲社诗　文殊颂　悟真律师行乐记　菩提寺记旧在昭庆寺内。见《咸淳临安志》。

杭州放生池碑 在昭庆寺西石塔头。

《杭州放生池记》,天禧五年三月二十七日记。朝奉大夫、给事中、知杭州军州

兼管内堤堰桥道劝农市舶使、提举杭苏路兵甲巡检公事护军、太原县开国男、食邑三百户、赐紫金鱼袋王随撰。宣德郎、守大理寺丞兼杭州清酒务吴遵路篆额。钱塘僧德齐书。正书，字径三寸，下有列衔十八人，文见《艺文》。

宋理宗戒烹宰碑　旧在石函桥德生堂。淳祐八年立石，见《梦粱录》[1]。

涵碧桥记　在孤山路。大中祥符五年，两浙水陆转运使、宣德郎、守起居舍人、直史馆陈尧佐撰。见【成化】《杭州府志》，文见《桥梁》。

金祝二太尉庙记　在小溜水桥灵卫庙。

宋京学司书三山郑子文撰。儒林郎、徽州录事判官彭一飞书。成化十三年，杭州同知成安李果重摩立。正书。文见《祠宇》。

灵卫庙正祀典考札付　在庙中。洪武七年六月立。正书。文不录。

广惠庙二碑　在钱塘门外霍山庙中。庆元丙辰，钱塘县主簿赵师白撰。又庆元丁巳，监潭州南岳庙求梓撰。见《咸淳临安志》，赵文见《祠宇》。

吴越封山记　旧在保叔塔落星石。相传罗隐为记，见《武林旧事》。

屏风院记　旧在落星石傍。见《武林旧事》。

寿星岩三字　在宝石山上。摩崖。

赤霞二字　在宝石山上[2]。摩崖。

节用爱人视民如伤八大字　在宝石山。正书，字径二尺。无题款。黄周星《竹枝词》注云：相传为贾似道书。

钱镠嘉泽广润龙王庙碑　旧在宝石山大佛寺傍。贞明二年岁丙子正月丙辰朔十五日，天下兵马都元帅、淮南、镇海、镇东等军节度使、尚父、守尚书令、吴越王钱镠撰。见《咸淳临安志》，文见《祠宇》。

孙花翁墓志　旧在宝稷山。刘克庄撰，见《武林旧事》。

智果寺重建记　旧在宝石山西寺中。天台徐一夔撰，见【成化】《杭州府志》。

玉版兰亭　旧在贾似道葛岭私第。似道命刻工王用和取定武本蹙小之刻成，赏以勇爵，又号《玉枕兰亭》，见《至正直记》。又《王忠文集》云《玉枕兰亭》后刻右军小像，题曰“秋壑珍玩”。

施岳墓碑　旧在虎头岩。即施梅川、薛梯飙志，李笋房书，周草窗篆。盖见《武林旧事》。

谨按：薛梯飙，名梦桂。李笋房，名彭老。周草窗，名密。

岳飞诗词二首　旧在岳庙。见《西湖游览志》[3]。

---

〔1〕　雍正本“宋理宗戒烹宰碑”条前有“施儒等游湖倡和诗”条。

〔2〕　雍正本“上”后有“孙克弘书。八分”六字。

〔3〕　雍正本“岳飞诗词二首”条前有“重建岳鄂王忠烈庙碑”条，其文云：“旧在北山岳庙，郑元佑撰，见《侨吴集》。”

岳鄂王石刻像　旧在岳庙流芳亭[1]。见《西湖游览志》。

夏言满江红词　在岳庙。行书,大字[2]。

张宪墓碑　旧在仙姑山墓上,元杭州路总管夏思忠立石,见【成化】《杭州府志》。

世綵堂法帖　旧在仙姑山下廖莹中药洲园中。其堂名世綵,因以名帖。见《法帖谱系》。

郑处士墓碣　在青芝坞墓上。

有元竹隐郑处士墓。小篆。鄱阳周伯琦书。正书。

永安院石幢　在扫帚坞。广顺二年壬子二月丙午立,见《咸淳临安志》。

杨绘等题名　在灵鹫寺。熙宁七年,杨绘、鲁有开、陈舜俞、苏轼书。见《钱塘县志》。

屠墟灵昭庙残碣　在秦亭山之阴灵昭庙内。

尚书省牒。大字,草书。石断,文不全。

谨案:此碣首行存"尚书省"三大字,其文细字,正书,约有三十余行,漫灭几尽,可辨者二百余字。盖理宗淳祐七年,里人请于朝,敕封此神为屠墟灵昭侯,故有是牒。文内约神名为刘璋。今新碑直指为蜀主刘李玉,恐未可信。然《咸淳临安志》已失载此庙,则其文亦莫可考矣。

方井二大字　旧在桃源岭下井亭上,米芾书。见【万历】《杭州府志》。

观音寺石幢　在九里松观音寺内。加句尊胜咒。吴越宝大三年乙酉十一月八日,婺州浦江县胡氏女建。经文不录。见【成化】《杭州府志》。

苏轼华严经破地狱偈碑　旧在九里松万寿圆觉院,见《咸淳临安志》。

宋理宗御书千字文碑　旧在九里松万寿圆觉院,见《法帖谱系》。

普福教寺记　旧在普福岭,宋家之巽撰,见【成化】《杭州府志》。

五朝制命　在积庆山,贡士徐镒立,见【成化】《杭州府志》。

李公谨等题名　在飞来峰顶。

李公谨、唐卿、杨洎损之,庆历六年七月十二日来。正书,字径三寸,文右行,摩崖。

李谷题名　在飞来峰顶。

治平甲辰五月七日,赵郡李谷容之、从男侑奉命谨题。正书,摩崖。

元国书　在飞来峰。书分七层,后题"至元二十五年八月□日建,功德主石僧录液沙里兼赞"。摩崖。

朱裳题名　在飞来峰顶。"朱裳"止二字,正书,字径尺余,摩崖[3]。

理公塔石刻　旧在龙泓洞灵鹫塔。开宝八年,募众重建释伽砖塔一座,在清绕桥灵山里。见灵隐寺旧《志》。

---

〔1〕　雍正本"亭"后有"赞曰……惟忠与义"凡五十字。

〔2〕　雍正本"夏言满江红词"条后有"尽忠报国四大字"条。

〔3〕　雍正本"崖"后有"裳,沙河人。嘉靖中,浙江布政使。见《七修类稿》"十七字。

天削芙蓉四字　　在理公岩,见灵隐寺旧《志》。

周伯琦理公岩记　　在理公岩。

理公岩,晋高僧慧理师尝燕寂焉。在钱塘虎林山天竺招提之东,玲珑幽邃,竹树岑蔚。至正九年,上人慧苣居观堂,起废缉凧,爰开是岩。窈窕缭复,霏如堂皇,云涌雪积,发泄灵蕴。后七年,左丞绥宁杨公之弟、元帅伯颜清暇游惕,快奇乐静,捐金庀工,载凿岩石,刻十佛及补陀大士像。金碧炳赫,恍跻西土,冀邀福惠,寿我重亲,利我军旅,冰释氛沴,永奠方岳。岩之异胜,诞增于昔,为虎林奇观。实苣公轨行精悫,有以致之。居甿号曰"菩萨",盖非夸益。天竺和尚允若师腊已八十,与苣同志,征文示久,乃篆诸石。浙省参知政事、番阳周伯琦伯温记并书。篆书,摩崖。

龙泓洞三大字　　在洞额。

龙泓洞。金华王庭书。正书,上三字,径八寸。今已划去,傍款存。

龙泓洞三字　　在洞门。元江淮释教都总统所经历郭□书,见灵隐寺旧《志》。

龙泓洞凿佛题名　　在洞内。广顺元年岁次辛亥四月三日镌记。小楷。文不录。摩崖。

谨案:石屋龙泓多吴越时凿佛,俱有题记。龙泓又二段字法精妙,多不著年号,皆同时刻也。

乌重儒题名　　在龙泓洞。

泉州刺史乌重儒,宝历二年六月十八日□□过游此寺。正书,摩崖。

孙觉等题名　　在龙泓洞。

孙觉、张徽戊申十一月晦同来。正书,摩崖。

谨案:孙觉,字莘老。此戊申乃神宗之熙宁元年也。

苏颂等题名　　在龙泓洞。

苏颂子容、蒋之奇颖叔、岑象求岩起、李杞坚甫。熙宁壬子。正书,摩崖。

高荷题名　　在龙泓洞。

子勉游。行书,字径五寸。熙宁丁巳。小行书,摩崖。

李琮等题名　　在龙泓洞。

李琮、朱明之、杨景略、黄颂、胡援、林熙,元丰二年五月四日游灵鹫洞。正书,横写,文右行,摩崖。

杨景略等题名　　在龙泓洞。

杨景略[1]、胡宗师、范峋、黄颂、彭汝砺、王祖道、宁林希[2],元丰己未七月十三日游灵隐洞。正书,字径四寸,摩崖。

---

〔1〕　底本脱"景"字,据雍正本及文意补。

〔2〕　雍正本无"宁"字。

胡宗师等题名　在龙泓洞。

胡宗师、蔡举用同游，元丰二年七月十七日。正书，文右行，摩崖。

蒋之奇篆书　旧在龙泓洞，见《西湖游览志》。

陆德舆等题名　在龙泓洞。

陆德舆载之、赵与应致道、与訔中甫，淳祐戊申中伏后一日避暑同来。正书，摩崖。

潜说友题名　在龙泓洞。

潜说友君高父。柳叶篆，字径八寸。咸淳乙丑闰月。正书，摩崖。

亢氏也先帖木题名　在龙泓洞。

皇元至正庚寅春吉日，副崇教亢氏也先帖木。正书，字径三寸，摩崖。

郝璇等题名　在青林洞。

太平兴国二年戊寅十二月二日，郝璇与知府正郎范、转运使副刘杜、巡检太保翟、户部判官杜通、理孟同至此。正书，摩崖。

查仲道等题名查应辰等续题　二刻在青林洞。

江右查仲道、钱塘周世科、西蜀曹山□□□庭训□。后百有四年，兵部查公曾孙、朝散大夫、提举两浙常平等事应辰，察推周公曾孙、承议郎、通判越州军事橦复，同游此洞。敬观遗刻，实崇宁改元岁次壬午月二十有八日也。俱正书，摩崖。

谨案：先后二题名，以后题崇宁元年上推百有四年，是为真宗咸平二年。周氏，钱塘人，即王安石所撰《周氏世德碑》者[1]。

胡承德凿佛题名　在青林洞。

弟子胡承德伏为四恩三有，命石工镌庐舍那佛会一十七身，所期来往观瞻，同生净土。时大宋乾兴□□四月日记。正书，摩崖。

钱德范等题名　在青林洞。

临安钱德范、莆阳僧贶孙同游。皇祐二年六月一日。正书，摩崖。

沈辽等题名　在青林洞。

癸卯重午，偕王伯虎来，弟遨、迺偕行，沈辽题。正书，摩崖。

沈立等题名　在青林洞。

立之、中行、伯敭、子雍、子明，熙宁辛亥九月廿三日同游。正书，摩崖。

晁端彦题名　在青林洞。

晁美叔熙宁八年七月八日题。正书，字径三寸，摩崖。

---

〔1〕　即，底本作"及"，据雍正本及文意改。

赵善郊等题名　在青林洞。

浚仪赵善郊国安、詡夫子美、必愿立夫、成纪李刘公甫、宛陵奚枳和甫、开封向士逢吉甫、古栝朱方叔君猷,嘉定十有五年末伏日避暑来游。隶书,摩崖。

石景衡等题名　在青林洞。

石景衡叔平、杜僎升阳同游。小字,正书,摩崖。无年月,宋刻。

道宗等题名　在青林洞。

道宗、用晦、行甫,己未三月三日游。正书,摩崖。无年月,宋刻。

玉乳洞　金光洞　射旭洞　在各洞门,并方豪书,见《灵隐寺志》。

杨遵理公岩三字　在射旭洞内。

理公岩。篆书,字径一尺,横写。

射旭洞凿佛题名　在洞门。

清□弟子陆庆并妻李氏一娘造观音菩萨一尊。乾兴元年四月日记。行书,摩崖。

白居易冷泉亭记　旧在冷泉亭。长庆三年八月十三日,杭州刺史白居易撰。见【成化】《杭州府志》,文见《古迹》。

冷泉亭碑　旧在亭上。吴越宝大元年癸未立石,见【成化】《杭州府志》

云林寺经幢　在寺门。

大佛顶陁罗尼经。左幢。大随求即得大自在陁罗尼咒经。右幢,经文俱不录。新建佛国宝幢愿文:盖闻慧炬西然,法云东被,眷言兴建,实焕简编。我国家裂壤受封,带河砺岳。既勤王而继世,谅荷宠以乘时。言念真宗,聿怀多福。于是傍搜胜景,广辟宏规,筑湖畔之山冈,构城西之佛阁。莫不遐森杞梓,妙选楩枏。营宰汉之基坰,列倚天之像设。释迦化主,中尊而高俨睟容;慈氏弥陁,分坐而净标妙相。仍于宝地,对树法幢,雕筑琅玕,磨袭琬琰。勒随求之梵语,刊佛顶之秘文。直指丹霄,双分八面。伏愿兴隆霸祚,延远洪源,受灵贶于祖先,助福禧于悠久。军民辑睦,疆场肃宁。宗族以之咸康,官寮以之共治。四十八愿,永符法处之良因;八十种好,更备昙摩之圆智。得大坚固,不可称量。凡在含生,同跻觉路。天下大元帅、吴越国王钱俶建。时大宋开宝二年己巳岁闰五月日[1]。二幢同,并正书。

云林寺经塔　在寺内殿墀下。

大佛顶陁罗尼经。二塔经文同,俱不录。并正书,无题款。灵隐寺旧《志》云吴越时建。上有石扁,书"吴兴广济普恩真身宝塔"。

梁简文帝石像记　旧在云林寺,见《舆地碑记》。

---

〔1〕　底本"宋"误作"宗",据雍正本、厉鄂《增修云林寺志》卷八改。

灵隐寺十咏诗 旧在寺中。至道三年正月，承奉郎、守将作监丞梅询撰，寺僧刻石。见【成化】《杭州府志》。

景德灵隐寺记 旧在寺中。罗处约撰，见《钱塘县志》，文见《寺观》。

月中桂子诗 旧在寺中。天圣己巳秋七月，沙门遵式作，给事中胡则和诗，遵式刻石。见灵隐寺旧《志》。

重修灵隐寺记 旧在寺中。皇祐四年，端明殿学士、朝请大夫、尚书礼部侍郎李淑撰。见【成化】《杭州府志》。

灵隐寺圆明大师塔记 旧在寺中。政和辛卯七月，枢密直学士、朝议大夫许几撰。见【成化】《杭州府志》。

三十六般篆书金刚经 旧在云林寺。宋灵隐僧莫庵道闲集。见《钱塘县志》。

司空相国诗 旧在云林寺。见《舆地碑记》。

嵩岳大师影堂记 旧在云林寺。见《舆地碑记》。

灵隐山资圣院殿记 旧在院中。靖康元年正月，朝奉大夫、直秘阁薛尚书。见【成化】《杭州府志》。

韩世忠题名 旧在灵隐山翠微亭。绍兴十二年，清凉居士韩世忠因过灵隐，登览形胜，得旧基建新亭，榜名"翠微"，以为游息之地，待好事者。三月□□日立，男彦直书。见灵隐寺旧《志》。

连道善等题名 在伏犀泉上。

连道善鹏举、张文蔚同游。建炎三年闰八月二十五日正书，字径四寸，摩崖。

赵抃题名 在韬光庵。元丰二年己未二月十二日，资政殿大学士、太子少师、南阳郡公赵抃阅道谒韬光庵主佑光。见《石迹记》。

苏轼题名 在韬光庵。苏轼、张璪、杨杰、王瑜，元祐五年二月二日同游韬光。见《咸淳临安志》。

重建韬光庵记 在庵内。大理少卿夏时正撰，见【成化】《杭州府志》。

吴大帝黄武二年刻字 旧在粟山上。黄武二年岁在戊午八月三日。见《太平寰宇记》。

谨按：吴纪建元起于壬寅，其二年当是癸卯。故《咸淳临安志》只载粟山有吴大帝刻字，而不载其文，已疑其讹矣。又《寰宇记》云刻字在石杵，阔二丈，长一丈四尺。以今验之，不类杵形。《咸淳志》只云石柱，近是也。

宋宪圣吴皇后书金刚经 旧在石人岭下时思荐福寺。后自跋，见《咸淳临安志》。

益王神道碑 旧在时思荐福寺傍，蒋灿书，见《武林旧事》。

普慈大师塔铭 旧在呼猿涧北。嘉祐六年，释契嵩撰。见灵隐寺旧《志》。

虞用晦题名 在灵隐山石巷。虞用晦元丰二年七月二十二日。见灵隐寺旧《志》。

陈古题名 在灵山塔侧。陈古平甫、同德甫游。见灵隐寺旧《志》。

张奎等题名　在灵隐山。

太常寺太祝张奎拱微、太常寺太祝张觐经臣、进士□文安□□,康定辛巳□夏十日同游。谨记。正书,摩崖。

王竞等题名　在灵隐后山。

王竞、皇甫彦、李闻、王慎修、俞俟同游,宣和四年三月十一日。正书,字径三寸,文右行,摩崖。

沈辽等题名　在灵隐后山。

睿达、善述、素道,与炳之来,癸卯重午。正书,摩崖。

苏轼等题名　旧在下天竺。杨绘元素、鲁有开元翰、陈舜俞令举、苏轼子瞻同游,熙宁九年九月二十日。见《咸淳临安志》。

苏轼和周次元激水诗　旧在下天竺知客寮。道眼转丹青,尝于寂处鸣。早知雨是水,不作两般声。诗碑嵌壁。见《西湖百咏诗引》。

陆羽二寺　旧在下天竺前,见《西湖百咏诗引》。

天竺灵山寺记　旧在下天竺寺。嘉祐己亥七月,翰林学士、知制诰、尚书礼部胡宿撰。见【成化】《杭州府志》。又一碑,强至撰,见《钱塘县志》,文见《寺观》。

宋高宗书心经　旧在下天竺灵山塔下。见《湖山胜概》。

开天竺路题名　在下天竺。

天福四年己亥岁五月二十五日,开此路,上山作基址,竖造观音殿宇,都句当兴国中、直都队将冷球、都军头李安记。正书,摩崖。

源少良等题名　在下天竺。

监察御史源少良、陕县尉阳陵、此邦太守张守信,天宝六载正月廿三日同游。正书,摩崖。

王淡等题名　在下天竺。

节度判官、侍御史、内供奉、赐绯鱼袋王淡,右骁卫、兵曹参军崔琪,永贞元年冬季。正书,文右行,摩崖。

萧悦等题名　在下天竺。

前太常寺奉礼郎萧悦、前太常寺奉礼郎王□。正书,文右行,摩崖。王名损,微似"亘"字。

路公弼等题名　在下天竺。

路公弼、翁端朝、傅国华、容吉考、麦公明、孟子与、徐明叔,宣和五年夏四月乙亥同来。篆书,字径一尺,摩崖。

谨按《书史会要》称:徐兢,字明叔,篆法绝佳。此兢书也。

吴栻等题名　在下天竺。吴栻、周之翰、史范云、程敦厚,绍兴壬戌同校艺。见灵隐寺旧

《志》。

三生石三大字　在下天竺三生石中峰上。篆书，摩崖。

吴璞等题名　二刻并在三生石。

金陵吴璞、吴琳，眉山袁炎焱，宛陵季云龙。淳祐壬子春仲之九日，吴璞、吴琳重来，偕行薛可久。并正书，字径五寸，摩崖。

赵篯翁等题名　在三生石。

至正六年丙戌九月庚寅，闻喜赵篯翁、夏县樊益吉、安邑介好仁，因寻三生石同登。正书，字径三寸，文右行，摩崖。

闾二定住等题名　在三生石。

皇元至正十年仲冬，中书省断事官闾二定住、翊正司丞董古鲁、译史纳速剌同游。正书，摩崖。

周伯琦题名　在三生石。

至正戊戌二月廿三日，浙省参知政事鄱阳周伯琦伯温，将镇中吴，专别允若教师，重游香林洞，题名崖石，以纪岁月。是日，就谒观堂菩萨慧炬，篆《理公新岩记》。灵鹫主者友人来会。从游男宗仁、宗智。隶书，字径三寸，摩崖。

李艮等题名　在翻经台。

淳祐丁未立秋二日，天台李艮、夏绍基，武夷翁孟寅，金华何子举，嘉禾叶隆礼，宛陵吴琪来游，喜雨。正书，摩崖。

杨瑀等题名　在翻经台。

至正六年秋九月朔，太史杨瑀、翰林张翥谒福初上人，因登莲花峰，留名崖石。从游者施维才、剡韶。正书，字径三寸，摩崖。

曹潜夫等题名　在香林洞。

潜夫同德卿、仲文、懿老、圣咨游。正书，字径五寸，摩崖，宋刻。

王达等题名　在香林洞。

泰定五年春二月，吴郡王达、莫维贤、叶森、陆友同游。隶书，字径三寸，摩崖。

卢元辅游天竺寺诗　在神尼塔下。

水田十里学袈裟，秋殿千金俨释迦。远客偏求月桂子，老人不记石莲花。武林山价悬隋日，天竺经文隶汉家。苔壁娲皇炼来处，洞中待我扫云霞。大唐杭州刺史卢元辅游天竺寺。正书，字径三寸，文右行，摩崖。

天竺寺慈云式公行业赞记　旧在寺内。庆历三年，翰林学士、朝散大夫、起居舍人、判礼部吴有撰。见《石迹记》。

天竺山日观庵通教大师塔记　旧在庵内。皇祐二年十一月，资政殿学士、金紫光禄大夫、尚书户部侍郎、知杭州范仲淹撰。见《石迹记》。

天竺灵隐二寺记　旧在灵隐寺。陆羽撰，释遵式立石。见《古今碑刻》，文见《寺观》。

中天竺华严阁记　旧在寺内。王信撰，见《钱塘县志》。

天竺寺慈济大师胜公塔记　旧在寺内。庆历三年十二月，端明殿学士李淑撰。见【成化】《杭州府志》。

上天竺寺经幢　在寺门。

佛顶尊胜陁罗尼经并前序。罽宾沙门佛陁波利译。经文俱不录。光文大德、赐紫、沙门汇征撰《建幢记》：夫立幢之垂范，乃造塔之滥觞。刊梓刻檀，嫌其易朽；镂金镌碧，虑以难藏。不若挺叱羊射武之贞姿，编贯玉联珠之梵宇。可大可久，如山如河。《尊胜陁罗尼》者，花藏贞心，竹干秘语。济善住七生之苦，道阐欲天；感文殊一现之恩，教传汉地。舟横业海，车指迷津。息肩恶道之间，提耳昏衢之内。拯湮沦于历劫，延短折于浮生。备载灵编，久彰神应。或置丽谯之内，或安窣堵之中，或勒在幢间，或表之山上。风触而轻尘及物，尚落罪花；日临而清影到身，犹凋业蔓。克行盛事，绰有善人。佛弟子吴保容、吴镡，双骥标奇，二龙并誉，埙篪合韵，树萼连芳。耨情田而毕使丰登，澄心水而无令混浊。与会首谓众人曰：给孤长者之园苑，香山居士之林泉，可以同构善门，寄兹胜地。独营则其力不逮，众办则厥功易成[1]。遍募信人，获钱卅万，购之良石，命彼良工，錾勒精奇，磨砻细丽，莲花捧日，云叶盘空。层层异状奇形，宛如飞动；面面真躯圣相，忽谓经行。仰窥鹤表以争高，侧视雁层而竞巧，固可利沾家国，福赞君亲。凡施赀财，皆列名氏。承有为之善力，至无作之真归。其次，滞魄孤魂，衔冤负累，应念而皆期解网，有心而悉使登车。虽引善以及人，终获报以己己。命愚序述，式纪岁时。染逸少之鹿毛，摛子云之虫篆。文质苞羞于君子，辞华有觊于外孙。且曰：昔也铁塔传芳，闻诸河朔；今也石幢葳事，见之浙阳。彼则受福于人寰，此则誓心于佛道。以今况古，一何辽哉！时乙未岁冬十二月壬寅朔十一日记。二幢同。供使衙书宝幢手殷承训。左幢。书幢记僧义月。右幢。吴越国王造。末行题五大字，并正书。

谨按：二幢记题"乙未岁"。考《吴越备史》，武肃王薨于壬辰，至乙未文穆王嗣位之三年，此后唐废帝之清泰二年也。《建幢记》后杂记于舍数十人并沙门弟子名，末行大书"吴越国王造"五字，此尊其国主耳。惟五字下，划迹一条，疑当时用吴越纪年，至纳土后削去者。二幢以承训所书为尤佳，不减胡季良龙兴寺幢。供使衙，盖吴越时之官称也。

上天竺观音旃檀瑞像记　旧在寺中。天禧三年，朝奉大夫、尚书屯田郎中苏平撰。见【成化】《杭州府志》。

---

〔1〕　办，原作"辨"，据雍正本及《武林掌故丛编》改。

千佛阁记　在上天竺寺。绍熙五年二月甲寅，提刑赵时逢撰。见《上天竺山志》。

十六观堂记　在上天竺寺。嘉定元年，楼钥撰。见《上天竺山志》，文见《寺观》。

上天竺讲寺住持题名碑　在上天竺寺。开庆元年二月壬寅，晦岩照记。见《上天竺山志》。

续上天竺历代住持题名　在上天竺寺。皇庆二年夏，住持竹屋元净书。见《上天竺山志》[1]。

宋理宗书圣教序　旧在上天竺观音寺，石本藏云汉阁，见《钱塘县志》。

西溪路[2]

宋高宗禁酒碑　在陶家厢。"下为酒税处"五字刻石[3]，见《都城纪胜》。

法华山重修东岳庙记　在庙内。宝庆丁亥，刘宇撰，见《西溪梵隐志》。

永兴寺碑　在寺内。黄汝亨撰，见《西溪梵隐志》，文见《寺观》。

吴山路

胥山祠铭　旧在吴山伍公庙。元和十三年，朝散大夫、杭州刺史、上柱国卢元辅撰，王通书。见《古今碑刻》，文见《祠宇》。

吴山清忠庙记　旧在伍公庙。康定二年，王安石撰。嘉熙四年，赵与懽重立石。见《咸淳临安志》，文见《祠宇》。

重建清忠庙记　旧在伍公庙。嘉祐七年，临川王安国撰。见《咸淳临安志》，文见《祠宇》。

英卫阁记　旧在伍公庙。嘉熙四年，临安府尹赵与懽撰。见《咸淳临安志》，文见《祠宇》。

吴山第一泉　在吴山井。洪武七年，参政徐本立石，纪宋遗事于碑阴。见【成化】《杭州府志》。

天井记　在吴山下天井巷。嘉泰二年八月，殿中侍御史林采撰。见《石迹记》。

承天灵应观碑　在三官庙。

至正三年九月既望，清容元一文度法师、教门讲师张天雨撰。文不录。亚中大夫、杭州路总管兼管内劝农事、知渠堰事任处一书。正书。学士、资善大夫吴直方篆

---

〔1〕　雍正本"续上天竺历代住持题名"条后有"观自在菩萨五大字"条，其文云："在天竺寺门，汪于高书。"

〔2〕　雍正本"西溪路"与其下"吴山路"两部分文字互乙。

〔3〕　雍正本"下"作"不"，义长。

额。篆书。通元显应嘉成真人、吴山承天灵应观、佑文成化祠甲乙住持唐永年,徒弟道士吕昌龄、童昌宁,徒孙詹茂忠、杨茂诚立石。正书。

灵应观甲乙住持札付　在观内。正书。朝命札付二道,傍用元国书题年,上盖印。

宋理宗真武像赞　在吴山重阳庵。

于赫真武,启圣均阳。克相炎宋,宠绥四方。累朝钦奉,显号徽章。其右我宗祐,万亿无疆。正书。上有丙午御书二印,下有道经小字一段。经不录。

诸葛鉴元等题名　在青衣洞。

大唐开成五年六月十□日□□南岳道士邢令闻、钱唐县令钱华记,道士诸葛鉴元书。隶书,摩崖。内损三字。

大字心经　在青衣洞傍,刻有佛像。见【万历】《杭州府志》。

彭举涌泉二字　在青衣洞。

陆游阅古泉记　旧在青衣洞傍。嘉泰三年四月乙巳,山阴陆游记,韩侂胄立石。见《四朝闻见录》。

苏轼宝成院赏牡丹诗　在寺中。明刻,见《西湖游览志》。

岁寒林竹四大字　在吴山宝成寺,吴东升书。

麻曷葛剌佛碑　在宝成寺。

朝廷差来官骠骑卫上将军、左卫亲军都指卫使伯家奴发心,喜舍净财,庄严麻曷葛剌圣相一堂。至治二年□月□日立石。正书。

宋仁宗赐梅挚诗　旧在吴山顶。嘉祐中立石,后湮没。淳祐六年,府尹赵与𥲅发地得古刻小碑,即此诗也。见《咸淳临安志》。

有美堂记　旧在吴山顶。嘉祐四年,欧阳修撰,蔡襄书。见【成化】《杭州府志》。

前度刘郎诗　在吴山。

千里是南华,由来祖释迦。吾师何所往,留得牡丹花。前度刘郎题。行书。下有东鲁生印。

萨都剌游紫阳洞诗　在瑞石山紫阳庵。

题紫阳胜境。元肃政廉访司知事、雁门萨都剌天锡。天风吹我登鳌峰,大山小山石玲珑。赤霞日射紫玛瑙,白露夜滴青芙蓉。飘飖云气穿石屋,石上凉风吹紫竹。挂冠何日赋归来,煮石篝灯洞中宿。行书。

紫阳仙迹图记　旧在空翠亭。万历三十一年,布政范涞以紫阳庵诸胜撰为《紫阳仙迹记》,并绘成图,勒石亭中。见《西湖志》。

第一山三大字　在紫阳山。

第一山。行书。字径四尺。米芾书。姜召刻。正书,摩崖。

见沧二大字　在宝奎寺。正书，字径尺余。傍有印文，今不辨。《咸淳临安志》云理宗书，《两湖麈谈》云其傍款玺云"御书之宝"。

宋高宗道德经　旧在元妙观。卢壮父撰《御书记》，见《中兴馆阁录》。

蜥蜴碑　旧在元妙观子午泉侧，唐李邕撰，见《西湖志》。

开宝仁王寺重建记　旧在七宝山寺，程公许撰。见《成化》《杭州府志》，文见《寺观》。

吴山第一峰五大字　在七宝峰顶，见《西湖游览志》。

三茅宁寿观尚书省牒　在七宝峰三茅观外石壁。

尚书省牒。牒奉敕宜赐宁寿观为额。牒至准敕。故牒。草书，大字，分六行。绍兴二十年，尚书省奉敕赐题临安府七宝山三茅堂。正书，小字，尚书省印。太师、尚书右仆射、同中书门下平章事。押。参知政事余。押。签书枢密院事、参知政事巫。押。并大字，扁写。绍兴二十年六月日牒。正书，小字，尚书省印。

三茅宁寿观记　旧在观中，陆游撰。见《咸淳临安志》，文见《寺观》。

三茅宁寿观记　在观中，翰林学士邓文原撰。见【成化】《杭州府志》。

诸天宝阁记　在吴山三茅观，户部尚书商辂撰。见【成化】《杭州府志》，文见《寺观》[1]。

唐英济王汪华像　在七宝山汪氏家庙，上刻宣和二年跋。

汪华历代封诰　在汪氏家庙。

云居二大字　在寺中，赵孟頫书，见《金石林时地考》。

三佛泉铭　在云居寺，邓文原撰，见【成化】《杭州府志》。

中峰梅花诗　在云居寺，赵孟頫书，见《钱塘县志》。

净土诗　在云居寺，赵孟頫书，见《钱塘县志》[2]。

处士吴兴姚潗墓志　大中八年九月二十四日，葬钱塘。见【成化】《杭州府志》。此以下俱无地址可考[3]。

游西山记　天禧四年十一月，知杭州王随撰。见【成化】《杭州府志》。

明智讲师真赞记　嘉祐四年，翰林学士、中书舍人曾公亮撰。见【成化】《杭州府志》。

马塍马券碑　见《金石林时地考》[4]。

----

〔1〕　雍正本"诸天宝阁记"条后有"宋高宗御书三诗""刘真能通元观创建记""贯云石虞伯生张仲举赠道士俞行简诗"凡三条。

〔2〕　雍正本"净"前有"怀"字。

〔3〕　雍正本"处士吴兴姚潗墓志"条及下二条"游西山记""明智讲师真赞记"凡三条俱属西溪路，居"永兴寺碑"条后。

〔4〕　雍正本"马塍马券碑"条作"马券碑"条，居北山路"涵碧桥记"条后。

金刻 附[1]

净慈寺铁锅 在寺内。有"祯明元年造"题款。

净慈寺钟 洪武十一年十一月造，宋濂铭，见《濂芝园后集》。

金涂塔 旧在凤凰山钱武肃王宫中，其文用金错，见朱彝尊《金涂塔考》。

尊胜寺钟 旧在凤凰山尊胜寺。淳熙改元，曾觌篆铭，见《客杭日记》。

铁井阑 在六和塔。钱武肃王刻八卦于上，见《吴越备史》。

上天竺鸣阳楼钟 旧在寺左钟楼。刻绍兴七年二月铸，赐住持应如管领。明成化间，徙悬镇海楼。见《上天竺山志》。

宋鼎 旧在三茅宁寿观。宋孝建元年八月作，有铭。绍兴中，赐于观。见《咸淳临安志》。

唐钟 旧在三茅宁寿观。唐常州澄清观女冠王玉仙造，河东薛泚铭。绍兴中，赐于观。后徙入禁中。见《咸淳临安志》。

开宝仁王寺钟 在七宝山寺内。端平元年，尚方铸赐。

---

〔1〕 雍正本"金刻"作"钟鼎"。

武林览胜记卷二十五

卷　帙^[1]

自宋钱氏作书,藏于两山之间,而西湖始富有缣帙。然鸿编巨制不皆专属湖山,难以悉登簿录。惟名流撰述卷帙单行足备湖山掌故者,特存其篇目,以供探讨云。志卷帙。

《西湖古迹事实》二卷

唐杜光庭著,见《续文献通考》,不载卷数,惟陈氏《世善堂书目》题二卷。《道藏目录》:上都太清宫供奉、赐紫杜光庭,号广成先生,著《广成集》十七卷,又著《洞天福地岳渎名山记》。

《西湖古迹事实》一卷

宋钱塘傅牧著。《书录解题》:钱塘进士傅牧,以杨蟠《西湖百咏》增广,共为一百八十三目,绍兴壬午自序。

《西湖志》十卷

明沈梅近溪著。茅坤《近溪沈公墓表》:公所草《西湖志》颇称详核,多先辈见闻所不逮。

《西湖游览志》二十四卷《志余》二十六卷

明钱塘田汝成叔禾著。前《志》叙述湖山胜迹,首孤山湖堤,次以南北两山以及城闉,依路叙次,兼录诗词,凡山川、古迹、寺观、人物、仙释、里巷俱详焉。以所游历

---

〔1〕　雍正本"卷帙"作"撰述"。

而言,故名曰《游览志》。《志余》凡分十二门,纪南宋时事居多。嘉靖二十六年,自序。万历十二年,巡按浙江御史江阴范鸣谦重刻,有序。杭州知府济南季东鲁后序。

《西湖志》八卷《志余》十八卷

吴人姚靖著。以田汝成旧《志》略为增删,康熙己巳自序。

《西湖便览》十二卷

明武林高应科志贤著。分路序次,悉仍田《志》之旧。惟改北山于南山之前,改六桥自北而南。已废祠宇苑囿,另为小字以别之。城内尽从删略。其所云《便览》者,以所载之诗每句空一字,如坊刻《千家诗》之类。然于田《志》颇有增损。万历庚子自序,武林宋应昌、山阴朱敬循、东嘉王叔杲、天台项复弘、赤城陈公选、常山徐伯清、东嘉陈有孚并序,三衢孔闻音、四明孙大中、就李黄秉中、苕溪徐有恒并跋。

《西湖志类钞》三卷

钱塘俞思冲似宗著。

《西湖图说》一卷

明仁和何琮文璧著,见《分省人物考》。《仁和县志》:琮学问该博,曾预修《寰宇通志》。

《浚复西湖录》一卷

明西蜀杨孟瑛温甫著。孟瑛任杭州知府,议开西湖,因有是录。《百川书志》:编内所载浚湖章疏、文移、碑记二十篇,论古今利病事势,以纪告厥成功之始终也。

《湖山一览录》二卷

不著撰人,见焦氏《经籍志》。

《西湖纪逸》一卷

宋钱塘林逋君复著,见晁氏《读书志》。是编诸簿录不载,惟《文渊阁书目》有之。

《西湖纪逸》一卷

叶泽卿著,见《菉竹堂书目》。

《湖山遗老传》一卷

宋仙居吴苕明可著,见《宋史·艺文志》。《读书附志》:苕谥康肃,台人,尝居西湖。著《湖山诗集》四十三卷,《别集》一卷。

《武林录》一卷

宋何淡著,见《金华贤达传》。

《行都记》一卷

宋方勺著,见《续文献通考》。

《行都纪事》一卷

宋陈晦著。今刻于《说郛》者,非足本。

《续行都纪事》一卷

不著撰人,见《文渊阁书目》。又见《菉竹堂书目》,题一卷。

《都城纪胜》一卷

宋灌圃耐得翁著。端平乙未自序,凡十四门,分三十条,杂记市肆、坊舍、园苑诸事。扬州诗局以宋本重刊。

《钱塘琐记》一卷

宋于肇著,见【成化】《杭州府志》。

《钱塘遗事》一卷

宋赵彦柜著,见《续文献通考》。

《钱塘遗事》十二卷

元刘一清著,见《续文献通考》。诸簿录题一卷者,误也。原本已失传,《武林纪事》犹自引数十事。今刻于《说郛》者,仅四条而已。

《武林旧事》十卷

元四水潜夫著。潜夫者,周密公谨也。《四水潜夫自序》:乾道、淳熙间,三朝授受,两宫奉亲,古昔所无,一时声名文物之盛,号小元祐,丰亨豫泰。至宝祐、景定,则几于政、宣矣。予曩于故家遗老得其梗概,及客修门,间闻退朝老监谈前朝旧事,辄耳谛听,终日夕不少倦。既而曳裾贵邸,耳目益广,朝歌暮嬉,醋玩岁月,意谓人生正复若此,初不省承平乐事为难遇也。及时移物换,追想昔游,殆如梦寐。遇岁时檀栾,酒酣耳热,时为小儿女戏道一二,未必不以为夸言欺我也。每欲萃成编帙,如吕荣阳《杂记》而加详、孟元老《梦华》而近雅,病忘慵惰,未能成书。世故纷来,惧终散佚,因摭大概,杂然书之。青灯永夜,时一展卷,恍然类昨日事。朋游沦落如晨星霜叶,而余亦老矣。噫!盛事无常,华年既往,后之览者,能不兴忾我寤叹之思乎。四水潜夫书。忻厚德《〈武林旧事〉跋》:《武林旧事》乃弁阳老人草窗周密公谨所集也,刊本止第六卷。山中仇先生所藏本,终十卷,后归西河莫氏。余得假钞以成全书,藏于家塾。至元后戊寅,忻厚德用和父跋。

　　谨按:《武林旧事》足本凡十卷。自明正德间宋廷佐刊置郡庠本,又嘉靖间杭郡守陈柯翻刻本,止前六卷。海盐姚士麟续刻后五卷,目曰《后武林旧事》。五卷者,即就原本后四卷内析出一卷,为五卷也。郎瑛《七修类稿》云杭刻其六,全者在吴人袁飞卿家,是疑续刻五卷犹未全。殊不知原本止有十卷,见于元忻厚德跋,并未尝有十二卷也。又《七修类稿》云:公谨居齐之东,作《齐东野语》;居杭癸辛街,作《癸辛杂识》。泗水出山东,号泗水潜夫。居华不注,号弁阳老人。第旧事皆叙杭事,不应题泗水。然旧本又作四水,当别有意义。按《湖录》:四水者,湖城以苕水、余不水、前溪水、北流水,合而入于霅溪。唐人诗:“四水交流霅霅声。”据此,则四水乃吴兴之名。公谨生于湖,中年迁杭,晚仍还弁,号弁阳老人。是则公谨原称四水,古本作四水潜夫,洵乎不谬也。

《增补〈武林旧事〉》一卷

　　明张墉著,见《钱塘县志》。

《梦粱录》二十卷

　　元钱塘吴自牧著。自牧,字爵未详。吴自牧《梦粱录自序》:昔人卧一炊倾,而平生事业扬历皆遍,及觉则依然故吾,始知其为梦也。矧时异事殊,城池苑囿之富,风俗人物之盛,缅怀往事,殆犹梦也,因名曰《梦粱录》云。脱有遗阙,识者幸改正之。甲戌岁中秋日,钱塘吴自牧书。都穆《铁网珊瑚》:钱塘自宋南渡建都,其山川宫室遂甲天下。而其时序土俗、坊宇游戏之事,多以细琐,不登史册。自牧生长于宋,目击其事,特为之纪述。则南宋虽偏安一隅,而承平气象犹可因此想见,亦一快也。先自牧有孟元老著《梦华录》载汴京故事,此《录》续元老而作,殆合璧也。朱彝尊《梦粱录跋》:曩从古林曹氏借钞《梦粱录》,止得十卷。后留京师,闻棠村梁氏有足本,其卷倍之,亟录而藏诸笥。惜其用笔拖沓,不知所裁,未若泗水潜夫《武林旧事》之简而有要也。

《古杭杂记》一卷

　　元李有著,所纪多南宋湖上诸事。原本失传,今刻于《说郛》者,非足本也。

《古杭杂记诗话》三卷

不著撰人，相传宋末人作。

《南宋故都宫殿记》一卷

元周密公谨著。分门殿、堂斋、楼阁、亭轩、园囿，以类叙次。

《南宋行宫记》一卷

元陈随应著。全文见【成化】《杭州府志》，后来郡邑《志》多录之。《辍耕录》：陈随应《南宋行宫记》书法详赡，宋之宫阙大概可见。

《南宋行宫考》一卷

明天台徐一夔大章著。全文见【成化】《杭州府志》及《始丰稿》。一夔于洪武时为杭郡庠教授，撰【洪武】《杭州府志》五十卷。是考缘修《府志》而作，今《府志》则失传矣。

《古杭梦游录》一卷

宋灌圃耐得翁著。略与周密《市肆记》同。《百川书志》：编内纪杭风俗，凡十三事，今世罕传，中多断文，惜专市肆，无政教之说焉。

《武林闻见录》一卷

宋杨德温著，皆纪宋末事，见《武林纪事》。

《武林市肆记》一卷

元周密公谨著。纪城内外酒楼、茶坊、歌馆、市卖、物色等事。南宋时，钱湖、赤山、行春、龙山诸处最盛，是编详述焉。

《客杭日记》一卷

元京口郭畀天锡著。畀有集，见《元诗选》。

《武林纪事》六卷 《续编》二卷

明仁和吴瓒器之著。前六卷多载南宋遗事，注明各书出处。续二卷述近代闻见之事。隆庆辛未,仁和陈尧道跋。《仁和县志》:赞知南通州甫两月,力辞归。性好吟咏,自称乐闲道人。颇多撰述,考求遗文,作《武林纪事》八卷,最为该博。

《武林近事》十卷

明冯廷槐著,见《钱塘县志》。《钱塘县志》:廷槐自称二酉山人,蓄书甚富,著《武林近事》十卷。书成,家贫不能授剞劂,孙士骧为之缮写成帙。又毁于火,今所存乃纸背草创稿也。

《武林内外志》一卷

明仁和邵穆生汝宣著,见灵隐寺旧《志》。

《武林闻见异事》一卷

明苏文定著。文定,褚塘人。《武林纪事》多引之。

《西湖麈谈》四卷

明仁和沈仪懋德著。是编凡分四录,一录六十四条,二录五十五条,三录六十三条,四录七十条。惟第四录多叙西湖古今事迹人物,杂录诗词,间有辨证。《仁和县志》称其作《西湖麈谈录》十卷者,误也。

《西湖麈谈录》十卷

明莆田宋端仪著,见《续文献通考》。不载卷数,焦氏《经籍志》题十卷。

《曲江闻见录》一卷

明仁和陈尧道著,见尧道《〈武林纪事〉跋》。

《熙朝乐事》一卷

明钱塘田汝成叔禾著。是编多纪西湖节物之事,原载《西湖志余》。此独刊行,故录之。

《湖壖杂记》一卷

钱塘陆次云云士著,凡七十条。陆次云《自序》:尝读《西湖志余》,爱其搜奇标异,蔚为大观。然田叔禾先生去今远矣,续辑无人。余有志未逮,偶有见闻,聊纪一二,窃比于《委巷丛谈》云。

《吴越石壁记》二卷

不著撰人,见《崇文总目》。《宋史·艺文志》:钱镠以唐末答诏刻于石。

《钱塘胜迹记》五卷

宋西湖释怀显著,朝请大夫、轻车都尉周邠序,见《咸淳临安志》。

《钱塘湖山游览记》一卷

宋巩廷均著,见《咸淳临安志》。廷均,宋初为钱塘令,见《咸淳志·职官表》。成化郡《志》称此书是其为令时作也。

《钱塘胜游录》一卷

宋宣城周紫芝少隐著,绍兴乙丑自序。是编今不传,惟紫芝自序见于《太仓稊米集》,俱叙湖山游咏之事。

《武林山纪》一卷

不著撰人,见《通志·艺文略》。

《钱塘七述》

宋济北晁补之无咎著,见《苏门六君子文粹》。

《武林山七志》一卷

明仁和邵穆生汝宣著,见《两浙名贤录》。穆生,后更名重生,隐居灵隐山中,因著此书。又有《山中甲子诗》。

《瑞石山志》一卷

不著撰人,见《天一阁书目》。

《湖山小记》一卷

明萧士玮著,见《天下名山记》。

《西湖游记》一卷

明尹伸著,见《天下名山记》。

《西湖卧游画册记》一卷

明嘉定李流芳长蘅著。

《西湖梦寻》五卷

会稽张岱宗子著,顺治丁亥自为序。武林金堡、查继佐,古虁李长祥,山阴祁豸佳、王雨谦撰序。

《钱塘西湖乡贤祠录》一卷

不著撰人,见《文渊阁书目》。今考《武林纪事》所引范平、褚陶、范叔孙、范元琰、郎简、吴师礼、余古、杨载诸传,颇称详慎。相传元代人作。

《西湖双忠传》一卷

钱塘吴之鲸伯裔著,记岳飞、于谦事。见《金陵黄氏书目》。

《西湖书院志》一卷

明仁和徐奇著,见【嘉靖】《仁和县志》。

《西泠五贤崇祀录》一卷

祀柴绍炳、陈廷会、汪沨、沈昀、孙治五人,方象瑛记。

《灵卫庙志》一卷

明杭人夏宾著。万历丁未,监察御史、提督江南学校、郡人杨廷筠序。隆庆庚午,海昌沈友儒刻。

《勋贤祠志》一卷

明豫章喻均著。嘉靖九年,创勋贤祠,祀王文成守仁,因著《祠志》。

《重修勋贤祠志》四卷

明钱塘陈善敬亭著。以旧《志》简略,因广为四卷,万历己丑自序。康熙戊寅重刊,徐潮序。

《西湖净社录》三卷

宋释省常著，见《宋史·艺文志》。

《武林西湖高僧事略》一卷

不著撰人，见《澹生堂书目》[1]。

《西湖高僧传》一卷

不著撰人，见杭世骏书跋[2]。

《武林梵志》十二卷

明钱塘吴之鲸伯裔著，万历壬子自序。首列城内梵刹，次城外，以南、北山分叙，又次列诸禅师本传，末附潮汐、铁幢、西湖诸考。江左浮渡居士吴用先序。

《西溪梵隐志》四卷

明海宁吴本泰药师著。分纪胜、纪刹、纪诗、纪文四类，有自序、武林钱朝彦殷求序、秋雪苾刍智一后序。

《灵隐寺志》八卷

明昌黎白珩子佩著。万历壬辰，太子少保、吏部尚书元洲张瀚序。珩自为后序，题曰"将仕郎、周府教授、昌黎白珩，本寺住持如通、圆宁、真祥校刊"。

《灵隐寺志》八卷

钱塘孙治宇台著。康熙二年，严沆颢亭序，吴门徐增子能重修。康熙十年，灵隐住持戒显晦山较刊并序。戒显《灵隐寺志序》：灵隐寺旧有白珩之《志》，因其太略，先师巨德老人属孙宇台祉翁重撰。爰以辨论太多，适吴门徐子能氏来，因举白、孙二《志》重加校雠，阅一载而成书，爰付剞劂。

---

〔1〕 雍正本无"不著撰人，见《澹生堂书目》"十字，有"宋玛瑙寺释元敬节庵辑……武林汪通后序"凡一百零四字。

〔2〕 雍正本"见杭世骏书跋"作"见金陵黄氏书目"。

《天竺灵苑集》三卷　《采遗》一卷

宋钱塘释遵式知白著。《书录解题》:遵式,钱塘僧,所谓式忏主者也,居灵竺间。

《三生石合记》一卷

明释大晓著。首纪三生石圆泽事,次纪虚怀禅师语录,吴本泰序。

《上天竺山志》十五卷

天目山三学学人广宾著。顺治三年,古润妙香居士孙时伟序。

《中天竺寺志》一卷

不著撰人,钞本藏本寺。

《下天竺寺志》一卷

不著撰人,钞本藏本寺。

《南屏净慈寺志》十卷

明住山沙门大壑著。万历乙卯,六梦居士虞淳熙序。

《虎跑定慧寺志》四卷

释法深本然著。康熙三十一年,徐潮、毛奇龄、宋嗣京并序。

《慧因高丽寺志》十二卷

明阳羡、李翥飞侯著,天启丁卯自序,虎林徐时泰、蒋如奇并序。前刻东坡先生、晋水禅师二像。

《无门洞志》一卷

明歙人潘之恒著。

《凤凰山大报国寺考古录》一卷

释智生灵绎著,康熙三年自序。

《凤凰山圣果寺志》一卷

石屋隐佛岩释超干石堂著,康熙元年自序。

《天龙寺志》二卷

杭释广宾著。

《崇圣纪事》一卷

明释行素著。崇祯己卯,钱受益、刘同升、黎遂球并序。

《理安寺纪》四卷

佛石岩沙门仲光著。

《云栖志》一卷

明释袾宏莲池著。

《云栖纪事》一卷

明释袾宏莲池著。是编分六门:一山图,二碑记,三古迹,四条约,五录贤,六题咏。万历三十七年刊。

《云栖兰若志》一卷

明秀水冯梦祯开之著,见《钱塘志》。

《云栖大师塔铭》一卷

不著撰人,见《金陵黄氏书目》。

《云栖大师传》一卷

明钱塘虞淳熙著,见《澹生堂书目》。

《武林宫观志》一卷

钱塘吴允嘉志上著。允嘉著《武林耆旧传》,最称该博。

《通元观志》二卷

明仁和姜南明叔著,嘉靖十三年自序,仁和江晓、钱塘田汝成、福清陈仕贤并序。南著《蓉塘诗话》,亦多载湖上之事。

《重修通元观志》二卷

钱塘吴陈琰宝崖、华亭朱溶若始重辑。晋安林云铭、钱塘顾豹文、仁和戴普成并序,钱塘俞文祥、马铨、范允锅、本观朱广基并跋。

《开元宫图》一卷

不著撰人。元泰定二年,柳贯后序,见《柳待制集》。

《紫阳庵志》一卷

不著撰人。

《瑞石山紫阳集》二卷

明范栖云著,见《聚乐堂艺文志》。

《武林紫阳道院志》五卷

钱塘凌绍雯子文重修。

《重阳庵集》二卷

前卷,明道士梅古春著。成化十一年,山东布政使左参政钱塘江玭序。后卷,明道士俞大彰著。嘉靖十三年,湖广布政使右参政淳安王子谟序。

《吴山城隍庙志》一卷

明道士钱斯馨著。崇祯戊寅,巡抚喻思恂序。

《重修吴山城隍庙志》一卷

钱塘顾鸣廷修,康熙甲申刊。

《西湖韵事》一卷

钱塘汪汝谦然明著,纪修复西湖龙王堂事。

《西湖百咏》一卷

宋钱塘杨蟠公济著,见《续文献通考》。是编失传,诗多杂见《咸淳临安志》中。【成化】《杭州府志》:蟠登庆历六年第,尝作《钱塘百咏诗》,起湖山堂,至西水亭,各为一绝。按《四朝诗选》:蟠,章安人,举进士,通判杭州[1]。

《西湖百咏》一卷

宋当涂郭祥正功甫著。凡五绝一百首,编于《青山集》中。其首题云:"和杨公济《钱塘西湖百题》。"

谨按:杨蟠《百咏》久已失传,其诗采入《咸淳临安志》者,后来郡邑《志》多录之。惟郭祥正《百咏》全载《青山集》,则知杨蟠百题相同也。

《钱塘百咏》一卷

宋庐陵李珏元晖著,见【景泰】《吉安府志》。

《西湖百咏》一卷

元钱塘道士董嗣杲明德著。嗣杲,又号静传居士。凡九十六题,每题赋七律一首,题下有引,详叙故实,考订精核,足备志乘之采。

《和西湖百咏诗》一卷

明余姚陈赞惟成著。即嗣杲原题,依韵和诗,凡七律九十六首,与嗣杲诗并刻。天顺癸未,南康知府钱塘陈敏政序。嘉靖丁酉重刊,周藩南陵玉云楼子序。周藩《序》:天顺间,会稽陈太常少卿赞所和宋季董嗣杲《西湖百咏》,逐景述其故实。董倡居前,陈和居次,景凡九十六,诗共一百九十有二。谓之《百咏》者,盖亦极言之耳。用是翻刻流布,俾四方好事者可以即诗知景,宛然在目,亦将以是编为实录,而忆其胜矣。

《西溪百咏》一卷

不著撰人,相传宋末人作。凡百题,俱用四字板对,每题下系一小序。明天顺庚辰,周谟继和有序。周谟《西溪百咏序》:吾友徐廷用一日过余,曰:"昨于杭之旧识处偶得《西溪百咏》一卷,乃宋朝吾乡先辈之所作也。奈何岁久,失其前序,竟不知何姓字人作。观其注识立题,诚所谓好事之君子也。"余与廷用滦许之,不揣菲薄,步其韵而效颦如左焉。

---

〔1〕 雍正本无"按《四朝诗选》:蟠,章安人,举进士,通判杭州"十六字。

《和西溪百咏》二卷

明西溪释大善著。崇祯庚辰自序,武水曹勋序。释大善《和西溪百咏自序》:《西溪百咏》,宋人所作,始行于元世,己亡其姓氏。凡一题一序,自留下仙宫东出报先、佛慧,西入妙净、光明,东西五十里间,梵刹琳宫,塚祠桥渡,山房别墅,岭峤林泉,奇胜全收,班班可考,可作兹山志略。国朝天顺间,隐士周谟和之,积百首。坊刻久湮,唱和莫辨。余偶拈旧题,并为分注,拾遗补阙,亦得百首,分上、下卷,自谓无当风雅,庶几兹山鼓吹云。旧诗俱不录,仅存旧序旧题,以便稽考。虚闲道人大善书于安乐山下古福胜庵。后附《福胜庵八咏曲》《水庵八咏》。

《西湖百韵诗余》一卷

宋淳安胡朝颖达卿著,见《两浙名贤录》。

《武林山十咏》一卷

宋宣城梅询昌言著。相传其为仁和令时作,刻石冷泉亭上,后人因刻以行世。《仁和县志》作"字克臣"。

《吴山纪实诗》一卷

元高维正著。

《湖山游咏录》一卷

明钱塘刘英邦彦著,见《明诗综》。英,又号宾山。

《钱塘湖山胜概诗文集》一卷

明钱塘夏时以正著。有自序,卷中记一篇,绝句一百首。其诗题悉仍董嗣杲之旧,余姚陈赞序。《钱塘县志》题曰"《西湖总句》"。

《西湖游咏》二卷

明吴郡黄省曾勉之著,见焦氏《经籍志》。

《湖山游咏录》一卷

天台王象著,见《天台县志》。

《西湖老人繁胜记》一卷

不著撰人，见《篆竹堂书目》。

《南宋杂事诗》七卷

武林沈嘉辙、吴焯、陈芝光、符曾、赵昱、厉鹗、赵信著。凡七人，各赋七绝一百首，每诗下各系事实，以补田汝成《西湖志》之缺。

《钱塘赋》一卷

宋葛澧著，临安陈氏书籍铺刊行。

《西湖赋》一卷

元钱塘白珽廷玉著，自题栖霞山人。

《西湖三赋》一卷

明富阳吴梯仲升著。《杭州府志》：梯为文自出体裁，诗亦雅赡。仁和令刘洪谟闻而慕之，会同游吴山，言田汝成志西湖而不及作赋。梯请援楮笔，立成三赋，洪谟为之授梓而传之。

《石屋山居诗》二卷

宋石屋释清珙著，皆石屋山居之作，见《百川书志》。《澹生堂书目》：石屋和尚《山居诗》，并《当湖语录》二卷，释至柔编梓。

《和永明山居诗》一卷

雍布衲著，见【万历】《钱塘县志》。

《和永明诗》一卷

梅雪著，见【万历】《钱塘县志》。

《天竺别集》一卷

不著撰人，见《篆竹堂书目》。

《虎林湖山高隐集》五卷 《附录》一卷

明钱塘高谊著。《附录》皆同时人诗文，见《金陵黄氏书目》。

《观物吟》一卷

明南海邓羽著。《仁和县志》:羽于永乐中为道士,隐居武林山,有《观物吟》一卷。自言忘情消白日,高卧看青山,动落花流水之机,适闲云幽鸟之趣,遂成意外佳句。钱虞山曾序而刻之。

《武林湖山倡和集》一卷

明秀水陈禧著,见《嘉禾征献录》。

《山居倡和集》一卷

明释永顾本源著。永顾,鄞人,住上天竺,见《上天竺山志》。

《西湖三潭放生诗》一卷　《迁塔诗》一卷

明释大壑著,见《澹生堂书目》。

《西湖冶兴》二卷

明会稽王瀛元溟著,见《明诗综》。

《湖上篇》一卷

明钱塘李奎伯文著,见【万历】《钱塘县志》。

《西湖草》一卷

明秀水项真不损著,见《明诗综》。

《涧中诗》一卷

明卓尔昌仲期著,系游九溪十八涧所赋之诗,沈朝焕序。

《湖上编》二卷

仁和张遂辰卿子著,皆湖山游咏之作。

《古斑竹园诗文》一卷

栖霞山樵雪松著。南宋时,为斑竹园,后改名龙胜院。有自序。

《河渚词》一卷

仁和胡介彦远著。

《古杭杂记诗集》四卷

不著撰人,无序,有目。凡分四十九题,皆杂记当时诗词谣谚,而各系以本事。末题云:已上皆系宋朝遗事,一依卢陵正本。殆亦临安权场所卖小说书之类也。

《吴山社集》一卷

明沈仕懋学、施经引之同著,见【万历】《钱塘县志》。《钱塘县志》:一时钱塘文士蔚起,如郎瑛仁宝之淫书博物、沈仕懋学之寄傲诗绘、虞舜卿国宾之笃行修词,皆艺林之有声者。瑛有《七修类稿》,舜卿有《握奇经注》《栎邨集》,仕经有《吴山社集》传世。

《西湖八社诗帖》一卷

明户曹员外闽人祝时泰汝亨、光州太守仁和高应冕文中、庠士新安王寅仲房、庠士仁和刘子伯安元、承天太守钱塘方九叙禹绩、江西宪副钱塘童汉臣仲良、隐君仁和沈仕懋学同著。嘉靖壬戌,方九叙序,童汉臣后序。八社者:紫阳诗社、湖心诗社、玉岑诗社、飞来诗社、月岩诗社、南屏诗社[1]、紫云诗社、洞霄诗社,分春、秋二社。凡录诗一百四十首,沈仕虽列名,因出游故,无诗见集中。

《湖山游咏录》一卷

明仁和陈震查渎辑。以退庵老人南海邓林、福建布政使致仕富阳姚肇尚义先生、仁和夏诚诸人宴游湖山,所赋诗文汇为一编。震自序。

《西湖莲社集》一卷

不著选家,见焦氏《经籍志》。

《续西湖莲社集》一卷

不著选家,见焦氏《经籍志》。

---

[1] 底本、雍正本脱"南屏诗社"四字,据《武林掌故丛编》补。

《韵史》一卷

明海昌陈梁槎翁辑,纪湖上诗社事。崇祯五年刻。陈梁《韵史引》:雀子五竺从其父使君征仲仕武林[1],结社圣湖。一时游仕武林者,推洛阳才,重爱之。使君制韵字箱,以平仄字各六十为一箱,众客赋诗,不得逾此百二十字。此昔贤即席限字佳事也。因汇成帙,题曰《韵史》云。

《西子倡和集》一卷

天中张文光、都门张能鳞与汪汝谦诸人倡和之作,豫章李明睿序。

《十一松颠阁倡和诗》一卷

杭释恬安辑。阁在北山乌石峰,面临十一松。武林茅兆儒、冯景、洪升、张镳、沈玉亮、苏轮、项溶、吴陈琰、柴世堂、吴焯同赋,清溪徐倬序。

《吴山登高诗》一卷

萧山毛奇龄首倡,和者总八十七人。吴门冯勖序。

《湖山诗选》六卷

明钱塘苕水徐懋升元举辑,万历庚申自序,寓林居士黄汝亨、湖隐虞淳熙并序。诗分各体,凡录古今诗家总四百六十八人。懋升自题钱塘苕水者,因苕溪之水发自天目,经于钱塘下奉口入吴兴也。

《西湖揽胜诗选》六卷

湖上夏基泊庵辑。康熙十二年,富春宋维藩序。所录皆近人诗。

《湖山集艳诗》一卷

钱塘汪汝谦然明辑,汪定国序。

《西泠十子诗选》四卷

武林陆圻、柴绍炳、孙治、陈廷会、张纲孙、毛先舒、丁澎、沈谦、吴百朋、虞黄昊著,见《钱塘县志》。

---

〔1〕　雍正本"雀"作"崔"。

《西陵词选》八卷

钱塘陆进荩思、俞士彪季琫同辑。康熙乙卯,梁允植、丁澎并序。以宦游诸人之词为首卷,次以时贤,凡录人一百六十六,方外六人,闺秀二十一人。

《崇雅堂西湖燕集诗词》一卷

钱塘王儒旦辑。康熙乙丑,杭州知府顾岱序。

《西湖销夏集诗》一卷

毗陵庄楷首倡,以"萦回水抱中和气,平远山如蕴藉人"分韵,武林冯景、钱经绅、许田、吴陈琰、周崧、邵锡章、吴焯、周征、顾之斑、邵锡光同赋,长洲顾嗣立序。

《韬光纪游诗集》一卷

释弥高刻。康熙乙丑,朱迓迈、潘耒、邓锡璇并序。

《宋岳忠武王庙诗》一卷

不著撰人,见《篆竹堂书目》。

《如此江山亭诗》一卷

元张昱光弼首唱,嘉禾周鼎跋,见《钱塘县志》。

《湖心亭题咏》一卷

不著选家。

《西湖竹枝词》一卷

元杨维桢首唱,和者总一百二十人,皆注姓氏爵里,凡录截句一百八十九首。至正八年自序,万历丙午华亭林有麟重刊。又万历乙卯,冯延年亦有刊本,冯梦祯评点。

《西湖竹枝词续集》一卷

西湖徐士俊野君、陆进荩思同辑。自瞿祐、沈周而下,录人凡二百四十六,录诗四百十四。

《西湖竹枝词》一卷

新城王士禄西樵著。凡二十首,浙江按察使宋琬荔裳序。

《西湖东山竹枝词》一卷

钱塘谢起蛟睿因著。凡五十首,钱塘吴焯序。

《西湖十景词》一卷

元雁门萨都刺天锡著,见【宣德】《仁和县志》。

《西湖蹋灯词》一卷

马逸千著,萧山毛奇龄序。

《吴山神弦曲》一卷

淮南彭孙贻羿仁著。凡乐府四十二首,皆吴山神庙迎神之辞。有自序。

《西湖采莼曲》二卷

明钱塘虞淳熙、淳贞同著。分六言、七言截句,附徐桂、张邦侗、金曾礼、张文颍和诗。

《西湖绮草》一卷

钱塘汪汝谦然明著。

《不系园题咏》一卷

钱塘汪汝谦然明辑。不系园者,汝谦所作舟名,陈继儒题扁,汝谦有自记一篇,附以题咏之作。天启三年,黄汝亨序。

《随喜庵诗》一卷

钱塘汪汝谦然明辑。随喜庵者,汝谦所作舟名。董其昌题扁,崇祯元年自序。

《西溪笋谱》一卷

明法华山释真一著,天启丁卯自序。

《西溪梅谱》一卷

明法华山释真一著,天启丁卯自序。

《南山桂谱》一卷

明湖西朱凤翔著,正德庚午自序。

《种两堤桃柳议》一卷

明钱塘闻启祥子将著,凡十则,有自序。

《草花谱》一卷

明钱塘高濂著,皆纪西山中草花。

《西湖笔墨谱》一卷

云间张一鹗忍斋著,严沆序。

《煮泉小品》一卷

明田艺衡子艺著,所载多两山泉品。

《幽怪录》一卷

明钱塘田汝成叔禾著。专纪湖上幽怪之事,即《西湖志余》中《幽怪传》,疑后人分出刊行。

《南漳子》二卷

钱塘孙之𬴂晴川著。西溪河渚旧称南漳湖,此编皆纪河渚土风物产之事。

《西湖胜莲社约》一卷

明钱塘虞淳熙德园著,有自序。虞淳熙《自序》:西湖,南宋放生池也。亭以飞泳名。凡社友以放生来,必携飞泳之类。社定钱湖舟中,间诣上方池、净慈万工池、昭庆香华池,期以每月六斋日,自修供具,不让远客,不设烹宰。违约者罚。

《西湖月会约》一卷

明禹航严武顺讱公著。李流芳《月会约疏》:往见讱公月会之语,心窃善之。今年余来湖上,夏秋之交,两与兹会,暂假西山之灵,权为东道之主。若于城市之内,我实不堪,将置泉石之间,定复不恶。人地相得,往昔为难,便可写之丹青,传之歌咏,作千古美谈,岂徒一时胜事而己。

《西湖画舫约》一卷[1]

钱塘汪汝谦然明著,寓林居士黄汝亨跋。

《湖船录》一卷

钱塘厉鹗太鸿著,姚世珏序。厉鹗《自序》:西湖三十里,策勋于游事者,惟船为多。秀水朱竹垞先生作《说舟》一篇,其命名有以形者,有以色者,有以姓者。余翻寻故册,自宋元及近时所造,又得数十条,连缀于后。其出于先生者,间有增注,都为一编,以为湖上故事云。

---

〔1〕　底本"西"讹作"古",据雍正本改。

武林览胜记卷二十六

书　画

戈波点画，具山川流峙之形；黼黻丹青，寓天地生成之象。是西湖洵艺苑之奇章，墨林之粉本也。而古今名笔，亦往往托诸湖山，以垂不朽。搜讨及之，用补《集古录》所未备云。志书画。

书

林逋孤山二帖

沈周、吴宽、李东阳、陈硕、张渊并跋，见《铁网珊瑚》。

苏轼应梦记

旧在孤山智果寺参寥泉。　元祐五年二月二十七日书，墨迹藏寺中，见《咸淳临安志》。

苏轼智果院题梁

旧在孤山智果院，后随寺徙北山。　元祐五年岁次庚午二月辛卯朔二十五日乙卯上梁，苏轼书。庆元三年，韩松摹入石，见《咸淳临安志》。

宋理宗书林逋诗

旧在孤山香月亭上。"疏影""暗香"二句，见《咸淳临安志》。

宋理宗六一泉三大字

旧在孤山六一泉亭上,见《名山胜概记》。

宋理宗迎真之馆四大字

旧在孤山玛瑙坡,见《咸淳临安志》。

赵与懽天泽二大字

旧在履泰将军庙,见《西湖游览志》。

林希思白堂三大字

旧在涌金门外保宁寺,见《书苑》。

张即之依光堂三大字

在今钱王祠侧。

吴文英书莺啼序词

旧在丰乐楼,见《武林旧事》。

王庭云会堂三大字

旧在涌金门外灵芝寺,见《咸淳临安志》。

宋孝宗慧日阁三大字

旧在净慈寺内,见《西湖游览志》。

宋理宗华严法界正偏知阁八大字

旧在净慈寺千佛阁,见《西湖游览志》。

宋理宗清净道场四大字

旧在南屏上清宫,见《西湖游览志》。

白居易醉白楼三大字

旧在茅家埠,见《西湖游览志》。

惠因院题梁

旧在南山惠因院华严大阁上,有"元符二年建"题字,见《咸淳临安志》。

金书晋译《华严经》

旧在惠因院。元祐二年,高丽国航海来舍入院。见《咸淳临安志》。

宋理宗玉岑二大字

旧在惠因寺山门,见《西湖游览志》。

宋理宗易庵二大字

旧在高丽寺,见《西湖游览志》。

沈明德《满江红》词

旧在于忠肃公墓祠内,见《两湖麈谈》。

龚颐正书苏轼《杜鹃花诗》

旧在南山净相院,见《书史》。

赵抃题名

旧在南山法雨院法堂。　资政殿大学士、太子少保致仕赵阅道谒法雨禅老,己未二月二十三日志此。见《咸淳临安志》。

宋宁宗岁寒亭三字又养性二字

旧在龙井山路太清宫,见《咸淳临安志》。

南唐草书四纸

旧在龙井月林,见程端明《游龙井记》。

宋仁宗飞帛四大字

旧在龙井月林,见程端明《游龙井记》。

苏轼楚逵二上人书经跋

旧在龙井寺。元祐七年四月二十五日书。又有静坐帖,亦在寺中。见《西湖古迹事实》。

吕洞宾仙诗

旧在风篁岭崇恩演福寺椽间。 "南坞数回泉石,西峰几叠烟云。登携孰与为侣,颜寓李甲萧耘",盖寓吕洞宾之名,书法类李北海。见《西湖游览志》。

张孝祥凤凰泉三大字

旧在方家峪刘娘子寺,见《后村诗话》。

苏轼送行诗

旧在龙山崇德院,墨迹在院中,见《书苑》。

宋高宗易安斋梅岩诗

旧在城南郊坛侧。 谒款泰坛,因过易安斋,爱其去城不远,岩石幽邃,得天成自然之趣,为赋梅岩诗:"怪石苍岩映翠霞,梅梢疏瘦正横斜。得因祀事来寻胜,试揆春风第一花。"见《四朝闻见录》。

贯云石山舟二字

在今天龙寺小轩内。

王玘万松坊三大字

在万松岭下。 永乐己亥,金台王玘书,见《西湖游览志》。

苏轼惠明院题壁

旧在万松岭院内。 余去此十七年,复与彭城张圣途、丹阳陈辅之同来。院僧梵英葺治堂宇,比旧加严洁。茗饮芳烈,问:"此新茶耶?"英曰:"茶性,新旧交则香味复。"余尝见知琴者言,琴不百年,则桐之生意不尽,缓急清浊,常与雨旸寒暑相应。此理与茶相通,故并记之。苏轼书。见《名山胜概记》。

蔡襄题壁诗

旧在凤凰山府治内小阁中。"绰约新娇生眼底,侵寻旧事上眉尖。问君别后愁多少,得似春潮夜夜添",见《咸淳临安志》。

宋高宗损斋二大字

旧在凤凰山古寺中。寺系故宋大内,见都穆《铁网珊瑚》。

宋高宗清风亭题楹

旧在凤凰山郡治中和堂侧。"斯堂伟特之观,无愧上都。薰风南来,我意虽快,愿与庶人共之",见《建炎以来朝野杂记》。

蒸霞二大字

旧在包家山桃花关门上,见《咸淳临安志》。【万历】《铁塘志》云石壁凿"蒸霞"二字。

金银书《大藏经》

旧在梵天寺。有吴越王造金银书《大藏经》五千四十八卷,碧纸银书,每至佛号,则以金书,制甚庄严。见《武林梵志》。

宋高宗水月二大字

旧在大佛寺侧水月园,高宗书赐杨存中,见《西湖游览志》。

张即之湖山胜概四大字

旧在保叔塔圣寿寺门上,见【成化】《杭州府志》。《西湖游览志》云后移置净慈寺阁。

苏轼昭庆寺题名

旧在寺中钟楼下。明夫子方明弼、康道嘉甫、子瞻同游南昭庆寺,庚午八月日题。见《二老堂杂志》。

吴说书苏轼诗

旧在寿星寺寒碧轩之髹壁,见《四朝闻见录》。

黄庭坚书此君轩诗

旧在寿星寺,见《书画谱》。

刘泰刘英智果院题壁诗

旧在殿傍廊壁,见《两湖麈谈》。

苏轼蒙泉二大字

旧在古招贤院,见《咸淳临安志》。

宋宁宗桂堂二大字

旧在仙姑山福寿院,见《西湖游览志》。

宋理宗书《千字文》

旧在集庆山天申圆觉寺,见《书史》。

吴说九里松三大字

旧在九里松一字门上。款云吴说傅朋书,后高宗以金饰之。见《四朝闻见录》。

冷泉亭三大字

旧在亭上。"冷泉"二字,白居易书。"亭"字,苏轼续书。见《武林旧事》。

冷泉亭三大字

旧在亭上,盱江左赞隶书,见《西湖游览志》。

佛国山门四大字

旧在云林寺门,唐钟离权书,后为张即之书,见《西湖游览志》。

绝胜觉场四大字

旧在寺门,葛洪书,见灵隐寺旧《志》。《武林旧事》云宋之问书。

白居易法安堂三大字

旧在云林寺,见灵隐寺旧《志》。

张即之直指堂三大字

旧在云林寺,见灵隐寺旧《志》。

宋理宗妙庄严域四大字

旧在云林寺,见灵隐寺旧《志》。并"觉皇殿"三大字,亦理宗书。

赵抃邺公庵题名

旧在资贤院。 南阳公赵抃致政之十日,同东堂、法云、景德三禅师、上天竺讲主净师游邺公庵,泊群峰韬光庵,抵暮记此。元丰己未仲春二十三日壬戌。见《咸淳临安志》。

赵抃等普圆院题名

旧在石笋峰普圆院。自赵及苏、秦、陈、黄、张总持、吴说皆有题字,在方丈金漆版扉上。见《武林旧事》。

仙书韬光庵诗

旧在庵壁。自释子兰以下凡十人,降仙所赋诗。见《武林旧事》。

褚遂良小字《阴符经》

旧在吴山三茅宁寿观。绍兴间,赐于观中。景定庚申,宣索赐贾似道。见《咸淳临安志》。

宋高宗楷书《黄庭》《度人经》

旧在吴山三茅宁寿观,见《书画汇考》。

宋理宗楷书《养生论》

旧在吴山三茅宁寿观,见《咸淳临安志》。

宋高宗通元二大字

旧在吴山通元观门,见《通元观志》。

米芾方井二大字

旧在西溪方井亭上,洪钟补书"方井桃源岭"五字,见《西溪梵隐志》。

画

张择端《西湖争标图》

绍兴中,入内府,见《向氏图画记》。

米友仁《湖山烟雨图》

见《历代题画诗》。

刘松年《西湖风景图》

见《真迹日录》。

刘松年《西湖春晓图》

见《清河书画舫》。

夏珪《西湖春雨图》

见《名画录》。

赵祖文《西湖总相宜图》

见晁无咎《逃禅词》。

李嵩《西湖图》

见《西湖游览志》。

马远《西湖十景册》

见《江村销夏录》。

陈清波《西湖全景图》

见《西湖游览志》。

陈清波《三潭印月图》 《苏堤春晓图》 《断桥残雪图》 《曲院风荷图》

并见《绘事备考》。

范彬《六桥桃柳图》

见《书画汇考》。

韩蕲王《湖上骑驴图》

吴莱题，见《武林杂记》。

王渊《湖滨萧寺图》

见《绘事备考》。

唐棣《湖景图》

见《绘事备考》。

张训礼《湖峰醮碧图》

见《名画录》。

陈仲完《湖上佳趣图》

见《历代题画诗》。

南宋画院《西湖全景图卷》

见厉鹗《画跋》。

释若芬《西湖十景图》

见《画苑》。

释若芬《六桥图》

见《书画谱》。

释玉涧《西湖图》

见刘基《青田集》。

吴镇《明圣湖十景册》

见《珊瑚网》。

王蒙《湖山清晓图》

见《弇州四部稿》。

戴进《西湖巨浸秋波图》

见杨慎《升庵集》。

戴进《西湖春晓图》

见《书画谱》。

唐寅《西湖钓艇图》[1]

见《江村销夏录》。

沈周《湖山图》

张靖之题，见《西湖游览志》。

文嘉《西湖图》

见《珊瑚网》。

盛茂晔《西湖全景图》

在赵昱小山堂。

李流芳《西湖十景册》

在赵昱小山堂。凡十帧：断桥春望、南屏山寺、孤山夜月、三潭采莼、法相寺山亭、雷峰暝色、胜果寺月岩、烟霞春洞、两峰罢雾、紫阳洞。每副页流芳自著长跋。

李流芳《西湖梦游图》

见《书画谱》。

---

〔1〕 底本"唐"字有明显描痕。

《湖山佳致图》

见陆树声跋。

贯休十六罗汉像

旧在城东长明寺,今归圣因寺,并有诸祖师像,凡百轴。

欧阳修像　惠勤像

旧在孤山六一泉,见苏轼《六一泉铭序》。

墨本林《山人隐居图》

见《和靖集诗序》。

四圣像

旧在孤山四圣延祥观,绘天蓬、天猷、翊圣、真武四像,见《咸淳临安志》。

萧照画壁

旧在孤山凉堂,见《武林旧事》。

钱选《和靖观梅图》

见《真迹日录》。

林若拙《孤山图》

见张羽《蜕庵集》。

和靖《拥炉觅句图》

见陶九成《南村集》。

释若芬《孤山图》

见《绘事备考》。

赵孟坚《孤山夜雪图》

见《历代题画诗》。

赵孟頫《孤山放鹤图》

见《松雪斋集》。

李流芳《孤山夜月图》

见程嘉燧《松圆集》。

李流芳《西泠桥图》

见《天下名山记》。

《丰乐楼图》

见《历代题画诗》。

苏汉臣画壁

旧在涌金门外显应观,见《武林旧事》。又九曲城五圣庙亦有苏汉臣画壁,见《西湖游览志》。

萧照画壁

旧在涌金门外显应观,见《西湖游览志》。

陈清波《南屏晚钟图》

见《绘事备考》。

陈清波《雷峰夕照图》

见《绘事备考》。

戴进《南屏晚钟图》

见《书画谱》。

马宋英古松画壁

旧在净慈寺,见《净慈寺志》。 "磨出一锭两锭墨,扫出千年万年树。月明鸟鹊误飞来,踏枝不着空飞去"。马宋英自题。

永明智觉禅师遗像

旧在净慈寺,见宋濂《芝园后集》,濂有赞。

五十三参像

旧在净慈寺壁,钟鼎、丁清溪合画,见《西湖游览志》。

沈周南屏诸山长卷

见《六研斋笔记》。

滕茂宗画壁

在南山净林广福院,见姜夔《访净林全老序》。

陈清波《石屋烟霞图》

见《书画汇考》。

明璐王敬一画兰

旧在虎跑寺内,后刻石,见《湖壖杂记》。

李流芳画壁

在今法相寺内。

苏轼竹石画壁

旧在龙井寺,见《武林旧事》。

范文正苏东坡栾城释参寥辨才遗像

旧在龙井月林,见程珌《游龙井记》。

水墨罗汉八轴

旧在龙井月林,每轴二像。苏轼遗辨才故物,见程珌《游龙井记》[1]。

〔1〕 底本脱"井"字,据雍正本补。

廉宣仲松石枯木画壁

旧在龙井寺,见《武林旧事》。汤垕《画鉴》云:宣仲,名布,自号射泽老人。

陈公储画龙壁

旧在刘娘子寺,见《西湖游览志》。

李嵩《宋宫观涛图》

见张宪《玉笥集》。

宋勋臣像

旧在罗汉洞太常寺之照勋崇德阁。宝庆元年,绘赵普至葛邲合文武勋臣二十二人像,学士郑清之为记。见《咸淳临安志》。

赵孟頫《白塔古松图》

见刘基《犁眉公集》。

《五云山图》

见戴表元《剡源集》。

《周汉国公主甲第图》

第旧在清湖桥,张雨题,见《句曲外史集》。

赵士遵《宝石山图》

见《绘事备考》。

苏轼画竹壁

旧在昭庆寺钟楼下,见《二老堂杂志》。

王蒙《海天落照图》画壁

旧在保叔塔院左壁,见《六研斋笔记》。

《鲍家田梅屏图》

宋高宗敕待诏院图进，见释居简《北涧集》。

古贤像

旧在北山锦坞庵烟云阁。四壁画古贤像，尚存一壁李邺侯、白文公、赵清献、张忠定、范文正、苏文忠诸贤像，见《咸淳临安志》。

宋理宗御容

旧在集庆寺，见《七修类稿》。《太平清话》云郭萧斋所写。

宋理宗《燕游图》

旧在集庆寺，见《志雅堂杂抄》。

宋度宗小像

旧在集庆寺，纸本，见《暖姝由笔》。

宋阎妃像

旧在集庆寺，见《七修类稿》。

王渊画壁

旧在集庆寺庑下，见《西湖游览志》。

九师像

旧在灵隐山隐居堂，见【成化】《杭州府志》。

李遵道《灵隐道中二杉图》

见《傅与砺集》。

吴益《濯足冷泉图》

宋高宗御制赞，见《四朝闻见录》。

463

程嘉燧《冷泉亭图》

嘉燧有自记,见《名山胜概记》。

沈周《冷泉亭图》

周自题。又有刘英、史鉴、吴门、汝泰诸题,见赵昱《小山堂画跋》。

沈周《飞来峰图》

见《真迹日录》。

沈周灵隐山画卷

自题,仿大痴道人,见《江村销夏录》。

李流芳《冷泉红树图》

见灵隐寺旧《志》。

文同画竹壁

旧在石笋峰普圆院方丈,见《武林旧事》。

李唐《三生石畔李源图》

见《淡圃画品》。

刘松年《圆泽三生图》

见《画谱》。

赵伯驹《圆泽三生图》

见《名画录》。

《三生石图》

赵左题,见《三生石合记》。

王蒙画壁

旧在下竺寺,见《六研斋笔记》。

大士应梦像

旧在上天竺寺。上有宋理宗御制赞,见《咸淳临安志》。

戴进十八罗汉像

旧在上天竺寺,见《六研斋笔记》。

释若芳《吴山图》

见《名画录》。

高郎中《吴山观月图》

见仇远《山村集》。

莹上人《吴山图》

见陆游《剑南集》。

《吴山夜雪图》

见刘因《静修集》。

沈周《吴山图》

周自题,见《珊瑚网》。

苏轼《丛竹丑石图》画壁

旧在韩氏阅古堂壁,后移壁龛于秘书著作之庭,见《鹤林玉露》。

李息斋画竹

旧在元妙观屏上,见《太平清话》。

刘世儒画梅

在通元观万玉轩,见《通元观志》。

古贤像

在清平山开元寺烟霞阁,见《西湖游览志》。

中峰小像

在云居寺,见《西湖游览志》。

李流芳《紫阳洞图》

见《天下名山记》。

李流芳《云居寺图》

见《天下名山记》。

华阳洞天图卷

姚氏别业在吴山,见陆树声跋。

赵孟𫖯《西溪图》

孟𫖯自题,见《松雪斋集》。

李流芳《永兴兰若图》

见《天下名山记》。

《钱塘胜览图》

见《历代题画诗》。

《临安湖山图》

金主命画工图进,见《书画谱》。

《钱塘宋畿图》

见《历代题画诗》。

《临安故城图》

见张羲《蜕庵集》。

李嵩《钱江望潮图》

见《珊瑚网》。

夏珪《钱塘观潮图》

见《珊瑚网》。

钱选《江潮图》

见张宁《方洲集》。

童寿卿《潮出海门图》

见王炎午《吾汶稿》[1]。

赵伯驹《夜潮图》

见王冕《元章集》。

沈周《钱塘山行图》

见《书画谱》。

王时敏《隔岸越山多图》

见《梅村集》画跋。

蓝瑛《春江细浪图》

自为跋。

龚贤《江山夜色图》

见《绣谷亭画跋》。

恽寿平《春涛滚风图》

洪升题,见《稗畦集》。

王翚《浙江万叠青山图》

龚翔麟跋。

---

[1] 底本、雍正本脱"午"字,据文意补。

武林览胜记卷二十七

艺文一

润色鸿业，歌咏太平，斯篇什尚焉。顾选胜登临，莫不斐然有作。而义不本于风谣，词不泽于《尔雅》，虽多亦无取尔。独是过眼烟云，每多散佚，择其脍炙在人者，存什一于千百云。志艺文。

赋

西湖赋　〔宋〕白　珽

杭之有西湖，不独如人之有眉目也，如楚有金，如蜀有锦，人得贵而玩之也。凡水在天地间，由山而出，由地而受，为里合万有六千，奚止此水可夸绝于天下哉？顾一州一县理所在水之东者，皆西湖也。颍有之，松有之，山阳、四明类有之。独在杭者，齿响诸夏，而笔骋群彦。是盖有明珠玉树，不待斫而成；大圭圆璧，必待缫而贵者矣。是湖也，发源南北之诸峰，而风气曼延乎东州之列岫。近而秦望，远而桐扣。左龙飞之两乳，右凤凰之孤咮。势将合五州之芳泽，集万山之鲜溜。岂惟武林之一泉，武林，即灵隐山也。俗称钱塘门里太乙宫小阜，非。能专此江北江南之秀。原夫奇状天造，丽京人为[1]，古称图画之如则陋，今曰蓬莱之山亦非。若欲知三叹望洋之盛，当不惮登一览众小之危。怅天地之尤物，何简牒之偶遗？于邺侯之六井，获肇见于唐碑。荡海濒之泻卤，弭疾厉于群黎。今衍之而为井十，或通贯乎园池。继崇堤而节水，将下塘而注陂。羌运漕而达河，亦既旱而淫弥。泽及田畴之广，乃继闻于太

---

〔1〕　雍正本"京"作"景"。

傅之记辞。钱氏置千兵而设撩，陈氏述古资众僧而缮治。既大备于苏公，树三塔于中流，横六桥于长堤。复继志于赵侯与藚，扩波光于板目，续魏院之一支。亭馆日增而月益，崇筑前规而后随。此特表其人，为之序，乃以见夫天造之机。

南北两峰，亦有祠宇。譬之龟蒙，为望于鲁。皇妃保叔，双擎窣堵。截群峰之骏奔，为西湖之门户。冠之以南屏，襟之以赤土。宫其湄以致斋，圃其墟而阅武。烟霞乍举，白云不去。金钟无声，玉岑有数。鸦鸡延为向背，灵鹫衍为胥附。五峰飞来、白猿、莲花、稽留、月桂。指列乎虎林，三竺骈罗乎玉女。按驼巘而巾子巍如，带束山而石甑酷似。在水中央，孤立一屿。辽鹤不来，处士谁与？幸庚梅之犹昨，惜陈柏之非古。由四刹负鳌而徙，报恩、智果、广化、玛瑙。成太乙祝厘之所。复有宝莲瑞石，远映胥山之辅。金地七宝，南屏至此，皆叙远湖山名。翠瓦丹柱，写影乎水浒。凡此前后联络，复多岭坞。葛公已往，而丹井不改；仙姥既去，而慈云如故。二麦当风篁之冲，胭脂割黄泥之据。万松东接乎宫垣，栖霞南法乎岳墓。紫坊、铁冶、石人、大青之俦，散不计其在处。中有水竹、青芝、法华、大悲，桃花瑞冈之相背，巢沟龙驹之并驰。咏吴王之枫木，表金姬之杨梅。抑不过因人烟之所聚，曾不若朱野葛坞之得人。

而奇洞则有龙泓、香林、水乐、石屋，呼理公之白猿，避里人之苍蝠。烟霞、后即蝙蝠洞。干湿二洞，在栖霞岭。往往刓岩而嵌谷。虽形势之或列，皆所以发湖光而增山绿。泉石井潭，洞谷实繁，厘为十八，合为一源。浥惠因之沧浪，弄金沙之潺湲。冷可洗耳，甘可涤烦。旁城有甘泉坊。祷白鳝而祠乌龙，记水鱼龙井而碑灵鳗。限玉为池，跳珠为轩。香山六乙，参寥东迁。各井其井，各泉其泉，终归乎一万顷之湖天。

若夫园池、楼观、佛宫、仙宇，辩口不能殚其名，巧历不能知其数。余固拙于言辞，始概陈其泄露，尚虑齐人不知有稷下祖邱，徒知有管仲晏子。

湖咏维百，先言御园。爰有聚景，图经所尊。致坤宫之孝养，据震位以生蕃。来四朝之游幸，揽众远以平吞。揽远，堂名。南有翠芳兰桡在焉，御舟名。接蓬莱于中泚，甘园有水中蓬莱堂。宾慧日于前轩。北有玉壶红鹃尚存，创于鄜王，隶于慈元。去环碧兮百棹，隔水月兮一垣。庆乐有梅关桂林之胜，珍鸟异兽之繁。内畜天鹅、牡牛、玄鹿、三尾龟等。亭连栋为十景，碑蚀苔以千言。记南园之绝景，扁西湖之洞天。此皆始属于禁籞，又不但尝锡之侯藩。次则仰真珠之高寒，听水乐之声在。高寒、声在，皆园中堂名。云洞居下湖之左，古柳列昭庆之外。得万景之天全，擅九曲之紫翠。万景、天全，堂名。前有紫翠间亭。总宜尽晴雨之奇，养乐集雕镂之艺。廖氏九经等书，镂板其中。梅冈班衣，择胜秀野。蔼梅坡之绿阴，通花家之红霭。尚名苑与胜圃，滋角奇而斗异。蠹不知其几百十所，所可言者，特言其最。

　　堂则有德生溥泳飞之仁，依光觉贪浊之迷。伟观兴顽懦之志，湖山广寿乐之基。三贤先贤，序列一堤。表义夫节妇三十九人之乐石，俨大人君子千载一心之令仪。阅雪江之讲肆，湖侥讲堂，在新路。寒冰壑之书帷。金渊书堂，在南山下。隐居、思真、玉莲，旧名一清。翠樾、九师、有美，尚可按迹于品题。亭称冷泉，旁连壑雷。上有天香，下有客儿。花光巧于公输，通玄掩于招提。春雨为观，香月为隣。水竹院落，无边风月，见天地心以总之。皆贾氏亭馆名。

　　池有涌金、金牛、白龟、瑶池、白洋，分占湖之四涯。林塘之凿，花径之构，各择其地，各揭其楣。非窥园则莫知礼重崇报，有国所祠。夏禹据神隍之堞，神胥峙辇道之陴。旌金祝之奋忠，慨朱跸之蹈危。朱跸、金、祝，皆湖上捍御兀术死节者。斯府君之神马，游宰相之白衣。海州死节。张玘。鄂国锡圭。传呗林于霍山之埠，荐菊泉于嘉泽之埠。维庙食于百世，皆功德搜于祝司。非若倚草附木，徒祸福于六时。陵墓则有后妃允嗣之攒宫，侯王君公之茔碑。朱少章之节旄已落，马三宝之壶蜂不飞。和靖赞宁，花翁紫芝，孙惟信、赵师秀。皆炳乎山灵水粹之潜辉。

　　四圣、显应，报阴相于中兴；三茅、表忠，见阐灵于内向。安晚峙，上清之下；初阳台，玉清之上。云涛灵曜，崇真希夷，明真神仙。虽藏幽占爽隐显乎此湖，要不若佛寺兰若后先乎重山复水之广。松门九里，袁公是崇；仁敬。七峰两涧，灵隐在中。秀石奇木，灵泉怪峰，兼幽人禅衲之盛，将互见于累代能言之巨公。揵竺有三，连甍接埂，观自下而中而上，始王囿而臻大士之宫。神桧重荣，御梅犹红。草堂绕枕流之翠，香林挂古藤之虹。礼宝掌而登天岩，瞻珠鬘而下乳峰。前生仙而广利，普福寺。后月桂而洪钟。集庆寺。圆觉藏思陵之宸，灵芝抱越王之弓。溯云扉之幽窈，显庆寺。抚灵石之玲珑。演福寺。现长耳之妙相，演句丽之慈风。南屏列家人之象，瑞龙豁奇观之胸。五百应真，万钧巨釜，画廊绚日，铁塔插空。惟净慈为南山众刹之宗，玛瑙而坡，鸟窠而丛。佛三寸不为小，楼十三以龛其像；佛百丈不为大，舟万斛以维之踪。借竹智光，扫缶中庸。惟寿星为北岭丛林之雄，岂唐朝四百八十犹有存者？而宋兴几三百载，损益其中。

　　楼阁则丰乐中峙，据湖之会，丛以亭榭，付以阛阓。鱼庄曼衍，柳洲萦带。竹山城而可眺，迎光张循王园楼。云而不碍。清旷专负山之美，南屏山[1]。先得俯近水之快。即苏公望湖楼。红梅阁于孙沔，绿竹阁于居易。巢居癯杖于屏下，四照插峰于镜外。二阁在孤山上。外如延宾、望海、蓬莱、云汉、正偏、海会，顾层见迭出之多，而半

---

〔1〕　雍正本"山"后有"下"字。

为白鹤青鸾之所蔽。皆在道宫佛寺中也。复有如虹者六,御尾仰题西林,处士宛武扬鬐。断桥非荒藓之旧,长桥有古木之依。琼老金佛,二桥在上竺前。节奔泉之所发;行春合涧,条众壑之攸归。余则凌金跨玉,斜斜整整,将举趾而皆迷。

其或男裙女袿,东游西泛,画舫兰舟,轻舠巨舰,各标令名,明渌清泛。金胜小而善疾,宝瓶大而宜缓。明玉坐百客而有裕,总胜列四筵而才半。赏心泛绿,百花望月,披绿翻篙,流苏飐幔。坐若室处,行若物换。值御舟之游幸,从去。水嬉之宣唤。前金吾而不禁,后天香之拂面。鳞如翼如,恍众星拱辰于天河之畔,非万斛之能拟,岂千丈之为算?《史记》:船长千丈,谓积数也。别有龙舟两两,鼍鼓冯冯。花帽表于御爱,绣袍见于神歆。陈百戏于水面,竖六标于湖滨[1]。参前两后,三令五申。观者舟两行如广陌,迓者绵万竿如长林。五步一亭,酒旆茶裀。笙歌沸腾,轩鞍纷纭。柳行扑地,花阵排云。梭门秋千,出没乎翠围;舞衣歌扇,周旋乎香尘。新路习金鸡之跖,郊祀大礼,岁则御前百戏,预于南新路,习肆赦之艺。祠山迎宝马之群。二月八日,迎七宝社、马社,祭于霍山张祠,观者甚盛。目不暇瞬,步不得循。想见进鱼羹之宋嫂,犹多呈鹤舞之优人。剪罗钉采花之篮,范饴为穿柳之鳞。饰木兵于小桁,串家具于修筲。篙矢激半空之霹雳,纸鸢竞九天之经纶。柘弹象弩,画棍挲盆。踏棍才、泼巨盆,皆水戏。罗袜凌波,金钗照春。时固多揽红拾翠之子,亦岂无寻幽讨胜之宾?此特言万一于春九十之辰。薰风动弦,清和云始,鲦里湖之初度,磁州府君六月六日诞辰,都人于显应观,进香已,集湖中,为避暑饮。正盾日之方炽。水镜濯发,谓善泅者。冰山厉齿。移舟南向,携衾夜舣。无人世之热恼,有月宫之寒意。艳丽见于水,如见于仙;醲鲜取诸舟,如取诸市。秋容不淡,拒霜已红。映后开之菡萏,杂战水之游龙。剖霜柑于聰嚳,簪露菊于船篷。西山赋红叶之句,南山醵紫萸之钟。北风戒寒,城人简出。肉羹酒船,亦无虚日。延祥之红白梅城,吴阜之高低雪域。宝骑跃长堤而蹴琼瑶,幔车穿名园而摘珠瓅。是盖四时之景不同,亦各以见赏心乐事之不一尔。乃既闻邀娱之盛,请言风土之美。水凭山而甘洁,土得湖而丰泥。去。菱藚取种于苕霅,莲芡移根于樵李。紫芋青菰,白藕红芰。文凫章鹝,黄雀锦雉。鱼甜蟹香,笋鲜芹脆。松杉桧柏,参术兰芷。实钟此湖山之秀,故无物而不备。

矧佳气之磅礴,至人材而尤异。所谓佣儿贩妇,涵冰玉之不翅。况彼都人士褚陶、晋人,十三岁作赋,才德为张华所称。杜栖之文行,南齐人,笃孝,为学士。全琮、吴人。父令赍米数千斛,皆以振饥贫者,以功为大司马。许远之忠义。元绛、唐肃,皆宋人,有功德及物。广恩惠于民人;伯玉、姓褚,南齐人,隐瀑布山,累召不至。君复,抱孤贞于林麓。

---

[1] 底本无"滨"字,据雍正本补。

褚氏世济其美于大唐,钱氏开国承家于五季。顾欢、郎兰之岂弟,宋、齐间人,以学术济人者,由闻道而为。罗隐、杨蟠之峻烈,岂工诗而已矣?惟此人物之盛,不可殚纪。方外则郭文、王复、马湘、潘阆、管归真之流,以发挥其英声;法照、赞宁、道潜、清顺、抱一子之徒,以陶写其清气。时人但知游观之可乐,而不知景物缘人之可贵。且自有天地,即有此湖。群峰注流,底而成潴,尚念东渐于海,咸恶所濡。草木啮余而色变,山川薄久而气阻。所以消沮沉昧之不已,虽有此湖而如无。于是筑而防之,使泾渭各得其所;浚而辟之,俾鸢鱼各遂其初。风无大浪,雨无奔湍,将翱将翔,以佃以渔。以此知古人有功于此水,将举一朝而利万世以无余。何宝正以还,六龙南渡。搜胜抉奇,重丹叠素。致洞心骇目之观,非晴光雨色之故。彼徒知岁增侈而月益奢,至以釜销金之为喻。殊不知神京不返,忧勤圣宁,千官展转而择栖,万姓彷徨而怀土。故思极耳目之娱,而为安旦夕之具。不然,中原岂无黄河泰山之雄观,花石艮岳之奇趣。日月云迈,徘徊瞻顾。嗟居人游女,不能不及盘游无度之欢;而志士仁人,不能不兴宴安鸩毒之虑。咸淳庚午岁作。

游湖后赋　〔宋〕白　珽

三月廿又三日,张鹏飞及方万里、李和之、白廷玉泛湖,值雨,各赋诗一首。万里曰:"堤柳春浓万绿垂,开怀消得好风吹。绝怜白也诗无敌,共赏坡仙雨亦奇。兴欲狂时呼酒急,境当佳处任船迟。岂无顾陆丹青手,画与人间后世知。"余戏作小赋云:

柳絮花萍,浓绿藏莺,不见其处,止闻其声。此岂非春工之极致欤?湛然宴坐,轻舟自行。万姿千态,远山纵横。透疏帘而湿衣,忽骤雨之若倾。甫下碇而闭户,才顷刻而复晴。白子酒稍酣矣,奋鬣而慷曰[1]:"此何为者耶[2]?悟惨舒之不常。"于是诵赵抃表忠之奏,歌苏仙荐菊之章。彼割据于五季,若钱氏之数王。渺邱垄之无迹,怆松楸其可伤。涸银海而出金碗,穴狐兔而上牛羊[3]。岂不亦雄杰一时兮,终若雍门之泣孟尝。赋梅处士,妙解影香。骨可以腐,千古不亡。郁孤山其碑兀,拥万树之青苍。罔蔗节之遗恨,保故封犹若堂。天道茫茫,一雨一旸。荣瘁隆替,柔刚微彰。谓偶然不足芥蒂兮,曰作善降之百祥。谓理有必可恃兮,曷颜夭而跖长。二客方李,邀头目张。嗔无故而多事,掇陈迹而揣量。指金巨罗其犹浅兮[4],

---

〔1〕 雍正本"慷"后有"慨"字。

〔2〕 雍正本"耶"后有"抚流光之悠忽"六字,义长。

〔3〕 底本"兔"误作"免",据雍正本及《武林往哲遗著》改。

〔4〕 雍正本"巨"作"叵"。

举大白而罚之觞。白子曰："不然。老阴为六,老阳为九。老则必变,如屈伸肘。惟知变者,可与长久。知六之变,固乃可守。知九之变,健不为首。顾此湖中之舟与舟中之人,宁常寿而不朽,能畏谨以自修,庶吉亨而无咎。幸乘时而过分,负且乘兮致寇。环绰约之蛾眉,佩金印而如斗。管弦沸其前后,紫绯奔其左右。一旦不能自保,率同归于石友。蝥苗窜于三危,防风横于九亩。曾不见或裸体以罩鱼,或跣足而踏藕。侔带索之荣公,甚泥涂之绛叟。立层冰而弗寒,茹野堇其适口。无乐亦复无忧,不自知其不偶。岂不胜于孟晋而疾颠者乎?此庄子所以不为庙牺,而李斯所以忆上蔡之狗也。"舟且抵岸,悉辟其牖。赋诗各成,肴核再取。有化而无,无化而有。雨晴晴雨,纷糅结纠。斯时也,度夕阳犹未至于酉。多言数穷,姑相与大笑,尽樽中之酒。

浮梅槛赋[1] 〔明〕王在晋

梅湖有梅筏湛溺水间,其出以时,逢春开花,流满湖面。盖梅湖仙人之迹,且载志中。虎林黄寓庸先生游黄山白岳间,泛竹筏而行溪涧,载酒以浮,翘然自适。归而胪茶灶,石秤竹几,俳侧具陈。时狎同盟,剧谭竟日。青山着榜,垂柳拂槛。平移厉揭,靡所不宜。放之湖濒,游人属目,曰"黄先生来也",而友生颜之曰"浮梅槛"。夫以芥为舟,则杯水可适。此君为侣,则刳木无庸。水兰沙棠,莫伦其巧。货狄共鼓,乃逊其奇。廪君之船独浮,沉湖之槛再起。斗牛逼汉,菌桂凌风。飞驾如云,睥睨成堵。时而布帆无恙,黟襜可撤,宜阳三乐,男女老幼,相引蚁聚梅湖。昔人必泛槎而出,争奇构胜,请平章于学士之堤;散萼铺菜,共流连于仙人之圃。乃有浮邱王子诗,传其事而为之赋焉。浮邱子泛宅西泠之上,有凭虚先生张幄浮槎,驭灵山之干,吐迎春之华。赏紫叶,玩同心,夷犹容与。向方衲而箕踞,伴渔人以行吟。尘尾松枝,牢骚情绪,尚羊于沧波白水之间。

浮邱子造而问之[2],曰:"嘻嘻!适乎?人各据其所有以为适。而予与子所有者,寥廓之苍宇,渺渺之逝波,不夜之素辉,无音之清籁。余弄刀鼓棹,藉转移于长年,受飘凌于风雨,惧涔阁于泥涂。而子织篾乘筏,冯虚御风,扶摇荡涤,任其西东。覆以帷幕,被之蛼嵘。篸筤笟箓,篁蔂鑸笼。笡笒林筡,筴椔射筒。纤末奋箱,阿那翁茸。苞笋抽节,篡筹成丛。郢斤伐之,缅缆为䑃。蕙纕纮连,披云黟空。缘延坻坂,扩于艨艟。流湍投搃,如箕如庞。歊雾缝浡,宕焉虚中。宽其翸轧,六虚流通。

---

〔1〕 梅,底本作"海",据雍正本改。
〔2〕 雍正本"浮"前有"浮邱子泛宅西泠之上……尚羊于沧浪白水之间"凡六十一字。

473

沧洲绵邈，岑巇凭隆。远递长输，回眺冥蒙。于是列棼橑以布翼，荷栋桴而展舳。抗应龙之飞梁，跨长虹而起伏。恢幔亭之飒纚，缀阿緆之尺幅。藉雾绡以笼络，舒升越而帡覆。舍棂槛以郄倚，内周深而若谷。上飞闼以仰盼，下褰裳而豁目。狭篷窗之侧陋，惮肆筵之哆郁。谢华榱与碧珰，索箬簬于淇澳。乘长飙以遨游，散熇蒸而解燠。峙高闱于浮柱，结重栾以相攡。驾平基以短棹，快流湍之驶速。察云师之所凭，托阳侯以推毂。消氛埃于中宸，晔景曜之清淑。披英葩之狎猎，郁芷兰而纷馥。时盘跚以流连，乃耳热而击筑。上反宇以盖载，干转旋之地轴。蓬瀛宛其中央，悬寓归于一掬。泉室出其鲛绡，冰壶洒其飞瀑。居然阳乌之不侵，美哉山河之四隩。羡无翼以飞凌，何须奡荡而行陆。尔其沉湖乍现，逊雪争馨。五出散落，七实酢青。团以冻玉，画以仙灵。翛然独洁，冰肌泠泠。种药苏耽，尊生延龄。淡烟笼月，落落疏星。霓帱横施，流转如萍。洪池清籞，飞阁神行。潋滟晴碧，葭菼蕃生。吴舸太液，清啸长鸣。翠围青幰，景耀波平。流霞飞扇，柔橹无声。欲墅歕山，野渡舟横。乘茵步辇，平板班荆。逗晖延爽，大块无争。跃涛戏濑，浮白飞觥。漱流洗耳，沉湎为醒。任其何之，凫鹭不惊。仰天搔首，谁浊谁清。沧沧清兮，以濯我缨。留此济川，并用调羹。”

凭虚先生跃然而起，击楫歌曰：“抚轻槛兮流汤汤，按急节兮调清商。江斐延来兮，海童驾于飞樯。出乎大荒兮，咸溯风以流翔。累层霄之上隮兮，宛长鬐以昂藏。阒栎幅而轻鹜兮，汜浦溆以汪洋。维篆簳之敷衍兮，纵泱漭而无疆。扬灵波于碣石兮，浮昆明以苇杭。陟云汉以徘徊兮，光爓朗而高彰。乱北渚而揭南涯兮，降周流以彷徨。吾将与子共适兮，盱盱于无垠之苍茫。”

国　朝

西湖赋　柴绍炳

杭西湖本号明圣湖，汉时有金牛见，以其为明圣之瑞，故云。又绕城西偏故，近今名西湖。实为我郡之秀，海内识不识皆艳称焉。乃曩贤无赋者，仆不揣鄙陋，粗缀斯篇，以事当摭实，体弗能高，不无限于时地云尔。其词曰：

有河朔生造于西陵主人。主人曰：“客产上国，薄游勾吴。山川开风，衣被我区。行李是共，高贤愉愉。亦颇识明圣湖之盛乎？”河朔生听尔而窅曰：“天下有大水六，禹服不备焉；中夏有名渎四，浙浒不与焉。是以河源星汉，海擅归墟。长江天堑，百谷委输。迹扬州之巨浸，庶震泽以汇潴。虽未能吞云梦者八九，亦犹横千里而包西湖。岂若此区区者,无崇冈峻岭以限之,无广川大壑以趋之。譬则泻坳堂,趻蚁垤,自以为山重水纡,曾不跬步而殚,瞪目而拘。迤极之以雕画,聊足藉夫盘娱,然实难以称巨观也。势匪全乎控扼,气宁壮于扶舆,潆如衣带,艳准眉妩。此直家林几席间玩耳。而于焉窃嘉号,侈胜游。彼远览寰域,庸渠比于轻重有无哉?"

西陵主人曰:唯唯否否。客知其一,不知其二,止睹其表,未睹其里。夫明珠径寸,辉于千镒之溘;匕首八尺,铦于寻丈之矛。是以仙真窟宅,遂有封峦,不必甚高也。神物变怪,爰宿灵渊,不必甚深也。猗欤湖山,佳哉都会。旅人辽绝,罕悉梗概。独奈何以狭小鄙遗之耶?夫兹湖之名也。自发源于天目,又分派于浙涯。麟伏虎踞,凤舞龙飞。三面环山,百道输泉。平沙潋滟,列岫绵芊。曼稽留之许隐,沿禹航以夏刊。钱塘之胜昉于秦纪,金牛之瑞呈自汉年。虽周不满数十里,大不逾三万亩,然而势来形止,峙东吴之外藩;外结内融,萃南服之博产。负郭缭池,倚为外险。穿渠属郡[1],便乎转输。井汲之甘,会城食其福。桔槔之利,下邑被其功。奠课则财赋之奥区,则壤则土田之上腴。生聚则辐辏交衢,采风则阛阓诗书。凡此俱藉之斯湖。肇开振古,嘉赖方隅。损益污隆,较可列诸。故兴于治朝,湮于荒季,流敝弗足,颙媺有余。帝王之所疆理,牧守之所经营,贤公卿之所表章,都人士女之所诵叹,莫不于是乎在焉。湖是李泌经理,嗣有白居易、苏轼复浚治之。及本朝郡守杨孟瑛力复古迹,其说有五不可废,具载志中,故余赋大抵本之。

乃若其山,则蜿蟺嶙峋,巍岨岭嵤。崥崹嶕崪,岑岩崟嵸。丛薄嵺嵻,高衍嵸崒。连纤蹇嵼,峻峭崆峒。峛崺嵖峈,嵼嵾峥嵘。隗隗崒崒,魂魂熊熊。蒸云荡日,歊雾凌风。其水则清泛沦涟,涓流鬐沸。澄淡汪洸,泓泆滅潒。沆漾澶滒,澎汧溃薄。扬潏泮汻,渟深泄恶。沄沄沇沇,泱泱活活。碧渍漰泷,文结络屑。骤雨惊鳞,回澜戢翼。原隰阻修,溪谷缕凑。表里夹介,高下悠缪。隐赈钩绵,盘结巩厚。列镇宅都,水浮陆走。方物名珍,无乎不有。西湖自钱王南宋以后,车驾所在,踵事增华,四方物产,多为充购,故非他州可比也。

木则栗桑梓漆,桧柏松杉。栟榈椰柏,櫰柘梗楠。仁频六驳,简子君迁。干济三垣,校美万年。柳荣日暖,枫老霜妍。豫章息荫,女贞凌寒。交让则植,相思弗刊。百益堪茹,七绝伊堪[2]。离奇轮囷,扶疏郁芊。遵涯夹圃,竦岫攒岩。楚材蜀产,郢削输斤。根柢婵揣,孰后孰先。

草则茹蕳蓁苏,菇菉苨葽。蘪芜杜蘅,茬明蒺藜。鱼荠乌蓲,狼毒菟葵。豕卢虎杖，马帚牛蘄。鹿肠龙胆，鼠耳羊踠。蛇床雀弁，燕麦兔丝。言寻独活，采赠当归。王孙牵绪，仙侣游资。香辇芳沚，石发垣衣。玄英碧茎，白华紫蕤。异莽藎藒，繁卉杰池。蔓生纂纂，杂树离离。楚骚未识，周雅或遗。陆玑漏疏，郭璞失稽。

竹则箬篸篨箊，篸簜筼筜。籧篨簏簝，篟篻筕篖。篔簩簹簕，簠苇苍筤。簸籛簡箐，簑簩箘簺。篭籦中刿，簬楛森张。篵枝峭蒨，箓箦岕茫。藤生菝蔓，籂植坚良。云捎石篠，雪媚风篁。孝慈攸笃，人面相方。终南挺其奇节，嶰谷比诸和鸣。肃栝拟乎会稽，斑筦出于潇湘。

花莳则夭桃竹枝，芍药木本。桂树霜霏，荷华露蕴。海榴层裉，辛夷削瑾。沙棠金铺，芙蓉碧演。秋色春萝，夜合朝槿。莺蕊凤葩，鹃殷蝶粉。蕉况美人，梅同谷隐。芳兰九畹，甘鞠百品。河阳洛下之裁，辋川平原之荫。茂对以一百六朝，风期即二十四信。

果疏则李梅榧栗，橘柰榴榛。樱桃杨梅，枇杷林檎。葡萄西域，卢橘上林。柿称乌椑，蔗号昆岑。张黎周枣，碧蒻丹菱。鸡头鸭脚，玉版水晶。绿葵紫芋，白薤青芹。五色之瓜，千里之莼。雕菰腴旨，胡麻洁芬。野蔌溪毛，伐山采滨。木奴千户之傲，灌园三公之勤。佐冰鲜以时有，随粳稻而尝新。或就南皋艺圃，或北涧戚邻[1]。

其间兽则有於菟之类，能言之属；爪牙之党，文皮之族。玄熊宿房，苍玃栖屋。鼷妇窜瓦，猱雏升木。野马游群，牂羊聚牧。细卢狎獒，老牸舐犊。兔吻衔芝，鹿角戴玉。狐腋炫白，麝脐遗馥。猬毛反刺，㲋鬣飞镞。林樗夷犹，洞穴戢伏。介葛未尽契其鸣，服不宁皆习其欲。

鸟则有鸬鸶凫鹥，䴔䴖鸂鶒。播谷仓庚，鸿雁鹳鹄。鸥鹭栖迟，孔翠翔集。野燕翩翾，山鸡耀熠。鹦鹉弄声，鸳鸯比翼。暮宿相思，朝啼百舌。伯劳催耕，桑扈趣织。春谢子规，秋残鶗鴂。鹤唳腾霄，鸟栖玄夜。蝠淡仙粻，蝉翛沆液。并入禽经，时参羽末。奚丹白之殊伦，且蜚鸣而罔识。

水族则鲦鳍鰋鱀，鲤鳀鳊鲢。隆脊之鲫，无鳞之鲇。巨口之鲈，缩项之鳊。鳜腹善嚼，鲤翼能翻。乌鲤星烂，金鲫锦缘。鮆浮薄背，鲼跃多涎。滂鲅吹沫，鲶鲳泳溓。鳂精水母，鲤影游鳙。大腰踸踔，跛足般跚。珠胎淤滞，文身泥潜。八跪两敖，反行较繁。博带雌孕，狼蚁雄骞。蝤蛑嶅峙，虎蟳波涵。影蜞壳厉，沙狗螯铦。倚望青理，竭朴黑班。三秋输穗，九月烹鲜。鳞倖瀺灂，介处连骈。胥称珍于东海，更觇瑞于南天。故兼罗而量谷，宜健羡于临渊。于是土实既敷，物生滋殖。灵宇斯

〔1〕 雍正本“戚”作“结”。

恢,乐郊爰适。俯仰参差,左右掩蔚。坠结撰于自然,景咏游而愈出。苟嗜僻而披寻,亦怀芳以信涉。

其南则澄波夹港,聚景瑶津。华墩何逛,柳浪犹存。缅三渠之故迹,亘石梁而逡巡。中峰回映,列刹嶔岑。潭敷法苑,复纛珠林。流丹壤接,飞翠霄侵。栴檀五百,金粟千寻。琳琅梵阁,钟磬仙音。卓双泉以泌冽,呀周池而清沦。望危峦之突兀,睨峻壁以嶙峋。俯则芙蓉欲烂,仰则若华可凭。浩焉胜览,厥称南屏。穹窿就规,迤逦有践。玉岑缭绕,赤埴曼衍。浴鹄名湾,藏蛟惠涧。泉畸筲箕,炉辟尘染。三台峙其阳,八盘隤其岸。宜麦播其畦,仙芝介其畔。珠媚蛇渊,赭流牧苑。鸡山翰翔,狮峰拿瞰。灵石景光,风篁葱蒨。探老龙之泓渟,访赤乌之旧练。幽讨林岩,恬开石鉴。寒碧疏泠,莽苍历乱。神石倚徙,丹枰迟玩。草树荟郁,流潋湑湑。溪壑萦纡,或隐或见。乃如婆娑广泽,浚发荆沅。南岳移其钟乳,蒲坂息而栖禅。石室烟霞之异,归云水乐之偏。攒园榭布,邃窟坳穿。鸦砂夜曜,象鼻时骞。陟百折之曲磴,凌千仞之高巅。左顾平芜,烟消媚景。右接岩窦,磊块神镂。陵阜陂陁,蓁出其后;波光洞洑,俯眺其前。走风霆于罗刹,沓天地于沧溟。胥涛疾击,越马长奔。固陵雄图,桓桓籛籛;富春霸气,隐隐阗阗。越尘寰而迅举,洵海国之奇瞻。

其东则垣墉雉列,楼阁翚飞。陴堄接汉,井干垂霓。阻水卜筑,负郭依栖。蓝田别业,梓泽芳堤。柳洲莲浦,鹊巢鹔湄。帘栊翡翠,瓦鹙琉璃。恢武肃之祠宇,谛端明之篆碑。忆锦衣而绘貌,垂棠树以歌思。寻邬井之嘉肇,溯钱湖于介岐。绣错便为金汤,蓬瀛环诸带围。都城外截,名山内高。俯睇原旷,别远市嚣。儵林七宝,仙宅三茅。瑞石雪风之宿,紫阳清平之遥。酌郭公之渫汲,缅青童于遗飘。蹑宝月于淡宕,恍峨眉以嶕峣。就竹园而坎坎,陟云居而超超。伍庙斜峙乎海门,吴峰下列乎江皋。跻大观之崇台,止天中之丽谯。烟云出乎闾巷,钟鼓警乎昏朝。罗严营而重镇,会辐旅于中条。循暗门而右达,躐华津而表殊。崇冈耸峭,复岭崎岖。龙华秀毓,鸿雁灵潴。苍凉白塔,萧森玉厨。寖金牛之影查,忽彩凤以形舒。来风松径,留冰月壶。九宫残陌,八蟠划区。信钱塘之王气,慨赵室于遗墟。苑墙充乎荆棘,禁御满乎魋鼯。临御营而非旧,指南内以谁娱?总山川之迁易,对风物以踟蹰。

其北则凤林有刹,虎头有岩。仙翁有岭,仆夫有泉。吸阳台之精英,披锦坞之绚妍。瑰玮玛瑙之波,耀熠宝云之间。迹余威于庆瘥,追遐览于秦牵。落星湖磊,屯糈朝鲜。林峦或错,纬繍天然。探幽铁棺之底,穷奇宝稷之巅。与雷峰而并矗,从武林以衮延。至若迤逦石函,映带郊郭。多宝依蒌,布金分麓。萃缢流于五宗,建花宫于天福。列肆修庑,罗珍便椁。百和载馨,千婚媵鬻。货别队分,摩肩击毂。红尘障生,绿水影逐。顾瞻城阙,周游涯隈。晞鼎湖之晻霭,接皋亭之崔嵬。挺欿封于洛峤，扣石鼓于桐帔。青龙卧而偃曲，黄鹤起而翔晖。旁森鲍莞，夹峙獐俞。珍珠日暄，丹灶烟飞。颢翠屏于一面，郁苍云之九回。

其西则泰岩遒迅，霞岭猗傩。桃溪巉齿，剑阁嵯峨。紫云萧索，乌石婆娑。黄龙谽谺，金鼓陂陁。历皋坟而偃蹇，抚鄂墓以坎轲。攀陈根以愲恻，睨残碣以摩挲。泉台擅樏，山鬼噫歌。碧血长埋，丹青匪磨。乃至被芝坞之星壤，戏玉泉之锦鲜。秦亭缀法华之支，方井凿桃源之濒。岱岳褒其美奂，神霄绍其崇禋。越驼嶻而沿九里，询曲院以度行春。鹫岭洞穴，合涧流滨。龙泓玉乳，射旭青林。岩扃窅渺，淅溜寒侵。石门剧径，冷泉遗音。入灵苑之旷域，陟高峰之极岑。自韬光而结宇，觉轩然以澄襟。胜界三竺，危盘五峰。神尼异感，经台逸踪。刻奇株之妙相，任白云以长封。绕悲泉于曲砌，步活沙之幽淙。扪天门之萝葛，逊上方之鼓钟。即邱壑之已邃，实溪山之靡穷。将散袗于玉女，犹竞策乎冯公。搜黄武之巨杵，览荐福之飞甍。比竹林之玄致，宛梅市之仙风。彼行野而信美，尚问津以可通。

其中则平湖鉴开，大堤带缓。画舫成行，珠帘并卷。悬幕波光，回桡砂浅。翠岫烟霞，花林笙管。南北屏疏，东西径限。伊出郭以驾言，准横塘而始乱。去问水之循涯，以乘波而肆玩。大石浸维，断桥徐度。张祐留题，白公遗树。锦带香皋，寿星落渚。孤山是凭，望湖焉处。峭介幽芬，溯回乐溆。竹阁鉴堂，梅峰鹤圃。处士考盘，三贤容与。擅胜文昌之楼，疏观陆宣之宇。酌六一之清沧，登岁寒而碧聚。莹然玛瑙之坡，黯焉松柏之坞。放西泠之故歌，觅六桥之游侣。遥遥映波，冉冉跨虹。彩云时散，苍烟顿空。水仙嘉荐，花港停泓。林泉夹峙，堂槛横中。游湖心之潆漾，景三塔之穿窿。恍凌虚而太上，叩阆苑于溟蒙。备四时之佳气，任行乐以周容。

春则载阳日展，解冻风和，山呈翠黛，水长绿波。堤边垂柳，陌上飞华。渡有余于桃叶，溪宁让于浣纱。锦帆青鹤之舳，银鞍白鼻之騧。姬人妖艳，公子豪奢。玉笙金管，妙舞清歌。景多骀荡，怀岂蹉跎。故复鼓动士女，车回长子。赛社醵钱，禁烟饷饵。炫服新妆，羽觞故沚。竞蹴鞠于道旁，戏秋千于苑里。祈灵九子之祠，浴佛五香之水。伊盛会之多方，岂春游之遽已？既而芳辰暮，淑候移。恣行乐，忽余悲。一丛芳草，数尺游丝。花间冒蝶，竹里啼规。画桥惜别，绮阁言携。游人如雾，醉客如泥。怜飞絮之茫茫，令落泪以霏霏。念来日之苦少，极婉晚而忘归。

夏则丹衢朗，绿阴繁。云吐峰，涧流湍。憩古刹，探名园。樱含火齐，竹挺琅玕。梅枝累累，荷叶田田。喜入林而把臂，洵问水以怡颜。轻衫裁乎越葛，团扇制其齐纨。耽永昼之陶陶，伫清飔而盘桓。至于才逾麦秋，乍逢梅雨。黄雀搏空，丹鱼跃渚。时俗沿吴，土风效楚。竞渡龙舟，争投角黍。琨耀旌旗，喧阗钲鼓。既倾

城而出游，遂环观之若堵。知戏水之堪娱，曾何惮于旁午。迹夫感凉有会，避暑开
筵。桐阴枕石，松下弄泉。僧寮煮茗，伎舫采莲。宁杜门以诃热，亦行游而谢喧。
虽三伏之炎节，并览胜而追欢。

秋则躔流火，候应商。龙欲驾，鹊成梁。澄分桂魄，瑞溢榆光。掌凝白露，绠汲
寒浆。飘飘梧叶，冉冉兰芳。度帘栊而涤暑，开亭榭以延凉。然微镫于归帏[1]，散
香花于玉京。又如秋既半，夜方徂。月若珪，露如珠。长空警鹤，匝地啼乌。魄悬
瑶镜，影泻冰壶。清啸武昌之楼，高咏牛渚之舻。酺燕愈于隋堤，玩赏剧于姑苏。
洎夫时当授衣，节届重阳。西风落木，白露为霜。井梧凋翠，篱菊含芳。宾鸿盈野，
蟋蟀在堂。方悲秋而益甚，乃引兴而弥长。宜彼登楼之岫，言陪戏马之冈。吟乐游
而慷慨，赋凌霄以徜徉。

冬则青绦潜虚，槐檀改热。白云依山，玄风扇泽。春应物华，南荣气燠。锦树
丹枫，黄花翠竹。芳桂繁于岭表，苍松秀其岱麓。橘柚凝夫早霜，芙蓉烂其初旭。
至于西郊凛，朔风酸。散村霾，吹野烟。层冰峨峨，飞霰绵绵。始弥陋谷，继合通
川。羡千门之银烛，讶百雉之珪连。宛叶繁之飘扬，俨鸥鹭之蹁跹。想戴颙之宅
外，觅黄公之垆边。拥蓝舆而众览，被鹤氅而疑仙。尔乃积阴初霁，残雪覆岩。鸦
栖古木，雀乱平田。湖南山北，极望萧然。恐渔舟之胶浦，策蹇卫而冲寒。探早梅
于孤屿，扫落叶而烹泉。蹑丹台而访道，叩精舍而谈禅。方冥搜于胜迹，岂偃息于
穷年。

朝则晓雾分峦，晨星带树。弱柳摇风，妖桃浥露。日映锁窗，霞飞绣柱。未解
宿醒，仍疑乍曙。警翠幕而莺啼，顾雕梁之燕乳。对妆镜而意慵，系征鞍而欲驻。
鲜游尘之杂沓，聊揽涉兮犹豫。久则落照残晚，烟起波漾。碧山抱紫，牛羊下鸟。
雀骈渡头，喧陌上驶。壶觞向兰，箫鼓未已。整辔如龙，舣舟若蚁。渔火穿林，鲸钟
响寺。暮色转宜，游兴较美。

夜则玉叶微舒，金波渐澄。河汉逶迤，参斗纵横。龙吟寂寂，雁度丁丁。镫悬
古塔，柝静严城。爰登楼而倚槛，或击汰而扬舲。浮大白而抵掌，谱洞箫于新声。
愿鸡筹之罢唱，弛鱼钥而彻明。

河朔生慨然曰："如主人所云，于以夸物产，博游观，信不虚矣。然得无以侈成
俗，以佚妙德，滋当鉴戒，庸渠传述耶？"西陵主人曰："何为其然也？夫丰阜之利，争
长邻对；灵秀之气，结撰名邦。山川葱郁，江介特雄；人物奇杰，海寓无双。非惟包
络于郭外，实乃浚发于郡中。是故帝王之概，则始皇鞭石而西渡，夏后刊木而南航。

---

[1] 雍正本"归"作"锦"。

偏霸之勋，则吴氏鼎立于蜀、魏，钱氏奋迹于梁、唐。道德之羽仪，则赤松冲举于绝巘，许由潜逝于崇冈。经术之鼓吹，则文度阐幽于孙季，子襄睹奥于孔堂。忠义昭昭，则抗贼而哀颜司徒，殉难而悼许睢阳。孝行恳恳，则醇谨而旌暨茂言，感愤而颂朱处光。风节凛凛，则仆射而推褚登善，御史而重子方。武功桓桓，则别部而号凌公绩，奋威而假全子璜。才器恢恢，则隋室之难陆普宁，晋代之服孙临湘。执守确如，则强几圣之断狱执法，褚弘度之引礼抗章。政业烂焉，则范永嘉之廉平足尚，谢邓州之修洁难望。文学翘楚，则有若范子安、褚季雅、于令升辈之博洽擅长。词翰英瑶，则有若罗昭谏、顾逋翁、许务本辈之品藻垂芳。隐逸砥行，则有若顾景怡、沈云祯、杜景齐辈之不事侯王。戚畹知名，则有若吴丹阳、徐广德、全徐州辈之特达珪璋。侨寓著迹，则有若郭河内、丁济南、何越州、潘大谷、谢长溪辈之倜傥非常。宦仕流声，则有若李邠侯、白香山、张复之、范希文、苏文忠辈之岂弟莫忘。斯诚仁渐义摩之域，礼明乐备之乡。上恬下熙妥其俗，时和年登辟其疆。风俗既淳，人伦拔萃。冠冕皇华，络绎藩卫。南渡于是建都，本朝因为首会。物力甲于上供，才望尤云出类。舟车达于衢巷，弦管通于朔晦。荐绅乐其讴吟，氓庶矜其图绘。此州之美，更仆难纪。寓目重湖，尽叹观止。独松大涤未足拟，天柱凌霄未足偶，涛山浪屋未足侈，金堂玉室未足狙也。客又何沾沾焉，屈指于震泽之墟，改容于云梦之薮哉？"河朔生备闻此语，洒然动色，敬谢主人，自悔愊臆。绅绎高文，沐浴盛德，以泳以游，终身乐国。

西湖赋　王修玉[1]

灵苑先生驱车上谷，馆于逆旅。逆旅主人逡巡而进曰：盖闻天有垣市之分，地有南北之异。故终南、泰岳，秦齐表为雄镇之区；震泽、洞庭，荆吴指为瑰奇之府。若先生之乡曰西湖者，名不胪于四渎，广不周于百里，浩瀚无彭蠡之观，委输非海若之拟，胡乃图书所纪、歌咏所传，美之为仙真之宅，称之为壶峤之山。余虽未获翱翔而登览，窃亦闻夫游者之言，谓湖山之迹仍昔，而巨丽之观逊前，亦乌足为东南之胜域，而标奇于十五国之间乎？

先生辗然而笑曰：陋哉！主人之言。夫未闻承云晨露之奏，而谓世无钧天之响者，不知乐者也；未睹毛嫱、郑旦之容，而谓世无倾城之色者，不知美者也。吾子蔽于闻见，囿于方隅，亦乌识西湖之盛事，而与原胜国之遗风乎？请为吾子陈之。是湖也，处都会之中区，据钱塘之上游。万山岌嶪环其隈，百泉沸涌洪其流。半壁阻

---

[1]　雍正本无王修玉《西湖赋》，而代之以李卫《西湖赋并序》。

以层城，三面萦以林邱。金牛兆明圣之瑞，巨石缆秦皇之舟。白傅启其芳绩，苏公绍其风流。由唐迄明，千有余载。增华煽美，殚其极丽，而后甲于九州。其为状也，淡沲潋滟，渟泓澜瀚。绀碧外鲜，荇藻中乱。皎兮如镜，皓兮如练。蒲稗罴历于芳洲，草树葱芊于碕岸。文鱼瀺灂而奋鬐，沙禽泛滥而刷翰。太清虚兮混涵，溟涬澄兮沧涣。三千顷之文漪常明，四十里之清澜不断。尔乃环以两堤，通以六桥。锦塘虹伏而缭绕，双峰鳌戴而岩峣。翼以望湖、放鹤、玉莲、湖心之亭，临以昭庆、净慈、智果、广化之刹。竹阁冠于孤山之巅，石梁达于鱼乐之国。浮图瞰湖，绮疏对麓。园圃参差，楼台纷错。飞碧流丹，涂金敷垩。歘煔若朱霞之灿烂，旳烁似华珠之磊落。于是琪林蔽谷，瑶草延陂。杜衡翁蔚，宿莽披离。布繁花于紫径，覆弱柳于金堤。无春朝与秋暮，常靡靡而猗猗。王睢昼鸣，凫鹥夕归。鸧鸡对舞，仓庚竞啼。翡翠临风而颉颃，鹔鸘逢候而纷飞。群唼萍而渚宿，共衔蕊而巢栖。是以景有万端，色非一状。随时变迁，不可名象。

当夫青阳司令，风和景明。烟岚凝黛，云日抒晴。菰蒲绿而波光冶，桃李蔼而花气清。杂萋萋之芳草，来关关之和鸣。游丝萦于缇幔，舞絮积于芳坰。玩韶华之骀荡，感人物之熙宁。及夫朱明代序，西山旷朗。雨涤炎歊，风生涴漾。红蓼溢于银塘，紫菱冒于乌榜。水云生而鸀鳿飞，夕露滴而荷芰响。渔人击汰而垂纶，舟子披蓑而荡桨。恍濯缨于沧浪，俨观鱼于濠上。至于清商届节，大火西流。堤蓉吐艳，岩桂含秋。芦飞鸂鶒之渚，雁集兼葭之洲。日出而金波共照，河明而珠斗俱浮。望涟漪之无际，乐吾人之泳游。迨乎玄冬栗烈，万象萧瑟。枯木槎枒，高峰巉崒。谷迎寒而抽黄，林染霜而枫赤。梅舒而孤屿飞香，雪霁而断桥生白。衍素景于岁阑，炫奇观于暇日。是以三吴两浙之豪，羁旅宦游之彦，大堤石桥之女，瑶台金屋之媛，无冬无夏，于焉游燕。均佩珊瑚之宝玦，拥辘轳之长剑。被锦罽兮陆离，服华裿兮綷縩。蜚襂垂髾，便嬛靡曼。纵青雀而泛木兰，乘雕舆而驰紫燕。陈金罍，倾羽觞。雕胙列，玉豆芳。山羞海错，充圆溢方。爇都梁于博山，燃蓝膏于壁釭。鸣筝撼笛，吹笙鼓簧。清歌起而行云遏，妙舞陈而芳泽扬。拾翠白苹之侧，采莲绿水之旁。弄潺湲于夜月，赏葱蒨于山梁。渡西陵而酬苏小，过忠观而忆钱王。曜林既匿，继以夜光。一醉累日，其欢未央。斯湖中之佳丽，洵为乐兮难忘。

况夫翠嶂千重，紫逻万绕。泉石窅邃，林峦呴嶢。北有赤霞、宝石、秦亭、法华之山，南有玉岑、风篁、虎跑、龙井之谷。松涛闻于九里，鲸钟震于三竺。灵鹫玲珑而谽谺，韬光巉峭而幽独。禅宫中天而树幢，仙台依岩而酺鹿。石著三生之迹，轩题万玉之额。桂子落于乔峰，仙鼠巢于石屋。理公入洞而呼猿，处士栖林而豢鹤。宾王赓句，康乐翻经。丹井标稚川之躅，稽留存许迈之名。仙姥采花而酝熟，昙超说法而龙听。岭际之石人揭孽，岩中之玉女娉婷。于是幽人旷士，羽客高僧，岩居涧饮，振策凭藤。挈山酭而携泉酿，侣樵牧而友麋麖。望烟霞之舒卷，瞻彩翠之分明。围棋修竹之圃，鸣琴松籁之庭。炉烹新茗，筐摘朱缨。春炊紫笋，夏撷丝莼。发游观之雅兴，佐风骚之逸情。凡若兹者，境殊物异，山幽水清。周穆不能究其辙，长康不能图其形。此前贤所以有十景之称，而坡公所以有西子之喻也。彼夫天台匡庐，黄山白岳，七泽五岭，二华三峡，非无诡谲之观，灵奇之窟。然而绝徼荒陬，遐方异域，陟险孤征，裹粮累月，舟行恐蛟龙之虞，陆骑患虎豹之厄。孰若兹湖览之莫穷，游之即至，不费不劳，怡情怿意之若斯也欤。

且子谓今之逊于昔者，则亦有其说矣。尝闻搢绅长老之言：明世宗、神宗之朝，海内晏安，杭民逸乐。西湖之盛，拟于南宋。余虽不及遘其瑰玮繁华之状，然目之所睹，犹能得其仿佛。复为子详之，可乎？盖西湖之所以为美者，不独山水之明秀足以娱人，而亦以园亭花柳、画舸笙歌、声色妙丽为之表饰而益壮也。忆垂髫之幼日，当怀宗之初祀。丁累世之遗休，袭偏安之胜事。民逸豫而太康，乐冶游而燕喜。自清波以至钱塘，绮绣延乎十里。名园鳞次，红亭栉比。飞甍映堞，画槛沿流。从阁中而度阁，复楼外而增楼。珠帘卷而耀日，金铺启而凝秋。婵娟晓妆兮临宝镜，娥嫱夕舞兮弹箜篌。家连弦管，户续歌讴。香霏雾结，蔼蔼浮浮。非金张之梓泽，即王谢之菟裘。

至于苏堤锦塘，郁葱相接。碧柳毵毵，绯桃晔晔。叶晻暧而幕天，花灼烁而翻浪。蹑垂杨而度玉梁，藉芳茸而张黼帐。游者目眩，观者神爽。疑人世之在仙都，恍尘寰之非土壤。于是士女殷盈，舆马杂沓。上巳采兰之辰，龙舟竞渡之日，倾国纵观，阖城毕出。过柳洲，历丰乐。逾虹桥，入绮陌。接踵摩肩，车冲毂击。藻服盈野，靓妆弥谷。挥汗则雨泽滂流，扬袂则太阳阴曀。尔乃班荆敷广，选地铺茵。象管奏，凤箫闻。画鼓震，瑶瑟陈。唱田田之曲，歌纂纂之吟。陆博蹴踘，投壶斗禽。斟清醥于金爵，倾醽醁于玉罍。妖童奉觞兮白日堕，美人起舞兮朱颜酲。于是优徘互进，妙戏杂列。娇娆骋飞腾之马伎，偃师设机械之人物。都卢缘橦，幼女舞絙。眩人吐火，趫材弄丸。欢哗震道，笑粲沸川。

若夫踆乌晼晚，明蟾皓洁，流连既醉，婆娑未毕。秉银烛于楼船，悬华灯于锦陌。观繁花之泫露，快轻波之漾月。暾明而游骑方归，夜半而城门始钥。谓千载之如斯，曾不念山枢与蟋蟀。既而青犊生郊，铜马破国，真人兴于辽海，王师至于南服。军旅有壶箪之献，氓庶无蹂躏之酷。然而东浙未平，将士云屯。驻虎貔于西郭，牧驼马于湖滨。于是亭馆堙，台榭坼，卉水刈于樵苏，杞柳燔为军实。龙管寂兮无声，画舫凋兮无色。青磷夜耀，白杨昼烟。鼪鼯穴地，葛蔓萦阡。舞衣歌扇，明珰翠钿，无不灰飞烬灭，摧颓于茺榛墟莽之间。盖芳华之消歇者二十余年。虽有歌吹间作，游侣缤翻，犹晨星之寥落，不足拟曩事之二三。此盛衰之倚伏，亦运会之使然。

幸今天子圣仁，海域来臣。时和年丰，偃武修文。镕镆鎁为农器，斥岛屿为城闉。大臣旬宣而布德，庶司恺悌而宁民。是以湖山之间，结构复振，营新茸旧，栋宇璘玢，妇子欢娱，歌舞相闻。又以天子省方观民，将莅于此，百官父老，欣欣望幸，相与除驰道，修亭隧，治舟车，艺华卉，翘首跂足，冀翠华之戾止。余知斯土之美丽日新，民俗之弗淫弗侈，将以掩唐宋而轶元明也，必有日矣。子胡不求闻其胜概，而反肆其訾议乎？主人于是抃然意下，怃然心服，曰：鄙人固陋，诚不识上国之事。幸聆先生之言，愿从车牵言，旋筑湖滑而老焉。

记

杭州放生池记　〔宋〕王　随

粤若星辰丽天，斗宿分扬州之域；江汉为纪，浙河控余杭之地。斯郡也，民俗繁侈，山水奇秀，总军戎之重，乃东南之巨屏，无兵火之沴，为吴越之福壤。罗城之西，有湖曰钱塘，或谓上湖，亦云西湖。宝刹相望，缭岸百余寺；烟景可爱，澄波三十里。实二浙之佳致，一方之上游也。天禧三年秋七月，相国太原公自岩廊之任，膺麾符之寄。坐召棠以敷化，讼息而刑清；奉汉条以颁春，境肃而物泰。未期月，众心熙熙然，如登柱史之台矣。明年秋八月，公祗奉诏召入觐象阙，泽国留昔襦之颂，当宁厚昼接之眷。因上言："是湖也，最为胜境。俯濒佛宫，居人鱼食，尽取其中。国家每以岁时，祈乃民福。星轺至止，精设于兰场；羽服陈仪，恭投于龙简。愿禁采捕，仍以放生池名为请。"皇帝仁及万有，惠济群品，法神武之不杀，守慈俭以为宝。奏牍诚激，凝旒喜动，浚发中旨，普令茂育。丝纶适降，已改观于方塘；罔罟靡施，免有叹于赪尾。既厚生生之乐，永焕巍巍之业。随忝职琐闼，承乏方面。获睹善利，思勒于金石；愧无好词，聊记于岁月者已。时天禧五年三月二十七日记。

龙井题名记　〔宋〕秦　观

元丰二年中秋后一日，余自吴兴过杭，东还会稽。龙井辨才法师以书邀予入山。比出郭，日已夕，航湖至普宁，遇道人参寥。问龙井所遣篮舆，则曰："以不时至，去矣。"是夕，天宇开霁，林间月明，可数毛发，遂舍舟，从参寥杖策并湖而行。出雷峰,度南屏,濯足于惠因涧。入灵石坞,得支径上风篁岭,憩龙井亭,酌泉据石而饮之。自普宁经佛寺十五,皆寂不闻人声。道旁庐舍,或灯火隐显,草木深郁,流水上激飞鸣,殆非人间境也。行二鼓,始至寿圣院,谒辨才于潮音堂。明日乃还。

西湖禊事记　〔宋〕程　珌

宝庆三年上巳,京尹户部尚书袁公招从班十三人修禊事于西湖。仆因言上巳之集,自兰亭之后,惟裴、白洛滨之游为盛。盖唐开成三年,河南尹李待价召留守裴晋公、太子少傅白公、太子宾客李仍叔、萧籍、刘禹锡、中书舍人郑居中等十五人,合燕舟中。自晨至暮,前水嬉,后音乐,左笔研,右壶觞,望之若仙,观者如堵。晋公赋诗,四座皆和。而白公又为十二韵,当时人物之盛,游观之乐,至今想之,令人羡慕。金曰:古今上巳之游多矣,独晋永和、唐开成穆然至今者,皆由当时有以纪之。不然,几何不埃灭邪?且今日之游,群贤毕至,举觞张圃之池,舣棹苏堤之柳,谒先贤之祠,仰千载之风。羽衣蹁跹,抱琴而来,弹有虞《南熏》之歌,弄《空山白云》之操。已而,聊觷孤山之馆,引满海棠之下。是日也,晓烟空蒙,昼景澄豁,睹物情之咸畅,喜春意之日新,郐弦断管,一尘不侵,越嶂吴山,尽入清赏。凡贩夫所粥,毕售于公,左右游桡,不令亦舞。此京尹之仁,都民之和,而太平之观也。于是乐甚,献酬交举,或哦坡仙之什,或论晚唐之诗。颓然西景,放舟中流,九日清明,且期再集。顾唐人上巳命改十三,矧九日又如清明乎?是集也,傥有以纪之,宁能多逊兰亭、洛滨邪?虽然,吾侪亦岂燕安于是哉!他日舆图尽版,护跸上京,则追洛水之游,寻曲江之胜,未央也,尚当续纪之。

南山题名记　〔元〕黄　溍

婺之宦学于杭,每岁暮春,必相率之南山,展谒乡先达故宋兵部侍郎胡公墓,仍即其庙食之所致祭焉。峻事,遂饮于西湖舟中,以叙州里之好。大德八年春三月癸亥,会者四十有四人。魏国赵文敏公,时方以集贤直学士领儒台,某幸获从先生长者之后,而趋走于履屦之末,逮今三十有九年,乃以菲才补公故处。暇日,从乡僧游龙井,睹公旧题,而道其故事。咸谓不可久废,而莫之举。亟以白于宣政副使王公,合同郡大夫士暨方外者交四十有一人,卜以至正二年春二月癸亥,复会于南山。雨,弗克前,舣舟望拜而退。数向之四十有四人,殆无几,或显融于中朝,或随牒调补于远方,或已倦游归休于家林。惟某忝有禄食于此,而得齿兹盛集。未知后三十有九年,今之四十有一人,重会者谁欤?古人云:"后之视今,亦犹今之视昔。"此题名之所为作也。诸公谓溍宜题识其首,是用弗让,而直书其岁月,以俟后之览者焉。

游西山记 〔明〕王 洪

吾乡多佳山水,最胜者曰西山。西山多名刹,最胜者曰三天竺,寺距郡城不半舍远。永乐己丑夏,余请告归觐。友人孙孟博、金士杰谓余兹山之游不易屡也,乃相与策蹇从隶仆,由北郭循湖堤折旋而西上宝石山,登浮屠氏塔。群山屏列,湖水镜净,云光倒垂,万象在下。而渔人钓艇往往若凫鹜出没烟波浩渺间,远而益微,仅见其影。东望罗刹江,若匹练新濯,遥接海色,茫然无际。而吾郡城正值湖江之间,委蛇曲折,左右映带,屋宇鳞次,树木云翳,佳气郁郁,尽在眉睫之下。行未甚遥,便得殊景,益健远兴。又西行二三里,拜岳鄂王庙,周旋墓下,古木离立,怅然者久之。又西经行春桥,逾集庆兰若,始至飞来峰下,地志称虎林山,而浮屠异传以为西域灵鹫小朵峰飞来者,盖西山第一佳处也。其高不逾五六十丈,岩石嵬怪特异,若犊骇,若阜立,若鸟啄,若豹跃,若蛇趋,若棋置,剑植衡从偃仰,益玩益奇。上多异木,木干笔直,枝叶碧色,不假土壤,根若石外[1],冬夏常郁郁然。丹葩翠楚,蒙羃联络,种种殊异,不可名状。其下岩洞,若曲室玲珑,相通中外,凿僧佛像。泉自石脉出,滴石上,作铿然鸣,隐隐出洞,久而始散。有寺在山趾曰灵隐,有亭曰冷泉,涧经其下,始出沸激,久乃徐流,白砾布底,坦然平莹,趺石漱波,毛骨爽彻。又西不二里许,至下天竺寺。寺住持伯珪上人具礼邀款,遂同入上竺。石路夷洁,苍松两行,若翠羽盖列左右,人行绿阴中,清风徐来,暑日不烁。遂遇古春名宿洎㢮上人,茶话久之。薄暮,还宿伯珪所,馆小朵轩,脱帽坐石壁下,林壑阴翳,万籁岑寂,苍然暮色,自远而至。山风飘飘,徐动林木,响应溪谷,间以幽鸟,其韵逾远,令人萧然有忘世之志。明旦,由故径东还,顾瞻白云,横亘四山,北峰浮图,止出其半,日影照映,茸茸如白绵,可揭而取也。噫!余游四海久矣。岳之秀者,泰岱衡华;水之巨者,洞庭彭蠡。而名刹高士胜僧未有若吾乡俱美者,宜吾徒乐而忘归也。先游之一日,大雨如澍,孟博士杰与余惧不克遂。余亦慨然赋诗,有"不妨三日雨,一为净山川"之句。及是天宇朗霁,山水增秀,草木亦津津然有喜色。而迎者咸谓殆非偶然,不可不记也,故书之。同游者,余弟渊执、役者黄郎阿总也。约而不至者,张懋升秀才也。是岁永乐七年闰四月一日也。

湖山胜概记 〔明〕夏 时

凡称山川之形胜,自京师而下,莫不以浙为首。浙以杭为首,杭以钱塘为首。

---

〔1〕 雍正本"若"作"出",义长。

然钱塘所以称首胜者,以内抱湖山奇伟秀丽之美,兼有居民富庶知教之风[1],为吴越一都会也。分野在斗,疆域则扬州,形势则自天目龙飞凤舞,歇落江湖。钟灵于人物,古今不乏。距江为险,横空列城。城有门十,凤山、候潮当其南,永昌、清泰、庆春当其东,艮山、武林当其北,钱塘、涌金、清波当其西。由城而西出涌金门,旧名丰豫。行三十步许,至西湖,环三十里,宋号放生池。万顷一碧,水天上下,朱楼翠黛,画舫笙歌,遨游古今。晴亦美,雨亦奇,非穷陬僻壤一邱一壑因人而显者比。湖之中有三塔,塔之下有三潭,渊渊沉沉,而莫测其深,澄澄湛湛,而莫尽其状。鱼龙变化,鸥鹭浮沉,景自天开,风月无际,有非广寒水晶宫之可拟也。又有孤山,山出水中,盘结偃伏,最为奇绝。故上有四照阁、竹阁、报恩院、广化寺、延祥观、太乙宫、帝师殿,皆迭兴而迭废。今惟白乐天金沙井,苏子瞻名六一泉,并林和靖墓,千古犹在。"水西云北""月香水影""晴光雨色"之句,至今传焉。今郡守胡侯复建三贤祠,以祀乐天、君复、子瞻,知所重矣。祠之东有断桥,北有西泠桥,皆跨湖而建。桥通里、外湖,渔樵耕牧,讴歌之声,不绝昼夜。滨湖东南有学士港、花港、柳浪等景,相接水云。

沿湖之胜,则自丰乐楼始,在涌金门西,宋杨靖建,赵安抚增高。外瞰湖山,上攀星斗。官设酒沽,极一时之胜,后为挠政者罢之。楼之北有环碧园,宋之外囿,地连柳洲,今并为僧寺。又北有玉莲堂,旧名一清,以种白莲,赐扁"玉莲"云。楼之南,有灵芝寺,钱氏故苑。宋建依光堂,于此饭僧,今堂废寺存。又南有聚景园,值清波门外,宋卓陵致养北宫于此,今已芜圮。门内则连吴山,十庙鳞次,万井星罗,藩桌卫府,黉宫学舍,文物儒冠,兹不暇以悉举也。门外则接万松岭。西过长桥,车马络绎。桥之北,有内司之翠芳、伫胄之胜景[2]、甘内侍之湖曲,三园比俪,今皆为墟。桥之南,即方家峪。峪有刘、陈二妃坟,坟皆建寺,见存。寺之南,则有慈云岭。由岭西转,则南屏山,松篁交翠,形如象卷,状若屏开。后周建净慈寺,今名兴教,居五山之列。上有宗镜堂,下有千佛阁,罗汉堂居左,钟楼居前,为十景之一。案山之外有雷峰,钱氏妃建寺造塔,久为劫灰。西有藕花庄,高僧联楚芳塔院创焉。

自净慈而西至法因寺,路岐而二。一接苏公所筑之堤。堤亘十里,以防涧水,行者便之。上有六桥,下各通步,一曰映波,二曰锁澜,三曰望山,四曰压堤,五曰东浦,六曰跨虹。桥覆以亭,堤间桃柳,芳草铺茵,芰荷簇锦,景入品题尤多。其间又建先贤祠,昔享乡贤三十四人。又徙湖山堂,创雪江讲堂、水仙庙及西湖、崇真二道

---

〔1〕　知,底本、雍正本并作"加",据《武林掌故丛编》改。
〔2〕　底本"胄"误作"胃",今据雍正本及文意改。

院,布满芳堤而无隙地,则其当时民物之阜、风俗之美、政教之行,概可想而见。使惠卿有知,则含羞于地下矣。一自法因,沿山而行,至南高峰。峰自五云山,际天分摩,叠障层峦,状若奔走,飞舞湖中,望之超然,秀丽独出群峰。浮屠七级,上簪霄汉。崖有舍身台、钵盂泽。巅有五显庙、龙王祠,致祷必应。其麓四出:一由前洋岭过大慈山至虎跑、真珠二泉,南出龙山进龙桥,抵六和塔,当江而止。一过慈云岭,登云台,出包家、凤凰、秦望三山,多有吴越南宋故迹。过者莫不嘉钱氏之克忠,而恨秦、贾之误国也。今建风云雷雨山川坛,为国祀典,并报国、胜果、天龙、龙华诸寺绕焉。一落石坞、烟霞二岭。岭有杨梅坞、石佛庵、水乐洞。泉如乐声,故名。下有玉岑山。山对高丽寺,界六通、法相二寺。出东岳行祠,越栗园、梅园,萦纡二三里,景致无穷,皆山川毓秀于物也。一落西湖,过大小二麦岭。大麦之上,有苏轼、王瑜题名。东至丁家山,北有黄泥岭。小麦之上,有显灵庙。西下饮马桥,南至风篁岭。上有龙井,幅员盈丈,深不可测,有龙居之祷,必兴云作雨。昔有方士葛洪炼丹其山,今创龙井寺于山之阳。西接演福寺,寺有辨才塔,苏子由为铭,风水丛聚。

溪流而东入湖。路转而北,过胭脂岭,至大普寺。北出九里松,东过行春桥,接小新堤、天泽、土谷庙,路过曲院。又由普福西过集庆寺,月桂峰下有阎妃坟。迤西入佛国山,张即之书扁,笔妙入神。自下竺过中竺,至上竺而止。上竺则观音为灵,下竺则古迹为胜。三竺之间,云影天光,泉声松籁,岑寂鸟空,香凝钟静,耳目心神之会,觉其迷。极其乐者,岂不超三界外乎?归路左转,由合涧桥过龙泓洞,有飞来峰,又名灵鹫山,与三天竺一脉联属,至此而尽。故上有巉崖,下多空谷,谓之飞来者,妄也。相对有灵隐寺,规模宏壮,为五山第二。两山之间,有冷泉亭。泉可濯,亭可憩,树林阴翳,九夏而暑不侵。乐天云有虚白、见山、观风、望仙四亭,今皆无考。西有呼猿洞,猿去而洞湮。灵隐之后,则北高峰秀出诸山,支分上竺,盘折七十二湾,麓衍二十余里,磅礴起伏,至武林山而歇。其灵钟于五显,神通外境,皈向者甚。远山之腰,有半山庙。西有韬光庵,庵极幽静,可以藏修,唐有僧居之。山之麓,有上、下永福寺相邻,天圣、荐福寺相对。又西过永定庵、灵隐高僧塔院,至石人岭,通西溪。

复转北山路,通白乐桥。沿涧而东,经徐神翁雷院,北过桃源岭,路通法华山。岭之南,有青芝、佛牙二坞,秦亭、灵峰、玉泉三寺。玉泉之水溢出溉田,膏润数里,大旱不竭,为一方之民利。由玉泉路转东山,至楼霞岭,上有紫云洞。岭之北,有黄龙潭。岭之南,有宋中兴名将岳鄂武穆王精忠庙,宰木苍苍,春秋祀享,千载不磨。庙之东,新创风林寺,旧有永寿寺,毛妃坟在焉。葛岭之间,有四圣观。东有玛瑙、宝云、智果三寺。宝云中有葛洪初阳台,智果中有道潜参寥泉。葛岭之首,有保俶塔,寺名崇寿。楼阁凭空,轩窗来月,金碧相辉。上有葛翁、坡翁事迹,为北山之伟观也。后有巾子峰如巾,又有石甂山如甂。塔之下,有水月园。南有大佛头,相传以为秦皇缆船石,今僧家改为佛像,面临湖际。寺名大佛,此亦古迹之一。路有过街塔,今废。东有德生堂碑存,此即宋时放生处也。西有总宜堂,张侍御园,扁皆御书,亦当时所重。东下石函桥,跨街为梁,上函湖水,下溉民田,乐天所建,千载利焉。北过马塍,土宜花卉。地连府社、府稷、郡厉二坛,金祝、灵卫忠臣庙,实祀典所系。石函之东有昭庆寺,则戒坛所宗。寺左右,皆古玉壶园、先得楼、柳林云洞之址。此钱塘门之风景。湖山至此而一周,胜览则无穷也。昔人撮奇摘要,为十景,命曰:平湖秋月、苏堤春晓、断桥残雪、雷峰落照、南屏晚钟、曲院风荷、花港观鱼、柳浪闻莺、三潭印月、两峰插云,要而未尽。其唐宋诸贤虽有题咏,今多散逸。所谓地搜胜概、物无遁形者,未免有遗珠之叹。昔渊颖寓南海,尚作《山川记》。况予生兹而长兹,今幸以稀龄蒙恩归,全于兹,安得无一言以鸣风土之胜哉?尚望博览君子是正焉。

天顺七年菊月,广西左布政使致仕、七十三翁、郡人夏时以正记。

游天竺山记　〔明〕杨守陈

杭多名刹,天竺称首。久欲游,弗果。成化戊子秋,复过杭。杭僧司都纲顾本源,遣徒广无外请游。时余友御史魏孔渊瀚出宰邑,余弟守址赴会试,守隔、守隅暨余子茂元应乡试,皆次于杭,刻期同游。是月廿有七日,秉肩舆行,湖光山辉交映无际,金刹画鹚隐见于松筠菱莲之表,钟梵与笙歌之音间作,令人耳目无少暇。拜岳庙,度行春桥,所谓十里荷花者,程尽矣。又西入山路,颇广,且夷然,益入益深奥寥閴,第见古松离立拂云,外闻涧水与松风交锵鸣而已。越集庆寺,望北高峰弥近。由陟岐灵隐寺,寺静洁幽胜,然昔称五亭,无一存者。睹其南峰,势若飞舞,岩壁奇峭,乃昔西僧谓自灵鹫飞来者,即天竺山也。其下有洞,梁以片石,饮其流,冰齿,是谓冷泉涧。旁入呼猿洞,深且宽,传昔有猿可呼之,就手取果,亡久矣。转而东,一门榜曰佛国,与山僧同至下天竺,见泉无跳珠者,访流杯、翻经诸亭台,但芜址耳。中天竺荒寂类之。于是尽所谓九里松者,始到上天竺,诣白衣观音殿,启椟阅象,宝光奕奕射人。僧为口数手指以示客。小朵轩面石壁峻峭,松萝垂阴。天香宝对乳窦、白云诸峰,若屏障前拱,空翠欲滴。寺之胜止此。然诸刹依城者,杂于绮丽喧嚣,虽滨湖者,亦不免。惟此幽邃静洁之极,宜其称首也。室中布筋豆,谈笑久之。僧请留咏山中,乃取"曲径通幽处,禅房花木深"十字为韵,人各分其一,且筋且咏,乐甚。回忆数十年欲游不得,岂山灵故滞之,以迟余昆弟、父子与杰友、高僧同乐也耶？

万松山始开石路作三亭记 〔明〕顾 璘

万松之胜以石。石乃在莽间，不可以步。嘉靖庚寅，璘长东藩，适观察使池阳汪公珊、枢使台南李公节同在三司，休浣登焉。顾瞻群石蒙翳埋泪，标见而秀弗逞，乃相与叹曰："地有材而俾弗见，非吾党之过与？"于是乃议疏抉之役，召吏鸠工，厚之直饩，斩荆棘，芟蓬蒿。凡延蔓为石障者，去之必尽。然后平险通碍，蜿蜒石间，因高卑为之径，夫人始得步观焉。见石之端伟壁起者，若正人立朝，岩岩然有不可犯之色。磊落廉厉、陈奇献异者，若众士布列，效其功能。其琐屑参错、四散不可穷者，又若方聚群分，物物各安其居也。翌日，僚佐诸公、林壑高逸咸来赏视，又相属曰："功则伟矣！非有台榭为游憩之所，则迹少而径荒，安知来者不如前之芜没乎？"众皆曰："然。"于是相地面势，作三亭焉。路自书院门西而上达山颠留月岩，凡若干丈。又自山半而下达圭石，若干丈。前山之亭曰振衣，璘作。后曰□□[1]，汪公作。李公作于山麓曰□□[2]。于时僚佐并一时才彦，或谓与地灵相感召云[3]。

浮梅槛记[4] 〔明〕黄汝亨

客夏游黄山、白岳，见竹筏行溪林间，好事者载酒从之，甚适。因想吾家西湖上，湖水清且广，雅宜此具。归而与吴德聚谋制之，朱栏青幕四披之，竟与烟水云霞通为一席，泠泠如也。按《地理志》云："有梅湖者，昔人以梅为筏，沉于此湖，有时浮出。至春则开花，流满湖面。"友人周本音至，遂欣然题之曰"浮梅槛"。古今人意同不同，未可知也。书联者二：一曰"湍回急沫上，缆结杂华浮"，一曰"指烟霞以问乡，窥林屿而放泊"。每花月夜，及澄雪山阴，予时与韵人禅衲徜徉六桥。观者如堵，俱叹西湖千载以来未有，当时苏、白风流，意想不及。此人情喜新之谭。夫我辈寥廓湛妙之观，岂必此具乃与梅湖仙人争奇哉？聊述所自，以贻观者。

不系园记 〔明〕汪汝谦

自有西湖，即有画舫，武林旧事，艳传至今。其规制种种，已不可考识矣。往见包观察始创楼船，余家季继作洗妆台，玲珑宏敞，差足相敌。每隔堤移岸，鳞鳞如朱

---

〔1〕 □□，《顾璘诗文全集》作"池阳"。

〔2〕 □□，《顾璘诗文全集》作"秀水"。

〔3〕 雍正本无《万松山始开石路作三亭记》文。

〔4〕 底本"梅"讹作"海"，据雍正本改。

薆出春树间，非不与群峰台榭相掩映，而往之别渚幽汀，多为双桥压水锁之，不得入。若孤山法埠，当梅花撩月，莲唱迎风，令人怅望。盈盈如此衣带，何故高韵之士，又驾一蜻蛉出没如飞，骄笑万斛舟，为官为估，徒豪举耳。余谓不然。夫湖之藉舟，犹两峰篮舁，六桥紫骝，宜称所之，何论大小。如柳塘花屿，锦缆徐牵；凉雨微波，一苇径渡；轻桡短楫，潭月涵秋；朱栏绮疏，寒沙映雪。别有兴寄，正自不同。讵仅仅载檀槽、张绮席，系此游龙飞鹢耶？矧四方客乡寓公无不道西泠解鞍，借兰若下榻[1]，而歌扇酒船俚俱草草[2]，即勉作三日留、十日饮，不虑唐突西子哉？癸亥夏仲，为微道人筑未来室，偶得木兰一本，斫而为舟，四月余乃成，计长六丈二尺，广五之一。入门数武，堪贮百壶。次进方丈，足布两席。曲藏斗室，可供卧吟。侧掩壁厨，俾收醉墨。出转为廊，廊升为台。台上张幔，花晨月夕，如乘彩霞，而登碧落。若遇惊飙蹴浪，欹树平桥，则卸栏卷幔，犹然一蜻蜓耳。中置家童二三擅红牙者，俾佐黄头，以司茶酒。客来乘舟，可以御风，可以永夕。远追先辈之风流，近寓太平之清赏。陈眉公先生题曰"不系园"。佳名胜事，传异日西湖一段佳话，岂必垒石凿沼围邱壑而私之，曰我园我园也哉。

游南山记　〔明〕僧契嵩[3]

由山之麓而上百步许，则东趋抵霁云亭，西趋则伛偻过小石门抵积翠亭。由霁云亭益东，至幽居洞。洞之东，则深林茂草也。由积翠亭益西，则入于丛林之间，阴阴森森，殆不可胜数。有石座环布，中可函丈[4]。由积翠亭西曲背而上[5]，抵发幽亭，视钱塘城郭，若见诸掌。由发幽亭而东，至白云亭山。白云亭之东，厥往枝分，所往皆入茂林修竹，不知其极矣。由发幽亭又曲折而上，援萝蔓，陵层崖[6]，履危磴，至于山之巅。一顾四达，廓如也[7]。吴江越岫，俨然在眸子。山控凤凰地之西偏，南走湖上，高视灵鹫，而俯揖胥山。大约从麓至顶，岩洞窅奇，殊形诡状，世所无有，如人物鸟兽飞走腾踊，云气剡作，交相掩映，真若鬼神效灵，千变万化，眩人心

〔1〕　若，底本作"叶"，据雍正本改。

〔2〕　底本"俚俱"于义不谐，雍正本作"规制"，《西湖画舫记》作"两俱"。

〔3〕　雍正本题宋僧契嵩《游南山记》，居于宋程珌《西湖禊事记》后，可从。又雍正本较底本少百余字。

〔4〕　雍正本无"有石座环布，中可函丈"九字。

〔5〕　雍正本无"曲背而上"四字。

〔6〕　雍正本无"陵层崖"三字。

〔7〕　雍正本无"一顾四达，廓如也"七字。

目[1]。或闻是山者,初弃于莽苍,虽樵渔竖子[2],莫之肯顾。培塿邱垤,尚恐不得与之为比[3]。一日,为好事者辟而发之,莫不惊怪,以为天坠地涌[4],恨得之晚。游观者于是推高是山[5],虽濒湖千岩万壑莫出其右者。至于名闻京邑[6],而贤士大夫皆乐为是游。有来江东者,不到南屏山,以为不可。余因思天下有道之士晦昧于世,与俗浮沉,如南屏之始者,抑亦多矣。余嗜山水之甚者也,始见南屏山,且喜,以谓一游无以餍吾之心,不若栖其阴薮[7],常游其间。故今来息肩于此[8],日必策杖独往。至其幽处,思虑冲然,天下之志通;至其旷处,思虑超然,天下之事见;至其极深且静处,冲寞岑寂,神与道合,乘浩气而沐清风,陶然嗒然,若游乎万物之初也。

国　朝

湖上奇云记　宋　琬

古时云:"夏云多奇峰。"[9]举世以为笃论,然未睹其异也。戊申六月朔三日,出涌金门,僮仆杂坐一舴艋中,于时日将晡矣。有云起自西南隅,所谓两高峰者忽不见。须臾,西北亦然,不肤寸合矣。日车亏蔽,微露其半,倒影下射,作紫磨金色。云之为状,深厚不测,峦回嶂复,咫尺万重。其西南缺处,与天相接,奇峰突兀,若猰㺄之竦立而郄顾。其西北,则云脚插于湖中。以意度之,其下正玛瑙寺也。蜿蜿蜒蜒,飞而上腾,若蛟龙之怒而不蟠,又若猛兽穹龟深目长脰负重而趋走者。迤而南,是为中峰,尊严戊削,酷似华山之苍龙岭。峰侧觚棱,隐隐象楼台,疑为仙人之所居。立者如鹤,飞者如鸾,植而高者如羽葆之罕,舒且卷者如九斿之旒。其最异者,云之象山者,苍翠空蒙;云之象树者,青葱蓓蓓。而山坳树杪,各以白云缭之,正如深冬积雪,山林皆冒絮也。山之麓,有崦,有峪,有壑,有塍,有似田家篱落者,有似酒帘之摇曳者,有似约略之断续者,纷纶倏忽,变幻俄顷,虽王维、荆浩殆未能图绘

---

[1] 雍正本无"如人物鸟兽飞走腾踊,云气剡作,交相掩映,真若鬼神效灵,千变万化,眩人心目"三十一字。

[2] 雍正本无"虽樵渔竖子"五字。

[3] 雍正本无"培塿邱垤,尚恐不得与之为比"十二字。

[4] 雍正本无"以为天坠地涌"六字。

[5] 雍正本无"游观者于是推高是山"九字。

[6] 雍正本无"至于"二字。

[7] 雍正本无"始见南屏山,且喜,以谓一游无以餍吾之心,不若"十九字。

[8] 雍正本无"常游其间。故今来息肩于此"十一字。

[9] 雍正本"时"作"诗"。

其仿佛也。呜呼异哉！云之起，在未、申之间。予停舟良久，舟子亦倚枻而观，以为老于湖滨长子孙，未之见也。及抵钱塘门，晚霞将灭，城头角声呜呜矣。归而蚊蚋盛集，不可以寐，乃呼童子执烛，而书其异。

八月十六夜纪游　毛际可

八月十五，夜黯无月。十六，圆皎殊甚。余饮薄醉，鼓一声矣，忽兴不自遏，开户出，从郭璞井登铁冶岭，过吴园叶杞含所居也。讯之，曰睡矣。过败，更楼下寻吴廷彝，叩门不启。因思东坡承天夜游，张怀民亦那复可得。乃独行，陟云居山半，稍坐，望湖中远火，不知是游是渔。密树蔽亏，月色隐现，吟虫感秋，悲厉顿甚，烟草露枝，百音交杂。已到寺，欲入访南溟房僧守真。感亡甥严起新读书于此，悲从中来，不果入。遂褰衣直蹑山顶，旷望无涯，中天一轮，遥碧空白，此外更无复纤毫翳。大江隐隐，越山淡横，皆奇观也。循大观台麓西狭路下，过扶桑院，复寻径北上紫阳石亭。脚倦，复坐。久之，夜已渐深，行三四里，寂无人。一路奇峰怪石，蹲若虎，呀若狮，森立若鬼，以熟游故得不惊。又过二歇凉亭，而北至城隍庙山。次级下，肃揖以过。至中灵行宫，复东至太岁古庙，踞憩陂上。适三四人聚坐一大石，一人歌，一人吹箫倚和，音吐清圆，林薄凝响，其顿断处尤妙。于时新雁叫云，横掠大江南去。歌客听雁声渐远渐没，又复歌。歌竟乃起，由黑龙井道入螺山，又里余，门巷深静，灯火都绝。敲后门入，已三鼓矣。映月色，解衣就寝，时酒已醒，不得寐。月光从窗隙射帷帐，转白如昼。余久病，兹夜神王乃尔，佳境移情，信哉。明日，记此，以贻叶、吴二君。傥今夕月如昨，当稍待我，毋遽卧。不然，且令子瞻、怀民事遂单行千古矣。书罢一笑[1]。

---

〔1〕　雍正本"笑"后依次有张坦熊《重修湖心亭记》、常安《重修湖心亭记》、佚名《复建林处士专祠碑记》、常安《重修西湖书院记》、周宣猷《重修湖心亭碑记》五篇记文。

武林览胜记卷二十八

艺文二

序

送元上人归天竺寺序 〔唐〕权德舆

度门之教,根于空寂,因修以取证,阶有以及无。不践精深之习而悟虚无之理者,未之有也。未得为得,则其病欤。仆久味斯法,思与言者。既而,得元禅师。师早诵大乘经各数万言,晚得观门之学,今则色空如一,哀乐不入矣。桑门之患[1],为外见所杂;既得之患,为内见所缚。今元公翛然于二见之门,不内不外,冥夫至妙,身戒心惠,合于无倪。且以勾吴有山水之绝境,天竺又经行之净界,振锡而往,其心浩然。盖随缘生兴,触物成化,而不为外尘所引也。幅巾男子权德舆稽首。

钱塘胜游录序 〔宋〕周紫芝

崇宁间,余以事适越,道由钱塘,留数日而后行。时方厄于羁旅,不得从诸公游。然犹能一再至西湖,以览观湖山之胜,自是而西湖未尝一日不在胸中。后三十余年再至,则前日游观之地、登临胜处,十已失其八九。虽然湖山无恙,不减昔时,而金碧浸坏,草木凋衰,烟云惨舒之状,鱼鸟游泳之乐,无复故态。如王、谢子弟穷愁病瘁,流落草野,虽骨气尚在,而文采风流自然索寞,殊复可怜。余尝自谓方钱塘全盛时,不得从容舒啸其间,及更兵战之余,始得朝暮于此,是为可恨。况复官冷食

---

[1] 桑门之患,雍正本同,他本"桑门之患"后有"有二焉,未得之患"七字,

贫,居无樽酒可以自乐,出无胜事可与同游,唯野服曳杖,时时与小儿辈间至山中尔。然而湖山朝暮四时之景,变态百出,岩花涧草,争妍而竞秀,不可胜穷。余尝夜棹小舟容与湖间,虽风荷飞翻,水鸟出没,不间晦明,皆可人意。盖与渔翁舟子并席而中分,非公卿贵人可得而与也。至是,乃始自悔,以谓曩尝恨其不得游从于往昔无事之时,而不知其清容妙丽之姿、无尽难穷之意,未尝与时增损,随物盛衰,何可以区区耳目一时之所闻见而自为之褒贬哉？山中虽行,随其所见,欲作数语,而胜游之致难于摹写,不敢污以漏厄。间有高僧逸人可与语者,犹能诵参寥、清顺辈诗,语意清绝,亦足自娱。至于足力所穷,眼界所至,与夫往昔遗踪故事之在山间者,不可殚述。因随纪之,久而成书,号《钱塘胜游录》。他日梦想湖山而不能至时,取而读之,如与儿曹徜徉其间,可以按图而至,岂不便哉！绍兴乙丑正月十日序[1]。

西湖修禊序　〔元〕邓　牧

今年春,余东游上越。三月三日,越人士有事兰亭右军祠,余谢不往。适同馆人泛舟镜湖上,强与俱饮,醉分韵,既为序之。越数日,有自杭归,为予言祖禹领东西州客十有四人修禊事,西湖以予不及与,怏怏而已。余笑曰:"杭、越相去仅百里,其在太虚中,不翅同处一毫端。我醉此,若醉彼,何与不与有耶？"又越月,归杭,祖禹出所赋诗,亦俾余序。余追思醉越时,坐念西州故人,其乐其悲弗得知也。西州故人念我,独得知其乐其悲乎哉？别未久也,道未远也,其不相知若是。则夫方生而知死,足悲;既死而知生,足乐。岂通论耶？一死一生,瞬息间耳,其不相知又若是。晋人去我千岁矣,不知我决矣。我去晋人亦千岁矣,不知晋人审矣。今日风流酝藉,与永和数子同乎否乎？以地观之,越不知杭,杭不知越;以人观之,生不知死,死不知生;以世观之,古不知今,今不知古。则君与我握手而笑,生之类也;分袂而往,死之类也。古人所以叹别离之难乎！天运易流,人生有终,会面之不可常也。诗云诗云,传云乎哉？又恶知杭、越所不能限,死生所不能化,古今所不能隔,则无伺于诗者[2]。

唱和竹枝词序　〔元〕杨维桢

余闲居西湖者七八年,与茅山外史张贞居、苕溪郯九成辈为唱和交。水光山色,浸沉胸次,洗一时樽俎粉黛之习,于是乎有《竹枝》之声。好事者流布南北,名人

韵士属和者无虑百家。道扬讽谕,古人之教广矣。是风一变,贤妃贞妇,兴国显家,而《列女传》作矣。采风谣者,其可忽诸?

湖山饮别诗序 〔明〕邓　林

友人卢公观光,将自钱塘还广州,予率乡里之客于此者,与之饮别于西湖。是日为九夏之半,暑雨新霁,炎云未张,荷风柳露,洒洒入人襟袂,真泛湖举杯时节也。湖舟如欧阳六一之画舫,中罗十余人席,推窗列座,水光山色,皆堕杯觞中。发舟循北岸西,且酌且行里许,入段家桥,泛里湖,历菱田菱荡。又二三里许,至西泠桥停舟,登湖中之孤山,访宋处士林和靖故居于松桧烟萝中。复登湖傍之栖霞岭,谒宋少保岳鄂王祠,观墓上南枝树。徐步出苏公堤,登舟循六桥而南至净慈寺下,客已微醺不饮。乃相携入寺,访诗僧需鼎庵,啜茗清话久之。泊还舟,庖人尽彻杯盘之余,洗觞拭案,更出时果水族,客兴复动。适有撑小舟来卖花者,乃各取一花簪之,谑笑欢饮。又互出酒令以相难,令出不即答者浮以大白。其乐衎衎,若忘此身之在羁旅,而去国怀乡之可忧也。且顾谓予曰:"谈者谓湖山之乐,惟骚人雅士得之。然则今日之乐,吾子之乐也,何为而至我辈乎?"予曰:"非是之谓也。湖山佳景,人得而乐之。第一觞而无一咏,则不足以发其乐之趣,故曰惟骚人雅士得之耳。今卢公以岁月限满,先告归,此行不可以不饯。又观诸公于卢公之归,不能不动惘然之色,此怀又不可以不遣。湖中今日之游,诚谓独乐,不告于众也。诸公亦既以为乐,又可不知其乐之所自乎?卢公至,乡里朋旧倘有以羁栖岑寂怜予者,亦为伸此意谢之。"卢公乘醉曰:"予遂以矜耀乡里之未至钱塘者,有何不可?"诸公皆以为然。予归,倩善绘者图之,能诗者赋之,联为一轴,序以赠之。

钱塘湖山胜概诗文序 〔明〕陈　赟

赟向在京师,偶得《西湖百咏》七言律诗一册,共百首,盖宋季杭人董嗣杲所赋者。天顺己卯秋,赟以太常少卿蒙赐老东归,于舟中无事,因取而备阅,依韵和之,亦得百首。然其中所可知者,不过南北高峰、三竺、灵隐、净慈、六桥、孤山、保叔、岳祠、龙井、玉泉诸显然者。其他不能识其在何处者,甚多也。尝访于杭城之长老,亦多不能详。盖自宋迄元,以至于今,二三百年间,荒圮不存者伙矣,宜乎知之者鲜也。因此,质问于致政广西方伯夏公以正,且以所和之所求是正焉。公曰:"吾于十分中颇能识其八九,兹不备谈,笔之于纸,可得而详也。"今年十月朔,果承公以《湖山胜概记》文一通见示。凡诸胜境、灵踪秘迹杭人所莫识者,历历如指掌,班班可考而有据,何其博哉!兼赋绝句一百首,题悉用嗣杲之旧,清新蕴藉,诵之令人可喜可愕,可以叹咨,可以笑乐,可以兴夫怀古之思,而动盛衰之感焉。公自序云:"梦往书肆易《江文通集》,觉而有得。"信乎其有神相之,非偶然也。先儒有言,山水因人而迹显,人因山水而名垂,斯所谓交相赞者矣。柳、永皆僻陋之邦,河东谪官,一水石,一草木,皆经题品,而佳山水之名传之至今。不特此也,岘山因叔子而显,东山因安石而显,潮之韩山因昌黎而得名,惠之白鹤因东坡而名著,辋川、武夷因摩诘、紫阳而传播于无穷。欧阳子云:钱塘有富贵之娱,有山水登临之美,其来久矣。赋咏题品者非不多,未有如公今日所记之备且富也。此记与诗一出,益为湖山增重,而公名亦与同垂不朽。前所云交相赞之言,讵不信哉!他日,赘当从公拉二三知己,肩舆画舸,遍游湖山,凡目所未览、足未至之所,烦公一一指示,寻遗踪于蓁芜,显幽迹于久晦,于以舒豁心目,庶酬欲访未得之愿。其乐为何如哉!公命序之,姑书此以复,未知其可否何如也。

西湖游览志序　〔明〕田汝成

海上之士,往往谈蓬莱三岛之胜,恍惚渺茫,莫可踪迹。岂若西湖重青浅碧,抱丽城闉,陆走水浮,咸可涉览?况帝都之余,藻饰华富,即海上之士所称珠宫贝阙、琪树琼花,当不过此,宜乎胜甲寰中,声闻华服也。然海内名山,率皆有志,而西湖独无,讵非阙典?曩五岳山人黄勉之尝谓予曰:"西湖无志,犹西子不写照、霓裳不按谱也。子盍图之?"时予敬诺。而五六年前,宦游无暇,迨乎宅忧除服,聊寓目焉。风景不殊,良朋就世,言犹在耳。负约已长,因念古人逾祥授琴,将以舒其菀结,闻篴作赋,用以感于幽冥。予不敏,窃比山水于笙歌,拟占毕以酬诺。一物二义,爰契我心。于是绌集见闻,再证履讨,辑撰此书,叙列山川,附以胜迹,揭纲统目,为卷者二十有四,题曰《西湖游览志》。裁剪之遗,兼收并蓄,分门汇种,为卷者二十有六,题曰《西湖游览志余》。客有病予此书多述游冶之事、歌舞之谈,导欲宣奢,非以长化也。予则以为志者,史家之一体也。史不实录,则观者何稽焉?故泰华终南,守国者恃为金汤之固;武夷雁荡,栖真者隐为解化之区;岳麓鹅湖,讲学者辟为都授之所。西湖三者无一居焉,而欲讳游冶之事、歌舞之谈,假借雄观,只益浮伪耳。史家不为也。客又病予此书名系西湖,而旁及城市,核实不符。予则以为西湖者,南北两山之秀液也。南北两山者,西湖之护沙也。滋灵酿淑,条贯同之。若非元本山川,要原别委,则西湖之全体不章,故旁及城市,正以摹写西湖也。学使文谷孔公,尝览而嘉之曰:"殆郡史也,美刺具陈。"欲为锲传,而以忧去。侍御纪山曹公亦欲锲传,而复以忧去。至是,侍御剑泉鄢公按部两浙,政肃风清,博雅崇文,垂情艺苑。布宪之暇,访及此书,谓郡守严公曰:"是诚郡史,可以传矣。"严公敬诺,属贰守邱公综理之,而民部秋轩薛公、水部洪宇王公咸榷税于杭,亦捐赀焉。未浃四旬,勒梓已竟。窃愧才绵识昧,笔削无方,符篆蚩泠[1],虚上官之雅意;楮宜覆瓿,贻大方之哂言。若肯苴其阙略,弼其讹谬,哀为别集,被我宠光,是大愿也。

西湖八社诗帖序 〔明〕方九叙

夫士必有所聚,穷则聚于学,达则聚于朝。及其退也,又聚于社,以托其幽间之迹,而忘乎闃寂之怀,是盖士之无事而乐焉者也。古之为社者,必合道艺之士,择山水之胜,感景光之迈,寄琴尊之乐,爰寓诸篇章,而诗作焉。夫诗之作,固鲜有亡繇者也。士尝窃禄于朝,既退而耕凿以老,然犹惓惓以称德于君卿者,兹心之靡解者乎。杭盖东南一大都会,而山水郁盘,昔人拟之清都洞天云。且杭之人未始知有簦担探历之劳,而恒自适于俯仰眺听之下。然则生于斯土者,其乐宜何如矣?顷岁丙午,予尝与田豫阳氏八人结社湖曲,赋诗纪游,今所传《西湖社选》是也。嗣是海隅称兵,词翰路塞,眷怀故社,盖缺焉有间矣。兹赖圣君神武,重臣敉宁之功,遏泯阆怿,复睹旧章。予小子辈偃息林泉,追逐云月,曷尝顷之忘德哉?夫徼藉宠灵,嘿而亡所诵述,非罪也。夫兹社也,凡会之地八,同会之人六,具详社约中,兹不著。嗟夫!类同则聚,声同则应,盖物感之恒也。若予六人,仕隐固殊,风雅道合,所以类聚声应,岂偶然欤?尝闻之乐天香山以浚凿称奇,洛阳耆英唯真率垂训,讵若奇观丽瞩,得诸天造,瓦尊蔬豆,无竞世氛。古今社事,兹其兼美矣。第进鲜寸效于世,退无乡曲之称,仰盱唐宋诸贤,颜何厚哉!诗若干首,虽不足以宣布中和,滥缀庭万,庶几击壤之遗响,贤乎亡所用心者也。

补孤山种梅序 〔明〕张 鼐

夫人标物异,物借人灵。古往而今,自来风光无尽,景迁而人不改,兴会长新。是知有补斯完,无亏不满。谁非造化,转水光山色于眼前;繄此人功,留雪月风花于本地。维昔孤山逸老,曾于瀛屿栽梅,偃伏千枝,淡荡寒岚之月;峻嶒数树,留连野水之烟。自鹤去而人不还,乃山空而种亦少。庾岭之春久寂,罗浮之梦不来。虽走马征舆,闹前堤之景色;奈暗香疏影,辜此夜之清光。是以同社诸君子点缀冰花,补苴玉树,种不移于海上,胜已集乎山中。灌岩隙而长玉龙,纷披偃仰;矗涧湄而栖白凤,布置横斜。幽心扶瘦骨同妍,冷趣植寒枝共远。西泠桥畔,重开元圃印清波;六一泉边,载启琼楼邀皓月。非为借风霜之伴,与岸花江柳斗风光;亦将留山泽之臞,

---

〔1〕 蚩泠,雍正本作"痴誇"。

令溪饮岩居生气色。倩高人扶筇扫石，政堪读《易》说《诗》；若韵士载酒飞觥，亦足吟风弄月。使千古胜场不沦寂寞，将六堤佳境尽入包罗。岂独处士之功臣，亦是坡仙之胜友。余薄游湖上，缅想孤踪，策月下之驴，为问山中谁是主；指云间之鹤，来看亭畔几株花。爰快述其良图，用同贻于好事云尔。

南屏社序　〔明〕卓明卿

夫暂混城市，则鄙吝之心萌；一入山林，则清旷之趣惬。矧良时易失，嘉会难常，髫龀之交，俄成皓首，计日之别，动经十年，何殊雨散云飞，讵异萍漂蓬转。长途远道，慨非折柬堪招；接轸衔舻，喜是不期而至。尽标东南之箓篆，亦振西北之璆琳。推司马以会盟，进下走于地主。选胜非遥，诹辰惟吉。湖山之奥，睹灵秀之焕发；牛斗之墟，占德星之毕聚。囿开文雅，人擅风流。高倚层楼，下临初地。蜿采虹于雕楹，结祥云于画拱。舆致名姬，坐参芳席。似游洛浦，如涉汉滨。感交甫之幽情，动子建之逸思。韵无险僻，任其均分；体从难易，随其口授。加以天光明朗，风气清泠，山花罗绮之色并殷，石溜管弦之声相叶。且池有白莲，地多修竹。芙蓉薜荔，维制衣而制裳；江介湖濒，从濯缨而濯足。践绿钱以拾翠，踞锦石以传觞。笑岂俟于投壶，诗无待于刻烛。霞笺半展，冶褒拂其香尘；彩笔乍停，朱唇吹其墨晕。长篇灿烂，宁资组织之工；短什铿锵，匪假镕铸之力。鲜兰亭之半章，无金谷之罚酒。讵意俄顷之间，遂成希觏之事。苟海内名公、寰中才子念万里之同盟，嘉一时之遥集，各神金玉，并辉琬琰，庶可证于来哲，谅无惭于昔贤者欤。万历丙戌秋仲廿五日。

涧中诗小序　〔明〕沈朝焕

武林佳丽，天下称绝。而其最胜处，逶逶为游者所僇辱。妖冶荡之松颜欲凋，屠贾酒之石骨与醉，如灵鹫、龙井、石屋诸胜，孤赏者几厌若市肆矣。往予礼佛云栖，从间道涉九溪，历十八涧，宛然入焉。禽鸟欲绝，云色俱定，私计当有枯槁寂寞之士，窟岭崒而宫，升木杪而啸，于以避世全真者，乃吾友卓仲昌氏。数游其地，游必有诗。诗与情攻，情与景敌，如中郎赋武夷，琴弦九曲，弥婉弥佳，各两两当也。田游岩廊隐也，矢之曰："泉石膏肓，烟霞痼癖。"夫至膏肓痼癖，而其游也至矣。仲昌方通籍上林，官林麓供诸禽兽簿，以充大庖，何暇作幽绝事。即如东方生调笑殿上，据地而歌，岂不曰金马门可避世全身，何必深山之中、蒿莱之下？则兹集一出，得无有草北山移文者乎？客曰：不然。仲昌雅类其父征甫。父好诗，君亦好诗；父好游，君亦好游；父薄其官，君亦视若敝屣耳。涧中语为他日还山左券可也。虽然，予复滋惧事为之欢,则投目者众。仲昌文藻风流,脍炙一时,而复以选胜倡也。游者且家置喙,安知斯涧之中不如曩之龙井石屋乎?故章君之美,则欲传之其人,而为山灵作杜德机也。窃愿仲昌阕之。

西溪梵隐志序　〔明〕吴本泰

天地之灵奇,泄于山水。山水之最灵奇者,天地又若靳秘焉,而不轻以畀人。间有披其扃而发其藏者,大都息心槁形、鹑居鷇食之侣,而持粱刺肥者不与焉。迦文住布金之园,亦有庵罗、竹林、猕猴江,各列精舍。东流震旦,五台、峨眉、鸡足、补陀,称宇内四大。又别有天台、庐阜为应真驻锡之所,盖人天瞻仰,胥广严道场,而安禅习定,处林放光,惟闲静萧寂为宜。夫闲静萧寂,尘劫中可易遘哉。此其塞辟有数,去住有机,即司马头陀辈不能卜度也。杭郡东南佛国,诸名蓝巨刹犹未复绝尘境,乃有图经所不载、轮鞚所未经者,厥惟西溪。盖郭西表里溪湖,湖当山之阳,韶丽明靓,天竺、灵鹫卓趾焉;溪伏山之阴,窅然深古,聚落一区而已。自龙凤飞来,带水演迤,而法华蜿蜒回绕,遂尔别有天地。宋人留下,不复驻辇。二三缁流,寻雊儿鸟窠遗迹,结茅其中,偕村氓耕桑灌植为业。后稍稍攒集,精庐棋布。余避兵奔窜,溯洄深入,宛然桃源也,遂卜筑焉。暇则支短筇,或棹小舸,问某山、某水、某泉、某石、某所饶梅竹皂栎、某幢刹、某团剂、某苾刍开士可参叩,仿佛其大都,谓游自此始也。亡何崔苻不逞,出没攻剽,而此土遂无宁居矣。向者禅栖,犹故亡恙。绳坐疏班,锡钵间设,未尝鸟兽散。嗟乎!闲静萧寂之区,断以畀安禅习定者。而逋臣客子,曾不克比于芸夫竖牧乎?岂非瞿昙氏之植福深,而我辈之逗缘浅耶?西溪名不著,故老或谈南宋建炎、淳熙后事,百咏有题,诗轶不传。洪中丞叙志仅存崖略,衲师心海广定草《法华伽蓝记》,排纂颇赅,未及成书,化去。余偕秋雪、智一、门人黄灿及其子圻浏览博搜,据心海旧帙,差次就绪,胪分为四,曰纪胜、曰纪刹、曰纪诗、曰纪文,统名《梵隐志》,志隐也。柳子厚论游,有旷有奥。西溪得地之奥,释庐萃止。余佛民也,盘旋寒碧,宁无桑下三宿之恋乎?世有耽禅癖隐者,考斯志也,而褰裳濡足以从之,造物者不得终秘其奇矣。

和西溪百咏序　〔明〕释大善

《西溪百咏》,宗人所作,始行于元世,亡其姓字,必宋之遗民也。盖以百题,拟作五十联,一题一序,自留下仙宫东出报先、佛慧,西入妙净、光明,东西各出二十余里。于五十里间,梵刹琳宫,塚祠桥渡,山房别墅,岭峤林泉,奇胜全收,班班可考。诗虽不工,其志山水、纪事实甚明核。使稽古观风者每有所采,可作兹山一册志略,故为好事者珍惜之。天顺间，隐士周谟和之，积百首，一题仅存一章，坊刻久湮，唱和莫辨。溪人独能记诵，传录不衰，使先民胜事犹不至与断碑破壁同灭没于荒烟蔓草中也，则溪之人实功焉[1]。余住西溪三十年，于其所咏，皆足历而目订之。惜乎陵谷时迁，兴废莫纪，履今溯古，欣慨交心，溪山泉石，洵唯白云明月为其常主也。余久欲属和，耽禅未暇。今年七十，谢参罢读，偶拈旧题，并为分注，或即事，或怀古，拾遗补缺，芟俚登雅，共得百首，分上下卷，自谓无当风雅，庶几兹山鼓吹云。然考之古志，六朝五代时，西溪实隐士高僧之渊薮。今拾宋人所集，百遗一存，能无挂漏。唯俟博雅君子补辑，为兹山眼目，则幸甚矣。

国　朝

西湖蹋灯词序　毛奇龄

　　往作京师蹋灯词，而京师无灯。惟廊房百余家各燃灯两檐间，并无山棚、露栏、并棘盆、彩竿之见于街陌。而九门喧然，蹋终夜不彻。好事者遂各为之词，以纪胜事。今杭州灯市不减曩昔，独西湖无灯。马君逸千乃作西湖蹋灯词六十首，传于人间，岂亦京师蹋灯之意乎？孔子告子夏，有无体之诗、无声之乐，以为心存礼乐，则不藉声容之发而皆得其意。西湖固胜地，又值灯节，则凡楼头红烛、塔心佛火，与夫鱼坎岩灶、船星堤月之相为照映，皆足当九枝百炬。而逸千一一摩画之，东根西触，情思满前，此岂南渡以来上元纪事之可相仿佛者？幼时宿湖滨，三门不闭，笙歌灯火，中外相接，今不可得矣。迩者圣驾南幸，宫车先后从三竺还，苏、白二堤皆笼灯树间，晃朗如画[2]，虽京师安福门观灯迎仗无以过此。此则西湖之所当蹋者也，逸千亦进而补之乎。

王西樵西湖竹枝词序　宋　琬

　　西湖之有竹枝词，自杨廉夫始也。当时和者百有余家，惟廉夫为之冠，盖其缘情貌动，引商刻羽，犹有刘宾客、白太傅之流风。自后作者弥众，求其艳而不纤、巧而不俚者，盖亦鲜矣。余尝备官武林，视西湖近在杯案间，然所栉沐不遑者，司空城旦书耳。间尝窃暑刻之闲，举觞燕客，往往下春始出，吏人从舴艋中报幕府有急请，

---

〔1〕　雍正本"实"后有"有"字，义长。
〔2〕　画，雍正本作"昼"。

即不暇具宾主之礼而散。以故士女之嬉游，景物之冶丽，与夫烟云鱼鸟之变态，浮图略彴之废兴，得之图画者二三，闻之游人之口中者六七。虽身在湖干，犹如读《荆楚岁时记》也。

今年春，以放逐余生，老而为客。于时春也，因得蹑屩登凤凰、南屏诸山，观钱塘江，问昔人劲弩射潮处，忧从中来，思欲为诗歌以谱之。而胸中喀喀辍觚者数四[1]，会西樵从邗上来，问无恙外，即次及湖山之状。一日，出所为《竹枝词》二十篇，读之了不出人意中。而兴会标举，又前人所未能道只字者。廉夫且然，况仆之戋戋者乎？昔两苏宦迹所至，有诗必遥相属和，当世以为美谈。阮亭五载广陵，既擅有江山文物之美，而西樵游辙止于汾、晋、燕、赵之间，使其不遭困厄，不过乘款段驹，启事天官卿后，染东华软尘十丈止耳。又安能赍三寸青镂，为西子写浓妆淡抹之态乎？请以质之阮亭，当必倚声而和之，政如苏子由作《黄楼记》，不必身至彭城也。

引

湖山诗选引　〔明〕徐懋升

盖自龙凤飞骞，烟霞绕护，湖开明镜，三千顷内涌金波；草绿裙腰，十二桥边吹铁笛。惟是东坡继白，遂为西子传神。孤屿寒标挺挺，柏堂竹阁；两堤春色盈盈，柳浪桃溪。独有放鹤逋翁遗却疏影暗香之句，遂使梦儿杜叟不闻池堂春草之吟。鹫岭听潮，宋参军借音于月桂；虎溪送客，衲辩才拍掌于风篁。泉分丹灶，趺坐谭元；液出蒲缸，倚岩说偈。故紫阳古洞，白云奇峰，煮石者咸期唱和；而虎啸成林，龙蟠汇井，枕流者畴不推敲。至如香车驻马，丽人何处，同心花酿，留宾老姥，堪从买醉。消沉金碧，水湄之瓦砾谁怜；管领风光，岭上之云烟倏散。名士登临之韵，若和鹃啼故国凭吊之章，可铭金石。惜乎骊龙睡去，玑琲与萍絮俱飘；陇鸟飞还，锦绶随梗蓬共断。谁则编犀而织绮，漫教委翠以遗珠。徒令九里松涛，摧薪于樵斧；三潭荷露，芜蔓于渔舠。飒飒寒飙，巢居何客。萧萧灌莽，曲院无香。岂将索诸夕阳残雪之林，当必搜夫词席墨卿之简。吕钟不捐细响，布粟正可缕陈。屐之齿，杖之痕，磨崖尽录。蛩之吟，鸟之语，片楮兼收。古刹星坛，宁弃沉埋龟趺；残编蠹册，悉归成帙鱼笺。碱砆易混于盈笥，玉河有价；蚌蛤争光于积案，珠海多奇。窃欲黼黻湖山，两

[1] 喀喀，雍正本作“格格”。

峰竞爽;不止笑谭风月,八胜空传。或击钵哦成,招彼编蒲之诮;或枯眉咏就,时来制锦之褒。荷笠林徒,行吟荐菊;乘驴高士,击节寻梅。紫李黄瓜之什,嗣响伊谁;雨奇晴好之篇,当年绝倡。虽然古调沦亡,今声代奏,辂车遥驾,笔泚临流,画舫闲移,纸高眺远。十八涧泉,处处行来墨汁;百八钟晓,朝朝叩出金声。水底龙吟,似与洞箫互答;林梢鹦啭,拟将羌笛宣传。用能歌凌慧日,响遏慈云,以致人溢柳洲,渔听花港,此孰非兴酣落笔、诗成啸傲者哉?若乃家藏鸿宝,人握灵蛇,笺牍星分,终作飞花片片;棘梨蚀剥,仅看薄雾蒙蒙。则老眼虽青,尚留剩业。而迟心徒热,容俟更端。宁便诒笑山灵,毋敢涂抹西子。

国　朝

募裁西湖桃柳引　章藻功[1]

蓬莱此地,不烦点缀之工;桑梓何人,未免荣枯之感。夏秋冬寻常景物,何日非佳;孟仲季九十风光,惟春最盛。岂有一泓碧水,对此茫茫,四顾青山,任其濯濯者乎?粤自龙飞凤舞,侈南宋之繁华;燕语莺啼,助西泠之佳丽。荷翻曲院,最得青幽;梅发孤山,偏饶素艳。而乃位排天上,递数星张;世避人间,都忘魏晋。一千三百余里隋堤,分有几何;七百三十八株华林,差堪比数。绿阴拂地,依依阻霏雪之期;红焰烧空,灼灼夺舒霞之采。逢元都之道士,大有游人;访彭泽之先生,定无俗客。落英缀席,娱游子以忘归;带影交帘,系王孙而不去。朱楼掩映,可但驱邪;画舫纡回,此真销恨。望陌头兮无悔,寻洞口而应迷。要维图像,足以形容,实亦湖山增其眉目矣。迨夫沧桑递变,乔木都非。登鹫岭以相望,说牛山之尝美。阴阳剥复,四方来鼎革之师;日月恒升,一统启乾坤之泰。盖放牛以后,野自成林,即系马而还,楼应得所。偏怜今日,莫存崔护之桃;倘忆少时,奚问桓温之柳。比来潘县,赫赫无名;及过章台,青青在否。纵使武昌多盗,也应细叶仍留;浑疑方朔频偷,何至连根尽去。东坡有句,虽浓淡以相宜;西子为容,即粗乱而皆好。然而牛羊且牧,是岂其情;譬犹虎豹无文,竟同于鞟。正不得借惠连之草,托张翰之莼,可以助游观、资啸咏也。所愿分艳阳之质,补种重湖;送灞水之晖,移栽夹岸。染衣结带,不只垂腰;点地成蹊,莫教回首。喜门中之依旧,等陌上之无穷。蒲姿不与先零,李僵如何可代。值柳而或眠或起,使我犹怜种桃,则为叶为根,待君未嫁。

---

〔1〕 藻,雍正本作"抚"。

题　跋

题赵孟頫书灵隐寺碑　〔明〕方孝孺

天地间至坚固者,莫如金玉木石;脆薄者,莫如简笔缣纸。砻石攻木、范金坯土以成室,其成也难,其传也宜其可久。操笔书纸,率然而成文,非假金石以刻之,宜其易毁灭也。然而世之为坚固之具者,常托其传于易毁之物,则岂不以其所托之人为足恃邪?钱塘佛寺最巨丽者曰灵隐,当元皇庆壬子,尝改而新作之,距今洪武癸酉,仅越八十二春秋。求其一椽一瓦,皆已毁燎无遗。而金华石塘胡公及吴兴赵文敏公所撰而书之文,述寺之创始与其山水之胜、栋宇之丽,仅盈尺之纸耳。诵而观之,当时之事犹俨乎如在,则夫天下之可恃以永久者果安属哉,亦可以慨然而有感矣。石塘在元,位最不显,而行最笃,文最奇。赵公名重宦高,每得其文,必欣然为之书。于是又可见苟有足恃,固不以外物为重轻,而二公之过乎人,必有出乎文词翰墨之外者。而世之尊二公者,方拘拘然求之于此,而不知求之于彼,不亦重可感夫。翰林修撰练君子宁以此卷示予,子宁多学而甚文,必以余言为然。

李嵩观潮图跋　〔明〕张　宁

四海惟浙江潮最险,虽勇悍强厉如秦始皇,犹畏从峡中渡。宋自庆历以来,杭海屡溢。嘉定中,潮冲盐官,平野二十余里,外论皆以畿甸切近为忧。当时每遇潮盛候,倾宫出观,顾反以为太平乐事。张思廉与二杨所题,皆谓李嵩之画。嵩本钱塘人,历光、宁、理三朝,画院待诏,出于目击,丹青藻绘,宜有浮于世景者。今所画略无内家人物、仪卫供帐与吴俗文身戏水之流,惟空垣虚榭,烟树凄迷,平波远山,上下与帆樯相映而已。披阅中,欲使人心目迟回,有感慨吊惜之怀,无追攀壮浪之想。嵩意匠经营,情留象外,岂亦逆见将来,预存后监邪?杜子美诗曰:"江头宫殿锁千门,细柳新蒲为谁绿?"殆为此图题咏也。

题李嵩西湖图　〔明〕陆　深

此卷购得之长安,当是《西湖图》。第有苏堤,无有岳坟,岂思临时画耶?或云李嵩手笔,然无题识可见。观其粉金题额,非宋人不能书也。予夙有山水之好,颇留意钱塘之西湖。昨岁出持浙宪,舆舫往来,若为己有。既去,而未能忘之。今嘉靖戊戌腊日,邂逅此幅,恍如再到。时适有山陵扈从之行,表弟顾世安黄甥从旁赞赏,以为人世等鸿雪尔,正可卧游,神往橐中,自合贮湖山也。予笑曰:"吾老矣,不复能有登临之兴。倘遂归休,从二三子于江海之上,左图右书,以乐余年。是卷也,宁非予鉴湖之一曲邪。"聊记于此。

华阳洞天卷跋　〔明〕陆树声

钱塘山水游览,自南宋迄今,名胜甲东南。余少日有愿于此,老至倦游,规一往,不果。观察华陆姚公,平生雅好泉石,自解组归,岁数寓游。复选地构堂吴山之上,常据名胜,两湖诸峰,四顾环映,效奇左右。公携胜侣夷犹觞咏,至则淹旬焉。昔人谓山水游览,衣冠仕宦者不常有。虽然,山川风物何尝限人。公胸次夷旷,韵致冲逸,所至放浪泉石,托意于浮俗之外,较之蹀躞声利泪尘途而不返者,不亦焉若出阆风元圃乎?太宰张元洲公为题其卷,曰:"华阳洞天。"一时搢绅名笔,咸咏歌其胜。观察公暇日出以示余。余老矣,不能追随胜践,偕卷中诸公位置泉石,赓游仙之什。然披图咏诗,湖山胜致宛然在目,亦庶几宗少文卧游。书于卷尾,以识途遇。

湖山佳致图跋　〔明〕陆树声

山水名胜,即未身到,概从诗画中得景,故文章家贵赏鉴。予岁奉朝命出青、齐,遥瞻泰岱,探历下诸泉,风尘行脚,独未能一踏孤山。会适轩主人出此示予,披图咏诗,西湖面目尽见。他时风帆雨棹,携胜侣出游六桥三竺间,恍若重来。追怀此日,又觉在图画间矣。

陈淳武林帖跋　〔明〕申时行

吾苏陈白阳先生,素以文翰自命。其豪畅之怀,跌荡之气,每于吟诗作字中发之。诗步晋、唐,书则出入米、蔡,而时有幻态,盖勾吴之宗匠也。此卷皆武林游览诸作,骤括湖山胜概,而挥毫体势俨若崖谷巅戏,烟霞吞吐,亦生平适意笔也。昔司马子长游名山大川,而文遂肆。先生盖尽揽武林之胜云。

苏轼书表忠观碑跋　〔明〕王世贞

表忠观碑,苏文忠公撰并书,结法不能如罗池老笔,亦自婉润可爱,铭词是苏诗之佳者。余尝怪钱氏起群盗,非有大功德于民,而能制一方,传数世,穿爵崇奉。纳土之后,圭组映带者又百余年。久而人思之,何也?王初有国,将筑宫。望气者言:"因故府大之,不过百年;填西湖之半,可得千年。"武肃笑曰:"世有千年中而不出真主者乎?奈何苦吾民为。"遂弗改。此其智有足多者。《五代史》,故欧阳氏怼笔未尽征也。

苏轼行书表忠观碑跋 〔明〕王　衡

苏文忠公故有书表忠观碑劈窠大字者行于世。今陈子吉士复出所镌文忠行书碑文示予，字仅拇指大，视前书若别辟一境者。谛视之，此特以行草，故撇笔少耳。其姿态骨力，以绝去排束，转自神骏。能知裴叔，则于粗服乱头时者，是真知叔则者也。盖余尝历武林，泛钱塘，徘徊武肃王之故墟，其所为锦衣挂树、强弩射潮者，已草湮水瘁矣。惟此表忠观碑独存，渐岁久漫漶。而二百年后，寄生之裔孙复以此片石续之。可贵哉！名贤之迹也。夫天地间最寿者，河山；最易败者，楮墨。以今观之，不朽之寄安归哉？吾有感于斯文矣。

李流芳西湖梦游图跋 〔明〕陈继儒

长蘅与邹梦阳有水乳之契，过西湖，必与孟阳偕。为写西湖梦游图跋数行于后，皆清异可喜。独江南卧游，尚阙数幅，每思续成之，已病不起。孟阳展图，泪渍纸上。又恐为好事借观，如落束薪手中，特诣吴门装潢之，秘藏香龛，将六乙泥封口，惟恐穿厨飞出耳。孟阳挟此册游天台，蹑屩奇险处，大呼李大安在。松光云气间，仿佛有长蘅应声而出，但为数万丈掷空瀑布召呼五百毒龙横作搏攫之状，一时截断两人，安能摄长蘅坐之笔端，泼天台数幅生绡也。虽然，吾度长蘅墨仙也，决不死，宿世再生，当为梦阳补完《江南图》，如张安道《楞伽经》、邢和璞地中藏瓮相似，证明者为眉道人。异日见之，一笑于三生石上。

辨

西湖不通江辨　毛先舒

按昔郡《志》云西湖故与江通，误也。田学使汝成尝辨之，然未能了了。按《水经》云："浙江水出三天子都，北过余杭，东入于海。"原未尝云与西湖通也。注云："浙江至钱塘县，又东径灵隐山，山下有钱塘故县，浙江径其县，县南江侧有明圣湖。"亦未尝云与湖通也。今灵隐去江已远，然山川之名古今屡变，或当时灵隐山直抵江干，俱名灵隐，犹古吴中亦称会稽，浙江亦称广陵耳。又《水经注》谓秦始皇将游会稽，道余杭之西津。西津，亦正未必是西湖。至骆宾王"楼观沧海日，门对浙江潮"，灵隐之山至绝顶，何尝不可观日对潮，岂必湖与江通哉？且诗人写景，尝在虚实间，即此诗末云"待入天台路，看余渡石桥"，岂可泥此而谓天台石梁亦在灵隐哉？

杨巨源诗"曾过灵隐江边寺,独宿东楼看海门",义亦类是。今又相传大佛头为秦皇缆船石,或好事之附会,或始皇东来游幸西湖亦未可知,总与湖通江之说无与。陵谷虽有变迁,而大段形势故在。西湖南面稍近江,尚有慈云、万松二岭大山隔之,他处去江更远。古必无湖通江之理也。又旧传西湖本通海,通江即通海矣,可无更辨。

杂　著[1]

开湖祭祷吴山水仙五龙三庙祝文　〔宋〕苏　轼

杭之西湖,如人之有目。湖生菱荇,如目之有翳。翳久不治,目亦将废。河渠有胶舟之苦,鳞介失解网之惠。六池化为眢井,而千顷无复丰岁矣。是用因赈恤之余资,兴开凿之利势。百日奏功,所患者淫雨;千夫在野,所忧者疾疠。庶神明之阴相,与人谋而协济,鱼龙前导以破坚,菰苇解折而迎锐,复有唐之旧观。尽四山而为际,泽斯民于无穷,宜事神之益励。我将大合乐以为报,岂徒用樽酒之薄祭也。尚飨。

谢吴山水神五龙三庙祝文　〔宋〕苏　轼

西湖堙塞,积岁之患。坐阅百吏,熟视而叹。惟愚无知,妄谓非难。祷于有神,阴假其便。不愆于素,咸出幽赞。大堤云横,老荇席卷。历时未几,功已过半。嗣事告终,来哲所缮。神卒相之,罔咈民愿。酸酒之报,我愧不腆。尚飨[2]。

西湖总叙　〔明〕田汝成

西湖,故明圣湖也。周绕三十里,三面环山,溪谷缕注。下有渊泉百道,潴而为湖。汉时金牛见,湖中人言明圣之瑞,遂称明圣湖。以其介于钱塘也,又称钱塘湖。以其委输于下湖也,又称上湖。以其负郭而西也,故称西湖云。西湖诸山之脉,皆宗天目。天目西去府治一百七十里,高三千九百丈,周广五百五十里,蜿蟺东来,陵深拔峭,舒冈布麓,若翔若舞,萃于钱塘,而峼萃于天竺。从此而南而东,则为龙井,

---

〔1〕　雍正本"杂著"前有"考"类,列国朝王晫《西湖考》。

〔2〕　雍正本"杂著"后无宋苏轼《开湖祭祷吴山水仙五龙三庙祝文》及《谢吴山水神五龙三庙祝文》二文,而有唐白居易《钱塘湖龙君祝文》、宋苏轼《祈雨吴山祝文》《祈晴吴山祝文》《祭英烈王祝文》《又祈雨祝文》《祈晴吴山庙祝文》《杭州祷观音祈晴祝文》《谢观音晴祝文》八文。

为大慈，为玉岑，为积庆，为南屏，为龙，为凤，为吴，皆谓之南山。从此而北而东，则为灵隐，为仙姑，为履泰，为宝云，为巨石，皆谓之北山。南山之脉分为数道，贯于城中，则巡台、藩垣、帅阃、府治、运司、黉舍诸署，清河、文锦、寿安、弼教、东园、盐桥、褚塘诸市，在宋则为大内德寿、宗阳、佑圣诸宫，隐隐赈赈，皆旺气所钟。而其外逻，则自龙山沿江而东，环沙河而包括，露骨于茅山、艮山，皆其护沙也。北山之脉分为数道，贯于城中，则皋台[1]、分司诸署，观桥、纯礼诸市，在宋则为开元、景灵、太乙、龙翔诸宫，隐隐赈赈，皆旺气所钟。而其外逻，则自霍山绕湖市半道红，冲武林门，露骨于武林山，皆其护沙也。联络周匝，钩绵秀绝，郁葱扶舆之气盘结巩厚，浚发光华，体魄闳矣。潮击海门而上者，昼夜再至。夫以山奔水导而逆以海潮，则气脉不解，故东南雄藩形势浩伟、生聚繁茂未有若钱塘者也。南北诸山峥嵘回绕，汇为西湖。泄恶停深，皎洁圆莹，若练若镜，若双龙交度，而颔下夜明之珠悬抱不释。若莲萼层敷，衬瓣庄严，而馥郁花心，含酿甘露。是以天然妙境，无事雕饰，觌之者心旷神怡，游之者毕景留恋，信蓬阆之别墅，宇内所稀觏者也。六朝已前，史籍莫考。虽《水经》有明圣之号，天竺有灵运之亭，飞来有慧理之塔，孤山有天嘉之桧，然华艳之迹，题咏之篇，寥落莫睹。逮于中唐，而经理渐著。代宗时，李泌刺杭州，悯市民苦江水之卤恶也，开六井，凿阴窦，引湖水以灌之，民赖其利。长庆初，白乐天重修六井，甃函笕以蓄泄湖水，溉沿河之田。吴越王时，湖葑蔓合，乃置撩湖兵千人以芟草浚泉。又引湖水为涌金池，以入运河，而城郭内外增建佛庐者以百数，盖其时偏安一隅，财力殷阜，故兴作自由。宋初，湖渐淤壅。景德四年，郡守王济增置斗门，以防溃溢，而僧民规占者已去其半。天禧中，王钦若奏以西湖为放生池，祝延圣寿，禁民采捕，自是湖葑益塞。庆历初，郡守郑戬复开浚之。嘉祐间，沈文通守郡，作南井于美俗坊，亦湖水之余派也。元祐五年，苏轼守郡，上言西湖不可废，请恩免上供额斛、出粜常平、增减折耗之余钱米一万余石贯，募民开湖。从之。乃取葑泥积湖中南北径十余里为长堤，以通行者。募人种菱，取息以备修湖之费。自是西湖大展。至绍兴建都，生齿日富，湖山表里，点饰寖繁，离宫别墅，梵宇仙居，舞榭歌楼，彤碧辉列，丰媚极矣。嗣后，郡守汤鹏、安抚周淙、京尹赵与𥲅、潜说友递加浚理。而与𥲅复因湖水旱竭，乃引天目山之水自余杭塘达溜水桥，凡历数堰，桔槔运之，仰注西湖，以灌城市。其时君相淫泆，荒恢复之谋，论者皆以西湖为尤物破国，比之西施云。元惩宋辙，废而不治，兼政无纪纲，任民规窃，尽为桑田。国初籍之，遂起额税。苏堤以西，高者为田，低者为荡，阡陌纵横，鳞次作乂，曾不容刀。苏堤以东，萦流若

带。宣德正统间,治化隆洽,朝野恬熙,长民者稍稍搜剔古迹,粉绘太平,或倡浚湖之议,惮更版籍,竟致阁寝。嗣是,都御史刘敷、御史吴文元等咸有题请,而浮议蜂起,有力者百计阻之。成化十年,郡守胡浚稍辟外湖。十七年,御史谢秉中、布政使刘璋、按察使杨继宗等清理续占。弘治十二年,御史吴一贯修筑石闸,渐有端绪矣。正德三年,郡守杨孟瑛锐情恢拓,力排群议,言于御史车梁、佥事高江,上疏请之。部议报可,乃以是年二月兴工。先是,郡人通政何琼常绘西湖二图,并著其说,故温甫得以其概上请,盖为佣一百五十二日,为夫六百七十万,为直银二万三千六百七两,斥毁田荡三千四百八十一亩,除豁额粮九百三十余石,以废寺及新垦田粮补之。自是西湖始复唐宋之旧,盖自乐天之后二百岁而得子瞻,子瞻之后四百岁而得温甫。迩来官司禁约浸弛,豪民颇有侵围为业者。夫陂堤川泽,易废难兴,与其浩费于已隳,孰若潜修于将坏。况西湖者,形胜关乎郡城,余波润于下邑,岂直为鱼鸟之薮、游览之娱,若苏子眉目之喻哉?按郡《志》,西湖故与江通,据郦道元《水经》及骆宾王、杨巨源二诗为证。窃谓不然。《水经》云:"浙江出三天子都,北过余杭,东入于海。"注云:浙江一名浙江,出丹阳黝县南蛮中,东北流至钱塘县,又东经灵隐山。山下有钱塘故县,浙江径其南,县侧有明圣湖。又东合临平湖,经槎渎注于海。夫《水经》作于汉魏时,已有明圣湖之号,不得于唐时复云湖与江通也。《水经》又言始皇将游会稽,至钱塘,临浙江不能渡,乃道余杭之西津。后人因此遂指大佛头为始皇缆船石,以征西湖通江之说。殊不知西津未必指西湖也。至骆宾王有《灵隐寺诗》,有云"楼观沧海日,门对浙江潮",杨巨源诗有云"曾过灵隐江边寺,独宿东楼看海门",与《水经》所称浙江东经灵隐山相合。而西湖通江之说,泥而不解。夫巨源与乐天同时,使泥其诗,以为江潮必经灵隐山以通西湖也,则明圣之号不当豫立于汉魏时。而乐天经理西湖时,未闻有江潮侵啮之患。况自灵隐山而南,重冈复岭隔截江湄者一十余里,何缘越度以入西湖哉?要之,汉唐之交,杭州城市未广,东北两隅皆为斥卤江水所经,故今阛阓之中街坊之号,犹有洋坝、前洋、后洋之称,所以合临平湖经槎椟以入于海者,理或有之。若西湖,则自古不与江通。乃今江不径临平绕越州而东注,灵隐之南、吴山之北,斥卤之地皆成民居,而古迹益不可考矣[1]。

西湖游约　〔元〕任士林

　　结方外友,同作胜游。真个中人,允为好事。况千里相逢,诚非草草。百年一息,去者滔滔。登山临水,或啸或歌。抱琴与书,徐行徐坐。人耳人耳,时哉时哉。

---

〔1〕　雍正本明田汝成《西湖总叙》居明许相卿《孙山人鹤田券》后。

竹林之胜,不数牙筹。兰亭之集,肯同金谷。江上清风,山间明月,不亦说乎?不亦乐乎?水中盐味,色里胶清,必有以也,必有与也。善画者图形,其有赋诗者,随意不拘。

春日游南山约　〔元〕张　雨

看长安花,已是丈人之行;问铁炉步,聊从太史之观。甫及春晴,可无宿诺。且鹫峰猿洞,众人何莫由斯;顾灵石龙泓,贤者而后乐此。缁尘拂汗,碧岭长幽,仰探元豹之深,下笑飞蚊之聚。风篁萧爽,憩德威二老之亭;蝉德辉煌,拜元祐诸贤之像。徐行后长,逸兴迈伦。抚中岳外史之书碑,长虹贯日;觅房山侍郎之题壁,白云启扉。放浪形骸,摅写怀抱,岂沙门不得称高士,而浊醪亦足名贤人。追觞咏之风流,成谈笑之故事。盘餐为具,酌必真率。会中车骑后时,罚依金谷斗数。傥居高远,徒费招邀。至正二年四月廿二日书。

孙山人鹤田券　〔明〕许相卿

正德十四年己卯,关中孙太白山人与许九杞善山人寓南屏,一鹤自随,九杞为买鹤田,岁输粮于万峰深处。而纳券曰太白山人鹤田,在九杞山书院之阳,倚山面湖,左林右涂,广从若干步,岁入粟若干石有奇。以其奇为道理费,而归其成数于西湖南屏山。歉岁汰其半,以九杞润笔金取盈焉。佃之者,主人之邻李仁;输之者,主人之仆归义;董之者,主人之弟啬卿。主人谓谁?山人之友杞泉子许台仲甫也。

湖上书语黄山人　〔明〕田汝成[1]

一日,余过苏州黄勉之省曾,风流儒雅,卓越罕群。嘉靖十七年,当试春官,适予过吴门,与谈西湖之胜,便辍装不果北上,来游西湖,盘桓累月。勉之自号五岳山人,其自称于人,亦曰山人。予尝戏之曰:"子诚山人也,癖耽山水,不顾功名,可谓山兴。瘦骨轻躯,乘危陟险,不烦筇策,上下如飞,可谓山足。目击清辉,便觉醉饱,饭才一溢,饮可旷旬,可谓山腹。谈说形胜,穷状奥妙,含腴咀隽,歌咏随之,若易牙调味,口欲流涎,可谓山舌。解意苍头,追随不倦,搜奇剔隐,以报主人,可谓山仆。备此五者,而谓之山人,不亦宜乎?"坐客大笑。此虽戏言,然人于五者无一,庶几焉而漫曰游山,非尝鉴者也。

---

〔1〕　雍正本"田汝成"作"田艺蘅"。

西湖打船启　〔明〕闻启祥

　　欲领西湖之胜，无过山居，而予犹不能忘情于舟。山居，饮食寝处常住不移，而舟则活。山居看山，背面横斜，一定不易，而舟则幻。山居剥啄应对，犹苦未免，而舟则意东而东，意西而西。物色终有所未便，又甚寂而安。昔冯开之先生既筑室孤山，又买一舟佐之，白头老宿，时时萧然，读书其中。三十年来，风流顿尽，罕有继者。予及一二兄弟素怀此志，而书生无暇，兼亦无资，至今犹同说食〔1〕。陆放翁云："一事尚须烦布策，几时能具钓鱼船。"正谓是也。严子印持向有纠会打船之议，事未果行。今予踉跄北归，造物予我以闲，亟思一舟为避事息躬之所。而瓶钵罄然，不能不重理前说，愿期同志十人，各输十千，共成一舟，请自隗始，其余次第成就。十年以还，便可人主一舟，忽焉云合，忽焉鸟散，于焉寤叹，于焉歌咏，望衡对宇之欢，赏文析义之乐，不在陆而在水，不在屋而在舟，岂非希有胜事哉？我思古人，实获我心，船子高风，不可追已。陶岘三舟，一以自载，一载宾客，一载酒馔，徒豪举耳。吾不取也。惟元真浮家，米颠书画舫，廉夫春水宅，窃有志焉。故舟不必大，如少陵云"野航恰受两三人"，略加开拓，可容五六，不啻大矣。亦不必华，如白傅云"细篷青筊织鱼鳞"，略参眉公所谓"朱栏碧幄，明榥短帆"数事，不啻华矣。尤不必高，西湖妙于里湖，正如美人寝帏，神仙别馆，窈窕深靓，殆不可名。谭子友夏"湖中复有湖"一章，是真得趣之深者。今船必着楼，遂令断桥以北、六桥以西封以丸泥，恍同函谷，不复得路，杳如桃源，此何理哉？放翁又云"船设低篷学钓徒"，却又太低，但使俯仰笑谈，冠缨不碍，则亦不啻高矣。杨肥翁尝有打船说，制度详明，可垂金石，独"歌姬不许上船"一则，差远人情。今舟成之日，广列科条，俾议礼之家稍为绵蕞，除其苛法，约以三章，此诚伊人之典型、舟居之律令矣。抑予又念西湖胜迹十湮八九，即如柳浪、花港诸景，在贩夫村妪口中者，亦骎骎不可辨识矣。田叔禾先生《游览》一书，裁自先民，雅称具体，但沧桑屡变，楮墨日新，损益可知，删定有待。萧伯玉有手芟善本，当遣索之。今更轻舟往来，细心研讨。舵师渔父，文献足征，断简残碑，阳秋具在。漫成小史，以补阙文。务使前贤创述，顿还旧观；西子风流，重开生面。斯西湖不负此舟，此舟亦无复有负西湖矣。诸同志倘亦为我跃然起舞乎。

---

　　〔1〕　雍正本"说食"作"画饼"。

武林览胜记卷二十九

艺文三

诗　五言古

早春钱塘湖晚眺　〔唐〕张　祐

落日下林坂,抚襟睇前踪。轻澌流回浦,残雪明高峰。仰视天宇旷,俯登云树重。聊当问真界,昨夜西峦钟。

和僧长吉湖居五题　〔宋〕范仲淹

湖　山

湖山满清气,赏心甲吴越。晴岚起片云,晚水连初月。渔父得意归,歌声等闲发。

水　月

千寻月脚寒,湖影净于天。忽如嫦娥宫,俯仰见婵娟。更约中秋夕,长津无寸烟。

筠　亭

为爱碧鲜亭,入夏叩叩至。台榭竞生烟,独有清凉意。高冈凤不来,幽人此沉醉。

风　笛

风引湖边笛,焉知非隐沦。一声裂云去,明月生精神。无为落梅调,留寄陇头人。

渚　莲

武林谁家子,波面双双渡。空积心中丝,未成机上素。似共织女期,秋宵苦霜露。

四月八日西湖观民放生　〔宋〕蔡　襄

盈舟载鱼虾,投泻清波际。应无校人欺,独行流水惠。非求升斗活,终免蝼蚁制。江湖自相忘,洲岛亦还逝。脱渊思橐戒,唤饵省非计。为生岂不幸,萍藻庶可翳。

九月十五日观月听琴西湖示坐客　〔宋〕苏　轼

白露下秋草,碧空卷微云。孤光为谁来,似为我与君。水天浮四座,河汉落酒樽。使我冰雪肠,不受麴蘗薰。尚恨琴有弦,出鱼乱湖纹。哀弦本旧曲,妙耳非昔闻。良时失俯仰,此见宁朝昏。悬知一生中,道服无由浑。

怀西湖寄晁美叔同年　〔宋〕苏　轼

西湖天下景,游者无愚贤。深浅随所得,谁能识其全。嗟我本狂直,早为世所捐。独专山林乐,付与宁非天。三百六十寺,幽寻遂穷年。所至得其妙,心知口难传。至今清夜梦,耳目余芳鲜。君持使者节,风采烁云烟。清流与碧巘,安肯为君妍。胡不屏骑从,暂借僧榻眠。续我壁间诗,清凉洗烦煎。策杖无道路,直造意所便。应逢古渔父,苇间自寅缘。问道若有得,买鱼勿论钱。

杭州游山　〔宋〕苏　轼

山平村坞迷,野寺钟相答。晚阴生林杪,落日犹在塔。行招两社僧,共步青云月。送客渡石桥,迎客出林樾。幽寻本真性,往事听徐说。钱王方壮年,此邦任轻侠。乡人鄙贫贱,异类识英杰。立石像兴王,遗址今岌嶪。功勋三吴定,富贵四海甲。归来父老藏,崇高畏轻压。诗人工讥病,此欲恣挑挟。流传后世人,谈笑资口舌。是非今已矣,兴废何仓卒。持归问禅翁,笑指浮沤没。

次韵仲殊雪中游西湖　〔宋〕苏　轼

夜半幽梦觉,稍闻竹苇声。起续冻折弦,为鼓一再行。曲终天自明,玉楼已峥嵘。有怀二三子,落笔先飞霙。共为竹林会,身与孤鸿轻。秀句出寒饿,身穷诗乃亨。禅老复何为,笑指孤烟生。我独念粲者,谁与予自成。

湖上夜归 〔宋〕苏　轼

我饮不尽器,半酣味尤长。篮舆湖上归,春风吹面凉。行到孤山西,夜色已苍苍。清吟杂梦寐,得句旋已忘。尚记梨花村,依依闻暗香。入城定何时,宾客半在亡。睡眼忽惊矍,繁灯闹河塘。市人拍手笑,状如失林獐。始悟山野姿,异趣难自强。人生安为乐,吾策殊未良。

九日湖上寻周李二君不见君亦见寻于湖上以诗见
寄明日乃次其韵 〔宋〕苏　轼

湖上野芙蓉,含思愁脉脉。娟然如静女,不肯傍阡陌。诗人杳未来,霜艳冷难宅。君行逐鸥鹭,出处浩莫测。苇间闻挐音,云表已飞屐。使我终日寻,逢花不忍摘。人生如朝露,要作百年客。喟彼终岁劳,幸兹一日泽。愿言竟不遂,人事多乖隔。悟此知有命,沉忧伤魂魄。

五月十日与吕仲甫周邠僧惠勤惠思清顺可久惟肃
义诠同泛湖游北山 〔宋〕苏　轼

三吴雨连月,湖水日夜添。寻僧去无路,潋潋水拍檐。驾言徂北山,得与幽人兼。清风洗昏翳,晚景分秒纤。缥缈朱楼人,斜阳半疏帘。临风一挥手,怅焉起遐瞻。世人骛朝市,独向溪山廉。此乐得有命,轻薄神所殚。

自径山回得吕察推诗即用其韵招之宿湖上 〔宋〕苏　轼

多君贵公子,爱山如爱色。心随丹叶去,梦绕千山碧。新诗到中路,令我喜折屐。古来轩冕徒,操舍两悲栗。数朝辞簪笏,两脚得暂赤。归来不入府,却就湖上宅。宠辱吾久忘,宁畏官长诘。飘然便欲去,谁在子思侧。君能从吾游,出郭及未黑。

连日与王忠玉张全翁游西湖访北山清顺道潜二诗
僧登垂云亭饮参寥泉最后过唐州陈使君夜饮忠玉
有诗次韵答之 〔宋〕苏　轼

北山非自高,千仞付我足。西湖亦何有,万象生我目。云深人在坞,风静响应谷。与君皆无心,信步行看竹。竹间逢诗僧,眼色夺湖渌。百篇成俯仰,二老相追逐。故应千顷池,养此一双鹄。山高路已断,亭小膝屡促。夜寻三尺井,渴饮半瓯玉。明朝闹丝管,寒食杂歌哭。使君坐无聊,狂客来不速。载酒有鸱夷,叩门非啄木。浮蛆滟金碗,翠羽出华屋。须臾便陈迹,觉梦那可续。及君未渡江,过我勤秉烛。一笑换人爵,百年终鬼录。

和子瞻自径山回宿湖上　〔宋〕苏　辙

朝从径山来,泱莽径山色。暮从湖上归,混漾湖光碧。借问泛湖舟,何似登山屐。高怀厌朝市,远去忘忧栗。目向幽人青,颜从浊醪赤。尘埃解罗网,宇宙为安宅。油然了无营,此意谁能诘。嗟子别离久,欲往徒反侧。留滞亦何为,空惊突深黑。

偶游大愚见余杭明雅照师旧识子瞻能言西湖旧游将行赋诗送之　〔宋〕苏　辙

五年卖盐酒,胜事不复知。城东古道场,萧瑟寒松姿。出游诚偶尔,相逢亦不期。西轩吴越僧,弛担未多时。言往西湖中,岩谷涵清漪。昔年苏夫子,杖履无不之。三百六十寺,处处题清诗。辩净二老人,精明吐琉璃。笑言每忘去,蒲褐相依随。师。风云一解散,变化何不为。辩入三昧火,卯塔长相敧。门人几杖立,往往闻谈词。苏公得罪去,布衣拂霜髭。空存壁间字,郁屈蟠蛟螭。知我即兄弟,微官此栖施。问何久自苦,五斗宁免饥。俯首笑不答,且尔聊敖嬉。我兄次公狂,我复长康迟。反复自为计,定知山中宜。但欲毕婚娶,每为故人疑。君归漫洒扫,野鹤非痴。长羁。

雨霁行西湖二首　〔宋〕程　俱

晨晖丽春山,雨过松竹香。连峰翠欲滴,动摇云水光。长堤如卧虹,草暗路已荒。菰蒲破绿净,老荇日以长。念昔总角游,只今二毛苍。物境既非昨,我身安得常。

半生走三吴,问舍如捕风。敢辞百尺楼,高卧愧元龙。向来江道人,卜宅湖山中。安知三十年,忽如化人宫[1]。苍云翳修竹,飞阁凌春空。主人两鬓霜,驱车大河东。岂念五亩园,方作万里封。而我志幽独,长年羡冥鸿。翻无容足地,茅茨剪蒿蓬。

---

〔1〕　雍正本"忽如化人宫"作"忽作梵王宫"。

次韵欲游西湖阻雨 〔宋〕陈　渊

去年赏西湖,薄暑攀跻难。同游幸胜士,酒沃衣巾斑。今岁来钱唐,腊雨扁舟寒。友朋适四集,局蹐樊笼间。此生分林泉,造物犹未悭。未为登岳祷,且作访戴还。无私本天理,敢怨阴云顽。向来旱蝗恶[1],征赋亦未宽[2]。宁令风作雪,要看麦堆山。

十日不至湖上 〔宋〕周紫芝

我始跨匹马,蹭蹬来东吴。东吴亦何有,政复为西湖。西湖如静女,婉然真彼姝。湘娥结烟鬟,水镜涵空虚。晴光固不恶,雨态亦自殊。窈窕一僧窗,烟云媚朝晡。上下数白鸟,飞翻与人娱。只今雨鸣叶,便作波跳珠。寒窗挂薜萝,身疑在菰蒲。咫尺不得住,况乃千里余。始来梅欲花,旋复春云徂。幸兹少留住,换我西征车。尚可具小舟,红妆醉芙蕖。

冬至前九日湖水尽冰后二日晚晴小舟循湖心而归冰已稍开书是日所见 〔宋〕周紫芝

积雨凝宿阴,寒冰结湖背。鸥鹭不敢前,龟鱼各潜晦。敲冰得湖心,鼓棹作澎湃。万玉朝明堂,玎玲响环佩。谁来贝阙中,小现银色界。夕阳似知人,微温散珠琲。为我开模糊,遥山影空翠。境胜不可名,语恶聊自悔。安得王右丞,万象归彩绘。遥怜西子寒,眉月增点缀。

晓行湖堤望南山诸峰 〔宋〕周紫芝

曳履步远壑,挽衣支短筇。雾色过急雨,余霞漏微红。照眼一湖净,环湖几山重。不知何处灯,明灭苍翠蓁。但闻烟霞间,绕山鸣乱钟。暮年行乐意,不与足力穷。明晨傥可达,尚堪历诸峰。有幽固当探,无客谁与同。余子不足偕,形往影自从。言旋且当尔,兴在何由终。

观潮 〔宋〕周紫芝

人生如微尘,同一霄壤间。可笑蠛蠓眼,但窥瓮中天。钱塘俯沧海,八月壮涛

---

〔1〕 雍正本"恶"作"岁"。
〔2〕 雍正本"亦未"作"何当"。

澜。始疑一练白，倏作万马翻。海门屹中开，方壶忽当前。不知何巨鳌，为我戴三山。银光射杰阁，玉笋垂朱阑。须臾击飞雪，喷薄上帘颜。相看各惊顾，日暮殊未还。那知在空蒙，但怪毛发寒。平生云梦宵，始信宇宙宽。安得凌云手，大笔如修椽。尽挽卷天浪[1]，参差入毫端。

次韵张真文著作游湖山　〔宋〕周必大

我今休阁讼，遑念长安远。出游写我忧，驾言岂顾返。撑舟渡平湖，腊屐试叠巘。境幽客更佳，风静日亦烜。尔仆毋告劳，我足尚忘蹇。眼明见孤山，地禁接上苑。却登灵隐寺，岩壑此其本。徐行尽精舍，一一为排键。胜游固可继，况乃春未晚。所嗟虮虱臣，无术助龙衮。颇闻议深讨，将士不及饭。古称格苗顽，不必侵自阮。吾民战吾地，瓯脱未少损。愿言休王师，岁熟禾自捆。

夜泛西湖示桑甥世昌　〔宋〕陆　游

嗟我客上都，忽已见莫春。骑马出闇门，眯眼吹红尘。西湖为贾区，山僧多市人。谁令污泉石，只合加冠巾。黄冠更可憎，状与屠沽邻。駒駒酒肉气，吾辈何由亲。少顷一哄散，境寂鸥自驯。举手邀素月，移舟来青苹。钟从南山来，殷殷浮烟津。鹤发隐者欤，长乐收钓缗。畏冷不竟夕，恨此老病身。明发复扰扰，吾诗其绝麟。

给事葛楚辅侍郎余处恭二詹事招储禁同寮沈虞卿秘监谕德尤延之右司侍讲何自然少监罗春伯大著二宫教及予泛舟西湖步登孤山　〔宋〕杨万里

晓雨捣珠屑，吹作空中尘。拂水无落晕，映峦有遮痕。承华两端尹，喜招出城闉。一尊浇云师，借风开昼昏。诸鬟忽脱帽，孤镜亦卷裀。西湖翳复皎，南山洗如新。舍舟步柳堤，曳杖砾松门。乃是小上林，亦有虎守闉。桂落胜金粟，蓉妆映碧粼。高堂竹梢上，幽榭荷叶滨。群仙此小憩，呼酒领一欣。秋花隔水笑，笑我堕纱巾。更酬不知筹，互嘲还作嗔。行乐戒多取，况复仄羲轮。归鬓兀颓玉，还与醉乡邻。

---

〔1〕　雍正本"卷"作"沃"。

清明西湖次韵 〔宋〕陈 造

苏公旧堤东,增筑更千步。右为荣回溪,夹以葱青树。晴湖映碧山,诗客独多助。醉乡赴新约,书痴悔前误。况此好清明,酒果随意具。向来计追欢,几为阴雨阻。今者成清游,仍免俗子污。斜阳不无情,似恋花柳住。春光念报答,襞笺次好句。此笔付此人,游客半鸳鹭。暇日,朝士多在湖上[1]。

马塍种花翁 〔宋〕许 棐

东塍白发翁,勤朴种花户。盆卖有根花,价重无人顾。西塍年少郎,荒嬉度朝暮。盆卖无根花,价廉争夺去。年少传语翁,同业勿相妒。卖假不卖真,何独是花树。

同刘叔泰放步湖边入灵芝寺坐依光堂良久叔泰诵坡仙欲
把西湖比西子之句因赋五言古风一首 〔宋〕陈鉴之

刘郎唤我出,胜处意所便。清寒桃柳风,浓淡杉桧烟。僧庐自生香,步绕古佛前。依光偶不扃,坐数禽联翩。平林度清磬,遥堤簇归船。湖山露真态,鸥点溶溶天。形容几吟笔,刚道妆抹妍。莫作西子看,正如姑射仙。相知喜值予,微笑生清涟[2]。

同陈太傅诸公登六和塔 〔元〕白 斑[3]

龙山古化城,浮屠峙其巅。开殿生妙香,金碧森贝筵。应真俨若生,倒飞青金莲。头陀绀林丛,导我丹梯缘。初犹藉佛日,閟境儵已玄。回头失谁何,叫啸衣相牵。且复忍须臾,当见快意天。娇儿诧先登,网户相钩连。炯若蚁在珠,九曲随盘旋。烂烂沧海开,落落云气悬。群峰可俯拾,背阅黄鹤骞。奇观兴懦夫,便欲凌飞仙。绝顶按坤维,始见南纪偏。神京渺何许,王气须停躔。舟车集百蛮,岛屿通人烟。一为帝王州,气压三大千。刚风洒毛发,铎语空蝉联。红红杏花园,愧乏慈恩篇。

---

〔1〕 雍正本无"暇日,朝士多在湖上"七字。

〔2〕 雍正本无此诗。

〔3〕 底本"斑"误作"挺",今据雍正本改。

西湖山　〔元〕陈思济

峨峨西湖山，灵秀入空碧。萝阴转累磴，松色渍幽石。微霞生绝径，飞溜洒欹壁。鹤鸣岩光动，花落云影拆。危椒登古坛，百年此一息。声影混大荒，不见兴灭迹。刚风三天寒，元气万里色。怅望仙子期，凝神抚元极。

湖上观春　〔元〕汤炳龙

闭门五日雨，出门万山春。湖光忽见我，摇荡白云新。九节瘦筇杖，一幅故葛巾。桃花忽相笑，聊复此红尘。有钱困鞭算，有官萦卯申。洞然宇宙间，余此自在身。但恨不能饮，我亦无事人。

湖上即事　〔元〕黄　溍

垂云昼蒙蒙，湖面惟一色。薄暮风更生，际夜雪初积。阴凝势方盛，尘境喧暂息。坐久闻挐音，忽然破寥阒。

晓行湖上　〔元〕黄　溍

晓行钱塘湖，旭日青林半。雾露寒未除，凫鹥静初散。衾缘际余景，闲倏多遗玩。会心乍有无，抚已成独叹。夙予丹霞约，久兹芳草畔。独往愿易违，离居岁方换。沙暄紫芽动，春远川华乱。存期乃寂寞，取适岂烂漫。小隐倘见招，渔樵共昏旦。

湖上分韵得春字　〔元〕陈　旅

君子佩明信，相期湖水滨。时欣宿雨霁，画舸送游人。轻鸥集兰渚，佳树变莺晨。山远烟容淡，日出水光新。美人含丽思，艳曲歌阳春。暌携会弥欢，酣适趣益真。兹游敦德谊，况乃及芳辰。

初秋同杨国贤太坚咬住伯坚少监子贞监丞暨僚属重泛湖游西山　〔元〕周伯琦

清商应候管，凉扬涤炎歊。兰台多暇佚，西郊共逍遥。凌晨拂星露，适兴宁辞遥。稼宝丰黄云，击壤喧髦髫。重峦霏湿翠，澄湖莹冰绡。朱华拥绿衣，弄影酣且娇。菰蒲漾藻景，柳槐咽残蜩。楼船泛中流，雅会崇风标。华讴振远树，妙舞惊潜鲛。霁虹映文漪，飞阁摩层霄。登临剧赏眺，沿洄屡停桡。累觞互称寿，气合笑语饶。微阴起天际，疏雨鸣林梢[1]。异芳袭四坐，雾里群仙邀。回头扰扰中，何啻万仞超。人生聚合难，况际休明朝。同班侍璧府，峨冠听云韶。兹游岂偶尔，三生旧相招。宛然在瀛岛，孰谓非松乔。羊谢素旷达，李郭真英翘。欢悰各洒洒，归途尽陶陶。揽胜犹未遍，寻盟更联镳。

西湖燕集分韵得南字 〔元〕贡性之

我志在邱壑，野性夙所耽。今晨适休暇，乐此风日堪。而我二三友，济济皆儒簪。扶携眺西郊，到处穷幽探。湖光净澄练，山色浮晴岚。林木叶已脱，梅花蕊犹缄。言瞻和靖祠，荒草埋空涵。载登岳王墓，老树云相参。眼明三竺国，金碧眩精篮。商歌起樵牧，清梵来瞿昙。方将履夷旷，寻复蹑崭岩。去去不知远，落日山倒衔。美人具清宴，画舫如云龛。浮游六桥间，水天远共涵。列座总才彦，丰采殊不凡。嘉肴杂前陈，聊足饫肥甘。一觞既一咏，一笑复一谈。诗迟罚辞屡，令促严过三。怡怡好兄弟，蛰蛰佳子男。武事既已修，文理亦颇谙。揖让自有序，疏散徒我惭。起舞影凌乱，脱巾鬓毵毵。城门告下钥，归来扶醉酣。稚子候门笑，酒痕满轻衫。良晤讵偶然，和乐喜且湛。勖哉宾与主，秩然尽东南。

陪吴叔巽诸君吴山小饮客有期不至者作诗贻之分得人字限十韵 〔元〕钱惟善

层岚郁孤翠，幽亭萃嘉宾。维时风日美，适目江山新。鸣弦调初夏，撷芳惜余春。息景生茂树，俯渊窥潜鳞。雍雍文字饮，楚楚樽俎陈。德馨幽兰佩，石润苍苔裀。清赏暂消摇，素期非隐沦。黄鸟鸣我傍，嘤嘤若怀人。百年几良会，缅兹寂寞滨。披拂松云下，结庐行卜邻。

泛西湖舟中作 〔元〕戴 良

夙负海岳志，缅怀西湖名。蹉跎去元发，邂逅征素情。驿鞚依岸息，画舫漾波轻。前睇苏堤绕，傍窥葛岭横。恋结处士祠，悲缠忠将茔。兴繁赏屡失，境变神愈惊。雉堞见新筑，翚甍失旧营。空余歌舞地，讵闻箫管声。顾余文墨吏，遑知治乱情。人隐虽未弭，客怀聊暂清。一动群生念，咄咄何时平[2]。

---

[1] 底本"梢"作"稍"，据雍正本及文意改。

[2] 雍正本无元戴良《泛西湖舟中作诗》。

湖上纳凉有怀吴子彦　〔元〕贡师泰

天风吹海树,萧瑟秋气凉。河汉西北流,众星耿微光。昔我同袍友,远在水一方。相思不可见,辗转清夜长。遥闻鸣笳发,揽衣月苍苍。

陈元礼太常以使事至钱塘三月十七日褚无傲陈君从朱伯言陶中立韩与玉诸公西湖同泛分韵得气字　〔元〕王　祎

钱塘积雨余,景物散春媚。晴晖被原隰,远映皇华使。良晤惬久睽,新晴谐曩契。朋俦集芳冥,举酒迭相慰。念昔天子都,与君久留滞。夜眠每连床,晨出时并辔。爱深均骨肉,往往佩高谊。别离未多年,升沉遽殊势。颂台司礼乐,子职亦云贵。况乃衔君命,光采增意气。骞腾诚足多,会合初不易。清歌送窈窕,画舫荡空翠。庶洽平生欢,聊尽今日醉。持觞且徘徊,临风复歔欷。

西湖　〔明〕韩　奕

不惜目力短,不计足力疲。平生好游心,至老犹未衰。揭来钱塘县,放迹西湖崖。兴至随所适,在处探幽奇。陟岭仰巉岩,临堤俯涟漪。荒凉隋朝寺,剥落唐人碑。偕来一二人,旧游问新知。闲行无次第,野饭有提携。冬晴云物妍,竟日无还期。缅思宋南渡,中兴实在兹。斯民亦何幸,相从乐熙熙。余生百年后,不见全盛时。向来歌舞地,台榭空遗基。盛衰固常理,运穷非力支。所重有遗爱,没世令人思。周室既东迁,行人叹黍离。

钱塘江舟中遇潮　〔明〕高　启

舟师夜惊呼,隔浦乱灯集。潮声若万骑,怒夺海门入。初来听犹远,忽过顾无及。震摇高山动,喷洒明月湿。霜风助翻江,蛟龙苦难蛰。也知阴阳候,来往此呼吸。登楼觉神旺,凭险方迴立。何处望云旗,烟中去波急。

游西湖　〔明〕徐　霖

西湖如明镜,诸山如美人。美人照明镜,形影两能真。歌声何处来,山鸟解鸣春。飞花舞当筵,布作锦绣裀。可惜无画手,能为景传神。所赖有诗酒,陶写风物新。一赏讵云足,安得日相亲。

秋夜湖上 〔明〕周 诗

孟秋天宇霁,烦暑微消歇。故人具尊俎,延赏湖上月。乃问山中人,乌巾度林樾。水月相辉映,清光辨毛发。渔歌夜分起,长河坐深没。扁舟未可还,徙倚待明发。

留别西湖兼柬孔文谷万鹿园赵龙岩田豫阳童南衡
诸君 〔明〕周 诗

淹薄武林游,重轮忽四望。兴谐谢客幽,迹类向长放。崇岭遵透纤,澄湖泛混漾。莲刹诣诸天,香台遍昭旷。聊因杯度慈,一遣迷津忘。泉挹气冽清,洞历石攒障。侧足凌层梯,迥与丹霞傍。烟绵百雉联,巇嵲两峰向。曨越吴山巅,观涛海门上。衰莽吊遗墟,怀往情亦怆。攀践匪一途,灵异信多状。景物无循形,微尚自兹畅。会心既以元[1],感来宁弗谅。结侣得应刘,调逸每相抗。倾座激悬河,芳飙企予仰。绸缪林中娱,万事等飘块。发咏互酬答,真赏缦郢唱。凄其徂岁阴,曰归介征榜。踟蹰行复留,念此意弥广。断梗惜临流,抚膺吐深怅。

湖上晚兴 〔明〕张文介

日夕湖水佳,波光皎如雪。沿堤蹋花去,独行自怡悦。浮香时有无,流萤乍明灭。兴尽棹归舟,山斋照凉月。

初至杭左史郭公右史莫公邀宴西湖大风雨归作 〔明〕王世贞

钱塘帝都会,西湖地灵杰。天目日夜输,神瀵汇兹穴。山拥三面螺,城弯半弓霓。谬余长五湖,斯往信所阙。左相咏紫薇,右枢和白雪。银榼渟官醪,湘滕载珍饵。篮舆日骀荡,皂盖风飘瞥。稍出清波门,驺声狎啼鴂。色界纷送奇,目疲不得说。舟子方进篙,黄衫浪花擎。俄然雨高墨,顿使万象涅。天笑眵不收,块噫欹中裂。縠纹剪破碎,铁冠冒巇嵲。罗刹怒欲翻,鹜头奋仍掣。此辈逞狂怪,西子频不悦。骤雨面面来,蓬窗时时揭。莫君如谢安,尘尾手徐挈。微谓郭长公,虽奇泛宜辍。仙舟固所慕,角巾毋乃折。郭公笑王生,此态为畸设。昨夜真宰过,颇畏灵秘泄。袖君斫轮手,更卷雕龙舌。不见渼陂行,雷雨亦愁绝。玉立山未颓,鲸吞海仍竭。携兴逼暮归,万燎吐明灭。

---

[1] 雍正本"元"作"远"。

薄暮赴枭中诸公期未归出憩湖上旋得新月湛然独胜
因成此篇　〔明〕王世贞

整策嚣中要，改憩湖上宫。东霞尚冠渚，西魄已收蒙。弥弥烟羃地，澹澹月弦空。俄顷吐清照，万碧开朦胧。潜虬饮遥沚，栖鹊磔幽丛。戢驺延远音，偃盖恣归艨。净色坐相媚，灵景仁莫从。酬赏诚少阙，会心何必同。

西湖　〔明〕顾　璘

群山窈回合，豁尔开洪区。澄波汇且广，宛在都城隅。灵秀自天辟，台观绝世无。虹桥荫芳树，烟渚发红蕖。兰桡斗转捷，越女夸容姝。莲歌荡人心，挥金盛中厨。靡靡即欢宴，岂遑顾菑畬。但苦白日暮，西风吹水枯。

湖上闲居季思子往适至　〔明〕高攀龙

正尔山水间，念吾烟霞友。春风吹微波，日暮倚杨柳。我友惠然至，童仆喜奔走。相别叹经时，相逢虑非久。所欢得晤言，欲言仍无有。默默各自怀，一室向相偶。夜深不能寐，明月在东牖。

雨中泛湖　〔明〕陈邦瞻

朝雾忽以浓，留云逗木末。雨色接湖光，逾觉烟波阔。因之赴中流，扁舟遂超忽。静无鱼龙隥，间有凫鸟没。溟蒙冲气盈，澹荡尘襟豁。渐近孤山路，微风度香雪。

山行历龙井诸处还孤山　〔明〕冯梦祯

清旦践夙期，泛舟益新侣。和风薰肌骨，初旭媚空水。水穷山色亲，径仄树容美。龙泓昼常阴，竹阁晴亦雨。返策循广堤，沿流越孤屿。落日缬通川，红芳烁罗绮。青帝无回镳，春物宁淹暑。浓淡准畴昔，羽觞奋靡止。

西湖浮梅槛　〔明〕黄汝亨

薄言黄山游，归托明湖宿。潇散行水湄，澄鲜映林麓。岂无水兰桡，夷犹遂所服。古人揽浮梅，我爱南山竹。裁之编为桴，鸥凫日相逐。长卧荇带间，山山下临屋。

轻风宕澄湖，泛此清虚宅。高落众山青，平移一水白。披帷旷无徒，烟霞亦来客。与波以尚羊,游鱼轻几席。不作问津人,悠哉任吾适。

西湖 〔明〕袁宏道

龙井饶甘泉,飞来富石骨。苏堤十里风,胜果一天月。钱祠无佳处,一片好石磶。孤山旧亭子,凉荫满林樾。一年一桃花,一见一白发。南高看云生,北高看日没。楚人无羽毛,能几到吴越[1]。

湖上似濮乐闲吴季良 〔明〕黄 玠

湖水碧于玉,湖船深似屋。银罍供奉酒,金缕新翻曲。花浓春亦醉,波净云可漉。当为故人饮,但畏白日速。

望南屏山同吕仲铉仲实作 〔明〕蓝 仁

游目南屏山,逍遥脱尘鞅。清溪乱流涉,叠巘缘云上。辉辉瀑泉落,隐隐天籁响。荒涂理通塞,虚室静弘敞。中有餐霞人,长耽御风想。不乘缑岭鹤,还顾渔郎舫。芝草甘若饴,雕胡大盈掌。虽为颓龄驻,亦忌流光往。永怀山中游,观化历清赏。

题石田冷泉亭图 〔明〕史 鉴

久图山泽游,苦为风雨款。惊雷破重阴,及晨阳已显。逶迤入幽深,厉揭渡清浅。灵山传飞来,合涧互回转。萝垂手可扪,松高盖维偃。阳崖丹霞凝,阴洞苍雪满。秀色如可揽,绝巘竟谁栈。众窍因风号,群芳迟春衍。追念平生欢,历历犹在眼。幸逢新相知,已少旧游伴。老僧久见招,相携集闲馆。解衣任盘礴,览物适萧散。形忘虑则消,情至心莫展。寄言同盟人,对酒歌勿缓。

国 朝

泛舟至雷峰步登南屏绝顶下憩净慈寺 袁启旭

轻烟袅素波,花明见微磴。橇棹柳港阴,遂跻层峦胜。浮图积古色,石竹隐凌竞。山风何飘飘,吹袂上罗径。苔藓重逾腻,松柏森犹劲。峰回万象开,水迥孤霞

[1] 雍正本"越"后无明蓝仁《望南屏山同吕仲铉仲实作》及明史鉴《题石田冷泉亭图》二诗。

映。绀宇嵌空冥,精蓝窈深靓。一叩苍扃幽,便涤尘襟净。邈然人代感,缅想真如境。浮生胡攘攘,至理复谁证。安排在岩栖,朝昏永游泳。

壬寅三月方贻招同留仙西眉泛湖登湖心亭即和留仙作　陈祚明

泄云翳翠峰,积霖涨群壑。理楫漾中流,登兹湖心阁。跳鱼水濊濊,樵径山濯濯。波平漾绿芜,雨泫滋红药。澄泓面深广,宵霭映回薄。阅世奠川原,吊古瞰城郭。台榭湮础楹,林泉废沉凿。铁马歘奔驰,金牛失腾跃。百堵尽为墟,孤亭岿可乐。天晴集游冶,人散啼鸟雀。佳气生榛莽,春光转兰若。遂有高轩游,复此壶觞酌。即事率尔怀,有美斐然作。造感情靡穷,属和调已怍。倘爱邱中琴,勿遗荒涂属。策杖苟同欣,愿言寻所托。

期苏鹤洲游西湖　史大成

十日九不晴,稍晴问春色。良辰期赏心,诘朝理画鹢。好风荡杨柳,暖沙浴鹭鹅。赏酒惬幽襟,浩歌生羽翼。湖山数百年,几度生荆棘。更忆全盛时,游舫纷如织。兴衰固其理,阴晴不可测。及此莫蹉跎,胜游须努力。明发各振衣,长堤试玉勒[1]。

西湖　张遂辰

湖山富楼阁,向背不可移。何如舟不系,一水信所之。绿樽暇共戴,白鸥轻许随。潭边入莲叶[2],露下采莼丝。始知百花外,别有清凉陂。行住率吾意,春服惟其时。每起风落日,咏归良在斯。

吾友闻孝廉,山水无不历。常搅浅深间,西湖最清适。百回揽不穷,偶出良已得。因欲联我朋,遂立打船律。酿金采木兰,人岁具其一。欢从不数年,烟云互主客。风幔任卷舒,曲房可晨夕。岂惟布壶觞,要取位琴奕。佳游有典刑,对或共诠述。

怀西湖次东坡原韵　宋荦

西湖东南美,游眺多高贤。白苏两寓公,领略得其全。繄予爱山水,出郭疾病捐。譬如蜂就蜜,所性良由天。盘山与庐阜,入手自往年。西湖咫尺耳,徒闻好事

---

〔1〕　雍正本无史大成《期苏鹤洲游西湖诗》。
〔2〕　雍正本"入"作"拾"。

传。今夏六月中,缅想荷花鲜。秋怜湖上峰,娟秀萦云烟。何待段桥畔,桃柳争芳妍。晴空每矫首,清夜或废眠。几日冷泉亭,佳茗手自煎。一枝老藤杖,须趁腰脚便。胜地如胜友,堪结岁月缘。鸭嘴船易买,已办囊中钱。

扈跸西湖纪事　宋　荦

平生慕西湖,闻说便神旺。吴越咫尺耳,七载劳怅望。何意奉宸游,凤怀得一畅。朝出涌金门,耳目忽清旷。水泼葡卜醅,山蠹翡翠障。白苏勾留处,西子謦允当。追随豹尾间,未敢策筇杖。圣情厪民依,物外聊探访。御墨洒湖亭,勾陈入云嶂。召许侍从臣,小憩就画舫。亭午独徘徊,迢递闻渔唱。六桥宛沿缘,两峰屹相向。指点从山僧,脱帽回堤上。瞻拜武穆坟,酹酒发悲怆。还过冷泉亭,兀坐茶烟扬。奇峰真飞来,惊叹莫能状。胜地难久停,归趁湖波涨。道人索题诗,留待后来偿。残阳挂断塔,古色落欹榜。薄暮趋行宫,剑佩依仙仗。

重阳后三日邵戒山学士招饮辋川时桂花盛开　陆　菜

九日湖上游,景物叹萧寂。华轩肯我顾,折简已遄及。山庄车马稀,杂宾禁蹀屐。栽柳方垂丝,剩荷犹聚碧。摄衣一登楼,天香染眉额。

访友灵隐涧西　徐　颢

树密不见天,苔深不见地。寒翠衣上湿,绿粉空中坠。幽禽何处鸣,山月无期至。顾影不相疑,陶然已复醉。

二月十日周上舍崧招饮晨过昭庆僧舍雨霁偕诸君登舟循孤山沿苏公堤至定香桥寻杖策历大小南屏观磨崖家人卦舟回席上赋六十韵　朱彝尊

山行有前期,晨起风雨恶。周郎冲泥过,促赴开沽约。车从酒库来,航近寺门泊。同调六七人,毕来践宿诺。俄顷湿云收,周遭露岩崿。统如津鼓动,解我青丝绰。堤缘水仙祠,柂转巢居阁。已枯宅边梅,何况墓上鹤。舍之度西泠,椒壁乍坛削。长廊面渍水,华构织新箔。云何丹粉外,团焦用绚索。得毋法尧阶,茅茨罢剪循此溯上洄,寻复步蘅薄。双树缭檐楹,层楼敞栌欂。倒影碧重峦,残英红一托。抽梭白鱼跳,拂镜翠羽掠。十亭此为最,奇岂落浅壑。同游兴未阑,我心亦有思访磨崖书,剔藓试摹拓。篙师欐舟误,失道堕萧藿。俄闻南屏钟,扶杖强趑到院风满林,松栝杂杨柞。客过僧不迎,去疾走蹇蹇。此辈废耕畚,安坐享斋镵。何不勤归农,驱使荷铫鎛。夕曛断塔明,仰见飞鸟霍。起行十亩间,柔桑已沃若。修修绿筼竿,湿粉脱鲜箨。曲木横为桥,中以石填廓。苔磴侧未安,赖有藤娄络。颓龄苦作茧,十步九引却。贾勇始一登,履险渐宽绰。石径早沦亡,余者日销铄。家人卦六爻,何年此堑凿。曩偕锄菜翁,曹侍郎溶。相携共磅礴。弹指四十春,重过感今昨。流传迂叟题,所喜未阙落。威凤臆腾骞,乖龙爪挐攫。亟宜响榻回,悔失携竹膜。字仿娄机笺,手学蔡邕摸。坐久暝色催,出谷下危彴。平湖水悠悠,远岫山漠漠。唤渡无缓声,举酬有逸爵。厨敕江庖烹,盘饤海物错。纷纶算觚筹,稠叠进羹臛。吾衰仅两齿,笑比牛软嚼。于礼去烦苛,既醉忘喧嚣。迩来数近游,今日乐上乐。虽殊梓泽叙,合继兰渚作。于焉迭觞咏,诗排硬语各。且当扼我车,入市趁璎珞。主人洵好奇,语客君且莫。兹游纵可娱,所见但涂臛。讵足契真情,要必远城郭。须为裹饭交,选胜穷寂寞。两峰蹑晨梯,九锁开夜钥。行逢鹿衔花,卧听禽捣药[1]。暇看樵子棋,雄对仙人博。子言我独哂,其奈筋力弱。后游倘可陪,闭户养腰脚。

南屏精舍　龚翔麟

东风西子湖,鳞鳞绿于酿。蜡鞋缚两脚,扶篁雁齿上。井南有细路,黄犬吠深巷。背不缭粉垣,依山作屏障。乡僧亦解事,汲泉挑笋饷。何如事幽探,寄情得遐旷。吴侬刺钓船,挐烟闯肥浪。跬步到寺门,花宇十层壮。沉沉松插云,戛戛竹鸣嶂。米囊花满街,春残荨未放。指点慧日峰,引我试画杖。树杪见孤塔,移船埠头傍。我寻南渡迹,圆照并无恙。蹒跚未半里,丈室牖南向。书幌借地停,吟饮两无妨。侧眺锦军城,红埃卷蹄辆。

西湖　王鸿绪

凤闻西湖名,直比西施面。薄宦阻胜游,梦寐思一见。今朝扈跸来,天假人之便。清晨出城闉,全湖净如练。周围三十里,中流耸楼殿。春风驾画桡,波纹划深靛。十景烟霭重,六桥桃柳绚[2]。山长刹影明,水阔花光绚。何石不鸢骞,何溪不珠眼。吾观西北山,无水乏婉娈。载观东南水,无山宣菁蒨。山与水相涵,固惟此尽善。乾坤毓奇秀,乃萃吴越甸。况兼白与苏,风流昔所擅。遗迹至今存,好事争修缮。人来胜地清,女竞春时倩。珠幰带诗筒,画舫飘歌扇。拨云或独往,拾翠远

---

〔1〕　底本"药"作"乐",据雍正本改。
〔2〕　雍正本"绚"作"衍"。

携串。是处可浮觞，小憩亦花院。尽日无归情，相看曾不厌。素怀聊足酬，幽赏顾未遍。明朝发前途，数月有余恋[1]。

移居葛岭用渊明韵　释上绪

昔慕湖上山，今爱湖上宅。移居遂我情，湖光见朝夕。人生靡有常，何事苦行役。苟能释俗氛，岂妨门闭席。栖栖矫世者，事恐易今昔。不若倚仙翁，丹经相判析。近抱朴子隐处。

我来秋日佳，及此当赋诗。四山渐苍紫，兴发随往之。巢枝应亦择，冈草亦有思。百物虽自异，动静各以时。有时念朋好，忽遂来晤兹。海鸥遥可玩，语汝终勿欺。

移居南屏再和陶韵　释上绪

一岁三易居，未始安其宅。昨寻南屏幽，日隐雷峰夕。故人适嘉招，欣焉从兹役。精庐下瞰湖，波光如绮席。西吾开山僧也。倜傥俦，事迹迥畴昔。余方慕道深，理应从此析。

风泉自成韵，林籁自成诗。龌龊趋世士，点缀徒强之。而我归外人，冥心安所思。倚伏见物情，荣枯感岁时。以故弃尘网，愿守常在兹。孤行谁为邻，前修匪我欺。

---

〔1〕　雍正本"恋"后有顾诒禄《大佛寺诗》。

武林览胜记卷三十

艺文四

诗　七言古

钱塘曲一作湖上吟，又作堂堂曲　〔唐〕温庭筠

钱塘岸上春如织，渺渺寒潮带秋色。淮南游客马连嘶，碧草迷人归不得。风飘客意如吹烟，纤指殷勤伤雁弦。一曲堂堂红烛筵，长鲸泻酒如飞泉。

次韵苏子瞻学士腊日游西湖　〔宋〕苏　颂

腊日不饮独游湖，如此清尚他人无。唱酬佳句如连珠，况复同好相应呼。君常听事嗟罪罟，虽在乐国犹寡娱。是社稷臣鲁颛臾，直道自任心不纡。最爱灵山之僧庐，彼二惠者清名孤。案上梵夹床龙须，炉销都梁馔伊蒲。洁行自欲敦薄夫，长吟拥褐忘昕晡。坐客不设毡氍毹，对镜如看方舆图。君怀经济才有余，名声妖孽惩颜籧。且来山林寻逾迤，更玩四营兼参蓥。

和蔡准郎中见邀游西湖三首　〔宋〕苏　轼

夏潦涨湖深更幽，西湖落木芙蓉秋。飞雪闇天云拂地，新蒲出水柳映洲。湖上四时看不足，惟有人生飘若浮。解颜一笑岂易得，主人有酒君应留。君不见钱塘游官客[1]，朝推囚，暮决狱，不因人唤何时休。

---

〔1〕　雍正本"官"作"宦"。

城市不识江湖幽,如与蟪蛄语春秋。试令江湖处城市,却似麋鹿游汀洲。高人无心无不可,得坎且止乘流浮。公卿故旧留不得,遇所得意终年留。君不见抛官彭泽令,琴无弦,巾有酒,醉欲眠时遣客休。

田间决水唱幽幽,插秧未遍麦已秋。相携烧笋苦竹寺,却下踏藕荷花洲。船头斫鲜细缕缕,船尾吹玉香浮浮。临风饱食得甘寝,肯使细故胸中留。君不见壮士憔悴时,饥谋食,渴谋饮,功名有时无罢休。

袁公济饮客湖上东坡来为不速 〔宋〕苏 轼

昨夜醉归还独寝,晓来急雨鸣孤枕。扁舟短棹截湖来,正见晴山骏云锦。须知老子兴不浅,莫学公荣不共饮。与君歌鼓乐丰年,唤取千夫食陈廪。

书林逋诗后 〔宋〕苏 轼

吴侬生长湖山曲,呼吸湖光饮山渌。不论世外隐君子,佣儿贩妇皆冰玉。先生可是绝俗人,神清骨冷无由俗。我不识君曾梦见,瞳子了然光可烛。遗篇妙字处处有,步绕西湖看不足。诗如东野不言寒,书似西台差少肉。平生高节已难继,将死微言犹可录。自言不作封禅书,更肯悲吟白头曲。我笑吴人不好事,好作祠堂傍修竹。不然配食水仙王,一盏寒泉荐秋菊。

次韵曹子方运判雪中同游西湖 〔宋〕苏 轼

词源滟滟波头展,清唱一声岩谷满。未容雪积句先高,岂独湖开心自远。云山已作歌眉浅,山下碧流清似眼。尊前侑酒只新诗,何异书鱼餐蠹简。

次韵苏公西湖徙鱼 〔宋〕陈师道

穷秋积雨不破块,霜落西湖露沙背。大鱼泥蟠小鱼乐,高邱覆杯水如带。鱼穷不作摇尾怜,公宁忍口不忍脍。修鳞失水玉参差,晚日摇光金破碎。只尺波涛有渤澥,安知平陆无滩濑。此身宁供刀几用,着意更须风雨外。是间相忘不为小,濠上之意谁得会。枯鱼虽泣悔何及,莫待西江与东海。

次韵庭藻雨中不出湖上 〔宋〕周紫芝

幅巾饱看西湖春,徐步当车不动尘。有时乘兴未遽反,武林无此寻春人。湖山如螺湖水白,几见青天月生魄。年年马上看吴娃,舞袖双裁越罗窄。长安贵人百不忧,胡为亦复多穷愁。出门载酒不可往,倚杖看雨如穷秋。万事不由人作计,我欲破除惟一醉。此生已老复何求，五字但知公臭味。春风吹雨山泽晴，青山有约翁有情。故人官高少闲暇，可唤白鸥同此盟。

闰二月二十日游西湖　〔宋〕陆　游

西湖二月游人稠，鲜车快马巷无留。梨园乐工教坊优[1]，丝竹悲结杂清讴。追逐下上暮始休，外虽狂醒乐则不。岂知吾曹淡相求，酒肴取具非预谋。青梅苦笋助献酬，意象简朴足镇浮。尚惭一官自拘囚，未免匹马从两驺。南山老翁亦出游，百钱自挂竹杖头。

西湖春游　　〔宋〕陆　游

灵隐前，天竺后，鬼削神剜作岩岫。冷泉亭中一尊酒，一日可敌千年寿。清明后，上巳前，千红百紫争妖妍。冬冬鼓声蹴场边，秋千一蹴如登仙。人生得意须年少，白发龙钟空自笑。君不见灞亭耐事故将军，醉尉怒诃如不闻。

二月二十四日寺丞田文清叔及学中旧同舍诸丈拉余同屈祭酒颜丈几泾学宫诸丈集于西湖雨中泛舟坐上二十人用迟日江山丽四句分韵赋诗予得融字呈同社　〔宋〕杨万里

正月一度游玉壶，二月一度游真珠。是时新霁晓光初，西湖献状无遗余。君王予告作寒食，来看孤山海棠色。海棠落尽孤山空，湖上模糊看中黑。夜来三更湖月明，群仙下堕游珠庭。东坡和靖相先后，李成郭熙在左右。惠崇奉研大如箕，大年落笔疾于飞。磨墨为云洒为雨，湖波掀舞山倾欹。画作西湖烟雨障，今晨挂在孤山上。同来诸彦文章公，不数钱刘兼吴融。何如玉船一举百分满，一笑千峰烟雨散。

腊日与守约同舍赏梅西湖　〔宋〕王十朋

西湖处士安在哉，湖山依旧梅花开。见花如见处士面，神清骨冷无纤埃。不将时节较早晚，风味自是花中魁。暗香和月入佳句，压尽今古无诗才。武陵深处境益胜，十里眼界多琼瑰。北枝贪睡南枝醒，杖履得得挽出来。旅中兹游殊不恶，况有佳友含清杯。手折林间一枝雪，头上戴得新春回。

---

〔1〕　雍正本"教坊优"作"杂排优"。

丁巳七月望湖上书事 〔宋〕姜　夔

白天碎碎如拆锦，黑天昧昧如陈元。白黑破处青天出，海月飞来光尚湿。是夜太史奏月蚀，三家各自矜算术。或云七分或食既，或云食昼不在夕。上令御史登吴山，下视海门监月出。年来历失无人修，三家之说谁为优。乍如破镜光炯炯，渐若小儿初食饼。时方下令严禁铜，破镜何为来海东。天边有饼不可食，闻说饥民满淮北。是镜是饼且勿论，须臾还我黄金盆。金盆当空四山静，平波倒浸云天影。下连八表共此光，上接银河通一冷。御史归家太史眠，人间不闻钟鼓传。白石道人呼钓船，一瓢欲酌湖中天。荷叶摆头君睡去，西风急送敲窗句。

次韵李季章监簿游湖 〔宋〕楼　钥

仙舟共泛沧波去，且向苏公堤下住。西风吹熟芙蓉城，青镜闲妆两呈露。皇家家法崇俭素，宸心但欲乘殷辂。离宫别殿无兴作，天以西湖供一豫。吾侪公退得清赏，酒盏茶秤不知暮。深知夕照恋鸥狎，又恐昕朝追振鹭。自怜三入凤凰城，岁月黄尘等闲度。湖光正欲卷帘看，风色更须搴幕护。孤山不见处士庐，司马空寻苏小墓。酒干人醉歌有余，联骑还趋涌金路。归来潦倒浑不知，睡觉灯前袅香雾。文人公子共冰玉，曾为遨游挥妙句。匆匆借韵仅成章，敢诧尊前鹦鹉赋。

灵芝寺临西湖倪正父尚书曰此湖如贤者别久再见俨然如昨感
其言而作 〔宋〕楼　钥

旧说西湖比西子，君言西湖似贤士。吁嗟契阔十五年，一旦相逢只如此。南山北山两高峰，春波滟滟磨青铜。未能荡桨穷胜处，倚栏一望开心胸。老我挂冠归田里，岂知再见烟连水。小须夏日醉满荷，脱屣东归甘已矣。

游西湖 〔宋〕陈　著

十里风光烟水白，嵯峨帝城紫雾隔。笛声吹断蒲叶风，鹭飞界破青山色。湖波鳞鳞织成縠，翠盖红幢机上簇。长安富儿美少年，马行紫陌香尘扑。画舫谁家窈窕娘，半额鹅黄时样妆。玉手折花娇无力，花枝斜挂银彩长。隔花踌躇意相属，稍稍谈笑闻余香。夕阳西下汉水远，无计问觅双琼琚。巫山高哉但入梦，安得插翅飞其傍。君不见吴姬采莲自唱曲，君王尚在舟中宿。

凤凰山涧石图　〔宋〕牟巘

南湖山人小戏剧,夜半钧天闻拊击。音节疏宕凤起舞,至今笋簴遗捷业。君来访古用此时,地老天荒何处觅。矻矻渡尽涧与冈,确荦径微予趾棘。重华忽已三千载,凤鸟一去无消息。石兮石兮奈尔何,搔首湖湄徒伫立。群仙拍手相劳苦,但知篸空吸寒碧。殷勤问翁今何如,方瞳炯炯映丹颊。颇记三生石上无,读书双趺雨苔涩。归来举似翁一笑,飞鸿踏雪那苦忆。子其为我谢群仙,不妨天游复八极。袖中行记真画图,留向人间作奇特[1]。

钱塘行送签宪李太博献甫　〔宋〕郭祥正

东南会府惟钱塘,高门双开南斗傍。门前碧瓦十万户,晓色满城烟雨香。圣祖神宗造区宇,应命最先吴越王。不经兵火三百载,地饶沃衍民康强。莲花红白西湖芳,南北翠影临沧浪。琼楼宝塔照日月,尘埃不到炎天凉。画船罗幕尽高卷,白玉美人游冶郎。年年中秋海潮过,万顷银山面前堕。少年轻命争弄潮,手掣红旗运潮簁。闻君此行承辟书,伯乐能求汗血驹。四时风物闲吟啸,十郡兵民归卷舒。公闲蓄德聊自养,承平功业还吾儒。况君登朝未四十,谨勿出处穷欢娱。谨勿出处穷欢娱,临渊履冰佩琼琚。

秋晚看潮　〔宋〕徐集孙

八月西风嘘沆瀣,长江协候势澎湃。钱塘旺气天所钟,非为子胥逞灵怪。海门三山缥缈青,双练夹岸奔雷霆。蛟龙鼋鼍匿形影,银涛雪浪翻沧溟。踏浪群儿惯行险,出没波心旗闪闪。须臾潋滟潮信平,荡漾渔舟千万点。天低暮霭袭人衣,游子兴尽各云归。独有骚翁看不足,吟到夜月扬清辉。

泛湖记所遇　〔宋〕陈起

六桥莺花春色浓,十年情绪药里中。笔床茶灶尘土积,为君拂拭卧东风。可笑衰翁不自忖,少年场中分险韵。画舸轻移柳线迎,侈此清游逢道韫。铢衣飘飘临绿波,翡翠压领描新荷。雍容肯就文士饮,乌云细染还轻哦。一杯绝类阳关酒,流水高山意何厚。曲未终兮袂已扬,一目归鸦噪栖柳。

---

〔1〕　雍正本无宋牟巘《凤凰山涧石图诗》。

同友人泛舟过断桥登寿星江湖伟观归舟听客讴清真词意甚适分得江字奉寄季大著乡执兼呈真静先生 〔宋〕陈　起

辛亥仲春将徂兮,有客踵门曰风日流丽,邀余共泛西湖之舽。舽南去而忽西兮,昨之折槛今复饰以成杠。背苏堤万丝之绿阴兮,望一簇孤山之青橦。层峰叠嶂巉绝露天巧,珠英琪树发越地之灵,一声何处兮钟撞。篙师告予曰:此寿星古刹,上有奇观,开宇宙于八窗。舍舟策杖,步步巍峨,谢屐殊劳双。回廊曲转忽轩豁,檐飞栋复,青绿交辉,心开目骇,而揖西子之湖、子胥之江。观者杂沓,倏去倏来。予独凭栏,境与心会,便欲驭风跨蜿虹。烟云万态,客拟状而运思,羿今老退,且逊锐逢。庄严世界,合爪赞叹,要使天下名山夸咏者,睹此奇伟而心降。风寒下山吹欲倒,连呼春酒亟开缸。箫鼓画船徒自纷耳目,何如美成清绝按新腔。诗成肯对俗子哦,驰介城南寄老庞。

浙江待潮　〔宋〕葛长庚

秋空无尘雁可数,芦花蓼花满江渚。夕阳影里高掀蓬,落叶声中更鸣橹。六角扇起解热风,三杯酒为浇诗雨。船头拔剑叫飞廉,浪花卷雪鱼龙舞。

西湖雪霁寄彦瞻　〔宋〕释道潜

西湖漫天三日雪,上下一色迷空虚。层峦沓嶂杳难辨,仿佛楼观疑有无。饥雏乳兽失所食,飞走阡陌空号呼。中园却羡啄木鸟,利觜自解谋朝晡。晓来钟鼓报新霁,天半稍稍分浮图。试凭高楼肆远目,千里颠倒罗琼琚。逡巡夜月出海角,光彩猛射来城隅。方壶圆峤只在眼,绰约恍悟神仙居。咄哉浩景似欺厌,谓我不足为传摹。风流江左杜从事,气格豪赡凌相如。安得飘飘骖鸾鹄,手持栗尾来为书。

善之携酒招游西湖值雷雨分韵得杯字　〔元〕袁　桷

南山树影糊轻煤,北山云花玉崔嵬。绝怜我辈少姿媚,幻此异景穷奇瑰。湖光山色两愁绝,更挟新雨除飞埃。千年龙公睡复醒,顷刻驾浪鞭春雷。我生倦游端有意,陈迹黯淡漫苍苔。拟将铁笛写清怨,复恐翠袖含余哀。主人似怪不解乐,故结胜侣携尊罍。翩翩六鹤舞晴翮,华表清唳云光开。绝怜山鸡强联翼,照水寒影空徘徊。谢公屐齿殊济胜,偪仄蓬宇徒低摧。娟娟新青故堤柳,片片轻白孤山梅。春风佳游讵易得,相与一笑同衔杯。

湖中春游曲　〔元〕马　臻

堂堂复堂堂,画鹢谁家郎?绣旌鸳颈冷,膳府鸾刀光。倾椒注桂邀流芳,楚腰络索闻悬琚。筱筷急响如相恼,岸头折尽忘忧草。黄金惯积自媒身,随肩满席惟嗔老。牙签万轴齿不拈,孟客何宾迹如扫。柳绵扑扑乘风吹,花翎小鸟啼诉谁。玉郎沉醉晚未醒,春光去矣知不知。

春雨晚潮图　〔元〕吴师道

昔年曾看钱塘潮,龙山山下乘春涛。中流回首洲渚变,孤塔不动青崖高。云昏水暗雨阵黑,雪喷电转潮头白。浙江亭远乱帆飞,西兴渡溟千花湿。空江茫茫魂欲断,归来十年今复见。浩荡东风满画图,淋漓海气动人面。春深故国芳草生,鸱夷遗恨何时平?重游吊古惜未得,掩卷歌罢空含情。

古杉行题陈兵曹所藏李遵道画灵隐道中二杉图　〔元〕傅若金

灵隐道中古杉树,上与云雾相胶葛。李侯一见为写真,霜雪萧萧起毫末。此杉苍茫几百年,鬼物扶持人所怜。贞心岂容蝼蚁蚀,老干或有蛟龙缠。山灵万里那得致[1],见者皆惊栋梁器。暗壁寻常度雨声,晴窗仿佛生秋气。吾闻大厦众力持,此杉谁能久弃之?君不见道边不材木,拥肿百围安所施。

次韵湖亭秋望　〔元〕周　权

红衣老尽玻璃国,孤屿寒烟落秋色。豆花遇雨水风凉,落日残蝉疏树碧。雁天绀滑秋云净,光涵炯炯开寒镜。蟾枝香冷酒微醒,长笛一声无尽兴。

钱塘江湖　〔元〕周　权

钱塘江上风飕飕,谁驱逆水向西流。海门山色暗蛾绿,翕忽鸿洞惊吴艘。飞廉贾勇咄神变,倒掀沧溟跃天半。阗阗霹雳驾群龙,高击琼崖卷冰岸。初疑大鲸嘘浪来瀛洲,银山雪屋烂不收。又疑当时捍筑射强弩,至今水战酣貔貅。溪盈壑满留不住,怒无泄处旋回去。乘除消长无停机,断送人间几朝莫。吴侬何事观不休,落日沧波万古愁。汀苹沙雁年年秋,海云一抹天尽头。

---

〔1〕　雍正本"致"作"知"。

西湖酒家壁画枯木 〔元〕宋　旡

衡岳乔松道途远,成都古柏山川隔。忽惊老树刺眼来,疑是颓崖压东壁。拗怒风雷龙虎气,盘折造化乾坤力。阴连沧海一片秋,秀夺西湖两峰色。寒云苒惹霏昼影,冻藓绿沿借春碧。醉翁睥睨欲挂衣,禅伯经营思憩锡。乌鸢冥下踏枝空,猿猱夜过嗔藤厃。铁干铜柯臭不香,苍雪元烟润将滴。便拟攀萝鲜斜缠,何须平地生荆棘。直须扫去曲碌姿,挥作昂霄数千尺。

题林若拙画孤山图 〔元〕张　翥

孤山处士孤吟处,水影月香余妙句。鹤声叫绝陵谷秋,修竹祠空几愁暮。白云生根着湖水,力尽西风飞不去。何人鞭石下崔嵬,中流截断鱼龙路。丹青楼观花如雾,葵麦无情仅前度。何似槎枒半死枝,百年犹是咸平树。荒烟坏柳断桥冰,宿莽田深散鸥鹭。画船歌舞不须臾,落落诗名自如故。野人亦有沧洲趣,安得数椽相近住。长待天寒欲雪时,杖藜来访梅边墓。

游湖山次汪子盘韵 〔元〕郑　玉

湖光山色相舒卷,斯游佳兴复不浅。长堤犹以苏公名,孤山亦托逋仙显。涧中水落石层出,坞底峰回路千转。好句光华动琬琰,断碑凄怆生苔藓。谁言泉壑少烟霞,我厌山林有鸡犬。一声欸乃眼界宽,万古登临心地展。茅茨小饮莫迟留,山径多岐不能辨。游人争羡竹舆轻,倦客不嫌驴足蹇。遣怀细读乐天诗,题名欲刻秦斯篆。爽鸠齐景几何人,寒暑四时迭相饯。

秋日班恕斋招饮湖上 〔元〕杨维桢

七月六日流火骄,故人重有濠梁招。洗车快借双星雨,打鼓如迎八月潮。下马题诗岳王寺,解貂沽酒段家桥。西湖颜面晚更好,水晶宫中吹玉箫[1]。

西湖葛岭玛瑙寺僧方洲有古琴二一名石上枯桐一名蕤宾铁为赋诗二首 〔元〕高　明

葛仙岭上瞿昙宫,老僧雪眉覆双瞳。奇琴久蓄款识古,云是零陵水边石上之枯

---

〔1〕　雍正本无元杨维桢《秋日班恕齐招饮湖上诗》。

桐。忆昔蛟龙宅上浃[1]，霹雳斩龙树亦死[2]。道人作琴傍水弹，几夜湘江泣帝子[3]。迩来居我玛瑙坡，声价压倒伽陀罗。稽心羊体妙相得，有耳不听西湖歌。松窗茶屋梦初醒，别鹤凄凄怨烟岭。隔水逋仙夜不眠，听尽梅花山月影。

师琴名以蕤宾铁，岂是七丝专一律。古来声律商与宫，一百四十四调终于一。又闻古铁能解音，何况圣人所作之雅琴。琵琶才闻铁自跃，万物岂不通琴心。忆昔重华为民鼓，拂拂熏风吹下土。九宫佩玉和铿锵，凤凰来仪百兽舞。无情相感若有情，蜀山欲破铜先鸣。从今却笑陶渊明，胡为不取弦中声。禅关万竹净尘垢，月出西湖照窗牖。此时请师为鼓一再行，试听还有铁声否。

玉涧和尚西湖图歌　〔明〕刘　基

大江之南风景殊，杭州西湖天下无。浮光吐景十里外，叠嶂涌出青芙渠。百年旺气散荆棘，惟有歌舞留欢娱。重楼峻阁妒铅黛，媚柳娇花使人爱。老僧不善儿女情，故作粗豪见真态。想其泚笔欲画时，高视化工如小儿。千岩万壑吾意匠，夷娥巨灵吾指麾。却忆往年秋雨夕，画舫冲烟度空碧。苍茫不辨云与山，但觉微风响芦荻。须臾冷月进深雾，时见松杉半昏黑。开尊命客弹焦桐，扣舷大笑惊海童。鲛人唱歌鱼鳖应，水底影动双高峰。只今倏忽成老翁，可怜此乐难再逢。愁来看画欲自适，谁知感生愁转剧。

西湖曲　〔明〕谢应芳

西湖春水绿于酒，西湖女儿娇似柳。依稀二月三月春，攀折千人万人手。我有一索青铜钱，明朝也买下湖船。试歌断臂孤儿曲，湖上岂无人会传。

西湖景　〔明〕镏　绩

昔日西湖最佳丽，稚绿新红无着地。日光烂熳注黄金，恰似而今图画里。绕湖髻鬟翠万堆，行云行雨相往来。鱼吹碧浪送歌舫，手当玉盘行酒杯。但知身在欢娱内，肯许年光逐流水。若寻旧梦问风流，不及丹青一张纸。

雪蓬小朵歌送奎方舟还灵鹫　〔明〕贝　琼

蓬婆雪岭高崔嵬，横绝青天飞鸟回。山中小朵更奇峭，石作莲花千叶开。巨灵

---

〔1〕　雍正本"上"作"其"。
〔2〕　雍正本"斩龙"作"烧空"。
〔3〕　雍正本"泣"作"怀"。

擘山断山脉,一峰夜向东南掷。千秋干竺空有名,万里峨眉尽无色。攒青叠翠分西湖,洞口白猿犹可呼。咸和之年有慧理,卓锡尚爱飞来孤。木杯高僧两眉雪,身如浊水青莲洁。翻经石上不知年,桂子年年落秋月。

西湖图 〔明〕张 弼

人言杭州西湖天下无,东坡到处皆西湖。触目会心不在远,谁能肖此西湖图。我从图中卧游去,涌金门外云模糊。山如游龙水如练,桥如影月舟如凫。孤山深处访和靖,昔日梅花知有无。青草离离岳有塚[1],采芳具拜奠金壶。安得利刀捻奸孽,聊触愤气歌呜呜。异时尘土俱扫尽,乾坤清气属老夫。君不见北京西湖更清妙,歌舞浮尘飞不到。我曾几度水云乡,醉眼看天发长啸。

西湖春晓歌 〔明〕姚 绶

湖水湖烟浓淡里,曙光遥逐春风起。不知山有几千峰,树色相连又几重。桥通四百八十寺,一一相间青芙蓉。楼船犹未载箫鼓,日高处处添歌舞。

西湖春晓歌 〔明〕张 璧

残月流光弄清晓,湖天空阔青山小。露浥春泥不动尘,马蹄轻入香风袅。紫烟笼罩春茫茫,行人不归空断肠。啼莺呼醒绿窗梦,千丝万缕情何长。南北高峰隐晴碧,大地无尘同一色。群鸥飞向水云西,点点遥看镜中白。苏公已去三百年,苏堤春色今依然。春来春去人易老,树树飞花散晴昊。人生行乐能几时,漫把金樽自倾倒。昔年曾醉湖山里,婀娜春容照罗绮。明月清风不用钱,谁识光阴若流水。年年三月花如簇,拟向春风吹紫竹。唤起多情苏小姬,更唱清时太平曲。

题戴文进西湖图 〔明〕刘 泰

钱塘西湖天下奇,浮光万顷澄琉璃。仙宫佛刹涌金翠,箫鼓之声闻四时。六龙扶日消春雾,画船撑过毛家埠。吴姬双唱遏云歌,惊散鸳鸯与雁鹭。水亭入夏熏风来,镜里荷花高下开。蔗浆酪粉出冰碗,对花一饮三百杯。梧桐叶脱属秋至,篮舆寻僧灵隐寺。深洞老猿呼不应,和得宾王旧诗句。元冥剪水落九天,孤山突若银螺然。玉骢驼醉探春去,红椒已破疏篱边。戴进胸中有邱壑,挥洒新图使人愕。羊肠路口树阴阴,鸭觜滩头沙漠漠。和靖东坡不可逢,白云常护青芙蓉。寄谢山灵莫相

拒,早晚来听烟际钟。

泛高士湖 有序 〔明〕孙一元

正德乙亥孟春十四日,予与石川子泛舟西湖。时石川子着方山冠,予戴华阳巾,被高士服,把酒四望。予顾谓石川子曰:"昔青莲居士李白与尚书郎崔渭泛沔州南湖,因改为郎官湖。今日予与子游,颇追迹前事,西湖固可改为高士湖矣。"石川子一大笑,酬酒于湖,命予作诗纪之。予时已烂醉,即信口长短成篇,不窜易一字。

我闻唐家李白一世贤,郎官之湖至今传。我今与子继其迹,胜事岂容昔人专。方冠野服兴不减,驾船载酒凌苍烟。千山万山两岸如群龙,蜿蜒尽在几席前。青天落杯底,白日行舟边。鼍鼊突兀波面出,大鱼小鱼争避船。君把斗酒,我歌扣弦。天风下来,云叶翩翩。烂醉骑鲸,游昆仑巅。

月夜泛湖 〔明〕高文祺

青天本虚豁,绿水荡吾胸。卷帘呼酒坐明月,苍茫紫翠生千峰。蛾眉婥娟逗纤指,绿蚁距跃浮金钟。抚瑶瑟,歌乔松。山中美人既迟暮,露华如珠凋芙蓉。芙蓉未落杨柳碧。莫待年光换容色,对此湖山尽一石。

西湖歌 〔明〕皇甫涍

西湖窈窕三十里,柳丝含烟拂湖水。青山荡漾春风来,苏公堤边花正开。玉缸春酒映江碧,几醉江边柳花白。城头日出照高楼,银筝翠管喧行舟。吴姝如花卷绡幕,山水倒入金屏流。朝来复脱千金骏,还有床头紫绮裘。人生行乐莫顾惜,落日松风吹古邱。我忆京华旧游地,渔浦东看动愁思。醉里空歌镜湖月,梦中尚识孤山寺。信安使君还旧溪,应对花卮惜解携。白沙翠竹无人问,湖上孤吟闻马嘶。

西湖舟中 〔明〕李　奎

春半出门春可怜,黄鹂隔岸啼春烟。垆头沽酒饮不醉,更向西湖呼酒船。葡萄荔枝酒色红,银缸金碗须臾空。但令一醉卧明月,莫使醒眼看春风。凤凰山头春草绿,金牛水面花成簇。日落歌声水面来,画栏笑倚人如玉。

西湖篇 〔明〕屠　隆

虎林西湖神仙区,金银宫阙开蓬壶。汪洋浩渺不知极,乾坤冷浸东南隅。吞吐日月长出没,荡漾星汉疑有无。飞处还应怯苍鹘,渡时直似愁黄姑。天目秦望远相接,具区笠泽皆来趋。四面云屏隐松栝,一派天镜涵菰蒲。世上年光寒暑变,湖中景物阴晴殊。日暖沙明浣西子,桑稠陌暗采罗敷。波痕微蘸江妃袜,露气寒生龙女珠。高下川原相带控,远近舟车杂喧哄。水鸟双双忽去来,峰峦个个含飞动。烟笼古木偃虬螭,路转长桥横蟷蛛。经台到处绕金沙,仙迹何年凿灵洞。极浦游舠乘月回,上方疏磬因风送。鸥鹭矶平把一竿,鱼龙篷冷惊三弄。水边杨柳万行低,郭外蘼芜一带齐。香残荷芰留空馆,秋入芙蓉发旧蹊。少妇楼头青玉案,姣童花下白铜鞮。风鬟倭堕临芳树,霜縠飘飘曳大堤。有时洪涛拍广岸,有时微净如匹练。亭台佳丽斗浓妆,山水清疏矜素面[1]。正浮空碧溯微茫,忽入幽阴凌峭蒨。相共酧歌竹叶尊,何来香逐桃花扇。好景良工画不成,奇踪累月游难遍。不问花晨与月夕,纷纷来往人如织。宝瑟明珰坐美姝,云笺彩笔来词客。泠泠寒溜和瑶笙,濯濯文鸳飞绮席。搴芳揽秀助挥毫,擘脍烹鲜佐浮白。长留文彩酬山灵,散落珠玑惊水伯。葱郁湖山久不消,豪华意气想前朝。钱王独创东南霸,江海全输吴越饶。十万雄兵屯甲帐,三千强弩射灵潮。映日金铺悬桂殿,遏云玉管沸兰桡。旧游木石皆披锦,斯养儿童尽珥貂。宋朝警跸来南渡,扈从衣冠纷卤簿。九衢三市起香尘,别馆离宫霾烟雾。夭矫龙舟泛绿波,葳蕤鱼钥封朱户。繁花密幄蔽宫墙,细草重裀承辇路。衣襦馥馥木犀风,粉黛盈盈荷叶露。千官朝下玉宸班,万顷齐登翠阿闲。紫绶脱来兰楯外,绛裙召至画屏间。丞相楼船高压水,将军邸第尽依山。明霞楼树红千尺,小雨兼葭青一湾。四时淑气春长住,百雉严城夜不关。游子鸣镳折柳去,歌姬荡桨采菱还。今古繁华若风烛,浮世欢娱覆蕉鹿。星移斗转不曾停,粉尽香消一何速。草色无从问六陵,湖光依旧通三竺。惟有清真胜事传,端明白傅韵翛然。长耳龛留瞻古佛,蜕形亭在识丁仙。骆承灵隐逃禅日,宗镜南屏演法年。古德开山龙井寺,高僧卓锡虎跑泉。苏小空悲松柏老,处士只梦梅花眠。情知东海波能竭,消得西湖月几圆。

西湖行 〔明〕张 涞

侨居武林城,惯识西湖景。佳丽冠东南,清标胜松颖。两山环绕翠屏开,百雉萦纡锦带回。对列双峰类巫峡,孤生一屿象蓬莱。凤凰古号龙飞地,明圣由来显灵异。水浸平堤十二桥,云锁南朝四百寺。珠宫迢递碧霞鲜,宝塔峥嵘日月悬。幽境行行是岩石,深郊处处蓄林泉。时当上巳春之暮,都人士女纷无数。画船轻载绿萍风,绿绮遍寻芳草路。夏首香莲艳碧池,秋高明月漾金陂。三冬霁雪偏堪赏,四时

---

〔1〕 底本"素"后一字有明显涂抹痕迹,雍正本作"面",今据补。

晴雨总相宜。忆昔宋皇南渡日,紫盖黄旗曾驻跸。御舟嬉水伎尤多,禁园聚景名非一。只今殿阙尽销沉,只见荆榛满旧岑。茂陵玉碗几时出,建业铜台何处寻。我思先贤有遗爱,白渠李井经千载。逋仙梅鹤人共传,苏公桃柳今犹在。始信繁华一旦休,不若声名万古流。人生立功须及早,何为宴游以终老。

湖上　〔明〕袁宏道

流莺舌倦语初歇,画峦微点梨花雪。茶枪白抽三五旗,竹孙班裹两三节。芳草如绵陷归辙,花气熏人醒不得。落红雨过更愁人,六桥十里胭脂血。

游西湖归及暮　〔明〕王　衡

钱塘九月潮怒平,日出杲杲湖光明。舟人摊篙不防浅,画船红旗射鱼眼。湖烟染树轻于风,绿尽高山及平衍。斋钟一敲箫鼓清,前船恰上湖心亭。白墙红树酒家里,来者将醉去者醒。醉看芙蓉高复低,赌诗阄韵吟声齐。迤逦六桥花更暖,提壶再上苏公堤。堤上行人如走马,共息苏公桃树下。烹鱼脍蟹坐如云,日暮曾无吊君者。看看水面天模糊,神灯磊落行渡河。西陵西陵奈尔何。

西湖采莲曲　〔明〕沈朝焕

钱塘门外水如烟,平芜废绿俱澄鲜。千林酥雨作轻暖,熏风缓度青湖边。湖牵锦带香车熟,镜里堪怜潭与澳。苏公堤畔水溶溶,岳王庙前花簇簇。女郎蹀躞凌细波,远近汀洲送春目。春归幽怨怨未已,水荡含情情亦喜。莺年燕岁误芳菲,月魄云魂心欲死。兰桡桂楫斗来强,江妃汉女看疑是。幽绪应牵千藕丝,同心愿结双莲子。回舟水阔两湖通,约翠牵红处处同。叶压罗裙仍畏露,花明艳颊还愁风。经过伴侣持花起,互比红颜岂相似。荷心有露掬成珠,荡漾成团意如此。明日还来拜净慈,佛前共咒莲花水。

西湖喜遇谭友夏赋赠　〔明〕李流芳

谁言谭郎貌似我,执手问人还似无。寸心明白已如此,区区形似终模糊。我昔知子因子诗,晓月残雪风鸣枝。境清音寥忆飘忽,虎井数篇犹可思。吴江楚峤两辽阔,期子不来空岁月。西湖烟水我为乡,岂知此中有谭郎。十年相求始相得,停车下船各叹息。欻然魂魄化为一,异者衣裳与巾舄。城中兄弟情偏坚,非我与子神不全。两山红叶正相待,子诗我画交无嫌。我家震泽梅花里,湖气花光三十里。留子共赓梅花时,且待春深上湘水。

西湖篇　〔明〕徐应亨

君不见天目山龙翔凤舞绕西湖，象应天河贯旧都。东距浙江遥控越，西通震泽吞句吴。湖南湖北分天堑，宝气连牛光激滟。风生苹末卷罗文，日丽藻间浮彩艳。彩文断处落双虹，菱荇参差入镜中。弱柳弄枝鬟掩翠，新花媚靥笑窥红。红亭紫阁波心出，琐闼交网金屈膝。枝掌纷披引浪花，莲房倒植翻茄藟。当轩四望尽楼台，绣户雕甍夹岸开。的的珠帘歌面映，珊珊玉佩舞腰来。蘽林梵宇盘幽洞，绮构崇墉垂画栋。鹫岭摩空势欲飞，雁堂拂水光犹动。江南自古盛繁华，三春行乐竞千家。此时谁不乘青舫，此时谁不逐香车。王孙少年偏游冶，银鞍蹀躞紫骝马。娼家缕带结同心，犹向西林松柏下。节序风光那复留，芳春桃李不胜愁。今年看花花已尽，昔年种荷荷已抽。别有盈盈采莲女，纤腰结束能摇橹。香消粉瘁剩空房，折藕牵丝意独芳。皎月团团炯霄汉，兰桡桂楫光凌乱。望望年年关塞长，遥遥夜夜心肠断。冬霰秋霜岁易残，千岩万顷雪中看。孤山缥缈琼杯泛，远塔峥嵘玉笋寒。乘兴扁舟下长蒲，凝笳响涩咽鸣鼓。双鬟呵手炙瑶笙，长袖回风起郑舞。逢时选胜自年年，明年重上西湖船。只须满酌樽中酒，莫问前朝信可怜。伊昔重湖拥帝畿，山川金碧有光辉。侯家邸第临清沼，戚里池台倚翠微。自拟朝宗同灞浐，宁知卜洛涧瀍非。一自翠华东入海，离宫别苑须臾改。残花尚发岳王坟，六陵金碗今何在。太守风流犹足慕，两堤桃柳已非故。诏息徒闻玉辇停，樟亭讵忆龙舟渡。东巡回首几千春，片石空留湖水滨。只今不改春时月，谁见当年系缆人[1]。

国　朝

西湖歌送友　汪　琬

君不见西湖流水碧于玉，沙草如烟绕湖绿。西泠桥边花正开，落花片片随风来。木兰艇子蜻蜓尾，棹入花间三十里。垆头少妇调银筝，娇歌一曲最有情。当窗卷却青绡幕，花香水气传歌声。行人日午相倚听，劝尽丝绳双玉瓶。仙郎家近西湖住，暂乞君恩赋归去。燕台日落风凄凄，道傍相逢惜解携。羡君南行向湖堤。向湖堤，策马蹄。湖水平，湖草齐。

---

〔1〕　雍正本无明徐应亨《西湖篇》。

湖心亭大风雨歌　王士禄

湖楼梦破朝裴回，吴君叶君折简催。欲以胜游荡羁思，金尊兰桨容趋陪。一醉湖亭好风日，四山静绿如春苔。忽忽殷雷起山脊，黑云压槛声焞焞。夔牛鼓震日月去，驱山铎掣陵峦摧。急雨注射激万弩，层波黝黝争喧豗。回风云旗飒出没，鼋鼍鼓沫江妃哀。恍如轩辕张乐洞庭野，蛟龙杂沓缠尊罍。又如神禹行水过桐柏，巫支腾踔群灵猜。山胁乍穿怒涛涌，危桥欲折神鞭回。狂生顾视臆才豁，奴子屏息颜如灰。须臾势过万态息，翠屏玉鉴亭亭开。湘灵鼓瑟九疑静，李謩吹笛清风来。我醉湖山亦已屡，大抵好女临妆台。久对令人少志意，兹来壮观真奇哉。山川情状出明晦，丈夫意气生风雷。歌成长啸兴未已，好呼山月浮深杯。

登吴山绝顶放歌　严我斯

凤凰岭畔吴山高，凤凰岭下飞江涛。江云片片白如练，江风八月声怒号。有客攀萝踞峰顶，手弄青霞白日冷。嵯峨崇观连天高，俯瞰鳞鳞千万井。中有道士华阳巾，琉璃之盏松花醇。拂拭南窗青玉簟，殷勤邀我倾千巡。回首西湖西子面，翠黛明妆光滟滟。木兰双桨娇晴波，桃花玉勒如飞电。须臾黑云起雷峰，吹笙两脚挂晴空。疑是秦皇渡海时，驱山鞭石形离奇。又如万弩射江潮，轰雷蹴浪鼋鼍骄。当筵四顾骇心目，淋漓急进杯中绿。尊前狂客呼李謩，横吹玉笛撼山木。笛声皦皦动江濆，吹入江天万里云。忽然云端好月起，银楼玉阙何氤氲。不见苏公已往风流歇，处士亭边芳草木[1]。湖山变幻须臾间，何必沧桑人代别。我今不饮胡为乎，城头落月空啼乌。

登湖心寺风雨　严沆

浙江春涛欲倒回，湖光惨淡涵风雷。大鱼拨剌小鱼徙，河伯乘鲤黄金台。琉璃千顷波澜开，气象恍惚凌蓬莱。鳣鲔潜游瘦蛟舞，黑风荡日如山来。我今登楼叹奇绝，昨夜临流弄明月。芙蓉似锦长堤平，照见冰轮碾双阙。此时鱼龙安窟穴，江妃拾翠哀歌发。杨柳披襟风力微，安得百灵移溟渤。惊飙飒飒吹飞沙，日车欲倒扁舟斜。舟子徙怜好身手，云旗翠羽争相夸。瞬息波平风雨住，山月照人河汉曙。我今还记约重游，与尔金樽劈波去[2]。

---

〔1〕　雍正本"木"作"没"。
〔2〕　雍正本"劈"作"掠"。

浙江观潮歌　　沈　堡

钱塘八月江潮生,浑茫一气弥太清。消息阴阳与出入,荡摩日月为虚盈。冰地既涵焦釜泄,川后欲发天吴行。或盛或衰各有极,乾坤之气常代更。初生峡口白一线,雾郁云蒸隐还见。沙碛飒飒鸣飓风,蛟门耀耀掣流电。唧嘈远听鲸鳄呼,烟烁方疑鬼神战。飞落鼋鼍势莫当,沛然一泻遂千变。洪涛蠢起逆浪催,薄汉沸天声喧豗。乍合乍离玉穴错,忽连忽断银峦开。斜拚古岸没遥树,直卷野塘崩震雷。石走砂倾撼不已,吴城岌岌诚危哉[1]。胥灵凭怒逞雄武,白马素车如阚虎。为使冯夷舞翠旍,更驱象罔击鼍鼓。又如龙宫突出钱塘君,金锁顿裂驰玉鳞。一战洞庭食鱼鳌,飞膏洒血何纷纶。或如巨鳌载山徙南土,万族偕征百灵聚。奔腾潜鹄扬迅波,磅礴老蛟吐神雨。不然大鲲初运沧溟中,击水荡云凌太空。煦沫已闻地轴震,扬鬐更觉天轮冲。我临江阁纵遐睇,目眩神摇心胆悸。恍见阳侯来阁尸,只虞海若恣吞噬。吴儿解水真善泅,奋臂攫身投奔流。横蹴飞湍且踊跃,潜探深窟还沉浮。榜人渔子亦自警,群驾舻艎理舴艋。掇棹高从潮内㧖[2],举桡忽向潮头骋。弄潮更唱迎潮歌,观者如堵肩相摩。壁上烟岚正惨淡,江中帏盖纷经过。俄而一瞬走百里,波溠浪滞去益驶。雪峤遄移青嶂间,冰崖倏下芳洲里。声回浦溆犹汤汤,流合涧溪何弥弥。潮退江空昏霭消,荡涤山川浩无滓。九埏之奇此大观,光怪陆离雄两间。经干丽震自嘘噏,随时应候来渺漫。纷纷众论各奇诡,探隐素幽渺难纪。抱朴未能揆厥端,蒙庄何足审此理。我将御景乘流飙,桂楫疾驰云旗飘。沧屿从登紫贝阙,碧津更渡黄金桥。为招混沌测元气,即遣谆芒清沃焦。四海安澜万国定,瑶光灿灿横丹霄。

---

〔1〕 雍正本无"石走砂倾撼不已,吴城岌岌诚危哉"十四字。

〔2〕 雍正本"㧖"作"掀"。

武林览胜记卷三十一

艺文五

诗　五言律

湖亭晚归　〔唐〕白居易

尽日湖亭卧，心闲事亦稀。起因残醉醒，坐待晚凉归。松雨飘藤帽，江风透葛衣。柳堤行不厌，沙软絮霏霏[1]。

舟次武林寄天竺僧无昼　〔唐〕许　浑

溪长山几重，十里万株松。秋日下丹槛，暮云归碧峰。树栖新放鹤，潭隐旧降龙。还在孤舟宿，卧闻初夜钟。

夏日登灵隐寺后峰　〔唐〕方　干

绝顶无烦暑，登临三伏中。深萝难透日，乔木更含风。山叠云霞际，川倾世界东。那知兹夕兴，不与古人同。

浙江观潮　〔唐〕朱庆余

不知来远近，但见白峨峨。风雨驱寒玉，鱼龙迸上波。声长势未尽，晓去夕还过。要路横天堑，其如造化何。

---

〔1〕　雍正本无唐白居易《湖亭晚归诗》。

上湖闲泛舣舟石函因过下湖小墅 〔宋〕林 逋

平皋望不极,云树远依依。及向扁舟泊,还寻下濑归。青山连石埭,春水入柴扉。多谢提壶鸟,留人到落晖。

西湖舟中值雪 〔宋〕林 逋

浩荡弥空阔,霏霏接水濆。舟移忽自却,山近未全分。冻轸闲清泛,温炉拥薄熏。悠然咏招隐,何许欤离群。

北山写望 〔宋〕林 逋

晚来山北景,图画亦应非。村路飘黄叶,人家湿翠微。樵当云外见,僧向水边归。一曲谁横笛,蒹葭白鸟飞。

寄西湖林处士 〔宋〕范仲淹

萧索绕家云,清歌独隐沦。巢由不愿仕,尧舜岂遗人。一水无涯静,群峰满眼春。何当伴闲逸,尝酒过比邻。

西湖筵上赠胡侍郎 〔宋〕范仲淹

官秩文昌贵,功名信史褒。朝廷三老重,乡党二疏高。勋业尽图籍,子孙皆后髦。西湖天下绝,今日盛游遨。

西湖泛舟 〔宋〕梅尧臣

水消湖已渌,渺渺鸭头春。草学吴儿刺,吟希楚老新。对山怜去鸟,隔树识游人。谁念沧江上,风柔采白苹。

西湖闲望 〔宋〕梅尧臣

夏景已多趣,湖边日更佳。园葵杂红紫,岸柳自欹斜。雨气收林表,城阴接水涯。爱闲输白鸟,尽日立汀沙。

同诸韩及孙曼叔游西湖 〔宋〕梅尧臣

晚日城头落,轻鞍果下凉。野蜂衔水沫,舟子剥菱黄。木老识秋气,径幽闲草香。幅巾聊自检,不作楚人狂。

烁电未成雨,凉风先入衣。青天忽开影,红日尚余晖。蛱蝶作团起,蜻蜓相对飞。谑嘲不觉夕,跨马月中归。

步西湖次韵徐南卿　〔宋〕陈　造

载酒寻幽地,乘闲得再临。鹂黄啼晓霁,魏紫笑春深。抚事挥犀管,他时梦鹤林。心期更阒寂,物理付升沉。

杨园搴绝岭,万象赴窥临。坐久岚霏润,来时翠碧深。莺花自佳处,鱼鼓亦丛林。谁在飞尘外,芸芸付陆沉。

山寺曾题竹,寻诗记所临。缘云俯空旷,扪石探幽深。倦鸟低平野,蔫花下碧林。沙头催唤渡,空水远沉沉。

水月园名。春犹浅,提壶记此临。云烟淡闲寂,鱼鸟媚清深。堤路俄人海,侯家或肉林。高楼下金弹,帘影渺深沉。

西湖千顷画,政用好诗临。鉴揭雾鲜驳,屏纤云浅深。钿车随宝马,红舫度青林。归去开囊锦,君先炷水沉。

三月二日游西湖诸公有诗次韵　〔宋〕周紫芝

水绕青山寺,人携白玉觞。晴春方烂熳,醉眼自微茫。舟稳欺风软,杯深送日长。谁家载歌管,红袖立斜阳。

次韵冯员仲正字湖上有作　〔宋〕王十朋

瓯蜀异乡客,西湖同日看。浪花随去棹,风絮逐归鞍。水浸吴天阔,山涵佛界宽。春光无限好,共愧得微官。

忆西湖　〔宋〕高　翥

西湖春二月,结客少年游。骏马黄金勒,长身紫绮裘。爱花论担买,嗜酒满船浮。两载缘何事,台州又越州。

至日游湖　〔宋〕薛师石

此心全剥落,今日一阳生。自分安身计,难逃素影名。贫中闻道彻,闲里作诗清。别有求渔者,笑予忧思盈[1]。

---

[1]　雍正本无宋薛师石《至日游湖诗》。

湖村晚兴　〔宋〕葛天民

残霞伴孤鹜，远树杂斜晖。秋向诗中出，人从画里归。柳塘双桨急，茆舍一灯微。小艇穿篱入，蒲蓬正拥扉。

湖上夜归　〔宋〕葛天民

陌上红尘歇，湖中翠霭生。定钟山寺迥，新月夜船清。蛙乱鸣方急，鸥闲睡不惊。儿曹知我到，认得打门声。

秋日西湖闲泛　〔宋〕葛天民

雨洗千峰晓，波涵万境秋。菱花开古镜，莲叶渡轻舟。思远人谁识，身闲世不收。望中时得句，倚棹杂吴讴。

清明前四日泛湖　〔宋〕葛天民

绕岸堆青嶂，游船满绿波。楼台临水近，杨柳占春多。老去谁同调，尊前且放歌。韶华能几日，随棹已新荷。

西湖[1]　〔宋〕叶绍翁

何处春晴好，西湖元已朝。马嘶堤上路，船过柳阴桥。敲竹雀声起，弄泉花影摇。坐看游客尽，烟水思迢迢。

湖上　〔宋〕戴复古

久住人情熟，湖边酒可赊。来时飞柳絮，今日见梅花。十载身为客，几封书到家。斜阳照林屋，独立数栖鸦。

湖荡　〔宋〕朱继芳

双桡入天影，野荇绿全交。鱼唼垂丝柳，鸥眠折叶茭。行人沿岸曲，落日挂林梢。归去严城隔，僧门尚可敲。

---

〔1〕　底本"湖"作"胡"，据雍正本改。

寄西湖友人　〔宋〕林尚仁

湖边春更好,别后费吟思。载酒曾游处,忆君同醉时。面花风落易,背日雪消迟。早晚携琴去,山中与鹤期。

西湖独步　〔宋〕沈　悦

平湖开雾色,寒碧照空心。小立背桥影,缓行随柳阴。几年劳远梦,到日记曾吟。荷荡成菱地,萧萧秋意深。

春晚湖上　〔宋〕俞　桂

花事已成休,都人懒出游。水添烟浪阔,山带夕阳愁。柳树鸣黄鸟,沙堤卧白鸥。不辞归路远,何必买扁舟。

春晴泛湖　〔宋〕薛　嵎

平湖新涨绿,沙觜净涵波。芳草思无际,春风情最多。移舟动山影,止乐听渔歌。得意惟鸿鹄,高飞避网罗。

湖亭席上　〔宋〕武　衍

寒食梨花月,新晴杨柳风。愁融山色里,兴极酒杯中。绿发日夜变,青春今古同。忍教行乐处,容易夕阳红。

雪晴泛湖　〔宋〕胡仲参

雪后湖清浅,令人心眼开。林疏知寺近,冰合碍舟回。寒色欺吟鬓,斜阳入酒杯。山行已清绝,况复是寻梅。

晚凉湖边放步　〔宋〕陈鉴之

暑气湖山薄,晚风巾袂凉。蝉鸣便柳荫,鹭立领荷香。大舸鼓声急,小轩茶味长。独游原更妙,细细踏斜阳。

湖上　〔宋〕陈允平

流水断桥边,笙歌拥画船。日酣花半醉,春困柳三眠。策杖登云洞,观鱼上玉泉。凤城归去晚,山锁万重烟。

同杜北山郑渭滨湖边小憩　〔宋〕徐集孙

与朋看落叶,舍棹踏湖西。野店传杯酌,残阳索品题。云随波影动,山被柳阴迷。一点寒鸦过,知他何处楼[1]。

和访使徐容斋西湖韵　〔宋〕何梦桂

一幅西湖画,谁将淡墨挥。水浮孤屿出,山约五云飞。雨洞猿归湿,烟林鸟度微。龙舟双翠楫,曾此夜游归。

春日同友人游湖上　〔宋〕释斯植

十里湖边路,垂杨映马蹄。水光平野阔,山影绕楼低。夜雨生青草,春风湿紫泥。兴来无限意,同此片时题。

湖上新居　〔元〕鲜于枢

吾爱吾卢好,临池构小亭。无人致青李,有客觅黄庭。树古虫书叶,莎平鸟篆汀。吾衰岂名世,讵肯苦劳形。

伊昔四首　〔元〕于　石

伊昔西湖柳,清阴满画楼。午凉欺舞扇[2],晚雨系渔舟。春尽花无主,风寒叶自秋。六桥今在否,空惜旧时游。

伊昔西湖上,孤山几树梅。断篱深院落,流水旧亭台。明月无今古,清风自去来。逋仙不复作,消瘦为谁开。

伊昔西湖里,娉婷十里莲。香凝花上露,影落镜中天。枕簟水亭雨,笙歌月夜船。双鸳不解事,常傍翠阴眠。

伊昔西湖外,清阴九里松。天低深雨露,风怒走蛟龙。林霭通樵径,山云隔寺钟。何时一行乐,重到北高峰。

晓出钱塘门　〔元〕成廷珪

出门聊适意,草树碧纷纷。一雨破清晓,四山生白云。僧楼缘岭出,樵径过桥

---

〔1〕　雍正本"楼"作"栖"。

〔2〕　雍正本"欺"作"欹"。

分。明日重携酒,来浇和靖坟。

九日与吕彦孚陆孔昭袁鹏举乘风雨泛湖有期而不至者得满
朱二字　〔元〕钱惟善

九日雨凄其,西风吹不断。空怀戏马台,无复商飙馆。湖阔浪花明,林昏烟树短。红船大于屋,坐客不能满。

时序多风雨,云林总画图。翠屏低晚嶂,黑米长秋葫。未遂群贤集,那能四美俱。扁舟载西子,惟愿学陶朱。

湖居　〔元〕钱惟善

负郭轮蹄远,残春樱笋佳。湖天翻白浪,山日黯黄霾。梦蝶乌皮几,观鱼画舫斋。何人契幽赏,高致到无怀。

泛湖　〔元〕俞德邻

闲居散人事,一舸泛长湖。夜雨半篙荇,春风十幅蒲。功名槐国梦,身世辋川图。舣岸逢林叟,清谈日又晡。

登吴山留题承天观　〔元〕汪泽民

满目尽楼台,路从山顶来。潮生沙岸没,云破海门开。官舍笼鹅去,道人骑鹤回。题诗向何处,石壁扫苍苔。

湖边春思　〔元〕马　臻

西林花雨霁,春气欲飞浮。船过吹箫客,旗标卖酒楼。暖烟莺自在,迟日蝶风流。正是桑麻处,支筇认旧游。

西湖晚思　〔元〕马　臻

日落湖水黑,众山生远尘。船回载酒客,楼倚独吟人。老态多思旧,时情只贵新。篱边古梅树,开谢几年春。

湖楼夜坐　〔元〕马　臻

孤楼侵树小,老雁入云迷。月暗水光白,夜深邻语低。钟声传下竺,梅信共西溪。偶忆曾游寺,尘昏壁上题。

西湖小隐 〔元〕乌斯道

胜景金池耳,高人玉树然。柳塘披鹤氅,山崦出渔船。梅吐尊前月,松蟠镜里天。兴来弹渌水,赏识有逋仙。

送僧恬归灵隐 〔明〕高 启

游方应未久,柳色变新年。在路逢春雪,还山访冷泉。钟催投寺锡,灯照泊江船。去意休多问,无言即是禅。

西湖和黄夏初韵 〔明〕高得旸

佳趣谁全得,闲情自轶群。买舟听夜雨,立马看春云。酒伴期相共,诗题得屡分。西湖天下景,坡句昔曾闻。

约人游湖 〔明〕高得旸

明日湖中去,先期问画船。分醪开腊栈,裹茗试春泉。知己能宵会,同心喜就延。段家桥畔柳,拂曙看莺迁。

西湖 〔明〕聂大年

西出江城外,烟霞隔世尘。钟声三竺晓,花气六桥春。鸡犬桃源地,笙歌阆苑人。平时得游赏,忘却宦中身。

别西湖 〔明〕赵 宽

补外得佳丽,西湖天下闻。官衔兼吏隐,烟景异朝曛。行绕六桥水,卧看三竺云。素心方自适,何事复离群。

西湖 〔明〕孙一元

十里山如拭,西湖背郭流。僧归虹外雨,云抱水边楼。春事多逢醉,歌声半是愁。独怜垂钓者,吾欲共沧洲。

西溪步归 〔明〕张 适

溪南山曲折,舍北水西东。樵唱千村雨,渔歌五两风。犬憎移竹叟,鹤避扫花童。仿佛吾家近,茅堂碧树中。

湖上晚归　〔明〕龚用卿

十里菰蒲水,连阡桑柘园。湖天平石境,渔火出山门。宋迹遗僧舍,苏堤接远村。飞星斜过水,立马已黄昏。

湖上春行　〔明〕田汝成

满目展韶华,行游处处嘉。野桥春涧水,古寺晓园花。柳浦歌船集,烟村酒旆斜。三堤纷若市,争看玉人车。

湖上　〔明〕钱　薇

野眺晴偏好,湖光景乍新。棹移波荡漾,山迥石嶙峋。树色千章秀,笙歌百迭陈。芙蓉行自采,秋水若为神。

西湖　〔明〕张　翀

湖光清镜出,山色翠屏开。人傍青松饮,舟摇落叶来,苔封和靖墓,云暗鄂王台。今古多情思,乾坤一酒杯。

湖上　〔明〕李　奎

锦障开桃岸,兰桡系柳津。鸟歌如劝酒,花笑欲留人。钟磬千山夕,楼台十里春。回看香雾里,罗绮六桥新。

湖上　〔明〕沈明臣

湖上宜高卧,天寒日出迟。墙余霜白草,门闭雪残枝。邻杵空中得,渔歌枕上知。梦魂清似水,真许濯天池。

湖上春词　〔明〕李日华

晓望绿烟浓,疏疏间浅红。湖边春色满,陌上冶游逢。白马金丝络,黄莺翠羽笼。归来日将午,花影正重重。

湖上　〔明〕于慎行

黯淡平湖色,令人思杳然。断桥横落日,远水隔寒烟。鸟傍平堤去,鸥依折苇眠。吾家在湖曲,闲杀采菱船。

湖上 〔明〕朱国祚

峰头宝所塔,湖上水仙王。芳草年年绿,风荷岸岸香。靸鞋拚细雨,对酒易斜阳。不计重门远,瓜皮上小航。

三竺道中 〔明〕邵 宝

人行松径静,数里不知遥。路转还逢寺,僧迎只过桥。岩姿收独妙,泉响息群嚣。东去频回首,山花似我邀。

同李长蘅寻闻子将龙井山斋 〔明〕谭元春

枫色红难已,黄从翠处分。偶然乱叶下,风雨似同闻。谷鸟临寒路,篱花开远云。逢幽随处憩,心眼自氤氲。

秋夕泛湖 〔明〕黄汝亨

远波荡空碧,不复似人间。忽尔来孤鹜,澄然见众山。浩歌秋淡淡,辍棹月闲闲。顿与尘缨远,夷犹不忍还。

春日泛湖 〔明〕沈 仕

绿堰埋丰草,红桥跨浅沙。溃鱼潜乱藻,聚鸟啄残花。水影明如月,山光秀若霞。扁舟任飘薄,何异挂星槎。

泛西湖同清照彦叔观公 〔明〕吴鼎芳

新语报黄鹂,梢花坐柳枝。山晴意自好,湖晚醉相宜。风起水香处,月来烟灭时。同舟贪夜寂,移向白公堤。

西湖夜泛 〔明〕吴鼎芳

疏雨洗空翠,来看湖上山。断桥芳柳外,小艇白鸥间。月在美人远,春忙流水闲。西陵犹唤酒,灯影出花关。

西湖晓起 〔明〕吴鼎芳

残钟湖上月,杳杳落层岑。晓色散为水,秋声聚作林。闲来曾不惯,幽处每相寻。丛桂南山下,晴香一径深。

西湖春游词七首 〔明〕吴 兆

堤暖百花齐,湖春万柳低。管弦初沸日,罗绮已空闺。上巳连寒食,车轮间马蹄。游人争向处,多在断桥西。

湖水碧粼粼,还疑洧与溱。褰裳临翠渚,踏草及芳辰。合岸花熏暖,双堤柳夹春。今年风景好,直为远游人。

桥外即当垆,楼阴碧树扶。水筵移岸酌,越女唱吴歈。一径穿孤屿,重光带两湖。匝波舟楫动,处处起鸥凫。

越女善拏舟,吴姬解棹讴。尊低芳草下,人拥古堤头。香酝寻仙客,灵峰问梵流。花时无远近,分日出城游。

晴光上柳条,结伴戏花朝。歌近舟沿岸,人闲马度桥。雷峰看塔迥,葛岭弄泉遥。日暮争人入,衣香满路飘。

新堤杨柳斜,游冶肯还家。珠弹光流月,春衣色胜花。幕遮芳草路,骑并美人车。何处菱歌起,仍怜似若耶。

游路背湖分,林陬复水濆。年传秦代石,人拜宋时坟。塔影双峰见,松声九里闻。不知天竺近,香气蔼成云。

十五夜西湖舟中玩月 〔明〕魏 璧

吾爱湖中月,揽之清若空。分明青嶂里,独照白头翁。碧浪摇鸂鶒,金筛起塞鸿。蟾蜍真可恋,莫畏晓来风。

湖上遇僧 〔明〕郭子直

桃柳西湖路,扁舟细雨前。烟云多变幻,山水自澄鲜。出谷非逋客,逢僧即胜缘。风尘十年梦,回首意萧然。

西湖行乐词 〔明〕萧 誉

翠盖连云丽,香车夹路妍。卖花春不断,携酒月忘还。四百前朝寺,三千锦缆船。湖山多乐事,箫鼓自年年。

西湖 〔明〕释钦义

三竺忻私讬,西湖自往还。肆情方水淡,寻石爱云闲。春气调疏柳,晴光抹远山。老来形渐懒,未肯废跻攀。

湖上诸寺重游 〔明〕释德祥

西湖三百寺,今日复来游。满路皆黄叶,诸僧尽白头。水云情渺渺,钟鼓梦悠悠。独有南屏下,楼台壮一州。

国　朝

过南屏访无生上人　吴伟业

谓此一公住,偶来闻午钟。山容参雪峤,佛火隐雷峰。路细因留竹,云深好护松。精庐人不到,相对话南宗。

西湖　谢宗泰

十里山如拭,湖光日夜浮。琼楼飞彩燕,锦浪点轻鸥。酒醉千家月,人消半日愁。明朝歌舞地,犹复载虚舟。

月出千峰白,云藏众壑青。鸟啼山习静,龙定夜闻经。舞影回歌扇,杯光入画屏。尘缨一为洗,能得几时醒。

湖上　宋琬

山色南屏好,空蒙半有无。曲塘容舴艋,衰柳卧鹈鹕。云起千峰乱,天晴一塔孤。兴来思远眺,羌笛满西湖。

登南屏山顶望西湖　陆光旭

放眼秋山碧,苍烟岛屿纷。鱼归寒浦月,僧渡夕阳云。小阁黄柑醉,轻歌白苎闻。寻幽饶健力,忍与翠微分。

湖上秋怀　施闰章

住为中秋月,连朝听雨声。寒侵高枕湿,日拥乱峰平。远寺几时到,断桥惟独行。南屏桂花发,摇落正关情。

湖舫观荷　曹尔堪

暑退风偏急,波回晚渐凉。万花荷影落,三韭菜根香。龙女疑游越,莺簧句短长。提壶期再酌,绿蚁满菰蒋[1]。

雪后至湖上　陆嘉淑

缓策凌晨去,湖光照眼明。云连山色起,风约水烟轻。断霭微零雨,新阴屡变晴。段桥渔艇出,真足寄浮生。

西湖　吴　沐

春日草萋萋,湖边燕掠泥。阁高红杏小,桥断绿杨低。细浪吹鱼沫,轻风送马蹄。兴阑重回首,烟月满湖西。

晓泛湖上经小新堤　丁文策

湖上新晴好,临流晓放船。两峰开远嶂,一水浸遥天。风滴花间露,人冲柳外烟。珠帘犹未卷,春去尚高眠。

西湖　丁文策

久擅东南美,芳郊足胜游。众山青似晓,一水碧于秋。柳岸莺啼席,花堤月系舟。从来歌舞地,何处觅沧洲。

春暮泛西湖　朱　纲

岸柳拖新绿,湖波漾晓晴。山从云外合,舟向镜中行。密树藏僧坞,轻烟绕郡城。傍人指古迹,到处欲题名。

七巳后三日顾孝廉之珽招同诸公泛舟西湖即事分韵得交字　朱彝尊

独棹花阴入,重湖柳色交。断桥亭盖瓦,曲院水通坳。楚雀簧犹涩,江莲叶尚包。宸游留翠墨,车马溢春郊。

晚入北山　沈禹吉

舍棹入林樾,凉风吹客衣。虫吟墓山静,月黑野萤飞。一径松篁暗,数家灯火微。前山闻犬吠,稚子启柴扉。

---

〔1〕　雍正本无曹尔堪《湖舫观荷诗》。

西湖秋兴　　毛先舒

我载西湖酒,乘舟弄月华。道逢沧海客,邀我御云车。且作九秋别,遥追八月槎。鸾情兴凤思[1],处处写烟霞。

七月望后湖上有怀　　释上绪

良宵安可寐,秋月此初圆。寥寂山中客,凄清雨后天。放舟孤屿侧,闻曲断桥边。不禁怀人意,空波坐渺然。

诗　五言排律

早春西湖闲游怅然兴怀忆与微之同赏因思在越官重事殷镜湖之游或恐未暇偶成十八韵寄微之　〔唐〕白居易

上马复呼宾,湖边景气新。管弦三数事,骑从十余人。立换登山屐,行携漉酒巾。逢花看当伎,遇草坐为茵。西日笼黄柳,东风荡白苹。小桥装雁齿,轻浪鬐鱼鳞。画舫牵徐转,银船酌漫巡。野情遗世累,醉态任天真。彼此年将老,平生分最亲。高天从所愿,远地得为邻。云树分三驿,烟波限一津。翻嗟寸步隔,那厌尺书频。浙右称雄镇,山阴委重臣。贵垂长紫绶,荣驾大朱轮。出动刀枪队,归生道路尘。雁惊弓易散,鸥怕鼓难驯。百吏瞻相面,千夫捧拥身。自然闲兴少,应负镜湖春。

留题天竺灵隐两寺　〔唐〕白居易

在郡六百日,入山十二回。宿因月桂落,醉为海榴开。黄纸除书到,青宫诏命催。僧徒多怅望,宾从亦徘徊。寺闇烟霾竹,林香雨落梅。别桥怜白石,辞洞恋青苔。渐出松间路,犹飞马上杯。谁教冷泉水,送我下山来[2]。

湖光为刘庆远作也　〔宋〕姜特立

湖光浸坤轴[3],湖光混太清。风来縠纹起,夜静镜奁平。初讶琉璃软,还疑组

---

[1]　雍正本"兴"作"与"。

[2]　雍正本无唐白居易《留题天竺灵隐两寺诗》。

[3]　雍正本"光"作"水",义长。

练横。微茫连泽国，潋滟蹙寒汀。破碎翻千月，泓澄印万星。雨余添点缀，日射斗晶荧。桥影虹垂涧，松阴幕覆亭。鱼跳全荐玉，山卧半沉青。小泛依吴榜，长摇任楚萍。挤排李白醉，勾引屈原醒。暇日宜呼客，平时好濯缨。吟哦万景集，未足称诗情。

中秋日举西湖社　〔明〕冯梦祯

佳辰正秋半，此地集兰交。冠盖添新侣，湖山次近郊。主人扶大雅，余子足前茅。莒国难辞赋，尸人亦代庖。才情终避舍，臭味或投胶。史定占星聚，元从解客嘲。命舟依月渚，改席指云巢。绿借湖为酿，香分桂作肴。鸥凫眇沙际，星斗杂林梢。从此多良集，诗筒处处捎。

西湖夏泛同方丈　〔明〕程　浩

小径萦山曲，危城压水雄。岸回空骑尽，湖泛一舟同。进桨荷香破，钩莲浦望通。暑消青荇雨，凉起白苹风。狂客扪瑶瑟，佳人观碧筒。百壶犹送酒，留醉月明中。

国　　朝

西湖燕集二十韵　陆世楷

海内同文日，湖滨肇会年。盍簪皆胜侣，载笔有新篇。令序春王始，雄风大国先。鸡坛推执耳，燕社共随肩。门第东南盛，英才吴会偏。德里荀陈聚，仙舟李郭联。褐裘神奕奕，结驷望翩翩。入座纷如玉，挥毫健似椽。惊人诗思艳，掷地赋声渊。朱履空瑶席，芳樽接绮筵。问梅孤屿侧，待月六桥边。雪后笙簧翠，春来桃李妍。风流夸主客，清淑羡山川。丝竹何须奏，琼瑶自可镌。高人仍皂帽，名士但青毡。虚室披兰簿，荒帷理研田。敢辞金谷酒，欲泛剡溪船。把臂犹嫌晚，弹冠愧未前。探骊宁有术，附骥倘能传。

武林览胜记卷三十二

艺文六

诗　七言律

余杭形胜　〔唐〕白居易

余杭形胜四方无，州傍青山县枕湖。绕郭荷花三十里，拂城松树一千株。梦儿亭古传名谢，教妓楼新道姓苏。州西灵隐山上有梦谢亭，即是杜明甫梦谢灵运之所，因名客儿。苏小小，本钱塘伎人也。独有使君年太老，风光不称白髭须。

湖上醉中代诸妓寄严郎中　〔唐〕白居易

笙歌杯酒正欢娱，忽忆仙郎望帝都。借问连宵直南省，何如尽日醉西湖。蛾眉别久心知否，鸡舌含多口厌无。还有些些惆怅事，春来山路见蘼芜。

湖上招客送春泛舟　〔唐〕白居易

欲送残春招酒伴，客中谁最有风情。两瓶箬下新求得，一曲霓裳初教成。排此管弦行翠袖，指麾船舫点红旌。慢牵好向湖心去，恰似菱花镜上行。

春题湖上　〔唐〕白居易

湖上春来似画图，乱峰围绕水平铺。松排山面千重翠，月点波心一颗珠。碧毯线头抽早稻，青罗裙带展新蒲。未能抛得杭州去，一半勾留是此湖。

答客问杭州　〔唐〕白居易

为我踟蹰停酒盏，与君约略说杭州。山名天竺堆青黛，湖号钱塘泻绿油。大屋檐多装燕齿[1]，小航船亦画龙头。所嗟水路无三百，官系何因得再游。

夜归　〔唐〕白居易

半醉闲行湖岸东，马鞭敲镫辔玲珑。万株松树青山上，十里沙堤明月中。楼角渐移当路影，潮头欲过半江风。归来未放笙歌散，画戟门开蜡炬红。

钱塘湖春行　〔唐〕白居易

孤山寺北贾亭西，水面初平云脚低。几处早莺争暖树，谁家新燕啄春泥。乱花渐欲迷人眼，浅草犹能没马蹄。最爱湖东行不足，绿杨阴里白沙堤。

答微之见寄时在郡楼对雪　〔唐〕白居易

可怜风景浙东西，先数余杭次会稽。禹庙未胜天竺寺，钱湖不羡若耶溪。摆尘野鹤春毛暖，拍水沙鸥湿翅低。更对雪楼君爱否，红栏碧甃点银泥。

西湖留别　〔唐〕白居易

征途行色惨风烟，祖帐离声咽管弦。翠黛不须留五马，皇恩只许住三年。绿藤阴下铺歌席，红藕花中泊妓船。处处回头尽堪恋，就中难别是湖边。

九日思杭州旧游寄周判官及诸客　〔唐〕白居易

忽忆郡南山顶上，昔时同醉是今辰。笙歌委曲声延耳，金翠动摇光照身。风景不随宫相去，欢娱应逐使君新。江山宾客皆如旧，唯是当筵换主人。

送姚杭州赴任因思旧游二首　〔唐〕白居易

与君细话杭州事，为我留心莫等闲。闾里固宜动抚恤，楼台亦要数跻攀。笙歌缥缈虚空里，风月依稀梦想间。且喜诗人重管领，遥飞一醆贺江山。

渺渺钱唐路几千，想君别后事依然。静逢竺寺猿偷橘，闲看苏家女采莲。故伎数人凭问讯，新诗两首情流传。舍人虽健无多兴，老校当时八九年。

---

〔1〕　雍正本"燕"作"雁"。

白舍人自杭州寄诗有柳色春藏苏小家之句因而戏酬 〔唐〕刘禹锡

钱唐山水有奇声,暂谪仙官领百城。女妓还闻名小小,使君谁许唤卿卿。鳌惊震海风雷起,蜃斗嘘天楼阁成。莫道骚人在三楚,文星今向斗牛明。

杭州天竺灵隐二寺顷岁亦布衣一游及赴镇会稽不敢以登临自适竟不复到寺寺多猿猱谓之孙团猱长其类因追思为诗二首 〔唐〕李 绅

翠岩幽谷高低寺,十里松风碧嶂连。开尽春花芳草涧,遍通秋水月明泉。石文照日分霞壁,竹影侵云拂暮烟。时有猿猱扰钟磬,老僧无复得安禅。

人烟不隔江城近,水石虽清海气深。波动只观罗刹相,静居难识梵王心。鱼扃昼锁龙宫宝,雁塔高摩佛界金。近日尤闻重雕饰,世人遥礼二檀林。

送僧贞实归杭州天竺 〔唐〕姚 合

石桥寺里最清凉,闻说茆茨寄上方。林外猿声连院落,月中潮色到禅床。他生念我身何在,此世惟师性亦忘。九陌相逢千里别,青山重叠树苍苍。

天竺寺殿前立石 〔唐〕姚 合

补天残片女娲抛,扑落禅门压地坳。霹雳划深龙旧攫,屈盘痕浅虎新抓。苔粘月眼风挑剔,尘结云头雨磕敲。秋至莫言长此立,春来自有薜萝交。

叙钱塘异胜 〔唐〕方 干

暖景融融寒景清,越台风送晓钟声。四郊远火烧烟月,一棹惊波撼郡城。夜雪未知东岸绿,春风犹放半江晴。谢公吟处依稀在,千古无人继盛名。

赠钱塘湖上唐处士 〔唐〕方 干

我爱君家似洞庭,冲湾泼岸夜波声。蟾蜍影里清吟苦,舴艋舟中白发生。常共酒杯为伴侣,复闻纱帽见公卿。莫言举世无知己,自有孤云识此情。

游灵隐天竺二寺 〔唐〕徐 夤

丹井冷泉虚易到,两山真界实难名。石和云雾莲花气[1],月过楼台桂子清。腾

---

[1] 雍正本"气"作"起"。

踏回桥巡象设,罗穿曲洞出龙城。更怜童子呼猿去,飒飒萧萧下树行。

秦望山僧院　〔唐〕罗　隐

巉巉危岫倚沧洲,闻说秦王亦此游。霸主卷衣才二世,老僧传锡已千秋。阴崖水赖松梢直,藓壁苔侵画像愁。各事病来俱未了,莫将烦恼问汤休[1]。

和衮弟游湖上诸寺二首　〔宋〕苏　颂

丛林四百见州经,尽在钱塘旧县垌。十里湖光连北郭,千寻岩翠绕南屏。松间幽径迎冠盖,竹里飞泉入户庭。胜境无因朝日到,羡他禅伯老林扃。

湖山不到每驰情,与客逢迎暂驻旌。鹫岭飞来询慧理,龙宫吟就续延清。僧房有竹寻门见,磴道扳萝尽日行。交臂晤言欣得侣,上台专使对仙瀛。

和景仁西湖泛舟　〔宋〕司马光

满船歌吹拂春湾,天外晴霞水底斑。谁信飞觞临绮席,独能回首望青山。东门车马匆匆别,西洛风烟寂寂闲。叠石溪头应便好,却输野叟坐林间[2]。

秋日湖西晚归舟中书事　〔宋〕林　逋

水痕秋落蟹螯肥,闲过黄公酒舍归。鱼觉船行沉草岸,犬闻人语出柴扉。苍山半带寒云重,丹叶疏分夕照微。却忆清溪谢太傅,当时未解惜蓑衣。

湖上晚归　〔宋〕林　逋

卧枕船舷归思清,望中浑恐是篷瀛。桥横水木已秋色,寺倚云峰正晚晴。翠羽湿飞如见避,红蕖香袅似相迎。依稀渐近诛茅地,鸡犬林萝隐隐声。

湖上初春偶作　〔宋〕林　逋

梅花开尽腊亦尽,晴暖便如寒食天。春色半归湖上柳,人家多上郭门船。文禽相并映短草,翠潋欲生浮嫩烟。几处酒旗山影下,细风时已弄繁弦。

---

〔1〕　雍正本无唐罗隐《秦望山僧院诗》。

〔2〕　雍正本无宋司马光《和景仁西湖泛舟》。

西湖春日 〔宋〕林 逋

争得才如杜牧之,试来湖上辄题诗。春烟寺院敲茶鼓[1],夕照楼台卓酒旗。浓吐杂芳熏嶽崿,湿飞双翠破涟漪。人间幸有蓑兼笠,且上渔舟作钓师。

谨按:是诗载和靖集中。《西湖游览志》作王平甫,误。

西湖 〔宋〕林 逋

混元神巧本无形,匠出西湖作画屏。春水净于僧眼碧,晚山浓似佛头青。栾栌粉堵摇鱼影,兰杜烟丛阁鹭翎。往往鸣榔与横笛,细风斜雨不堪听。

陪赵少师游西湖兼简坐客 〔宋〕赵 抃

丝管喧喧拥画船,澄澜上下照红莲。一尊各尽十分酒,四老共成三百年。北阙音书休忆念,西湖风物且留连。杭民夹道焚香看,白发朱颜长寿仙。

十日西湖晚归 〔宋〕蔡 襄[2]

清晨出郭又晴曛,已见空枝嫩叶新。争得山头能阁日,且容湖上不归春。人随百戏波翻海,酒到三桥月满身。三桥乃西湖归路,月中饮于湖上。只有牡丹才半拆,未知何处可娱宾。

春答孙推官南屏旧游 〔宋〕蔡 襄

已怜丛翠在湖边,最胜浓岚返照前。未省天工能刻饰,只因山骨自清坚。岩端下溜添春涧,穴底来风送野烟。欲仗何人安展齿,更寻幽径一攀缘。

清明西湖 〔宋〕蔡 襄

千顷平湖绿一遭,空城游乐自奢豪。画船争胜飞红鹘,翠嶂都浮载海鳌。芳草堤边裙带短,柔桑陌上髻鬟高。楼前尽日闻歌笑,不啻秋风卷怒涛。

寒食西湖 〔宋〕蔡 襄

山前雨气晓才收,水际风光翠欲流。尽日旌旗停曲岸,满潭钲鼓竞飞舟。浮来

---

〔1〕 雍正本"茶"作"斋"。

〔2〕 蔡襄,底本误作"赵抃",据雍正本改。

烟岛疑相就,引去山禽好自由。归骑不令歌吹歇,万枝灯烛度光楼。

西湖　〔宋〕蔡　襄

湖上山光一抹青,佛宫高下裹岩扃。烟收水曲开尘匣,春送人家入画屏。竹气更清初霁雨,梅英犹细欲残星。吴船越地知何处,柳拂长堤月满汀。

和子瞻沿牒京口忆西湖寒食出游见寄二首　〔宋〕陈　襄

乞得湖山养病身,花时曾共忆行春。嘤鸣幽鸟还迁木,鬵沸清泉复采芹。皂盖寻芳邱有李,彩楼观戏巷无人。锦袍公子归何晚,独念沟中菜色民。

春阴漠漠燕飞飞,可惜春光与子违。半岭烟霞红旆入,满湖风月画船归。猴笙一阕人何在,辽鹤重来事已非。犹忆去年题别处,鸟啼花落客沾衣。

去杭十五年复游西湖用欧阳察判韵　〔宋〕苏　轼

我识南屏金鲫鱼,重来拊槛散斋余。还从旧社得心印,似省前生觅手书。葑合平湖久芜蔓,人经丰岁尚凋疏。谁怜寂寞高常侍,老去狂歌忆孟诸。

寒食未明至湖上太守未来两县令先在　〔宋〕苏　轼

城头月落尚啼乌,乌榜红舫早满湖。鼓吹未容迎五马,水云先已扬双凫。映山黄帽螭头舫,夹道青烟雀尾炉。老病逢春只思睡,独求僧榻寄须臾。

宿水陆寺寄北山清顺僧二首　〔宋〕苏　轼

草没河堤雨暗村,寺藏修竹不知门。择薪煮药怜僧病,扫地焚香净客魂。农事未收侵小雪,佛灯初上报黄昏。年来渐识幽居味,思与高人对榻论。

长嫌钟鼓聒湖山,此境萧条却自然。乞食绕村真为饱,无言对客本非禅。披榛觅路冲泥入,洗足关门听雨眠。遥想后身穷贾岛,夜寒应耸作诗肩。

次韵刘景文寒食同游西湖　〔宋〕苏　轼

絮飞春减不成年,老境同乘下濑船。蓝尾忽惊新火后,遨头要及浣花前。山西老将诗无敌,洛下书生语更妍。共向北山寻二士,画桡鼍鼓聒清眠。

有以官法酒见饷者因用前韵求述古为移厨饮湖上　〔宋〕苏　轼

喜逢门外白衣人,欲脍湖中赤玉鳞。游舫已妆吴榜稳,舞衫初试越罗新。欲将鱼钓追黄帽,未要靴刀抹绛巾。芳意十分强半在,为君先踏水边春。

常润道中有怀钱塘寄述古三首 〔宋〕苏 轼

后来直道不辜身,得向西湖两过春。沂上已成曾点服,泮宫初采鲁侯芹。休惊岁岁年年貌,且对朝朝暮暮人。细雨晴时一百六,画船箫鼓莫违民。

草长江南莺乱飞,年来事事与心违。花开后院还空落,燕入华堂怪未归。世上功名何日是,樽前检点几人非。去年柳絮飞时节,记得金笼放雪衣。杭人以放鸽为太守寿。

浮玉山头日日风,涌金门外已春融。二年鱼鸟浑相识,三月莺花付与公。剩看新翻眉倒晕,未应泣别脸消红。何人织得相思字,寄与江边北向鸿。

次韵关子容湖上晚饮 〔宋〕陈师道

风树吹花落四邻,莫云将雨欲催人。旋倾美酒留连客,急作新诗报答春。试傍清湖看鬓发,莫辞行乐费金银。如今归去还高卧,更问风光有几旬。

西湖纳凉 〔宋〕曾 巩

问吾何处避炎蒸,十顷西湖照眼明。鱼戏一篙新浪满,鸟啼千步绿阴成。虹腰隐隐松桥出,鹢首峨峨画舫行。最喜晚凉风月好,紫荷香里听泉声。

寄题钱塘毛氏西湖园 〔宋〕李 觏

昔年曾泛西湖流,君今更住西湖头。人生多是未得往,地上有天何处求。朱楼照影钟磬晓,画船落手芙蓉秋。鲤鱼赤鳞应不少,待与水仙相伴游[1]。

和王乐道西湖席上 〔宋〕范纯仁

春湖景物画图中,朱阁偏宜翠柳笼。上客纵谈髯奋白,佳人醉舞脸舒红。铺张锦绣花边日,堆叠琉璃水面风。民俗欢游鱼鸟乐,名人才合亮天工。

早步湖上 〔宋〕陈 造

忽忽京尘渍客衣,正须轩旷一伸眉。独行初日葱茏处,不待游人杂沓时。鱼乐暗摇亭树影,风轻闲弄水云姿。因循又耐箫歌聒,早向湖山细入诗。

---

〔1〕 雍正本无宋李觏《寄题钱塘毛氏西湖园诗》。

正月晦步西湖小憩市楼　〔宋〕陈　造

鼓腹不诧金石音,吟步竹坞俄梅林。方爱群鹜漾清泚,忽听一鸿啼晏阴。野饭不妨随分饱,杯酒却忆向来深。明朝晴雨恐未卜,鸥鹭盟寒空复心。

次韵君叙湖上偶作　〔宋〕周紫芝

政恐情须我辈钟,画船同载舞衣红。可怜燕子无人管,不忍桃花过眼空。客睡喜听门剥啄,君诗来送玉丁东。何时却觅孤山路,共吊梅花树下翁。

次韵张元明同边郎中游西湖二君讲同年之好因有此游　〔宋〕周紫芝

十里春波翠染衣,小寻鱼鸟共追随。船头风急何妨醉,湖上山多尽入诗。藜杖偶来飞絮里,芦鞭犹忆看花时。两公人物如连璧,同上金銮亦未迟。

晓起趋郡湖上作　〔宋〕周紫芝

湖水初分宿雾余,绿蒲深处听跳鱼。一枝聊作乌栖树,五晓尚随人趁虚。老矣坐曹真戏事,归欤怀旧却情疏。未闻禁钥听传漏,残梦犹堪付竹舆。

次韵林梅卿西湖载酒时仆以病不赴　〔宋〕周紫芝

西湖岂复是人间,付与瀛洲学士闲。百榼满倾桑落酒,两高聊作道家山。一年春事方三月,万里烽烟靖八蛮。白发可怜欹病枕,兰船空想棹歌还。

湖上戏题　〔宋〕周紫芝

一湖春水绿漪漪,卧水桃花红满枝。去住云情浑不定,阴晴天色故相欺。风前柳作小垂手,雨后山成双画眉。何必娉娉仍袅袅,西湖应便是西施。

后二日又题一首　〔宋〕周紫芝

家在东湾古渡头,柴扉草阁枕寒流。无人拟弹能言鸭,有眼那惊不下鸥。月里踏歌何处社,尊中载酒几家游。溪南溪北村村水,春雨春风日日愁。

后五日又题一首　〔宋〕周紫芝

几日春风太放颠,晚来寒食露晴天。浪纹随棹湖如镜,日脚翻鸦月似弦。便可饱看花入眼,不应直待柳吹绵。庚郎分得愁千斛,肯与青丝作少年。

西湖泛舟 〔宋〕朱 松

望湖楼下照衰颜,羞见层崖两鬓斑。风艇纵看山转侧,烟堤尽逐水回还。唤人归去城钟急,触处相亲岭月弯。不用新诗摹绝境,定知长到梦魂间。

西湖会同年和巫子先伋韵 〔宋〕董公度

一鹗独立鸟群空,寂寞谁怜汉阁雄。雁塔他年曾接武,乌台今日自生风。平湖入座摇寒碧,返照催人堕晚红。目断禁城骢马客,何时谈笑一尊同。

三月六日中宫生辰二府例以前四日就孤山四圣观设醮泛舟至玉壶环碧园因记欧阳公治平三年丙午岁上巳和韩丞相诗谓是岁始颁明天历三月三日丁巳故有节正须知凤历新之句今岁亦逢辛巳而又岁皆丙午辄借原韵赋诗一篇简诸公 〔宋〕周必大

京华正踏软红尘,却趁西湖祓禊辰。历似明天时令正,春逢闰岁物华新。流连花柳输豪侠,判断湖山愧隐沦。尚拟鸣銮一游豫,还陪英衮奉严宸。

次林伯玉侍郎韵赋西湖春游 〔宋〕陆 游

西湖一别不知年,陈迹重寻麦岭边。山远往来双白鹭,波平俯仰两青天。残骸自觉难支久,一笑相从亦宿缘。旅食京华诗思尽,羡公落笔涌如泉。

与儿辈泛舟游西湖一日间阴晴屡易 〔宋〕陆 游

逢着园林即款扉,酌泉瀹笋欲忘归。杨花正与人争路,鸠语还催雨点衣。古寺题名那复在,后生识面自应稀。伤心六十余年事,双塔依然在翠微。

沈虞卿秘监招游西湖 〔宋〕杨万里

苏公堤远柳生烟,和靖园深竹映关。船入芰荷香处去,人从云水国中还。似寒如暖清和在,欲雨翻晴顷刻间。能为蓬莱老仙伯,一杯痛快吸湖山。

南中闻吕伯恭至湖上 〔宋〕韩元吉

莫嫌鞭马踏春泥,茶鼎诗囊偶共携。山色云深春更好,湖光烟接望还迷。连天花絮飞将尽,夹道蒲荷长欲齐。官事得闲须洗眼,蓬壶只在帝城西。

伏承侍郎使君垂示所与少傅国公唱酬西湖佳句谨次
高韵　〔宋〕朱　熹

百年地辟有奇功,创见犹惊鹤发翁。共喜安车迎国老,更传佳句走邮筒。闲来且看潮头入,乐事宁忧酒盏空。会见台星与卿月,交光齐照广寒宫。

越王城下水融融,此乐从今与众同。满眼芰荷方永日,转头禾黍便西风。湖光尽处天容阔,潮信来时海气通。酬唱不夸风物好,一心忧国愿年丰。

湖上次袁起岩安抚韵　〔宋〕楼　钥

同年紫陌再寻春,力主斯盟赖尹京。山外斜阳湖外雪,夜来阴霭晓来晴。平波滟滟新添绿,冻木欣欣欲向荣。此日此身清洁甚,软红何苦太忙生。

夫人携家泛湖　〔宋〕楼　钥

三分春色二分休,始见鱼轩泛彩舟。诸子侍行欢尽日,一翁独坐淡于秋。满斟美酒应同醉,是处名园为少留。阴霭在前雷雨后,特晴此日称君游。

湖亭观竞渡　〔宋〕楼　钥

涵虚歌舞拥丰君,两两龙舟来往频。闰月风光三月景,二分烟水八分人。锦标赢得千人笑,画鼓敲残一半春。薄暮游船分散去,尚余残酒绕湖滨。

湖上吟　〔宋〕章　甫

谁家短篷吹杨柳,何处扁舟唱采菱。湖水欲平风作恶,秋云太薄雨无凭。近人白鹭麾方去,隔岸青山唤不应。好景满前难着语,夜归茆屋望疏灯。

上巳约客总宜以病不及往二诗呈陈士履王渊衢诸人自酌
二首　〔宋〕岳　珂

总宜阁畔小帘栊,碧浸平湖面面风。别馆绿阴聊系马,便桥红影正垂虹。流觞有序传诗客,在席无人称倦翁。俟自醉归翁自倦,风光流转不须同。

我是棠矶旧钓徒,天教生与水云俱。兰亭正值人修禊,柳岸还添浪拍湖。幸有丈人观笔法,可无嘉客醉兵厨。直须去跃城东马,更与留春作后图。

梦尚留三桥旅邸 〔宋〕岳　珂

天上归来打六更，梦回搔首正蓸腾。玉霜初上三更月，绛彩犹明九市灯。声彻铜鱼催勘箭，影斜金雀在觚棱。帝乡东望重回首，佳气何时到五陵。

孤山寒食 〔宋〕赵师秀

三月芳菲在水边，旅人消困亦随缘。晴舒蝶羽初匀粉，雨压杨花未放绵。有句自题闲处壁，无钱难买贵家船。最怜隐者高眠地，时有山禽当管弦[1]。

借居湖上 〔宋〕赵师秀

出仕归来贫似旧，借园偶近画桥居。纵观不用春携酒，出郭何妨夜读书。港小只过闲客棹，树低多碍故人车。向时城里缘尘土，久欲湖边住岁余。

春日湖上 〔宋〕高　翥

清波门外放船时，尽日轻寒恋客衣。花下笑声人共语，柳边樯影夜初飞。晓风不定棠梨瘦，夜雨相连荞麦肥。最忆故山春更好，夜来先遣梦魂归。

六月一日同姜白石泛湖 〔宋〕葛天民

六月西湖带雨山，小舟终日傍鸥闲。风烟如许关情甚，宾主相推下语难。细点送君归大雅，一凉今夜满长安。江湖远思知多少，归去风前各倚栏。

领客泛湖 〔宋〕魏了翁

鸣鞘踏月大堤长，鼓枻穿云落日黄。十里青漪菱草荡，四山红雨杏花冈。客从民气觇春事，人在枝头看艳阳。长使舟平风色好，世间何处有羊肠。

王别驾访天竺颐晔二师 〔宋〕姚　镛

宝香重彻碧莲台，别驾寻僧日暮回。听雨斋前惊树长，浴云池上看花开。青山久不逢坡老，玄鹤亲曾识辨才。二老风流如昨日，百年诗石未苍苔。

---

〔1〕　雍正本无宋赵师秀《孤山寒食诗》。

湖上 〔宋〕方　岳

老藤支我步湖湑,借与晴光一欠伸。杨柳得春青眼旧,山峦留雪白头新。铁琅珰语寻斋钵,银鲅刺肥收钓缗[1]。有两黄冠共棋局,相携便作所欢人。

元夕后湖上作 〔宋〕许　棐

自从楼阁罢烧灯,未有今朝一日晴。暖折葑边冰翼破,寒留山顶雪痕轻。骄骢已印寻芳迹,小伎新翻鸎唱声。每个旗亭商一醉,也应排日到清明。

至日谒庙吴山见日初出 〔宋〕施　枢

曦龙浴海上扶桑,云表辉芒烛万方。史馆缤纷书瑞色,禁城奕耀锁祥光。从知绣线添红影,独喜丹心向太阳。节里官闲无一事,谛观易道静焚香。

西湖 〔宋〕汤仲友

山色湖光步步随,古今难画亦难诗。水浮亭馆花间出,船载笙歌柳外移。过眼年华如去鸟,恼人春色似游丝。六桥几见轮蹄换,取乐莫辞金屈卮。

湖上即事 〔宋〕陈　起

波光山色两盈盈,短策青鞋信意行。葑草烟开遥认鹭,柳丝春早未藏莺。谁家艳饮歌初歇,有客孤舟笛再横。风景无穷吟莫尽,且将酩酊乐浮生。

同陈明叔游湖作 〔宋〕朱南杰

四月湖边冷若秋,先贤堂下系扁舟。山头积翠来新意,波面飘红忆旧游。无奈杨花欺倦客,已多荷叶护轻鸥。堤边谁道春归了,犹有一声黄栗留。

同刘明山游湖边作 〔宋〕朱南杰

谁立西湖造化功,峰分南北境相通。四时风物弦歌里,两岸人家图画中。堤柳送迎忘尔汝,棹声来往自西东。风波便作恩波看,此乐君王与众同。

---

〔1〕 鲅,雍正本作"拨"。

清明湖上　〔宋〕武　衍

榆火初传禁漏残,满城和气在湖山。接天杨柳风烟里,照水桃花图画间。旧路人穿新路去,长桥船出断桥还。吾皇应喜民胥乐,岁许西门入夜关。

西湖清明　〔宋〕张　蕴

芳天新霁惠风和,软绿平堤凝不波。桃李无言看客惯,楼台如画占天多[1]。游裾匝路填车马,翠榜开筵斗绮罗。寂寂寒烟生水面,白鸥奈此月明何。

西湖会上和赵靖轩韵　〔宋〕胡仲参

不着人间半点愁,每于胜处一凭楼。吟边只欠林和靖,坐上追思马少游。晕脸芙蕖醺薄暮,低眉杨柳拂新秋。酒阑拍掌狂歌舞,自是忘机可狎鸥。

秋晚泛湖　〔宋〕胡仲参

载酒湖边买小舟,水光山色解人愁。短篱寂寂菊花晚,两岸萧萧杨柳秋。落日波间收戏鼓,暮烟林外出歌楼。倚阑长啸西风里,惊起前汀双白鸥。

侍谢立斋小酌湖楼　〔宋〕陈允平

风卷珠帘客佩清,杜鹃啼老送春声。水浮亭馆花间出,船载笙歌柳外行。千里夕阳归梦远,六桥飞絮马蹄轻。阑干倚遍暮天阔,烟树一钩新月生。

云山叠叠树重重,浙水迢遥客梦中。啼鴂数声春去日,落花满地夜来风。松关鹤立吟坛静,竹院僧眠丈室空。明日马蹄何处所,夕阳芳草画桥东。

月夜泛湖　〔宋〕徐集孙

买得扁舟载月明,喜他箫鼓已归城。一襟风露清吟骨,四望湖山见道情。花港采菱供果饤,苹洲撷荇荐杯行。此欢不许人多得,破晓西村鸡犬鸣。

智果寺观东坡墨迹及参寥泉　〔宋〕徐集孙

煮茗评诗岁月深,堂堂遗像篆烟沉。数间老屋关兴废,一段清名无古今。碑断乱云封字脚,井昏落叶覆泉心。斜阳影里夷犹处,仰止高风不敢吟。

---

〔1〕　雍正本"天"作"春"。

湖亭夜坐　〔宋〕徐集孙

片叶秋风数日程,争如天籁未秋声。厌居尘境炎威炽,来纳虚亭夜气清。万点荧光移醉眼,一湖蟾影荡吟情。笙歌寂寂重关掩,独许高僧并臂行。

休日招李山房杜北山访渭滨秋浦于孤山即席用韵　〔宋〕徐集孙

凛凛仙风匝葑田,徘徊怀古事茫然。眼空湖海无尘累,身在蓬莱有宿缘。孤策遍寻储鹤地,偏提自汲煮茶泉。诗家眷属通诗谱,不枉微官客日边。

西湖纳凉[1]　〔宋〕徐集孙

小艇撑过第一桥,酌泉桥下掷诗瓢。来游道院分荷供,拟拉吟僧遣鹤招。暮霭直从渔笛起,月华高过塔灯遥。且于静处偷清福,人海惊人似涌潮。

己卯春过西湖　〔宋〕何梦桂

世事谁家屋上乌,重来犹认旧西湖。风帘隔岸自高下,烟寺前山半有无。野水菰蒲飞属玉,夕阳栏槛唤提壶。十年不记梅花梦,试向孤山问老逋。

西湖　〔宋〕柴　望

年年柳眼青归处,门外游人可自闲。天气又晴晴又雨,楼台依寺寺依山。酒边歌拍穿花外,船上箫声落水间。光景留连空自惜,鹧鸪啼罢暮城关。

西湖图　〔宋〕真山民

两袖春风一丈池,等闲蹋破柳桥西。云开远嶂碧千叠,雨过落花红半溪。青旆有情邀我醉,黄莺无恨为谁啼。东城正在桃源外,多少游人逐马蹄。

次韵文饶同自龙井出资国度泛舟以归北山　〔宋〕释道潜

踞虎奔犀列万形,奇观直以过南屏。萦云细路杳无尽,落石飞泉静有声。十里平湖初卷葑,一天秋色共扬舲。停桡共过孤山寺,寂寂林僧半掩扃。

---

〔1〕　雍正本"西湖"作"湖西"。

次韵王行甫奉议湖上晚归遇雨 〔宋〕释道潜

妙龄公子嗜遨嬉，永日湖山未肯归。酒帜撩人应惯识，花枝拂帽不须挥。轻绂细绮来何处，青盖朱轮去似飞。向晓薄雷催急雨，清寒无奈袭裳衣。

次韵吴承老观开西湖 〔宋〕释道潜

伟人谋议不求多，事定纷纭自唯阿。尽放龟鱼还净渌，肯容萧苇障前坡。一朝美事谁能记，百尺苍崖尚可磨。天上列星当亦喜，月明时下浴晴波。按：是诗又见《东坡外集》，今据《参寥集》采入。

送晓上人归西湖白阁所居 〔宋〕释惠洪

我忆钱塘雪鬓新，三年东上肺生尘。那知南浦青湘岸，忽见西湖白阁人。熟视音姿惟梦寐，便惊风物有精神。倏然又入千峰去，怊怅孤云野雀身。

送净慈书记 〔宋〕虞　集

寒梅的的西来意，翠竹青青劫外春。日出碧鸡山作雾，台空彩凤地无尘。八年写遍湖光好，万里归来月色新。我在锦官城里住，白云满屋便为怜。

送旨上人西湖并寄邓善之 〔元〕戴表元

闻说西湖也自怜，君游更傍早春天。六桥水暖初杨柳，三竺山深未杜鹃。旧壁草深寻旧刻，新岩茶熟试新泉。城中好友须相觅，西蜀遗儒解草元[1]。

西湖 〔元〕王　恽

西湖三面簇青山，净拭菱花照翠鬟。沧海月寒龙穴露，彩云仙去凤箫闲。无多楼观犹图画，最好风烟近市阛。郑重绣衣周漕使[2]，画船春酒待余还。

涌金门城望二首 〔元〕方　回

萧条垂柳映枯荷，金碧楼台水易过。略剩繁华犹好在，细看冷淡奈愁何。遥知堤上游人少，渐觉城中空地多。回首太平三百载，钱王纳土免干戈。

---

〔1〕 雍正本无元戴表元《送旨上人西湖并寄邓善之诗》。按：此诗见于《名贤》"邓文原"条。
〔2〕 雍正本"漕"作"御"。

风入松词万口传,翻成余恨寄湖烟。难寻旧梦花阴地,剩放新愁雪意天。战罢闲堤眠老马,宴稀荒港泊空船。此心拟欲为僧去,政恐袈裟未惯穿[1]。

秋日西湖园亭　〔元〕仇　远

西湖一曲百泉通,漠漠青山绕梵宫。故国园林秋色净,明朝风雨桂花空。银笙玉笛清歌外,画舫珠帘落照中。人物风光两相称,儿童遮莫笑山翁。

同杨心卿过孤山访静传不遇自游和靖祠下明日奉
寄二高士　〔元〕仇　远

飞仙又向别峰游,竹下闲房且小留。满鬓朔风吹客帽,倚阑斜日在渔舟。梅花路冷难寻冢,莼草田荒半作洲。独往独来沙鸟怪,山空木落使人愁。

湖上值雨　〔元〕仇　远

波痕新绿草新青,有约寻芳苦不晴。莎径泥深双燕湿,柳桥烟淡一莺鸣。山围故苑春常锁,泉落低畦暖未耕。十载旧踪时入梦,画船多处看倾城。

同段吉甫泛湖　〔元〕仇　远

西湖春碧净无泥,画舫朱帘傍岸移。寒食清明初过后,杏花杨柳乍晴时。从教西日催歌舞[2],莫放东风转酒旗。只恐明朝成雨去,暗惊浓绿上高枝。

晦日携幼湖上　〔元〕仇　远

葛岭苏堤尽寂然,东风吹我过湖船。江山信美无人会,儿女情多只自怜。柳色染匀春淡荡,杨花落尽日暄妍。麦秋天气浑如此,却笑征衫未脱绵。

题李公略示高郎中吴山观月图　〔元〕仇　远

凭高宜晓更宜秋,下马归来即倚楼。纳纳乾坤双老眼,滔滔江汉一扁舟。满城明月空吴苑,隔岸青山认越州。李白酒豪高适笔,当时人物总风流。

湖楼玩雪　〔元〕白　珽

西湖十里卷帘中,幻出楼台第一宫。山势蹴天银作浪,柳行扑地玉为虹。鱼蓑

---

〔1〕　雍正本无元方回《涌金门城望》二首。
〔2〕　雍正本"舞"作"鼓"。

鹤氅同为我,雀舌羊羔不负公。明日凤池朝退后,一鞭曾约试吟骢。

三十年前与倪仲深泛湖作中秋诗今幸同与校文中庭月色如昼短句叙旧 〔元〕袁 桷

昔年同泛凌风舸,白眼论交屈指难。枫叶参差山影矗,藕花凌乱水声干。我方乌帽穿黄雾,君正羊裘漱碧澜。归隐始知人世换,无端此地更凭栏。

岳王孙县尉复栖霞坟田 〔元〕龚 璛

岳鄂诸孙复墓田,清明寒食起新烟。道傍为我除苍桧,山下如今哭杜鹃。高庙神灵应悔此,中原父老尚凄然。西湖靡靡行人去,却望栖霞转可怜。

游西湖次毛玉田韵 〔元〕黄 庚

触目钱塘昨梦非,行春载酒忆当时。花间不辗香轮入,柳外空鞭骏马飞。落日荒烟和靖墓,断云流水子胥祠。忘情鸥鹭闲于我,应笑江湖客未归。

西湖 〔元〕徐秋云

凉洗冰壶压两峰,镜鸾无地觅惊鸿。芙蕖池馆鸳鸯雨,杨柳楼台燕子风。玉篆度云听似梦,画图浮水望如空。斗牛已属乘槎客,何处凌波第一宫。

游西湖 〔元〕张复亨

山翠湖光画染扉,珠宫缥缈晚钟微。僧寻三竺沿堤过,鹤认孤山背水归。桥影乱分公子棹,荷花轻着美人衣。繁华不醉飘零客,愁听啼鹃又夕晖。

西湖秋日 〔元〕尹廷高

深秋幽兴在平湖,伫立微吟独捻须。黄鹤孤飞盘古木,翠禽危立颤枯蒲。斜河淡月互明灭,远嶂寒烟半有无。自是胸襟发清气,不愁佳景最难摹。

西湖 〔元〕于 石

西湖胜概甲东南,满眼繁华又几年。钟鼓相闻南北寺,笙歌不断往来船。山围花柳春风地,水浸楼台夜月天。士女只知游赏乐,几人翘首五云边。

游西湖　〔元〕曹伯启

郁郁羁愁暑不堪，画船西出事奇探。柳边和气苏公路，梅底清风处士庵。已觉湖山入胸臆，更容丝竹荐肥甘。锦云一段三千顷，记取平生作盛谈。

西湖舟中　〔元〕黄　溍

黄尘乌帽愧平生，对客犹称旧姓名。此事正堪三太息，只今忍负四难并。放舟乍落空蒙境，送酒元无窈窕声。金谷兰亭今已矣，不妨时暂濯吾缨。

西湖空蒙图　〔元〕刘　因

旧隐湖山笔底收，相从京洛意中游。昏昏车马飞花雨，寂寂钟鱼落叶秋。千古登临翻作梦，百年歌舞漾清愁。何当化鹤看沧海，不用呼猿去汲流[1]。

湖上　〔元〕杨　载

秋郊纵步却骖骦，胜事能多许客参。如雪万家收早稻，未霜千树着黄柑。鼍鸣海上潮先涌，猿叫山前雾欲含。放浪渔樵元有处，使人犹自爱江南。

暮春游西湖北山　〔元〕杨　载

愁耳偏工着雨声，好怀长恐负山行。未辞花事骎骎盛，正喜湖光淡淡晴。倦憩客犹勤访寺，幽栖吾欲厌归城。绿畴桑麦盘樱笋，因忆离家却岁更。

题沈君湖山春晓图诗卷　〔元〕杨　载

迤逦沙堤接画桥，东风杨柳暗长条。莺随玉笛声偏巧，马受金羁气益骄。舞榭歌台临道路，佛宫仙馆入云霄。西湖春色年年好，底事诗翁叹寂寥。

西湖　〔元〕曹　志

与客携壶泛画船，西湖佳丽翠依然。柳洲锁秀晴光艳，莲沼生香晓色鲜。三竺楼台争胜概，六桥桃李竞芳妍。凭观放鹤孤山处，惆怅亭空夕照间。

---

〔1〕　雍正本"去"作"汲"。

次韵王侍郎游湖 〔元〕萨都剌

绮席新凉舞袖偏,赏心输与使君专。螺杯注酒摇红浪,彩扇题诗染绿烟。一镜湖光开晓日,万家花气涨晴天。涌金门外春如海,画舫笙歌步步仙。

钱塘湖 〔元〕马祖常

石桥西畔竹棚斜,闲日浮舟阅岁华。金凿悬崖开佛国,玉分飞瀑过人家。风杉鹤下春鸣垤[1],雨树猿啼瞑蹋花。欲赁荚田来此住,东南更望赤城霞。

湖上 〔元〕钱子正

湖上秋深也可怜,杖藜常日到湖边。荻花几处雪初霁,枫叶满川红欲燃。老去扬雄原有宅,归来陶令岂无田。渚苹汀蓼相牵挽,我欲移家理钓船。

忆西湖旧游 〔元〕钱子正

忆昔西湖放酒船,两峰如画雨晴天。鱼吹细浪随移棹,燕蹴飞花近彩筵。游赏总教同往日,楼台应不似当年。金鱼别后无消息,我欲移诗问玉泉[2]。

陪偰少监海修撰游西湖 〔元〕贡师泰

十年不到西湖上,此日重来意倍亲。尊酒暂陪天上使,画船犹待水边人。题诗香渍笺花旧,度曲声传玉树新。归醉小楼明月曙,开元钟鼓正朝真。

春日泛湖 〔元〕张翥

春来浑不到湖边,偶逐东风上画船。花气暖熏黄鸟岸,水光晴展白鸥天。绿杨兴剧频呼酒,银管声高正辊弦[3]。我比放翁应更放,看花不独海棠癫。

二月望日湖上值风 〔元〕张翥

疾风吹浪满重湖,云掩西山一半无。黄帽牵船依岸过,苍头按鹊绕林呼。莺花世界如春梦,烟雨楼台似画图。童稚兹游今白发,断桥斜日重踟蹰。

---

〔1〕 雍正本"鹤"作"鹳"。
〔2〕 雍正本无元钱子正《忆西湖旧游诗》。
〔3〕 雍正本"辊"作"拨"。

次韵刘宪副春日湖上二首[1] 〔元〕郑元祐

湖水西边旧是家,春风绕屋种梅花。传闻故老谈前日,爱教仙人服幻霞。鹤老离巢松化日,鸾孤照水竹穿沙。只今重到经行处,憔悴萧郎两鬓华。

湖水荒荒寒食天,相逢犹话国初平。红楼夜唱花间席,翠管春吹月下船。元圃自应留富丽,湘云谁为惜清妍。可怜头白归来日,井邑苍凉霭白烟[2]。

题西泠隐居 〔元〕叶广居

瘿木裁冠鹤氅轻,十年尘土压飘零。小山旧隐云封户,大药新栽月满庭。丹井夜交龙虎气,碧霄春蹑凤凰翎。西风客舍炎歊净,拟读琴心内景经。

湖上漫兴二首 〔元〕张　昱

百镒黄金一笑轻,少年买得是狂名。樽中酒酿湖波绿,席上人歌风语清。蛱蝶画罗宫样扇,珊瑚小柱教坊筝。南朝旧俗怜轻薄,每到花时别有情。

湖上新泥雪渐融,门前沟水暗相通。裙欺萱草轻盈绿,粉学樱桃浅淡红。暮雨欲来银烛上,春寒犹在酒尊空。青绫被薄不成梦,又是一番花信风。

三月三日湖上作二首 〔元〕张　昱

此日谁人肯在家,倾城满意事繁华。时非上巳不为节,春到牡丹才是花。雾鬓风鬟湖上女,画轮绣毂道傍车。儿童尽唱铜鞮曲,未觉人间日易斜。

此日西湖似曲江,湔裙流水碧淙淙。谁家妇女不红粉,是处水亭皆绿窗。白发看花春可数,画船扶醉玉成双。那人何哂狂居士,老至关情尚未降。

西湖[3] 〔元〕张　昱

楼外湖光白渺茫,楼中少妇试新妆。行年将近半百岁,大醉岂能千万场。翠织舞裙飞蛱蝶,白描歌扇睡鸳鸯。垂杨满院无人到,芍药花开日正长。

且观神女为行雨,莫问郎官应列星。芳草到门无俗驾,好山终日在湖亭。白鸥

---

〔1〕 雍正本无"二首"二字。

〔2〕 雍正本无"湖水荒荒寒食天,相逢犹话国初平。红楼夜唱花间席,翠管春吹月下船。元圃自应留富丽,湘云谁为惜清妍。可怜头白归来日,井邑苍凉霭白烟"五十六字。

〔3〕 雍正本"西湖"作"退居湖上投赠杨左丞二首"。

共戏荷叶小,黄鸟乱啼杨柳青。肯信曲阑干外立[1],晚凉吹得酒都醒[2]。

画船湖上载春行,日日花香扇底生。苏小楼前看洗马,水仙祠下坐闻莺。碧桃红杏浑相识,紫燕黄蜂俱有情。惆怅繁华成逝水,尽归江海作潮声。

倩得名姬唱慢歌,梁尘直欲下轻波。西风八月芰荷老,落日满湖凫雁多。到手莫辞双盏饮,转头又是一年过。光阴只在槐柯上,奈此浮生乐事何。

楼前芳树碧盈盈,付与幽禽自在鸣。堤上马驼红粉过,湖中人载酒船行。日长燕子语偏好,风暖杨花体更轻。何限才情被花恼,独教书记得狂名。

外湖里湖花正开,风情满意看花来。白银大瓮贮名酒,翠羽小姬歌落梅。身外功名真土苴,古来贤圣尽尘埃。韶光如此不一醉,百岁好怀能几回。

玉局当年为写真,西施宜笑复宜颦。朝云暮雨空前梦,桃叶柳枝如故人。露电光阴千劫外,鱼龙波浪一番新。伤心最是逋仙宅,半亩残梅共晚春。

湖上闲步 〔元〕王 冕

断云零乱雨初晴,醉客游行眼倍明。可喜一湖杨柳色,不禁三月杜鹃声。青山历历添新寺,白塔亭亭枕旧京。回首东南重兴感,岂因兴废独关情[3]。

七月旦日与吴彦孚钱良贵拉袁鹏举游湖值风雨联成口号二首[4] 〔元〕钱惟善

泛湖此日故人期,一叶偏舟任所之。云雾两峰青帕帻,波涛万顷碧琉璃。岂同袁绍饮河朔,却是岑参泛渼陂。醉里不愁风雨至,只疑昏黑有蛟螭。

芰制荷衣六月寒,清冰瓜果设杯盘。棹歌浪涌飘毛发,谈尘风生出肺肝。白雨满湖山不见,红裙入座酒都干。潢污归路没人膝,须记偏舟此日欢。

八月望日登江楼观潮 〔元〕钱惟善

白马涛头驾素车,至今犹是诧灵胥。千年元气淋漓后,八月长风震荡初。顾兔盈虚端不爽,神龙变化竟何如。须臾日落明江练,东逝滔滔泄尾闾。

---

〔1〕 雍正本"肯信"作"便倚"。

〔2〕 雍正本"醒"后五首诗依次题为无元张昱《惆怅》、元张昱《湖舫劝曹德昭金院酒》、元张昱《湖楼》、元张昱《纵饮》及元张昱《西湖漫兴》。

〔3〕 雍正本无元王冕《湖上闲步诗》。

〔4〕 雍正本"二首"作"一首",后无第二首诗。

三月望日与袁鹏举宾玉同游北山东山神仙宫胜处访喜雀寺茂上人不遇泛舟而回　〔元〕钱惟善

自怜耽句平生乐,时得寻真半日闲。白白杨花迷道上,青青梅子落林间。三千歌舞如春梦,四十飞腾未老颜。喜雀寺中寻旧话,前身记得是香山。

正月十六日游湖上　〔元〕钱惟善

东风杖履偶相从,试傍新堤觅旧踪。花竹园池通一径,金银楼阁倚千峰。林烟日午青先暝,湖水天寒绿未浓。卖酒垆头人似玉,抱琴时复醉临邛。

西湖　〔元〕杨维桢

西湖风景开图画,墨客骚人入咏嗟。扇底鱼龙吹日影,镜中莺燕老年华。苏堤物换前朝柳,葛岭人耕故相家。今古消沉一杯水,两峰长照夕阳斜。

嬉春体五首钱唐湖上作　〔元〕杨维桢

今朝立春好天气,况是太平朝野时。走向南邻觅酒伴,还从西墅买花枝。陶令久辞彭泽县,山公只爱习家池。宜春帖子题赠尔,日日春游日日宜。

西子湖头春色浓,望湖楼下水连空。柳条千树僧眼碧,桃花一株人面红。天气浑如曲江节,野客正似杜陵翁。得钱沽酒勿复较,如此好怀谁与同。

何处被花恼不彻,嬉春最好是湖边。不须东家借骑马,自可西津买蹋船。燕子绕林红雨乱,凫雏冲岸浪花圆。段家桥头猩色酒,重典春衣沽十千。

入山十里清凉国,二百楼台迤逦开。岳王坟前吊东渡,隐君寺里话西来。接果黄猿呼一个,采花白鹿走千回。风流文采湖山主,坡白应须属有才。

杨子休官日日闲,桐江新棹酒船还。叮咛旧客兼新客,漫浪南山与北山。好怀急就一斗饮,佳人能作五弦弹。君看此地经游辈,仿佛春风梦未残。

寄西湖林一贞先生　〔元〕丁鹤年

锦绣湖山世绝稀,东风不放赏心违。芙蓉杨柳临清浅,佛刹仙宫绕翠微。画舫载春天上坐,紫骝驮醉月中归。高情独有林和靖,门掩晴空看鹤飞。

咏吴山景 〔元〕贡性之

鸾翔凤翥枕江流，秀夺江南第一州。螺髻巧盘云外影，蛾眉深锁雨中愁。舞衣春试鸳鸯锦，歌扇晴翻翡翠楼。宝马香车游冶子，赏心谁不为迟留。

南屏别墅图 〔元〕刘 俨

竹里深藏听雪斋，花边小筑御风台。云岚倒影水天迥，蒲苇有声山雨来。内史幽情觞咏乐，右丞别业画图开。何时许我游真境，野色桥边踏紫苔。

钱塘二首 〔元〕朱梦炎

万户烟消一镜空，水光山色画图中。琼楼燕子家家雨，锦浪桃花岸岸风。画舫舞衣回暮景，绣帘歌扇露春红。苏公堤上垂杨柳，尚待重来试玉骢。

吴越山川胜概多，彩云楼观郁嵯峨。晴峦日照芙蓉影，细柳风生翡翠波。楚客移舟时见问，吴姬抱瑟肯相过。片帆明日江东去，尚忆尊前对酒歌。

马塍新居[1] 〔元〕张 雨

浮家泛宅意何如，玉室金堂计未疏。归锦桥边停舫子，散花滩上作楼居。淡然到处自凿井，元晏闭关方著书。但得草堂赀便足，人间何地不樵渔。

西湖放灯 〔元〕张 雨

共泛兰舟灯火闹，不知风露湿青冥。如今池底休铺锦，此夕槎头直挂星。烂若金莲分夜炬，空于云母隔秋屏。却怜牛渚清狂甚，共欲燃犀走百灵。

西湖 〔元〕释德净

秋炽如焚入故乡，苏公堤畔柳阴凉。佛头山色古今在，镜面湖光日月长。白鸟飞空暗点雪，红莲出水晓吹香。六桥歌鼓成何事，消尽黄金几夕阳。

湖山深处 〔元〕释德净

湖山深处一高僧，终日凄然性地明。石上坐看群鹿过，窗前闲听野禽鸣。幽居

---

〔1〕 雍正本无元张雨《马塍新居》及《西湖放灯》二诗，而有元张雨《钱塘西湖即事诗》。按：元张雨《马塍新居》及《西湖放灯》二诗分别见于卷十三《古迹》北山路"张雨故居"条、卷四十一《外纪》。

不接人间境，静虑都忘世外情。何用别游方广去，此中潇洒有余清。

夏晚泛湖　〔元〕释　英

杨柳阴中舣小船，芰荷香里耸吟肩。雷声惊起云头雨，塔影倒摇波底天。群鹭远明残照外，一僧闲立断桥边。菱歌袅袅知何处，满袖清风骨欲仙。

武林览胜记卷三十三

艺文七

诗 七言律

分省诸公邀西湖宴集[1] 〔明〕陈 基

湖上相逢宴屡开，紫薇花下约同来。水光酿绿凝歌袖，山色分青入酒杯。蛱蝶影随罗扇动，琵琶声逐画船回。独怜英骨埋芳草，南拱枝头蜀鸟哀。

与诸公登南高峰因过湖上 〔明〕陈 基

落日湖头舣画船，买鱼沽酒不论钱。共过天下登临地，却忆官家全盛年。绿水映霞红胜锦，远山凝黛淡如烟。相携此夕干戈际，一听笙歌一慨然。

西湖 〔明〕王 祎

波光一碧净无瑕，杨柳芙蓉紫翠加。岸岸楼台围绮丽，船船歌管载繁华。苏堤北去岳王冢，葛岭西来贾相家。富贵功名总如梦，孤山岁岁自梅花。

灵鹫观灯 〔明〕贝 琼

天乐风传应蛰雷，鹫峰春色似蓬莱。一天象纬迎秋转，十月龙宫彻夜开。西国

---

〔1〕 雍正本本卷首四诗依次为明贝琼《灵鹫观灯》、明王祎《西湖》、明陈基《分省诸公邀西湖宴集》及明张羽《寄南屏惠长老》，而无明陈基《与诸公登南高峰因过湖上诗》。

老僧依树坐,上方仙女散花来。夜深借榻山房宿,更欲题诗到上台。

寄南屏惠长老　〔明〕张　羽

蒲室传心第一宗,老寻古刹寄行踪。贯花偈就人争写,坏色衣穿自懒缝。案上梵经皆贝叶,手中谈尘是青松。何年惠远重开社,来听东林寺里钟。

送勤上人归灵鹫山　〔明〕张　绅

灵鹫禅房我所思,可怜春晚送勤师。乱山啼鸟烟霞里,一路落花风雨时。定有猿看窗外果,应知苔护壁间诗。门前有径通天竺,欲向中天采石芝。

雪湖八景次瞿宗吉韵　〔明〕凌云翰

鹫岭雪峰

大地浑无一点瑕,光明都属梵王家。两峰高并疑堆玉,一道中分类剖瓜。已为岩峣知鹫岭,还因凛冽记龙沙。此时翻忆蓝关句,谁复能开顷刻花。

冷泉雪涧

下有流泉上有松,诸山罗列玉芙蓉。垆头又酿谁家酒,屐齿应嫌此处踪。汲去煮茶随瓮抱,引来刳木入厨供。涧边亭子无人宿,空使猿号昨夜峰。

断桥雪棹

山逗晴光玉气浮,我来乘兴似王猷。桥迷蟏蛛高高耸,船压玻璃细细流。雪后未回花外棹,雨中曾唤柳阴舟。遥思寂寞春寒夜,一舸归来起白鸥。

苏堤雪柳

寒梢不耐北风狂,何似东风万缕黄。西子画来螺黛浅,苏公行处马啼香。兰同旧叶堪为佩,藕比新丝可织裳。待得春归飞絮乱,画船移近柳边傍。

孤山雪梅

冻木晨闻尾毕逋,孤山景好胜披图。翠禽巢失应难认,皓鹤笼空不受呼。已见万花开北陇,莫教一片落西湖。快晴更待黄昏月,疏影随身不用扶。

巢居雪阁

人间蓬岛是孤山,高阁清虚类广寒。木处恐颠从此稳,僧居疑小较来宽。瑶花琪树缘边绕,玉宇琼楼向上安。里外湖光明似镜,有梅花处好凭阑。

南屏雪钟

翠屏化作玉千层,楼近钟疏恍若凭。和雪送来清沥沥,穿云透出慢腾腾。华鲸谩意秋号月,铁马浑疑夜响冰。一百八声才击罢,雷峰又照塔中灯。

西陵雪樵

湖曲风寒战齿牙,不知高树已翻鸦。远持斤斧黏冰片,旋砍柴薪带雪花。市上得钱沽斗酒,担头悬笠插山茶。路人试问归何处,笑指西陵是我家。

观潮 〔明〕李　晔

江上秋风八月潮,浪花吹雪过山椒。雄吞越徼声喧杂,高蹴吴天影动摇。铁箭事闻今尚在,鸱夷魂远有谁招?滔滔无限朝宗意,夜久鱼龙谩寂寥。

游西湖 〔明〕王　洪

红莲白莲开满湖,小娃唱歌闲且都。故人相会能几席,美酒何妨倾百壶。双拳藏阄握松子,万钱赌胜赛拇蒲[1]。暮归酩酊白马上,谁识山翁非酒徒。

泛舟 〔明〕张　舆

红藕花深逸兴饶,一双䴔䴖避鸣桡。晓风凉入桃花扇,腊酒香分椰子飘[2]。狂客醉欹明月上,美人歌断绿云消。数声渔笛知何处,疑在西陵第一桥。

中秋日湖中 〔明〕张　舆

风波千顷画船开,吹近芙蓉影里来。倒卷彩霞翻舞袖,斜飞白雨溢行杯。总宜园冷花无主,苏小坟空草作堆。为倩金戈挥落日,秋声莫向树头哀。

---

〔1〕 万钱赌胜赛拇蒲,雍正本作"三舌调簧斗莺雏"。
〔2〕 雍正本"飘"作"飘"。

湖上分韵得香字　〔明〕张　舆

晴麓云横万里长,出门步步是春光。近湖酒阁多红杏,隔岸渔家尽绿杨。箫鼓声寒心自醉,绮罗魂冷骨犹香。漫游不是矜年少,赢得闲情似洛阳。

题月夜泛湖诗卷　〔明〕虞　堪

醉里谁吹碧玉箫,满湖明月泛兰桡。一时高兴都难遇,万里青冥便欲飘。风月龙吟秋袅袅,星河鹭起夜迢迢。汉槎羸节成何似,不及空歌度沵寥。

西湖　〔明〕虞　谦

西湖开凿大唐年,夹岸楼台夕照边。一镜天开浮碧玉,两峰云净出青莲。雪中杖履寻梅客,月下笙歌载酒船。我欲乘风游汗漫,不知何处问坡仙。

湖上写怀　〔明〕魏　骥

推篷篷底卧看山,未信休官有此闲。思逼层霄埃堨表,诗成高枕水云间。船头凉雨疏还密,湖面轻鸥去复还。却喜余年尚强健,追欢应不往来悭。

湖上饯别送杭庠皮司训　〔明〕邓　林

三年作宦在钱塘,曾共湖山醉几觞。今日独为千里客,何时重上百花航。吟边风月诗名旧,望外关山仕路长。贵贱穷通从此别,交情珍重莫相忘。

题丰乐楼图　〔明〕李　进

钱塘城郭帝王州,胜概千年尚有楼。南浦云开珠箔晓,西山雨歇画阑秋。玉人歌舞成春梦,芳草王孙失旧游。物换星移余事在,酒边残墨不胜愁[1]。

同于京兆景瞻泛湖　〔明〕马　洪

画舸秋风湖上来,水通天碧静无埃。一双鸂鶒忽飞下,千朵芙蓉相映开。鸟似彩鸾窥宝镜,花如仙子步瑶台。风光堪赏还堪赋,其奈江南庾信哀。

---

〔1〕　不胜愁,雍正本作"记风流"。

吴山春望 〔明〕张 宁

东风吹雨百花晴，独立鳌头醉眼明。楼阁矗天山拥寺，江湖环地水通城。中原故友浮云散，南宋诸陵草蔓平。日暮长歌下山去，蘼芜满地伴人行。

同客过湖 〔明〕镏 英

山绕重湖寺绕山，天留图画在人寰。路从乌桕林边转，船近黄妃塔下湾。岁月祇随华发改，烟波空付白鸥闲。当歌不耐传觞促，独俯寒沙照醉颜。

暮春陪陈太常西湖宴集 〔明〕镏 英

六桥柳色翠迷津，画舫移迟送酒频。醉眼不知三月暮，赏心又度一年春。莺谐急管催歌板，燕蹴轻花堕舞裀。年少莫将行乐误，座中半是白头人。

西湖放灯 〔明〕镏 英

金莲万朵漾中流，疑是潘妃夜出游。光射鱼龙离窟宅，影摇鸿雁乱汀洲。凌波未必通银浦，趁月偏怜近彩舟。忽忆少年清泛处，满身风露独凭楼[1]。

石田西村二君招予游西山予先行憩冷泉二君至予诗适成诸君亦继作石田仍写图留为山中故事俾予先录于上[2] 〔明〕镏 英

雨晴林壑净朝晖，一路看松入翠微。芳草似曾留客卧，黄鹂浑欲近人飞。相逢岩叟收茶早，久别林僧会面稀。重在冷泉亭上坐，赋诗题画淡忘归。

与吴西畴西湖饮别 〔明〕镏 英

有约来登湖上亭，一天诗思集疏棂。东风草色鸥边绿，落日山光鸟外青。红袖舞来花欲笑，银罂倒尽客忘形。抱琴行乐吾侪事，莫待萧萧两鬓星。

同陈缉熙泛湖 〔明〕聂大年

宿雨初收见两峰，湖光如练泻晴空。画船载酒来天上，青鸟衔花度镜中。檀板歌声无越女，翰林诗句有唐风。相逢莫惜留连饮，明日谁人拾落红。

---

〔1〕 雍正本无明镏英《西湖放灯诗》，有明镏英《秋日湖上诗》。按：明镏英《秋日湖上诗》与本卷载明汤显祖《西陵夕照诗》内容几同。而底本明镏英《西湖放灯诗》又见于卷四十一《外纪》。

〔2〕 前"君"字，底本误作"居"，据雍正本及文意改。

自钱塘门抵浙江驿望西湖诸峰　〔明〕姚　绶

不见湖山已七年,湖光山色两依然。青鞋自踏芙蓉露,画桨谁冲翡翠烟。目断苏堤新柳外,僧归竺国旧峰边。丁宁春忽堂堂去,有待重来醉管弦。

早春过西湖　〔明〕姚　纶

西子湖头得早春,淡烟微雨暗湖滨。柳枝尚短不着水,梅蕊未开先可人。老境正怜诸事懒,风光无奈一番新。晴来且整登山履,遮莫莺花笑客贫。

游西湖次姚桂岩韵　〔明〕怀　悦

偷取红尘半日闲,朝来移席水云间。歌抽象箸敲乌几,醉借蛾眉倚玉山。水槛晓烟催柳色,石桥春雨送苔斑。红舫落日游人散,载得光风霁月还。

西湖秋泛为费宗裕题　〔明〕镏　泰

湖水涵秋分外清,兰舟荡漾入空明。香消冷瓣红蕖坠,雪颭晴丝白鹭惊。老眼看山聊舣棹,小鬟催酒不停筝。胜游岂独推坡老,落日西风无限情。

次韵夏大卿寄玛瑙寺献上人　〔明〕镏　泰

高僧占断西湖胜,细草斜连石子坡。度岭屐来藤作杖,翻畦种得菜成窠。一龛晓日红蒸衲,四壁秋烟翠染萝。借问何时应开讲,洗清尘耳定须过。

与客西湖行乐　〔明〕镏　泰

西湖山水名天下,有客乘春作胜游。白骑踏花银络脑,青蛾舞雪锦缠头。幡幢影里高低寺,弦管声中远近楼。如此风光莫虚度,人生只合老杭州。

春日湖上　〔明〕镏　泰

西子湖头风日佳,春衣初试踏晴沙。长堤画舫依杨柳,小店青旗颭杏花。笑里握阄藏变化,狂边题句欹斜。晚来不尽登临兴,一路莺声送到家。

泛湖值雨简费庭用　〔明〕镏　泰

湿云遮断好峰峦,斗酒呼来且尽欢。养鸭人家春水满,落梅天气午风寒。君醒陡觉衣裳薄,我醉宁知宇宙宽。闲却银筝多少曲,红楼船上几时弹。

西湖宴集次费宗裕 〔明〕镏　泰

涌金门外新亭好,得共群贤尽日娱。白藕褪花秋欲近,绿筠交叶暑全无。衣浮爽气龙收雨,镜破澄光鹭点湖。回首凤城扶醉入,漏声催晚急投壶。

吴山看雪呈郁士端 〔明〕镏　泰

天人剪水落云端,直上危坡纵远观。万竹无声银凤立,千峰有势玉龙蟠。已将奇事占犛麦,更觉清华入肺肝。谁倚东风吹短笛,梅花初放不禁寒。

湖曲行春次沈用宾韵 〔明〕镏　泰

巾子峰头葛岭西,盘回白石尽无泥。莺吭暖送春声滑,鹭翅晴翻雪影低。红瘦岩花飘满路,绿肥湖水受诸溪。大家留取金钱百,拟约明朝酒再携。

张廷芳李若虚二宪副江廷绪佥宪约游西湖左时翊大参后至得联句十首 〔明〕程敏政

东风吹雨下湖船程,良会今朝岂偶然江?烟景可人非为酒张,春光随地不论钱李。数声啼鸟苏堤外左,几树垂杨岳庙前程。满眼诗情吟不尽江,孤山祠下酹三贤张。以下联吟次第同。

烟景霏霏入暮春,赏春多是宦游人。野凫狎客随舟远,江燕穿花送酒频。雅会不须歌舞混,奇观绝胜画图新。六桥过尽重回首,久住湖边我未嗔。

十里湖山入望遥,可堪野色故人撩。楼台隐现午烟淡,鹅鸭浮沉春水娇。抚景无诗怜我拙,追欢有乐是谁招。东风更有重来日,莫待浓阴翳断桥。

来往游人不避舟,镜天空阔雨初收。桃花向我如相笑,竹叶浮君自可由。山外有山深见寺,客边逢客一登楼。唱酬遮莫归鸦尽,三竺峰前更小留。

公家事了独来迟,一笑相寻未有期。湖上风光春最好,雨中诗景晚犹奇。邻舟爱客供鲜鲫,古寺寻僧问紫芝。多谢故人频向我,可堪明日又分岐。

山当佳处有船扉,唤酒催诗思欲飞。狼藉醉中长短句,阑珊春后夹绵衣。忘机鸥鹭随冠盖,浪迹鹓鸾负蕨薇。后会无涯情未已,眼中谁道故人稀。

西湖春水暖溶溶,美景佳宾岂易逢?游到南屏船驻久,坐忘东道酒行重。高城迢递烟钟晚,远浦参差雨树浓。剧饮不须修禊事,会稽何地觅遗踪?

主客同舟西复东,花边烟雨柳边风。谪仙先我诗层出,禊饮凭谁酒易空。青雀渡头春树暗,白鸥沙外晚潮通。相看此地情无极,吊古还寻放鹤翁。

湖上风烟三月三,湖中新水远拖蓝。风流再续兰亭后,文物谁当北斗南。林外易惊人语乱,花间春共客情酣。乘时张弛非沉醉,纪胜无才却自惭。

维舟重憩藕花居,湖水湖山故恼予。纱帽不妨风外侧,尘襟都向雨中舒。满天暝色催诗急,绕座春光入醉余。游倦莫愁归路远,涌金门外有轻舆。

湖上待镏邦彦不至　〔明〕程敏政

当时曾觅卧游篇,今日重来更惘然。绿荼晓风频唤酒,白鸥新水漫停船。谁能向子封佳社,独可寻僧结净缘。明发又从严濑去,潮声空落暮江边。

胡文恭金宪邀游西湖次张天锡湖船韵　〔明〕程敏政

湖上来寻一日欢,春风消日旅怀宽。玉壶载酒随山住,银甲弹筝隔水看。花雨上瞻三竺远,松云高拂两峰寒。忘情潦倒沙鸥睡,相好平生几豸冠。

雪晴同邦彦游西湖　〔明〕文　林

雪后孤山共探梅,便乘清兴不须催。林边细路和桥断,湖上疏花傍竹开。云影分明披絮帽,蹄涔仿佛散银杯。酒宽新量诗盈卷,不负凌寒一度来。

西湖　〔明〕赵　宽

十里湖光一镜开,玉壶天地小蓬莱。丹青难写莺花景,山水真成锦绣堆。远客正逢高宴启,胜游刚及暮春来。苏堤岳墓经行过,更醉冯园鸭绿杯。

西湖用史明古韵　〔明〕沈　周

水色天光照总宜,红楼绿幕镜中移。游因湖便人忘妙,趣在山多酒放迟。问柳漫寻前代迹,看花重省少年时。月明更有余情在,漫把新词谱竹枝。

观西湖百咏集感旧有作　〔明〕沈　周

白发摊书似梦惊,某邱某水认题名。袖中东海言非大,纸上西湖眼更明。少觉旧游浑记得,老关佳处尚思行。青鞋布袜犹鲜健,只待花时计便成。

题冷泉亭图 〔明〕沈 周

入林兜子送斜晖,酒面风情色渐微。白发再来浑觉老,青山久住不重飞。老僧古寺相逢熟,故国遗踪欲见稀。千个长松卧房近,吹灯还照鹤群归。

寓云居得张龙湖相公书 〔明〕施 峻

精舍岩峣隔翠微,我来便觉世情违。疏灯照雨檐花落,短鬓临风木叶稀。白雁虚疑千里信,青山容得几人归。诗成正在钟鸣后,独立空庭揽旧衣。

湖上 〔明〕薛章宪

一别西湖动隔年,重来更上郭门船。丹山碧树供吟眺,绿浪红蕖兀醉眠。已与畸人同脱略,且从渔父共延缘。渐营水竹移家住,拟学王维结辋川。

雪后泛湖和周子贤 〔明〕顾 璘

西郭群峰积雪寒,画船湖上倚篷看。楼台隐见青松色,芦荻萧条白雁滩。沉醉放歌新岁始,阳春和曲古来难。期君尽放山中寺,细草微风石路干。

和许隐君游西湖 〔明〕顾 璘

千峰万壑断飞埃,百顷湖光演漾开。大块丹青随意得,炎天冰雪傍舟来。不禁杨柳牵衣袂,况复荷花近酒杯。曾是君王游赏地,采云犹护旧歌台。

湖寺观雨 〔明〕顾 璘

湿云吹墨溅湖波,急雨翻盆落涧阿。江郭众山当面失,寺门孤树奈风何。浮生白发余高兴,暇日清尊且浩歌。蓑笠醉归还自笑,晴天曾得几回过。

中秋偕客西湖玩月 〔明〕陈 霆

早熟菱荷已半收,湖光初转月光浮。水风吹面不知醉,山翠湿衣如觉秋。惊鹊可堪如逐客,眺鱼时见入虚舟。夜阑更整苍龙佩,直欲凌风海外游。

秋夜泛湖 〔明〕孙一元

一望晴烟破冥幽,湖天滟滟月初浮。旋携斗酒呼邻父,小有盘蔬上钓舟。笛咽水龙中夜冷,杯摇河影万山秋。人间回首悲何事,欲览清光最上头。

591

西湖秋暮　〔明〕钟　薇

木兰载酒送残秋，放鹤亭西路转幽。黄菊一堤金作埒[1]，丹枫千树锦成邱。山将暮色藏孤寺，波带晴光上别楼。客去客来无尽兴，溪山不改旧风流。

游西湖诸山　〔明〕陆孟昭

山寺迢迢湖水东，楼台高出翠微中。自惭投社非陶令，却羡能诗有远公。花气暖浮千嶂雨，松声凉洒一阑风。穿林怪底多麋鹿，十里平坡碧草丰。

寄孙太白湖上　〔明〕郑善夫

为问山人孙太初，交情岁晚莫教疏。孤山梅萼春相恼，满地松苓手自锄。江夏肯容弥处士[2]，茂陵初卧马相如。知君不废苕溪约，书帛能无寄鲤鱼。

西湖泛舟　〔明〕黄　卿

画舸清樽夜不捧，空明流彩兴飘然。星光山影平铺底，菱渚荷陂冷浸烟。地接广寒疑尺五，人传阆苑隔三千。六桥曲岸沿洄遍，鱼屋犹闻较酒钱。

西湖　〔明〕张　杰

谁为鸿蒙凿此陂，涌金门外即瑶池。平沙水月三千顷，画舫笙歌十二时。今古有诗难绝唱，乾坤无地可争奇。溶溶漾漾年年绿，销尽黄金总不知。

昭庆寺看芍药　〔明〕王　涣

一半春光过牡丹，又开芍药遍禅关。久辜往约违莲社，今续清欢到宝阑。垂露几团花面湿。东风一阵燕泥寒。酒边何味呈奇供，绿笋朱樱正满盘。

西湖舟中二首　〔明〕王　瀛

东风引兴事幽栏，淑景刚逢三月三。雨后好山凝晓翠，鸥边新水涨春蓝。荇丝

〔1〕 底本"埒"后原依次阑入佚名三首、【清】朱彝尊《顾十一孝廉嗣立载酒寓楼遂同夜泛》三首、张纲孙《西湖》二首及【明】张文宿《湖上》一首、丰坊《湖上》一首、王叔承《西湖杂兴》三首、屠中孚《西湖》一首六言绝句共十四首。今将此十四首六言绝句并入本卷"诗六言绝句"条下，并依朝代顺序作适当调整。经此调整后，"埒"后径接"丹枫千树锦成邱，山将暮色藏孤寺。波带晴光上别楼，客去客来无尽兴，溪山不改旧风流"五句，则【明】钟薇《西湖秋暮》七言律诗始得为完璧。

〔2〕 雍正本"弥"作"祢"。

牵浪舟偏滑,花气熏人酒易酣。忽忆旧游修禊处,兰亭仿佛在湖南。

春霁湖头放画船,一篙撑破镜中天。载来歌舞人如玉,引出湖山酒似泉。花柳六桥回锦绣,楼台三竺入云烟。自惭垂老忘机客,也逐风流混少年。

西陵夕照　〔明〕汤显祖

红泉碧磴旧追攀,台榭参差金石间。暝色乍收天外雨,晴光忽动水边山。清秋积翠云霞净,尽日幽芳岁月闲。烂熳尊前随意懒,欲乘明月弄潺湲。

三月三日西湖泛舟　〔明〕徐　阶

出郭寻芳嗟已迟,惜春聊趁赏春期。轻寒彩鹢朱帘卷,过雨红妆锦瑟移。柳暗忽开天竺路,花深不辨六桥堤。明朝祇合扶残醉,重上飞来款净慈。

湖上　〔明〕潘　恩

西湖如练风日清,西山屏障更分明。上方金碧自相映,下界鼓钟时一鸣。桃柳青溪张席罢,菰蒲白水放舟行。此时政切东南想,怪尔浮云空北征。

游西湖　〔明〕姚廷辅

何处能消白昼闲,西湖佳景画图间。尊前醉客不在酒,眼底可人惟是山。十里香风花蔼蔼,六桥春色草斑斑。雷峰塔畔诗成后,载得笙歌薄暮还。

西湖漫兴　〔明〕田汝成

苏堤如带束湖心,罗绮新妆照碧浔。翠幕浅遮怜草色,华筵小簇占花阴。凌波人度纤纤玉,促柱筝翻叠叠金。月出笙歌敛城市,珠楼缥缈彩云深。

湖上观雨　〔明〕袁　帙

湖气昏昏雨欲来,山岚如障蔽楼台。琐窗白昼霾阴雾,岩壑清秋起暴雷。落雁渐稀渔网集。归鸦遥带客帆回。书空终日知何益,且复陶然进一杯。

湖上　〔明〕孙　升

湖曲携尊坐翠微,山芳冉冉袭人衣。春来水涨桃花发,社后风和燕子飞。一艇斜维垂柳岸,群鸥闲傍钓渔矶。故乡好景不知玩,何用天涯每忆归。

泛舟西湖寻天竺寺　〔明〕莫如忠

方外招携亦胜缘,晴川风日舣楼船。折来秋色皆成供,听去泉声总是禅。九里栽松行磴道,六桥鸣榜下潭烟。渊明错讶东林社,逢着僧床欲醉眠。

西湖怀古　〔明〕汪道昆

林塘幽处驻烟霞,云是当年处士家。天畔孤云回野鹤,陇头千树放梅花。客星隐隐高牛斗,坦路悠悠税鹿车。北里南邻非宿昔,一杯聊得耐春华[1]。

西湖　〔明〕胡应麟

缤纷桃李尽成蹊,夹岸晴明送马蹄。远水落霞萧寺外,孤峰残照断桥西。阑杆半倚青林出,睥睨遥看碧树齐。小扇轻罗歌未阕,楼船已到百花堤。

西湖即事二首　〔明〕张元凯

十里长堤柳色新,六桥凝碧水粼粼。桃花似妒青楼女,杨柳如思白舍人。莺语风前犹自涩,山容雨后尚舍鼙。武陵旧日通来往,不向渔郎数问津。

钱塘苏小茜萝衣,短棹穿花过钓矶。望帝声中怨离别,梦儿亭下惜芳菲。微风吹藻鳞鳞浪,落日含山树树晖。最是碧云随处合,美人乘兴夜忘归[2]。

访李峋嵝山人于灵隐寺　〔明〕徐　渭

峋嵝诗客学全真,半日深山说鬼神。送到涧声无响处,归来明月满前津。七年火宅三车客,十里荷花两桨人。夹岸鸥凫浑似昨,就中应有旧相亲。

李舍人孤山草堂坐雨　〔明〕王穉登

笋舆行过断桥来,楼上银罂水上开。白鸟数行犹似鹤,青山五月已无梅。雨昏不辨丝千缕,湖渌浑疑酒一杯。几欲题诗题未得,舍人元是谪仙才。

林纯卿卜居西湖　〔明〕王穉登

藏书湖上屋三间,松映轩窗竹映关。引鹤过桥看雪去,送僧归寺带云还。轻红

---

〔1〕　雍正本无明汪道昆《西湖怀古诗》。
〔2〕　雍正本"归"后有明万表《午日泛湖诗》。

荔子家千里,疏影梅花水一湾。和靖高风今已远,后人犹得住孤山。

湖上送梁昌孺北上　〔明〕周汝登

湖中话别水初深,短棹夷犹过竹林。远树孤亭千古色,清歌细语一时心。苏公堤上行还住,陆相祠前酒更斟。竟日留连情不尽,看山还待月华临。

湖楼雨集　〔明〕陆懋龙

不量晴雨便称厄,雨过楼头别一姿。画壁云香从座起,筠帘风影逐波移。歌残烛灺春衣怯,语杂觞条夜漏迟。带湿管箫疑半咽,城乌啼上隔墙枝。

别湖上诸同社　〔明〕沈朝焕

懒将行色问吾徒,自草移文谢客逋。望里风云新北极,梦中烟雨旧西湖。霜天红树愁将夕,初地青山兴不孤。腰带向来元拓落,可忘空谷着潜夫[1]。

湖上观渔灯　〔明〕汤　焕

晚晴湖上翠烟生,历历渔灯隔岸明。风静浪花摇倒景,夜深河汉带高城。骊龙出水光先射,白鸟眠沙梦不惊。翻笑远公投牿饵,年来空有钓鳌名。

秋杪再过西湖　〔明〕陈万言

烟锁花堤梦昔游,新枫惟共夕暝留。红林夜簇千村火,白渚霜寒九月秋。云荡水痕浮列嶂,湖连雨色上孤舟。客心总是悲摇落,转为西风起旧愁[2]。

西湖　〔明〕田艺蘅

游遍天涯有此无,秋来风味独西湖。紫螯佐酒尖脐蟹,红脍飞刀巨口鲈。杨柳参差迷院落,笑歌迢递出菰蒲。醉中记得孤山曲,曾有佳人解佩珠。

春日西湖即事　〔明〕郑　琰

苏小门前柳带烟,暖沙晴日水如天。杏蘘供作宜春酒,榆荚分为买笑钱。垂柳绿遮骑马路,落花红衬钓鱼船。杜鹃不解游人意,催尽韶光又一年。

---

〔1〕　雍正本无明沈朝焕《别湖上诸同社诗》。

〔2〕　雍正本无明陈万言《秋杪再过西湖诗》。

西湖春日戏赠潘景升　〔明〕柳应芳

武林门外正春华,十里空湖带浅沙。夹岸楼台千佛地,隔城箫鼓万人家。青丝游骑乘朝日,红粉回舟映晚霞。莫讶刘郎归未得,六桥芳树半桃花。

西湖泛雨同太史冯开之司理徐茂吴太学潘景升吴太宁山人俞羡长胡仲修吴德符文学范东生沈景倩女郎薛素素　〔明〕程可中

画舫篮舆几处逢,两峰雨色午偏浓。莺花南陌怜新路,松柏西陵向故封。云外洞箫和似凤,波心神女矫如龙。冲泥未放金羁去,好载余欢一过侬[1]。

西湖寻曹能始　〔明〕何　璧

垂杨漫漫荇田田[2],何处春风十四弦。放鹤僧归天竺雨,听莺人过六桥烟。诗寻萝薜谁边寺,酒载桃花第几船。游子天涯魂易断,非关春树有啼鹃。

宿南屏柬城中朋旧　〔明〕程嘉燧

南屏云木晚苍苍,潦倒交情未可忘。药裹春携停楚榻,山经秋写属吴装。寒灯正是风驱叶,轻篦斜题雨漏床。林月池凉廿年地[3],肯来随意宿僧房。

登北高峰宿绝顶僧舍　〔明〕程嘉燧

双峰径转石林苍,携客扪萝宿上房。涧饮断虹明积翠,湖飞片雨乱斜阳。东来岛屿吞江郭,西去山云指故乡。夜久禅心同寂历,松风诸岭一何长。

西湖　〔明〕吴鼎芳

袅袅东风蝶试衣,绵绵芳草燕争飞。堤边杨柳青丝骑,水上桃花白板扉。三竺片云双树隔,六桥残雨一僧归。年年最好春阳月,无那钟声送夕晖。

西湖　〔明〕葛一龙

黛写残山带郭遥,镜浮新水不通潮。堤边缳马客投寺,花里唱歌船过桥。红粉

---

〔1〕　雍正本无明程可中《西湖泛雨同太史冯开之司理徐茂吴太学潘景升吴太宁山人俞羡长胡仲修吴德符文学范东生沈景倩女郎薛素素诗》。
〔2〕　雍正本"漫漫"作"漠漠"。
〔3〕　雍正本"凉"作"塘"。

年年化香土[1]，春风处处长兰苕。湖心亭子湖心月，醉与何人度此宵。

湖庄晓卧　〔明〕温　黄[2]

溪头唱罢响黄骊，一宿蓬庐尽自怡。约略扫除安郭泰，漫劳种竹借徽之。晓钟曲径吹来折，清呗高山扬下迟。何处游人又挝鼓，松风遥引客窗诗。

作不系园　〔明〕汪汝谦

年来寄迹在湖山，野衲名流日往还。弦管有时频共载，春风何处不开颜。情痴半向花前醉，懒癖应知悟后闲。种种尘缘都谢却，老耽一舸水云间。

不系园成二首　〔明〕汪汝谦

湖光二月漾晴晖，轻舫新成傍钓矶。有水有山情不系，非园非圃淡忘归。娟娟夜月横琴榻，采采朝云出舞衣。长笛一声如裂石，满滩鸥鹭莫惊飞。

碧纱流影敞玲珑，疑是珠光弄镜中。棹拨春波还带藻，幔垂朝日转怜风。但看一叶低青雀，不碍双桥落彩虹。到处吾园无住着，歌声只在水西东。

随喜庵成　〔明〕汪汝谦

构得园来又结庵，总成泛梗意偏耽。若无客舫湖边系，定有僧过水上谈。柳拂轻烟笼曲槛，山含浅黛出层岚。从今懒逐笙歌队，一个蒲团处处堪。

题不系园二首　〔明〕张　维

爱尔园将不系名，所如烟水一苇轻。时看几席消空黛，忽听笙歌起杜蘅。鸥梦偶惊林月白，花阴初泊晚凉生。难描西子湖中景，应笑经年句未成。

过雨青山山气澄，菰芦佳处客争凭。飞觞霞泛柳千树，度曲声流云几层。林放幽香停远骑，寺深黄叶指归僧。春风二月繁桃李，何必渔郎到武陵。

湖上秋兴　〔明〕释傅如

晴峰秋翠映芙蓉，茆屋思归路几重。高树犹然来倦鸟，寒花不复惹游蜂。田衣已破裁云补，山粟旋收带月舂。霜冷晓钟声渐远，数敲惊起碧潭龙。

---

〔1〕　红粉年年化香土，雍正本作"游客年年题彩笔"。
〔2〕　雍正本"黄"作"璜"。

西湖泛舟有怀隐鳞居士　〔明〕释圆复

西湖湖水碧氤氲,晓泛莲舟到夕曛。山翠湿衣竟是雨,溪烟拂树乱成云。波涛混世应怜我,邱葬藏名只忆君[1]。绿遍蘼芜春欲尽,隔江消息未曾闻。

西湖　〔明〕释法聚

大堤回接凤山遥,金勒东风细马骄。芳草不知埋帝舄,柳枝犹是学宫腰。天空水月三千顷,春老莺花十二桥。闻说楼船醉年少,平章独免紫宸朝。

晓过西湖　〔明〕释梵琦

船上见月如可呼,爱之且复留斯须。青山倒影水连郭,白藕作花香满湖。仙林寺远钟已动,灵隐塔高灯欲无。西风吹人不得寐,坐听鱼蟹翻菰蒲。

梦里湖山为孙怀玉作　〔明〕释天祥

杭城一别已多年,梦里湖山尚宛然。三竺楼台晴似画,六桥杨柳晚如烟。青云鹤下梅边墓,白发僧谈石上缘。残睡惊来倍惆怅,可看身世老南滇。

国　朝

西湖杂感二首　钱谦益

方袍萧洒角巾偏,才上红楼又画船。修竹婵娟调鹤地,春风蕴藉养花天。蝶过柳苑迎丹粉,莺坐桃溪候管弦。不是承平好时节,湖山容易着神仙。

西泠云树六桥东,月姊曾闻下碧空。杨柳长条人绰约,桃花得气句玲珑。笔床砚匣芳华里,翠袖香车丽日中。今日一灯方丈室,散花长侍净名翁。

留题湖舫二首_{舫名不系园}　钱谦益

园以舟为世所稀,舟名不系了无依。诸天宫殿随身是,大地烟波瞥眼非。净扫波心邀月驾,平铺水面展云衣。主人欲悟虚舟理,只在红妆与翠微。

湖上堤边檥棹时,菱花镜里去迟迟。分将小艇迎桃叶,遍采新歌谱竹枝。杨柳

---

[1]　雍正本"葬"作"壐",义长。

风流烟草在,杜鹃春恨夕阳知。凭阑莫漫多回首,水色山光自古悲[1]。

送丁飞涛弋云之湖上　吴伟业

把君诗句过扁舟,置酒离亭感旧游。三竺云深劳想像,六桥莺老亦风流。湖山逸气归词苑,兄弟文章入选楼。为道故人凭问讯,藕花菱叶几经秋。

西湖忆旧　张遂辰

西湖终古水粼粼,往事风流迹已湮。酒散楼台空浸月,雨余花柳冷禁春。又看岁换销金粉,不待乌啼减画轮。数点烟中旧灯火,令人长忆旧游人。

湖上望春游人[2]　张遂辰

西湖向晓渡争喧,杜若蘼芜香渐繁。墙出秋千近寒食,人携丝管访名园。家家花树浑相恼,日日春心不可言。自是太平多宴豫,倾城车马在郊原。

花下樊致翁邑侯招同黄贞父秦冰玉湖宴　张遂辰

昨来风动佩珊珊,二月西泠夹道间。花外舟移春水岸,酒边楼满夕阳山。地遗佳丽游心古,人际升平乐事闲。莫讶夜乌啼上堞,使君灯火未曾还。

自云栖归复游杨梅坞石笋峰诸胜　孙　霖

春衫浑带白云回,又向禅栖深处来。可爱笋峰真似笋,那知梅坞竟无梅。一声野鸟啼还歇,几点山花落更开。乘兴已忘途远近,夕阳影里暮钟催。

西湖三首[3]　稽宗孟

天目峥嵘万仞青,龙飞凤舞下西泠。六桥烟柳藏春坞,三竺云山列画屏。花满僧楼人度曲,月明渔港夜扬舲。白苏自是神仙吏,千古风流在此亭。

天洗鸿蒙荡素波,群峰鹄立拥青螺。夕阳箫鼓烟霞寺,春雨牛羊玛瑙坡。风雅最宜修禊酒,诗狂爱听接罹歌。也知此水吾师友,一月须教十数过。

渡江大业问西湖,飞盖鸣珂醉锦凫。千树桃花三尺浪,百年云物两浮屠。春深杨柳闲车马,月冷冬青叫鹧鸪。怅望岳坟门外草,伤心独有老林逋。

---

〔1〕　自古悲,雍正本作"看总宜"。
〔2〕　雍正本无"游人"二字。
〔3〕　雍正本"三首"作"二首",无第三首诗。

西溪题友人居　关　键

数曲清池负草堂,木桥斜度见斜阳。野渔急艇求鰕菜,花市闲门斗羽觞。终日道书松馆静,一床丹诀荔阴凉。城门散发知何地,空对巢居羡颍阳。

雨中憩吴山道院　周茂源

石坛高馆郁峥嵘,香雾微茫卷翠旌。玉女窗涵山雨润,仙人楼瞰海潮平。瑶笙白鹤空中举,锦树繁花坐外明。夜向朝元探宝箓,双珂俨作步虚声。

紫阳山丁野鹤亭　王修玉

草阁平临古涧宽,流泉疏竹绕斋坛。人归化鹤长遗世,客到题诗独倚栏。紫蔓看花秋色老,苍松落子雨声寒。寻真更向峰头去,洞里仙人碧玉冠。

题天竺定上人山居　张竞光

屏迹春山枕翠微,竹房寂历偃荆扉。六尘缥缈黄云静,三径阴森白日稀。天竺先生怀古处,南宗高士蕴清机。浓花碧草垂垂发,槛外流泉百道飞。

小集湖舫因上放生池晚步　陆世楷

画舫清樽午夏宜,晚凉薄醉步南池。客来僻地笙歌少,僧返斜阳钟磬迟。开府勋名垂奕代,禅林建置异前时。悠然在藻无惊饵,却喜微风动碧漪。

中秋湖上宴集　严我斯

风日湖干好放船,况逢佳节此流连。寺边丛桂香无数,云里双峰晚更妍。赋月谢庄秋兴远,观涛枚乘彩毫鲜。凭阑不尽登临意,共道清辉胜往年。

西湖　朱昆田

水仙祠宇没平芜,宝所山围异给孤。白塔乱堆歌舞地,青山旧绕帝王都。好风昨日又今日,新涨外湖连里湖。安得六桥重插柳,飞花遍扑酒家垆。

同汪岳如游西湖　吴嘉枚

明圣湖边我旧游，重来堪喜倍堪愁[1]。溪桥不改今非昨[2]，霜鬓频添春复秋。一路丹枫横远黛，几家烟火度危楼。与君共醉林逋月，折得梅枝当酒筹。

沈石田冷泉图真迹在余家二十年矣踯躅软红言归未遂对此恍置身故山林壑间不觉神往因和镏汝二君韵二首　龚翔麟

曾倚孤亭送落晖，云林风景记依微。泉声咽石奔难住，岚气侵衣湿不飞。岁月渐增尘迹老，乡山久别梦游稀。吟诗看画生惆怅，白发满头犹未归。

扁舟自别锦军城，日日铜街信马行。画里青山逢旧识，眼前乌帽笑浮名。秋风纵爽莼鱼约，烟水终寻鸥鹭盟。记取归时携卷轴，先来亭上听泉声[3]。

西湖　沈季友

看尽西湖湖上峰，峰峰寒翠似芙蓉。花迷帝子宫中路，烟落空王座下钟。白葛风流椰叶小，红阑艇子藕香浓。青骢油壁频来去，何处相逢九里松。

西湖即事　沈季友

一叶轻航载酒过，环湖乱点岫如螺。烟寒碧柳斜依岸，露湿红渠浅拂波。临寺偶邀狂客赋，隔舷初听丽人歌。沿洄不尽寻秋意，十里苍茫落照多。

泛舟湖中　吴允嘉

回思年少酒怀宽，白首于今兴易阑。玉斝何堪当午醉，绨袍只觉早春寒。香车宝马人争艳，浅水疏花我独看。处士坟头已三酹，试呼野鹤问凋残[4]。

癸巳暮春重游西湖留别四首[5]　王式丹

日傍山椒溯水涯，芒鞋几辆踏烟霞。大招岳墓兼于墓，小憩林家与葛家。高岭双尖蟠老木，平湖四角长新葭。荡胸自要寻邱壑，吊古怀人一倍加。

---

[1] 雍正本“倍”作“复”。

[2] 雍正本“桥”作“山”。

[3] 雍正本“声”后有周起渭《自山阴归杭州将有豫章之行重泛西湖留别》四首。

[4] 雍正本此处无吴允嘉《泛舟湖中诗》，而代之以汪鸣瑞《西溪访蓝氏山庄诗》。

[5] 雍正本“四首”作“二首”，无末二首诗。

层岩峑㟧俯清流,骋目登临占上头。近郭烟横不断树,隔江山入最高楼。窗摇竹色精庐迥,门听潮声古刹幽。坐对奇峰忽忘返,欲移家具住杭州。

千载西湖行乐地,丛谈委巷记兴亡。钱王锦树凋春色,贾相灯船冷夜光。方法鱼羹传宋嫂,风流酒肆说萧娘。晚钟唤醒浮生梦,日倚南屏送夕阳。

早是园林浅夏时,开帘延客昼迟迟。移来日影烘花槛,卷起湖光泻酒卮。所至贤豪为地主,相逢儒雅亦吾师。留髡记取春城醉,懊恼垂杨管别离。

诗　七言排律

寄题虎跑寺无己求上人滴翠轩　〔明〕高得旸

千古大慈清净境,一轩小立碧峰坳。远烦好事输材木,试与安禅盖把茅。坐席不施闲玩具,行囊且解远游包。襟怀冰雪欣潇洒,踪迹尘埃耻混淆。云巘晴岚供帐设,风林爽籁鼓弦匏。涧阿怪树龙新抉,石罅灵泉虎旧跑。空翠蒙蒙如坠路,涌珠汩汩遽成泡。染衣秋色何曾着,过眼春华不待抛。东向松枝时复顾,西来贝叶日频钞。此郎乃向僧中见,老我方为客里交。夙世有香曾结愿,长年无信恐贻嘲。旧游门径须重访,拄杖非因看竹敲。

国　朝

游白沙泉因至无门洞同茂三次寅　吴农祥

湖背清泉岭路遥,白沙泉涌异昏朝。朝时似乳还成雾,昏后流膏亦带潮。丹液琼玙闻外静,紫华璀璨望中消。辘轳争罢天河转,笭箵携迟地轴摇。榆柳漫山围古树,芝兰匝径产灵苗。饮余多觉形骸换,汲尽真怜肺腑焦。野鹜鱼鳞翻石壁,旧祠鸱尾插云霄。滴成星渚惊澎汃,散入溪田爱寂寥。午过狂吹风片大,晴空忽作雨丝飘。衣襟溅处珠林破,杖屦探时玉叶凋。暗窦久无鸟鹊集,澄潭应有鬼神朝。便宜卜筑岩阿里,同品龙湫记斗杓。

诗　五言绝句

湖上夜饮　〔唐〕白居易

郭外迎人月,湖边醒酒风。谁留使君饮,红烛在舟中。

人日出游湖上　〔宋〕杨万里

放闸冷泉亭,抽动一天碧。平地跳雪山,晴空下霹雳。
去时数点雨,归时数片雪。雨雪两不多,山路双清绝。
旧腊缘多雪,新年未有梅。殷勤下天竺,隔水两株开。

西湖小景　〔元〕程巨夫

一片含情水,笙歌日日春。至今图画里,输与眼明人。

湖上感事漫成四绝奉寄玉山　〔元〕杨维桢

湖水碧于天,湖云薄似烟。鸳鸯不惊乱,飞过岳坟前。
湖水明于镜,湖泥浊似泾。只应苌血在,染得水华清。
海峤浮西日,关梁转北风。苏郎书未返,愁绝雁来红。
将石星空堕,灵山凤不飞。惟余坝头水,西去复东归。

湖上　〔明〕宋　濂

为爱湖光好,一步一长吟。黄莺见人至,飞起度湖阴。

晚渡西湖　〔明〕王叔承

西湖宜晚渡,趁得采莲船。越女骄吴客,搴衣再索钱。

题何使君西湖泛舟卷　〔明〕陈献章

潮势倾沧海,江声下富春。西湖刚十里,偏耐醉游人。

湖上漫兴　〔明〕洪　钟

断岸高低树,孤亭远近山。木兰舟上酒,春到野人间。

沙鸟弄晴波，茅堂转绿萝。主宾甘冷淡，村酒对渔歌。
香度绮罗风，山明水态空。趁还康乐屐，抛却鲍家骢。
对此芙蕖花，偶坐凉风榭。不羡紫薇天，醒人称仆射。

西湖曲　〔明〕李东阳

湖波绿如翦，美人照青眼。一夜愁正深，春风为吹浅。
不信湖中好，侬身别有家。翻愁岁华尽，不敢采莲花。
风落平沙稻，霜垂别渚莲。西湖三百亩，强半富儿田。
花碧明沙际，花红试雨初。官船荡素桨，惊散一双鱼。
莫唱西湖曲，湖边歌舞稀。侬家年少日，游冶误芳菲。

西湖艳歌　〔明〕朱应钟

湖北复湖东，湖水绿于发。湖上诸女儿，踏青二三月。
郎从湖口来，停船目相逐。不看芙蓉花，看着侬手摘。

和陈伯孺西湖十咏二首　〔明〕柳应芳

偶向武林游，曾于天竺住。明日欲离山，晴霞故变雨。
夜半高峰望，微茫海日光。下方未觉晓，应是蔽扶桑。

西湖子夜歌　〔明〕吴　兆

湖女二三月，相将戏水涯。新堤看杨柳，旧堤看桃花。
新着杏红衫，试骑赭白马。马骄堤路窄，急为扶侬下。
三桥当路半，正好与郎期。湖水原无侣，郎来那有期。
南峰望北峰，如欢又如侬。何当云雾合，两峰作一重。
渡头人眼众，船开不敢要。惯知侬泊处，不过西泠桥。
外湖歌折柳，里湖歌采莲。闻声不相及，意绪风中传。
西陵花深处，旧是情人路。湖船不出湖，愿欢寻故步。
梅寄孤山梅，柳折断桥柳。两地本无情，郎心那得久。

湖上晚春　〔明〕释守璋

草深烟景重，林密夕阳微。不雨花犹落，无风絮自飞。

诗　六言绝句

次韵闻复西湖夏日　〔宋〕释道潜

山水初无今古，人间自有沉浮。试问行歌野老，桑麻用事何忧。

老葑年来席卷，吴侬旧恨弥伸。昨夜冯夷鼓吹，邀嬉抵彻诸邻。

夜深一碧万顷，仿佛明河接天。岸曲风篁成韵，绝胜细筦危然[1]。

西湖清浅可泛，湍险岂类瞿塘。随处菰蒲莲茨，栉风沐雨尤香。

南窗寄傲一榻，午帐风来卷舒。懒蹑子云陈迹，解嘲更绩成书。

烧空火云万丈，气焰信可流金。嗟尔龟鱼得计，适然游泳滋深。

栎社侵阶美荫，鸣蝉光质初凉。熏风正被草木，莫作秋声感伤。

柱础争流余润，油云懒改山容。定有盲风怪雨，晓来已听鼍龙。

湖光宛同玉镜，堤柳阒若房栊。六月行人过此，未输仙客壶中。

河汉斗杓横七，重城漏鼓传三。露鹤一声何许，戛然振响空岩。

次韵闻复湖上秋日　〔宋〕释道潜

泽畔蒹葭萧瑟，露华落日珠浮。抚事少陵多感，万端独立怀忧。

禅余偶登绝巘，据石聊为欠伸。眼界漫分畦畛，谁知大道无邻。

楚客当年何苦，愁怀缭转非舒。赖有管城公子，离骚万恨能书。

西湖发挥有素，最盛惟夸乐天。遗爱到今不朽，长堤一道如弦。

处士尚余陈迹，断碑横卧林塘。婉约梅花秀句，骚人万古传香。

草蔓行将溃袜，菊英稍稍敷金。南浦愁窥去燕，海山莽苍云深。

江城秋至几日，风物斗觉凄凉。邻女机丝何有，夜闻促织悲伤。

人物年来裴谢，背绳追曲周容。嗟尔得时螟蜓，故能嘲哂鱼龙。

良月娟娟清媚，舒光巧入帘栊。万籁声同丝竹，细窥一一空中。

可怪狙公巧黠，犹迷暮四朝三。老我身如枯柄，兀然不动幽岩。

题孤山放鹤图　〔元〕赵孟𫖯

西湖清且涟漪，扁舟时荡晴晖。处处青山独往，翩翩白鹤迎归。

---

[1]　雍正本"然"作"弦"。

昔年曾到孤山,苍藤古木高寒。想见先生风致,画图留与人间。

湖上春日遣兴　〔元〕马　臻

梦觉笙歌声里,人老湖山画中。花意欲回夜雨,诗情不让东风。

早春湖上　〔元〕张　宪

玉骢草软平田,油幕风轻画船。燕子钗头春胜,梨花院里秋千。

湖上二首[1]　〔元〕张　宪

绿盖遮笼菡萏,碧栏摇荡鸳鸯。罟画船中鼓板,销金锅里时光。
红杏墙头粉蝶,绿杨窗外黄鹂。何处春光最好,踏青人在苏堤。

湖上　〔明〕张文宿

堤上苏公杨柳,水中王令桃花。细雨斜风渔艇,小桥流水人家。

湖上　〔明〕丰　坊

伍相祠前过雨,苏公堤上斜阳。胜景朝朝车马,高楼夜夜笙簧。

西湖杂兴　〔明〕王叔承

看花须近寒食,看潮待过中秋。二月十五花信,八月十八潮头。
沽酒林逋宅畔,折花苏小坟边。莲叶棹开明月,竹枝歌断苍烟。
元圃楼台近水,醉乡日月宜秋。万里凫舟鹢棹,千重贝阙龙湫。

西湖　〔明〕屠中孚

三竿红日花市,一片青帘酒家。水阔吴侬暮艇,风和越女春纱。
片石不妨久坐,溪云卧看飞还。风递花香隔坞,时听茶歌满山。
柳畔不闻莺语,沙头远见鸥波。明日桃花有约,阴晴未审如何。
南岫沉沉暝色,远寺微微梵音。归去敲门月下,行来路僻林深。

---

〔1〕　底本题"湖上二首",但此处仅存一首。又"销金锅里时光"后十四首六言绝句原阑入本卷"诗七言律"中,今依体例及雍正本改置本卷"诗六言绝句"下,并依朝代顺序将原列于"行来路僻林深"句下之清代朱彝尊及张纲孙六言绝句共四首置于本卷末。

国　朝

西湖　张纲孙

偶来西子湖畔，高楼落日依依。花间歌吹已歇，柳外沙禽数飞。

顾十一孝廉嗣立载酒寓楼遂同夜泛三首　朱彝尊

近郭新晴谷雨，故人载酒僧楼。商略今宵月色，一艘小舫中流。
白鹭鸶拳一足，绿杨柳散千条。谁唱弯弯月子，赤阑干第三桥。
苏学士堤芳草，水仙王庙寒泉。正好当头明月，莫缘半醉回船。

武林览胜记卷三十四

艺文八

诗　七言绝句

戏赠天竺灵隐二寺寺主　〔唐〕权德舆

石路泉流两寺分，寻常钟磬隔山闻。山僧半在中峰住，共占青峦与白云[1]。

湖中自照　〔唐〕白居易

重重照影看容鬓，不见朱颜见白丝。失却少年无处觅，泥他湖水欲何为。

杭州回舫　〔唐〕白居易

自别钱塘山水后，不多饮酒懒吟诗。欲将此意凭回棹，报与西湖风月知。

春日钱塘杂兴　〔唐〕施肩吾

酒姥溪头桑袅袅，钱塘郭外柳毵毵。路逢邻女遥相问，小小如今学养蚕[2]。
西邻年少问东邻，柳岸花堤几处新。昨夜雨多春水阔，隔江桃叶唤何人。

---

〔1〕　雍正本无此诗。按：底本此诗又见于卷八《寺观三》北山路"敕赐云林禅寺"条。
〔2〕　雍正本无"酒姥溪头桑袅袅，钱塘郭外柳毵毵。路逢邻女遥相问，小小如今学养蚕"二十八字。按：此段文字又见于底本卷二十《物产》木品"湖田桑"条。

忆杭州西湖 〔宋〕范仲淹

长忆西湖胜鉴湖，春波千顷绿如铺。吾皇不让明皇美，可赐疏狂贺老无[1]。

僧有示西湖墨本者就孤山左侧林萝秘邃间状出衡茅之所且题云林山人隐居谨书二韵以呈之 〔宋〕林 逋

泉石年来偶结庐，冷挨松雪瞰西湖。高僧好事仍多艺，已共孤山入画图。

寄钱唐春游诗呈南阳郭待制 〔宋〕蔡 襄

一春游览足诗歌，寄与南阳远思多。若忆钱唐曾到处，西湖仍是旧烟波。

入天竺山留客 〔宋〕蔡 襄

山光物态弄春晖，莫为轻阴便拟归。纵使清明无雨过，入云深处亦沾衣。

西湖绝句 〔宋〕苏 轼

春来濯濯江边柳，秋后离离湖上花。不羡千金买歌舞，一篇珠玉是生涯。

与莫同年雨中饮湖上 〔宋〕苏 轼

到处相逢是偶然，梦中相对各华颠。还来一醉西湖雨，不见跳珠十五年。

饮湖上初晴后雨二首 〔宋〕苏 轼

朝曦迎客艳重冈，晚雨留人入醉乡。此意自佳君不会，一杯当属水仙王。湖上有水仙王庙。

水光潋滟晴偏好，山色空濛雨亦奇。若把西湖比西子，淡妆浓抹也相宜。

夜泛西湖五绝 〔宋〕苏 轼

新月生魄迹未安，才破五六渐盘桓。今夜吐艳如半璧，游人得向三更看。

三更向阑月渐垂，欲落未落景特奇。明朝人事谁料得，看到苍龙西没时。

苍龙已没牛斗横，东方芒角升长庚。渔人收筒未及晓，过船惟有菰蒲声。湖上禁渔，皆盗钓者也。

---

[1] 雍正本无此诗。

菰蒲无边水茫茫,荷花夜开风露香。渐见灯明出远寺,更待月黑看湖光。
湖光非鬼亦非仙,风恬浪静光满川。须臾两两入寺去,就视不见空茫然。

泛舟钱唐西湖　〔宋〕黄　裳

望湖楼上与云齐,下视银河一道低。好是水边歌舞后,绮罗人在画栏西。
俄起谷风斜撼竹,骤来时雨碎敲篷。回头已见烟云合,点检天边失数峰。

忆西湖旧游　〔宋〕文　同

西湖晴碧晚溶溶,与客常来坐好风。记得有人歌小玉,月明犹在画船中。

四月望再游西湖　〔宋〕陈　造

前时小舫冒氛昏,重到轻桡破曲尘。湖面风烟饱姿态,一番到眼一番新。
畴昔相期幞被来,饭余归意类挤排。苹风萝月孤清夜,仅见山间结夏斋。
堆青泛碧放船篷,万里风前鹤发翁。绝境满前官不禁,此身未省叹途穷。
春光陆续委东流,看到湖边安石榴。更与苏堤鸥鹭约,办舟来赏牡丹秋。

泛湖　〔宋〕陈　造

浦溆楼台远近殊,樽罍随处小踟蹰。高郎颇胜高常侍,解把西湖敌孟诸。
酒边凉意雨余生,望夜重期看月明。安得水仙解会事[1],巧随人意作阴晴。
玉人罢浴试梅妆,诗客挥毫落夜光。因病覆觞今破戒,为渠豪饮为君狂。
楼前行客尽抬头,楼上齐声唱石州。滚遍停催犹未彻,暑风晴月各新秋。

次韵朴翁　〔宋〕陈　造

几向西湖舣画桡,冰奁俨受众峰朝。即今去雁将清梦,飞下长桥更短桥。

泛湖　〔宋〕陈　造

荷面跳珠小溅衣,酒边团扇已停挥。湿云收尽人间暑,却度西山载雨归。
底许行庖旋不空,小舟如织浪花中。盘珍俎实随供给,亦有红衣载短篷。

宿钱唐尉廨　〔宋〕陈师道

平湖绕舍山无盗,官事长闲俸有金。安得终身为御寇,不辞儿女作吴音。

---

〔1〕　雍正本"解会"作"会解"。

题湖上壁 〔宋〕周紫芝

寒食风埃满客巾,西湖烟雨送愁频。日高未起鸟呼梦,春晚不归花笑人。

湖居无事日课小诗 〔宋〕周紫芝

春湖潮满入青天,浪泊东风打钓船。人在空濛飞絮里,鸟啼红白乱花前。

天色阴晴不可猜,两番云黑又云开。路从落日山边去,鱼趁晚湖潮里来。

茶了诗窗饭后杯,儿书未熟急须催。鸟于花外唤客出,山自眼前将句来。

老向华胥占一窗,无心更梦小行郎。城居可是湖居好,诗味颇随茶味长。

多情白鸟去还来,无事风扉闭复开。山下一帆冲雨过,水边双燕得泥回。

将别湖居二首 〔宋〕周紫芝

昔年尝判武林凭,来作西湖寺下僧。又作移家新活计,却携行脚旧枯藤。

西子湖边一短窗,几年和雨看湖光。青山换得微官去,鱼鸟应须笑漫郎。

雨中湖上晚归书所见三绝句 〔宋〕周紫芝

菰蒲风里棹歌迟,属玉双飞欲暮时。荷叶吹香送归客,片云催雨湿燕姬。

谁家歌管载凉州,何处跳珠旋入楼。山雨忽随云渡岭,明眸还与水争愁。

风荷忆伴醉颜红,湖水重来照雪翁。与世相看最长久,只应南北两高峰。

西湖春事五首 〔宋〕周紫芝

两高南北拥烟鬟,浑在溟濛细雨间。寄语丹青王右相,不须水墨画春山。

老去无心作好春,晓来风雨故欺人。从教发白桃花笑,不管帘垂燕子嗔。

颠春柳絮风前落,卧水桃花鉴里开。沙上鸳鸯忽惊起,背人飞出不回来。

寒食人家画鼓挝,踏歌声里月生华。无人来祭皇妃墓,空唱吴王陌上花[1]。

半垂罗幕护红妆,闲系青骢在绿杨。楼上日长时度曲,路边风过忽吹香。

湖居春晚杂赋 〔宋〕周紫芝

雪屋临湖夜系船,柳汀吹絮又经年。白鸥大似知人意,分与沧波十里天。

雨后春湖拍拍流,近门谁系两三舟。水边寒食飞双燕,柳外斜阳卧一牛。

---

〔1〕 雍正本无"寒食人家画鼓挝,踏歌声里月生华。无人来祭皇妃墓,空唱吴王陌上花"凡二十八字。

数日东风紧闭门，小桃知有一枝新。花飞不复到老眼，可是春寒欺得人。
倚床相伴一枝藤，强作春游老不能。花底婵娟诗妩媚，枕中日月睡薷腾[1]。
黄蜂归后燕成家，杨柳初飞一两花。已是无春可拚得，乱红何苦恼霜华。
湖水波逢野水边，欲晴鸠唤未晴天。懒吹云去风无力，打得花残雨可怜。

湖上杂赋三首　〔宋〕周紫芝

青腰载雨入菰蒲，旋斫渔竿学钓鱼。小向湖心作容与，天教来此伴春锄。
山边骑马醉王孙，湖里撑船晚过门。寄语金丸莫轻弹，我无花鸭解人言。
三年原不下胡床，饮尽山光与水光。莫把渠侬作官看，此身便是贺知章。

西湖词　〔宋〕周紫芝

吴中小女结烟鬟，自打青腰唱采莲。欲趁歌声过南浦，藕花深处不通船。
湖天无尽月如霜，露湿荷花别是香。何处渔郎解吹笛，并头惊起两鸳鸯。

西湖月夜　〔宋〕周紫芝

月到中天火未流，水边风露已含秋。问谁乞取西湖角，红藕花中着钓舟。

寄题西湖并送净慈显老三绝　〔宋〕范成大

南北高峰旧往还，芒鞋踏遍两山间。近来却被官程累，三过西湖三见山。
膏肓泉石痼烟霞，半世游山不着家。老人蒲团三昧近，坐看穿膝长芦芽。
中秋月了又黄花，卯后新醅午后茶。倒没工夫谈不二，文殊休更问毗耶。

湖中微雨戏作　〔宋〕陆　游

搓罢青梅指爪香，一杯聊复答年光。莫言老子无人顾，犹得西施作淡妆。

春日绝句　〔宋〕陆　游

介亭南畔排衙石，剥藓剜苔觅旧题。读罢南丰数行字，满山烟雨共凄迷。

出城　〔宋〕张九成

不出柴门近两旬，江边柳色已窥人。却思归去西湖上，剩把长条醉几春。

---

〔1〕　雍正本无"腾"后二诗。

晚至西湖惠照寺石桥上　〔宋〕杨万里

船于镜面入烟丛,寺在湖心更柳中。暮色欲来吾欲去,其如南北两高峰。

西湖晚归　〔宋〕杨万里

际晚游人也合归,画船犹自弄斜晖。西湖两岸千株柳,絮不因风暖自飞。

清晓湖上　〔宋〕杨万里

山腰轻束一绡云,湖面初矗半蹙痕。未说湖山佳处在,清晨涌出小金门。
菰月苹风逗葛裳,出城趁月上番凉。荷花笑沐燕支露,将谓无人见晓妆。
六月西湖锦绣乡,千层翠盖万红妆。都将月露清凉气,并作侵晨一喷香。

庚戌正月三日约同舍游西湖　〔宋〕杨万里

不到西湖又两年,西湖风物故依然。道傍松桧俱无恙,笑我重来雪满颠。
春光欲动意犹迟,未许游人恨见伊。只有梅花藏不得,隔篱穿竹出横枝。
黄金榜揭集芳园,只隔墙头便是天。西母云车寒未降,莺花作意办新年。
南北高峰巧避人,旋生云雾半腰横。纵然遮得青天面,玉塔双尖分外明。
下竺泉从上竺来,前波后浪紧相摧。泉声似说西湖好,流到西湖不要回。
上竺诸峰深复深,一重一掩翠云衿[1]。只言人迹无来路,动地钟鸣作梵音。
树生石上土全无,只见青葱不见枯。好在冷泉亭下水,为渠凭槛数游鱼。
闸住清泉似镜平,闸开奔浪作潮声。放开一板还收去,依旧穿沙绕石行。

雨中出湖上送客　〔宋〕杨万里

细雨轻烟着地昏,湖波真个解生尘。净慈灵隐君休觅,失却诸峰不恼人。

秋山　〔宋〕杨万里

梧叶新黄柿叶红,更兼乌桕与丹枫。只言山色秋萧索,绣出西湖三四峰。

同君俞李永步至普济寺晚泛西湖以归得四绝句　〔宋〕杨万里

阁下微阴不碍晴,杖藜小倦且须行。湖山有意当君款,约束疏钟未要声。

---

〔1〕　雍正本"衿"作"襟"。

烟艇横斜柳港湾，云山出没柳行间。登山得侣游湖好，却是湖心看尽山。
西湖秋老为人客，不必花时十里红。卷起郭西真水墨，枯荷折苇小霜风。
曲曲都城缭翠微，鳞鳞湖浪动斜晖。天寒日暮游人少，两岸轻舟星散稀。

同岳大用甫抚干雪后游西湖早饭显明寺步至四圣观访林和靖故居观鹤听琴得四绝句时去除夕二日　〔宋〕杨万里

湖暖开冰已借春，山晴留雪要娱人。昨游未当清奇在，踏冻重来眼却新。
紫陌微干未放尘，青鞋不惜浣泥痕。春风已入寒蒲节，残雪犹依古柳根。
冰壶底里步金沙，直到林甫处士家。未办寒泉饯秋菊，且将瘦句了梅花。
道堂高绝俯空明，上下跻攀取意行。静阁虚廊人寂寂，鹤声断处忽琴声。

上巳同沈虞卿尤延之王顺伯林景思游湖上得十绝句呈同社　〔宋〕杨万里

鹄袍林里遇芳辰，闻道春来不识春。及至识春春已老，于中更老是诗人。
总宜亭子小如拳，着得西湖不见痕。湖上轩窗无不好，何须抵死拣名园。
孤山山后北山前，十里长堤隔两边。一行垂杨绿无缝，石桥通处过春船。
天色鬖松未肯收，吾侪自乐不曾愁。随宜旋旋商量着，晴即闲行雨即休。
篮舆休上马休骑，湿却青衫也不辞。拣取雨丝疏处去，携筇到得水仙祠。
雨催杖履却须回，卷上疏帘眼顿开。十里湖光平似镜，柳梢梢外一船来。
湖上春游只爱晴，何朝何夕不清明。绝怜疏雨微云里，点缀湖山分外清。
凭久阑干可一杯，湖山飞入水中来。多情燕子能相劝，舞破东风去却回。
今年山路少人来，酒肆萧然绮席埃。政尔坐愁春寂寞，画船箫鼓忽如雷。
岸上湖中各自奇，山舲水酌两皆宜。只言游舫浑如画，身在画中元不知。

赵达明太社于四月一日招游西湖　〔宋〕杨万里

今日清和和又清，王孙领客出都城。好天胜日能多少，三到西湖始一晴。
画舫侵晨系柳枝，主人生怕客来迟。娇云嫩日无风色，幸是湖船好放时。
船从泳泽过孤山，径度琉璃一筚间。隔岸多情杨柳树，向人招唤俯烟鬟。
御池水满苑门开，泥带飞花露带苔。到得孤山翻作恶，海棠闹日不曾来。
萍生儿子点疏星，荷卷文书走万丁。回首南高峰上塔，手中攀得玉玲珑。
橘花如雪细吹香，杏子团枝未可尝。行到陈朝枯柏处，孤山山背水中央。
和靖先生坟已荒，空余松竹故苍苍。王孙自洗鸬鹚杓，满酌真珠酹一觞。

行尽孤山碧四围,却寻初路得来时。好风借与归船便,吹近琼林却不吹。聚景园前小泊。

风撩木叶小荷欹,日丽长杨花影低。阑入苑中啼不住,恨身不及一黄鹂。

葱茏晚色正佳哉,苦被归鞍紧紧催。船压浮荷沉水底,须臾船过却浮来。

西湖 〔宋〕王 炎

浮舟特地出西湖,欲访山中幽子居。山色湖光浑似旧,人间万事有乘除。

湖上寓居十四首[1] 〔宋〕姜 夔

荷叶披披一浦凉,青芦叶叶夜吟商。平生最识江湖味,听得秋声忆故乡。

湖上风恬月淡时,卧看云影入玻璃。轻舟忽向窗边过,摇动青芦一两枝。

秋云低结乱山愁,千顷银波凝不流。堤畔画船堤上马,绿杨风里两悠悠。

处处虚堂望眼宽,荷花荷叶过阑干。游人去后无歌鼓,白水青山生晚寒。

辇路垂杨两行栽,苑门秋水欲平阶。朝朝南望宫云起,白鸟一双山下来。

微波冲得绿萍开,数点青青贴石苔。绿葑自来还自去,来时须载白鸥来。

布衣何用揖王公,归向芦根濯软红。自觉此心无一事,小鱼跳出绿萍中。

囊封万事总空言,露滴桐枝欲断弦。时事悠悠吾亦懒,卧看秋水浸山烟[2]。

苑墙曲曲柳冥冥,人静山空见一灯。荷叶似云看不断,小船摇曳入西陵。

处士风流不并时,移家相近若相依。夜凉一舸孤山下,林黑草深萤火飞。

卧榻看山绿涨天,角门长泊钓鱼船。而今渐欲抛尘事,未了莼鲈一怅然。

钩窗不忍见南山,下有三雏骨未寒。惆怅古今同此味,二陵风雨晋师还。

柳下轩窗枕水开,画船忽载故人来。与君同过西城路,却指烟波独自回[3]。

指点移舟着柳堤,美人相顾复相携。上桥更觉秋香重,花在西陵小苑西。

西湖晚归 〔宋〕张良臣

帖帖平湖印晚天,踏歌游女锦相牵。凤城半掩人争入,犹有胡琴落后船[4]。

---

〔1〕 雍正本无"十四首"三字。

〔2〕 雍正本无"布衣何用揖王公,归向芦根濯软红。自觉此心无一事,小鱼跳出绿萍中。囊封万事总空言,露滴桐枝欲断弦。时事悠悠吾亦懒,卧看秋水浸山烟"凡五十六字。

〔3〕 雍正本无"钩窗不忍见南山,下有三雏骨未寒。惆怅古今同此味,二陵风雨晋师还。柳下轩窗枕水开,画船忽载故人来。与君同过西城路,却指烟波独自回"凡五十六字。

〔4〕 雍正本无宋张良臣《西湖晚归诗》。

大雪赵振文寄诗言乘月泛舟清甚因次其韵　〔宋〕楼　钥[1]

雪光绝胜水银银,未觉仙家隔一尘。真境宜君著佳句,赏心乐事更良辰。

见说中宵泛彩舟,何人同赏大江流。阳冰伯雪应为伴,更约禅人白道猷。

旧闻老具擅诗声,夜泛钱塘向凤城。今日清游更豪逸,雪花和月带潮生。法具,字圆复,绍兴初诗僧也。有《月夜游钱塘诗》云:"小舟为我载月色,白沙翠竹光相射。自从李白下金陵,四百年无此豪逸。"[2]

大雪赵振文寄诗言乘月泛舟清甚次自韵　〔宋〕楼　钥

老我心知笔力衰,颇欣腊雪瑞清时。三茅奇观亦难遇,白玉峰头灯万枝。

万玉贞妃摇佩琚,梁园授简属相如。莫嫌一水限吴越,两岸交辉合太虚。

湖上　〔宋〕刘　过

五行撩我到钱塘,花底题诗句亦香。莫惜高吟三十韵,敢烦诗伯为平章。

西湖　〔宋〕刘　过

西湖湖上山如画,二十年前曾客来。飞絮满城归未得,江南老却贺方回。

题临安西湖　〔宋〕高孝璹

朱帘白舫乱湖光,隔岸龙舟舣夕阳。今日欢游复明日,便将京洛看钱塘。

夏日西湖闲居十首　〔宋〕汪　莘

十里西湖苦见招,柳堤荷荡赤栏桥。待他朝市人归后,独泛扁舟吹玉箫。

急管繁弦樽俎间,何人静眼对湖山。怪来水面无鸥鹭,多在残蒲落照湾。

每叹西湖境未殊,向来人物有还无。红蕖绿竹浑相得,明月清风亦不孤。

晚风吹动碧琳寒,初日花房露未干。谁道幽人无伴侣,红蕖万朵竹千竿。

修竹祠堂曲水滨,寒泉菊盏久埃尘。道旁车马无心到,似我频频有几人。

一曲波光彻太虚,四垂碧汉罩湖鱼。游人眼被荷花碍,不觉琉璃泡里居。

露冷风清斗柄边,芙蕖零落谢家船。都人正作黄粱梦,独占西湖明月天。

---

〔1〕《全宋诗》卷二五四五无此标题,且其下内容径置于楼钥《大雪赵振文寄诗言乘月泛舟清甚次自韵》"两岸交辉合太虚"句下。

〔2〕雍正本无"大雪赵振文寄诗言乘月泛舟清甚因次其韵"至"四百年无此豪逸"一段文字。

清夜湖心把酒杯，花间风月共徘徊。金钟何事催天晓，又恐游人相逐来。
醉把清荷当箬笠，乱披荷芰作蓑衣。渔翁家在蓬瀛上，欲驾莲舟一叶归。
藕带嚼来殊解渴，荷香闻得亦忘饥。幽人不趁槐花课，收得西湖几句诗。

湖山早秋偶兴 〔宋〕汪 莘

坐卧芙蓉花上头，清香长绕饮中浮。金风玉露玻璃月，并作诗人富贵秋。

湖上八首 〔宋〕方 岳

沙暖鸳鸯傍柳眠，春来亦懒避湖船。佳人窈窕惜颜色，自照晴波整翠钿。
今岁春风特地寒，百花无赖已催残。马塍晓雨如尘细，处处筠篮卖牡丹。
轻尘不动雨霏微，堤外芹香燕子飞。庭院日长帘幕静，含情脉脉看春归。
绿波如画雨初晴，一岸烟芜极望平。日暮落花风欲定，小楼弦管压新声。
春连禁籞绿阴交，对雨晴烟舞翠蛟。最是君王游幸少，宫花浑不识鸣鞘。
连天芳草晚萋萋，蹀躞花边马不嘶。蜂蝶已归弦管静，犹闻人语画桥西。
游人抵死惜春韶，风暖花香酒未消。须向先贤堂上去，画船无数泊长桥。
秋千人散雨千丝，谁把春篁隔院吹。但觉小桥烟外柳，春风无力逗腰肢。

过湖 〔宋〕方 岳

才出城来便不同，绿杨微雨藕花风。过湖船用百钱买，卧看云归南北峰。

西湖春雪 〔宋〕高 翥

小艇沿溪春雪飞，正当骑马踏春时。是谁乞与杨花舞，先占东风一月期。

西湖即事 〔宋〕周文璞

闲看浮鸥栖曲渚，倦随奔鹿上荒陵。松门雨过长廊静，一架藤花供病僧。

西湖秋晚 〔宋〕叶绍翁

爱山不买城中地，畏客长撑屋后船。荷叶无多秋事晚，又同鸥鹭过残年。

西溪 〔宋〕叶绍翁

一条横木过前溪，村女齐登采叶梯。独立衡门春雨细，白鸡飞上树梢啼[1]。

---

[1] 雍正本无宋叶绍翁《西溪诗》。

访龙井山中村叟　〔宋〕叶绍翁

雨打荒篱豆荚垂，柴门未启立多时。客来自掘蹲鸱煮，旋拾枯松三数枝。

西湖　〔宋〕叶　茵

湘桃深处五陵家，堤柳阴中百宝车。多是问桃寻柳去，近来山下少梅花。

送晔冲晦归天竺　〔宋〕姚　镛

西湖山下多奇石，师去今游乳窦峰。遥想石台登讲罢，野猿归洞鹤归松。

湖上曲　〔宋〕许　棐

新堤旋蜡游春屐，半湿香泥恰好行。琢得小词腔未稳，往来花下怯歌莺。

湖上　〔宋〕王同祖

长安三月又三日，绣毂狨鞍富贵家。笙鼓喧天兰棹稳，卖花声里夕阳斜。
偶出城来日未西，百花丛底草萋萋。游人过尽归来晚，行遍苏公十里堤。

湖上早行　〔宋〕王同祖

钱塘门外买湖船，雾气冲云水接天。只有苏堤金线柳，半笼斜日半笼烟。

再行湖上　〔宋〕施　枢

楼台万叠照斜晖，红褪园林绿渐肥。艳似杏桃开过了，春风吹到野蔷薇。

湖中　〔宋〕赵崇鉘

汀蒲猎猎起凉飔，碧藕香中独立时。机事两忘吾亦懒，扁舟行过水仙祠。

湖上新晴　〔宋〕宋伯仁

湖边膏雨弄晴时，桃杏红争锦一机。杨柳也如新及第，向人争舞绿罗衣。

湖上　〔宋〕宋伯仁

一泓寒玉浸青山，妆点楼台夕照间。歌管满船春未懒，惜无人伴白鸥眠。

湖上闲步 〔宋〕俞 桂

一番雨过一番春,芒竹闲行踏软尘。城里不知春色早,湖边杨柳已撩人。

过湖 〔宋〕俞 桂

舟移别岸水纹开,日暖风香正落梅。山色蒙蒙横画轴,白鸥飞处带诗来。

春日湖上 〔宋〕武 衍

苑外垂杨阅四朝,东风依旧绿条条。当年盛事人犹说,二殿龙舟泊画桥[1]。
拆桐花下雨初干[2],寒食游人尽出关。一片湖边春富贵,断桥船簇夕阳湾。
飞鹕鸣镳鼓吹喧,繁华应胜渡江前。吟梅处士今还在,肯住孤山尔许年。
船里歌声去复还,游人乐在酒杯间。争如策蹇长堤上,细看南山与北山。

重访西湖旧游 〔宋〕武 衍

西风吹晓凤城开,桂子香中信马来。十载不行湖上路,知他添了几楼台。

湖亭席上赠商素 〔宋〕武 衍

一曲春风已擅场,浅颦低啭更传觞。令人忆杀香山老,旧日玲珑也姓商。

湖边 〔宋〕武 衍

日日湖边上小车,要寻红紫醉年华。东风合与春料理,忍把轻寒瘦杏花。

正元二日与菊庄汤伯起归隐陈鸿甫泛舟湖上二首[3] 〔宋〕武 衍

春云漠漠雨疏疏,小艇冲烟入画图。除却淡妆浓沫句,更将何语比西湖。

西湖晚望 〔宋〕陈鉴之

过雨长桥葱翠湿,小桥人静支筇立。一缕竿头颤霜鲫,风动青蒲见蓑笠。

---

〔1〕 雍正本无"苑外垂杨阅四朝,东风依旧绿条条。当年盛事人犹说,二殿龙舟泊画桥"二十八字。
〔2〕 雍正本"拆"作"刺"。
〔3〕 雍正本无"二首"二字。按:底本题标"二首",而正文仅存一首,疑有脱文。

湖上　〔宋〕徐集孙

不分雨色共晴光，每揽吟魂梦草堂。数日不来湖上看，西风次第水苍茫。

湖上赠新得意者　〔宋〕李　龏

湖上新正逢故人，天明骑马入红尘。凭君莫话封侯事，栲栳量金买断春[1]。

马塍卖花者　〔宋〕李　龏

十里宜春下苑花，浓香染着洞中霞。采夫携得将何处，担入宫城许史家。

湖上雨吟　〔宋〕吴惟信

湿了荷花雨便休，晚风归柳淡于秋。一生不作机心事，合转船头向白鸥。

西湖　〔宋〕王　镃

南北高峰叫杜鹃，斜阳浮翠断桥边。画船归处江湖梦，一半楼台杨柳烟。

湖上晚望　〔宋〕王　镃

酒醒湖光生嫩凉，卧船吹笛藕花香。游人尽逐莺花去，一片闲情在夕阳。

杭州西湖舟中送王本齐之官并呈孟能静　〔宋〕俞　琰

十年不踏西湖路，满眼青山是故人。今日重来送君别，一番杨柳一番新。

访西湖　〔宋〕刘　黻

东风吹客到西湖，汀草沙禽半识吾。若得数间茆屋在，种梅花处伴林逋。

忆西湖　〔宋〕葛长庚

银月窥人夜漏沉，断蒲疏柳忽关心。西风为报西湖道，留取芙蓉伴醉吟。

湖上偶成　〔宋〕葛长庚

葭蒲满荡起晴烟，总属霜鸥雪鹭天。一片紫菱开十字，中间放过采莲船。

---

〔1〕　雍正本无此诗。

湖上漫赋二首 〔宋〕郑思肖

藓崖苍润雨初干,石罅飞泉喷雪寒。啼断禽声山更静,青松影下倚阑干。
一望湖光镜面平,暮鸦过尽断霞轻。狂来飞上高峰顶,跌坐松柯叫月生。

湖上晚归 〔宋〕释道潜

漾舟归路兴何赊,水木低凉一道斜。菱蔓兼葭却卷尽,芙蓉烂熳独开花。

秋日湖上 〔宋〕释道潜

两山斜抱翠逶迤,一水中间似漾陂。孤榜独来还独往,鸬鹚鹚鹈莫相疑。
飞来双鹭落寒汀,秋水无痕玉更清。绿蓼黄芦宜掩映,沙边对立太分明。
欲跨高楼旷远情,无端秋雨苦冥冥。峥嵘日脚漏云处,瞥见遥山一抹青。

同周湛二上人游西湖之北山天竺晚归得十绝[1] 〔宋〕释绍嵩

行尽孤山碧四围,春光和暖恰相宜。微风披拂香来去,正是群芳烂熳时。
山如浓翠拥高鬟,石壁巉然不可攀。落日凤城佳气合,幻成一岛画图间。
山云收雨半川晴,匠出西湖作画屏。剩欲题诗写怀抱,可怜踪迹似流萍[2]。
和靖先生坟已荒,三春花草殿余芳。栏干倚遍斜阳晚,户牖轩窗总是香。
湖上山林画不如,眼明喜见晓光舒。等闲稚子来横钓,一度抬竿一个鱼[3]。
闲来湖上立移时,独愧凭栏负碧漪。西寺木鱼东寺鼓,而今总入老夫诗。
北山迤逦自苍然,万象鲜明禁火前。愁里有诗人不会,栏边瀺灂响流泉。
天竺横分景色宽,园林初日破朝寒。兴阑欲下山腰去,野径萦回路百盘。
幽刹寻春傍翠微,幡竿残日迥依依。西湖两岸千株柳,何似先教画取归。
好是春风湖上亭,轩窗小憩俗尘清。湖山有意留侬款,杨柳飞花乱晚晴。

湖上春晚 〔宋〕释永颐

水边三月芳菲晚,杨柳楼船拥万家。浩浩歌钟迷白日,不知烟寺落桐花。

---

〔1〕 雍正本无"十绝"二字。
〔2〕 雍正本无"山云收雨半川晴,匠出西湖作画屏。剩欲题诗写怀抱,可怜踪迹似流萍"二十八字。
〔3〕 雍正本无"湖上山林画不如,眼明喜见晓光舒。等闲稚子来横钓,一度抬竿一个鱼"二十八字。

西湖日暮　〔宋〕释永颐

渺渺春湖夕霭浮,落花飞燕打兰舟。游人半入烟城去,月照笙歌上水楼。

酬苏屯田西湖韵　〔宋〕释斯植

雨余残景照渔家,渔子鸣榔彻郡衙。今夜相呼好垂钓,晚来新雨涨蒹葭。

湖上晚望　〔宋〕释斯植

绕堤杨柳暗渔舟,二月风光淡似秋。几度笙歌人散后,夕阳依旧满红楼。

西湖晚望　〔宋〕释斯植

久雨初晴睡正长,春蛙鸣遍旧池塘。小亭寂寞斜阳里,一阵东风过木香。

别西湖　〔金〕房　暤

闻说西湖可乐饥,十年劳我梦中思。湖边欲买三间屋,问遍人家不要诗。

武林览胜记卷三十五

艺文九

诗　七言绝句

湖堤雨中夜归　〔元〕方　回

夜雨昏昏欲雪天,数家灯火北山前。乡心认作桑麻路,忽有湖船奏管弦。

题和靖先生观梅图　〔元〕仇　远

痴童臞鹤冷相随,笑指南枝傍小溪。到处一般香影色,孤山只在断桥西。

湖居杂兴　〔元〕仇　远

脉脉吹香屋角梅,背风移烛小帘开。凤城几日元宵近,一片箫声水上来。

龙舟晓发断桥西,别有轻舟两两随。春色可人晴较稳,酒家争出柳梢旗。

相国平泉竹石居,吴山花石世间无。游人马上休回首,一半春风在里湖。

雨后林塘夏亦秋,一葫芦酒在船头。醉来深入荷花去,卧看青天飞白鸥。

车鱼人散水风腥,雨色凉分柳外晴。回首夕阳都落尽,忽然东向数峰明。

万树芙蓉两蕊宫,秋风开遍水边丛。白墙遮尽红塘出,只见红塘一半红。

西湖晚意　〔元〕龚　璛

天赋幽人事事幽,西湖佳处十年留。荷香欲老菱如臂,得意斜阳一小舟。

湖上即事多怀月心之辞　〔元〕袁　易

月转山横湖水明,星河倒影玉壶冰。故人天末难持寄,来倚高楼第四层。
浙东山色渡江青,眼底新诗向此成。天尽云低看鹘落,日斜风细待潮生。
顾盼江湖左右分,吴山飞雨越山云。兹游览结风烟秀,独自题诗转忆君。

西湖行春　〔元〕黄　庚

画船无复沸笙歌,湖水年年自碧波。回首苏公堤上柳,绿阴不似旧时多。

和靖观梅图　〔元〕吴　澄

一枝春信到孤山,冰雪肌肤不觉寒。月下水边看未足,折来更向手中看。

湖上感旧　〔元〕陈　孚

昔日珠楼拥翠钿,女墙犹在草芊芊。东风第六桥边柳,不见黄鹂见杜鹃。

西湖杂咏　〔元〕汤炳龙

马塍鸡唱曙初回,几处严关次第开。多少卖花人已别,剩将春色入城来。

湖上暮归　〔元〕赵孟頫

春阴柳絮不能飞,雨足蒲芽绿更肥。正恐前呵惊白鹭,独骑款段绕湖归。

湖中醉呈崔郎中　〔元〕陈思济

杭州城西天下无,水晶盘里青珊瑚。江山胜概乃如此,醉笔走呈崔大夫[1]。

湖上书所见　〔元〕杨　载

采莲女郎莲花腮,藕丝衣裳难剪裁。瞥然一见唱歌去,荷叶满湖风雨来[2]。

湖上　〔元〕胡　助

散步苏堤消永日,绿阴古木渐成稀。西泠桥上遇微雨,却唤扁舟湖里归。

---

〔1〕　雍正本无此诗。
〔2〕　雍正本无此诗。

过西湖 〔元〕许 谦

不见湖光十五年，满堤烟雨复乘船。荡荷岸柳浑依旧，鬓上星星应自怜。

西湖绝句六首 〔元〕萨都刺

涌金门外上湖船，狂客风流忆少年。十八女儿摇艇子，隔船笑掷买花钱。

少年豪饮醉忘归，不觉湖船渐渐移。水面夜凉银烛小，越娘低唱月生眉。

紫骝骄踏落花泥，二月江城雨过时。拂晓市河春水满，小船多半载吴姬。

惜春曾向湖船宿，酒渴吴姬夜破橙。蓦听郎君呼小字，转头含笑背银灯。

待得郎君半醉时，笑将纨扇索题诗。小红帘外春波渌，渡水杨花入砚池。

垂柳阴阴苏小家，满湖飞燕趁杨花。繁华一去风流减，今日横堤几树鸦。

与张伯雨西湖暮归 〔元〕吴养浩

柳烟淡荡雨霏微，隔水遥看羽盖飞。马上仙人强支酒，踏花何处晚来归。

西湖所见 〔元〕宋 无

绿栏干护水鳞鳞，苏小门前柳弄春。听得雨声娇不见，隔帘佯唤卖花人[1]。

招韩伯清泛湖二首 〔元〕张 翥

南园携手赏芳红，唤取能歌盛小丛。传与春风留杏萼，明朝开向曲声中。

段桥春水绿初柔，更有群凫来上游。好借鸥夷盛酒去，玉箫吹上画船头。

赠钱唐琴士 〔元〕贡师泰

画船载酒西湖上，一日笙歌几万钱。独抱孤桐向何处，夜深弹月上青天。

西湖 〔元〕朱希晦

丝丝细雨弄春晴，新水溪头杜若生。我欲与君携酒去，绿阴树底听啼莺。

和靖看梅图 〔元〕吕思诚

西泠桥下林家墓，犹有旧时无数花。孤云何处双飞鹤，落日鸡鹜满白沙。

---

[1] 雍正本无此诗。

葛岭新居　〔元〕张　雨

葛洪川上有余地,善和里中无故书。为惜人间秋水观,鸡鸣犬吠有移居[1]。

葛岭杂书　〔元〕张　雨

小娃小艇无踪迹,只有荷花雨溅裙。净洗一方天水碧,不教歌板污游云。

荷花词次韵周伯温参政　〔元〕张　昱

朝霞染得好衣裳,吹遍湖头风露香。身分可怜年纪小,纤腰一束郁金黄。
少年惯服白朱砂,养得容颜过晓霞。生长六桥杨柳岸,不知湖上是侬家。
莫讶吴侬说靓妆,红绡贴体肉生香。夜来相伴绿荷叶,受用满湖风露凉[2]。
一种西湖与若耶,鸳鸯宿处便为家。秋房结得新莲子,便是当时藕上花。

西湖春日壮游即事　〔元〕马　臻

延祐戊午春,偶以钓槎之暇,因念西湖春日壮游尚历历眉睫间,光阴几何,余矍
铄矣,遂成七言二韵三十首,以写幽怀。后我之生或不我信,倘遗老览之,则将同一
兴感焉[3]。

绕湖无处避芳尘,叠鼓红旗彩鹢新。冉冉春云来不断,涌金门外踏青人。
霍山庙食庆流虹,民物讴歌乐岁丰。七宝社回呈了马,年年归路雨和风。
南屏山色染春烟,路接高峰社鼓喧。第一桥边春更好,御舟闲在翠芳园。
问谁偏解占风光,飞盖金鞍白面郎。山北山南游欲遍,画船教舣集贤堂。
瑞烟祠宇隐垂杨,士女穿花语笑香。三十九贤森翠碣,虚舟亭上借传觞。
镂玉雕琼簇闹竿,珠花翠叶缕金篮。东家年少贪游冶,正值明朝三月三。
流苏两两挂船头,绣额珠帘不上钩。金缕缓歌家宴静,午前先入里湖游。
紫染春罗窄袖裁,伶人楚楚自诙谐。部头教奏金娥曲,尽向船棚一字排。
笙歌箫鼓沸春涛,耳目难禁应接劳。院落秋千谁氏女,彩绳掷起过墙高。
绮陌游人隘暖烟,去年时节卖饧天。邻家儿女归来晚,买得塘鱼折柳穿。
万柳摇金接画桥,一清堂外景偏饶。平章太守开华宴,预报龙舟夺锦标。
园丁花木巧杯棬,万紫千红簇绮筵。折得青梅小如豆,献来还索赏金钱。

---

〔1〕　雍正本无此诗。
〔2〕　雍正本无"莫讶吴侬说靓妆,红绡贴体肉生香。夜来相伴绿荷叶,受用满湖风露凉"二十八字。
〔3〕　雍正本无"后我之生或不我信,倘遗老览之,则将同一兴感焉"二十字。

揉蓝染水翠浮山，堤上亭台锦绣间。花柳禁人攀折去，要留春色大家看。
进余薇露与流香，散落人间任品尝。处处旗亭招醉客，大书不是赶春场。
珍禽翠羽养雕笼，列向船头尽不同。怜杀锦鹦偏解语，唤人提挈避东风。
潋滟春波镜面平，扁舟卖物往来轻。翩翩鸥鹭翻晴雪，惯听笙歌也不惊。
豪家游赏占头船，趁得风轻放纸鸢。手拍丝纶争上下，一时回首看青天。
乍暖春衫薄似纱，少年二五自欢哗。醉眠芳草醒来晚，尚觅鱼羹向酒家。
娇民技艺也天生，斗巧搜奇事事能。稚子土宜偏戏剧，浪儿黄累十三层。
一路亭台间酒家，渐看杨柳绿藏鸦。太平官府无民讼，补种沿堤十里花。
画船过午入西林，人拥孤山陌上尘。曾被弁阳模写尽，晚来闲却半湖春。
要嘱园丁取折枝，红桃白李紫蔷薇。石涵桥畔人烟晚，挑得春光一担归。
遥看暝色下渔汀，金鸭香消酒半醒。倒转船头元有意，槛边人报放流星。
天街夜市已喧阗，半掩城门玉漏传。笼竹绛纱争道入，湖心犹有未归船。
秋千罢蹴彩绳低，林馆莺声白日迟。处处荼蘼开似雪，不甘便作送春诗。
桃杏移春点碧苔，柳眠飞尽小池台。凭君莫信啼鹃语，更有花王最后开。
送得春归夏又初，名园不放玳筵虚。只知富足家家事，肯为儿孙教读书。
谁家乳燕掠船过，小小荷钱出水多。梅雨乍晴人病酒，绿阴天气正清和。
惯见升平春复秋，分明往事昔年游。西林桥外青山色，几度夕阳人白头。

晓过西湖　〔元〕释圆至

水光山色四无人，清晓谁看第一春。红日渐高弦管动，半湖烟雾是浮尘。

题和靖观梅图　〔明〕陶宗仪

小朵遥岑隔翠漪，背笼衣袖立多时。暗香浮处催诗句，落月昏黄分外奇。

和靖拥炉觅诗图　〔明〕陶宗仪

一童一鹤住西湖，千古高风识画图。水影月香成绝唱，苦吟犹自拥寒炉。

晚秋游西湖二绝　〔明〕李　晔

八月西湖镜里天，中流柔橹下轻烟。回头指点青山好，有个白鸥飞上船。
秋夜西湖泛棹过，满船星斗近天河。鸣榔忽动清风起，一对鲤鱼吹白波。

西湖歌　〔明〕梁　寅

美人玉钗燕翩翩,白日照耀黄金蝉。柳丝绿让云鬟觯[1],荷花红妒茜裙鲜。

鹅黄满壶载船头,酒能解愁人自愁。长堤车马如流水,朝来莫去几时休。

艳妆缓歌金缕衣,舞腰学得燕儿飞。湖西日落月东出,歌舞留人且莫归。

青山入湖湖水青,菱花日日照船棂。山头急雨船须住,水面凉风酒易醒。

钱塘城中十万家,碧瓦龙鳞户绮霞。楼头卖酒船中饮,不如湖上看繁华。

钱塘怀旧　〔明〕镏　绩

眉易生愁脸易消,一声歌断碧云遥。祇今惟有西湖柳,留得残枝似舞腰。

西湖渔者　〔明〕凌云翰

家住钱塘西子湖,钓竿几度拂珊瑚。扁舟载月归来晚,不觉全身入画图。

西湖　〔明〕廖孔说

水中树影树中山,山自无心水自闲。明月两堤人不见,小舟独向断桥还。

寄王明仲寓杭　〔明〕虞　堪

西湖何处好题诗,落日西泠唱竹枝。团扇晚停眉黛敛,水寒休弄玉参差。

和靖观梅图　〔明〕谢　常

孤山岁晚水迢迢,竹外横斜挂绿么。吟到暗香疏影句,黄昏月上雪初消。

西湖诗篷　〔明〕夏　时

放棹兰汀杜若洲,有诗不用锦囊收。尽教抛掷东风里,逝水飞花处处流。

诗成倚棹复频吟,棹触风荷跃锦鳞。老去都忘撷芳意,放歌何处采莲人。

解缆朝辞学士沟,湖中画舫不胜秋。白苹风起回汀晚,泊在芦花浅水头。

霜晴日出水消波,景淡烟融入棹歌。不似灞桥驴子上,满身风雪奈诗何。

西湖夜宿　〔明〕李　进

蹇驴冲雪岸乌纱,夜醉西湖卖酒家。十六吴姬吹凤管,卷帘烧烛看梅花。

---

〔1〕　底本"觯"误作"躲",今据雍正本改。

湖上书愁　〔明〕张　和

浓如山色乱如云,满目春愁殢夕醺。风雨欲来人不到,杜鹃啼上岳王坟。

湖上莫归　〔明〕刘　泰

小朦驮醉踏残花,柔绿阴中一径斜。日莫归来问童子,春衣当酒在谁家。

春日西湖同项宗彝蒋文伟赋　〔明〕刘　泰

湖上韶光似酒浓,踏花重觅旧游踪。东风知我堪真乐,轻约春云过两峰。

约苏文定泛湖　〔明〕刘　泰

西湖山色两清奇,况是梨花酒熟时。整顿兰舟载春去,莫教鸥鹭笑来迟。

春日湖上　〔明〕刘　泰

浴鹄湾头荡桨过,雨声昨夜涨湖波。落梅天气寒犹峭,未许春衣试薄罗。
步逐东风踏软沙,背人惊鹭去斜斜。两株红杏疏篱外,知是湖村卖酒家。
小鬟扶起醉曹腾,落日寒生半臂绫。燕子不来春尚浅,湖阴留得未消冰。
樱桃花发向阳枝,便觉韶光暗有期。明日重来应爛烂,双柑斗酒听黄鹂。

载酒过湖　〔明〕镏　英

寒食清明次第来,紫袍红萼裹池台。东风似与人商略,最好花教最后开。

湖上花开　〔明〕镏　英

白鸥遥待酒船来,芳草汀舟去复回。为惜杏花寒勒住,西陵昨夜一枝开。

湖上晚春　〔明〕镏　英

辛夷坞口春将老,踯躅池边雨弄晴。尽日无人过湖去,黄鹂睍睆不停声。

夏日忆西湖风景　〔明〕于　谦

涌金门外柳如烟,西子湖头水拍天。玉腕罗裙双荡桨,鸳鸯飞近采莲船。

邦彦饮湖上暮归过保叔大呼求见因赍酒出寺饮之以诗
送别　〔明〕史　鉴

半山遥听故人歌，枉驾能为萧寺过。饮酒莫辞还秉烛，重来花事恐无多。

寄杭州友人　〔明〕史　鉴

西湖湖上水初生，重叠青山接郡城。记得扁舟载春酒，满身花影听啼莺。

湖上莫归　〔明〕史　鉴

鸭群呼去水云空，香滴蓣花露气浓。僧寺茫茫看不见，暮烟生处忽闻钟。

题西湖钓艇图　〔明〕唐　寅

三十年来一钓竿，几曾叉手揖高官。茅柴白酒芦花被，明月西湖何处滩。

游湖醉归　〔明〕陈　霆

岳武祠前已落晖，赏心直待醉时归。六桥杨柳西湖路，一派凉风吹客衣。

忆西湖　〔明〕乔时敏

柳色青青映客衣，鹧鸪声里夕阳微。桃花隔岸轻舒笑，还忆苏堤送客归。

湖上晚秋　〔明〕俞行之

西湖湖上可怜春，烟柳风花最恼人。罗袖泪干无好思，画船歌舞为谁新。
秋来碧水湛平湖，荷叶菱花取次枯。唯有断桥残柳树，淡烟犹琐乱啼乌[1]。

湖上偶成　〔明〕薛章宪

舞风杨柳软腰肢，映水桃花好面皮。一抹晚山横翠黛，西湖端合比西施。

湖上漫兴　〔明〕李梦阳

西湖湖上杨柳枝，临流袅娜风更吹。只愁白雪漫天舞，不怕黄金拂地垂。

---

〔1〕　雍正本无此诗。

西湖歌 〔明〕张文宿

西湖佳丽属钱唐，一决沙河隔混茫。流下石函高十丈，恰如天上泻银潢。
列区上应斗牛文，水接仙源八泒分。闲倚鹊楼舒远眺，碧波寒浸两峰云。
晶渺寒波静不流，分明一鉴地中浮。光涵宝月三千顷，影落珠帘十二楼。
千树桃花锦作堤，游人错认武陵溪。春风不独披兰棹，更送香尘逐马蹄。
堤上垂杨拂画桥，上通车马下通桡。倚栏夜半吹明月，借得仙人白玉箫。
风日春情抉雾开，笙歌相竞画船来。早间尽往南山去，晚间遥自北山来。

西湖 〔明〕孙一元

十里飞花送酒卮，六桥儿女踏春祠。无人会得渔翁意，独立晴湖照影时。

次韵西湖 〔明〕管　浦

白云一径穿林薄，流水篱根送落花。草色压帘春寂寂，鸟声啼满野人家。

和人招游西湖韵 〔明〕钟　禧

湖光山色最宜秋，君不来招也去游。已办蜀川千丈锦，为谁今日画缠头。
万顷西湖水贴天，芙蓉杨柳乱秋烟。湖边为问山多少，每个峰头住一年。

泛湖 〔明〕薛应旗

孤山树合仙人宅，双塔云开玉女台。小艇中流风欲定，漫惊鸥鹭一徘徊。

西湖闻笛 〔明〕范　言

月白霜寒客梦醒，笛声迥出柳洲亭。莫教吹过孤山去，风里梅花不耐听。

西湖词 〔明〕周　诗

欲雨不雨双峰孤，遥天幻出青珊瑚。仙人九节杖可借，西上峰头看海枯。
昔奉宸游太液前，灵星钟鼓夜祈年。如何醉倚西湖夕，错指金城落照边[1]。

西湖曲 〔明〕屠　隆

停桡湖上踏歌行，湖草离离湖水清。一片红渠香杳蔼，花间转出佩环声。

---

〔1〕 雍正本无"昔奉宸游太液前，灵星钟鼓夜祈年。如何醉倚西湖夕，错指金城落照边"二十八字。

大堤杨柳映红霞，万井楼台千树花。费尽黄金买歌舞，画船强半载琵琶。
零落钗钿香粉消，明朝犹自舣兰桡。年年歌舞驰波去，留得寒烟锁六桥。

西湖歌　〔明〕王叔承

苏小坟西是妾家，门前多种白莲花。郎来好认当垆处，石上瑶琴覆落霞。

赠孟嘉访开之湖上　〔明〕沈懋学

初阳台上紫云停，何处璃箫入夜听。载酒看花歌白苎，直教明月下西泠。

浮梅槛为贞父作　〔明〕汤显祖

白傅时思湖上眠，黄郎新泛竹为编。长垂布幔通明月，何用灯笼照夜船。
灵隐山前风日飘，不须刳木取泉遥。犹怜入夜萧萧雨，长在西泠第几桥。

十月十五夜同印持子将诸兄弟自灵隐步月至上天竺口占　〔明〕李流芳

冷泉亭畔树初明，百道寒光水面生。松月似留人住住，溪声却唤我行行。

垆头曲　〔明〕胡颖嘉

西子湖头日欲昏，桃花争艳柳争繁。东邻歌舞春应满，萧瑟朱弦独闭门。
可怜妆罢倚阑干，谁解东风共往还。朝想为云暮为雨，西湖黯淡接巫山。

西湖杂咏二首　〔明〕宋　珏

云合云开楼上下，月升月落榻东西。侧身枕畔低回看，身与雷峰塔顶齐。
倦将书卷引闲眠，枕上青山几上烟。午梦似醒醒似梦，湿云如水水如天。

早春武林山游　〔明〕李衷纯

曲磴扪萝晓色分，翠微深处鹿麋群。山家烟火炊松子，野寺钟声散碧云。
虬枝十万插青霄，为雨为云白日摇。忽振雄风空谷里，钱塘江涌伍胥潮。

西湖春词　〔明〕田艺蘅

十三十四女儿家，姊妹双双弄彩霞。笑向玉莲池畔去，金钱乱掷买荷花。

锦马穿花十八娘,春风吹过草生香。珊瑚鞭坠不回顾,却折柳枝三尺长[1]。

题扇送客怀长蘅湖上 〔明〕程嘉燧

送客西楼落木风,鬓丝吹断酒巾空。危廊千尺云居寺,霜叶仍欺二月红。
约看西湖十月红,棹头归计又成空。年光如水心如梦,人在西楼暮雨中。

西湖杂题 〔明〕程嘉燧

风堤雾塔欲分明,阁雨濛阴两未成。我试画君团扇上,船窗含墨信风行。鲍溪
文扇。

西湖词 〔明〕陈九德

西湖日落镜光斜,少女新妆似浣纱。乘却兰舟荡兰桨,约开莲叶采莲花。
湖上人家带夕晖,野鸥相对亦忘机。微风不动波澄碧,水底青林开竹扉。

夜泛西湖 〔明〕董斯张

放棹中流月满衣,千山无色暮烟微。二更水鸟不知宿,还向望湖亭上飞。

南屏归艇遇雨 〔明〕谭贞竑

望里南宫泼墨山,小窗残烛放舟还。从容毕竟输渔父,藕叶菱花泊浅湾。

西湖夜别叶环中[2] 〔明〕顾 猷

水落西陵日已斜,浓烟疏柳半藏鸦。相逢莫谩轻相别,灯火湖头是酒家。

西湖曲 〔明〕龚士骧

六桥罗绮媚晴霞,彩袖风翻一向斜。四百亭台何处胜,香车未到莫飞花。

西湖 〔明〕崔 桐

湖泠山光岸带沙,石扉茅屋野人家。短墙不解遮春色,露出早梅开白花。
春朝过雨送轻寒,半落桃花桑叶团。多少楼台山色里,画船移傍六桥看。

---

〔1〕 雍正本无田艺蘅《西湖春词》。按:此词又见于底本卷三十七《艺文十一》"竹枝词"。
〔2〕 雍正本无"叶环中"三字。

四山花鸟弄新晴，烟处湖光半绕城。醉饮春风归去晚，松声一路送游人。

西湖月夜　〔明〕祝　渊

落月鳞鳞水面浮，露华浓滴桂丛秋。不知何处鸣柔橹，惊起一双雪色鸥。
佛火渔灯渐寂寥，推篷起坐已中宵。夜来极浦滩声急，知入西泠第几桥。

西湖晚行　〔明〕释清澈

海角曈昽日欲生，山南山北淡烟横。春风吹断沙禽梦，人在绿杨堤上行。

西湖杂诗　〔明〕释来复

芙蓉湾口绿阴斜，吹笛何人隔彩霞。惊起沙头双翠羽，衔鱼飞上刺桐花。
流觞亭子凤山阿，都护行春小队过。笑掷金钱花底醉，玉簪弹出白翎歌。
雨后湖堤树色寒，杏花风扬酒旗竿。红船载月无丝竹，野水疏篱正好看。
蜃雾初消海日升，隔江山色是西陵。潮生潮落无今古，似与人间说废兴。
西泠桥下水生烟，属玉飞来近钓船。荒尽梅花三百树，孤山无地访逋仙。

西湖杂咏　〔明〕释文湛

宋家宫阙已萧萧，满目残阳照野蒿。独有两峰青不了，至今南北插云高[1]。

国　朝

西湖泛月　范承谟

团团十里画青山，遍插荷花绕水湾。莫怪游人清兴远，扁舟更载月明还。

南屏佛寺　张　丹

宿雨寒烟带古松，长廊僧起一声钟。残经未了听斋板，人住南屏第几峰。

春游词　张遂辰

松木场湾春树蒙，烧香船鼓酒旗风。接河客路红塘上，半郭人家绿雨中。

---

〔1〕　雍正本无此诗。

涌金门外百花明,岸笛舟灯任雨晴。莫怪一春人太惜,风光不易是升平。
二月湖光最可怜,桃花港口橛头船。不知谁是无情物,只怪春风费酒钱。
花时常惜雨无聊,爱此春晴不隔朝。欲问风光何处胜,琵琶消尽第三桥。
家家寒食惜春游,争说风光无计留。底事酒阑归未晚,桃花捆束满船头。
楼外楼高柳扑天,两堤如带锁春烟。珠帘素面歌声里,日出花梢过酒船。
望湖亭下草平坡[1],日午樽罍此地多。争看踏绳台上妓,一时艇子掠风过。
昨来渌水雨初肥,荷叶菱丝青贴堤。日暮酒楼谁不上,游船齐泊画桥西。
西泠桥外美人家,三五歌筵几钿车。常喜月生游客尽,手挥纨扇咏桃花。
数钱不用沥春灰,脱壳鹅儿泻腊醅。犯卯未醒人正倦,杨梅如雪隔江来。
月明风热苻簜路,饭细鱼香菡萏天。一片烟波抛不得,牵船日日住湖边。
断桥灯火沸归船,桥上人多听管弦。我爱春星人静后,隔塘孤桨响空烟。

湖上同然明　张遂辰

几年湖上与君同,日日烟光揽不穷。花片柳丝人面月,短箫横笛酒旗风。

八月汪上舍招同诸公夜泛五首　朱彝尊

青骢斜日尽回鞭,锦瑟中流罢合弦。谁似汪郎苦留客,夜深犹放总宜船。
湘湖遗老毛叟奇龄。旧清狂,白发相逢笋蕨乡。已分今宵共沉顿,不妨跌宕少
年场。
西泠桥外柳娟娟,宿雾迷蒙月一弦。陌上花钿如可拾,安知老子定无缘。
蜡灯何处送归艎,一道萍开燕尾香。寄语红窗休度曲,隔船回顾有周郎。
湖心亭子静无尘,更上层楼算酒巡。好趁三潭凉月色,白银盘里采香莼。

毛大可招饮湖舫同钱宫声倪鲁玉聂晋人　尤　侗

偶逐良朋载酒游,风来水面好勾留。傍人指点苏堤畔,尚系迎銮云母舟。
十里荷花柳七词,至今犹放两三枝。此中消夏差堪可,高卧孤山月上时。

湖上春词　洪　升

满湖春水荡晴烟,几处春云散碧天。月出惯留歌舞席,风生不送别离船。

---

[1]　雍正本"坡"作"波"。

寓昭庆招同西崖泛舟湖上得六绝句　朱昆田

湖云湖雨催车棹[1]，愁水愁风换夹衣。除却颠狂二三子，谁将眠具出城扉。

茶篮酒榼携菱角，渔弟樵兄唱竹枝。始悔红尘长插脚，十年才得一轩眉。

擘絮云遮红杏寺，带丝禽泊紫菱湾。好景眼前谁画得，徐熙花鸟郭熙山。

山光水色寻常好，看到月明景愈奇。玛瑙坡前波浪阔，水精丸涌碧琉璃。

酒旗摇曳杏花风，碧树芳菲绮陌红。车马争投歌舞处，楼台多在雨云中。

宝马骄嘶白日斜，扬鞭直到美人家。银筝一曲千钟酒，城上更残起曙鸦。

西湖棹歌词　查慎行

湖面平添积雨余，放生池外葑初除。谁司水泽加恩溥，开过桃花未打鱼。

滇茶红染鹤头殷，画槛朱阑点缀间。何限两堤花柳色，却教小景上盆山。亭台到处罗列盆景宝珠，山茶尤多。

草色才青柳未齐，石函桥北断桥西。琉璃一片楼台影，过尽笙歌十里堤。

凿开混沌着丹青，落日犹疑处士星。白鹤不归梅树老，鹭鸶飞过御书亭。

共道风流似昔时，野花垂柳尽成诗。遗民尚说钱王事，游伎能歌白傅词[2]。

扁舟载酒泊湖边，鲈鲙莼羹入馔鲜。别有锦筵贵公子，玉箫金管在楼船。

湖上　王修玉

蜂喧蝶闹奈春何，拂面香风过绮罗。此意少年人不会，第三桥畔落花多。

弄潮天气中秋后，竞渡风光午日前。并与西风作寒食，人生行乐趁今年[3]。

秋日西湖杂咏　朱以让

萧萧落叶动愁云，北马西风带夕曛。射猎归来天色暮，扬鞭已过岳王坟。

断桥秋色水潺潺，一片城笳洗马还。何处飞鸿城上过，临风错认雁门关[4]。

湖上漫兴　王式丹

康乐游山兴未孤，寻诗今更到明湖。西泠桥畔天如水，留得一枝如盖无。予十

---

〔1〕　雍正本"车"作"轻"。

〔2〕　雍正本无"共道风流似昔时，野花垂柳尽成诗。遗民尚说钱王事，游伎能歌白傅词"二十八字。

〔3〕　雍正本无此诗。

〔4〕　雍正本无此诗。

六年游湖上，咏西泠桥古松云"一枝如盖暮天清"。

南屏春暮好闲行，徙倚斜阳见落英。树底一方春水绿，塔巅十丈晚霞赪。

西湖留别　汤右曾

放船已过贾亭西，一带丰茸草没堤。忽听危楼动残角，断桥回首便凄迷。

舞裙歌板小婵娟，词客偏于别恨牵。苏小小家春在否，几株杨柳认门前。

疏星几点渐窥檐，天际空濛水欲黏。待遣老龙吹铁笛，催将银海上金蟾。

似此欢游未偶然，风埃尘勃动经年。明朝人事侵寻去，愧与山灵续后缘。

送乔介夫之西湖　汤右曾

几队笙歌载酒行，白头无复少年情。时时梦到湖心寺，浴佛前期看放生。

二十年前无此湖，东坡奏议中语。沙填葑合水将枯。何人更似苏夫子，添得长虹一线无。

子归先合到吾乡，五月风漪菡萏香。好作新诗嘲杜甫，西湖凉较鉴湖凉。

题西湖画册[1]　沈名荪

一座团焦几树梅，好山横处正窗开。此中可有林和靖，露下鹤眠人未回。

湖水平桥新涨流，小船棹出鸭滩头。白云如絮山如墨，知是前村雨未收。

面面青屏拥翠峦，条条寒玉激鸣湍。茅斋最爱临溪筑，一径回塘竹万竿。

湖上寻宋山言次升稚佳诸昆不值　吴允嘉

野店山桥日色曛，花林蹋遍不逢君。只疑同跨孤山鹤，直上双峰弄白云。

---

〔1〕　雍正本《题西湖画册诗》前有周起渭《放舟西湖夜半始归诗》凡一百二十三字。

武林览胜记卷三十六

艺文十

词

忆江南　〔唐〕白居易

江南忆,最忆是杭州。山寺月中寻桂子,郡亭枕上看潮头。何日更重游?

忆余杭　〔宋〕潘　阆

长忆西湖湖水上,尽日凭阑湖上望。三三两两钓鱼舟,岛屿正清秋。　笛声依约芦花里,白鸟成行忽飞起。别来闲想整纶竿,思入水云寒。

长忆孤山山影独,山在湖心如黛簇。僧房四面向湖开,轻棹去还来。　芰荷香细连云阁,阁上清声檐下铎。别来尘土浣人衣,空役梦魂飞。

长忆西湖添碧溜,灵隐寺前天竺后。冷泉亭上旧曾游,三伏似清秋。　白猿时见攀高树,长啸一声何处去。别来几向画图看,终是欠峰峦[1]。

河满子 陪杭守泛湖夜归　〔宋〕张　先

溪女送花随处,沙鸥避乐分行。游舸已如图障里,小屏犹画潇湘。人面新生酒艳,日痕更欲春长。　衣上交枝斗色,钗头比翼相双。片段落霞明水底,风纹时动妆光。宾从夜归无月,千灯万火湖塘。

---

〔1〕　雍正本无此词。

山亭宴 有美堂赠彦献主人 〔宋〕张　先

宴堂咏昼喧箫鼓。倚晴空、画栏红柱。玉莹紫微人，蔼和气、春融日煦。故宫池馆更楼台，约风月、今宵何处。湖水动鲜衣，竞拾翠、湖边路。　落花荡漾怨空树。晓山静、数声杜宇。天意送芳菲，正黯淡、疏烟短雨。新欢宁似旧欢长，此会散、几时还聚。试为挹飞云，问解相思不[1]。

望海潮 〔宋〕柳　永

东南形胜，三吴都会，钱塘自古繁华。烟柳画桥，风帘翠幕，参差十万人家。云树绕堤沙。怒涛卷霜雪，天堑无涯。市列珠玑，户盈罗绮，竞豪奢。　重湖叠𪩘清佳，有三秋桂子，十里荷花。羌笛弄晴，菱歌泛夜，嬉嬉钓叟莲娃。千骑拥高牙[2]，乘醉听歌鼓，吟赏烟霞。异日图将好景，归去凤池夸。

菩萨蛮 西湖送述古 〔宋〕苏　轼

秋风湖上萧萧雨，使君欲去还留住。今日谩留君，明朝愁杀人。　佳人千点泪，洒向长河水。不用敛双蛾，路人啼更多。

好事近 湖上 〔宋〕苏　轼

湖上雨晴时，秋水半篙初没。朱槛俯窥寒鉴，照衰颜华发。　醉中欲堕白纶巾，溪风漾流月。独棹小舟归去，任烟波飘兀。

江城子 湖上与张先同赋 〔宋〕苏　轼

凤凰山下雨初晴，水风清，晚霞明。一朵芙蕖，开过尚盈盈。何处飞来双白鹭，如有意，慕娉婷。　忽闻江上弄哀筝，苦含情，遣谁听。烟敛云收，依约是湘灵。欲待曲终寻问取，人不见，数峰青[3]。

行香子 怀旧 〔宋〕苏　轼

携手江村，梅雪飘裙。情何限、处处销魂。故人不见，旧曲重闻。向望湖楼，孤山寺，涌金门。　寻常行处，题诗千首，绣罗衫、与拂红尘。别来相忆，知是何人？

---

〔1〕 雍正本无此词，而有宋张先《山亭宴·湖亭燕别》词。

〔2〕 雍正本"高"作"万"。

〔3〕 雍正本无此词。

有湖中月,江边柳,陇头云。

天香引 拜和靖祠　〔宋〕文　同

至当时处士山祠,渐以南枝,春事些儿。枫渍殷脂,蕉撕故纸,柳死荒丝。自寒涩雌雄鹭鸶,翅参差母子鸱鹩。再四嗟咨,捻此吟髭,弹指歌诗[1]。

减字木兰花 湖上　〔宋〕刘泾释挥联句

凭谁好笔,横扫素缣三百尺。天下应无,此是钱塘湖上图。刘泾。　一般奇绝,云淡天高秋夜月。费尽丹青,只这些儿画不成。释挥[2]。

浣溪沙 五月西湖　〔宋〕蔡　伸

双凤雷文拂手香,青纱衫子淡梳妆。冰姿绰约自生凉。　虚掉玉钗惊翡翠,缓移兰棹趁鸳鸯。鬖鬖风乱绿云长。

临江仙 与客湖上饮　〔宋〕叶梦得

不见跳珠翻曲港,湖边特地经过。萧萧疏雨乱风荷。微云吹尽散,凉月堕平波。　白酒一杯还径醉,归来散发婆娑。无人能唱采菱歌。小轩欹枕,簟檐影挂星河。

水龙吟 西湖宴客　〔宋〕叶梦得

对花常欲留春,恨春故遣花飞早。晚来雨过,绿阴新处,几番芳草。一片飘时,已知消减,满庭谁扫。料多情也似,愁人易感,先催趁、朱颜老。　犹有清明未过,但狂风、匆匆难保。酒醒梦断,年年此恨,不禁烟草。只恐春工,应留芳信,与花争好。有姚黄一朵,殷勤付与,送金杯倒。

画堂春 游西湖有感　〔宋〕赵长卿

湖光乘雨碧连天。绕堤映,草芊芊。舞风杨柳欲撕绵[3],依依起翠烟。　还是春风客路,对花空负婵娟。暮寒楼阁碧云间,罗袖成班。

---

〔1〕　雍正本无此词。
〔2〕　雍正本无此词。
〔3〕　雍正本"撕"作"吹"。

长相思_{游西湖} 〔宋〕康与之

南高峰,北高峰,一片湖光烟霭中。春来愁杀侬。　　郎意浓,妾意浓。油壁车轻郎马骢,相逢九里松[1]。

柳稍青_{临安春会泛湖} 〔宋〕曾觌

花柳争春。湖山竞秀,恰近清明。绮席从容,兰舟摇曳,稳泛波平。　　君恩许宴簪缨,密座促,仍多故情。一部清音,两行红粉,醉入严城。

又_{游湖} 〔宋〕曾觌

湖岸千峰。嵌岩隐映,绿竹青松。古寺东西,楼台上下,烟雾冥蒙。　　波光万顷溶溶,人面与,荷花共红。拨棹归欤,一天明月,十里香风。

酹江月_{游湖} 〔宋〕辛弃疾

西风吹雨,战新荷、声乱明珠苍壁。谁把香奁收宝镜,云锦周遭红碧。飞鸟翻空,游鱼吹浪,惯听笙歌席。座中豪气,看君一饮千石。　　遥想处士风流,鹤随人去,已作飞仙客。茆舍竹篱今在否,松竹已非畴昔。欲看当年,望湖楼下,水与云宽窄。醉中休问,断肠桃叶消息[2]。

小重山_{与客游西湖} 〔宋〕辛弃疾

绿涨连云翠拂空。十分风月处,着衰翁。垂杨影断岸西东。君恩且教重种芙蓉。　　十里水晶宫。有时骑马,笑儿童。殷勤却谢打头风。船儿住,且醉浪花中。

柳梢青_{题丰乐楼} 〔宋〕赵汝愚

水月光中,烟霞影里,涌出楼台。空外笙箫,人间笑语,身在蓬莱。　　天香暗逐风回。正十里、荷花尽开。买个轻舟,山南游遍,山北归来[3]。

---

〔1〕 雍正本无此词。

〔2〕 雍正本无此词。

〔3〕 雍正本无此词。按:此词又见于底本卷十二《古迹》南山路"丰乐楼"条。

风入松_{春泛西湖}　〔宋〕于国宝

一春常费买花钱，日日醉湖边。玉骢惯识西湖路，骄嘶过、沽酒楼前。红杏香中箫鼓，绿杨影里秋千。　　暖风十里丽人天。花压鬓云偏。画船载得春归去，余情付、湖水湖烟。明日重扶残醉，来寻陌上花钿[1]。

摸鱼儿_{湖上}　〔宋〕杜　旟

泛扁舟，万山环处，平铺碧浪千顷。仙人怜我征尘久，借与梦游清枕。风乍静，两岸群峰，倒浸玻璃影。楼台相映。更日薄烟轻，落花似醉，飞鸟堕寒镜。　　中都内[2]，罗绮千街万井。天教此地幽胜。仇池仙伯今何在，堤柳几眠还醒。君试问，问此意，只今更有何人领。功名未竟。待学鸱夷，仍携西子，来动五湖兴。

贺新郎_{西湖}　〔宋〕刘　过

睡觉啼莺晓。醉西湖、两峰日日，买花簪帽。去尽酒徒无人问，惟有玉山自倒。任拍手、儿童争笑。一骑乘风翩然去，避鱼龙、不见波声悄。歌韵远，唤苏小。　神仙路近蓬莱岛。紫云深处，参差禁树，烟花绕。人世红尘西障日，不如归好。付乐事，与他年少。费尽柳金梨雪句，问沉香亭北何时召。心未惬、鬓先老[3]。

霜天晓角_{王生陶氏月夜共沉西湖赋此吊之}　〔宋〕吴礼之

连环易阙。难解同心结。痴绝佳人才子，情缘重、怕离别。　　意切，人路绝。共沉烟水阔，荡漾香魂何处，长桥月，短桥月[4]。

阮郎归_{西湖春暮}　〔宋〕马庄父

清明寒食不多时，香红渐渐稀。番腾妆束闹苏堤，留春春怎知。　　花腿雨[5]，絮沾泥。凌波寸不移。三三两两叫船儿，人归春也归。

乌夜啼_{西湖}　〔宋〕卢祖皋

漾暖纹波飐飐，吹晴丝雨濛濛。轻衫短帽西湖路，花气扑青骢。　　斗草赛衣

---

〔1〕　雍正本无此词。
〔2〕　雍正本"中都"作"城阃"。
〔3〕　雍正本无此词。
〔4〕　雍正本无此词。
〔5〕　雍正本"腿"作"褪"。

湿翠,秋千瞥眼飞红。日长不放春醪困,立尽海棠风。

卜算子_{春晚泛西湖同寅斋赋} 〔宋〕高观国

屈指数春来,弹指惊春去。檐外蛛丝网落花,也要留春住。　几日喜春晴,几夜愁春雨。十二雕窗六曲屏,题遍伤春句。

蝶恋花_{湖头即席} 〔宋〕高观国

西子湖边眉翠妩。魂冷孤山,谁是风烟主。相唤吟诗天欲雨。嫩凉不隔鸥飞处。　移下天孙云锦渚。翠盖牵风,绰约凌波女。清约已成君记取。月明夜半鱼龙舞。

贺新郎_{西湖月下} 〔宋〕史达祖

同住西山下。是天地中间,爱酒能诗之社。船向西陵佳处放,尘世必无知者。暑不到,雪宫风榭。楚竹忽然呼月上,被东西,几叶云萦惹。云散去,笑声罢。　清樽莫为婵娟泻。为狂吟醉舞,毋失晋人风雅。踏碎桥边杨柳影,不听渔樵闲话。更欲举、空杯相谢。北斗以南如此几,想吾曹,便是神仙也。问今夜,是何夜。

点绛唇_{六月十四夜与社友泛湖过西泠桥已子夜矣} 〔宋〕史达祖

山月随人,翠苹分破秋山影。钓船归尽。桥外诗心迥。　多少荷花,不尽鸳鸯冷。西风定。可怜潘鬓,偏浸秦台镜。

青玉案_{西湖路} 〔宋〕韩　淲

苏公堤上西湖路。柳外约,青骢去。多少韶华惊暗度。南山游遍,北山归后,总是题诗处。　如今老矣伤春暮。泽畔行吟漫寻句。拓落情怀空自许。小园芳草,短篱修竹,点点飞花雨。

菩萨蛮_{湖上} 〔宋〕洪　瑹

吴姬压酒浮红蚁,少年未饮心先醉。驻马绿杨阴,酒楼三月春。　相看成一笑,遗恨知多少。回首欲魂消,长桥连短桥。

扫花游_{西湖寒食} 〔宋〕吴文英

冷空淡碧,带翳柳轻云,护花深雾。艳晨易午。正笙箫竞波,绮罗争路。骤卷风埃,半掩长蛾翠妩。散红缕。渐红湿杏泥,愁燕无语。　　乘盖争避处。就解佩旗亭,故人相遇。恨春太妒。溅行裙更惜,风钩尘污。酹入梅根,万点啼痕树。峭寒暮。更萧萧,陇头人去。

贺新郎 湖上有赠　〔宋〕吴文英

湖上芙蓉早。向北山,山深雾冷,更看花好。流水茫茫城下梦,空指游仙路杳。笑罗障,云屏亲到。雪玉肌肤春温夜,饮湖光,山渌成花貌。临涧水,弄清照。　　著愁不尽宫眉小。听一声,相思曲里,赋情多少。红日阑干鸳鸯枕,那枉裙腰腿了。算谁识,垂杨秋袅。不是秦楼无缘分,点吴霜,羞带簪花帽。但滞酒,任天晓。

西子妆 梦窗自度腔湖上清明薄游　〔宋〕吴文英

流水曲尘,艳阳酿酒,画舸游情如雾。笑拈芳草不知名,乍凌波、断桥西堍。垂杨漫舞。总不解、将春系住。燕归来,问彩绳纤手,如今何许。　　欢盟误。一箭流光,又趁寒食去。不堪衰鬓着飞花,傍绿阴、冷烟深树。元都秀句。记前度、刘郎曾赋。最伤心、一片孤山细雨。

渡江云 西湖清明　〔宋〕吴文英

羞红颦浅恨,晚风未落,片绣点重茵。旧堤分燕尾,桂棹轻鸥,宝勒倚残云。千丝怨碧,渐路入、仙坞迷津。肠漫回,隔花时见,背面楚腰身。　　逡巡。题门惆怅,堕履牵萦,数幽期难准。还始觉,留情转眼,带减因春。明朝事与孤烟冷,做满湖、风雨愁人。山黛映,澄波淡渌无痕。

摸鱼儿 西湖游春　〔宋〕陈允平

倚东风,画栏十二,芳阴帘幕低护。玉屏翠冷梨花瘦,寂寞小楼烟雨。肠断处。怅折柳柔情,旧别长亭路。年华似羽。任锦瑟声寒,琼箫梦远,羞对彩鸾舞。文园赋。重忆河桥眉妩。啼痕犹贱纨素。丁香共结相思恨,空托绣罗金缕。春已暮。纵燕约莺盟,无计留春住。伤春倦旅。趁暗绿稀红,扁舟短棹,载酒送春去。

曲游春 游西湖　〔宋〕周　密

禁苑春风外,扬暖丝晴絮,春思如织。燕约莺期,恼芳情偏在,翠深红隙。漠漠香尘隔。沸十里,乱丝丛笛。看画船,尽入西泠[1],闲却半湖春色。　　柳陌。新烟凝碧。映帘底宫眉,堤上游勒。轻暝笼寒,怕梨云梦冷,杏香愁羃。歌管酬寒食。奈蝶怨,良宵岑寂。正恁,醉月摇花,怎生去得。

秋霁<small>秋日游西湖</small>　〔宋〕周　密

重到西泠,记芳园载酒,画舸横笛。水曲芙蓉,渚边鸥鹭,依依似旧相识。年华易失,断桥几换垂杨色。谩自惜。愁损庾郎,双鬓点华白。　　残蛩露草,怨蝶寒花,转眼西风,又成陈迹。叹如今,才消量减,尊前辜负醉吟笔。欲寄远情秋水隔。旧游空在,凭高望极斜阳,乱山浮紫,暮云凝碧。

探芳信<small>西泠春感</small>　〔宋〕周　密

步青昼。向水院维舟,津亭唤酒。叹刘郎重到,依依谩怀旧。东风空结丁香怨,花与人俱瘦。甚凄凉,暗草沿池,冷苔侵甃。　　桥外晚风骤。正香雪随波,浅烟迷岫。废苑尘梁,如今燕来否。翠云零落空堤冷,往事休回首。最销魂,一片斜阳恋柳[2]。

祝英台近<small>重过西湖书所见</small>　〔宋〕张　炎

水西船,山北酒,多为买春去。事与云消,飞过旧时雨。谩留一掬相思,待题红叶,奈红叶、更无题处。　　正延伫。乱花浑不知名,娇小未成语。短棹轻装,逢迎断桥语。那知杨柳风流,柳犹如此,更休道、少年张绪。

喜从天上来<small>自东越还西湖饮静博董高士书楼</small>　〔宋〕张　炎

海上回槎。认旧时鸥鹭,犹恋兼葭。影散香消,水流云在,疏树十里寒沙。难问钱塘苏小,都不见、击竹分茶[3]。自堪嗟。向荻花江上,谁弄琵琶。　　烟霞。自延残照,尽换了西陵,窈窕纹纱。蝴蝶飞来,不知是梦,犹疑春在邻家。一掬幽怀难写,春何处、春已天涯。减繁华。是山中杜宇,不是杨花。

声声慢<small>西湖</small>　〔宋〕张　炎

晴光转柳,晓气分岚,何人野渡横舟。断柳枯蟾,凉意正满西州。匆匆载花载

酒,便无情,也是风流。芳昼短,奈不堪秋夜,秉烛来游。　　谁识山中朝暮,向白云一笑,今古无愁。散发吟商,此兴万里悠悠。清狂未应似我,倚高寒,隔水呼鸥。须待月,许多情,都付与秋。

探芳信西湖春感　〔宋〕张　炎

坐清昼。正冶思萦花,余醒倦酒。甚采芳人老,芳心尚如旧。销魂忍说铜驼事[1],不是因春瘦。向西园,竹扫颓垣,蔓延荒甃。　　风雨夜骤,叹孤冷莺帘,恨凝蛾岫。愁到今年,多似去年否。赋情懒听山阳笛,目极空搔首。我何堪,老却江潭深柳。

高阳台西湖春感　〔宋〕张　炎

接叶巢莺,平波卷絮,断桥斜日归船。能几番游,看花又是明年。东风且伴蔷薇住,到蔷薇、春已堪怜。更凄然。万绿西泠,一抹荒烟。　　当年燕子知何处,但苔深韦曲,草暗斜川。见说新愁,如今也到鸥边。无心再续笙歌梦,掩重门,浅醉闲眠。莫开帘,怕见飞花,怕听啼鹃。

水龙吟雪霁登吴山见沧阁　〔宋〕翁元龙

画楼红湿斜阳,素粧褪出山眉翠。街声暮起,尘侵镫户,月来舞地。官柳招莺,水蒲飘燕,来年春意。黯梨云,散作人间好梦,琼箫在、锦屏底。　　乐事轻随流水。暗兰消,作花心计。情丝万轴,因春织就,愁罗恨绮。昵枕迷香,占帘看夜,旧游径醉。任孤山、剩雪残梅,渐懒跨,东风骑[2]。

系梧桐别西湖社友　〔宋〕李　珏

枫叶浓于染。秋正老,江上征衫寒浅。又是秦鸿过,霁烟外,写出离愁几点。年来岁去,朝生暮落,人似吴潮展转。怕听阳关曲,奈短笛唤起,天涯情远。　　双屐行春,扁舟啸晚。忆着鸥湖莺苑。小小梅花屋,雪月后,记把山扉牢掩。惆怅明朝何处,故人相望,但碧云半敛。定苏堤,重来时候,芳草如剪。

柳梢青忆西湖　〔宋〕姚　勉

长记西湖,水光山色,浓淡相宜。丰乐楼前,涌金门外,买个船儿。　　而今又

---

〔1〕　雍正本"铜驼"作"繁华"。
〔2〕　雍正本无此词,而有宋古孝友《多丽·西湖》词。

是春时。清梦只,孤山赋诗。绿盖芙蓉,青丝杨柳,好在苏堤。

临江仙西湖春泛 〔宋〕赵 溍

堤曲朱墙近远,山明碧瓦高低。好风二十四花期。骄骢穿柳去,文鹢挟春飞。箫鼓晴雷殷殷,笑歌香雾霏霏,闲情不受酒禁持。断桥无立处,斜日欲归时。

探芳讯湖上春游继草窗韵 〔宋〕李彭老

对芳昼。甚怕冷添衣,伤春疏酒。正绯桃如火,相看自依旧。闭帘深掩梨花雨,谁问东阳瘦。几多时,涨绿莺枝,堕红鸳甃。 堤上宝鞍骤。记草色熏晴,波光摇岫。苏小门前,题字尚存否。繁华短梦随流水,空有诗千首。便休言,张绪风流似柳。

曲游春清明湖上次草窗韵 〔宋〕施 岳

画舸西泠路,占柳阴花影,芳意如织。小楫冲波,度曲尘肩底,粉香帘隙。岸转斜阳隔。又过尽,别船箫笛。傍断桥,翠绕红围,相对半篙晴色。 顷刻。千山暮碧。向沽酒楼前,犹系金勒。乘月归来,正梨花夜缟,海棠烟幂。院宇明寒食。醉乍醒,一庭春寂。任满身,露湿东风,欲眠未得。

沁园春西湖酒楼 〔宋〕陈人杰

南北战争,惟有西湖,长如太平。看高楼倚郭,云边矗栋,小亭连苑,波上飞甍。太守风流,游人欢畅,气象年来都斩新。秋千外,剩钗骈玉燕,酒列金鲸。 人生。乐事良辰。况莺燕声中长是晴。正风嘶宝马,软红不动,烟分彩鹢,澄碧无声。倚柳分题,藉花传令,满眼繁华无限情。谁知道,有种梅处士,贫里看春。

沁园春西泠桥作 〔宋〕钱继卓

已远喧阗,渐觉幽凉,无过西泠。正微霜欲下,满船枫叶,枯荷未尽,几点残萤。钟入苍烟,山黏远树,抛卷方知午梦醒。悠然起,看文鱼唼藻,野鹤梳翎。 安排绿酒青灯。拟陶洗闲愁向水汀。恰姜丝调醋,新登蟹俎,蕨芽研粉,留作莼羹。颇怪山童,近添闲供,露菊秋葵插满瓶。陶然醉,任人呼马走,我已鸿冥。

八犯玉交枝宝月山观月上 〔元〕仇 远

沧岛云连,绿瀛秋入,暮景却沉洲屿。无浪无风天地白,听得潮生人语。擎空孤柱。翠倚高阁凭虚,中流苍碧迷烟雾。惟见广寒门外,青无重数。　　不知是水,不知是山是树,漫漫知是何处。倩谁问,凌波轻步。漫凝伫,乘鸾秦女。想庭曲,霓裳正舞。莫须长笛吹愁去。怕唤起鱼龙,三更喷作前山雨[1]。

木兰花慢 西湖送春 〔元〕梁　曾

问花花不语,为谁落,为谁开。算春色三分,半随流水,半入尘埃。人生能几欢笑,但相逢、尊酒莫相催。千古幕天席地,一春翠绕珠围。　　彩云回首暗高台。烟树渺吟怀。拚一醉留春,留春不住,醉里春归。西楼半帘斜日,怪衔春、燕子恰飞来。一枕青楼好梦,又教风雨惊回。

菩萨蛮 湖上即事 〔元〕刘　因

楼前曲浪归桡急,楼中细雨春风湿。终日倚危阑,故人湖上山。　　高情浑似旧,只枉东风瘦。薄晚去来休,装成一段愁。

朝中措 湖堤晚归望葛岭诸山倒影水中昔赵文敏公常欲画此故及之 〔元〕张　翥

梅花处处满枝开。酒力荡吟怀。烟染藏鸦万缕,东风扶起春来。　　幽禽啼树,戏鱼跳日,水碧如苔。若个仙翁画得,翠微倒影楼台。

婆罗门引 七月望西湖舟观水灯一鼓归宴杨山居山楼达曙 〔元〕张　翥

暮天映碧,玻璃十顷蕊珠宫。金波涌出芙蓉。谁唤川妃微步,一色夜籹红。看光摇星汉,起舞鱼龙。　　月华正中。画船漾、藕花风。声度鸾箫缥缈,雁柱玲珑。酒阑兴极,更移上、琼楼十二重。残醉醒、烟水连空。

八声甘州 秋日西湖泛舟午后遇雨 〔元〕张　翥

向芙蓉湖上驻兰舟,凄冷胜游稀。但西陵桥外,北山堤畔,残柳依依。追忆莺花旧梦,回首冷烟霏。惟有盟鸥好,时傍人飞。　　听取红颜象板,尽歌回彩扇,舞换仙衣。正白苹风急,吹雨暗斜晖。空惆怅。离怀未展,更酒边、忍又送将归。江南客、此生心事,只在渔矶。

---

〔1〕 雍正本无此词及其后元梁曾《木兰花慢》词。

摸鱼儿春日西湖泛舟 〔元〕张 翥

涨西湖、半篙新雨,麹尘波外风软。兰舟同上鸳鸯浦,天气嫩寒轻暖。帘半卷,看一缕、歌云不碍桃花扇。莺娇燕婉。任狂客无肠,王孙有恨,莫放酒杯浅。 垂杨岸、何处红亭翠馆。如今游兴全懒。山容水态依然好,惟有绮罗云散。君不见,歌舞地,青芜满目成秋苑。斜阳又晚,正落絮飞花,将春欲去,目送水天远。

多丽清明饮西湖寿乐园 〔元〕张 翥

凤凰箫。新声远度兰桡。漾东风、湖光十里,参差绿港红桥。暖云蘸、郁金衫色,晴烟抹、翡翠裙腰。罨画名园,闹红芳树,蒲葵亭畔彩绳摇。鸳鸯、落英堪藉,犹作堕人娇。渍罗袂、莫愁痕退,生怕香销。 忆当年、尊前扇底,多情冶叶倡条。分兰女隔花偷眄,修禊客、临水相招。旧约寻欢,新声换谱,三生梦里可怜宵。纵留得、栋花寒在,啼鴂已无聊。江南恨、越王台下,几度回潮。

多丽西湖泛舟夕归施成席上作 〔元〕张 翥

晚山青,一川云树冥冥。正参差、烟凝紫翠,斜阳画角出南屏。馆娃归、吴台游鹿,铜仙去、汉苑飞萤。怀古情多,凭高望极,且将尊酒慰飘零。自吴山、爱梅仙远,鹤梦几时醒。空留在、六桥疏柳,孤屿危亭。 待苏堤、歌声散尽,更须携妓西泠。藕花深、雨凉翡翠,孤蒲软、风弄蜻蜓。澄碧生秋,闹红驻景,采菱新唱最堪听。一片,水天无际,渔火两三星。多情月,为人留照,未过前汀[1]。

霓裳中序第一四圣观 〔元〕罗志仁

来鸿又去燕。看罢江潮收画扇。谩湖曲雕栏倚倦。正船过西泠,快篙如箭。凌波不见。但陌花,遗曲凄怨。孤山路,晚蒲病柳,淡绿锁深院。 离恨。五云宫殿。记旧日,曾游翠辇。青红如写便面。怅下鸪池荒,放鹤人远。粉墙随岸转。漏壁瓦,残阳一线。蓬莱梦,人间那信,坐看海棠浅。

风流子泛湖 〔元〕罗志仁

歌咽翠眉低。湖船客、尊酒谩重携。正断续斋钟,高峰南北,飘零野褐,太乙东西。凄凉处,翠连松九里,僧马溅郘泥。葛岭楼台,梦随烟散,吴山宫阙,恨与云齐。

---

〔1〕 雍正本无此词及其后元罗志仁《霓裳中序第一》《风流子》二词。

灵峰飞来久,飞不去,有落日断猿啼。无恨风荷废港,露柳荒畦。岳公英骨,麒麟旧塚,坡仙吟魄,莺燕长堤。欲吊梅花无句,素壁慵题。

蝶恋花 西湖感旧　〔元〕叶　森

小院闲春愁几许。目断行云,醉忆曾游处。寂寞而今芳草路。年年绿遍清明雨。　花影重帘斜日暮。酒冷香温,幽恨无人顾。一阵东风吹柳絮。又随燕子西泠去。

八声甘州 戊申再到西湖　〔元〕张　野

忆湖光,醉别几经春,千里每神驰。恨无穷烟水,无情岁月,无限相思。冰雪从来凭眺,风沙梦觉,山色碧参差。忙对玻璃镜,照我尘姿。　欲写从前离阔,便安排旧画,准备新诗。见六桥遗构,烟雨强撑支。怨东风,红销翠减,比向来,浑是老西施。如何得,刘郎双鬓,长似当时。

水龙吟 题湖山胜概寺　〔元〕张　野

翠微曾共登临,冷光潋滟三千顷。玉京佳处,景虽天造,也因人胜。若把西施,淡妆浓抹,两相比并。道此间如对,姮娥仙子,慵梳掠,临鸾镜。　满意曲阑芳径。早安排、雨篷烟艇。茶瓯雪卷,纹楸雹碎,醉魂初醒。湖海高情,林泉情意,几人能领。算知音只有,中霄凉月,浸蓬莱影。

水龙吟 西湖怀古　〔元〕陈德武

东南第一名州,西湖自古多佳丽。临堤台榭,画船楼阁,游人歌吹。十里荷花,三秋桂子,四山晴翠。使百年南渡,一时豪杰,都忘却、平生志。　可惜天旋时异,藉何人、雪当年耻。登临形胜,感伤今古,发挥英气。力士推山,天吴移水,作农桑地。借钱塘潮少,为君洗尽,岳将军泪[1]。

贺新郎 题王守西湖书院　〔明〕刘　镇[2]

云淡天垂野。望晴郊,疏烟半卷,断虹低跨。老树连阴藏远景,十里湖光照夜。看不尽,真山图画。春满轩窗无着处,更银蟾,冷浸鸳鸯瓦。人共境,转幽雅。

---

〔1〕　雍正本无此词。

〔2〕　雍正本"明"作"元"。

文章太守归来也。似当年,和靖风流,小孤山下。问讯佩兰餐菊友,曾约梅兄入社。待付与,竹臞陶写。尘外闲寻行乐地,任傍人,歌舞喧台榭。诗世界,有王谢。

望江南四首 为太原陈壅千户赋西湖景 〔明〕瞿 佑

西湖景,春日最宜晴。花底管弦公子宴,水边罗绮丽人行,十里按歌声。

西湖景,夏日正堪游。金勒马嘶垂柳岸,红粧人泛采莲舟,惊起水中鸥。

西湖景,秋日更宜观。桂子冈峦金粟富,芙蓉洲渚采菱闲,爽气满前山。

西湖景,冬日最清奇。赏雪楼台评酒价,观梅园圃订春期,共醉太平时。

满庭芳 西湖秋泛 〔明〕瞿 佑

露苇催黄,烟蒲驻绿,水光山色相连。红衣落尽,辜负采莲船。点检六桥杨柳,但几个抱叶残蝉。秋容晚,云寒雁背,风冷鹭鸶肩。 华筵。容易散,愁添酒量,病减诗颠。况情怀冲淡,渐入中年。扫退舞裙歌扇,尽付与、一枕高眠。清闲好,脱巾露发。仰面看青天。

忆秦娥 湖上次韵 〔明〕史 鉴

湖边寺。楼台旧是春游地。春游地。千花张锦,两山横翠。 西风阑槛秋无际。青山不改朱颜异。朱颜异。断桥杨柳,伴人憔悴。

念奴娇 西湖 〔明〕张文秀

平湖秋霁,见银蟾、光闪波纹摇绿。天上飘来,风韵细、桂子香生金粟。玉户玲珑,瑶台皎洁,影落嫦娥屋。夜深云际,一声谁弄横竹。 醉倚六曲雕阑,望中悬白练,两峰垂瀑。净洗尘肠,摘秀句、一唾珠玑千斛。更欲凌空,铿锵环佩,仙驾骖鸾鹄。凤栖人远,独怜不见秦玉。

摘得新 西湖感旧 〔明〕夏 言

犹是西泠桥畔,难寻春柳春花。只有婆娑老树,夕阳依旧栖鸦。

清平乐 游西湖用王介甫韵 〔明〕陈 霆

香车隘住。笑揭红莲语。浅蹴芳尘罗袜行[1],堤上未干花雨。 画船载得

琵琶。醉中情思无涯。不管湖烟湖水,东风取意飞花。

水慢声西湖 〔明〕屠　隆

一片大湖,何限浸空城,碧浪崔巍。白日孤悬,画屏四合,翠微里、涌出楼台。落尽桐花,飘残柳絮,正芙蕖,冉冉将开。衣上冷香飞欲湿,轻鸥如带,兰桨共潆洄。

天放闲人,时容傲吏,水云深处,相对且衔杯。君莫对此景,浪生忧喜,请看层波叠叠,前后相催。钱氏舞裙,赵家歌扇[1],零落总成灰。君去也、西湖无恙,歌舞又重来。

点绛唇西湖作 〔明〕陈继儒

曾记东坡,重阳前后休教挫。挨向湖山,首出风波故。携手歌姬,约步还迁坐。一行白鹭,飞过西陵渡[2]。

小重山湖上春游 〔明〕裘昌今[3]

山绕平湖寺绕山,堤边千树柳、绿丝繁。杏花娇倚玉阑干,秦楼畔、小鸟语绵蛮。红粉试轻纨,笙歌吹画舫、漾飞鸾。酒旗撩乱系雕鞍,春色暖、芳草弄晴湾。

国　朝

满江红西湖感旧　董　俞

绣甸春浓,酒帘外,青山无数。还记得、桃花满院,刘郎前度。红烛画栊临别酒,碧箫残雨相思路。看韶光、零落断桥边,斜阳暮。　无限景,烟中树。无限意,风前絮。对澄湖如镜,玉人何处。艳影尚疑花欲笑,离情只有莺能诉。叹西陵、松柏自年年,风流误。

惜分飞湖上有赠　王士禄

泪眼非如潮有信。话到离愁便晕。此际看尤俊。横波那为多啼损。　家住西泠还较近。苏小同心试问。莫忘相思分。却教油壁全无准。忘、分并仄声。

---

〔1〕 雍正本"钱氏舞裙,赵家歌扇"作"楚楚舞裙,盈盈歌扇"。

〔2〕 雍正本无此词。

〔3〕 裘昌今,雍正本作"裘律"。

唐多令 西湖春雪　唐济武

路断捕鱼汀。烟迷放鹤亭。望双峰、昼掩银屏。欲访剡溪人尽去，谁识得、少微星。　梅落笛难听。暗香供素瓶。擘藤笺，欲告山灵。明日六桥花外路，须早放、柳条青。

绮罗香 西湖清明　吴　绮

风报桐花，雨吹榆片，春事三分啼鴂。人在湖头，正值禁烟初热。看十里、入眼风光，是一岁、销魂时节。又谁禁、南北峰头，纸钱恰化孤山蝶。　楼边红袖徙，倚听得卖饧人过，玉笙吹彻。笑指西陵松柏，何年堪结。莫等待、拨火霏微，却做作、打球周折。且分付、箫鼓楼船，载多情夜月[1]。

一痕眉碧 湖上行春　丁　澎

风送画桥春渌。戏水紫鸳争逐。柳花落尽短长亭，偏乱惹、低鬟绿。　人倚翠楼如玉。忍使妩眉长蹙。鹧鸪飞上竹枝啼，停尊且尽吴娘曲。

鹧鸪天 西湖即事　徐　釚

似镜湖光正可怜。六桥杨柳更含烟。朱楼窈窕迷芳树，石马凄凉冷墓田。人似玉，酒如泉。朝朝携上木兰船。尽听商妇弹红泪，犹掷歌儿买笑钱[2]。

望江南 湖上同万年少联句　胡　介

寒食后，千里见湖山。暮雨自能催客泪，春风不住送人船。今日记今年。年少。　残照里，归去独登楼。短笛杏花，看过马红衫。窄袖控吴钩，风景似徐州。彦远。

浣溪沙 西湖早春　朱彝尊

雪带东风洗画屏，许浑。便教莺语太丁宁，杜甫。看花多上水心亭。张籍。　隔岸春云邀翰墨，高适。傍檐烟雨湿岩扃。韦庄。瓦瓯斟酒暮山青。崔道融。

---

〔1〕　雍正本"月"后有吴绮《青玉案》紫云洞词。
〔2〕　雍正本"钱"后有徐釚《翠华引》题湖心亭词。

南歌子 早秋西湖　朱彝尊

桂楫中流望，丁仙芝。荷花镜里香。李白。无数紫鸳鸯。余延寿。婵娟江上月，刘长卿。拂罗裳。阎朝隐。

满江红 西湖荷花　朱彝尊

郭外垂杨，直映到、水仙祠屋。爱十里、花明镜面，岸沉沙腹。几阵凉飔翻叶白，连盘骤雨跳珠绿。是谁侬、一道拨青苹，波纹蹙。　　红衣腿，开还续。碧筒卷，擎相促。绕菱根，荇带冷香飞逐。偏是风前蝴蝶住，但无人处鸳鸯浴。擘生绡、悔不学丹青，描横幅[1]。

多丽 湖上赠竹逸　陆嘉淑

爱明湖、晚来千顷秋清。更雾髻、云鬟不定，吴山鹭岭南屏。遥天接、三层西竺，轻绡卷、一片孤城。红变衰枫，青留蔓草，百年风景记升平[2]。高低绕、名园别墅，处处倚雕楹。笙歌好、寻芳拾翠，棹桨纵横。　　待君来、山川如昨，一尊寂寞愁倾[3]。戍烟空、横飘断角，山钟暗、怒吼霜鲸。边马嘶嘶[4]，塞鸿不断，西风紧处听残莺。还应赖、登临宴集，相向写幽情。高吟罢，客归人醉，纤月初生。

又 西湖　吴农祥

梦澄湖、画桥春水初生。指袅娜、东风吹晚，朦胧西日笼晴。雕梁栖、双飞社燕，琼楼闪、百啭流莺。潮信蒸梅，雨梢坠柳，恼人情绪是清明。平沙软、争携新月，压浪小舟轻。追欢好、为他拚醉，醉也还倾。　　待空闺、重寻消息，绣帘同出江城。玉钗垂、暖围紫盖，珠衣薄、难掩红屏。拾翠时光，踏青心事，香尘荡去促归程。冶游久、歌慵舞罢，寂寞已三更。徒赢得，岁华纪尽，越鼓吴笙[5]。

长相思 西湖秋景　梁允植

枫叶红，柿叶红，谁染丹青峭壁中。霜寒五两风。　　白云封，碧云封，云锁南

---

[1] 雍正本无此条。按：此条又见于底本卷二十《物产》"荷花"条。
[2] "红变衰枫，青留蔓草，百年风景记升平"，雍正本作"红椮江枫，青留岸草，百年风景见升平"。
[3] 雍正本"愁"作"颓"。
[4] 边马嘶嘶，雍正本作"紫燕空归"。
[5] 雍正本"笙"后有邵锡荣《倦寻芳》湖上春游词。

屏第几重。长廊薄暮钟。

小重山 _{西湖晚眺} 梁允植

锦带桥头叫杜鹃。雪初晴,正是落霞天。红尘渐负碧山缘。偷闲处,湖水散鸣弦。春色在篱边。小堤梅,欲吐又残年。何时返棹米家船。看雁影,个个入幽燕。

临江仙 _{湖上} 陆鸿图

十二桥头春事早,花间试买屠苏。小姑十五学当垆,可怜垂素手,不惯数青蚨。踏碎残红,堤路滑。杖头珍重,葫芦东风吹雨。过平芜,欲寻逋老约,唤取醉翁扶[1]。

蝶恋花 _{题湖上酒家} 陈至言

往日萧娘今在否?红寺西边,相识还如旧,湖面风吹春水皱。桃花飞尽杨花瘦。　　新样衫儿,拖翠袖。欲诉寒温,不敢当前咒。门外花骢,人语骤。低头笑,捻同心扣。

金菊对芙蓉 _{西湖} 毛际可

乌桕开余,蕙花零后斜阳,目送宾鸿。正烟岚深处,暂息游筇。凭高一色,天连水见,飞来怪石玲珑。西陵桥畔,兰舟画舫,一叶杯中。　　唤起绝壑痴龙。把珠玑万斛,洒向池东,更碧筒。徐引曲折流通。家僮敲石,烧茶灶,试新泉。蟹眼松风,归来月下,回头精舍,宵静闻钟。

点绛唇 _{与梁九坐断桥} 沈 进

镜里秦筝听来,无限清秋怨。画船分散,一抹银波烂。折得荷花,争似情人面。西风乱,浮云天畔,雁字虚传遍。

蝶恋花 _{西湖述感} 沈 进

客里秋声惊别绪,竹雨荷风,日日消残暑。水国凉生,渔唱起晴云,绿处移柔橹。　　侧帽看山谁是主。数遍红楼,楼下沽清醑。临水小窗闻燕语,珠帘不卷歌金缕。

---

〔1〕 雍正本"扶"后无陈至言《蝶恋花》词,有孙琮《琐窗寒》、徐士俊《昭君怨》及严绳孙《念奴娇》三词。

采桑子 湖上春游　沈　进

玉鞭去马娇无力，草似情浓，柳似心慷。剪剪轻衣蛱蝶风。　　才移绿水船窗近，南也高峰，北也高峰。两处花飞一片红。

南楼令 泛月至湖心亭　沈　进

落月四无尘。天青雁几群。倚轻桡、客过前津。未老芙蓉秋有恨，对妆镜，翠蛾颦。　　亭子隔湖心。花深月转深。听宵钟、空外遗音。丝竹不分山水兴，约明日，再登临。

柳梢青 西湖后游　沈　进

十二重楼是谁，珠箔双掩银钩。桃叶春潮，杨花暮雨，一段闲愁　　飞来沙际轻鸥。芳草外，春风旧游，团扇歌残。罗衣试罢，人在兰舟。

菩萨蛮 春日忆西湖次陆荩思徐竹逸倡和原韵　陈维崧

划波曾向西泠去，掠入绿痕难唾处。疏箪杂眠鸥，真成自在游。　　如今佳兴歇，闷过春三月。刚见摘兰芽，山村又焙茶。

巫山一段云 西湖感旧　李　符

废苑苍苔里，残山白鸟边。旧游如梦总凄然。况是晚秋天。　　垆散红腰女，空携买酒钱。葑湾细火是年年。只有捕鱼船[1]。

柳梢青 和沈山子西湖后游　李　符

前度芳游。裙腰草外，渌漾轻舟。渡口飞花，波心掠燕，人倚红楼。　　重来缓控嘶骝。悄不见、疏帘上钩。一镜空香，双螺斜照，都是春愁。

秋霁 泛舟西湖薄暮坐湖心亭待月　龚翔麟

买酒西泠，正萧萧雨歇，白羽风净。别浦喧禽，长堤无柳，六桥空带烟暝。采菱歌静。划波又见拏鱼艇。但目极、南北两岸，斜照乱红影。　　湖心亭子，游屐都归，留与吾曹夜凉饮。谢多情、纤阿放彩，鸳鸯露宿不知冷。半被朗吟惊乍醒。梦

---

〔1〕　雍正本无此词。

梁堪忆,红蕖种满芳塘,月中香远,一夜秋锦。

吴山青 湖上遇雨 龚翔麟

南高峰,北高峰。好在空濛雨色中。烟鬟雾鬓重。　　藕花红,蓼花红。不比当年秋兴浓。采香何处逢。

柳梢青 西湖后游和沈山子 龚翔麟

十二桥边。红消燕夜,绿涨莺天。杨尾梳风,樱珠捎雨,日上歌船。　　依然钿翠生烟。认亭子、湖心扣舷。劝酒僧归,镵诗壁坏,苦忆婵娟。

南乡子 乌石山房即目 龚翔麟

千缕袅茶烟。消受松风一榻前。小雨初收帘试卷。山四面。洗出佛头青万点。

临江仙 西湖秋泛 查慎行

记得棕亭春侍宴,满湖灯烛熏天。一番光景换尊前。残荷犹泻雨,疏柳已无蝉。　　望望西泠桥外去,吟过第六桥边。商声辗上十三弦。晚风吹不断,凉透鹭鸳肩。

桂殿秋 湖楼感兴 沈季友

葛岭背,断桥头,青山何事不勾留。愁人怕见西湖,面冷雨疏,花共一楼。

点绛唇 湖上 释正岩

来往烟波,此生自号西湖长。轻风小桨,荡出芦花港。　　得意高歌,夜静声偏朗。无人赏,自家拍掌,唱得千山响。

武林览胜记卷三十七

艺文十一

竹枝词

谨按：竹枝词，刘禹锡谓为巴歈，音协黄钟羽，末如吴声，故吴人多效之。元杨维桢创为西湖竹枝，一时和者，百有余家。其自序云：一洗樽俎粉黛之习。道扬讽谕，古人之教广矣。采风谣者，其可忽诸？意盖取于变风，故能不失唐人尺度。自后作者弥众，而协律者鲜。存其尤雅者，以备诗家之一体云。

元

杨维桢 字廉夫，号铁崖，诸暨人

苏小门前花满馘，苏公堤上女当垆。南官北使须到此，江南西湖天下无。

鹿头湖船唱赧郎，船头不宿野鸳鸯。为郎歌舞为郎死，不惜真珠成斗量。

家住西湖新妇矶，劝郎不唱缕金衣。琵琶比是韩凭木，弹得鸳鸯一处飞。

湖口楼船湖日阴，湖中断桥湖水深。楼船无柁是郎意，断桥无柱是侬心。

病春日日可如何，起向西窗理琵琶。见说枯槽能卜命，柳州巷口问来婆[1]。

小小渡船如缺瓜，船中少妇竹枝歌。歌声唱入箜篌调，不遣狂夫横渡河。

劝郎莫上南高峰，劝侬莫上北高峰。南高风云北高雨，云雨相催愁杀侬。

---

〔1〕 雍正本"口"作"内"。

石新妇下水连空,飞来峰前山万重。不辞妾作望夫石,望郎或似飞来峰。
望郎一朝又一朝,信郎信似浙江潮。浙江潮汐有时失,臂上守宫无日消。

杨　载字仲弘,浦城人

西子湖边杨柳花,随风飘泊到天涯。青春遇着归来燕,衔入当年王谢家。
一种腰枝分外妍,双眉尽作月娟娟。春风吹破襄王梦,行雨行云若个边。

宋　本字诚夫,大都人

涌金门外是西湖,堤上垂杨尽姓苏。作得吴趋阿谁唱,小卿坟上露兰枯。
旧时家往黑桥街,二十余年不往来。凭仗使君一问讯,杨梅银杏几回开。

萨都剌字天锡,答失蛮氏

湖上玉人弹玉筝[1],小莺飞上玉窗楞。沈郎多病心情在,倦倚屏山不厌听。

同　同字同初,蒙古氏

西子湖头花满烟,共郎日日醉湖边。青楼十丈钩帘坐,箫鼓声中看画船。

郑元祐字明德,遂昌人

岳王坟前是妾家,望郎不见见栖鸦。孤山若有奢华日,不种梅花种杏花[2]。
青青两点海门山,郎去贩鲜何日还。潮水便如郎信息,江花却似妾容颜。

张　雨字伯雨,钱塘人

光尧内禅罢言兵,一番御舟湖上行。东京邻舍宋大嫂,就船犹得进鱼羹。

贡师泰字泰父,宣城人

葛岭东家是相门,当年甲第入青云。楼船撑入里湖去,可曾望见岳王坟。
芙蓉叶底双鸳鸯,飞来飞去在横塘。人生多少不如意,水远山长难见郎。
柳洲寺前湖水平,阿谁湖上唱歌声。画船买得十样锦,行近荷花须缓行。
红裙女儿坐船头,朝朝暮暮白苹洲。近来学得新行令,为郎把酒一浇愁。

---

[1]　雍正本"玉"作"美"。
[2]　雍正本无"岳王坟前是妾家,望郎不见见栖鸦。孤山若有奢华日,不种梅花种杏花"二十八字。

宇文公谅 字子贞，京兆人

苏小门前骑马过，相逢白发老宫娥。自言记得前朝事，只说当年买八哥。
赤栏桥低官柳斜，粉墙短短阿谁家。女郎恰抱琵琶出，早有小船来卖花。
奴唱吴歌郎扣弦，明朝郎去又谁怜。恨杀吴山遮望眼，不见江头郎去船。
断霞洒洒鱼尾红，清唱一声吴山东。阿奴只在绣帘里，隔着荷花无路通。
湖上交秋风露凉，湖中莲藕试新尝。莲心恰似妾心苦，郎思争似藕丝长。
菱叶菱花间水红，采莲入港与郎逢。劝君挟弹休打鸭，鸳鸯飞起杳无踪。

贾　策 字治安，大梁人

郎身轻似江上蓬，昨日南风今北风。妾身重似七宝塔，南高峰对北高峰。

郑　贺 字庆父，诸暨人

北高峰头侬望夫，望见西子下姑苏。脂塘水腥吴作沼，莫将西子比西湖。

黄公望 字子久，自号大痴，富春人

水仙祠前湖水深，岳王坟上有猿吟。湖船女子唱歌去，月落沧波无处寻。

康　瑞 字瑞玉，庐陵人

苏公六桥柳垂堤，照见郎君鞍马肥。蜻蜓蝴蝶不相识，各自相怜寻伴飞。

赵　奕 字仲光，吴兴人

湖头日日水光波，两两吴娃打桨过。笑隔芙蓉不相识，向人犹自唱湖歌。

唐　棣 字子华，吴兴人

门前杨柳乱吹花，第一桥头第一家。马上郎君休挟弹，柳枝深处有慈鸦。

杨　仮 字思谦，天台人

大船槌鼓银酒缸，小船吹笛红绣窗。鸳鸯触棹忽惊散，荷花深处又成双。
燕子来春雁来秋，曾见钱王衣锦游。英雄谩说八百国，只管东西十四州。
狮子峰头插将旗，凤凰山下草离离。三宫去后宫门闭，恰似钱王献土时。

李　庸 字仲常，东阳人

六桥桥下水流东，桥外荷花弄晚风。郎心似水不肯定，妾颜如花空自红。

朱　彬 字仲文，盱江人

南北峰高作镜台，十里湖光如镜开。行人有心都照见，劝郎肝胆莫相猜。
湖水东来日欲西，兰苕参差那得齐。苏公堤边人荡桨，吴山树头鸦欲栖。

欧阳公瑾 字彦珍，庐陵人

第一桥边第一家，瓜皮船子送琵琶。妾身自是郎家女，不是当年苏小家。

倪　瓒 字元镇，毗陵人

鹧鸪生长最高枝，雁婿衔将向北归。天长水阔无消息，只有空梁燕子飞。
桐树初栽金井西，月明照见影离离。不比苏公堤畔柳，乌鸦飞过鹧鸪栖。
钱王墓田松柏稀，岳王祠堂在湖西。西泠桥边春草绿，飞来峰头乌夜啼。
阿翁闻说国兴亡，记得钱王与岳王。日暮狂风吹折柳，满湖烟水绿茫茫。
春愁如雪不能消，又见清明卖柳条。伤心玉照堂前月，空照钱塘夜夜潮。
嗷嗷归雁渡春江，明月清波雁影双。化作斜行筝上字，长弹幽恨隔纱窗。

高克礼 字敬臣，河间人

第四桥头第四湾，看鱼直上玉泉山。大鱼已逐龙飞去，留得当时旧赐环。

李元珪 字廷璧，河东人

郎去远过江上山，望郎江上几时还。只怕郎归不相识，湖边日日照容颜。
三月湖边花正开，江边望船郎未回。燕子来时春又去，心酸不待吃青梅。

于　立 字彦成，号虚白，庐山人

侬家住在涌金门，青见高峰白见云。岭上已无丞相宅，湖边犹有岳王坟。
杨柳树头双鹁鸪，雨来逐妇晴来呼。鸳鸯到死不相背，双飞日日在西湖。

钱惟善 字思复，号曲江居士

阿姨住近段家桥，山妒蛾眉柳妒腰。东山井头黑云起，早回家去怕风潮。

西湖之水清而深，照见西山碧玉簪。流入城中酿官酒，日课豪家千两金。
贫家教妾日当垆，马上郎君不敢呼。折得荷花待郎赠，叶间红泪滴成珠。
杨柳人家双燕雏，衔泥燕浼越罗襦。雕胡掌齐藕丝嫩，五月西湖天下无。
春日高楼闻竹枝，梨花如雪柳如丝。珠帘不被东风卷，只有空梁燕子知。
钱湖门外春茫茫，不歌采菱歌采桑。共道莲心苦于妾，未应花貌不如郎。
日暮天寒远水滨，孤山愁绝四无邻。谁家处子如冰雪，行傍梅花不见人。

曹　睿 字新民，永嘉人

昨夜西湖月色多，照见郎君金叵罗。明朝江头放船去，江亭风雨奈君何。

吴　复 字见心，富春人

官河绕湖湖绕城，河水不如湖水清。不用千金酬一笑，郎恩才重妾身轻。
西京寄书三载强，锦心织出双鸳鸯。肯逐大堤杨柳絮，一翻风雨一翻狂。

郯　韶 字九成，吴兴人

十五女儿罗结垂，照水学画双蛾眉。长桥桥下弯弯月，偏向侬家照别离。
妾家西湖住横塘，门前杨柳万条长。凭郎醉后莫折断，留待重来系马缰。
风篁岭头西日晖，青龙港口新月微。放船过去还早在，待取一通夜歌归。
阑琐六桥春水深，鸳鸯溪鶒荡人心。吴儿生长自吴语，却向船头学楚吟。
湖上荷花娇欲语，湖中女儿木兰舟。荷花折得浑似好，只恐荷盘不耐秋。
苏堤烟寺一径同，春花秋月长相逢。白面少年不相识，笑掷金钱唤阿侬。

吴　礼 字叔和，歙县人

湖上鸳鸯相对飞，春寒着人郎未归。莫卷珠帘看行路，杨花撩乱扑人衣。

张　简 字仲简，号云邱道人

鸳鸯蝴蝶尽双飞，杨柳青青郎未归。第六桥边寒食雨，催郎白苎作春衣。

陈　聚 字敬德，天台人

茜红裙子柳黄衣，花间采莲人不知。唱歌荡桨过湖去，荷叶荷花风乱吹。

冯士颐 字正卿，富春人

与郎情重为郎容，南北相看只两峰。请看双头桥下水，新开双朵玉芙蓉。

杨　椿 字子寿，蜀人

侬家生长在西湖，暮管朝弦随处呼。早听当初阿姨语，免教今日悔狂夫。
郎去天涯妾在楼，西湖杨柳又三秋。郎情莫似潮头水，城北城南随处流。

陆　仁 字良贵，河南人

山中有湖湖有湾，山上有山郎未还。记得解侬金络索，系郎腰下玉连环。
别郎心绪乱如麻，孤山山角有梅花。折得梅花赠郎别，梅子熟时郎到家。

王立中 字彦强，蜀人

孤山梅花开雪中，恰似阿侬冰雪容。不学画桥南畔柳，春来容易惹东风。
湖上堂前密雨飞，苏公堤上行人稀。嗔郎扁舟早回去，春泥日晚污郎衣。

马　贯 字本道，绍兴人

吴车轧轧小车红，争来陌上看春风。不敢高声唱歌去，恐惊丞相在船中。
百花楼头闻马嘶，郎从花里斗金鸡。朝朝卷起珠帘望，不是郎归不下梯。

掌机沙 字密卿，阿鲁温氏

南北峰头春色多，湖山堂下来掉歌。美人荡桨过湖去，小雨细生寒绿波。

不花帖木耳 字德新，元国族

湖上春归人未归，桃红柳绿黄莺飞。桃花落时多结子，柳花落处只沾衣。

马　稷 字民立，吴郡人

与郎别久梦相思，不作西湖蝴蝶飞。化作春深鸤鸠鸟，一声声是劝郎归。

缪　侃 字叔正，常熟人

初三月子似弯弓，照见花开月月红。月里蟾蜍花上蝶，怜渠不到断桥东。

熊进德 字元修，上饶人

金丝络索双凤头，小叶尖眉未著愁。大姑昨夜苕溪过，新歌学得唱湖州。
销金湖边马瑙坡，争似侬家春最多。蝴蝶满园飞不去，好花红晕到春罗。

秦　约 字文仲，淮海人

湖上女儿好腰肢，织金衣裳光陆离。见人不语背人笑，唱得杨家新竹枝。

宋元禧 字无逸，姚江人

十三女郎不出门，父娘墓在葛山根。同携女伴踏青去，不上道傍苏小坟。
湖上采薪春复春，养蚕长见茧丝新。老蚕不识人间事，犹趁东风了此身。

韦　珪 字德珪，山阴人

湖中艇子风徐徐，秋水荡漾金芙蕖。钓鱼不是贪双鲤，为恐腹中藏素书。
苏小门前月漾波，牵牛织女挂秋河。恨妾如星圆处少，怨郎如月缺时多。

任　昱 字则明，四明人

侬住湖边二十年，花开花落任春妍。门前有个垂杨树，不着游人系画船。

申屠衡 字仲权，大梁人

白苎衫儿双髻丫，望湖亭子是侬家。红船撑入柳阴去，买得双枝茉莉花。
春去春来愁别离，淡妆浓抹妒西施。只今五斗青螺黛，留待郎归好画眉。

顾　佐 字翼之，昆山人

阿侬心似湖水清，愿郎心似湖月明。南山云起北山雨，云雨朝朝何处晴。

周　溥 字公辅，吴兴人

西湖西畔上清家，美人有如萼绿华。七星道冠拜星斗，万一琼台乘紫霞。

留　睿 字养愚，栝苍人

湖上南风六月凉，采莲惊起双鸳鸯。妾心却似莲心苦，郎心不似藕丝长。

张　田 字芸巳，吴郡人

潮去潮来春复秋，钱塘江水通湖头。愿郎也似江潮水，暮去朝来不断流。

张　翼 字翔南，建德人

南高北高峰顶齐，钱塘江水隔湖西。不得潮头到湖口，郎船今夜泊西溪。

马　琬 字文璧，秦淮人

湖头女儿二十多，春山两点明秋波。自从湖上送郎去，至今不唱江南歌。

张世昌 字叔京，诸暨人

秦皇石头三丈高，云是秦王系船标。侬心只似系船石，莫比郎心船易摇。

李介石 字守道，丹邱人

春晖堂前挽郎衣，别郎问郎何日归。黄金台高倘回首，南高峰隐白云飞。

张希贤 字希颜，昆山人

孤山脚下路三叉，孤山墓上好梅花。不似马塍桃李树，随春供送到人家。

顾　敬 字思恭，吴郡人

楼船女儿日晚歌，莲心结子绾双螺。湖水潇潇湖月白，奈此湖中凉夜何？

朱　庸 字伯常，四明人

小姑疑郎去不归，为郎打瓦复钻龟。青山尚有飞来日，不信人无相见时。

叶广居 字居仲，嘉禾人

水长西湖一尺过，湖头狂客奈愁何。鲤鱼吹浪杨花落，听得橹声归思多。

聂　镛 字茂先，蒙古氏

郎马青骢新凿蹄，临行更赠锦障泥。劝郎莫系苏堤柳，好踏新沙宰相堤。

完　泽 字兰谷，西夏人

花满苏堤酒满壶，画船日日醉西湖。阿侬最苦两离别，不唱黄莺唱鹧鸪。
堤边三月柳阴阴，湖上春光似海深。游人来往多如蚁，半是南音半北音[1]。

黄季伦 字季伦，番阳人

钱塘江头莎草齐，钱塘女儿歌别离。愿郎相见如月子，月子团团无暗时。

---

〔1〕 雍正本无"堤边三月柳阴阴，湖上春光似海深。游人来往多如蚁，半是南音半北音"二十八字。

湖上女儿犹褐衣，出门日日望郎归。春水绕湖春草绿，草上双双蝴蝶飞。

卞思义 字宜之，光州人

小苏吹笛最高楼，吹作大堤杨柳秋。只今青冢在湖上，不识黄云出塞愁。

徐　哲 字延徽，阳县人

西湖春草碧蔫绵，上有青蚨子母全。夜捣守宫和血色，尽将涂上五铢钱。

红尘万丈长安途，碧波三日官亭湖。驿路连天水到海，若比相思一寸无[1]。

尽说西湖好莫愁，不知天上有牵牛。剩拚万斛胭脂水，泻向银河一色秋。

陈　枢 字仲机

且莫唱君杨白花，听我西湖竹枝歌。竹枝青青多竹节，杨花轻白奈君何。

庄　蒙 字子正，乌程人

日出里湖烟水开，初阳台下抱琴来。夜深弹罢乌啼曲，明月自照高高台。

杨庆源 字宗善，泗水人。一作周南老

苏公堤上草离离，春尽王孙尚未归。风度珊瑚帘影直，一双紫燕近人飞。

采菱女儿新样妆，瓜皮船小水中央。郎心只如菱刺短，妾情还比藕丝长。

郭　庸 字彦中，东平人

日落平湖艇子迟，岸花汀草伴人归。鸳鸯惊散东西去，唯有蜻蜓蛱蝶飞。

流光昨日又今朝，犹忆当年醉六桥。金鹊翠翘纷在眼，生红七尺系郎腰。

沈　性 字自诚，吴兴人

侬住西湖日日愁，郎船只在东江头。凭谁移得湖山去，湖水江波一处流。

燕不花 字孟初，张掖人

湖头水满藕花香，夜深何处有鸣榔。郎来打鱼三更里，凌乱波光与月光。

---

〔1〕 雍正本无"红尘万丈长安途，碧波三日官亭湖。驿路连天水到海，若比相思一寸无"二十八字。

强　珇 字彦栗,嘉定人

湖上女儿学琵琶,满头都插闹妆花。自从弹得阳关曲,只在湖船不在家。

别里沙 字彦成,回回人

枫篁岭下月色凉,无数竹枝官道傍。东家为爱青青节,截作参差吹凤凰。

吴世显 字彦章

湖中日日坐船窗,水面鲤鱼长一双。好寄尺书问郎信,恼人湖水不通江。

袁　华 字子英,昆山人

昨夜忆郎开绮窗,平湖月白水如江。妾似两峰日相望,纵有飞来不作双。

顾　晋 字进道,昆山人

杨白花开风满天,花开成絮不成绵。不如落向西湖水,化作浮萍个个圆。

卢　浩 字养元,钱塘人

记郎别时风骚骚,银鼠帽子黄鼠袍。别来辙迹不可见,湖边青草如人高。

徐梦吉 字德符,於潜人

雷峰港口晚凉天,相笑相呼去采莲。莫为采莲忘却藕,月明风定好回船。

丁　复 字仲容,天台人

钱塘潮来两岸平,钱塘潮归江月明。钱塘女子新妆阁,夜半吹箫鸾凤鸣。

陆秀民 字庶子,温州人

鸳鸯宛在水中央,恰似阿侬初嫁郎。却掷郎君金弹子,劝郎切莫打鸳鸯。

杨　基 字孟载,吴县人

春来芳草踏成蹊,半是车轮半马蹄。多谢清明三日雨,旧痕新绿一般齐。

释文信 字道元,永嘉人

湖西日脚欲没山,湖东月出牙梳弯。南北两峰船上看,恰似阿侬双髻鬟。

湖上采菱菱湿衣,泥中取藕偶来归。怪杀鸳鸯不独宿,却嫌鹨鶒傍人飞。
蹙金麒麟双髻丫,白银作甲弹琵琶。何曾辛苦事蚕织,水口红船长是家。

释　椿字大年,吴人

放船早出里湖边,阿侬唱歌郎蹋船。唱得望湖太平曲,共郎长乐太平年。

释　照字觉元,四明人

阿侬家住第三桥,白粉墙低翠竹高。春光一日老一日,怕见花开飞伯劳。
日日采莲湖水滨,湖中白日照青春。东风吹雨过湖去,江花愁杀未归人。

释福报字复元,天台人

貂帽谁家美少年,黄金耳环月样圆。日斜走马过湖去,柳下小娃呼上船。

释元璞字良琦,吴郡人

西湖游子那得愁,美人日日狎春游。为人歌舞劝人酒,不信春风能白头。

无名氏

苏公堤上杨柳青,人来人去管离情。东风为尔叮咛道,折断柔肠莫再生。
天竺寺前开翠微,长年流水白云飞。流水入湖无日歇,白云出岫有时归。

明

李　晔[1]字宗表,钱塘人

总宜船中载酒波,雁儿舞罢近前歌。日斜莫揪青荷叶,心似藕丝头绪多。
芙蓉花面柳丝裳,柳叶眉尖恨最长。嗔道王孙金弹子,朝朝来打野鸳鸯。

贝　琼字廷臣,崇德人

六月玉泉来看鱼,湖边两过尽芙蕖。芙蕖花开郎更远,玉泉鱼少亦无书。
闻郎北过李陵台,湖上荷花今又开。那似岳王坟上树,枝枝叶叶尽南回。

---

〔1〕　底本"晔"字缺末笔,今回改。

丁　麟 字彦祥,海盐人

涌金门外春水多,卖鱼船子小如梭。三三两两唱歌去,惊起鸳鸯飞奈何。

张　铁 字子威,慈溪人

门前湖水白茫茫,望尽烟波不见郎。仿佛闻郎歌水调,鸳鸯飞起藕花塘。

瞿　佑 字宗吉,仁和人

昨夜相逢第一桥,自将罗带系郎腰。愿郎得似长江水,日日如期两度潮。
望郎不来春又深,相思敲断碧瑶簪。南高峰头有香愿,早买湖船出涌金。
西陵桥边开酒垆,当垆不受傍人呼。郎若来时须共饮,小槽昼夜滴真珠。
西子湖边杨柳枝,千条万缕尽垂丝。东风日暮花如雪,飞入雕墙两不知。
里湖外湖波渺茫,两岸人家都种桑。采桑不怕雾露湿,惟愿朝朝逢着郎。
家住西湖湖水滨,湖山相对自为邻。湖山年年相似好,只有新人换旧人。

朱　朴 字元素,海盐人

麦岭风吹小麦花,古藤乔木路三叉。千年玉骨湘累墓,万里坚城少保家。
阿侬家住湖水傍,菰米莼丝野饭香。猫头紫笋尺围大,沙角红菱三寸长。
郎从湖上打鱼虾,妾在湖边只缝纱。生长不离湖水上,涌金门外是侬家。

沈　周 字启南,苏州人

春风杨柳绿丝丝,似妾千思复万思。妾家有酒沙糖味,郎若来尝便得知。
妾在船头偷看郎,郎骑白马好风光。锦样荷花三十里,中间一对紫鸳鸯。
入夜湖心泛画桡,孤山孤月也魂消。郎来自是环锦带,幽情期在跨虹桥。

怀　悦 字用和,嘉兴人

湖头春色近如何,湖水无风也自波。郎去莫教湖上宿,断桥飞絮上衣多。

史　鉴 字明古,吴江人

西湖湖上水初生,重叠青山接郡城。记得扁舟载春酒,满身花影听啼莺。

蒋山卿 字子云,仪真人

十里湖光引玉泉,仙娥遥上木兰船。最怜一种天然色,并向中流采白莲。

尹　台 字崇台,永新人

湖市罗裙映玉缸,苏堤杨柳拂船窗。采莲误触鸳鸯起,飞向花间还一双。

孙一元 字太初,秦人

湖日初明湖水涯,门前鹊鸣到郎家。折得草花还自喜,插向阿奴双髻丫。

敖　英 字子发,清江人

东岸桃花红欲飞,西岸柳条青不稀。两家春色各自媚,谁在中流荡桨归。

高应冕 字文中,仁和人

山南山北多酒家,劝君莫惜醉流霞。一声棹底春归去,落尽西陵千树花。

凌登第 字元叔,钱塘人

吴姬轧轧小红车,年少骄嘶白玉骢。踏得湖头新草遍,梨花开过又桃花。

田艺蘅 字子艺,钱塘人

十三十四女儿家,姊妹双双弄彩霞。笑向玉莲池畔去,金钱乱掷买荷花。
锦马穿花十八娘,春风吹过草生香。珊瑚鞭坠不回顾,却折柳枝三尺长。

游　潜 字用之,丰城人

蓦地风来湖水阴,乱山凄雨正涔涔。柳丝空自能千尺,不系郎船系妾心。

陈　淳 字道复,吴县人

阿侬家住在湖西,竹树成林绿日齐。不道门前能冷落,年来芳草自萋萋。

沈明臣 字嘉则,鄞人

正月家家要看灯,岳王坟上也须登。春衫着破重新做,买得红罗又白绫。
二月人家要养蚕,阿奴先去采桑园。桥边跟着青衣走,帘里轻轻唤采鸳。
三月桃花湖上红,六桥如带蓦当中。绿杨细细青骢雨,碧水粼粼白鹇风。
四月湖光愁杀侬,半晴半雨绿阴浓。烧香姐上三天竺,走马人来九里松。
五月湖中菡萏开,女儿妆扮采莲来。如梭艇子凌波去,荷叶连天望不回。

六月湖头水自清,凉风飞过鹭鸶轻。妾家正住清凉处,望得郎来月欲生。
七月荷花已半零,采菱歌起愿郎听。双双莲子齐生浦,队队鸳鸯不过汀。
八月山中看木樨,芙蓉虽好弗如伊。香风吹得郎心转,艳色休将妾面窥。
九月桂花香可怜,城头月出捣衣天。西邻娘子寄夫婿,东家女儿上湖船。
十月湖光似镜明,妾来照水自家惊。去年郎在欢同出,今岁无郎羞独行。
十一月来湖水寒,南高北高青一般。鸳鸯瓦上霜花结,琥珀枕边红泪残。
十二月时梅半开,西湖踏雪少人来。青帘卖酒烟火绝,唯有约鱼翁独回。
闰月今年偏闰冬,我郎差出戍辽东。杭州一去五千里,夜夜只图春梦中。

湖　潜 字仲修,钱塘人

牵丝百丈纵风鸢,盼得晴和春可怜。为采新茶过龙井,玉瓯先试虎跑泉。
十里荷花锦作堤,郎舟泊在断桥西。妾家住熟孤山径,梦里寻郎路不迷。
十二桥头日半曛,酒垆花岸共氤氲。七香车内多游女,个个搴帘过岳坟。

邹迪光 字彦吉,无锡人

杏子单衫窄地长,裙拖八幅石榴香。只知此日遨游好,不信蚕家四月忙。

陈尧德 字安甫,嘉兴人

二八娇娃荡桨来,西陵渡口采莲回。自怜未惯傍人见,欲拢船回又放开。

费　朗 字元朗,嘉兴人

妾家北山近湖口,但到黄昏郎出渔。灯尽归来天又晓,他人只道合船居。
堤上儿郎尽踏春,独伊马去转头频。想因专为看花出,不看桃花只看人。

邵龙章 字旬孟,仁和人

拂拂荷风波面长,葛衣轻上画船凉。谁家伴我西泠月,共觅佳人雪藕香。

徐　灏 字大津,仁和人

苏堤新柳逐段青,西泠碧草斗蜻蜓。谁家楼上呼鱼担,要买鲜鱼去解酲。
问侬何事双眉攒,侬意和郎总一般。不见孤山顶上树,梅花虽落蒂犹酸。
一踏新堤展转愁,风吹雨打不胜秋。愁来懒作双挑髻,只挽苏州一把头。
中元放灯湖水清,湖灯浮动塔灯沉。妾意尚思填鹊尾,愿郎勿起断桥心。

黄习远 字伯传,吴县人

千村万村傍湖边,只种湖陂不种田。一片篱分两家藕,郎休误取别人莲。

李流芳 字长蘅,嘉定人

涌金门外水微茫,问水亭边上小航。三十六桥随意去,阿谁风色似钱塘。

邵常生 字古庵,仁和人

青阳处处卖湖堤,白堕家家飐水旗。不道岳坟春似海,果然人像午湖时。

邢云路 字士登,安肃人

南高峰头云氤氲,北高峰上雨纷纷。两峰相对隔湖水,妾心愁雨又愁云。
孤山云影照西湖,郎在阳关妾在吴。望郎不见郎来信,妾与孤山相对孤。

高　濂 字深甫,武林人

湖上桃花十里红,堤边杨柳万条风。　插天楼阁应无数,入望云山知几重。
西湖千顷泻银河,来往轻舠似掷梭。　三月春工五色锦,裁成十里障笙歌。
箫鼓楼船十二桥,雕阑朱箔倚纤腰。　一缕春愁三月梦,香魂飘泊向谁招。
金鞍飞鞚酒楼前,歌舞春风尽少年。　且醉玉人明月在,不须花外更加鞭。
树里黄鹂啼翠微,花间燕子试乌衣。　酒家处处青旗动,招得游人尽醉归。
美人花色正相宜,妒杀东风不住吹。　春恨不随流水去,依依红浸碧玻璃。
晴烟暖日竞韶华,陌上花开簇绛霞。　人散夕阳湖色暝,独收春去是谁家。
玉莲亭畔买轻舟,尽日花间泛泛游。　妾立一桥杨柳下,见郎又上酒家楼。
西泠千树绛桃花,花畔侬家傍酒家。　怕醉郎归入城市,朝朝肠断夕阳斜。
倚天高插两青峰,恨入春烟晚更浓。　郎意不通湘峡梦,妾心空觅雨云踪[1]。
山南山北百花开,罗绮香从紫陌来。　蓦地春心浑似梦,不知何处是阳台。
妾摇双橹出西泠,郎卧花间醉未醒。　怪底春山千万叠,愁人的的晚来青。
阿郎日日醉湖中,到处花开称意红。　妾恨楼前杨柳线,不将一缕绾郎骢。
楼阁连云湖上堤,重重帘幕护灵犀。　知郎着意青骢马,常在楼前来往嘶。
苏小堤边杨柳黄,兰舟曾并载斜阳。　误向花间输一笑,经年憔悴减容光。

---

〔1〕 雍正本无"倚天高插两青峰,恨入春烟晚更浓。郎意不通湘峡梦,妾心空觅雨云踪"二十八字。

徐颖䫂 字孟夌，钱塘人

芳草侵裙绿染腰，郎从何处骋游镳。蝶狂尚爱花枝好，也趁东风过断桥。

王　衡 字辰玉，太仓人

酒尽垆青客未休，脱身走马恣风流。西湖亦有横塘曲，一拍风吹入秀州。

王思任 字季重，山阴人

南屏钟罢黑棱层，二十亭亭月二更。画舸香车都不见，西泠桥下数渔灯。

王穉登 字百谷，太仓人

山田香土赤如沙，上种梅花下种茶。茶绿采芽不采叶，梅多论子不论花。

邵泰宁 字芳白，杭州人

湖心平地起波涛，深处相思浅处消。侬家自向长桥住，不比孤山有断桥。

冯廷槐 字德符，钱塘人

销金锅边春较迟，玛瑙寺前桃李枝。莫羡断桥花似锦，红情绿意总堪思。

姚可上 字季清，余姚人

花草芊芊蛱蝶飞，嫩寒侧侧逗春衣。试听滑滑双文鸟，似唱当年缓缓归。
蘸绿裙腰草路长，双鬟随逐软舆傍。不知露溅鞋帮腻，偷向篱边摘野棠。
一路香风油壁车，冶游年少阿谁家。情知不是侬欢面，为忆红梅怜杏花。
闻郎远在凤山阿，望湖亭前空绿波。瓜皮船子渡湖去，细雨斜风愁奈何。
西湖湖水碧琉璃，西湖杨柳绿茸丝。爱杀桃花红片片，却似西施好面皮。
与郎暗约段桥西，早起妆楼欲下梯。宿雨半收晴不稳，恼人最是鹁鸪啼。
荠麦青青三月三，看看草色暗湖南。忙催姊妹烧香去，戴胜来时又养蚕。
放生池岸柳丛丛，香阁铃幡四面风。轻薄少年乘醉过，手提射鸭竹枝弓。
踏青湖上懒归家，更爱山行辇路赊。妾上笨车郎跨蹇，西溪十八里梅花。

吴鼎芳 字凝父，吴江人

湖心亭下水悠悠，枫叶苹花面面秋。一段巫云飞不去，夜深和月到楼头。

陆彦章

城头日出浮镜螺，高樯大艑来嵯峨。六桥三竺饱经过，苎唱菱歌穿女罗[1]。

李　培 字培之，长水人

湖心歌管遏春云，水底榴花六幅裙。转过苏堤歌不见，停舟齐上岳王坟。

黄周星 字九烟，江宁人

山川不朽仗英雄，浩气能排岱岳松。岳少保同于少保，南高峰对北高峰。
陂陀葛岭久凄凉，旧是骄奢宰相庄。节用爱人犹勒石，可怜蟋蟀半闲堂。
竞向西湖咏竹枝，廉夫可是殢情痴。我来耻和侬郎句，要唱江东铁板词。

释仲光 字佛日，杭州人

春罢笙歌也寂寥，里湖外湖空打捞。柳花风起飞如雪，乱点青蓑不肯消。
鲂鱼钱蟹漾沙盆，小篮挑入涌金门。白衫穿得斑斓色，总是六桥风雨痕。

国　朝

陆　圻 字丽京，钱塘人

栖霞山下岳王祠，风雨常闻铁马嘶。多少游人自歌舞，杜鹃啼血上南枝。
湖南僧寺隔湖西，迢递钟声碧草萋。莫向凤凰山下望，宋朝宫阙鹧鸪啼[2]。

张遂辰 字相期，钱塘人

车中游女不知桑，残月梳头出进香。忽见青丝笼菜叶，陌头犹认卖花娘[3]。

袁于令 字令昭，苏州人

夕阳一望半邱墟，武穆祠前问故庐。莫怪我来须鬓改，六桥花柳已萧疏。

---

〔1〕 雍正本无陆彦章词。
〔2〕 雍正本无陆圻词。
〔3〕 底本以此词属陆圻，而实为张遂辰词。底本无"张遂辰，字相期，钱塘人"共九字，据雍正本补。

宋　曹 字射陵,盐城人

楼边车马日萧萧,欢乐无时断六桥。无限心情箫鼓后,昨宵明月又今宵。

胡　介 字彦远,仁和人

陆公祠下酒如泉,十五吴姬向晚妍。两颊欲言红似火,低头学索酒家钱。
一池鱼种半湖莲,胜似山南山北田。换得长桥新酿酒,荷花深处刺船还。
西湖胜事在中秋,十二桥边看蹴球。箫鼓阑珊山月晓,何人水调唱歌头。
渔家茅屋雪重重,渔父船头睡正浓。山寺路迷无石火,老僧敲雪下高峰。

钱　霍 字去病,山阴人

手把红梅四五枝,踏歌桥上听笙时。北高峰上帘纤月,西子湖头一寸眉。

毛先舒 字稚黄,仁和人

晴湖历历草萋萋,水向东流日向西。桃花落尽杨花落,好鸟啼休苦鸟啼。
燕子飞飞啄落花,小姑十五正无家。为慕西施好颜色,月明偷出浣溪沙。
古人筑就大长堤,堤上桃花望欲迷。带雾笼烟红一片,东风吹过六桥西。

张振孙 字祖定,仁和人

西子湖头是妾居,钱塘江上景何如。西湖不及钱江水,他却能生比目鱼。

张纲孙 字祖望,仁和人

鹭鸶飞处见郎招,赶上郎船一处摇。龙堂岳庙都游了,泊在西泠里六桥。

张麟孙 字祖静,仁和人

画舫乘风水面排,游人一半醉开怀。儿童没水争相戏,淘得佳人碧玉钗。

张　埈 字效青,仁和人

家住长桥古渡西,门前翠柳隐黄鹂。可怜荡子无归信,妒杀黄鹂不住啼。
一望苏堤锦带斜,朦胧落月柳烟遮。晓风吹起枝头絮,偏自飞来到妾家。

沈　谦 字去矜,仁和人

鹅炙银盘堆白油,佳人劝酒舞船头。画船尽道西湖好,只载笙歌不载愁。

绿柳红桃夹酒船,买歌买笑用金钱。两峰日夜云和雨,侬在孤山独自眠。

韦人凤字六象,武康人

菡萏秋风花正多,横塘两岸画船过。莫将罗绮骄歌舞,一夜清霜尽白波。

陆　灿字湘灵,武进人

郎边唱歌单唱声,妾边唱歌兼唱情。妾为情多声迸歇,两峰八字蹙眉横。

梁允植字承笃,真定人

两峰高插乱行云,乌桕青枫照夕曛。葛岭已荒丞相宅,段桥犹剩岳王坟。
南渡垂杨古岸头,丝丝犹是汴城秋。可怜一片笙歌起,消得官家几许愁。

李何炜字爱庐,沔阳人

篱门一曲小桥头,倦绣鸳鸯闲倚楼。正是桃花将吐蕊,游人风雨不移舟。

秦松龄字留仙,无锡人

湖上常阴且放船,孤山前去六桥连。冲将细雨丝丝乱,长得新荷个个圆。

毛万龄字大千,萧山人

满湖桃花新发枝,杭州女儿知不知。大姑倚阑唱金缕,小姑荡桨听黄鹂。

毛奇龄字大可,萧山人

断桥西去杏花开,年年桥上送郎回。分明一片连桥子,何日何年断得来。
昭庆祠头春水生,大船长傍小船行。湖东日上湖西落,湖里何时不是晴。

朱彝尊字锡鬯,秀水人

湖面莼丝百尺长,为郎寻水作羹汤。朝云吹散峰头雨,日出团团鸡子黄。

方象瑛字渭仁,遂安人

孤山只合属林逋,千载何方侣白苏。惆怅后来无计遣,应携梅鹤去西湖[1]。

---

〔1〕　雍正本无"孤山只合属林逋,千载何方侣白苏。惆怅后来无计遣,应携梅鹤去西湖"二十八字。

半闲堂外草初黄，秋壑无声冷佛场。葛岭至今鸣促织，风流谁是老平章。

秦　旭 字景阳，无锡人

孤山山上月明多，长忆西湖玛瑙玻。安得扁舟吹短笛，梅花香里一经过。

周东田

红苎轻衫白苎词，澄湖如眼碧山眉。仙郎有约苏堤曲，十二桥头看月时。

陈　凤 字雨伯，上元人

翠袖红裙水上轻，荷花荷叶两盈盈。斜阳落尽未归去，独自西湖待月明。

张信卿 字玉符，温州人

杨柳桥边春酒家，深深草色锁烟霞。湖光收拾春光去，一片飞来是落花。

徐嘉绮 字舜衣，仁和人

芳草平堤月满枝，六桥花柳笑春时。游人唱遍踏青曲，惊起一双白鹭鸶。

谢起蛟 字睿因，钱塘人

八月十五月团金，湖山高高湖水深。三潭月映三轮月，不及湖心一点心。

徐嘉瑞 字五辑，仁和人

堤上游人唱竹枝，至今犹记泽公祠。相逢一笑情何在，为问三生石不知。

郭绍孔 字伯翼，仁和人

处士梅花苏小松，侬家修竹绿阴浓。珍禽来宿不独自，两两相呼到晓钟。

徐自俊 字野君，杭州人

好风吹来动湖波，湖上女儿举棹歌。苏小镜奁尘不染，苏公花柳半消磨。
西湖二月飘春风，箫声鼓声湖水中。爱郎却似李花白，妾面不让桃花红。
南屏一带柳烟疏，家住西湖十载余。爱向雷峰看夕照，画船撑过藕花居。
新月眉儿新样妆，西陵桥畔踏春阳。青鬟笑指前头去，箫鼓声中拜鄂王。

朱　奂 字潜子，长治人

红板桥头绿叶稀，渔翁贳酒唱歌归。藕花深处频移棹，惊起鸳鸯对对飞。
苏小坟边野草生，黄莺两两弄娇声。垂鞭挟弹谁家子，骢马争嘶花外行。
十二红楼葛岭西，碧桃落尽发棠梨。平章第宅惟烟草，日暮双双燕子栖。

胡麒生 字圣游，德清人

豪华不让五侯家，宝炬金樽隔缝纱。可惜夜阑人竞醉，掷将风雨送桃花。

周之濂 字清贻，武康人

红遍桃花绿遍杨，西湖春昼好风光。大家不用遮团扇，郎看侬来侬看郎。

徐　濑 字潋生，仁和人

柳枝细竹上渔舟，花港观鱼逐浪浮。百和口脂调作饵，爱侬芳泽系侬钩。
亭亭塔影峙湖心，月印三潭一样沉。竹竿十丈真难测，只恐郎心似此深。

徐　倬 字方虎，德清人

岳王坟下试新骠，放鹤亭前数落鸦。买得湖边新艇子，半船烟雨半船花。
青雀船头美少年，一生长爱对花眠。阿侬只似衰荷叶，摇落西风不见莲。

唐　靖 字开宣，武康人

侬唱渔歌欢采莲，芙蓉朵朵叶田田。小船荡入荷花里，只听歌声不见船。

骆仁埏 字方流，武康人

风雨萧萧愁杀侬，桃花犹发旧时容。劝郎休学孤山样，只学南峰对北峰。

骆仁峒 字林思，武康人

雨后湖光分外清，游人唱出别离情。阿侬尽日游无伴，不许荷花并蒂生。

金长舆 字虎文，钱塘人

十里西湖镜面开，马蹄日日过楼台。春光老去无人管，乱撒金钱买不回。

陆　隽 字升璜，仁和人

林家处士住孤山，双鹤飞飞去复还。懊恨儿家不如鹤，梅花香里一身闲。
湖中四季有笙歌，湖畔居民也最多。夏日种莲春打草，满船风雪着渔蓑。

吕　律 字翼令，杭州人

半篙春涨晓湖天，一线堤桥十里烟。点点白鸥飞上下，藕花居畔采莼船。

沈士矿 字宝臣，杭州人

十五女儿红系腰，绣罗裙子金步摇。马看船中船看马，双眉斗损段家桥。

柳　葵 字靖公，仁和人

杨柳枝头红杏腮，三三两两断桥来。却笑东风无赖甚，湘裙六幅等闲开。

马龙标 字沅西，杭州人

忽忽伤心锦绣场，肯容隙地寄耕桑。杏花红遍参星夕，八卦田中学种秧。

丁剑南 字于石，仁和人

公子堤前勒紫缰，佳人楼上怨流黄。断桥斜抱孤山影，山似侬来桥似郎。

陆　售 字高仲，仁和人

游了晴湖泛雨湖，米家山色正模糊。分明画出西施睡，还倩酒边人去扶。

杨文荐 字又如，京山人

残梦经心睡起迟，春晴春雨恼花枝。画楼无限伤心事，都在湖边十二时。

张元时 字广平，仁和人

画船如鹢马如龙，多少游人此地逢。花落花开都莫问，南屏闲听数声钟。

陆　进 字荩思，余杭人

绝大楼船望站台，看山面面八窗开。偏是寒梅隐孤屿，那能撑入断桥来。
近日西湖也种桑，山村逢着养蚕娘。只因听得笙歌惯，夜半啼鹃欲断肠。

翡翠鸳鸯相对飞,溪头沙嘴不思归。更添柳浪莺声好,莫向天明便着衣。
磷火青青渔火红,第三桥下有龙宫。不信夜深明月落,珠光摇荡绿波中。

陆　韬 字子容,仁和人

闲倚红楼十二重,两湖流水日淙淙。桃花夹岸游人过,看了桃花像看侬。

严绳孙 字荪友,无锡人

龙井新茶拨满壶,赤阑干外是西湖。年时还有当垆女,青旆红灯唱鹧鸪。

沈允璧 字虬书,钱塘人

西湖宜画更宜真,何处红楼不住春。只今桃柳无颜色,空对青山思美人。

毛际可 字会侯,遂安人

夹岸流莺唤客游,岳坟新起酒家楼。摊成薄饼光如纸,怪道临安似汴州。

汪光被 字幼闇,休宁人

山为城郭水为家,风景清和蝶恋花。昨暮老僧龙井出,竹篮分得雨前茶。

王　敕 字复亨,嘉善人

油壁香车拥翠翘,西陵八月兴偏饶。才观湖上中秋月,又看江头十八潮。

陆繁露 字邃延,钱塘人

风吹珠斗忽氤氲,滴雨蕉桐梦里闻。朝望两峰浑不见,夜来莫是化巫云。

凌如恒 字欲上,嘉兴人

南湖那敢匹西湖,只有鸳鸯胜水凫。携得尊罍如北海,管弦两部不愁无。

姜　埏 字雨州,仁和人

两峰翠色正堪攀,缥缈孤云自往还。杯中绿酒波间舫,花下游人树里山。

沈纯中 字穆如,钱塘人

抱得三弦马上弹,余音飞绕碧云端。西陵桥下如霜月,多少游人不耐看。

吴宗达字青门,武进人

几处笙歌几寂寥,伤心终日盼归桡。钱塘若解相思苦,但有来潮无去潮。

周 绰 字青林,仁和人

日暖苏堤百样娇,大家诗酒笑相邀。岩阿寂寂无人问,只放春风在六桥。

施闰章 字尚白,宣城人

苏公堤下水盈盈,采莲歌罢露沾襟。藕丝寸寸真难断,莲子房房各有心。
外湖游遍里湖游,南北峰高水面浮。弱柳新栽成絮少,不教飞去惹人愁。
郎渡钱塘妾断桥,春花秋月可怜宵。妾心似海愁无岸,不向江头去看潮。

徐之瑞 字兰生,钱塘人

春水初融芹吐芽,盘塘沙暖藕生花。门前旧是鸳鸯浦,飞去飞来绕妾家。
垂柳垂杨覆晓烟,种来多在六桥边。风前莫被人攀折,长送清阴入画船。
楼外青旗隔苑风,下方箫鼓上方钟。郎船只在钟声下,烟水千重复万重。

纪 青 字竹远,江宁人

墓头堤上柳株株,才子佳人总姓苏。斜倚石栏临水照,桃花也自爱西湖〔1〕。

林嗣环 字铁崖,晋江人

秦楼楼下听搊筝,半是秦声半越声。小样十番堤外好,销魂只在断桥笙。

邹祗谟 字吁士,武进人

折得莲房唱采荷,女儿齐听竹枝歌。郎情本似西湖满,溜水桥头去更多。

潘 沐 字新弹,仁和人

西湖好女白如绵,锦塘美酒青如烟。长桥短桥好明月,歌入竹枝声可怜。

---

〔1〕 底本以"墓头堤上柳株株,才子佳人总姓苏。斜倚石栏临水照,桃花也自爱西湖"为徐之瑞词,且无"纪青,字竹远,江宁人"八字,今据雍正本补,并将此词置于纪青名下。

吴刚思 字修蟾,武进人

日日西湖荡画桡,楼船风沸浙江潮。侬今欲望郎归路,南北峰头那个高。

王嗣槐 字仲昭,钱塘人

四月八月柳阴齐,两峰娇莺恰恰啼。摇幡打鼓三竺去,岳王祠路草萋萋。
晓霞啼散涌金门,薄雾山头才吐暾。何处香轮归太早,夜来净寺听兰盆[1]。
小春竹阁定香桥,数照山花透树腰。于坟祈梦梦不得,月落两峰暗度潮。

胡梦桂 字天植,仁和人

满湖风月夜深沉,郎比风筝侬月琴。柳线牵风系郎意,荷花浸月印郎心。

叶雷生 字蕃仙,山阴人

空持环玉掌中痕,隔岁鸣筝水上村。谁道六桥残照里,红蕖重见杳娘魂。

许　风 字德远,钱塘人

补种苏堤柳渐长,新栽桃树亦成行。侬家只是贪莲子,佃取西泠桥内塘。

纪映钟 字伯紫,江宁人

无数桃花照翠钿,一泓碧水绕村烟。西湖自是西施镜,重铸元和元祐年。

胡　俨 字若思,南昌人

船头烟暝浪花飞,船里风来浪湿衣。独棹兰桡下莲渚,迎郎不见又空归。

王士禄 字子底,新城人

冶游风景未全迷,不羡襄阳有大堤。山似裙腰骄翡翠,水如奁镜压玻璃。
日夕湖楼霁景闲,揎青浮碧斗弯环。朝来水雾浓含雨,失却雷峰一带山。
游情相殢一春浓,白皙少年娇似侬。玛瑙寺前才瞥见,紫云洞口又相逢。
渡头向晓聚兰桡,胜日春风粉黛饶。相唤茅家埠边去,纷纷摇过第三桥。

---

〔1〕 雍正本无"晓霞啼散涌金门,薄雾山头才吐暾。何处香轮归太早,夜来净寺听兰盆"二十八字。

钱肃润 字础日，无锡人

绿树萧疏芳草萋，春风飘荡各东西。外湖水锁里湖水，前桥堤接后桥堤。

王介锡 字振岳，山东人

小楼昨夜雨濛濛，玉笛吹来别院风。恨妾门前无绿柳，教郎何处系青骢。

沈士瑛 字虚谷，余杭人

几回棹破水西楼，动地笙歌鼓胜游。缓缓泊船昭庆去，嘱郎买个小杭州。

周廷增 字仔曾，山阴人

临风柳带绿依依，贴水荷钱个个肥。一对鸳鸯方睡稳，画船撑过又惊飞。

姜 瑛 字渭叟，德清人

梅花看尽又桃花，谁问萧萧竹影斜。只有风流白太守，高居竹阁领烟霞。

严天颜 字喜侯，慈溪人

白日梨花款款题，练光飞近六桥西。东风细雨催寒食，燕子堂前听马蹄[1]。

萧 琯 字五云，云南人

东岳生辰万福偕，龙旗葆羽两边排。恼杀西溪山路窄，归来遗失凤头钗。

罗 坤 字弘载，会稽人

北高峰顶夕阳斜，三竺人归少妇家。认是年年旧香客，满头都插杜鹃花。
捕得鱼归酒未沽，阿侬重上呼提壶。月明好向湖心去，两两三三唱鹧鸪。

许 彻 字湛明，休宁人

十二桥头游客稀，画船尽向断桥归。青青柳色迎歌棹，艳艳湖光映舞衣。

章 晭 字天节，仁和人

湖心亭子影微茫，画槛雕栏漾水光。生成多少闲花鸟，日日歌声送夕阳。

---

[1] 雍正本无严天颜词。

徐敫奏 字以言,武康人

清明无客不思家,湖北湖南开野花。乞得东邻桑柘火,待郎来拨雨前茶。

邵斯衡 字瑶文,余杭人

桃花不香藕花香,尽道长堤胜野塘。西陵一曲侬占住,夜来新月好乘凉。

王豸来 字古直,钱塘人

湖上风吹杨柳花,横塘流水夕阳斜。黄莺声滑留人醉,半在西陵卖酒家。

许　楚 字方城,休宁人

资严古院半邱墟,满壑梅花泛雪渠。剩有颠师功德水,至今留得半焦鱼。

秦保寅 字乐天,无锡人

西湖湖水映虚空,一幅鲛绡熨贴工。纵有微风吹不乱,青山织在浪花中。

许　造 字殿枚,余杭人

堤上时闻度曲声,湖中常有画船横。篙师载得娇娥惯,只认桃花深处行。
月夕谁人湖上来,三潭影静鹭鸥猜。断桥一派箫声引,自有红船夜半开。

许　迁 字殿蓳,余杭人

几阵风吹雨骤来,橛头艇子剪波回。阿侬独向楼头坐,一曲清歌酒一杯。

周楚湘 字子鱼,山阴人

湖上轻波湖外山,游人渐减是春残。画船争似鱼船稳,长伴浮鸥水国闲。

张玉藻 字孺怀,仁和人

晚风遥度远山钟,雨过烟峦翠几重。月出平湖明似练,轻舟摇漾采芙蓉。

黄相会 字子一,休宁人

断桥西去水粼粼,朱栏翠幕尽藏春。双鬟娇艳当门立,人看湖山侬看人。

黄相儒 字人需,余姚人

燕子初飞莺渐慵,和烟着雨锦苔封。堤头空有花千片,闲阁青鞋愁杀侬。

胡 埏 字潜九,钱塘人

十里湖光照锦台,松舟桧楫锦中开。水流花片六桥去,风带钟声三竺来。

余 庚 字紫方,钱塘人

何处飞来白鹭鸶,藕花生处捕鱼儿。得鱼又向三潭去,贪睡鸳鸯知不知。

周遇禄 字兼三,仁和人

杏子春衫杨柳腰,湖头狂客竞相招。柳洲亭外歌声罢,点点渔灯簇断桥。

徐 庆 钱塘人

东风斜扬柳条新,花落花开几度尘。肠断去年湖上别,满船烟雨送归人。

周 珂 字越石,嘉善人

西湖风景近如何,旧日池塘青草多。白莲生藕红生蔏,试向堤边看种荷。

潘 秦 字叔游,会稽人

遥望荷花荡漾中,当年人面照花红。画船箫鼓今何处,剩有孤山鹤唳空。

张郿曾 字鲁唯,钱塘人

浓香阵阵出篮舆,女伴相呼每下车。金沙滩头数白鹭,玉泉寺里看红鱼。

顾戬宜 字谷臣,嘉善人

游子春风恣往还,六桥烟雨翠微间。阿侬不为看歌舞,着眼湖边两岸山。

蒋汉纪 字波澄,仁和人

画船女儿唱竹枝,堤上游人步迟迟。歌声不似游丝荡,却有桃花惹着时。

吴 锵 字闻玮,吴江人

西泠风景自无穷,秋月春花迥不同。两岸青山一湖水,侬家自住画图中。

张鸣鹤 字子和，绍兴人

谁家苏堤吹玉箫，苏堤夹岸美人桃。年年花落无消息，莫怪当初唤断桥。

周禹吉 字敷文，仁和人

金井当窗覆碧梧，月明愁对小山孤。郎情似井深无底，夜夜银床转辘轳。

洪　升 字昉思，仁和人

西湖风日春芳菲，桃花夹路莺乱啼。他乡客到尚难别，不道狂夫翻不归。

朱大年 字介眉，仁和人

有女娇如郑旦颜，何时同载暮潮还。但将湖水通江水，莫使吴山隔越山。

朱一是 字近修，海宁人

湖头荷花似妾红，湖头柳叶妾眉同。明朝有意来相访，家住南塘暗水通[1]。

王　倩 字曼仙，山阴人

孤山脚下七香车，放鹤亭前处士家。郎若扶侬山下去，与郎亲手折梅花。
烧春美女好红裳，满面芙蓉扑玉缸。莫讶垆头酒味薄，儿家生小住余杭。
香闺高筑望夫台，郎在江南船未开。总使心如江上石，飞来峰也要飞回。
虎跑泉水竹风垆，龙井茶芽磁瓦壶。谁道雨中山果落，红菱新贩过西湖。

毛远公 字骥联，萧山人

秋叶飞来武穆祠，南峰高去北峰卑。前朝多少伤心曲，莫唱高宗渔父祠[2]。

胡任舆 字芝山，上元人

长堤一带水渟渟，纫锁烟波入远青。如与逋仙收拾尽，断桥深处是西泠。

---

〔1〕　雍正本朱一是词后有邹升字九揖，无锡人词"庐舍风回竹阁烟，白苏堤上草芊芊。行来有女半遮面，似怯东风不上前"及胡应涑字澄远，仁和人词"归锦桥西是妾家，散花滩上好繁华。郎来骑马无寻处，开遍春风千树花"。

〔2〕　雍正本毛远公词居于朱大年诗与朱一是词之间。

沈宗尧 字眉九,仁和人

六桥春忆旧芳菲,柳浪莺声听已稀。樵采健儿浑不管,一肩挑得杏花归[1]。

夏 炜

四面空波卷笑声,湖光今日最分明。舟人莫定游何处,但望鸳鸯睡处行。
行舫次第到湖湾,不许莺花半刻闲。眼看谁家金络马,日驮春色向孤山。

姜宸英 字西铭,慈溪人

为官莫上古杭州,作客莫向西湖游。一片湖光三十里,教人何处不淹留。
孤屿青青处士家,新年争发旧年花。可怜落尽疏斜影,一半荒亭倚暮霞。

张秉元 字宝持,仁和人

莲叶青青莲子生,乘船终日镜中行。欢爱湖光依荡桨,惊起鸳鸯月五更。

吴元吉 字公安,钱塘人

年年春半是清明,女伴成行湖上行。绿柳绕堤初日照,红裙着地午风轻。

沈 赋 字相如,仁和人

湖心一点是孤山,郎去看花何日还。山孤近有侬为伴,山花不比去时颜。

胡 嗣 字孝昭,杭州人

烟雨双峰像米山,西施睡梦未开颜。直待红花绽秋日,柳丝也学白家蛮。

张 芳 字菊人,句容人

飞来峰下绿阴成,萧九娘家旧有名。若从此路登三竺,小白华岩屋里行。

俞士彪 字季瑮,钱塘人

湖水澄澄水色青,半湖春雨自扬舲。可怜荒草牛羊地,说是当年问水亭。

---

[1] 雍正本无沈宗尧词。

徐　釚字电发，吴江人

举头偷看月团团，荷叶荷花不耐寒。行人自解岳坟去，蟋蟀秋风一半闲。
长堤短堤柳万条，粘天草绿上裙腰。小船撑过茅家埠，春水新添没半篙。
菡萏初开锦不如，侬家近傍藕花居。外湖春草里湖水，比目鸳鸯比目鱼。

顾自俊字秀升，钱塘人

十里荷花荡六桥，盈盈碧水映人娇。无端香动荷花里，惊起鸳鸯是玉箫。

韩　魏字醉白，扬州人

里湖外湖荷叶芳，采莲女儿朝趁凉。红裙翠盖相撩乱，不辨亭亭菡萏香。

张　瓒字公执，武定人

东南名胜数西湖，柳叶桃根当酒垆。独有梅花无世态，孤山岁岁伴林逋。
合涧桥边是妾家，红楼竹映酒旗斜。门前有个垂杨树，好系郎乘白鼻騧。

沈丰垣字遹声，杭州人

两峰对压两湖敧，随分登楼几赋诗。小艇呼来才拢岸，竹丝穿卖小鱼儿。

嵇永仁字留山，无锡人

听歌人立断桥西，一段春云一段堤。邻舫十番声未歇，琵琶拨动夕阳低。
莼丝逸品数西湖，单桨乘舠采嫩腴。滑腻流脂二月味[1]，傲他紫蕈与青菰。

董　俞字苍水，松江人

湖光依旧碧连天，不见湖中箫鼓船。四百亭台何处是，只留荒草夕阳边。
赵家宫寝半蒿莱，玉匣冬青事可哀。此日凤凰山下过，野棠落尽杜鹃开[2]。
寂寂僧寮旅况清，暮钟敲罢佛灯明。谁怜此夜思乡客，听尽西湖旧雨声。

---

〔1〕　雍正本"二"作"三"。
〔2〕　雍正本无董俞前二首词。

曹鉴平[1] 字掌公,嘉善人

侬种荷花映水妍,郎来得藕又思莲。阿侬不信浮萍客,须结三生石上缘。

柯维桢 字翰周,嘉兴人

两峰突兀插天青,画舫调丝过碧汀。闲向苏堤看月色,晚钟隐隐出南屏。

郭承彪 字绣虎,钱塘人

蟋蟀闲堂几度秋,繁华莫话古杭州。只今何处堪凭吊,先觉祠堂正气楼。

朱宗文 字景亭,杭州人

曲院西头湖水深,红莲白藕自浮沉。藕花开出如郎面,莲子生成似妾心。

潘睿隆 字圣阶,仁和人

南峰北峰峰对高,箫声鼓声声动摇。阿侬最喜看春色,借住西湖第一桥。

张圣济 字愿博,仁和人

画舫笙歌红粉多,眉如新月眼如波。鸳鸯双宿断桥畔,故唤舟人缓缓过。

张道升 字慎高,武林人

二月村姑过锦塘,望湖亭下拜龙王。龙舟偏是端阳近,侬欲来时恐插秧。

唐嗣昌 字百男,钱塘人

望郎直上南高峰,望郎直上北高峰。两峰云雨有时合,郎不来时愁杀侬。

释道白 字雪厂,苏州人

十年无梦到湖头,画角悲笳别是秋。桃李已随风雨尽,青山应为野僧留[2]。

释真慎 字心一,松江人

大苏堤头西复西,那株杨柳不莺啼。无数青旗争驻马,一番红雨怕沾泥。

---

〔1〕 底本脱"平"字,据雍正本补。
〔2〕 雍正本无释道白词。

无名氏

红漆车儿驾白羊,吴盐空洒竹枝香。不知羊角如心曲,才听车轮空断肠。

无名氏

低着红裙短着衫,黄昏偷上最高岩。月光散作湖心练,妾梦已随江上帆。

最是西湖十二楼,夕阳新月几春秋。落花流水争相逐,断送游人多少愁。

武林览胜记卷三十八

艺文十二

闺 秀

谨按:《西湖游览志余》载《香奁艳语》一卷。盖自西湖有西子之喻,而淡妆浓抹遂为罗绮之场,宝马钿车殆无虚日。第吟椒咏絮不多流布词林,仅从搜讨之余录其里居姓氏,依唐人选诗例,别为闺秀,以存田《志》之旧云。

宋

朱淑真《四朝诗集》:淑真,海宁人,文公侄女。《西湖游览志》:淑真,钱塘人。幼警慧,善读书,工诗,风流蕴藉。早年父母无识,嫁市井民家。淑真抑郁不得志,抱恚而死。父母复以佛法并其平生著作茶毗之。临安王唐佐为之立传。宛陵魏端礼辑其诗词,名曰《断肠集》。

湖上闲望

照水芙蓉入眼明,败荷枯草闹秋声。疏云不雨阴长定,唤起诗怀酒兴清。
薄云疏月弄阴晴,山秀湖平眼界清。不必西风吹叶下,愁人满耳是秋声。

游湖晚归

恋恋西湖景,山头带夕阳。禽归翻竹露,果落响芹塘。叶倚风中静,鱼游水底凉。半亭明月色,荷气恼人香。

金丽卿《古杭杂记》:临安妇人金丽卿题广信道中。

题壁

家住钱塘山水图,梅边柳外识林苏。平生惯占清凉国,岂料人间有暑途。

元

曹妙清杨维桢《西湖竹枝词·小传》:士女曹妙清,字比玉,自号雪斋,钱塘人。善鼓琴,工诗章。三十不嫁,而风操可尚。观其所赋《竹枝词》,可识其人焉。行书点画,皆有法度。尝写诗寄予,答之云:"红牙管蒂紫狸毫,雪水初融玉带袍。写得雪涛萱草帖,西湖纸价顿能高。"《彤管遗编》:"玉带袍"者,曹之名砚。"萱草帖"者,状其孝也。

西湖竹枝词

美人绝似董娇娆,家住南山第一桥。不肯随人过湖去,月明夜夜自吹箫。

张妙净《名媛诗归》:妙净,字惠莲,号自然道人,钱塘人。晓音律,清逸而才,晚居姑苏之春梦楼。

西湖竹枝词

忆把明珠买妾时,妾起梳头郎画眉。郎今何处妾独在,怕见花开双蝶飞。

明

费懿芳懿芳,滇南永昌人,羊士弘妻。所著《名兰轩集》,天顺癸未太常少卿陈贽为之序。

谒三茅宁寿观

春和宇宙谒三茅,路入神宫景色饶。一派笙箫歌碧落,半空楼观倚丹霄。青童夜看烧丹火,白鹿朝来采药苗。绿鬓真人能好客,胡麻饭罢进仙桃。

谒天竺观音寺

瓶插杨枝甘露浆,百花丛里号高王。白鹦飞绕琉璃殿,紫竹环遮玛瑙床。宝库尽悬金络索,法身长挂玉玎珰。补陀岩畔无心住,天竺山中阐道光。

观三生石

记得峨眉契约深,青牛独跨夜长吟。自从悟彻三生梦,千古高风说至今。

屠瑶瑟《列朝诗集》:瑶瑟,屠氏,字湘灵,鄞县屠长卿之女,士人黄振古之妻。

采莲曲二首

六桥垂柳两边分,日暮吴歌隔岸闻。只解莲花如粉面,不知荷叶是罗裙。
妾飞两桨入清溪,杏子春衫一色齐。欲采芙蓉招女伴,何人寄到苎萝西。

朱妙静《明诗综》:妙静,字仲娴,号静庵,海宁人。尚宝卿朱祚女,光泽教谕周济妻。有《静庵集》。

西湖竹枝词

西子湖头卖酒家,春风摇荡酒旗斜。行人沽酒唱歌去,踏碎满阶山杏花。
横塘秋老藕花残,两两吴姬荡桨还。惊起鸳鸯不成浴,翩翩飞过白苹滩。

湖曲

湖光山色映柴扉,茆屋疏篱客到稀。闲摘松花酿春酒,旋裁荷叶制秋衣。红分夜火明书屋,绿涨晴波没钓矶。惟有溪头双白鸟,朝朝相对亦忘机。

谨按:朱妙静,《名媛诗纬》作"朱令文,字仲娴",《槜李诗系》作"朱妙端,字静庵",互有异同,存以俟考。

徐媛《林下词选》:媛,字小淑,法名净照,姑苏人。太仆徐实维女[1],提学范允临夫人。能文、善书,与寒山陆卿子为诗友。

泛西湖经西陵吊苏小小

西陵风影淡轻阴,幽翠香寒墓草深。千古春堤杳油壁,只今何处问同心。
风环水佩已无声,谁跨青骢陌上行。一段芳魂浑似结,可怜松柏自青青。

---

〔1〕 雍正本"维"作"继"。

游龙井滞雨漫成

玉液冷冷走碧纱,芳池碎璧散冰霞。花深古径啼莺小,黛湿云寒染露华。
珊珊奇树乱栖鸦,龙窟游鳞嬉浅沙。缭绕青莎浮几点,凭流怪石似灵槎。
细草轻烟小径斜,半空寒雨洗亭花。山厨不作伊蒲馔,拾得松丸自煮茶。

田玉燕《名媛诗纬》:玉燕,字双飞,钱塘人。博士田公艺蘅女,适湖州文学徐元举。著有
《玉树楼遗草》。

张亲母邀泛西湖

明圣湖光好,连舆登画船。熏风清席上,款曲话尊前。笑指莲欹水,还看柳织
烟。斜阳归棹里,箫鼓两堤边。

三子读书西湖因示

湖边帏可下,游子拂轻裾。树里莺啼候,帘前花落初。须观高士传,频读古人
书。勿逐苏堤客,都将岁月虚。

寄武林娇飞妹

闲庭悄寂惹春愁,历乱杨花飞满楼。拟泛西湖青雀舫,夜来常自梦杭州。

杨若仙见沈宜修所辑《伊人思》。

舟泊西陵话苏小有感

愁绝西陵渡,沿洄未可亲。帘钩虚夜月,油壁委荒尘。松解心头结,岚添镜里
颦。年年春草碧,芳气尚撩人。

吴氏《名媛诗纬》:富阳人,文学邵起元继妻。早寡,柏舟自矢,事姑以孝闻,抚三子成立。著
有《冰玉堂诗》。

拜岳坟

志节由来日月光,到今何处问行藏。可怜白骨埋荒塚,泪洒青山几万行。

张娘子《名媛诗纬》：张娘子居西湖之滨，有才有貌，无匹无俦，合卺三载，愁病转剧，因作是诗，寻卒。

己卯花朝

山水钟灵秀，西湖继若耶。俊庞西子侣，薄命小青家。有德重堪挹，无媒转足嗟。鸥枭啄嫩蕊，牛马啮萌芽。肠逐啼猿断，魂随望帝赊。十年愁绪结，一旦彩云斜。白骨沦荒草，红颜覆浅沙。风流今已尽，湖景又何夸[1]。

梁孟昭《闺秀集初编》：孟昭，字夷素，钱塘人。《书画谱》：孟昭，茅九仍室，能诗，工画花鸟。

登天竺

为怜春欲尽，命驾作春游。僻鸟啼深竹，浮舟逐远鸥。小桥连断岸，茂草合通沟。云漫晴山暗，烟凝晚树稠。燕随飞絮舞，水逐落花流。雨迫难为住，风恬似可留。幽怀方有恨，即景又增愁。

叶小鸾《历代诗余》：小鸾，字琼章。《闺秀集初编》：一字瑶期，绍袁幼女。年十七，先婚期而殁，遗稿名《返生香》。

游西湖

堤边飞絮起，一望暮山青。画楫笙歌去，悠然水色泠。

项贞兰《历代诗余》：贞兰，字孟畹，秀水人，黄卯锡妻。有《裁云月露二草》，陆卿子为之序。

西湖泛月[2]

为访湖山胜，携尊问六桥。月明云影薄，林静鸟声娇。暗谷时闻籁，清歌半度箫。白鸥惊欲起，归路不知遥。

天竺

岚气侵衣袂，轻风拂髻鬟。径深芳草合，林静落花殷。人集烟中寺，僧归树杪

山。崎岖探胜概,赢得此身闲。

黄幼藻《名媛诗归》:幼藻,字汉宫,莆田人。苏州通判议女,礼部林启昌子恭卿妻也。姿韵高秀,少受业于宿儒方泰。十三四,工声律,通经史。所著有《柳絮编》。

武林秋景

湖上芙蓉近小舟,晓来清泪对花流。要知客自悲长夜,不为西风怨早秋。

魏将兰《名媛诗纬》:将兰,杭州人。年十八,未字而夭。有《遗草》一卷。

春堤得骝字

花满春林酒满舟,花间蹀躞走骅骝。舟中春色已如许,可惜西施逐水流。

孙宜人《名媛诗纬》:仁和人,州守钱公兆元妻。著有《琴瑟居集》。

九日舟次闻歌

太虚分宝镜,一半在湖心。住楫波纹缓,推篷月影深。黄花如故国,萸酒忆登临。离索当佳节,闻歌更不禁。

姚青娥《玉鸳阁遗稿·小传》:姚氏,号青娥居士,秀州人。姚元瑞女,归范君和。日读汉魏以来诸集,模晋诸家,书法吟咏多散佚不传。

西湖竹枝词

卖酒家临烟水滨,酒旗挂出树头春。当垆十五年遮面,一酌清泉能醉人。
燕晴花暖春色饶,游情欲醉魂欲消。红衣笑展绿阴畔,接袖纷纷渡小桥。

陆卿子《名媛诗归》:卿子,姑苏人,寒山赵凡夫室也。性秉冲淡,不喜繁饰,与赵结庐山中,绣佛长斋,吟咏无间,超然有遗俗之志。所著有《考盘》《元芝》二集。

西湖行

湖光荡漾春光色,湖上游人不相识。吴歌楚舞竞阳春,越绮秦罗斗华饰。朝浮桂楫入清冥,暮泛兰桡向空碧。碧空杳杳千万里,春风吹处开桃李。春风吹不知尽处,惟有湖光山色无穷已。笑看湖上山,愁对湖中堤。昔日苏子瞻,筑堤柳未齐。今日堤头柳絮飞,君游何处不还归。举手攀树树不知,回头向人人更嗤。可怜花落满芳草,一见一回人一老。流莺千啭自绵蛮,日落湖山空浩浩。借问青天孤月光,明年再来谁更强。

苏堤分韵

十年重到六桥西,衰柳风高骏马嘶。画阁欲随歌舞散,荒祠已共雨云迷。舟中香泠琴声细,水上人归日影低。返棹西泠黄叶下,烧灯简取旧时题。

黄修娟《明诗综》:修娟,字媚清,仁和人,参议汝亨女。

登吴山绝顶

一上胥山路,疑登霄汉边。江云连越塞,斗宿尽吴天。潮带千峰雨,城含万井烟。居高堪纵目,览古思悠然。

黄鸿《名媛诗纬》:鸿,字鸿辉,仁和人,大参克谦女,文学顾若群妻。著《闺晚吟》《林下词选》,诗名《广寒集》。

感怀并序

予以多病,小憩湖庄,青衣相扶,朱颜自媚,恋春光之不再,怆秋气之为悲,聊赋选体一章,敢拟秋兴之篇,用代郊居之作。

寒雨洒空馆,疏花媚幽砌。罗帐湿芙蓉,秋风深薜荔。樱桃二月天,香气吹兰蕙。灼灼西湖滨,谁不羡佳丽。含笑或双萼,合欢常并蒂。叶叶皆婀娜,枝枝自摇曳。翡翠明月珠,罗列相间缀。五步揭清矑,十步牵华袂。一自鹎鸠悲,始知桃李脆。颜色几时好,小山托丛桂。物序良足难,因之惜年岁。

与洪妹三潭看月

月浸西湖潭水深,龙宫倒插双云岑。携尊遍坐画阑曲,索句独旋芳树阴。半夜几人吹铁笛,百年何地续琴声。予姊妹每岁招携,此后遂绝,似有诗谶,读之怃然。妹荆记。相看不道须行乐,只恐霜华鬓脚侵。

西湖竹枝词

才出城闉便不同,侬家住在西湖东。萋萋芳草随堤绿,灼灼桃花照水红。

顾若璞《香闺秀句集》:若璞,字和知,钱塘人。上林署丞顾友白女,文学黄东生妇。若璞生而凤慧,幼娴诗书。东生工古文词,以病卒,所遗二子女彬彬有文,皆若璞教之也。

同夫子坐浮梅槛 并序

家学宪公用竹筏施阑幕浮湖中,仿古梅湖以梅为筏故事,题曰浮梅槛。

傍人遥泛渌,木叶乱飞黄。缚竹为新槛,逢渔认野航。树摇山影合,波动月分光。闻说西施面,梅花不倩妆。

湖中

湖光渺渺冷烟微,汀鸶沙鸳伫不飞。却欲抱琴轻别去,芰荷分绿上罗衣。

西湖竹枝词

春日迟迟懒下楼,忆郎同泛木兰舟。深情不肯从郎道,争怕郎心似妾愁。
新涨涟漪半绿筠,忆郎理线钓鲜鳞。只因惊起鸳鸯鸟,照水还怜薄命人。
翔风吹花满竹扉,忆郎絮薄要添衣。只缘宜称无因问,拨乱残丝不上机。

敬和家大人快雪堂观剧韵

六桥曙色晓风吹,又探平泉一段奇。虬盖翠旌霞气郁,云衫螺髻佩声迟。当年玉局挥彤管,此日梨园舞柘枝。春草秋花相代去,不堪凭吊广川帷。

修读书船 并序

秋日为灿儿修读书船,泊断桥合欢树下。两山峭蒨,空水澄鲜,断烧留青,乱烟笼翠,与波上下,倏有倏无。忽焉清光爽气结射于丛云堆黛之中,令人心旷神怡,不复知有人间世矣。览物兴怀,为诗以纪。

闻道和熊阿母贤,翻来选胜断桥边。亭亭古树流疏月,漾漾轻凫泛碧烟。且自独居杨子宅,任他遥指米家船。高风还忆浮梅槛,短烛长吟理旧毡。

杨氏《名媛诗纬》:杨氏,钱塘人,文学杨春华之女,赠光禄少卿谥忠愍俞公起蛟子、贡士文辉妻。子殉集其母诗文曰《母范初录》。

送远

少婿东行控马尘,腰间一剑卫君亲。敢寻西子湖边柳,娇倚春风送远人。

阚玉《名媛诗纬》：玉，钱塘人。

感吟

西湖春色两堤花，阵阵莺声串柳芽。我本无心植杨柳，阴成都作夜栖鸦。
黄柑落实非关雪，败叶辞条岂待风。但说宫中生嫉妒，那知世上有牢笼[1]。

张琼如《名媛诗纬》：琼如，字赤玉，杭州人。归陈氏。善诗赋及古文，工行草书。

龙井

缥缈幡幢绿树低，山门斜路夕阳西。古坛危磴千层嶂，细水遥通九曲溪。松际
谷声清磬合，竹间云气小楼迷。禅心已与尘缘断，不碍孤猿午夜啼。

吴玉映《名媛诗纬》：玉映，钱塘人。幼慧，工书。

踏青

苏公堤畔画桡停，蹋去香风百草青。自对春山看花鸟，六桥丝管几曾听。

黄媛贞明末秀水人。

西湖歌

韶光明媚花枝绣，暖风轻扇波纹皱。莺藏柳暗丝丝茂，红紫齐芳如争斗。碧水
潺湲泉声溜，青山湿翠烟云覆。桂棹兰桨箫笙奏，星稀月朗清如昼。

王微《列朝诗集》：字修微，广陵人。七岁失父，流落北里。长而才情殊众，扁舟往来吴会间，
所与游皆名士。已而，忽有警悟，归心禅说，布袍竹杖，游历江楚，登大别山，眺黄鹤楼、鹦鹉洲诸
胜，谒九岳，登天柱峰，溯大江，匡庐访白香山草堂，参憨山大师于五乳。归而造生圹于武林，自号
草衣道人，有终焉之志。偶过吴门，为俗子所鬻，乃归华亭颍川，居三载而卒。性好名山，撰集《名
山记》数百卷，自为叙行世。

---

〔1〕 雍正本无"黄柑落实非关雪，败叶辞条岂待风。但说宫中生嫉妒，那知世上有牢笼"二十八字。

湖上次韵答黄夫人

去住湖边别有缘，门前红叶满来船。刘纲夫妇霞为骨，谢蕴家庭雪作篇。翠袖风前谁薄醉，黄杨树底与参禅。回思飘渺伊人迹，只隔鸳鸯南浦烟。

汪夫人以不系园诗见示赋此寄之

湖上选名园，何如湖上船。新花摇灼灼，初月载娟娟。牖启光能直，帘钩影乍圆。春随千嶂晓，梦借一溪烟。虚阁延清入，低栏隐幕连。何时同啸咏，暂系净居前。

长至入云栖

晴日寒江路，松云入望深。身香燃五分，行树拔千寻。忍土如家舍，交光映夙心。还疑晏坐处，犹发妙严音。

薛素素《明诗综》：素素，小字润娘，嘉兴人。有异才，著《南游草》。

西湖晴泛

处处笙歌夜月，年年花柳春风。刺史经今多少，风流只说苏公。

周文《列朝诗集》：文，字绮生，嘉兴人。体貌闲雅，不事铅粉，举止言论俨如士人。

游韬光庵与沈千秋分韵作

转径白云近，回风清磬残。霜花欺客眼，江雁怯秋翰。片石泉声细，千峰日影寒。烟深鸟不语，归路已漫漫。

马文玉《列朝诗集》：马文玉，名珏。晋陵郑士弘曰：文玉幽寓吴城，品似芙蕖，才过柳絮。弄墨则花笺点就，惯自描兰；裁诗则竹简题残，曾无窜草。尤工乐府，停吴云于双声；最善丝桐，把湘水于十指。扁舟荡桨，事宴讨于湖山；数日巾车，寄冶情于花柳。

春日泛湖忆旧

自昔湖山罗绮春，客中刚喜及花辰。开樽向午催移舫，问水临流惜别人。踏遍荷痕还嫩碧，眠余柳色转清新。独怜车马多非故，歌舞依然十里尘。

一只兰舟几日湖,同心暗结事难图。比来西子应无主,何处罗敷自有夫。沙暖燕归春阁早,醉余人别暮桥孤。年年只解看花到,草色今朝独吊苏。

春风堤柳碧初齐,不异芳游若异蹊。屧响空郎书舍里,泪痕渍姊墓田西。琵琶旧曲难为听,壶缶新醪自在携。但见青骢偏入感,可知日懒踏花堤。

若个钗行忆昔招,曲池阡木渐萧萧。浪翻金锦犹余丽,花落胭脂尚带娇。绮席已更莲叶舸,彩绳又挂绿杨桥。相逢此后忻非晚,荡桨从君不记朝。

国　　朝

徐灿《林下词选》:灿,字湘苹,茂苑人,陈之遴相国夫人。善属文,兼精书画。诗余真得北宋风格,绝去纤佻之习。其冠冕处,即李易安亦当避席,不独为当代第一也。

念奴娇 西湖雨感次素庵韵

雨窗闲话,笑浮生何限,是非今昨。几遍青山酬对好,依旧黛眉当阁。洒道轮香,润花杯满,不似前秋恶。绣帘才卷,一楼空翠回薄。　拟泛烟中片叶,但两湖佳处,任风吹泊。山水清音听未了,隐岸玉筝金索。头上催诗,枕边滴梦,慢惜瑶池落。相看不厌,两峰天际孤削。

黄媛介《檇李诗系》:媛介,字皆令,秀水文学象三之妹。与姊媛贞俱擅丽才,媛介尤有声香奁间。书法钟王,人以卫夫人目之。画亦点染有致。适杨元勋夫妇偕游江湖,为闺塾师以终。有《湖上草》。

湖中即事

忧危不是客心非,赢得湖云上画帏。囊有千诗堪寄慨,家徒四壁日怀归。青山断处多红叶,黄菊开时少白衣。近水阴晴容易变,难听风雨过窗飞。

苦雨思归仍留湖上感吟

客里那堪雨复风,乡心若与断云通。独登破阁如天上,自笑愁颜落镜中。枝冷花寒莺欲徙,囊空颖秃赋难工。最嫌春去人犹在,留滞湖山但为穷。

湖上

西子湖头千顷春，风光不属去来人。朝岚夕霭谁收得，半在凭阑半钓纶[1]。

李因《名媛诗纬》：因，字是庵，号龛山女史，绍兴人。归海宁光禄卿葛公征奇，著有《竹笑轩吟草》。葛征奇序略：是庵家西子湖，资性警敏，耽读书，耻事铅粉，间作韵语以自适。余偶得其梅诗，有"一枝留待晚春开"之句，遂异而纳之。余方挟有画癖，宗云林子久梅道人，辄不得似。是庵独摹大小米，具体而微，所谓以烟云供养也。

湖上镜阁四首

髻压双螺春事赊，钓纶来往自浮家。小桥柳色朱栏近，槛外溪光送落花。
十里湖堤面面山，却怜西子镜台闲。幽心拟结茅庵住，不在林间在水间。
鸣榔喧罢泊沙滩，灯影笼纱画里看。人静不须重照镜，两山明月夜来寒。
隔楼杳霭似迷津，霜树浑如醉后人。斜日移榜留晚照，溪容山色未全匀。

王炜《檇李诗系》：炜，字功史，又字辰若，太仓人。太原相国之裔，海盐陈文学光纬室。能诗画，有《燕誉楼稿》。太仓女子黄若从父自蜀归，以奇花珍木图示之，日夕模写，致病而殁。

西泠闲咏

澄江回抱古城斜，一片烟云接永嘉。为爱好山聊住足，偶依高树便成家。湖光潋滟侵行笈，竹影参差带落花。闻道故人将卜隐，短衣双挽鹿门车[2]。

邵斯贞《西湖竹枝词续集》：斯贞，字静娴，余杭人，陆进思继室。

西湖竹枝词

锦带桥边荷芰香，东邻女儿昨催妆。凌晨棹船采花去，生怕前头逢玉郎。
未到清明土鲋肥，寺前新酿白蔷薇。买得酒来鱼正熟，月到湖心荡桨归。

吴柏《林下词选》：柏，字柏舟，钱塘人。吴太末女，陈元璧聘室。

────────────────

〔1〕 底本"纶"误作"輪"，据雍正本改。
〔2〕 雍正本无王炜诗。

水仙子<small>泛湖</small>

湖开晓镜碧如油,山列烟屏翠欲流。小桥十二绕芳洲,柳中舣、花外楼。　锦堤金勒试骅骝。风淡宕,莺花丽,水空明,荇藻浮。听不尽、箫管歌喉。

翁桓《明诗综》:桓,字少君,钱塘人,处士胡介妻。

重过西湖

风风雨雨鸟空啼,草绿山腰水满堤。画阁已倾歌舞散,十年重到六桥西。

黄德贞《林下词选》:德贞,字月辉,嘉兴人。司李黄守正孙女,孙曾楠室。工诗赋,与归素英为词坛主持,共辑《名闺诗选》行世。所著有《劈莲词》。

鹦啼序<small>西湖怀古</small>

苏堤柳下,维画舸,凭阑远眺。叹西陵,卖断繁华,两峰螺黛如扫。忆往日、香车油壁,六桥三竺青葱好。更桂香,荷艳玻璃,冷浸霞晓。　洪谷兴酣,北苑得意,叫绝游仙棹。但满眼、刍牧樵苏,极悬崖、控绝岛,遍亭皋、桃林歇马,采莲歌换关山调。抚流波,荇藻涟漪,瀫纹留照。　游鱼吹浪,飞燕翔空,惯听笙歌闹。乘好景、晴和淑媚,吟赏湖光灏。楼开妆镜,舟移芝浦,南屏爽气排林表。羡通仙,笑指梅花老。孤山鹤梦冰雪绕。渐暖日嘶风,骅骝龁尽芳草。　湘帘澄碧,渌水柔蓝,裁笔喔墨妙。约略烟岚疏树,瞻顾从容,拟拾幽苹,白云胶扰。银飘鬓丝,蟾辉映雪,幸西家尚容惫毫。趁稀龄,少寄临风傲。斜阳一曲瑶琴,放艇湖心,水香月皎。

张昊张振孙《槎云传》:槎云,姓张氏,杭州人,名昊,槎云其字也。世居城之西偏。祖蔚然,官长溪令,学者称青林先生。父义坛,顺治庚子孝廉,卜居于毛氏园,在城北郭外。竹树方池,回塘植芙蓉、橘柚、桑柘之属,昊乐焉。性喜读书,览典籍,辄知文理,且以教其二妹。花晨月夕,赋诗唱和,然不肯示人。从兄纲孙见昊一绝句,其结句云"残风残雪断桥边",悄然叹曰:"是妹必以诗传,但福薄耳。"后果如其言。年十九,归胡遵仁子大潆,劝其力学,从同里毛先舒为师,诸匡鼎、洪升为友,以文章行谊名于时。卒年二十有五,所著有《趋庭咏》。

西湖闲咏

闲携女伴探春去，举步徘徊复倚窗。妾意不怜枝上鸟，妒他花底宿双双[1]。
夕照西湖日影微，数竿修竹护柴扉。月光浸水浮珠出，柳絮因风作雪飞。
艳阳春暖草萋萋，水自东流鸟自啼。三月杨花飞不尽，东风一夜满湖堤。
何处佳人貌出群，海棠娇映石榴裙。几回羞向傍人问，那个山头是岳坟。
金风飒飒涌江涛，寒到江城添旧袍。寄语吴山枫柏树，安排秋色待登高。

西湖竹枝词

梅雨初晴出远山，淡烟如画水长闲。兰舟昨日横塘去，载得春光独自还。

张昂《承启堂集》：昂，字玉霄，孝廉坛次女，适钱塘处士洪文蔚。张纲孙《承启堂诗集序》：从父步青先生以名孝廉声满海内，诸子皆弱而才，即女弟辈亦能读父书，闺中针黹之余，学为吟咏。仲妹玉霄诗才尤清拔，其老成高脱处不减前人风格，岂非遵河溯源，必有所自乎？是集倘不终秘，亦可窃比孝绰之于令娴矣。

嘉赋二绝

万国山川明圣湖，风花云物遍交衢。风来杂树迎弦管，花拂霓旌俨画图。
凤城春色照西湖，六御南巡喜满衢。瑞霭千层临紫极，和风百转绕皇图。

徐昭华《西河合集》：昭华，字昭华，始宁人。其尊公仲山君，大父则大司马亮生公也。若其母太君则为商太傅女。昭华婿诸暨骆生加采善文，陈检讨序云[2]：“问其桑梓，千春西子之乡；询彼丝萝，四杰骆丞之婿。”

游灵隐寺参具德尊者塔院

十年曾忆旧龙宫，为侍慈亲到此中。檐卜香飞千里月，芙蓉漏滴五更风。烟笼古树回青雀，水满前池散毒龙。桂子已从明月落，莲花还向绣幢红。迎将车马仙坛合，到处笙歌梵呗通。午雾未开迷宝筏，暮潮初上动金钟。飞来灵鹫依然在，何处禅关觅远公。

---

〔1〕　雍正本无“闲携女伴探春去，举步徘徊复倚窗。妾意不怜枝上鸟，妒他花底宿双双”二十八字。
〔2〕　雍正本“检讨”作“维崧”。

陆眷西眷西,字初月,武林人。

忆西湖

记得西湖六月天,藕花如锦断桥边。至今梦里犹来往,听得钱塘唤渡船。

吴山山,字岩子,太平人。居湖上三年,武林名流多所推重。

集不系园

两峰不出云,十里春阴谱。水上快凫鸥,帘前怨鹦鹉。花寒不放香,月瘦未见补。莫谓近山晴,远烟还是雨。

卞珏珏,字元文,太平人。吴岩子之女,落笔疏秀,有其母风。

湖上和吴骏公韵

小阁平崖石径斜,晓云霄月自清嘉。薜萝荫处禽为窟,菡萏香中鲤作家。雪咏几翻惭柳絮,春题多为赠梅花。龙门久识知难遇,蓬荜何当司隶车。

夏惠姞惠姞,字昭南,华亭人。

苏堤春色

暖风晴日冶游天,柳外长堤引马前。掩映珠鞭花外见,参差锦带树中还。夭桃夹岸生红浪,碧草连云起紫烟。忽忆髯翁吟笑日,水光山色尽诗笺。

吴湘湘,字若耶,江都人。嫁高士范生,居湖上,善鼓琴作画,为士林鉴赏。

湖居即事

不解娴刀尺,随时好画山。茆檐香篆字,湖面翠生班。静亦人中福,劳因咏未闲。古人悲莫见,琴意好追攀。

丁瑜瑜,字静娴,长兴人。

西湖秋感

忆别西泠怅远游，疏烟淡月梦中留。一声断雁云中落，数点轻鸥水上浮。剩烛漫寻苏小墓，挑灯重赋水明楼。东风转眼年年恨，此日山光已破秋。

王恭人恭人，姓王氏，钱塘人。江西德兴县知县王起彪之妹，适大理寺丞戴京，曾有诗集行世。

寄怀二兄湖上

鸰原一别几经秋，随唱天涯不自由。寂寂湖滨怜雁影，迢迢鹫岭望云愁。寸心似织凭谁语，尺素初缄觅便投。决计明年庭桂发，承欢预庆鹿呦呦[1]。

陈皖永皖永，字伦光，海宁人。兵部侍郎杨雍建媳[2]，康熙戊午科副榜杨慎言妻。著有《素赏楼稿》若干卷。

夏日游莲池尼庵

斋心过兰若，参点致精虔[3]。闻布黄金地，来皈白法筵。道心安止水，霁色净诸天。得侍维摩室，时聆上乘禅。

宝刹安莲座，清幽辟境初。萧疏在花木，恬淡到禽鱼。聚远层楼敞，通幽曲径纡。朝晖照西榭，彼岸一舟虚。

残暑犹思避，凌晨出郭行。衰扶藤杖瘦，稳坐笋舆轻。莞尔瞻幡影，冷然闻磬声。松坛缁素绕，辍讲下阶迎。

千秋不剪拜，祇树蔽甘棠。桂老幽岩古，松高深殿凉。远峰青入牖，斜月淡侵廊。荷渚清无暑，微风暗递香。

劳我伊人思，来寻水一方。偶同云出岫，间伴鹤登堂。胜赏迟秋月，清言送夕阳。忘归更延伫，信宿散花房。

竟日开帘坐，悠然对远峰。茶烟扬风细，香篆结云浓。闲置忘言拂，疏传出定钟。风幡任自转，根钝欲参慵。

---

〔1〕 雍正本无王恭人诗。
〔2〕 雍正本"媳"作"子妇"。
〔3〕 雍正本"点"作"默"。

杨慧林《名媛诗纬》:慧林,字云友,杭州人。

冬日登随喜庵因写断桥小景志喜

经年不复见湖山,重到西泠载月还。风日何如今日好,天应为我也开颜。

柳是《觚剩》:如是,名是,柳其寓姓。性狷慧,赋诗辄工,尤长近体七言,作书得虞褚法。年二十余,归虞山蒙叟钱宗伯,而河东君始著。《续诗兼》:如是本姓杨,柳盖其托姓也。如是豪宕不羁,晚年殉宗伯,以故士林称其晚节云。

西泠

年年红泪染清溪,春水东风折柳齐。明月乍移新水冷,啼痕只在子规西。
愁看属玉弄花矶,紫燕翻翻湿翠衣。寂寞春风香不起,残红应化雨丝飞。

西湖

垂杨小苑绣帘东,莺阁残知蝶趁风。最是西泠寒食路,桃花得气美人中。

杨琇《西湖竹枝词续集》:琇,字倩玉,钱塘人,归沈遹声。

西湖竹枝词

断桥西去竹间庐,不道山孤人亦孤。岭上梅花知妾是,水中萍叶似郎无。

毛媞见旧《浙江通志·艺文》。

西湖

十锦长塘十里开,遥看春草绿于苔。金鞍狭路争驰骤,画舫晴波自溯洄。日映柳梢莺百转,风吹花气蝶双来。西湖西子曾相唤,拟酹芳魂酒一杯。

王端淑见旧《浙江通志·艺文》。

吴山新绿

乘晓看山色,春风拂槛西。近随青障合,远与白云齐。百舌声初度,千岩翠欲迷。望来处处碧,掩映落花溪。

武林览胜记卷三十九

志余上

提要钩元,读书之方也。网罗放失,史氏之法也。盖事与词之无所比属者,强附则赘,遗弃则阙,道在收其余焉[1]。西湖为名贤传述,每多轶事,散见遗文,语异齐谐,谈非委巷,胥从搜择,一仍田《志》之旧,以存其余。讵曰夸多,聊泽风雅云尔。志志余。

《七修类稿》:三代时,杭为吴越荆蛮之地,东南沿海陆少而水多,故大佛头为秦皇东游缆舟之石,官巷口乃官涧口,羊坝头乃洋坝头也。至汉封吴王濞于此,史称煮海富国。其人轻悍,则知非今之都会为纯良之民矣。隋方筑城,胥山即吴山。犹在城外,西北凿石为栈道,东南江海陆地一衣带耳,故曰立子胥庙于江上。《图经》又云江塘去县南五里。县彼时在钱塘门,正此数耳。李绅《西陵诗》曰"犹瞻伍相胥山庙",又曰"伍相庙前多白浪"是也。至唐中宗景龙四年,沙方渐涨,地方平坦,而州之司马始开沙河。宋·潘洞《浙江论》。考其时,乃宋璟也。至五代钱氏,随沙移岸,渐至铁幢,遂为通衢,去胥山已三里矣。亦《图经》言。及绍兴间,沙又涨远,遂如今日云。

《录异记》:钱塘江潮,昔传伍子胥累谏吴王,忤旨,赐属镂剑而死。临终,戒其子曰:"抉吾目于南门,以观越兵来伐吴,以鲣鱼皮裹吾尸投于江中,吾当朝暮乘潮以观吴之败。"[2]自是潮门山潮头汹涌,高数百尺,越钱塘,过渔浦,方渐低小。朝暮再来,其声震怒,雷奔电激,闻百余里。时有见子胥乘素白马在潮头之中,因立庙以祠焉。

---

〔1〕　道,底本此字右上部分残泐,据残存字形及雍正本补。
〔2〕　底本"潮"字右上部残泐,"以"字左上部残泐。

《西湖游览志》：旧传子胥为涛神，自宋已前，有祷辄应，其英灵可畏也。大中祥符五年，诏曰："吴山神庙，实主洪涛，聿书往册。顷者湍流暴作，闾井为忧。致祷之初，厥应如响。御灾捍患，神实能之。用竭精衷，有加常祀。庶凭诚感，永庇居民。宜令本州每岁春秋建道场三昼夜，罢日设醮。其青词，学士院前一月降付。"观此，则其时香火可想矣。

《避暑录话》：桑钦为《水经》，载天下水甚详，而两浙独略。浙江谓之渐江，出三天子都。钦北人，未尝至东南，但取《山海经》为证耳。《山海经》：三天子都在彭泽。安得至此？今钱塘江乃北江之下流，虽自彭泽来，盖众江所会，不应独取此一水为名。余意"渐"字即"浙"字，钦误分为二名。郦元注引《地理志》：浙江出丹阳黟南蛮中者是已。即今自分水县出桐庐号歙港者，与衢、婺之溪合而过富阳以入大江。大江自西来，此江自东来，皆会于钱塘，然后南趋于海。然浙江不见于《禹贡》，以钱塘江为浙江，始见于《秦纪》。而衢、婺诸水与苕、霅两溪等不见于《水经》者甚多，岂以小遗之，抑不及知耶？余守钱塘，尝取两路山水证其名实，质诸耆老，颇得其详，欲取好事类为一书，以补桑、郦之缺。会兵燹，不及成也。

《留青日札》：唐白居易在杭州取天竺片石，在吴门取洞庭双石，以支琴贮酒，与汉陆绩载郁林石同意，此古人仕路清风也。

《夷坚志》：钱武肃时，有献云鹤水犀带者，登碧波亭，系带试水，水开七尺许。

《十国春秋》：武肃时，有术者告曰："王如广牙城改旧为新，有国止及百年。若填筑西湖以为公府，当十倍于此。"武肃笑曰："岂有千年而无真主者乎？有国百年，吾愿也。"即于治所稍增广之。及忠懿归宋，计三世五王，总凡九十八年。

《西湖游览志》：钱武肃王居宫中，轮差诸院敏利老妪监更。一夕，有大蜥蜴沿银缸噏油，既竭，而倏然不见。监更妪异之，不敢语人也。明日，王曰："吾昨夜梦饮麻膏而饱。"监更妪以所见对，王微哂而已。

《容斋随笔》：欧阳公《五代史》叙《列国年谱》云："闻于故老，谓吴越亦尝改元。而求其事迹不可得，颇疑吴越后自讳之。及旁采诸国书，与吴越往来者多矣，皆无称帝之事。独得其封落星石为宝石山制书，称宝正六年辛卯耳。"王顺伯收碑，有《临安府石屋崇化寺尊胜幢》云："时天宝四年岁次辛未四月某日，元帅府府库使王某。"又《明庆寺白伞盖陀罗尼幢》云："吴越国女弟子吴氏十五娘建。"其发愿文字曰："十五娘生忝霸朝，贵彰国懿。天宝五年太岁壬申月日题。"顺伯考其岁年，知非唐天宝。而辛未乃梁开平五年，其五月改乾化，壬申乃二年。梁以丁卯篡唐，武肃是岁犹用唐天祐，次年自建元也。《钱塘湖广润龙王庙碑》云："钱镠贞明二年丙子正月建。"《新功臣禅院碑》《封睦州墙下神庙敕》，皆贞明中登圣寺磨崖，梁龙德元年岁次辛巳，钱镠建。又有龙德三年《上宫诗》，是岁梁亡。《九里松观音尊胜幢》："宝大二年岁次乙酉建。"《衢州司马墓志》云："宝大二年八月殁。"顺伯案：乙酉乃唐庄宗同光三年，其元年当在甲申。盖自壬申以后用梁纪元年，至后唐革命，复自立正朔也。又《水月寺幢》云："宝正元年丙戌十月，具位钱镠建。"是年为明宗天成。《招贤寺幢》云："丁亥宝正二年。"又小招庆金牛、玛瑙等九幢，皆二年至五年所刻。贡院前桥柱刻"宝正六年岁在辛卯造。"然则宝大止二年，而改宝正。宝正尽六年，次年壬辰。有《天竺日观庵经幢》复称长兴三年八月，用唐正朔。其年三月，武肃薨。方寝病，与其子元瓘曰："子孙善事中国，勿以易姓废事大之礼。"于是以遗命去国仪，用藩镇法。然则有天宝、宝大、宝正三名，欧阳公但知其一耳，《通鉴》亦然。自是历晋、汉、周及本朝，不复建元。今犹有清泰、天福、开运、会同、系契丹年。乾祐、广顺、显德石刻存者三四十种，固未尝称帝也。

《十国春秋》：钱忠懿王俶将内附，决于天竺大士。梦大士以彩绳围绕其宅，归宋之意始定。后子孙金紫不绝。

《辍耕录》：今杭州之上天竺寺观音像，长不盈五尺，而叠著灵异，官民信奉甚恭，凡旱潦，祷之必应。尝考《释氏纪录》云：后晋天福己亥，僧道翊一夕见山间光明，往视之，得奇香木，命良工刻成观世音菩萨像，白光焕发，继以昼夜。后汉乾祐戊申，有僧从勋以古佛舍利置毫相中，舍利时现冠顶。宋咸平庚子，浙西自春徂夏不雨。给事中、知杭州张去华，率僚属具幡盖鼓吹，迎祷于梵天寺，继时澍雨，四境沛然。如此，则自有像已四百余年，其所由来远矣[1]。

《太平清话》：寇莱公贬岭南，过杭州，妾蒨桃有疾，谓公曰："妾必不起，幸葬我于天竺山下。"莱公惊哀不已，从之。

谨按：《侍儿小名录》：寇莱公因会赠歌姬以束绫，妾蒨桃以诗呈公曰："一曲清歌一束绫，美人犹自意嫌轻。不知织女寒窗下，几度抛梭织得成。"妾媵中能以诗谏者也。

梅尧臣《题和靖诗集》：天圣中，闻钱塘西湖之上有林君，崭崭有声，若高峰瀑泉，望之可爱，即之愈清，挹之甘洁，而不厌也。是时，予因适会稽还，访于雪中。其谈道，孔、孟也。其语近世之文，韩、李也。其顺物玩情为之诗，则平淡邃美，咏之令人忘百事也。其辞主乎静正，不主乎刺讥。然后知其趣向博远，寄适于诗尔。

谨按：《和靖集》有《省心录》一百六十五则，皆正心修身之切近精实者，此万历时人附于集后，非和靖著也。岂因梅圣俞"谈道孔孟"一语，而以此实之耶？然其言

自不可没。

《梦溪笔谈》：林逋隐居杭州孤山，常畜两鹤，纵之则飞入云霄，盘旋久之，复入笼中。常泛小艇游西湖诸寺，有客至，则一童子出应门，延客坐，为开笼纵鹤。良久，逋必棹小船而归，盖常以鹤飞为验也。逋高逸倨傲，多所学，唯不能棋。尝谓人曰："逋世间事皆能之，唯不能担粪与着棋。"[1]

《七修类稿》：骚人韵士多能手谈。而林和靖乃曰平生所不能者担粪与着棋，其鄙贱之如此。后见本集内有云："坐读棋慵下，眠看酒恰中。"则是棋慵下者，因坐读耳，非不能也。又《春暮寄怀曹南通》云："跌宕情怀每事同，十年曹社醉春风。弹弓园圃阴森下，棋子虚堂寂寞中。"是着棋一事亦与人同，岂逋翁亦能担粪者耶？

晁元咎《跋林逋荐士书后》：余尝出钱塘门，遵湖放北山，一径趋崦，委曲深远，菱荇鱼鸟皆可乐。过林君居，拜墓下，尘埃榛莽，山风萧然。至竹阁，读其栋间诗，徘徊彷徨，有羡慕也。吾师疾，固见耦而耕者，曰："不可与同群。"至点鼓瑟希，则喟然叹曰："吾与点。"士亦重志所向，仕不仕何论耶？林君遭太平，可以仕，岂天性自疏，莫可尸祝，不在枯槁伏藏也。其推挽后来，欲其闻达，则反复致志，如恐不及。贤哉！《诗》曰："皎皎白驹，在彼空谷。生刍一束，其人如玉。"安得如林君者而从之？

《六研斋二笔》：林君复以湖山傲人，然亦不免爱名之习。当时有作西湖墨本者，于孤山左侧林萝秘邃间状出衡茅景象，题云："林山人隐居以示君复，君复喜甚，为作一诗以承之。"

《涌幢小品》：杭州孤山以林和靖著。潍县之孤山，乃伯夷避纣之所，而名不甚著。以地之冲僻不同，而好事者所重在此不在彼也。

《北窗炙輠录》：钱塘有两处士，其一林和靖，其一徐冲晦。和靖居孤山，冲晦居万松岭，两处士之庐正夹湖相望。予尝馆于冲晦之孙忉。忉之居，即冲晦之故庐也。有一庵岩峣于岭之上，东望江，西瞰湖，湖之曲正与孤山相值，而和靖之室隐见于烟云杳霭之间。遐想当时之事，使人慨然也。冲晦以数学显，时士大夫皆宗之，尝谓孙忉曰："子孙世世不得离钱塘。"以钱塘永无兵燹。

《西湖游览志余》：林君复隐西湖孤山，为诗孤峭澄洪，二十年未尝入城市。杭守王随每与唱和，李及、薛映时往清谈。初，逋客临江，李咨始举进士，而未有知者。逋尝谓人曰："此公辅之器。"逋卒，而咨适知杭州，为制缌麻服，与其门人哭而葬之，

刻其临终诗纳之圹中[1]。

《睽车志》：临安下竺式道者，苦行修忏累年，置火鏊于像前，昼夜持诵环绕，遇困倦，即以指触鏊而醒之。晚年，两手惟存四指。建忏堂甚雄，每架一椽，甃一甓，辄诵《大悲神咒》七遍。建炎间，金人至，积薪其下焚之，薪为之尽，而屋不燃，乃不复焚[2]。

《四朝闻见录》[3]：今南屏山兴教寺磨崖家人卦、《中庸》《大学》篇，系司马温公书，新图经不载。钱塘自五季以来，无干戈之祸，其民富丽，多淫靡之尚，其齐家之道或缺焉。故司马公书此以助风教，非偶然为之也。

《曝书亭集》：诣壑庵观磨崖隶书家人卦。考叶绍翁《四朝闻见录》、吴自牧《梦粱录》皆云石壁刊字出司马温公笔。独周密谓是唐人遗迹，后人于石旁刊"右司马温公书"六字。其实非也。家有《宋鉴》称，绍兴六年十一月庚辰，上谕大臣曰：司马光隶字正似汉人，朕有五卷，日夕置座右。所书乃《中庸》与家人卦，皆修身治国之道，不特玩其字而已。今磨崖所刊家人卦后杂以《乐记》篇"礼乐不可斯须去身"至"举而措之"百九十二言，《中庸》"道不远人"至"无入而不自得焉"百九十七言，合乎《宋鉴》所载。当是诸大臣闻思陵面谕，请刊于石者，此王参洧诗有云"涑水崖碑半绿苔，春游谁向此山来"也。

《挥麈录》：姚舜明庭辉知杭州，有老姥自言故娼也，及事东坡先生，云："公春时每遇休暇，必约客湖上，早食于山水佳处。饭毕，每客一舟，令队长一人各领数妓，任其所适。晡后，鸣锣以集之，复会望湖楼或竹阁之类，极欢而罢。至一二鼓，夜市犹未散，列烛以归。城中士女云集，夹道以观千骑之还，实一时之胜事也。"

《两湖麈谈》：南山有惠因寺，即高丽寺，在玉岑山。《地志》云：元丰中，高丽王子僧统义天入贡学，贤首教于此，因施金建者。其后元祐中，东坡知杭州，有海航载到高丽僧统义天所遣侍者寿介等五人云来祭奠，本寺僧静源又将金塔二座舍寺，仍令其人寻师学法。公即上三疏，谓外国假此尝探中国，朝廷无丝毫之益，而外国获不赀之贿。元丰中，因静源庸人私与往来，妄有谈说，遂致义天远来寺僧得利，而馆待锡予，公私告病，深为未可。朝议是之，止令祭奠，不得受塔，亦不容其寻师游览，发其人还国。夫东坡天才高迈，好谈释教，如佛印、惠勤之徒皆与之游，而此事则深

---

〔1〕　雍正本无《西湖游览志余》一段文字。
〔2〕　雍正本"焚"后有"式尝与林逋相倡和。谨按：式道者疑即遵式，详见《方外》。但此云两手惟存四指，与《西湖高僧事略》所载'凡为法祈祷必燃指，惟存三焉'语不合。存以俟考。"
〔3〕　雍正本"《四朝闻见录》"前有《紫桃轩又缀》一段文字。

严介重如此,盖风流文雅而非溺于异端[1]。彼偏信专惑嘐嘐曰东坡学禅者[2],亦误矣。

《东坡志林》:下天竺净慧禅师思义学行甚高,综练世事。高丽国时遣僧来,予方请其事于朝,使义馆之。义曰与讲佛法,词辨蜂起,高丽僧莫能制。又具得其情以告,盖其才有过人者。

《通鉴长编》:侍御史贾易言:苏轼在杭州,务以暴横立威,故决配税户颜章兄弟,皆无罪之人,今则渐蒙贷免矣。既而,专为姑息,以邀小人之誉;兼设欺弊,以窃忠荩之名。如累年灾伤不过一二分,轼则张大其言,以甚于熙宁七八年之患。彼年饥馑疾疫,人之死亡者十有五六,岂有更甚于此者?又尝建言以兴修水利者,皆为虚妄无实。而自为奏请浚治西湖,乞赐度牒,卖钱雇役,闻亦不免科借居民什器畚锸之类,虐使捍江厢卒筑为长堤于湖中,以事游观,于公私并无利害。监司畏其强,无敢触其锋者,况敢检按其不法耶云云。宣谕曰:"贾易排击人太深,须与责降。"吕大防对曰:"易诚过当。若欲定叠,不若两罢为便。"可之。

《北窗炙輠录》:东坡性简率,平生衣服饮食皆草草。至杭州时,尝喜至祥符寺琴僧惟贤房闲憩。至则脱巾裓衣,露两股榻上,令虞侯搔爬。及起,观其岸巾,止用一麻绳约发。又筑新堤时,坡日往视之。一日饥,令具食。食未至,遂于堤上取筑堤人饭器,满贮其陈仓米一器尽之。大抵平生简率类如此。

东坡《仇池笔记》:钱塘人喜杀,日屠百鹅。予自湖上夜归,屠者之门百鹅皆号,若有所诉。鹅能警盗,亦能邰蛇。有粪杀蛇,蜀人园池养鹅,蛇即远去。有二能而不能免死,又有祈雨之厄。悲夫!安得人如逸少乎?

《冷斋夜话》:东坡镇维扬,幕下皆奇豪。一日,石塔长老遣侍者投牒求解宅。东坡问:"长老欲何往?"对曰:"归西湖旧庐。"即令出,别候指挥。东坡于是将僚佐同至石塔,令击鼓,大众聚观。袖中出疏,使晁无咎读之,其词曰:"大师何曾出世,谁作金毛之声?众生各自开堂,何关石塔之事?去无作相,住亦随缘。戒公长老开不二门,施无尽藏。念西湖之久别,亦是偶然。为东坡而少留,无不可者。一时稽首,重听白槌。渡口船回,依旧云山之色;秋来雨过,一新钟鼓之声。谨疏。"予谓戒公甚类杜子美、黄四娘耳,东坡妙观逸想,托之以为此文,遂与百世俱传也。

《苇航纪谈》:钱塘西湖三贤堂两处,皆有东坡先生。其一在孤山竹阁,乃香山居士白乐天、和靖先生林君复、东坡先生苏子瞻三贤像。中兴建都,孤山为延祥观,

<hr>

[1] 雍正本"异端"作"崇尚"。
[2] 雍正本无"嘐嘐曰东坡学禅"七字。

而阁与像俱废。乾道五年，郡守周琮建于水仙王庙之东庑，亲染于额，盖取坡诗配食水仙王之意。后庆元间，守臣赵从善于庙前湖堤下浚井，以庭覆之，名曰"荐菊"，亦取坡诗"一盏寒泉荐秋菊"之意。运漕所有三君石刻并附于堂中。暨宝庆间，袁彦淳尹天府请于朝，依会稽、金陵旧制，遂即苏堤中新亭增筑园地，广建堂室，依水仙王庙三贤像于中。前后布设亭轩，以其石刻并分置于下，大丞相鲁国公书额，为西湖之壮观。其一在龙井寿圣院方圆庵东，即赵清献公闲堂而为三贤堂，乃清献公阅道、苏东坡、辨才法师若讷像。而寺在龙井之西北数里群山中，寺门有归隐桥[1]，下有涤心沼，游人多不到，彼是以少有语及者。

《东坡志林》：到杭州一游龙井，谒辨才遗像，仍持密云团为献。孤山下有石室，室前有六一泉，白而甘，当往一酌。湖上寿星院竹极伟，其傍智果院有参寥泉及新泉，皆甘冷异常，当时往一酌，仍寻参寥子、妙总师之遗迹，见颍沙弥亦当致意。灵隐寺后高峰塔一上五里，上有高僧不下三十余年矣，不知今在否？亦可一往。

东坡《题万松岭惠明院壁》：余去此十七年，复与彭城张圣涂、丹阳陈辅之同来。院僧梵英葺治堂宇，比旧加严洁，茗饮芳烈，问："此新茶耶？"英曰："茶性新旧交则香味复。"余尝见知琴者，言琴不百年，则桐之生意不尽，缓急清浊，常与雨旸寒暑相应。此理与茶相近，故并记之。

东坡《题蔡君谟海会寺记》：君谟写此时，年二十八。其后三十二年，当熙宁甲寅，轼自杭来临安借观，而君谟之没已六年矣。明师之齿七十有四，耳益聪，目益明，寺益完壮。竹林桥上，暮山依然，有足感叹者。因师之行，又念竹林桥看暮山，乃人间绝胜之处，自驰想耳。

东坡《杭州题名》：余十五年前杖藜芒屦，往来南北山，此间鱼鸟皆相识，况诸道人乎？再至惘然，皆晚生相对，但有怆恨。

东坡《题蔡君谟书》：慈雅游北方十七年而归，退老于孤山下，盖十八年矣。平生所与往还，略无在者。偶出蔡公书简观之，反复悲叹，耆老凋丧，举世所惜。慈雅之叹，盖有以也。

东坡《题灵隐天竺》：钱塘东南皆有水乐洞，泉流空岩中，皆自然宫商。又自灵隐下天竺，而上至上天竺，溪行两山间，巨石磊磊如牛羊，其声空礌然，真若钟声，乃知庄生所谓天籁者，盖无所不在也。

《两湖麈谈》：苏东坡守杭，留意西湖，极力浚复。规画常平钱米，请给度牒，以为之费。又恐淤塞，则设置撩湖兵士，命钱塘尉司管勾，且于湖中立塔以为标表，着

---

〔1〕　底本脱"桥"字，据雍正本补。

令塔以内不许侵为菱荡。此其见于疏状甚明。旧有石小塔三,土人呼为三塔基云,予童时犹见之。正德初,杭守杨公开湖,始尽掘去。愚俗相传是塔以为昔人镇妖之物,盖承讹耳。比见修图志、咏古迹,亦以此纪之。夫愚俗不足论,文士亦尔草率,何哉?信夫好古者之难得也。

《涌幢小品》:东坡谓杭州有西湖,如人之有眉目。王梅溪谓越之有鉴湖,如人之有肠胃。可谓贴对。

《春渚纪闻》:雪川莫蒙养正,崇宁间过余言:夜梦行西湖上,见一人野服鬌髻,颀然而长,参从数人,轩轩然常在人前。路人或指之而言曰:"此苏翰林也。"养正少识之,亟趋前拜,且致恭曰:"蒙自为儿时诵先生之文,愿执巾侍,不可得也。不知先生厌世仙去,今何所领,而参从如是也。"先生顾视久之,曰:"是太学生莫蒙否?"养正对之曰:"然。"先生颔之曰:"某今为紫府押衙。"语讫而觉。后偶得先生岭外手书一纸云:夜登合江楼,梦韩魏公骑鹤相过,云受命与公同,北归中原当不久也。已而果然。小说载魏公为紫府真人,则养正之梦不诬矣。

《两湖麈谈》:西湖非游观地,大有利于吾杭者也。夫不观《六井记》,安知李长源免民饮盐之利;不观《石函记》,安知白乐天使民溉田之利;不观《开湖状》,安知苏子瞻复兴溉田修井与省民疏河之利。盖湖之为利甚广,溉田者湖也,供饮者湖也,通舟楫者湖也。三君子有功德于民矣。比志西湖者,皆忽不知详。于戏!此而不志,无所用志矣。

《七修类稿》:宋有杭州僧参寥,唐亦有道士参寥,见《孟浩然集》。唐有藏兰亭僧辨才,宋亦有高僧辨才隐天竺,见《淮海集》。

《挥麈录》[1]:蔡元长京少年鼎贵,建第钱塘,极为雄丽,全占山林江湖之胜,今行在殿前司是也。宣和末,金人驰突,尽以平日所积用巨舰泛汴而下,置于临安宅中。靖康初,下籍没之诏,适毛达可守杭。达可,京门下士也。缓其施行,密喻其家藏隐,所以蔡氏之后皆不贫。

《留青日札》:王永叔载行都试礼部者,皆祷于皮场庙。皮场,即皮剥所也。建中靖国六年,传闻皮场土地主痒疾之不治者,诏封灵贶侯,庙在万寿之晨华馆,与贡院为邻。不知士人之祷始于何时,馆何因而置庙也?今皮场庙在吴山上,即惠应庙。应试士子尚多祷之。

《泊宅编》:方勺云:先子既老,迤逦还浙。予偶至杭,创小圃,在清波门外,稍加葺治,迎侍来居。二年而先子捐馆,后阅遗稿,见先子未第时有《赠吴兴朱临诗》,断

句云："安得断茅环堵地，渔樵终老继清风。"初谓先子慕朱早退，故有是句也。继与前辈语，方知是圃乃鲍当郎中故居。鲍有诗编，名曰《清风集》，时号鲍清风。盖先子终老有继清风之兆已见于布衣时。

《建炎以来朝野杂记》：高宗至钱塘，观表里江湖之胜，叹曰："吾舍此，何适？"吕颐浩上言曰："金人专以圣躬为定，今驻跸钱塘，足避其锋矣。"帝意遂决。人皆以偏安责秦桧，不知实颐浩成之也。

《渊鉴类函》：宋高宗定都临安，诏曰："共有光武之兴，虽定都于洛，而车驾往返见于前史者非一，用能奋扬威灵，递行天讨，上继隆汉，朕甚慕之。朕荷祖宗之休，克绍大统，夙夜危惧，不常厥居。比者巡幸建康，抚绥淮甸，既已申问边圉，奖率六军，是故复还临安，内修政事，缮治甲兵，以定基业，非压雨露之苦而图宫室之安也。"遂定都，故今以临安府为行在所。

《两湖麈谈》：宋高宗之定都临安也，绍兴四年，始命有司建太庙。十二年，作太社、太稷、皇后庙、都亭驿、太学。十三年，筑圜邱、景灵宫、高禖坛、秘书省。十五年，作内中神御殿。十六年，建武学，广太庙。十七年，作玉津园、太乙宫、万寿宫。十八年，筑九宫贵人坛。十九年，建太庙斋殿。二十年，作玉牒所。二十二年，作左藏库南省仓。二十五年，建执政府。二十六年，筑两相第、太医局。二十七年，建尚书六部。凡定都二十年，而郊庙宫省始备。噫！亦难矣。

《西湖游览志》：瑞石山之左，宋有太庙，绍兴四年建。正殿七楹，为祐室十有四，以奉太祖、太宗、真宗、仁宗、英宗、神宗、哲宗、徽宗。其后，益以高宗、孝宗、光宗、宁宗、理宗，凡十三主[1]。钦宗，则缺而不祀。设七祀位于殿下横街之北，以祀司令[2]、户、灶、中溜、门、厉、行。设配亨功臣位于横街之南，太祖则赵普、曹彬，太宗则薛居正、石熙载、潘美，真宗则李沆、王旦、李继隆，仁宗则王曾、吕夷简、曹玮，英宗则韩琦、曾公亮，神宗则富弼，哲宗则司马光，徽宗则韩忠彦，高宗则吕颐浩、赵鼎、韩世忠、张俊，孝宗则陈康伯、史浩，光宗则葛邲，宁宗则赵汝愚。

谨按《中兴编年》：绍兴三十一年八月，渊圣北问，至庙号钦宗，遥称献陵。明年闰二月，祔木主于太庙。《咸淳临安志》：绍兴四年，命守臣梁汝嘉建太庙于瑞石山左，以奉列主。后又设配亨功臣位于横街南。《西湖游览志》谓太庙独缺钦宗不祀。考钦宗祔庙，详于《宋史》。尝下诏议配亨功臣，廷臣谓钦宗在位不久，无可当配亨者，故缺焉。《咸淳志》记配亨诸臣名于列宗之下，因无钦宗。田汝成误读此《志》，遂谓不祀钦宗，此不可不辨。

《武林梵志》：高宗南渡，议西溪建立行宫。因幸西溪，相度形势，遂驻跸于沈

---

〔1〕　底本、雍正本"三"并作"二"，据上下文意改。上文言奉太祖至理宗，凡十三主。

〔2〕　雍正本"令"作"命"。

氏。有沈诸者进食献茶，帝大悦曰："西溪且留下。"后遂相传为驻马沈。

《研北杂志》：杭州故内观堂前有太湖石，卧峰陂陀，甚大其中，凿为泓沱，相传云思陵涤砚具也。

《西湖游览志》：宋时和宁门内有学士院，院内有玉堂、摛文堂。王仲衡诗云："玉堂昼永暑风微，簌簌飞花落小池。徙倚幽栏凭问讯，夏莺飞出万年枝。"

《玉照新志》：绍兴辛酉冬，仲信兄客临安，尝观是岁南郊仪仗于龙山茶肆。忽一长须伟男子衣青布袍，于稠人中叹息云："吾元丰五年游京师，一见之后，不曾再睹。今日之盛，殆与昔时无异焉。"仲信知其异人也，亟下拜，俯兴已失之矣。

《天禄识余》：宋赠岳鄂王飞，谥忠武。文曰："李将军口不出辞，闻者出涕。蔺相如身虽已死，凛然犹生。"又曰："易名之典虽兴，议礼之言未一。始为忠武之号，旋更武穆之称。获睹中兴之旧章，灼如皇祖之本意。爰取危身奉上之实，仍采勘定祸乱之文。合此两言，节皆一惠。昔孔明之志兴汉室，子仪之光复唐都，虽计效以或殊，在秉心而弗异。垂之典册，何嫌今古之同词；赖及子孙，将与河山而并久。"然今天下岳祠皆称武穆，此未定之谥也，当称忠武为宜。

《琅邪代醉编》：朱子云："举世无忠义气，忽自施全身上发出来。"此论足慰忠魂于地下矣。《续纲目》书施全刺秦桧不克而死，亦本文公遗意。近有人曰："今之岳庙，铸桧像于门外，亦当铸施像坐于桧上持刀斫之，庶为得也。"

《江湖杂记》：秦桧既杀武穆，向灵隐寺祈祷。有一行者狂言讥桧。桧问其居址，僧赋诗有"家在东南第一峰"之句。桧令隶何立物色，立至宫殿，见僧坐决事。立问，答曰地藏王决桧杀岳飞事。数卒引桧至，身荷铁枷，囚首垢面，呼告曰："传语夫人，东窗事发矣。"

《挥麈后录》：陈尧臣者，婺州人。善丹青，登科为画学正。王黼荐其人于上，迁至侍御史。黼败，尧臣亦遭斥。建炎中，诏除其职。初，秦桧之主泮高密，尧臣以沧州掾曹同为京东漕同试官，因以厚甚。桧之擅国，遂尽复故官。虽不敢用，招至武林，每延致相府，款密叙旧。尧臣以前所锡万金筑园亭于西湖之上，极其雄丽，今所谓陈侍御花园是也。

《湖壖杂记》：灵隐罗汉堂法像稍小于净慈，而完好过之。净慈塑济颠于中，灵隐塑风僧于中。按秦桧遇风僧于冷泉亭事，不载乘志。予于鸿书见之，亦非无因之说。至今云厨中[1]，桧斋僧锅尚存有款识，虽漶漫，犹可辨。提醒东窗一语，夺贼臣之魄，褫长舌之魂，正不可不存此迹于天地间，以作回邪鉴戒。

---

〔1〕 雍正本无"云"字。

《湖壖杂记》：栖霞岭上有五洞，紫云最奇。洞前有牛皋墓，有牧童牧牛墓上，忽焉掷牧童于山麓，而牛角自折。自此人不敢犯。考牛将军字伯远，为武穆部将，屡立战功。绍兴十七年上巳，田师中大会诸将，皋遇毒，归遂卒。人皆知师中之毒，桧实使之。后追封辅文侯，故其赫赫厥灵千秋不昧。

《清赏录》：钱塘褒亲崇寿教寺，俗称刘娘子寺。宋绍兴，刘贵妃专掌御史文字，工书画，画上用奉华堂印。然恃宠骄侈，盛夏时，以水晶饰脚蹋，不知节也。寺在清波门折而南。

《齐东野语》：庄简吴秦王益，以元舅之尊，德寿特亲爱之，入宫，每用家人礼。宪圣常持满盈之戒，每告之曰："凡有宴召，非得吾之旨，不可擅入。"一日，王竹冠练衣，芒鞋筇杖，独携一童，纵行三竺、灵隐山中，濯足冷泉盘石上。游人望之，如神仙，遂为逻者所奏。次日，德寿以小诗召之，曰："趁此一轩风月好，橘香酒熟待君来。"令小珰持赐，王亟往。光尧迎见，笑谓曰："夜来冷泉之游，乐乎？"王恍然顿首谢。光尧曰："朕宫中亦有此景，卿欲见之否？"盖垒石笕泉，象飞来香林之胜，架堂其上。冷泉中揭一屏，乃图庄简野服濯足于石上。且御制一赞云："富贵不骄，戚畹称贤。扫除膏粱，放旷林泉。沧浪濯足，风度萧然。国之元舅，人中神仙。"可谓戚畹之至荣矣。

《桯史》：刘蕴古，燕人也。金主亮将南寇，使之伪降以觇国。当国者喜之，遂授迪功郎、浙西帅司，准备差遣，时绍兴三十一年九月癸巳也。继改京秩为鄂倅，又改倅太平州，往来都督府，禀议军事。后数载，蕴古私使其仆北归。有告者，及搜所遣家讯，则皆刺朝廷机事也。乃伏诛。初，吴山有伍员祠，瞰阛阓，都人敬事之。有富民捐赀为扁额，金碧甚侈。蕴古始至，辄乞灵焉，妄谓有心诺，辍俸易牌，而刻其官位姓名于旁。市人皆惊，曰："以新易旧，恶其不华耳。易之而不如旧，其意果何在？"有右武大夫魏仲昌者，独曰："是不难晓。他人之归正者，侥幸官爵金帛而已。蕴古则真细作也。夫谍之入境，不止一人，榜其名，所以示踪至者，欲其知己至耳。"闻者不信，后卒如言。

《老学庵笔记》：绍兴间，复古殿供御墨，新安戴彦衡所造。自禁中降出双角龙文，或云米友仁侍郎所画也。中官欲于苑中作墨灶，取西湖九里松作煤。彦衡力持不可，曰："松当用黄山所产。此平地松，岂可用？"

《四朝闻见录》：孤山凉堂，西湖奇绝处也。堂规模壮丽，下植梅数百株，以备游幸。堂成，中有素壁四堵，几三丈。高宗翼日命驾，有中贵人相语曰："官家所至，壁乃素耶，宜绘壁。"亟命御前萧照往绘山水。照受命，即乞上方酒四斗。昏至孤山，每一鼓，即饮一斗，尽一斗，则一堵已成画。若此者，四画成，萧亦醉。驾至，则周行视壁间,为之叹赏。知为照画,赐以金帛。萧画无他长,唯能使玩者精神如在名山胜水间,不知其为画尔。

《咸淳临安志》:九里松一字门扁,吴说所书也。高宗驾幸天竺,由九里松以入,顾瞻有扁,翊日取入,欲自为御书,黼黻湖山,命笔研书数十番,叹息曰:"无以易说所书也。"止命匠以金填其字,复揭之于一字门云。说又尝书东坡寒碧句于寺之髹壁,高宗命借入宫中,数日复命还赐本寺。说字画遭遇如此。

谨按:《四朝闻见录》:绍兴二年六月,颁黄庭坚《戒石铭》于郡县,亦用金书,不独饰吴说九里松字也。

《癸辛杂志》:思陵朝掖庭有菊夫人者,善歌舞,妙音律,为仙韶院之冠,宫中号为菊部头。然颇以不获际幸为恨,既而称疾告归。宦者陈源以厚礼聘归,蓄于西湖之适安园。一日,德寿按《梁州曲舞》,屡不称旨。提举官开礼知上意不乐[1],因从容奏曰:"此事非菊部头不可。"上遂令宣唤,于是再入九禁,陈遂感怆成疾。有某士者,颇知其事,演而为曲名曰《菊花新》以献之。陈大喜,酬以田宅金帛甚厚。其谱则教坊都管王公谨所度也。陈每闻歌咏,泪下不胜情,未几物故。园后归重华宫,改云小隐园,孝宗朝拨赐张贵妃为永宁崇福寺云。

《四朝闻见录》:武林本曰虎林,唐避帝讳,故曰武林,如以"元虎"为"元武"之类。山自天目而来,为灵隐后山,顿伏至仪王墓后,若虎昂首,颔下石隐隐有斧凿痕。故老相传以为太祖;又以为徽宗用望气者之言,凿去虎颔;又谓高宗尝占梦,为虎所惊,因凿焉。未知孰是。今行宫有小山曰"武林",道士作亭其上,环以花竹,盖因一小土阜为之,非武林也。道士易如刚因攻媿楼公斋宿,丐诗以咏其亭,诗中用事最为精博,曰:"武林山出武林水,灵隐后山毋乃是。此山亦复用此名,细考其来真有以。"盖灵隐之山即武林之山,冷泉之水即武林之水。谓"此山亦复用此名",则行宫培塿之土,非武林明矣。老笔殊使人畏也。末章乃谓钱氏凿井,建缁黄庐,以厌王气,疑此山为武林余脉。是又收拾人情之论,当以前章为正云。

《西湖游览志》:高宗既居德寿,时到灵隐冷泉亭闲坐。有一行者奉汤茗甚谨,德寿语之曰:"朕观汝意度,非行者也。本何等人?"其人拜且泣曰:"臣本某郡守,得罪监司,诬劾赃,废为庶人,贫无以糊口,来从师舅觅粥延残喘。"德寿恻然曰:"当为皇帝言之。"数日后再往,则其人尚在,问之,则云未也。明日,孝宗恭请太上帝后幸聚景园,德寿不笑不言。孝宗再奏,亦不答。太后曰:"孩儿好意招老夫妇,何为怒耶?"德寿默然良久,乃曰:"朕老矣,不听我言。"孝宗益骇,复从太后请其事。德寿

---

〔1〕 开,雍正本同,《齐东野语》卷十六"《菊花新》曲破"条作"关"。

乃曰：“如某者，朕已言之而不效，使朕愧见其人。”孝宗曰：“昨承圣谕，次日即以谕宰相。宰相谓赃污狼籍，免死已幸，难以复用。然此小事，来日决了，今日且开怀一醉可也。”德寿始笑而言。明日，孝宗再谕宰相，宰相犹执前说。孝宗曰：“昨日太上圣怒，朕几无地缝可入。纵大逆无道，也须放他。”遂复原官，予大郡。后数日，德寿再往，其人曰：“臣已得恩命，专待陛下之来。”谢恩而去。

《武林旧事》：都城自过收灯，贵游巨室皆争先出郊，谓之探春。至禁烟为最盛，龙舟十余，彩旗叠鼓，交午曼衍，粲如织锦。内有曾经宣唤者，则锦衣花帽，以自别于众。京尹为立赏格，竞渡争标。内珰贵客，赏犒无算。都人士女，两堤骈集，几于无置足地。水面画楫，栉比如鱼鳞，亦无行舟之路。歌谈箫鼓之声，振动远近，其盛可以想见。

《西湖游览志》：西湖竞渡，自二月八日为始，而端午尤盛。是日画舫齐开，游人如蚁，龙舟六只，俱装十太尉、七圣、二郎神杂剧，饰以彩旗、锦伞、花篮、闹竿、鼓吹之类。帅守往一清堂弹压，立标竿于湖中，挂锦彩、银碗、官楮，以赏捷者。有一小节级披黄衫青帽，插孔雀尾，乘小舟，横节杖，声喏取指挥。次以舟回，朝龙舟，以彩旗招之，诸舟鸣锣鼓，分两翼，远近排列成行。再以彩旗引之，诸舟竞发，先至标所者取赏，声喏而退。其余犒钱而已。

《枫窗小牍》：旧京工伎，固多奇妙，即烹煮盘案，亦复擅名。若南迁湖上鱼羹宋五嫂、羊肉李七儿、奶房王家、血肚羹宋小巴之类，皆当行不数者。宋五嫂，余家苍头嫂也。每过湖上，时进肆慰谈，亦他乡寒故也。

《夷坚志》：侍卫步司右军第三将狄训练，以绍兴中部诸塞兵五更入受俸。至钱湖门外，以候启闭，觉有坚物触其足，取烛照视，则一巨蟹，长三尺，形模怪丑，命从卒执缚送于家。复假寐，梦一人，长须，容貌古恶，着淡绿袍，软帻黑靴，系乌犀带，手持板揖，曰：“某乃西湖判官，因出戏于绿野，蒙君虐执，虑必遭鼎烹害，愿急驰一使往告，俾全余生，当谋厚报。脱或不免，在微命固不足恤，正恐为门下之祸，非细事也。”狄寤，而门已启，众以次入城，未暇问。及事毕，奔马归舍，诸子已烹蟹分食，诧其甘鲜，独妻未下箸。狄话所梦，使勿食。未几，五子相继病死，唯狄与妻存。

《武林纪事》：乾道初，灵隐寺后生一茵，圆径二尺，红润可爱。仆报，寺主惊喜，以为奇珍，不敢食。献于杨和王，王亦奇之，曰：“是当为玉食。”乃奏进于孝宗，诏以美味宜供佛，复赐灵隐寺，盖朝廷初不知其出于寺也。仍持至寺，承之以盘，经日颇有汁沾濡，两犬争舐，一时狂死。寺主乃悟为毒物之气滋结致异，苟入天厨，必遭大戮，亟瘗诸地，以绝其迹。岂万乘所御自有神护？杨王亦大贵人，寺主不私口腹，皆得免于意外之祸耶。

《建炎以来朝野杂记》：淳熙中，作翠寒堂于禁中，以日本国松木为之，不施丹雘，其白如齿。尝召赵丞相雄、王枢使淮奏事，堂下古松数十，清风徐来，上曰："松声甚清，远胜丝竹。子瞻以风月为无尽藏，信哉。"上雅敬苏文忠，居常止称子瞻，或称东坡。

《四朝闻见录》：龙川陈氏亮，字同甫，天下士也。尝圜视钱塘，喟然而叹曰："城可灌尔。"盖以城中地势下于西湖也。亮奏书孝宗，谓："吴蜀，天地之偏气也；钱塘，又吴之一隅也。一隅之地，本不足以容万乘，镇厌且五十年，山川之气发泄而无余。故谷粟、桑麻、丝枲之利，岁耗于一岁；禽兽、草木之生，日微于一日。而上下不以为异。"力请孝宗移都建邺，且建行宫于武昌，以用荆、襄，以制中原。上韪其议，使宰臣王淮召至都省问下手处。陈与考亭先生游，王素不喜考亭，故并陈而嫉之。陈至都省，不肯尽言，度纵言亦未必尽复于上。翼日，上问以亮所欲言者，王对上曰："秀才说话耳。"上方鄙远俗儒，遂不复召见。时两学犹用秦桧禁，不许上书言事。陈尝游太学，故特弃去，用乡举名伏丽正门下。王又短之，以为欺君。故迁都之议，为世迁笑。至今日，亮得以迁笑议己者于地下矣。

《乾淳岁时记》：二月八日，为桐川张王生辰，霍山行宫朝拜极盛，百戏竞集，如绯绿社杂剧、齐云社蹴球、遏云社唱赚、同文社要词、角抵社相扑、清音社清乐、锦标社射弩、锦体社花绣、英略社使棒、雄辩社小说、翠锦社行院、绘革社影戏、净发社梳剃、律华社吟叫、云机社撮弄，而七宝、腾马二会为最。玉山宝带，尺璧寸珠，璀璨夺目。而天骥龙媒，绒鞯宝辔，竞赏神骏。好奇者至剪毛为花草人物，厨行果局，穷极肴核之珍。有所谓意思作者，悉以通草罗帛、雕饰楼台故事之类，饰以珠翠，极其精致，一盘至直数万。然皆浮靡无用之物，不过资一玩耳。奇禽则红鹦、白雀，水族则银蟹、金龟，高丽华山之奇松，交广海峤之异卉，不可缕数，莫非洞心骇目之观也。若三月三日殿司真武会，三月二十八日东岳生辰社会之盛，大率类此。

《乾淳岁时记》：清明前三日为寒食节，都城人家皆插柳满檐，虽小坊幽曲，亦青青可爱，大家则加枣锢于柳上，然多取之湖堤。有诗云："莫把青青都折尽，明朝更有出城人。"朝廷遣台臣、中使、宫人、车马朝飨诸陵原庙，荐献用麦糕稠饧。而人家上冢者，多用枣锢姜豉。南北两山之间，车马纷然，而野祭者尤多，如大昭庆九曲等处，妇人淡妆素衣，提携儿女，酒壶肴垒。村店山家，分馂游息。至暮，则花柳土宜，随车而归。若玉津、富景御园，包家山之桃，关东、青门之菜市，东西马塍，尼庵道院，寻芳讨胜，极意纵游，随处各有买卖赶趁等人，野果山花，别有幽趣。盖辇下之民无日不在春风歌舞中也[1]。

《乾淳岁时记》：入夏，游船不复入里湖，多占蒲深柳密宽凉之地，披襟钓水，月上始还。或好事者则敞大舫，设薪箪高枕取凉，栉发快浴，惟取适意，或留宿湖心，竟夕而归。

《钱塘志补》：乾道中，赵渭磻老为临安尹。时巨珰甘升权震一时，有别墅在西湖惠照寺西，地连郡之社坛，升欲取以广其圃，磻老欣然领命。有州学教授者入议状，以谓："戎祀，国之大事，岂可轻徇阉寺之欲，易不屋之祭耶？"力争之，卒不能夺而止。忘其姓名，或云石斗陆九渊，未知孰是。

《清波杂志》：周辉祖居钱塘后洋街，第宅毁于陈通之乱，今韩蕲王府，其地也。尝见故老言：昔岁风物，与今不同，四隅皆空迥，人迹不到。宝莲山、吴山、万松岭林木茂密，何尝有人居。城中僧寺甚多，楼台相望。出涌金门，望九里松，极目更无障碍[2]。自六蜚驻跸，日益繁盛，湖上屋宇连接，不减城中。"一色楼台三十里，不知何处觅孤山"，近人诗也。或云为此诗者黄姓，失其名。

《清波杂志》：顷年，西湖上好事者所置画舫，随大小皆立嘉名，如"泛星槎"、"凌风舸"、"雪蓬"、"烟艇"，扁额不一，夷犹闲旷，可想一时风致。今贵游家有湖船，不患制名不益新奇，然红尘胶扰，一岁间能得几回领略烟波？但闲泊浦屿，资长年三老闭窗户以适昼眠耳。园亭亦然。

《武林旧事》：淳熙间，每奉德寿三殿，游幸湖山，御大龙舟。宰执从官，以至大珰应奉诸司，及京府弹压等，各乘大舫，无虑数百。时承平日久，乐与民同。凡游观买卖，皆无所禁。画楫轻舫，旁午如织。至于果蔬、羹酒、关扑、宜男、献具、闹竿、花篮、画扇、彩旗、糖鱼、粉饵、时花、泥婴等，谓之"湖中土宜"。又有珠翠冠梳、销金彩段、犀钿、髹漆、织藤、窑器、玩具等物，无不罗列。如先贤堂、三贤堂、四圣观等处最盛。或有以轻桡趁逐求售者，歌妓舞鬟严妆自衒以待招呼者，谓之"水仙子"。至于吹弹、舞拍、杂剧、纷绤、撮弄、胜花、泥丸、鼓板、投壶、花弹、蹴踘、分茶、弄水、踏滚木、拨盆、杂艺、散耍、讴唱、息器、教水族飞禽、水傀儡、鬻道术、烟火、起轮、走线、流星、火爆、风筝，不可指数，总谓之"赶趁人"。盖耳目不暇给焉。御舟四垂珠帘锦幕，悬挂七宝珠翠，龙船、梭子、闹竿、花篮等物。宫姬韶部，俨如神仙，天香浓郁，花柳避妍。小舟时有宣唤赐予，如宋五嫂鱼羹，尝经御赏，人所共趋，遂成富媪。朱静佳六言诗云："柳下白头钓叟，不知生长何年。前度君王游幸，卖鱼收得金钱。"往往

---

[1]　雍正本"也"后有《老学庵笔记》一则文字，而无"《乾淳岁时记》……园亭亦然"共四则文字。

[2]　底本"目"误作"巨"，据文意改。

修旧京金明池故事,以安太上之心,岂特事游观之美哉。

《清波别志》:旧都岁自元宵后,都人即办上池,遨游之盛,惟恐负于春色。当二月末,宜秋门下揭黄榜云:"三月一日,三省同奉圣旨开金明池,许士庶游行,御史台不得弹奏。"迨南渡故老客临安,泛西湖,怀旧都,作诗云:"曾见宜秋辇路门,大书黄榜许游行。汉家宽大风流在,老去西湖乐太平。"辉向见人每举此诗,因志于此,以补《梦华》之遗。

《西湖游幸记》:西湖天下景,朝昏晴雨,四时总宜。杭州亦无时而不游,而春游特盛焉。承平时,头船如大绿、间绿、十样锦、百花、宝胜、明玉之类,何啻百余,其次则不计其数,皆华丽雅靓,夸奇竞好。而都人凡缔姻、赛社、会亲、送葬、经会、献神、任会、恩赏,禁省台府,贵珰要地,大贾豪民,无不在焉。日糜金钱,靡有纪极。故杭谚有"销金锅"之号,不为过也。

《夷坚志》:忠训郎王良佐居临安桥下,初为细民,负担贩油,后家道小康,夫妇奉佛,斋施无虚日。淳熙初年二月清旦焚香,日中有塔影七层现于侧,黄碧璀灿,若新饰,金书三字曰"保叔塔"。佐窃自念:此塔草创修治,全未成绪,我今自任其责。乃捐力重建,规模胜于承平之时。寺僧塑夫妇像于第一层上,后买给使减斗恩补官。

《尧山堂外纪》:永嘉甄龙友滑稽辩捷,名冠一时。尝游天竺寺,集诗语赞大士,大书于壁云:"巧笑倩兮,美目盼兮,彼美人兮,西方之人兮。"孝庙临幸,一见赏之,诏侍臣物色其人。或以甄姓名闻,且曰是温州狂生。上曰:"朕自识拔,卿等勿阻也。"趣召入见,上问曰:"卿名龙友,何义云然?"龙友仓猝不知所对,上遂不怪。龙友退,乃思得之曰:"陛下为尧舜之君,故臣得与夔龙为友。"龙友之给捷,而一时懵懂,岂非荣进有数乎?

《西湖游览志》:甄龙友尝游西湖,作大佛头赞云:"色如黄金,面如满月,尽大地人,只见一橛。"禅子多称之。

《四朝闻见录》:南山慈云岭下地名方家峪有刘婕好寺,泉自凤山而下,注为方池,味甚甘美,上揭"凤凰泉"三字,乃于湖张紫薇孝祥所书。夏执中为后兄,俗呼夏国舅,偶至寺中,谓于湖书未工,遂以己俸刊自所书三字易之。孝宗已尝幸寺中,识孝祥所书矣,心实敬之。及再驾幸,见于湖之扁已去,所易者乃执中书。上不复他语,但诏左右以斧劈为薪。幸寺僧藏于湖字,故在诏仍用孝祥书。

《咸淳临安志》:谨东美秋夜待潮于钱塘江,沙上露坐,设大酒樽及一杯,对月独饮,意象傲逸,吟啸自若。顾临适遇之,亦怀一杯,就其樽对酌。东美不问,临亦不与之语。酒尽,各散去。

《鹤林玉露》：临安净慈寺后有望祭殿，每岁寒食，朝廷望祭西京诸陵，祝版词："蔬寓祭之权宜，愈深怆慕。"

《朝野杂记》[1]：乾道二年十一月，上始幸白石教场，登台亲御甲胄，指授方略，命殿前马步三司合教为三阵，戈甲耀日，旌旗蔽野，众师欢呼，坐作击刺，无不中节。上大悦。四年十一月，又大阅于茅滩，时冬日可爱，士民观者如堵。权主营殿前司公事王逵因奉觞称寿。上嘉奖之，加诸军中金四十镒、钱十万余缗。淳熙四年十二月，又大阅于茅滩。十年十一月，又大阅于龙山。皆用此例，志未尝不在中原也。

《二老堂杂志》：壬午三月己亥[2]，晴。与芮国器、程泰之、蒋子礼出暗门，上风篁岭，酌龙井。入圣寿寺，拜赵清献公、苏翰林、僧辨才画像，观乙亥二月与张德庄、周孟觉同游时题字。寺有海棠一株，盖苏公手植。僧颇有乾道、元祐间诸公谈论，自言得其师云。午饭后，过长耳相院，泰之读书处也。与国器奕于山亭，小酌而去。道傍有六通院，无足观，遂由支径叩邓氏时思庵。庵僧导至石屋，嵌空可爱。进寻水乐洞，声如琴筑，音节天成，以路僻，人罕知者。舍马上烟霞岭，国器、子礼至中道，惮其险，予乃与泰之自往，至寺亦惫矣。少休，秉烛入洞，深十二丈，上下平阔，近城郭不易得也。归饮净慈，食鸡甚美，征事戏为联句数十韵，如"日膳双，月攘一"之类，语甚工。

楼钥《书家乘后》：吾兄讳铉，字少虚，尝为临安府教授，以为郡国首善，为上庠之亚，坚持规矩，学者翕然师之。光宗以东宫尹京，内侍知省某怙势横恣，欲广湖上园圃，讽府中移置社坛。府命兄为祝文，兄执不可，以书抵少尹曰："依奉令旨，改移社坛，就昭庆寺筑垒，令撰祝文。某窃以为社坛系一府利害，不可轻有改移。况今皇太子领尹，事大体重，尤难轻议。某虽闻今社坛委是荒芜沮洳，每岁不问晴雨，只就祠宇祀祭，深失礼意。此实累岁有失修治，止合芟治增筑，别建祭屋。孟子曰：'祭祀以时，然而旱干水溢，则变置社稷。'赵岐谓其间有旱干水溢之灾，则毁社稷而更置。盖为国之事神者既备，而神或不职，然后可以易置，示加责于神也。今六气顺序，别无灾沴，若令轻改社稷，神何所依？祝史之文，其将何辞？揆之幽明，事不稳便。欲望别降令旨下本府，如法修筑。若必欲别移所有，祝文不知所谓。"言虽未用，而闻者叹服，咸曰："昔知其能文，不谓风节如是之高也。"[3]

《澄怀录述刘子宣语》：游吴山，翛然独坐，望海门二峰，隐然如天阙，潮来喧喧，如泻天潢。大舸高樯，往来出没，如泛天槎。又尝游仙都，偃卧小舟，仰观天柱，石

---

〔1〕　雍正本"朝"前有"建炎以来"四字。

〔2〕　底本、雍正本"月"并作"日"，据《二老堂杂志》改。

〔3〕　雍正本无楼钥《书家乘后》一则文字。

纯洁光润如琢,本末齐一,高插云汉,可五千尺。其傍数石,或如海舟樯,或如太常旗,皆千尺余。其余岩穴,栖岩者缭深,穹然如厦屋;跨水者击之有声,蓬然如鼍鼓。夫观钱塘江潮,犹猛夫之肝胆决裂,义士之怒发冲冠。观仙都天柱,犹直臣之气不挠不折,拓地擎天。为是而来游,慨慕者几何人。至西湖所谓水乐洞者,泉激溜如淬蹄,石累拳如饭沙。游者骈肩累迹,啧啧咏叹。至有游而复游者,何也?移小智而忘大功,乐人为者忘天成也[1]。

《梦粱录》:四月初八日,圣福皇太后圣节,文武官于广化寺启祝圣道场,满散,出西湖德生堂放生。

谨按:宋天禧四年,守王钦若请以西湖为放生池。庆元四年,赵师𥊍创德生堂于石函桥西,盖指通湖而言,后所谓放生池,特湖之一隅也。

《宋稗类钞》:自绍兴讲和以来,金使经由官私牌额,悉以纸蒙覆之。隆兴间,金使往天竺山烧香,过太学门,临安尹命吏持纸羃"太学"二字。有直学程宏图者,襕幞立其下,曰:"太学,贤士之关,国家储才之地,何歉于远译?"坚执不令登梯。吏以白尹,尹以上闻,阜陵嘉叹久之,遂免。后循之。

《昨非庵日纂》:韩侂胄过南园山庄,赵师𥊍偕行。至东村别墅,宛然乡井间,见林薄中一牧童歌曰:"朝出耕田暮饭牛,林泉风月共悠悠。九重虽窃阿衡贵,争得功名到白头。"赵诃曰:"平章在此,谁敢唐突?"迹牧童至草庐,屏上有诗云:"玉津园内行天讨,怨血空啼杜宇红。"后韩为史弥远诛于玉津园。

《鹤林玉露》:韩平原作南园于吴山之上,其中有所谓村庄者,竹篱茅舍,宛然田家气象。平原常游其间,甚喜,曰:"撰得绝似,但欠鸡鸣犬吠耳。"既出庄,游他所,忽闻庄中鸡犬声,令人视之,乃府尹所为也。平原大笑,益亲爱之。太学诸生有诗曰:"堪笑明庭鹓鹭,甘作村庄犬鸡。一日冰山失势,汤燖镬煮刀刲。"

《四朝闻见录》:臣寮论侂胄"凿为园,下瞰宗庙,穷奢极侈,僭拟宫闱",又曰"创造亭馆,震惊太庙之山;宴乐笑语,彻闻神御之所。齿及路马,礼所当诛;简慢宗庙,罪宜万死",盖自宁寿观梅亭而至太室之后山,皆观中地也。韩侂胄擅朝,旧居于太庙侧,遂掩观之山而有之,为阅古堂,为阅古泉[2],为流觞曲水。泉自青衣下注于湖,十有二折,旁砌以玛瑙。泉流而下,潴于阅古堂,浑涵数亩,有桃坂十有二级。夜宴,则殿岩用红灯数百,出于桃坂之后以烛之。其云岩之最奇者曰"云岫",韩命程有徽校《通鉴》于中。侂胄居之既久,岁累月积,剔奇抉胜,洗石而云根出,刳土而

〔1〕 雍正本无《澄怀录述刘子宣语》一则文字。
〔2〕 雍正本"泉"后有注文双行小字"旧名青衣泉"凡五字。

725

泉脉见。危峰稳石,浅湾深沼,窈窕淳深,疑为洞天福地之居,不类其为在天衢咫尺。有旨尽给还宁寿,命复为禁地云。又慈福以南园赐侂胄,有香山十样锦之胜,有奇石为十洞。洞有亭,顶画以文锦。香山本蜀守所献,高至五丈,出于沙蚀涛激之余,玲珑壁立,在凌风阁下,皆记所不载。惟予已略具记于前集,近闻并阅古记不登于作记者之集。又碑已仆,惧后人无复考其详,今并载二记云。陆游《阅古泉记》,见《山水》;《南园记》,见《古迹》。

《七修类稿》:杭吴山重阳庵有泉曰青衣洞泉,《临安志》《杭州府志》皆以为唐开成间道士韩道古遇青衣童子入洞,故云。按:洞宋为宁寿观之地,韩侂胄凿山为园,作为流觞曲水,自青衣下注于壑,十有二折,潴于阅古堂前,即名泉为阅古。故当时言官论侂胄有"创造亭馆,震惊太庙"之语,盖宋太庙正当泉下之山也。又考陆放翁《阅古泉记》,则《记》中但言泉之甘寒清冽,铺叙地景,无青衣之事也。又曰泉壁有开成五年道士诸葛鉴元八分书,而《癸辛杂志》载以元年六月南岳道士邢令、钱塘令钱华题名,道士诸葛鉴元书,俱不言道士韩道古事也。作记时宁宗嘉泰三年,予意青衣之事,必见于嘉泰之后、咸淳之前,故陆《记》无而《临安志》有也。今二《志》以为开成,非矣。而洞记以为见于大德丁酉,尤非也。予又恐韩阅古讹而为韩道古,未可知。若夫建庵之日必开成年间,凿石之事可证矣,但恐名非重阳。至大德间,始有重阳之名,故石壁又有广微子书大重阳庵字。广微,元时天师也。今庵记曰韩之建庵无岁月,是考之不精,未知有八分题名之石刻,故泛云尔。

《四朝闻见录》:出涌金门入柳洲,上有龙王祠。开禧中,帅臣赵师𡍼重塑五王像,冕旒珪服毕具。其中三像,一模韩侂胄像,二模陈自强像,三模师𡍼像。时韩、陈犹在,台臣攻师𡍼,唯于疏中及师𡍼自貌其像,不敢斥言韩、陈云。至今犹存,未有易之者。过此,皆不识三人者,恐未必以予言为信而易之。然师𡍼之论疏可考。

武林览胜记卷四十

志余下

《四朝闻见录》：考亭先生得友人蔡元定，而后大明天地之数，精诣钟律之学，又纬之以阴阳风水之书。先生信用蔡说，上书建议，乞以武林山为孝宗皇堂，且请会稽之穴浅粗而不利，愿博访草泽以决大议。其后，言者谓先生阴援元定，元定亦因是得谪云。

《四朝闻见录》：庆元元年，韩侂胄欲逐赵忠定，因以尽除天下之不附己者，名以伪学。朱文公去国，寓西湖灵芝寺，送者渐少，惟平江木川李君杞独从容叩请，得穷理之学，有《紫阳传授》行于世。

谨按《四朝闻见录》：朱文公尝寓居西湖灵芝寺。田汝成著《西湖游览志》，朱子独遗，宁非缺事。此类如宋安定郡王赵德麟赐第涌金门，见《春渚纪闻》。徐复居凤山门高士坊巷，见【成化】《杭州府志》。钱稐居九里松，见《武林纪事》。徐奭居吴山下，又尝居万松岭下，杜仲高寓居清湖桥，俞颢晚居九里松，俱见《咸淳临安志》。杨万里寓居蒲桥，见诚斋《朝天集·幼圃诗序》。朱弁寓居白龟池，见《两浙名贤录》。李性传寓居李博士桥，以修武志，名其巷为武志坊，见【万历】《杭州府志》。姜夔寓居水磨头，见吴梦窗《词稿》。王清明寓居七宝山，见《挥麈三录》。廉布寓居吴山，见《挥麈余话》。御史中丞辛丙，殿中侍御史常同，监察御史魏矼、明槖、周纲，皆居七宝山，时称五台山，见《武林纪事》。倪思寓居新桥冯封椿家书院，见《经鉏堂杂志》。宋褧寓居西马塍，见《雪岩吟草》。王镐寓居观桥，见《诗人玉屑》。崔与之居忠孝巷，因名崔家巷，见【嘉靖】《仁和县志》。周辉祖居前洋街，见《清波杂志》，又居清波门，见【万历】《杭州府志》。元黄溍尝读书宝叔塔院，名所居为学士轩，见《两湖麈谈》。贯云石居凤山门外海鲜寺，其故宅见【嘉靖】《仁和县志》。吾衍居生花坊，见《学古编》。夏若水所居名昭庆湾，见《霏雪录》。杨瑀居葛岭，元顺帝书"山居"二字赐之，因著《山居新语》，见《钱塘志补》。陈基寓居观桥，见【万历】《钱塘县志》。杨维祯居吴山铁冶岭，因号铁崖，见《存斋诗话》。乔吉甫寓居杭州太乙宫，见《录鬼簿》。陈雍居盐桥七宝巷，孔克愚居夹城巷，著《西塍吟稿》，崔彦晖居盐桥，俱见【成化】《杭州府志》。明初李晔居北关门外，见《草阁集》。瞿佑旧居荐桥,见《存斋诗话》。莫睿居教睦坊,今称莫家巷,见《钱塘县志》。夏诚居湖墅归锦桥,陈敏政卜居盐桥东,胡世宁居艮山门,凌云翰居夹城巷,俱见【嘉靖】《仁和县志》。吴瓒居左家桥,见《武林纪事》。或一时流寓,或当代名家,《志》皆失载,并著于此,俾有考焉。

《尧山堂外纪》:真希元会试于行都,祈梦吴山梓潼庙,题其鼓曰:"大扣则大鸣,小叩则小鸣。我来一叩动,五湖四海闻其声。"是夜得吉梦,其年及第。

《宋稗类钞》:王妙坚者,兴国军九宫山道妪也,尝以符水咒枣等术行乞村落。既而至杭,多游西湖两山间。一日,至西泠桥茶肆,有陈生者隶职御酒库,其妻适见之,因叩以"妇人头腽不可梳者,还可禳解否"?曰:"此特细事。"命市真麻油半斤,烧竹沥投之,妄为持咒,俾之沐发,应梳而解。是时,杨后方诛韩,而心有所疑,发腽不解,疑有物祟,遍求禳治。会陈妻以油进,用之良验。后颇神之,遂召妙坚入宫,赐予甚厚,日被亲幸,且为创道宇,赐名明真,累封为真人。

《西湖麈谈》:西山集庆寺,宋理宗朝阎贵妃攒宫所也。妃父坟亦在寺右,而今则芜废矣。《武林旧事》载显慈集庆教寺,阎贵妃香火寺,殿阁扁皆理宗御书。有月桂亭甚佳,为湖山诸寺之冠。考之理宗帝纪,淳祐八年乙未,册命婉容阎氏为贵妃。景定元年七月壬申,贵妃阎氏薨,赐谥昭惠。《宋史》无阎贵妃本传,史臣谓帝中年嗜欲颇多,怠于政事,大略若是而已。暇日游寺中,寺僧出一图相示,予莫辨其为谁。某试问焉。僧谓其戴乌纱折角巾、衣黄龙袍而容貌庄肃者为理宗,其后翟冠袆衣而美丽者为阎妃,其年少而冠帔差降者为宫嫔。其次戴折角上巾、衣黄袍而清秀者为度宗,其次乌纱方巾、衣青衣而年可十数岁者为太子。又其次乌纱帽、淡黄衣者为阎妃父。又其次乌纱帽,一衣绛袍,一衣青袍者,为史弥远、贾似道。按:理宗、阎妃之像,其言当是。但不应于妃后独绘一宫嫔,且冠服似有名位者,此则可疑。又理宗无子,立荣王与芮之子为子,即度宗,是时为皇太子。然考之度宗崩德祐,帝初立,年方四岁,则理宗为此游时,度宗尚未有子,不知此年少者为谁。其谓一人为妃父,则不可知。若史、贾二相,则尤可疑。盖理宗虽素眷二相,然外廷臣僚恐难厕妃嫔游燕间。又况考阎承宠时,弥远已死久,此又不可信也。意必当时御驾幸寺中,诸臣姜扈从,故写为此图,以纪一时之盛。其后历年既久,俗僧不知典故,以讹相传,遂致其说如此。俯仰三百年来,俱成陈迹往事,已无从致询矣。

《玉牒初草》:嘉定中,诏临安府北山剑门岭毋得伐石,以张齐贤论其泄山川之气故也。

《癸辛杂识》:杨驸马赐第清湖,巨珰董宋臣领营建事,逆拓四旁民居。逼近者,莫如太学生方大猷之居。珰具礼访之,方延入坐,珰未敢有请。方遽云:"今日内辖相访,得非以小屋近墙,欲得之否?"珰愕不复对。方曰:"内辖意谓某必梗化,所以先蒙见及，某当首献作倡。"就案即书契与之。珰奏知，穆陵大喜，视其直数倍酬之。方作表谢，有云："普天之下，莫非王土；一毫已上，悉出君恩。"上《毛诗》，下东坡《谢表》，并全句。自此擢第登朝，皆由此径梯焉。

《都城纪胜》：行都左江右湖，河运通流，舟船最便。而西湖舟船大小不等，有一千料，约长五十余丈，中可容百余客。百五料，约长三二十丈，可容三五十客。皆奇巧打造，雕栏画栋，行运平稳，如坐平地。无论四时，常有游玩人赁假，舟中所须器物，一一毕备，但朝出登舟而饮，暮则径归，不劳余力，惟支费钱耳。其有贵府富室自造者，又特精致。西湖春中，浙江秋中，皆有龙舟争标，轻捷可观，有金明池之遗风，而东浦河亦然。惟浙江自孟秋至中秋间，则有弄潮者持旗执竿，狎戏波涛中，甚为奇观。天下独此有之。

《西湖游览志》：宋理宗时，尝制一舟，悉用香楠木抢金为之，然终于不用。至景定间，周汉国公主得旨，偕驸马杨镇乘之泛湖，倾城纵观，为之罢市。是时，先朝龙舟久已沉没，独小乌龙以赐杨郡王者尚在。或传此舟一出，必有风雨之异。贾似道有车船，不烦篙橹，但用关轮，脚踏而行，其速如飞。其他若大绿、间绿、十样锦、胜金羁等船，皆民间物也。今时湖船，大约比宋差小，而槛牖敞豁，便于倚眺，如水月楼、烟水浮居、湖山浪迹，此其尤胜者也。童巨卿以子贵封御史，行乐湖山，手构一室，栋宇略具，护以箔幕，小可卷舒，出则携之。或柳堤花坞，当心处便席地布屋，吟酌其中，题曰"云水行亭"。编巨竹为桴，放湖中，随波流止，渺然莲叶也。月明风清，坠露淅淅，吹洞箫芦苇间，山鸣谷应，闻者冷然有出尘之想，题曰"烟波钓筏"。一时风致，良可尚也。

《两浙名贤录》：陈均，字子公。咸淳初，除检正。会贾似道以平章奉母居湖滨，欲以堂印自随，均争曰"堂印无出城之理"，由是免官[1]。

《尧山堂外纪》：有富春子善风角鸟占，贾秋壑招之。一日，叩以饮食之事，密写缄封。明日，贾宴客湖舟。至暮，贾立船头，歌"月明星稀，乌鹊南飞"之句。客廖莹中言，日已晚，可折缄观之。诸事不及，唯有"月明星稀，乌鹊南飞"八字，众皆惊赏。

《挥麈录》：贾似道当国时，临江童谣云："满头青，都是假。这回来，不作耍。"其时，京师妆竞尚假玉，因以假为贾，喻似道专权。而景炎丙子之乱，非复庚申之役也。似道遭贬，时人题壁云："去年秋，今年秋，湖上人家乐复愁。西湖依旧流。吴循州，贾循州，十五年间一转头。人生放下休。"此语视雷州司户之句尤警。吴循州，谓履斋，其遭贬，乃贾挤之也。

---

〔1〕 雍正本无《两浙名贤录》一则文字。按：此则文字见于底本卷十五《名贤上》。

《续夷坚志》:贾平章母两国夫人,就道堂设云水斋。有一道人满身疥癞,谒斋。众恶其不洁,勉与。斋罢,曰:"此宅有厌气,宜书符厌之。"索黄绢三尺,画一墨圈,大如盘,置之壁间而去。众人笑之,欲揭去,忽见圈中一点通明如玉,有金书正一祖师讳字,方知天师降也。

《咸淳临安志》:景定辛酉,钱塘火灾,延烧居民,惟吴山一老翁家独全。翁平时诵经乐施,火起之夕,以老惫不能去,遣儿与妇亟走。儿妇不忍相舍离,处烈焰之中,全家昏然熟寐。至于葡萄架,亦不焚灼。夫积善于平日之素,而孝感于一念之顷,其为神物护持如此。行路之人相与言者,必曰葡萄架。因作诗,以为世人好善者之劝,云:"郁攸属者潜煽灾,飞廉纵风相与偕。林林生齿七万户,连甍接栋烧成灰。如何老翁一区宅,间不以寸独不煨。玉石俱焚势应尔,岂有幻术能然哉?闻之翁乃好善者,平时事佛经卷开。有余必以济贫乏,不以利欲萦其怀。仓卒遂蒙神鬼护,万目注视咸惊猜。厥初巨焰蒸天起,左顾右盼如燔柴。翁知无地可脱免,委身甘作烬与煨。麾儿与妇令亟走,誓死不去无违乖。全家酣寝越信宿,如闻大浪声喧豗。及其梦觉火亦息,依然一室当崔嵬。微如葡萄不熏灼,而况梁栋与桷榱。苍苍表善有如此,余自作孽何足哀。作诗志往劝善者,勿以斯语同优徘。"

《西湖游览志余》:冷泉亭,建于唐时。至宋时,郡守毛友者乃拆去之。今所建,又不知起于何时也。毛自序云:"昔人加亭于冷泉,如明镜中加绘画,山翠水光,去者过半,拂拭蔺葺,旧观复还。"作诗曰:"面山取势俯山中,亭外安亭自蔽蒙。眼界已通无碍物,胸中陡觉有真空。试寻橹响惊时变,却听猿啼与旧同。万事须臾成坏里,我来阅世一初终。"夫冷泉之景,白乐天极其褒重,而毛君以为去之乃佳,好尚不同如此[1]。

《齐东野语》:钱塘向有集奇对云:"妙法法因因果寺,金轮金刚;钱塘寺名。中和和丰丰乐桥,银杓银瓮。钱塘酒楼名。"

《癸辛杂志》:江西张秀才者,未始至杭,胡存斋携之而来。一日泛湖,问之曰:"西湖好否?"曰:"甚好。"曰:"何谓好?"曰:"青山四围,中涵绿水,金碧楼台相间,全似着色山水。独东偏无山,乃有鳞鳞万瓦屋宇充满,此天造地设好处也。"语虽粗俗,然能道出西湖面目形势,真为可喜也。

《清波杂志》:顷年,西湖上好事者所置船舫,随大小皆立嘉名,如"泛星槎""凌风舸""云篷""烟艇",扁额不一,夷犹闲旷,可想一时风致。今贵游家有湖船,不患

---

〔1〕　雍正本无《西湖游览志余》一则文字。按:此段文字又见于底本卷五《园亭》"冷泉亭"条,惟文稍异。

制名不一新奇^[1]，然红尘胶扰，一岁间能得几回领略烟波？但闲泊浦溆，资长年三老闭窗户以适昼眠耳。园亭亦然^[2]。

《癸辛杂志》：葛天民，字无怀。居西湖上，时所交游，皆名下士。有二侍姬，一曰"如梦"，一曰"如幻"。一日，天大雪，方拥炉煎茶，忽有皂衣闯户，将大珰张知省之命，即水张太尉也^[3]，招之至总宜园清坐，高谈竟日，雪甚寒，且腹馁甚。张初不言相招，若葛自来相访，唯茶话，不设杯酌，延论至晚，一揖而别。天民大恚，步归，悔为皂衣绐辱。抵家，见庭户间罗列筐篚数十扛，布囊数十挑，楮币薪炭，果肴酒品，以至香药适用之物，充牣于前。盖珰欲馈此物，故先戏之，使怒而喜耳。

《梦粱录》：钱塘门外东西马塍诸圃，皆植怪松异桧，奇花巧果，多为龙蟠凤舞之状，每日市于都城。

《癸辛杂志》：马塍艺花如艺粟，橐驼之技名天下，往往发非时之品，真足以侔造化、通仙灵。凡花之早放者，名曰唐花。其法：以纸饰密室，凿地作坎，缠竹置花其上，粪土以牛溲硫黄，尽培溉之法。然后置沸汤于坎中，少候汤气薰蒸，则扇之，微风盎然，融淑之气，经宿则花放矣。若牡丹、梅花之类无不然，独桂花则反是。盖桂必清凉而后放，法当置之石洞岩窦间暑气不到处，鼓以凉飔，养以清肃，竟日乃开。此虽揠而助长，然必适其寒温之性，然后可臻其妙耳。余向留东西塍甚久，闻老圃之言如此，因而感曰：草木之生，欲遂其性耳。封植矫揉，非时敷荣，人方诧赏之不暇。噫！是岂草木之性哉。

《西湖游览志余》：鲜于伯机尝蓄一蛮狮水滴，莹如碧玉，须发眉眼，肤理衣折，种种精致，蛮脑为窍，置吸子，乃汉时物也，把玩未尝释手。一日，于断桥水阁倚阑，偶堕吸子湖中，百计求之不得，悒怏慨叹，形神凋枯。既他往，逾三年，复来断桥，俯瞰湖波，适霜降水落，泥渍星朗，吸子俨然可掬，便解衣泅取，如获至宝，易号曰"神人狮子"。一时能诗者，歌咏其事。

《霏雪录》：元帅谨斋夏公，讳若水，居西湖之昭庆湾，第宅百余间，乃故宋谢太后歇凉亭、如眉寿堂、百花堂、一碧万顷堂、湖山清观等，皆宏丽特甚。又架船清水中，每元夕，诸堂皆施玉色帘，放华灯，上下辉映，极为伟丽。士女纵观达晚，娃僮辈往往得遗簪堕珥。

《辍耕录》：大德戊戌二月，张汉臣尚书、赵松雪学士、费北山曹侯同在湖市，泛

〔1〕　一，《清波杂志》及底本卷三十九引并作"益"。

〔2〕　雍正本无《清波杂志》一则文字，而有《净慈寺志》一则文字。按：《清波杂志》此则文字亦见于卷三十九。

〔3〕　雍正本无"即水张太尉也"六字。

舟过西湖,至毛家埠上岸,乘肩舆,将游水乐洞。行里余,逢一尼寺,赵公偕二公入寺访亲。俄而,后人来报张公之老仆卒死矣。呕回,至其所,呼救不省。忽有二道士过,一老一幼,云无妨。老者即于死人面上吹呵,幼者就篱落间摘一青叶度于老者,若作法书符状,置于死人面上,随即再生。顷间,失二道士所在。或云恐是洞宾变现,隐括其姓如此。

《山居新话》:黄子久公望,自号大痴,吴人,博学多能之士,阎子静、徐子方、赵松雪诸公莫不友之。一日,与客游孤山,闻湖中篴声,子曰:"此铁笛声也。"少顷,子久亦以铁笛自吹下山,游湖者吹笛上山,乃吾子行也。二公略不相顾,笛声不辍,交臂而去。一时兴趣,又过于桓伊也。

《癸辛杂识》:西湖四圣观前,每至昏后,有一灯浮水上,其色青红,自施食亭南至西陵桥复回,风雨中,光愈盛,月明则稍淡,雷电之时,则与电争光闪烁。余一之所居在积庆山巅,每夕观之,无少差,凡看二十余年矣。

《至正直记》:至正丁酉秋八月,予往钱唐西山普福寺。时景修叶景修,名森,钱塘人。每举赵松雪遗事,有云:一日侍行西湖上,得一太湖石,两端各有小窍,体甚平。松雪命景修急取布线一缕,扣于两窍。已而,令人涤净扶立。久之,清风飒至,其声如琴,即命名曰"风篁"。归雪川,当易以丝弦上之,为小斋前松下之玩。景修曰:"此前人为之乎?"松雪曰:"否。我自以意取之也。"其敏慧格物如此。

《净慈寺志》:张伯雨尝有《春日游南山约》手书一卷,词致字法,可称奇品。约云:"看花长安,已是丈人之行;问铁炉步,聊从太史之观。甫及春晴,可无宿诺。且鹫峰猿洞,众人何莫由斯?顾灵石龙泓,贤者而后乐此。缁尘弗污,碧岭长幽。仰探元豹之深,下笑飞蚊之聚。风篁萧爽,憩德威三老之亭;蝉冕辉煌,拜元祐诸贤之象。徐行后长,逸兴超伦。模中岳外史之书碑,长虹贯日;觅房山侍郎之题壁,白云启扉[1]。放浪形骸,抒写怀抱,岂沙门不得称高士,而浊醪亦足名贤人?追觞咏之风流,成谈笑之故事。盘餐为具,酌必真率会中;车骑后时,罚依金谷酒数。"

《寒夜录》:钱塘祝吉甫居西湖上,构小楼,眺尽湖山之胜,宾客常满。有富家筑墙数仞蔽之,吉甫因郁郁不乐。赵松雪访吉甫,登楼为书二字扁曰"且看"。无何邻以通番,簿录家徙,垣屋摧毁,小楼内湖山如故。处炎凉世界,此二字扁应须书置座右,然真能放开眼孔,当下已自付之,不见不闻,何须看到日后耶。

《太平清话》:钱塘吴山之阳元妙观方丈后池上绝壁,有竹一枝,俯而仰,息斋写其真于屏上,至今遗墨尚在焉。

---

〔1〕　底本"云"字残泐,据雍正本补。

《七修类稿》：周伯琦，元之饶人。工真草隶篆，而篆尤精也。予与中书舍人叶天中游于飞来峰之阴，偶得其篆记一篇，攀萝附木，洗剔而录之，遂知飞来峰石像之所出，亦可补杭《志》之所缺也。记见《碑碣》[1]。

《西湖游览志》：映江楼，宋时有亭，扁曰"烟云鱼鸟"。元至元丁丑，毁。至正庚寅，重建，扁曰"瞰江"。正德元年，大监麦秀、御史车梁、布政使林符等改建层楼，扁曰"映江"，吏部尚书屠滽为记。

《西湖游览志》：海鲜巷，内有海鲜桥，石长丈余，其文如鱼龙蕴藻之状，巧如绘画，盖宋时故内物也。

《北窗炙輠录》：杭州江涨桥有富人黄氏，惟嗜鳖，日羹数鳖。一日，其庖者炮鳖，以为熟也，揭签盖，有一大鳖仰伏于盖顶，乃复入釜中。须臾，揭之，其鳖又仰焉，庖人怜之。其厨适临河，乃纵诸河，羞余鳖以进。主翁为讶其少，以为盗之也，鞭之，两髀流血。庖人痛甚，卧灶下。既觉，顿觉痛止。视两髀，则青泥封其疮，讶之。俄而，见鳖自河负泥而上。庖人大怪之，具以实告主翁。主翁感其事，遂不食鳖，后遂舍其庐为寺，即今之黄家寺是也。

《西湖游览志余》：僧仲芬为上天竺书记，摹写云山以寄意，求者渐众，因谓："世间求假不求真，如钱塘八月潮，西湖雪后诸峰，极天下伟观，二三子当面错过，却求玩道人数点残墨。何耶？"

《客杭日记》：郭天锡游大般若寺。寺在凤凰之左，即旧宫地也。地势高下，不可辨其处所。次观杨总统所建西番佛塔，突兀二十余丈，下以碑石甃之，有先朝进士题名，并故宫诸样花石，亦以镌刻龙凤者，皆乱砌在地。山峻风寒，不忍睇视而下。次游万寿尊圣塔寺，亦杨姓者所建。正殿佛皆西番形像，赤体侍立，虽用金装，无尊严意。门立四青石柱，镌凿盘龙，甚精致。上犹有金钟一口，上铸"淳熙改元，曾觌篆铭"，皆故物也。行至左廊，壁上有一诗云："玉辇成尘事已空，惟余草木怨春风。凭高无限凄凉意，目断苍梧夕照中。"不知何人所作。

《客杭日记》：天锡游新建报国寺，行至殿后，有块石仅留二十余字，僧别立一木牌云："五十年前，理宗梦二老僧曰：'后二十年，乞一住足地。'恍然梦觉。"今筑地得此石，却无年代可考。昔梵刹为王宫，今兹复为梵刹，如波入海。以余观之，亦好事者为之也。且朝代之废兴，皆天意也。二僧入君王梦中，孰记而传之耶？浮屠之说安矣。

《霏雪录》：上天竺观音像。石晋天福四年，僧道翊一夕见山间光明，往视之，得

奇木，不能名，乃命匠者孔仁谦刻像。治平中，郡守蔡襄表其异上之，赐灵感观音院额。今俗谓像系沈水所刻者，非也。至正间，丞相达实帖睦尔敬事之，累有奇应。历朝所赐及士民乐施者珠贝金玉等物，设一大厨贮之，一僧专掌扃鐍。予尝见其玉钟玉观音像，玻璃瓶宝冠数种，其他珠宝皆不见矣。洪武戊午大旱，时参政徐公本、总制徐公某以下皆免冠徒跣入山迎像祈之，不许。第三日，复迎之，乃出。幡幢铙鼓，仪卫之盛，溢于道路。是日亭午，富民孙氏设馒头瓜果之供，像抵西天寺而妥焉。时青天赤日无纤云，至申牌，忽海东头黑子一点如大钱状，自西而来，瞬息间如车盖，乃云也，随近随展，不顷刻间，已溥覆矣，无暴风雷雨之作。又顷之，大雨如撒菽，街中潦水盈尺。至酉时，始霁。人心感悦，欢呼之声载于道路。此予亲见者也。感而遂通之理，不信然耶。

《霏雪录》：洪武己酉，吴山三茆观雷击一白蜈蚣[1]，长尺许，广可二寸，身有真书“秦白起”三字，字殷殷起。

《霏雪录》：吾家掌出纳人杜徽之，夏日尝随莫月鼎入西山，至湖上，热甚。月鼎曰：“吾借一把伞，与汝共戴。”乃向空嘘气，忽云一穗随而覆之。

《武林纪事》：于肃愍公谦有奠安宗社再造之功。英宗复位，公为奸臣所害。死之日，天日无辉。先是，西湖旱竭土裂，邦人惊异。时孙元贞以尚书镇浙，语人曰：“贤人之生，实藉山川之秀。今日之兆，哲人其萎乎？”未几，公果卒。

《西湖游览志余》：杭州士夫居乡者，往往以名节自励。上官莅兹土者，以出格之礼待之。成化间，布政使宁良等建西湖书院于孤山，以居夏时正。郡守胡浚建怡老园于帐前营，以居兵部正郎陈谦。浚又重佥事王公琦清节，奏闻于朝，赠琦银一百两，此熙朝盛事也。

《武林纪事》：弘治己未，予自通州得请归田，与相知乡士夫数人倡酬诗酒，徜徉湖山，日以为常。自甲子岁，予乃创为归田乐会，踵香山洛社之遗躅也。在会者，太守复斋孙公、竹轩毛公、宪副邵公、州守质庵陆公、素轩陈公、朴庵徐公、谦斋姚公、运同爱莲黄公、裕庵朱公、通府直庵沈公、思庵郭公、淡庵吴公、大尹吉经李公暨予一人[2]，凡十有四人。约每月一会，凡良辰美景，无不一行，山水名胜，无不一往。岁十二会，主会以齿，周而复始。凡会，先期折柬相召，会日辰刻俱至，坐席以齿，不事虚逊。馔止四味，果止四品，饭食随备，酒行以量，主不强劝，客不固辞。酒酣，或吟诗，或弈棋投壶，随意尽欢而罢。自后在仕诸公先后得请而归者，闻而悦之，相率

---

[1] 雍正本“茆”作“茅”。

[2] 雍正本“吉”作“古”。

来赴,故又增入太保两峰洪公、大卿东瀛陈公、宪副西湖居士邓公、一斋徐公、北屏惠公、少参葭茁邹公、宪金同山徐公、同府易斋董公、长史静观陈公、大尹处吾费公、侍御拙庵贺公、挥使控海陈公、判簿退庵王公、封主事素庵张公、方伯薛溪丁公,前后二十八人。后物故六人,今在者二十二人。或行湖山,或游寺观,联舆接盖,朱紫蹁跹,而又日相亲与,吉凶庆吊,罔不胥会,乡里称叹,指为神仙。盖吾杭自昔未有,今自予发之,亦一时盛事也。予遂貌诸公小像,略叙履历,偶举四时之会,各附以诗,刊刻成集,名曰《归田乐会录》。京兆南峰陈公、通守樉南马公为之序其首尾,可以传之永远,使后人视予辈,亦犹予辈之慕香山洛社也。

《七修类稿》:杭吴山之麓有大井,井口甚巨,往往有冤抑者投于中。绍兴中,太尉董德之作大木石板甃之,面开六眼。历元至今,木石俱损,仍多落井者。弘治间,参政周本复甃之,面界五眼,至今存焉。

《列朝诗集小传》:顾华玉璘尝至浙访孙太初,幅巾道衣,泛舟西湖上。一夕,见有舟泊断桥下,一僧一鹤,一童子煮茶。华玉笑曰:"此必太初也。"移舟就之,遂定交焉[1]。

《留青日札》:西湖法相寺中藏一异齿,其大如拳,正碧绿色,透明。山僧云是佛牙,以诱妇女请观获利也。其状如盘牙,想是西域异兽口中者。且曰:此佛丈六金身,如有此牙,则须十六丈长,乃可容此头也。古人所载郁衍国有金轮王,齿长三寸,岂是物耶?

《两湖麈谈》:武林山水奇胜处颇多,若普光庵之吴坡泉,永寿寺之芝岩,甘露寺之顿足泉,龙井寺之一片云石,法相寺之锡杖泉,皆郡志野史之所未载。登临吊古,所当穷其胜概者也。

《七修类稿》:杭南山邵皇亲坟之原基,法因寺也。寺后山壁有温公篆《易·家人》卦于上,遒劲可观。寺前通衢,地名太子湾。其寺乃五代钱文穆王所建,历世垂五百余年,毁于嘉靖庚子。然而《家人》利女贞五爻,聘纳后妃之吉占。又地以太子名,遂成戚里之塚,岂非数耶?

陆俨山《跋西湖图》:此卷购得之长安,当是西湖图。第有苏堤而无岳坟,岂思陵时画耶?或云李嵩手笔,然无题识可考。观其粉金题额,非宋人不能画也。予夙有山水之好,颇留意钱塘西湖。昨岁出持浙宪,舆舫往来,若为己有。既去,而未能忘之。今嘉靖戊戌腊日,邂逅此幅,恍如再到。时适有山陵扈从之行,表弟顾世安黄甥从旁赞赏,以为人世等鸿雪尔,正可卧游神往,橐中自合贮湖山也。予笑曰:

---

〔1〕 雍正本无《列朝诗集小传》一则文字。

"吾老矣，不复能有登临之兴，悦遂归休，得从二三子于江海之上，左右图书，以乐余年。是卷也，宁非予鉴湖之一曲耶。"

《涌幢小品》：杨琏真伽等三髡画诸佛像，以己像杂之，刻于飞来峰石岩之内。嘉靖二十二年二月，杭州知府陈仕贤击下三髡像，枭之三日，弃于圊，田汝成为记其事。田汝成《诛三髡像文》：飞来峰有石人三，元之总浮屠杨琏真伽、闽僧闻、剡僧泽像也。盖其生时所自刻像者[1]，莫为掊击。至是，陈侯命斩之，闻者称快。嗟乎！谈宋事而至杨浮屠，尚忍言哉？当其发诸陵，盗珍宝，珠襦玉匣，零落草莽间，真惨心奇祸。虽唐、林两义士易骨潜瘗，而神魄垢辱，彻于九幽，莫可雪涤已。夫赵氏立国，庶几存仁，而叔世寖微，覆宗海濒，又不憖借一抔[2]，以盖藏题凑。悲夫！陵谷迁移，触目鲜故，而枭髡俨列，留玷兹山，殆非所以令众庶见也。穆陵颅骨，韬藏穿庐，高帝藉而返之，惜其时无以贼像事上闻者，乃今竟诛灭于陈侯。宣皇祖之德意，泄异代之愤疾，作义士之雄心，扫名山之氛厉，良足快矣。昔申屠通毁曹操之祠，薛伯高去鼻君之庙，史氏纪之，以为奇节。以今方之，不亦并美前修哉！春秋之法，剪除乱贼，虽死曰诛，以明刑也，窃有取焉。

《曝书亭集》：飞来峰石上下多镌佛像，相传谓是元僧杨琏真伽所凿，盖本于夏时正《府志》，非也。象教自汉明帝时流入中国，终汉之世，凡宇内墓门石阙刻镂先圣贤、孝子、列女，未有镌及佛像者，至晋始有之。潜说友撰《临安志》，在宋咸淳年，此时杨琏真伽未至江浙行省，《志》中载寺有梁简文帝《石像记》。又据陆羽《灵隐寺记》称理公岩，慧理宴息其下，后有僧于岩上周回镌小罗汉佛菩萨像。然则飞来峰石佛，唐以前已有之，审视厥状，戍削奇古，望而知为六代遗迹。今烟霞洞罗汉六，石屋罗汉一百一十六，要非吴越以后工人所凿。土俗流传之谬，由未见《咸淳志》尔。

谨按：《曝书亭集》说应是旧时有像而杨琏真伽等镌己像杂于其中者，田叔禾文固未见《临安志》，而【成化】《杭州府志》亦非此漫然立说也。合周伯琦文，元时亦曾补刻佛像。

《尧山堂外纪》：黄勉之风流儒雅，卓越罕群。嘉靖戊戌，当试春官，适田子艺过吴门，与谈西湖之胜，便辍装不北上，往游西湖，盘桓累月。

《留青日札》：嘉靖四十四年八月，抄没严嵩江西家产，内有宋张择端《清明上河图》《西湖春晓图》《南屏晚钟图》、刘松年《西湖图》。

《留青日札》：西湖今但知有冷泉，而不知有温泉、醴泉并在冷泉之上，见《武林

---

〔1〕　雍正本"像"作"画"。

〔2〕　底本"抔"作"坏"，据雍正本改。

旧事》,今不可考矣。有好事者问津新妇矶,杨廉夫《西湖竹枝词》"家住西湖新妇矶"。又有石新妇,"石新妇下水连空,飞来峰前山万重",郯九成《竹枝词》"凤篁岭头西日晖,青龙港口新月微",冯士颐词"请看双投桥下水,新开两朵玉芙蓉",此皆遗迹也。

《湖壖杂记》:湖墅有三胜地:西溪之梅,皋亭之桃,河渚之芦花。河渚芦花名曰秋雪,西溪梅名曰香雪,则皋亭之桃亦可名红雪矣。或曰满觉巷桂花可名金雪。

《西湖游览志余》:西湖赏雪,初霁最宜。高兴者登天竺绝顶及南北两峰,俯瞰城闉,远眺海岛,则大地山河银镕冰结,而予以藐然稊米凌刚风,恍欲羽化。次则放舟湖中,周览四山,若秋涛耸涌,璀璨乘飙,而玉树琪花晃然夺目。

《快雪堂漫录》:元高人张伯雨墓在南高峰左麓。张号句曲外史,吾郡姚公绶为营修其墓,穿碑在焉。余昨到龙井,过其处,读姚文,欲寻张埋骨处。草树蓊郁,竟不可得,徘徊太息久之。陈季象云:曾见李洙山说,正德年间,有山民锄地深数尺,遂犯张墓,见一人盘膝坐,爪发俱长,偶伤其脑,浆忽迸出,良久复合。其人惊惧,急掩之。墓中有书二册,携其一出,至郑栗庵公讳环家,郑愿以一金易之。其人云:"当至墓中,再取其一。"至途中,忽风雷大作,失书所在。向以张风流诗翰,不知其有道术也。

《西湖麈谈》:北山凤林寺后有乳泉,颇冽,峭壁侧立,涵以石池。往时,中官每于其中浸鲜果,盖取其凉沁弗坏。近见石上刻君子泉。按凤林本宋喜鹊寺,至今土人犹以喜鹊呼之。然《武林旧事》载定业院有君子泉,初不云在寺也。但寺与院俱鸟窠禅师道场,当时二地相去不远。意者年岁既久,其一已亡,故指院以为寺与。俯仰今古,不胜陵谷之感[1]。

《夷白斋诗话》:西湖飞来峰石上佛像,是胜国时杨琏僧所琢。下天竺后壁,是王叔明画。其剥落处,时孙宰子补之。方棠陵为秋官郎,虑囚江南,归省过杭,索笔题曰:"飞来峰,天奇也。自杨琏真伽琢之,天奇损矣。叔明画,人奇也。自孙宰子补之,人奇索矣。此千载不平疑案。予法官也,不翻是案,何以服人?"

《涌幢小品》:岳王墓木皆向南。正德八年,都指挥李隆范铜为桧及桧妻王氏、万俟卨三像,反接跪墓前。万历中,兵使者范涞增张俊像。后抚臣王汝洲沉张俊、王氏像于湖,移秦桧、万俟卨像跪祠前。

《见闻杂纪》:司礼监孙隆,号东瀛,监苏杭织造,凡山水佳处,不惜厚赏,多所点缀。曾于岳忠武神前,用铜铸秦桧夫妇、万俟卨、张俊四像,俱镌姓名于胸次,跪之

殿中，栏以木栅，图不毁[1]。不十年，予再游岳墓，而四像已不存矣。士大夫求一时之利，不顾名义，杀人媚人如四人者，比比有之，往事可鉴也。

《湖壖杂记》：忠武王灵爽昭昭，牧人入其庙者辄病。墓前四铁人向在墙内，游人溺而击之，肤体不完，秽气四彻。或虑其亵忠灵，并分尸桧移之墙外。而击者愈众，旋毁旋铸。铸者欲不朽其形，击者欲立碎其体。奸人既死，诛之者殆无虚日，非快事与？因思丹阳陈少阳墓，亦铸铁人肖汪伯彦、黄潜善。嘉靖间，郑普过之，题柱联曰："丹陛披肝，千古纲常可托；荒庭屈膝，两人富贵何为？"二像应笔而仆。桧、禼日受敲扑而无知似愧耻之心，汪、黄犹不泯矣。

《六研斋笔记》：项承恩，字宠叔，新安人，杭州府学生也。屡试不第，遂隐西湖岳坟，携一女奴供爨，奇丑。开小肆，杂置书籍画卷并盆花竹石，索价颇高。禾中李日华赠诗云："西湖流水供濯足，南屏山色对梳头。月夜酣眠琴作枕，雪朝趺坐絮为裘。盆花巧作千金笑，壁画赁高万户侯。何用更寻《高士传》，先生风格在林邱。"后以哭婢成疾而逝，即前之奇丑者，人皆笑之。

《六研斋笔记》：吴循吾，歙县人。少豪放，喜声律，晚年拓落，寓居武林吴山，松关竹屋，翛然如在尘外。家有伽南观世音像二尊，大者高几三尺，小者高尺余，皆糖结之精者，供置室中，奇香溢于户外，诚异品也。曾携一木瘿鼎示李太仆日华，天然有两耳三足，周身文理，蹙缩成雷云兽面之状，色莹净如黄金。太仆作诗记之曰："木鼎非范金，云霞自陶铸。空山无良冶，雕镂亦非处。野火烧枯株，泉溜暗相注。上亦蠹双耳，下亦岐三柱。龃龉夔螭蟠，鬅鬙凤鸾翥。黄目突海涛，紫英发山树。摩娑辉光泽，文彩炳然著。吾友历落人，幽奇每延伫。天忽俾此物，攻坚殚神智。剞劂中有所容，笋蕨不以贮。竹风飘翠缕，松烬吹红炷。华阳十赉中，缺此亦欠事。常笑弥明翁，顽石劳险思。何羡鲁庙陈，聊供萧台治。木火自宣发，无烦蓐收氏。尽读蕊笈书，携上蓬莱住。"

《湖船录》：黄贞父仪部用巨竹为泭，浮湖中，编篷屋其上，朱栏周遭，设青幕障之，行则揭焉，支以小戟。其下用文木斫平若砥，布于泭上。中可容六、七胡床，位置几席肴豆，旁及彝鼎、罍洗、茶铛、棋局之属。两黄头刺之而行。吴江周本音名之曰"浮梅槛"，贞父书柱联云："指烟霞以问乡，窥林屿而放泊。"一时词人，题咏颇众。

《六研斋笔记》：上天竺戴文进十八罗汉像，予儿时犹及见。下竺有王叔明画壁，保叔塔院有叔明画《海天落照图》，在左壁上层，然皆剥落矣，今乃绝踪。

---

[1]　雍正本无"图不毁"三字。

《诒清堂日钞》[1]：中元节，湖上放灯，旧亦有之，然游者不过十余舟。好事者点灯水上，远望者如落星残火而已。今则男女倾城出游，官府呵殿之声不绝，三门达旦不闭。湖舫中皆结彩张灯，争奇斗巧，笙歌萧鼓，蹴踘枭卢，在在而是。异香袭人，火炮俱发，月光灯光与湖水相映，真人世蓬瀛也。三吴大家，以至游冶之子，皆先期寓湖上，待此夕游赏。而四方歌姬名优，亦往往连袂而至。诸货书史、清玩、杂色器具者，填街列肆，竞开夜市，岂非海内所希遘哉。

《诒清堂日钞》：三十年前，湖上楼榭焕然，长堤垂柳，真如图画。独恨龙井、石屋、烟霞三胜概，其天然造化之巧铲削殆尽，冠以亭台，饰以佛像，此何异削圆方，竹杖重漆，断纹琴耶？识者谓杨琏真伽而后，再罹兹厄。

萧士玮《湖山小记》：雨中上韬光，雾树相引，风烟披薄，飞流木末，江悬海挂。稍倦，时踞石而坐，时倚竹而息。大都山之姿态，得树而妍；山之骨格，得石而苍；山之荣卫，得水而活。惟韬光道中能全有之。白太傅碑可读，雨中泉可听，恨僧少可语耳。枕上沸波，竟夜不息，视听幽独，喧极反寂，益信声无哀乐也。

李流芳《题跋》：曾与印持诸兄弟醉后泛小艇从西泠而归，时月初上，新堤柳枝皆倒影湖中，空明摩荡，如镜中，复如画中。久怀此胸臆，壬子在小筑，忽为孟阳写出，真是画中矣。

李流芳《题跋》：吾友子将尝言："湖上两浮图，雷峰如老衲，宝石如美人。"予极赏之。辛亥，在小筑与方回池上看荷花，辄作一诗，中有云："雷峰倚天如醉翁。"印持见之，跃然曰："子将'老衲'，不如子'醉翁'，尤得其情态也。"盖予在湖上山楼，朝夕与雷峰相对，而暮山紫气，此翁颓然其间，尤为醉心。然予诗落句云"此翁情淡如烟水"，则未尝不以子将老衲之言为宗耳。

陈眉公《杂记》：魏珰祠建于第一桥，与孤山邻近，一片洁净地俱为腥秽。一朝珰败，往时称功颂德者亟欲仆穿碑，去官爵姓字，不可得。独处士骨虽朽而名，芳梅与鹤无一存，而皆有生气。孤山如故，冰山竟安在哉？

旧《钱塘县志》：田子艺品泉，以龙泓武林第一。吴氏著《泉品录》，天下之名泉尽矣，独遗武林。不知杭州自有名泉，人不识耳。安平泉在临平，东坡诗"当时陆羽空收拾，遗下安平第一泉"是也。块儿泉在古荡内。梅花泉在西溪田塍间，有五孔涌如梅花，故名。惟虎跑泉最为人所赏，捐资雇役担，不惮远方。此外又有子午泉，在吴山真圣观，其井每日子午时水流动可汲，余时则否，故名。

《静志居诗话》：西湖船制不一，以色名者，有鸣玉、锵金、金胜、宝胜、大绿、间

〔1〕 雍正本"诒"作"贻"。

绿、游红,申屠仲权诗"红船撑入柳阴去"、释道原诗"水口红船是妾家"是也。以形名者,有龙头,白乐天诗"小航船亦画龙头"是也;有鹿头,杨廉夫诗"鹿头湖船唱赧郎"是也。形色杂者,有百花十样锦,钱复亨诗"又上西湖十锦船"是也。以姓名者,有黄船、董船、刘船,见吴自牧《梦粱录》。盖大者谓之头船。最大者,贾秋壑所造车船也。车船棚上无人撑驾,但用车轮脚踏而行,其速如飞。小者谓之瓜皮船,廉夫诗"小小渡船如缺瓜"、欧阳彦珍诗"瓜皮船子送琵琶"、张大本诗"瓜皮小船歌竹枝"、周正道诗"瓜皮船小水中央"。又有总宜船,取东坡居士"淡妆浓抹总相宜"之句名焉,李宗表诗"总宜船中载酒波"、凌彦翀诗"几度涌金门外望,居民犹说总宜船"是也。四水潜夫述《武林旧事》,值探春竞渡日,画桡栉比如鱼鳞,无行舟之路。杨谨思诗"大船挝鼓银酒缸,小船吹笛红绣窗"。今则败舫数艘,无复征歌按舞者矣。

《湖壖杂记》:壬辰之夏,予与洪子昉思泛舟湖心亭畔,日已晡矣,风雨骤至,止宿亭上。夜半,忽见波上有红灯一点,明灭不定。昉思笑曰:"所谓'不愁明月尽,自有夜珠来'也。"予曰:"非也。旧志所载宋时四圣观前,晦夜每见一灯浮起,至西泠桥畔而返,风雨中其光愈盛,月明稍淡,震雷时与电争明,则此湖光也。苏长公有'湖光非鬼亦非仙'句,今之所见,毋乃类是。"

《湖壖杂记》:晋理公至灵隐,谓飞来峰自灵鹫飞来,人不之信,因就洞中呼黑、白二猿为证。二猿受记而隐,数千年不复见矣。顺治己丑秋夜,一僧于月下见一白猿立于峰顶,皎如积雪,映月逾洁。辛卯冬,青莲阁下一黑猿戴笠而趋,众皆见而呼之,猿却顾微吟,越溪而去。是二猿至今尚存。理公之言,其信然耶。

《湖壖杂记》:游人至西泠桥者,必问苏小墓。孰知墓在子虚乌有间。白门一友求其迹,怅不可得。余曰:"咏巫山者,谓'朝云暮雨连天暗,神女知来第几峰',引人入胜,正在缥缈之际。子亦当作如是观。"客点首,曰:"孤山之侧有菊香墓者,又何人乎?"余曰:"客不闻乎菊香是矣。"[1]

谨按:陆广微《吴地志》云苏小小墓在嘉兴县侧,唐人徐凝有诗云:"嘉兴县里逢寒食,落日家家拜扫回。惟有县前苏小墓,无人送与纸钱灰。"而《武林旧事》与《咸淳临安志》俱载墓在湖上,周紫芝有《湖堤步游吊苏小墓诗》,岂因白傅"柳色春藏苏小家"及"教伎楼传道姓苏"之句而相沿成误耶?[2]

《西湖游览志》:羊角埂,自溜水桥北柴场至乳台渡口,延袤十余里,介东西马塍

---

〔1〕　雍正本无"首"后诸字。
〔2〕　雍正本文字倍于底本。

之间，其形弯曲如羊角然[1]。

《留青日札》：今钱塘江干有地名曰沙上，实平土也。沙，《说文》作"水散石也"，故其字或作"砂"，诗注作水旁，文"大水接小水曰沙"，故其字或作"沙"。今南京有白沙，广东亦有白沙，徽州有锦沙之类，盖水边可耕之地也[2]。

《两湖麈谈》：今湖州市有夹城，其旧时基址尚存。相传其一为伪吴张士诚所筑，其一元将杨完者营也。斯地值二城之间，故曰夹城，而因以名巷云。考之《元史》，顺帝至正间，达识帖睦迩为浙江行省左丞相，其人贪懦无为。方士诚兵陷杭州，达识帖睦迩弃城遁，赖行省参政杨完者自嘉兴引兵败之，因是遂为左丞与达识帖睦迩共守江浙。完者，本苗军元帅，以其军营于城北。士诚每为所败，其后士诚伪降，完者不悟，劝达识帖睦迩纳之，承制拜士诚太尉。然完者军无纪律，又素强横，达识帖睦迩不敢禁遏，心实恶之，乃反与士诚定计以图完者，遂诈称遣士诚出兵复建德。完者不为备，士诚以兵袭其营，苗军溃，完者与弟俱为所杀。完者既死，士诚遂据杭州。朝廷不能制，因而授之。乃自立为吴王，俾其弟士信大发浙西诸郡民筑杭城，徙达识帖睦迩于嘉兴，旋为所迫死。而杭自是不复为元有矣。比因论夹城，故推原张之筑城，杨之筑营，其事实如此。

《西湖游览志》：夹城巷东通递运所，四达之衢，市廛殷阜，肩摩踵接。第夹城名义，不知何所取也。故老皆言，元有总兵杨完者，与张士诚筑垒相拒，此其遗基。然当钱氏筑城时，云自秦望山由夹城东亘江干，泊钱塘湖，凡七十里，则夹城之名，唐末五代已有之，似非起于杨完者也。岂以其近傍罗城，若杜诗所称"花萼夹城通御气"之谈欤？国初，有为夹城八景卷者，名流题咏甚多。今掇其著者。

一曰夹城夜月。王洪《卜算子》词："孤月泛江秋，露下高城静。期着佳人夜不来，坐转梧桐影。吹彻紫鸾笙，宝篆烟消鼎。桂子飘香下广寒，银汉双星耿。"聂大年《临江仙》词："万里碧霄云散尽，长天孤月流辉。城阴寥阔柝声稀，试登高处望，露湿五铢衣。不见辽东华表鹤，人民昔是今非。惊乌三匝正南飞，银河风露冷，骑得彩鸾归。"

二曰陡门春涨[3]。王洪词："惊雪喷高崖，雷响青天晓。刚道吴胥驾海来，势压沧溟小。两岸走渔舟，泼乱飞春鸟。谁信神鱼去不留，五色祥云绕。"聂大年词："西北关城如铁瓮，夜来春涨崩奔，惊涛拍岸撼昆仑。桃花三汲浪，何处觅仙源？仿佛鸥夷乘白马，湖头日落云昏。渎祇川后亦销魂，琴高骑赤鲤，随水到龙门。"

---

[1] 雍正本无此则文字。
[2] 雍正本无此则文字。
[3] "二"字底本原作"一"，据雍正本及文意改。

三曰半道春红。王洪词："宿雨涨春流,晓日红千树。几度寻芳载酒来,自与春风遇。弱水与桃源,有路从教去。不见西湖柳万丝,满地飞风絮。"聂大年词："记得武林门外路,雨余芳草蒙茸。杏花深巷酒旗风,紫骝嘶过处,随意数残红。有约玉人同载酒,夕阳归路西东。舞裙扇绣帘栊,昔游成一梦,试问卖花翁。"

四曰西山晚翠。王洪词："斜日照疏帘,雨歇青山暮。白鸟鸣边一半开,杳霭和烟度。楼上见平湖,影隔青林雾。吹断鸾箫兴未阑,月照芙蓉露。"聂大年词："一抹斜阳低远树,分明翠敛西山。苍苍松桧锁禅关,疏钟残磬里,倦鸟亦知还。谷口樵苏归路晚[1],六桥流水潺潺。行人指点有无间,天风吹散尽,露出豹文斑。"

五曰花圃啼莺。聂大年词："芳圃万花围绕遍,软红晴点香泥。金衣公子柳边迷,为怜春色好,终日往来啼。记得早朝花底散,金河草色萋萋。数声只在御桥西,东风回首处,香雾满长堤。"

六曰皋亭积雪。聂大年词："昨日孤峰如泼翠,今朝玉立巉岏。璚林其树间琅玕,蓬莱尘世隔,弱水竟漫漫。玉宇岩峣千仞表,群仙飞佩骖鸾。不知何处倚栏干,洞箫吹一曲,鹤氅不胜寒。"

七曰江桥暮雨。聂大年词："一叶渔舟吞暮景,夜来江涨平桥。蒹葭两岸响萧萧[2],水村烟郭外,隐隐见归樵。鸿雁欲归愁翅湿,谁怜万里云霄。空濛山色望中遥,钟声何处寺,白鸟没林腰。"

八曰白荡烟村。聂大年词："北郭秋风禾黍熟,牛羊晚下平田。一村桑柘起寒烟,田翁邀社饮,击鼓更烧钱。处处鸡豚泥饮罢,瓦盆浊酒如泉。往来东陌与西阡,谁言淳朴俗,自有一山川。"

《湖船录》:顾夫人若璞,黄东生配也。为子维含造舟泊断桥孤屿幽绝处,使吟讽其中,名曰读书船。作诗纪事,有"且自独居杨子宅,任他遥指米家船"之句[3]。

《湖船录》:汪然明制船,计长六丈二尺,广五之一。入门数步,堪置百壶。次进方丈,匹布两席[4],曲藏斗室,可供卧吟。侧掩壁厨,俾收醉墨。出转为台[5],台上张幔。若遇惊飙蹴浪,欹树平桥,卸阑卷幔,犹然一蜻蜓耳。陈仲醇榜曰"不系园"。

《湖壖杂记》:丙辰之夏,红藕花开,王子古直偕女史素蓉、曲工金叟,邀予举杯西泠桥上,为邀月之饮。素蓉歌《东风无赖》一曲,听者凝神。叟曰："子之歌,善矣。

---

〔1〕　底本"口"字下部残泐,据残存字画及雍正本补。
〔2〕　底本"响"字上部残泐,据残存字画及雍正本补。
〔3〕　雍正本无此则文字。
〔4〕　雍正本"匹"作"足"。
〔5〕　底本"出"字中部残泐,据残存字画及雍正本补。

然毫厘千里之间，犹有进也。字有四声，度曲者四声，各得其是，虽拙亦佳，非徒取媚听者之耳。如阳平，拖韵稍长，即类于阴。阴平，发音稍亮，即类于阳。去声亢矣，过文宜抑而复扬。入声促矣，出字贵断而后续。虽有一定之腔，亦可短长以就韵；虽有不移之板，亦宜变换以成文。而其要领，在于养气，如阳音以单气送之则薄，阴音以双气送之则滞。将收鼻音，先以一丝之气引入，而以音继之，则悠然无尽。子有数字未谐，试反寻之，自得也。"素蓉起，拜谢。予曰："此所谓识曲，听其真也。古之称善歌者曰绕梁曰裂石，惟美其调之高耳。袁中郎谓每度一字，几尽一刻，仅形其声之细耳。善乎！《乐记》所谓上如抗，下如坠，止如槁木，累累乎如贯珠，能尽节奏之妙。故最知音，莫古圣人若也。而子得之。虽然，不惜歌者苦，但伤知音稀，知子者有人乎？"叟曰："人之知我，不知我之自知也。"古直曰："一技也，亦有然哉。"遂罢酒，刺船而去。

《涧房偶笔》：余读书葛岭之涵青精舍。一日侵晨，有事入城，过断桥，见桥东置一木龛，十数人围聚，云有人将自焚。俄见一六七十岁老妪衣紫花布衫，项挂念珠，手焚线香三枝，至龛前，向四方膜拜毕，入龛，自闭龛门而坐。渐见龛中烟出，随焰光四透，不一时，火烈发，而龛已烬矣。不知围聚龛前者何人是其亲属，亦无哭泣相送者。予素不信有自焚之事，兹目睹之，亦奇矣。城中诸妇女闻之，相与募钱，构一草庵，瘗其骨，绘像奉之，名西升庵。不数年，庵亦圮。

《涧房偶笔》：西溪梅花，皆是村人积祖养生产业[1]，故各勤加培护，无不盛之岁。古梅可二三百年，至有空腔谽谺可入坐一人者，图画不能穷其横斜幻态也。花时，弥望无际，如屯云，如积雪，香气迷漫左右。又如入众香国，登香界，天铺鹿皮，茵褥其下，环坐雅饮，微风时飘，数片落入酒杯襟带间，觉肝肠毛发尽冰雪矣。

《名山尺牍》[2]：孤山和靖墓侧，旧有小塚，碑刻"士女菊香之墓"，余少时尝见之。戊辰己巳间，大修林墓，塚碣俱被斥去，为之惘然。今于四六新书中，见诸九鼎所作《菊香墓铭》云："菊香葬林处士墓侧，闻诸故老，传自宋时。生前吟咏，慕和靖之诗篇；没后英灵，结梅花之伴侣。"文虽不工，殆可征信也[3]。

---

〔1〕 雍正无"积祖"二字。

〔2〕 雍正本"名山"作"茳圃"。

〔3〕 雍正本"也"后有支如增《小青传》一则文字，约一千七百字。

武林览胜记卷四十一

外纪上

志西湖而及城市者,本田《志》之以南北山分脉,举城阐胜迹,胥包络于西湖之内也。然坊衢庐井,绣错绮分,总属湖山之外卫,网罗旧闻[1],依史家内外篇例,作外纪以别之。志外纪。

《太平寰宇记》:隋废钱塘郡,置杭州。杨素筑州城[2],周三十六里九十步。唐因之。《咸淳临安志》:唐昭宗景福二年,苏、杭等州观察使、开国侯钱镠发民夫二十万及十三都军士新筑罗城,自秦望山由夹城东亘江干,泊钱塘湖霍山范浦,周七十里,城门十:南曰龙山,今在六和塔西。东曰竹车、在今望仙桥东南。曰南土、在今荐桥门外。曰北土、在旧菜市门外。曰宝德,在今艮山门外无星桥。北曰北关,在今夹成巷口。西曰涵水西关,在今雷峰塔下。城中者曰朝天、在吴山下,今镇海楼。曰炭新门、今炭桥东。曰盐桥。在今旧盐桥西。镠自为记。盖其时城垣南北展而东西缩。吴越建国凤凰山下,其子城南为通越门,北为双门。后唐同光二年,镠开慈云岭,建西关城宇。逮偯纳土后,双门犹存。高宗绍兴二年,霖雨城坏。二十八年,增筑内城及东南之外城,附于旧城,为门十三:东曰便门、曰候潮、曰保安、又名小堰门。曰新门、曰崇新、俗呼荐桥门。曰东青、俗呼菜市门。曰艮山,西曰钱湖、曰清波、俗呼暗门。曰农豫、旧名涌金门。曰钱塘,南曰嘉会,北曰余杭。水门五:曰保安、曰南水、曰北水、曰天宗、曰余杭。【成化】《杭州府志》:元既取宋,禁天下修城,以示一统,而内外城日为居民所平。至正十六年,张士诚据浙西五郡。十九年,发松江、嘉兴、湖州、杭州民

夫复筑,昼夜并工,三月而成。周六千四百丈有奇,高三丈,厚视高加一丈,而杀于其上焉。旧城包山距河,故南北长。时则自艮山门至清泰门以东,视旧则拓开三里,而络市河于内。自候潮门以西,则缩入二里,而截凤山门于外,故东西比旧差广,门仍十有三。东无便门、保安二门,北增天宗、北新二门,南嘉会门改和宁门。贡尚书师泰为记。二十六年十一月,太祖命曹国公朱文忠兵取杭州,守将潘原明以全城内附,遂因之为省城,门十:东曰候潮、曰永昌、旧名新门,俗呼草桥门。曰清泰、旧名崇新门,俗呼荐桥门,又呼螺蛳门。曰庆春、旧名东青门,俗呼菜市门,今又呼太平门。曰艮山、俗呼坝子门。西曰清波、曰涌金、旧名丰豫门。曰钱塘,旧有钱湖门,今塞。按:钱湖门旧址在铁冶岭下,介清波、凤山之间,今居民犹仍旧名。南曰凤山,旧名正阳门,又有清平门,今塞。北曰武林。旧名余杭门,今俗呼北关门。旧又有天宗门,俗呼小北门,今塞。水门四,在凤山、候潮、艮山、武林各门之旁。《钱塘县志》:国朝顺治七年,巡抚萧起元于城内更筑营城,以居驻防八旗。筑自仁和之钱塘门迤里至钱塘之涌金门[1],割邑之西壁及南壁之什九界,其中东由监桥至结缚桥,南由结缚桥至丁丝巷,西由丁丝巷至溜水桥,北由溜水桥至监桥,为城高一丈九尺,厚一度,长一千九百六十二度,为五门,各阔六尺。康熙五年,永昌门毁,总督赵廷臣重建,改永昌曰望江。

【万历】《杭州府志》:郡城自羲和坊而东至横街,即肃义坊街。其南为铁线巷、为普安北巷、为柴木巷、为忠孝巷、为茅郎巷、为南班巷、为双井巷、安福巷。已上属钱塘。北为固宁巷、为兴忠巷、为平安巷、为诸投巷、为三圣庙巷、今觉苑寺巷。为塔儿巷、为皮市巷、北即福佑。为升平巷。即马市。已上属仁和。《西湖游览志》:普宁巷即柴木巷,宋时有柴木场。丰乐桥,宋有丰乐楼酒肆。其北有橘园亭,宋时此地多树橘,号橘园。高宗幸建康,于此登舟,作亭临河,故称橘园亭也。亭旁有夏皇后宅,十少保府。其南为狗儿山,隐隐地中,无可登涉。其东有常惠井、诸投巷,相传宋时行市各有分地,而此巷独无禁厉。南班巷,宋时宗室子列南班奉朝请者居之。升平巷,内有上四眼井、下四眼井。

【万历】《杭州府志》:自寿安坊旧名冠巷,俗呼官巷。而西至井亭桥,其南为二仙巷、为神堂巷、为八仙巷、为蜡作巷、为百子图巷、今塞,为巡警铺。为成娘娘巷,已上属钱塘。北为花市巷、为马家营巷、为新房廊巷、为洪福小巷。已上属仁和。《西湖游览志》:寿安坊,俗称官巷,又称冠巷。宋时谓之花市,亦曰花团,盖汴京有寿安山,山下多花园。春时赏燕争华,竞靡锦簇,绣围移都,后以花市比之,故称寿安坊。二仙巷,元时诗人张光弼居之。胡虚白挽诗云:"二仙坊里张员外,头白相逢只论诗。今日过门人不见,小楼春雨燕归迟。"[2]八仙巷,宋有八仙茶坊。其时茶坊之有名者曰八仙、曰清乐、曰珠子、曰潘家、曰连二、曰连三。坊中

---

[1] 雍正本"里"作"逦"。

[2] 雍正本无胡虚白挽诗。

插四时花卉，名曰图画，妆点店面，所卖有七宝雷茶、馓子葱茶，或卖盐豉汤，暑天则卖雪泡梅花酒，或缩脾饮之属。盂杓盏子，皆以银为之，亦同酒肆，论一角二角。茶楼多富室子弟、诸司下直人等，会聚习学乐器、上教曲赚之类，谓之挂牌儿人情。成娘娘巷，宋时皇后有成姓，亦无赐宅于花市者。俗云神娘娘巷，岂讹而为成欤？花市巷，宋时作鬻花朵者居之。马家营巷，钱王屯军之所。《仁和县志》：新房廊巷，其南对巷为百子图巷。宋建炎时，医官靳从谦扈驾南渡[1]，高宗赏赍优渥，出内府百子图赐之，仍赐第一区，命所居之巷为百子图巷。

　　【万历】《杭州府志》：入武林门折而东，过中正桥，而南至羲和寿安坊大街。其东为丰、积二仓桥街、为天水桥街、为仁和仓桥街、为军头司桥街、为普宁坊、今塞。为清远桥街、为贡院坊、为安国桥坊、俗呼北桥巷，今呼仙灵巷。为清宁坊、直达监桥、菜市桥、庆春门，旧名延定坊。为新桥巷、旧名新安坊，今名千胜巷。为戒民坊、通棚桥。为武志坊。通李博士桥，直南即羲和坊。西为同德坊、俗呼灯心巷。为兴贤坊、今塞。为兴福巷、又名打猪巷。为宝极观巷、为净住巷、为武林坊、为观巷、旧名报恩坊。为打砖巷、为墨煤巷、今塞。为保和坊、即孩儿巷。为纯礼坊、旧名后洋街，俗呼竹竿巷。为澄清坊、众安桥北塊西，按察司由此入。为下瓦巷、为混堂巷、为枣木巷、为十官宅巷、为睦亲坊、俗呼弱教坊。为百福巷坊、今名百福巷。为保信坊、今塞。为里仁坊、为修文坊、为忠孝坊。旧名崔家巷，已上属仁和。《西湖游览志》：中正桥，俗称斜桥。自此而南至正阳门，为宋时御街，长一万三千五百尺，旧铺石板，衡从三万五千三百有奇。咸淳七年，安抚潜说友易其阙坏者凡二万幅，然后经涂九轨，砥平矢直。至元时，两岸民居稍稍侵切，然绰楔无敢跨街建者。明正德已前犹然。至嘉靖元年，御史何钺始为乡贡士建坊于吴山坊北，自是题名楔绰并肩而立矣。然杭城多火，自绰楔跨街，而火益炽，以木则易于燎延，以石则人惮崩摧，莫敢向迩扑救。古人旌别宅里之义，恐不如是。怀远坊，俗称军头司巷，宋时有军头司在焉。普宁坊，俗称清远桥巷。其东，宋有仁和县丞厅。又东，有太社、太稷坛。绍兴十二年筑，以春秋二仲、腊前一日祭，其礼视亲皇祇之制。坛之北有灵池，虽旱不竭。稍北有天宗盐库、酒库、市舶务。过天水院桥，有六部架阁、淳祐仓、草料场。贡院，宋时在观桥西、新庄桥东，元时在祥符桥，洪武初在今府学西，即仁和学基也。其后人才浸盛，又以嘉、湖两府来属，地狭不足以容席舍。天顺三年，徙观桥之东，乃仁和仓旧基也。安国坊，俗称北桥巷，宋有文思院。清宁坊东为度生桥，俗称鹅鸭桥。桥畔宋有春风楼，谓之北酒库。戒民坊东通棚桥，宋为行刑地，故号鬼门关，又曰阴山道。入巷过棚桥，宋时谓之棚楼，妆点勾栏之所。其对为中和楼，乃银瓮中库，元时平准库在焉。定民坊与戒民坊对，俗称中棚巷，旧有棚心寺、佛牙塔、双井。同德坊西为祥符桥、桐树园、新庄桥。桥左右，宋有贡院、别试所、大理寺、仁和县仁和学、丰储仓、军器所、东太乙宫、万寿观、元真观、晨华观、千佛阁、安福寺、兴贤坊，以元时贡院得名。报恩坊，俗称观巷，有报恩光孝观，旧名开元宫，清泰四年钱王建。其西，宋有惠民西局、御厨小营。宋之惠民局有五，皆贮药以待病者。保和坊，俗称砖街巷、下瓦巷，亦曰

---

[1]　底本"驾"字上部残泐，据残存字画及雍正本补。

北瓦,内有勾栏十三座。枣木巷,宋时范成大所居。其东为匾担岭,宋为沂王府。十官宅巷,宋时有宋室之子十人居此,故名。弼教坊,俗称狗儿山巷,宋名睦亲坊,今有睦亲井尚存,有宗学在焉。先是,宋分宗子为六宅,宅各有学。南渡后,惟置睦亲一宅。绍兴四年,始置诸王官大、小学。嘉定九年,改学官为宗学。凡曳籍玉牒者,无间亲疏,皆肆业焉。三年一试,如大学法,有明伦、立教、汲古等堂,贵人、立爱、大雅、明贤、怀德、升闻等斋。自此而西,街之南为金钩巷,街之北为新庆巷。北通匾担岭,隐隐起伏,盖南山之尽脉也。保信坊,俗称剪刀股巷。里仁坊,宋称陶家巷。修文坊,宋有将作监。《仁和县志》:净注巷,一名清字街。孩儿巷,旧时售泥孩儿者多在此。

【万历】《杭州府志》:入艮山门大街而南至钱塘界,其西为坝子桥街,为丰、积二仓桥街、又名新桥街。为庆春街,东即庆春门。为瓦子南巷、为渡船步巷、为淳祐桥巷。东为中正巷、为潮鸣寺巷、为癸巷。已上俱属仁和。其街东近城,旧皆军营菜圃空地,今治平日久,生养繁息,大半为军民居矣。

【万历】《杭州府志》:入庆春门而西至清宁坊,其南为新开路、旧麻柴巷,今呼南营巷。为菖蒲巷、为菜市巷、即普安街北口。为瓦子巷、为保信巷、为旧城基南路、今名南城巷。为肃义坊、为福佑巷、即皮市北巷。为上八界巷、为清宁巷、为西北巷、即丝麻巷。为兴忠北巷、为七郎堂巷、旧名嘉新坊,今名祖庙巷。为团子巷。北为文东巷、清平街、北通坝子桥。为花斗巷、为信善巷、为旧城基北路、今名东青巷。为柏枝巷、为升平坊、今名忠清里,入褚家塘。为青字营巷、俗呼梓树陈巷。为下八界巷、又名小福清巷。为七宝寺巷、为小木巷、今塞。为大福清巷、为木场巷、为广兴巷、为醋坊巷。已上俱属仁和。《西湖游览志》:新开路,旧名麻柴巷,又名刀茅巷。瓦子巷,宋名菜市桥瓦。旧城基,元时禁天下修城,故杭城日毁。至正十九年,张士诚据两浙,改筑杭城,自艮山门至清泰门,展出三里,而络市河于内,此其旧基也。福佑巷西南有荷花池、紫琼观。忠清里,本名升平里。东有枢密巷、辖辖巷,宋有辖辖司、威乙巷。西有大东门,转南楼子营、凿石巷、大夹道巷、小夹道巷、梅东巷、安众巷,内有青字营,钱王所立。醋坊巷,宋时有醋库十二,一在此,一在府街后,一在菜市桥,一在小新营,一在棚北营,一在洋坝头,一在井亭桥,一在朝天门,一在三桥,一在龙舌头,一在范浦,一在江涨务。【嘉靖】《仁和县志》:七郎堂巷,以蒋侯行次第七,故名。升平坊,即今忠清里,旧名琼花街。《杭州府志》:蒲菖巷,《西湖志》作"蒲场巷"。《仁和县志》:旧城基南名南城巷、清宁巷,当依《府志》作大清福巷、小清福巷,今呼为贺衙巷、丝麻巷,俗称为司马渡巷。

【万历】《杭州府志》:自纯礼坊而西至旧明庆寺前街,其南为井字楼巷,通典庆坊。北为孩儿巷、又名永寿巷。为山子巷、又名白泽庙巷。为灯笼巷、今塞。为新营街。已上俱属仁和。《西湖游览志》:井字楼,宋酒楼也。叠构如井,故名。

【万历】《杭州府志》:自澄清坊而西沿河转入兴庆坊,旧名前洋街。过按察司,前抵城下,其南为毛铁巷、为潘阆巷、宋潘逍遥居此,故名。为太学街、宋太学在此街,故名。为旧明庆寺前街、宋名德化坊,即古木子巷。为显忠庙巷、为火巷。其街北为按察使街,迤东为马房街,迤西为纪家桥街。自司街而南至安福桥,折而东至八字桥,河南为通宝坊，河北为丰财坊。《西湖游览志》：潘阆巷内有三官宅、丰财坊，宋有左藏库。先是，韩蕲王有赐第二，在新庄桥者，献于朝，为景灵宫；在八字桥者，献以为左藏库。库有东西，受财赋之入，以待邦国之经费。东则币帛、绢绸之属，西则金银、线券、丝矿之属，统于太府寺。宋时经费多糜于赡兵，西蜀、湖广、江淮之赋，类归四总领，所以饷诸屯。唯闽、浙所轮，归之左藏，而大军取十之七，宫禁百司之禄裁三之值。有浩费，则天子出中帑封椿，以补所阙。明初，以其地赐蔡指挥，今半为官署民居矣。

【万历】《杭州府志》：入钱塘门而东折南为字民坊、为黑亭子湾。已上俱属仁和。《西湖游览志》：钱塘门南为白龟池。元仇仁近尝卜居池上，作诗云："一琴一鹤小生涯，陋巷深居几岁华。为爱西湖来卜隐，却怜东野又移家。荒城雨滑难骑马，小市天明已卖花。阿母抱孙闲指点，疏林尽处是栖霞。"[1]

【万历】《杭州府志》：自井亭桥而北至结缚桥河下，其西为甘泉坊、有相国井，即六井之一也，故名。为鲍生姜巷、在清和街西。为清风坊、旧名活水巷，今塞。为清和街、癸辛街、为上安和巷、为下安和巷。其河东各巷，俱直通大街。已上俱属仁和。《西湖游览志》：过井亭桥而西，宋有俞家园，在宋初皆荒池污亩，茭稻杂植，行潦所归，故谚云："俞家园，一雨便撑船。"自为行都，而闾阎辐辏，遂成平原。南有九官宅，洪福桥之对，宋有紫元坊。东有枢密五房院，西有惠利井，又名玉莲池，引湖水以入城者，水口在旧玉莲堂基。北为杨和王府第，鞠鼓桥之对，宋有崇训坊。马家桥之对，宋有孝慈坊、清风坊，有庄文太子府、癸辛街。相传杨和王建子第于府侧，取癸辛向其门巷，曰癸辛街。宋季有周密公谨居此，所著有《癸辛杂识》《齐东野语》。元时为省府广济库，洪武初赐为曹国公李文忠宅，永乐间籍于官，今为民居。

谨按：清和街与清河坊，音同而字异。《西湖游览志》云：清河坊，宋称古清河坊，欲以别于张循王第宅之所。而不知近癸辛街者为清和街，则在宋时原无两清河坊也。

【万历】《杭州府志》：入凤山门而北，过镇海楼折而西，又北至清河坊、西文锦坊、羲和、寿安坊大街，其东为云锦桥街，直通候潮门。为醋库巷、为安和桥街、通十二官宅街，出候潮门。为集义巷、为裕民坊、为糍团巷、为保信巷、为清平坊、为兴礼街、与西清河坊对。为灌肺巷、为通和坊、进金波桥。为普济巷、为保佑坊、为五间楼巷、今塞。为东文锦坊、即洋坝头。为平安小巷、为安平巷、今塞。为永清坊、旧名兰陵坊，俗呼水巷。为日新巷。北即羲和坊。西为清平山巷、为寿域巷、即白马庙巷。为太庙巷、为保民坊、旧西天寺，今为南院。为忠节坊、为长庆坊、即忠庆坊，俗呼石乌龟巷。为吴山坊、内有大井，即吴山第一泉也。为清河坊、宋张俊第宅在内，故名。直通布政司都司府县治前。为融和巷、俗呼高银巷。为太平坊、坊口旧倒钞库，今为官府行署。为巾子巷、今塞。为中瓦巷、俗呼道院巷。为甘泽坊、为西文锦坊、旧名市西坊，即洋坝头。为修义坊、俗呼肉市

巷。为富乐坊、为最乐坊、为教睦坊、为积善坊、为秀义坊。北即寿安坊。已上属钱塘。《西湖游览志》：镇海楼，旧名朝天门，吴越王钱氏建。规石为门，上架危楼。楼基叠石，高四仞有四尺，东西五十六步，南北半之。中为甬道，横架交梁，承以藻井，牙柱壁立，三十有四。东西阅门对辟，名曰武台，平敞可容兵士百许。武台左右北转，登石级两曲，达于楼上。楼之高六仞有四尺，连基而会十有一仞，贮鼓钟，以司漏刻。元至正间，平章康里庆童改为拱北楼。洪武八年，行省刘、王两参政者失其名，改为来远楼。顷之，参政徐本改为镇海楼，詹孟举署扁，其阴篆书"吴山伟观"四字。成化十年毁，明年重建，叠构三层，阑楯周绕，巨钟蕸鼓，右左悬架，更严之夕，鼓冬角咽，按箭行筹，似落霄汉间，规制弘远矣。赵子昂《同庆童丞相上拱北楼诗》云："城上高楼接太霞，令严钟鼓寂无哗。提强内向三千里，比屋同封百万家。心在江湖存魏阙，身随牛斗泛仙槎。举头便觉长安近，时倚阑干望日华。"杨仲弘诗云："殷地鼓蕚迎日出，倚天梁栋榜云浮。北瞻帝阙三千里，南控臣藩二百州。江海无波沉罔象，旌旗垂野驻貔貅。鸢回丽榜多深意，绣衮于今有魏牟。"高得旸诗："天府东南第一州，胥邱东起最高楼。水分两浙趋都会，地接三吴控上游。云外鼓蕚严夜禁，城中车盖乐春游。玉堂政暇新题扁，彩笔飞光射斗牛。"云锦桥，宋称六部桥。宋有六部，部各有尚书、侍郎、郎中、员外郎。又北为尚书省、门下，有枢密院。羲和坊东通安和桥，有胜安仓，即圣安寺故址，至正间毁，为军器库，今为仓基。集义巷，宋时与玉牒所、贵恕坊对。东有预备仓，通江桥东，宋有都茶场、杂买务、榷货务、雄武营。北为太医局。又东为保安门，今塞。北为乡义巷，东为三皇仓，旧为三皇庙。布市巷，宋时为贸布之所。沙皮巷，旧名清平坊，宋时酒馆也，至今沽肆不彻。灌肺巷内有灌肺桥，宋为珠子市。通和坊，东通金波桥，宋有花月楼。又东为熙春楼、南瓦子。又南为抱剑营、漆器墙、融和坊。其西为太平坊、巾子巷、狮子巷，皆为瓦市，各有等差。酒客登门，则有提瓶献茗者，谓之"点花茶"。登楼，甫饮一杯，则先与数贯，谓之"支酒"。然后呼唤提卖，赶趁只应者亦皆纷至，浮费颇多。妓家富者，酒器、沙锣、冰盆、火箱、妆盒之类，悉以金银为之。帐幔裀褥，多用锦绮。器玩珍奇，他物称是。下此者，亦竞尚鲜华。自酒器、首饰、被卧、衣服之属，各有赁者。普济巷东为柳翠井。宝祐坊，南宋时有荣王府、看街楼。五间楼，在亨桥东，与三元楼对。宋时民间市楼之有名者，曰三元，曰五间，曰熙春，曰赏心，曰花月，曰日新。其厨店分沽，则有严厨、翁厨、任厨、陈厨、周厨、沈厨、郑厨、康、沈银杓等店。每楼各分小阁十余，器皆银饰，各有私名。妓数十辈，凭槛招邀，谓之卖客。又有小鬟不呼自至，歌吟强聒，以求支分，谓之擦坐。有吹箫、弹阮、息气、锣板、歌唱、散耍等人，谓之赶趁。有老姬以小炉炷香为供者，谓之香婆。有以法制青皮、杏仁、半夏、硇砂、荳蔻、小蜡茶、香药、韵姜、砌香、橄榄、薄荷，至酒阁分俵得钱，谓之撒暂。有卖玉面狸、鹿肉、糟决明、糟蟹、糟羊蹄、酒蛤蜊、柔鱼、鰕茸、鳢干者，谓之家风。有卖酒浸江珧、章举、砺肉、龟脚、锁管、蜜丁、脆螺、鲎酱、法虾、子鱼、鰵鱼诸海味者，谓之醒酒口味。凡下酒羹汤，任意索唤，虽十客各欲一味，亦自不妨。过卖铛头，记念数十百品，传唱如流，实时供应。酒未至，则先设看菜数楪。及举杯，则又唤细菜。如此屡易，愈出愈奇。歌管欢笑之声，每夕达旦，往往与朝天车马相接，虽暑雨风雪不少减也。贤福坊，一名东文锦坊，俗称坝东巷。旧传江潮至此，有坝限之。日新巷，宋有日新楼。仁孝坊，俗称清平巷。其时，宋有登平坊。寿域坊，在白马庙南，西通七宝山。山侧宋韩侂胄第，第近太庙，凿石为园，引青衣泉注于阅古堂，秀石环绕，绝类香林冷泉之景。有桃坡十二级，夜宴则殿岩用红灯数百出于桃坡之后以烛之。其岩洞最胜者，曰云岫，危峰隐石，浅湾深沼，窈窕渟泓，自比于洞天福地云。长庆坊，宋有都奏进院，即智果院旧基也。其南为三执政府，乃宰相私第也，内有四眼井。清河坊，与兴礼坊对，宋有张循王俊赐第在焉。俊封清河郡王，故称清河坊，今改旬宣街。融和坊，宋称灌肺新街，内有灌肺岭。巾子巷，旧名市南坊。中瓦巷之南，宋时有武林园，通后市街。文锦坊至寿安坊，为连二巷，宋有连二茶坊，修义坊，有姜椒巷。富乐坊，俗称卖马巷，内有狗儿岭，今夷为平路。最乐坊，旧名众乐坊，俗称虎跑巷，后通大瓦子，亦曰上瓦。宋时瓦子有名者十有三，在城则南瓦、中瓦、上瓦、下瓦、蒲桥瓦，城外则便门瓦、候潮门瓦、小偃瓦、新门瓦、荐桥瓦、菜市瓦、钱湖瓦、赤山瓦、旧瓦、嘉惠瓦、新瓦、艮山瓦、羊坊桥瓦、王家桥瓦、龙山瓦，皆群花所聚。盖取聚则瓦合，散则瓦解之义也。教睦坊，一名敦睦巷，其南宋有银瓮酒库。泰和楼，宋时城中官酒有八楼，曰和乐、曰和丰、曰中和、曰春风、曰泰和、曰西楼、曰太平、曰丰乐，皆属户部检点所。楼各有库，每库只直数人，官妓数十人。饮酒登楼，则以名牌点唤侑觞，谓之点花牌。金银器皿，取自库中，往往为学舍士夫所据，外人未易登也。积善坊，俗称上百戏巷，内有幢子巷。秀义坊，俗称下百戏巷。《钱塘县志》：上百戏巷，今名百岁里，冢宰黄机祖母蔡氏百岁有五，因易名下百戏巷，今名东平庙巷，内有东平忠靖王庙。《钱塘志钞》：平安小巷，今称三元坊巷。明几三百年，乡、会、殿试无联元者，独商文毅公得之，敕建坊，省城以为隆宠。清平山巷，今称高士坊巷。石乌龟巷，或云嘉靖间巷多习骑射者，一举得十人，故张其名曰十武魁巷焉。

　　【万历】《杭州府志》：入候潮门而北至上下马坡街，接仁和界。其东为水门巷、为乌盆场巷、为杨店巷、为东花园巷、为升仙巷、为慈云寺巷、为孔雀园巷、今塞。为茉莉园巷。今塞。西为大营巷、为郑公巷、即顾马儿巷。为宫井巷、为谈郎步巷、为集义巷、即施官儿巷。为抚宁巷、为狮子巷、为高面巷、为姚园寺巷、即羔儿巷。为大德街、今塞。为金刚寺巷、为暮园巷、为横街旧寨口巷。已上俱属钱塘。《西湖游览志》：东花园，宋时此地多名园。高、孝两朝，尝幸东园阅市。至今有孔雀园、茉莉园等名。高阳间巷，俗讹为羔羊巷，内有慈云寺，巷口为羊市。广福巷，旧名寨口巷。

　　【万历】《杭州府志》：入永昌门而西至望仙桥，其南为上马坡街、为小竹竿巷、为总宁巷、为牛羊司巷、又名武宁。为袁酒巷。北为下马坡巷、为什物库巷、今塞。为百花池上巷、旧讹为白花蛇散巷，今木作居多，今呼为板儿巷。为安和巷，为马院巷。通断河头。已上俱属钱塘。《西湖游览志》：马坡巷，宋时称马婆巷，盖其时在城外，马院近之，教驹游牝皆于此也，故名马坡耳。自东花园而南，为上马坡。北抵清泰门大街，为下马坡。总宁巷，俗称竹椅巷。武宁巷，一名牛羊司巷，宋建牛羊司于此，掌御膳牲及祭祀之牲。有涤宫，在赤山。保安巷，俗称水仙巷。演教寺巷，内有演教寺。什物库巷，宋时建什物库于此。板儿巷北有安乐园。马院巷，宋建马院于此，内有马眼井。《钱塘志钞》：小竹竿巷，仁和有竹竿巷，此名小竹竿巷，盖货竹者聚居于此。武林细竹或作竹器，或于园林夹植花卉，皆取此竹为屏，故名。

【万历】《杭州府志》：入清泰门而西至清泰桥，转南而西出东交锦坊口[1]，其南为安肃坊、为崇新巷、为南场巷、春熙巷、为九曲巷、为丰禾小巷、为佑圣观巷、通武林驿。为打羊巷、今呼义井巷。为林木梳宁海巷、为长庆巷、俗称严马官巷。为平安巷、为集庆巷、为铁线上巷、为贤福巷。北为同德坊、为石板巷、为北场巷、为熙春巷、为双茶坊巷、今名小学。为丰禾巷、宋有丰禾仓，故名。为高桥巷、为忠孝坊、旧名忠沙。为柴木普宁巷、为普福巷、为铁线下巷。已上俱属钱塘。《西湖游览志》：安肃巷，内有香饼园、菩珠巷。南场巷，北对北场巷，内有假髻兜。九曲巷对小字巷。义井巷，俗称四眼井。《咸淳志》云水宜染紫。石板巷，内有胡芦兜。《辍耕录》：杭州荐桥侧首有高楼八间，俗谓八间楼，皆富实回回所居。《钱塘志钞》：忠孝坊，内有于忠肃宅，堂庑甚狭，前有双柏，苍翠扑人。康熙间火灾，北堂岿然独存，今呼为忠孝巷。

【万历】《杭州府志》：入涌金门而东过三桥，至西文锦坊口。其南为转运河桥、俗名渡子，又名迎春。沿河而南，即运司文庙前街。为永安桥巷、原入北织染局，今塞。为台后桥街、在宋御史台后，因名，今入织染局。为木龙桥巷、在宋太常寺后，因名，今名会仙桥，直南过花光庙布政司墙街。为后市街。即清望街北。北为友助巷、今名曹花园巷。为何胡子巷、今名纸陈巷。为焦鸡巷、今名妙心寺巷。为六房巷、今名局张巷。为神堂巷、为张司马巷、为新开路平安巷、今塞。为石榴园巷、今灰团巷。为瓜虀巷、为大瓦巷、为沈公井巷。已上俱属钱塘。《西湖游览志》：惠迁桥，一名金之桥[2]。其南宋有金文酒库，内有罗汉洞，垒石岹嵚，塑罗汉于其下，其里宋名善俗坊。又南为太常寺昭勋崇德阁，绘赵普、曹彬等二十四人从祀太庙者。内有汲古泉，又名观音泉，乃法慧寺旧井，宋时有石刻云此泉清甘，虽旱不竭，故老相传饮之，有疾爱愈，宜爱护之。嘉泰改元，立石，今归布政使。后市街，宋时为柑子园[3]，有龙翔宫孟太后宅、李皇后宅、全皇后宅、六眼井，直南与吴山坊对。先是，宋时车驾朝飨景灵宫，由御街过朝天门，经中瓦前直下，回则自洋坝头横入龙翔宫，自太平坊出御街。宝祐癸丑十二月，大火，遂从御街当中取大路直入中瓦之右，以为武林园。其左以为皇子忠王望湖楼。其时，旅邸有题壁云："龙翔宫阙壮皇都，銮路萦回枉德车。天意也知明主意，故教劫火辟通衢。"友助巷，北通洗布园。六房巷，与台后桥对。旧有如意桥，北为帐前营。大瓦巷，北通宝康巷，元时诗妇朱淑真居此。

【万历】《杭州府志》：入清波门而东至龙舌觜口，其南为严官儿巷、为蔡官儿巷、为陆官儿巷、为塔儿头街、为菜市头巷、今塞。为铁冶岭街、为郭婆井巷、为金刚岭巷、为罗师山巷、为联桂坊、旧名周官宅巷。元至元中，坊内有兄弟二人善才、善庆并登右榜进士第，故名。为罗师巷。北为四条巷、为石板巷、即水沟巷。为关王庙巷、今塞。为升

---

〔1〕 雍正本"交"作"文"。
〔2〕 雍正本"之"作"文"。
〔3〕 底本"时"作"史"，据雍正本改。

平巷。即道院巷。已上俱属钱塘。《西湖游览志》:龙舌觜,盖当宝月、峨眉两山之际蜿蜒而来,若龙舌之吐者。天井坊,在布政司右,旧名罗师山,一名狗儿山,上通乌龙潭。铁冶岭,宋名丰宁坊街、左仁静巷,宋有景献太子府,岭下有相公井。绍兴间,节度使赵密所浚。圣祖巷,直北为荷花池。《杭州府志》:严官儿巷、蔡官儿巷、陆官儿巷,明初有军功者居此。

【万历】《杭州府志》:自清河坊而西至府治流福坊口,其南为八作司巷、古康裕坊。为大隐坊、宋徽宗朝处士徐奭居此,故名。为小仙巷、为安荣坊、俗呼管米山。为怀庆巷、旧为坊,即龙舌觜。为升平巷、为石板巷。安阜坊,府治前。北为南新街、即忠肃于公里。为清望街、旧为新街,今名后市街。为德化坊、坊内旧为仁和卫,今塞。为十三湾巷、分东、中、西三巷。为泰和坊、俗呼糯米仓巷,今名华光庙巷。为兴贤坊、文庙街南口。为荷花池街。府治西。已上俱属钱塘。《西湖游览志》:天井坊,在布政司右,旧名通浙坊,今废。其对山有天井。按临安旧志所载,城中之井,自相国而下,有名者六十;自吴山而下,有名者三十有一。初无天井之名,独于黑龙潭云在宝月山,一名天井山。天晴则潭水碧色,有雨则先期变黑,盖指黑龙潭为天井也。嘉泰二年,清河坊大火,郡守丁常任行视火场,得潭井于御史台西小巷中,深五十余尺,广十余尺,淘甃清洁,甘泉进盈,得建炎钱数十枚。其埋塞必在建炎后也[1]。流福坊,在府西水口透城外,引湖水从西而东,经府前至文明坊折而北,过戒子桥、定安桥、凌云桥、福宁桥、转运桥,合涌金池之水。今水口虽淤,而条脉犹可考也。八作司巷,宋有御史台。仁美坊,俗称石板巷,宋时有三通判衙。又东为水沟巷、安阜坊。南有净因塔,俗称塔儿头。《钱塘志钞》:小仙巷,吴伟字须翁,号小仙,江夏人,工画山水人物,卜筑于此,因名。《西湖游览志》云大隐坊一名小仙巷,误。

【万历】《杭州府志》:自兴礼坊而东至旧达达城上路,其南为沙毗巷、为布市巷、旧宝梵寺街。为百岁坊、为夹墙巷。北为熙春桥巷、为清冷桥巷、为钟公桥街、为佑圣观街。通凉堂基路。已上俱属钱塘。《西湖游览志》:夹墙巷,宋时德寿宫外委巷也。熙春桥,宋有熙春楼、南瓦子。清冷桥,北通漆器墙,钟公桥通上下。抱剑营,本名宝剑营,钱王屯军之所。佑圣观街北为市舶司,东为武林驿,西为钱塘学水亭子。

【万历】《杭州府志》:自井亭桥而南河下,其东为幢子巷、即茅花巷。为施水桥街、为桐木巷、为将军桥街、为张司马巷、为三桥街、东通西文锦坊,西至涌金门。为普济桥街、布政司墙东即府尽处,桥上有光华庙,街东旧有徐府,今为旗纛庙前门。为侍郎桥街。接旗纛庙西门,今塞。西为钦善坊、旧闻善子巷俗呼闻扇子。为方家巷、今呼马家巷、旧入卢太监宅。为畏吾儿寺,前为油车巷。俗呼剪刀巷,入织染局前。已上俱属钱塘。《西湖游览志》:灵寿坊前,宋有韩枢密府。油车巷西,宋有百度牒军。《钱塘县志》:畏吾儿寺,畏吾平章建,故名。

_____

〔1〕　雍正本无"按临安旧志所载……其埋塞必在建炎后也"一段文字。

【万历】《杭州府志》：运司河下，自北而南至闸儿头文明牌，今兴贤。其东为福宁桥街，又名育材坊。南入运司，出兴贤坊西府治前。西为桑园巷，今入转运司。为文庙街、为府东巷。今为仁和县学前路。已上俱属钱塘。《西湖游览志》：文明坊，即中和坊，亦名净因坊。闸儿头从此而北，宋为楼店务。又北，元为烧钞库，今为黄册库。又北，宋有慈幼局、施乐局。

【万历】《杭州府志》：出武林门外，至北抵北新关桥，其东为永清巷、通陆家场。为清湖闸巷、通陆家场。为上关门巷、为下关门巷、为枯树湾巷、通石灰坝。为夹城巷、通东新桥一路。为左家桥巷、通黑桥。为宝庆巷。通新马头落，东北通仓基。西为霍山坊、又名混堂桥巷，通松木场。为米市巷、通新河坝。为余塘巷、通望佛桥。为大夫坊巷、通接待寺，为草营巷、通观音关。为信义巷、在五界庙东，通余杭塘。为贾为巷。通杂路。已上东属仁和，西属钱塘。

【万历】《杭州府志》：出凤山门外，过万松岭，至南抵嘉会门，其东为柳翠巷、为兴元街、即炭桥河直南。为海鲜巷、为尊胜巷、为车子巷、为青果团街。东抵南新桥。西为万松书院岭街、通清波门南山进路。为胜果街、为后小街。通松林。已上俱属仁和。

【万历】《杭州府志》：嘉会门至南抵排栅门街，其东为清净巷、对山川坛。为船料巷、为槐花巷。西为马仓巷、为马苑巷。已上俱属钱塘。

【万历】《杭州府志》：排栅门即沿江里街，至南抵浙江驿，其东为普宁巷、为道林巷、为大巷、通化仙桥江塘。为混堂巷、为小桥巷。西为江公墓巷、上南松林。为鸿雁池街、为车马门巷、为玉簪巷、为末香巷、为汤公巷、通天真书院。为钟公巷、为担水巷。其街西即松林。已上俱属钱塘。

【万历】《杭州府志》：出候潮门外大街，至南抵牛皮街龙山闸沿江塘路，为仁和接界。其东为毕家巷、为仙芝巷、为期清坊、为旧便门街、亦名太平坊。为信义坊、为铁箭巷、为颜楼巷。西为新街、通凤山关。为炭桥巷、通兴元街。为南新桥街、桥西即青果园。为末香巷。已上俱属仁和。铁箭、颜楼二巷，为仁、钱交界。

【万历】《杭州府志》：候潮门外，由东过济川桥，南接兵马司直西宫河一带跨浦桥分路，其东为大郎巷、通沙路。为麻秋巷、通沙路。为跨浦桥街、为猪团街、为鲞团街、为兵马司街、为龙舌觜。跨浦桥街为仁、钱交界，其北属仁和，南属钱塘。

【万历】《杭州府志》：出永昌门外木场街，而东抵映江楼，其南为保安巷、通永昌坝。为新安巷、为教场巷、通罗木营。为节妇牌巷。北为木场巷、通四板桥。为真如巷、为陈钱巷、为骆家跳塘。

《西湖游览志》：杭城有两打绳巷，一在都亭驿前，一在候潮门外。有两石板巷，一在临安府前，一在柴木巷中。有两龙舌觜，一在临安府前，一在江下鲞团。有两樱桃园，一在七宝山，一在荐桥门外。

《西湖游览志》：杭地属吴属越，诸家为说不同。以为属吴者，《淳祐志》引《吴越春秋》所载越王句践入臣于吴，群臣送至浙江，临水祖道。又载吴王夫差为越所败，而走止秦余杭山。又《史记》：楚威王伐越，尽取故吴地，至浙江，遂谓吴越必以浙江为分界。以为属越者，杜佑《通典》、欧阳忞《舆地广记》皆云春秋时属越，越败属吴。东阳王象之本其说，谓钱塘旧为越，自夫差败越，地始入吴，虽皆知为越地，而未知分界所在。惟《太平寰宇记》引《吴地记》云：越国西北界至御儿，即檇李，本嘉兴府崇德县，有御儿乡，有水名语水。"语"与"御"通，则是吴越以御儿为分界。二说各有所据。今考之，当以后说为是。《春秋·鲁定公十四年》：五月，于越败吴于檇李。杜预注云：嘉兴县南檇李城。又《史记》世家：阖闾十九年伐越，句践迎击之檇李。贾逵注云：檇李，越地。据此，则檇李以南为越境，杭在其中矣。此杭为越地一也。《吴越春秋》：句践既臣于吴，夫差赐之书，赠其封，东至句甬，西至檇李，南至姑末，北至平原。《越绝书》作武原，今海盐是也。纵横八百余里，且谓越本兴国千里，吾虽封之，未尽其国，则是所封之地皆越故疆。又《越绝书·越地记》云：语儿乡，故越界，本名就李，即檇李，吴疆越地，以为战地，至柴辟亭。《吴地记》云：柴辟亭到语儿就李，吴侵以为战地，则吴越疆界尤极分明。此杭为越地二也。若《淳祐志》所引皆有可辨者。其一为越群臣祖句践于浙江，遂谓吴越以浙江为界。殊不知是时句践方保栖会稽之山，浙江以西皆为吴有，宜其祖道止于江滨也。其一谓夫差走余杭山，则谓余杭在吴境内。殊不知吴自有秦余杭山。《姑苏志》云：阳山，又名秦余杭山，在长洲西北三十里。夫差栖于此，死因葬焉，至今号夫差墓。又《越绝书·吴地记》云：秦余杭山去毗陵县五十里，近太湖。今余杭去长洲太湖远甚，岂可以名之？偶同强合为一，且越在东南，吴在西北，吴王不西北走苏、常，而反东南走余杭，必无此理。其一谓楚伐越，尽取故吴地至浙江，而浙江之西乃吴地。殊不知此句自有两义。所谓故吴地者，言越故取于吴者也。所谓至浙江者，言并越原有之地而尽取之也。岂可概以为故吴地乎？《皇极经世》以其辞不别白，故于"楚灭越，尽取其地"之下书曰："东开地至浙江，则是浙江以西本非吴境，乃楚因越地而开者也。"合是二说，则郡志之误可以涣然无疑矣。

《西湖游览志》：杭州之名，相传神禹治水，会诸侯于会稽，至此舍杭登陆，因名禹杭。至少康封庶子无余于越，以主禹祀，又名余杭。秦置余杭县，隋置杭州。窃谓当神禹治水时，吴越之区皆怀山襄陵之势，纵有平陆，非浮桥缘延不可径渡，不得于此顾云舍杭登陆也。《说文》：杭者，方舟也。方舟者，并舟也。《礼》：大夫方舟，士特舟。所谓方舟，殆今浮桥是也。盖神禹至此，溪壑萦回，造杭以渡。越人思之，且传其制，遂名禹杭耳。

《两湖麈谈》：杭濒江为郡，而江潮为患最大。尝考之古，其筑堤或以竹笼石，或实以薪土。然潮之所啮，数岁辄坏，劳费不资。虽钱氏建国，力为修筑，然其立法，亦立木积石以捍之而已。若筑石堤，则是宋郎中张夏始。东坡曰江堤自古用木岸，张夏始易为石堤，是已。按景祐中，工部郎中张夏为转运使，置捍江兵，采石为堤。郡人德之，为立祠。后嘉祐六年十月辛巳，赠夏太常少卿。今濒江有祠，土人呼张司封庙，其遗址也。《礼》：所谓有功德于民则祀之。能御大灾、捍大患则祀之者，非耶。

《武林旧事》：浙江之潮，天下伟观也。自既望以至十八日，为最盛。方其远出海门，仅如银线。既而渐近，至玉城雪岭，际天而来，大声如雷霆，震撼激射，吞天沃日，势极雄豪。杨诚斋诗云"海涌银为郭，江横玉系腰"者是也。每岁，京尹出浙江亭，数阅水军，艨艟数百，分列两岸。既而尽奔腾分合五阵之势，并有乘骑、弄旗、标枪、舞刀于水面者，如履平地。倏而黄烟四起，人物略不相睹，水爆轰震，声如崩山，烟消波静，则一舸无迹，仅有敌船为火所焚，随波而逝。吴儿善泅者数百，皆披发文身，手持十幅大彩旗，争先鼓勇，溯迎而上，出没于鲸波万仞中，腾身百变，而旗尾略不沾湿，以此夸能。而豪民贵宦争赏银彩，江干上下十余里间，珠翠罗绮溢目，车马塞途，饮食百物，皆倍穹常时。而僦赁看幕，虽席地不容间也。禁中例观潮于天开图画高台，下瞰如在指掌，都民遥瞻黄伞雉扇于九霄之上，真若萧台蓬岛也。

《梦粱录》：杭人有一等无赖不惜性命之徒，以大彩旗或小清凉伞、红绿小伞儿各系色绣段子满竿，伺潮出海门，百十为群，执旗泅水上，以迓子胥，弄潮之戏。或有手脚执五小旗，浮潮头而戏弄。向于治平年间，郡守蔡端明内翰见其往往有沉没者，作《戒约弄潮文》云："斗牛之外，吴越之中，唯江涛之最雄，乘秋风而益怒。乃其习俗，于此观游。厥有善泅之徒竟作弄潮之戏，以父母所生之遗体投龙鱼不测之深渊，自谓矜夸，时或沉溺，精魄永沦于泉下，妻孥望哭于水滨。生也有涯，盍终于天命；死而不吊，重弃于人伦。推予不忍之心，伸尔无家之戒。所有今年观潮，并依常例。其军人百姓辄敢弄潮，必行罚科。"自后官府禁止，然亦不能遏也。

《钱塘县志》：钱塘江在县东南，本名浙江。虞喜云："潮水投山下折而曲，一云江有反涛，水势折归。"卢肇曰："浙者，折也。潮出海，曲折而倒流也。"一名浙河。《山海经》："禹治水，至于浙河。"又名浙江。《水经》："浙江水北过余杭，东入于海。"又名曲江。枚乘《七发》："观涛于广陵之曲江。"又名罗刹江，因江心有罗刹石，风涛至此极险。又名钱塘江，因县得名也。属钱塘疆者，凡五十里。郡城外，以龙山东南与仁和分界；西南直上至庙山，与富阳分界；中流与萧山分界。沿江有浙江渡、龙山渡、鲇鱼口、一折、二折、三折诸名。

《西湖游览志》:杭之为郡,枕带江海,远引瓯闽,近控吴越,商贾之所辐辏,舟航之所骈集,则浙江为要津焉。而其行止之淹速,无不毕听潮汐者。或违其大小之信,爽其缓急之宜,则必至于倾垫底滞,故不可以不之谨也。考之郡志,得四时潮候图,简明可信,故为之说,而刻石于浙江亭之壁间,使凡行李之过此者,皆得而观之。其潮昼夜再上,杭人有为诗括之者,曰:"午未未未申,寅卯卯辰辰。巳巳巳午午,朔望一般轮。"此昼候也。初一日午末,初二日未,初十六日如初一。夜候,则六时对冲,子午丑未之类。此亦其大概耳。其交泽起水,大小之度,则四时不同。春三月初一日、十六日,午未大,夜子正。初二日、十七日,午初大,夜子末。初三日、十八日,未正大,夜丑初。初四日、十九日,未末大,夜丑末。初五日、二十日,申正下岸,夜寅初。初六日、二十一日,寅末渐小,晚申末。初七日、二十二日,卯初渐小,晚酉初。初八日、二十三日,卯末渐小,晚酉正。初九日、二十四日,辰初小,晚酉末。初十日、二十五日,辰末交泽,晚戌正。十一日、二十六日,巳初起水,夜戌末。十二日、二十七日,巳正渐大,夜亥初。十三日、二十八日,巳末渐大,夜亥正。十四日、二十九日,午初渐大,夜亥末。十五日、三十日,午正极大,夜子初。秋与春同。夏初一日、十六日,午末大,夜子正。初二日、十七日,未初大,夜子末。初三日、十八日,未正大,夜丑初。初四日、十九日,未末大,夜丑正。初五日、二十日,申初下岸,夜丑末。初六日、二十一日,寅初小,晚申正。初七日、二十二日,寅末小,晚申末。初八日、二十三日,卯初小,晚酉初。初九日、二十四日,卯末小,晚酉正。初十日、二十五日,辰初交泽,晚酉末。十一日、二十六日,辰末起水,夜戌初。十二日、二十七日,巳初渐大,夜戌末。十三日、二十八日,巳末渐大,夜亥初。十四日、二十九日,午初渐大,夜亥末。十五日、三十日,午末大,夜子初。冬初一日、十六日,午末大,夜子初。初二日、十七日,未正大,夜子末。初三日、十八日,未末大,夜丑初。初四日、十九日,申初大,夜丑末。初五日、二十日,申正下岸,夜寅初。初六日、二十一日,寅末渐小,晚申末。初七日、二十二日,卯初小,晚酉初。初八日、二十三日,卯末小,晚酉正。初九日、二十四日,辰初小,晚酉末。初十日、二十五日,辰末交泽,夜戌初。十一日、二十六日,巳初起水,夜戌末。十二日、二十七日,巳正渐大,夜戌末。十三日、二十八日,巳末渐大,夜亥初。十四日、二十九日,午初渐大,夜亥正。十五日、三十日,午正渐大,夜亥末。

《西湖游览志》:正月朔日,官府望阙遥贺。礼毕,即盛服诣衙门,往来交庆。民间则设奠于祠堂,次拜家长,为椒柏之酒,以待亲戚邻里,以春饼为上,供热栗炭于堂中,谓之旺相。贴青龙于左壁,谓之行春。插芝麻梗于檐头,谓之节节高。签柏枝于柿饼,以大橘承之,谓之百事大吉。自此少年游冶,翩翩征逐,随意所之。演习歌吹，舞棍踢球，说唱平话，无论昼夜，谓之放魂。至十八日，收灯。然后学子攻书，工人返肆，农商各执其业，谓之收魂。立春之仪，附郭两县，轮年递办，仁和县于仙林寺，钱塘县于灵芝寺。前期十日，县官督委坊甲，整办什物，选集优人小妓，装扮社伙，如昭君出塞、学士登瀛、张仙打弹、西施采莲之类，种种变态，竞巧争华，教习数日，谓之演春。至日，郡守率僚属往迎，前列社伙，殿以春牛。士女纵观，阗塞市街，竞以麻、麦、米、荳抛打春牛。其优人之长，假以官带，骑驴叫跃，以隶卒围从，谓之街道士。过官府豪门，各有赞扬致语，以献利市。遇褴褛猥汉冲其节级，则掫而杖之。亦有谑浪判语，不敢与较。至府中，举燕，鞭牛而碎之，随以彩鞭土牛分送上官乡达。而民间妇女，各以春幡春胜镂金簇彩为燕蝶之属，问遗亲戚，缀之钗头。举酒则缕切粉皮，杂以七种生菜，供奉筵间，盖古人辛盘之遗意也。正月十五日，为上元节，前后张灯五夜。相传宋时止三夜，钱王纳土献钱，买添两夜。先是，腊后春前，寿安坊而下至众安桥，谓之灯市，出售各色花灯，其像生人物，则有老子美人、钟馗捉鬼、月明度妓、刘海戏蟾之属；花草则有栀子、葡萄、杨梅、柿橘之属；禽虫则有鹿、鹤、鱼、虾、走马之属。其奇巧则琉璃球、云母屏、水晶帘、万眼罗、玻璃瓶之属。而豪家富室，则有料丝、鱼魫、彩珠、明角、镂画羊皮、流苏宝带。品目殊难枚举。好事者或为藏头诗句，任人商揣，谓之猜灯。或祭赛神庙，则有社伙鳌山、台阁戏剧、滚灯烟火。无论通衢委巷，星布珠悬，皎如白日，喧阗彻旦。市食则糖粽、粉团、荷梗、芋娄、瓜子，诸品果蔬。㸪灯交易，识辨银钱真伪，纤毫莫欺。人家妇女，则召帚姑、针姑、苇姑、筲箕姑，以卜问一岁吉凶。乡间则有祈蚕之祭。俗子以上元为天官赐福之辰，亦有诵经持斋不御荤酒者。刘邦彦《上元五夜观灯诗》，十三夜：“近喜元宵雪更晴，千门翠竹结高棚。珠帘半卷将团月，玉指初调未合笙。新放花灯连九陌，旧传金钥启重城。少年结伴游嬉去，遮莫鸡声下五更。”十四夜：“灯光渐比夜来饶，人海鱼龙混暮潮。月照梅花青锁闼，烟笼杨柳赤阑桥。钿车过去抛珠果，宝骑从来听玉箫。共约更深归及早，大家明日看通宵。”十五夜：“一派春声送管弦，九衢灯烛上薰天。风回鳌背星球乱，云散鱼鳞壁月圆。逐队马翻尘似海，踏歌人盼夜如年。归迟不属金吾禁，争觅遗簪与坠钿。”十六夜：“次第看灯俗旧传，宝筝重按十三弦。人心未必今宵绝，兔魄还如昨夜圆。尚觉繁华夸乐土，何须广乐听钧天。追欢独羡儿童健，静对梅花忆往年。”十七夜：“绣帘窣地护轻寒，明月来迟凤蜡残。风扫烟花春烂熳，云沉星斗夜阑珊。醉敲马镫还家去，谁抱龙香隔院弹。试看烧灯如白日，鳌山无影海漫漫。”

二月朔日，唐宋时谓之中和节，今虽不举，而民间犹以青囊盛五谷瓜果之种相遗，谓之献生子。自是城中士女已有出郭探青、扫墓设奠者，湖中游舫倩价日增矣。二日，士女皆戴蓬叶。谚云：“蓬开先日草，戴了春不老。”春日，妇女喜为斗草之戏。黄子常《绮罗香》词：“绡帕藏春，罗裙点露，相约莺花丛里。翠袖拈芳，香沁笋芽纤指。偷摘遍、绿径烟霏。悄攀下、画阑红紫。扫花阶、褥展芙蓉，瑶台十二降仙子。芳园清昼乍永，亭上吟吟笑语,妒秾夸丽。夺取筹多,赢得玉玱瑜珥。凝素靥、香粉添娇,映黛眉、淡黄生喜。绾胸带、空系宜男,情郎归也未。"

二月十五日,为花朝节。盖花朝月夕,世俗恒言二、八两月为春秋之中,故以二月半为花朝,八月半为月夕也。是日,宋时有扑蝶之戏,今虽不举,而寺院启涅槃会,谈《孔雀经》,拈香者麋至,犹其遗俗也。十九日,上天竺建观音会,倾城士女皆往。其时,马塍园丁竞以名花荷担叫鬻,音中律吕。黄子常《卖花声》词:"人过天街,晓色担头红紫。满筠筐、浮花浪蕊。画楼睡醒,正眼横秋水。听新腔、一回催起。吟红叫白,报得蜂儿知未。隔东西、余音软美。迎门争买,早斜簪云髻。助春娇、粉香帘底。"乔梦符和词:"侵晓园丁,叫道嫩红娇紫。巧工夫、攒枝短蕊。行歌伫立,洒洗妆新水。卷香风、看街帘起。深深巷陌,有个重门开未。忽惊他、寻春梦美。穿窗透阁,便凭伊唤取,惜花人、在谁眼底。"

三月三日,俗传为北极佑圣真君生辰。佑圣观中,修崇醮事,士女拈香,亦有就家启醮酌水献花者。是日,观中有雀竿之戏。其法:树长竿于庭,高可三丈,一人攀缘而上,舞蹈其颠,盘旋上下,有鹞子翻身、金鸡独立、钟馗抹额、玉兔捣药之类,变态多方。观者目瞪神惊,汗流浃背。而为此技者,如蝶拍鸦翻,蓬蓬然自若也。是日男女皆戴荠花,谚云:"三春戴荠花,桃李羞繁华。"

清明,从冬至数至一百五日,即其节也。前两日,谓之寒食。人家插柳满檐,青蒨可爱,男女亦咸带之。谚云:"清明不带柳,红颜成皓首。"是日,倾城上塚,南北两山之间,车马阗集。而酒尊食罍,山家村店,享馐遨游,或张幕籍草,并舫随波,日暮忘返。苏堤一带,桃柳阴浓,红翠间错,走索、骠骑、飞钱、抛钹、踢木、撒沙、吞刀、吐火、跃圈、觔斗、舞盘,及诸色禽虫之戏,纷然丛集。而外方优妓、歌吹觅钱者,水陆有之,接踵承应。又有买卖赶趁香茶细果、酒中所需,而彩妆傀儡、莲船、战马、饧笙、鼗鼓、琐碎戏具以诱悦童曹者,在在成市。是夜,人家贴"清明嫁九娘,一去不还乡"之句于楣壁间,谓如此则夏月无青虫扑灯之扰。僧道采杨桐叶染饭,谓之青精饭,以馈施主。

三月二十八日,俗传为东岳齐天圣帝生辰。杭州行宫凡五处,而在吴山上者最盛。士女答赛拈香,或奠献花果,或诵经上寿,或枷锁伏罪,钟鼓法音,嘈振竟日。

立夏之日,人家各烹新茶,配以诸色细果,馈送亲戚比邻,谓之七家茶。富室竞侈,果皆雕刻,饰以金箔。而香汤名目,若茉莉、林禽、蔷薇、桂蕊、丁檀、苏杏,盛以哥汝瓷瓯,仅供一啜而已。

四月八日,俗传为释迦佛生辰。僧尼各建龙华会,以小盆坐佛,浸以糖水,覆以花亭,饶鼓迎往。富家以小杓浇佛,提唱偈谒,布施财物。

端午为天中节,人家包黍秫以为粽,束以五色彩丝。或以菖蒲通草雕刻天师驭虎像于盘中，围以五色蒲丝，剪皮金为百虫之像铺其上，却以葵榴艾叶[1]，攒簇华丽。或以彩绒杂金线缠结经筒符袋，互相馈遗。僧道以经筒轮子、辟恶灵符分送檀越，而医家亦以香囊、雄黄、乌发油香送于常所往来者。家家买葵榴蒲艾，植之堂中，标以五色花纸，贴画虎蝎或天师之像。或朱书"五月五日天中节，赤口白舌尽消灭"之句，揭之楣间。或采百草以制药品，觅虾蟆以取蟾酥，书"仪方"二字倒贴于楣，以辟蛇虺。

六月六日，宋时作会于显应观，因以避暑，今会废而观亦不存。自是游湖者多于夜间停泊湖心，月饮达旦，而市中敲铜盏卖冰雪者铿䶀远近。是日，郡人异猫狗浴之河中，致有泅没淤泥踉跄就毙者，其取义竟不可晓也。

立秋之日，男女咸戴楸叶以应时序，或以石楠红叶剪刻花瓣插鬓边，或以秋水吞赤小豆七粒。

七夕，人家盛设瓜果酒肴于庭心或楼台之上，谈牛女渡河事。妇女对月穿针，谓之乞巧。或以小盒盛蜘蛛，次早观其结网疏密，以为得巧多寡。市中以土木雕塑孩儿，衣以彩服而卖之，号为摩睺罗。

七月十五日，为中元节，俗传地官赦罪之辰。人家多持斋诵经，荐奠祖考，摄孤判斛，屠门罢市。僧家建盂兰盆会，放灯西湖及塔上河中，谓之照冥。官府亦祭郡厉邑厉坛。张雨《西湖放灯诗》："共泛兰舟灯火闹，不知风露湿青冥。如今池底休铺锦，此夕槎头直挂星。烂若金莲分夜炬，空于云母隔秋屏。却怜牛渚清狂甚，苦欲燃犀走百灵。"刘邦彦诗[2]："金莲万朵漾中流，疑是潘妃夜出游。光射鱼龙离窟宅，影摇鸿雁乱汀洲。凌波未必通银浦，趁月偏怜近彩舟。忽忆少年清泛处，满身风露独凭楼。"

八月十五日，谓之中秋。民间以月饼相遗，取团圆义。是夕，人家有赏月之燕，或携榼湖船，沿游彻晓。苏堤之上，联袂踏歌，无异白日。郡人观潮，自八月十一日为始，至十八日最盛，盖因宋时以是日教阅水军，故倾城往看。至今犹以十八日为名，非谓江潮特大于是日也。是日，郡守以牲醴致祭于潮神，而郡人士女云集，傁情幕次，罗绮塞涂，上下十余里间，地无寸隙。伺潮上海门，则泅儿数十执彩旗、树画伞，踏浪翻涛，腾跃百变，以夸材能。豪民富客争赏财物。其时，优人百戏，击球关扑，鱼鼓弹词，声音鼎沸，盖人但藉看潮为名，往往随意酣乐耳。瞿宗吉《看潮诗》："嘉会门边翠柳垂，海鲜桥上赤栏欹。行人指点山前石，曾刻先朝御制诗。出郭游人不待招，相逢都道看江潮。今年秋暑何曾减，映日争将画扇摇。一线初看出海迟，司封祠下立多时。须臾金鼓连天震，忙杀中流踏浪儿。垆头酒美劝人尝，紫蟹初肥绿橘香。店妇也知非俗客，奚奴背上有诗囊。

---

〔1〕 雍正本"却"作"或"。

〔2〕 刘邦彦诗，雍正本作"刘英前题"。

沙河塘上路岐赊,扶醉归来日已斜。怪底香风来不断,担头插得木樨花。步入重门小院偏,金猊飞袅夜香烟。家人笑问归何晚,已备中秋赏月筵。"

重九日,人家糜栗粉和糯米,伴蜜蒸糕,铺以肉缕,标以彩旗,问遗亲戚。其登高饮燕者,必簪菊泛萸,犹古人之遗俗也。又以苏子微渍梅卤杂和蔗霜梨橙玉榴小颗,名曰春兰秋菊。

霜降之日,帅府致祭旗纛之神,因而张列军器,以金鼓导之,绕街迎赛,谓之扬兵。旗帜、刀戟、弓矢、斧钺、盔甲之属,种种精明。有飙骑数十,飞辔往来,逞弄解数,如双燕绰水、二鬼争环、隔肚穿针、枯松倒挂、魁星踢斗、夜叉探海、八蛮进宝、四女呈妖、六臂哪吒、二仙传道、圯桥进履、玉女穿梭、担水救火、踏梯望月之属,穷态极变,难以殚名。腾跃上下,不离鞍镫之间,犹猿猱之寄木也。

十月朔日,人家祭奠于祖考,或有举扫松浇墓之礼者。八日,则以白米和胡桃、榛松、乳菌、枣栗之类作粥,谓之腊八粥。十五日,为下元节,俗传水官解厄之辰,亦有持斋诵经者。

立冬日,以各色草香及菊花、金银花煎汤沐浴,谓之扫疥。

冬至,谓之亚岁,官府民间,各相庆贺,一如元旦之仪。吴中最盛,故有肥冬瘦年之说。舂粢糕以祀先祖,妇女献鞋袜于尊长,亦古人履长之义也。

十二月二十四日,谓之交年。民间祀灶,以胶牙饧、糯米花糖、豆糖团为献。丐者涂抹变形,装成鬼判,叫跳驱傩,索乞利物。人家换桃符、门神、春帖、钟馗、福禄、虎头、和合诸图,粘贴房壁,买苍术、贯众、辟瘟丹、柏枝、彩花,以为除夕之用。自此街坊箫鼓之声铿鍧不绝矣。僧道作交年疏、仙术汤以送檀越。医人亦馈屠苏袋、同心结及诸品汤剂于常所往来者。

除夕,人家祀先及百神,架松柴齐屋,举火焚之,谓之籸盆。烟焰烛天,烂如霞布,爆竹鼓吹之声,远近聒耳。家庭举燕,则长幼咸集,儿女终夜博戏藏钩,谓之守岁。燃灯床下,谓之照虚耗。以赤小豆作粥,虽猫犬亦食之。更深人静,或有祷灶诸方抱镜出门,窥听市人无意之言,以卜来岁休咎。是日,官府封印,不复金押,至新正三日始开。而诸行亦皆罢市,往来邀饮。杭人不论贫富,俱竞市什物,以庆嘉节。而光饰门户、涂泽妇女、衣服钗环之属,更造一新,皆故都遗俗也。

《乾淳岁时记》:灯品至多,苏福为冠,新安晚出,精妙绝伦。所谓无骨灯者,其法用绢囊贮粟为胎,因之烧缀。及成,去粟,则混然琉璃球也。景物奇巧,前无其比。又为大屏,灌水转机,百物活动。赵忠惠守吴日,尝命制春雨堂五大间,左为汴京御楼,右为武林灯市,歌舞杂艺,纤悉曲尽,凡用千工。外此,有鱼灯,则侈镂犀珀、玳瑁以饰之。珠子灯,则以五色珠为纲[1],下垂流苏,或为龙船凤辇、楼台故事。羊皮灯,则镂镂精巧,五色妆染,如影戏之法。罗帛灯之类尤多,或为百花,或细眼间以红白,号万眼罗者,此种最奇。外此,有五色蜡纸菩提叶,若沙戏影灯,马骑人物,旋转如飞。又有深闺巧娃,剪纸而成,尤为精妙。又有绢灯,剪写诗词,时寓讥笑;及画人物,藏头隐语;及旧京浑语,戏弄行人。有贵邸尝出新意,以细竹丝为之,加以彩饰,疏明可爱。穆陵喜之,令制百盏。期限既迫,势难卒成,而内苑诸珰耻于不自己出,思所以胜之,遂以黄草布剪缕,加之点染,与竹无异,凡两日,百盏已进御矣。姜夔《观灯口号》:"世间形象尽成灯,烘火旋沙巧思生。列肆又多看不遍,游人一一把灯行。市楼歌鼓太喧哗,灯若连珠照万家。太守令严君莫舞,游人空戴玉梅花。游人总带孟家蝉,争托星球万眼圆[2]。闹里传呼大官过,后车多少尽婵娟。花帽笼头几岁儿,女儿学着内人衣。灯前月下无归路,不到天明亦不归。好灯须买不论钱,别有琉璃价百千。都下贵人多预赏,买时常在一阳前。珠络琉璃到地垂,凤头衔带玉交枝。君王不赏无人进,天竺堂深夜雨时。纷纷铁马小回旋,幻出曹公大战年。若使英雄知底事,不教儿女戏灯前。贵客钩帘看御街,市中珍品一时来。帘前花架无行路,不得金钱不肯回。修内司人偏戏鼓,辇宫营里独烧灯。春风到处皆君赐,金柳丝丝满凤城。正好嬉游天作魔,翠裙无奈雨沾何。御街暗里无灯火,处处但闻楼上歌。"

《尊生八笺》:杭人三月三日上踏青鞋。

《武林纪事》:东汉末,钱唐全柔为桂阳太守,命子全琮载米数千斛到吴市易,皆施散,空船而返。柔大怒,琮顿首曰:"所市非急,而士大夫有倒悬之患,故赈赡之,不及归报。"柔大奇之。时中州士人避乱,而南依琮者以百数。琮倾家济之,与共有无,遂显名远近。孙权时,封钱唐侯[3]。

《南史》:褚欣远,钱塘人,善模书。宋文帝云:天下有五绝,而皆出钱塘,谓杜道鞠弹棋、范悦诗、欣远模书、褚颖围棋、徐道度疗疾也。

《枫窗小牍》:余向从汴中得见钱武肃王铁券,其文曰:"维乾宁四年岁次丁巳八月甲辰朔四日丁未,皇帝若曰:咨尔镇海镇东等军节度、浙江东西等道观察、处置营田招讨等使兼两浙盐铁制置发运等使、开府仪同三司、检校太尉兼中书令、持节润越等州刺史、上柱国、彭城郡王、食邑五千户、实封一百户钱镠,朕闻铭邓骘之勋,言垂汉典;载孔悝之德,事美鲁经。则知褒德荣勋,古今一致。顷者董昌僭伪,为昏镜水,狂谋恶迹,渐染齐人。尔能披攘凶渠,荡定江表,忠以卫社稷,惠以福生灵。其机也氛祲清,其化也疲羸泰。拯永粤于涂炭之上,师无私焉;保余杭于金汤之固,政

有经矣。志奖王室，绩冠侯藩。溢于旗常，流在丹素。虽钟繇刊五熟之釜，窦宪勒燕然之山，未足显功，抑有异数。是用锡其金板，申以誓词。长河有似带之期，泰华有如拳之日。惟我念功之旨，永将延祚子孙；使卿长袭宠荣，克保富贵。卿恕九死，子孙三死。或犯常刑，有司不得加责。承我信誓，往惟钦哉。宣付史馆，颁于天下。"赍券中使，则焦楚锽也。

《枫窗小牍》：顷从临安见石晋授文穆王玉册。文曰："惟天福八年岁次癸卯十月丙午朔六日辛亥，皇帝若曰：在天成象，拱辰分将相之星；惟帝念功，启土列侯王之国。朕所以法昊穹而光宅，稽典礼以疏封，而况世著大勋，时推令器，探宝符而嗣位，仗金钺以宣威。羽翼大朝，藩篱东夏，宜列诸侯之上，特隆一字之封。简自朕心，叶于舆论。咨尔保邦宣化忠正翊戴功臣、起复镇国大将军、右金吾卫上将军、员外置同正员、检校太师兼中书令、杭州越州大都督、充镇海镇东等军节度、浙江东西等道管内观察处置兼两浙监铁制置、发运、营田等使、上柱国、吴越国王、食邑一万七千户、实封四千户钱佐，为时之瑞，命世而生，负经文纬武之才，蕴开物成务之志，英华发外，精义入神。亚夫继社稷之勋，显荣擅东南之美。眷言祖考，志奉国朝。清吴越之土疆，执桓文之弓矢。天资厥德，代有其人。荷基构以克家，事梯航而述职。殊庸斯在，信史有光。是举彝章，爰行盛典。土茅符节，方推翼世之资；黻冕辂车，更重荣勋之礼。斯为异数，允属真王。今遣光禄大夫、检校司徒、行太子宾客、上柱国、太原县开国男、食邑三百户王蛟，使副正议大夫、行尚书吏部郎中、柱国、赐紫金鱼袋赵熙等，持节备礼，册尔为吴越国王。周宠元臣，四履锡命。汉封异姓，八国始王。指河岳以誓功，俾子孙而袭爵。尔纂服旧业，朕考稽前文。勿忘必复之言，更广无穷之祚。懋昭前烈，尔惟钦哉！"

《西湖游览志》：钱氏铁券玉册，国除日进内帑。宋季兵乱，券沉渭水中者五十六年。元至顺二年，渔人获而售之钱氏之后居天台者曰世珪。明洪武二年，大封功臣，取其券以为式，寻还其家。高季迪为之歌云："妖儿初下含元殿，天子仍居少阳院。诸藩从此拥连城，朝贡皆停事攻战。岐王已去梁王来，长安宫阙生蒿莱。天目山前异人出，金戈双举风烟开。罗平恶鸟鸣初起，犀弩三千射潮水。归来父老拜旌旗，酿酒捶牛宴乡里。轻裘骏马骄春风，锦袍玉带真英雄。诏书特赐誓终始，黄金镂字旌殊功。虎符龙节彤弓矢，后嗣犹令赦三死。尽言恩宠冠当时，天府册书未逾此。摩挲旧物四百年，古色满面凝苍烟。天祐宰相署名在，寻文再读心茫然。古来保族须忠节，受此几人还覆灭。王家勋业至今传，不在区区一方铁。人生富贵知几时，泰山作砺徒相期。行人曾过表忠观，风雨矹薛埋残碑。"

《梦溪笔谈》：钱镠为浙帅时，宣州叛卒千余人送款。钱纳之，用为腹心。罗隐屡谏，谓敌国之人未足深信。镠不听。杭州新治城堞楼橹，既成，浙帅率僚客观之。隐指却敌楼，佯为不晓，曰："设此何为？"帅曰："君岂不知？用以却敌也。"隐谬云："审如是，合宜向里。"帅大笑曰："本却外敌，奈何向里？"对曰："据某所见，正当向里耳。"盖指宣卒将为敌也。后帅巡衣锦城，武勇指挥使徐绾、许再思挟宣卒火青山镇，入攻中城。赖有备，绾等寻败。

《武林纪事》：钱镠封吴越王时，工役大兴，士卒嗟怨。或书其门曰："没了期，没了期，修城才了又开池。"王见之，书其下曰："没了期，没了期，春衣才罢又冬衣。"民怨顿息。

《青箱杂记》：钱武肃王讳镠，至今吴越间谓"石榴"为"金樱"，"刘家""留家"为"金家""田家"，"留住"为"驻住"。

《吴越备史》：文穆王讳元瓘，字明宝，武肃王第七子也，母晋国昭懿太夫人陈氏。唐光启三年丁未冬十一月十有二日，生于杭州之东院。先是，有胡僧持一玉羊，大可数寸，光彩异常，以献武肃王，且曰："得此当生贵子。"王果以丁未生焉。

《西湖游览志》：罗昭谏隐，新城人，博物能诗。唐昭宗时，游京师不遇。归谒武肃王，辟为钱塘令，寻掌书记。时镠初授镇海军节度，命沈崧草谢表，盛称浙西繁盛，以示隐。隐曰："是自贾征索也。"请更之。乃极言兵火凋弊，有"天寒而麋鹿来游，日暮而牛羊不下"之语。廷臣见之曰："此罗隐词也。"又《贺昭宗更名晔表》曰[1]："左则姬昌之半字，右则虞舜之全文。"京师称为诸镇第一云。然性傲睨，探隐命物，往往奇中，故至今杭人称前定不爽者，犹云罗隐题破也。

《枫窗小牍》：临安有谚语：凡见人不下礼，呼曰强团练。余不知其所自来，后得之长老，云钱氏有国时，攻常州，执其团练使赵仁泽以归，见王不拜。王怒，命以刀抉其口至耳。丞相赵元德昭救解云："此强团练，宥之，足以劝忠也。"遂以药敷创，送归于唐，故至今以为美谈。

《十国春秋》：林克己，钱塘人，忠懿王时官通儒院学士，博洽善文章。宋隐士逋，即其孙也。

《吴越备史》：初，安仁义、田頵之攻我也，乃请淮帅杨行密率兵亲至，携一僧祖肩者来视王城。僧曰："此腰鼓城也，击之，终不可得。"又闻城中鼓角之声，曰："钱氏子孙皆当贵盛，未可图也。"乃归。

《东坡志林》：钱塘寿禅师，本北郭税务专知官。每见鱼虾，辄买放生，以是破家。后遂盗官钱，为放生之用，事发，坐死，领赴市矣。吴越钱王使人视之，若悲惧

---

〔1〕 底本"晔"字缺末笔，今回改。

如常人,即杀之;否,则舍之。禅师淡然无异也,遂舍之。遂出家,得法眼净。禅师应以市曹得度,故菩萨乃见市曹得度。以学出生死法,得向死地走一遭,抵三十年修行。吾辈逐海上,去死地稍近,当于此证阿罗汉果[1]。

《幕府燕谈》:宋张咏知杭日,有沈章者讼其兄分家赀不公平,挞而遣之。后公过其居,呼章兄颜问曰:"汝弟讼兄治家掌财,弟幼不知家计,亦何分之不平?"兄曰:"分之已均,弟固争不均。"公判之曰:"兄之族移于弟,弟之族入于兄,两家互换易之。"人皆叹服。

《清波别志》:工部侍郎致仕郎简,字叔广,临安人。性和易,喜宾客、导引、服饵。既老,颜如丹。晚即城北治园庐,号武林居士。资政殿学士孙公沔为守,榜其所居曰"德寿",因以名其所居之桥,今俗呼侍郎桥者是也。辉友人郎晔晦之,亦杭人。或谓杭无他郎,当与侍郎同谱系。晦之曰:"我家白屋,岂可妄攀华胄?"识者许之。

《挥麈前录》:徐五大敦立为贰卿,明清偶访之,坐间问曰:"度今居侍郎桥何耶?"明清即应以仁宗朝郎简,杭州人,以工部侍郎致仕居此。里人德之,遂以名桥。两朝国史本传,字简之,王荆公有《寄郎简之诗》。敦立大喜曰:"博闻如此,可谓俊人矣。"

《清波别志》:苏文忠公知杭州,以私帑金五十两助官缗,于城中置病坊一所,名安乐,以僧主之。三年医愈千人,与紫衣。后两浙漕臣申请,乞自今管干病坊僧,三年满所医之数,赐紫衣及祠部牒一道。从之,仍改为安济坊。辉四十年前见祥符寺一老僧言之,先师实隶安济坊,坊元在众安桥,迁于湖上,亦未多年。今官府既无提督,纵多生安,亦无以激劝。驻跸之地,理宜优异。若举行旧制,推广仁政,以幸疾苦之民,州县长吏其毋忽。

《桃源手听》:东坡在钱塘时,民有诉扇肆负钱二万者。逮至,则曰:"天久雨且寒,有扇莫售,非不肯偿也。"公令以扇二十来,就判事笔随意作行草及枯木竹石以付之。才出门,人竞以千钱取一扇,所持立尽,遂悉偿所负[2]。

《西湖游览志》:张子野居钱唐,以乐府驰名,人谓之张三中,谓心中事、眼中泪、意中人也。子野曰:"何不目我为张三影?谓云破月来花弄影、浮萍断处见山影、隔墙送过秋千影。"

《都城纪胜》:柳永咏钱塘词云:"参差十万人家。"此元丰以前语也。今中兴行

---

〔1〕 雍正本无"得法眼净……当于此证阿罗汉果"一段文字。

〔2〕 底本"遂悉"二字互乙,据雍正本改。

都已百余年,其户日蕃息,何仅百万余家。城之南、西、北三处,各数十里,人烟生聚,市井坊陌,数日经行不尽,各可比外路一小小州郡,足见行都繁盛。而城中北关水门内,有水数十里,曰白洋湖,其富家于水次起迭塌坊十数所,每所为屋千余间,小者亦数百间,以寄藏都城店铺及客旅货物。四维皆水,亦可防避风烛,又免盗贼,甚为都城富室之便。其他州郡无此。虽荆南沙市、太平州黄池,皆客商所聚,亦无此等坊院。

《西湖游览志》:周美成邦彦,钱塘人,博涉百家。元丰初,游京师,献《汴都赋》。神宗奇之,累官徽猷阁待制提举。能自度曲,制乐府长短句,词韵清蔚,名其居曰"顾曲堂"。其所制《意难忘》云:"衣染莺黄,爱停歌驻拍,劝酒持觞。低鬟蝉影动,私语口脂香。檐露滴,竹风凉,拚剧饮淋浪。夜渐深、笼灯就月,子细端详。知音见说无双。解移宫换羽,未怕周郎。长颦知有恨,贪要不成妆。些个事,恼人肠,试说与何妨。又恐伊、寻消问息,瘦减容光。"其词格大率类此。

武林览胜记卷四十二

外纪下

《梦粱录》：杭州有县者九，独钱塘、仁和附郭，名曰赤县。而赤县所管镇市者一十有五，且如嘉会门外名浙江市，北关门外名北郭市、江涨东市、湖州市、江涨西市、半塘红市，西溪谓之西溪市。惠因寺北教场南曰赤山市，江头名龙山市，安溪镇前曰安溪市，艮山门外名范浦镇市，汤村曰汤村镇市，临平镇名临平市。城东崇新门外名南土门市，东青门外北土门市。今诸镇市，盖因南渡以来，杭为行都二百余年，户口蕃盛，商贾买卖者十倍于昔，往来辐辏，非他郡比也。

《钱塘遗事》：高宗诞之三日，徽宗幸慈宁后阁，妃嫔捧抱以见，上抚视甚喜，顾谓后妃曰："浙脸也。"盖慈宁后乃浙人。其后驻驿于杭，亦岂偶然？宋太祖次陈桥驿，整军从仁和门入。高宗由海道过杭，闻县名仁和，甚喜，曰："此京师门名也。"驻驿之意始此。

《钱塘遗事》：宋高宗建炎渡江，至德祐丙子，通一百五十年。绍兴八年二月癸亥，上发建康，戊寅至临安府，遂定议建都，自此不复移跸。淳熙十四年冬十一月丙寅，宰执奏事延和殿，宿直官洪迈同对，因论高宗谥号。孝宗云："太上时，有老中官云太上临生之时，徽宗梦吴越钱王引御衣云：'我好来朝，便留住我，终须还我山河，教第三子来。'"迈又记其父皓在北买一妾，东平人，偕其母来，言曾在明节皇后阁中，闻显仁皇后初生高宗时，梦金甲神人自称钱氏武肃王即镠也，年八十一。高宗亦年八十一，卜都于钱塘，似不偶然。孝宗所谓钱王，指俶第三子惟演也。

《西湖游览志》：《癸辛杂识》言宋时杭城，除有米之家，仰籴而食者凡十六七万人。人以二升计之，非三四千石不可以支一日之用，而南北二厢不与焉，客旅之往来又不与焉。《武林旧事》言杭谚有之："杭州人一日吃三十丈木头。"以三十万家为率，大约每十家吃擂槌一分，合而计之，则三十丈矣。此二事较之今时，亦不减也。

《二老堂杂志》：临安土人谚云："东门菜，西门水，南门柴，北门米。"盖东门绝无民居，弥望皆菜圃；西门则引水注城中，以小舟散给坊市；严州、富阳之柴聚于江干，由南山入苏湖；米则来自北关云。

《云麓漫钞》：政和五年，东都筑土山于景龙门之侧，以象余杭之凤凰山最高一峰，赐名神运昭功，封盘固侯，亦名凤凰山。后神降，有"艮岳排空霄"之语，以在都城之艮方，故曰艮岳。南山成，易名曰寿岳，都人且曰万岁山。所谓余杭之凤凰山，即今临安府丽正门之正面按山，上有天柱宫及钱王郊坛。尽处即嘉会门。山势自西北来，如龙翔凤舞，掀腾而下，至凤凰山止。山分左右翼，大内在山之左腋，后有山包之，第二包即相府，第三包即太庙，第四包即执政府，包尽处为朝天门。端诚殿在山之右腋，后有山包之，第二包即郊坛，第三包即易安斋，第四包即马院。东南皆大江，西为西湖，北临平湖，地险且壮，实为一都会。其兆先见于东都为山之时。

《七修类稿》：城中语音好于他郡，盖初皆汴人，扈宋南渡，遂家焉。故至今与汴音颇相似。唯江干人言语躁动，为杭人之旧音。

《古杭杂记》：驿路有白塔桥，印卖朝京里程图。士大夫往临安，必买以披阅。有人题壁曰："白塔桥边卖地经，长亭短驿甚分明。如何只说临安路，不较中原有几程。"

《老学庵笔记》：高宗行幸扬州，郡人李易为状元；次举驻跸临安，而状元张九成亦贯临安。时以为气运所在。

《夷坚续志》：绍兴间，黄公度榜第三人陈修，福建解试《四海想中兴之美赋》，第五韵隔对云："葱岭金堤，不日复广轮之土；太山玉牒，何时清封禅之尘。"时诸郡试卷多经御览。高宗亲书此联，帖之殿壁。及唱名，玉音云："卿便是陈修？"因诵此联，凄然出涕。问："卿有子读书否？"对曰："臣尚未娶。"乃诏出内人施氏嫁之，年三十，奁具甚厚。时人戏为之语曰："新人若问郎年几，五十年前二十三。"其年第五人方翥，兴化人，解试《中兴日月可冀赋》，一联云："贮观僚属，复光司隶之仪；忍死须臾，咸泣山东之泪。"亦经御览，亲笔录记。唱名，特命加一资。

《癸辛杂识》：绍兴末，有韩愭者卖卜于临安之三桥，多奇中。庚辰春，曾侍郎仲躬、吕太史伯恭至其肆，则先一人在焉。问其姓，宗子也。次第谐命[1]。首言赵可至郡守，却多贵子，不达者亦卿郎。次及曾，则曰："命甚佳，有家世，有文学，有政事，亦有官职。只欠一事，终身无科第。"次至吕，问："何干至此？"吕曰："赴试。"曰："去年不合发解，今安得省试？"曰："赴词科。"曰："却是词科人，但不在今年，今年词科则有人矣。后三年，两试皆得之，且不失甲科。"复扣其何所至，沉吟久之，曰："名满天下，可惜无福。"已而，其言皆验。赵名善待，仕至岳州守。其子汝、述为尚书，适、逑、遇皆卿监郎。曾仲躬，名逮，吉父文清公之子，能世其家，举进士不第，至从官以殁。吕太史隆兴癸未谅阴榜南宫第七人，又中宏博科，为世儒宗。不幸得末疾，甫四十六岁而终。术之神验如此。

《挥麈三录》：洪景伯兄弟应博学宏词，以《克敌弓铭》为题，洪惘然不知所出。有巡铺老卒问洪云："官人知之否？我本韩世忠太尉之部曲，从军日，目见有人以神臂弓旧样献于太尉。太尉令如其制度，制以进御，赐名克敌。"并以岁月告之。洪尽用其语，首云"绍兴戊午五月，大将"云云。主文大惊喜。是岁遂中科目，若有神助焉。此盖熙宁中西人李宏中创造，因内侍张若水献于裕陵者也。

《癸辛杂识》：南渡以来，太学文体之变，乾淳之文师淳厚，时人谓之乾淳体。人材淳古，亦如其文。至端平江万里习《易》，自成一家，文体几于中复。淳祐甲辰，徐霖以书学魁南省，全尚性理，时竞趋之，即可以钓致科第功名。自此，非四书《东西铭》《太极图》《通书》《语录》不复道矣。至咸淳之末，江东谨思、熊瑞诸人倡为变体，奇诡浮艳，精神焕发，多用《庄》《列》之语，时人谓之换字文章。对策中有"光景不露""大雅不浇"等语，可谓文妖矣[1]。

《西湖游览志》：宋时，太学各斋，除夕必祭斋榜，品用枣子、荔枝、蓼花，取"早离了"之谶。执事者帽而不带，以绦代之，谓之"叨冒"。爵中有数鸭脚，以酒沃之，谓之"侥幸"。游湖不至三贤堂，盖以乐天、子瞻、君复并坐，谓之"落苏林"。此皆速化之心，可发一笑。

《都城纪胜》：都城内外，自有文武两学，宗学、京学、县学之外，其余乡校、家塾、舍馆、书会，每一里巷须一二所，弦诵之声，往往相闻。遇大比岁，间有登第补中舍选者。

《四朝闻见录》：高宗御书六经，尝以赐国子监，及石本于诸州庠。上亲御翰墨，稍倦，即命宪圣续书，至今皆莫能辨。

《七修类稿》：宋绍兴二年，高宗宣示御书《孝经》《易》《诗》《春秋左传》《论语》《孟子》《中庸》《大学》《学记》《儒行》《经解》五篇，刻石太学。淳熙中，孝宗建阁藏之，亲书扁曰"光尧石经之阁"。朱子修白鹿洞书院，奏请石经本，即此是也。元初，杨琏真伽造塔于行宫故址，欲取碑石叠塔。时杭州路官屠致远力争止之，幸而获免。后学为西湖书院，碑阁俱废。

---

〔1〕　雍正本无《癸辛杂识》一则文字。

《西湖麈谈》：旧仁和学，宋岳公飞第也，在按察司西。今之学，天顺末移建，则贡院基也。学有理宗御书《道统十三赞》、高宗御书四书五经、李龙眠《先圣暨七十二贤像》并高宗赞碑刻，皆太学故物也。正德辛未，巡按张公承仁欲迁置府学，赖学谕南宁李公璧恳留而止。至戊寅，巡按宋公廷佐卒迁之，时李已升任，无有能言之者矣。自宋迄今四百年，而此碑始不为吾庠所有，物岂亦有数哉？

《余庵杂录》：浙江杭州府仁和县学有宋石刻宣圣及七十二弟子像，李龙眠伯麟所画也。宋高宗制赞并书，后附以尚书左仆射、同平章门下事秦桧记。桧之言有曰："孔圣以儒道职教，弟子皆无邪杂背于道者。今缙绅之间，或未纯于儒行，顾驰骋狙诈权谲之说，以侥幸于功利。"盖指当时言恢复者。黄文献尝画图赞后[1]，谓桧作此记时距其卒仅七十六日，其罔上诬民，至死而不已也。明初，吴讷为御史，巡按浙江，得观石刻，见桧之说尚与图赞并存，不胜愤恨，立命磨去其文，又备识其后。仁和学，宋高宗绍兴十四年正月始即岳武穆第作太学者也。

《西湖游览志余》：杭省广济库出售官物，有灵壁石小峰，长六寸，高半之，玲珑秀润，卧沙、水道、裙褶、胡桃文皆具[2]，于山峰之顶有白石笔山，圆莹如玉。徽宗御题八小字于石背曰"山高月小，水落石出"，略无雕琢之迹。

《钱塘遗事》：高宗尝宴大臣，忽见张循王持一扇，有玉孩儿扇坠。上识是坠。十年前，往四明，误坠于水，屡寻不获。乃询于张，对曰："臣于清河坊铺家买得。"召问铺家，云："得于提篮人。"复遣根问，回奏云："于候潮门外陈宅厨娘处买得。"又遣问厨娘，云："破黄花鱼，重十斤，得之。"奏闻，上大悦，以为失物复还之兆。铺家及提篮人各补进义校尉，厨娘诰封孺人，循王赏赐甚厚。

《桯史》：德寿在北内，颇属意玩好。孝宗极先意承志之道，时网罗人间，以供怡颜。会将举庆典，市有北贾携通犀带一，因左珰以进于内，带十三銙，銙皆正透，有一寿星扶杖立。上得之喜，不复问价，将以为元日寿巵之侑。贾索十万缗，将成矣。傍有珰见之，从贾求金不得，则摘之曰："凡寿星之扶杖者，杖过于人之首，且诘曲有奇相。今杖直而短，仅至身之半，不祥物也。"亟宣视之，如言，遂郤之。余按《会要》：开宝九年二月十九日，召皇弟晋王及吴越国王钱俶、其子惟浚射苑中，俶进御衣、金器、寿星通犀带以谢。带之著于前世者，仅此一见耳。

《太平清话》：南渡时，高丽国进阴阳柏二株，仅二尺许。高宗以赐王绚，绚种之永怀寺殿廷之左右。柏高与殿齐，每岁左花则右实，右花则左实。

---

〔1〕 雍正本"画"作"书"。

〔2〕 具，底本误作"其"，据雍正本及《西湖游览志余》改。

《七修类稿》：尝得赵千里画便面，帝后步入宫殿，一人牵鹿，二人函进珊瑚树。意此宋德寿宫庆寿图也。一小说中伶官进词云：“玉帝来朝玉帝，嫦娥捧献嫦娥。”珊瑚者，山呼也，寓嵩祝意耳。

《林下词选》：绍兴间，都下酒肆中有道人携乌衣椎髻女子，买斗酒独饮。女子歌词以侑云：“朝元路，朝元路，同驾玉华君。千乘戴花红一色，人间遥指是祥云。回望海光新。”或记之，以问一道士。道士惊曰：“此赤城韩夫人所制水府蔡真君法驾导引也。”乌衣女子疑龙云。

《六研斋三笔》：胡淡庵论秦桧、王伦札子，千古快其议论，然实其友范璇笔也。璇字舜文，丰城人，政和进士，历州县，有治绩。太守魏玒上其十事，高宗召见便殿，言极剀切。又因刘锜顺昌之围，桧无救意，乃披胸示桧，正色触之。桧怒。请祠，三任主管玉隆观而卒。淡庵见其语戆直，上必取祸。念其亲老，遂自疏名上之[1]。

《宰辅编年录》：岳鄂王狱具，秦桧言：“岳云与张宪书，其事体必须有。”蕲王争曰：“‘必须有’三字，何以使人甘心？”

　　谨按：“必须有”三字，与《中兴纪事本末》同，今皆作“莫须有”，恐不若纪事之得其实也。

《氏族大全》：当时有知浃者，好直言，岳飞待以宾礼。飞死，上书讼冤。秦桧怒，送狱杀之。

《渭南文集》：孝宗时，以王佐知临安府。公力辞曰：“人各有能，有不能。天府，臣所不能为也。方祖宗时，用人莫重于三司开封，高选贤杰，号将相之储。豪右惮其威望，莫不敛避，故得人为多。巡幸以来，用人益轻，惟能媚奉权贵，则为称职，沿袭非一日矣。若使方拙自守者为之，犹推舟于陆，决不可行。纵臣欲降心下气，周旋其间，赋性既定，如燥湿之不可移，终有不能自抑者，徒速颠隮而已。”奏三上，不得请，遂就职。入对，上褒勉甚宠，特赐金带，进工部侍郎兼知临安府，进权工部尚书，而尹京犹如故。

《万柳溪边旧话》：待制公尤叔保尝游福胜禅寺，少饮即醉，午睡一竹榻。既觉，有长眉老僧坐其傍，告公曰：“吾居凤凰山，禅定百年，传先师相气之法。见先生左鼻气如松，右鼻气如云，此身后清贵，永永留名，子孙贵盛，罕有其比，但不及亲见之耳。”相与结纳而别，后果如老僧之言。今公不迁之祠扁“云松堂”，盖自定也。

《三柳轩杂识》：沈丞该为楼贮书，时礼佛其上，人谓之“五体投地之楼”，以对秦桧“一德格天之阁”。

《三朝北盟会编》：王继先占丰乐桥官地，屋宇宏丽，都人谓之快乐仙宫。

---

〔1〕　雍正本无《六研斋三笔》一则文字。

《睽车志》：程迥者，伊川之裔。绍兴八年，居临安之前洋街，门临通衢，垂帘闭户。一日，有物如燕自外飞入，倚着堂壁。家人亲视，乃一美妇，长可五六寸，形质宛然，容服妍丽，见人殊不惊惧，小声历历可辨。自言玉真娘子也，偶至此，亦非祸君，君能奉我，当为甚善。迥家乃就壁为小龛居之，晨夕香火供奉，颇预言休咎，皆验。好事者往往求观，乃轮百钱，方启龛。至是络绎[1]，家遂小康。至期年，飞去，不知所在。

《夷坚志》：临安荐桥门外太平桥北细民张四世，以鬻海蛳为业。淳熙二年六月夜，蛳在盆，尽缘壁登屋，上及人衣，扫之复集，至于沾着肌肤不去。张慨然有悟，发誓云："从今不复造此恶业。"言讫，蛳坠地。

《钱塘遗事》：孝宗御宇，高宗在德寿，光宗在东宫，宁宗在平阳邸，本支四世。杨诚斋时为宫僚，贺光宗诞辰诗云："祖尧父舜真千载，禹子汤孙共一家。"时服其精切。又云："天意分明昌大德，诞辰三世总丁年。"盖高宗生于丁亥，孝宗生于丁未，光宗生于丁卯也。丁年字本李陵书[2]，借用亦佳。

《养疴漫笔》：孝宗尝患痢，众医不效。德寿忧之。过宫，偶见小药肆，遣中使询之，曰："汝能治痢否？"对曰："专科。"遂宣之。至，请问得病之由，语以食湖蟹多，故致此疾。遂令诊脉，曰："此冷痢也。"其法：用新米藕节细研，以热酒调服。如其法，杵细酒调，数服即愈。德寿大喜，就以杵药金杵臼赐之。至今呼为金杵臼严防御家，可谓不世之遇。

《西湖游览志》：宋时，杭城以腊日祀万回哥哥。其像蓬头笑面，身着绿衣，左手擎鼓，右手执棒，云是和合之神。祀之，可使人在万里外亦能回来，故曰万回。今其祀绝矣。独有所谓草野三郎、宋九六相公、张六五相公，不知何人，杭人无不祀之，惑亦甚矣。

《西湖游览志》：韩侂胄当国时，尝招致水心叶适。已在坐，忽门外有以漫刺求见，题曰"水心叶适候见"，坐中恍然。侂胄乃匿水心于便室，延见之，历问水心进卷中语。其人曰："此皆某少作也，后尝改削矣。"每诵改语，极精妙，遂延入书院。出杨妃卷，令跋之。即挥笔曰："开元天宝间，有如此姝，当时丹青不及麒麟凌烟，而及诸此。吁！世道判矣。"又出米南宫帖，即跋云："米南宫帖尽归天上，犹有此本散落人间。吁！欲野无遗贤，难矣。"如此数卷，言简意尽。韩骇然，谓曰："自有水心在此，岂天下有两子张耶？"其人笑曰："文人才子如水心比者，车载斗量。今日不假水

---

〔1〕 雍正本"是"作"者"。
〔2〕 底本"本"作"李"，据雍正本改。

心之名,未必蒙与至此。"侂胄笑而然之,收属门下。其人姓陈名说,建宁人,后举进士。

《志雅堂杂钞》:医老张防御,向为谢太后殿医官,命后出入杨驸马家[1],言殊好异,人目为风子。然其人尚义,不狥流俗。其影堂之上作小阁,奉宋理宗、谢太后神御牌,奉之惟谨,以终其身。可谓不忘本者矣。又杨府九位有掠屋钱人沈喜者,居长生桥,杨和王忌辰或愍忌,必设位,书"恩主杨和王",供事香烛唯谨。人问其故,则云:其家再世,皆出杨府衣食。其家今虽衰替,然不敢忘。此亦小人知义者。

《续书画题跋记》:李唐初至杭,无知者,货楮画以自给,甚困。有中使识之,曰:"待诏作也。"遂奏闻。唐之画,杭人贵之。唐有诗曰:"雪里村烟雨里滩,为之如易作之难。蚤知不入时人眼,多买胭脂画牡丹。"

《西湖游览志》:杭城假山,称江北陈家第一,许银家第二,今皆废矣。独洪静夫家者最盛,皆陆氏所叠也。堆垛峰峦,拗折涧壑,绝有天巧,号陆叠山。张靖之尝赠陆叠山诗,云:"出屋泉声入户山,绝尘风致巧机关。三峰景出虚无里,九仞功成指顾间。灵鹫峰来群玉垛[2],峨嵋截断落星间。方洲岁晚平沙路,今日溪山送客还。"

《辍耕录》:杭人削松木为小片,其薄如纸,镕硫黄涂木片顶分许,名曰发烛,又曰焠儿。盖以发火及代灯烛用也。史载建德六年,齐后妃贫者以发烛为业,岂即杭人之所制与?

《四朝闻见录》:金凤花,如凤味飞舞,每种各具一色。聚开则五色成华,自夏至秋尤盛,谓之金凤花。中都习宫闱娭语,谓凤儿花。慈懿之生,有鸑鸑仪于墨氏,名曰凤娘。迨正坤极,六宫避旧称,曰好女儿花。今行在犹然。

《戒庵漫笔》:杭州俗呼黄矮菜为花交菜,俗多南渡遗风。卖冰者叫大雪,以大雪收者佳。籴芝麻者叫何何,旧姓何者鬻此故也。

《月令广义》:《武林遗事》云:每年五月,富春江上鲥鱼最盛,数人捕之,移时百里,达于城市。

《二老堂杂志》:永丰宰汪文振子泉云:临安贵人家种竹木,以麦拌土置根下,虽盛夏亦生。

《肯綮录》:武林一族人家好养鹰。一日,有中贵人以百余千买一鹰去。尝见其几间有书一帙,上题"咻咻,以麦切。漱"二字。初不晓,取视之,则皆饲鹰鹘之语,字书纸籍,极皆如法。问其所从得,则曰:"吾父顷在北司[3],诸阉往来甚厚,以此见

---

〔1〕 雍正本无"命"字,它本"命"前有"革"字。
〔2〕 雍正本"峰"作"飞"。
〔3〕 雍正本"顷"后有"与"字。底本无"在"字,据《说郛》卷二十四补。

遗。且曰饲养法,皆可用也。"

《墨客挥犀》:杭人喜食蛙。沈文通在钱塘日,切禁之,自是池沼之蛙遂不复生。文通去,州人食蛙如故,而蛙亦盛。人因谓天生是物,将以资人食也。

《春风堂随笔》:今世所用折扇,亦名聚头扇。南宋以来,诗词咏聚头扇者甚多。予收得杨姝子所写绢扇面[1],折痕犹存

《鹤林玉露》:唐子西在惠州,名酒之和者曰养生主,劲者曰椒花雨。尝曰:"余爱椒花雨甚于金盘露。"意盖有为也。余尝谓与其一于和劲,孰若和劲两忘。顷在太学时,同舍以思堂春合润州北府兵厨,以庆远堂合严州潇洒泉饮之,甚佳。余曰:不刚不柔,可以观德;非宽非猛,可以观政矣。

《都城纪胜》:官酒库有楼曰西楼,楼攻愧书榜,为好奇者取去。

《至正直记》:宋季铜钱牌长三寸有奇,阔二寸,大小各不同,皆铸"临安府"三字。而铸钱贯文曰壹伯之等之类,额有小窍,贯以致远,最便于民。近有人收为钥匙牌者,亦罕得矣。

谨按:铜钱牌,今民间亦有藏弄者。其面铸"临安府行用",背云"准钱五百文",省亦有二百或三百不等。考《容斋随笔》:太平兴国二年,诏民间缗钱定以七十七为陌。自是以来,天下承用,公私出纳皆然,故名省钱。以九十为一百者,为长钱。南宋定都临安,故铸"临安府"字。所谓省者,尚承汴京旧制,亦可知当时用钱不能足百,而姑以是济其乏也。

《齐东野语》:张镃功甫,号约斋,循王诸孙。能诗,一时名士大夫莫不交游。其园池、声妓、服玩之丽甲天下。尝于南湖园作驾霄亭,于四古松间以巨铁絙悬之空半,而羁之松身。当风月清液[2],与客梯登之,飘摇云表,真有挟飞仙溯紫清之意。王简卿侍郎尝赴其牡丹会,云众宾既集,坐一虚堂,寂无所有。俄问左右云:"香已发未?"答云:"已发。"命卷帘,则异香自内出,郁然满坐。群妓以酒肴丝竹次第而至。别有名姬十辈,皆衣白,凡首饰衣领皆牡丹,首带照殿红一枝,执板奏歌侑觞,歌罢乐作乃退。复垂帘谈论自如。良久,香起,卷帘如前,别十姬易服,与花而出,大抵簪白花则衣紫,紫花则衣鹅黄,黄花则衣红。如是十杯,衣与花凡十易,所讴者皆前辈牡丹名词。酒竟,歌者、乐者无虑数百十人列行送客。烛光香雾,歌吹杂作,客皆恍然若仙游也。

《癸辛杂志》:张功甫镃为梅园于南湖上,作堂其间,曰玉照堂。其自叙云:梅花为天下神奇,而诗人尤所酷好。淳熙岁乙巳,予得曹氏荒圃于南湖之滨,有古梅数十,散辍地十亩,移种成列,增取西湖北山别圃红梅合三百余本,筑堂数间以临之。

---

〔1〕 雍正本"姝"作"妹"。
〔2〕 雍正本"液"作"夜"。

又夹以两室，东植千叶细梅，西植红梅，各一二十章。前为轩楹，如堂之数。花时，居宿其中，环洁辉映，夜如对月，因名曰"玉照"。复开涧环绕，小舟往来，未始半月舍去。自是客有游桂隐者，必求观焉。顷者，太保周益公秉钧。予尝造东阁，坐定，首顾予曰："一棹径穿花十里，满城无此好风光。"盖予旧诗尾句，众客相与歆艳。于是游玉照者，又必求观焉。值春凝寒，又能留花，过孟月始盛，名人才士题咏层委，亦可谓不负此花矣。但花艳并秀，非天时清美不宜。又标韵孤特，若三闾首阳二子，宁槁山泽，终不肯俯首屏气，受世俗湔拂。间有身亲貌悦，而此心落落不相领会，甚至于污亵附近略不自揆者。花虽眷客，然我辈胸中惘怅，几为花称屈，不特三叹而足也。因审其性情，思所以为奖护之策，凡数月乃得之。今疏花宜称、憎疾、荣宠、屈辱四事，总五十八条，揭之堂上，使来者有所警省，且示徒知梅花之贵而不能爱敬也。花宜称凡二十六条，为淡阴，为晓日，为薄寒，为细雨，为轻烟，为佳月，为夕阳，为微雪，为晚霞，为珍禽，为孤鹤，为清溪，为小桥，为竹边，为松下，为名窗，为疏篱，为苍崖，为绿苔，为铜瓶，为纸帐，为林间吹笛，为膝上横琴，为石枰下棋，为扫雪煎茶，为美人淡妆簪戴。花憎疾凡十四条，为狂风，为连雨，为烈日，为苦寒，为丑妇，为俗子，为老鸦，为恶诗，为谈时事，为论差除，为花径喝道，为对花张绯幕，为赏花动鼓板，为作诗用调羹驿使事。花荣宠凡六条，为烟尘不染，为铃索护持，为除地镜净落瓣不缁，为主人旦夕留盼，为诗人阁笔评量，为妙妓淡妆雅歌。花屈辱凡十二条，为主人不好事，为主人悭鄙，为种富家园内，为与粗婢命名，为蟠结作屏，为赏花命猥妓，为庸僧窗下种，为酒肉店内插瓶，为树下有不洁，为枝下晒衣裳，为青纸屏粉画，为生猥巷秽沟边。

《武林旧事》：张约斋《赏心乐事》云：余扫轨林间，不知衰年，节物迁变，花鸟泉石，领会无余。每适意时，相羊小园，殆觉风景与人为一。间引客携觞，或幅巾曳杖，啸歌往来，淡然忘归。因排比十有二月燕游次序，名之曰《四并集》，授小庵主人，以备遗忘。非有故，当力行之。然为具真率，母致劳费及暴殄沉湎，则天之所以与我者为无负无亵。昔贤有云："不为俗情所染，方能说法度人。"盖光明藏中，孰非游戏？若心常清净，离诸取着，于有差别境中，而能常入无差别定，则淫房酒肆，遍历道场，鼓乐音声，皆谈般若。倘情生智隔，境逐源移，如鸟黏黐，动伤躯命，又乌所谓说法度人者哉？圣朝中兴七十余载，故家风流沦落几尽。有前辈典型，识南湖之清狂者，必长哦曰："人生不满百，常怀千岁忧。昼短苦夜长，何不秉烛游？"一旦相逢，不为生客。嘉泰元年岁次辛酉十有二月，约斋居士书。

正月孟春：岁节家宴，立春日迎春春盘，人日煎饼会，玉照堂赏梅，天街观灯，诸馆赏灯，丛奎阁赏山茶，湖山寻梅，揽月桥观新柳，安闲堂扫雪。

二月仲春:现乐堂赏瑞雪,社日社饭,玉照堂西赏绌梅,南湖挑菜,玉照堂东赏红梅,餐霞轩看樱桃花,杏花庄赏杏花,群仙绘幅楼前打球,南湖泛舟,绮互亭赏千叶茶花,马塍看花。

三月季春:生朝家宴,曲水修禊,花院观月李,花院观桃柳,寒食祭先扫松,清明踏青郊行,苍寒堂西赏绯碧桃,满霜亭北观棣棠,碧宇观笋,斗春堂赏牡丹芍药,芳草亭观草,宜雨亭赏千叶海棠,花苑蹴秋千,宜雨亭北观黄蔷薇,花苑赏紫牡丹,艳香馆观林檎花,现乐堂观大花,花院尝煮酒,瀛峦胜处赏山茶,经寮斗新茶,群仙绘幅楼下赏芍药。

四月孟夏:初八日亦庵早斋,随诣南湖食糕糜,芳草亭斗草,芙蓉池赏新荷,蕊珠洞赏荼蘼,满霜亭观花,玉照堂尝新梅,艳香馆赏长春花,安闲堂观紫笑,群仙绘幅楼前观玫瑰,诗禅堂观盘子山丹,餐霞轩赏樱桃,南湖观杂花,鸥渚亭观五色莺粟花。

五月仲夏:清夏堂观鱼,听莺亭摘瓜,安闲堂解粽,重午节泛蒲家宴,烟波观碧芦,夏至日鹅脔,绮互亭观大笑花,南湖观萱草,鸥渚亭观五色蜀葵,水北书院采苹,清夏堂赏杨梅,丛奎阁前赏榴花,艳香馆尝密林擒,摘星轩赏楷杷。

六月季夏:西湖泛舟,现乐堂尝花白酒,楼下避暑,苍寒堂后碧莲,碧宇竹林避暑,南湖湖心亭纳凉,芙蓉池赏荷花,约斋赏夏菊,霞川食桃,清夏堂赏新荔枝。

七月孟秋:丛奎阁上乞巧家宴,餐霞轩观五色凤儿,立秋日秋叶宴,玉照堂赏荷,西湖荷花泛舟,南湖观稼,应铉斋东赏葡萄,霞川观云,珍林剥枣。

八月仲秋:湖山寻桂,现乐堂赏秋菊,社日糕会,众妙峰赏木樨,中秋摘星楼赏月家宴,霞川观野菊,绮互亭赏千叶木樨,浙江亭观湖,群仙绘福楼观月,桂隐攀桂,杏花庄观鸡冠黄葵。

九月季秋:重九家宴,九日登高把萸,把菊亭采菊,苏堤上玩芙蓉,珍林尝时果,芙蓉池赏五色拒霜,景全轩尝金橘,杏花庄刍新酒,满香亭尝巨螯香橙。

十月孟冬:旦日开炉家宴,立冬日家宴,现乐堂暖炉,满霜亭赏蚤霜,烟波观买市,赏小春花,杏花庄挑荠,诗禅堂试香,绘幅楼庆暖阁。

十一月仲冬:摘星轩观枇杷花,冬至节家宴,绘幅楼食馄饨,味空亭赏腊梅,孤山探梅,苍寒堂观南天竺,花院赏水仙,绘幅楼削雪煎茶,绘幅楼前赏雪。

十二月季冬:绮互亭赏檀香腊梅,天街阅市,南湖赏雪,家宴试灯,湖山探梅,花院观兰花,瀛峦胜处赏雪,二十四夜饷果食,玉照堂赏梅,除夜守岁家宴,起建新岁集福功德。

《武林旧事》:《约斋桂隐百课》云:淳熙丁未秋,余舍所居为梵刹,爰命桂隐堂馆桥池诸名,各赋小诗,总八十余首。逮庆元庚申,历十有四年之久。匠生于心,指随景变,移徙更葺,规模始全,因删易增补,得诗几数百。纲举而言之,东寺为报上严先之地,西宅为安身携幼之所,南湖则管领风月,北园则娱燕宾亲。亦庵晨居植福,以资净业也。约斋昼处观书,以助老学也。至于畅怀林泉,登赏吟啸,则又有众妙峰山,包罗幽旷,介于前六者之间。区区安恬嗜静之志,造物亦不相负矣。或问余曰:"造物不负子,子亦忍负造物哉? 释名宦之拘囚,享天真之乐适,要当于筋骸未衰时。今子三任中朝,头华齿堕,涉笔才十二旬,如之何则可?"余应之曰:"仕虽多,不使胜闲日,余之愿,余之幸也,敢不勉旃。"壬戌岁中夏,张镃功父书。

东寺:敕额广寿惠云。大雄尊阁、千佛铁像。静高堂、寝室。真如轩。种竹。

西宅:丛奎阁、安奉被赐四朝宸翰。德勋堂、祖庙以高宗御书二字名。儒闻堂、前堂用告词字取名。现乐堂、中堂用朱岩篆语。安闲堂、后堂。绮互亭、有四小轩。瀛峦胜处、东北小楼,前后山水。柳塘花院、应铉斋、筮得鼎卦,故名。振藻、取告词中字名。宴颐轩、尚友轩、赏真亭。山水。

亦庵:法宝千塔、铁铸千塔,藏经千卷。如愿道场、药师佛坛。传衣庵、写经寮。书《华严》等大乘诸经。

约斋:泰定轩。

南湖:阆春堂、牡丹芍药。烟波观、天镜亭、水心。御风桥、十间。鸥渚亭、把菊亭、泛月阁、水阁。星槎。船名。

北园:群仙绘幅楼、前后十一间,下临丹桂五六十株,尽见江湖诸山。桂隐、诸处诸名,今揭楼下。清夏堂、面南临池。玉照堂、梅花四百株。苍寒堂、青松二百株。艳香馆、杂春花二百株。碧宇、修竹十亩。水北书院、对山临溪。界华精舍、梦中得名。抚鹤亭、近水村。芳草亭、临池。味空亭、腊梅。垂云石、高二丈,广十四尺。揽月桥、飞云桥、在梅林中。蕊珠洞、荼蘼二十五株。芙蓉池、红莲十亩,四面种芙蓉。珍林、杂果小园。涉趣门、总门入松径。安乐泉、竹间井。杏花庄、村酒店。鹊泉、井名。众妙峰、山诗禅堂、黄宁洞天、景白轩、置香山画像并文集。文光轩、临池。绿昼轩、木樨临侧。书叶轩、柿十株。俯巢轩、高桧旁。无所要轩、长不昧轩、摘星轩、餐霞轩、樱桃三十余株。读易轩、咏老轩、《道德经》。凝熏堂、楚佩亭、兰。宜雨亭、千叶海棠二十株,近流水。满霜亭、橘五十余株。听莺亭、柳边竹外。千岁庵、仁皇飞白字。恬虚庵、凭晖亭、弄芝亭、都微别馆、诵《度人经》诸处,乃徽宗御书。冰湍桥、漪岚洞、施无畏洞、观音铜像。澄霄台、面东。登啸台、金竹岩、隐书岩、石函仙书在岩穴中,可望不可取。古雪岩、新岩、叠翠庭、茂林中,容十数人坐。钓矶、菖蒲涧、上有小石桥。中池、养金鱼,在山涧中。珠旒瀑、藏丹谷、煎茶磴。右各有诗在集中,此不繁录。

　　谨按：《武林旧事》载张约斋《赏心乐事》《桂隐百课》二则，与《西湖游览志》所载不同。如二月："现乐堂赏瑞云"，《游览志》作"现乐堂瑞雪"[1]。三月："曲水修禊"作"曲水流觞"，"花院观月季"作"花院月丹"，"寒食祭先扫松"作"寒食郊游"。四月："满霜亭观橘花"作"满香亭菊花"。六月："现乐堂尝花白酒"作"现乐堂南白酒"。七月："玉照堂赏荷"作"玉照堂玉簪"，"南湖观稼"作"南湖观渔"，"霞川观云"作"霞川水莶"。十月："满霜亭赏蚤霜"作"满霜亭蜜橘"。十一月："冬至节家宴"作"冬至节馄饨"。十二月："家宴试灯"作"安闲堂试灯"。至其所失载者，如三月："清明踏青郊行""花苑蹴秋千"；六月："西湖泛舟""南湖湖心亭纳凉"；八月："中秋摘星楼家宴"；九月："重九家宴""满霜亭尝巨鳌香橙"；十月："旦日开炉家宴""立冬日家宴""绘幅楼庆暖阁"；十一月："孤山探梅""绘幅楼削雪煎茶"；十二月："起建新岁集福功德"若干条。其《桂隐百课》则全文俱缺，岂田汝成所见《武林纪事》非完本耶？[2] 抑别有去取，今备录之。

　　《辍耕录》：周必大兼临安府，和剂局失火，延烧民居。其发火之家五十余人枷系于狱。周问吏曰："当得徒。若我承之，得何罪？"吏曰："除籍为民。"周叹曰："岂惜一官而不救人乎？"乃自诬服，众遂得释。周落职还乡，将谒妇翁。翁前夕梦人扫雪，谓迎宰相。明日，周至，翁叹曰："梦人扫雪，乃迎失官退职子也。"于是周遂励志，勤苦经史，试宏词科，一举高捷，历官宰辅。神人盖先知矣。

　　《桯史》：庆元初，韩侂胄既逐赵忠定，太学诸生敖陶孙赋诗于三元楼云："九原若遇韩忠献，休说如今有末孙。"既书壁，自谓必有来捕者。上梯与交臂，问敖上舍所在。对曰："若问太学秀才耶？饮方酣耳。"陶急亡去，归闽，后乙丑登第。

　　《三朝野史》：马光祖尹京日，不畏贵戚豪强，庭无留讼。福王府讼民不入赁房钱，光祖判曰："晴则鸡卵鸭卵，雨则盆满钵满。福王若要屋钱，直待光祖任满。"

　　《至正直记》：三衢叶文可君章居钱塘，善镌刻，颇知典故，与予交有年。尝云："宋季小字《兰亭》，南渡前未之有也。盖因贾秋壑得一碔砆石枕，光莹可爱。贾意坚，欲刻《兰亭》，人皆难之。忽一镌者曰：'吾能蹙其字法，缩成小本，体制规模当令具在。'贾甚喜。既成此刻，果然宛如定武本。而小耳缺损处皆全，亦神手也。今所传于世者，又此刻之诸孙也，世亦称《玉枕兰亭》云。"

　　《近异录》：庆元间季冬二十夜，月如初出。时临安人皆见其团圞如望，太史奏是为上瑞，其地当十年大稔。

　　《西湖游览志》：理宗朝，张循王府献白玉箫管长二尺者，中空而莹薄。韩蕲王府献白玉笙一攒[3]，其薄如鹅管，其声清越。皆希世之宝也。

---

　　[1]　雍正本"雪"作"香"。

　　[2]　《武林纪事》，雍正本同。据文意，"《武林纪事》"当作"《武林旧事》"。

　　[3]　雍正本无"中空而莹薄。韩蕲王府献白玉笙一攒"十五字。

《宋季三朝政要》：理宗嘉熙三年，诏国子监下临安府刊朱子《通鉴纲目》。

《西湖游览志》：东太乙宫，绍兴间建，以祀五福太乙之神。两庑绘三皇五帝、日月星辰、岳渎九宫。贵人每岁四立日祀之，四孟车驾亦幸焉。虎林山在其后圃。

《西湖游览志》：景灵宫，本宋韩蕲王世忠宅也。绍兴十三年建，以奉祖宗衣冠之游，盖汉原庙之遗也。宋制：太庙以奉神主，一岁五飨，朔祭而月荐。五飨，宗室诸王摄事；朔祭月荐，则太常寺卿代之。景灵宫以奉塑像，岁四孟天子躬祭，次日绎祭，则后妃六宫从往。帝后忌辰，则宰相率百官行香，道士作法事。天章诸阁以奉绘像，时节朔望，帝后生辰，皆遍荐之，内臣摄事。钦先、孝思两殿，亦以奉小像，上日焚香。太庙之祭以俎豆，景灵宫以牙盘，天章诸阁以常馔，用家人礼云。宫内有崇禋馆，命羽流主之。蟠桃亭、流杯亭、四并堂、橘园、桂园、景灵池，以湖水灌之，水口在昭庆山门左。

《西湖游览志》：望仙桥之东，宋有德寿宫、蒋院使花园。绍兴十五年四月，秦桧建第落成。初，望气者言此地有郁葱之祥。桧专国，实觊觎焉，请以为第。桧死，高宗将倦勤，乃即第筑新宫，名德寿。绍兴三十二年，禅位于孝宗，迁居之。以朝禁为南内，以此宫为北内。凿池引水，叠石为山，象飞来峰，建冷泉亭，规制宏丽。孝宗内禅，移居此宫，改名重华。后宁宗以奉太皇太后，改名慈福。寿成皇太后居之，改名寿慈。当高宗时，得盘松一本于聚景园中，移植宫苑，奇秀绝伦。高宗尝自为赞曰："天锡瑞木，得自欻岑。枝蟠数万，干不倍寻。怒腾云势，静奏琴音。凌寒郁茂，当暑阴森。封以腴壤，迤以碧浔。越千万年，以慰我心。"又尝躬制祭文，祈神保护，其文曰："维淳熙五年岁次戊戌十一月日，太上皇帝遣具阶张宗尹特设牲牢旨酒、珍果香花，致祭于本宫土地之神。神有百职，职各不同。典司草木，土示是供。我游湖园，乃获奇松。植之禁苑，百态千容。婆娑偃盖，夭矫腾龙。翠色凝露，清音舞风。醉吟闲适，予情所钟。壅培封殖，人力或穷。鸟乌外扰，蚁蠹内攻。神其剿绝，勿使能终。精奇窈据，盗斧适逢。神其呵逐，勿使遗踪。常令劲节，坐阅隆冬。坚逾五柞，弱异双桐。历千万年，郁郁葱葱。牲牢旨酒，嗣录汝功。尚飨！"

《癸辛杂识》：德寿宫有桥，乃中秋赏月之所。桥用吴璘所进阶石砌之，莹彻如玉，以金钉校。桥下皆千叶白莲花。御几、御榻、瓶炉、酒器，皆用水精为之。水南岸皆女童奏清乐，水北岸皆教坊乐工，吹笛者至二百人。

《西湖游览志》：宗阳宫，本宋德寿宫后圃也，去吴山东北五百步，新宫桥之东，三圣庙桥之左。先是，绍兴间，望气者言其地有郁葱之祥，遂建德寿宫，高宗禅位后居之。咸淳四年，以后圃筑道宫曰宗阳，祀感生帝，每遇孟享，车驾尝临幸焉。有无极、顺福、毓瑞、申佑、景纬等殿，玉籁、蕊简等楼，大范、观化、观妙等堂，会真、澄妙、常静等斋,丹邱、元圃等亭,皆揭以奎藻,辟圃凿池,花卉森茂。元初,毁。延祐间,真人杜道坚重建,筑老君台,肖老聃像于中,旁列尹喜、辛鈃、庚桑楚、南荣趎、尹文子、士成琦、崔瞿、柏矩、列御寇、庄周,赵子昂为之记。元季,毁。洪武间叶月庵,永乐丙申周道渊,宣德癸丑沈复玹,弘治元年沈复纯,相继重修。内有老君台、得月楼。杜道坚,号南谷,当涂人,风度清雅。尝以中秋集儒彦登老君台玩月,分韵赋诗。杨仲弘为首倡,其诗云:"老君台上凉如水,卧看冰轮转二更。大地山河微有影,九天风露寂无声。龙蛇并起承金榜,鸾凤双飞载玉笙。不信弱流三万里,此身今夕到蓬瀛。"

《西湖游览志》:佑圣观,在兴礼坊内,宋孝宗潜邸也,光宗、宁宗皆诞于此。淳熙三年,改为老氏之宫,以奉北极佑圣真君。时赵粹中为吏部侍郎,梦有客谒之,着羽衣,长七尺,视其刺曰"北方镇天真武灵应真君"。粹中奉神素谨,趋下迎揖,不敢执主礼。神固请粹中东向坐,曰:"侍郎,今日之事,子为政矣。"粹中局蹐而窜。明日,得旨,为奉安圣像使。绍定间,赐额曰"佑圣宫",命学士院书之。篆书"佑"字,傍无人字。道流呿然曰:"宫无人,何以自立?"事闻上,特许加"人"字。孝宗尝题杜甫诗于壁,云:"富贵必从勤苦得,男儿须读五车书。"理宗又书全篇于东宫厅之屏。元大德七年,毁。逾年,重建,改为佑圣观,基甚宏敞,今钱塘学舍皆其地也。元季兵火,此观独存。明洪武十五年,置道纪司于观中。元时,有道士王景周者,开东园以居,即今钱塘公馆是也。

《西湖麈谈》:今佑圣观,乃宋孝宗旧邸也。考之淳熙三年建为观,其年十二月成,壁间有御笔所题杜诗十四字。至六年四月己丑,车驾临幸御讲堂,即龙潜时讲读之地。是日,皇太子从。按:宋诸帝每登极,则以潜邸为道观以祝厘。后此若龙翔、开元是已,盖故事也。今观中有塑像,巾帻而蓝袍者,宋物也。岁月已远,流传失真,其不知者为洞宾也,其知者又谓理宗也。以意度之,其孝宗欤?因其旧邸为神御而崇奉之,理之近似者也。

《西湖麈谈》:开元宫,胜地也。在前元,则道士张伯雨居之。伯雨能诗善书,师事吴闲闲真人。闲闲亦尝寓此。内有来鹤亭,乃昔赵子昂游宫中,而适有鹤来,因为书扁以名亭。前人诗文颇多。然考之史实,为宋宁宗潜邸。宁宗即位,遂于嘉泰元年四月戊戌改为开元宫。按咸淳图志,则宫在秘书省之东。秘书省,我朝为布政司。若求开元仿佛,则今理问所南北一带是其遗址,但不知何年移置今地。郡乘芜没,故老凋谢,无从询其始末矣。

柳贯《开元宫图序》:《开元宫图》一卷。宫本宋理宗女周汉国长公主第,在杭州清湖桥西。第成于景定辛酉,公主实以是年下嫁驸马都尉杨镇。其后公主薨,镇从北上。逮至元辛卯,道士买得之为宫,用其法涂垩绘治。至治辛酉,毁于火。天运才一周,而废兴盛衰不可复诘者如是。是图所载,凡皆杨氏之旧,而宫之制不与存焉。志其变,所以无忘其始也。初,理宗无子,度宗自福邸入正储贰。而谢皇后女独有公主,两宫最所隆爱。有司希旨,为治第,帷帐供御下乘舆一等。居半岁,犹以远掖庭,更卜和宁门东,穿埂垣为直道,内官宫婢朝夕通馈问。而是赐第清湖者[1],惟居杨氏之母。

《西湖麈谈》:龙翔宫,宋理宗潜邸也。登极后,改为道宫。以《咸淳图志》观之,在今旗纛庙东,不知何年移置于此。飞甍画栋,高台大榭,已不可见,而敝陋甚矣。惟小蓬莱山独存,亦荒寒不堪为赏。杜醉老题曰:“天作蓬莱一股山,凭谁移得到人间。千年池在龙飞去,半夜风生鹤自还。桑树野田沧海变,桃花流水洞门闲。仙家闻有长生药,何不分来铸我颜。”[2]大书醉墨,置之屏间,惜不为锓梓,其字磨灭已半矣。

《西湖麈谈》:江浙宪台,乃岳鄂王故第,至今祠公为土神。其庭前有井,相传公遇祸时,其少女抱银瓶坠此井死。正德中,梁公材为台长,表其井曰“孝娥五清”。刘先生为之铭曰:“天柱觑,日为月。祸忠烈,奸桧孽。娥叫父冤冤莫雪,赴井抱瓶泉化血。血如电涅愤如铁,曹江之娥符尔节。噫嘻!井可竭,名不可灭。”

《西湖游览志》:昭节庙,在保安坊。其神曰乔亢、陆轨,襄汉人,仕周为殿侍东三班。宋太祖受禅,自宣佑门入,守者拒弗纳,乃自移门入。既受朝贺,即召宣佑门守者,一班皆自杀。太祖大惊,趋救之,得不死者二人。询之,乃乔、陆也。改班长,入以青、红二色帛为帽饰。二人既出,复自杀。太祖义之,命立祠祀之。南渡后,立庙于杭州。适郡城大火,空中见青、红二旗书“乔”“陆”二字,火遂息。民益神之。事闻孝宗,赐额曰“昭节”。

《西湖游览志》:东平忠靖王庙,在秀义坊内,以奉唐将张巡、许远、南霁云、姚訚、雷万春者。庙建于宋建炎二年。千胜将军庙,在新安坊,其神张亚夫者,巡子也,拜金吾大将军,立庙雒阳。宋南渡时,凡汴京有庙者,皆得祀于杭,故建庙于此。元元统间,毁。明洪武间,僧广成重建。

《西湖游览志》:广福庙,在盐桥上。其神曰蒋乙郎崇仁者,里人也。仗义乐施,仿常平法以家赀籴谷,贱粜以救贫者。其弟崇义、崇信,亦承兄志,行之六七十年,规以为常,里人德之。比卒,即其家祠祀之,有祷辄应。咸淳初,京尹潜说友请于朝,赐庙额曰“广福”,封崇仁孚顺侯、崇义孚惠侯、崇信孚佑侯。淳熙间,京尹韩彦

---

〔1〕雍正本此句作“而清湖赐第”。
〔2〕雍正本“铸”作“驻”。

质将改作其祠,神忽凭老兵言愿徙桥上,遂立庙焉。士女争趋之,日拥隘桥东西十余丈,至不得旋踵。两街沽酒作餈饵鬻象马钱二三十家,供给不暇。至今父老言神异事甚多,而石塘胡长孺为神作传,述宋时刘宗申事独著,云刘宗申买妾置券,盛陈金银器,夸示多藏。奴薛荣刺知藏处,夜怀刀入刘卧中杀刘,取藏物逃去。捕急,临安尹韩君矢侯曰:"三日不获荣,夷庙毁像。"荣卜,往崇德,利。韩君亦卜,往崇德,必见获。已而,往崇德,果获荣。荣自言逃时常仿佛见逻人从而后,以故不能去,自疑若有摄者然也。

《西湖麈谈》:"人老簪花不自羞,花应羞上老人头。醉归扶路人应笑,十里珠帘半上钩。"此东坡《吉祥寺赏牡丹花诗》也。观坡翁叙曰:"熙宁五年三月二十三日,余从太守沈公观花于吉祥寺僧守璘之圃。圃中花千本,其品以百数。酒酣乐作,州人大集金盘彩篮以献。于坐者五十有三人,饮酒乐甚,素不饮者皆醉。自舆台皂隶,皆插花以从,观者数万人。其盛可想见矣。明年花开,又有诗约同官往赏。"按东坡以熙宁五年通判杭州,居三岁。以元祐四年知杭州府,居二岁。是诗盖通判日所作,去今四百余年矣。东坡高人,吉祥胜地,寺僧又可与语者,故每每吟赏其间。按《咸淳志》,寺在仙林寺之北。今其名仅存,而湫隘荒寒,弗堪寓目。然诗之在集中者,尚炳炳。后人读之,有不胜其追慕者耳。

《六研斋笔记》:武林潮鸣寺,有宋思陵赐统制刘汉臣诗云:"野寺参差落涨痕,疏林欹倒露霜根[1]。扁舟一棹向何处,家在江南黄叶村。"此苏子瞻句也。起句第二字是"水"字,今只改一"寺"字,当由一时在寺中偶御笔书之,遂以赐刘。而寺中欲假以为重,乃改寺勒石,以侈荣观耳。

《齐东野语》:扬州后土祠琼花,天下无二本,绝类聚八仙,色微黄而有香。仁宗庆历中,尝分植禁苑,明年辄枯,遂复载还祠中,敷荣如故。淳熙中,寿皇亦尝移植南内,逾年,憔悴无花,仍送还之。其后宦者陈源命园丁取孙枝移接聚八仙根上,遂活,然其香色则大减矣。杭之褚家塘琼花园是也。今后土之花已薪,而人间所有者特当时接本,仿佛似之耳。

《西湖游览志》:明庆寺,唐大中二年建,有法喜堂、明碧轩。南宋驻辇,遂敕比东京相国寺,祈祷雨旸,建散圣节,咸在焉。嘉熙四年七月,理宗幸寺祈雨,回銮撤盖,甘雨随注。平章乔行简上诗称贺,上遂书"明庆"二字以旌之。淳祐六年,建法堂,上复题为"南山道场"。嘉泰三年,建御书阁,题曰"宸奎万寿之阁"。有苏子瞻书《观音经碑》。

---

〔1〕 雍正本"倒"作"侧"。

《西湖游览志》：仙林寺，在安国坊。宋理宗制钟铭赐之，铭曰："大块噏嘘，震薄盖舆。眷此洪钟，以实出虚。栾铣其角，十分其鼓。岂有铸鼎，收金遗禹。博大阐绎，厚薄和均。上开天阃，下彻地垠。乃警聋聩，乃割昏晓。咨尔有闻，孰不心皎。以为有声，匪撞不鸣。以为无声，如雷如霆。作镇梵宫，法音无际。巩我神皋，万有千禩。"元至正间，张士诚据为军器局。洪武四年重建，置僧纲司，有司即其钟楼为郡城昏昕之节。正德间，徙其钟更铸，置朝天门。

《西湖游览志》：鹤林宫。宋庆元间，旱，道士刘友真者祷雨而应，遂请以所寓舍崇奉天将，赐额曰"鹤林"。

《西湖游览志》：天长寺，内有龙华宝阁。宋理宗时，卷帘使许祯建。宋亡，祯挈三子居之，学佛自晦，名出尘庵。元延祐元年，有僧讲《法华经》，天花纷降，遂名龙华。其时宝阁穹壮，冠绝郡城。

《钱塘县志》：荐桥东有谢三太傅祠堂，祀晋太傅安、宋太傅深甫、明太傅迁。嘉靖间，吏部侍郎余姚谢丕建，祠址广阔，规模宏敞。后没归他姓。其裔孙秉公捐赎还之，中有"百世流芳"题额，文徵明书。

《仁和县志》：葛天思，字号及。仕宋甫半载，为元兵所执，勒降不从，遂割其耳，旋自缢。无子，有妻姜二人，协志守贞，双修于家。其里门在仁和县梅东巷内，名割耳郎巷，又名葛巷。殁后闻于朝，敕封双夫人，即以住居为庙。有高树凌霄，尝有鹊数百来集，飞鸣于上。

《辍耕录》：徐君宝妻某氏，岳州人。至元丙子，伯颜偏师破岳州，被掳来杭，居于韩蕲王府前。自岳至杭数千里，主者屡欲犯之，终以巧计脱免，盖主者惜其姿色，弗忍加害。一日，欲强逼之，乃告曰："俟妾祭谢先夫，然后为君妇未晚也。"主者允诺。即严妆，焚香再拜，默祝南向，题《满庭芳》一阕于壁，投池水而死。其词曰："汉上繁华，江南人物，尚遗宣政风流。绿窗朱户，十里烂银钩。一旦兵戈举，旌旗拥，百万貔貅长驱入。歌楼舞榭，风卷落花愁。清平三百载，典章文物，扫地俱休。幸此身未北，犹客南州。破镜徐郎何在？空惆怅，相见无由。从今后，断魂千里，夜夜岳阳楼。"杭人徐子华与韩府相邻，尝闻长老嗟悼之。及见其所书词，故记其详。

《山居新语》：脱脱丞相在浙省，访知客商过钱塘江者往来不便，乃欲开田河。即吴越古河也，因高宗建德寿宫而湮塞之〔1〕。公相视既定，州县与富豪交通，沮以太岁之说。至日，公自持锸一挥而定之。往年行李一担费脚价钱二两五钱，至是一担之费买舟，可载十担。其便民之利博矣。

---

〔1〕　底本、雍正本此句原为正文，今据丁丙《武林坊巷志》及文意改作注文。

《山居新语》：至元末年，尚有火禁。高彦敬克恭。为江浙省郎中，知杭民藉手业以供衣食。禁火，则小民屋狭，夜作点灯，必遮藏隐蔽而为之，是以数致火患，甚非所宜。遂弛其禁，杭民赖是以安。事与廉叔度除成都火禁之意一也。

《静志居诗话》：张光弼昱居在西湖寿安坊，今花市也。贫无以葺庐，凌彦翀草疏募云："昌黎寄玉川子，首称洛坡破屋数间。东坡题绿筠轩，终比扬州腰缠十万。必能修我墙屋，方可有此室庐。一笑居士在江西，生为斗南望，诗名优于张籍，生计劣于陶潜。囊无一钱之留，家徒四壁之立。若非慷慨多助，安得轮奂一新？必欲取杜工部草堂赀，何时可办？倘葺得杨太尉槐市塾，今岁无忧。诸贤图之，名教事也。"后孝陵征至京师，深见温接，悯其老，曰："可闲矣。"遣还，因自号"可闲老人"。

《七修类稿》：浙省员外郎张光弼，名昱，庐陵人。元末政坏，遂弃官不仕，以诗酒自适，号一笑居士。有《春日诗》云："一阵东风一阵寒，芭蕉长过石栏杆。只消几度苫腾醉，看得春光到牡丹。"盖寓时事也，今集中亦无此[1]。尝曰："吾死埋骨西湖，题曰'诗人张员外墓'足矣。"后如其言。海昌胡虚白作诗以吊云："二仙坊里张员外，头白相逢只论诗。今日过门君不见，小楼春雨燕归迟。西子湖头碧草春，天留山水葬诗人。老逋泉下应相见，为说梅花写得真。"二仙坊，在杭之寿仙坊西。

《西湖游览志》：长春庵，在相安巷。元延祐间，有姚真人者，钱塘人，家温饱。其妻蔡氏，一旦语其夫云："欲脱俗修真。"以家业二分，畀夫娶妾，为成家之计，自以其一建庵，为修养之需。夫曰："汝既修真，吾无子女，何忍独坠俗缘耶？"蔡氏然之，乃曰："修真不宜夫妇同处。"各建一庵于西城下。夫庵在妙心寺北，曰长生。妻庵在洪福桥西，曰长春。夫妻皆证道妙，时谓之双修云。蔡号冲静。弘治十一年，赐真武像、《玉枢经》于庵内。杨维桢《题长春庵诗》[2]："夜坐清都鹤梦长，碧天如水月苍苍。云和有乐降王母，霹雳无车呼阿香。云泛玉瓯茶吐味，花零金剪烛生光。仙风不动亭前竹，又送微钟到下方。"赵孟頫《长春庵诗》："流水桥西一径斜，青衣相接到仙家。香分橄榄烧银叶，酒泻松脂溢紫霞。绿竹满阶初解箨，碧桃几树正开花。何时脱却尘凡累，来叩丹房九转砂。"聂大年《长春庵诗》："蕊宫琪树罢栖鸾，空在元都太古坛。野老不寻餐玉诀，山人自制切云冠。杖龙化去秋池涸，笙鹤归来夜月寒。前度刘郎偏好事，种桃留与后人看。"

《西湖游览志》：聂大年之掌教仁和也，历官九年，不以家眷自随。尝有《答内子寄衣诗》云："山妻怜我旧苏秦，寄得衣来稳称身。落日故园衣白苎，秋风京洛染缁尘。同心意重思偕老，结发情深不厌贫。万里莫如归去好，几多衣锦夜行人。"又有《论儿辈诗》云："四儿五岁六儿三，莫与肥甘习口甜。清白传家无我愧，诗书世业要

---

〔1〕 雍正本"此"后有"诗"字。

〔2〕 雍正本无"题"字。

人担。三餐淡饭何须酒，一箸黄韰略用盐。闻说有人曾饿死，算来原不为官廉。"睹此，高风可想矣。

《西湖游览志》：菩提寺，在潘阆巷，旧在钱塘门外。元末，以筑城徙今所。永乐间，寺僧守公被召修大典，智淳修戒律，别原修藏典，约宗亦以高行被召。四代入觐，亦禅门之荣遇也。

《水东日记》：周新，广城人。永乐时，任浙江按察使，廉正公直，声称籍甚，为纪纲所间而死。浙人言新异政，缕缕不绝。

【万历】《杭州府志》：于肃愍公，少有大志，出语不凡。八九岁时，衣红衣驰马，有邻长者呼其名，为戏之曰："红孩儿骑马游街。"公应声曰："赤帝子斩蛇当道。"闻者惊异。补钱塘学生，家有文文山像一幅，悬置座侧，为之赞曰[1]："呜呼文山，遭宋之季。徇国忘身，舍生取义。气吞寰宇，诚感天地。陵谷变迁，世殊事异。坐卧小阁，困于羁系。正色直辞，久而愈厉。难欺者心，可畏者天。宁正而毙，弗苟而全。南向再拜，含笑九泉。孤忠大节，万古攸传。我瞻遗像，清风凛然。"

【万历】《杭州府志》：浙西金宪吕重实思诚，性廉洁不污。未显时，尝晨炊不继，欲携布袍质米，室有吝色。因作诗曰："典却春衫办蚤厨，山妻何必更踌躇。瓶中有醋堪烧菜，囊里无钱莫买鱼。不敢妄为些子事，只因曾读数行书。严霜烈日皆经过，次第春风到草庐。"次年，果登第。

《西湖游览志》：忠清里，本名升平巷，北为褚家堂。正德十六年，里人胡世宁为都御史。时御史唐士仪按浙，欲为世宁建坊于门闾。世宁辞之曰："仆计偕时，已得坊费，后遭宸濠之难，被逮京师，当道义助，补前之缺，家人先后妄费，非有司不曾加惠也。岂敢瞒昧，再叨厚贶。窃今仆居近褚堂，以遂良故里得名。近世同里有王公琦者，历官教职、御史、佥事，皆有政绩，而清介绝俗。晚年休归，枵腹以殁，诸孙见为佣工。项公麒者，历官司务员外、郎中，文学孝廉，冠绝一时，而病归四十余年，闭户以终，一子贫，赘依人。盖以俗尚通达而贱方介，以致二公泯灭如是也。此堂街口有平安坊，盖取在籍坊名为额。今废已久，欲请于官，复造一小石牌，上刻三公名氏，更题曰'忠清里'。以夫人而后者，亦与有荣焉。"凤仪从之。嘉靖二十六年，布政使李默并勒世宁名于上[2]。

《西湖游览志》：同仁祠，在祥符桥畔。嘉靖十七年，御史周汝员等建，以奉孙公

---

〔1〕　底本"曰"后原衍一"曰"字，今据雍正本及文意删。
〔2〕　底本"勒"误作"勤"，据雍正本及田汝成《西湖游览志》改。

燧、王公守仁、胡公世宁者。燧，余姚人，正德十四年以都御史巡抚江西，属宁庶人反，被执，不屈而死。乱平，赠礼部尚书，谥忠烈。守仁，余姚人，宁庶人反时，以都御史提督南赣、汀、漳军务，起兵讨平之，封新建伯兼南京兵部尚书。世宁，仁和人，正德十二年为江西按察使，疏举宁庶人不法事，下锦衣狱，谪戍辽东。乱平，起都御史，历官太子太保、兵部尚书，谥端敏。《浙士登科考》：弘治五年壬子科初场之日，空中大声曰："汝三人做好事，众举子暨百执事无不闻者。"及宁藩宸濠之变，胡端敏公世宁发其谋，孙忠烈公燧殉其节，王文成公守仁成其功，皆是科所举士也。始信豪杰之生非偶然，而神语为足征矣。后合祀三子于省会，榜其祠曰"三仁"云。今祠尚存。

【万历】《杭州府志》：硕德重望，乡邦典刑。酒社诗坛，太平盛事。吾杭士大夫之里居者，十数为群，选胜为乐，咏景赋志，优游自如。在正统时，有耆德会，有会文社；天顺时，有恩荣会，有朋寿会；弘治时，有归田乐会。人物皆一时之选，乡里至今为美谈。而又有亢厉守高不乐赴会者，亦各从其志耳。

《宛委余编》：杭州耆老会，在正统间，大理寺正郎子贞八十一，封吏部员外郎孔希德八十，礼部郎中蒋廷晖七十八，处士项伯藏九十三，孙适、郭文敏皆七十三。又有稽勋郎中邓林、布政使姚镆，以寓公与会，而年不及。

《铁网珊瑚》：《梦粱录》二十卷，钱塘吴自牧撰。钱塘自宋南渡建都，其山川宫阙、衣冠礼乐遂甲天下。而其时序土俗，坊宇游戏之事，多以细琐，不登史册。自牧生长于宋，目击其事，特为之纪述。南宋虽偏安一隅，而承平气象，犹可因此想见，亦一快也。先自牧有孟元老者著《梦华录》，备载汴京故事，此《录》续元老而作，殆合璧也。

《西湖游览志》：《杭州府志》：在宋则有《淳祐志》《咸淳志》，皆去取无法。洪武初，徐一夔志颇称简明，今不传矣。成化十年，夏时正重修《杭州府志》，纪事脱略，笔力腐冗，直可覆瓿耳。一郡典故散于各书，今可考者，僧怀显《钱塘胜迹》、傅牧《西湖古迹事实》、范石湖《日录》、周益公《平园日记》、岳珂《桯史》、葛立之《鹤林玉露》、方勺《泊宅编》《行都纪》、四水潜夫《武林旧事》、周公谨《癸辛杂识》《齐东野语》、周昭礼《清波杂志》、牟应隆《隆山杂记》、镏孟熙《霏屑录》、杨瑀《山居新语》、张仲文《白獭髓》、叶子奇《草木子》、无名氏《梦粱录》、陶九成《辍耕录》、刘一清《钱塘遗事》、杨公济《西湖百咏》、吴美中《武林纪事》。此其班班者。其他片言只字，散见各书，又不可缕数也。

谨按：《梦粱录》二十卷，钱塘吴自牧著，乃云无名氏。周密，字公谨，号四水潜夫，今分为二人，俱误[1]。

---

[1] 雍正本"误"后有《敕修浙江通志》及傅王露《西湖志后序》。

附　录

一、传记、碑传、行状

《墓志铭》清钱塘应澧撰。辑自杭世骏撰《道古堂全集》卷首,清乾隆四十一年刻光绪十四年汪曾唯修本。

世庙诏开制科,未举行,今上龙飞,益督征四方博学鸿词之士试阙下,得十五人焉,不次擢用。三十年闲,登台鼎者刘文定公纶,领节镇者刘公藻,跻卿贰侍讲幄者齐公召南、陈公兆仑、周公长发,余或改郎署守令。由编修先后改御史者,杭先生世骏、沈公廷芳也。诸公皆遭际盛明,捧日云霄,而先生以言事独先罢斥,海内士林识与不识,闻先生名,无不扼腕太息。故事:翰林、部曹保荐御史,先试章奏,上亲第其甲乙而用之。先生条陈四事,言过切,迕旨,推问,举主相国徐文穆公免冠谢罪,下先生吏议,寻放还。

或有谓信而后谏,咎其躁进者,又谓圣朝无阙失,奚赖书生喋喋为?然先生惟知言其所当言,虽一时得罪,圣主匪但不诛直臣,且听纳之。数十年来,天下督抚汉人参半,不专用满人,于四条中已行其一。惜所陈天下藩库宜有余款存留以备不虞,不可悉解内部,因上盛怒,阅不终卷,故未邀采纳。

昔贾生遇汉文,诸法令所更定及列侯就国,皆谊发之。为忌者所间。然其后文帝纳其言,而养臣下有节;再从其计,而徙淮阳王武为梁王;最后思贾生言,而分齐为六国。今上遇先生,始斥其狂,而继纳其言,与贾生之遇汉文何以异?而贾生自太中大夫屡迁诸侯王傅,犹上书言事,而先生一蹶不起,君门远于万里,遭遇又不侔矣。然今上远过汉文,设终省先生章,安知不悉用其言?又安知不起先生田闲而大用之,知遇出贾生上耶?踵先生后者,孙副宪灏谏西巡,汤给事先甲谏廷讞,觥觥岳岳,有名于时,圣主终不罪以死,仍参朝列。先生得罪后,言已采纳,使有于上前开陈者,初政宽大,必无终岁雷霆。而先生放逐若此,命矣夫!旧有《奉和御制诗》句云"雨后青山淡似诗",六飞南幸,马上犹哦先生句不去口。随蒙询问,左右以病废对。三次迎銮,未邀恩顾,而先生闲居养母,乐志终身,无几微憾色,自号"秦亭老民"云。

先生性通俶,不事修饰,着屡讹黑斜脱不易也。读书五行并下,少时与同里厉鹗、汪大坤、殳闻望、张燏、龚鉴、严璂诸名辈结读书社,日有课,月有程,湛深经史,名誉卓然。在史馆纂修《三礼》,奉敕编录内府书籍,分别去留,人以为荣。罢官后,主讲广东之粤秀、扬州之安定两书院,弟子景从,士流仰镜。其著述有《礼例》《续礼记集说》《金史补》《史汉疏证》《北齐疏证》《词科掌录》各若干卷,《道古堂诗文集》八十卷,藏于家。

杭氏先世自丹阳徙仁和。曾祖玉森,祖士玮。父机,生六子,先生其次也。字大宗,号堇浦,雍正甲辰举人。丙辰召试博学鸿词,授翰林编修。保举御史,去官。以乾隆三十七年七月庚辰考终里舍,寿七十有八。配蒋夫人,后六年卒,寿八十有一,实九月戊申也。生丈夫子十人,安仁、某某。女子子四人,适丁健、汪彭寿、胡一阳、应澧。孙三人,某某。以乾隆四十八年某月日卜吉于留下之大马山,奉宁先生之体魄,夫人暨簉室张氏、姜氏合窆焉。诸子惟宾仁存。

是科学问渊雅,以天台齐侍郎暨先生为二妙。侍郎后缘事逮问,释归旋卒。词科之不克终始君恩者,亦惟两人。宾仁以澧学于先生久,乞志幽之文,乃撰铭曰:

说论申,一官折。匪荣科目,而以直节。十五人中,报国最亟。佳城开,气葱郁。埋干将,速白日。

徐时栋《记杭堇浦》辑自清徐时栋撰《烟屿楼文集》卷十六,清光绪松竹居刻本

镇海夏君佩香读《道古堂集》,至《鲒埼亭集序》而疑之曰:"闻堇浦与谢山为执友,今其文乃抑扬吞吐,若有甚不满于谢山者,何也?"一日以质诸余。余叹曰:"甚矣,君读书之精也!则请为君详言之。"

始二人以才学相投契,最为昵密,客京师、维扬,无一日不相见,谈笑辩论,相服相称叹,数十年无闲言也。既而谢山先生膺东粤制府之聘,往主端溪书院,堇浦同时在粤东为粤秀书院山长。谢山自束脩外一介不取,虽弟子以时物相饷,亦峻拒之;而堇浦则捆载湖州笔数百万,乞粤中大吏函致其僚属,用重价强卖与之。谢山贻书规戒,谓此非为人师所宜为者,不听。谢山归,以告扬州马氏兄弟。他日堇浦至,马氏秋玉昆季甚诘责堇浦。马氏巨富,为堇浦所严事。闻言,不敢辨,而怨谢山切骨,而谢山不知也。谢山既卒,其门弟子如蒋樗庵、董小钝诸公,念其师执友莫堇浦若者,乞之铭墓。堇浦乃使来索遗集,诸公与之。久之无报章,疑之,屡索还遗集,终不报。又既而堇浦所为《道古堂文集》雕本出矣。诸君视其目有此序,欣然检

读之,则若誉若嘲,莫解所谓。又细绎之,则几似谢山有败行也者,皆大惊怪。又取阅其他文,则窜谢山文为己作者六七篇。于是乃知堇浦之卖死友,而不能知其所以卖之之故。又既而有自维扬来者,道其详于樗庵,始恍然大悟。

呜呼!己则非人而怨直道之友,不听已耳,而又修怨于其身后,至以笔墨昌言攻击之。而又逆料《鲒埼集》之必无副本,即有之,而谢山无后,诸弟子皆贫困,必不能付剞劂,而遂公然剿窃之为己有。呜呼!可谓有文无行之小人也已。其后樗庵馆慈溪郑氏,其弟子书常抄《鲒埼集》,既完,取堇浦所为序冠之集首。樗庵见之大怒,乃手记堇浦负谢山始末于序后。此本后归吾家,故得详述之如此。

余尝见堇浦《粤游集》,每有以湖笔馈某官诗,知樗庵之言不虚,且樗庵固不作妄语者。余读《鲒埼》文不熟,不能知堇浦所窃为何篇。董觉轩于《鲒埼》虽未能成诵,亦约略通之,顾未见《道古》。《道古》余家有之,尝属觉轩翻阅指示我,而未暇也。

虽然,樗庵但知堇浦窃谢山文而复诋之,而不知窃其《水经注》校本而复诋之者之尚有戴东原也。樗庵与丁小雅论《东原文集》,谓其论性之过而许其学,若见其所校《水经注》,则又将唾弃之矣。东原之剿窃,平定张石舟已详言之,余采其言入《鄞志·艺文》谢山著作之下。而堇浦之事,但见樗庵手稿,其文集中未之有也,故因夏君之问而缕述之。

《国史文苑传》辑自清杭世骏撰《道古堂全集》卷首,清乾隆四十一年刻光绪十四年汪曾唯修本

杭世骏,仁和人。博闻强识,于学无所不贯,藏书千万卷,目睫手纂,诗文宏肆而奥博。中雍正甲辰乡试。乾隆初年,举博学鸿词,授翰林,落职归。杜门奉母,暇则与里中耆旧结南屏诗社,歌咏太平。著有《道古堂集》行世。

夏孙桐《拟补清史文苑杭世骏传》辑自夏孙桐《观所尚斋文存》卷四,民国二十八年铅印本

杭世骏,字大宗,又字堇浦,仁和人。家贫力学,假书于人,穷昼夜读之。与同里孙灏、陈兆仑、梁启心、诗正、严在昌、璱诸人友,五日一相聚,互为主客问难,其强记为同辈所推服。

雍正二年,补行癸卯正科,举于乡。受聘为福建乡试同考官。乾隆元年,召试博学鸿词一等第五,授翰林院编修,充武英殿纂修,分校经史。所撰《考异》特详,又预纂《三礼义疏》。侍郎方苞以经学自负,一日有事于国子监,会议,诸人多所咨决,苞每下己意。世骏征引经史大义,锋发泉涌。苞无以对,忿然曰:"有大名公在此,何用仆为?"其盛气不肯下人类此。许宗彦撰《别传》。

高宗重御史之选,命大学士、九卿、督抚各举所知,考试引见录用。世骏为大学士徐本所荐。八年二月,御试时务策,所对数千言,切直无忌讳,中有云"意见不可先设,畛域不可太分。满洲才贤虽多,较之汉人仅十之三四。天下巡抚尚满汉参半,总督则汉人无一焉。何内满而外汉也! 三江两浙,天下人材渊薮;边隅之士,间出者无几。今则果于用边省之人,不计其才,不计其操履,不计其资俸,而十年不调者皆江浙之人。岂非有意见、畛域"等语。大忤上意,谕驳之曰:"国家选举人才,量能器使,随时制宜。自古立贤无方,乃帝王用人之要道。满汉远迩,皆朕臣工,联为一体,朕从无歧视。若如杭世骏之论,必分别满洲、汉人,又于汉人之中分别江浙、边省,是乃设意见、分畛域之甚者。何所见之悖谬至此? 况以见在而论,汉大学士三缺,江南居其一,浙江居其二;汉尚书六缺,江南居其三;侍郎内江浙人则无部无之。此又岂朕存畛域之见,偏用江浙人乎? 至于用人之际,南人多而间用北人,北人多而间用南人。督抚之中,有时满多于汉,或有时又汉多于满,惟其才不惟其地,亦因其地复量其才。此中裁成进退权衡,皆出自朕心,即左右大臣亦不得参与,况微末无知之小臣乎? 且国家教养百年,满洲人才辈出,何事不及汉人? 杭世骏独非本朝臣子乎? 而怀挟私心,敢于轻视如此! 若稍知忠爱之义者,必不肯出此也。交部严议革职。"《实录》。时上意震怒,欲置之法,徐本悉力营救,叩首,额尽肿,乃得斥归。《别传》。其对策削稿不存。相传所论凡四事,谕旨所指驳者,为满汉畛域一条。然后来督抚汉人参半,是高宗仍纳其言,四事已行其一。其言直省藩库宜有余款存留以备不虞,亦笃论也。

罢归后,杜门奉母,自号秦亭老民,偕里中耆宿及方外交结诗社。寻游广东,主讲粤秀书院。其后,又主讲扬州安定书院最久。李元度《先正事略》。愈负海内重望,驰书币求文之使日至,请教者恒满座。有先达以经说相质,一览曰:"某事见某书,某说见某集,拾唾何为?"学子有欲奉教者,问其所业,以一经对,则以经诘之;以一史对,则以史诘之。《别传》。然好奖借后进,士多归之。《先正事略》。

性通脱,不修边幅,最不喜阅邸报。晚在扬州,大学士刘纶服阕还京,过访,见其冠服,诧问:"今何官?"刘曰:"不敢欺,参预阁务数年矣。"乃大笑,曰:"汝吴下少年,亦入阁办事耶?"洪亮吉《书遗事》。同征诸人多至显仕,独沦落以终,而著撰之富,亦无逾之者。

乾隆三十七年,卒于家,年七十五。有十子,仅存其一。宾仁奉遗稿谒诸父执德清许宗彦,为刊《道古堂集》于广东,称其诗用功深。尝曰:"吾遇杜、韩当北面,若东坡则兄事之。"同时人与厉鹗齐名,体醇气健,造句雄放,鹗所不及。《别传》。所著《续礼记集说》最为巨编,用卫湜《集说》之例,采宋、元、明迄本朝诸撰述,择而录之。谓宋、元以来，千喙雷同，得岸然自露头角者，如空谷足音。清代之作，贤于胜国诸儒。自撰《续礼记集说序》。《金史补》用力最勤，作亭曰"补史"，自为记，述纂述大意，一则穿穴诸史可以馈贫，一则洞悉前载之去取，一则根括秉笔之来历。文成数万，埒于前书。自撰《补史亭记》。

余考订经史者，有《礼记质疑》《礼例》《石经考异》《史记考异》《汉书疏证》《北齐书疏证》《三国志补注》《补晋书传赞》《诸史然疑》，又有《续方言》《汉书蒙拾》《后汉书蒙拾》《文选课虚》《两浙经籍志》《续经籍考》《蒜市杂记》《榕城诗话》《桂堂诗话》《词科掌录》、《词科余话》诸书，已刊者过半，未刊者亦有稿流传。《杭州府志》。

国史旧传，世骏原入《文苑》。及修清史，缪艺风前辈辑《文苑传》初稿，因其与洪亮吉同以直言被谴，特将二人提出，拟改与乾嘉时建言诸臣同列。馆中纂传以朝代分任，洪传归嘉庆朝，为余所作。杭应归乾隆朝，载笔者未知此意，《文苑》覆辑，亦两不相谋，竟致阙漏。今特为补作，备他日重修《清史》之采择。

世骏身后凋零，未有传状行世。后来记载，有许宗彦撰《别传》、洪亮吉撰《书事》、龚自珍撰《逸事状》。龚自记尚有同里张熷、王庆祥撰状，今皆未见。许、杭世交故旧，语多有据，惟于迎銮、复官，亦云未详。洪氏所记，虽皆逸事，尚有来历。龚氏全出传闻，窃以年月时事，种种抵牾，殆不足信。《文献征存录》《先正事略》多出稗贩，须分别观之。考试、落职，明载《实录》，前人皆未寓目，故于当时情事言各不同。今以《实录》为主，而以他说补充之，差可传信耳。自记。

《清史列传·杭世骏传》辑自王钟翰点校《清史列传》卷七十一《文苑传》二，北京：中华书局，1987 年，第 5864—5865 页。

杭世骏，字大宗，浙江仁和人。家贫力学，假书于人，穷昼夜读之，父母禁止，辄篝镫帐中，默诵。与同里名人辈结读书社，五日一相聚，互为主客问难，以多闻见者胜。世骏尤强记，同辈推服。雍正二年举人。乾隆元年，召试博学鸿词，授翰林院编修，校勘武英殿十三经、二十四史，纂修《三礼义疏》。世骏性伉爽，能面责人过，同官皆严惮之。有先达以经说相质，一览便称："某事见某书，某说见某集，拾唾何为？"学子有欲受教者，问其所业，以一经对，则以经诘之；复以一史对，又以史诘之，皆穷。乃曰："某于西晋末十六国事，差能详耳。"复问："汝知是时有慕容垂乎？垂长若干尺？得年几何？"其人惭沮去。

值亢旱，高宗思得直言及通达治体者，特设阳城马周科，试翰林等官，世骏预焉。日未中，条上四事数千言，语过戆直，末又言满洲人官督抚者过多。上怒，抵其卷于地者再，复取视之。时世骏试毕，方趋同官寓邸。忽传言罪且不测，同官恐，促世骏急归。世骏笑曰："即罪当伏法，有都市在，必不污君一片地也。何恐？"寻放还。其论直省藩库宜有余款存留以备不虞,亦笃论,然已削稿,语多不传。

罢归后,杜门奉母,益并力肆志,发挥才藻。与同里厉鹗、周京、符曾、陈撰、赵昱、赵信、汪沆、吴颖芳、丁敬等,皆为密友近宾,言怀叙欢,各有构属。平日通《礼》学,有请复汉儒卢植从祀议。又议师当制服,可以立师道,厉浇季;朋友不当制服,防不肖者贡媚权势,贤者结怨流俗。时论甚以为洽。尤深于诗,尝曰:“吾遇杜韩,当北面;若苏,则兄事之。”刻《岭南集》,诗风格遒上,最为当时所称。

后高宗巡幸塞外,天雨新霁,马上吟“迎风苇露清于染,过雨山痕淡入诗”二句,顾谓从臣曰:“此杭世骏诗也,惜其没福耳!”尝作《方镜诗》二十四首,一时辇下传诵,和者几及千家。晚主讲扬州、粤东书院,以实学课士子。尝有商人获罪鹾使,非世骏莫能解,夜半走世骏所乞救,并置重金案上,世骏掷出之。后迎驾西湖,赐复原官。三十八年卒,年七十六。

所著《续礼记集说》一百卷、《石经考异》二卷、《史记考证》《三国志补注》《补晋书传赞》《北齐书疏证》《续方言》《经史质疑》《续经籍考》《两浙经籍志》《词科掌录》《词科余话》《两汉书蒙拾》《文选课虚》《道古堂集》《鸿词所业》《榕城诗话》《亢宗录》。晚年欲补《金史》,特构补史亭,成书百余卷。有御史祝德麟疑世骏不得意,或有诽讪,讦奏之,上以书并无违碍,听其流传。

李元度《杭堇浦先生事略》辑自清李元度《国朝先正事略》卷四十一,清同治刻本

先生名世骏,字大宗,堇甫其别字也,仁和人。少负异才,于学无所不贯。所藏书,拥榻积几,不下数万卷。枕籍其中,目睇手纂,几忘晨夕。与同里厉鹗、陈兆仑、汪大坤、梁启心、张燨、龚鉴、严燧诸名辈,结读书社。举雍正甲辰乡试,受聘为福建同考官。乾隆元年,召试鸿词,授编修,校勘武英殿十三经、二十四史,纂修《三礼义疏》。

先生博闻强记,口如悬河。时方望溪负重名,先生独侃侃与辨,望溪亦逊避之。有先达以经说相质,一览曰:“某说见某书某集,拾唾何为?”学子有请益者,闻其所业,以一经对,则以经诘之,复以一史对,则以史诘之,皆穷,乃曰:“某于西晋末十六国事差能详耳。”先生曰:“汝知是时有慕容垂乎?垂长若干尺?得年几何?”其人惭沮去。以此颇丛忌嫉。改御史,条上四事,下吏议,寻放还,然高庙仍纳其言。数十年来,天下督抚汉人参半,是四事已行其一也。其论直省藩库宜有余款存留以备不虞,亦笃论。然先生已削稿,其语多不传。

罢归后,杜门奉母,自号秦亭老民。偕里中耆旧及方外友,结南屏诗社。后迎驾湖上,赐复原官。性通脱,不事修饰。主粤秀、安定两书院最久,好奖借后进。自言:“吾经学不如吴东壁,史学不如全谢山,诗学不如厉樊榭。”而齐次风侍郎特嗜先

生作,尝集苏诗及先生诗为一卷,题曰《苏杭集句》。

著有《礼例》《续礼记集说》《石经考异》《续方言》《史记考异》《汉书疏证》《补晋书传赞》《北齐书疏证》《经史质疑》《词科掌录》《榕城诗话》《桂堂诗话》《两浙经籍志》《续经籍考》《道古堂诗文集》。晚年补《金史》,特构补史亭,成书百余卷。尝赋《方镜诗》二十四首,传诵辇下,和者自王公卿相至方外、闺秀,几及数千家。

徐世昌《董浦学案》辑自徐世昌等编纂,沈芝盈、梁运华点校《清儒学案》卷六十五,北京:中华书局,2008 年,第 2523—2524 页

乾隆词科诸人,以著述显者,不及康熙己未之盛。董浦说经,裒然巨编,注史长于考证,一时推为博洽。直言被斥,气节矫然,亦自足传。述《董浦学案》。

杭先生世骏

杭世骏,字大宗,别字董浦,仁和人。少负异才,于学无所不贯,与同里厉鹗、陈兆仑诸名辈结读书社。举雍正癸卯乡试,壬子受聘为福建同考官。乾隆丙辰举博学鸿词,召试一等,授翰林院编修。校勘武英殿十三经、二十二史,纂修《三礼义疏》。

先生博闻强识,口如悬河。时方侍郎苞方负重名,先生独侃侃与辨,侍郎亦逊避之。有先达以经说相质,一览曰:"某说见某书某集,拾唾何为?"学子有请益者,问其所业,以一经对,则以经诘之;以一史对,则以史诘之。以此颇丛忌嫉。乾隆八年,考选御史,试时务策,条上四事,中言"意见不可先设,畛域不可太分,满洲才贤虽多,较之汉人,仅十之三四。天下巡抚尚满汉参半,总督则汉人无一焉,何内满而外汉也?三江两浙,人材渊薮,边隅之士,闲出者无几。今则果于用边省之人,不计其才,不计其操履,不计其资俸,而十年不调者,皆江浙之人,岂非有意见畛域"等语。高宗震怒严斥,下部议革职。然后于督抚满汉参用,未尝非隐纳其言。又所论"直省藩库宜有余款存留以备不虞",亦笃论。先生自削其稿,其语多不传。

罢归后,自号秦亭老民。历主广州粤秀书院、扬州安定书院。在扬州最久,好奖借后生。晚归里。乾隆三十七年卒,年七十六。先生著述繁富,为丙辰词科之冠。于经学,著有《续礼记集说》一百卷,仿卫氏之例,自宋、元、明及清初遗佚之说多赖以存。又《礼记质疑》二卷、《礼例》一卷、《石经考异》一卷。于史学,著有《史记考异》七卷、《三国志补注》六卷、《汉书疏证》《后汉书疏证》《北齐书疏证》各若干卷、《补晋书传赞》一卷、《诸史然疑》一卷。《金史补》搜采甚富,未传定本。他又有《续方言》二卷、《词科掌录》十七卷、《词科余话》七卷、《蒜市杂记》一卷、《榕城诗话》三卷、《桂堂诗话》一卷、《汉书蒙拾》三卷、《后汉书蒙拾》二卷、《文选课虚》二卷、《两浙经籍志》五卷、《续经籍考》若干卷、《道古堂文集》四十六卷、《诗集》二十六卷。

《杭世骏传》辑自钱林《文献征存录》卷五，清咸丰八年有嘉树轩刻本

杭世骏，字大宗，仁和人。少治经，事同郡沈世楷。又从淳安方楘如受业，游泳传记，志在闳览。同里万九河喜见之，以为郑渔仲之流。既长，厝意于音韵之学，遂笃好赋咏。雍正二年应乡举中式，数试礼部报罢，公车之次，为学勿倦。性简傲，同人遭其睨视。然自谓"吾经学不如吴东壁，史学不如全谢山，诗学不如厉樊榭"，其逊顺又如此。

游聚既盛，登涉复旷，每成章句，益自清发。返里后，尝撰其诗为四卷，好事者多就钞之。有《送弟世瑞就昏黔阳》一篇，其友龚鉴惊叹以为《小宛》之遗音也。其诗曰："弟今去，弟勿违，黔阳去我乃隔四千二百有余里。水程淰淼，山程崛嵂，非足可越翅可飞。计程五月始可达，枇杷已熟杨梅肥。官斋大好游衍地，软尘不到人来稀。画帘一卷轻雾散，晓日初上晴山晖。阿翁授汝餐，阿母制汝衣。坐汝绿阴之东床，为汝小合开东扉。报衙声里画眉罢，绣棚翠桁恣因依，蛮花犵鸟啼芳菲。弟今去，弟勿违，若过洞庭手勿挥，洞庭君女乃是柳毅妃。风鬟雾鬓发不晞，传闻遗像捏塑湖之碕。书生貌美，百灵秘怪恐不威，易以假面函光辉。神鸦哑哑蹲危樯，水神隐隐摇云旌。船头屠牲酾美酒，波涛恬息神灵祈，汝虽崛强未可非。更历鄱阳湖，大孤小孤双峙高崔嵬。髻或青螺绾，裙或绿草围。彭郎口实至今几千载，过客轻薄攒嘲讥。大凡佳山美水神所宅，妄语偶触生危机，谆谆耄语为汝诲。弟今去，弟勿违，暇时可过二酉洞，藏书千卷汝可充朝饥。善卷之墓马援庙，缄书一一报我搦管流音徽。龙标南去五溪地，唐之诗人王段磊块历落滴下千珠玑。汝行收拾携妇同来归，云容容兮风淡淡，勿令吾母汝兄朝暮双眼晞。"

世骏患时俗人言诗多喜浮薄，故其所自著，隶事尤密。尝曰："镂金错采，论者弗尚。然学不赡则词不备，词不备则气不充，胸无安世三箧书，日搦管作苍蝇声，奚可哉？公等已矣。"

十三年，聘充福建乡试同考官。乾隆初元，招延博学鸿儒之士，浙督程元章举应诏，试高等，授编修。坐上书言事失指，解职。居词苑日，覃精奏御之作，雍容甚丽。每谓汉、魏以降，淳古淡泊之风微，富丽繁密之制渐兴，高斋十学士所选，以迄周、隋，名曰古诗，中间不离俪句。有唐大家，首推少陵，次及昌黎。少陵诗千四百六篇，排律多至百三十五首，集中五古属对者十之八九。昌黎诗三百七十一首，益以集外之诗，不满四百篇，其中排律凡十五首，联句十四首，用平韵者凡四篇，惟《遣兴》一篇不用对句，余皆古诗也，鲜有不对者，其守少陵之法，跬步不移如此。元、白尤以长排见奇，皮、陆亦然。自来大家名家，未有不工排律而可冒托者也。世骏平日言诗，其旨趣略具于是。

闲居后，益并力肆志，发挥才藻。同里厉鹗、周京、符曾、施安、陈撰、赵昱、赵信、吴焯、吴城、沈嘉辙、汪沆、吴颖芳、丁敬、张沆等，皆为密友近宾，言怀叙欢，各有构属。

初在闽，见福清黄任题壁，拳拳不已，其后遣伻来往，用诗代札。任所作或有疵颣，不远千里，贡其讥弹，任固虚怀，不以为忤。同人官京师者钱塘孙灝、陈兆仑、山阴周长发，音尘阔远，每通信寄诗，或戏之曰："比复得长安贵人书不？"

世骏失职，家贫，再游邗江，又掌粤东端溪书院，老大游历，境苦而诗益壮。《题陈光孝遗像》云："南村晋处士，汐社宋遗民。湖海归来客，乾坤定后身。竹堂吟暮雨，山鬼哭萧晨。莫向崖山去，霜风正扑人。""秋井苔花渍，荒庐蜃气蒸。飞潜两难问，忧患况相仍。拄策非关老，裁衣祇学僧。凄凉怀古意，岂是屈梁能？""巢覆污完卵，皇天本至公。《蓼莪》篇久废，薇蕨采应空。劫已归龙汉，家犹祭鬼雄。等身遗著在，泉下告而翁。""袁粲能无传，嵇康况有儿。古人谁汝匹，青史不吾欺。寂寞徒看画，苍凉祇益诗。怀贤兼论世，凄绝卷还时。"其《光孝寺杂题》《春日怀吟社诸公》及归里伤逝诸作，尤瑰玮纵恣。自谓："吾《岭南》诸集，乃杜甫夔州以后诗也。"

甄拔后进，老而弥笃，称符之恒于幼稚，赏余大观、何琪于寒素。门下称弟子者，雅歌从游，彬彬甚盛。棋人能品，与人对弈，素几上则置书，人方构思，世骏辄审正谬迷、点定句读。尝谓："吾在楸枰上读，视欧阳公枕上、马上、厕上读书为伪。"其敏妙如此。世骏兼通礼学，有请复汉儒卢植从祀议。又议师当制服，可以立师道、厉浇季；朋友不制服，防不肖者贡媚权势，贤者结怨流俗。时论甚以为洽。

卒于家，所著《诗集》二十四卷，《文集》四十八卷，总名《道古堂集》。又《石经考异》二卷，《礼例》《续礼记集说》，《史记》《两汉书疏证》，《北齐书疏证》《三国志补注》《晋书补传赞》《北史搴稂》《金史补阙》《诸史然疑》《两汉蒙拾》《历代艺文志》《两浙经籍志》《续经籍考》《续方言》《文选课虚》《鸿词所业》《词科掌录》《词科余话》《榕城诗话》《桂堂诗话》《亢宗录》，皆行于世。

《杭世骏传》辑自支伟成编著《清代朴学大师列传》第十五《考史学家列传》，长沙：岳麓书社，1998年，第218—219页。

杭世骏，字大宗，别字堇浦，浙江仁和人。少负异才，于学无所不贯。所藏书，拥楣积几，不下数万卷，沉潜其中，目睇手纂，几忘晨夕。举雍正甲辰乡试，受聘为福建同考官。乾隆元年，召试鸿词，授编修。校勘武英殿十三经、二十四史，纂修《三礼义疏》。先生博闻强记，口如县河。时方苞负重名，先生独侃侃与辨，方逊避之。有先达以经学相质，一览曰："某说见某书某集，拾唾何为？"学子有请益者，问其所业，以一经对，则以经诘之；复以一史对，则以史诘之，皆穷。乃曰："某于西晋末十六国事差能详耳。"先生曰:"汝知是时有慕容垂乎? 垂长若干尺? 得年几何?"其人惭沮去,以此颇丛忌嫉。改御史,条上四事,下吏议,寻放还。然高宗仍纳其言。罢归,杜门奉母,自号秦亭老民,偕里中耆旧及方外友结南屏诗社。后迎驾湖上,赐复原官。卒年八十余。

先生性简傲通脱,不事修饰,虽同辈时或遭其睥睨。然自谓:"吾经学不如吴东壁,史学不如全谢山,诗学不如厉樊榭。"则又谦退如此。然先生之学,实于史为精。既为《诸史然疑》《史记考异》《两汉书疏证》《三国志补注》《晋书补传赞》《北史搴稂》诸书。晚年更思补纂《金史》,至特构"补史亭",成书几百余卷。

先生兼通礼学,有请复汉儒卢植从祀议。又议:当制服,可以立师道,厉浇季。朋友不制服,防不肖者贡媚权势,贤者结怨流俗。时论皆以为洽。在馆阁,尝自《永乐大典》钞辑宋元来诸儒《礼记》说数百卷,以续宋卫正叔书。惟所著除《道古堂文集》四十八卷,《诗集》二十六卷外,仅《石经考异》二卷、《诸史然疑》一卷、《两汉蒙拾》二卷、《晋书补传赞》一卷、《文选课虚》四卷、《续方言》二卷、《榕城诗话》三卷、《三国志补注》六卷、《质疑》二卷、《词科掌录》若干卷,均刊行。《续礼记集说》若干卷,近始付梓于浙局。《金史补》残存五卷,藏江南图书馆。余若《史》《汉》《北齐疏证》暨《历代艺文志》《两浙经籍志》《续经籍考》等遗稿,均不可得矣。

耿国藩《堇浦先生像赞》辑自杭世骏撰《道古堂全集》卷首,清乾隆四十一年刻光绪十四年汪曾唯修本。

不夷不惠,亦仕亦农。与时舒卷,抱道始终。研经自力,玩世不恭。东方而后,仅见此翁。

《杭太史别传》清许宗彦撰《鉴止水斋集》卷十七,清嘉庆二十四年德清许氏家刻本。

宗彦先君子尝游邗上,卢雅雨先生为鹾使,有世旧延居安定书院。杭太史堇浦方主讲,因从问故,后来往武林,多主太史家。宗彦趋庭暇日,每闻话太史遗事。乾隆辛亥、壬子间,先君子藩粤东,太史子宾仁携《道古堂诗文集》至,为刊之,因得悉见太史它所撰箸,距今二十余年矣。太史殁后,传状表墓之文阙如也。比读《道古堂集》,追忆旧闻,次为《太史别传》。

太史名世骏,字大宗,又字堇浦。家贫力学,假书于人,穷昼夜读之,父母禁止,辄篝灯帐中默诵。与孙银台灝、陈太仆兆仑、梁编修启心、相国文庄、严进士在昌、翰林璲昆仲等为友,五日一相聚,互为主客问难,以多闻见者胜。太史尤强记,同辈推服。

雍正癸卯举孝廉,受聘为福建同考官。高庙初元,召试博学鸿辞,列一等第五,授翰林院编修,校勘武英殿十三经、二十四史,纂修《三礼义疏》。国子监尝有公事,群官皆会，方侍郎苞以经学自负，诸人多所咨决，侍郎每下己意。太史至，征引经史大义，蜂发泉涌，侍郎无以对，忿然曰："有大名公在此，何用仆为？"遽登车去，太史大笑而罢。其盛气不肯下人如此。

归田后，主讲粤东粤秀书院，刻《岭南集》，诗风骨遒上，最为当时所称，以比《腾笑》《慎旃》两集。其后主讲扬州最久，愈负海内重望，驰书币求文之使日至，请益者恒满坐。有先达以经说相质，一览曰："某事见某书，某说见某集，拾唾何为乎？"学子有欲奉教者，太史问其所业，以一经对，则以经诘之，复以一史对，则又以史诘之，皆穷。乃曰："某于西晋末十六国事差能详耳。"复诘曰："汝知是时有慕容垂乎？垂长若干尺？得年几何？"其人惭沮。

太史生康熙三十五年，卒于乾隆三十七年。生平勤力著述，所撰《石经考异》《榕城诗话》《三国志补注》《诸史然疑》《词科掌录》《文选课虚》《汉书蒙拾》《续方言》《道古堂诗文集》，已行世。《鸿词所业》《补晋书传赞》《经史质疑》《史记考异》《汉书疏证》《礼例》《续礼记集说》《两浙经籍志》《续经籍考》，皆具草稿。惟晚年欲补《金史》，尝构亭曰"补史亭"，其书未尝见也。

太史于诗用功深，尝曰"吾遇杜、韩当北面，若东坡则兄事之"，每呼曰苏大哥。于同时人独心折厉孝廉鹗，然太史体醇气健，造句雄放，孝廉不逮也。与丁隐士泓为亲家，每论议古今，必推案交诟乃已。

太史之归也，闻诸前辈云：是时亢旱，诏举直言极谏，徐文穆公以太史应诏。太史遂上疏，言部臣自尚书至主事皆满汉并列，请外省自督抚至州县亦如此。所言纰缪不中理。帝震怒，欲置之法。文穆悉力营救，叩首额尽肿，乃得斥归。后迎驾湖上，赐复原官。太史既无传状，弗能详也。高庙巡幸塞外，尝天雨新霁，马上吟"迎风苇露清于染，遇雨山痕淡入诗"二句，顾谓从臣曰："此杭世骏诗，惜其没福耳。"后有御史祝德麟疑太史不得意，或有诽讪，讦奏之。九重披览，以并无违碍，听其流传。朝廷爱才之盛心，大矣速矣！

丙辰鸿博诸公才皆出太史下，诸公多至显仕，太史独沦落以终，而箸撰之富，卒亦无逾太史者。太史遗书未刻者尚伙，宾仁既没，往往散落人间云。

《书杭检讨遗事》洪亮吉撰《更生斋集》文甲集卷四，清光绪三年洪氏授经堂增修本

杭检讨，名世骏，钱唐人。少举于乡，乾隆元年以鸿博科官翰林院检讨。先生性伉爽，能面责人过，同官皆严惮之。乾隆中叶，上思得直言及通达治体者，特设阳城马周科，试翰林等官。先生预焉。日未中，已得数千言。语过戆直，末又言满洲人官督抚者过多，触纯皇帝，怒抵其卷于地者再，已复取视之。时先生试毕，意得甚，方趋同官寓邸食。忽内传片纸出，言罪且不测。同官恐，促先生急归。先生笑

曰："即罪当伏法,有都市在,必不污君一片地也,何恐?"寻得旨放归。先生家故不丰,以授徒自给。主扬州安定书院者几十年,以实学课士子。暇即闭户著书,不预外事。又疏懒甚,或频月不衣冠。性顾嗜钱,每馆俸所入,必选官板之大者,以索贯之,积床下,或至尺许。其么么破碎及私铸者,方以市物。两手非墨污,即铜绿盈寸。然先生虽若有钱癖,尝见一商人获罪醢使,非先生莫能解。夜半,走先生所乞救,并置重金案上。先生掷出之,不顾。最不喜读邸报。里居二十年,同岁生或积官至大学士、尚书、总督,先生不知也。岁戊子,刘文定纶适服阕,特旨以吏部尚书协办大学士内召,过扬州,访先生。先生见其冠服,诧曰:"汝今何官?"曰:"不敢欺,参预阁务者已数年矣。"先生谑之曰:"汝吴下少年耳,亦入阁办事耶?"哄堂笑,乃别。余年未二十,省从叔邗沟,始识先生。先生见所拟乐府及古赋,奇赏之,留语数日,曰:"汝后必入翰林,不可不知掌故。"因日举翰林故事十数则告之。及余入翰林,而先生所言规制已大半不可行,盖不及三十年,风气之变如此。先生一岁必两归钱唐。归后无事,或携钱数百与里中少年博左近望仙桥下。时吾乡钱文敏维城视学浙中,词馆后进也。一日盛暑,张盖往访先生,头踏过桥下,文敏已从舆中望见,先生短葛衣,持蕉扇,与诸少年博正酣。文敏即出舆,揖曰:"前辈在此。"平时先生以扇自障,业知不可捤,即回面语曰:"汝已见我耶。"文敏:"正诣宅谒前辈耳。"曰:"吾屋舍甚隘,不足容从者。"文敏固欲前,先生固却之,始寻道反。文敏去,诸少年共博者始从桥下出,惊问曰:"汝何人?学使见敬若此。"曰:"此我衙门中后辈耳。"遂不告姓名去。书至此,客适有过访者,见而笑曰:"不修边幅,与博徒戏若此,尚足记耶?"余曰:"诚如若言。然以视士大夫罢闲后,日饬章服,出入官廨,干预公事,并修饰舆马仆从者,以检讨视之,不尚胜耶?"客寻思久之,曰:"是当记,是当记。"

《杭大宗逸事状》清龚自珍撰《定盦全集》文集补编卷四,清光绪二十三年万本书堂刻本。

一、乾隆癸未岁,杭州杭大宗以翰林保举御史,例试保和殿,大宗下笔为五千言,其一条云:"我朝一统久矣,朝廷用人,宜泯满、汉之见。"是日奉旨交刑部,部议拟死。上博询廷臣,侍郎观保奏曰:"是狂生,当其为诸生时,放言高论久矣。"上意解,敕归里。

一、大宗原疏留禁中,当日不发抄,又不自存集中,今世无见者。越七十年,大宗外孙之孙丁大,抱大宗手墨三十余纸,鬻于京师市,有茧纸淡墨一纸半,乃此疏也。大略引孟轲、齐宣王问答语,用己意反复说之。此稿流落琉璃厂肆间。

一、乙酉岁,纯皇帝南巡,大宗迎驾,召见,问:"女何以为活?"对曰:"臣世骏开旧货摊。"上曰:"何谓开旧货摊?"对曰:"买破铜烂铁,陈于地卖之。"上大笑,手书

"买卖破铜烂铁"六大字赐之。

一、癸巳岁，纯皇帝南巡，大宗迎驾。名上，上顾左右曰："杭世骏尚未死么？"大宗返舍，是夕卒。

一、大宗自丙戌迄庚寅，主讲扬州安定书院，课诸生肄四《通》。杜氏《通典》、马氏《文献通考》、郑氏《通志》，世称"三通"，大宗加司马光《通鉴》云。

一、大宗著《道古堂集》，海内学士见之矣。世无知其善画者。龚自珍得其墨画十五叶，雍正乙卯岁，自杭州如福州纪程之所为也。叶系以诗，或纪程，纪月日琐语，语汗漫而瑰丽，画萧寥而粗辣，诗平淡而屈强。同里后学龚自珍谨状。

同里张熷南漪、王曾祥麀征，皆为杭大宗状。此第三状。详略互有出入。自记。

李楁撰《【民国】杭州府志》卷一百四十五《人物八文苑二》民国十一年铅印本

杭世骏，字大宗，仁和人。少治经，事同郡沈世楷。又从淳安方粲如游。既长，于学无所不贯。所藏书拥榻积几，不下数万卷，枕藉其中，目睐手纂，几忘暑夕。鄞县万经寓杭见之，称为郑渔仲之流。然世骏自谓经学不如吴东壁，史学不如全谢山，诗学不如厉樊榭，其虚己如此。中雍正二年举人，乾隆元年举鸿博，授编修，校勘武英殿十三经、二十四史，纂修《三礼义疏》。时侍郎方苞负重名，尤深三礼学。世骏与语，征引经史大义，风发泉涌，苞大服。奉命编录内廷书籍。改御史，条上四事，下吏议，落职。然高宗仍纳其言。数十年来，天下督抚，汉人参半，盖四事已行其一也。

罢归后，杜门奉母，自号秦亭老民，偕里中耆旧及方外友结南屏诗社。先与同里厉鹗、周京、符曾、施安、陈撰、赵昱、赵信、吴焯、吴城、沈嘉辙、汪沆、吴颖芳、丁敬、张沄为密友近宾，言怀叙欢，各有构属。

闲居后，益并力肆志，发挥才藻。同人官京师者钱塘孙灝、陈兆仑、山阴周长发，皆邮筒寄诗至。甄拔后进，老而弥笃，称符之恒于幼稚，赏余大观、何琪于寒素。门下称弟子者，雅歌从游，彬彬甚盛。棋人能品，与人对弈，枰间置书，人方构思，世骏辄审正谬迷，点定句读。尝谓："在楸枰上读，视欧阳公枕上、马上、厕上读书为俊。"其敏妙又如此。兼通礼学，有请复汉儒卢植从祀议。又议师当制服，可以立师道，厉浇季。时论是之。会南巡，世骏迎驾湖上，赐复原官。卒于家，年七十五。有十子，下世者九，诸孙亦零落殆尽。著述甚伙，其《道古堂诗文集》，梁同书为刻之。《鹤征后录》《文献征存录》。

二、提要

(一)《武林览胜记》四十二卷提要【徐晓军、李圣华主编《浙学未刊稿丛编》第一辑第 49 册,北京:国家图书馆出版社,2019 年,第 1—2 页】

清杭世骏撰。清抄本,四十八册,浙江省博物馆藏。

每半叶九行,行二十一字,小字双行同。青丝栏,文武边。白口,无鱼尾。

杭世骏事迹见前《金史补》。

抄本卷前无序及目录,有阅者题识:首为睿安题识,天头有睿安书之黏签;次有何春船元伟题识。正文分作四十二卷,第一卷卷端题作"武林览胜记卷一仁和杭世骏大宗辑,东里卢文弨召弓较";其他卷卷端皆题作"武林览胜记卷某"。卷下列十七类目,计卷一、卷二为"水利",卷三"堤塘"附"堰闸",卷四"桥梁",卷五"园亭"附"书院",卷六至九为"寺观",卷十至十一为"祠宇",卷十二至十四为"古迹",卷十五至十七为"名贤",卷十八至十九为"方外",卷二十"物产",卷二十一至二十二为"冢墓"附"塔",卷二十三至二十四为"碑碣"附"金刻",卷二十五"卷帙",卷二十六"书画",卷二十七至三十八为"艺文",卷三十九至四十为"志余",卷四十一至四十二为"外纪"。类目下再立子目,如"物产"下立"谷品""木品""花品""果品""蔬品""药品""草品""竹品""羽属""兽属""虫属""鳞属""介属""货属","艺文"下立"赋""记""序""题跋""辨""杂著""诗五言古""诗七言古""诗五言律""诗五言排律""诗七言律""诗七言排律""诗五言绝句""诗六言绝句""诗七言绝句""词""竹枝词""闺秀"等目。每类下首皆有小序文字,较为特异者乃"艺文",不仅"艺文"下首有小序,其中"竹枝词""闺秀"两子目下首亦有小序。以此格局记载武林之自然风物、人情事态,虽所记内容繁杂,然纲举目张,有条不紊。

案:吴庆坻《蕉廊脞录》卷五云:"董浦先生著《武林览胜记》四十二卷,无刻本,友石山房高氏藏钞本,题'仁和杭世骏大宗辑,东里卢文弨召弓校'。其目为水利、堤塘、桥梁、园亭、寺观、祠宇、古迹、名贤、方外、物产、冢墓、碑碣、卷帙、书画、艺文、志余、外纪,体例与《西湖志》相近。志余、外纪各卷,采摭尤备。旧为何春船元伟藏,又有'何梦华元锡'印。春船录《两浙经籍志》一则于卷前,云:'赐书堂孙氏尝以此书进呈,外间稿本流传绝少。'"验诸此本,此即吴庆坻所言之本也。

(二)《中国古籍善本书目》卷十一《史部·地理类》【中国古籍善本书目编辑委员会编《中国古籍善本书目》,上海:上海古籍出版社,1993 年,第 977 页】

《武林览胜记》四十二卷,清杭世骏撰,清抄本。

（三）裘樟松《浙江省博物馆善本著录校对札记》【浙江省博物馆编《东方博物》第 25 辑,杭州:浙江大学出版社,2007 年,第 122 页】

16442《武林览胜记》四十二卷,清杭世骏辑,卢文弨校,系清乾隆年间待梓行之钞稿本,半页九行,行十九字,小字双行,白口,四周双边,宋体精写,保存完整。清钱塘藏书家何元锡旧藏,考各家书目未见记载,似未刊。

（四）《中国古籍总目》第七册《史部·地理类》【中国古籍总目编纂委员会编《中国古籍总目》,上海:上海古籍出版社,2009 年,第 3839 页】

《武林览胜记》四十二卷,清杭世骏撰,清抄本。

三、序跋、题记

（一）清代吴庆坻《蕉廊脞录》卷五"武林览胜记"条【[清]吴庆坻撰,张文其、刘德麟点校《蕉廊脞录》,北京:中华书局,1990 年,第 151 页】

董浦先生著《武林览胜记》四十二卷,无刻本,友石山房高氏藏钞本,题"仁和杭世骏大宗辑,东里卢文弨召弓校"。其目为水利、堤塘、桥梁、园亭、寺观、祠宇、古迹、名贤、方外、物产、冢墓、碑碣、卷帙、书画、艺文、志余、外纪,体例与《西湖志》相近。志余、外纪各卷,采摭尤备。旧为何春船元伟藏,又有"何梦华元锡"印。春船录《两浙经籍志》一则于卷前,云:"赐书堂孙氏尝以此书进呈,外间稿本流传绝少。"

《杭州全书》

"存史、释义、资政、育人"
全方位、多角度地展示杭州的前世今生

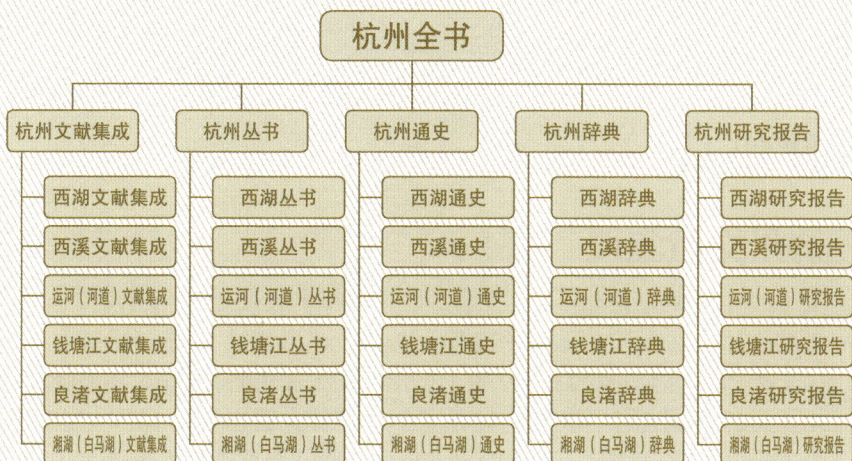

杭州全书				
杭州文献集成	杭州丛书	杭州通史	杭州辞典	杭州研究报告
西湖文献集成	西湖丛书	西湖通史	西湖辞典	西湖研究报告
西溪文献集成	西溪丛书	西溪通史	西溪辞典	西溪研究报告
运河（河道）文献集成	运河（河道）丛书	运河（河道）通史	运河（河道）辞典	运河（河道）研究报告
钱塘江文献集成	钱塘江丛书	钱塘江通史	钱塘江辞典	钱塘江研究报告
良渚文献集成	良渚丛书	良渚通史	良渚辞典	良渚研究报告
湘湖（白马湖）文献集成	湘湖（白马湖）丛书	湘湖（白马湖）通史	湘湖（白马湖）辞典	湘湖（白马湖）研究报告

《杭州全书》已出版书目

文献集成

杭州文献集成

1. 《武林掌故丛编（第 1—13 册）》（杭州出版社 2013 年出版）
2. 《武林往哲遗著（第 14—22 册）》（杭州出版社 2013 年出版）
3. 《武林坊巷志（第 23—30 册）》（浙江人民出版社 2015 年出版）
4. 《吴越史著丛编（第 31—32 册）》（浙江古籍出版社 2017 年出版）
5. 《杭郡诗辑（续辑、三辑）》（第 33—40 册）（浙江古籍出版社 2021 年出版）
6. 《咸淳临安志（第 41—42 册）》（浙江古籍出版社 2017 年出版）

西湖文献集成

1. 《正史及全国地理志等中的西湖史料专辑》（杭州出版社 2004 年出版）
2. 《宋代史志西湖文献专辑》（杭州出版社 2004 年出版）
3. 《明代史志西湖文献专辑》（杭州出版社 2004 年出版）
4. 《清代史志西湖文献专辑一》（杭州出版社 2004 年出版）
5. 《清代史志西湖文献专辑二》（杭州出版社 2004 年出版）
6. 《清代史志西湖文献专辑三》（杭州出版社 2004 年出版）
7. 《清代史志西湖文献专辑四》（杭州出版社 2004 年出版）
8. 《清代史志西湖文献专辑五》（杭州出版社 2004 年出版）
9. 《清代史志西湖文献专辑六》（杭州出版社 2004 年出版）
10. 《民国史志西湖文献专辑一》（杭州出版社 2004 年出版）
11. 《民国史志西湖文献专辑二》（杭州出版社 2004 年出版）
12. 《中华人民共和国成立 50 年以来西湖重要文献专辑》（杭州出版社 2004 年出版）
13. 《历代西湖文选专辑》（杭州出版社 2004 年出版）

14.《历代西湖文选散文专辑》（杭州出版社 2004 年出版）

15.《雷峰塔专辑》（杭州出版社 2004 年出版）

16.《西湖博览会专辑一》（杭州出版社 2004 年出版）

17.《西湖博览会专辑二》（杭州出版社 2004 年出版）

18.《西溪专辑》（杭州出版社 2004 年出版）

19.《西湖风俗专辑》（杭州出版社 2004 年出版）

20.《书院·文澜阁·西泠印社专辑》（杭州出版社 2004 年出版）

21.《西湖山水志专辑》（杭州出版社 2004 年出版）

22.《西湖寺观志专辑一》（杭州出版社 2004 年出版）

23.《西湖寺观志专辑二》（杭州出版社 2004 年出版）

24.《西湖寺观志专辑三》（杭州出版社 2004 年出版）

25.《西湖祠庙志专辑》（杭州出版社 2004 年出版）

26.《西湖诗词曲赋楹联专辑一》（杭州出版社 2004 年出版）

27.《西湖诗词曲赋楹联专辑二》（杭州出版社 2004 年出版）

28.《西湖小说专辑一》（杭州出版社 2004 年出版）

29.《西湖小说专辑二》（杭州出版社 2004 年出版）

30.《海外西湖史料专辑》（杭州出版社 2004 年出版）

31.《清代西湖史料》（杭州出版社 2013 年出版）

32.《民国西湖史料一》（杭州出版社 2013 年出版）

33.《民国西湖史料二》（杭州出版社 2013 年出版）

34.《西湖寺观史料一》（杭州出版社 2013 年出版）

35.《西湖寺观史料二》（杭州出版社 2013 年出版）

36.《西湖博览会史料一》（杭州出版社 2013 年出版）

37.《西湖博览会史料二》（杭州出版社 2013 年出版）

38.《西湖博览会史料三》（杭州出版社 2013 年出版）

39.《西湖博览会史料四》（杭州出版社 2013 年出版）

40.《西湖博览会史料五》（杭州出版社 2013 年出版）

41.《明清西湖史料》（杭州出版社 2015 年出版）

42.《民国西湖史料（一）》（杭州出版社 2015 年出版）

43.《民国西湖史料（二）》（杭州出版社 2015 年出版）

44.《西湖书院史料（一）》（杭州出版社 2016 年出版）

45.《西湖书院史料（二）》（杭州出版社 2016 年出版）

46.《西湖戏曲史料》（杭州出版社 2016 年出版）

47.《西湖诗词史料》（杭州出版社 2016 年出版）

48.《西湖小说史料（一）》（杭州出版社 2016 年出版）

49.《西湖小说史料（二）》（杭州出版社 2016 年出版）

50.《西湖小说史料（三）》（杭州出版社 2016 年出版）

西溪文献集成

1.《西溪地理史料》（杭州出版社 2016 年出版）
2.《西溪洪氏、沈氏家族史料》（杭州出版社 2015 年出版）
3.《西溪丁氏家族史料》（杭州出版社 2015 年出版）
4.《西溪两浙词人祠堂·蕉园诗社史料》（杭州出版社 2016 年出版）
5.《西溪蒋氏家族、其他人物史料》（杭州出版社 2017 年出版）
6.《西溪诗词》（杭州出版社 2017 年出版）
7.《西溪文选》（杭州出版社 2016 年出版）
8.《西溪文物图录·书画金石》（杭州出版社 2016 年出版）
9.《西溪宗教史料》（杭州出版社 2016 年出版）

运河（河道）文献集成

1.《杭州运河（河道）文献集成（第 1 册）》（浙江古籍出版社 2018 年出版）
2.《杭州运河（河道）文献集成（第 2 册）》（浙江古籍出版社 2018 年出版）
3.《杭州运河（河道）文献集成（第 3 册）》（浙江古籍出版社 2018 年出版）
4.《杭州运河（河道）文献集成（第 4 册）》（浙江古籍出版社 2018 年出版）

钱塘江文献集成

1.《钱塘江海塘史料（一）》（杭州出版社 2014 年出版）
2.《钱塘江海塘史料（二）》（杭州出版社 2014 年出版）
3.《钱塘江海塘史料（三）》（杭州出版社 2014 年出版）
4.《钱塘江海塘史料（四）》（杭州出版社 2014 年出版）
5.《钱塘江海塘史料（五）》（杭州出版社 2014 年出版）
6.《钱塘江海塘史料（六）》（杭州出版社 2014 年出版）
7.《钱塘江海塘史料（七）》（杭州出版社 2014 年出版）
8.《钱塘江潮史料》（杭州出版社 2016 年出版）
9.《钱塘江大桥史料（一）》（杭州出版社 2015 年出版）
10.《钱塘江大桥史料（二）》（杭州出版社 2015 年出版）
11.《钱塘江大桥史料（三）》（杭州出版社 2017 年出版）
12.《海宁专辑（一）》（杭州出版社 2015 年出版）
13.《海宁专辑（二）》（杭州出版社 2015 年出版）
14.《钱塘江史书史料（一）》（杭州出版社 2016 年出版）

15.《城区专辑》（杭州出版社 2016 年出版）

16.《之江大学专辑》（杭州出版社 2016 年出版）

17.《钱塘江小说史料》（杭州出版社 2016 年出版）

18.《钱塘江诗词史料》（杭州出版社 2016 年出版）

19.《富春江、萧山专辑》（杭州出版社 2017 年出版）

20.《钱塘江文论史料（一）》（杭州出版社 2018 年出版）

21.《钱塘江文论史料（二）》（杭州出版社 2017 年出版）

22.《钱塘江文论史料（三）》（杭州出版社 2017 年出版）

23.《钱塘江文论史料（四）》（杭州出版社 2017 年出版）

24.《钱塘江渔业史料》（杭州出版社 2017 年出版）

25.《钱塘江笔记史料》（杭州出版社 2018 年出版）

26.《钱塘江史书史料（二）》（杭州出版社 2019 年出版）

27.《钱塘江明清实录史料》（杭州出版社 2019 年出版）

28.《钱塘江省府志史料》（杭州出版社 2019 年出版）

29.《钱塘江县志史料》（杭州出版社 2019 年出版）

30.《钱塘江绘画图录（山水卷）》（杭州出版社 2022 年出版）

31.《钱塘江绘画图录（版画卷）》（杭州出版社 2022 年出版）

余杭文献集成

《余杭历代人物碑传集（上下）》（浙江古籍出版社 2019 年出版）

湘湖（白马湖）文献集成

1.《湘湖水利文献专辑（上下）》（杭州出版社 2013 年出版）

2.《民国时期湘湖建设文献专辑》（杭州出版社 2014 年出版）

3.《历代史志湘湖文献专辑》（杭州出版社 2015 年出版）

4.《湘湖文学文献专辑》（杭州出版社 2019 年出版）

5.《湘湖师范期刊文献专辑（一）》（杭州出版社 2021 年出版）

丛　书

杭州丛书

1.《钱塘楹联集锦》（杭州出版社 2013 年出版）

2.《艮山门外话桑麻（上下）》（杭州出版社 2013 年出版）

3.《钱塘拾遗（上下）》（杭州出版社 2014 年出版）
4.《说杭州（上下）》（浙江古籍出版社 2016 年出版）
5.《钱塘自古繁华——杭州城市词赏析》（浙江古籍出版社 2017 年出版）
6.《湖上笠翁——李渔与杭州饮食文化》（浙江古籍出版社 2018 年出版）
7.《行走杭州山水间》（杭州出版社 2021 年出版）

西湖丛书

1.《西溪》（杭州出版社 2004 年出版）
2.《灵隐寺》（杭州出版社 2004 年出版）
3.《北山街》（杭州出版社 2004 年出版）
4.《西湖风俗》（杭州出版社 2004 年出版）
5.《于谦祠墓》（杭州出版社 2004 年出版）
6.《西湖美景》（杭州出版社 2004 年出版）
7.《西湖博览会》（杭州出版社 2004 年出版）
8.《西湖风情画》（杭州出版社 2004 年出版）
9.《西湖龙井茶》（杭州出版社 2004 年出版）
10.《白居易与西湖》（杭州出版社 2004 年出版）
11.《苏东坡与西湖》（杭州出版社 2004 年出版）
12.《林和靖与西湖》（杭州出版社 2004 年出版）
13.《毛泽东与西湖》（杭州出版社 2004 年出版）
14.《文澜阁与四库全书》（杭州出版社 2004 年出版）
15.《岳飞墓庙》（杭州出版社 2005 年出版）
16.《西湖别墅》（杭州出版社 2005 年出版）
17.《楼外楼》（杭州出版社 2005 年出版）
18.《西泠印社》（杭州出版社 2005 年出版）
19.《西湖楹联》（杭州出版社 2005 年出版）
20.《西湖诗词》（杭州出版社 2005 年出版）
21.《西湖织锦》（杭州出版社 2005 年出版）
22.《西湖老照片》（杭州出版社 2005 年出版）
23.《西湖八十景》（杭州出版社 2005 年出版）
24.《钱镠与西湖》（杭州出版社 2005 年出版）
25.《西湖名人墓葬》（杭州出版社 2005 年出版）
26.《康熙、乾隆两帝与西湖》（杭州出版社 2005 年出版）
27.《西湖造像》（杭州出版社 2006 年出版）
28.《西湖史话》（杭州出版社 2006 年出版）

西溪丛书

28.《西溪集古楹联匾额》（杭州出版社 2012 年出版）

29.《西溪蒋坦与〈秋灯琐忆〉》（杭州出版社 2012 年出版）

30.《西溪名人》（杭州出版社 2013 年出版）

31.《西溪隐红》（杭州出版社 2013 年出版）

32.《西溪留下》（杭州出版社 2013 年出版）

33.《西溪山坞》（杭州出版社 2013 年出版）

34.《西溪揽胜》（杭州出版社 2013 年出版）

35.《西溪与水浒》（杭州出版社 2013 年出版）

36.《西溪诗词选注》（杭州出版社 2013 年出版）

37.《西溪地名揽萃》（杭州出版社 2013 年出版）

38.《西溪的龙舟胜会》（杭州出版社 2013 年出版）

39.《西溪民间语言趣谈》（杭州出版社 2013 年出版）

40.《西溪新吟》（浙江人民出版社 2016 年出版）

41.《西溪商贸》（浙江人民出版社 2016 年出版）

42.《西溪原住民记影》（浙江人民出版社 2016 年出版）

43.《西溪创意产业园》（浙江人民出版社 2016 年出版）

44.《西溪渔文化》（浙江人民出版社 2016 年出版）

45.《西溪旧影》（浙江人民出版社 2016 年出版）

46.《西溪洪氏》（浙江人民出版社 2016 年出版）

47.《西溪的美食文化》（浙江人民出版社 2016 年出版）

48.《西溪节日文化》（浙江人民出版社 2016 年出版）

49.《千年古刹——永兴寺》（浙江人民出版社 2017 年出版）

50.《自画西溪旧事》（杭州出版社 2018 年出版）

51.《西溪民间武术》（杭州出版社 2018 年出版）

52.《西溪心影》（杭州出版社 2018 年出版）

53.《西溪教育偶拾》（浙江人民出版社 2019 年出版）

54.《西溪湿地原住民口述史》（杭州出版社 2019 年出版）

55.《西溪花语》（杭州出版社 2019 年出版）

56.《廿四节气里的西溪韵味》（杭州出版社 2019 年出版）

57.《名人与西溪·漫游篇》（浙江人民出版社 2019 年出版）

58.《名人与西溪·世家篇》（浙江人民出版社 2019 年出版）

59.《名人与西溪·梵隐篇》（浙江人民出版社 2019 年出版）

60.《名人与西溪·乡贤篇》（浙江人民出版社 2019 年出版）

61.《名人与西溪·文苑篇》（浙江人民出版社 2019 年出版）

62.《西溪梅文化》（杭州出版社 2019 年出版）

63.《西溪食经》（浙江科学技术出版社 2020 年出版）

64.《西溪青少年研学读本：民间故事》（杭州出版社 2021 年出版）
65.《西溪青少年研学读本：动物植物》（杭州出版社 2021 年出版）
66.《西溪青少年研学读本：民俗文化》（杭州出版社 2021 年出版）
67.《西溪青少年研学读本：人文景观》（杭州出版社 2021 年出版）
68.《西溪青少年研学读本：诗词散文》（杭州出版社 2021 年出版）
69.《西溪青少年研学读本：研学百科》（杭州出版社 2021 年出版）

运河（河道）丛书

1.《杭州运河风俗》（杭州出版社 2006 年出版）
2.《杭州运河遗韵》（杭州出版社 2006 年出版）
3.《杭州运河文献（上下）》（杭州出版社 2006 年出版）
4.《京杭大运河图说》（杭州出版社 2006 年出版）
5.《杭州运河历史研究》（杭州出版社 2006 年出版）
6.《杭州运河桥船码头》（杭州出版社 2006 年出版）
7.《杭州运河古诗词选评》（杭州出版社 2006 年出版）
8.《走近大运河·散文诗歌卷》（杭州出版社 2006 年出版）
9.《走近大运河·游记文学卷》（杭州出版社 2006 年出版）
10.《走近大运河·纪实文学卷》（杭州出版社 2006 年出版）
11.《走近大运河·传说故事卷》（杭州出版社 2006 年出版）
12.《走近大运河·美术摄影书法采风作品集》（杭州出版社 2006 年出版）
13.《杭州运河治理》（杭州出版社 2013 年出版）
14.《杭州运河新貌》（杭州出版社 2013 年出版）
15.《杭州运河歌谣》（杭州出版社 2013 年出版）
16.《杭州运河戏曲》（杭州出版社 2013 年出版）
17.《杭州运河集市》（杭州出版社 2013 年出版）
18.《杭州运河桥梁》（杭州出版社 2013 年出版）
19.《穿越千年的通途》（杭州出版社 2013 年出版）
20.《穿花泄月绕城来》（杭州出版社 2013 年出版）
21.《烟柳运河一脉清》（杭州出版社 2013 年出版）
22.《口述杭州河道历史》（杭州出版社 2013 年出版）
23.《杭州运河历史建筑》（杭州出版社 2013 年出版）
24.《杭州河道历史建筑》（杭州出版社 2013 年出版）
25.《外国人眼中的大运河》（杭州出版社 2013 年出版）
26.《杭州河道诗词楹联选粹》（杭州出版社 2013 年出版）

27.《杭州运河非物质文化遗产》（杭州出版社 2013 年出版）

28.《杭州运河宗教文化掠影》（杭州出版社 2013 年出版）

29.《杭州运河土特产》（杭州出版社 2013 年出版）

30.《杭州运河史话》（杭州出版社 2013 年出版）

31.《杭州运河旅游》（杭州出版社 2013 年出版）

32.《杭州河道文明探寻》（杭州出版社 2013 年出版）

33.《杭州运河名人》（杭州出版社 2014 年出版）

34.《中东河新传》（杭州出版社 2015 年出版）

35.《杭州运河船》（杭州出版社 2015 年出版）

36.《杭州运河名胜》（杭州出版社 2015 年出版）

37.《杭州河道社区》（杭州出版社 2015 年出版）

38.《运河边的租界——拱宸桥》（杭州出版社 2015 年出版）

39.《运河文化名镇塘栖》（杭州出版社 2015 年出版）

40.《杭州运河旧影》（杭州出版社 2017 年出版）

41.《运河上的杭州》（浙江人民美术出版社 2017 年出版）

42.《西湖绸伞寻踪》（浙江人民美术出版社 2017 年出版）

43.《杭州运河文化之旅》（浙江人民美术出版社 2017 年出版）

44.《亲历杭州河道治理》（浙江古籍出版社 2018 年出版）

45.《杭州河道故事与传说》（浙江古籍出版社 2018 年出版）

46.《杭州运河老厂》（杭州出版社 2018 年出版）

47.《运河村落的蚕丝情结》（杭州出版社 2018 年出版）

48.《运河文物故事》（杭州出版社 2019 年出版）

49.《杭州河道名称历史由来》（浙江古籍出版社 2019 年出版）

50.《杭州古代河道治理》（杭州出版社 2019 年出版）

51.《运河老字号：前世与今生》（杭州出版社 2021 年出版）

52.《百年汇昌：江南水乡滋味长》（杭州出版社 2021 年出版）

53.《孔凤春：杭粉飘香美名扬》（杭州出版社 2021 年出版）

54.《胡庆余堂：药在江南仁在心》（杭州出版社 2021 年出版）

55.《张小泉：良钢精作工匠剪》（杭州出版社 2021 年出版）

56.《王星记：悠悠古扇诉衷情》（杭州出版社 2021 年出版）

57.《都锦生：锦绣百年丝绸花》（杭州出版社 2021 年出版）

58.《知味观：闻香知是江南味》（杭州出版社 2021 年出版）

59.《方回春堂：妙手回春汉方膏》（杭州出版社 2021 年出版）

60.《西泠印社：方寸之间有乾坤》（杭州出版社 2021 年出版）

61.《奎元馆：江南面王冠天下》（杭州出版社 2021 年出版）

62.《运河老字号：传承与发展》（杭州出版社 2021 年出版）

63.《名人与杭州河道·文苑篇》（杭州出版社 2021 年出版）

64.《名人与杭州河道·名宦篇》（杭州出版社 2021 年出版）

65.《名人与杭州河道·侨寓篇》（杭州出版社 2021 年出版）

66.《名人与杭州河道·乡贤篇》（杭州出版社 2021 年出版）

67.《江南食事》（杭州出版社 2022 年出版）

钱塘江丛书

1.《钱塘江传说》（杭州出版社 2013 年出版）

2.《钱塘江名人》（杭州出版社 2013 年出版）

3.《钱塘江金融文化》（杭州出版社 2013 年出版）

4.《钱塘江医药文化》（杭州出版社 2013 年出版）

5.《钱塘江历史建筑》（杭州出版社 2013 年出版）

6.《钱塘江古镇梅城》（杭州出版社 2013 年出版）

7.《茅以升和钱塘江大桥》（杭州出版社 2013 年出版）

8.《古邑分水》（杭州出版社 2013 年出版）

9.《孙权故里》（杭州出版社 2013 年出版）

10.《钱塘江风光》（杭州出版社 2013 年出版）

11.《钱塘江戏曲》（杭州出版社 2013 年出版）

12.《钱塘江风俗》（杭州出版社 2013 年出版）

13.《淳安千岛湖》（杭州出版社 2013 年出版）

14.《钱塘江航运》（杭州出版社 2013 年出版）

15.《钱塘江旧影》（杭州出版社 2013 年出版）

16.《钱塘江水电站》（杭州出版社 2013 年出版）

17.《钱塘江水上运动》（杭州出版社 2013 年出版）

18.《钱塘江民间工艺美术》（杭州出版社 2013 年出版）

19.《黄公望与〈富春山居图〉》（杭州出版社 2013 年出版）

20.《钱江梵影》（杭州出版社 2014 年出版）

21.《严光与严子陵钓台》（杭州出版社 2014 年出版）

22.《钱塘江史话》（杭州出版社 2014 年出版）

23.《桐君山》（杭州出版社 2014 年出版）

24.《钱塘江藏书与刻书文化》（杭州出版社 2014 年出版）

25.《外国人眼中的钱塘江》（杭州出版社 2014 年出版）

26.《钱塘江绘画》（杭州出版社 2014 年出版）

27.《钱塘江饮食》（杭州出版社 2014 年出版）

28.《钱塘江游记》（杭州出版社 2014 年出版）
29.《钱塘江茶史》（杭州出版社 2015 年出版）
30.《钱江潮与弄潮儿》（杭州出版社 2015 年出版）
31.《之江大学史》（杭州出版社 2015 年出版）
32.《钱塘江方言》（杭州出版社 2015 年出版）
33.《钱塘江船舶》（杭州出版社 2017 年出版）
34.《城·水·光·影——杭州钱江新城亮灯工程》
（杭州出版社 2018 年出版）
35.《名人与钱塘江·贤宦篇》（杭州出版社 2020 年出版）
36.《名人与钱塘江·文苑篇》（杭州出版社 2020 年出版）
37.《名人与钱塘江·贤达篇》（杭州出版社 2020 年出版）
38.《名人与钱塘江·乡贤篇》（杭州出版社 2020 年出版）
39.《名人与钱塘江·梵隐篇》（杭州出版社 2020 年出版）

良渚丛书

1.《神巫的世界》（杭州出版社 2013 年出版）
2.《纹饰的秘密》（杭州出版社 2013 年出版）
3.《玉器的故事》（杭州出版社 2013 年出版）
4.《从村居到王城》（杭州出版社 2013 年出版）
5.《良渚人的衣食》（杭州出版社 2013 年出版）
6.《良渚文明的圣地》（杭州出版社 2013 年出版）
7.《神人兽面的真像》（杭州出版社 2013 年出版）
8.《良渚文化发现人施昕更》（杭州出版社 2013 年出版）
9.《良渚文化的古环境》（杭州出版社 2014 年出版）
10.《良渚文化的水井》（浙江古籍出版社 2015 年出版）
11.《建构神圣——良渚文化的玉器、图像与信仰》
（浙江古籍出版社 2021 年出版）

余杭丛书

1.《品味塘栖》（浙江古籍出版社 2015 年出版）
2.《吃在塘栖》（浙江古籍出版社 2016 年出版）
3.《塘栖蜜饯》（浙江古籍出版社 2017 年出版）
4.《村落拾遗》（浙江古籍出版社 2017 年出版）
5.《余杭老古话》（浙江古籍出版社 2018 年出版）

6.《传说塘栖》（浙江古籍出版社 2019 年出版）

7.《余杭奇人陈元赟》（浙江古籍出版社 2019 年出版）

8.《章太炎讲国学》（上海人民出版社 2019 年出版）

9.《章太炎家书》（上海人民出版社 2019 年出版）

10.《余杭老古话续编》（浙江古籍出版社 2021 年出版）

11.《余杭山水形胜》（浙江古籍出版社 2021 年出版）

湘湖（白马湖）丛书

1.《湘湖史话》（杭州出版社 2013 年出版）

2.《湘湖传说》（杭州出版社 2013 年出版）

3.《东方文化园》（杭州出版社 2013 年出版）

4.《任伯年评传》（杭州出版社 2013 年出版）

5.《湘湖风俗》（杭州出版社 2013 年出版）

6.《一代名幕汪辉祖》（杭州出版社 2014 年出版）

7.《湘湖诗韵》（浙江古籍出版社 2014 年出版）

8.《白马湖诗词》（西泠印社出版社 2014 年出版）

9.《白马湖传说》（西泠印社出版社 2014 年出版）

10.《画韵湘湖》（浙江摄影出版社 2015 年出版）

11.《湘湖人物》（浙江古籍出版社 2015 年出版）

12.《白马湖俗语》（西泠印社出版社 2015 年出版）

13.《湘湖楹联》（杭州出版社 2016 年出版）

14.《湘湖诗词（上下）》（杭州出版社 2016 年出版）

15.《湘湖物产》（浙江古籍出版社 2016 年出版）

16.《湘湖故事新编》（浙江人民出版社 2016 年出版）

17.《白马湖风物》（西泠印社出版社 2016 年出版）

18.《湘湖记忆》（杭州出版社 2016 年出版）

19.《湘湖民间文化遗存》（西泠印社出版社 2016 年出版）

20.《汪辉祖家训》（杭州出版社 2017 年出版）

21.《诗狂贺知章》（浙江人民出版社 2017 年出版）

22.《西兴史迹寻踪》（西泠印社出版社 2017 年出版）

23.《来氏与九厅十三堂》（西泠印社出版社 2017 年出版）

24.《白马湖楹联碑记》（西泠印社出版社 2017 年出版）

25.《湘湖新咏》（西泠印社出版社 2017 年出版）

26.《湘湖之谜》（浙江人民出版社 2017 年出版）

27.《长河史迹寻踪》（西泠印社出版社 2017 年出版）

研究报告

杭州研究报告

西湖研究报告

西溪研究报告

5. 《西溪历史文化景观研究》（杭州出版社 2019 年出版）
6. 《旅游符号学视阈中的景观保护与利用研究——以杭州西溪湿地为例》
（杭州出版社 2020 年出版）
7. 《杭州西溪湿地审美意象实证研究》（杭州出版社 2021 年出版）

运河（河道）研究报告

1. 《杭州河道研究报告（一）》（浙江古籍出版社 2015 年出版）
2. 《中国大运河保护与利用的杭州模式——城市管理者培训特色教材·
运河篇》（杭州出版社 2018 年出版）
3. 《杭州河道有机更新实践创新与经验启示——城市管理者培训特色教
材·河道篇》（杭州出版社 2019 年出版）
4. 《杭州运河（河道）专题史研究（上下）》（杭州出版社 2019 年出版）

钱塘江研究报告

1. 《钱塘江研究报告（一）》（杭州出版社 2013 年出版）
2. 《潮涌新城：杭州钱江新城建设历程、经验与启示——城市管理者
教材》（杭州出版社 2019 年出版）

良渚研究报告

《良渚古城墙铺垫石研究报告》（浙江古籍出版社 2018 年出版）

余杭研究报告

1. 《慧焰薪传——径山禅茶文化研究》（杭州出版社 2014 年出版）
2. 《沈括研究》（浙江古籍出版社 2016 年出版）

湘湖（白马湖）研究报告

1. 《九个世纪的嬗变——中国·杭州湘湖开筑 900 周年学术论坛文集》
（浙江古籍出版社 2014 年出版）
2. 《湘湖保护与开发研究报告（一）》（杭州出版社 2015 年出版）
3. 《湘湖文化保护与旅游开发研讨会论文集》
（浙江古籍出版社 2015 年出版）

4.《湘湖战略定位与保护发展对策研究》（浙江古籍出版社 2016 年出版）
5.《湘湖金融历史文化研究文集》（浙江人民出版社 2016 年出版）
6.《湘湖综合保护与开发：经验·历程·启示——城市管理者
　培训特色教材·湘湖篇》（杭州出版社 2018 年出版）
7.《杨时与湘湖研究文集》（浙江人民出版社 2018 年出版）
8.《湘湖研究论文专辑》（杭州出版社 2018 年出版）
9.《湘湖历史文化调查报告（上下）》（杭州出版社 2018 年出版）
10.《湘湖（白马湖）专题史（上下）》（浙江人民出版社 2019 年出版）
11.《湘湖研究论丛——陈志根湘湖研究论文选》
　（浙江人民出版社 2019 年出版）

南宋史研究丛书

1.《南宋史研究论丛（上下）》（杭州出版社 2008 年出版）
2.《朱熹研究》（人民出版社 2008 年出版）
3.《叶适研究》（人民出版社 2008 年出版）
4.《陆游研究》（人民出版社 2008 年出版）
5.《马扩研究》（人民出版社 2008 年出版）
6.《岳飞研究》（人民出版社 2008 年出版）
7.《秦桧研究》（人民出版社 2008 年出版）
8.《宋理宗研究》（人民出版社 2008 年出版）
9.《文天祥研究》（人民出版社 2008 年出版）
10.《辛弃疾研究》（人民出版社 2008 年出版）
11.《陆九渊研究》（人民出版社 2008 年出版）
12.《南宋官窑》（杭州出版社 2008 年出版）
13.《南宋临安城考古》（杭州出版社 2008 年出版）
14.《南宋临安典籍文化》（杭州出版社 2008 年出版）
15.《南宋都城临安》（杭州出版社 2008 年出版）
16.《南宋史学史》（人民出版社 2008 年出版）
17.《南宋宗教史》（人民出版社 2008 年出版）
18.《南宋政治史》（人民出版社 2008 年出版）
19.《南宋人口史》（上海古籍出版社 2008 年出版）
20.《南宋交通史》（上海古籍出版社 2008 年出版）
21.《南宋教育史》（上海古籍出版社 2008 年出版）
22.《南宋思想史》（上海古籍出版社 2008 年出版）
23.《南宋军事史》（上海古籍出版社 2008 年出版）

南宋研究报告

通　史

西溪通史

辞　典

余杭辞典

杭 | 州 | 全 | 书

图书在版编目（CIP）数据

　武林览胜记 / 朱大星点校. --杭州：浙江大学出
版社，2024.4
　ISBN 978-7-308-24788-7

　Ⅰ. ①武… Ⅱ. ①朱… Ⅲ. ①名胜古迹－介绍－杭州
Ⅳ. ①K928.705.51

中国国家版本馆 CIP 数据核字（2024）第 068868 号

武林览胜记

朱　大　星　点校

责任编辑	宋旭华　姜泽彬	
责任校对	胡　畔	
封面设计	项梦怡	
出版发行	浙江大学出版社	
	（杭州市天目山路 148 号　邮政编码 310007）	
	（网址：http://www.zjupress.com）	
排　　版	浙江大千时代文化传媒有限公司	
印　　刷	杭州宏雅印刷有限公司	
开　　本	710mm×1000mm　1/16	
印　　张	57.5	
字　　数	990 千	
版 印 次	2024 年 4 月第 1 版　2024 年 4 月第 1 次印刷	
书　　号	ISBN 978-7-308-24788-7	
定　　价	360.00 元	

浙江大学出版社市场运营中心联系方式：(0571)88925591；http://zjdxcbs.tmall.com